Alter Orient und Altes Testament

Veröffentlichungen zur Kultur und Geschichte des Alten Orients
und des Alten Testaments

Band 267

Herausgeber

Manfried Dietrich • Oswald Loretz

1999
Ugarit-Verlag
Münster

MUNUSCULA MESOPOTAMICA

Festschrift

für

Johannes RENGER

MUNUSCULA MESOPOTAMICA

Festschrift
für
Johannes RENGER

Herausgegeben
von
Barbara BÖCK
Eva CANCIK-KIRSCHBAUM
Thomas RICHTER

1999
Ugarit-Verlag
Münster

Die Deutsche Bibliothek - CIP-Einheitsaufnahme

Munuscula Mesopotamica : Festschrift für Johannes Renger / hrsg. von Barbara Böck ... - Münster : Ugarit-Verl., 1999
(Alter Orient und Altes Testament ; Bd. 267)
ISBN 3-927120-81-2

Herstellung: Weihert-Druck GmbH, Darmstadt

Printed in Germany

ISBN 3-927120-81-2

Printed on acid-free paper

1999

Johannes RENGER

Vorwort

Munuscula – "kleine Geschenke" – sind es, die Kollegen, Schüler und Freunde Johannes Renger, Inhaber des Lehrstuhls für Altorientalistik an der Freien Universität Berlin, aus Anlaß seines 65. Geburtstags hiermit überreichen.

Johannes Renger wurde 1934 in Chemnitz geboren. Das Studium der Altorientalistik, Theologie und Ägyptologie absolvierte er in Leipzig und Heidelberg, wo er bei A. Falkenstein mit seiner grundlegenden Arbeit über das Priestertum in altbabylonischer Zeit promovierte.

An seine Promotion schloß sich ein zehnjähriger Aufenthalt in den Vereinigten Staaten an, während dessen er am Wörterbuch-Projekt des Oriental Institute der University of Chicago mitarbeitete. Dort, in der wohl einmaligen Atmosphäre des Oriental Instiute, erfuhr Rengers Auffassung der altorientalischen Kulturen durch die Begegnung und den Austausch mit vielen Fachgenossen eine große Bereicherung. In dieser Zeit wurde ihm Chicago zu einer zweiten Heimat, der er auch heute noch eng verbunden ist.

Im Jahre 1976 folgte Johannes Renger einem Ruf auf den Lehrstuhl für Altorientalistik der Freien Universität Berlin, der einen neuen Abschnitt in seinem Leben und Wirken eröffnete.

Bereits mit seiner Dissertation war eines der Hauptinteressengebiete des Jubilars erkennbar geworden: Obwohl Johannes Renger in der Forschung wie auch in der Lehre eine ungewöhnliche Breite aufweist, kann die Beschäftigung mit der altbabylonischen Zeit und ihrer Kultur als ein Schwerpunkt seiner Arbeiten bezeichnet werden, dem andere – wie z.B. die altorientalische Wirtschafts- und Sozialgeschichte oder die neuassyrischen Inschriften – an die Seite gestellt werden können. Dabei hat sich Johannes Renger nicht auf eine einseitige Herangehensweise beschränkt, sondern stets die Erkenntnisse und Methoden anderer Disziplinen zu berücksichtigen und für die Altorientalistik nutzbar zu machen versucht. In der Verbindung philologisch-historischer Grundlagenarbeit mit Fragestellungen aus den Bereichen der Rechts-, Religions-, Wirtschafts- und Sozialwissenschaften begreift Johannes Renger die Altorientalistik als eine Kulturwissenschaft. In diesem Sinne hat er in Forschung, Lehre und Wissenschaftspolitik die akademische Disziplin Altorientalistik, aber auch ihre Verknüpfung mit anderen Disziplinen stets gefördert.

Die Überzeugung, daß die Erforschung der altorientalischen Kulturen keinesfalls akademischer Selbstzweck sein darf, sondern vielmehr in engem Kontakt und zum Nutzen auch einer breiteren Öffentlichkeit erfolgen muß, leitete seine langjährige Mitwirkung im Vorstand der Deutschen Orient-Gesellschaft und in anderen Bereichen der Wissenschaftspolitik.

Eingedenk der breitgefächerten Arbeits- und Interessengebiete des Jubilars haben die Herausgeber auf eine thematische Eingrenzung verzichtet. Und so stehen hier philologische und archäologische Bearbeitungen von Primärquellen neben theoretischen Überlegungen, finden sich Beiträge zur altorientalischen Wirtschafts-, Sozial-, Religions- und Literaturgeschichte sowie Lexikographie neben kritischen Auseinandersetzungen mit Begrifflichkeit und Modellen der Altorientalistik. In ihrer Verschiedenheit vermitteln diese Beiträge den Reichtum der altorientalischen Quellen und die Möglichkeiten wie Schwierigkeiten ihrer Erschließung.

Sein 65. Geburtstag wird für Johannes Renger kaum einen Einschnitt bedeuten, kaum ein Grund sein, das langjährige Engagement in Forschung, Lehre und Wissenschaftspolitik einzuschränken oder gar zu beenden. Sein Wirken möge – so wünschen wir – noch lange nicht enden.

Berlin, im August 1999 B.B./E. C.-K./Th. R.

Inhaltsverzeichnis

Verzeichnis der Abbildungen

Bibliographie Johannes Renger
(Stand: August 1999)

I. Selbständige Beiträge

A	Aufsatz
B	Besprechung/Rezension
BA	Besprechungsaufsatz
KB	Kurzbesprechung
L	Beitrag in einem Lexikon
N	Nekrolog

1957-71

L Großgrundbesitz
RlA 3 (1957-1971), 647-653

1967 A Untersuchungen zum Priestertum der altbabylonischen Zeit. 1. Teil
ZA 58 (1967), 110-188

A Götternamen in der altbabylonischen Zeit
Heidelberger Studien zum Alten Orient. Adam Falkenstein zum 17. September 1966 (Wiesbaden 1967), 137-171

1968 A *ṭēmam pānam šuršûm* und verwandte Ausdrücke
JNES 27 (1968), 136-140

1969 A Untersuchungen zum Priestertum der altbabylonischen Zeit. 2. Teil
ZA 59 (1969), 104-230

1970 A Zur Lokalisierung von Karkar
AfO 23 (1970), 73-78

A *isinnam epēšum*: Überlegungen zur Funktion des Festes in der Gesellschaft
A. Finet (Hrsg.), *Actes de la XVIIe Rencontre Assyriologique Internationale, Université Libre de Bruxelles, 30 juin – 4 juillet*

1969 (*Publications du Comité Belge de Recherches historiques, épigraphiques et archéologiques en Mésopotamie* 1, Ham-sur-Heuvre 1970), 75-80

B S.A. Ahmed, *Southern Mesopotamia in the time of Ashurbanipal* (The Hague 1968)
JNES 29 (1970), 212-213

B J.-Ph. Lévy, *The economic life of the ancient world* (Chicago 1967)
JNES 29 (1970), 292-293

1971 A History and nature of the Babylonian priesthood [Abstract]
D. Sinor (Hrsg.), *Proceedings of the Twenty-Seventh International Congress of Orientalists. Ann Arbor, Michigan, 13th - 19th August 1967* (Wiesbaden 1971), 56-57

BA Überlegungen zum akkadischen Syllabar
ZA 61 (1971), 23-43

BA Notes on goldsmiths, jewelers and carpenters of Neobabylonian Eanna
JAOS 91 (1971), 494-503

1972 A *Gilg. P* ii 32 (*PBS 10/3*)
RA 66 (1972), 190

A Flucht als soziales Problem in der altbabylonischen Gesellschaft
D.O. Edzard (Hrsg.), *Gesellschaftsklassen im Alten Zweistromland und in den angrenzenden Gebieten. XVIII. Rencontre Assyriologique Internationale, München, 29. Juni bis 3. Juli 1970* (*ABAW N.F.* 75 = *Veröffentlichungen der Kommission zur Erschließung von Keilschrifttexten, Serie* A/6, München 1972), 167-182

B W. von Soden, *Grundriss der akkadischen Grammatik samt Ergänzungsheft* (*AnOr* 33^2 + 47, Rom 1969)
JNES 31 (1972), 228-232

1972-75

L Heilige Hochzeit. A. Philologisch
RlA 4 (1972-1975), 251-259

L Ḫilāni, bīt. A. Nach neuassyrischen inschriftlichen Zeugnissen
RlA 4 (1972-1975), 405-406

L Hofstaat. A. Bis ca. 1500 v. Chr.
RlA 4 (1972-1975), 435-446

1973 A *mārat ilim*: Exogamie bei den semitischen Nomaden des 2. Jahrtausends
AfO 24 (1973), 103-107

A Who are all those people?
OrNS 42 (1973), 259-273

L Hammurapi
Encyclopaedia Britannica, Band 8 (Chicago 1973), 598-599

B E. Sollberger, *The business and administrative correspon-dence under the kings of Ur* (*TCS* 1, New York 1966)
OLZ 68 (1973), 132-136

B O. Loretz, *Texte aus Chagar Bazar and Tell Brak. Teil 1* (*AOAT* 3/1, Kevelaer/Neukirchen-Vluyn 1969)
JNES 32 (1973), 261-265

B W.G. Lambert/A.R. Millard, *Atra-ḫasīs. The Babylonian story of the flood* (Oxford 1969)
JNES 32 (1973), 342-344

KB I.D. Passow/S.T. Lachs, *Gratz College Anniversary Volume* (Philadelphia 1971)
JAOS 93 (1973), 404

KB M. Lurker (Hrsg.), *In memoriam Eckhard Unger. Beiträge zur Geschichte, Kultur und Religion des Alten Orients* (Baden-Baden 1971)
JAOS 93 (1973), 403

KB S.T. Kang, *Sumerian economic texts from the Drehem archive* (*Sumerian and Akkadian cuneiform texts in the Collection of the World Heritage Museum of the University of Illinois, Volume* I, Urbana/Chicago/London 1972)
JAOS 93 (1973), 404

1974 A –/A.D. Kilmer
A bibliography of B. Landsberger's works
JCS 26 (1974), 183-194

KB J.H. Hospers, *A basic bibliography for the study of Semitic languages* (Leiden 1973)
JAOS 94 (1974), 500-501

1975 A Örtliche und zeitliche Differenzen in der Struktur der Priesterschaft babylonischer Tempel
Le Temple et le Culte. Compte Rendu de la Vingtième Rencontre Assyriologique Internationale organisée à Leiden du 3 au 7 juillet 1972 sous les auspices du Nederlands Instituut vor het Nabije Oosten (Leiden 1975), 108-115

KB A. Salonen, *Die Fischerei im alten Mesopotamien* (Helsinki 1970)
JAOS 95 (1975), 115

KB C. Saporetti, *Onomastica medio-assira* (*StP* 6, Rom 1970)
JAOS 95 (1975), 115

KB *Cuneiform Texts in the British Museum* 31 (London 1972)
JAOS 95 (1975), 115

KB M. Hammond/L.J. Bartson, *The city in the ancient world* (Cambridge/Mass. 1972)
JAOS 95 (1975), 115-116

KB F.E. Peters, *The harvest of Hellenism. A history of the Near East from Alexander the Great to the triumph of christianity* (New York 1971)
JAOS 95 (1975), 116

KB G. Dumézil, *Archaic Roman religion* (Chicago/London 1970)
JAOS 95 (1975), 116

KB L. Sabourin, *Priesthood. A comparative study* (*Studies in the History of Religions* 25, Leiden 1973)
JAOS 95 (1975), 117

KB D. Baly/A.D. Tushingham, *Atlas of the Biblical world* (New York 1971)
JAOS 95 (1975), 117

KB A.D. Nock, *Essays on religion and the ancient world* (Cambridge/Mass. 1972)
JAOS 95 (1975), 117

KB H. Goedicke (Hrsg.), *Near Eastern studies in honor of William Foxwell Albright* (Baltimore 1971)
JAOS 95 (1975), 118

KB M.R. James (Hrsg.), *The Biblical antiquities of Philo* (New York 1971)
JAOS 95 (1975), 118

1976 A Hammurapis Stele "König der Gerechtigkeit". Zur Frage von Recht und Gesetz in der altbabylonischen Zeit
WO 8 (1976), 228-235

A The daughters of Urbaba. Some thoughts on the succession to the throne during the 2. Dynasty of Lagash
B. Eichler (Hrsg.), *Kramer Anniversary Volume. Cuneiform studies in honor of Samuel Noah Kramer* (*AOAT* 25, Kevelaer/Neukirchen-Vluyn 1976), 367-369

L Lex talionis
Interpreter's Dictionary of the Bible, Supplementary Volume VIII (Nashville 1976), 545-546

1976-80

L Inthronisation
RlA 5 (1976-1980), 128-136

1977 A Wrongdoing and its sanctions. On "criminal" and "civil" law in the Old Babylonian period
JESHO 20 (1977), 65-77

A Legal aspects of sealing in Ancient Mesopotamia
M.G. Gibson/R.D. Biggs (Hrsg.), *Seals and Sealing* (*BiMes* 6, Malibu 1977) 75-88

1978 A –/E. Reiner
The case of the secret lover. *muštarqu – muštarriqu* – a Gt:Dt opposition
AfO 25 (1974/1977), 184-185

A Mesopotamian epic literature
F.J. Oinas (Hrsg.), *Heroic epic and saga. An introduction to the world's great folk epics* (Bloomington/London), 27-48

1979 A Wiedererstehendes Babylon – 1978
MDOG 110 (1978), 29-41

A The city of Babylon during the Old Babylonian period
Sumer 35 (1979, 209-202 = arabischer Teil 198-203)

A Die Geschichte der Altorientalistik und der vorderasiatischen Archäologie in Berlin von 1875 bis 1945
W. Arenhövel/C. Schreiber (Hrsg.), *Berlin und die Antike. Aufsätze* (Berlin 1979), 151-192

A Interaction of temple, palace, and 'private enterprise' in the Old Babylonian economy
E. Lipiński (Hrsg.), *State and temple economy in the Ancient Near East I. Proceedings of the International Conference organized by the Katholieke Universiteit Leuven from the 10th to the 14th of April 1978* (*OLA* 5, Leuven 1979), 249-256

1980-83

L Königsinschriften. B. Akkadisch
RlA 6 (1980-1983), 65-77

L Kronprinz. A. Philologisch
RlA 6 (1980-1983), 248-249

L Kultbild. A. Philologisch (in Mesopotamien)
RlA 6 (1980-1983), 307-314

1981 A Appendix III: Inventory of seal inscriptions. Tentative transcriptions and translations
P.R.S. Moorey/E.C. Bunker/E. Porada/G. Markoe, *Ancient bronzes, ceramics and seals. The Nasli M. Heeramaneck Collection of Ancient Near Eastern, Central Asiatic, and European Art* (Los Angeles 1981), 261-262

1982 A Zur Bewirtschaftung von Dattelpalmgärten während der altbabylonischen Zeit
G. van Driel/Th.J.H. Krispijn/M. Stol/K.R. Veenhof (Hrsg.), *Zikir Šumim. Assyriological Studies Presented to F.R. Kraus on the Occasion of his Seventieth Birthday* (Leiden 1982), 290-297

A –/H.-J. Nissen
Zentrum und Peripherie. Politische und kulturelle Wechselbeziehungen im alten Vorderasien vom 4. bis 1. Jahrtausend v. Chr.
Mesopotamien und seine Nachbarn. Politische und kulturelle Wechselbeziehungen im alten Vorderasien vom 4. bis 1. Jahrtausend v. Chr. XXV. Rencontre Assyriologique Internationale, Berlin 3. bis 7. Juli 1978 (*BBVO* 1, Berlin 1982; 2. Auflage 1987), 1-5

1983 A –/D. Sürenhagen
Datierungsprobleme der Gruft 30 (Ass 11 190) in Assur
MDOG 112 (1982), 103-128

1983-84

N Hans-Jochen Thiel (07.09.1942-22.09.1981)
AfO 29-30 (1983-84), 334-335

1984 A Zur Inschrift Mesannepadda 1
RA 78 (1984), 175-176

A Patterns of non-institutional trade and non-commercial exchange in ancient Mesopotamia at the beginning of the second millennium B.C.
A. Archi (Hrsg.), *Circulation of goods in non-palatial context in the Ancient Near East. Proceedings of the International Conference organized by the Istituto per gli Studi Micenei ed Egeo-Anatolici* (*Incunabula Graeca* 82, Rom 1984), 31-123

KB H. Klengel, *Handel und Händler im alten Orient* (Leipzig 1979)
OLZ 79 (1984), 140-141

1985 A Ein seleukidischer Ehrentitel in keilschriftlicher Überlieferung
OrNS 54 (1985), 257-259

L Babylonische und assyrische Religion
Evangelisches Kirchenlexikon. Internationale theologische Enzyklopädie, Band 1 (Göttingen 1985), 349-352

B D. Charpin, *Archives familiales et propriété privée en Babylonie ancienne. Études des documents de "Tell Sifr"* (Paris/Genf 1980)
JAOS 105 (1985), 331-334

B H. Klengel, *Gesellschaft und Kultur im alten Vorderasien* (Berlin 1982)
OLZ 80 (1985), 553-555

1986 A Zu den altbabylonischen Archiven aus Sippar
K.R. Veenhof (Hrsg.), *Cuneiform archives and libraries. Papers read at the 30e Rencontre Assyriologique Inter-nationale, Leiden, 4-8 July 1983* (*PIHANS* 57, Leiden 1986), 96-105

A Neuassyrische Königsinschriften als Genre der Keilschriftliteratur. Zum Stil und zur Kompositionstechnik der Inschriften Sargons II. von Assyrien
K. Hecker/W. Sommerfeld (Hrsg.), *Keilschriftliche Literaturen. Ausgewählte Vorträge der XXXII. Rencontre Assyriologique Internationale* (*BBVO* 6, Berlin 1986), 109-128

B G. Dossin, *Correspondence féminine* (*ARM* 10, Paris 1980)
OLZ 81 (1986), 247-250

1987 A Überlegungen zur räumlichen Ausdehnung des Staates von Ebla an Hand der agrarischen und viehwirtschaftlichen Gegebenheiten
L. Cagni (Hrsg.), *Ebla 1975-1985. Dieci anni di studi linguistici e filologici. Atti del convegno internazionale Napoli, 9-11 ottobre 1985* (*Istituto Universitario Orientale – Dipartimento di Studi Asiatici, Series Minor* XXVII, Neapel 1987), 293-311

A Zur fünften Tafel des Gilgameschepos
F. Rochberg-Halton (Hrsg.), *Language, literature, and history: Philological and historical studies presented to Erica Reiner* (*AOS* 67, New Haven 1987), 317-326

1988 A Das Privateigentum an der Feldflur in der altbabylonischen Zeit
B. Brentjes (Hrsg.), *Das Grundeigentum in Mesopotamien* (*Jahrbuch für Wirtschaftsgeschichte - Sonderband*, Berlin 1987), 49-67

A Zur Wurzel *MLK* in akkadischen Texten aus Syrien und Palästina
A. Archi (Hrsg.), *Eblaite personal names and Semitic name-giving. Papers of a symposium held in Rome, July 15-17, 1985* (*ARES* 1, Rom 1988), 165-172

1989 A Zur Rolle von Preisen und Löhnen im Wirtschaftssystem des alten Mesopotamien an der Wende vom 3. zum 2. Jahrtausend v. Chr. – Grundsätzliche Fragen und Überlegungen
AoF 16 (1989), 234-252

A Probleme und Perspektiven einer Wirtschaftsgeschichte Mesopotamiens
Saeculum 40 (1989), 166-178

A –/J.-P. Grégoire
Die Interdependenz der wirtschaftlichen und gesellschaftlich-politischen Strukturen von Ebla. Erwägungen zum System der Oikos-Wirtschaft in Ebla
H. Waetzoldt/H. Hauptmann (Hrsg.), *Wirtschaft und Gesellschaft von Ebla. Akten der Internationalen Tagung Heidelberg, 4.-7. November 1986* (*HSAO* 2, Heidelberg 1989), 211-224

A Zu aktuellen Fragen der mesopotamischen Wirtschaftsgeschichte
P. Vavroušek/V. Soucek (Hrsg.), *Šulmu. Papers on the Ancient Near East presented at International Conference of Socialist Countries, Prague, Sept. 30 - Oct. 3, 1986* (Prag 1988), 301-317

L Harenbergs Lexikon der Weltliteratur (Dortmund)
Adapa-Mythos / Akkadische Literatur / Anzu-Mythos / Der arme Mann von Nippur / Atrahasis-Mythos / Codex Hammurapi / Enuma eliš / Erra-Mythos / Etana-Mythos / Gilgameš-Epos / Nergal und Ereškigal-Mythos

1990 A Rivers, water courses and irrigation ditches and other matters concerning irrigation based on Old Babylonian sources (2000-1600 B.C.)
BSAg 5 (1990), 31-46

A Report on the implications of employing draught animals
BSAg 5 (1990), 267-279

A Different economic spheres in the Urban economy of Ancient Mesopotamia
E. Aerts/H. Klengel (Hrsg.), *Tenth International Economic History Congress, Leuven 1990, Session B-16: The Town as Regional Economic Centre in the Ancient Near East* (*Proceedings* 20, Leuven 1990), 20-28

A "Versstrukturen" als Stilmittel in den Inschriften Sargons II. von Assyrien
T. Abusch/J. Huehnergard/P. Steinkeller (Hrsg.), *Lingering over words: Studies in Ancient Near Eastern Literature in honor of William L. Moran* (*HSS* 37, Atlanta 1990), 425-437

1991 A Wirtschaft und Gesellschaft
B. Hrouda (Hrsg.), *Der alte Orient. Geschichte und Kultur des alten Vorderasien* (München 1991), 187-216

1992 A Kranke, Krüppel, Debile – eine Randgruppe im Alten Orient?
V. Haas (Hrsg.), *Außenseiter und Randgruppen. Beiträge zu einer Sozialgeschichte des Alten Orients* (*Xenia – Konstanzer Althistorische Vorträge und Forschungen* 32, Konstanz 1992), 113-126

A Economia y sociedad
B. Hrouda (Hrsg.), *El antiguo Oriente* (Barcelona 1992), 188-215

1993 A Formen des Zugangs zu den lebensnotwendigen Gütern: Die Austauschverhältnisse in der altbabylonischen Zeit
AoF 20 (1993), 87-114

A Economia y sociedad en la Mesopotamia Antigua
Orientalia Argentina 9 (1993), 27-50

A L'économie et la société
B. Hrouda (Hrsg.), *L'Orient Ancien* (Paris 1993), 187-215

1994 A On economic structures in ancient Mesopotamia
OrNS 63 (1994), 157-208

A Noch einmal: Was war der 'Kodex' Ḫammurapi - ein erlassenes Gesetz oder ein Rechtsbuch?
H.-G. Gehrke (Hrsg.), *Rechtskodifizierung und seine Normen im interkulturellen Vergleich* (*ScriptOralia* 66, Tübingen), 27-58

A Landwirtschaftliche Nutzfläche, Einwohnerzahlen und Herdengröße
H. Gasche/M. Tanret/C. Janssen/A. Degraeve (Hrsg.), *Cinquante-deux reflexions sur le Proche-Orient ancien offertes en hommage à Léon De Meyer* (*MHEO* II, Leuven 1994), 251-254

1995 A Zu den Besitzverhältnissen am Ackerland im altbabylonischen Uruk. Bemerkungen zu den Texten aus dem "Archiv" W 20038, 1-59
AoF 22 (1995), 157-159

A Subsistenzproduktion und redistributive Palastwirtschaft: Wo bleibt die Nische für das Geld? Grenzen und Möglichkeiten für die Verwendung von Geld im alten Mesopotamien
W. Schelkle/M. Nitsch (Hrsg.), *Rätsel Geld. Annäherungen aus ökonomischer, soziologischer und historischer Sicht* (Marburg), 271-324

A Institutional, communal, and individual ownership or possession of arable lands in Ancient Mesopotamia from the end of the fourth to the end of the first Millennium B.C.

J. Lindgren et al. (Hrsg.), *Symposium on Ancient Law, Economics and Society. Part II.* (*Chicago-Kent Law Review 71/1*, 1995), 269-317

1996 A Handwerk und Handwerker im alten Mesopotamien. Eine Einleitung
AoF 23 (1996), 211-231

A Vergangenes Geschehen in der Textüberlieferung des alten Mesopotamien
H.-J. Gehrke/A. Möller (Hrsg.), *Vergangenheit und Lebenswelt – Soziale Kommunikation, Traditionsbildung und historisches Bewußtsein* (*SciptOralia* 90, Tübingen), 9-60

L H. Cancik/H. Schneider (Hrsg.), *Der Neue Pauly – Enzyklopädie der Antike. Band 1: A-Ari* (Stuttgart/Weimar)
Amulett. A. Alter Orient (Sp. 631); Archiv. Alter Orient (Sp. 1022-1023)

1997 A Ein Bericht über das Assurprojekt der Deutschen Orient-Gesellschaft und des Vorderasiatischen Museums zu Berlin
S. Parpola/R. Whiting (Hrsg.), *Assyria 1995: Proceedings of the 10th Anniversary Symposium of the Neo-Assyrian Text Corpus Project. Helsinki, September 7-11, 1995* (Helsinki 1997), 261-279

L H. Cancik/H. Schneider (Hrsg.), *Der Neue Pauly - Enzyklopädie der Antike. Band 2: Ark-Ci* (Stuttgart/Weimar)
Bevölkerung, Bevölkerungsdichte. F. Alter Orient (Spp. 605-606) / Bilingue. A. Definition / Bilingue. B. Alter Orient (Vorderasien und Ägypten) (Spp. 673-676)

L H. Cancik/H. Schneider (Hrsg.), *Der Neue Pauly – Enzyklopädie der Antike. Band 3: Cli-Epi* (Stuttgart/Weimar)
Enlil (Sp. 1041)

1998 L H. Cancik/H. Schneider (Hrsg.), *Der Neue Pauly – Enzyklopädie der Antike. Band 4: Epo-Gro* (Stuttgart/Weimar)
Ergasterion. I. Alter Orient (Sp. 62) / Familie. I. Alter Orient (Spp. 405-406) / Frau. A. Einführung / Frau. B. Mesopotamien (Spp. 630-631) / Garten. I. Alter Orient und Ägypten (Spp. 786-787) / Gebet. I.C. Mesopotamien und Syrien-Palästina (Spp. 829-830) / Geheimpolizei. A. Alter Orient (Spp. 862-863) / Geld, Geldwirtschaft. I. Alter Orient und Ägypten (Sp. 873) / Genealogie. I. Vorderer Orient und Ägypten (Sp. 906) / Gilgamesch, Gilgamesch-Epos (Spp. 1072-1073)

L H. Cancik/H. Schneider (Hrsg.), *Der Neue Pauly – Enzyklopädie der Antike. Band 5: Gru-Iug* (Stuttgart/Weimar)

Ḫammurapi (Spp. 105-106) / Handel. I. Alter Orient (Spp. 106-108) / Hieros Gamos. II. Alter Orient (Sp. 552) / Hortikultur. I. Alter Orient und Ägypten (Sp. 737) / Iobaritai (Sp. 1054) / Ištar (Sp. 1146)

1999 L H. Cancik/H. Schneider (Hrsg.), *Der Neue Pauly – Enzyklopädie der Antike. Band 6: ...* (Stuttgart/Weimar) Kochbücher. I. Alter Orient und Ägypten (Spp. 620-621) / Kriegsbeute. I. Alter Orient (Spp. 835-836) / Kriegsgefangene. I. Alter Orient (Spp. 842-843) / Kümmel. I. Alter Orient (Sp. 883) / Kult, Kultus. II. Alter Orient (Spp. 892-893) / Lagaš (Sp. 1063) / Latage (Sp. 1160) / Lauch. I. Mesopotamien, Ägypten, Kleinasien (Spp. 1182-1183)

II. Herausgeberschaft

1982- Herausgeber der Reihe *Berliner Beiträge zum Vorderen Orient* (Berlin) in Verbindung mit V. Haas, H. Kühne und H.J. Nissen

1982 –/H.-J. Nissen
Mesopotamien und seine Nachbarn. Politische und kulturelle Wechselbeziehungen im alten Vorderasien vom 4. bis 1. Jahrtausend v. Chr.. XXV. Rencontre Assyriologique Internationale, Berlin 3. bis 7. Juli 1978 (*BBVO* 1, Berlin 1982; 2. Auflage Berlin 1987)

1993- Herausgeber von *Klio: Beiträge zur alten Geschichte* (Berlin, Akademie-Verlag) ab Band 75 (1993)

1994- Herausgeber der Zeitschrift *Altorientalische Forschungen* (Berlin, Akademie Verlag), ab Band 21 (1994)

1996- Fachgebietsmitherausgeber von H. Cancik/H. Schneider (Hrsg.), *Der Neue Pauly – Enzyklopädie der Antike* (Stuttgart/Weimar)

1999 –/H. Klengel
Landwirtschaft im Alten Orient. Ausgewählte Vorträge der XLI. Rencontre Assyriologique Internationale Berlin, 4.-8.7.1994 (*BBVO* 18, Berlin 1999)

III. Sonstiges

1968- Mitarbeiter des *The Assyrian Dictionary of the Oriental Institute of the University of Chicago*: Band A/2 (1968), K (1970), M (1977), N (1980), Š/1 (1989), Š/2 (1992) und Š/3 (1992)

"Djemdet Nasr" in Assur?[1]

Jürgen Bär (Heidelberg)

Johannes Renger gehörte von Anfang an zu jenem Personenkreis, der die Neubearbeitung der archaischen Ištar-Tempel im Rahmen des Assur-Projekts unterstützt und maßgeblich gefördert hat.[2] Ohne ihn wäre dieses erste Vorhaben im archäologischen Teil des Projekts nicht verwirklicht worden. Als kleiner Ausdruck meines Dankes möge der folgende Beitrag dienen.

Vom philologischen Standpunkt aus betrachtet beginnt die historische Zeit in Assur mit der Dynastie von Akkad. Die frühesten, sicher datierbaren schriftlichen Quellen, die uns bis jetzt vorliegen, sind der von Rimuš geweihte Keulenkopf (Assur 20580 / VA 5298)[3], der wohl in sekundärer Fundlage bei einem akkadischen Wohnhaus zum Vorschein kam,[4] sowie eine

---

[1] Die Schreibung des Begriffs "Djemdet Nasr" folgt ganz bewußt der von A. Moortgat eingeführten Schreibweise. Zu den hier verwendeten Abkürzungen siehe W. v. Soden, *AHw* III (1981), IX-XVI. Zusätzliche Abkürzungen sind: *BBV = Berliner Beiträge zur Vorgeschichte*; *DAA = Denkmäler Antiker Architektur*; *PBF = Prähistorische Bronzefunde*; *PKG = Propyläen Kunstgeschichte*.
Aus drucktechnischen Gründen wurde auf die Reproduktion von Photographien weitgehend verzichtet. Die besprochenen und zum Vergleich herangezogenen Objekte sind hinreichend veröffentlicht und durch die zitierte Literatur leicht zugänglich.

[2] Siehe hierzu J. Renger, "Ein Bericht über das Assurprojekt der Deutschen Orient-Gesellschaft und des Vorderasiatischen Museums zu Berlin", in S. Parpola/R.M. Whiting (Hrsg.), *Assyria 1995: Proceedings of the 10th Anniversary Symposium of the Neo-Assyrian Text Corpus Project. Helsinki, September 7-11, 1995* (Helsinki 1997), 261f., 265.

[3] E.A. Braun-Holzinger, *Mesopotamische Weihgaben der frühdynastischen bis altbabylonischen Zeit* (*HSAO* 3, Heidelberg 1991), 47, K 24; D.R. Frayne, *Sargonic and Gutian Period (2334-2113 B.C.)* (*RIME* 2, Toronto [u.a.] 1993), 71, E2.1.2.20, Nr. 42.

[4] C. Preußer, *Die Wohnhäuser in Assur* (*WVDOG* 64, Berlin 1954), 6, Taf. 22b.

Vierkantspitze (Assur 21340 / VA 8300) aus dem Bereich der Ištar-Tempel,[5] die ein gewisser Azuzu dem Maništusu dedizierte.[6]

Aus archäologischer Sicht setzt eine kontinuierliche Baustratigraphie in Assur mit den Tempeln der Göttin Ištar ein, die sich im Südwesten der Oberstadt in einem relativ eng begrenzten Gebiet erstrecken (Abb. 1).

Nach vicrjähriger, fast ununterbrochener Grabungstätigkeit gelang es dem Ausgräber W. Andrae in den Planquadraten eA6V-eE7IV insgesamt acht verschiedene Bauschichten zu unterscheiden, die aus Neu- und Umbauten mit diversen Benutzungsphasen bestanden.[7] Zeitlich ließen sich diese Anlagen in zwei Gruppen unterteilen. Zunächst drei nebeneinanderliegende Bauwerke, die mit Hilfe der darin gefundenen Inschriften als Tempel der Göttin Ištar identifiziert werden konnten und jeweils Neubauten verschiedener assyrischer Könige darstellten, deren Namen ebenfalls aus den Inschriften hervorgingen.[8] Diese ersten drei Tempel wurden die "jüngeren" Ištar-Tempel genannt, zu denen der Šarrat-nipḫa-Tempel[9] Salmanassars III.[10] und der Ištar-Aššuritu-Tempel des Aššur-reš-išši zählen.[11] Der älteste und aufwendigste dieser Bauten war der von Tukulti-Ninurta I. errichtete Doppeltempel für die Ištar-Aššuritu und

---

[5] W. Andrae, "Die jüngeren Ischtar-Tempel in Assur", *MDOG* 73 (1935), 1f., Abb. 1; E.A. Braun-Holzinger, *Mesopotamische Weihgaben*, 88, MW 4, Taf. 5; A.K. Grayson, *Assyrian Rulers of the third and second Millennia BC (To 1115 BC)* (*RIMA* 1, Toronto [u.a.] 1987), 8, A.O. 1002, 2001; D.R. Frayne, *RIME 2*, 82, E2.1.3.2002.

[6] Zu den akkadischen Schriftquellen aus Assur und deren Bedeutung für die Stadt siehe H. Neumann, "Assur in altakkadischer Zeit: Die Texte", in H. Waetzoldt/H. Hauptmann (Hrsg.), *Assyrien im Wandel der Zeiten. XXXIXe Rencontre Assyriologique Internationale* (*HSAO* 6, Heidelberg 1997), 133ff.

[7] Vgl. W. Andrae, *Die archaischen Ischtar-Tempel in Assur* (*WVDOG* 39, Leipzig 1922), 2ff.

[8] W. Andrae, *Die jüngeren Ischtar-Tempel in Assur* (*WVDOG* 58, Leipzig 1935), 1.

[9] Zur Schreibung dieses Tempelnamens, der immer wieder unterschiedlich wiedergegeben wird, siehe A.R. George, *Babylonian Topographical Texts* (*OLA* 40, Leuven 1992), 181, Nr. 20.

[10] W. Andrae, *Die jüngeren Ischtar-Tempel*, 113ff., Taf. 1, 4b, 52-53; ders., *Das wiedererstandene Assur* (2. Auflage, München 1976), 215ff., Abb. 197; E. Heinrich, *Tempel und Heiligtümer im Alten Mesopotamien. Typologie, Morphologie und Geschichte* (*DAA* 14, Berlin 1982), 248, 264, Abb. 345, 347.

[11] W. Andrae, *Die jüngeren Ischtar-Tempel*, 109ff., Taf. 1, 4a, 5, 49-51; ders., *Das wiedererstandene Assur*, 191f., Abb. 169; E. Heinrich, *Tempel und Heiligtümer*, 239, Abb. 328; zu einem geänderten Ergänzungsversuch des Grundrisses siehe jetzt P.A. Miglus, *Das Wohngebiet von Assur* (*WVDOG* 93, Berlin 1996), 140f., Plan 122.

Dinītu/Šulmānītu[12], der zu den bedeutendsten Heiligtümern Assyriens in dieser Zeit gehörte.[13]

In dessen Bereich, in dem sich mehrere sich gegenseitig überlagernde Gebäudereste konzentrierten, unterschied man zunächst drei Schichten bzw. Fußböden, die mit den Buchstaben A-C bezeichnet wurden. Der oberste Fußboden A korrelierte mit dem Hofniveau des mittelassyrischen Ištar-Aššuritu-Tempels. Darunter kamen weitere Reste von fünf übereinanderliegenden Gebäuden zum Vorschein, die älter waren als alle bisher in Assur ausgegrabenen Architekturreste und deshalb als "archaische" Ištar-Tempel bezeichnet wurden (Abb. 2).[14] Obwohl man unmittelbar in diesen älteren Kultbauten keine Inschriften fand, die Auskunft über deren Erbauer oder die darin verehrte Gottheit gaben, bestand aufgrund der im Alten Orient üblichen Kultkontinuität kein Zweifel daran, daß es sich auch bei diesen Bauwerken um der Ištar geweihte Tempel handeln mußte.[15] Außerdem waren bereits während der Freilegung mit der sekundär verlegten Steinplatte des Zarriqum (Assur 21982)[16], einem Inschriftenfund des Ilu-šumma (Assur 19977)[17]

---

[12] Zur Schreibung und Lesung des Namens vgl. A.K. Grayson, *RIMA* 1, 259ff., Nrn. 14-16 sowie A.R. George, *House Most High. The Temples of ancient Mesopotamia* (*MesCiv* 5, Winona Lake 1993), 68, Nr. 80, 115, Nr. 662.

[13] W. Andrae, *Die jüngeren Ischtar-Tempel*, 17ff., Abb. 9, Taf. 1-3; ders., *Das wiedererstandene Assur*, 152ff., Abb. 128; E. Heinrich, *Tempel und Heiligtümer*, 213f., 233f. Vgl. C. Wilcke, "Inanna/Ištar", *RlA* 5 (1976-80), 78f.

[14] Da zum Zeitpunkt der Ausgrabung noch kein gesichertes Chronologiesystem für diese Zeitspanne in der vorderasiatischen Altertumskunde vorlag, ist die Bezeichnung "archaisch" hier nicht als Epochen- oder Stilbegriff zu verstehen, wie etwa in der griechischen Antike; vielmehr wurde dieser Begriff in Assur generell für Funde und Befunde verwendet, die in das 3. und beginnende 2. Jt. v. Chr. datierten. Erst in der Veröffentlichung der jüngeren Ištar-Tempel traf W. Andrae, *Die jüngeren Ischtar-Tempel*, 1 folgende Trennung: "Das, was wir archaische Zeit nennen, endet mit der Erhebung Assurs unter Assur-uballit I. um 1380." Im Gegensatz dazu faßte W. Andrae, *Die Festungswerke von Assur* (*WVDOG* 23, Leipzig 1913), 133ff. unter diesem Begriff noch sämtliche Baureste der Herrscher Kikia bis Aššur-rim-nišešu zusammen.

[15] Vgl. W. Andrae, *Die archaischen Ischtar-Tempel*, 2f.; ders., *Das wiedererstandene Assur*, 103ff.

[16] J. Jordan, "Aus den Grabungsberichten aus Assur. Mai bis August 1912", *MDOG* 49 (1912), 30f.; W. Andrae, *Die archaischen Ischtar-Tempel*, 106f., Abb. 78; E.A. Braun-Holzinger, *Mesopotamische Weihgaben*, 316f, W 31; A.K. Grayson, *RIMA* 1, 9, A.O. 1003, 2001; O. Pedersén, *Katalog der beschrifteten Objekte aus Assur* (*ADOG* 23, Saarbrücken 1997), 49. Die Fundstelle ist bei W. Andrae, *Die jüngeren Ischtar-Tempel*, Taf. 1 eingetragen.

[17] J. Jordan, *MDOG* 49, 30f.; W. Andrae, *Die archaischen Ischtar-Tempel*, 115f., Abb. 93, Taf. 65 (nicht "Taf. 71"[sic!]); ders., *Die jüngeren Ischtar-Tempel*, 23, 25; A.K. Grayson, *RIMA* 1, 15, A.O. 32, 1; O. Pedersén, *Katalog der beschrifteten Objekte*, 104.

sowie der perforierten Weihplatte des Ititi (Assur 20377 / VA 8831a)[18] gleich mehrere Texte bekannt geworden, die einen Ištar-Tempel lange vor der mittelassyrischen Zeit bezeugten und folglich auf die älteren Gebäude bezogen wurden.[19]

Die Schichtensequenz der ältesten Ištar-Tempel erhielt die Buchstaben D-H.[20] Die zwischen Fußboden A und dem Bauzustand D liegenden Fußböden B/C wurden als Ausbesserungsphasen bzw. Niveauaufstockungen interpretiert, die noch zur Schicht D gehört haben könnten.[21] Während man die Tempel E und D an die Wende vom 3. bis 2. Jt. v. Chr. bzw. in den Zeitraum von der altassyrischen bis zur mittelassyrischen Zeit datierte und Bauschicht F in das letzte Drittel des 3. Jt. v. Chr. einordnete, gehören die ältesten Anlagen H/G nach einhelliger Meinung in die frühdynastische Zeit.[22] Lediglich zur Feindatierung divergieren die Auffassungen noch zwischen älter- und jüngerfrühdynastischer bzw. beginnender Akkad-Zeit.[23]

Daß es in Assur überhaupt zu einer größerflächigen Freilegung von Befunden aus dem 3. Jt. v. Chr. kam, ist nicht der Intention der Ausgräber zu verdanken, sondern vielmehr der besonderen topographischen Situation in diesem Teil des Stadtgebiets (Abb. 1). Südöstlich des Tempelareals liegt mit dem "Zentralhügel" die höchste Erhebung des Ruinengeländes, die nach Norden hin in einer langgestreckten, 7m tiefen Senke ausläuft, so daß die frühen Baureste der Ištar-Tempel bereits unmittelbar unter der Hügeloberfläche anstanden.[24] Dagegen ist in allen anderen Arealen des ca. 1,3km² großen Stadtgebiets, bedingt durch die schmalen Suchgräben und die massive

---

[18] J. Jordan, *MDOG* 49, 33f.; W. Andrae, *Die archaischen Ischtar-Tempel*, 106, Taf. 64a, b; E.A. Braun-Holzinger, *Mesopotamische Weihgaben*, 317, W 32; H. Neumann, in *Assyrien im Wandel der Zeiten*, 134; A.K. Grayson, *RIMA* 1, 7, A.O.1001, 1; D.R. Frayne, *RIME* 2, 238f., E.2.4.1; O. Pedersén, *Katalog der beschrifteten Objekte*, 49.

[19] Erstmalig bei W. Andrae, "Aus den Berichten aus Assur. März 1913 bis April 1914", *MDOG* 54 (1914), 15ff.

[20] Die alphabetische Schichtenbezeichnung wurde von W. Andrae, ibid., 6f., Anm. * zum ersten Mal veröffentlicht und bis zur Endpublikation unverändert beibehalten.

[21] Vor allem W. Andrae, *Die archaischen Ischtar-Tempel*, 112; ders., *Die jüngeren Ischtar-Tempel*, 4.

[22] Die Nennung absoluter Zahlen erfolgte bei W. Andrae, *Die archaischen Ischtar-Tempel*, 5; ders., *Das wiedererstandene Assur*, 104, 112f., 119.

[23] Siehe zusammenfassend G. van Driel, *The Cult of Aššur* (Assen 1967), 5f.; E. Klengel-Brandt, *Terrakotten aus Assur im Vorderasiatischen Museum* (Berlin 1978), 11 Anm. 2-6.

[24] Die Beschaffenheit des Geländes stellte für die Ausgräber ein besonderes Erschwernis dar, weil die jüngere Bebauung in diesem Bereich sehr stark durch Erosion in Mitleidenschaft gezogen worden war; vgl. W. Andrae, *Die jüngeren Ischtar-Tempel in Assur*, 1.

jüngere Überbauung, der Eindruck, den man von den ältesten Befunden gewonnen hat, nur sehr ausschnitthaft und punktuell geblieben.[25]

Trotz oder gerade wegen der begrenzten Aussagekraft von Funden und Befunden aus dem 3. Jt. v.Chr. hat es seit dem Ende der deutschen Ausgrabungen im Jahre 1914 und während der sukszessiven Veröffentlichung der Grabungsergebnisse zwischen 1909 und 1955 immer wieder Vermutungen darüber gegeben, ob es nicht sogar noch ältere Reste in Assur gibt. Genährt wurden solche Spekulationen zunächst durch die Ausgräber selbst, allen voran W. Andrae, der mehr oder minder konkrete Aussagen hierzu gemacht hat. In der Folgezeit kristallisierten sich aber auch durch die Rezeption des Fundmaterials diverse Artefakte heraus, für die eine Datierung in die ausgehende Frühgeschichte oder die älterfrühdynastische Zeit erwogen wurde; einen Zeitraum also, für den bislang noch keine eindeutigen Befunde in Assur nachweisbar sind. Die jeweiligen Autoren sind dabei auf recht unterschiedliche Weise mit diesem schwierigen Thema umgegangen. Die einen trafen derartig frühe Datierungen, ohne auf die damit verbundenen Konsequenzen einzugehen; die anderen verfochten den frühen zeitlichen Ansatz ganz gezielt, um einer Diskussion zur frühen Besiedlung und Entwicklung Assurs Vorschub zu leisten.

Im vorliegenden Beitrag sollen die zur Dispostion stehenden Funde und Befunde sowie die daran geknüpften Thesen und Theorien noch einmal vorgestellt und hinsichtlich ihrer Aussagekraft in bezug auf die chronologische Fragestellung analysiert werden. Die inhaltliche Gewichtung muß naturgemäß ziemlich unterschiedlich ausfallen, was einerseits der ungünstigen Überlieferungssituation anzulasten ist, andererseits der noch ausstehenden Auswertung aller zur Verfügung stehenden Quellen.

1. Die "Ursiedler"

Den Zeitraum vor der Errichtung des ältesten festgestellten Ištar-Tempels H hat W. Andrae in zwei Phasen unterteilt, die chronologisch nur sehr unpräzise umrissen sind. Der ersten Phase wurden die sog. Ursiedler in einer nicht näher eingegrenzten "Ur-" oder "Vorgeschichte" zugewiesen.[26] Die

---

[25] Siehe auch die ausgezeichnete Luftbildaufnahme der Oberstadt von Assur bei B. Hrouda (Hrsg.), *Der Alte Orient. Geschichte und Kultur des alten Vorderasien* (Gütersloh 1991), 115 auf der deutlich die parallel verlaufenden Suchgräben sowie die einzelnen Baukomplexe zu erkennen sind.

[26] W. Andrae, *Das wiedererstandene Assur* (*SDOG* 9, Leipzig 1938), 69f. (im folgenden *SDOG* 9); ders., *Das wiedererstandene Assur* (2. Auflage), 98. Synonym wurden hierfür noch die Begriffe "Menschen einer sehr frühen Zeit", "Steinzeit" oder "Neolithiker" verwendet.

zweite Phase, die "frühe geschichtliche Zeit" bzw. die "alte Schicht", wurde gemäß dem damaligen Forschungsstand um etwa 3000 v.Chr. angesetzt.[27]

Im gesamten Stadtgebiet von Assur trafen die Ausgräber auf "Löcher und Feuerstätten einfachster Art"[28], die sie den "Ursiedlern" aus einer "vorgeschichtlichen Zeit" zuschrieben.[29] Diese ersten Siedler haben W. Andrae zufolge zuerst den nordöstlichen Felsvorsprung – den späteren Bauplatz des Aššur-Tempels – besetzt, wobei die natürlichen Gegebenheiten dieser exponierten Stelle schon die Gründung eines Kultplatzes bedingt hätten.[30] In der sich erweiternden Siedlung sei dann im Bereich des Ištar-Tempels eine weitere Kultstätte entstanden.[31]

Außer den erwähnten Gruben und Feuerstellen wurden mit den "Ursiedlern" fünf fragmentarische Kalksteinplättchen mit zum Teil figürlichen Ritzverzierungen in Verbindung gebracht[32], von denen bislang drei Artefakte mit ihrer Grabungsnummer identifiziert werden konnten (Abb. 3). In allen drei Fällen handelt es sich um Streufunde aus bewegter Erde.[33]

Das erste Fragment (Assur 20038) stammt aus dem "unteren Schutt" des Planquadrats eA6IV, das den westlichen Teil des Ištar-Temenos abdeckte (Abb. 3a). Ein zweites Bruchstück (Assur 20503) fand sich im Gebiet des Sin-Šamaš-Tempels (Planquadrat fD6III), weit außerhalb der Ištar-Heiligtümer (Abb. 3b). Beide Plättchen tragen eine stark stilisierte Ritzung, die man als Teile des Unterkörpers, mit dem Schambereich und den anschließenden Oberschenkeln, unbekleideter weiblicher Figuren interpretieren könnte. Das dritte Fragment (Assur 20549) wurde von einer Abraumhalde geborgen, die westlich an das Gebiet der Ištar-Heiligtümer

---

[27] Nur bei W. Andrae, *SDOG* 9, 70 mit absoluten Zahlen angegeben.

[28] W. Andrae, *SDOG* 9, 69 bzw. ders., *Das wiedererstandene Assur*, 98.

[29] Ursprünglich hatte W. Andrae, *SDOG* 9, 69 diese Reste in die "Steinzeit" verwiesen, was in der zweiten Auflage zum allgemeineren Begriff "Vorgeschichte" korrigiert wurde; siehe W. Andrae, *Das wiedererstandene Assur*, 98.

[30] W. Andrae, ibid., 98: "Man wird vermuten dürfen, daß die Ursiedler zuerst bis zur Nordostspitze vordrangen und dieses gut gesicherte Kap einnahmen. Ihr Führer wird sich dort eingerichtet haben. Die Stätte wurde geheiligter Brennpunkt."

[31] W. Andrae, *SDOG* 9, 70: "Ein zweiter Brennpunkt der sich erweiternden Siedlung dürfte da gelegen haben, wo später die Ištar-Tempel errichtet waren. Es ist die Stätte der weiblichen, mütterlichen Gottheit. – Das sind Rückschlüsse." B. Hrouda hat *apud* W. Andrae, *Das wiedererstandene Assur*, 302 Anm. 42 zu Recht darauf hingewiesen, daß die Ištar nie eine Muttergottheit gewesen ist, sein Vergleich mit der griechischen Göttin Athene "hinkt" allerdings sehr stark.

[32] W. Andrae, *SDOG* 9, 70, Abb. 31a-d, Abb. 32; ders., *Das wiedererstandene Assur*, 101, Abb. 71a-d, Abb. 72.

[33] Vgl. dazu bereits W. Andrae, *SDOG* 9, 69 bzw. ders., *Das wiedererstandene Assur*, 98.

grenzte. Es zeigt einen stark stilisierten Vierbeiner mit zwei konzentrischen Kreisen davor, von denen weitere Linien abzweigen. Unter beiden Motiven verläuft ein breites fischgrätartiges Band.

Zu diesen drei Bruchstücken könnte nach Art und Wiedergabe der Ritzung ein weiteres, noch nicht identifiziertes Teil gehören, das mit Kreisen, eingeschriebenen Punkten, Radialstrichelung sowie einer senkrechten und waagrechten Linie, von der wiederum kurze Striche ausgehen, verziert ist (Abb. 3d). Das fünfte und letzte Steinplättchen fällt – soweit dies anhand der Umzeichnung beurteilt werden kann – in Größe und Ausführung aus dem Rahmen der bisher besprochenen Fragmente und erinnerte bereits W. Andrae an die rundplastischen Terrakottafiguren aus Assur.[34] Auf der annähernd rechteckigen Platte ist eine lediglich in Umrissen roh ausgeführte Wiedergabe einer nackten Frau abgebildet (Abb. 3e). Arme und Beine, der Oberkörper sowie Einzelheiten des Gesichts sind zwar nur andeutungsweise ausgeführt, aber die Figur scheint eine Frisur mit seitlich herabhängenden Zöpfen und einen aus Reifen bestehenden Halsschmuck zu tragen.

B. Hrouda wies alle fünf Artefakte an den Beginn der frühdynastischen Zeit, ohne dies jedoch näher zu begründen.[35] Eine exakte zeitliche Einordnung dürfte angesichts der unklaren Fundsituation, mangels direkter Vergleichsstücke und nur anhand der Umzeichnungen kaum möglich sein.

Zu einem zweiten Siedlungsabschnitt, der auf die "Ursiedler" folgte, rechneten die Ausgräber geringe und zusammenhanglose Baureste, die sie jeweils unter dem Aššur-Tempel, der "Urplan"-Anlage des Alten Palasts sowie den Ištar-Tempeln ermittelten.[36] In welchem zeitlichen Verhältnis diese Befunde zueinander und zu den sog. Ursiedlern stehen, konnte nicht befriedigend geklärt werden. Die in den Grabungsveröffentlichungen verwendete chronologische Terminologie trägt denn auch mehr zur Verwirrung als zur Klärung dieses Sachverhaltes bei.

Unter dem Aššur-Tempel ergaben sich zum einen "vorgeschichtliche" Mauerzüge,[37] in denen der bekannte Kupferhort deponiert war,[38] der vermutlich in die frühdynastische Zeit oder, aufgrund stilistischer

---

[34] W. Andrae, *SDOG* 9, 69 bzw. ders., *Das wiedererstandene Assur*, 98.

[35] B. Hrouda *apud* W. Andrae, *Das wiedererstandene Assur*, 303 Anm. 63f. Die völlig unbegründete Datierung mag darauf zurückzuführen sein, daß nach seiner Auffassung in diese Zeit auch die Gründung des ältesten Ištar-Tempels fällt.

[36] W. Andrae, *SDOG* 9, 70 bzw. ders., *Das wiedererstandene Assur*, 98, 103. Nachweise für eine frühe Stadtbefestigung konnten nicht erbracht werden.

[37] A. Haller/W. Andrae, *Die Heiligtümer des Gottes Assur und der Sin-Šamaš-Tempel in Assur* (*WVDOG* 67, Berlin 1955), 9ff., Abb. 1, Taf. 4, 5, 9 (Schnitt G-H).

[38] Ibid., 12, Taf. 26-27.

Eigentümlichkeiten, sogar etwas später datiert werden kann.[39] Jünger als diese Reste waren die Fundamente der "ältesten Tempel"[40], die aus der Zeit vor Irišum I. stammen sollten und versuchsweise mit der Schicht E der archaischen Ištar-Tempel gleichgesetzt wurden.[41] Die "prähistorischen" Schichten mit Tontafelfunden (Assur 19492) unter dem Alten Palast korrelierten die Ausgräber mit der Schicht G des Ištar-Tempels.[42] Sie können nach erneuter Auswertung der Kleinfunde sowie der Paläographie der Inschriften sicher in die Akkad- und vielleicht noch bis in die frühdynastische Zeit datiert werden.[43] Auf die ältesten Befundreste im Bereich der Ištar-Tempel wird weiter unten noch ausführlich eingegangen.

Die Anfänge der Besiedlung Assurs und die damit einhergehende Einrichtung erster Kultstätten liegt nach dem derzeitigen Stand der Ausgrabungstätigkeiten noch völlig im Dunkeln. Die Baureste und Funde, die der Ausgräber seinen beiden skizzierten Siedlungsphasen zuwies sowie die Form ihrer Darstellung werfen letztlich mehr Fragen auf als sie beantworten. Ein Teil der beschriebenen ritzverzierten Steinplättchen stammt aus dem Außenbereich bzw. der näheren Umgebung der Ištar-Tempel. Sie können aber in keinerlei direkte Beziehung zu den Resten der "Ursiedler" oder sonstigen Befunden gebracht werden. Bemerkenswert sind an den Ritzzeichnungen die Motive nackter, weiblicher Figuren vor allem im Hinblick auf die nahegelegenen Heiligtümer der Göttin Ištar, in denen von der frühdynastischen bis zur mittelassyrischen Zeit zahlreiche unbekleidete Frauendarstellungen bezeugt sind.[44] Hierin scheint sich doch eine mehr als

---

39 Siehe dazu E.A. Braun-Holzinger, *Figürliche Bronzen aus Mesopotamien* (*PBF* I/4, München 1984), 14f., Nr. 43 mit Vergleichen und weiterführender Literatur.

40 A. Haller/W. Andrae, *Die Heiligtümer des Gottes Assur*, 12ff.

41 Die hierzu getroffenen Aussagen sind bezeichnend für die Gesamtsituation; vgl. ibid., 13: "Sicher gehören die bisher beschriebenen Baureste nicht alle in die gleiche Zeit. Gegen eine solche Annahme sprechen schon die mannigfaltigen Ziegelformate und die sehr verschiedenen Höhenlagen der einzelnen Teile"; und weiter ibid., 14: "Das Grabungsprotokoll verzeichnet noch eine Reihe von unzusammenhängenden Fetzen älteren und ältesten Mauerwerkes, die hier unberücksichtigt bleiben dürfen."

42 C. Preußer, *Die Paläste in Assur* (*WVDOG* 66, Berlin 1955), 10ff., Taf. 12c.

43 Siehe P.A. Miglus, "Untersuchungen zum Alten Palast in Assur", *MDOG* 121 (1989), 96ff. Zur Textgruppe, die im Rahmen des Assur-Projekts bearbeitet wird, siehe H. Neumann, in *Assyrien im Wandel der Zeiten*, 136ff.

44 Dazu gehören die Stein-, Elfenbein- und Terrakottafiguren der archaischen Anlagen sowie im weiteren Sinne auch die vielen Schamdreiecke aus "Fritte" und die Bleireliefs erotischen Inhalts aus dem mittelassyrischen Ištar-Tempel; siehe W. Andrae, *Die archaischen Ischtar-Tempel*, 55ff., Nrn. 60-66, Abb. 43-47, Taf. 29, 58, Nr. 68 (Assur S 22666 / VA 8271), Taf. 27c, 58, Nr. 69 (Assur S 21305 / VA 8329), Taf. 27b; ders., *Die jüngeren Ischtar-Tempel*, 87f., 103ff., Taf. 36, 45.

tausendjährige, ungebrochene Kulttradition auf engstem Raum widerzuspiegeln.

2. Die Siedlungstheorien

Im Anschluß an die oben referierten Überlegungen W. Andraes gab es immer wieder Versuche, den Besiedlungsbeginn der Stadt und deren Entwicklung zum bedeutenden, überregionalen Kultzentrum zu rekonstruieren. Dabei hat es zunächst zwar den Anschein, daß alle zu diesem Punkt vorgetragenen Äußerungen ausschließlich auf den Angaben des Ausgräbers beruhen,[45] doch bei genauer Lektüre stellt man fest, daß sich die jeweiligen Autoren der Fragestellung auf recht unterschiedlichen Wegen genähert haben.

Den Ausgangspunkt der Überlegungen von A.L. Oppenheim bot die essentielle Konzeption des assyrischen Königtums, in der der König zugleich auch höchster Priester des Gottes Aššur war.[46] Die Benennung der Jahre nach Eponymen im assyrischen Kalender, wobei das erste volle Jahr nach Regierungsantritt den Namen des Königs erhielt, wies für ihn zudem auf ein Rotationsprinzip hin, das seinen Ursprung möglicherweise in einer "primus inter pares"-Konstellation im assyrischen Herrschaftsverständnis habe.[47] Darauf aufbauend entwarf A.L. Oppenheim für die Frühzeit Assyriens das Bild von mehreren, in Form einer Amphiktyonie lebenden Stammesverbänden,[48] deren Führer abwechselnd als König und Priester fungierten.[49] Die Genese der Stadt Assur hätte sich dabei aus einem "nuclear hilltop sanctuary and its adjactent settlement" entwickelt.[50]

Einen völlig anderen Ansatz verfolgte D. Oates in seinem 1968 erschienenen Abriß zur antiken Geschichte des Nordiraq.[51] Basierend auf rezenten Beobachtungen in diesem Gebiet sowie durch Vergleiche mit besser dokumentierten Perioden, vor allem dem islamischen Mittelalter, ließen sich nach seiner Meinung für Assur und dessen Umgebung spezifische historische

---

45 Siehe zusammenfassend P.A. Miglus, *Das Wohngebiet von Assur*, 53.

46 A.L. Oppenheim, *Ancient Mesopotamia. Portrait of a Dead Civilization* (revised edition, completed by E. Reiner, Chicago 1977), 99.

47 Ibid.

48 Als geradezu "klassische" Beispiele für kultisch-politische Zusammenschlüsse um ein gemeinsames Heiligtum gelten die antiken griechischen Kultstätten Delphi, Delos und Dodona.

49 A.L. Oppenheim, *Ancient Mesopotamia*, 99.

50 Ibid., 131.

51 D. Oates, *Studies in the ancient History of Northern Iraq* (London 1968), 19ff.

Merkmale ableiten,[52] die zur Entstehung und Entwicklung der Stadt geführt hätten:[53] Zunächst habe eine nomadische Bevölkerung den Hügel als religiöse Stätte und vielleicht auch als temporären Lagerplatz genutzt, aus dem sich dann eine permanente Ansiedlung entwickelte.[54] Die Vorteile des Siedlungsplatzes Assur lagen für D. Oates zum einen in der geographischen und ökonomischen Randlage begründet,[55] die diesen Ort zu einem idealen Aufenthaltsort für Nomaden prädestinierten;[56] zum anderen in der günstigen strategischen Position, von der aus die wichtigen Handelsrouten wirkungsvoll kontrolliert werden konnten.[57]

Im Mittelpunkt der Überlegungen W.G. Lamberts standen hingegen die besonderen Eigenschaften des Gottes Aššur und deren religionsgeschichtliche Hintergründe.[58] Für W.G. Lambert ergab sich dies aus einem langwierigen Prozeß[59], an dessen Ende Aššur vom "*numen loci*" zur "*deus persona*" transformiert war.[60] Die Voraussetzungen für diesen Wechsel bestanden im wesentlichen aus zwei Bedingungen: 1. Der markant geformte Hügel, der das Stadtgebiet von Assur bildet, war bereits in prähistorischer Zeit ein heiliger Ort.[61] 2. Der Hügel wurde aufgrund seiner strategischen

---

[52] D. Oates, ibid., 20 sprach von "certain historical characteristics".

[53] Ganz offensichtlich ist diese Herangehensweise den Ideen der in dieser Zeit aufkommenden "New Archaeology" verpflichtet. Einen Kerngedanken nimmt darin der "Neoevolutionismus" ein, demzufolge rezente und antike Gesellschaften der gleichen Entwicklungsstufe miteinander verglichen werden können, um nicht mehr vorhandene Daten zu rekonstruieren; vgl. hierzu R. Bernbeck, *Theorien in der Archäologie* (Tübingen 1997), 39. Ein grundsätzliches Problem nimmt dafür die Übertragbarkeit der Ergebnisse einer jüngeren Periode auf eine wesentlich ältere ein, sowie die Definition einer übereinstimmenden "evolutionären Stufe" zwischen zeitlich weit auseinanderliegenden Kulturen.

[54] D. Oates, *Studies in the ancient History*, 28.

[55] Vgl. W. Andrae, *Das wiedererstandene Assur*, 291.

[56] D. Oates, *Studies in the ancient History*, 20.

[57] Ibid., 20f.

[58] W.G. Lambert, "The God Aššur", *Iraq* 45 (1983), 82ff. Zu einem solchen Ansatz siehe bereits M. Jastrow, "The God Ašur", *JAOS* 24 (1903), 282ff.

[59] W.G. Lambert, *Iraq* 45, 82f. Die für Aššur speziellen Charakteristika bestehen in seiner ausschließlich assyrischen Erscheinung und Herkunft ohne jegliche südmesopotamische Tradition und Kultzentren; der Definition seiner Stellung und Bedeutung mit der Bezeichnung "assyrischer Enlil"; der auffälligen Gleichsetzung mit der Stadt; den fehlenden familiären Verbindungen (die Nennung der Ninlil als Ehefrau Enlils verdeutlicht diesen Mangel noch, und Herkunft sowie Verhältnis zu Šerua sind nicht vollkommen geklärt); dem fehlenden, sonst umfangreichen Beinamenrepertoire.

[60] Ibid., 86.

[61] Ibid., 85.

Bedeutung besiedelt und die Einwohner nutzten die Heiligkeit des Platzes aus, um den "Berg" in eine Stadt- und schließlich in eine Staatsgottheit umzuwandeln.[62]

Die für Assur entwickelten Siedlungstheorien stellen durchweg interessante und innovative Lösungsansätze dar, die sich auf mehr oder weniger fundierte Rückschlüsse stützen müssen. Eindeutige archäologische bzw. philologische Belege fehlen dafür jedoch, dessen waren sich aber auch die jeweiligen Autoren vollkommen bewußt.[63] Daß eine ursprünglich nomadische Bevölkerung in den meisten Überlegungen eine tragende Rolle einnimmt, ist wohl einerseits auf die rezenten Bevölkerungsstrukturen in diesem Gebiet zurückzuführen,[64] andererseits auf die Überlieferung der assyrischen Königsliste, wonach "17 Könige, die in Zelten wohnten" die Stammväter aller assyrischer Herrscher waren.[65]

Immerhin fällt es auf, daß im gesamten Stadtgebiet nur sehr wenige Silexartefakte zum Vorschein gekommen sind, die auf eventuelle prähistorische Aktivitäten, wie etwa einen Abschlagplatz, schließen lassen könnten.[66] Falls solche Reste in den ausgegrabenen, durch rege Bautätigkeit durchwühlten Arealen überhaupt noch vorhanden waren, wären sie der sorgfältigen Arbeitsweise der Ausgräber sicher nicht entgangen, die selbst geringen Materialresten ihre Aufmerksamkeit schenkten und zwecks späterer Materialanalyse einsammelten. Die Aussagen des Ausgräbers evozieren in diesem Punkt sogar gezielte archäologische Geländeerkundungen außerhalb der ergrabenen oder mittels Suchgräben erforschten Areale.[67]

Schon aus siedlungsarchäologischen Erwägungen heraus liegt die Annahme nahe, daß sich die ersten Bewohner Assurs zunächst auf dem Felsvorsprung im nordöstlichen Teil des Stadtgebiets niedergelassen haben, weil dies der strategisch günstigste Punkt im Gelände ist. Die klippenartig in die Landschaft ragende Felsspitze mit dem schroff abfallenden nördlichen Steilhang stellt eine weithin sichtbare Landmarke dar und fordert die Gründung eines Kultplatzes geradezu heraus.[68] Es ist außerdem kaum

---

[62] Ibid., 85f.

[63] Vgl. W. Andrae, *Das wiedererstandene Assur*, 98, 291f.; W.G. Lambert, *Iraq* 45, 86.

[64] Siehe W. Andrae, ibid., 292f.; D. Oates, *Studies in the ancient History*, 19f.

[65] F.R. Kraus, *Könige, die in Zelten wohnten. Betrachtungen über den Kern der assyrischen Königsliste* (Amsterdam 1966), 3f., Übersicht gegenüber S. 22; W. Andrae, *Das wiedererstandene Assur*, 103.

[66] Ibid., 98.

[67] Ibid., 98: "Gänzlich fehlen die vorgeschichtlichen Steinwerkzeuge, die bei der langen Dauer der Ausgrabung und dem häufigen beobachtenden Begehen aller natürlichen und künstlichen Geländerisse zweifellos hätten gefunden werden müssen."

[68] Diesen Umstand hat bereits W. Andrae, ibid., 89f. beschrieben: "Eine bestimmte Gestalt, ein Einrichten auf ein gewisses Ziel, eine Ordnung des Siedelns ist schon von der Natur der

vorstellbar, daß die archaischen Ištar-Tempel bis in die altassyrische Zeit hinein die einzigen Kultstätten in Assur gewesen sein sollen, nur weil dies der derzeitigen Quellenlage entspricht.[69] Inzwischen gibt es eindeutige Indizien, die ein zweites Heiligtum im Bereich des Aššur-Tempels spätestens ab der jüngerfrühdynastischen Zeit wahrscheinlich machen.[70]

3. Die frühe Keramik

Auf den bauhistorisch ausgerichteten Grabungen in Assur wurden Keramik und Kleinfunde grundsätzlich nur in bezug zu einem freigelegten Gebäude bzw. einer Bauschicht berücksichtigt. Eine möglichst lückenlose Keramikabfolge unabhängig von der Baustratigraphie zu erlangen, entsprach den damaligen Methoden der Grabungstechnik ebensowenig, wie eine statistische Auswertung des Scherbenmaterials.[71] In den Veröffentlichungen der Grabungsergebnisse ist die Keramik – wenn überhaupt – nur in wenig repräsentativer Auswahl abgebildet, wobei der Schwerpunkt auf den gut erhaltenen und dekorierten Gefäßen liegt.

Zur frühesten Keramik, die im Kontext von Bauschichten zutage kam, gehören jene Gefäße, die im Band zu den archaischen Ištar-Tempeln veröffentlicht wurden.[72] Darin erwähnte W. Andrae im Zusammenhang mit einer "noch älteren vorgeschichtlichen Zeit", die in den Bauzustand H des Tempels "hineinrage", "einige wenige Scherben großer Gefäße, die ausgiebig

---

Stätte vorgeschrieben. [...] Die Nordostspitze, der Nordabfall, die Flußfront sind als gestalt-, ziel-, ordnungsgebend ohne weiteres zu erkennen. Sie würden auch heute der Siedlung äußere Gesetze vorschreiben. In Urzeiten und in den geschichtlichen Zeiten, die wir hier betrachten, gaben sie jedoch obendrein geistige Gesetze, d.h. an bestimmten Punkten empfanden die Siedler das Wirken des Göttlichen, mit dem sie in ihrem Entwicklungsstand enger als wir Heutigen verbunden waren, besonders stark und unterwarfen sich ihm."

[69] Zu einer solchen Meinung siehe z.B. B. Hrouda *apud* W. Andrae, *Das wiedererstandene Assur*, 304 Anm. 65.

[70] Vgl. dagegen P.A. Miglus, *Das Wohngebiet von Assur*, 54, der eine Bebauung völlig ausschließt.

[71] Vgl. hierzu B. Hrouda *apud* R. Koldewey, *Das wieder erstehende Babylon* (5. Auflage, München 1990), 425 Anm. 5: "Beides hängt mit dem Ausgrabungs- bzw. Veröffentlichungssystem zusammen. Da von Bauforschern gegraben, wurden in erster Linie Architektur-Komplexe publiziert. Lagen Keramik und andere Kleinfunde in den Gebäuden, wurden sie mitveröffentlicht, die von Plätzen oder Straßen dagegen nicht."

[72] W. Andrae, *Die archaischen Ischtar-Tempel*, Taf. 21-25.

mit roter und schwarzer Farbe" bemalt waren und deren Ornamentik er mit "recht verwickelt geometrisch" beschrieb.[73]

Nach dieser Beschreibung identifizierte W. Nagel besagte Scherben als die nördlichsten Vertreter der "frühen Scharlach-Keramik"[74] und lokalisierte – den Eintragungen der Grabungsdokumentation folgend – noch an drei weiteren Stellen im Stadtgebiet Assurs identische(?) oder zumindest ähnliche Keramikfragmente:[75] im Planquadrat gC4III, nördlich der großen Zikkurat (Assur 3379); im Planquadrat h4EV, im Bereich des westlichen Außenzingels am Aššur-Tempel (Assur 5048) sowie aus den tiefen Schichten im großen Vorhof desselben (Assur 5065a-h); an der Innenkante des Außenwalls in Planquadrat hC11II und schließlich noch einmal im Bereich des Aššur-Tempels (Planquadrat iB3III) und zwar aus dem Haupthof unter einem parthischen Pflaster (Assur 17104a-b).[76]

Bedauerlicherweise sind außer den knappen Angaben in den Grabungsunterlagen, der oben zitierten Erwähnung des Ausgräbers sowie der Zuweisung W. Nagels keine näheren Informationen zu diesen Scherben bekannt geworden. Die "scarlet ware" ist vor allem im Diyala- und Hamrin-Gebiet ein deutliches Anzeichen der älterfrühdynastischen Zeit und tritt dort zusammen mit Siegeln des "Brokat-Stils" auf;[77] sie weist darüber hinaus aber eine längere Laufzeit auf.[78] Bis zur Lokalisierung und Bestimmung der Scherben bleibt offen, ob es sich tatsächlich um "scarlet ware" handelt oder um die inzwischen im nördlichen Mesopotamien aufgetretene rot bemalte Keramik, die mit der "scarlet ware" weder identisch noch vergleichbar ist.[79]

---

[73] W. Andrae, ibid., 16.

[74] W. Nagel, *Djamdat Nasr-Kulturen und frühdynastische Buntkeramiker* (*BBV* 8, Berlin 1964), 14. Es wird nicht deutlich, ob W. Nagel die Stücke tatsächlich gesehen und bearbeitet hat, denn er läßt die Zuweisung zur "frühen" oder "klassischen" Ausprägung der "scarlet ware" offen. Allerdings gibt er an, daß sich die Fragmente mit den unveröffentlichten Assur-Nummern aus dem Gebiet der archaischen Ištar-Tempel im Vorderasiatischen Museum, Berlin befänden.

[75] In Wortlaut und Inhalt stimmen die auf wenige Worte beschränkten Kommentare zu den Funden überein, was aber nicht bedeuten muß, daß es sich wirklich um die gleiche Keramik gehandelt hat. Querverweise in den Aufzeichnungen, die darauf hinweisen könnten, wurden von den Ausgräbern in diesem Fall nicht vorgenommen.

[76] Die von W. Nagel, ibid., 14 referierten Angaben können eigentlich nur auf der Kenntnis der Grabungsaufzeichnungen beruhen, stimmen mit diesen aber dennoch nicht in jedem Punkt überein.

[77] Vgl. z.B. W. Orthmann (Hrsg.), *Der Alte Orient* (*PKG* 14, Berlin 1975), 30f.

[78] D.M. Matthews, *The Early Glyptik of Tell Brak. Cylinder Seals of Third Millennium Syria* (*OBO Ser. Arch.* 15, Fribourg/Göttingen 1997), 17.

[79] Ibid., 17 Anm. 14 mit Belegen.

4. Beispiele der Glyptik

Der genaue Bestand an Siegeln und Siegelabrollungen aus Assur ist nicht bekannt. Es lassen sich daher nur wenige allgemeingültige Aussagen zu Vorkommen und Verbreitung dieser Denkmalgattung innerhalb des Stadtgebiets treffen. Allerdings scheinen im Vergleich zu anderen Fundorten und in Anbetracht der Größe, Bedeutung sowie Besiedlungsdauer Assurs nur relativ wenige glyptische Zeugnisse gefunden worden zu sein.[80] Lediglich summarisch sollen hier einige Siegel erwähnt werden, die bereits von A. Moortgat in die ausgehende frühgeschichtliche und die erste Hälfte der frühdynastischen Zeit datiert wurden.[81]

Zu den Djemdet Nasr-zeitlichen Exemplaren gehört ein aus rotem Stein gefertigter Zylinder (Assur 14868 / VAAss 1693), der eine extrem schematisierte und flüchtig gearbeitete Darstellung zweier Vierbeiner in Schrittstellung zeigt.[82] Das Siegel fand sich in den tiefen Schichten des Suchgrabens 9I, am südwestlichen Rand der Oberstadt (Planquadrat dC9I). Nachdem die Ausgräber in einem ersten Schnitt die in dichter Folge von islamischer bis mittelassyrischer Zeit reichenden Baureste aufgedeckt hatten, galt eine zweite Untersuchung (der sog. 2. Arbeitsschnitt) den darunterliegenden Schichten.[83] Der Suchgraben erwies sich jedoch als zu schmal, um zusammenhängende Baustrukturen erkennen zu können und die wenigen Funde, darunter auch ältere Ḫabur-Ware, einer bestimmten Bauschicht zuzuordnen.[84]

Auf dem zweiten, von A. Moortgat in die Djemdet Nasr-Zeit gewiesenen Siegel aus Serpentin (Assur 5188 / VA 3995) befindet sich ein rautenförmiges Ornament mit doppelter Umrandung und Querstrichen, das auf jeder Seite von jeweils parallel verlaufenden Linien gerahmt wird, die

---

80 Dies klingt auch bei E. Klengel-Brandt, "Ein königliches Siegel aus Assur", in P. Calmeyer u.a. (Hrsg.), *Beiträge zur Altorientalischen Archäologie und Altertumskunde. Festschrift für Barthel Hrouda zum 65. Geburtstag* (Wiesbaden 1994), 147 an, allerdings sind m.W. in Bauschicht G des Ištar-Tempels – entgegen ihrer Aussage – keine Siegelabrollungen gefunden worden, dafür aber drei Siegelzylinder; siehe W. Andrae, *Die archaischen Ischtar-Tempel in Assur*, 84 (Assur 22479 / VAAss. 4081), Abb. 66, 83, Nr. 119 (Assur S 22520 / VA 7948), Abb. 64, Taf. 29, 83, Nr. 120 (Assur S 22543 / VA 7963), Abb. 65, Taf. 29n.

81 A. Moortgat, *Vorderasiatische Rollsiegel* (Berlin 1940), 5ff., 8ff.

82 Ibid., 86 Nr. 22.

83 Vgl. J. Jordan, "Aus den Berichten aus Assur. Von April bis Oktober 1908", *MDOG* 38 (1908), 43f.; ders., "Aus den Berichten aus Assur. November und Dezember 1908", *MDOG* 40 (1909), 16ff.

84 P.A. Miglus, *Das Wohngebiet von Assur*, 253f. Anm. 898, Plan 47.

ebenfalls mit vertikalen Strichen ausgefüllt sind.[85] Zur Fundstelle liegen außer den Planquadratkoordinaten hE5II keine weiteren Angaben vor. In dem betreffenden Bereich, südwestlich vor dem Westzingel des Aššur-Tempels, sind im Stadtplan keine ergrabenen Baureste verzeichnet. Dies weist darauf hin, daß der Siegelzylinder wahrscheinlich von der Hügeloberfläche aufgesammelt wurde.

Daneben gibt es noch einige Siegel, die zwar in den Übergang von der Djemdet Nasr- zur frühdynastischen Zeit bzw. in die erste Hälfte der frühdynastischen Zeit eingeordnet wurden, deren Fundumstände und Herkunft allerdings nicht geklärt sind.[86] Das Terrakottasiegel (Assur 19292) mit vertikal in der Bildfläche stehenden Vierbeinern, das von einer nicht näher bezeichneten Stelle im Stadtgebiet stammt, setzte A. Moortgat nur versuchsweise in die Übergangsphase zwischen Frühgeschichte und Frühdynastikum;[87] es kann daher nicht als eindeutiger Beleg für diese Periode in Assur gelten.[88] Ein mit Perlen und Siegeln gefülltes Gefäß enthielt u.a. auch ein "Mesilim-zeitliches" Siegel (Assur 21304c / VA 7964), das eine stark verschliffene Darstellung von paarweise über Kreuz gestellten Löwen und Rindern trägt.[89] Das Gefäß war im Planquadrat gA6I, am sog. Gräberhügel, in der Nähe eines Brennofens deponiert, unter dem sich wiederum eines der ältesten Gräber von Assur befand.[90] Beide Befunde standen aber offenbar in keiner stratigraphischen Verbindung zur Fundstelle des Siegel- und Perlenhorts.[91] Zwei andere FD IIa-zeitliche Siegelzylinder ("elegant style") tragen keine Grabungsnummer[92], so daß der mit Assur

---

[85] A. Moortgat, *Vorderasiatische Rollsiegel*, 88 Nr. 50; zuvor bereits O. Weber, *Altorientalische Siegelbilder* (*AO* 17/18, Leipzig 1920), 116 Nr. 587.

[86] A. Moortgat, *Vorderasiatische Rollsiegel*, 8ff.

[87] Ibid., 153 Nr. 777.

[88] Vgl. dagegen D.M. Matthews, *Early Glyptik of Tell Brak*, 100.

[89] A. Moortgat, *Vorderasiatische Rollsiegel*, 92 Nr. 98; zuvor bereits von O. Weber, *Altorientalische Siegelbilder*, 116 Nr. 587 mit der irrtümlichen Fundortangabe "Farah IV" publiziert.

[90] A. Haller, *Die Gräber und Grüfte von Assur* (*WVDOG* 55, Berlin 1958), 6f. (Grab 3), Abb. 1. Die Bestattung wurde aufgrund der Grabkonstruktion, einem tiefen Schacht mit seitlich anschließendem Hohlraum, sowie der beigegebenen "Schultereimer"- Keramik in die Akkad- bis Ur III-Zeit datiert. Der Brennofen – A. Haller sprach hier lediglich von einer "Brenngrube" – lag über dem gesamten Grab und muß folglich jünger sein.

[91] Die Nebeneinanderstellung dieser Befunde impliziert einen chronologischen bzw. stratigraphischen Zusammenhang mit der Fundstelle des Gefäßes, der jedoch nicht gegeben ist; vgl. P.A. Miglus, *Das Wohngebiet von Assur*, 54.

[92] A. Moortgat, *Vorderasiatische Rollsiegel*, Nr. 76, Nr. 77.

angegebene Fundort ungewiß bleibt.[93] Ein weiteres FD IIb-Siegel im "crossed style" stammt überhaupt nicht aus Assur[94], sondern wurde im Kunsthandel in Aleppo erworben.[95] Dagegen zeigt das Muschelsiegel (Assur 6560 / VAAss 1702) aus dem Stadtgebiet zwar keine klaren FD IIIb-Merkmale[96], doch blieb das abgebildete Motiv des Helden zwischen zwei Löwen bis in die Akkad-Zeit gebräuchlich.[97]

Über das Siegelrepertoire hinaus, das A. Moortgat in dem 1940 erschienenen Katalog des Vorderasiatischen Museums in Berlin vorgelegt hat, tauchen auswahlweise immer wieder Siegel und Siegelabrollungen aus Assur in der einschlägigen Literatur auf[98] oder fristen ihr Dasein als Fußnote in den Anmerkungsapparaten von Glyptikmonographien.[99]

Trotz der für Assur ungewöhnlich frühen Datierung sind alle genannten Beispiele ohne größere Resonanz in der Fachwelt geblieben. Denn zum einen handelt es sich ausnahmslos um stratigraphisch nicht zuweisbare Funde, die entweder zu keiner klar definierbaren Bauschicht gehören, oder von der Hügeloberfläche bzw. den Abraumhalden aufgesammelt wurden. Zum anderen zeigen neuere Untersuchungen zur Glyptik Nordmesopotamiens und Syriens, daß die dargestellten Szenen und Motive über einen längeren Zeitraum verwendet wurden und nicht auf eine bestimmte Periode beschränkt blieben. Demnach scheint es nicht gerechtfertigt, nur auf Grundlage der bislang bekannten Siegel und Siegelabrollungen eine vor- oder älterfrühdynastische Bebauung in Assur zu postulieren.[100]

---

[93] Siehe dagegen D.M. Matthews, *Early Glyptic of Tell Brak*, 103f.

[94] A. Moortgat, *Vorderasiatische Rollsiegel*, Nr. 90.

[95] Siehe dagegen D.M. Matthews, *Early Glyptic of Tell Brak*, 103.

[96] A. Moortgat, *Vorderasiatische Rollsiegel*, Nr. 109.

[97] D.M. Matthews, *Early Glyptic of Tell Brak*, 104f.

[98] Siehe z.B. E. Klengel-Brandt, "Einige Siegelabdrücke wohl nachassyrischer Zeit aus Assur", in M. Dietrich/O. Loretz (Hrsg.), *Beschreiben und Deuten in der Archäologie des Alten Orients. Festschrift für Ruth Mayer-Opificius* (*AVO* 4, Münster 1994), 111ff. und darauf Bezug nehmend S. Herbordt, "Ein Königssiegel Assurnasirpals II.(?) aus Assur", *BaM* 27 (1996), 411ff. Siehe weiterhin auch E. Klengel-Brandt, in *Beiträge zur Altorientalischen Archäologie und Altertumskunde*, 147ff. sowie dies., "Drei frühe Siegelabrollungen aus Assur", *Al-Rāfidān* 18. *Special Volume in Commemoration of the 70th Birthday of Professor Hideo Fujii* (1997), 137ff.

[99] Siehe beispielsweise D.M. Matthews, *Early Glyptic of Tell Brak*, 125 Anm. 276; 126 Anm. 278; 144 Anm. 83; 146 Anm. 86.

[100] Siehe dagegen E. Klengel-Brandt, *Al-Rāfidān* 18, 137 Anm. 2, die drei Siegelabrollungen "in die früheste Siedlungsperiode von Assur" datiert hat und einen Zusammenhang mit den "prähistorischen" Resten unter dem Aššur-Tempel implizierte.

5. Die Baureste unter dem Ištar-Tempel H

Der Tempel H bildet die älteste festgestellte Bauschicht im Bereich der Ištar-Heiligtümer.[101] Seine Mauern waren unmittelbar auf den gewachsenen Boden gegründet,[102] der von der Sandfelsbank gebildet wird, auf der die gesamte Oberstadt Assurs liegt.[103] W. Andrae erhob für diese Schicht jedoch nicht den Anspruch auch das älteste Zeugnis der Besiedlung Assurs zu sein, sondern verwies auf die – eingangs erwähnten – "vorgeschichtlichen Reste" der sog. Ursiedler, die er unter den Ištar-Tempeln nicht ausschließen wollte.[104]

Die diesbezüglichen Angaben sind allerdings sehr verschwommen und bisweilen widersprüchlich. Im Zusammenhang mit den bereits oben angesprochenen frühen Keramikfunden sprach der Ausgräber nebulös von "einer älteren vorgeschichtlichen Zeit, die noch bis in die H-Schicht hineinragt", während er quasi im gleichen Atemzug betonte, daß gerade an der Stelle des ältesten Ištar-Tempels H die "vorgeschichtlichen Überbleibsel" fehlten, weil sie wohl vor der Errichtung des Heiligtums völlig beseitigt worden waren.[105] Des weiteren wurde für den Bauzustand H eine längere Benutzungsphase einschließlich Umbauten postuliert, die aber weder aus den verbalen Beschreibungen noch aus den Plänen hervorgeht.[106] Im weiteren Verlauf der Baubeschreibung wird zudem deutlich, daß das Hauptmerkmal dieser Schicht, nämlich direkt auf den gewachsenen Felsen errichtet worden zu sein, lediglich für jene Stellen gilt, an denen die Ausgräber auch tief genug gegraben haben. Gemäß der damaligen Arbeitsweise war es gar nicht beabsichtigt, die Mauern der tiefgelegenen Schichten bis auf ihre Gründungen hinab zu untersuchen.[107]

Die älteste Bauschicht der Ištar-Tempel wurde erst nach Ablauf der regulären Grabungszeit erkannt und konnte infolgedessen nur in einer zeitlich und personell begrenzten Sondage erforscht werden.[108] Außerdem sollten nach den Prinzipien der praktizierten Grabungstechnik die jüngeren und fundreichen Bauschichten möglichst unversehrt erhalten bleiben, was im

---

101 W. Andrae, *Die archaischen Ischtar-Tempel in Assur*, 6.

102 Ibid., 6, 27.

103 Vgl. ders., *Das wiedererstandene Assur*, 289.

104 Ders., *Die archaischen Ischtar-Tempel*, 6.

105 Ibid., 6.

106 Ibid., 28.

107 Daraus erklärt sich auch die Einschränkung von W. Andrae, ibid., 27, die Reste der Schicht H stünden "meist" unmittelbar auf dem gewachsenen Felsen.

108 Vgl. W. Andrae, "Aus den Berichten aus Assur. März 1913 bis April 1914", *MDOG* 54 (1914), 35.

übrigen für sämtliche Anlagen der archaischen Ištar-Tempel galt.[109] Entsprechend ausschnitthaft und fragmentarisch ist das Bild geblieben, das von dem ältesten erhaltenen Tempel dokumentiert wurde (Abb. 4). Aus diesem Grund wählte W. Andrae für die Darstellung der stratigraphischen Verhältnisse eine gleichzeitige Betrachtung der Schichten H und G, indem er dic nicht vorhandenen Strukturen einer Schicht mit den vorhandenen Befunden der jeweils anderen Schicht ergänzte.[110]

Gegen Ende seiner Benutzung war der Tempel H ganz offensichtlich derart stark zerfallen, daß er aufgegeben werden mußte und einen Neubau erforderlich machte. Die freigelegten H-Mauern waren in einer Höhe zwischen 0,80-1,10m gekappt worden, um darauf dann das nächstjüngere Bauwerk G errichten zu können. Die Höfe und Räume des Kultbezirks waren ebenfalls bis zu einer Höhe von 1,00m mit planiertem Lehmziegelschutt aufgefüllt, der höchstwahrscheinlich von dem verfallenen Tempelgebäude stammte.[111]

Das eigentliche Tempelgebäude bestand aus einem großen, langrechteckigen Hauptraum, dessen Eingang am südlichen Ende der Westseite lag, sowie zwei Nebenräumen, die am Südende bzw. an der östlichen Rückwand anschlossen.[112] An der nördlichen Schmalseite der Cella befand sich ein kleinerer, mittels Wandpfeiler abgetrennter Raum, der aufgrund seiner Einrichtung als "Adyton" bzw. "Allerheiligstes" bezeichnet wurde.[113]

Nahezu den gesamten Innenraum des "Adytons" füllte ein podestartiger, ca. 1,00m hoher Einbau aus, der nicht massiv gemauert war, sondern an der zur Cella gewandten Seite aus einem 0,88m hohen Lehmziegelblock bestand, dessen Vorderseite ein gelber Lehmputz mit einem weißen Überzug bedeckte.[114] Die Rückseite des Einbaues bildete die nördliche Schmalwand des Kultraums. Dazwischcn vcrblicb cin ca. 1,30m langer und ca. 0,90m hoher Freiraum, der einen weißlichen Bodenbelag aufwies und bis auf die Höhe des vorderen Mauerblocks mit losen Lehmziegeln aufgefüllt war (Abb. 5).

In der Lehmziegelfüllung im Inneren des Podests befand sich ein etwa 1,00m starker und 0,70m hoher, rechtwinkliger Mauerhaken, der in keine Profilzeichnung aufgenommen wurde und dessen Verlauf in den schematischen Flächenplänen lediglich als gestrichelte Linie erscheint

---

109 Ders., *Die archaischen Ischtar-Tempel*, 5.

110 Vgl. ibid., 6f., 27f.; E. Heinrich, *Tempel und Heiligtümer*, 127.

111 W. Andrae, *Die archaischen Ischtar-Tempel*, 27f.

112 Ibid., 31.

113 Ibid., 32.

114 Das Podest diente wohl zur Aufstellung des Kultbildes; vgl. bereits ibid., 39.

(Abb. 9). W. Andrae hatte Anlaß zu der Vermutung, daß der Baurest "eine aus älterer Zeit stehengebliebene Gebäudeecke"[115] sei, auf die er auch die vom Kultraum abweichende Ausrichtung des Podestes zurückführte,[116] das nämlich nicht axial zur Cella lag, sondern schräg nach Westen verschoben war. Der Ausgräber konnte jedoch die Konsequenzen, die seine Begründung impliziert, nicht ausreichend erklären.[117] Denn hier schließt sich natürlich die Frage an, ob dieser Befund noch älter als der gesamte Bauzustand H ist und vielleicht mit den "ältesten Resten" in Verbindung steht oder sogar auf die sog. Ursiedler zurückgeht.[118]

Sehr viel naheliegender ist indessen, daß sich in dem "Mauerhaken" einer der erwähnten Umbauten dieser Bauschicht dokumentiert, die nicht in die Aufnahmepläne eingegangen sind. Der Mauerhaken erscheint in seiner Position sowohl zum Podest als auch zum Grundriß des Tempels H völlig unvermittelt und zusammenhanglos. Eine statische Funktion für die Stabilität des Einbaues kann er wohl kaum erfüllt haben.[119] Vielleicht war in einem ersten Planungsstadium ein schmalerer Einbau vorgesehen, der nicht nahezu die gesamte Fläche des Adytons einnehmen sollte, und erst nach dem Beginn der Arbeiten entschied man sich für die größere Ausführung.

6. Das "Gipsstuckrelief"

Zu den prominentesten Funden aus den archaischen Ištar-Tempeln gehört das sog. Gipsstuckrelief (Assur S 23106), das M.E.L. Mallowan sogar als den bemerkenswertesten Fund aus dem gesamten Gebiet der Ištar-Heiligtümer bezeichnet hat.[120] Seinen hohen Bekanntheitsgrad verdankt es vor allem der hinlänglich bekannten Rekonstruktionszeichnung, die W. Andrae von der Cella des archaischen Tempels G anfertigte.[121] In dieser hypothetischen

---

115 Ibid., 32.

116 Auf diese Bemerkung ist bereits G. van Driel, *The Cult of Aššur*, 5 Anm. 20 aufmerksam geworden: "It must be stressed here that the H-Phase structure was in all probability not the oldest building on the site."

117 W. Andrae, *Die archaischen Ischtar-Tempel*, 39 bezeichnete den Befund als "sonderbar".

118 Siehe dazu den Abschnitt "Die Ursiedler" oben S. 5-9.

119 Von W. Andrae, *Die archaischen Ischtar-Tempel*, Taf. 6 als "Stützmauer" bezeichnet.

120 M.E.L. Mallowan, *Early Mesopotamia and Iran* (London1965), 106.

121 Die Zeichnung wurde noch vor der Endpublikation der Grabungsergebnisse veröffentlicht und gehört inzwischen wohl zu den am häufigsten reproduzierten Rekonstruktionszeichnungen überhaupt. Siehe W. Andrae, "Die Ischtar-Tempel in Assur", *MDOG* 61 (1921), 11, Abb. 1; ders., *Die archaischen Ischtar-Tempel*, Taf. 11a; ders., *Das wiedererstandene Assur*, 109 Abb. 85.

Wiederherstellung nimmt es – in stark vergrößertem Format – die Stelle des Kultbildes im "Adyton" des Heiligtums ein (Abb. 6). Das außergewöhnliche Stück wurde seither recht kontrovers bewertet und verdient eine eingehendere Besprechung.

Das ca. 20cm hohe und 1,3cm starke Relieffragment steht gleichsam stellvertretend für das wechselvolle Schicksal, das die Assur-Funde nach dem Ende der deutschen Ausgrabungen im Jahre 1914 erfahren haben.[122] Es gehörte zu jenen Funden, die zum Abtransport im Hafen von Basra bereitstanden, dort aber bei Ausbruch des I. Weltkriegs von den schnell vorrückenden englischen Truppen erbeutet und nach London in das Britische Museum überführt wurden[123], wo es heute in der ständigen Ausstellung des Department of Western Asiatic Antiquities bewundert werden kann.

Daher war es W. Andrae nicht möglich für die Erstveröffentlichung des Reliefs 1922 im Rahmen der archaischen Ištar-Tempel auf das Original zurückgreifen[124], sondern er mußte sich ausschließlich auf die Grabungsdokumentation, bestehend aus seinen handschriftlichen Notizen, diversen Skizzen und der Grabungsphotographie, stützen. Dadurch erklärt sich auch der Unterschied zwischen der Umzeichnung des Reliefs (Abb. 7b) und dem veröffentlichten Grabungsphoto, auf dem ein nachträglich angepaßtes Eckstück an der linken Seite noch fehlt.[125]

Nur wenige Jahre später wurde das Artefakt seitens des Britischen Museums erneut vorgelegt.[126] S. Smith verschwieg darin zwar Fundort und

---

[122] Dazu ausführlich W. Andrae, "Der Rückerwerb der Assur-Funde aus Portugal", *MDOG* 65 (1927), 1ff.; ders., "Von der Arbeit an den Altertümern aus Assur und Babylon", *MDOG* 66 (1928), 19ff.; ders., *Lebenserinnerungen eines Ausgräbers* (2. Auflage, Stuttgart 1988), 218f.; ders., *Das wiedererstandene Assur*, 273ff; E.W. Andrae/R.M. Boehmer, *Bilder eines Ausgräbers. Die Orientbilder von Walter Andrae 1898-1919* (2. Auflage, Berlin 1992), 25ff.; zuletzt zusammenfassend S.M. Maul, "Assur – Das Herz eines Weltreiches", in G. Wilhelm (Hrsg.), *Zwischen Nil und Tigris. 100 Jahre Ausgrabungen der Deutschen Orient-Gesellschaft in Vorderasien und Ägypten* (Mainz 1998), 65.

[123] W. Andrae, *Lebenserinnerungen eines Ausgräbers*, 255f.; E.W. Andrae/R.M. Boehmer, *Bilder eines Ausgräbers*, 33.

[124] Vgl. W. Andrae, *Die archaischen Ischtar-Tempel*, 54f., Nr. 59a, Taf. 27a, 28c.

[125] Vgl. ibid., Taf. 27 mit Taf. 28c.

[126] Zu diesem Zeitpunkt war die von W. Budge und H.R. Hall im Herbst 1922 gemachte Zusage, daß W. Andrae das Erstveröffentlichungsrecht an den Assur-Funden behalten solle, längst obsolet geworden, worauf dieser mit Verbitterung und Polemik reagierte; siehe W. Andrae, "Gesiegeltes Geld", *OLZ* 26 (1923), 591.

-stelle[127], lieferte aber eine, anhand des Originals erstellte neue Umzeichnung mit Angabe der Inventarnummer (BM 118996).[128] Im Jahre 1961 teilte D. Wiseman das Resultat einer im Auftrag des Museums durchgeführten Materianalyse mit,[129] die ergab, daß das Relief zweifelsfrei aus Gips bestehe.[130] Erst 1965 präsentierte M.E.L. Mallowan eine photographische Aufnahme des gesamten Reliefs, auf der nun auch das zusätzliche Fragment zu sehen war, das bis dahin nur durch die Umzeichnungen bekannt war.[131] Den heutigen Erhaltungszustand gibt eine gute Photographie wieder, die zuletzt J. Reade im Rahmen einer Publikation des Britischen Museums veröffentlicht hat (Abb. 8).[132]

Die fragmentarisch erhaltene Reliefplatte besteht aus vier Teilen mit einer verwaschenen Oberfläche und großporigen, porös wirkenden Rändern. Die Vorderseite trägt eine verblasste Bemalung in den Farben schwarz und rot. Die größte Bruchkante verläuft von schräg oben rechts nach unten links durch die gesamte Platte hindurch.

Dargestellt ist eine stark stilisierte weibliche Figur, die noch etwa bis zur Hüfte erhalten ist. Der länglich-ovale Schädel verjüngt sich koninuierlich bis zum Kinn. Die Augenhöhlen werden von flachen Vertiefungen gebildet, in denen die mandelförmigen Augen einschließlich der Brauen in schwarzer Farbe aufgetragen waren. Einigermaßen erhalten hat sich dieser Zustand nur stellenweise am linken Auge, während das rechte nahezu völlig verwittert ist.

Die im Verhältnis zu den übrigen Körperteilen, vor allem dem Kopf, überproportional großen Augen stehen auffallend schräg im Gesichtsfeld. Eine Nase fehlt bzw. ist nicht erhalten, ebensowenig sind Angaben für die Ohren zu erkennen. Im Nackenbereich stehen zu beiden Seiten kleine rechteckige Erhebungen, von denen die linke noch eine schwarze Bemalung

---

[127] S. Smith, *Early History of Assyria to 1000 B.C. A History of Babylonia & Assyria III* (London 1928), 66 bediente sich sonst unverhohlen der Angaben von W. Andrae, *Die archaischen Ischtar-Tempel*, 54f. V. Christian, *Altertumskunde des Zweistromlandes von der Vorzeit bis zum Ende der Achämenidenherrschaft* (Leipzig 1940), Taf. 338, 1 reproduzierte indessen noch die Grabungsphotographie.

[128] S. Smith, *Early History of Assyria*, Abb. 5.

[129] Die briefliche Mitteilung wurde sieben Jahre später von M.-Th. Barrelet, *Figurines et Reliefs en Terre cuite de la Mésopotamie antique I. Potiers, Themes de Métier, Procédés de Fabrication et Production* (Paris 1968), 92 Anm. 3 zitiert.

[130] In der einschlägigen Literatur ist entweder die unklare Bezeichnung "Gipsstuck" von W. Andrae zu finden oder andere unkorrekte Materialangaben wie z.B. bei E. Douglas Van Buren, *Clay Figurines of Assyria and Babylonia* (*YOSR* XVI, New Haven 1938), xliv "stone" und bei E. Klengel-Brandt, *Terrakotten aus Assur*, 21 Anm. 7 sowie K.R. Maxwell-Hyslop, *Western Asiatic Jewellery c. 3000-612 B.C.* (London 1972), 7 "Ton" bzw. "terracotta".

[131] M.E.L. Mallowan, *Early Mesopotamia and Iran*, Abb. 119.

[132] J. Reade, *Mesopotamia* (London 1991), 57, Abb. 75.

in Form dreier waagerechter Linien aufweist. Vermutlich handelt es sich dabei um einen Teil der Frisur oder eines Kopfputzes. Auf der Schädelkalotte sind, kaum noch erkennbar, ebenfalls in schwarzer Farbe fünf nebeneinanderliegende Haarsträhnen aufgetragen, deren Enden sich über der Stirn spiralförmig eindrehen. Farbspuren im Bereich des Kopfes deuten an, daß der gesamte Hintergrund ursprünglich mit schwarzer Farbe ausgefüllt war.[133]

Den übermäßig gelängten Hals bedeckt ein rot-schwarz gemaltes W-förmiges Muster, dessen Zwischenräume mit fünf waagrecht verlaufenden Streifen ausgefüllt sind, was vielleicht einen Halsschmuck darstellt. Die Schulterlinie verläuft rechtwinklig zum Oberkörper und leitet mit scharfen Ecken in die Armansätze über. Die "spindeldürren" Arme hängen an den Seiten gerade herab und sind in der oberen Hälfte mit einem gitterförmigen Ornament bemalt, von dem wellenförmige Linien nach unten verlaufen.

Das mit kleinen schwarzen Punkten ausgefüllte Dekolleté wird von zwei geschwungenen Linien begrenzt, die zwischen den Brüsten spitz zusammenlaufen. Die Außenseiten dieser beiden Linien sind mit kurzen, fransenartigen Strichen in dichter Folge besetzt. Unterhalb des Busens befindet sich eine Bemalung, die aus einem konzentrischen Kreis mit einem eingeschriebenen schwarzen Punkt besteht.[134] Brustwarzen und Bauchnabel sind mittels leicht erhabener Modellierungen akzentuiert. Der noch erhaltene Bereich der Hüfte wurde ebenfalls mit schwarzen Ornamenten aus senkrechten und waagerechten Linien bemalt. Der Reliefgrund, vor dem sich die Figur abhebt, ist ein in schwarzer und roter Farbe gehaltenes, geometrisches Muster, das gleichsam den Rahmen für das Relief bildet.[135] Die vier Bruchstücke mit der figürlichen Darstellung lagen zusammen im südwestlichen Nebenraum des Ištar-Tempels, Bauzustand H, unmittelbar auf dem Fußboden (Abb. 9).

Aus dem gleichen Fundkontext stammt ein weiteres, etwa gleich großes Fragment (Assur 22668), das aus drei Einzelteilen zusammengesetzt werden konnte und im Hof des Tempels, direkt vor dem Eingang zur Cella, zum Vorschein kam (Abb. 9).[136] Es zeigt ausschließlich schwarz gemalte geometrische Muster, die den Rahmenornamenten am Rand des figürlichen Reliefs vergleichbar sind (Abb. 7a). Über den Verbleib des Fragments ist leider nichts bekannt. Nach den wenigen zur Verfügung stehenden Informationen hat es nicht an die Reliefplatte gepasst und war mit 2,5cm

---

133 W. Andrae, *Die archaischen Ischtar-Tempel*, 54.

134 In der Umzeichnung von ibid., Taf. 28c wurde dieses Ornament irrtümlich als der Nabel der Figur angegeben.

135 Im Gegensatz zur Profilzeichnung von W. Andrae, ibid., Taf. 28c hebt sich das Relief tatsächlich weitaus weniger von der Platte ab. Es bleibt relativ flach und die Übergänge zum Untergrund verlaufen fließend.

136 Ibid., 54, Nr. 59b, Taf. 28b.

auch deutlich stärker als diese. W. Andrae schloß die Zusammengehörigkeit der beiden Teile nicht aus und dachte an einen sich verbreiternden Fußteil auf dem die Reliefplatte vielleicht aufgestellt werden konnte.[137]

Ein drittes, "rot und schwarz bemaltes Gipsstück" (Assur 22093) ist lediglich durch den Eintrag im Fundstellenplan der Ištar-Tempel dokumentiert (Abb. 9).[138] Auch über den Verbleib dieses Fundes und dessen etwaige Zugehörigkeit zu einem der beiden anderen Teile gibt es keine Hinweise. Außerdem sind die Angaben zur Fundstelle widersprüchlich. Laut Plan lag es in einem lediglich durch eine Mauerecke nachweisbaren Raum, der an das Kopfende des "Adytons" grenzte (Abb. 9). Der Eintrag im Fundstellenplan steht in deutlichem Gegensatz zu den verbalen Angaben der Grabungsdokumentation, wonach die Fundstelle in einer wesentlich jüngeren Schicht im Hofbereich des Heiligtums gelegen haben soll. In Anbetracht der Fundlage der beiden anderen Teile – auf dem Fußboden eines Nebenraumes (Assur S 23106) bzw. auf dem Hofpflaster vor dem Eingang zum H-Tempel (Assur 22668) – ist die im Plan eingetragene Fundstelle für Assur 22093 zweifellos die wahrscheinlichere.

Nach der Veröffentlichung aller "Gipsstuckfragmente" stand das zusammengesetzte Reliefteil mit der figürlichen Darstellung stets im Mittelpunkt des Interesses, während die anderen Bruchstücke nahezu unberücksichtigt geblieben sind.[139] Die Beschreibung dieses außergewöhnlichen Artefakts verdeutlicht schon, wie schwer es fällt, das Relief mit all seinen Details möglichst objektiv darzustellen, ohne bereits Interpretationen miteinfliessen zu lassen. Mit diesem Problem sahen sich auch sämtliche Bearbeiter konfrontiert, die sowohl zur Darstellung der weiblichen Figur als auch den wiedergegebenen Einzelheiten zahlreiche, meist gegensätzliche Erklärungen und Deutungen vorgetragen haben.

Nach Ansicht W. Andraes war die dargestellte Frau nicht vollkommen nackt, sondern schien ein "leichtes, durchsichtiges Gewand" zu tragen, wobei der nicht mehr erhaltene Schambereich mit einem zusätzlich um die Hüfte getragenen Tuch eigens bedeckt gewesen wäre.[140] In Analogie zu einigen Terrakottafiguren[141] sowie einem Terrakottarelief aus dem Louvre[142] deutete

---

[137] Ibid., 54.

[138] Ibid., Taf. $6b_2$.

[139] Das Fragment Assur 22668 wurde sogar bei W. Andrae, *Das wiedererstandene Assur*, Abb. 87 weggelassen und lediglich noch einmal von A. Moortgat, *Die Kunst des Alten Mesopotamien. I Sumer und Akkad* (2. Auflage, Köln 1982), 45 Abb. 11 nach W. Andrae, *Die archaischen Ischtar-Tempel*, Taf. 28b zusammen mit Assur S 23106 veröffentlicht. Assur 22093 ist m.W. in der einschlägigen Literatur nicht mehr erwähnt worden.

[140] Ibid., 54.

[141] Ibid., 54 Abb. 39, 40.

[142] Ibid., 55 Abb. 41.

er die Bemalungen am Hals als einen aus mehreren Ketten bestehenden Halsschmuck[143] und die rechteckigen Erhebungen zu beiden Seiten des Kopfes als einen breiten Kamm[144] bzw. ein Gestell, mit dem die Frisur fixiert worden wäre.[145] Auch wenn die angestellten Vergleiche in rein funktionaler Hinsicht zunächst überzeugen, so weichen die Wiedergaben doch zu sehr voneinander ab, um als Erklärung dienen zu können.[146] Allerdings verfügen einige der weiblichen Terrakotten, ebenso wie die Relieffigur, über einen leicht erhaben modellierten Bauchnabel.[147] Wegen der überdimensionierten Augen stand es für W. Andrae weiterhin außer Frage, daß die weibliche Figur eine Göttin, respektive die Ištar selbst, sein müsse,[148] die vor einem Teppich oder einer farbig bemalten Wand in der Kultnische der Tempelcella stehe.[149]

Eine genaue zeitliche Einordnung des Reliefs war, wie für alle anderen Funde aus den ältesten Ištar-Tempel auch, von dem Ausgräber schon wegen des zeitgenössischen Forschungsstandes nicht zu erwarten.[150] Allerdings stellte er hauptsächlich mit Blick auf die Bemalung einen gewissen Zusammenhang mit den bereits oben angesprochenen rot bemalten Scherben aus den angeblich “noch älteren Bauresten”[151] vor der Errichtung der Ištar-Heiligtümer fest.[152]

S. Smith hielt im Gegensatz dazu einen gewissen “sumerischen Einfluß” zwar für möglich, doch seien die Unterschiede zur babylonischen Kunst zu groß, so daß es sich um eine isoliert stehende künstlerische Ausprägung oder das ausgefallene Experiment eines einzelnen Künstlers handeln müsse.[153]

---

143 Vgl. ibid., Taf. 51a, c, f, g, Taf. 52p, Taf. 56b, e.

144 Vgl. ibid., Taf. 52d, m-p, Taf. 56b, e-g.

145 Ibid., 54.

146 Siehe zu einem solchen Vergleich auch G. Contenau, *Manuel d'Archéologie Orientale II. Depuis les origines jusqu'à l'époque d'Alexandre* (Paris 1931), 645 Abb. 449.

147 Vgl. W. Andrae, *Die archaischen Ischtar-Tempel*, Taf. 51a-d, Taf. 53i, Taf. 54g, r, Taf. 55m.

148 Ibid., 53, 55.

149 Ibid., 55. Dem folgte u.a. J.A.H. Potratz, *Die menschliche Rundskulptur in der sumero-akkadischen Kunst* (*PIHANS* 6, Istanbul 1960), 2; ders., *Die Kunst des Alten Orient* (Stuttgart 1961), 63f.

150 Siehe oben Anm. 14.

151 Siehe oben S. 12f.

152 W. Andrae, *Die archaischen Ischtar-Tempel*, 16.

153 S. Smith, *Early History of Assyria*, 66.

A. Moortgat war der erste, der sich dezidiert um eine Datierung des Reliefs bemühte.[154] Das auffälligste Merkmal waren für ihn die großen, schräggestellten Augen der weiblichen Figur, die eine klare Parallele in den Augenwiedergaben eines rundplastischen Kopfes aus Tell Brak fänden,[155] der aus dem Bereich des sog. Augentempels stammt[156] und von dem Ausgräber M.E.L. Mallowan in die Djemdet Nasr-Zeit datiert wurde.[157] Einen weiteren Anhaltspunkt für diese zeitliche Einordnung ergab sich aus der schwarz-roten Bemalung, die sich auch an der zeitgenössichen polychromen Keramik finden lasse.[158]

M.-Th. Barrelet zählte die Figur des Assur-Reliefs zumindest hinsichtlich ihrer Kleidung zum ikonographischen Typus der sich entschleiernden Göttin und rückte sie in die Nähe einer Siegeldarstellung aus Nuzi aus der Mitte des 2. Jt. v. Chr.[159] Das Siegelbild gibt ein Darstellungsschema wieder, in der die "Göttin" statt eines vollständigen Gewandes lediglich Hals, Brust sowie das rechte Bein bedeckt hält.[160] Bereits auf den ersten Blick wird deutlich, daß beide Darstellungen weder chronologisch noch antiquarisch zu vergleichen sind.

Aufgrund der Fundumstände und der Tatsache, daß alle übrigen Funde aus den archaischen Ištar-Tempeln in die frühdynastische Zeit gehören, zweifelte G.F. Dales die frühe Datierung A. Moortgats an.[161] Er selbst gelangte dann aber zu einem sehr zwiespältigen und fragwürdigen Ergebnis, das seine Unschlüssigkeit bezüglich des zeitlichen Ansatzes nicht verbergen kann: Einerseits zeige der aufgemalte Schmuck gewisse Ähnlichkeiten zu den tatsächlich gefundenen Schmuckstücken aus Ur, insbesondere dem sog. "dog-collar neklace".[162] Andererseits weise die technische Herstellung auf einen wesentlich späteren Zeitpunkt der Entstehung hin. Ohne jedoch näher auf diese Herstellungsmethode und deren datierende Faktoren einzugehen, hielt G.F. Dales ein Entstehungsdatum frühestens ab der der neusumerischen

---

154 A. Moortgat, *Die Entstehung der sumerischen Hochkultur* (*AO* 43, Leipzig 1945), 89ff.

155 Ibid., 43, 90, Taf. 32a; ders., *Die Kunst des Alten Mesopotamien*, 44f., Taf. 28-30.

156 Zu den genauen Fundumständen siehe noch unten.

157 M.E.L. Mallowan, "Excavations at Brak and Chagar Bazar", *Iraq* 9 (1947), 92f., Taf. II, 3a-c (G. 445).

158 A. Moortgat, *Die Entstehung der sumerischen Hochkultur*, 90.

159 M.-Th. Barrelet, "Les Déesses armées et allées", *Syria* 32 (1955), 244f.

160 Ibid., Abb. 13e.

161 G.F. Dales, *Mesopotamian and Related Female Figurines* (Diss. University of Pennsylvania 1960, autorisierter Faksimile-Mikrofilmdruck 1986) 24, Nr. 58, Taf. 96; ders., "Bands and Belts on Mesopotamian Figurines", *RA* 57 (1963), 33, Abb. 3.

162 Ibid., 33 und auch K.R. Maxwell-Hyslop, *Western Asiatic Jewellery*, 7.

Periode für möglich. Dieser Datierung schloß sich auch M.-Th. Barrelet auf Grundlage der zwischenzeitlich vorgenommenen Materialanalyse an.[163]

M.E.L. Mallowan, der wohl noch sichtlich unter dem Eindruck der Grabungsergebnisse in Ur stand, glaubte erkennen zu können, daß die Figur des Assur-Reliefs genau den gleichen Schmuck trage wie die Königin Pu'abi im Königsfriedhof von Ur.[164] Diese vermeintliche Übereinstimmung machte für ihn eine Datierung in die FD III-Zeit unumgänglich und bewies die Verbreitung sumerischer Kultur bis in den Norden Mesopotamiens.[165] Immerhin gab er der Diskusskion um das "Gipsstuckrelief" einen neuen Anstoß, in dem er den geometrischen Rahmen, den die Relieffigur umgibt, als ein Bett identifizierte, auf dem die weibliche Gestalt liege.[166]

Diese Interpretation eignete sich auch B. Hrouda an, der den frühen Datierungsvorschlag von A. Moortgat erneut aufnimmt, aber zeitlich noch erweiterte und das Relief in den Übergang von der Djemdet Nasr- zur älterfrühdynastischen "Mesilim-Zeit" (FD IIa) datierte; infolgedessen verschob sich für ihn auch das Gründungsdatum des Ištar-Tempels in die FD I-Zeit.[167]

J. Reade bereicherte die Bandbreite der Interpretationen zuletzt noch um zwei weitere Varianten, indem er die Bemalung für eine aufwendige, möglicherweise mit Schmuckstücken und einem Lendenschurz kombinierte Körperbemalung hielt und zudem eine Augenbinde vermutete, da das linke Auge noch mit Farbresten bedeckt ist.[168]

Ein Vergleich der vorliegenden photographischen Abbildungen mit der Umzeichnung des Reliefs von W. Andrae verdeutlicht, daß sich die Bearbeiter für ihre Beurteilung fast ausnahmslos auf diese Zeichnung gestützt haben (Abb. 7b), die eine Reihe von Details wiedergibt, die in dieser Form weder auf den Photographien noch am Original zu erkennen sind.[169] Dies gilt

---

[163] M.-Th. Barrelet, *Figurines et Reliefs en Terre cuite*, 92.

[164] M.E.L. Mallowan, *Early Mesopotamia and Iran*, 107.

[165] Ibid., 106.

[166] Ibid., 106; dieser Identifizierung folgten auch P. Calmeyer, "Kultrelief", *RlA* 6 (1980-1983), 323 sowie N. Cholidis, *Möbel in Ton. Untersuchungen zur archäologischen und religionsgeschichtlichen Bedeutung der Terrakottamodelle von Tischen, Stühlen und Betten aus dem Alten Orient* (*AVO* 4, Münster 1992), 166f., 180, die das Assur-Relief zusammen mit einer Weihplatte aus Tell Asmar und einer Siegelabrollung in der Yale Babylonian Collection für die älteste Darstellung einer einzelnen Frau auf einem Bett hält.

[167] B. Hrouda, *Vorderasien I: Mesopotamien, Babylonien, Iran und Anatolien* (München 1971), 116; ders. *apud* W. Andrae, *Das wiedererstandene Assur*, 304 Anm. 37.

[168] J. Reade, *Mesopotamia*, 57.

[169] G.F. Dales, *Mesopotamian and Related Female Figurines*, Taf. 96; M.-Th. Barrelet, *Syria* 32, 244, Abb. 13e; G.F. Dales, *RA* 57, Abb. 3 und A. Spycket, *Les Statues de Culte*

insbesondere für die Wiedergabe der Frisur, der dicken, umlaufenden Lidränder mit den hochsitzenden Wimpern, der Ornamente im Bereich der Hüfte sowie der insgesamt akkuraten und exakten Ausführung der gesamten Bemalung. Natürlich besteht die Möglichkeit, daß die zusammengesetzten Bruchstücke bei der Auffindung noch besser erhaltenen waren, allerdings würde auch dies die erheblichen Abweichungen nicht völlig erklären. Es ist daher anzunehmen, daß W. Andrae die Ergänzungen in der Umzeichung gemäß seinen Vorstellungen und Eindrücken vorgenommen hat.

Den maßgebenden Versuch zur stilistischen Einordnung der kleinen Reliefplatte hat A. Moortgat unternommen, dessen Vergleich mit dem aus Kalkstein bestehenden Kopf aus Tell Brak in der nachfolgenden Literatur häufig adaptiert wurde.[170] Auch A. Moortgat berief sich in erster Linie auf die Umzeichnung W. Andraes, denn die mit dickem schwarzen Pinselstrich ausgeführten Lidränder und die Schrägstellung der Augenpartien treten auf den Photographien in dieser Deutlichkeit nicht hervor.[171] Selbst wenn diese Einzelheiten zum Zeitpunkt der Umzeichnung noch besser erhalten gewesen wären, reicht die Form der Augen und deren Stellung im Gesichtsfeld keinesfalls aus, um eindeutige stilistische Kriterien für einen sicheren zeitlichen Ansatz zu liefern. Sehr deutliche Unterschiede bestehen zudem in der Form des Brak-Kopfes mit dem annähernd dreieckigen Umriß, der sowohl in der *en face*-Ansicht als auch im Profil deutlich zum Ausdruck kommt,[172] und mit dem ovoid gerundeten Kopf der Assur-Figur keinerlei Gemeinsamkeiten aufweist.

In diesem Zusammenhang ist zu betonen, daß die frühe anthropomorphe Rundplastik aus Tell Brak, die zu den wenigen sicher datierbaren Skulpturen der Djemdet Nasr-Zeit gezählt wird, weder im Stil noch in der Wiedergabe der Einzelformen einheitlich ist.[173] Das von A. Moortgat als Vergleich herangezogene Bildnis steht sowohl mit seiner künstlerischen Gestaltung als auch der schrägen Ausrichtung der Augenpaare singulär neben einer Reihe weiterer Köpfe bzw. Fragmente solcher, die wesentlich naturnaher und

---

dans les Textes mesopotamiens des origines à la Ire Dynastie de Babylone (Paris 1968), Abb. 3 boten zudem eigene Umzeichnungen, die stark von der Vorlage W. Andraes abweichen.

170 Vgl. etwa G.F. Dales, *Mesopotamian and Related Female Figurines*, 133, 201, Nr. 59; N. Cholidis, *Möbel in Ton*, 166f., 180; E. Klengel-Brandt, *Al-Rāfidān* 18, 141 Anm. 23.

171 Vgl. hierzu W. Andrae, *Die archaischen Ischtar-Tempel*, Taf. 28c und A. Moortgat, *Die Entstehung der sumerischen Hochkultur*, Abb. 28 mit W. Andrae, a. O. Taf. 27a und J. Reade, *Mesopotamia*, 57 Abb. 75.

172 M.E.L. Mallowan, *Iraq* 9, Taf. II, 3a, c.

173 Die von M.E.L. Mallowan, ibid., 91f. getroffene Zuweisung dieser Rundplastik an eine "subaräische Bildhauerschule" kann schon aus terminologischen Gründen heute nicht mehr aufrechterhalten werden.

plastischer ausgearbeitet sind.[174] Das einzige übereinstimmende Merkmal aller Figurenteile bilden die rhombenförmigen Augen, die auch an den zahlreichen Augenidolen auftreten, die dem Tempel seinen Namen gaben.[175] Hinzu kommt, daß die stratigraphisch-chronologische Zuweisung der einzelnen Bauzustände des Augentempels keineswegs so eindeutig ausfällt, wie es für den Ausgräber noch den Anschein hatte. Die frühesten Funde aus dem Bereich des Tempels, wie z.B. Tonstifte für Mosaike, Glockenbecher und Vier-Ösen-Gefäße, sowie die Verwendung plankonvexer Lehmziegel an der letzten festgestellten Ruine weisen auf eine lange Benutzungsdauer von der späten Uruk- bis in die frühdynastische Zeit hin.[176] Ferner konnte keines der erwähnten Skulpturenfragmente *in situ* im Tempel entdeckt werden, sondern sie fanden sich verstreut in den zahlreichen Tunneln der antiken Raubgrabungen, die das gesamte Tempelplateau kreuz und quer durchziehen.[177]

Das zweite Argument A. Moortgats bestand in der Farbgebung des Reliefs, die der polychromen Djemdet Nasr-Keramik entspräche.[178] Das alleinige Vorkommen von schwarzer und roter Farbe als datierendes Merkmal erscheint nicht sehr stichhaltig und läßt sich auch durch einen Vergleich mit der Farbgebung und der verwendeten Ornamentik nicht erhärten. Der scharfe Kontrast von roter und schwarzer Bemalung auf weißem Grund ist mit dem gelblich-beigen Untergrund der Keramik nicht gegeben. Auch die geometrischen Muster der Gefäße bieten im Vergleich zu den "Gipsstuckteilen" nichts direkt vergleichbares[179] und die figürlichen Darstellungen der Gefäßkeramik ähneln allenfalls im Grad ihrer Stilisierung der weiblichen Figur des Reliefs. Die Körperproportionen, Kopfform und Behandlung der Einzelheiten unterscheiden sich jedoch deutlich.[180]

---

174 Ibid., Taf. I, Taf. II, 1-2.

175 Ibid., Taf. XXV, 1-9; Taf. XXVI, 2-13; Taf. LI, 1-48. Vgl. auch S. Lloyd, *Die Archäologie Mesopotamiens* (München 1981), 95f., Abb. 46.

176 Vgl. M.E.L. Mallowan, *Iraq* 9, Taf. VI, 3, Taf. LXVI, 4; E. Heinrich, *Tempel und Heiligtümer*, 57, 91f., Abb. 143-145.

177 Vgl. M.E.L. Mallowan, *Iraq* 9, Taf. LVII, Taf. LVIII.

178 Direkte Vergleiche lieferte A. Moortgat, *Die Entstehung der sumerischen Hochkultur*, 90 hierfür zwar nicht, doch standen seinerzeit nur S. Langdon/F.H. Weißbach, "Ausgrabungen in Dschemdet Naßr und Barghuthijat", in *Ausgrabungen in Babylon seit 1918* (*AO* 26, Leipzig 1928), 67ff., zur Keramik insbes. 74, sowie E. Mackay, *Report on Excavations at Jemdet Nasr, Iraq* (*Anthropology, Memoirs* I/3, Chicago 1931), 232f., Taf. 77-80 als maßgebliche Quellen zur Verfügung.

179 Sie ähneln vielmehr den Ornamenten der "Tonstiftmosaiken"; siehe W. Orthmann (Hrsg.), *Der Alte Orient*, 20.

180 Vgl. die Literaturzitate in der Anm. zuvor und W. Nagel, *Djamdat Nasr-Kulturen und frühdynastische Buntkeramiker*, 10ff., Taf. 17, 18, 21-23.

Zusammenfassend läßt sich sagen, daß das bemalte Relief mit der Wiedergabe einer stark stilisierten weiblichen Gestalt in der Kunst des Alten Orients nach wie vor einzigartig ist und stilistisch noch nicht zufriedenstellend eingeordnet werden kann.[181] Aufgrund des schlechten Erhaltungszustands bleibt auch die Deutung der wiedergegebenen Details unklar.[182] So ist letztlich nicht zu entscheiden, ob die Figur nackt ist oder – zumindest teilweise – bekleidet; ob sie in einer Kultnische bzw. vor einer Wand steht oder auf einem Bett liegt. Unsicher bleibt schließlich auch die Interpretation der Bemalungen an Hals und Oberkörper mit Schmuckstücken[183], die archäologisch nachgewiesen werden konnten.[184]

Die Identifikationen der unbekleideten, weiblichen Figur mit der Göttin Ištar oder einer Priesterin ihres Kultes bleiben Spekulationen, die weder ikonographisch noch durch Inschriften wirklich begründet werden können.[185] Sehr viel wahrscheinlicher gehört die Dargestellte in den weitgefaßten Bereich der sog. nackten Göttin, kann jedoch (noch) keinem der zahlreichen, ikonographisch mehr oder weniger fest definierten Typen unbekleideter Frauendarstellungen zugewiesen werden.[186]

Es handelt sich auch bestimmt nicht um die verkleinerte Wiedergabe eines Kultreliefs,[187] sondern viel eher um ein Weihgeschenk, das sich

---

181 Vgl. auch J.C. Canby, "Early Bronze 'Trinket' Moulds", *Iraq* 27 (1965), 49, Taf. X, d.

182 Dagegen ist die Beschreibung von J.M. Asher-Greve, *Frauen in altsumerischer Zeit* (*BiMes* 18, Malibu 1985), 132 in ihrer Genauigkeit geradezu verblüffend: "(...) mehrere Halsketten aus Perlen, große Ohrringe und einen aus Stäbchen und Röhrenperlen bestehenden Gürtel um die Hüften."

183 Siehe dazu oben die Gleichsetzung der Halsbemalung mit dem "dog collar-neklace" oder die Bewertung der "Ohrgehänge" an der Assur-Figur als die angeblich frühesten Belege für dreieckförmige Schmuckstücke von K. Benzel, in P.O. Harper (Hrsg.), *Discoveries at Ashur on the Tigris. Assyrian Origins. Antiquities in the Vorderasiatisches Museum, Berlin* (Berlin/New York 1995), 56 Abb. 15.

184 Vgl. hierzu das prinzipielle Ergebnis von F. Blocher, *Untersuchungen zum Motiv der nackten Frau in der altbabylonischen Zeit* (*Münchner Vorderasiatische Studien* 4, München 1987), 206: "Abgesehen davon lassen sich für Schmuck und Darstellungen nackter Frauen fast aus jeder Epoche passende Belege finden, um die eine oder andere Datierung zu stützen." Außerdem ist der Vergleich zwischen einer gegenständlichen, in ihrem Aussehen fest definierten Schmuckform mit der abstrahierten Malerei eines schlecht erhaltenen Reliefs grundsätzlich problematisch.

185 Siehe dagegen J.M. Asher-Greve, *Frauen in altsumerischer Zeit*, 38 Anm. 1, 131f., 211, Nr. 691, die in ihrer Untersuchung mithin jede Frauendarstellung als Göttin, Priesterin oder Beterin identifiziert hat.

186 Siehe zusammenfassend Ch. Uehlinger, "Nackte Göttin. B. In der Bildkunst", *RlA* 9/1-2 (1998), 53ff., bes. 64.

187 Zu einer solchen Auffassung siehe W. Andrae, *Die archaischen Ischtar-Tempel*, 55; A. Moortgat, *Die Entstehung der sumerischen Hochkultur*, 90; A. Spycket, *Les Statues de*

funktional mit den Terrakottareliefs vergleichen läßt.[188] Derartige "Votivreliefs" wurden der Gottheit dediziert und haben fortan zur Ausstattung des Tempels gehört.

In den bisherigen Besprechungen wurden die Fundumstände des Assur-Reliefs meist völlig außer acht gelassen oder nicht angemessen berücksichtigt. Alle "Gipsstuckteile" lagen auf dem Fußboden von Bauzustand H des archaischen Ištar-Tempels und gehörten zu den wenigen, beschädigten Funden, die im Tempel zurückgelassen worden waren.[189] Ganz offensichtlich hatten sie keinen Wert mehr für das Inventar des Heiligtums. Der Tempel H mußte gegen Ende seiner Benutzung wegen Baufälligkeit abgerissen werden. Dazu wurde er bis auf die unbrauchbar gewordenen Gegenstände völlig ausgeräumt. In dem an gleicher Stelle neu errichteten Kultbau des Bauzustands G verwendete man vermutlich auch einen Teil der Votivgaben und Einrichtungsgegenstände wieder, die zuvor schon im älteren Tempelbau gestanden hatten. Zur Ausstattung des G-Tempels gehören zahlreiche Objekte, die zweifelsfrei in die jüngerfrühdynastische Zeit datieren.[190]

7. Das skulptierte Steatitgefäß

Das nächste zur Diskussion stehende Fundobjekt ist ein skulptiertes Steatitgefäß (Assur S 22408 / VA 7887)[191], das zur Gattung der "sumerischen Kultgefäße" gehört (Abb. 10).[192] Es kam im Bauzustand G des archaischen Ištar-Tempels zutage, wo es im Tempelinneren am Eingang zum südöstlichen Nebenraum der Cella auf dem Fußboden lag (Abb. 9).

Das nur 8,4cm hohe, 10cm breite und 7,6cm tiefe Gefäß und die es an allen Seiten umgebende Darstellung sind aus einem Stein gearbeitet worden. Die in unterschiedlich hohem Relief, teilweise sogar rundplastisch gestalteten Darstellungen verteilen sich auf zwei Ebenen, die durch eine rechteckige

---

Culte, 12f., Abb. 3; W. Andrae, *Das wiedererstandene Assur*, 104; U. Moortgat-Correns, *La Mesopotamia. Storia Universale dell'Arte* (Turin 1989), 27.

188 Gegen eine Deutung als Kultbild sprach sich auch B. Hrouda *apud* W. Andrae, *Das wiedererstandene Assur*, 304 Anm. 73 aus.

189 W. Andrae, *Die archaischen Ischtar-Tempel*, 27.

190 Ibid., 31ff.

191 Leider gibt es bislang noch keine Photographien, die das gesamte Gefäß und die einzelnen Darstellungen angemessen abbilden. Eine farbige, aber kleinformatige Abbildung bietet P.O. Harper (Hrsg.), *Discoveries at Ashur on the Tigris*, 27, Abb. 7. Die hier gegebene, ausführliche Beschreibung, die vor dem Objekt erstellt wurde, hilft vielleicht ein wenig über diesen Mangel hinweg.

192 Vgl. W. Orthmann (Hrsg.), *Der Alte Orient*, 20f.

Platte getrennt werden; eine Ecke der Platte ist abgebrochen. In der Mitte dieser Platte sitzt ein kleiner konischer Becher mit sorgfältig geglätteter Innen- und Außenwand, der sich unterhalb der Platte verjüngt und lediglich grob behauen ist. Demnach könnte das Gefäß zur Aufnahme in eine andere Vorrichtung gedient haben oder ist unfertig geblieben.

Auf der Oberseite der rechteckigen Platte liegen an den drei noch erhaltenen Ecken je eine Löwenfigur, deren Rückseiten jeweils noch fest mit der Außenwand des Gefäßes verbunden sind. Aufgrund der symmetrischen Verteilung und der Haltung der Löwen liegt es nahe, auch auf der vierten, fehlenden Ecke einen weiteren Löwen anzunehmen. Lediglich an einem der beiden Löwen, die an der Schmalseite der Platte liegen, hat sich der nach außen gedrehte Kopf erhalten. Die stark erhaben gearbeitete Mähne ist durch eine Kante vom Körper abgesetzt, die Innenzeichnung besteht aus eingeritzten Kreisen mit jeweils einer Bohrung in der Mitte. Die Schwänze liegen zwischen den Hinterläufen und erscheinen mit der buschigen Quaste an der nach außen gewandten Schenkelseite. Bemerkenswert ist die pralle, naturnahe Körperlichkeit der Raubkatzen.

In der zweiten Darstellungszone, unterhalb der Platte, sind nur noch an den Langseiten Reste figürlicher Szenen erhalten, die sich ursprünglich vielleicht bis auf die Schmalseiten erstreckt haben. Eine Seite wird von einem Rind bzw. Stier mit in Vorderansicht ausgerichtetem Kopf eingenommen, dessen Hörner einschließlich der unmittelbar darunter befindlichen Ohren und der Augen mit Lidrändern detailliert ausgearbeitet sind. In seiner linken Flanke hat sich ein Löwe festgebissen, der seine Beute von hinten angesprungen hat und nun mit mächtigen Tatzen festhält. Der feingegliederte Kopf des Löwen ist dem Betrachter frontal zugewandt, die schräg stehenden, scharf umrissenen Augen sind deutlich als "Katzenaugen" gekennzeichnet, die gespitzten und aufgestellten Ohren sind nach vorn gedreht. Trotz des ungenügenden Erhaltungszustands vermittelt diese Szene dem Betrachter eine spannungsgeladene Dynamik.

Auf der gegenüberliegenden Seite des Gefäßes befindet sich das Motiv des "nackten Helden". Seine Haare sind in länglich-abgerundete Kompartimente unterteilt, die jeweils von einer tiefen Ritzlinie getrennt werden und vermutlich eine Lockenfrisur andeuten sollen. Sein Gesicht ist sehr flach und stark verschliffen, wobei ein annähernd dreieckiger Umriß offenbar den Mund anzudeuten scheint. Er hat die nach außen gedrehten Arme hoch erhoben, um zu beiden Seiten jeweils ein gehörntes Tier, ein Rind bzw. einen Stier, am Hals zu packen.

Die Gruppe der sog. sumerischen Kultgefäße, wurde von A. Moortgat zusammengestellt und ausführlich untersucht.[193] Zweifellos wurden solche,

---

[193] A. Moortgat, *Frühe Bildkunst in Sumer* (*MVAeG* 40/3, Leipzig 1935), 48f. listete 29 derartige Gefäße und Fragmente solcher Gefäße auf, wobei das vorliegende unter II.28

sicherlich kostbaren Gefäße eigens für den Tempel bzw. den Kult angefertigt und haben dem Libieren oder Räuchern gedient.[194] Das charakteristische und übereinstimmende künstlerische Merkmal dieser Gefäßgattung besteht in dem hoch ausgearbeiteten Reliefdekor.[195] Einzelne Teile bis hin zu ganzen Figurengruppen können dreiviertel- oder nahezu rundplastisch ausgeführt sein.[196]

In seiner Studie gelangte A. Moortgat zu dem Ergebnis, daß es sich bei den "sumerischen Kultgefäßen" um eine "zeitgebundene Denkmälergattung" handelt, die sich auf die Wende vom 4. bis zum 3. Jt. v. Chr. beschränkt hat.[197] Die Hauptargumente für diesen zeitlichen Ansatz lagen im figürlichen Aufbau und der Bildthematik begründet.[198] Im Falle des vorliegenden Gefäßes aus dem Ištar-Tempel in Assur ging er jedoch nicht auf die Konsequenzen ein, die eine solche Datierung nach sich zieht.[199]

P.O. Harper gelangte in ihrer zweifellos auf den Erkenntnissen A. Moortgats fußenden Beurteilung zu dem Schluß, daß das Assur-Gefäß ins späte 4. bis frühe 3. Jt. v. Chr., zwischen 3300 und 2900 v.Chr., datiert werden müsse und aus einer Djemdet Nasr-zeitlichen Schicht in die frühdynastische Bauschicht G übernommen worden sei.[200] Im Gegensatz zur Zusammenstellung der bekannten Gefäße durch A. Moortgat[201] stellen die

---

aufgelistet ist. Zwischenzeitlich sind noch vereinzelte neue Stücke hinzugekommen, die sich aber nahtlos in die Untersuchung von A. Moortgats einfügen lassen.

194 Für A. Moortgat, "Ein frühsumerisches Kultgefäß", *ZA* 45 (1939), 6 waren die Behältnisse dafür eigentlich zu klein, letztlich entschied er sich aber für die nicht zu beweisende Deutung als Räuchergefäß.

195 Ibid., 1; ders., *Die Kunst des Alten Mesopotamien*, 37; W. Orthmann (Hrsg.), *Der Alte Orient*, 21 unterstrich die übergreifende Bedeutung dieser Artefaktgruppe: "Die Kultgefäße werden damit nicht nur zu Hauptträgern des Reliefs, sondern nehmen auch an der Entwicklung des Rundbildes teil."

196 Diese Besonderheit führte auch zu der Bezeichnung "Extremreliefgefäße"; siehe M.R. Behm-Blancke, *Das Tierbild in der altmesopotamischen Rundplastik* (*BaF* 1, Mainz 1979), 38.

197 A. Moortgat, *ZA* 45, 1.

198 Dies trifft auch für das skulptierte Gefäß VA 12986 (A. Moortgat, *ZA* 45, 4f., Taf. III) zu, das A. Moortgat, *Die Kunst des Alten Mesopotamien*, 37, 62, Tf. 15-16 in die Djemdet Nasr-Zeit datiert hat, das aber wegen der Plastizität und der naturnahen Darstellung noch in der Tradition der Uruk IV-Epoche stehe.

199 In den Veröffentlichungen A. Moortgats finden sich zu diesem Punkt keine weiteren Ausführungen und auch kein Verweis auf das "Gipsstuckrelief" (Assur S 23106), das er ja ebenfalls in die Djemdet Nasr-Zeit eingeordnet hatte.

200 P.O. Harper, in *Discoveries at Ashur on the Tigris*, 27.

201 Vgl. A. Moortgat, *Frühe Bildkunst*, 48f.

vier von ihr zum Vergleich herangezogenen Exemplare lediglich eine wenig aussagekräftige Auswahl dar.[202]

Überprüft man zunächst die Provenienz aller "Kultgefäße", so stellt man fest, daß der überwiegende Teil aus dem Kunsthandel stammt. Neben dem Assur-Gefäß ist lediglich noch ein Exemplar bei regulären Ausgrabungen im Diyala-Gebiet zutage gekommen.[203]

In bezug auf den Gefäßaufbau und die Bildthematik steht dem Exemplar aus dem archaischen Ištar-Tempel ein skulptiertes Gefäß im Louvre, Paris am nächsten.[204] Es zeigt in der oberen Bildebene vier um das Gefäß liegende Löwen, die ihre Schwänze zwischen die Hinterläufe geklemmt haben. In der unteren Bildebene attackiert ein weiterer Löwe einen Stier.[205] Deutliche Unterschiede zum Assur-Gefäß bestehen allerdings in der künstlerischen Ausführung. Die liegenden Löwenkörper sind plumper gestaltet und die einzelnen Körperformen wirken erstarrter als bei ihren Pendants in Assur. Dies kommt besonders gut in der Vorderansicht an den unbelebt-scheibenförmigen Mähnenwiedergaben zum Ausdruck.[206] Ein Vergleich beider Kampfgruppen in der unteren Bildebene vergegenwärtigt die schematisierte und spannungslose Haltung, in der der Löwe des Louvre-Gefäßes den Stier anfällt.

Eine gekonnte Verknüpfung beider Bildszenen zeigt ein Gefäß (AG 35:200) aus der älterfrühdynastischen Schicht (FD II) des Šara-Tempels in Tell Agrab.[207] Die Darstellung wird durch eine an ihrem Außenrand gekerbte Platte in zwei Ebenen geteilt, so daß jeweils ein Löwenpaar über dem anderen angebracht ist. An einer Seite greift die Figur eines "nackten Helden" auf beide Ebenen über, indem der "Held" die Schwänze der oben stehenden Löwen unter seine Achseln geklemmt hat, während er mit seinen Händen die Außenflanken der unten stehenden Löwen ergreift. Damit

---

202 Siehe P.O. Harper, in *Discoveries at Ashur on the Tigris*, 27f.

203 Siehe dazu noch unten.

204 G. Contenau, *Manuel d'Archéologie Orientale II*, Abb. 445; ders., *Monuments Mésopotamiens nouvellement acquis ou peu connus. Musée du Louvre* (Paris 1934), 11f., Nr. VII, Taf. VI, VII.

205 A. Moortgat, *Frühe Bildkunst*, 49, II.23.

206 Vgl. G. Contenau, *Monuments Mésopotamiens*, Taf. VII, a. Auch die ornamentierte, bügelartige Struktur an der Langseite des Louvre-Gefäßes erweist sich als störend für die Gesamtkomposition, da sie in ihrem Verlauf sowohl die Löwenfiguren als auch den kleinen Becher überschneidet. Die Funktion des Bügels bleibt unklar, es könnte sich um einen Henkel handeln. Von G. Contenau, ibid., 11 als "une rampe" bezeichnet.

207 H. Frankfort, *Art and Architecture of the Ancient Orient* (4. Auflage, London 1970), 30; M.R. Behm-Blancke, *Das Tierbild*, 38, Abb. 7a, b (in Umzeichnung). Bei P. Delougaz/S. Lloyd, *Pre-Sargonid Temples in the Diyala-Region* (*OIP* 58, Chicago 1942), 246, Abb. 193 wird der Fund *in situ* gezeigt.

korrespondiert auf der gegenüberliegenden Seite des Gefäßes der zwischen beide Ebenen plazierte Wisent, den die Löwenpaare gleichzeitig anfallen. Das Moment des Angriffs wird durch die eingeknickten Vorderläufe der oben stehenden Löwen ersichtlich, die als "Schlagmotiv" interpretiert werden müssen.[208]

Funktional und thematisch können weiterhin zwei skulptierte Steingefäße im Britischen Museum, London zum Vergleich herangezogen werden, deren Fundort mit Uruk-Warka angegeben wird.[209] Um jeweils einen kleinen konischen Becher in der Mitte sind wieder nahezu rundplastische Figurengruppen angeordnet. An dem einen Gefäß (BM 118361) fallen zwei Löwen einen Stier an.[210] An dem anderen Exemplar (BM 118465) umfassen zwei lediglich mit einem Gürtel bekleidete "Helden" zwei Stiere.[211]

Die Trennung der Bildebenen mittels einer Platte zeigen die bereits besprochenen Gefäße aus Tell Agrab (AG 35:200)[212] und dem Louvre.[213] Der Außenrand der Platte kann dabei unterschiedlich verziert sein. Die einfachen, senkrecht gekerbten Linien des Assur-Gefäßes finden eine Parallele an einem steinernen Untersatz (AG 35:276), der aus einer FD II-Schicht in Tell Agrab stammt.[214] Das Louvre-Gefäß zeigt ein geritztes Zick-Zack-Muster[215] und AG 35:200 ein Schuppenmuster[216], das als stilisierte Form einer Gebirgsdarstellung interpretiert werden könnte.[217]

---

208 M.R. Behm-Blancke, *Das Tierbild*, 38.

209 H.R. Hall, "Sumerian Stone Sculptured Vases", *BMQ* II (1927-28), 12.

210 Ibid., 12f., Taf. Va.

211 Ibid., 13, Taf. Vb; A. Moortgat, *Frühe Bildkunst*, 67f.,Taf. XXXIII; ders., *Die Entstehung der sumerischen Hochkultur*, 85, Taf. 28c; ders., *Tammuz. Der Unsterblichkeitsglaube in der altorientalischen Bildkunst* (Berlin 1949), 13, Abb. 13, Taf. 6b; W. Orthmann (Hrsg.), *Der Alte Orient*, Abb. 72; A. Parrot, *Sumer und Akkad* (4. Auflage, München 1983), 117 Abb. 106; E. Lindemeyer/L. Martin, *Uruk. Kleinfunde III* (*AUWE* 9, Mainz 1993), 87f., Nr. 281, Taf. 34; D. Collon, *Ancient Near Eastern Art. British Museum* (London 1995), 53, Abb. 36.

212 H. Frankfort, *Art and Architecture*, 30, Abb. 17, 18.

213 G. Contenau, *Manuel d'Archéologie Orientale II*, 641, Abb. 445; ders., *Monuments Mésopotamiens*, Taf. VI, VII.

214 P. Delougaz/S. Lloyd, *Pre-Sargonid Temples*, 242, Abb. 182; A. Moortgat, *Tammuz*, 14, Abb. 21, Taf. 7b; W. Orthmann (Hrsg.), *Der Alte Orient*, Abb. 73.

215 G. Contenau, *Monuments Mésopotamiens*, Taf. VII, a.b.

216 H. Frankfort, *Art and Architecture*, 30, Fig. 17, 18; M.R. Behm-Blancke, *Das Tierbild*, 38, Abb. 7b.

217 Da der obere Rand dieses Napfes ebenfalls mit drei Reihen Schuppen verziert ist, können sie auch rein ornamental aufgefaßt werden.

A. Moortgat hat an sämtlichen skulptierten Gefäßen den fehlenden kompositionellen Bezug zwischen der Gefäßstruktur, der Bildfläche, und der Darstellung im Hochrelief bemängelt.[218] Dieser kompositorische Aspekt ist am Gefäß aus Assur mit der zweiregistrigen Bildanordnung jedoch eindeutig harmonischer gelöst worden als bei den vergleichbaren Exemplaren. In der oberen Ebene wird das Gefäß als eigenständiges, zentrales Element hervorgehoben und durch die an den Seiten liegenden Löwen noch zusätzlich betont. In der unteren Ebene wird der Gefäßkörper hingegen nahezu vollständig von den Reliefszenen verdeckt. Sogar die rechteckige, als Bildteiler fungierende Platte ist gekonnt integriert, indem sie den Löwen als Auflagefläche dient, während sie von den Darstellungen darunter gleichsam getragen wird.

Der Kampf zwischen Löwe und Rind,[219] in den der "nackte Held" als Bezwinger der Raubtiere und zugleich als Beschützer der Herdentiere eingreift[220], bildet in der frühsumerischen Periode eines der am häufigsten verwendeten Themen[221] und durchzieht von diesem Zeitpunkt an die gesamte altorientalische Bildkunst.[222]

Der Löwe, der ein Rind, Stier oder Wisent anfällt, ist das Thema der Reliefgefäße BM 118361[223], VA 12986[224], Louvre[225], AG 35:200[226] und des Untersatzes AG 35:674[227]. Ein signifikantes Merkmal bei den Löwendarstellungen der genannten Beispiele, einschließlich Assur S 22408, stellen die rechteckig geformten, teilweise mit Innenzeichnung versehenen vorderen Tatzen mit den ausgestreckten Krallen dar.[228] Die Stilisierung der Löwenmähne in Form von Punkten mit konzentrischen Kreisen und deren Absetzung vom restlichen Körper in hohem Relief entspricht jener an dem

---

218 A. Moortgat, *Frühe Bildkunst*, 67f.

219 Ibid., 63, s.u. 10.

220 Ibid., 64, s.u. 14.; ders., *Die Entstehung der sumerischen Hochkultur*, 84f.; ders., *Tammuz*, 12.

221 Zu zahlreichen Belegen siehe die beiden Anm. zuvor.

222 A. Moortgat, *Die Entstehung der sumerischen Hochkultur*, 63ff.; ders., *Tammuz*, 9ff.; ders., *Die Kunst des Alten Mesopotamien*, 37; W. Orthmann (Hrsg.), *Der Alte Orient*, 24f.

223 H.R. Hall, *BMQ* II, Taf. V, a.

224 A. Moortgat, *ZA* 45, Taf. III.

225 G. Contenau, *Manuel d'Archéologie Orientale II*, Taf. VI, VII.

226 H. Frankfort, *Art and Architecture*, 30, Abb. 17, 18.

227 P. Delougaz/S. Lloyd, *Pre-Sargonid Temples*, 242, Abb. 182; A. Moortgat, *Tammuz*, 14, Abb. 21, Taf. 7b; W. Orthmann (Hrsg.), *Der Alte Orient*, Abb. 73.

228 A. Moortgat, *ZA* 45, 5; ders., *Die Kunst des Alten Mesopotamien*, 37.

steinernen Untersatz aus Tell Agrab (AG 35:674)[229], dem Gefäßfragment in Berlin (VA 124)[230] sowie dem ebenfalls in Berlin befindlichen skulptierten Gefäß (VA 12986).[231] Doch bildet die Löwenmähne kein einheitliches Stilmerkmal innerhalb der Tierdarstellungen. Herabhängende Strähnen, die sich am unteren Ende einrollen[232], "Rautenmähnen"[233] und die vorliegende Mähnenform des Assur-Gefäßes kommen anscheinend zeitgleich nebeneinander vor.[234] Bei den verschiedenen Möglichkeiten der Mähnenstilisierung muß demnach eine größere Variationsbreite der Einzelformen geherrscht haben.[235] Die aus Kreisen mit eingeschriebenen Punkten bestehende Mähne könnte eine Vereinfachung oder Stilisierung der in frühsumerischer Zeit aufkommenden "Spirallocken-Mähne" sein, in dem die Spiralen durch einfache konzentrische Kreise ersetzt bzw. auf diese reduziert werden.[236]

Eine Besonderheit des Assur-Gefäßes stellt die Haarwiedergabe des "nackten Helden" dar, die unter den vergleichbaren Gefäßen ohne Parallele bleibt.[237] Die entsprechenden Figuren an den Gefäßen AG 35:200[238], BM 118465[239] und dem steinernen Untersatz aus Tell Agrab (AG 35:674)[240] unterscheiden sich durch langes, gesträhntes Haar, das in der Mitte gescheitelt ist. Den Scheitelpunkt an der Stirn markiert eine kleine, dreiecksförmige Scheibe.[241] Die kugelförmige Frisur und die abstrahierten Gesichtszüge des "Helden" von Assur S 22408 sind dagegen auf einer Gruppe älterfrühdynastischer (FD II) Siegelabrollungen aus Fāra wiederzufinden.[242] Nach R.M. Boehmer ist die Stilisierung des Haupthaares durch

---

229 P. Delougaz/S. Lloyd, *Pre-Sargonid Temples*, 242, Abb. 182.

230 A. Moortgat, *ZA* 45, 3f., Taf. II, 1 u. 2.

231 Ibid., 4f., Taf. III.

232 M.R. Behm-Blancke, *Das Tierbild*, 38.

233 Ibid.

234 Trotz der relativ zahlreichen Belege geht M.R. Behm-Blancke in seiner Untersuchung nicht auf diese Mähnenform ein.

235 M.R. Behm-Blancke, ibid. (Stilgruppe III).

236 Zur "Spirallockenmähne" siehe ibid. 11 (1.4.3.), Nr. 29, Taf. 7, 31.

237 Vgl. dazu oben die Beschreibung S. 31.

238 H. Frankfort, *Art and Architecture*, 30, Fig. 17, 18.

239 H.R. Hall, *BMQ* II, Taf. Vb.

240 W. Orthmann (Hrsg.), *Der Alte Orient*, Abb. 73.

241 Zu dieser Frisur siehe D.P. Hansen, ibid., 183f., Abb. 72, 73.

242 A. Moortgat, *ZA* 45, 3; E. Heinrich, *Fara. Ergebnisse der Ausgrabungen der Deutschen Orient-Gesellschaft* (Berlin 1931), Taf. 51 l, m, Taf. 52 a-e, k.

kleine Kugeln bei Stiermenschen und Wisenten bis in die jüngerfrühdynastische Meskalamdug-Stufe (FD $IIIa_2$) belegt[243] und noch an den frühen Siegeln der späten jüngerfrühdynastischen Mesanepada-Lugalanda-Stufe (Ur I-Zeit bzw. FD IIIb) zu beobachten.[244]

M.R. Behm-Blancke konnte am Beispiel von AG 35:200 nachweisen, daß die Themen einiger "Kultgefäße" in dieser Form für die Djemdet Nasr-Zeit überhaupt nicht bzw. nur als Teilmotive belegt sind und stattdessen die Kriterien seiner Stilgruppe III zum Tragen kommen.[245] Das Motiv des tierbeschützenden und zugleich tierbezwingenden "Helden" besitzt nicht nur eine inhaltliche[246], sondern auch eine formale Kontinuität, die Stilveränderungen überdauerte.[247] Ein weiteres Beispiel für eine späte Datierung ist das Reliefgefäß AG 35:674[248], dessen kompositionelle Gliederung sich bereits dem frühdynastischen "Figurenband" annähert.[249]

Bei einer differenzierteren Betrachtung innerhalb der "sumerischen Kultgefäße" ergibt sich, daß gerade jene Gefäße mit zwei Bildebenen, besonders rundplastisch gearbeiteten Figuren und Darstellungen von Löwen im Kampf mit dem "nackten Helden" eine Tradition bis in die frühdynastische Zeit aufweisen und demzufolge nicht ausschließlich auf die Djemdet Nasr-Zeit beschränkt sind.[250] Der figurale Aufbau der Gefäße muß daher als Archaismus gewertet werden.[251] Dies gilt auch für das skulptierte Gefäß aus Assur, das sämtliche stilistische Kriterien für einen späteren zeitlichen Ansatz erfüllt, die insbesondere bei den Löwenwiedergaben, mit den betonten Fersengelenken, dem deutlich von den Läufen abgesetzten Hinterkörper, einem schmalen Nasenrücken, den engstehenden Augen mit den voluminösen, nahezu halbkugeligen Drüsenpolstern, den Ohren, die als flache, henkelartige Wülste in transversaler Richtung zum Kopf ansetzen

---

243 R.M. Boehmer, "Zur Glyptik zwischen Mesilim- und Akkad-Zeit (Early Dynastic III)", *ZA* 59 (1969), 267.

244 Idem, "Lugalanda-Stufe", *RlA* 7 (1987-1990), 111.

245 Dies gilt für die Thematik des Löwen, der ein Beutetier angreift und seinerseits von dem "nackten Helden" attackiert wird; M.R. Behm-Blancke, *Das Tierbild*, 38f. Anm. 230.

246 A. Moortgat, *Tammuz*, 9ff.

247 M.R. Behm-Blancke, *Das Tierbild*, 38f. Anm. 230.

248 P. Delougaz/S. Lloyd, *Pre-Sargonid Temples*, 242, Abb. 189; W. Orthmann (Hrsg.), *Der Alte Orient*, Abb. 73.

249 Zu diesem Begriff siehe A. Moortgat, *Vorderasiatische Rollsiegel*, 10ff.

250 M.R. Behm-Blancke, *Das Tierbild*, 38f. Anm. 230.

251 Ibid.

sowie den geritzten Linien, die quer über die Gliedmaßen gezogen sind, bestehen.[252]

Wie bereits gesehen, gibt es außer den vagen Äußerungen W. Andraes keine Belege für ein älteres Gebäude unter dem Bauzustand H und auch keine sonstigen Fundstücke der frühsumerischen und älterfrühdynastischen Zeit. Das skulptierte Gefäß läßt sich zweifelsfrei dem Bauzustand G des Ištar-Tempels zuweisen und war dort mit zahlreichen jüngerfrühdynastischen Beterfiguren vergesellschaftet.[253]

8. Die Siegelabrollung Assur 22080d

Der letzte, hier zu besprechende Fund ist ein nach außen gewölbtes, tönernes Verschlußstück (Assur 22080d / VA 8113) für ein Gefäß, eine Tür o.ä., wie die Spuren zweier abgedrückter Schnüre an der Innenseite zeigen. Auf der Außenseite des Verschlusses befindet sich die zweimalige Abrollung eines fortlaufenden, rautenförmigen Gitterbandes, das an den beiden Langseiten von je einer geraden, abgesetzten Linie eingefaßt wird (Abb. 11).

Die Siegelabrollung, die aus dem Hofbereich der archaischen Ištar-Tempel stammt (Planquadrat eB6V), wurde von W. Andrae lediglich in einer Photographie vorgelegt[254] und war kürzlich noch einmal Gegenstand einer Besprechung.[255] Nachdem das Motiv einer Zuweisung in die Djemdet Nasr-Zeit nicht entgegen zu stehen schien[256], wurden auch die Fundumstände für diese Datierung in Betracht gezogen.[257] Dabei erweist sich das bloße Paraphrasieren der Fundstellenbeschreibung, "vor der Nordwange D1-D2"[258], aus der originalen Grabungsdokumentation von Assur nicht nur als wenig hilfreich, sondern ist – ohne wenigstens den Versuch einer Klärung zu

---

252 Ibid., 38. Wie bereits oben ausgeführt wurde, hat es kein einheitliches Stilmerkmal bei der Gestaltung der Löwenmähne gegeben, die in unterschiedlichen Ausprägungen nebeneinander vorkommen.

253 Vgl. W. Andrae, *Die archaischen Ischtar-Tempel*, 58ff., Taf. 30-48; E.A. Braun-Holzinger, *Frühdynastische Beterstatuetten* (*ADOG* 19, Berlin 1977), 52, 61, 65 (Stilgruppe II-III).

254 W. Andrae, *Die archaischen Ischtar-Tempel*, Taf. 59.

255 Siehe E. Klengel-Brandt, *Al-Rāfidān* 18,140f., Nr. 3, Abb. 5.

256 Ibid., 140.

257 Ibid., 141: "Die Auffindung des Verschlusses (...) im Bereich der Archaischen Ischtar-Tempel würde sogar einen Hinweis darauf geben, daß sich an dieser Stelle sehr alte Heiligtümer befanden, die weiter zurückreichen als man bisher angenommen hat."

258 Ibid., 140.

unternehmen – auch nicht sinnvoll.[259] Im konkreten Fall kommt hinzu, daß die vom Ausgräber vorgenommene Unterteilung des D-Tempels in die beiden (Bau-)Phasen D1 und D2 bis auf einige wenige Nennungen in den Grabungsunterlagen auf diese beschränkt blieb und in den veröffentlichten Grabungsergebnissen zu den Ištar-Tempeln überhaupt nicht mehr verwendet wird.[260] Daher dürfte diese Terminologie sogar für Kenner der Materie irreführend sein.

Trotz der auf den ersten Blick sehr dürftigen Angaben der Dokumentation liefert die Rekonstruktion des gesamten stratigraphischen Kontexts in diesem Areal einige Hinweise zur Fundlage des gesiegelten Verschlusses. Die Siegelabrollung fand sich in einem aus Aschen- und Lehmlagen bestehenden Schichtenpaket zwischen den Bauzuständen E und D der archaischen Ištar-Tempel (Abb. 12). Dieses Schichtenpaket erstreckte sich über den gesamten Bereich des Haupthofes und endete unmittelbar vor dem Eingang zum Kultgebäude.[261] Die einzelnen Lagen des Pakets entstanden während der längeren Nutzung des Heiligtums durch die kontinuierliche Ablagerung von Abfällen und lehmhaltigem Schutt. Dadurch bildeten sich neue, stetig erhöhende Laufflächen, die von Zeit zu Zeit mit einem Lehmfußboden planiert wurden.

Etwa in der Mitte dieses Pakets ergibt sich eine Zäsur durch eine ca. 45cm starke, grünliche Aschefüllung, die den Beobachtungen des Ausgräbers zufolge künstlich auf den vorangegangenen Lehmestrich aufgeschüttet wurde.[262] Da diese künstliche Schüttung stratigraphisch mit dem zweiten Baustadium der Tempeltreppe in Verbindung steht, die dem Bauzustand D zugewiesen wurde[263], kann die Siegelabrollung nicht nur zweifelsfrei der oberen Hälfte des Schichtenpakets zugewiesen werden, sondern stammt mit größter Wahrscheinlichkeit sogar aus der Füllschicht selbst.

In den grauen Aschenlagen der unteren Hälfte des Pakets wurde eine Anzahl weiterer gesiegelter Tonbullen mit Ur III-zeitlichen Einführungs-

---

[259] Die bislang veröffentlichten, in der Regel dem Fundjournal entnommenen Angaben hatten eigentlich nur die Aufgabe, Fundstelle und ggf. -umstände des jeweiligen Artefakts kurz und stichwortartig zu charakterisieren. Die oft sehr knapp gehaltenen und mit Abkürzungen durchsetzten Bemerkungen, die manchmal noch über mehrere Seiten hinweg Bezug aufeinander nehmen, waren für den internen Gebrauch der Ausgrabung bestimmt und nicht zur Publikation vorgesehen. Im Verlauf der Ausgrabung entwickelte sich ein eigener Schreib- und Begriffsstil, der oftmals nur W. Andrae und seinen Mitarbeitern verständlich war. Die Ausgräber verwendeten in den Veröffentlichungen der Grabungsergebnisse von Assur nie wortwörtliche Zitate aus der Dokumentation, sondern bemühten sich stets um verständliche und ggf. korrigierte Erklärungen zur Fundstelle und zu den Fundumständen.

[260] Siehe Anm. zuvor und vgl. hierzu W. Andrae, *Die archaischen Ischtar-Tempel*, 111ff.

[261] Vgl. W. Andrae, *Die archaischen Ischtar-Tempel*, Taf. 8a (Profil A-B).

[262] Ibid., 100.

[263] Ibid., 111.

szenen aufgelesen,[264] unter denen sich auch ein mit Inschrift versehenes Exemplar der "*šakkanakku*-Glyptik"[265] (Assur 21975h / VA 7885) aus Mari befand.[266] Sämtliche Abrollungen datieren in die Wende vom 3. zum 2. Jt. v. Chr. und lagen wesentlich tiefer als der Tonverschluß (Assur 22080d). Störungen wurden innerhalb des Schichtenpakets nicht dokumentiert, die einzelnen Lagen sind nach oben und unten abgeschlossen.[267]

W. Andrae hatte seinerzeit große Mühe, die zahlreichen, dünnen Lagen und Laufhorizonte einem der Bauzustände des Ištar-Tempels zuzuweisen.[268] Er wollte zwar grundsätzlich nicht ausschließen, daß die grünliche Asche nicht "aus irgendwelchen älteren Schichten" an diese Stelle verbracht worden sei[269], doch gleichzeitig zog er das Fragment einer weiblichen Gipssteinfigur aus eben dieser Aschenlage zur Datierung des D-Tempels in die erste Hälfte des 2. Jt. v. Chr. heran.[270]

Schließlich trägt auch das Motiv der Abrollung nicht entscheidend zur zeitlichen Einordnung bei. Siegel mit derartigen rautenförmigen Gittermustern tauchen zwar spätestens in der Djemdet Nasr-Periode auf, reichen aber weit bis in die persische Zeit hinein.[271] Ein der Assur-Abrollung sehr ähnliches Stück aus Mari wurde beispielsweise in einem Gebäude der

---

[264] Ibid., 102, Nr. 146 (Assur S 21977c bzw. Assur 21977d / VA 8131), Abb. 76a, Taf. 59; 103, Nr. 148 (Assur 21977k / VA 8135 bzw. Assur 21977n / VA 8114), Abb. 76c, Taf. 59; 103, Nr. 149 (Assur 21977m / VA 8133), Abb. 76d, Taf. 59; 103, Nr. 150 (Assur 21977b / VA 8124), Abb. 76e, Taf. 59; 104, Nr. 151 (Assur 21977a / VA 8122 bzw. Assur 21977i / VA 8125), Abb. 76f., Taf. 59; 104, Nr. 152 (Assur 21977l), Abb. 76g, Taf. 59; 104, Nr. 153 (Assur S 21977e), Abb. 76h, Taf. 59; 104, Nr. 154 (Assur 21977o / VA 7905), Abb. 76i, Taf. 59.

[265] Siehe hierzu D. Beyer, "Nouveaux Documents iconographiques de l'Epoque des Shakkanakku de Mari", *M.A.R.I.* 4 (1985), 173ff.

[266] Zuerst veröffentlicht von W. Andrae, "Aus den Berichten aus Assur. März 1913 bis April 1914", *MDOG* 54 (1914), 23; weiterhin A. Ungnad, "Ein Statthalter in Mari", *OLZ* 17 (1914), 343f.; W. Andrae, *Die archaischen Ischtar-Tempel*, 102f., Nr. 147, Abb. 76b, Taf. 59; zur Inschrift siehe J.-M. Durand, "La situation historique des šakkanakku: nouvelle approche", *M.A.R.I.* 4 (1985), 149ff.; D. Frayne, *Old Babylonian Period (2003-1595 B.C)* (*RIME* 4, Toronto [u.a.] 1990), 594, E4.6.1, 2001; zum Motiv vgl. D. Collon/I. Finkel, "A Seal naming Isi-Dagan of Mari", *M.A.R.I.* 5 (1987), 602ff.

[267] W. Andrae, *Die archaischen Ischtar-Tempel*, 111f., Taf. 8a.

[268] Ibid., 100, 111f.

[269] Ibid., 113.

[270] Ibid., 113, Nr. 160 (Assur S 21903 / VAAss. 4283), Abb. 89, Taf. 58.

[271] B. Buchanan, *Catalogue of Ancient Near Eastern Seals in the Ashmolean Museum. I. Cylinder Seals* (Oxford 1966) 10, Nrn. 70, 71; siehe auch E. Klengel-Brandt, *Al-Rāfidān* 18, 141.

šakkanakku-Epoche gefunden.[272] Demnach liefern weder die Fundumstände des Verschlusses (Assur 22080d), noch das zeitlich weit verbreitete Ornament der Abrollung eindeutige Beweise für eine Datierung in das beginnende 3. Jt. v. Chr.

9. Fazit / Ausblick

Zum derzeitigen Kenntnisstand gibt es keine konkreten Anzeichen für eine post-urukzeitliche oder älterfrühdynastische Besiedlung in Assur, weder unter den Funden noch den Befunden. Die Objekte, die in die Djemdet Nasr- und älterfrühdynastische Zeit datiert wurden, sind entweder stratigraphisch nicht zuweisbar oder kommen auch für einen späteren zeitlichen Ansatz in Betracht.

Insbesondere für die Funde und Befunde der ältesten Ištar-Tempel nahmen Forderungen nach einer sehr frühen Datierung konkrete Formen an. Wie gezeigt werden konnte, gibt es für die in Frage kommenden Baureste nach den vorliegenden, sehr dürftigen Angaben auch alternative und überzeugendere Erklärungen. Die zur Disposition stehenden Funde können mangels Vergleichen entweder nicht genau datiert werden oder sind aufgrund des Stils und der Fundumstände eindeutig später anzusetzen. Sonstige Funde aus der vor- bzw. älterfrühdynastischen Zeit fehlen im Bereich der ältesten Ištar-Tempel völlig; dies gilt auch für die zahlreichen Funde aus diesen Heiligtümern, die noch nicht veröffentlicht sind.[273]

Die Notwendigkeit erneuter Ausgrabungen in Assur wurde und wird immer wieder gefordert. Dabei stehen vor allem der "Gräberhügel" mit einem rezenten Friedhof sowie das Gelände unter der ehemaligen türkischen Kaserne im Gebiet des Aššur-Tempels im Mittelpunkt des Interesses.[274] Beide Bereiche sind im Verlauf der bisherigen Ausgrabungen nahezu unberührt geblieben und versprechen eine ungestörte stratigraphische Abfolge.[275] Ob und vor allem wann man in diesen Arealen tatsächlich auf ausgedehnte Schichten des 3. Jt. v. Chr. trifft, mag dahingestellt bleiben, denn auch hier ist mit mächtigen Schuttschichten und dichter Bebauung zu rechnen.

---

[272] Siehe D. Beyer, *M.A.R.I.* 4, 185, Nr. 18.

[273] Siehe dazu demnächst J. Bär, *Die archaischen Ištar-Tempel in Assur. Stratigraphie, Architektur und Funde eines altorientalischen Heiligtums* (unveröffentlichte Dissertation, Martin-Luther-Universität Halle-Wittenberg 1998, wird für den Druck vorbereitet).

[274] In deren Gebäuden befindet sich heute ein kleines Museum.

[275] Vgl. die Luftbildaufnahme bei B. Hrouda (Hrsg.), *Der Alte Orient*, 115.

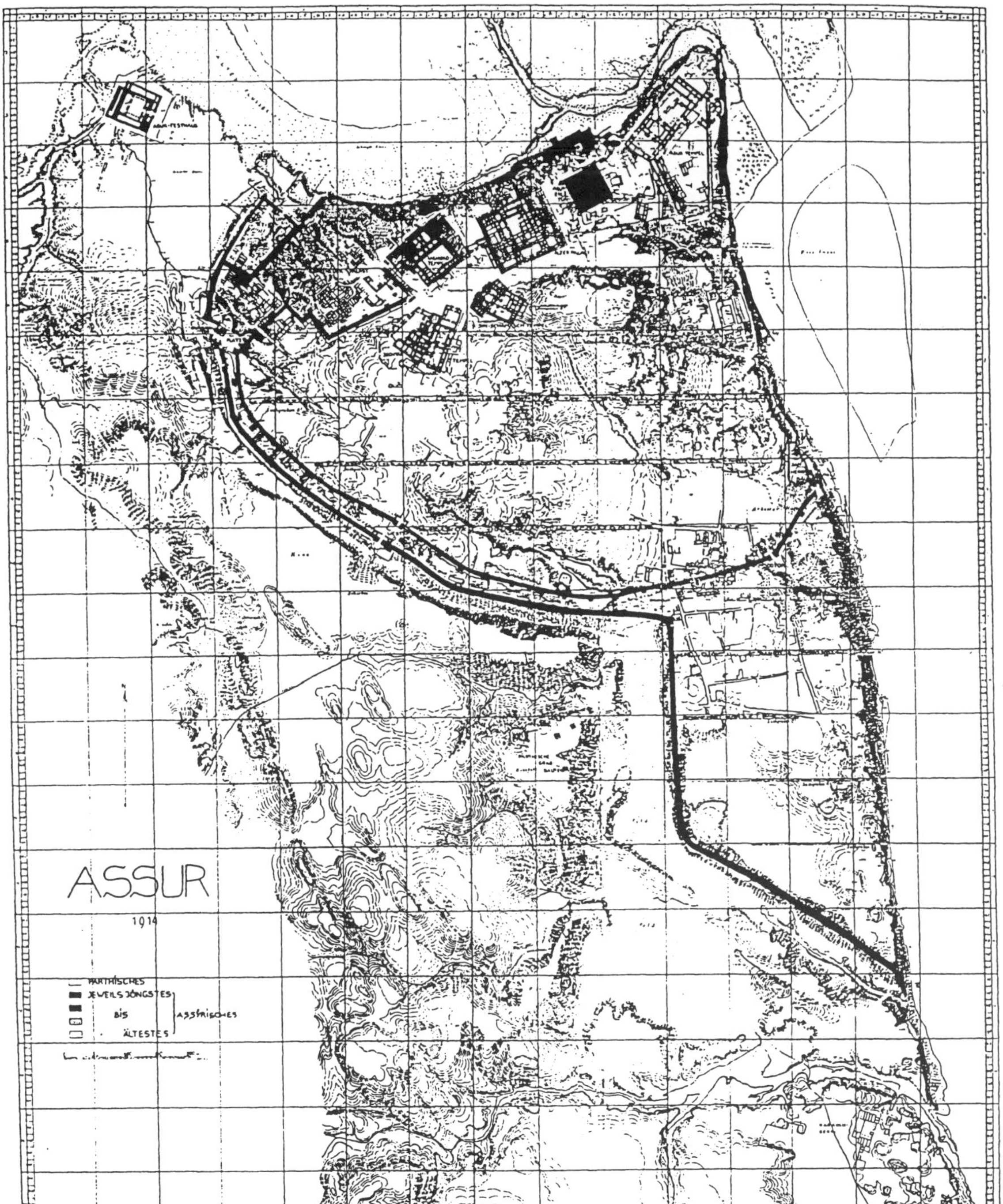

Abb. 1: Stadtplan von Assur nach den Ausgrabungen von 1903 bis 1914

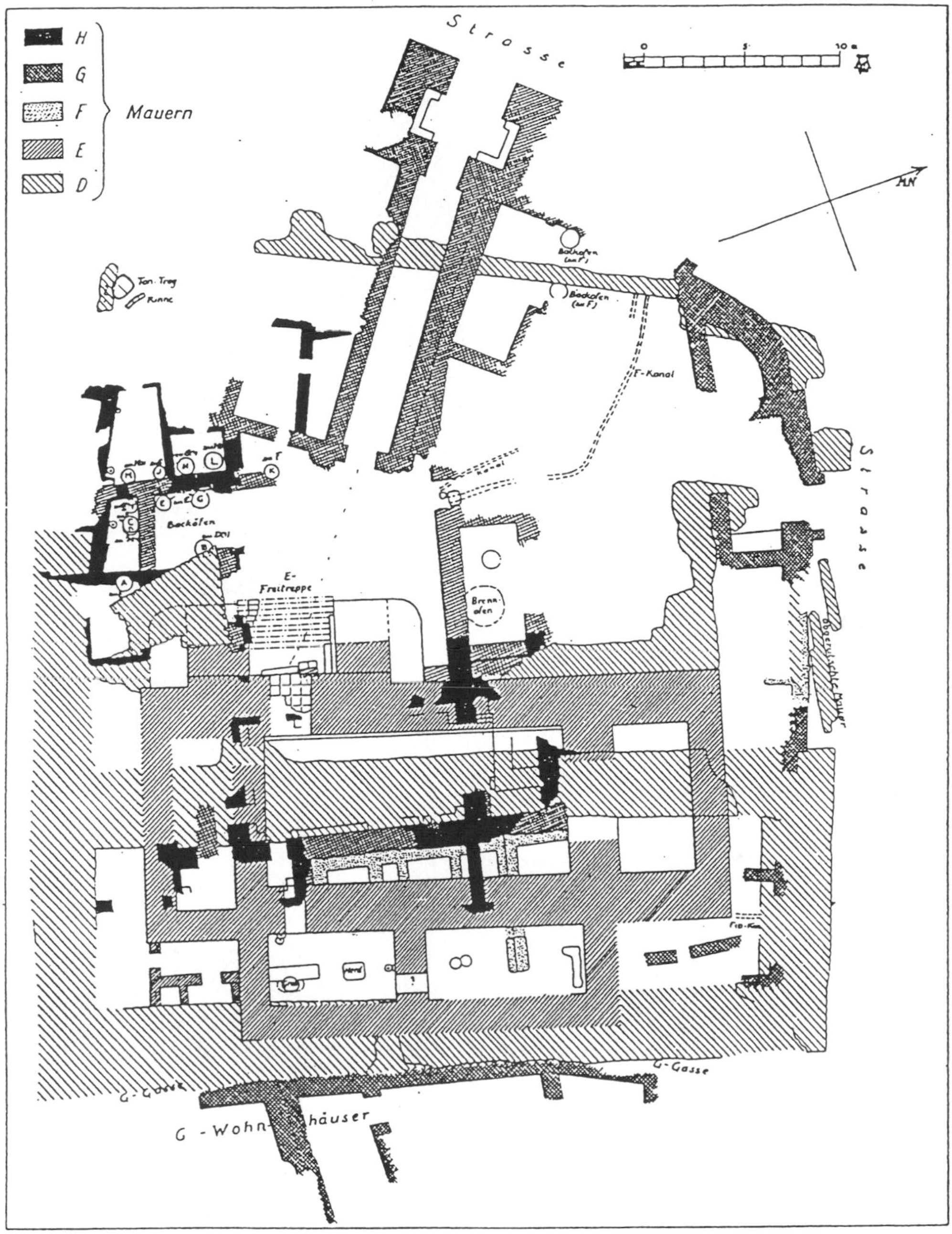

Abb. 2: Grundrisse der archaischen Ištar-Tempel D-H

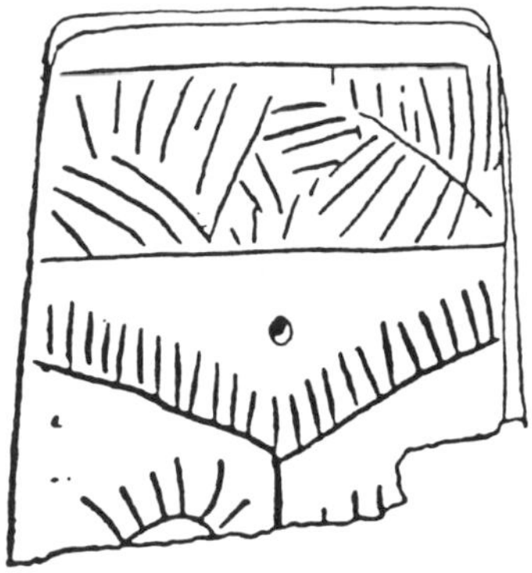

Abb. 3a: Assur 20038

Abb. 3b: Assur 20503

Abb. 3c: Assur 20549

Abb. 3d

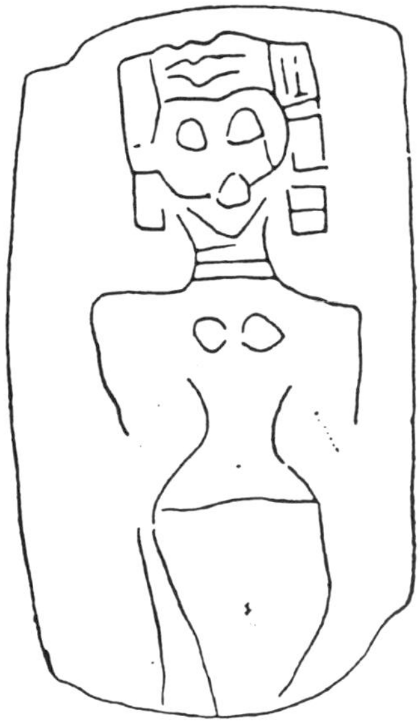

Abb. 3e

Abb. 3: Kalksteinplättchen mit Ritzverzierung

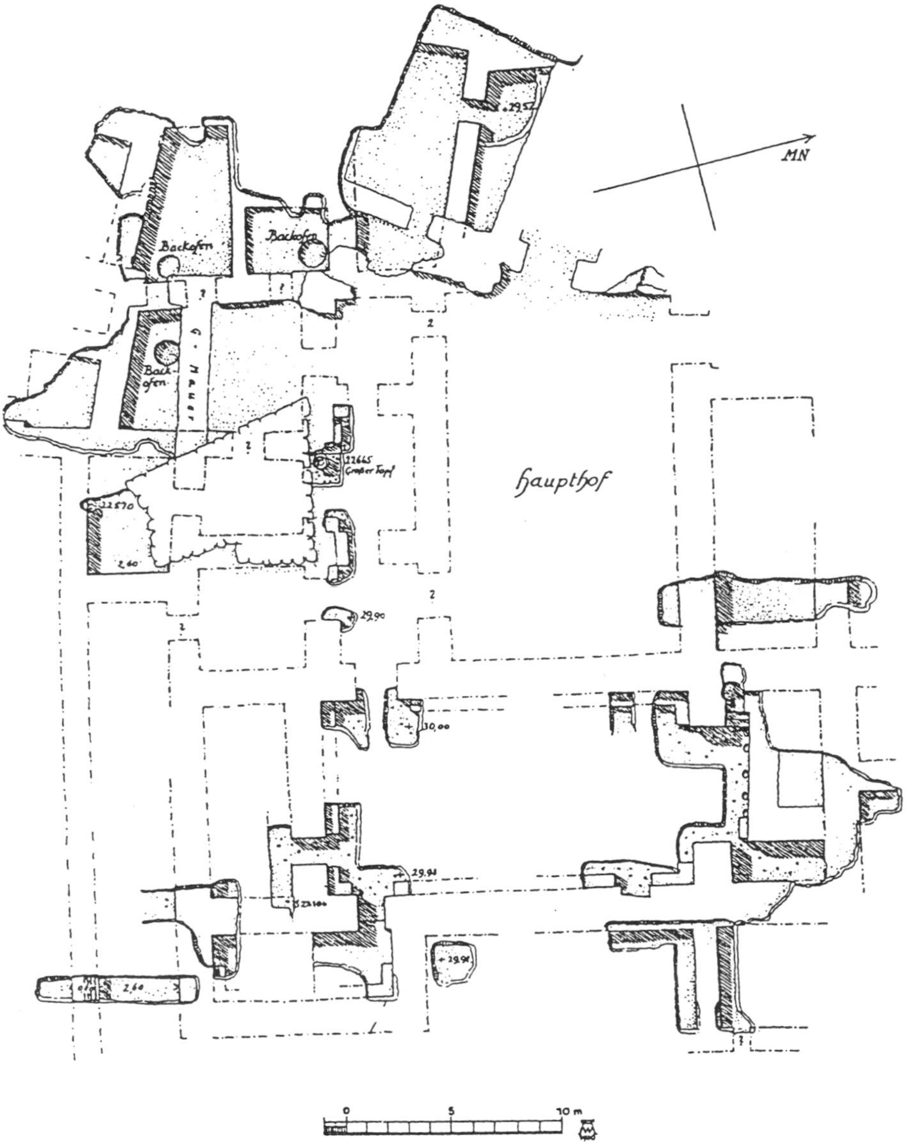

Abb. 4: Die freigelegten Reste des archaischen Ištar-Tempels H

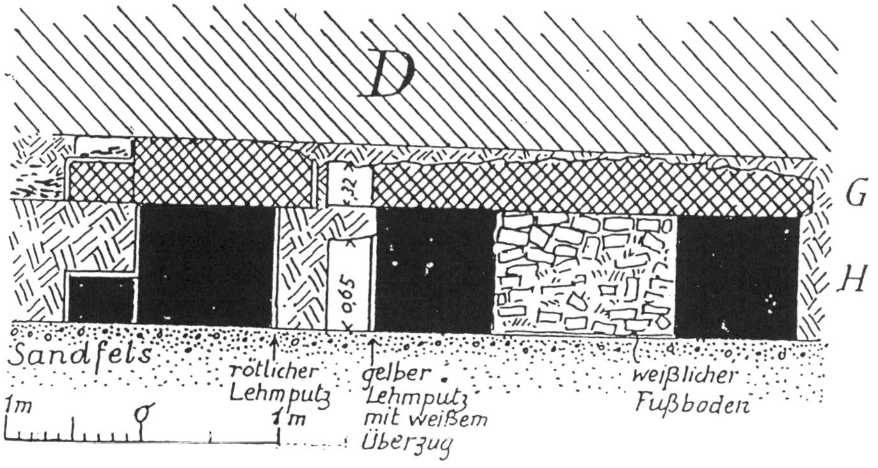

Abb. 5: Ištar-Tempel D-H, Schnitt durch das ›Adyton‹
(von Süden nach Norden)

Abb. 6: Ištar-Tempel G, Rekonstruktion der Cella nach W. Andrae

Abb. 7a: Assur 22668

Abb. 7b: Assur S 23106

Abb. 8: ›Gipsstuckrelief‹ Assur S 23 106
(Photographie British Museum, London).

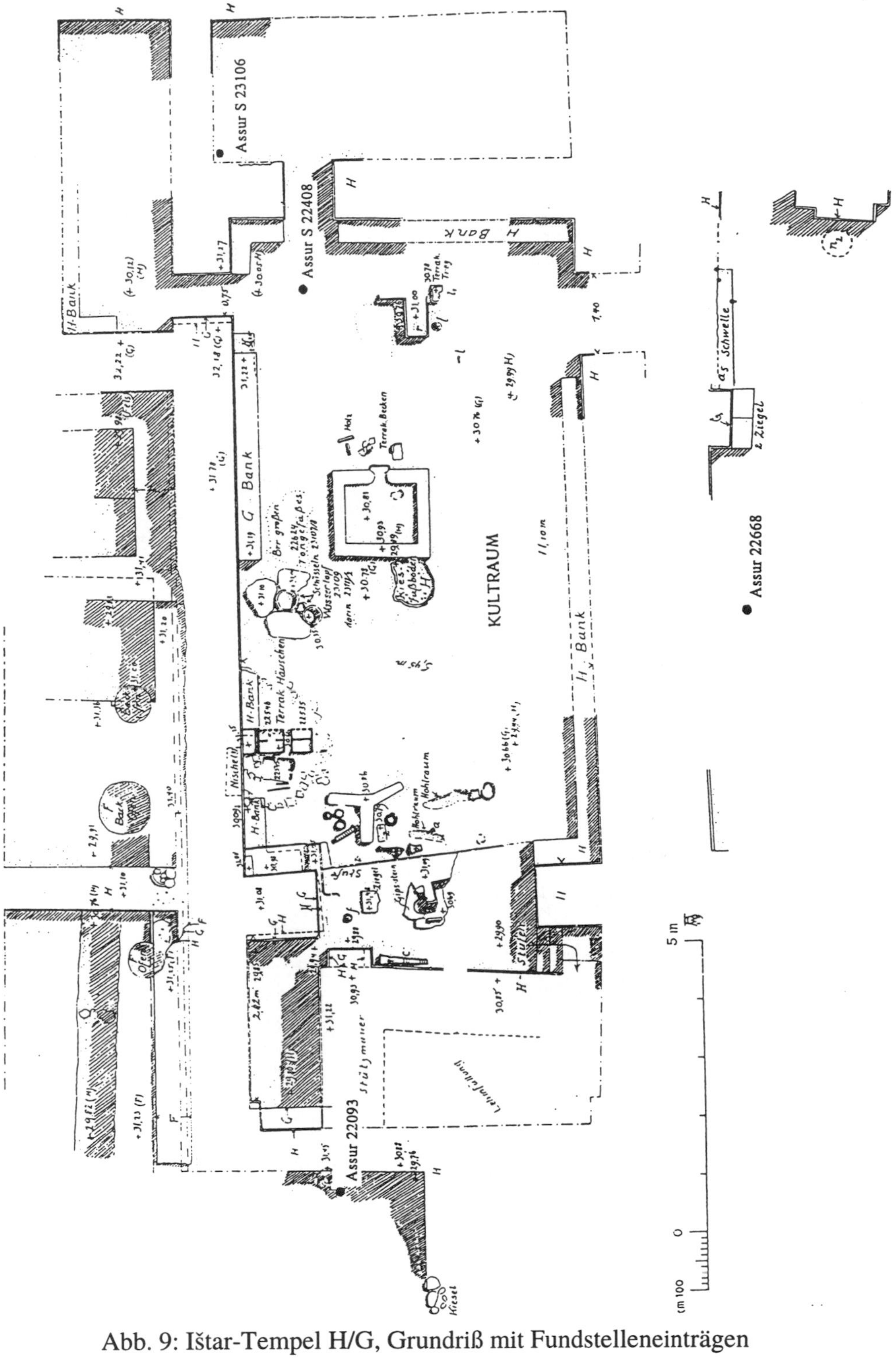

Abb. 9: Ištar-Tempel H/G, Grundriß mit Fundstelleneinträgen

1

2

Abb. 10: Das skulptierte Steatitgefäß Assur S 22 408

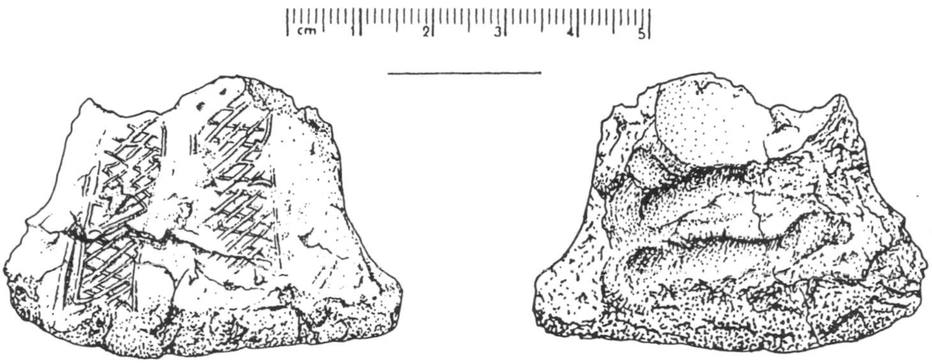

Abb. 11: Gesiegelter Tonverschluß Assur 22 080d, Außen- und Innenseite

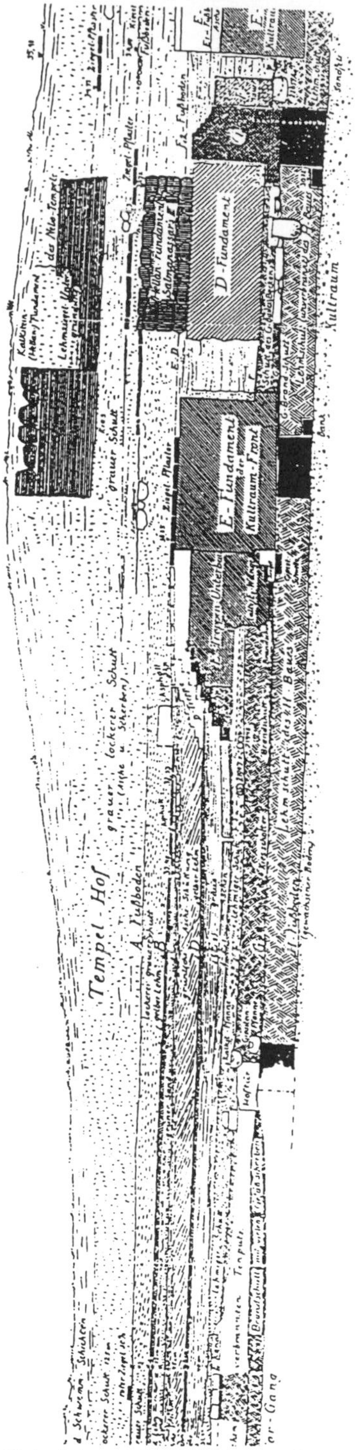

Abb. 12: Ištar-Tempel, Profilausschnitt des Hofes (Nordwest nach Südwest) M. 1:115

"Homo mesopotamicus"

Barbara Böck (Berlin)

Es ist noch nicht lange her, daß ich ein letztes Mal in den Genuß kam, einen Kursus des Jubilars zu besuchen. Ich kann mich daher recht gut daran erinnern, wie meine Kommilitonen und ich etliche Male kurz vor Beginn des einen oder anderen Unterrichtes seufzend der Hoffnung "Wenn er nur nicht nach den lexikalischen Listen und den *MSL*-Bänden fragt!" Ausdruck verliehen. Und so hoffe ich, daß die folgenden Ausführungen, in deren Mittelpunkt "The Old Babylonian Lú-Series" oder vielmehr die Frage "Welche Leute treffen wir in diesem Text an?" steht, dem Jubilaren Freude bereiten mögen.

Dieser lexikalische Text war, wie wir der Einleitung in *MSL* XII, S. 151 entnehmen können, in den frühen Tagen des *Chicago Assyrian Dictionary* auch als "List of Human Classes" (LHC) bekannt. Denn im Gegensatz zur zeitgleichen Liste Proto-Lú sind hier eher die psychische Verfassung des Menschen, charakteristische Körpererscheinungen und allgemeine Aktivitäten, nicht selten ohne professionellen Charakter, festgehalten – oder in anderen Worten "OB Lu has a wider anthropological outlook".[1] Dieser Umstand ist es auch, der diesem Artikel ein wenig augenzwinkernd den Titel "homo mesopotamicus" verlieh.[2] Im folgenden sollen die Besonderheiten dieser Liste beschrieben werden, welche bereits in *MSL* XII, S. 151 erwähnt wurden, wie die grammatikalische Struktur der Einträge oder Zitate aus sumerischen literarischen Werken, die Eingang in den lexikalischen Text fanden. Besonderes Augenmerk gilt jedoch der Nähe einiger Einträge zu den Protasen und Apodosen des physiognomischen Omenwerkes.

Die Textvertreter der "OB Lú-Series", die, um Verwechslungen mit Proto-Lú und der kanonisierten Liste lú : *ša* zu vermeiden, besser unter

---

[1] *MSL* XII S. 151.

[2] Siehe für die folgende Beschreibung B. Landsberger, *MSL* XII "5.1. Introduction", S. 151ff.

ihrem Incipit lú ázlag: *ašlāku* zitiert werden sollte,[3] stammen überwiegend aus dem altbabylonischen Nippur. Daneben ist auch eine trilingue Version aus Boğazköy auf uns gekommen.[4] Lú ázlag: *ašlāku* traf dasselbe Los wie die Listen ugu.mu und níg.ga: *makkūru* – sie scheinen nicht Teil des Kanons der 'Texte der gelehrten Tradition' geworden zu sein.

Berufsbezeichnungen und Titel, die den Hauptteil von Proto-Lú bilden, haben kaum Eingang in lú ázlag:*ašlāku* gefunden und werden weniger systematisch behandelt. Die meisten der in dieser Liste aufgezählten Tätigkeiten bezeichnen eine bestimmte Aufgabe innerhalb eines Berufsfeldes. Der jeweilige Arbeiter wird entweder durch sein Arbeitsgerät charakterisiert, formuliert als "Mann der / des ... (Arbeitsgerätes)", oder durch seine jeweilige Tätigkeit, ausgedrückt mit einer verbalen Phrase.[5] Ein gutes Beispiel dafür liefert die Sektion über Erntearbeiten (Rez. A Z. 176-205, Rez. C_1 Z. 1-7, Rez. D 85-101), von denen einige Termini herausgegriffen seien.

Eine reichhaltige Quelle für die einzelnen Arbeitsvorgänge des Getreideanbaus und seiner Ernte besitzen wir mit der sumerischen *Georgica*, unlängst von M. Civil als *The Farmer's Instructions*[6] in Bearbeitung vorgelegt, welche hier als *tertium comparationis* herangezogen wird. Eine der Aufgaben während des Pflügen des Feldes bestand darin, größere Erdklumpen zu entfernen, vgl. Z. 60: lag.bi ḫa.ra.de$_5$.de$_5$, "die Erdbrocken sollten aufgesammelt werden". In der Tat ist ein lú lag.de$_5$.de$_5$.ga mit seinem akkadischen Pendant *lāqit kirbāni*, dem "Einsammler der Brocken", (OB Lú A 180) belegt. Ist die Saat in die Erde gebracht, keimt, wächst und gedeiht sie, kommt die Zeit der Spelze (Z. 72: u$_4$ še bir.ak.dè) – in OB Lú A 201 lesen wir von einem lú še.bir.ak : *muqallipu*, dem "Weizenspelzer". Der sumerischen *Georgica* Z. 76-78 zufolge sollten drei Arbeiter für die Ernte zuständig sein (ḫu.mu.ra.ab.gur$_{10}$.gur$_{10}$): einer, der das Korn schneiden (TAK$_4$.IM[7]), einer, der die Garben zusammenbinden (lú zar kéš.da)

---

[3] Stellenangaben im folgenden richten sich nach der Zitationsweise des *CAD* mit OB Lu und Angabe der Rezension.

[4] Bislang sind keine Textvertreter aus Emar bekannt. Vgl. für eine Diskussion des lexikalischen Materials aus Emar den Rezensions-Artikel von M. Civil, "The Texts from Meskene-Emar", *AuOr* 7 (1989), 5-25, ins. 8-25, zu D. Arnauds *Recherches au pays d'Aštata. Emar* VI/1-4, (Paris 1985-87).

[5] Vgl. *MSL* XII, S. 151.

[6] *AuOrS* 5 (Sabadell/Barcelona 1994).

[7] Vgl. zur Schreibung den Kommentar von M. Civil, *The Farmer's Instructions*, 91 sub 76-78.

und einer vor ihm, der die Garben aufteilen sollte (z a r ḫ u . m u . r a . a b . s á . e). In OB Lú A werden für diese Arbeiten der l ú š e . g u r $_{10}$. g u r $_{10}$: *ēṣidu* (Z. 185) und der l ú š e . k u $_5$. d u : *ēṣidu* (Z. 183), die das Getreide mit einer Sichel schneiden,[8] und der l ú z a r . k é š . d a : *ša kurullim* (Z. 194; Akk. "der der Garbe") genannt. Eine weitere Tätigkeit, die vermutlich zu primitiv ist, als daß sie von einem erfahrenen Landmann (Civil: "Old-Man-Tiller") an seinen Lehrling hätte weitergegeben werden können, wird von dem l ú š e . u r $_4$ .u r $_4$: *ḫāmimu*, dem "Ährenausreißer" (Z. 182), ohne Benutzung eines Instrumentes ausgeführt.[9] Civil verweist in seinem Kommentar auf weitere Termini, die die Behandlung der Garben betreffen (z a r - t a b und z a r - s a l).[10] Nach OB Lú verrichten die folgenden Arbeiter diese Tätigkeiten: der l ú š e . z a r . t a b . b a : *ša sarrim*, Sum. "der, der die Garben aufhäuft", Akk. "der des Garbenbündels", (OB Lú A 192; vgl. OB Lú D 95 mit der Variante l ú š e . z a r) – die Bezeichnung ist im Akkadischen nur lexikalisch belegt;[11] der l ú š e . z a r . s a l . l a : *ša sarmāšim*, Sum. "der, der die Garben ausbreitet", Akk. "der des Garbenhaufens" (OB Lú A 193); der l ú g a r a d i n . d u $_6$. u l . d u $_6$. u l : *mupaḫḫir kurullim*, "der, der die Garben einsammelt";[12] und schließlich der auch in der sumerischen *Georgica* erwähnte (Z. 79, 82) l ú š e . d e $_5$. d e $_5$. g a : *lāqitum*, "der, der das Getreide aufsammelt" (OB Lú A Z. 184). Die Aufzählung ließe sich durchaus noch weiterführen, doch scheinen mir die Beispiele zur Illustrierung des grammatischen Aufbaus der einzelnen Einträge hinreichend.

Eine weitere Besonderheit der Liste liegt darin begründet, daß sie offenbar etliche Termini in sich aufgenommen hat, die literarischen Werken wie den Streitgesprächen, der Edubba-Literatur und den Sprichwörtern entlehnt sind.[13] Es handelt sich jeweils um Wortpaare aus literarischen Texten, die in l ú a z l a g : *ašlāku* in aufeinanderfolgenden Zeilen zitiert werden. Einige dieser Paare seien im folgenden vorgestellt.

---

[8] S. dazu ibid., 90 sub 75.

[9] Vgl. dazu *CAD* Ḫ 58b (1).

[10] *The Farmers Instructions*, 91.

[11] Für weitere lexikalische Parallelen s. *CAD* S 184 s.v. *sarru* A in *ša sarri*.

[12] S. dazu auch M. Civil, *The Farmer's Instructions*, 92 zu Z. 82-83.

[13] *MSL* XII, S. 151.

In einem Abschnitt des als “Der Sohn des Tafelhauses”[14] bekannten Schulstreitgespräches finden sich gleich zwei Wortpaare, die Eingang in lú azlag : *ašlāku* fanden. Auf die Zeilen 36-39 wurde bereits in *MSL* 173 hingewiesen. Es handelt sich um eine Passage, in welcher ein ehemaliger Schüler von den Prügelstrafen berichtet, die er während seiner Schulzeit erhielt, und die ihn schließlich dazu brachten, die Schreibkunst zu hassen (Z. 42). Zitiert seien Z. 36-39:

> “‘Der Mann der Vogelfeder ’ (lú pa.mušen.na), (fragte): “Warum hast du deinen Kopf nicht erhoben?”[15]; und schlug mich.
> ‘Der Mann der Zeichnungen’ (lú g̃eš.ḫur), (fragte): “Warum bist du ohne meine Erlaubnis aufgestanden?”; und schlug mich.”

Beide “Beamte” sind in OB Lú A 461 und 462 verzeichnet: lú g̃eš.ḫur : *ša uṣurātim*, lú pa.⸢mušen⸣.[na] : [*ša*] ⸢*ga-pí*⸣-x.

> “Derjenige, der an der Tür ist (lú ká.na), (fragte): “Warum bist du ohne meine Erlaubnis hinausgegangen?”; und schlug mich.
> Derjenige, der für das Bierfaß verantwortlich ist (lú ^{dug}laḫtan), (fragte): “Warum hast du ohne meine Erlaubnis ... genommen?”; und schlug mich.”[16]

Die Tätigkeiten finden sich in OB Lú A 468 und 469: lú ^{dug}laḫtan : *ša laḫtānim*, lú ká.na : *ša bābim*.

---

[14] Vgl. W.H.Ph. Römer, “1. Der Sohn des Tafelhauses”, in *TUAT* III/1 (Gütersloh 1990), 68-77 mit bibliographischen Angaben. Vgl. ebenfalls P. Attinger, *Éléments de linguistique sumérienne* (*OBO Sonderband*, Fribourg 1993), 34.

[15] Für sum. gú.zi.zi (akk. *našâm rēši*) vgl. Å. Sjöberg, “in-nin šà-gur$_4$-ra. A Hymn to the Goddess Inanna by the en-Priestess Enḫeduanna”, *ZA* 65 (1975), 237 Kommentar zu Z. 137: s. auch *CAD* N/II s.v. *našû* lex.sec.

[16] Vgl. für die Tetvertreter P. Attinger, *Éléments de linguistique sumérienne*, 34. Die Zeilen sind in den folgenden Fragmenten vertreten: *SLTNi* 118 ii:11-13 (Z. 36-39) // CBS 6094 (Foto), S.N. Kramer, “Schooldays: A Sumerian Compostion Relating to the Education of a Scribe”, *JAOS* 69 (1949), pl. I ii:1 (Z. [39]) // N 3565 (Foto), S.N. Kramer, *JAOS* 69, pl. III Vs. 4-9 (Z. 36-39) // *SEM* 66 Vs. 5-9 (Z. 36-39) // N 3239 (Foto), S.N. Kramer, *JAOS* 69, pl. VI Vs. 4-10 (Z. 36-39) // *BE* 31 Nr. 37, pl. 36 Vs. 4-11 (Z. 36-39) // *ISET* 1 S. 152 Ni 4355 ii:5 (Z. 36) // *ISET* 1, S. 154 Ni 4434 Vs. 1-3 (Z. 38-39). Textus compositus: lú pa.mušen.na.ke$_4$ a.na.šè.àm gú.zi nu.mu.e.zi e.še in.túd.dè.en / lú g̃eš.ḫur.ra.ke$_4$ a.na.šè.àm g̃á.da nu.me.a ì.zi.ge.en e.še in.túd.dè.en / lú ká.na.ke$_4$ a.na.šè.àm g̃á.da nu.me.a íb.ta.è e.še in.túd.dè.en / lú ^{dug}laḫtan.na.ke$_4$ a.na.šè.àm g̃á.da nu.me.a ⸢x⸣ šu ba.e.ti e.še in.túd.dè.en.

Zwei weitere Wortpaare[17] lassen sich in dem Streitgespräch "Winter und Sommer" aufspüren (Z. 208).

lú gi.zi bar.ḫu.da zé.[da] g̃en gi.sumun.e dar.d[ar]

Dies vergleiche man mit dem Wortpaar in OB Lú A 470-471 (OB Lú D 310-311): lú bar.ḫu.da : *ša barḫudîm*, lú gi.zi : *ša kīsi*.

Eine Übersetzung der Zeile findet sich in *CAD* K 433b s.v. *kīsu* C in *ša kīsi*: "The reed cutter who goes to defoliate (the reeds) (with) the *barḫudû*-tool splits the old reeds."[18]

In Zeile 281 des Streitgespräches heißt es:

gi.sumun íl gi.dusu du$_{10}$.sa.dar.a lú ma.an.zi.lá

Verwiesen sei auf OB Lú A 79-80 (OB Lú B ii:37, 39; OB Lú D 30-31) mit den beiden folgenden Gleichungen: lú du$_{10}$.sa.dar.a : *uqqurum*, lú ma.an.zi.le : *ša larsinnātim*.

Beide Termini in OB Lu bereiten Probleme auf lexikalischer Ebene. Das akk. *uqqurum* wird nach *AHw* 1427a zu Hebr. *'iqqēr* gestellt. Von Soden übersetzt "ein Behinderter". Die sum. Phrase, in die Lemma du$_{10}$, sa und dar zerlegt, hieße wörtlich "Knie, dessen Sehne gespalten ist"; oder nach *CAD* L 103b mit du$_{10}$.sa für du$_{10}$.ús.sa "Fußabdruck, der gespalten ist". Der Ausdruck *ša larsinnātim* wird in *CAD* L 103b fragend mit "club-footed, cloven-footed" wiedergegeben in Anlehnung an du$_{10}$.sa.dar.a "split foot(print)". Würde man der akkadischen Gleichung folgen, lautete die Übersetzung der Zeile etwa: "Der Rohrträger, der altes Rohr trägt, ist ein Behinderter, er hat Klumpfüße."[19]

---

17 Als weitere Parallele wird in *MSL* XII, S. 151 auf OB Lú A 130-131 (OB Lú B iv:23-24; OB Lú D 72, 74) hingewiesen. Im Kommentar zu den jeweiligen Zeilen findet sich jedoch keine Angabe, um welches literarische Werk es sich handelt.

18 Vgl. auch H.L.J. Vanstiphout, "Disputations. The Disputation between Summer and Winter (1.183)", in W.W. Hallo/L. Younger (Hrsg.), *The Context in Scripture I* (Leiden/New York/Köln 1997), 587, "Reed-cutter about to prune with the Barhuda, split the grown reed!".

19 H.L.J. Vanstiphout, in *The Context of Scripture I*, 588 bietet die Übersetzung: "Bearing old reeds, the reed-bearers get cuts in their bare feet."

Die Bearbeiter von *MSL* XII verweisen auf einige Beispiele aus den Dialogen, von denen eines wiederholt sei. Da der Text bislang unpubliziert ist, sei nur das Wortpaar als solches ohne Kontext zitiert. Bei dem Text handelt sich um den Dialog zwischen zwei Schreibern, der als D(ialog) 1 ausgewiesen ist:

D1 126 / OB Lú B v:8f
zé.za gù.dé.dé
ḫassû šassa'u, "zischend[20], schreiend"

Das Verbum za erscheint in Kompositformen mit onomatopoetischen Wörtern. Eine Aufzählung solcher Kompositverben findet sich in M.-L. Thomsen, *The Sumerian Language* (*Mesopotamia* 10, Kopenhagen 1984), 322 sub za, welche, wie M. Civil darlegt, "mean 'to make noise', usually a repeated, monotonous kind of noise".[21]

Interessant scheint mir das letzte Beispiel[22] für Parallelen zwischen lexikalischem Text und literarischer Komposition. Das Wortpaar ist der jüngsten Rezension von lú azlag : *ašlāku* entnommen – Rez. D, deren Hauptvertreter aufgrund seiner Paläographie als jünger als die anderen altbabylonischen Quellen beschrieben wird.[23] Das Wortpaar in den Zeilen 141 und 142 lú dam.guruš.a.ná.ná : *ša aššat awīlim* und lú eme.sig.gu$_7$.gu$_7$: *ākil karṣi* ist auch für die Rezensionen A und B belegt, jedoch nicht als aufeinanderfolgend.[24] Beide Begriffe finden sich in dem mittelassyrischen Text VAT 10610, einer zweisprachigen Hymne an Ninurta, wieder. E. Ebeling legte den Text als *KAR* 119 in Autographie vor. Die Tafel wurde mehrmals übersetzt, u.a. von E. Ebeling selbst und J.J. van Dijk, die letzte Bearbeitung stammt von W.G. Lambert.[25] E. Weidner nimmt an,[26] daß sie entweder von Babylon nach Assur gebracht wurde oder die

---

[20] Vgl. *CAD* A/II 528b s.v. *azû* "to produce unnatural sounds"; anders *AHw* 331a s.v. *ḫassûm* "an Haarausfall leidend?".

[21] "Notes on Sumerian Lexicography, I.", *JCS* 20 (1966), 119.

[22] In den Anmerkungen zu OB Lú findet sich kein Verweis auf diesen Text.

[23] "The script shows that the tablet is later than the other OB sources.", *MSL* XII, S. 203. Ein weiterer Textvertreter, eine Monolingue, die den lexikalischen Text mit Abweichungen wiedergibt, trägt das Datum Samsuiluna 26.

[24] Rez. A 229, 355 und Rez. B Kol. IV 40 (nur die erste Phrase).

[25] *Babylonian Wisdom Literature* (Oxford 1960), 118ff.

[26] "Die Bibliothek Tiglatpilesers I.", *AfO* 16 (1952-53), 199f.

Kopie einer Tafel aus Babylon ist. Aufgrund der Schreibung *a-wi-lim* in Z. 4 schließt E. Ebeling auf ein altbabylonisches Original.[27] Zitiert seien die Zeilen 3 bis 6.

> [lú] dam.lú.da. ná.a nam.tag.ga dugud.[àm]
> *ra-ḫu-ú aš-ti a-wi-lim a-ra-an-šu kab-*[*tum-ma*]
> lú níg̃.nu.g̃ar.ra gu$_4$ bal.e lú eme.sig.ga g[u$_7$.gu$_7$.a]
> *mu-ta-mu-ú nu-ul-la-a-ti a-kil kar-ṣi*
> "Wer die Frau eines anderen beschläft, lädt schwere Strafe auf sich.
> Wer Niederträchtiges verbreitet, ist ein Verleumder."

Auffallend viele Lemmata in lú azlag : *ašlāku* sind von pejorativem Charakter. Sie wurden, wie die Werke der Schulliteratur deutlich zeigen, als Schimpfwörter und Beleidigungen benutzt. Ein recht anschauliches Beispiel für eine ganze Tirade von Schmähworten findet sich in der erstmals von S.N. Kramer in Auszügen publizierten Komposition "A Father and His Perverse Son". Bekannt ist der Text auch unter dem von Å. Sjöberg gewählten Titel "Der Vater und sein missratener Sohn". Das literarische Stück wurde mehrmals übersetzt, für die bibliographischen Angaben sei hier nur auf W.H.Ph. Römer in *TUAT* III/1 (Gütersloh 1990), 68 verwiesen. Zitiert werden die Zeilen 147 bis 152[28], soweit sich Ausdrücke in OB Lú finden, sind diese in der Transliteration folgenden Zeile verzeichnet.

147 sag̃.túm.a lú.IM šu.si g̃ìr.si lú lul
lú IM : *sarrum* (A 33), lú lul : *sarrum* (A 35)
Dummkopf, Schwindler, ..., falsche Person,

148 lú.IM lú la.ga é.bùr.bùr
lú IM : *sarrum* (A 33), lú la.ga : *ḫabbātum* / *sarrum* (A282-283), lú é.bur : *mupalliš bītim* / *bītātim* (A 259)
Lügner, Dieb, der in Häuser einbricht,

149 lú sikil.dù.a is.ḫáb.ba.àm
lú sikil.dù.a : *magrû* (C$_3$ 10), lú is.ḫáb : *asḫappum* (C$_3$ 11) (*isḫappum*)
gehässige Person, Schuft / stinkender Mensch,

150 na.g̃á.aḫ lú mú.da
lú na.g̃a.aḫ : [*berûm* (C$_3$ 12)], lú sar/mú.da : *šarb/pum*, *maḫḫûm* (C$_3$ 113-14)

---

[27] *Quellen zur Kenntnis der babylonischen Religion II* (*MVAeG* 23/2, Leipzig 1919), 79.

[28] Siehe für die Bearbeitung dieses Abschnittes Å. Sjöberg, "Der Vater und sein missratener Sohn", *JCS* 25 (1973), 133-137.

Blödmann, Ekstatiker,

151 e m e . z a g . g a . b a r . b a r s a g̃ š u . z i b í . í b . d u₁₁ . g a
l ú [e m e . z a g] . g a . b a r . b a r : *alli'ajja* (A 334-335), l ú š u . z i . d u₁₁ . g a : *uzzubu* (A 393)
der, der sein Kinn ständig besabbert, Verkommener,

152 s a g̃ . ù r . ù r l ú h̬ u . h̬ u . n u
l ú a l . h̬ u . h̬ u . n u : *h̬aššā'u* (A 89)
..., Krüppel.

OB Lú verfügt über eine ganze Reihe von Termini, die auf das menschliche Gemüt, die äußere Erscheinung des Menschen und auf seine seelische Verfassung Bezug nehmen. Es scheint daher nicht verwunderlich, daß sich einige dieser Begriffe auch in dem physiognomischen Omenwerk (*Alamdimmû*), dessen Gegenstand die menschliche Psyche und Physis ist, wiederfinden. Man kann hier zwischen Parallelen zu der in der Protasis formulierten Gemütsverfassung oder dem Aussehen einerseits und dem in der Apodosis beschriebenen Zustand andererseits unterscheiden. Irrelevant sind Ausdrücke wie "Armer", "Reicher", "derjenige, der Getreide bzw. Silber hat", "der, der (k)einen Gott / eine Schutzgottheit hat"[29], etc., die als Apodosen in Form von "er wird reich werden, *išarru*", "er wird arm werden, *ilappin*", "er wird zu Silber / Getreide kommen, *kaspam / še'am iraššī*", "er wird (k)einen Gott / eine Schutzgottheit haben, *ilam / ᵈlamassam (ul) iraššī*" auch für andere Omenkompendia typisch sind (vgl. jeweils die Belege in den Wbb.).

Das physiognomische oder morphoskopische Omenwerk[30] geht auf die Kompilationsarbeit des Weisen Esagil-kīn-apli zurück, der unter Adad-apla-

---

[29] Im einzelnen l ú n u . n í g̃ . t u k u : *lapnu* (OB Lú A 51); l ú n í g̃ . t u k u : *šarû* (OB Lú A 50); l ú š e . t u k u : *ša še'am išû* (OB Lú A 57); l ú k ù . b a b b a r : *ša kaspam išû* (OB Lú A 57); l ú d i g̃ i r . t u k u : *ša ilam išû* (OB Lú B ii:18); l ú d i g̃ i r . n u . t u k u : *ša ilam la išû* (OB Lú B ii:21); l ú ᵈl a m a . t u k u : *š a lamassam išû* (OB Lú B ii:20).

[30] S. F.R. Kraus, *Die physiognomischen Omina der Babylonier* (*MVAeG* 40/2, Leipzig 1935), ders., "Babylonische Omina zur Ausdeutung der Begleiterscheinungen beim Sprechen", *AfO* 11 (1936), 211ff, ders., "Ein Sittenkanon in Omenform", *ZA* 43 (1936), 77ff, ders., *Texte zur babylonischen Physiognomatik* (= *TBP*) (*AfOB* 3, Berlin 1939), ders., "Weitere Texte zur babylonischen Physiognomatik", *OrNS* 16 (1947), 172ff; s. E. Reiner, "A Manner of Speaking", in G. van Driel et. al. (Hrsg.), *Zikir Šumim. Assyriological Studies Presented to F.R. Kraus* (Leiden 1982), 282ff; s. W. von Soden, "Die 2. Tafel der Unterserie *Šumma Ea liballiṭ-ka* von *alamdimmû*", *ZA* 71 (1981), 109ff; vgl. Verf., *Die assyrisch-babylonische Morphoskopie* (*AfOB* 27). Die Zeilennummerie-rung richtet sich nach *AfOB* 27 (im Druck).

iddina wirkte.[31] Das Gros der Tafeln stammt jedoch aus dem ersten Jahrtausend, vornehmlich aus der Bibliothek Assurbanipals. Einige Texte, hier sind drei Tafeln über die Bedeutung von Hauterscheinungen zu nennen und die Tafel VAT 7525 mit Verhaltensomina, stammen aus der altbabylonischen Zeit. Da diese in etwa zeitgleich mit l ú a z l a g : *ašlāku* sind, seien Beispiele aus diesen Tafeln vorangestellt.

In OB Lú lesen wir von einer Person, die von Gott abgewiesen worden ist. OB Lú Rezension A Z. 380: l ú d i g̃ i r . z a g . t a g . g a : *ša ilum iskipu*[*šu*], "der, den Gott verstoßen hat". Diesen alarmierenden Zustand, ist doch der altmesopotamische Mensch ohne eine ihn schützende Gottheit hilflos den dämonischen Kräften ausgeliefert, finden wir in der Apodosis zweier Omina in dem Text Si 33, den F.R. Kraus als *TBP* 62 in Autographie vorlegte. Dort heißt es:

10 [*i*]-*na tu-li* Ú.GÍR *e-mi-tam* KI DINGIR-*šu sà-ki-i*[*p*]
Ist ein *umṣatum*-Hautmal auf der Brust rechts, ist er bei seinem Gott abgewiesen.
18 *i-na ti-si-si ri-ti* Ú.GÍR *e-mi-tam* DINGIR-*šu re-ši-šu i-sà-ki-ip*
Ist ein *umṣatum*-Hautmal auf dem Handgelenk rechts, wird sein Gott ihn verstoßen.

Einer Person, die offensichtlich wegen einer Angewohnheit "Augenzwinkerer" genannt wurde, begegnen wir in OB Lú Rezension B Kol. v:4: l ú i g i . z à g : *ṣaprum.* In der Tafel VAT 7525 – die Autographie stammt von F. Köcher, die Bearbeitung legte A.L. Oppenheim vor[32] – wird das Zwinkern mit den Augen folgendermaßen gedeutet:

VAT 7525 Kol. II Z. 24-30
24/25 DIŠ LÚ *i-na na-ap-lu-sí-šu i-in-šu ša i-mi-tim iṣ-ṣa-ap-par / i-na da-an-na-tim i-il-la-ak*
Wenn ein Mann mit seinem rechten Auge zwinkert, während er sich umblickt, wird er in Bedrängnis leben.
26/27 DIŠ LÚ *i-na na-ap-lu-sí-šu i-in-šu ša šu-me-lim iṣ-ṣa-ap-par / i-na i-ša-ra-a-tim i-il-la-ak*
Wenn ein Mann mit seinem linken Auge zwinkert, während er sich umblickt, wird er in Aufrichtigkeit leben.

---

[31] Vgl. I.L. Finkel, "Adad-apla-iddina, Esagil-kīn-apli, and the Series SA.GIG", in E. Leichty et al. (Hrsg.), *A Scientific Humanist. Studies in Memory of Abraham Sachs* (Philadelphia 1988), 143ff.

[32] "The Old-Babylonian Omen Text VAT 7525", *AfO* 18 (1957/1958), 62ff.

28-30 DIŠ LÚ *i-ni-šu ki-la-at-tim-ma iṣ-ṣa-ap-par / mu-uḫ-ḫa-šu ma-ḫi-iṣ ki-ma mu-uḫ-ḫi-šu-ma / ṭé-em-šu i-ba-aš-ši*
Wenn ein Mann mit seinen beiden Augen zwinkert, hat er einen Schlag auf dem Kopf erhalten. Genauso wie sein Oberkopf ist, wird sein Verstand sein.

Die folgenden Beispiele sind der kanonisierten Fassung des morphoskopischen Handbuches entnommen. Zunächst seien drei Apodosen behandelt, die eine Gemütsverfassung oder Gewohnheit umschreiben. Menschen, die hochmütig (OB Lú A 76 lú KA.DI.d u$_{11}$. d u$_{11}$ / 347, 348 l ú s i l i m . d u$_{11}$. d u$_{11}$, l ú s i l i m . d u$_{11}$. a k : *muštarriḫum*), falsch (OB Lú A 472 l ú LÚ. s a r . s a r : *mu*[*ṣallûm*]) oder schamhaft sind (OB Lú B ii:25 l ú t é š . t u k u . t u k u : *bajjišu*), können an ihrem Äußeren erkannt werden. So heißt es von einem mit dicken Oberschenkeln, er sei hochmütig (1); der Lügner hat ein Fuchsgesicht (2) – der Fuchs begegnet uns schon in der Fabelliteratur des Alten Vorderen Orients als Inbegriff des listigen Wortverdrehers –; einer mit langen oder dicken Augenlidern sei schamhaft (3).

(1) *TBP* 22 Kol. i:18
DIŠ *šá-pu-li ka-bar muš-tar-ri-iḫ*
Wenn er an den Oberschenkeln dick ist, ist er hochmütig.

(2) *TBP* 21 Vs. 17
[DI]Š IGI KA$_5$.A GAR *mu-ṣal-li par-ri-iṣ* ŠEŠ-*šú* ÚKU
[We]nn er ein Fuchsgesicht hat, ist er ein Feind, ist er ein Lügner, wird sein Bruder arm werden.

(3) *KAR* 395 i:21, 23
^{21}[DIŠ N]A PA IGI.II.BI GÍD.DA *ba-a-a-aš*
[Wenn] die Augenlider eines Mannes lang sind, ist er schamhaft.
^{23}DIŠ *e-bu-ú ba-a-a-aš i-la-*[*ni*]
Wenn sie dick sind, ist er schamhaft, ist er ein Gottesmann.

In OB Lú B ist der Abschnitt Kol. iv:41-v:7 Erscheinungen am Auge gewidmet. Nur zwei von insgesamt 20 Termini finden sich in anderen Rezensionen des lexikalischen Textes. Von einer dieser Personen wird gesagt, ihre Augen seien herausgerissen: OB Lú B iv:48 l ú i g i . d ù . d ù : *ša īnāšu nasḫā*. Dieser Ausdruck ist auch als Apodose in einem extraseriellen Text, dem sog. Stevenson Omen Tablet, einer Tafel mit physiognomischen und astrologischen Omina, bezeugt.

iii: 19 [DIŠ] *ina* SAG.KI-*šú* SA *iz-za-qip-ma iš-ta-na-ḫi-iṭ* IGI.II-*šú* ZI.ME-*ḫa*
[Wenn] eine Vene auf seiner Stirn hervortritt und pulsiert[33], sind seine Augen herausgerissen.

Als letztes Beispiel aus dem Bereich der Apodosen sei auf die Unterserie "Wenn eine Frau einen großen Kopf hat" verwiesen, die, wie der Titel des Werkes impliziert, von dem Aussehen der Frau und seiner Bedeutung handelt. In den Zeilen 80 bis 83 des Haupttextes (zitiert wird *SpTU* IV 149 Kol. i:45-48) heißt es von dem künftigen Verhalten einer Frau:

80 [ ] *in-na-ak u* È
... wird sie verbotenen Geschlechtsverkehr haben und aushäusig sein.
81 [ ] ŠU.BI.AŠ.ÀM
... *dito*.
82 [ ] *te-bu-ú ina-ak u* È
... sich erheben, wird sie verbotenen Geschlechtsverkehr haben und aushäusig sein.
83 [ ]-*ú ina-ak u ú-še-ṣi*
... wird sie verbotenen Geschlechtsverkehr haben und ...

Schwierig zu deuten bleibt der Š-Stamm in Z. 48. In OB Lú A 25-26 lesen wir von l ú t i l l a : *wāṣû* bzw. m í l ú t i l l a : *wāṣītum*, "Aushäusiger" / "Aushäusige" – Bezeichnungen, die sich auf den untreuen Partner beziehen, wie die Omenapodosen vermuten lassen.

Im folgenden seien einige Omina vorgestellt, in denen körperliche Charakteristika behandelt werden, die in OB Lú als Bezeichnung von Personen bezeugt sind. Es handelt sich um markanten Haarwuchs, die Augenfarbe, eine Angewohnheit, die Nase in bestimmter Weise zu berühren (?), einen Defekt des Kiefers, eine auffällige Form der Zehen und die Erscheinung des männlichen Geschlechts.

Eine Person mit auffälligem Haarwuchs verbirgt sich hinter OB Lú C_5 22 l ú s í g . g u z . z a : (*ḫ*)*apparrû*. Offensichtlich galt eine derartige Erscheinung nicht unbedingt als positiv, denn in der 2. Tafel von *Alamdimmû* lesen wir (*TBP* 3b i:11 mit Dupl.):

52 DIŠ SÍK SAG.DU *ap-par-ri* ŠÀ ḪUL [ ]

---

[33] Vgl. auch die Protasis in der Auszugstafel *TBP* 23 Z. 19.

Wenn er zottiges Haupthaar hat[34], Kummer ...

Auch eine besondere Farbgebung der Augen war namengebend: OB Lú A 136 (OB Lú B v:7) lú igi.su$_4$.su$_4$: *sarriqum*; für Belege als Personenname vgl. die Wbb. Davon, daß man diesen Personen vermutlich auch begegnen konnte, zeugen zwei Omina aus der 8. Tafel des physiognomischen Hauptwerkes (*CT* 28 pl. 28-29 Vs. 11-12):

74 DIŠ MIN (= *pa-nu-šu ḫa-an-ṭu*)*-ma* IGI-*šú šá* ZAG *sa-ri-qat* SIG$_5$ AD-*šú* UG$_7$: SUMUN-*bar*
Wenn *dito* (= sein Gesicht fiebrig brennt) und sein rechtes Auge fleckig ist, wird er Erfolg haben, sein Vater wird sterben, *Var.* wird er alt werden.

75 DIŠ MIN-*ma* IGI-*šú šá* GÙB *sa-ri-qat* EGIR AD-*šú* SIG$_5$:
Wenn *dito* und sein linkes Auge fleckig ist, wird der Nachlaß seines Vaters prosperieren.

Eine Eigenheit der Nase oder ein auffälliges Verhalten, in dessen Mittelpunkt die Nase steht, führte zu der Bezeichnung OB Lú A 343 lú kiri$_4$.ga.an.UD : *ḫunnunu*. Das akk. Verb von unbekannter Bedeutung ist in dem Text CBS 4501, einer Tafel extraserieller Omina, belegt. F.R. Kraus publizierte diesen in seinem Aufsatz "Babylonische Omina mit der Ausdeutung der Begleiterscheinungen des Sprechens" in *AfO* 11 (1936/37):

CBS 4501 Vs. Z. 35
DIŠ *ap-pa-šu ḫu-un-nu-un it-ta-na-an-ẓiq*
Wenn er an seiner Nase ... ist, wird er sich wiederholt ärgern.

In OB Lú A 78 wird eine Person als lú ka.tar.ri.a : *nutturum* beschrieben, sum. "Mann, dessen Mund eingeschnitten ist", akk. "zerrissen (?)". Nach einer Unterserie von *Alamdimmû* heißt es dazu:

TBP 13 Kol. i:25
DIŠ *i-se nu-ut-tu-ur ma-la* GU$_7$ *i-na-[tuk*
Wenn er an den Kinnbacken 'aufgerissen' ist (und) alles, was er ißt, 'hinab[tropft' ...

---

[34] Wörtlich: "Wenn er zottig am Haupthaar ist". Vgl. auch Z. 65-68, 80-82, 87, 92-102, 106 und 113-114.

In einem Fragment physiognomischen Inhalts, das F.R. Kraus als *TBP* 10 in Autographie publizierte, wird ein Körperteil als *ubbu[ṭ]* "es ist geschwollen" bezeichnet. Kraus vermutete, es könne sich um einen Teil von Tafel 11 des physiognomischen Hauptwerkes handeln[35], später schlug er vor, daß auch eine Zusammengehörigkeit mit *TBP* 1 (= die erste Tafel der Serie *alamdimmû aḫû*) nicht auszuschließen sei.[36] Der Aufbau der Omina erinnert m.E. an Tafel 10 von *Alamdimmû*. In OB Lú A 84 treffen wir eine Person an, die teils(?) oder vollkommen(?) geschwollen ist: lú al.peš.peš : *ubbuṭum*.

TBP 10 Z. 18
DIŠ *ub-bu-u[ṭ?*
Wenn es geschwollen ist ...

In OB Lú A 74 erfahren wir von einer Person lú g̃ìš.bír.ra : *kalṣum,* "der mit zusammengezogenem Penis". Die körperliche Erscheinung findet sich in Tafel 10 von *Alamdimmû* wieder. (*TDP* 9d Rs. 4', 6' mit Dupl.)

86 DIŠ GÌŠ GAL-*ma u ka-li-iṣ* NA.BI : DAM-*su* MÍ.MEŠ Ù.TU
Wenn der Penis groß und zusammengezogen ist, wird dieser Mann Frauen zeugen, *Var.* wird seine Frau Frauen gebären.
88 DIŠ GÌŠ LÚGUD.DA-*ma u ka-li-iṣ* [M]EŠ Ù.TU
Wenn er kurz und zusammengezogen ist, [wird dieser Mann ...] zeugen.

Ein Tier stand Pate bei dem Namen lú [ugu.dul.bi] : *[pag]ûm* (OB Lú A 150). Ob hier "Affe" als Schimpfwort interpretiert werden kann oder ob es sich um eine Anspielung auf gewisse Ähnlichkeiten in der Erscheinung handelt, läßt sich wohl kaum entscheiden. In dem physiognomischen Omenwerk finden sich eine ganze Reihe von Mensch-Tier-Vergleichen. Der Affe selbst ist in dem folgenden Omen bezeugt:

TBP 22 Kol. ii:19-20:
75 DIŠ ŠU.SI.MEŠ UGU.DUL.BI GAR *dib-bu-šu i-dab-bu-bu-ma* NÍG.TUKU-*ma* / ÚKU-*in ina* LA-*šú* UG_7
Wenn er Affenzehen hat, wird man Gerüchte über ihn verbreiten, wird er reich werden und dann arm, wird er in der Blüte seines Lebens sterben.

---

35 *MVAeG* 40/2, S. 26-27.

36 *AfOB* 3, 7 zu Nr. 10.

Mit dem Omenkompendium *Alamdimmû* sind nicht nur Beurteilungen der äußeren Erscheinung des Menschen auf uns gekommen: die Unterserien *Nigdimdimmû* und *Kataduggû* handeln von seinem Verhalten und Benehmen und welche Schlüsse daraus gezogen wurden. Einige Charaktereigenschaften sind bereits in OB Lú namengebend. Es gab z.B. den Respektvollen oder Ängstlichen (OB Lú A 154 l ú n í . [t e] : *[pa]lḫum*; OB Lú A 155 l ú n í . t [e . t e] : *[palla]ḫûm*), deren Auftreten im physiognomischen Omenwerk als positiv gewertet wurde (1). Wir begegnen dem, der Wohltaten vergilt (OB Lú A 488 l ú š u . g i$_4$. a . a k : *mutēr gimillim*), aber auch dem Verleumder (OB Lú A 333 l ú š u . k á r . g a : *muṭappilum*) und demjenigen, der andere demütigt OB Lú A 337 l ú p [i . e] l . l á : *qallu*; OB Lú A 339 l ú š u . p i . e l . l á : *muqallilum*) - Verhaltensweisen, die in der Unterserie *Kataduggû* zum Gegenstand genauerer Betrachtung und Bewertung wurden (Nr. 2-4).

(1) *TBP* 57a Kol. iii:15'; *TBP* 56 Kol. iv:19

144 DIŠ *ip-ta-na-làḫ* ŠÀ.BI [DU$_{10}$.GA]
Wenn er respektvoll ist, [Zufrieden]heit / ist er zu[frieden].

194 DIŠ *pa-li-iḫ li-tam i-leq-qé*
Wenn er ängstlich ist, wird er den Sieg erringen.

(2) *TBP* 54+59 Kol. ii:11 mit Dupl.; *TBP* 57a Kol. ii:19'

58 [DIŠ] *gi-mil-li ú-ta-ar ka-lu-šú i-ṭa-ab-šú*
[Wenn] er Wohltaten vergilt, ist alles gut für ihn.

92 DIŠ *ga-am-me-il i-ga-me-lu-šú*
Wenn er gefällig ist, wird man ihm gefällig sein.

(3) *TBP* 57a Kol. i:17', iii:13'; *TBP* 56 Kol. iv:16

32 [DIŠ x (x)] *ú-ṭa-pil ina ba-ti-iq-ti* UG$_7$
[Wenn er jemanden] verleumdet[37], wird er aufgrund einer Anklage sterben.

142 DIŠ *ú-ṭa-pa-al* KIMIN
Wenn er verleumdet, *dito* (= wird es sich gegen ihn wenden).

192 DIŠ *mu-ṭa-pil* INIM TUKU-*ši*
Wenn er einer ist, der Beleidigungen ausstößt, wird er einen Prozeß bekommen.

(4) *TBP* 57a Kol. i:19'; *TBP* 56 Kol. iii:4

34 [DIŠ x (x)] *uq-ta-na-la-al ina* KIN-*šú* ZI-*aḫ*

---

[37] Aufgrund der Verteilung der Zeichen und der Größe der Tafel muß die Verbalform *uṭappil* Teil der Protasis sein; vgl. für eine andere Auffassung *CAD* B 165b s.v. *batiqtu*.

[Wenn er ... jemanden] ständig demütigt[38], wird er aus seinem Amt gerissen.

119 DIŠ *mu-qa-lil* [

Wenn er einer ist, der andere herabsetzt, ...

Abschließende Bemerkungen

Welche Besonderheiten weist der lexikalische Text l ú a z l a g : *ašlāku* auf? Was ist den Begriffen gemein? Welche Schlüsse können aus den Vergleichen gezogen werden und welche Fragestellungen ergeben sich?

In *MSL* XII, S. 151 heißt es: "A noteworthy feature of OB Lu is the inclusion of terms obviously taken from literary sources, especially from the contest literature, é-dub-ba dialogues, and proverbs." Dieser Umstand läßt A. Cavigneaux die Vermutung aufstellen, OB Lú sei zusammen mit einem Teil sumerischer literarischer Texte nicht mehr überliefert worden und verschwunden: "il n'a pas eu de successeur canonique (il est seulement attesté à Boğazköy), peut-être parce qu'il était utile surtout pour la lecture des textes littéraires. Il a disparu de l'enseignement avec une bonne partie du corpus littéraire sumérien."[39] In der Tat finden sich einige Wortpaare aus sumerischen literarischen Kompositionen in dem lexikalischen Text. Es ist bezeichnend, daß es sich bei diesen Kompositionen um Dialoge handelt, d.h. die Ausdrücke sind Teil der gesprochenen oder Umgangssprache. Viele Termini sind überdies von pejorativem Charakter und dienten, wie das Beispiel aus der Edubba-Literatur zeigte, als Beleidigungen - so auch A. Cavigneaux u.a. mit Hinweis auf die Ausführungen von M. Civil: "M. Civil a souligné les rapports de cette liste avec les textes littéraires, et particulièrement avec les dialogues de l'Edubba (en particulier pour les insultes). On remarquera aussi le caractère spécial de la traduction akk., qui est souvent très littérale et qui contient sans doute aussi quelques mots de la langue populaire".[40] Auch die Anleihe bei Sprichwörtern, die auch für andere

---

[38] Die iterative Verbalform *uqtanallal* ist Teil der Protasis (vgl. auch Anm. 522 zu Z. 32); anders *CAD* Q 55a s.v. *qalālu* 5.

[39] "Lexikalische Listen", *RlA* 6 (1980-83), 629.

[40] Die Entlehnungen in OB Lú stellen keine Erläuterungen einer stilisierten Kunstsprache dar. Die mit hoher Wahrscheinlichkeit der Umgangssprache entnommenen Wortpaare stammen in der Regel aus thematisch umrissenen Abschnitten. Man könnte daher ihr Auftreten im lexikalischen Text auch auf das Prinzip von Assoziation und Attraktion zurückführen. So leiten die Ausdrücke l ú du_{10} . s a . d a r . a und l ú m a . a n . z i . l e, die auch in dem Streitgespräche zwischen "Winter und Sommer" belegt sind, in der Rezension A von OB Lú den Paragraphen von Personenbezeichnungen, die mit dem Präfix a l + Verb gebildet sind und überwiegend von menschlichen Gebrechen

lexikalische Texte belegt ist, worauf W.G. Lambert in *Babylonian Wisdom Literature* verweist,[41] unterstützt die Vermutung, OB Lú sei Spiegel der Volkssprache. Der Vergleich mit einigen Begriffen aus dem Bereich der Landwirtschaft, wie sie in der sumerischen *Georgica* verzeichnet sind, macht deutlich, daß es sich um Bezeichnungen aus dem Arbeits*alltag* handelt. Dieser Kontext von Alltag, der sich vor allem in den Genres von Sprichwort, Dialog und Anweisung widerspiegelt, ist vermutlich der Grund dafür, daß sich etliche der akk. Termini aus OB Lú im physiognomischen Omenwerk wiederfinden - dem Kompendium über den Menschen *per se*.[42] Wie die Beispiele gezeigt haben, kann OB Lú zu den Quellen des altmesopotamischen Alltags gezählt werden. Ob der lexikalische Text zusammen mit der sumerischen Literatur ausstarb, wie A. Cavigneaux vermutet, oder ob die Begriffe der "altbabylonischen Volkssprache" außer Gebrauch gekommen oder vielleicht *démodé* sind, sind Fragen, die zu beantworten, den Experten überlassen sei.

---

handeln, ein. Bei dem Vergleich zu "Der Sohn des Tafelhauses" handelt es sich um Beamte, die offensichtlich für Anstand und gutes Benehmen verantwortlich waren und auch aus diesem Grunde als Gruppe in dem lexikalischen Text auftauchen könnten. Als ein weiteres Beispiel für diese Form des Vergleiches könnte man dann auch auf die Termini "Vogelfänger" und "Netzsteller" verweisen, die in OB Lú C_6 20-22 und OB Lú D 291 in einem Abschnitt über Netzsteller verschiedener Art verzeichnet sind (lú ḫar.mušen.na : *ša ḫuḫārim*, lú sa.gu.lá / lú du$_{10}$.g̃ar.ra : *ša sagulê*). Sie tauchen als Epitheta der Schildkröte in der Fabel von "Reiher und Schildkröte" in den Zeilen 60 und 99 auf: níg̃.bún.na lú ḫar.mušen.na lú du$_{10}$.g̃ar.ra.e, "die Schildkröte, die Vogelfängerin, die Netzstellerin"; s. für die Textbearbeitung G. Gragg, "The Fable of the Heron and the Turtle", *AfO* 24 (1973), 51ff.

41 S. 275, es handelt sich um Rätsel und Sprichwörter in Diri und *Nabnītu*.

42 Interessant wäre eine Gegenüberstellung von OB Lú und der terrestrischen Omensammlung *šumma ālu*.

Schamanismus als Urreligion?

Gedanken zu den Grenzen der Altorientalistik

Burchard Brentjes (Berlin)

Das Problem einer eventuell gemeinsamen geistigen Grundlage aller Hochkulturen drängte sich dem Verfasser bei der Niederschrift einer Geschichte Nord- und Zentralasiens auf, als der darzustellende Stoff in zwei gegensätzliche Teile zerfiel, die durch den ständigen Wandel der Namen und Sprachen der beteiligten Völker bestimmte Geschichte und die von der Unwandelbarkeit der immer wiederkehrenden "Grundvokabeln" charakterisierte Kunst. Das traf zu für den Wald- und Steppengürtel Eurasiens, der nur unter dem Einfluß südlich angrenzender Hochkulturen andere Kunstelemente aufnahm, oft genug aber mit seinen Bildmotiven die Kunst der Großreiche von China bis Europa beeinflußte. Eine Erklärung dafür fand sich in der Kontinuität der Weltbilder, der Religion, die als "Schamanismus" in Sibirien bis in die Neuzeit andauerte, deren Grundthesen aber auch die Volksreligionen von der Steppe bis nach Irland hin prägten.[1] Sie hielten sich in gleicher Weise unter der Decke des Lamaismus im Osten,[2] des Islam in Zentralasien[3] und selbst des Christentums,[4] das mit Inquisition und Scheiterhaufen rigoros gegen "Ketzer" vorging. M. Herrmanns[5] schließt in seiner umfassenden Studie Indien aus dem Schamanismuskreis aus und bezeichnet die Glaubenswelt der amerikanischen Ureinwohner als einen

---

[1] V. Dioszögi, "Pre-Islamic Shamanism of the Baraba Turks and some ethnogenetic conclusions", in V. Dioszögi/M. Hoppal (Hrsg.), *Shamanism in Siberia* (Budapest 1978), 83-167. – M. Eliade, *Schamanismus und archaische Ekstasetechnik* (2. Aufl., Frankfurt 1975). – H. Findeisen, *Schamanentum* (Stuttgart 1957). – P.T. Furst, "Introduction: An overview of shamanism", in G. Seaman/H.S. Day (Hrsg.), *Ancient traditions: Shamanism in Central Asia and the Americas* (Denver 1994), 1f. – M. Herrmanns, *Schamanen - Pseudoschamanen. Erlöser und Heilsbringer* (Wiesbaden 1970).

[2] V.P. Diakonova, "Shamans in traditional Tuvinian society", in *Ancient traditions*, 245-256.

[3] W.N. Basilow, *Das Schamanentum bei den Völkern Mittelasiens und Kasachstans*, (*Mittelasiatische Studien* I, Berlin 1995).

[4] E.L. Lvova, "On the shamanism of the Chulym Turks", in *Shamanism in Siberia*, 237-244.

[5] M. Herrmanns, *Schamanen*.

Pseudoschamanismus. Zumindest die letzte These erscheint mir zu weitgehend und auch Indien hat genügend alte Belege für Seelenreisen, um zum Schamanismusgebiet gezählt werden zu können.

Die Grundthesen dieser urtümlichen Religion sind regional unterschiedlich formuliert, abgewandelt oder der herrschenden "Hochreligion" angepaßt worden, lassen jedoch ein umfassendes System der Welterklärung erkennen, das mit dem Namen "Schamanismus" so gut oder schlecht wie das Christentum oder der Islam mit einem Teilbegriff charakterisiert wird. Dieses Grundsystem geht von der subjektiven Erfahrung aus, daß der Betrachter im Zentrum eines runden Gesichtsfeldes lebt, sich über ihm ein ihm nicht zugängliches Luftreich und unter ihm die ihm verschlossene Erde ausdehnen – eine dreiteilige Welt also, die sich gedanklich noch weiter untergliedern ließ.[6] Diese drei Welten existierten im immerwiederkehrenden Rhythmus der Jahreszeiten und wiesen sehr verschiedene Lebensformen auf, die der Mensch nach seinem Selbstverständnis deutete. Er sah sich als Teil einer gegliederten Welt und nicht als "Krone der Schöpfung". Andere Lebensformen waren mächtiger als seine wie die des Bären oder Tigers, und da gab es Erscheinungen wie Krankheit, Tod, Wetterunbilden, Feinde und vieles andere mehr, aber auch Geburt und Leben, die erklärt werden mußten und für die der Mensch aus seinem Denken heraus Geistwesen abstrahierte, die sie alle steuerten oder verhinderten.[7] Diese Geister mußten über Fähigkeiten verfügen, die dem normalen Menschen abgingen, wie die Beherrschung der Stürme, die Auslösung von Krankheiten oder die Verhängung des Todes.

Um mit der Erkenntnis der eigenen Machtlosigkeit fertig zu werden, bedurfte es der Vermittler und Beschützer, die von dem Übernormalen Kenntnis hatten und in der Lage waren, diese Geister zu beeinflussen. Diese Rolle übernahmen Mitglieder der Gruppe, die in dieser oder jener Hinsicht "anormal" waren, Traditionen bewahrten und für die Ausgeglichenheit der Psyche, des Bewußtseins zu sorgen hatten.[8] Die "Multifunktionäre" bezeichnen wir mit dem Tschuktschenwort als Schamanen,[9] für das es noch viele andere Namen und verschiedene Ableitungen gibt. Der Schamane ist ein unentbehrliches Glied der Gemeinschaft, dem in erster Linie die Fähigkeit zugesprochen wird, Kontakt mit den Geistern der drei Welten

---

[6] V.P. Diakonova, in *Ancient Traditions*, 249. – I.M. Suslow, "Materialien zum Schamanismus der Ewenki-Tungusen an der Mittleren und Unteren Tunguska", in K.H. Menges (Hrsg.), *Studies in Oriental Religions* (Wiesbaden 1983), 1-2.

[7] N.A. Alekseev, *Schamanismus der Türken Sibiriens* (Hamburg 1987). – I.M. Suslow, in *Studies in Oriental Religions*.

[8] W.N. Basilow, *Schamanentum*, 10.

[9] Ders., "Texts of shamanistic invocations from Central Asia and Kasakhstan", in *Ancient traditions*, 273-288.

aufnehmen zu können. Hierzu bedarf er der Fähigkeit, seine "Seele" vom Körper zu lösen, da nach ihren Vorstellungen die Geister nicht an ein körperliches Dasein gebunden sind, wohl aber vielerlei Gestalt annehmen können. Diesen Zustand erreicht der Schamane in Trance, in die er sich mittels Rauschmitteln, rhythmischem Tanz oder Musik versetzt.[10] In der Bewußtlosigkeit soll seine "Seele" als "Geist" in unterschiedlicher Gestalt Kontakt mit anderen Geistern aufnehmen können und den Versuch unternehmen, sie zu beeinflussen, zu bekämpfen, um Hilfe zu bitten oder die Zukunft zu erfragen. Als "Reittier" dient ihm häufig die Trommel,[11] oder die den Schamanen in ein übernatürliches Wesen verwandelnde Tracht befähigt ihn, in andere Welten zu reisen. Hierzu bedient er sich verschiedener Hilfsgeister, die er mit der Trommel oder dem Bogen herbeiruft und deren Abbild er entweder als Stickerei, Malerei oder Anhänger auf seiner Kleidung trägt, die ihn zugleich als Ganzes in ein Mischwesen aus Tier und Mensch[12] verwandelt. Hierzu dienen Masken, Fellteile und andere Gegenstände, doch können die Anhänger-"Hilfsgeister" an der Tracht auch fehlen. Die Mischwesen, zusammengesetzt aus Teilen verschiedener Tiere und des Menschen, sind Ausdruck des "Übernatürlichen", der nicht mit dem erlegbaren Wild identischen Macht der Geister.[13]

Der Schamane "erbt" zumindest seine Geister von einem Vorgänger und hat ein "zweites Ich" in Gestalt einer "Tiermutter",[14] die an seiner Schamanenwerdung beteiligt und zum Teil mit der Stammesahne identisch war.[15] Sie wird oft mit dem "Sippen"-Berg verbunden, aus dem die Gemeinschaft ihre Entstehung ableitete.[16] Mit ihm im Zusammenhang stand die Verehrung eines "Lebensbaums" als Weltenachse, als Ort, in dem der Schamane "ausgebrütet" wurde bzw. sein magisches Wissen erhielt.[17] So ist eine typische Form des Jägerkultes die Verehrung eines weißen Hasenfells

---

[10] P.T. Furst, in *Ancient Traditions*, 2, 17, 21.

[11] N.A. Alekseev, *Türken*, 185-196. – W.N. Basilow, "The Shaman drum among the peoples of Siberia", in I. Lehtinen (Hrsg.), *Traces of the Central Asian Culture in the North* (*Mémoires de la Société Finno-Ougrienne* 194, Helsinki 1986), 35-51, cit. 37-42.

[12] W.N. Basilow, in *Traces of the Central Asian Culture*, 36. - L.R. Parlinskaya, "The Shaman Costume - Image and Myth", in *Ancient traditions*, 257-264. - A.V. Smoljak, *Shaman, ličnost', funkcii mirovozzrenie (narody nižnego Amura)* (Moskau 1991).

[13] N.A. Alekseev, *Türken*, 96-114, 198. - H. Findeisen, *Schamanentum*, 80-81.

[14] W.N. Basilow, in *Traces of the Central Asian Culture*, 42. - H. Findeisen, *Schamanentum*, 52.

[15] N.A. Alekseev, *Türken*, 56.

[16] Ders., ebd., 98. - H. Findeisen, *Schamanentum*, 102.

[17] N.A. Alekseev, *Türken*, 141. - W.N. Basilow, *Schamanentum*, 114-116.

als Familienschutzgeist, der in keiner Jurte fehlen durfte.[18] Der Fellschutzgeist erscheint bereits als Fetisch des hethitischen Königs im 2. Jahrtausend v. Chr. und als "Goldenes Vlies" bei den Skythen, Griechen, Etruskern und anderen Völkern.

Diese Grundzüge finden sich selbst noch in den Religionen des 20. Jahrhunderts, wenn man die Konsequenzen einer sozialen Hierarchisierung der in Klassen gespaltenen Gesellschaften eliminiert – Paradies und Hölle, Priester mit der Kraft der Teufelsaustreibung oder tanzende Derwische und psychiatrische Behandlung mit Musik wie die geistige Entfremdung von einer geistlosen Welt im Disco-Rhythmus.

Betrachtet man unter diesem Blickwinkel die altorientalischen Kulturen, so lassen sich viele Elemente dieser "schamanistischen" Weltsicht sowohl in den erhaltenen Texten wie in den Bildwerken erkennen. Natürlich sind sie durch die entwickelte Götterreligion an den Rand, gewissermaßen in den "Untergrund" gedrängt, in den Bereich der "Beschwörungspriester" unterschiedlicher Spezialisierung oder in die Welt der Dämonen.[19] So zeigen die Lamaštu-Amulette nicht nur die gefürchtete Dämonin als Mischwesen, sondern auch die Priester in ihren Masken,[20] aber der Bereich der "Volksreligion" ist uns zum großen Teil verschlossen und erscheint nicht in den Archiven der Tempel oder auf den Reliefs der Könige, es sei denn in seiner Adaption in der "Hochreligion". Besonders in Ägypten sind die alten Vorstellungen aus der "Schamanenzeit" in starkem Maß assimiliert worden. Nahezu jeder Gott hatte entweder ein *alter ego* in Tierform oder wurde als Mischwesen dargestellt wie beispielsweise Sechmet löwenköpfig und der Sonnengott[21] als Falke. Die Pharaonin trug die Geierkrone,[22] wie die "Geierschamanen" der Gemälde in Çatal Hüyük,[23] und der ägyptische Balsamierer erscheint auf den Bildwerken mit der Schakalsmaske des Anubis,[24] um nur einige Beispiele anzuführen.

---

18 N.A. Alekseev, *Türken*, 99, 113.

19 H. Frankfort, *The Art and Architecture of the Ancient Orient* (Harmondsworth 1954), pl. 94 A.

20 P. Amiet, *Art of the Ancient Near East* (New York 1977), fig. 568 und 574.

21 H. Bonnet, *Reallexikon der altägyptischen Religionsgeschichte* (Berlin 1952).

22 W. Stephenson Smith, *The Art and Architecture of Ancient Egypt* (Harmondsworth 1958), pl. 159 B.

23 J. Mellaart, *Çatal Hüyük, a Neolithic Town in Anatolia* (London 1967), fig. 14, 15.

24 W. Stephenson Smith, *Art and Architecture*, pl. 166 B.

Hethitische Ritualtexte nennen Menschengruppen, die mit Tiernamen aufgeführt werden,[25] und Haas[26] fand einen gut schamanistischen Text über die Diagnosemethoden eines hethitischen "Heilers", der sich mit Wein und Musik in Trance versetzte und die Umstehenden aufforderte, darauf zu achten, was "der Gott" sagen würde, wenn er in Trance wäre (und selbst in einem Berliner Ärztehaus wurden 1999 n. Chr. "schamanistische Heilverfahren" angeboten). Im assyrischen Königskult spielte die Anrufung der Ahnen eine so wesentliche Rolle, daß der Palast Assurnaṣirpals II. in Nimrud-Kalach weitgehend als Ahnentempel[27] fungierte, und bis in die Gegenwart begründet die Herkunft der Könige und Kaiser das "Gottesgnadentum" ihres Herrschaftsanspruches.

Die hier behauptete Abhängigkeit der Religion und Künste der Klassengesellschaft von der Jahrtausende alten Kultur des Schamanismus steht im offenen Widerspruch zum Bestand an Denkmälern, der z.B. zur Sammelbezeichnung "Die Kunst des Alten Orient" führt, doch ist er nur der uns bekanntgewordene Rest vergangener Kulturen. Ihm fehlen neben anderen Monumenten die besten Arbeiten der Hethiter, Akkader, Assyrer und anderer Völker, deren Götterbildwerke zumindest in den großen Tempeln aus Metall gefertigt waren, das längst wieder eingeschmolzen und umgearbeitet wurde. Von den hethitischen Götterbildern blieben lediglich Erwähnungen in Texten, während von den mesopotamischen Werken immerhin "Kopien" auf Terrakottaplatten[28] vorhanden sind, die belegen, daß die besten Großplastiken ganz anders aussahen als die steifen Herrschaftsbilder beispielsweise der frühdynastischen Zeit. Das Fragment aus Bassetki beweist die reale Existenz dieses Kunstniveaus.[29]

Noch stärker macht sich das Fehlen oder Verschwinden der materiellen Kunst der Volkskulte und der Jahrtausende der Zeit vor der Ausbildung der "Hochkunst" als Mittel und Reflexion der entstehenden "Hochreligionen" bemerkbar, arbeitete doch die urzeitliche Kunst und dann die "Volkskunst" des Schamanismus nach Ausweis der nachlebenden Spätformen vorwiegend mit vergänglichem Material. Aus ihrem Fehlen wird mitunter der Schluß gezogen, sie habe nie existiert. Dauerhafte Materialien, vor allem Metall, stand im sibirischen Raum erst seit dem 2. Jahrtausend v. Chr. zur Verfügung, und Metall ist in der Regel wiederverwendet worden. Es gibt

---

25 V. Haas, *Geschichte der hethitischen Religion* (*HdO I* 15, Leiden [u.a.] 1994), 217ff.

26 Mündliche Information von V. Haas.

27 B. Brentjes, "Selbstverherrlichung oder Legitimitätsanspruch? Gedanken zum Thronrelief von Nimrud-Kalach", *AoF* 21 (1994), 50-64.

28 Ders., "Terrakotta und Großplastik in Altvorderasien", in M. Dietrich/O. Loretz (Hrsg.), *Beschreiben und Deuten in der Archäologie des Alten Orients. Festschrift für Ruth Mayer-Opificius* (*AVO* 4, Münster 1994), 15-18.

29 Ders., *Völker an Euphrat und Tigris* (Berlin 1981), Taf. 75.

sowohl aus Sibirien[30] wie aus der Mongolei[31] ältere Funde von Tierfiguren in Knochen und Stein, die als Besatz von Schamanentrachten gedeutet werden können. Die Statuetten aus der Vogelherdhöhle, aus Mal'ta und Buret' und von anderen Orten waren vermutlich ebenfalls Kleidungsbesatz,[32] und auch in der Neuzeit wurden Schamanentrachten mit Figuren aus Rinde, Leder, Stickerei oder Malerei verziert,[33] die aus älterer Zeit nur selten erhalten geblieben sind wie z.B. im Kurgan 2 von Ulandryk.[34] Die Tracht der Schamanen bestand häufig aus Tierfellen. Entsprechende Bekleidungen sind auf Höhlenbildern Südfrankreichs wiedergegeben.[35] Eine dieser Figuren in einer Wisentmaske in der Höhle Trois Frères hält einen Bogen an den Mund, zeigt aber keine Pfeile und erinnert damit an die sowohl in Sibirien[36] wie in Amerika[37] übliche Methode zur Herbeirufung der Hilfsgeister mittels Anschlagen der Bogensehne und an den Gebrauch des Bogens als Musikinstrument und als Gerät zum Wahrsagen. An eine gleiche Verwendung lassen die Ahnen- oder Herrscherfiguren auf dem Revers parthischer Münzen[38] denken, die einen Bogen ohne Pfeile vor sich halten. Eine ähnliche Szene ist auf einer Silbervase der Skythen[39] zu sehen, für die der Schamanismus belegt ist durch Herodots[40] Schilderung eines skythischen Wahrsagerituals im Hanfrausch, das er allerdings teilweise mißverstanden hat. Entsprechende "Bestecke" zur Erzielung des Trancezustandes im Hanfrausch lagen in skythischen Kurganen des Altais,[41] und bereits

---

30 S.I. Ivanov, *Skul'ptura Altajcev, Chakasev i sibirskich Tatar* (Leningrad 1979).

31 E. Novgorodova, *Alte Kunst der Mongolei* (Leipzig 1980), Taf. 31-33.

32 N.K. Sandars, *Prehistoric Art in Europe* (Harmondsworth 1968), pl. 4.

33 V.P. Diakonova, in *Ancient Traditions*, 250.

34 V.D. Kubarev, *Kurgany Ulandryka* (Novosibirsk 1987), Taf. V b.

35 N.K. Sandars, *Prehistoric Art in Europe*, pl. 74.

36 N.A. Alekseev, *Türken*, 177. - V. Dioszögi, in *Shamanism in Siberia*, 143-145. - P.T. Furst, *Huichol Shamanism* (Denver 1994), 114.

37 R.S. Carlsen/M. Prechtel, "Walking on two legs - Shamanism in Santiago Atitlan, Guatemala", in *Ancient traditions*, 77-111; J.A. Clifton, "From shaman to medicine man - Transformation of shamanic roles and styles in the Upper Great Lake region", ibid. 187-209.

38 Mithradates II., Phraates IV. u.a.; E.T. Newell, "The coinage of the Parthians", in A.U. Pope (Hrsg.), *A Survey of Persian art from prehistoric times to the present* (New York 1938), 745-792.

39 B.N. Grakov, *Skify* (Moskau 1971), 149.

40 Herodot, IV, 73-75.

41 S.I. Rudenko, *Kul'tura naselenija Gornogo Altaja v skifskoe vremja* (Moskau/ Leningrad 1953); G. Wolf/F.M. Andraschko, "'Und heulen vor Lust'. Der Hanf bei den Skythen", in R. Rolle (Hrsg.), *Gold der Steppen* (Schleswig 1991), 157-160.

Zarathuschtra warnte in seinen Gathas 44,2 vor dem, "was der Kavi im Hanfrausch schreit".[42] Die in der Regel aus pflanzlichen Stoffen gewonnenen Rauschmittel und die im Schamanismus wesentliche Trommel können im archäologischen Material kaum nachgewiesen werden, doch bedeutet dies, erst der Mensch der staatlichen Welt habe diese Dinge zu nutzen gelernt? So folgerte Findeisen in seinem ansonsten hervorragenden Werk über den sibirischen Schamanismus[43] aus der Tatsache, daß die älteste ihm bekannte Rahmentrommel c. 2000 Jahre alt ist, es habe im Paläolithikum keine Trommeln gegeben. Zwar haben wir bisher keinen Beleg für Trommeln aus diesen Zeiten, doch wieviel kennen wir denn wirklich von der Kunst aus vergänglichem Material, von den Künstlern, die beispielsweise so hervorragende Gemälde wie die in den Höhlen Südfrankreichs und Spaniens schufen? Für die Trommel im rituellen Gebrauch haben wir zumindest aus Çatal Hüyük[44] ein Wandbild mit einer Tanzszene, die anscheinend eine Ahnenbeschwörung wiedergibt und bei der neben der Trommel auch Bögen geschwungen werden. Die Grabungen in Nevali Çori[45] und an anderen Orten haben bislang Masken und Plastiken erbracht, die u.a. Mischwesen, Schlangen und Vögel darstellen und aus präkeramischen Zeiten stammen. Eine bisher nicht publizierte Plastik bietet einen Vogel über einem Menschen dar. Eine andere Figur kombiniert Vogel und Mensch in einer Gestalt.

Die dominierende Stellung des Vogels über dem Menschen kehrt Jahrtausende später in der Chou-Kunst Chinas[46] sowie in schamanistischen Bronzen Sibiriens, in der schamanistisch geprägten Kunst der Seldschuken,[47] bei den Griechen und Hindus wieder. Dieser Fakt berührt ein Problem der Methodik kunsthistorischen Arbeitens. Muß und kann man Abbildungen des gleichen Motivs voneinander ableiten oder lassen sie in erster Linie an die Darstellung des gleichen – oder verwandten – Begriffs denken? So fand sich z.B. in Xi-shui po in Nordchina eine rituelle Bestattung,[48] deren Kerngruppe die neben einem Mann aus Muscheln gesteckten Bilder eines Tigers und

---

[42] J. Darmsteter, *Le Zend Avesta* (Paris 1892/93) 44, 2.

[43] H. Findeisen, *Schamanentum*, 157.

[44] J. Mellaart, *Catal Hüyük*, fig. 48, pl. 61.

[45] H. Hauptmann, "Nevali Çori: Architektur", *Anatolica* 15 (1988), 99-110.

[46] L.I. Albaum/B. Brentjes, *Wächter des Goldes* (Berlin 1972), Abb. 176/177; A.P. Smirnov, "K voprosu o šamanskich izobraženich", in *Očerki drevney i srednevekovojch istorii narodov Povol'žja i Prikam'ja* (*Materialy issledovanija po archeologii SSSR* 28, Moskau/Leningrad 1952), 257.

[47] M.T. Picard-Schnitter, "Scènes d'apothéose sur des soieries provenant de Raiy", *Artibus Asiae* 15/4 (1951), 306-341.

[48] Ding Qingxian/Zhan Xiongmei, "Henan Puyang xishuipo di 45 hao mun zhuren kao", in *Shimon yenin iikan* (Xian 1988), 127.

eines Drachens enthielt. Sie datiert in das ausgehende 4. Jahrtausend. In der Chouzeit ziert dieses Motiv in apotropäischem Sinne chinesische Waffen und Gürtelhaken der Krieger des 1. Jahrtausends v. Chr.[49] Tradiert wurde die Idee, nicht das Bildmotiv. Noch krasser ist der formal berechtigte Vergleich des rund 30000 Jahre alten Mischwesens aus der Höhle Stein-Stadel[50] mit der Sechmet Ägyptens – beide mit menschlichem Körper und Löwenkopf. Auch hier liegt die Überlieferung in der Vorstellungswelt, nicht in der Kette von Abbildungen vor.

Die bereits erwähnte im Schamanismus sehr vielseitige Rolle des Vogels läßt sich anhand des oft diskutierten Bildes aus Lascaux in die Eiszeit zurückverfolgen. Dieses Bild[51] zeigt einen stilisierten liegenden Mann mit "Vogelkopf" (Maske?) vor einer tödlich getroffenen Wisentkuh und daneben eine Vogelfigur auf einem Stab. Derartige Vogelstäbe wurden an Gräbern sibirischer Schamanen aufgestellt,[52] von denen man annahm, sie würden wieder auferstehen. Alttürkische Grabinschriften umschreiben das Sterben mit dem Ausdruck "er flog hinweg",[53] und sibirische und mongolische Felsbilder des 1. Jahrtausends v. Chr. bieten aus Gräbern aufsteigende Vögel, mit denen offenbar Seelenvögel gemeint sind.[54] Eine analoge Vorstellung trat demnach im Paläolithikum und im mittelalterlichen Schamanismus auf – und sollten wir nicht akzeptieren, daß der *Homo Sapiens* der Eiszeit zu gleichen Überlegungen kommen konnte wie seine nacheiszeitlichen Nachkommen? Das besagt nicht, daß die alttürkischen und skythischen Vorstellungen seit der Eiszeit überliefert worden sind, wohl aber sein können. Wir sind nicht in der Lage, diese Traditionen zu belegen, da die Materialien nicht erhalten oder noch nicht gefunden sind. Anscheinend existierte seit Jahrzehntausenden in Eurasien und Afrika ein im Prinzip ähnliches Weltbild, das mit der Einwanderung der ersten "Indianer" nach Amerika verbreitet wurde und zu den vielen analogen Kunstformen im vorkolumbianischen Amerika und in Eurasien führte, da die gleichen Grundlagen vorlagen.

Dieses Weltbild der Frühzeit entsprach den Gemeinschaften ohne soziale Schichtung und größere Kopfzahl. Als die Expansion auf agrarischer und nomadischer Ebene eine soziale Differenzierung zur Folge hatte, wurde auch

---

[49] C. Hentze, *Frühe chinesische Bronzen* (Antwerpen 1937); ders., *Die Sakralbronzen und ihre Bedeutung in den Frühchinesischen Kulturen* (Antwerpen 1941).

[50] H. Müller-Beck, *Die Steinzeit* (München 1998), 73.

[51] W.B. Mirimanov, *Kunst der Urgesellschaft* (Dresden/Moskau 1973), 146.

[52] N.A. Alekseev, *Türken*, 203.

[53] M.B. Kenin-Lopsan, "The funeral rites of Tuva shamans", in *Shamanism in Siberia*, 291-298; Tang Chi, "The Religious and Lay Symbolism of the T'u-chüeh as Recorded in Chinese History", in K. Sagary (Hrsg.), *Religious and Lay Symbolism in the Altaic world and other papers* (*Asiatische Forschungen* 105, Wiesbaden 1989), 386-398.

[54] A.P. Okladnikov/V.D. Zaporozskaja, *Petroglify Zabajkal'e II* (Leningrad 1970).

die Geisterwelt hierarchisch geordnet und regional vereinheitlicht, wobei der Schamanismus, obwohl in den Untergrund gedrängt, noch in der Gegenwart existent ist.

Sonderformen der Widerspiegelung dieser Ideen vor allem in der angewandten Kunst reflektieren aristokratische Übergangsgesellschaften mit ihrem jeweiligen "Tierstil" wie beispielsweise der "baktrischen Bronzezeit",[55] Luristans[56] oder der Skythen.[57] Unglücklich ist die Bezeichnung der Skythenkunst als "Stil". Sie erklärt sich aus dem Gesichtskreis Rostovtzeffs,[58] der als "klassischer Archäologe" diese Kunst als einen Ableger der griechischen Kultur auffaßte. Ghirshman[59] leitete sie von Vorbildern in Vorderasien ab, doch sind die als solche angesehenen altiranischen Kunstformen eher Ausstrahlungen der Steppenkunst.

Die Schutzgeister auf der Tracht der Schamanen erinnern an den Goldbesatz der Göttertrachten Altmesopotamiens und der Königstrachten der Parther, Skythen, Alanen und anderer Völker.[60] Zum Fundbestand z.B. von Tillja-Tepe gehört eine goldene Schamanenkrone wie sie u.a. aus Korea und der Ukraine bekannt ist. Das Ausstatten der Kleidung mit rituellen Bildern blieb bei der Tracht katholischer und orthodoxer Priester sowie in den Wappen des Adels und den Insignien der Könige und Kaiser Europas erhalten. Der auf Sizilien für den Großvater Friedrichs II. gestickte Königsmantel mit einem zentralasiatischen Triumphalbild – Tiger über Kamel – und dem zentralen Baum wurde bis 1806 bei der Krönung deutscher Kaiser getragen,[61] und Heinrichs II. Himmelsmantel, der heute in Bamberg aufbewahrt wird, schließt völlig an diese alten Traditionen an.[62]

Eine späte Blüte erlebte der unheilabwehrende Metallbesatz oder "Schmuck" bei den Turkmenen. Die Frau trug von der Heirat bis zum Ende ihrer produktiven Phase von Kopf bis zu den Knien reichen Silberschmuck. Sie legte ihn ab, wenn sie ein Ende des Kindersegens erhoffte, und übergab

---

[55] V. Sarianidi, *Die Kunst des alten Afghanistan. Architektur, Keramik, Siegel, Kunstwerke aus Stein und Metall* (Leipzig 1986).

[56] P. Amiet, *L'art du Luristan* (Paris 1976).

[57] B.N. Grakov, *Skify*.

[58] M.I. Rostovtzeff, *Iranians and Greeks in South Russia* (Oxford 1922).

[59] R. Ghirshman, "Notes iraniennes IV - Les trésors du Sakkiz, les origines de l'art mède et les bronzes du Luristan", *Artibus Asiae* 13 (1950) 181-206.

[60] B. Brentjes, "Metallschmuck auf Prunkkleidung des Alten Orients", in *Materialien einer wissenschaftlichen Arbeitstagung am 10.9.1980* (*Wissenschaftliche Berichte* 1981/5, I 13, Halle 1981), 111-124.

[61] H. Filitz, *Die Insignien und Kleinodien des Heiligen Römischen Reiches* (Wien/ München 1954).

[62] R. Eisler, *Weltenmantel und Himmelszelt* (München 1910).

ihn ihren Töchtern. Die Schmuckstücke sind stark stilisiert, lassen jedoch sowohl apotropäische Figuren wie Ahnenbilder erkennen und weisen die bereits bei den Seldschuken beliebte Gabelblattranke auf.[63] Auf den Aspekt der Fruchtbarkeit bei dem Turkmenensilber machten bereits D. und R. Schletzer[64] aufmerksam. Das Problem besteht nur darin, daß diese urtümliche Schmuckform erst seit der Zeit der russischen Okkupation Turkmeniens bekannt ist. Wahrscheinlich verhinderte die Verbindung dieser Schmuckstücke zur Fruchtbarkeit, sie den Toten ins Grab mitzugeben, und löschte die erst seit jener Zeit intensivierte Islamisierung der Turkmenen die alte Vorstellungswelt, die ja die weibliche Rolle im Schamanismus betonte, weitgehend aus. Noch in der Gegenwart tragen zentralasiatische Schamanen häufig Frauenkleidung. Die in der Sowjetzeit einsetzende Modernisierung führte zu Änderungen in der Frauentracht, so daß in den siebziger Jahren der Silberschmuck auf den Basaren kiloweise als unmodern verkauft wurde.

Die Kunst der Skythen wie die Luristans und Baktriens waren Umsetzungen der schamanistischen Gedankenwelt im Dienst einer Kriegeraristokratie, die, durch Handel und Krieg reich geworden, über viel Metall verfügte und ihren Reichtum prunkhaft zur Schau stellte. Sie arbeiteten mit dem gleichen "Vokabular" an Motiven, um gleiche Gedanken auszudrücken, und so entstanden vergleichbare Bildwerke. Ähnlich ist das Auftreten dem skythischen Tierstil vergleichbarer Mischwesen auf chinesischer Grabkeramik des 4.-3. Jahrtausends v. Chr.[65] mit der Darstellung schamanischer Hilfsgeister zu deuten, deren Motive in den Schnitzereien jakutischer Schamanen des 19. Jahrhunderts n. Chr. wiederkehren.[66]

Zusammenfassend wird vorgeschlagen, den Schamanismus und seine Kunst als Grundlage der späteren Religionen Eurasiens und ihrer Kunst zu sehen, auch wenn ihre vergänglichen Kunstwerke zumeist verloren und die Ideen des Schamanismus nur aus späten Traditionen zu erfassen sind.

---

63 H. Rudolph, *Der Turkmenenschmuck* (Zürich 1984).

64 O./R. Schletzer, *Alter Silberschmuck der Turkmenen* (Berlin 1983).

65 Hui Yanping, *Achan qi nantaidi Xiaobaogou wenhua yishi diaocha. Nei Menggui wenwia kaogu* I (Beijing 1991), 2-10.

66 N.A. Alekseev, *Türken*, 39-40; W.N. Basilow, in *Traces of the Central Asian Culture*, 41-42.

lú*sāpi'u/sēpû*

Eine akkadische Berufsbezeichnung aus dem Bereich der Textilherstellung[1]

Eva Cancik-Kirschbaum (Berlin)

Textilien aus dem Zweistromland waren im Altertum ein im Binnen- wie im Fernhandel gerühmtes und begehrtes Handelsgut. Doch über die Art und Weise ihrer Herstellung ist nur wenig bekannt. Antike Textilien, anhand derer Aussagen über Material und Fertigungstechniken gewonnen werden können, erhalten sich nur unter besonderen Bedingungen. Bildliche Darstellungen bieten zwar zahlreiche Anhaltspunkte zu Aussehen, Dekor, Drapierung und Verwendung von Textilien, jedoch sind Darstellungen zu den Herstellungsprozessen auf mesopotamischen Denkmälern selten. Die wichtigste Quelle zur mesopotamischen Textilherstellung bilden daher die Texte des 3. bis 1. Jts. v. Chr. Sie enthalten Informationen zu Rohmaterialien, Fertigung, Erzeugnissen und Vertrieb und geben einen Eindruck von der komplexen Organisation, die Textilherstellung in größerem Umfang erst ermöglicht. Häufig ist jedoch das Verständnis der Texte durch eine zumeist gattungsspezifisch knappe Ausdrucksweise und die Verwendung von Fachtermini eingeschränkt.

Zu den problematischen Begriffen im Bereich der Textilherstellung zählt auch die Berufsbezeichnung (lú)*sēpû*. Die beiden großen Wörterbücher zum Akkadischen haben angesichts von seinerzeit sechs wenig aussagekräftigen Belegen auf eine Übersetzung verzichtet und umschreiben "(an artisan)" (*CAD* S 227a s.v. *sēpû* (*sēpiu*)) bzw. "ein Handwerker?" (*AHw* 1037a s.v. *sēpû* /*sēpiu*). 1987 fügte Karlheinz Deller dem bereits bekannten Material drei neu publizierte mittelassyrische Belege sowie einen Text aus Nuzi hinzu und deutete den Begriff aufgrund der Kontexte als "Abdecker".[2] Weitere

---

[1] Während der Arbeit an diesem Beitrag habe ich mancherlei Anregung, Hilfe und Kritik erfahren; dafür danke ich insbesondere Prof. H. Freydank, Dr. G. Müller, Dr. habil. H. Neumann, Prof. M. Stol und Prof. G. Wilhelm.

[2] K. Deller, Besprechung von H. Freydank, *Mittelassyrische Rechts- und Verwaltungsurkunden II*, Text Nr. 19, in *AfO* 34 (1987), 62f.

mittelassyrische Texte, von Helmut Freydank 1994 veröffentlicht, vermehrten nicht nur die Anzahl der Belege zu *sāpi'u* sondern ergaben auch neue Aspekte hinsichtlich der Deutung. Danach bildet die Verarbeitung von Tierhaar und Tierwolle u.a. zu Filz einen Schwerpunkt der Tätigkeit dieses Handwerkers.[3]

Mittlerweile haben Arbeiten an unpublizierten mittelassyrischen Texten aus Assur im Vorderasiatischen Museum zu Berlin weiteres Material erbracht, das den Vorschlag Freydanks bestätigt und weiteren Aufschluß bietet. Im folgenden sollen zunächst die mittelassyrischen Belege hinsichtlich der Tätigkeit und Organisation der *sāpi'ū* in Assur betrachtet werden. Sodann wird das Material der lexikalischen Listen, das von Deller und Freydank nicht weiter hinzugezogen wurde, diskutiert. Abschließend wird auf dieser Basis der Versuch einer Deutung des akkadischen Verbums *sepû* unternommen.

1. (lú)*sāpi'u* in mittelassyrischen Texten[4]

Die mittelassyrischen Belege für das Nomen *sāpi'u* sind bislang auf administrative Texte aus Assur beschränkt.[5] Diese gehören verschiedenen Fundkontexten an: VAT 8863 stammt aus dem Tafelfund "Assur 14410", dem sogenannten Archiv des Bābu-aḫa-iddina.[6] VAT 18025, 19193, 19545, 19546, 19549, 19554, 19597, 19668 und 19673 gehören dem Tafelfund "Assur 13058", den Überresten eines Archivs (M7) der Palastverwaltung an.[7] VAT 18130 stammt aus dem Tafelfund "Assur 12979", einer Gruppe von 24 Tontafeln, die in unmittelbarer Nachbarschaft von Assur 13058 zutage kam

---

[3] H. Freydank hat diesen Befund in einer knappen Notiz in einem Textkommentar beschrieben: "Der *sāpi'u* (...) dürfte eine weit über diese Tätigkeit [d.h. die eines «Abdeckers», E. C.-K.] hinausgehende, produktive handwerkliche Tätigkeit verrichtet haben, die neben Leder auch aus Haar und Wolle hergestellte Materialien wie etwa Filz zum Gegenstand gehabt haben mag." H. Freydank, *Mittelassyrische Rechts- und Verwaltungsurkunden III* (*WVDOG* 92, Berlin 1994), S. 12 zu Nr. 53.

[4] Umschriften der relevanten Passagen finden sich unter 5. im Anhang. Ich danke der Direktion des Vorderasiatischen Museums zu Berlin und der Deutschen Orient-Gesellschaft für die Erlaubnis, aus unpublizierten mittelassyrischen Texten zitieren zu dürfen.

[5] Aus anderen Fundorten mittelassyrischer Wirtschaftstexte sind m.W. bislang keine Belege für diesen Terminus bekannt geworden. Zu mittelassyrischen Archiven vgl. O. Pedersén, *Archives and Libraries in the Ancient Near East 1500-300 B.C.* (Bethesda 1998), 80-102.

[6] O. Pedersén, *Archives and Libraries in the City of Aššur I* (*Acta Univ. Upsaliensis SSU* 6, Uppsala 1985), 106-112 (zu VAT 8863 S. 112 (30)). Zu diesem Archiv vgl. jetzt V. Donbaz, "Bābu-aḫa-iddina's Archive in Istanbul", *Archivum Anatolicum* 3 (1997) (Festschrift für E. Bilgiç), 101-109.

[7] O. Pedersén, *Archives and Libraries* ..., 68-79.

und inhaltlich ebenfalls der Werkstättenverwaltung des Palastes zuzurechnen ist. Anhand der benannten Eponymen lassen sich alle Texte in das 13. Jh. v.Chr. datieren.[8]

Die *sāpi'ū* des königlichen Palastes in Assur sind, wie andere Gewerke auch, unter einem Vormann, dem *rāb sāpi'ē* organisiert. Während der Regentschaft Salmanassars I. bekleidete Amurru-šuma-uṣur diese Stellung (VAT 19193:13'). Er dürfte identisch sein mit Ammuru-šuma-uṣur, Sohn des Aḫu-dā'iq, Vormann der *sāpi'ū* in den Texten aus der Zeit Tukultī-Ninurtas I. (VAT 19597:4-6, 19668:7-9, 19546:3-5). Ein weiterer Sohn des Aḫu-dā'iq, Mušabši-Sibitti, übte ebenfalls den Beruf des *sāpi'u* aus; er wird jedoch als *sāpi'u ša ḫarrāni* bezeichnet (VAT 19673:5-8, VAT 19554:12-14). Möglicherweise war Mušabši-Sibitti in irgendeiner Form mit dem (Fern)handel befaßt. Ob ein weiterer *rāb sāpi'ē*, Sohn des Šamaš-ēriš (VAT 19545:7-9), unmittelbar vor oder etwa zeitgleich mit dem *rāb sāpi'ē* Amurru-šuma-uṣur amtierte, ist derzeit nicht zu klären. Weitere Namen von um die Mitte des 13. Jhs. in Assur tätigen *sāpi'ū* sind: Ištar-šumu-ēriš (VAT 19549:11-13), Kuttu (VAT 18130:4') und Sarniu (VAT 18025:5'). Die Arbeitsaufträge der *sāpi'ū* wurden sowohl innerhalb des *iškaru*-Systems als auch in Einzel-Werkverträgen vergeben. Neben den in Assur ansässigen Handwerkern gab es offenbar auch hethitische *sāpi'ū*, die als *ḫupšu*, nach *CAD* Ḫ 241a s.v. *ḫupšu* A "a member of one of the lower social orders", bezeichnet werden (VAT 19597:11-13).

Inwieweit die Angelegenheit zwischen Bābu-aḫa-iddina und dem Lederarbeiter Ilī-kī-abīja (VAT 8863) in den Bereich der staatlichen Wirtschaft gehört, ist unklar. Gewöhnlich wird die Korrespondenz aus dem Archiv des Bābu-aḫa-iddina als Zeugnis für dessen privates geschäftliches Engagement gewertet. Die Nennung des *rāb sāpi'ē* (VAT 8863:15) hingegen spricht eher für eine Zugehörigkeit zu den Werkstätten des Palastes. Auch ist es möglicherweise kein Zufall, daß der einzige Beleg für die Tätigkeit des *sāpi'u* außerhalb von M7 aus dem Archiv des Bābu-aḫa-iddina stammt. O. Pedersén hatte bereits auf zahlreiche Berührungspunkte zwischen diesen beiden Fundkomplexen hingewiesen.[9] Hier deutet sich ein ähnliches Ineinander-

---

[8] VAT 8863: Aššur-ēriš > Adadnīrārī I.; VAT 19193: (im Text genannt) Usāt-Marduk und Ellil-ašarēd > gegen Ende der Salmanassar-I.-Zeit; VAT 19545: Mušallim-Aššur, Sohn des Aššur-mušabši > späte Salmanassar I.- oder frühe Tukultī-Ninurta-I.-Zeit; VAT 19549, 19597: Adad-bēl-gabbē mār šarri > um die Akzession Tukultī-Ninurtas I.; VAT 19554, 19668, 19673: Qibi-Aššur mār Ibašši-ilī > Anfang Tukultī-Ninurta-I.-Zeit; VAT 19546 Šunu-qardū Tukultī-Ninurta-I.-Zeit; VAT 18025, VAT 18130: Datum nicht erhalten. Zur Einordnung der einzelnen Eponymen vgl. H. Freydank, *Beiträge zur mittelassyrischen Chronologie und Geschichte* (*SGKAO* 21, Berlin 1991), im folgenden abgekürzt als Freydank, *BMCG*.

[9] "This administration [d.i. M11, das Archiv des Bābu-aḫa-iddina] partly dealt with the same materials and with the same iškaru-system of production as the official administrative archive M7." O. Pedersén, *Archives and Libraries* ..., 111.

greifen von 'privatwirtschaftlichen' und 'staatlichen' Interessen an, wie es im Falle der Familie des Urad-Šerūa nachgewiesen werden konnte.[10]

Die Suche nach Belegen für den Terminus *sāpi'u* außerhalb der mittelassyrischen Texte ist bislang wenig ergiebig. Karlheinz Deller hatte bis auf den Beleg *HSS* V, 104:10 alle anderen Belege in Nuzi-Texten wie z.B. *HSS* XIV, 593:37; XVI, 383:2 (4 LÚ*sé-bi-i-ú* in einer Liste von Handwerkern, neben Bäcker, Rohrmattenflechter und weiteren unklaren Berufsbezeichnungen) und 384:5.6 (*sé-bi-ú* zwischen Bäckern, Webern und Hirten) unter dem Lemma *sabû/sebû* "Schankwirt" belassen.[11] Die Schreibungen lassen zumindest beide Deutungen zu. Auch im Falle des in aA Texten belegten *sà-bi₄/pì(-e)-em* Ennānum, Sohn des Aššur-ṭāb, bieten weder Schreibung noch Kontext eindeutige Anhaltspunkte für eine Entscheidung.[12] Die Beleglage der neuassyrischen Texte hat sich gegenüber Dellers Aufstellung von 1987 nicht verändert. Laura Kataja und Robert Whiting übersetzen in *ADD* 775:3' LÚ*se-pi-ú* ohne Kommentar mit "painter".[13]

2. Der Befund der lexikalischen Listen: lú-muk = *sēpû* / *sāpi'u*[14]

In Exemplar A der sogenannten "Practical List from Sultantepe" *STT* 382+383+384 werden in Kol. II 7-16 verschiedene Bezeichnungen für Berufe aus dem Bereich der Textilherstellung aufgeführt. Darunter findet sich der

---

[10] N. Postgate, *The archive of Urad-Šerūa and his family. A Middle Assyrian household in government service* (*CMA* [1], Rom 1988).

[11] K. Deller, *AfO* 34, 62f. Auch Walter Mayer, *Nuzi-Studien I. Die Archive des Palastes und die Prosopographie der Berufe* (*AOAT* 205/1, Kevelaer/Neukirchen-Vluyn 1978), bucht alle Stellen unter *sēbiu* "Bierbrauer".

[12] *AHw* 1000a bucht s.v. *sābû* "Bierbrauer, Schankwirt" B. Kienast, *ATHE* 35:39 und B. Hrozny, *ICK* 1, 187:4. Hinzu kommt C. Michel/P. Garelli, *TPK* I Nr. 172:16' (zur Ergänzung s. die Rezension von G. Kryszat, *WO* 30, 1999, im Druck). S.a. *CAD* S 7 s.v. *sābû* a) 2'.

[13] L. Kataja/R. Whiting, *Grants, Decrees and Gifts of the Neo-Assyrian period* (*SAA* XII, Helsinki 1995), 63 Nr. 65. Es handelt sich um ein Fragment, das möglicherweise von einer Landschenkungsurkunde stammt. Erhalten ist eine Aufzählung von Personen, die verschiedene Berufe ausüben, darunter auch der lú*muṣappiu* "Färber".

[14] Die Problematik einer Argumentation mit Belegen aus lexikalischen Texten ist bekannt, insbesondere, wenn es sich - wie in diesem Falle - um seltene und nur in späten Manuskripten belegte Begriffe handelt. Doch auch wenn die Gleichsetzungen in diesen Texten nicht immer die *communis opinio*, sondern gelahrte Auffassungen, gelegentlich sogar Spekulationen enthalten, sind sie doch éin Zeugnis antiken Denkens.

Eintrag lú-muk // *sēpû*.[15] Exemplar B (*STT* 385 Kol. II 27-28) hingegen plaziert den lú-muk sowie den lú-gal-muk ohne akkadische Entsprechung in einen eigenen Abschnitt zwischen dem lú-zadim (= *sasinnu*) "Bogenmacher" (Z.22-26) und dem lú-paḫar (= *paḫāru*) "Töpfer" (Z.29-30). Die Bedeutung von sumerisch muk ist etwa "Schnur, Faden, Schnipsel"; in síg-muk und túg-muk bezeichnet muk qualitativ minderwertige Woll- und Stoffqualitäten.[16] Die Einträge in Hh XIX 94 und 95[17] bieten mit síg-muk = *muk-ku* bzw. síg-muk-ḫul = *nu-qa-ru* akkadische Äquivalente für (aus verschiedenen Gründen) minderwertige Wolle.[18] Bei *mukku* handelt es sich wohl um "gehechelte Wolle, Werg".[19] Die offenbar noch schlechter bewertete *nuqqārum*-Wolle stammt von toten Tieren.[20] In einem Text aus Nuzi, *HSS* XV 170:5 und 8, wird *nuqqārum*-Wolle zur Anfertigung eines *zianātum*, einer Art Filzmatte oder Filzdecke ausgegeben.[21]

Der lú-muk ist somit möglicherweise ein Handwerker, der vor allem mindere Wollqualitäten, Abfallwolle und wiederverwendete Wolle verarbeitet. In der Verarbeitung solcher Materialien besteht eine enge Parallele zu dem in der Practical List Ex. A unmittelbar vor lú-muk genannten lú-túg-dug$_{8}$. Anders als der lú-muk wird der lú-túg-dug$_{8}$ bereits in den frühdynastischen Exemplaren der Liste Lú aufgeführt. Das Logogramm begegnet in sumerischen und auch in akkadischen Wirtschaftstexten des 3. Jts. und frühen 2. Jts. Nach ausführlicher Diskussion

---

15 *MSL* XII, 233f.: IIA [7]lú-túg-ka-kéš *ka-ṣ[i-ru]* [8]lú-túg-kal-kal *mu-ga-bu-u* [9]lú-azlag [10]lú-uš-bar [11]lú-dun? [12]lú-uš-bar-túg *ṣi-ip-ra-te* [13][lú-g]u-nu*nu-úr*-nu [14]lú-túg-dug$_{8}$-dug$_{8}$*ka-me-du*! [15]lú-muk *se-pu-u* [16]lú-gal-túg-ka-kéš. Entsprechend auch die Eintragung in HAR-gud Kol. IV 23' [l]ú-muk = *se-pu-u* (*MSL* XII, 229).

16 H. Waetzoldt, *Untersuchungen zur neusumerischen Textilindustrie* (*Studi Economici e Tecnologici* 1, Rom 1972), 56f. 125f. Zu akkad. *ṣubat muqqi* vgl. *CAD* G 139 s.v. *gurnu*.

17 *MSL* X, 130.

18 Vgl. auch Äquivalente zu muk wie z.B. *nuppušu*, *mukku*, *nuqārum*, *qû* in Aa VIII/2:97ff. (s. *MSL* XIV, 500).

19 S. auch s.v. *mūk* bei J. Levy, *Neuhebräisches und chaldäisches Wörterbuch* III (Frankfurt 1876ff.), 45 "Werg, gehechelte Wolle".

20 *AHw* 804b "geringwertige Wolle (aus Geweben)" sieht darin wiederverwertete Wolle. *CAD* N/II 344b s.v. *nuqāru* "(a poor quality of wool)". Zu diesen minderwertigen Wollqualitäten ist auch *gerdu* zu rechnen, vgl. dazu K. Deller in Idem/W.R. Mayer/J. Oelsner, "Akkadische Lexikographie: *CAD* Q", *OrNS* 58 (1989), 262 sowie Idem, "*gurrudu* «kahlköpfig» und *gerdu* «abgeschabte Wolle»", *N.A.B.U.* 79/1992, wo er als Bedeutung (vom Balg) "abgeschabte Wolle" vorschlägt.

21 H. Schneider-Ludorff, "Filz in Nuzi?", *SCCNH* 9 (1998), 166: "Für manche Textilien (Matten etc.) genügte wohl auch die Wolle von verendeten Tieren, die weniger aufwendig gewonnen werden konnte."

der sumerischen Quellen durch Piotr Steinkeller besteht in der Forschung weitgehend Konsens, daß die Arbeiten des lú-túg-dug am ehesten dem Berufsbild eines "Filzherstellers" entsprechen.[22]

Tatsächlich erzeugt der Filzer sowohl das Grundmaterial Filz zur Weiterverarbeitung, als auch Halbfertig- und Fertigprodukte daraus; ferner stellt er aus langen Tierhaaren Fäden und Schnuren her. Filz ist ein Faserverbundstoff und zählt zu den ältesten menschlichen Erzeugnissen aus von der Haut gelöstem Tierhaar bzw. Wolle, wobei sich allerdings nicht jede Faser in gleicher Weise für diese Art der Tuchbereitung eignet. In der Fachliteratur werden verschiedene Techniken der Filzherstellung beschrieben.[23] Die einfachste Art ist das Rollen, Stampfen und Pressen von mehrfach übereinander gelegten Schichten geeigneter Fasern; meist wird Fett oder Öl hinzugefügt. Die auf diese Weise verdichteten Fasern werden mehrfach gewaschen, in Form gezogen und getrocknet. Diese Technik erlaubt auch die Verwertung wenig qualitätvoller Fasern, die bspw. nicht versponnen werden können; sie finden in den inneren Schichten Verwendung. Für das Filzen können zudem Fasern von toten Tieren und Streifwolle verwendet werden. Verschiedenfarbige Fasern können zu Mustern gelegt, die fertigen Filze können bestickt, besetzt und mit anderen Materialien, z.B. Leder oder Metall verbunden werden. Neben Kleidungsstücken (Kappe, Mantel, Schuhe, als Futterstoff), werden Taschen, Decken, Teppiche, Polster, Futterale und Unterfütterungen, bis hin zu Zelten und Teilen von Rüstungen aus Filz gefertigt.

Neben lú-túg-dug dürfte lú-muk ein weiterer Terminus für den Verarbeiter von Tierhaar bzw. Tierwolle zu Textilien und Seilen durch Verzwirnen und Verfilzen bezeichnen. Diese Deutung wird gestützt durch

---

[22] P. Steinkeller, "Mattresses and felt in early Mesopotamia", *OrAnt* 19 (1980), 79-100. Zusammenfassend referiert mit neuerer Literatur bei H. Neumann, *Handwerk in Mesopotamien. Untersuchungen zu seiner Organisation in der Zeit der III. Dynastie von Ur* (*SGKAO* 19, Berlin [2]1993) 36 Anm. 93. Für detaillierte Angaben zum frühen 2. Jt. s. M. van de Mieroop, *Crafts in the Early Isin Period: A Study of the Isin Craft Archive from the Reigns of Išbi-Erra and Šu-ilišu* (*OLA* 24, Leuven 1987), 35-37. In einer Liste über Emmerrationen zum Fest der Baba an Inhaber von Versorgungslosen erscheint der lú-túg-dug in der Gruppe der giš-kin-ti-am$_6$ unter Schmieden, Zimmerleuten, Lederwerkern, Steinschneidern, Rohrmattenflechtern, Töpfern und Korbflechtern, s. G. Selz, *Altsumerische Verwaltungstexte aus Lagaš* Teil 2, 1. Abschnitt (*FAOS* 15/2, Stuttgart 1993) 90 zu *STH* 1,5 7:6 (S. 78). Selz übersetzt lú-túg-dug-(a) als "Walker". Gegen eine Deutung "Filzhersteller" wendet sich H. Waetzoldt, "Die Berufsbezeichnung tibira", *N.A.B.U.* 96/1997 Anm. 1 zu *ITT* 2, 3488:5 (lú-túg-dug "Seiler und Flechter").
CAD K 121 diskutiert die Möglichkeiten einer Gleichsetzung von lú-túg-dug mit akk. *kāmidu*. Zu einer Bedeutung von *kamādu* im Sinne von "foulage à la main" vgl. S. Lackenbacher, "Un texte vieux-babylonien sur la finition des textiles", *Syria* 59 (1982), 142.

[23] R.J. Forbes, *Studies in Ancient Technology* IV (Leiden 1964), 90. Vgl. weiter G. Paetau Sjöberg, *Filzen, alte Tradition – modernes Handwerk* (Bern/Stuttgart/Wien 1995).

ein Material, das in den unter 1. aufgeführten mittelassyrischen Texten mehrfach in Verbindung mit dem *sāpi'u* genannt wird, *taḫapšu.* Die Abgrenzung der Tätigkeiten des lú-túg-dug und des lú-muk bleibt zu untersuchen.

3. *taḫab/pšu*

Der Terminus *taḫab/pšu* war bislang für Assyrien vor allem aus den mittelassyrischen "Vorschriften zum Training von Wagenpferden" bekannt.[24] Die Sprachzugehörigkeit von *taḫapšu* ist bislang unklar. Während bspw. Friedrich Delitzsch den Begriff dem Akkadischen zuwies, zog Albrecht Goetze eine hurritische Herkunft zumindest in Erwägung.[25] In *AHw* 1301a s.v. *taḫapšu* ist dieser Diskussionsstand in den Hinweis "churr. Fw.?" eingegangen. Eine Ableitung von einer semitischen Wurzel *ḫp/bš* ist problematisch, auch wenn das semantische Feld dieser Wurzel eine Verbindung durchaus nahelegte.[26] Der auf Ebeling zurückgehende Deutungsvorschlag für *taḫapšu* als eine Art Pferdedecke liegt auch dem

---

[24] E. Ebeling, *Bruchstücke einer mittelassyrischen Vorschriftensammlung für die Akklimatisierung und Trainierung von Wagenpferden* (Berlin 1951). Dazu A. Salonen, *Hippologia Accadica* (*AASF* B 100, Helsinki 1955), 181.

[25] F. Delitzsch, *Assyrisches Handwörterbuch* (Leipzig 1896), 704 s.v. *taḫabšu.* - W. Muss-Arnolt (Hrsg.), *Assyrisch-englisch-deutsches Handwörterbuch* (Berlin 1905) 1150 s.v. *taxab/p?)šu.* - A. Goetze bezweifelte eine akkadische Herkunft angesichts der Belege mit hurritischer Pluralbildung, s. Idem, "Hittite Dress", in *Corolla Linguistica. Festschrift Ferdinand Sommer* (Wiesbaden 1955), 58. - E. Laroche, *Glossaire de la langue hourrite* (*Etudes et commentaires* 93, Paris 1980) bucht den Begriff im Index unter den akkadischen Fremdwörtern (S. 317), fügt jedoch S. 251 s.v. *taḫapše* folgenden Hinweis an: "Mais *taḫapši*, par sa forme, pourrait être aussi bien un mot hourrite en -*(a)pši*, emprunté par les Sémites de Syrie, et passé de là chez les Hittites (Bog. *taḫapši*, akkadogramme)."

[26] Beide Wörterbücher bieten eine ganze Reihe von Ableitungen von dieser Wurzel, *AHw* 303b s.v. *ḫabāšu* II "zerkleinern" (*AHw* ibid. ein weiteres Lemma *ḫabāšu* I "hart werden, anschwellen"; die Zuweisung der einzelnen Ableitungen an I resp. II ist nicht immer klar), *CAD* Ḫ 9 s.v. *ḫabāšu.* Von besonderem Interesse ist das Adjektiv *ḫibšu*, nach *AHw* 344a "eine harte Wolle", zurückhaltender *CAD* 181b s.v. *ḫibšu* A "(wool of a certain quality)". Aufschlußreich ist Hh XIX (*MSL* X 129), 42ff. Das semantische Feld der *ḫibšu* (Z. 43) umgebenden Begriffe beschreibt offenbar kleinfaserige Wollqualitäten: 42[síg-sur] // *mi-iz-ru* ("gezupfte") 43[síg-ḫu-bu-uš-ak-a] // *ḫi-ib-šu* 44[síg-tam?] // *ḫi-il-ṣu* ("ausgekämmte") 45[síg-ùr-ra] // *ši-in-ṭu* ("gerupfte").
Benno Landsberger hatte darauf hingewiesen, daß akk. *mukku* auch als Metapher für sozial Schwache Verwendung findet, ähnlich wie das englische "shoddy" oder das deutsche "Lump" (B. Landsberger/Th. Jacobsen, "An Old Babylonian charm against *merḫu*", *JNES* 14, 1955, 20). Ob man dies auch für das bislang nicht zugeordnete *ḫub/pšu* nach *AHw* 357a s.v. *ḫupšu* nach *CAD* Ḫ 241 s.v. *ḫupšu* A vermuten darf?

Eintrag in *AHw* 1301 s.v. zugrunde.[27] Frank Starke hat diesen Vorschlag in seinem Kommentar zu dem hethitischen Kikkuli-Text aus sachlichen Gründen zurückgewiesen und die von Albrecht Goetze aufgrund der Belege in hethitischen Texten postulierte Deutung "Riemen, Gurt" übernommen.[28]

Die Wirtschaftstexte aus Nuzi bieten zahlreiche Belege für *taḫapšu*.[29] Danach ist der Rohstoff für *taḫapšu* stets Wolle; das Fertigprodukt *taḫapšu* wiederum kann mit anderen Materialien wie Leder oder Metall kombiniert werden.[30] Die Verwendung von *taḫapšu* bei Pferden, wie sie in den Trainingsanweisungen dokumentiert ist, spiegelt sich auch in den administrativen Urkunden.[31] Timothy Kendall vermutete in *taḫab/pšu* ein filzartiges Material, aus dem neben anderen Dingen eine Art Panzerung für Pferde gefertigt wurde.[32] Ein Gewöhnungs- oder Belastungstraining unter entsprechenden Bedingungen, wie es der o.g. Kikkuli-Text vorsieht, könnte somit durchaus ein sinnvoller Bestandteil in der Ausbildung von Streitwagenpferden sein. Vor allem jedoch aufgrund der Größenangaben für *taḫapšu* in dem Text BM 26.204 ist eine Übersetzung "Riemen, Gurt" höchstens als sekundär entwickelte Bedeutung in Erwägung zu ziehen:[33]

taḫapšu 10 TA.ÀM *ina ammati murakšu*
5 TA.ÀM *ina ammati ruppussu ana kubbu'e*

---

[27] In Hh XIX Z. 276 (*MSL* X, 135) wird *taḫapšu* unmittelbar nach verschiedenen túg-dug-dug-Qualitäten genannt. túg-dug-dug // *tap-šu-ú*; túg-dug-dug-šú-a // *il-lu-ku*; túg-dug-dug-ḫé-a-na[ki] // *ḫa-nu-ú*; túg-líl-lá // *ta-ḫap-šú*.
ḪAR-gud (s. *MSL* X 141) Z. 432 zwischen *iltappu* und *taḫluptu*.

[28] F. Starke, *Ausbildung und Training von Streitwagenpferden* (*StBoT* 41, Wiesbaden 1995), 41f. Anm. 98.

[29] Belege v.a. aus dem militärischen Bereich finden sich bei T. Kendall, *Warfare and Military Matters in the Nuzi Tablets* (Diss. Brandeis Univ. 1974), 314f.; vgl. weiter z.B. *HSS* XIII, 431 Z.23-27, wo *taḫapšu* in verschiedenen Farben und Qualitäten aufgeführt werden.

[30] Vgl. z.B. Leder in *HSS* XV 4:17.23.24.39.45.50 bzw. Metall in *HSS* XV 4:35.

[31] *HSS* XIII 477; *HSS* XIV 247:29.

[32] "Perhaps *taḫapšu* was similar or identical to the 'namad', which is still made in Luristan today (...). This is a non-woven, felt-like, material, often as much as an inch thick, which is produced by soreading loose, or 'chopped up' bits of wool (CAD 'H', p. 9: *ḫabāšu* 'to break into pieces, to chop up') into an area the size of the mat desired. When the floor is covered with a certain thickness of these woolen clumps, the whole is pressed firmly when dampened, beaten and rolled up tightly. When dried and unrolled, the resulting thick mat is used principally as a pad for the backs of mules, horses, and camels." (T. Kendall, *Warfare and military matters*, 314).

[33] G.W. Müller, *Studien zur Siedlungsgeographie und Bevölkerung des Mittleren Osttigrisgebietes* (*HSAO* 7, Heidelberg 1994), 239f. Nr. 6 *passim*.

Taḫapšu zu je 10 Ellen seine Länge
zu je 5 Ellen seine Breite, zum Besetzen (...)

Das ergibt eine Fläche von 12,5 m^2! Auch in den keilalphabetischen Texten aus Ugarit ist *taḫapšu*, geschrieben *tġpṯ*, dreimal bezeugt.[34] Die Verbindung *b'l tġpṯm* dürfte der in Alalakh belegten Berufsbezeichnung lú *taḫapšuḫ(u)li* entsprechen.[35] Eine solche Berufsbezeichnung deutet darauf hin, daß *taḫapšu* primär eine Materialbezeichnung ist.[36]

Entsprechendes geht auch aus den mittelassyrischen Wirtschaftstexten hervor. In dem eingangs unter 1. zitierten Brief VAT 8863 wird *taḫapšu* durch den *rāb sāpi'ē* verwaltet und findet offenbar bei der Fertigung von Schuhen Verwendung. Die beiden Urkunden VAT 19668 und 19546 nennen Decken aus *taḫapšu*, die durch den *rāb sāpi'ē* an die Palastadministration übergeben werden. VAT 19597 legt Rechenschaft über 310 Mützen(?) aus *taḫapšu* ab, die unter der Aufsicht des *rāb sāpi'ē* hergestellt wurden. Auch nach den mittelassyrischen Wirtschaftstexten ist *taḫapšu* also eine textile Grundlage, die als Halbfertigprodukt aber auch als Fertigprodukt verwendet wird. Produktion und Verwaltung dieses Materials, für das man wohl eine Primärbedeutung "Filz" ansetzen darf, obliegt dem *sāpi'u*, dem "Tierhaarverarbeiter" und "Filzhersteller". Im übertragenen Sinne kann *taḫapšu* für charakteristische daraus gefertigte Produkte, wie z.B. Filzsatteldecken oder Filzschabracken für Pferde, stehen.

4. tab = *sepû*

Dem mittelassyrisch belegten Nomen *sāpi'u*, etwa "Filzhersteller", dürfte eine Wurzel *sp'* zugrunde liegen. Die Lexika zum Akkadischen verzeichnen zwar eine solche Wurzel, sind in Hinblick auf mögliche Bedeutungen jedoch

---

[34] *KTU* 4.138 II 10; *KTU* 4.370.13; *KTU* 4.609.36. Mit einer Bedeutung von *taḫapšu* etwa "una «cintura», «bandatura» o «gualdrappa» (per i cavalli)" folgen S. Ribbichini und P. Xella, *La terminologia dei tessili nei testi di Ugarit* (Roma 1985), 68 dem Vorschlag von A. Goetze. Zu dem Personennamen *tġpṯn* vgl. W.G.E. Watson, "Ugaritic Onomastics (2)", *AuOr* 8 (1990), 249. Watson folgt mit der Bedeutung *tġpṯ* = "Filz" Kendalls Ansatz.

[35] M. Dietrich/O. Loretz, "Die soziale Struktur von Alalaḫ und Ugarit - I. Die Berufsbezeichnungen mit der hurritischen Endung *-ḫuli*", *WO* 3 (1964-66), 194. Vgl. weiter den Beleg für einen lú*epiš taḫabši* in hethitischen Texten, vgl. F. Pecchioli Daddi, *Mestieri, professioni e dignità nell'Anatolia ittita* (*Incunabula Graeca* LXXIX, Rom 1982), 46 s.v.

[36] E. Speiser, "On some articles of armor and their names", *JAOS* 70 (1950), 48 Anm. 13 charakterisiert *taḫapšu* als "fabric".

zurückhaltend. Die Schwierigkeiten resultieren zumindest zum Teil aus der geringen Zahl der Belege, die durchweg aus der Omenliteratur stammen.[37]

AHw setzt für *sepû* zwei Wurzeln mit unterschiedlicher Bedeutung an.[38] Für *sepû* II wird auf arabisch *asfa'* "versengt" verwiesen und eine Bedeutung "(krankhaft) gelb werden (Haar)" angesetzt. Stützend werden hier Gleichungen mit Sumerisch sig_7 = *(w)arāqu* "grüngelb sein/werden" herangezogen. Die Textstellen aus den physiognomischen Omina, die sich allesamt auf Veränderungen des Kopfhaares beziehen,[39] wie auch die Beschreibung eines Minerals in *abnu šikinšu*[40] werden hier gebucht. Unter *sepû* III im G-Stamm "etwa »flattern«?" werden aB und jB Belegstellen versammelt, so z.B. eine Stelle über das Verhalten von Insekten am Flußufer nach Hochwasser aus *Šumma ālu* sowie der lex. Beleg *CT* 12, 25 I 21 tukur = *sepû ša iṣṣūri* aufgeführt. Unter dem D-Stamm mit der Bedeutung "entführen" werden mehrere altbabylonische Texte genannt.[41]

CAD S (abgeschlossen 1981) nimmt ebenfalls zwei Wurzeln *sepû* (A und B) an, die Belegstellen werden grundsätzlich ähnlich gruppiert, jedoch ist man hinsichtlich einer Übersetzung zurückhaltender. "*sepû* A (*sapû, sebû*) v.; (mng. uncert.)" sowie "*sepû* B v.; (mng. unkn.)".[42] Unter *sepû* B wird nur der o.g. Beleg aus *Šumma ālu* verzeichnet. In *CAD* S 395a wurden die aB Belege eines D-Stammes *suppû* mit einer Bedeutung "entführen" abgetrennt und unter *suppû* B (**subbû*) gebucht. Die Belege aus den Vokabularen werden in der lexical section von *sepû* A gebucht.[43] Ferner werden unter *sepû* A a) die

37 Auf diese Schwierigkeit wies bereits K. Deller in seinem Kommentar zu dem Terminus KUŠ.TAB.BA in den Pönalklauseln nA Urkunden hin: "Um KUŠ.TAB.BA richtig zu deuten, müßte aber vorab das Verbum tab(.ba) und seine Entsprechung *sepû* (AHw 1037a; CAD S 226b/227a mit kontroversen Ansätzen) geklärt werden; dies soll jedoch in anderem Zusammenhang versucht werden. Einzuräumen ist hier, daß die Gewichtsangabe 1. MA.NA (...) eher für 'Wolle, Haar', denn für 'Haut, Leder' spricht." K. Deller, "*kurru* 'Mehlbrei'", *OrNS* 54 (1985), 329; K. Radner, *Die neuassyrischen Privatrechtsurkunden als Quellen für Mensch und Umwelt* (*SAAS* VI, Helsinki 1997), 189ff., bes. 192-193.

38 *AHw* 1037a.

39 F.R. Kraus, *Die physiognomischen Omina der Babylonier* (*MVAeG* 40/2, Leipzig 1935) übersetzt S. 83 in XCII *sapî* / *sapâ* nicht und äußert sich im Kommentar S. 99 sehr zurückhaltend: "Aus diesen Vokabularstellen ergibt sich die Verknüpfung des Verbums mit Wolle und Haar, hängt das Ideogramm SIG_7 mit dem gleichlautenden Bestandteil des (...) Wortes für 'Augenbraue' zusammen?"

40 B. Landsberger übersetzt in seinem Aufsatz "Über Farben im Sumerisch-Akkadischen", *JCS* 21 (1967), 153 Z. 42 *sapî* in der Protasis mit "schütter".

41 Der Weg von einem Grundstamm "etwa flattern" zu einer Bedeutung "entführen" im D-Stamm ist schwer nachzuvollziehen.

42 *CAD* S 226b-227a.

43 Die lexikalische Gleichsetzung mit sum. tab wird nicht kommentiert. Das Bedeutungsfeld von tab ist etwa "verdoppeln, anklammern, verbinden", s. die

Belege aus den physiognomischen Omina, unter b) die Stelle aus *abnu šikinšu* aufgeführt. Anstelle einer Übersetzung findet sich folgender Hinweis: "The Sum. equivalents t u k u r and SIG7, which refer to the cutting weeds, and the lexical occurences parallel with *baqāmu* suggest that the verb describes cropped or naturally short hair." Besonders wichtig sind hier die bereits von Kraus (s.o. Anm. 39) herangezogenen Kommentarstellen in Nabnītu, die s i - i (SIG7) als *sepû ša* SIG2, MIN *ša šārti* erklären.[44]

Nun ist im Jungaramäischen und im Syrischen eine Wurzel *spā* in der Bedeutung "to pick up, heap together, collect, accumulate" bezeugt.[45] Ein vergleichbares semantisches Feld für die Wurzel *sp'* im Akkadischen könnte m.E. die sumerischen und die akkadischen Äquivalente der Vokabulare erklären. Auch die unter *sepû* A geführten Belege stehen einer entsprechenden Deutung nicht entgegen. In den physiognomischen Omina der Serie *alamdimmu* würde das Haar mit *sapî* als "verfilzt, verklumpt" beschrieben und nicht wie v. Soden annahm "Kopfhaar ist gelb und hat Ausfallstellen" (*AHw* 1037a s.v. *sepû* II). Auch unter den in der III. Tafel der Serie SA.GIG beobachteten Erscheinungsbildern der Kopfbehaarung findet das Verbum *sepû* Verwendung. "Verklumptes, filziges Haar" scheint besser in eine Reihe mit Verben wie *zaqāpu* zu passen.[46] Für Aussehen bzw. Konsistenz des "Steines" in der Serie *abnu šikinšu* könnte man eine Beschreibung "zusammengeballt, klumpig" in Erwägung ziehen: *abnu šikinšu kīma kirbān ṭābti sapî* (...) "Ein Stein: seine Gestalt (ist) klumpig wie ein Klumpen Salz (...)". Schließlich bliebe zu erwägen, ob nicht auch die Angabe aus *Šumma ālu* (*CT* 39, 19:116) mit dieser Wurzel in Verbindung gebracht werden kann: *šumma* KIMIN ‹=*mīlu*› *kulīlī ana ušalli iseppû* "Wenn das Hochwasser die Libellen auf der Flußaue zusammenballt".

Gleichsetzung mit akk. *eṣēpu*. In der Textilherstellung der neusumerischen Texte wird damit ein gedoppeltes, gezwirntes Garn bezeichnet, s. H. Waetzoldt, *Textilindustrie*, 122f.

44 Ausführlich zitiert in *CAD* Š/2, 125b s.v. *šārtu* lex. section.

45 R. Payne-Smith, *A Compendious Syriac Dictionary* (Oxford 1903), 385 bzw. M. Jastrow, *A Dictionary of the Taqumīm, the Talmud Babli and Jerushalmi, and the Midrashic Literature* (Nachdruck New York 1996), 1013.

46 Vgl. R. Labat, *Traité akkadien des diagnosties et prognosties médicaux* (Paris 1951), 30 Z. 102. 105. 106. Der Schluß auf Kwasiorkor-Symptome von P.B. Adamson, "Problems over Storing Food in the Ancient Near East", *WO* 16 (1985), 13 Anm. 62 verlöre dann seine Richtigkeit (Hinweis M. Stol).

5. Anhang: Die Texte

a) VAT 8863 (*MARV* III 64) ist ein Brief des Bābu-aḫa-iddina, in dem u.a. zwei Paar Schuhe bemängelt werden.[47]

(...) *a-na* ^{m}DINGIR-*ki-i-a-bi-ja* ^{LÚ}AŠG[AB]
qí-bi-a ma-a 1-*ni-a-te* ^{KUŠ}*šu-ḫu-pa-te*
ša aš-šu-ra-a-[*j*]*a-ta ù* 1-*ni-a-te-*⸢*ma*⸣
^{KUŠ}*šu-ḫu-pa-te* ⸢*ša*⸣ [*k*]*u-ut-mu-ḫa-ja-a-*⸢*ta*⸣
da-li-iḫ e-pu-uš
ṭup-pa a-na pa-ni-šu ⸢*si-si*⸣*-a*
ù še-bu-te a-na pi-i-šu
šu-uk-na šum-ma i-qa-bi-a-ku-nu
ma-a t⸢*a-ḫap*⸣*-šu a-na* ^{KUŠ}*šu-ḫu-pa-te*
ša aš-šu-ra-ja-a-ta la-áš-šu
ta-ḫap-ša i-na pi-ti GAL *sa-pi-e*
le-qe-a ḫu-ra-ta ma-⸢*áš-ki*⸣ 1 BÁN
i-ba-á[*š-š*]*i-ú-ni le-*⸢*qe-a-ni*⸣
(...)

b) VAT 19193 (*MARV* II 19) ist eine tabellarische Aufstellung über die im Laufe zweier Eponymate Monat für Monat angefallenen Häute von Opfertieren (Schafe und Ziegen). Der Summe von 5201 Häuten (Rs. 10') ist ein Vermerk über die an der Abrechnung beteiligten administrativen Stellen beigegeben (Rs. 11'-13'):

(...) *ša* 2 MU^{MEŠ} *ša pi-i le-a-ni ša* SISKUR^{MEŠ}
ša ša ku-ru-ul-ti-e ša im-ta-ḫu-ru-ni
NÍG.KA$_9$^{MEŠ} *ṣa-ab-tu-tu ša* ^{md}MAR.TU-MU-PAP GAL *sa-pi-e* (...)

c) VAT 18130 (*MARV* II 15), fragmentarischer Lieferschein:

Rs. 3' (...) PAP-*ma* 2 ME [UZ]U.SA.SAL[^{MEŠ}]
ša ŠU ^{m}*Ku-*⸢*ut*⸣*-ti se*(!)*-pi-*[*e*]
a-na ^{GIŠ}GÀR *ša* 3 ^{GIŠ}IG[^{MEŠ}] (...)

47 Vgl. H. Freydank/C. Saporetti, *Bābu-aḫa-iddina. Die Texte* (*CMA* [2], Rom 1989), 36f. 75f.

d) VAT 18025 (*MARV* I 59), Lieferschein:

Vs. 1 10+6 KUŠ MÁŠ^{MEŠ}
a-na sa-'u-me
a-na ^{md}IM-*ú*-TI.LA
^{m}UKKIN-DINGIR^{MEŠ}-*ni*
5 ^{m}*Sar-ni-e*
^{LÚ}*s*⸢*a-p*⸣*i-u*
⸢*it-ti-d*⸣*in* (...)

e) VAT 19668 (*MARV* III 59), Einlieferungsbeleg über zwei *taḫapšu*-Decken für den Zeremonialwagen des Königs:

Vs. 1 2 PA^{MEŠ} *ša ta-ḫap-še*
15 MA.NA *a-na* KI.LÁ
ša i+na ŠÀ SÍG^{MEŠ}
ša pi-it-ti
5 GAL^{MEŠ} AŠGAB^{MEŠ}
sa-ri-a-ni
Rd. *ša* ŠU ^{md}MAR.TU-MU-PAP
DUMU *A-ḫu*-SIG$_5$
GAL *sa-pi-e*
(...)

f) VAT 19673 (*MARV* III 7), Einlieferungsbeleg über Häute und Sehnen (evtl. für den Zeremonialwagen des Königs?):

Vs. 1 80 KUŠ MÁŠ^{MEŠ} *ẓa-ri-ú-tu*
30 KUŠ UDU.SISKUR^{MEŠ} *ẓa-ri-ú-tu*
1 LIM 7 ME (Rasur) UZU.SA.SAL^{MEŠ}
⸢3⸣ GUN 5 MA.NA *gi-du ša* ⸢UDU^{MEŠ}⸣
5 *ša* ŠU ^{m}*Mu-šab-ši*-^{d}IMIN.BI
DUMU *A-ḫu*-SIG$_5$
sa-pi-e
uR. *ša* KASKAL-*ni* (...)

g) VAT 19546 (*MARV* III 57), Einlieferungsbeleg über drei *taḫapšu*-Decken für einen Tisch in Kār-Tukultī-Ninurta(?):

Vs. 1 3 ^{GIŠ}PA^{MEŠ} *ša ta-ḫap-še*
20+1 MA.NA *a-na* KI.LÁ

ša ŠU ^{md}MAR.TU-MU-PAP
DUMU *A-ḫ*[*u*]-SIG$_5$
5 GAL ^{LÚ}*sa-pi-e* (...)

h) VAT 19597 (*MARV* III 53), Einlieferungsbeleg über 310 Mützen:

Vs. 1 3 ME 10 ^{TÚG}UGU^{MEŠ}
ša ta-ḫap-še
46 $^1/_2$ MA.NA *a-na* KI.⌜LÁ⌝
ša ^{md}MAR.TU-MU-PAP
5 DUMU *A-ḫu*-SIG$_5$
GAL *sa-pi-e* (...)
^{m}PAP-*nam-kur*-LUGAL
ù ^{m}*Ub-ru*
a-na É.GAL.LIM
Rs 10 *ma-aḫ-ru*
ša ^{LÚ}*sa-pi-ú*
^{KUR}*Ḫa-at-ta-iu-ú*
ša ḫu-up-šu-te
e-pu-šu-ú-ni (...)

i) VAT 19545 (unpubliziert), Einlieferungsbeleg über Häute aus der Verfügung des Vorstehers der *sāpi'ū*:

Vs. 1 5 ME 32 KUŠ MÁŠ^{MEŠ} x [(x x)]
1 ME 10 KUŠ ^{UDU}NÍTA^{MEŠ} [(x)]
ŠU.NÍGIN 6 ME 42 KUŠ^{MEŠ} [(x)]
za-ri-ú-[*tu*]
5 *ša i+na bi-it-qí* [x x x]
ù ni x a x [ ]
ša pi-ti [PN]
DUMU ^{d}UTU-K[AM]
uR. GAL *sa-*[*pi-e*] (...)

j) VAT 19549 (unpubliziert), Werkvertrag:

Vs. 1 10 MA.NA *zi-pu-tu*
8 [*p*]*i-in-gu*
[x MA.N]A *zi-pu-tu*
4-6 zerstört
[*ša*?] É.GAL.LIM

ša ŠU ^{md}*Na*{NA}-*bi*-⸢*um*⸣-EN-PAP
uR. ⸢^{LÚ}IGI.D⸣[UB]
10 *i+na* ŠU
^{md}*Iš*$_8$-*tár*-MU-KAM
Rs. [DUMU] x ki
[$^{(LÚ)}$*s*]*a-pi-e*
[*a-n*]*a ṭa-'-e*
15 [*ta*]-*a*[*d-na*]-*áš-šu*
i -ṭa-' i-dan
(...)

k) VAT 19554 (unpubliziert) nennt Mušabši-Sibitti, den Sohn des Aḫu-dā'iq, den *sāpi'u ša ḫarrāni* im Zusammenhang mit Wolle von Opferschafen und möglicherweise der Herstellung von *taḫapšu.*

Vs. 1 KIŠIB ^{m}*Mu-šab-ši-*^{d}IMIN.BI
10 GUN SÍG^{MEŠ} SIG$_5$
ša ŠÀ KUŠ UDU^{MEŠ}
ša ú-ru-te
5 ^{UDU}SISKUR^{MEŠ} *pir-ra-te*
ša ŠU ^{m}*Qí-bi-*^{d}*A-šur* DUMU Ì.GÁL-DINGIR
7-11 stark zerstört
Rs. [ ]x x [ ] ^{m}*Mu-šab-ši-*^{d}IMIN.BI
[DUMU *A*]-*ḫu*-SIG$_5$
[$^{(LÚ)}$*sa-p*]*i-e ša* KASKAL-*ni*
15 [*ana* GIŠ.GÀ]R$^{?!}$ *ta-ḫap-še* (...)

Hagalum, šakkanakkum de Râpiqum, et ses serviteurs

Dominique Charpin (Paris)

L'importance de la ville de Râpiqum à l'époque paléo-babylonienne ressort clairement du nombre de souverains qui ont tenté – et réussi – sa conquête. Pourtant, les incertitudes à son sujet l'emportent largement sur nos connaissances. À commencer par sa localisation[1]: certains auteurs situent Râpiqum à proximité de Ramadi[2], d'autres plus en aval, près de Falluga[3]. Il est sûr en tout cas que la situation géographique de cette ville la mit au cœur des conflits qui opposèrent les royaumes d'Ekallâtum, d'Ešnunna et de Babylone au début du XVIIIe siècle avant notre ère. Sans pouvoir retracer ici toutes les péripéties d'une histoire politique très complexe, je voudrais attirer l'attention sur deux textes qui permettent de mieux comprendre un moment précis de son histoire, à savoir sa conquête par Hammu-rabi, que le roi de Babylone commémora dans le nom de l'an onze de son règne: «Année où il conquit Râpiqum[4]». L'un de ces documents étant un contrat de Sippar concernant une *nadîtum* de Šamaš, il m'a paru approprié de publier cette étude dans le volume destiné à honorer l'auteur des «Untersuchungen zum Priestertum in der altbabylonischen Zeit». On verra une fois de plus comment de simples contrats peuvent apporter des renseignements capitaux sur l'histoire politique, en l'occurrence celle du début du règne de Hammu-rabi, par ailleurs si mal connue[5].

---

[1] Voir la bibliographie dans J.A. Brinkman, *A Political History of Post-Kassite Babylonia* (*AnOr* 43, Rome 1968), p. 127 n. 748. Noter que d'après J.-M. Durand, Râpiqum était située sur la rive droite de l'Euphrate (*ARMT* XXVI/1, p. 148 n. 65).

[2] Voir la bibliographie dans *RGTC* 3, p. 193.

[3] M. Anbar, «La région au Sud du district de Mari», *IOS* 5 (1975), p. 1-17, en particulier p. 1 n. 1.

[4] m u *ra-pí-qum*[ki] i n - d í b . Je cite ici ce nom d'année sous sa forme la plus courante, sans discuter ses différentes variantes.

[5] Pour la conquête d'Uruk et Isin commémorée dans le nom de l'an 7 de Hammu-rabi, voir déjà mon étude «Immigrés, réfugiés et déportés en Babylonie sous Hammu-rabi et ses successeurs», dans D. Charpin/F. Joannès (éds.), *La circulation des biens, des personnes et*

1) La dot d'une *nadîtum* (*CT* 47 30)

Le contrat publié comme *CT* 47 30 enregistre la dot attribuée par un certain Sîn-rabi à sa fille Kanšassum-mâtum, religieuse-*nadîtum* du dieu Šamaš à Sippar. L'édition suit le texte de la tablette intérieure, les variantes de l'enveloppe étant signalée en marge.

	Tablette intérieure (n°30)	Variantes (n°30a)
	⸢°4°⸣ gán a-šà *i-na mi-nam-ri-qá-ti*	°4°
2	⸢*i*⸣*-ta* a-šà *nu-úr-ì-lí-šu*	
	⸢*ù*⸣ *i-ta* a-šà *nu-úr-ì-lí-šu-ma*	
4	dumu puzur$_4$-^{d}nin-kar-ra-ak	
	sag-bi i$_7$ ^{d}su'en-*mu-ba-al-lí-iṭ*	
6	2/18 gán ^{giš}kiri$_6$ *i-na* ^{uru}*bu-ku-la-°nu-um°*	°*-nim*^{ki}°
	i-ta ^{giš}kiri$_6$ ìr-^{d}su'en dumu *nu-úr-*^{d}en-líl-lá	
8	*ù i-ta* ^{giš}kiri$_6$ *i-bi-*^{d}*ša-ha-an*	
	sag-bi i$_7$ UD.KIB.NUN.NA	
10	4 sar é *i-na* UD.KIB.NUN-edin-na^{ki}	
	$^{1}/_{2}$ ma-na har kù-babbar-*ša*	
12	1 sag-ìr ^{d}iškur-*ma-°gir°*	°*-lik*^{sic} mu-ni-im°
	^{I}*šar-rum-*^{d}iškur $^{+}$*zi-im-ru-°ha*^{sic}*-ra-ah°*	+I °*-a-ra-ah*°
14	*ù* ^{d}utu-*gim-la-an-ni*	
	1 sag-geme$_2$ *ši-ma-a-ha-ti*	
16	^{Id}inanna-kiš^{ki}-*um-mi*	
	ù ^{d}*a-a-um-mi-a-°lit°-tim*	°*-li-*°
18	50 u$_8$-udu-nita$_2$-há	
T.	3 gu$_4$-há *ša-di-du-tum*	
20	1 áb *ù ma-ra-sa*	
	1 šen *ša* 0,0.1.°2	°a^{sic}
22	2 túg-há °5 túg bar-si-h‹á›°	°5 túg bar-si°
	1 ^{na4}HAR zì-gu	
24	1 ^{na4}HAR ad-bar	
	ša ^{d}su'en-*ra-bi* ad-da-a-ni	
26	*a-na ka-an-ša-as-su-ma-tum* lukur ^{d}utu	
	dumu-munus-a-ni-*šu i-di-nu*	
28	*ap-lu-ús-sa °a-na a-hi-ša°*	°*i-na a-ah-hi-šu*^{sic}°
	°*ša i-ra-am-mu*° *i-ša-ṭá-ar*	°*a-na ša i-ra-am-mu*°
30	igi *ṣíl-lí-*^{d}nin-kar-ra-ak	
	igi AN-KA-^{d}*a-a* dumu ìr-^{d}su'en	

---

des idées dans le Proche-Orient ancien. Actes de la XXXVIIIe Rencontre Assyriologique Internationale (Paris, 8-10 juillet 1991) (Paris 1992), p. 207-218, spécialement p. 208-211.

32	igi *e-tel-pi*$_4$-^{d}*na-bi-um*	
	dumu *ša-lim-pa-li-ih*-^{d}utu	
34	igi *e-ri-ib*-°30° dumu AN-hi-ta	°^{d}su'en°
	igi ^{d}utu-*mu-ba-lí-iṭ*	
36	dumu *a-bí-ia-tum*	
	igi dingir-*šu*-ellat-*sú* dumu dingir-*šu-ba-ni*	
38	°igi *ìr-ra-ia* dumu *ša-lu-rum*	°intercale: ìr-*sà* dumu *ha-am-mi-su-mu-ú*
	°igi ^{d}en-líl-*qá-bu-tu-ia*°	°*vacat*
40	igi ^{d}30-*e-ri-ba-am* dumu *pa-la-ìr-ra*	
	igi *ma-ah-nu-ub*-dingir ‹dumu› ^{d}nanna-á-dah-/*ma-gir*	
42	igi °dingir°-*a-bi* dumu *ir-bi*-akšak^{ki}	°*ì-lí*-°
TLi	igi *a-bí-ia-tum*	
44	*ù ir-ṣi*-°*ti*° dumu-me *ha-am-mi-su-mu-ú*	°*ia*
ii	iti sig$_4$-a u$_4$ 20-kam	
46	mu á-dam mà-al-gi$_4$-a^{ki}	

Empreintes de sceaux (sur l'enveloppe exclusivement):

S1: ^{d}su'en-*ra-bi* / dumu ^{d}su'en-ellat-*sú* / ìr ^{d}nin-šubur (= père de la *nadîtum* l. 25)

S2: ^{d}utu-*mu-ba-lí-iṭ* / dumu *a-bí-ia*-[*tum*] / ìr *ha-ga-lu*[*m*] (= témoin l. 35)

S3: dingir-*šu*-ellat-*sú* / dumu dingir-*šu-ba-ni* / ìr *ha-ga-lu*[*m*] (= témoin l. 37)

S4: [*m*]*a*-ÚH-*nu-ub*-AN / dumu ^{d}nanna-á-dah-*ma-gir* / ìr *ha-ga-lu*[*m*] (= témoin l. 41)

S5: anépigraphe, avec mention: kišib *ìr-ra-ia* (= témoin l. 38)

S6: *ì-lí-a*-[*bi*] / dumu *ir-bi*-akš[ak^{ki}] / ìr *ha-ga*-[*lum*] (= témoin l. 42)

Traduction:

- 1 un champ de 4 arpents, dans (le lieu-dit) Minamriqati, 2 jouxtant le champ de Nûr-ilišu 3 et jouxtant de même le champ de Nûr-ilišu, 4 fils de Puzur-Ninkarrak; 5 ayant pour petit côté le canal de Sîn-muballiṭ;
- 6 un verger de 2 arpents, dans la localité de Bukulânum, 7 jouxtant le verger de Warad-Sîn fils de Nûr-Enlila 8 et jouxtant le verger d'Ibbi-Šahan; 9 ayant pour petit côté l'Euphrate;
- 10 une maison de 4 sar à Sippar-ṣêrim;
- 11 1/2 mine, anneau de son argent;
- 12 un esclave nommé Adad-mâgir, 13 Šarrum-Adad, Zimru-Arah 14 et Šamaš-gimlanni;
- 15 une esclave (nommée) Šîma-ahâtî, 16 Kišîtum-ummî 17 et Aya-ummi-alittim;
- 18 50 ovins; 19 3 bœufs de trait; 20 1 vache et sa petite;

- 21 1 marmite de 12 litres; 22 2 étoffes; 5 turbans; 23 1 meule à farine; 24 1 meule en basalte:

25 c'est ce que son père Sîn-rabi 26-27 a donné à sa fille Kanšassum-mâtum, religieuse-*nadîtum* de Šamaš. 28-29 Elle pourra attribuer par écrit son héritage à son frère préféré. (treize témoins et date: 20/iii/Hammu-rabi 10).

1 et 5) Voir le commentaire de R. Harris, *Ancient Sippar. A Demographic Study of an Old-Babylonian City (1894-1595 B. C.)* (Leiden 1975), p. 7: «The second and eigth of the year names of Sin-muballiṭ mention the building of canals in the vicinity of Sippar – the Sin-muballiṭ canal (n. 28: VAS 8 24/25), in the region of Migrati (n. 29: This is learned from CT 47 30: 1).» Noter que ce pseudo Migrati est absent de la «List of Geographical Names» p. 381-384. Le toponyme de *CT* 47 30: 1 se retrouve peut-être dans L. Dekiere, *Old Babylonian Real Estate Documents from Sippar in the British Museum Part 2: Documents from the Reign of Hammurabi* (*MHET* II/2, Ghent 1994), n°308: 1. L'A. a lu *i-na* mi-x x /-ri-qa? ti (et l'a rangé dans l'index des toponymes p. 309 sub Merrigat); voir la copie du passage p. 339. *MHET* II/1 103:2 (Sîn-muballiṭ) connaît la graphie *me-ri-ga-a-ti*.

6) Le toponyme a été lu *bu-qú-la-nu-um* dans *RGTC* 3, p. 46, où il s'agit d'un hapax. Je n'en connais pas d'autre attestation.

11) Voir le commentaire de R. Harris, «Notes on the Babylonian Cloister and Hearth: A Review Article», *OrNS* 38 (1969), p. 133-145, en particulier p. 141; ajouter depuis *MHET* II/1 19: 6 1 m a - n a k ù - b a b b a r *ši-wi-ru-ša*.

17) Noter la valeur syllabique *lit* du signe ÁB au n°30:17, alors que l'enveloppe n°30a:17 a simplement *li* (la valeur *lit* du signe ÁB n'est pas attestée avant le médio-babylonien selon *Akk. Syll.*[4] p. 47 n°244). Pour d'autres attestations de ce nom, signifiant «Aya est la mère de celle qui a enfanté», voir par exemple *AbB* VII 5: 15 et 61: 12.

24) Pour les meules en basalte, voir M. Stol, *On Trees, Mountains, and Millstones in the Ancient Near East* (*EOL* 21, Leiden 1979), p. 84-86.

La composition de cette dot[6] est très classique, si on la compare aux autres qui nous sont connues, et suit l'ordre plus ou moins standard de ce genre d'énumération: des biens mobiliers (un champ proche du canal Sîn-muballiṭ, un verger proche de l'Euphrate et une maison à Sippar-ṣêrim[7], de l'argent, sept esclaves (quatre hommes et trois femmes), des animaux (50 ovins et 5 bovins), divers ustensiles de cuisine et quelques étoffes. La valeur totale de cette dot est loin d'être négligeable[8]. La clause finale concernant la

---

[6] Voir les textes réunis par S. Dalley, «Old Babylonian Dowries», *Iraq* 42 (1980), p. 53-74, qui n'a pas inclus le présent texte dans son étude.

[7] C'est-à-dire Abu Habbah: voir mon article sur «Sippar: deux villes jumelles», *RA* 82 (1988), p. 13-32 et en dernier lieu «Le point sur les deux Sippar», *N.A.B.U.* 114/1992.

[8] R. Harris parle à son sujet de «munificent dowry» («Notes on the Babylonian cloister and hearth: a review article», *OrNS* 38, 1969, p. 141). À titre de comparaison, on peut citer les documents analogues publiés récemment par L. Dekiere dans *MHET* II (dots ou autres): n°s 18, 19, 59, 80, 81, 85, 92, 117, 171, 243, 248//616, 255, 359, 414, 567, 568, 589, 604, 611, 663, 696, 720, 816, 851, 853, 856, 862, 881, 885, 889 et 924.

dévolution de son héritage par la *nadîtum* au frère de son choix correspond à un usage bien attesté[9].

Le texte ne comporte pas de serment, mais on peut penser *a priori* que le document a été rédigé à Sippar, ce que la prosopographie semble confirmer[10]. La liste des témoins débute en effet par des dignitaires de l'Ebabbar bien connus, quoiqu'ils ne soient pas ici désignés par leur titre: en tête, l'u g u l a é Ṣilli-Ninkarrak[11], suivi par les deux s a n g a de Šamaš Annum-pî-Aya fils de Warad-Sîn[12] et Etel-pî-Nabium fils de Šalim-palih-Šamaš[13]. D'autres témoins se retrouvent ailleurs, comme Ilšu-tillassu fils d'Ilšu-bani[14], Irraya fils de Šallurum[15], ou Sîn-erîbam fils de Pala-Irra[16].

2) Des serviteurs du *Šakkanakkum* Hagalum

On remarque cependant un élément très curieux dans ce contrat par ailleurs si banal: sur les cinq empreintes de sceaux comportant une légende, quatre appartiennent à des individus qui sont décrits comme «serviteurs de Hagalum[17]». En principe, dans un texte de Sippar daté de Hammu-rabi, on ne devrait trouver que des sceaux de serviteurs du roi, d'où la réaction de R. Harris dans sa recension de *CT* 47[18]: «The third line in each seal must be

---

9 Voir par exemple *CT* 2 41 et *CT* 4 1b, cités par R. Harris, «The *nadītu* Laws in the Code of Hammurapi in Praxis», *OrNS* 30 (1961), p. 163-169, spécialement p. 167-168.

10 Je remercie E. Woestenburg, qui m'a procuré il y a quelques années une copie de son Index Personal Names Old Babylonian "Sippar", qui m'a été très utile.

11 *MHET* II/2, p. 283; *MHET* II/5 n°692: 18' (sans date). La présence de l'u g u l a é avant les s a n g a de Šamaš semblerait confirmer sa position hiérarchique élevée supposée par R. Harris, *Ancient Sippar*, p. 162; mais en *MHET* II/2 130 et 132, l'ordre est Annum-pî-Aya, Etel-pî-Nabium et Ṣilli-Ninkarrak. Noter aussi les réf. rassemblées par M. Stol, «On ancient Sippar», *BiOr* 33 (1976), p. 153-154.

12 R. Harris, *Ancient Sippar*, p. 157 et n. 14 à compléter par M. Stol, *BiOr* 33, p. 151; en dernier lieu L. Dekiere, *MHET* II/2, p. 251.

13 R. Harris, *Ancient Sippar*, p. 157 et n. 15 à compléter par M. Stol, *BiOr* 33, p. 151; en dernier lieu L. Dekiere, *MHET* II/2, p. 257.

14 Cf. *VS* 8 84: 35 (Ha 2).

15 Cf. *VS* 8 54: 24 (Sm).

16 Cf. *BA* 5, 520 61 [Sipp. 253]: 13.

17 Noter que le seul des quatre témoins serviteurs de Hagalum que l'on retrouve à Sippar est Ilšu-tillassu fils d'Ilšu-bani (cf. ci-dessus n. 14; vu la banalité des deux NP, on ne peut totalement exclure une homonymie). On pourrait aussi retrouver Ilî-abî fils de Irbi-Akšak en *CT* 45 105:13, mais le nom du père n'est pas sûr du tout d'après la copie.

18 R. Harris, *OrNS* 38, p. 133-145, en particulier p. 141.

read ÌR *Ha-am*(!)-*mu*(!)-[*ra-bi*] despite the copy, which indicates that these officials had poorly made seals». On avouera que la correction est drastique et d'autant moins vraisemblable que la même erreur de gravure se serait produite quatre fois ...

Il faut donc chercher s'il n'a pas vraiment existé un Hagalum dont ces quatre témoins se seraient dits serviteurs. Ce nom est très rare, mais on connaît un Hagalum décrit comme *šakkanakkum* de Râpiqum dans une lettre adressée par le roi Ibâl-pî-El II d'Ešnunna à Zimrî-Lîm, peu après l'arrivée de ce dernier sur le trône de Mari, soit en l'an 18 de Hammu-rabi[19]. Ibâl-pî-El était alors préoccupé par la délimitation de la frontière entre son royaume et celui de Mari qui venait d'être restauré. Bien que les armées d'Ešnunna se soient avancées le long de l'Euphrate jusqu'à Bâb-nahlim, à une dizaine de kilomètres en aval de Mari, Ibâl-pî-El consent à ce que la frontière soit fixée quatre-vingt kilomètres plus au sud, à Harrâdum. Il procède alors à un rappel historique[20]:

> «^{10}[... H]aradum, ancienne *demeure* ^{11}[...] de Hagalum, gouverneur de Râpiqum, ^{12}m'a [...]: interroge tes serviteurs âgés ^{13}et ... ^{16}Et qu'ils te rappellent ^{13}que sur les portes de cette ville ^{14}[les ...] de Hagalum sont écrits [...] ^{15}et que je n'ai/il n'a pas [*pillé*] cette frontière par ... ^{16}Or à nouveau, ^{17}grâce à un violent combat, j'ai [*ôté* ce] pays aux mains de Samsî-Addu et ^{18}je l'ai reconquis jusqu'à Bâb-nahli. A présent, sur la tablette du serment par le dieu ^{19}que tu dois me faire porter, fixe ma frontière à partir de Harâdum et ^{20}ajoute cette clause écrite: ^{21}tu n'auras pas d'objection, je m'engagerai envers toi (lit. je frapperai ma gorge pour toi).»

Le texte est malheureusement endommagé[21]. Néanmoins, l'allusion à Hagalum, *šakkanakkum* de Râpiqum, fait clairement partie du rappel du

---

[19] La seule autre référence que je connaisse à un Hagalum est Asqur-Lîm fils de Hagalum, témoin dans un achat de champ récapitulé dans le texte juridique *ARMT* XXII 328: iii 40, 51 (texte daté de l'an 9' de Zimrî-Lîm).

[20] Pour ce genre d'allusion, voir mon étude sur «L'évocation du passé dans les lettres de Mari», dans J. Prosecky (éd.), *Intellectual Life of the Ancient Near East. Papers Presented at the 43rd Rencontre Assyriologique Internationale, Prague, July 1-5, 1996* (Prague 1998), p. 91-110.

[21] Cette lettre A.1289^{+} a été publiée dans mon article «Un traité entre Zimri-Lim de Mari et Ibâl-pî-El II d'Ešnunna», dans D. Charpin/F. Joannès (éd.), *Marchands, diplomates et empereurs. Études sur la civilisation mésopotamienne offertes à Paul Garelli* (Paris 1991), p. 139-166, en particulier p. 147-159. Je reproduis ici la transcription et la traduction du passage publiées dans les *Mélanges Garelli*. A.1289^{+}: iii (10) [x x x x *h*]*a-ra-da*^{ki} u n u ^{ki} *la-bi-ra-a*[*m*] (11) [x x x x *h*]*a-ga-lim* š a g i n *ra-pí-qí-im*^{ki} (12) [x x-*a*]*p*$^{?}$-*ra-a*[*n-n*]*i* ì r -*di-ka la-bi-ru-tim ša-al-ma* (13) [x x]-*ab-ba-šu ú-*⸢*na*⸣*-ab ù i-na* ^{giš}i g - h á [*ša*] *a-lim ša-tu* (14) [x x] x *ša ha-*[*g*]*a-lim ša-aṭ-ru-ú* [(15) [*i*]-⸢*na*$^{?}$ *wa*$^{?}$⸣-[x]-⸢*ar*⸣-*tim pa-ṭà-am ša-tu la ah-*[*bu-ṭù*] (16) *li-ha-ás-si-sú-ka* ⸢*ù*⸣ *a-tu-úr-ma ma-tam* [*ša-tu*] (17) *i-na* ^{giš}t u k u l *dan-nim i-na* ⸢*qa*⸣*-at* ^{I}*sa-am-si-*^{d}u t u *ut-*[...] (18) *a-di* k á *na-ah-li a-na i-di-ia ú-te-er* ⸢*i*⸣-[*na-an-n*]*a i-na* d u b *ni-iš* d i n g i r (19) *ša tu-ša-ab-ba-lam iš-tu ha-ra-di-im* ⸢*pa*⸣*-ṭì-ia ki-in-na* (20) *ši-iṭ-ra-am ša-tu mu-*[*ul*]-⸢*la-a*⸣*-am-ma pa-ri-ik-tam* (21) *la tu-ša-ar-ša-am na-*[*p*]*í-iš-ti lu-ul-pu-ta-kum-ma*.

passé auquel se livre le roi d'Ešnunna, qui conseille à Zimrî-Lîm de se renseigner auprès de ses «serviteurs âgés». Dans ces conditions, on pourrait avoir le sentiment que Hagalum est un personnage de l'ancien temps, mettons de l'époque de Yahdun-Lîm. Il me semble toutefois que l'expression *wardû labîrûtum* ne doit pas être prise de façon chronologiquement trop drastique: Ibâl-pî-El désigne ici simplement les gens qui étaient à Mari avant que Zimrî-Lîm ne s'en empare. La situation rappelée peut donc n'être antérieure que de quelques années.

Or on doit noter que le texte *CT* 47 30 date de l'an 10 de Hammu-rabi, soit l'année même de la conquête de Râpiqum par le roi de Babylone, qui la commémora dans le nom de sa onzième année. La coïncidence est trop frappante pour être due au hasard: il ne fait à mes yeux aucun doute que le Hagalum dont quatre témoins de ce contrat sont dits serviteurs sur leur sceau est le même que le Hagalum *šakkanakkum* de Râpiqum auquel Ibâl-pî-El fit allusion dans sa lettre à Zimrî-Lîm, huit ans environ après la rédaction du contrat *CT* 47 30.

Il apparaît donc clairement que Hagalum était l'autorité locale à Râpiqum immédiatement avant la conquête babylonienne, ses «serviteurs» n'ayant pas eu la possibilité de se faire graver un nouveau sceau immédiatement après la victoire de Hammu-rabi. Le statut de Hagalum doit alors être examiné en détail.

A priori, Hagalum devrait être considéré comme un souverain. En effet, à la suite d'E. Weidner, on considère généralement que la mention «serviteur de Un Tel» dans la légende d'un sceau implique que «Un Tel» est roi[22]. Mais

---

Le texte a été retraduit par J.-M. Durand, *Les documents épistolaires du palais de Mari, tome I* (*LAPO* 16, Paris 1997), n°281 p. 436, avec des collations et des restaurations supplémentaires: «Aujourd'hui, tu me contestes la propriété de Haradum, le fief ancien de *mon serviteur* Hagalum, gouverneur de Rapîqum. Interroge tes serviteurs âgés et ils t'apprendront que, Abba étant intendant, eh bien! sur les vantaux de cette ville était écrit le nom de Hagalum. Je t'assure que ce n'est pas une (simple) frontière que j'ai arrachée par fait de guerre! Qu'ils t'en fassent ressouvenir!» Cette traduction suppose de restituer ainsi le texte des l. 10-15 (*LAPO* 16, p. 436 n. 80): (10) [*i-na-an-na h*]*a-ra-da*^{ki} u n u ^{ki} *la-bi-ra-a*[*m*] (11) [*ša* ì r *-ia h*]*a-ga-lim* š a g i n *ra-pí-qí-im*^{ki} (12) [*ta-az*]*-zu*-ra-a*[*n-n*]*i* ì r *- di-ka la-bi-ru-tim ša-al-ma* (13) [*ki-ma*] *ab-ba šu-ú* a g r i g * *ù i-na* g i š - i g - h á [*ša*] *a-lim ša-tu* (14) [*šu-mu*]*-um* ša ha-ga-li-im ša-aṭ-ru ú-*[*wa-du-ka*] (15) [*i*]-⸢*na*⸣ *n*[*a*-ka*]-⸢*ar*⸣*-tim pa-ṭà-am ša-tu la ah-*[*bu-ṭú*] (16) *li-ha-ás-si-sú-ka.*

22 E. Weidner, «Könige von Ešnunna, Mari, Jamḫad in altbabylonischen Siegelzylinder-Legenden», *JKF* 2 (1951), p. 127-143. Il a notamment été suivi par J.-R. Kupper, «Sceaux-cylindres du temps de Zimri-Lim», *RA* 53 (1959), p. 97-100. Voir en dernier lieu D.R. Frayne, *Old Babylonian Period (2003-1595 BC)* (*RIME* 4, Toronto 1990), p. 809: «A number of seals or seal impressions of Old Babylonian date are known in which the owner of the seal appears as the 'servant' (ÌR) of another man. Using the principle put forward by E. Weidner in *JKF* 2, pp. 127-128, we may assume that the name following the designation

la lettre d'Ibâl-pî-El lui donne le titre de GÌR.NITA₂ (š a g i n = *šakkanakkum*). Dès lors, il faudrait admettre qu'à Râpiqum se serait conservée la même tradition que l'on trouve documentée à Dêr, en Transtigrine, dont les rois portaient à l'époque paléo-babylonienne le titre de š a g i n[23]. Le fait est attesté pour Nidnuša et Ilum-muttabil[24]; une empreinte de sceau fragmentaire indique clairement que le dieu Ištaran est le roi de Dêr et le š a g i n son serviteur[25]. Mais on possède par ailleurs un sceau d'un individu qui se décrit comme serviteur d'Ilum-muttabil[26]. L'hypothèse d'un Hagalum, roi de Râpiqum portant le titre de š a g i n, est donc envisageable. Elle permettrait de comprendre ce qui s'est passé à la fin de la troisième dynastie d'Ur. Les nouveaux souverains auraient gardé le titre des précédents détenteurs locaux du pouvoir, celui de gouverneur civil (e n s i) à Aššur ou à Ešnunna, celui de gouverneur militaire (š a g i n) à Dêr ou à Râpiqum[27]; on

---

'servant' is that of a ruler. The importance of this ruler, however, could vary from that of a petty local ruler to that of the king of Babylon.» Noter que, curieusement, les empreintes des serviteurs de Hagalum ont échappé à D. Frayne, *RIME* 4, p. 809-829 (je n'ai pas relevé cet oubli dans ma recension de ce livre, *RA* 86, 1992, p. 88-91). Elles ont en revanche été signalées par B. Teissier, «Sealing and Seals: Seal-Impressions from the Reign of Hammurabi on Tablets from Sippar in the British Museum», *Iraq* 60 (1998), p. 109-186, qui a attiré l'attention sur «seals where the owner is described the servant of a king, particularly 49-54, which name kings not of Babylon or of Sippar» (p. 118). Les n°s 50-53 sont ceux des serviteurs de Hagalum dans *CT* 47 30.

23 Voir J.-R. Kupper, «Rois et 'šakkanakku'», *JCS* 21 (1967), p. 123-125 et F.R. Kraus, «Das altbabylonische Königtum», dans P. Garelli (éd.), *Le palais et la royauté (Archéologie et Civilisation). XIXe Rencontre Assyriologique Internationale, Paris, 29 juin - 2 juillet 1971* (Paris 1974), p. 235-261, spécialement p. 236-237. Parmi les réf. du *CAD* Š/1, p. 174, noter que la ville dont le roi d'Uruk Sîn-kašid se dit š a g i n (= gouverneur militaire) est Dûrum proche d'Uruk et non de Dêr de Transtigrine, selon P. Michalowski, «Dūrum and Uruk during the Ur III Period», *Mesopotamia* 12 (1977), p. 83-96.

24 *RIME* 4, p. 676-678.

25 *RIME* 4, p. 680. Il ne subsiste que la fin du nom du roi: [...]-ba.

26 *RIME* 4, p. 679.

27 L'existence d'un š a g i n à Râpiqum à l'époque d'Ur III peut être en effet établie, quoique de manière indirecte. Le toponyme Râpiqum est seulement attesté dans la lettre de Aradmu à Šulgi n°5 (P. Michalowski, *The Royal Correspondence of Ur*, Ph.D. Dissertation Yale University 1976, p. 173: 5' *ra-pí-qum*^{ki}), connue par un manuscrit OB qui a modernisé les graphies; mais les auteurs du *RGTC* 2 ont estimé que la séquence RA.NE.KI était à comprendre comme *ra-bí/pi₅-qí* (*RGTC* 2, p. 157). Or il existe deux textes d'apports par des e r i n ₂ de cette ville, qui devaient être placés sous la responsabilité d'un u g u l a dont A. Goetze a montré qu'il s'agissait de š a g i n (cf. en dernier lieu T. Maeda, «The Defense Zone during the Rule of the Ur III Dynasty», *ASJ* 14, 1992, p. 135-172, spécialement p. 170). On peut donc penser que Râpiqum avait à sa tête un š a g i n à l'époque d'Ur III. Je remercie Bertrand Lafont et Anne-Claude Beaugeard pour ces informations.

aurait substitué simplement le nom de la divinité locale[28] à celui du roi d'Ur[29].

Cette hypothèse me semble toutefois historiquement peu vraisemblable. En effet, bien que Hammu-rabi n'indique pas, dans le nom de sa onzième année, à qui il a ôté la possession de Râpiqum, il semble qu'il ne s'agissait pas d'une ville indépendante: elle appartenait antérieurement au royaume d'Ešnunna. On notera d'ailleurs la façon dont Ibâl-pî-El fait allusion à Hagalum: si la restitution «mon serviteur» proposée par J.-M. Durand n'est pas certaine, comme il l'a lui-même indiqué, l'ensemble du passage n'a de sens que si Hagalum était soumis à Ešnunna[30].

Or, dans le royaume d'Ešnunna, l'idéogramme š a g i n (GÌR.NITA$_2$) a été considéré comme l'équivalent de l'akkadien *rabiânum* par M. Stol[31]. Mais s'agit-il d'un simple maire ou d'un gouverneur[32]? On notera en effet que

---

28 Dans le cas de Dêr, il s'agit d'Ištarân (^{d}KA.DI). Dans celui de Râpiqum, il s'agit sans doute de ^{d}I$_7$.GAL (cf. l'inédit de Chicago A.7535: 27, mentionnant ^{d}i$_7$ g a l *ša ra-pí-qum*^{ki}; citation par M. B. Rowton, «Watercourses and Water Rights in the Official Correspondence from Larsa and Isin», *JCS* 21, 1967, p. 269; voir aussi A.7537: 17', *JCS* 21 p. 269, qui ne mentionne pas Râpiqum, mais Ešnunna: il y aurait donc une connexion entre les deux villes).

29 On voit donc clairement qu'il faut séparer le cas de Dêr (et éventuellement de Râpiqum) de celui de Mari, dont les *šakkanakku* étaient déjà en place sous la troisième dynastie d'Ur. On sait que ce titre de *šakkanakkum* a été longtemps mal compris: on a d'abord cru qu'il désignait des gouverneurs militaires et que Mari se trouvait alors sous la coupe des rois de la troisième dynastie d'Ur. En fait, il est désormais clair que les *šakkanakku* de Mari étaient des souverains indépendants; voir en premier lieu J.-R. Kupper, *JCS* 21, p. 123-125, qui pensait que les souverains de Mari portaient le titre de š a g i n par respect pour le dieu Dagan, seul vrai «roi du pays». Plus récemment, J.-M. Durand a définitivement établi la contemporanéité des *šakkanakku* de Mari avec les rois d'Ur III et a estimé que leur titre constituait en fait d'un héritage de l'époque d'Akkad («La situation historique des Šakkanakku: nouvelle approche», *M.A.R.I.* 4, 1985, p. 147-172, spécialement p. 158). Pour les relations entre les *šakkanakku* de Mari et les rois d'Ur III, voir en dernier lieu J. Boese/W. Sallaberger, «Apil-kīn von Mari und die Könige der III. Dynastie von Ur», *AoF* 23 (1996), p. 24-39.

30 Il est possible que l'allusion postérieure de *ARMT* XXVI 449, où Hammu-rabi rappelle que Samsî-Addu a ôté Râpiqum à Ešnunna et la lui a donnée, soit à situer à ce moment, mais ce n'est pas une complète certitude.

31 Voir ses *Studies in Old Babylonian History* (Leiden 1976), p. 82-83, où il cite des GÌR.NITA$_2$ pour les villes de Zaralulu, Šaduppûm (Tell Harmal), Nêrebtum (Ishchali?) et Diniktum.
Le titre de *šakkanakkum* est attesté, en dehors du royaume d'Ešnunna, dans diverses villes à l'époque paléo-babylonienne, mais il ne s'agit nulle part d'un titre royal, à l'exception de Dêr (voir *supra*); une étude d'ensemble dépasserait les limites imparties à cet article, mais devra être entreprise (voir pour l'instant les références du *CAD* Š/1, §1. a) 2', b) 2', c) 1', d et f) 2'). Pour Sippar, voir les réf. et le commentaire de R. Harris, *Ancient Sippar*, p. 81 (réf. complémentaires par M. Stol, *BiOr* 33, p. 149).

32 Le *CAD* Š/1 traduit les références OB archaïques de Tell Asmar par «general», mais toutes les autres références OB par «governor».

l'autorité de Hagalum semble s'être étendue jusqu'à Harrâdum, soit à plusieurs dizaines de kilomètres en amont de Râpiqum, quelle que soit la localisation précise de cette dernière[33]. Quoiqu'il en soit, dans cette seconde interprétation, š a g i n ne désignerait nullement un roi, mais un fonctionnaire territorial.

Cela repose donc la portée de la mention «serviteur (ì r) de NP» sur les sceaux. J'avais indiqué, il y a quelques années, que de telles mentions ne renvoyaient pas forcément à des rois, puisqu'on trouvait des sceaux de serviteurs de l'*entum* Enanedu à Ur sous Rîm-Sîn ou du prince héritier Hitlal-Erra à Mari à l'époque des *šakkanakku*[34]. S. Dalley, dans sa recension de *M.A.R.I.* 4, a vigoureusement rejeté cette idée[35]. Depuis la publication de *M.A.R.I.* 4, on doit relever que la lettre *ARMT* XXVI/1 77 a été écrite au devin Asqûdum par un certain Bâlî-Addu qui se dit dans l'adresse son serviteur[36], employant la formule *umma* NP *waradkama*, comme on le fait normalement lorsqu'on écrit à son souverain. Si nous ne savions rien par ailleurs du statut d'Asqûdum, nous devrions en conclure qu'il était roi[37].

---

33 Pour Harrâdum, voir C. Kepinski-Lecomte et al., *Haradum I. Une ville nouvelle sur le Moyen-Euphrate (XVIIIe-XVIIe siècles av. J.-C.)* (Paris 1993): «Khirbet ed-Diniye est à 90 km environ au sud-est de Mari et à 36 km au nord-ouest de la ville actuelle d'Ana» (p. 9). Pour Harrâdum, voir en dernier lieu mon article sur «Sapîratum, ville du Suhûm», *M.A.R.I.* 8 (1997), p. 341-366, en particulier p. 347 et 362.

34 Voir D. Charpin, «Les archives du devin Asqudum dans la résidence du "Chantier A"», *M.A.R.I.* 4 (1985), p. 453-462, spécialement p. 457.

35 *JSS* 32 (1987), p. 178-182, spécialement p. 181-182: «Finally, a matter close to the heart of this reviewer is raised by Charpin on p. 457. He compares the new, unpublished archive of the diviner Asqudum with that of Aqba-hammu at Rimah, and claims that Aqba-hammu was wrongly interpreted as ruler of Karana. The evidence of the Rimah archive is indirect, and rests both upon the use of Aqba-hammu's name on seal inscriptions, and upon references in the letters (e.g. he takes tribute to Hammurabi; he is responsible for distributing captives; he never refers to anyone above himself). That only a ruler's name is used in the last line of seal inscriptions is clearly open to disproof as more evidence comes to light, but the wealth of such material from Mari in recent publications has done nothing to disprove it, and it is taken as a sound working principle now by the epigraphists working on seal inscriptions from Tell Leilan. Charpin's one example for disproof is exceptional in that the person is the *entu*-priestess at Ur; we have a slightly different period, a different area, and a very special circumstance. It is very important to know whether the principle is correct; we shall know that it is not, if Charpin can produce tablets from Asqudum's archive with the seals of his servants as *warad Asqudim* rather than *warad Zimri-Lim.* If he can, Aqba-hammu will have to he demoted, but for now Aqba-hammu may continue his rule.»

36 *ARMT* XXVI/1 77: (1) *a-na às-qú-di-im* (2) *qí-bí-ma* (3) *um-ma ba-li-*^{d}IM (4) ì r *-ka-a-ma.* Voir le commentaire de J.-M. Durand, *ARMT* XXVI/1, p. 218 n. a.

37 Cet exemple ne signifie toutefois pas que la rédaction des adresses de lettres était régie par la même étiquette que celle des légendes de sceaux: ainsi, la reine Šîbtu se dit «servante» de Zimrî-Lîm dans les lettres qu'elle lui adresse, alors que son sceau la décrit comme «épouse» (d a m = *aššatum*) de Zimrî-Lîm.

Par ailleurs, il existe une empreinte de sceau publiée il y a déjà une douzaine d'années qui permet de confirmer ma proposition: *ia-mu-ut-ha-[ma-di]* / ìr *sa-am-mé-[e-tar]* (*ARM* XXIV 85). On pourrait à première vue penser que Yamût-hamadi est un serviteur du roi d'Ašnakkum Sammêtar[38]. Il existe en effet quelques exemples de textes retrouvés à Mari, portant l'empreinte du sceau d'un serviteur d'un roi étranger[39]; mais dans tous les cas, le texte fournit plus ou moins directement une explication de leur présence, ce qui n'est pas le cas ici. Or il existe d'autres références à ce Yamût-hamadi (presque sûrement le même individu, vu la rareté de ce nom), qui montrent qu'il travailla régulièrement pour le roi de Mari[40]. Il faudrait admettre qu'un serviteur du roi d'Ašnakkum ait changé de maître sans prendre soin de changer son sceau. Cela n'est pas impossible, mais une autre explication paraît beaucoup plus vraisemblable, lorsqu'on observe que deux des textes où figure ce Yamût-Hamadi concernent les villes de Terqa[41] et de Zu[rubbân][42]. Il s'agit justement des endroits où Sammêtar, le «premier ministre» de Zimrî-Lîm, avait de grandes propriétés[43]. Il est donc très vraisemblable que c'est du ministre de Zimrî-Lîm, non du roi d'Ašnakkum, que Yamût-Hamadi se proclame serviteur sur son sceau. Sammêtar était fils de Lâ'ûm et frère du général Yassi-Dagan et joua un rôle de tout premier plan dans le gouvernement du royaume de Mari, de l'avènement de Zimrî-Lîm jusqu'à sa mort en l'année ZL 6'. Son propre sceau est doté d'une légende qui dénote sa position de proche du roi[44]: *zi-im-ri-li-[im]* / lugal kal-[ga] / *sa-am-mi-e-[tar]* / dumu *la-i-im* ì[r-zu] «Zimrî-Lîm, roi fort: Sammêtar, fils de Lâ'ûm, (est) ton serviteur». On sait que Zimrî-Lîm lui demandait conseil avant de répondre au courrier qu'il recevait des souverains étrangers, ou que Sammêtar se permettait de faire de lui-même des suggestions au roi[45].

---

38 Pour celui-ci, voir en dernier lieu J.-R. Kupper, *Lettres royales du temps de Zimri-Lim* (*ARMT* XXVIII, Paris 1998), en particulier p. 139.

39 Notamment *ARM* VII 292: un serviteur de Dâduša (voir *M.A.R.I.* 2, p. 99 et copie p. 115); *ARM* VIII 52: deux serviteurs d'Ibâl-pî-El (voir *MARI* 2, p. 65 et copie p. 72); *ARM* XXI 88: un serviteur de Haya-sûmû.

40 *ARMT* XXV 49 (7/vii/ZL 5'); *ARMT* XXV 52 (1/ii/ZL 5'); *ARMT* XXV 414 (19/v bis/ZL 5').

41 *ARMT* XXV 414.

42 *ARMT* XXIV 85, restitution proposée par M. Guichard.

43 Cf. J.-M. Durand, *ARMT* XXVI/1, p. 576.

44 Voir mon étude sur «Les légendes de sceaux de Mari: nouvelles données», dans G. Young (éd.), *Mari in Retrospect* (Winona Lake 1992), p. 59-76, spécialement p. 65.

45 Voir mon article «L'écriture et la lecture des lettres royales d'après les archives de Mari» à paraître dans la *RA*.

Il me semble donc possible qu'à l'époque paléo-babylonienne, les dévotions sur les sceaux n'aient pas été une exclusivité royale[46]. En fait, cette controverse n'existe sans doute que par suite d'une définition beaucoup trop restreinte de «roi» par les assyriologues. Prenons l'exemple de Sîn-gâmil de Diniktum: il est cité comme «roi de Diniktum» dans la lettre de Yarîm-Lîm à Yašub-Yahad[47], mais dans la seule inscription que nous ayons de lui, il porte uniquement le titre de *rabiân* Martu[48]. Or on a une empreinte d'un serviteur (du même?) Sîn-gâmil à Leilan[49]. Doit-on considérer qu'il s'agit d'un sceau d'un serviteur d'un roi? On voit que, ainsi posée, la question n'a guère d'intérêt[50].

On notera pour finir que le titre porté par celui qui exerce l'autorité à Râpiqum semble varier selon les textes en fonction de qui écrit: on rencontre parfois *wâšibum*[51], mais aussi *šâpirum*[52]. Il existe donc en définitive trois possibilités:

- (a) si Râpiqum était une ville indépendante avant la conquête de Hammu-rabi, š a g i n y était le titre porté par son roi;
- (b) si Râpiqum appartenait auparavant au royaume d'Ešnunna, Hagalum y était gouverneur avec le titre de š a g i n ;
- (c) enfin, si Râpiqum dépendait d'un autre royaume (celui de Samsî-Addu?), Ibâl-pî-El aurait, dans sa lettre à Zimrî-Lîm, utilisé le titre de š a g i n en vigueur dans son propre royaume pour désigner Hagalum.

Dans les cas (b) et (c), on aurait affaire dans *CT* 47 30 à des sceaux de serviteurs d'un personnage n'ayant pas le statut de roi.

---

46 Pour la troisième dynastie d'Ur, H. Waetzoldt a récemment montré que la dévotion à un gouverneur fut prohibée par Šulgi vers la fin de son règne (H. Waetzoldt, «Änderung von Siegellegenden als Reflex der 'großen Politik'», dans U. Finkbeiner/R. Dittmann/H. Hauptmann (éds.), *Beiträge zur Kulturgeschichte Vorderasiens. Festschrift Michael Boehmer* (Mainz 1995), p. 659-663; je remercie R. De Maaijer pour cette référénce).

47 Voir en dernier lieu J.-M. Durand, *LAPO* 16 n°251 [A.1314]. Il faut noter le caractère controversé du genre auquel appartient ce texte: J. Sasson a nié qu'il s'agisse d'une lettre authentique, considérant qu'on a affaire à un exercice scolaire.

48 *RIME* 4, p. 684-685; pour ce titre, également porté par son précdécesseur Itûr-šarrum (*RIME* 4 p. 683), voir M. Stol, *Studies*, p. 88.

49 *RIME* 4 p. 685 n°2001.

50 Je ne reprendrai pas ici la question du statut de Haqba-Hammu à Karanâ après la conquête babylonienne; l'hypothèse la plus récente, qui me semble raisonnable, est celle de J. Eidem, «Some Remarks on the Iltani Archive from Tell al Rimah», *Iraq* 51 (1989), p. 67-78.

51 *ARM* I 93 (= *LAPO* 16 n°318) et *ARMT* XXVI 260 (cf. *ARMT* XXVI/1 n°260 n. e).

52 Inédit A.4517 (lettre de Hammânum, gouverneur de Yabliya, à Yasmah-Addu): 5 *ša-pí-ir ra-pí-qí-im*.

Conclusion

Une fois situé dans son contexte, le texte *CT* 47 30 prend un sens politique, malgré l'incertitude qu'on vient d'évoquer: en effet, la présence de quatre témoins habitant Râpiqum dans ce contrat de Sippar ne peut s'expliquer que si la *nadîtum* Kanšassum-mâtum et son père Sîn-rabi sont également originaires de cette ville[53]. Aussitôt après la conquête babylonienne, la bourgeoisie de Râpiqum aurait en quelque sorte délégué la fille de l'un de ses membres comme religieuse-*nadîtum* du dieu Šamaš à Sippar. On sait en effet que ce genre de consécration pouvait avoir une portée politique; on rappellera la demande formulée par le dieu Šamaš, réclamant que le roi de Mari Zimrî-Lîm envoie une de ses filles à Sippar[54]. La présence à Sippar de religieuses-*nadîtum* de Šamaš originaires d'autres royaumes est un phénomène bien connu[55]. Le nom même de la *nadîtum* originaire de Râpiqum ne fut sans doute pas choisi au hasard[56]. Kanšassum-mâtum signifie en effet[57]: «Courbe-toi devant lui, ô pays!», le pronom -*šum* renvoyant au roi, en l'occurrence Hammu-rabi. Mais on ne peut manquer d'être frappé par le fait que cette Kanšassum-mâtum n'est attestée dans aucun autre texte de

---

[53] Sîn-rabi, le père de la *nadîtum*, possède une maison à Sippar, et son champ est également situé dans la région de Sippar. Mais il faut penser qu'il est originaire de Râpiqum; sinon, on n'explique pas la présence de quatre témoins originaires de Râpiqum. Il est en effet plus vraisemblable de supposer un riche habitant de Râpiqum ayant des biens immobiliers à Sippar, que quatre habitants de Râpiqum de passage pris par hasard comme témoins d'un acte aussi important!

[54] *ARMT* XXVI/1 194: 5-7.

[55] Voir par exemple la mention dans les archives de Šaduppûm (Tell Harmal) de *nadîtum* de Šamaš: Zibbatum (*JCS* 26, 142, texte D) et Haliyatum (*TIM* V 3: 12'; M. deJ. Ellis, «Old Babylonian Economic Texts and Letters from Tell Harmal», *JCS* 24, 1971, p. 1-62, n°35: 6; 37: 9; 41: 6; 49: 3; 52: 5). En ce qui concerne Mari, le cas de la princesse Erišti-Aya est connu depuis longtemps; voir J. M. Sasson, «Biographical Notices on some Royal Ladies from Mari», *JCS* 25 (1973), p. 59-78 et B.F. Batto, *Studies on Women at Mari* (Baltimore 1974).

[56] L'onomastique des *nadîtum* est très particulière, la question se posant de savoir si les jeunes filles changeaient de nom lorsqu'elles entraient au cloître, ou si elles conservaient un nom qu'elles avaient déjà, ayant été destinées au cloître par leur famille dès leur enfance. Voir R. Harris, «The *nadītu* Women», dans *From the Workshop of the Chicago Assyrian Dictionary. Studies Presented to A. Leo Oppenheim* (Chicago 1964), p. 106-135, en particulier p. 126-128 § VIII «The Names of the *Nadītu*'s of Šamaš» et J. Renger, «Untersuchungen zum Priestertum der altbabylonischen Zeit. 1. Teil», *ZA* 58 (1967), p. 125.

[57] Aucun des recenseurs de *CT* 47 n'a fait d'observation sur ce nom remarquable. C'est M. Stol, «Old Babylonian Personal Names», *SEL* 8 (1991), p. 191-212, spécialement p. 208, qui l'a justement compris comme «Le pays s'est courbé pour lui (= le roi)», sur le modèle de Šarkassum-mâtum et Eressum-mâtum selon l'interprétation proposée par J.-M. Durand, «Trois études sur Mari», *M.A.R.I.* 3 (1984), p. 130.

Sippar. Or la mainmise de Hammu-rabi sur Râpiqum fut très éphémère, puisque peu après eut lieu la campagne de Dâduša le long de l'Euphrate, qui le conduisit jusqu'à Bâb-nahlim, aux portes de Mari[58]. Il est donc possible qu'en définitive la fille de Sîn-rabi ne soit pas entrée dans le cloître de Sippar ...

58 La situation chronologique de cette campagne est encore l'objet de débats; voir provisoirement mes indications dans les *Mélanges Garelli* p. 159, en attendant la publication de N. Ziegler/D. Charpin, «Mari et le Proche-Orient à l'époque amorrite. Essai d'histoire politique (II). Le règne de Yasmah-Addu (ca. 1796-1776)», à paraître dans *Amurru* 2.

Documentary evidence on Nergal's Cult in Sippar and Babylon in the Sixth Century B.C.[1]

Muhamad A. Dandamayev (St. Petersburg)

It is well known that Nergal[2] was ruler of the Nether World, as well as city god of Kutha where his principal temple Emeslam was located.[3] Thus, for instance, Nebuchadnezzar II declares that he established as a daily regular offering eight sheep to Nergal and his wife Laṣ, "the deities of Emeslam and Kutha".[4] However, only a few occasional documents are known from Kutha, and our information about its main temple is scanty, since so far no excavations have been conducted there.

The cult of Nergal is, however, attested also, at least, in several other cities. For instance, a "sanctuary of Nergal" (É ^{d}U.GUR) is mentioned in five documents from the archives of the Eanna temple in Uruk, according to which some amounts of salt and barley were delivered there. One of these texts also refers to a "Nergal's priest" (*šangû*).[5] As seen from two other documents, a certain Bānija, a "priest of Nergal", was paid some income (*maššartu*) in dates from the Eanna temple.[6] Besides, as it was pointed out by Beaulieu, several documents from the archives of the Eanna temple in Uruk

---

[1] All dates in this paper are B.C. Cuneiform texts are cited by the abbreviations of W. von Soden, *AHw* (Wiesbaden 1959-1981) or of *CAD* (Chicago 1956ff.).

[2] On the spelling of the name of Nergal (^{d}IGI.DU and ^{d}U.GUR) in first-millennium texts see P.-A. Beaulieu, "The Impact of Month-lengths on the Neo-Babylonian Cultic Calendar", *ZA* 83 (1993), 85; idem, "Kissik, Duru and Udannu", *OrNS* 61 (1992), 405 n. 13 (with previous literature). The work *Der babylonische Gott Nergal* (*AOAT* 11, Kevelaer/Neu-kirchen-Vluyn 1971) by E. von Weiher is not available to me.

[3] See, e.g., A.R. George, *House Most High. The Temples of Ancient Mesopotamia* (*MesCiv* 5, Winona Lake 1993), 126, no. 802; D.O. Edzard/M. Gallery, "Kutha", *RlA* 6 (1980-1983), 387.

[4] S. Langdon, *Die neubabylonischen Königsinschriften* (*VAB* 4, Leipzig 1912), 92, col. II, 36-37; 170, VII, 41-61; see also E. Unger, *Babylon* (2. Auflage, Berlin 1970) 282, I, 14-15

[5] For references see P.-A. Beaulieu, *OrNS* 61, 404, n. 11.

[6] For references see H.M. Kümmel, *Familie, Beruf und Amt im spätbabylonischen Uruk* (*ADOG* 20, Berlin 1979), 148.

are accounts of expenditures of sesame oil issued for cultic ceremonies, including the clothing ceremony of Nergal.[7] He was worshipped also in the "temple of Nergal" in the city Udannu probably located not far from Uruk.[8]

Much more diverse information about the cult of Nergal has been preserved from the archives of the Ebabbara temple in Sippar. For instance, a document drafted in Sippar in the 19th regnal year of Nabopolassar (607) describes sheep offerings made to various gods on behalf of the king. Among the receiving deities were Šamaš, the principal god of Sippar, his wife Aja, the supreme state god Bēl (i.e. Marduk) and his wife Zarpanītu, as well as Bunene, Bēlet-Sippar, Enlil, Anu, Nabû, Nergal, and some other deities.[9] In VS 6, no. 213 from the 20th year of Nebuchadnezzar II (585) Nergal also appears among the deities receiving animal offerings in Sippar.[10]

But some gods occur only rarely in the offerings of sacrificial animals to the deities of the Ebabbara. For instance, Nergal is not always mentioned in ledgers of sacrifices made in Sippar.[11] According to the opinion of Bongenaar, such gods as Nergal were perhaps "visiting" deities in Sippar.[12] In relation to this it is appropriate to mention an Ebabbara document, according to which a certain Bēl-ušallim, son of Bānija, who was a "weaver of Nergal", made coloured woollen garments for the gods Šamaš and Bunene [*Nbn.* 410]. The same text mentions also a Nergal-iddina, son of Šamaš-ēṭir, who in another document is attested as a "weaver from Kutha".[13] Bongenaar contends that they both probably did not belong to the Ebabbara personnel and came from Kutha, since "the cult of Nergal is not otherwise attested in the archive".[14] It is quite possible that these craftsmen came to Sippar from Kutha but nevertheless there are a number of texts attesting the existence of the cult of Nergal in Sippar which have not yet been taken into consideration.

In a document drafted at Sippar during the reign of Nebuchadnezzar II (the year is destroyed) a certain Nergal-šar-uṣur (his patronym is not

---

[7] See, e.g., P.-A. Beaulieu, *ZA* 83, 81-83, lines 3-5, rev. 7-8.

[8] See idem, *OrNS* 61, 401 and 404.

[9] E. Sollberger, "The Cuneiform Tablets in the Chester Beatty Library, Dublin", *RA* 74 (1980), 59, lines 17-19.

[10] For the complete lists of the gods worshipped in Sippar see F. Joannès, "Les temples de Sippar et leurs trésors à l'époque néo-babylonienne", *RA* 86 (1992), 161-62; J. MacGinnis, *Letter Orders from Sippar and the Administration of the Ebabbara in the Late-Babylonian Period* (Poznan 1995), 152; A.C.V.M. Bongenaar, *The Neo-Babylonian Ebabbar Temple at Sippar: Its Administration and Its Prosopography* (Leiden 1997), 230-231.

[11] See, e.g., *VS* 6, no. 21 drafted in 604.

[12] A.C.V.M. Bongenaar, *The Neo-Babylonian Ebabbar*, 231, n. 206.

[13] BM 75767, see ibid. 323.

[14] Ibid.

preserved) granted a loan of four minas of silver to three individuals in order to pay the "tithe[15] of Bēl, Nabû (and) Nergal". All the property of the debtors located in the city and in the country served as security for the loan, and each of them stood as guarantor for the others in the repayment of the loan. In addition, a third party guaranteed that the debtors would settle with the creditor within six months. Since this document was written in Sippar, it is reasonable to assume that the tithe was paid to three important gods of Ebabbara rather than to the Emeslam temple at Kutha. As seen from documents, each freeborn Babylonian paid the tithe from his income to that temple near which he had land or other sources of income.[16] It may be presumed from this that Nergal's cult did exist in Sippar.

It is possible that the few following documents referring to the tithe for Bēl, Nabû, and Nergal were also drafted in Sippar. According to *VS* 6, no. 67, from 1 talent 10.5 minas[17] of wool "from the shearing" of the 4th year of Nabonidus (552), 10.5 minas constituted the tithe of Bēl, Nabû, and Nergal. The indication of the place at which the document was drawn up is missing. The text, however, mentions a certain Ṭâbija (without patronym and family name) who almost certainly was identical with Ṭâbija, son of Nabû-apla-iddin, descendant of Sîn-ili. He is referred to in many records written from 583 to 545 in Babylon, Sippar, Kish, and in some other cities as a scribe, lessor of fields, and creditor. For instance, as seen from *VS* 3, 197, he was paid rent in dates due on his field planted with date palms and located near Sippar. According to *VS* 6, 80, 17 *kurru* of dates were paid as rent for the year 547 incumbent on a field belonging to him (without filiation). From this amount 3 *kurru* were destined for Bēl, Nabû, and Nergal apparently as their tithe. Finally, in 544 a certain Zababa-erība paid from his income of 3 *kurru* of barley 1 *pānu* 4 *sūtu* to Nabû and 5 *sūtu* to Nergal.[18]

It is also appropriate to mention here a few more documents. One of them records that 3 talents 32 minas of iron belonging to the "estate of

---

[15] *Nbk.* 430, 2: *eš-ru-ú*.

[16] On the tithe in Babylonia see M.A. Dandamayev, "Der Tempelzehnte in Babylonien während des 6. bis 4 Jh. v.u. Zeit", in R. Stiehl/H.E. Stier (eds.), *Beiträge zur alten Geschichte und deren Nachleben. Festschrift für Franz Altheim* (Berlin 1969), 82-90; E. Salonen, *Über den Zehnten im Alten Mesopotamien* (*StOr* 43:4, Helsinki 1972); G. Giovinazzo, "The Tithe *ešrû* in Neo-Babylonian and Achaemenid Period", in P. Briant/C. Herrenschmidt (eds.), *Le tribut dans l'Empire Perse* (Paris 1989), 95-106; M. Jursa, *Der Tempelzehnt in Babylonien vom siebenten bis zum dritten Jahrhundert v. Chr.* (*AOAT* 254, Münster 1998).

[17] The following measures of capacity and weights are mentioned in this paper: 1 *kurru* = 180 l, 1 *pānu* = 36 l, 1 *sūtu* = 6 l; 1 talent = ca. 30 kg, 1 mina = 0,5 kg, 1 *šiqlu* (shekel) = ca. 8,3 g.

[18] *VS* 6, 83 (the provenience is unknown).

Nergal"[19] were issued to a certain Šamaš-ēreš, who apparently was a blacksmith[20] for the manufacture of some iron tools. Another text states that a certain Balāṭu, son of Nabû-uballiṭ, was to deliver six *kurru* of barley from the "estate of Nergal" to a third person. This amount was to be repaid in the month Simānu (June) and apparently constituted an annual rent on a field of Nergal. The document was drafted in the month Addaru of the 8th year of Nabonidus (548) in Ālu-ša-Nergal [*Nbn.* 315]. This toponym is not attested in other texts. Since the document belongs to the Sippar Collection it seems reasonable to conclude that this place was located not far from Sippar. Also worthy of note is one more document from Sippar, according to which in 558 a resident of Sippar swore an oath invoking Bēl, Nabû, Šamaš, Nergal, and the majesty of Nergal-šar-uṣur, King of Babylon, and committing himself to pay off a certain amount of barley to the overseer (*qīpu*) of the Ebabbara temple within eight months.[21]

We possess only occasional texts from the archives of the Esagila temple, the sanctuary of the supreme Babylonian god Marduk, and in them the tithe for Nergal is not mentioned. But there have been preserved a number of documents from private archives drafted in Babylon and in its suburbs which contain some information about this tax.

As seen from *Nbn.* 270, drawn up in Babylon in 549, an inhabitant of this city sold his slave for forty-five shekels of silver in order to pay off the "tithe of Bēl, Nabû, Nergal, and Bēlet-Uruk".

The following documents come from Šahrinu, a suburb of Babylon.[22] According to the first of them, an annual rent of 26 *kurru* of dates was incumbent on a field planted with date palms which belonged to a certain Nergal-nāṣir, son of Nadin. This land was located "next to the fields of the gods Bēl and Nabû". The text also contains an addition stating that the "tithe of Nergal has already been paid".[23] The document was drafted in the 1st year of Cambyses (529). *Camb.* 54 from the same year states that twelve *kurru* of dates constituted the rent on another field belonging to the above-mentioned Nergal-nāṣir, while "the tithe of Nergal has already been paid".

The next text records the delivery of 515 strings of garlic by several persons as *šibšu*-tax and each shipment is attested with the designation *ina šadî*, "from mountain" (see below). The payment was made to an official

---

[19] *CT* 55, no. 230, 2: NÍG.GA ᵈU.GUR.

[20] Cf. A.C.V.M. Bongenaar, *The Neo-Babylonian Ebabbar*, 369, n. 327.

[21] *Ner.* 47. See the collation of this text in R.H. Sack, *Neriglissar – King of Babylon* (*AOAT* 236, Kevelaer/Neukirchen-Vluyn 1994), 186-87, no. 47.

[22] R. Zadok, *Geographical Names According to New and Late-Babylonian Texts* (*RGTC* 8, Wiesbaden 1985), 284.

[23] *Camb.* 53, 7; on this text see C. Wunsch, *Die Urkunden des babylonischen Geschäftsmannes Iddin-Marduk* (*CM* 3, Groningen 1993), no. 321.

who bore the title LÚ *ašpagā* of Šahrinu. The text has a notice, according to which the tithe of Nergal had not yet been paid.[24] The names of the witnesses and the scribe, as well as the place where the document was written and its date are missing. Nevertheless, it is obvious that the payment was made in Šahrinu. As the editor of this text assumes, the official mentioned in it was responsible for the collection of the *šibšu*-tax. To judge from his title (its exact meaning is unknown), which does not occur in other texts, the document belongs to the Achaemenid period.[25]

The provenience of the next document is unknown. It records the payment of barley as the "tithe (due to the) estate of Nergal"[26] for the 21st year of Darius I (501) which was incumbent on several fields located along the bank of the Borsippa Canal and in some other places. For instance, the tithe from a locality named Šappi consisted of 4 *kurru* (line 35). The exact location of these toponyms is unknown. Among them Bīt-Ṭāb-Bēl and the Borsippa Canal are more or less known. It is usually supposed that the latter flowed southeast of Babylon[27], while the first place was located near Šahrinu.[28] Wunsch supposes that it was probably situated more close to Borsippa than to Babylon.[29]

Nergal's tithe is also mentioned in two letters. They belong to the correspondence between a well-known slave Madānu-bēla-uṣur and his masters. The letters are not dated, and the place from which they were sent is unknown. Many texts in *CT* 22 where the letters under consideration are published constitute the official correspondence of the Ebabbara temple in Sippar and belong to its archives. Referring to this fact and also to the document *Camb.* 369 according to which Madānu-bēla-uṣur collected a certain amount of money as his share of a business venture in Sippar, the present author argued that his letters were sent from there.[30] This assumption, however, has been correctly rejected by Wunsch.[31] In order to determine the place of origin of these letters we must trace the background of Madānu-bēla-uṣur's activities.

In the years 547-527 he belonged to the well-known businessman Iddin-Marduk from the Nūr-Sîn family, and in 526-522 his master was Itti-Marduk-

---

[24] Ibid., no. 357.

[25] Ibid., vol. 1, 32, n. 125.

[26] *Dar.* 533, 1: *eš-ru-ú* NÍG.GA [d]U.GUR.

[27] See R. Zadok, *Geographical Names*, 367.

[28] See ibid. 108.

[29] See C. Wunsch, *Die Urkunden*, vol. 1, 23.

[30] M.A. Dandamayev, *Slavery in Babylonia* (DeKalb 1984), 358.

[31] C. Wunsch, *Die Urkunden*, vol. 1, 46, n. 177.

balāṭu of the Egibi firm who had married Nuptaja, the daughter of Iddin-Marduk. Later he belonged to Marduk-nāṣir-apli of the same Egibi family.[32] Although the members of these economically powerful houses were permanent residents of Babylon, their activities also extended to many other places. Thus, Iddin-Marduk bought large amounts of garlic, barley, and dates in Šahrinu, Bīt-Ṭāb-Bēl and Til-Gula from farmers and tenants of land, transferred these products to Babylon and sold them there. There is also some evidence of his commercial activities in Uruk.[33] Of special interest are his transactions made in Borsippa.[34] In two documents drawn up in Babylon, Iddin-Marduk appears as a creditor of some amounts of money, barley, and dates, while the debtor's houses in Borsippa served as security for their loans [*Nbn.* 678, 808].

The house of Egibi was engaged in various transactions in many cities of Babylonia. In the years 554-502 the commercial operations of Itti-Marduk-balāṭu and Marduk-nāṣir-apli are attested in Borsippa, Kiš, Kutha, Opis, Sippar, and Uruk.[35] Besides, according to *Dar.* 379, the Egibi family owned two houses and a plot of land in Borsippa.

As to Madānu-bēla-uṣur, he acted as an agent of his masters and an independent businessman from 547 to 502 in Babylon and in its suburbs, as well as in Borsippa and in some other cities.[36] Of special interest is a document, according to which in 534 he bought 42,000 strings of garlic from a certain Nergal-ēṭir.[37] The name of the place where the text was drafted has not been preserved. Among the witnesses of the transaction, a certain Remut, son of Nergal-iddin of the Miṣiraja family, is listed. He appears as a witness also in a document which comes from Borsippa.[38] Thus, to judge from prosopographical evidence, the above-mentioned text from 534 was drafted in Borsippa.[39]

It is obvious that the letters under consideration were written during various periods between 545 and 502 to Iddin-Marduk,[40] Itti-Marduk-balāṭu

---

[32] See M.A. Dandamayev, *Slavery*, 359-60.

[33] See C. Wunsch, *Die Urkunden*, vol. 1, 19-61.

[34] *Moldenke* I, 18; *Nbk.* 201; *Nbn.* 85, 187, 210; C. Wunsch, *Die Urkunden*, no. 259.

[35] For references see J. Krecher, *Das Geschäftshaus Egibi in neubabylonischer und achämenidischer Zeit* (unpublished Habilitationsschrift, Münster 1970), 133-166, 304-305.

[36] See M.A. Dandamayev, *Slavery*, 345-64.

[37] C. Wunsch, *Die Urkunden*, no. 299.

[38] *OECT* 12, A 117, 11; the reference to "A 110" in the index of personal names on p. 41 is apparently a misprint.

[39] Cf. also *Camb.* 376 drawn up in the same city.

[40] *CT* 22, nos. 78-81. These letters are translated in: C. Wunsch, *Die Urkunden*, vol. 2, 318-23; see ibid. for earlier translations.

(*TCL* 9, no. 124) and Marduk-nāṣir-apli.[41] In these letters the sender answers the questions of his masters and asks for instructions to be given. One of these letters, *CT* 22, no. 8, was dispatched to him by Iddin-Marduk. It is almost certain that the recipients of the letters were staying in Babylon. Thus, Madānu-bēla-uṣur informs Iddin-Marduk that one of his business partners is going to Babylon and advises the addressee to buy garlic from him [*CT* 22, no. 81]. In another case, he asks Marduk-nāṣir-apli to dispatch some workmen to him in order to dig a canal and also to send him some money [*CT* 22, no. 83]. In one letter from the governor of Babylon a certain person is instructed to deliver all dates in Bīt-Ṭāb-Bēl which belonged to Iddin-Marduk to his slave [*CT* 22, no. 243]. It can be inferred from this that the latter was there. To judge from Pinches, *Peek* 22, he might have been in Borsippa, since he swore an oath invoking Nabû, the city god of Borsippa, in order to assure his master that he had appropriated nothing of his property.

In *CT* 22, no. 8 Iddin-Marduk instructs Madānu-bēla-uṣur to pay Nergal's tithe in garlic due from him and his farmers (*ikkarāti*). As Wunsch notes, this text contains a hint that he tilled the temple land with the help of tenants.[42] Direct business contacts between Iddin-Marduk and the administration of the Esagila temple in Babylon and Ezida in Borsippa, some twenty kilometres distant from Babylon, can be traced only in a few documents, namely in those cases, when he was paying rent and taxes incumbent on some temple properties.[43] In 543 one of Iddin-Marduk's slaves (Arad-Bēl) paid the rent on a field which was located in Šahrinu, Ālu-ša-Nabû (i.e. "City of Nabû"). The field itself was a "property of Nabû, the king of the world".[44] Thus, the latter place was part of Šahrinu, and Ezida's fields extended there, as well as Esagila's lands.[45]

In *CT* 22, no. 78 Madānu-bēla-uṣur reminds his master that he transferred to him 180 *kurru* of dates and advises him to pay "the tithe (incumbent) on the mountain of Nergal",[46] as well as to deliver the *šibšu*-tax due from the "owner of the fields"[47] as it was paid the last year. In conclusion, he writes that nine shekels of silver were paid to the temple[48] as Nergal's tithe on sheep and, finally, asks his master to send him further instructions via a certain

---

41 *CT* 22, nos. 82, 83; Pinches, *Peek* 22.

42 C. Wunsch, *Die Urkunden*, vol. 1, 47.

43 See ibid. 53, 62.

44 Eadem, ibid., no. 214.

45 See ibid., vol. 1, 62.

46 Line 17: *eš-ru-ú šá* KUR-*i šá* ^{d}U.GUR.

47 Line 19: EN GÁN.MEŠ.

48 Line 23: *é-kur*.

Šellibi. The latter is mentioned also in a document, according to which fifty strings of garlic were delivered as the rent on his field "on mountain".[49]

No other reading seems possible in the context for the signs KUR-*i* than *šadû*, "mountain". According to Ebeling, in *CT* 22, no. 78 it designated a cultic place.[50] The word *ekur* in the same text is translated by him as "temple".[51] Discussing the same letter, Wunsch renders it either the "temple" or the "Ekur-temple".[52]

As is well known, Ekur was the name of the famous temple of Enlil in Nippur.[53] A temple of Nergal is also attested in Nippur.[54] But as far as it is possible to judge, none of these sanctuaries is meant in the above-discussed letters, since there is no evidence on Iddin-Marduk's activities in the Nippur region or any his income there on which he would have to pay the temple tithe. It seems almost certain that a shrine of Nergal in Babylon is meant in the documents and letters under consideration. His cult in Babylon, as well as shrines dedicated to a number of other gods, is also known from several cultic and topographical texts.[55]

---

[49] C. Wunsch, *Die Urkunden*, no. 357, 6: AŠ KUR-*i*. Cf. above.

[50] E. Ebeling, *Neubabylonische Briefe* (München 1949), 47.

[51] Ibid., 47. See also E. Salonen, *Über den Zehnten*, 33: "Zehnter des Berges (für den Berg) des Gottes Nergal"; C. Wunsch, *Die Urkunden*, vol. 1, 46. n. 178: "den Zehnt des 'Berges' des Nergal".

[52] Ibid., 47, n. 178; 62, n. 240.

[53] See A.R. George, *House Most High*, 116, no. 677.

[54] See ibid., 167, no. 1354.

[55] E. Unger, *Babylon*, 151; A.R. George, *Babylonian Topographical Texts* (*OLA* 40, Leuven 1992), 10 and 416.

Kleiner Leitfaden zum Silbenvokabular A

Gertrud Farber (Chicago)

Während der langen Jahre, die Johannes Renger im Oriental Institute in Chicago zugebracht hat, am Stück und bei kürzeren Aufenthalten, hat er die unglaublich ordentliche Unordnung des lexikalischen Materials kennen gelernt. Ordentlich insofern, als es einige wenige gibt, die stets wissen, wo zu suchen, und stets den gesuchten Beleg finden können. Unordnung insofern, als kein anderer jemals fündig werden könnte.

In den langen Jahren, die der Schreiber dieser Zeilen am Oriental Institute langsam mit den lexikalischen Listen vertrauter wurde, häuften sich die Fälle, in denen sich gewisse Listen gegen jegliches Verständnis sträubten. Wann immer eine neue Runde des "checking", des Belege-Überprüfens für einen neuen *CAD*-Band, begann, brütete ich z. B. über dem Silbenvokabular A und versuchte mich daran zu erinnern, wie, wonach und warum es gerade so zitiert wurde. Bei einer solchen Runde des "checking" entdeckte ich vor einiger Zeit ein in der Masse des Materials in Vergessenheit geratenes Foto eines aB Textchens, das den vollständigen und, wie fast immer bei der "einsprachigen" Version, fast variantenlosen Text des Silbenalphabets A enthält.[1]

Dieses kleine Duplikat möchte ich daher heute zum Anlaß nehmen, die Text- und Überlieferungssituation des "zweisprachigen" Silbenvokabulars A darzustellen. Es ist mir zwar durchaus klar, daß unser Jubilar an der Aufarbeitung lexikalischen Materials weniger Freude empfinden wird als an manch einer anderen Komposition. Seine lange Erfahrung mit dem *CAD* und den verborgenen Schubladen und Winkeln, die mit alten Manuskripten gefüllt sind, wird ihm aber vielleicht trotzdem ermöglichen, sich über die Enthüllung einiger Geheimnisse zu einem lexikalischen Text zu freuen.

---

[1] Ich möchte den Trustees des Britischen Museums meinen Dank dafür aussprechen, das Foto von BM 14063 (= 96-4-2, 164) hier publizieren zu dürfen.

Zur Definition

Benno Landsberger hat in seinem grundlegenden Aufsatz in *AfOB* 1[2] und später in seinem Nachtrag in *Schulbücher*[3] klar gelegt, was er unter den Begriffen Silbenalphabet A und B (SA A und SA B) und Silbenvokabular A (SV A) versteht. Diese Silbenalphabete und die (meist) linke Spalte des Vokabulars sind eine Aneinanderreihung von einfachen Zeichengruppen nach gewissen phonetischen oder rhythmischen Prinzipien, die dazu dienten, das Erlernen der Schriftzeichen zu vereinfachen. Die einzelnen Zeichen werden dabei häufig redupliziert oder auch vertauscht nach dem Prinzip AB – BA.[4] Dabei entstehen u.a. bestimmte Vokalfolgen der aneinandergereihten Silben, wie in der Serie tu-ta-ti[5], oder Serien, in denen dieselben Zeichen mehrfach von Zeile zu Zeile in anderen Kombinationen wiederholt werden wie in SA A (me-me pap-pap) und SA B (a-a a-a-a)[6]: z. B. Gruppen wie maš-dù, maš-ni, tab-ni, be-ni oder a-ba, a-ba-ba, ba-ba, ba-ba-a, ba-za, ba-za-za. Landsberger hat in seinen oben genannten Publikationen endgültig die kuriose Idee aus dem Weg geräumt, daß das Silbenalphabet A die musikalische Notierung eines literarischen Textes darstelle. Anstoß zu dieser Idee hatte die eigenwillige und uns nach wie vor nicht nachvollziehbare Kombination des Silbenalphabets mit dem Schöpfungsmythos aus *KAR* 4 (s. Anm. 14) gegeben. Landsberger gelang es jedoch nachzuweisen, daß etliche der in SA A gelisteten Zeichenkombinationen auf frühe Personennamen zurückgehen. E. Sollberger hat dazu später in seiner Edition des SV A Exemplars J[7] weitere Parallelen und Beweise angeführt.

SA A war also ursprünglich eine Liste von einfachen Zeichen, wobei auch einfache Personennamen miteinbezogen wurden. Bereits in aB Zeit wurde SA A jedoch nicht mehr als eine PN-Liste verstanden, sondern offensichtlich in den Schulen zum Erlernen einfacher Zeichen und Zeichenkombinationen verwendet.[8]

---

[2] B. Landsberger, "Die angebliche babylonische Notenschrift", *AfOB* 1 (Berlin 1933), 170-178.

[3] B. Landsberger in M. Çığ /H. Kızılyay, *Zwei altbabylonische Schulbücher aus Nippur* (Ankara 1959), 98.

[4] W.W. Hallo führt in "The Lame and the Halt", *Eretz Israel* 9 (1969), 69 hierfür den Begriff "Schüttelreim" an.

[5] Siehe *Schulbücher*, 59-65.

[6] Siehe *Schulbücher*, 66-76.

[7] E. Sollberger, "A three-column Silbenvokabular A", *AS* 16 (1965), 21-28.

[8] Wichtige neuere Literatur zu SA A und SV A: A. Cavigneaux, "Lexikalische Listen", *RlA* 6 (1980-1983), 618f. und N. Veldhuis, *Elementary Education at Nippur. The List of Trees and Wooden Objects* (Groningen 1997), 43 und 130.

Die Lehrer der Edubbas sind nun allerdings für häufig übertriebene Eifrigkeit bekannt. So ist es für uns keineswegs überraschend, daß die z.T. sinnlosen, phonetischen und spielerischen Zeichenkombinationen als sumerisch definiert und dann ins Akkadische übertragen wurden. Diese "zweisprachige", z.T. mit zwei akkadischen Spalten versehene Ausgabe nannte Landsberger das Silbenvokabular A. Viele dieser sogenannten akkadischen Entsprechungen, besonders in der zweiten akkadischen Spalte dreispaltiger Rezensionen, sind Götternamen.

Überlieferungsgeschichte

Während SA B nur in den Schulen des aB Nippur verwendet wurde, war SA A und SV A in ganz Mesopotamien verbreitet.

Aus aB Zeit kennen wir Texte des SA A aus Nippur[9], Sippar, Kiš, Isin, Larsa, Ur, Uruk, Iščali, Tell Ḫarmal, ja selbst aus Susa.

Die "zweisprachige" Version SV A ist uns aB aus Isin (IB) und Nippur (N) bekannt, sowie aus zwei weiteren Texten (C und J) unbekannter Herkunft. Die akkadischen "Übersetzungen" sind jede für sich Individuen. Während in allen Versionen, egal aus welcher Zeit oder Gegend, die "sumerische" Spalte fast variantenlos bleibt, hat jede Schreiberschule verschiedene akkadische Assoziationen mit den Zeichengruppen der ersten Spalte gehabt und entsprechend andere akkadische Entsprechungen oder Götternamen eingetragen.

Sowohl SA A als auch SV A haben in der nachaltbabylonischen Zeit weitergelebt. Beide sind aus Ras Šamra und Assur belegt. Der Text aus Ninive hat nur SA A, aus Emar kennen wir bisher nur SV A. Das einzige uns aus Boğazköy überlieferte Fragment (B) scheint zweisprachig zu sein.

Die Rezensionen des SV A aus Ras Šamra und Emar stammen offensichtlich aus derselben Quelle; die akkadische Spalte ist nicht mehr individuell verschieden, sondern wir haben es mit echten Duplikaten zu tun. Die Anzahl der akkadischen Entsprechungen pro Zeile hat gegenüber den aB Versionen stark zugenommen. Trotz der Parallelität dieser beiden mB Rezensionen möchte ich nicht von einer Normalisierung oder Kanonisierung[10] der akkadischen Spalte(n) sprechen, da die kleinen Fragmente, die wir aus Assur haben, wieder stark abweichen.

---

[9] Landsberger (s. *Schulbücher*, 98) nahm noch an, daß SA B in Nippur und SA A überall sonst verwendet wurde. Inzwischen sind fünf Duplikate des SA A und eines des SV A aus Nippur bekannt geworden. Die Texte N_2 - N_4 wurden von N. Veldhuis identifiziert, s. *Education*, 130 Anm. 115 (N_4 lt. mdl. Mitteilung). Zur Nippur-Überlieferung s. auch A. Cavigneaux, *RlA* 6, 619 (Literaturangaben); *TIM* 10/1, 159 gehört jedoch nicht zu SA A.

[10] S. N. Veldhuis, *Education*, 130 Anm. 116.

Die Eigentümlichkeiten des Silbenvokabulars A

Bereits aB begannen die Schreiber, das SV A wie einen Geheimtext zu behandeln und niederzuschreiben. Während die Texte J und N wie andere Vokabulare eine linke "sumerische" und eine oder zwei rechte akkadische Spalten haben, schreibt Text C die Zeichengruppen rechts vom Akkadischen von rechts nach links[11], ohne die Spalten durch eine senkrechte Linie zu kennzeichnen, so daß es dem Leser überlassen ist, die Trennung zwischen den beiden Einträgen, der Zeichengruppe und dem Akkadischen, zu finden.

Noch verwirrender ist das Vokabular aus Isin.[12] Obwohl diese Umstände im Grabungsbericht aus Isin[13] deutlich beschrieben sind, sind sie m.E. nicht genügend beachtet worden und sollen daher hier noch einmal im Einzelnen dargestellt werden. Der Isin-Text ist die älteste uns überlieferte Version des SV A, die dieses mit dem Schöpfungsmythos, den wir aus *KAR* 4[14] kennen, koppelt. Während der Mythos in *KAR* 4 (A) und dem Ninive-Text (A_1) zweisprachig überliefert ist, enthält IB eine einsprachige sumerische Version, die jedoch einen stark stenographischen Charakter hat, der gerade knapp eine Identifizierung der Komposition und der Zeilen zuläßt.

Das Silbenvokabular in IB jedoch ist zweisprachig und ganz besonders kryptisch angeordnet, und zwar die Zeichengruppen links vom literarischen Text, die akkadischen Entsprechungen rechts des Mythos. Wir haben hier also drei Unterkolumnen, die zu allem Überfluß nicht einmal durch Striche getrennt sind. Schließlich wird die Entzifferung auch noch dadurch erschwert, daß die Haupt-Kolumnen auf der Rückseite vertauscht sind. Die Verbindung zum Schöpfungsmythos ist und bleibt ein faszinierendes und vorläufig unlösbares Rätsel.[15] Weder weisen die Zeichengruppen die geringste Beziehung zum literarischen Text auf, noch deren akkadische Entsprechungen. Weder kommen die Zeichen in den entsprechenden Zeilen des Mythos vor, noch sind sie logisch zu verknüpfen. Dennoch sind in allen

---

[11] Zum Phänomen des "reverse writing" s. auch P.-A. Beaulieu, "An Excerpt from a Menology with Reverse Writing", *ASJ* 17 (1995), 9.

[12] Ich möchte an dieser Stelle C. Wilcke ganz herzlich danken, daß er mir seine noch unpublizierte Kopie des Textes IB 591 zugänglich gemacht hat.

[13] D.O. Edzard/C. Wilcke, "Vorläufiger Bericht über die Inschriftenfunde", in B. Hrouda (Hrsg.), *Isin-Išān Baḥrīyāt* I - Die Ergebnisse der Ausgrabungen 1973-1974 (*ABAW Neue Folge* 79, München 1977), 86.

[14] Neueste Edition des Textes bei G. Pettinato, *Das altorientalische Menschenbild* (Heidelberg 1971), 74-81, s. dazu auch die Bemerkungen von W.G. Lambert in *BSOAS* 35 (1972), 134f. Eine neuere Übersetzung des Textes von K. Hecker findet sich in *TUAT* III (Gütersloh 1990), 606ff.

[15] Zu dem Problem "Geheimwissen" vgl. R. Borger, *RlA* 3 (1957-1971), 188-191; s. auch A. Cavigneaux, *RlA* 6, 619a.

drei bisher bekannten Texten, die den Schöpfungsmythos mit SV A oder SA A verknüpfen (aB in Isin und m/nA in Assur und Ninive), dieselben Zeichengruppen mit denselben Zeilen des literarischen Textes gekoppelt: in Isin der sumerische Mythos mit SV A, in den beiden späteren Texten aus dem Norden der zweisprachige Mythos mit SA A.

Die nA Rezension aus Ninive stellte offenbar die mittlere Tafel einer dreitafeligen Serie dar. Laut Kolophon von A_1 war der Name der Serie me-me pap-pap *i-li*.[16] Die uns erhaltene Tafel ist Tf. 2, die den Schöpfungsmythos gekoppelt mit SA A enthält; die dritte Tafel sollte laut Stichzeile das Atra-ḫasīs-Epos enthalten. C. Wilcke und D.O. Edzard[17] stellen zu Recht die Frage, ob der Isin-Text auch Teil einer Tafelserie war, ein Kolophon ist jedoch leider nicht erhalten.

Publikations- und Forschungsstand von SA A und SV A

Landsberger hat einige von den "zweisprachigen" Versionen gekannt und auch ein Manuskript für den Gebrauch des *CAD* hergestellt, aber er hat nie eine Edition des SV A publiziert. Dies blieb J. Nougayrol und E. Sollberger in einer Landsberger gewidmeten Festschrift[18] vorbehalten. Die Edition Sollbergers ist besonders glücklich, als er so, wie sein Exemplar es schreibt, jedem Eintrag eine Zeile widmet und seitdem sowohl SV A als auch SA A eine normierte und eindeutig zitierbare Zeilenzählung haben.[19]

E. Sollberger hat in seiner Ausgabe außerdem alle ihm zugänglichen Duplikate, die in Landsbergers Textzusammenstellung genannt waren, eingearbeitet. Er hat sogar seine Verzettelungen der bis dahin erschienenen *CAD*-Bände mitverwendet, da dort Zeilen und Entsprechungen zitiert werden, die er nicht am Textmaterial nachvollziehen konnte. Die von

---

16 Zur Rekonstruktion des Kolophons s. W.G. Lambert/A.R. Millard, *Atra-ḫasīs* (Oxford 1969), 35f. Wenn *i-li* tatsächlich, wie Lambert annimmt, Zitat aus der 1. Zeile der akkadischen Spalte von SV A ist, dann hätte die erste Tafel der Serie wohl eine Version des Silbenvokabulars enthalten und könnte Text E, wie Lambert vorschlägt, ein Fragment von dieser ersten Tafel sein.

17 In *Isin-Išān Baḥrīyāt* I, 86.

18 E. Sollberger, "A Three-Column Silbenvokabular A", *AS* 16 (Chicago 1965), 21-28 und J. Nougayrol, "'Vocalises' et 'syllabes en liberté' à Ugarit", ibid. 29-39, zum SV A: 33-39.

19 Landsberger hatte in seiner Edition in *AfOB* 1 und in *Schulbücher* die Zeichengruppen nach rhythmischen Gesichtspunkten kombiniert. Seine Zeilenzählung folgte der Anordnung von *KAR* 4, wo jeweils mehrere Zeichengruppen pro Zeile stehen. Für den Gebrauch des *CAD* und eine spätere Edierung des Gesamtmaterials hatte er allerdings auch eine Edition hergestellt, in der jede Eintragung eine Zeile oder Nummer bekam. Diese Zeilenzählung, die mit der Sollbergers übereinstimmt, hat das *CAD* übernommen.

Landsberger verwendeten Siglen für die Texte[20] hat er weitestgehend beibehalten, was auch hier geschehen soll.

Zweck dieses Aufsatzes

Der Zweck dieses Aufsatzes ist nicht, eine weitere Edition eines recht uninteressanten[21] Werkes mesopotamischer Lexikographie vorzulegen. Der Edition des SA A von Landsberger ist außer vielen neuen Textzeugen nichts hinzuzufügen, und mit der normalisierenden Edition des Silbenalphabets in der Vokabularform hat Sollberger uns eine zitierfähige Edition vorgelegt. Da aber nun die akkadischen Entsprechungen untereinander so stark abweichen, im *CAD* jedoch nicht nach ihren Quellen, sondern nach einem alten Manuskript Landsbergers zitiert werden, möchte ich hier den Kommentar Sollbergers soweit ergänzen, daß der Benutzer des *CAD* nachschlagen kann, aus welcher Quelle und Zeitstufe die Zitate des *CAD* stammen.

Das Manuskript, das das *CAD* zu Grunde legt, enthält, außer der Standardversion des SA A für die linke Spalte, folgende Texte für SV A: C (aB), D (nA), E (nA), H (nA), N (aB) und z.T. auch J (aB). Sollberger zieht in seiner Edition noch den Paralleltext VAT 11514, zitiert bei Landsberger in *AfOB* 1, 176, heran.

Die beiden Editionen Sollbergers und Nougayrols und alle später publizierten Texte werden im *CAD* nach ihrem Publikationsort zitiert und als Silbenvokabular A in Klammern ausgewiesen.

Im folgenden möchte ich eine Liste aller mir bekannten Texte zu SA A und SV A vorlegen und die "notes" E. Sollbergers in *AS* 16, 24-28 nach dem mir zugänglichen Material ergänzen.[22]

---

[20] Die Siglen stehen z.T. für den Anfangsbuchstaben des Herkunftortes, z.B. N für Nippur, S für Sippar.

[21] Zu diesem Thema s. den unfreiwilligen Humor von Hadi Al-Fouadi in *TIM* 10/1, S. 10, Ende des vierten Absatzes.

[22] Ich möchte an dieser Stelle vor allem meinen Dank an das *CAD*- und *MSL*-Projekt, besonders an M. Civil, aussprechen, über die mir das Material für diese Studie zugänglich gemacht wurde. Im Sinne des Vorwortes, das das Editorial Board des *CAD* 1969 in *MSL* 12, nach dem Tod B. Landsbergers, verfaßte, standen mir das ganze unpublizierte Material und die alten Manuskripte Landsbergers und seiner Mitarbeiter zur Verfügung. Unter anderem sei erwähnt, daß für Text S_2 eine sehr nützliche Umschrift von H.G. Güterbock verwendet werden konnte.
Besondere Umstände begleiten Text D und seine Publikation in diesem Artikel. Das *CAD*- und *MSL*-Projekt besitzt eine Handkopie E. Weidners, deren Publikationsrechte dieser Landsberger bzw. dem *MSL* übertragen hatte. Nach Absprache mit M. Civil und mit Zustimmung der Direktorin des Vorderasiatischen Museums in Berlin, B. Salje, soll Weidners Kopie nun endgültig zugänglich gemacht werden, s. Abb. 2 und 3.

Die Texte[23]

I. SA A:
Die altbabylonischen Texte:

I:	(Iščalī) *OBTIV* 293; Rs. und Vs. sind zu vertauschen	3-9; 22-28; 55-61; 78-81(?); 82-85
IB_1:	(Isin) IB 1562, Zeilenangabe nach N. Veldhuis, *Education*, 43 Anm. 134	100-109
K[24]:	(Kiš) *PRAK* II Tf. 51: D. 59, Rs. und Vs. sind zu vertauschen	ca. 5-11(?); 18-23; 35-39; unklar
L:	(Larsa) D. Arnaud, *BBVOT* 3 (Berlin 1994), 84 Rs., die Kolumnen laufen von links nach rechts	29-42; 75-85
N_1:	(Nippur) CBS 13706, R.S. Falkowitz, *AfO* 29/30 (1984), 30	1-2
N_2[25]:	UM 29-15-460, unpubl.	31-44; 60-66; 83-92; 102-112
N_3:	CBS 14150, unpubl., s. Anm. 25	22-34; 57-66
N_4:	CBS 5957, unpubl., s. Anm. 25	60-70; 84-96
N_5:	2 N-T-263 in *TIM* 10/1, 168	8-9; 8-9
S:	(Sippar) V. Scheil, *MIFAO* 1, S. 38ff., Nr. 204+687, unter Verwendung von Nr. 213 und Nr. 687	1-21; 22-42; 43-65; 66-87; 93(!)-119

Besonderer Dank gilt dem British Museum, s. Anm. 1, C. Wilcke, s. Anm. 12, und Niek Veldhuis, der die Zeilenfolge der Nippurtafeln in Philadelphia für mich überprüfte und mir auch noch den Text N_4 bekannt machte.

23 Zu den Siglen vgl. Anm 20. Ich habe versucht, Landsbergers Prinzip beizubehalten. Die Sigle S_2 ist mir nicht nachvollziehbar, wird jedoch nicht verändert.

24 Weitere Schultafeln aus Kiš, die in *PRAK* II, S. 45ff. im Katalog beschrieben sind und von Landsberger, *AfOB* 1, 170 Anm. 1a zu SA A gestellt werden, weichen stark ab und ähneln eher SA B.

25 N_2 - N_4 von N. Veldhuis identifiziert, zu N_2 und N_3 s. *Education*, 130 Anm. 115, N_4 laut mdl. Mitteilung. Zeilenzählung nach seinen Angaben.

Si:	(Sippar) V. Scheil, *RT* 17 (1895), 34: XV, der Text hat kleine Varianten	1-10; 19-27; 30-39; 46-48; 41-48
Su:	(Susa) *MDP* 18, 1, kleine Varianten	1-22; 28-56
Su_1:	*MDP* 27, 243	58-60; 71-89; 102-116
Su_2:	M. Tanret, in *Fs. Stève* (Paris 1986), 142f., sechs kleine Schultexte	1-3; 33-34; 53-55; 57-58; 67-69; 85-86
Su_3-Su_{28}:	*MDP* 27, 5; 7-18; 20-23; 26-30; 178; 180; 181; 235, 26 Schultexte	20-22; 37-38; 38-40; 42-44; 45-47; 48-50; 64-66; 67-69; 69-71; 70-72; 76-78; 80-82; 84-86; 87-89; 90-92; 93-95; 96-98; 100-103; 105-109; 108-110; 111-113; 17-19; 80-83; 96-98; 108-110
TH	(Tell Ḥarmal) T. Baqir, *Sumer* 2 (1946), nach S. 30, Z. 56, 63 und 76 om.	1-21; 22-42; 43-62; 64-82; 83-102; 103-119; 120-124
TH_1:	HL-5-36 in *TIM* 10/1, 144	35-37
TR	(Tell Rimāḥ) TR 220 in *OBTR* (Hertford 1976), 161	50-52
Ur:	(Ur) *UET* 6/2, 364	14-16
$Uruk_1$-$Uruk_3$:	(Uruk) A. Cavigneaux, *BaM* 13 (1982), 21ff. Nr. 8, 9 und 13	1-2; 1-2; 1-4
$Uruk_4$-$Uruk_{11}$:	Idem, *Altbabylonische Texte aus dem Planquadrat Pe XVI-4/5* (*AUWE* 23, Mainz 1996), Nr. 188	1-5
	ditto Nr. 189	62-72
	ditto Nr. 190	7-14; 12-14; 1-7
	ditto Nr. 191, Rs. und Vs. zu vertauschen	24-31; 68-71
	ditto Nr. 192	11-18
	ditto Nr. 255	1-3
	ditto Nr. 256	103-105
	ditto Nr. 257	109-111

Altbabylonische Quellen unbekannter Herkunft:

S2:	VAT 10982, vierseitiges Prisma mit acht Kol., unpubl., nach einer Umschrift von H.-G. Güterbock (s. Anm. 22): Z. 56 und 123 om., in der letzten Spalte nochmals Auszüge der ersten Zeilen	15-20; 21-38; 39-57; 58-76; 77-93; 94-110; 111-124
BIN 2, 41 Rs.		1-3
BIN 2, 58		72-74
BM 14063	(= 96-4-2, 164), Foto hier Abb. 1, die Kolumnen der Rückseite laufen von links nach rechts, Z. 44 om., Var.: Z. 42: ni-ba statt ba-ni, Z. 50 und 51 vertauscht, Z. 53: kas-ba statt kas-ni	1-23; 24-47; 48-68, [...], ⸢73-75⸣; 76-101; 102-124
CT 44, 45	Schulübung, ungewöhnliche Reihenfolge	1-9; 112-115; 8, 18, 17, 18, 17, 20-32; 33-37
Speleers, *RIAA* Nr. 213 Vs.		1-6(!)

Texte aus mittelbabylonischer Zeit:

RS2:	(Ras Šamra) J. Nougayrol, *AS* 16 (1965), 31ff., Komposittext, Zusatzzeilen: wa-zu nach Z. 38, gab-gab-a nach Z. 69, einige kleine Varianten	11-79; 87-98; 102-124
RS3:	B. André-Salvini in P. Bordreuil, *Ras Shamra-Ougarit* 7 (Paris 1991), 123f.: Nr. 67	20-30; 90-104

Texte aus Assyrien:

A:	(mA Assur) VAT 9307 = *KAR* 4, der gesamte Text ist als linke Spalte in Gruppen neben den zweisprachigen Schöpfungsmythos geschrieben	1-71 (= Mythos 1-41); 72-124 (= Mythos 42-71)
A2:	(mA Assur) VAT 10466, zitiert in O. Pedersén, *ALA* II (Uppsala 1986), 22: N 1 49, keine Zeilenangabe	?
F:	(Assur) VAT 10717, unpubl., Var.: Z. 76 é-it?-ta statt é-ta	7-19; 46-59; 71-93; 109-120

G:	(Assur) VAT 10082 Vs., unpubl., Zeichennamen als zusätzliche Spalte	94-110
S_1:	(Assur) VAT 10466 Vs., fügt gab-gab-a ein nach Z. 69	1-10; 68-73
A_1:	(nA Ninive) K 4175+Sm 57 in C. Bezold, *PSBA* 10 (1888), Tf. 1-2 + *CT* 18, 47: 80-7-19, 184 + Th. Meek, *RA* 17 (1920), 189: 82-3-23, 146[26], SA A ist in kleinen Grüppchen von meist zwei Einträgen als linke Spalte neben jeweils zwei Zeilen des zweisprachigen Schöpfungsmythos notiert, der in Kol. II und III abgebrochen ist	27-38 (= Mythos 14-22); 70-74; 76-80; 112-122 (= Mythos 64-71)

II. SV A:
Die altbabylonischen Texte:

C:	(Herkunft unbekannt) H. de Genouillac, *RA* 25 (1928), 124-126; die "sumerischen" Zeichengruppen stehen rechts vom Akkadischen und sind von rechts nach links zu lesen	13-46; 58-83; 84-ca. 99
IB	(Isin) IB 591, unpubl., beschrieben von D.O. Edzard und C. Wilcke in B. Hrouda, *Isin-Išān Baḥrīyāt* I, 86.[27] Das Vokabular ist mit dem einsprachig sumerischen Schöpfungsmythos gekoppelt. Ohne Unterkolumnentrennung ist die "sumerische" Spalte links, die akkadische rechts vom Mythos niedergeschrieben. Z. 74 des SV A evtl. auf der rechten Seite nach dem Akkadischen von Z. 73, nach Z. 75 vielleicht noch einmal wiederholt. Z. 77 schreibt é-gud in beiden Spalten. Die Kolumnen der Rs. laufen von links nach rechts.	67-77 (= Mythos ca. 39-ca. 45); 111-124 (= Mythos ca. 62-71)
J:	(Herkunft unbekannt) BM 13902, E. Sollberger, *AS* 16 (1965), 21ff., zwei akkadische Spalten	1-31; 32-63; 64-96; 97-124

[26] Siehe zu diesem Text E. Weidner, "Vokabular-Studien", *AJSL* 38 (1921), 209, zum Kolophon s. Anm. 16.

[27] Siehe oben Anm. 12.

N:	(Nippur) *SLT* 243, erste Kol. nicht identifizierbar	38-50

Texte aus mittelbabylonischer Zeit:

B:	(Boğazköy) *KUB* 3, 114, wahrscheinlich zweisprachig, Reste des Akkadischen in Kol. I nicht identifizierbar. Landsbergers Angabe in *AfOB* 1, 171, der Text habe pro Zeichengruppe zwei akkadische Entsprechungen, ist mir nicht nachvollziehbar. Der Text ist als Erimḫuš Frgm. H in *MSL* 17, 125 gelistet, ist aber sicherlich eher zu SV A gehörig. Z. 82 und 83 haben dieselbe Eintragung	82-86
Emar:	D. Arnaud, *Emar 6/4* (Paris 1987), 194ff. Nr. 603, Komposittext	1-119
RS:	(Ras Šamra) J. Nougayrol, *AS* 16 (1965), 33ff., Komposittext, statt Z. 76 (é-ta ...) nach Z. 77 zusätzliche Zeile eingefügt; Z. 118 und 119 vertauscht	1-9; 16-34; 44-77b; 102-108; 113-124
RS_1:	J. Nougayrol, *RA* 63 (1969), 83f., in Kol. II und III das Akkadische abgebrochen	3-9; 29-34; 52-67; 102-117

Die Assur-Texte:

D:	VAT 9545 (= Assur 9166), nach einer Kopie von E. Weidner[28], s. Abb. 2-3, beide Seiten ordnen die Kolumnen von rechts nach links an. Von der jeweils am weitesten links stehenden Kolumne sind nur Reste der akkadischen Einträge erhalten, die nicht identifizierbar sind, da wir kein Duplikat dazu haben. Der Text fügt eventuell gab-gab-a nach Z. 69 ein. Die Zeilen 82-83 scheinen sich in den beiden mittleren Kolumnen zu wiederholen.	2-3; 72-83; ?; 69-69a; 82-87; ?

---

28 Siehe oben Anm. 22. Weidner hat diesen Text ohne VAT-Nummer in *AJSL* 38, 162 zitiert.

E:	Th. Meek, *RA* 17 (1920), 202: 1905-4-9, 26[29], linke Kol. und Z. 1 der Kol. II unklar, akkadische Entsprechungen und Zeichennamen	84-86
H:	VAT 10574, unpubl., sehr schlecht erhalten, akkadisch nur in Kol. I und in Spuren in Kol. II erhalten	1-5; 18-30; 83-91
VAT 11514	Paralleltext, wohl kein Duplikat, unpubl., Auszüge in Umschrift in B. Landsberger, *AfOB* 1, 176; Zeilen 121-124 mit drei verschiedenen akkadischen Fassungen; von E. Sollberger, *AS* 16 (1965), 27f. als Duplikat eingearbeitet.	100-103; 121-124

Ergänzungen zum Variantenapparat Sollbergers in *AS* 16, 24-28

1b: H: ⸢*x x x*⸣, ⸢*x x*⸣ *šu*, *ra*-[ ], *sa-ar-ru*, *šar*-⸢*ra-qu*⸣, *ḫab-ba-tu*, *mu*-⸢*x*⸣-⸢*li*⸣-*lum*, drei abgebr. Einträge, [ ] *ki*
vgl. folgende Einträge für Z. 1 in RS und Emar: *ra-qí-dum*, *ra-qa-dum*, *sa-ar-rum*, *šar-ra-qum*, *ḫab-ba-tum*, *mu-ut-ḫa-li-lum*, ^{d}umun-ki

2b: H: ⸢^{d}⸣pap-sukkal, [^{d}nid]aba

3b: H: ^{d}en-ki

24b: H: KÁ É.[GAL]

25b: C: ^{d}en-ki
H: ^{d}en-ki

26b: H: ^{d}[nin-ki(?)]

31b: C: *ra-bu-tum*, *ra-áš-bu-ú-um*

39b: C: DUB.SAR, *šà-tam*
N: [*b*]*a*-[*r*]*u*-[*tum*]

40b: C: *šà-tam il-ki*, DUB.SAR
N: *a-sú-tum*

58b: C: *sí-ma-at tu-ur*?-*x*, *a-na ri-ša-a-tim*

59a: C: a-nu

59b: C: *a-na da-ri-a-tim*, *ba-ni-a-tum*, SAG.NU.TUKU (gehört zu Z. 59)

60b: C: *ad-du-na-nu-um*, *mu-dam-mi-qá-tum*

61b: C: *ka-ab-ta-tum*

68b: IB: *ka-t*[*u-ú-um*]

69b: IB: *mu-kab-bi-ru-um*

70b: IB: *mu-ša-gi*-[*šum*]

---

29 Siehe auch E. Weidner, *AJSL* 38, 161. S.o. Anm. 16.

71b: IB unklar
72b: D: ⸢su⸣-kal-[m]aḫ, *a-šá-re-du*
IB: ^{d}nin-[ ]
73b: D: ^{d}*ma-nu-gal*, *ra-bu-ú*
IB unklar
74b: C: *sú*$^{!}$*-ku-kum*
D: *du-šu-ú*, *kiš-ša-tu*
IB 11' rechts: pú-ta = *sú-ku-kum*$^{?}$; 13': *sú-ku-ku-*[*um*]
75b: D: *e-re-bu*, *ka-ša-šu*
IB: *ṭú-um-m*[*u-um*]
76b: D: *šu-tu-qu*, *e-mu-qu*
IB: *šu-du-*[*lum*]
77b: D: *da-ri-a-tu*, *ma-ru-ú*
IB: É.GUD
78b: C: *ẓi-ik-ru-um*
D: *ẓi-ik-ru*, *qi-bi-tu*
79a: A: an-dùl-dùl
A_1, C, D, Emar, J: an-an-dùl
79b: D: ^{d}*a-a* ⸢*qi*⸣*-te-bu-ú*
80b: D: DINGIR É, *ra-bu-ú*
J: *ṣi-il-lum*[30]
81b: D: ^{d}KAL, *ra-bu-tu*
J: *ṣu-lu*(Text *-ku*)*-lum*, s. Anm. 30
82b: D Seite A: *el-lu*, [*eb*]*-bu*
D Seite B: ⸢*x*⸣-[ ], ⸢*x*⸣-[ ]
83b: D Seite A: [*eb*]*-bu*, *nam-ru*
D Seite B: *ub-*[*bu-bu*], *di-bi-*[ ], *di-bi-*⸢x⸣-[ ], *nam-ru*, *eb*$^{?!}$*-bu* [ ], *x*(*-x*) *ub-bu-*[*bu*]
84b: D: *ṣu-lu-lu*, *el-lu*, *eb-bu*, *nam-ru*
E: *ṣa-ab-*[*gu-u*], *ú-du-*[*u*]
85b: D: *ṣu-lu-lu*, *nu-um-mu-ru*, *nam-ra e-ni*
E: *ṣa-ab-ṣa-ab-*[*gu-u*], *ú-du-u*, *a-na* ⸢*x*⸣ [ ], *e-líl* [ ]
86b: D: ^{d}30, *qar-ra-du*, ^{d}*qar-ra-du*
E: *i-li-*[ ]
87b: D: *du-ṣ*[*u*]*-ẓu*, *ru-*[*um-mu-ku*], *qar-r*[*a-du*], *qar-ra-*[*du-tu*]
111b: IB: *a-ga-*⸢*ri-in*⸣*-nu-um*
112b: IB: Ì *ša* 1 *ru-qu*
vgl. RS_1 114: Ì.DÙG.GA
113b: IB: Ì *ša* 2 *ru-qu*

---

[30] Siehe *AS* 16 (1965), 27 ad 80b und 81b: Hier liegt ein Mißverständnis Sollbergers vor. "The recension quoted in CAD XVI" ist der von Sollberger publizierte Text J, den Landsberger kurz vor Erscheinen des *CAD*-Bandes identifiziert hatte und der dem *CAD* zur Verfügung stand.

vgl. RS_1 115: Ì *ru-qu-u* und Emar 182: Ì *ru-uq-qu-ú*
114b: IB: Ì *ša* 3 *ru-qu*
vgl. RS_1 116: Ì *bu-šu* und Emar 183: Ì *šim-še-[l]i*
115b: IB: Ì *ša* 4 *ru-qu*
vgl. RS_1 117: Ì *re-eš-tu* und Emar 184: Ì *ri-iš-tu*
116b: IB: *a-bu-um*
117b: IB: *a-bi*!
118b: IB: *a-bu-um*
119b: IB: *a-bi-ke*$_4$?
120b: IB: *a-bi a-li*
121b: IB: ^{d}lú-làl
122b: IB: ^{d}*šušinak*

Vs.

I II

Rs.

III IV V

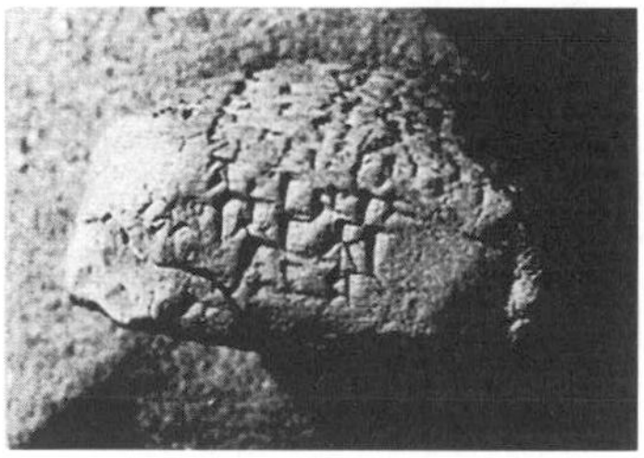

oberer Rd.

unterer Rd.

Abb. 1: BM 14063 = 96-4-2, 164 (Photographie British Museum)

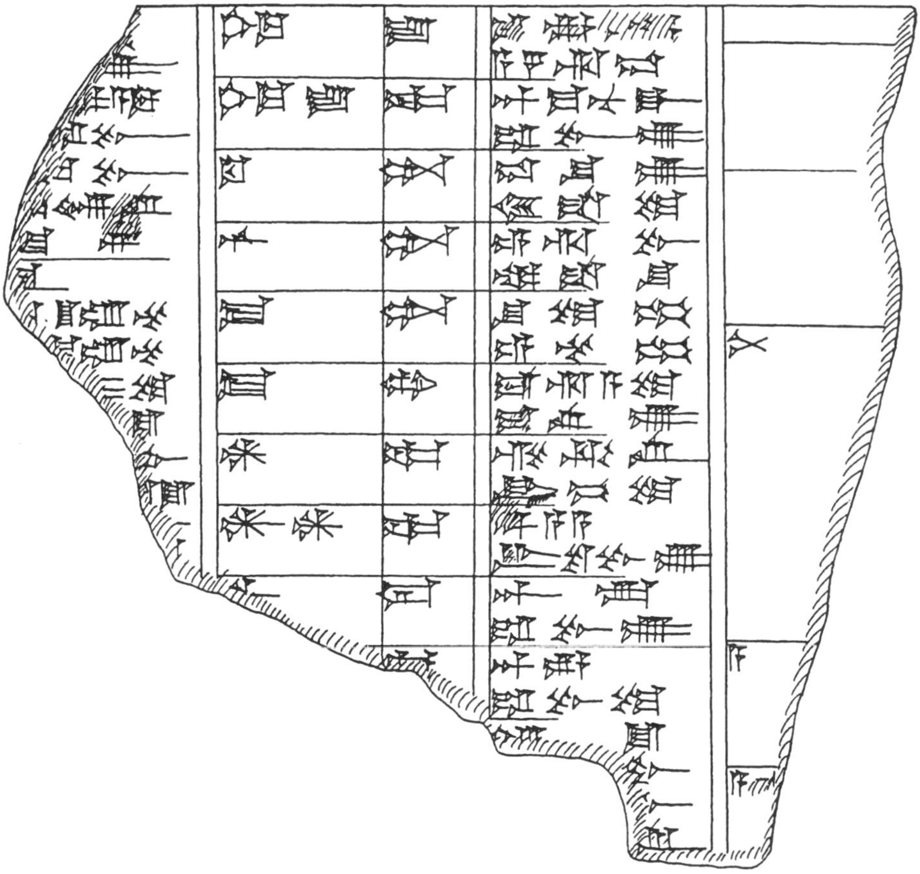

Abb. 2: VAT 9545, Seite a (Kopie E. Weidner)

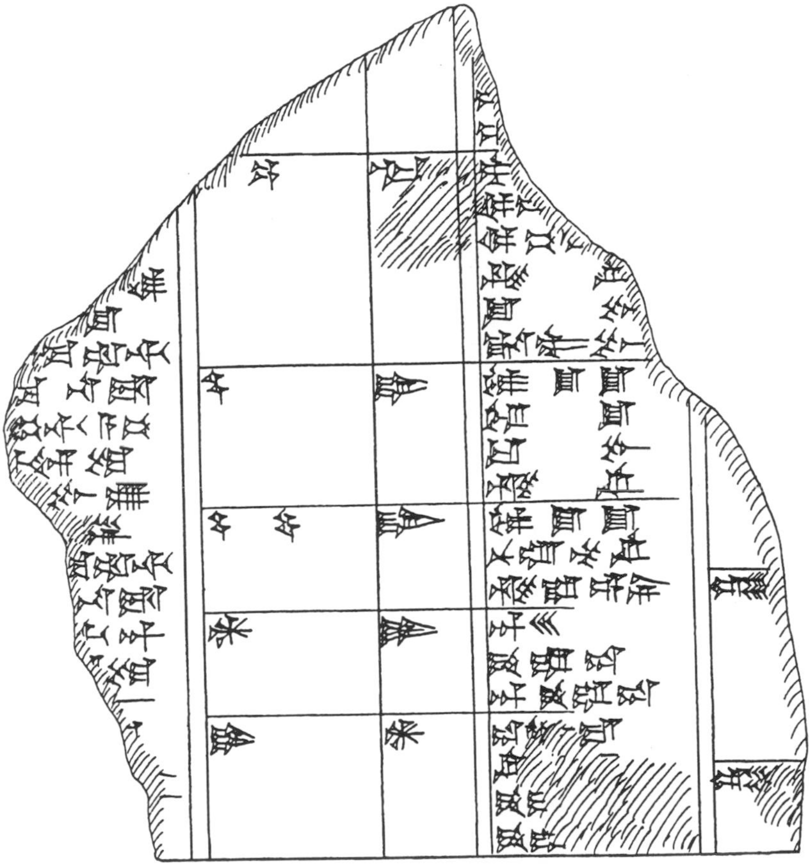

Abb. 3: VAT 9545, Seite b (Kopie E. Weidner)

Dr. med. Apil-ilišu
Mārat-Anim-Straße
(am Ebabbar-Tempel)
Larsa

Walter Farber (Chicago)

Das Übersee-Museum Bremen besitzt eine kleine Anzahl von Keilschrifttexten, darunter zwei altbabylonische Urkunden aus Larsa. Eine dieser Tafeln, Nr. A 13122, nennt mehrere Priester des Šamaš-Tempels, die den Jubilar vielleicht an seine eigene Studienzeit erinnern, und mich jedenfalls an unser erstes Zusammentreffen.[1] Ich danke Herrn Direktor Dr. H. Ganslmayer für die Genehmigung, den Text publizieren zu dürfen. Leider konnte ich nicht in Erfahrung bringen, wann und wie die Tafel in den Besitz des Bremer Museums gekommen ist; sie stammt wohl aus dem Kunsthandel. Den ersten Hinweis auf den Text verdanke ich C.B.F. Walker, London, der mir 1976 ein Photo schickte. 1981 hatte ich dann Gelegenheit, den Text für drei Tage nach Berlin auszuleihen und dort zu kopieren.[2]

Die Tafel, ein Kontrakt über den Verkauf eines Baugrundstücks (*kišubbû*), ist auf den 15.VI. des Jahres Samsuiluna 6a datiert und stammt nach Prosopographie, Eidesformel und Terminologie eindeutig aus Larsa. Gewürzt wird diese an sich simple Urkunde durch einige Details, die sie aus der recht großen Zahl von ähnlichen Immobilienurkunden herausheben: eine etwas ungewöhnliche "Wohnlage", gekoppelt mit interessanter

[1] Rückblende 1: XVI. RAI in Brüssel, 1969. Ich arbeitete gerade "extracurriculär" an einer unpublizierten altbabylonischen Tafel, die u.A. von den Familienverhältnissen einer Šamaš-*nadītum* handelte. Was lag näher, als den Spezialisten für aB Priester, Prof. Dr. J. Renger (damals Chicago) zu befragen, ob er vielleicht bereit wäre, dem Studenten aus seinen Zettelsammlungen zur Priesterschaft etwas weiterzuhelfen. Antwort: "Ach, da müssen Sie eben die Texte lesen." – Trotzdem wurden wir Freunde.

[2] Rückblende 2: Altorientalisches Seminar in der Bitterstraße, Hausherr Jo Renger, diesmal ich der Gast aus Chicago. Freundlichste Aufnahme und Arbeitsatmosphäre. Gemeinsame Versuche, den Text und seine Protagonisten (vor allem natürlich wieder die Priester ...) richtig einzuordnen. Keiner von uns beiden ahnte, daß bis zur Veröffentlichung jener Kopie – in einer Festschrift für Jo! – noch weitere 18 Jahre vergehen würden.

Prosopographie der Vertragsparteien und Zeugen; eine seltene Klausel; und schließlich eine bereits publizierte Paralleltafel aus dem Louvre, AO 10323.[3] Letztere ist genau einen Monat später datiert (15.VII, Si 6a) und dokumentiert den Verkauf des Nachbargrundstücks an denselben Käufer.

Text A: Übersee-Museum Bremen A 13122 (Abb. 1-5)

Die komplette Innentafel und große Teile der Tafelhülle sind erhalten. Allerdings haftet ein Hüllenfragment am unteren Rand der Innentafel, so daß zwischen Z. 16 und 24 etwa 6 Zeilen verdeckt sind. Die folgende Umschrift basiert auf der Hülle (H); Ergänzungen nach der Tafel (T) stehen in runden Klammern, Abweichungen zwischen beiden Textträgern sind vermerkt:

1	2 igi-4-g(á)l s(a)r 3 gín ki-šub-ba	
2	da é ^{d}UTU-*tu-ra-am* ugula ^{lú}engar$^{?}$-tur	
3	*ù* da é ^{d}utu *ù a-pil*-DINGIR-*šu* a-zu	
4	sag-bi e-sír ^{d}dumu-munus-an-na	
5	sag-bi ki-min e-sír ^{1}pú^{1}	$^{1-1}$T: *bu-ur-tum*
6	é *a-pil-ì-lí-šu* a-zu	
7	ki *a-pil-ì-lí-šu* a-zu ^{1}lugal é-ke$_{4}$^{1}	$^{1-1}$nur T
8	^{m}*a-lu-ú-um* dumu DINGIR-*na-ši*	
9	^{m}U.DAR-DINGIR *ù* ^{d}UTU-*mu-na-wi-ir* ^{1}šeš-a-ni^{1}	$^{1-1}$wohl nur H
10	in-ši-sa$_{10}$-^{1}e-ne^{1}	$^{1-1}$nur T
11	8 gín kù-babbar	
12	šám$^{!}$-til-la-bi-šè	
13	in-na-lá-^{1}e-ne^{1}	$^{1-1}$nur T
14	u$_{4}$-kúr-šè u$_{4}$-nu-me-a-ak	
15	gù-gál-la ^{1}é *a-pil-ì-lí-šu*^{1}	$^{1-1}$so H; T: é-bi
16	ba-ni-ib-gi$_{4}$-gi$_{4}$	
17	*iš-tu* 3 sar é *a-na* kaskal	
18	*i-zi-bu*	
19	é-mu nu-bé-a	
20	mu ^{d}na[nn]a ^{d}utu ^{d}amar-utu	
21	[*ù sa-am-su-i-lu*]-*na* lugal	
22	[in-p]à	
23	[igi$^{?}$ *a-ḫu-um* dumu *ì*]-*lí-i-mi-it-ti*	
24	(^{m}*šum-m*[*a*-DING]IR g)udu$_{4}$ ^{d}utu	T: Rs. 2’
25	(^{m})[^{d}EN.ZU-*i-din-nam* g]udu$_{4}$ ^{d}utu	T: Rs. 1’?
26	(^{m}lugal-a[n]-ta-mu du)mu ^{d}EN.ZU-*im-gur*-^{1}*an-ni* gá-dub-ba	T:Rs. 3’; ^{1}T: *-ra-an-*

[3] Kopie: J. Nougayrol, *RA* 73, 74f. Bearbeitung: D. Charpin/J.-M. Durand, “Textes paléo-babyloniens divers du Musée du Louvre”, *RA* 75 (1981), 22-25.

27 (^{m}*ṣa-ab-rum* g u) d u$_{4}$ ^{d}u t u T: Rs. 4'
28 (^{m}*ì-lí-ma-a-bi* g u) d u$_{4}$ ^{d}u t u T: Rs. 5'
29 (^{m}*ip-qú-*^{d}l i$_{9}$- s i$_{4}$ ^{1}[r] á - g a [b a] ^{1} k i s a l - l u ḫ ^{d}u t u T: Rs. 6'; $^{1-1}$nur H
30 [^{m}*lu-ú-nu-ú* (?) g u d] u$_{4}$$^{?}$ ^{d}u t u T: vor Rs. 1'?
31 [^{m}EN.ZU-*i-ri-ba-am* d u m u] ⌜*a*⌝-*wi-il*-DINGIR T: vor Rs. 1'?
32 (*ù* DINGIR-*šu-ib-ni-šu*) *a-ḫu-um* d u b - s a r T: Rs. 7'

---

33 (k i š i b l ú - k i - i n i m - m a í) b - r a

---

34 (i t i k i n - ^{d}i n a n n a u$_{4}$-1)5- k a m
35 (m u *sa-am-su-*[*i*]*-lu-n*[*a* l] u) g a l - e
36 (a l a n - s ù d - d è ^{d}l a m m a g u š k i n)
37 (d i d l i - t a)
38 (t a i g i - ^{d}u t u - š è)

1 "2 1/4 Sar 3 Gin Baugrundstück
2-5 neben dem Haus des Ober-.....s[4] Šamaš-tūram, und neben dem Šamaš-Tempel und (dem Haus) des Arztes Apil-ilišu, Frontseite zur Mārat-Anim-Straße, zweite Frontseite zur Brunnen-Straße,
6 ein Haus(grundstück gehörig dem) Arzt Apil-ilišu,
7-10 haben Alûm, Sohn des Ilum-nāši (sowie) seine Brüder! Ištar-ilum und Šamaš-munawwir von dem Arzt Apil-ilišu – dem Eigentümer des Hauses – gekauft.
11-13 8 Schekel Silber haben sie als den vollen Kaufpreis dafür bezahlt.
14 Für alle Zukunft
15-16 bleibt Apil-ilišu für Ansprüche auf das/dieses Haus verantwortlich;
17-19 wird er, da (die Käufer) 3 Sar Haus 'für den Militärdienst' übriggelassen haben, nicht sagen: "Das Haus gehört mir!"
20-22 Bei Nanna, Šamaš, Marduk und König [Samsuilu]na [hat er gesch]woren.
23-32 [Vor Aḫum Sohn des I]lī-imittī;
Šumm[a-il]um, *pašīšum* des Šamaš;
[Sîn-iddinam, *p*]*ašīšum* des Šamaš;
Lugalantamu, Sohn des *šandabakkum* Sîn-imguranni;
Ṣabrum, *pašīšum* des Šamaš;
Ilīma-abī, *pašīšum* des Šamaš;
Ipqu-Lisi, *rakbum* (und) *kisalluḫḫum* des Šamaš;

---

[4] Eine überzeugende Lesung dieser Stelle ist mir bisher nicht gelungen. Eine Berufs-/Funktions-Bezeichnung ^{LÚ}e n g a r - t u r "Klein-Bauer o.ä." kenne ich sonst nicht, schon gar nicht einen u g u l a/*wakil* derselben. Ein Schreibfehler für u g u l a ^{LÚ}š u ! - i ! = *wakil gallābī* ist daher vielleicht nicht auszuschließen. In jedem Falle bleibt auch die Verwendung des Determinativs LÚ vor der Berufsbezeichnung in einem aB Larsa-Text etwas ungewöhnlich.

[Lûnû?, *pašīš*]*um* des Šamaš;
[Sîn-irībam, Sohn des] Awīl-ilim;
sowie Ilšu-ibnīšu (und?) Aḫum, Schreiber.
33 Mit Zeugen-Siegel(n) gesiegelt.
34-38 15.VI., Jahr Samsuiluna 6a."

Die Tafel zeigt Abdrücke von fünf Rollsiegeln, wobei jeweils nur die Inschrift abgerollt wurde. Die Siegelungen lassen sich dem Verkäufer und vier der Zeugen zuordnen:

Siegel A: ^{d}EN.ZU-*im-gur-ra-an-ni* / dumu ^{d}EN.ZU-*da-a-a-an* / ìr ^{d}nin-šubur
(Sîn-imguranni ist nach Z. 26 der Vater des 4. Zeugen Lugalantamu, sein Siegel wurde bestimmt von diesem verwendet)

Siegel B: *a-pil-ì-lí-šu* / dumu *pi-ir-ḫu-um* / [ì]r [^{d}l]amma?
(Siegel des Verkäufers)

Siegel C: *a-ḫu-um* / dumu *ì-lí-i-mi-it-ti* / ìr ^{d}nin-si$_4$-an-na
(Siegel des 1. Zeugen)

Siegel D: ^{d}EN.ZU-*i-din-nam* / dumu *ì-lí-e-ta-di-a-ni* / ìr *ša* ^{d}mar-tu
(Siegel des 3. Zeugen)

Siegel E: *ṣa*-[*ab-rum*] / dumu *l*[*a-lu-ú-um*] / ìr ^{d}n[in-šubur]
(Siegel des 5. Zeugen, ergänzt nach der Abrollung desselben Siegels auf Text B)

Text B: Louvre Paris AO 10323

Auch von diesem Kontrakt, der den Erwerb des Nachbargrundstücks durch dieselben Käufer und weitestgehend vor denselben Zeugen dokumentiert, sind sowohl Innentafel (T) als auch Hülle (H) erhalten. Nach diesem Text wurden oben schon ein paar Ergänzungen vorgenommen; die folgende Transliteration berücksichtigt die Kollationen von Charpin/Durand in deren Bearbeitung (s. Anm. 3) und basiert wiederum auf der in einigen Details ausführlicheren Hülle:

1 1 sar ki-šub-ba
2 da é *a-lu-ú-um* ^{1}*ù* U.DAR-DINGIR^{1} — $^{1-1}$ nur T
3 da é ^{d}UTU-*a-bu-šu ú-Bu-Du*
4 sag-bi *a-pil-ì-lí-šu* a-zu
5 sag-bi ki-min e-sír
6 é ^{d}EN.ZU-*i-ri-ba-am* dumu *a-wi-*^{1}*il-ì-lí*^{1} — $^{1-1}$ T: *-el*-DINGIR
7 *ù* šeš-ne-ne-meš

8 ki ^{d}EN.ZU-*i-ri-ba-am* ^{1}dumu *a-wi-il-ì-lí*^{1}	$^{1-1}$ nur H
9 *ù* šes-n[e]-n[e]-e^{1}	^{1}T: -meš statt -e
10 ^{m}*a-lu-(ú)-um* dumu DINGIR-*na-ši*	
11 ^{m}U.DAR-DINGIR *ù* ^{d}UTU-*mu-na-wi-ir* ^{1}šes-ni^{1}	$^{1-1}$ nur T
12 in-ši-i(n-sa$_{10}$)	
13 3 $^{1}/_{2}$ gín kù-(babbar šám$^{!}$-til-l)a-bi-š(è)	
14 in-na-a(n-lá)	
15 u$_4$-kúr-šè u$_4$-nu-(m)e-a-k(a)	
16 gù-gál-^{1}lá^{1} é	$^{1-1}$ T om.
17 ^{m}EN.ZU-*i-ri-ba-am* ^{1}dumu *a-w[i-i]l-ì-lí*^{1}	$^{1-1}$ nur H
18 *ù* šeš-^{1}ne-ne-e^{1}	$^{1-1}$ T: -ni-meš
19 ba-ni-ib-gi$_4$-gi$_4$	
20 *iš-tu* 2 sar é *a-na* kaskal	
21 *i-zi-bu*	
22 ^{1}é-mu nu-ub-bé-a^{1}	$^{1-1}$ nur H
23 ^{1}mu *sa-am-su-i-lu-na* lugal^{1}	$^{1-1}$ nur H
24 ^{1}in-pà-meš^{1}	$^{1-1}$ nur H
25 igi *a-ḫu-um* dumu *ì-lí-i-mi-*^{1}*it*^{1}*-ti*	$^{1-1}$ T Rs. 7: om.
26 igi ^{d}EN.ZU-*i-din-nam* gudu$_4$ ^{d}utu	T: Rs. 8
27 igi *ṣa-ab-rum* gudu$_4$ ^{d}utu	T: Rs. 10
28 igi *šum-ma*-DINGIR gudu$_4$ ^{d}utu	T: Rs. 12
29 igi *ì-lí-ma-a-bi* gudu$_4$ ^{d}utu	T: Rs. 13
30 igi *ip-qú-*^{d}li$_9$-si$_4$ rá-gaba	T: Rs. 9
31 igi *lu-ú-nu-ú* gudu$_4$ ^{d}utu	T: Rs. 11
32 igi lu(gal-a)n-ta-mu ^{1}dumu gá-dub-ba^{1}	$^{1-1}$ nur T (Rs. 14)
33 iti du$_6$-kù u$_4$-15-kam	
34 mu ^{1}*sa-am-su-i-lu-na* lugal-e^{1}	$^{1-1}$ nur H
35 alan-sùd-dè ^{1d}lamma guškin^{1}	$^{1-1}$ nur H
36 ^{1}didli-bi-ta é-babbar ^{d}utu-šè^{1}	$^{1-1}$ nur H
37 ^{1}é-‹sag›-íl igi ^{d}amar-utu-ta^{1}	$^{1-1}$ nur H

1 "1 Sar Baugrundstück

2-5 neben dem Haus des Alûm und des Ištar-ilum, (und) neben dem Haus des Blinden?[5] Šamaš-abušu, Frontseite zum Haus des Arztes Apil-ilišu, zweite Frontseite zur Straße,

6-7 ein Haus(grundstück gehörig dem) Sîn-irībam, Sohn des Awīl-ilī, und seinen Brüdern,

8-12 haben$^{!}$ Alûm, Sohn des Ilum-nāši, (sowie) seine Brüder$^{!}$ Ištar-ilum und Šamaš-munawwir von Sîn-irībam Sohn des Awīl-ilī und seinen Brüdern gekauft.

13-14 3 $^{1}/_{2}$ Schekel Silber haben sie$^{!}$ als vollen Kaufpreis dafür bezahlt.

15 Für alle Zukunft

---

5 Zu dieser Stelle vgl. bereits W. Farber, "Akkadisch 'blind'", *ZA* 75 (1985), 219.

16-19 bleiben! Sîn-irībam, Sohn des Awīl-ilī, und seine Brüder für Ansprüche auf das Haus verantwortlich;

20-22 werden sie!, da (die Käufer) 2 Sar Haus 'für den Militärdienst' übriggelassen haben, nicht sagen: "Das Haus gehört mir!"

23-24 Bei König Samsuiluna haben sie geschworen.

25-32 Vor Aḫum, Sohn des Ilī-imittī;
vor Sîn-iddinam, *pašīšum* des Šamaš;
vor Ṣabrum, *pašīšum* des Šamaš;
vor Šumma-ilum, *pašīšum* des Šamaš;
vor Ilāma-abā, *pašīšum* des Šamaš;
vor Ipqu-Lisi, *rakbum*;
vor Lûnû, *pašīšum* des Šamaš;
vor Lugalantamu, Sohn des *šandabakkum*.

33-37 15.VII., Jahr Samsuiluna 6a."

Auch diese Tafel zeigt Abdrücke des Inschriftteils von fünf Rollsiegeln (s. *RA* 75, 23; die Position derselben auf der Tafel ist dort allerdings nicht angegeben). Vier davon (A, C, D und E) sind identisch mit Siegeln auf der Bremer Tafel, wobei Siegel A mit Hilfe jenes Textes dem 8. Zeugen, Lugalantamu, zugeordnet werden kann. Siegelinhaber C (Aḫum) ist diesmal Zeuge Nr. 1, D (Sîniddinam) ist Zeuge Nr. 2, und E (Ṣabrum) ist Zeuge Nr. 3. Das fünfte Siegel (Siegel F) gehört dem Zeugen Nr. 5 und lautet:
ì-lí-ma-a-bi / g u d u$_4$ ^{d}u t u / d u m u *lu-mur-ša*-DINGIR / ì r ^{d}m a r - t u.
Der Verkäufer, hier Sîn-irībam, hat AO 10323 offenbar nicht gesiegelt.

Dramatis Personae

Die folgenden Bemerkungen zu den in unseren beiden Texten genannten Personen sind sicherlich unvollständig. Sie basieren z.T. auf Notizen von M. Stol, die dieser mir vor Jahren zugänglich gemacht hat. Verweise auf Personen gleichen Namens, aber ohne Patronym oder Berufs-/Funktions-Angabe werden nur gegeben, wenn der Kontext Personengleichheit vermuten läßt.

Aḫum: Schreiber (A 32).
Aḫum: S.d. *Ilī-imittī*, Zeuge (A [23]; B 25; Siegel C).
Alûm: S.d. *Ilum-nāši*, B.d. *Ištar-ilum* u.d. *Šamaš-munawwir*, Käufer (A 8; B 10); Nachbar (ohne Patronym B 2). Dieselbe Person ist auch genannt in Kümmel, *AfO* 25, 73: 32 (Zeuge)[6]; Charpin/Durand, *RA* 75, 24: 8 (u g u l a - n a m - 5 , Käufer einer Sklavin). Vielleicht ebenfalls dieselbe

[6] Vgl. dort S. 74 zu Belegen für *Alûm* und *Ilum-nāši* aus dem nahegelegenen Ur!

Person, aber ohne Patronym: Owen, *Mesopotamia* X-XI, 10: 11 (*A.* e n s í , Käufer eines Feldes).

Apil-ilišu: S.d. *Pirḫum*, *asûm*, Nachbar und Verkäufer (ohne Patronym A 3, 6,7,15; mit Patronym Siegel B); Nachbar (ohne Patronym B 4).

Awīl-Šamaš: V.d. *Sîn-irībam* (A 31; B 6,8,17).

Ilī-ē-taddīanni: V.d. *Sîn-iddinam* (Siegel D); dasselbe Siegel auch auf *YOS* 12, 192.

Ilī-imittī: V.d. *Aḫum* (A 23; B 25; Siegel C).

Ilīma-abī: S.d. *Lūmur-ša-ilim*, *pašīšum*-Priester des Šamaš, Zeuge (ohne Patronym A 28; B 29; mit Patronym Siegel F).

Ilšu-ibnīšu: Zeuge (A 32).[7]

Ilum-nāši: V.d. *Alûm*, *Ištar-ilī* und wohl auch des *Šamaš-munawwir* (A 8; B 10).

Ipqu-Lisi: *rakbum* und *kisalluḫḫum* des Šamaš, Zeuge (A 29; nur *rakbum*: B 30). Dieselbe Person mit Berufsangabe k i s a l - l u ḫ (*ša*) *Šamaš* auch in *YOS* 12, 73, 27 und Hülle 30.[8]

Ištar-ilum: S.d. *Ilum-nāši*, B.d. *Alûm* u.d. *Šamaš-munawwir*, Käufer (ohne Patronym als Bruder von *A.* und *Š.*: A 9; B 11); Nachbar (ohne Patronym B 2). *Ištar-ilums* Siegel, das durch das Patronym die nach A 9 und B 11 schon wahrscheinliche Abkunft von *Ilum-nāši* bezeugt, ist aus dem Hortfund des *Ilšu-ibnīšu* bekannt (Arnaud et al., *Syria* 56, 18 Nr. 3); es zeigt, daß er ebenfalls ein *pašīšum*-Priester des Šamaš war.

L u g a l - a n - t a - m u : S.d. *šandabakkum Sîn-imguranni*, Zeuge (A 26; ohne Patronym B 32).

Lūmur-ša-ilim: V.d. *Ilīma-abī* (Siegel F).

Lûnû: *pašīšum*-Priester des Šamaš, Zeuge (A [29]?; B 31).

Pirḫum: V.d. *Apil-ilišu* (Siegel B).

Sîn-dajjān: V.d. *Sîn-imguranni* (Siegel A).

Sîn-iddinam: S.d. *Ilī-ē-taddīanni*, *pašīšum*-Priester des Šamaš, Zeuge (ohne Patronym A [25]; B 26; mit Patronym Siegel D); dieselbe Person (mit demselben Siegel) auch in *YOS* 12, 192[9], Rs. 2 und Siegel. Ohne Patronym: *TCL* 11, 173, 16; 198, 17; und wohl auch *YOS* 12, 94, 3, wo

---

[7] Falls dieser ohne Patronym genannte Zeuge mit dem Tempel-Juwelier *Ilšu-ibnīšu* S.d. *Ātanaḫ-ilī*, dem der Hortfund L.76.77 gehörte (D. Arnaud et al., "Ilšu-ibnišu, orfèvre de l'*E.BABBAR* de Larsa", *Syria* 56 [1979], 1-64), identisch sein sollte, wäre auch er direkt dem Ebabbar zuzuordnen. Der Juwelier *I.* wohl auch Zeuge in *YOS* 12, 46, 22, wo ich statt š à [?]- t a m [?] <..> lieber k ù [!]- d í m [!] lesen möchte.

[8] Vielleicht dieselbe Person, zwar ohne Berufsangabe, aber neben *pašīšu*-Priestern des Ebabbar als Zeuge genannt, auch in *YOS* 12, 290, 36.

[9] In diesem Text finden sich auch noch zwei weitere aus unseren beiden Urkunden bekannte Zeugennamen, doch machen die fehlenden Patronyme eine gesicherte Identifizierung unmöglich: *Apil-ilišu* Rs. 7; *Sîn-imguranni* ì - d u g [d]u t u Rs. 8.

ich die Berufsangabe als gudu$_4$! lesen möchte. Mit Patronym, aber ohne Berufsangabe *TCL* 11, 174 Rs. 30; 200, 30.

Sîn-imguranni: S.d. *Sîn-dajjān*, V.d. Lugal-an-ta-mu, *šandabakkum* (mit Patronym Siegel A; ohne Patronym A 26). Wohl dieselbe Person in *TCL* 11, 145, 8: *S.* gá-dub-ba (Koll. D. Arnaud, *RA* 70 [1976], 89).[10]

Sîn-irībam: S.d. *Awīl-Šamaš*, Nachbar und Zeuge (A [31]), Verkäufer (B 6,8,17).

Ṣabrum: S.d. *Lalûm*, *pašīšum*-Priester des Šamaš, Zeuge (ohne Patronym A 27; B 27; mit Patronym Siegel E). Wohl dieselbe Person (ohne Patronym) auch in *YOS* 12, 73, 23 (+Hülle 24); Gordon, *SCT* 43, 23; und *YOS* 12, 160, 5 (*Ṣ.* gudu$_4$, V.d. *Šamaš-bānī*).

Šamaš-abušu: Nachbar, *uppudu* "blind?"(B 3).

Šamaš-munawwir: B.d. *Alûm* u.d. *Ištar-ilum* und daher wohl auch S.d. *Ilum-nāši*, Käufer (A 9; B 11).

Šamaš-tūram: ugula ^{lú}engar-tur(?), Nachbar (A 2).

Šumma-ilum: *pašīšum*-Priester des Šamaš, Zeuge (A 24; B 28).

Die Wohnlage

Die beiden Texte enthalten, wie üblich, recht genaue Lageangaben für die zu verkaufenden Immobilien. Außer den Namen der Besitzer der Nachbargrundstücke (in A Šamaš-tūram und Apil-ilišu; in B Alûm+Ištar-ilum [= Käufer in A!], Šamaš-abušu und wiederum Apil-ilišu) ist dabei in A auch der Šamaš-Tempel, also Ebabbar, als Grenznachbar genannt. Außerdem liegt das Grundstück von A zwischen zwei Straßen, deren Namen angegeben sind: e-sír ^{d}dumu-munus-an-na[11] und e-sír pú/*būrtum*. In B ist nur eine namenlose Straße (e-sír) erwähnt, die möglicherweise mit einer der vorgenannten identisch ist. Keine dieser Straßen ist mir aus anderen Larsa-Texten bekannt; aus unserem Text ist zu erschließen, daß sie beide in direkter Nähe des Ebabbar zu suchen sind.

---

[10] Vgl. zu *Sîn-imguranni* ì-dug$_8$ ^{d}utu in *YOS* 12, 192 Rs. 8 die vorherige Anmerkung. Möglicherweise gehört auch *YOS* 12, 94, 4 hierher, wo ein nicht näher identifizierter *Sîn-imguranni* als Gläubiger eines *Sîn-iddinam* gudu$_4$? genannt ist.

[11] Ein ähnlicher Straßenname, sila ^{d}*la-ma-aš-tim*, ist auch in Sippar belegt: *CT* 2, 27,6. Während bei e-sír ^{d}dumu-munus-an-na auch noch an (eine) andere To(e)chter des Anu, z.B. die des öfteren in Beschwörungen genannten hilfreichen "7(+7) *mārāt Anim*" gedacht werden könnte, ist *sūq Lamaštim* ganz eindeutig auf die Dämonin bezogen. Ich glaube daher sicher annehmen zu dürfen, daß auch die Straße in Larsa nach der berühmten und gefürchteten "Anu-Tochter *par excellence*", eben Lamaštu, benannt war. Der Grund für einen solchen Straßennamen bleibt mir allerdings unklar, zumal mit der Existenz von "Kapellen" für Lamaštu trotz ihrer göttlichen Abkunft nicht gerechnet werden darf. Daß schließlich nach unserem Text auch noch ein Arzt (hoffentlich kein Gynäkologe oder Kinderarzt!) in dieser Straße wohnt, ist wohl Ironie des Zufalls.

Die Tatsache, daß die Käufer Alûm+Ištar-ilum im zweiten Text auch als 'Nachbarn' genannt sind, stellt klar, daß die beiden verkauften Grundstücke unmittelbar aneinander angrenzten, es mithin das Ziel der Käufer gewesen sein dürfte, aus den beiden benachbarten Grundstücken ein zusammenhängendes und für ein Wohn?haus geeignetes Areal zusammenzusetzen. Es ist mir nicht gelungen, auf Grund der Angaben eine einigermaßen einheitliche Gestalt des resultierenden Grundstücks zu rekonstruieren, sicherlich, weil die Häuser oft winkelig ineinander verbaut waren, Seitenbegrenzungen der Parzellen (da é PN/DN) nur selten geradlinig verliefen, die Straßenfronten (sag-bi) u.U. nur sehr kurz waren und schließlich auch mit kurzen Stichstraßen und Sackgassen gerechnet werden muß, um die ein Gebäudekomplex herumgebaut sein konnte.[12]

Die Angabe da é ^{d}utu *ù* PN sagt nichts Genaueres darüber aus, wie das Baugrundstück an den Tempel angrenzte. Die Tatsache, daß die meisten Zeugen als Šamaš-Priester bezeichnet sind, erklärt sich primär daraus, daß einer der Käufer, Ištar-ilum, selbst ein $gudu_4$/*pašīšum* des Šamaš war (s. dazu genauer oben unter 'Dramatis Personae'). Darüber hinaus ist durchaus denkbar, daß diese Priester und Tempelbediensteten auch noch Nachbarn waren: vielleicht befinden wir uns ja sogar in einem bevorzugten Wohnviertel für das Tempelpersonal, in dem dann auch andere 'Intellektuelle', wie der Arzt Apil-ilišu, ein Häuschen besaßen. Denkbar ist auch, daß für den Verkauf eines Hauses, das mit gewisser Wahrscheinlichkeit direkt an die Tempelmauer angebaut war (da é ^{d}utu), die Zustimmung oder zumindest Zeugenschaft von Priestern speziell wünschenswert oder gar erforderlich war. Schließlich war es bei Transaktionen in der Nähe des Tempels sicherlich nicht unüblich, sich nach Möglichkeit der Dienste der respektablen und wohl meist relativ gebildeten Herren als Zeugen zu versichern. Daß in unseren beiden Texten fast durchweg dieselben Personen herangezogen wurden, spricht allerdings eher gegen eine zufällige Auswahl.

Sollten die Ausgrabungen in Larsa eines Tages auch die altbabylonischen Schichten rund um den Šamaš-Tempel freilegen, scheint es nicht völlig ausgeschlossen, daß zumindest die 'Brunnenstraße', und dann vielleicht auch

[12] Zum generellen Phänomen mehrfacher Teilverkäufe von Häusern und damit Hand in Hand gehenden Umbauten vgl. *Iraq* 43 (1981), 19ff., wo E. Stone unter dem Titel "Texts, Architecture and Ethnographic Analogy: Patterns of Residence in Old Babylonian Nippur" textliche und archäologische Daten zu einem interessanten Streiflicht auf die Entwicklung eines eng begrenzten Wohngebietes im altbabylonischen Nippur verbinden konnte. Die dortigen Beobachtungen, Probleme und generalisierenden Rückschlüsse können ohne weiteres auch auf unseren bisher nur textlich belegbaren Gebäudekomplex in Larsa übertragen werden.

die *Mārat-Anim*-Straße und die benachbarten Grundstücke, identifiziert werden könnten. Die Aussicht, dort ein von Tempelpersonal, Ärzten und anderen schreibkundigen Bürgern bevorzugtes Wohnviertel genauer untersuchen zu können, wäre verlockend!

Die *ezēbum*-Klausel

Unsere beiden Texte enthalten neben der Zahlungs-Quittierung (A 11-13; B 13-14) und der in Larsa allgemein üblichen Haftungsgarantie (A 14-16; B 15-19) einen in beiden Texten identischen Rückforderungs-Verzicht mit einer in diesem Wortlaut bisher unbelegten Begründung: *ištu* x sar é *ana* kaskal *īzibū* é-mu nu-(ub-)bé-a "Nachdem sie x Sar Haus *ana ḫarrānim* übriggelassen haben, wird/darf (der Verkäufer) nicht sagen: 'Das Haus gehört mir!'"(A 17-19[13]; B 20-22[14]).

K. van Lerberghe[15] hat vor einiger Zeit die Belegstellen aus altbabylonischen Immobilien-Kaufverträgen für **izibtum*[16] und (*izibtam*) *ezēbum* zusammengestellt und dabei auch einige Verzichtsklauseln behandelt, die der unsrigen ähneln. Seither ist aus Larsa (außer oben, Text B) noch ein weiterer, sehr instruktiver Beleg für eine solche Klausel veröffentlicht worden, *YOS* 12, 102, 19-21 (datiert Si. 4): Vier Brüder (Amurru-muballiṭ, Ilīma-abī, Aḫī-ajjamši und Šumman-lā-Šamaš) hatten von einem fünften Bruder (Qurrudum) 2 Sar *kišubbû* gekauft; davon veräußert nun Ilīma-abī sein Viertel (= 1/2 Sar), das an das seines Bruders Amurru-muballiṭ grenzt, an ebendiesen.[17] Nach den üblichen Klauseln (Zahlungsquittung, Haftungsgarantie) folgt dann der Satz: *iš-tu* 2 sar é *ši-ma-tim ù* 2 sar é *il-ki-š*[*u*] *i-zi-bu-šum* "Nachdem er ihm 2 Sar durch Kauf erworbenes Haus und 2 Sar zu seinem *ilku*-Lehen gehöriges Haus übriggelassen hat, (...)." Der Nachsatz é-mu nu-ub-bé-a "wird er nicht sagen: 'Das Haus gehört mir!'" ist hier, wie auch auf der Tafel von oben Text B, im Telegrammstil ausgelassen.

---

13 Passus auf der Hülle komplett erhalten; entsprechende Stelle auf der Tafel von der anhaftenden Hülle verdeckt.

14 Auf der Hülle komplett ausgeschrieben; die Tafel zeigt nur den Temporalsatz (*ištu* ... *īzibū*), läßt jedoch den Hauptsatz (é-mu nu-ub-bé-a) weg.

15 *BiOr* 34 (1977), 195.

16 Zum sicher richtigen Ansatz einer Grundform *izibtum* (**pirist-*) mit einem morphologisch separaten Teilsynonym *ezibtum* (**parist-*) siehe F.R. Kraus, *Königliche Verfügungen in altbabylonischer Zeit* (*SD* 11, Leiden 1984), 46 Anm. 98.

17 Beachte, daß das Grundstück wie in unserem Text A direkt an einem Tempel (hier dem des Sîn), liegt.

Was bisher schon des öfteren vermutet wurde, nämlich daß sich das "Übriglassen" meist auf unveräußerbares Lehensland (hier *bīt ilkišu*) bezieht[18], wird in diesem Text offensichtlich bestätigt. Gleichzeitig wird durch die Nennung von *bīt šīmātim* aber auch deutlich, daß der Vorgang nicht nur auf solchermaßen geschützte Grundstücke beschränkt ist, wie schon F.R. Kraus, *Königliche Verfügungen*, 46f. vermutete. Eine hieb- und stichfeste Erklärung aller Belege für die *ezēbum*-Formel (z.T. evtl. Abtausch von gekauftem und als Lehen erhaltenem Grundbesitz unter – dann legalem – Verkauf des letzteren?) steht noch aus.

Auch in unseren beiden Texten scheint mir die Formel am ehesten im Zusammenhang mit – allerdings aus dem Wortlaut der Urkunden nicht näher bestimmbaren – Lehensverpflichtungen erklärbar zu sein. Ich möchte daher *ana* kaskal/*ḫarrānim* als "für den Militärdienst" auffassen und auf die wohlbekannte Affinität von *ilkum* und *ḫarrānum* hinweisen.[19] Daraus ergäbe sich zwar, daß in allen beiden von unseren Texten die Grundstücke der jeweiligen Verkäufer an eine *ḫarrānum*-Verpflichtung gekoppelt gewesen wären, doch ist diese Annahme m.E. immer noch plausibler als die von D. Charpin/J.-M. Durand vorgeschlagene Gleichsetzung von kaskal "(Land-)Straße"[20] mit dem im Akkadischen davon meist säuberlich getrennten e-sír "(Stadt-)Straße"[21] aus der Grundstücksbeschreibung in Zeile B 5 oder – *per extensionem* – den beiden Straßennamen in A 4-5.[22]

---

[18] Siehe A.L. Oppenheim, "Mesopotamia - Land of Many Cities", in I.M. Lapidus (Hrsg.), *Middle Eastern Cities* (Berkeley [u.a.] 1969), 15; S.R. Harris, *Land Conveyance in Old Babylonian Larsa* (Diss. Ann Arbor 1983; UMI no. 8324198), 130-132.

[19] Vgl. am einfachsten *AHw* 327b s.v. *ḫ*. 7), wo auch der Ausdruck *ḫarrānam alākum* (vgl. *ilkam alākum*) behandelt ist.

[20] Engl. road, franz. route.

[21] Engl. street, franz. rue.

[22] Siehe *RA* 75, 25 oben; die Übersetzung der Stelle auf S. 23 ("2 sar de terrain pour la route") reflektiert dagegen nicht die Argumentation des Kommentars und läßt auch noch Raum für meine Interpretation.

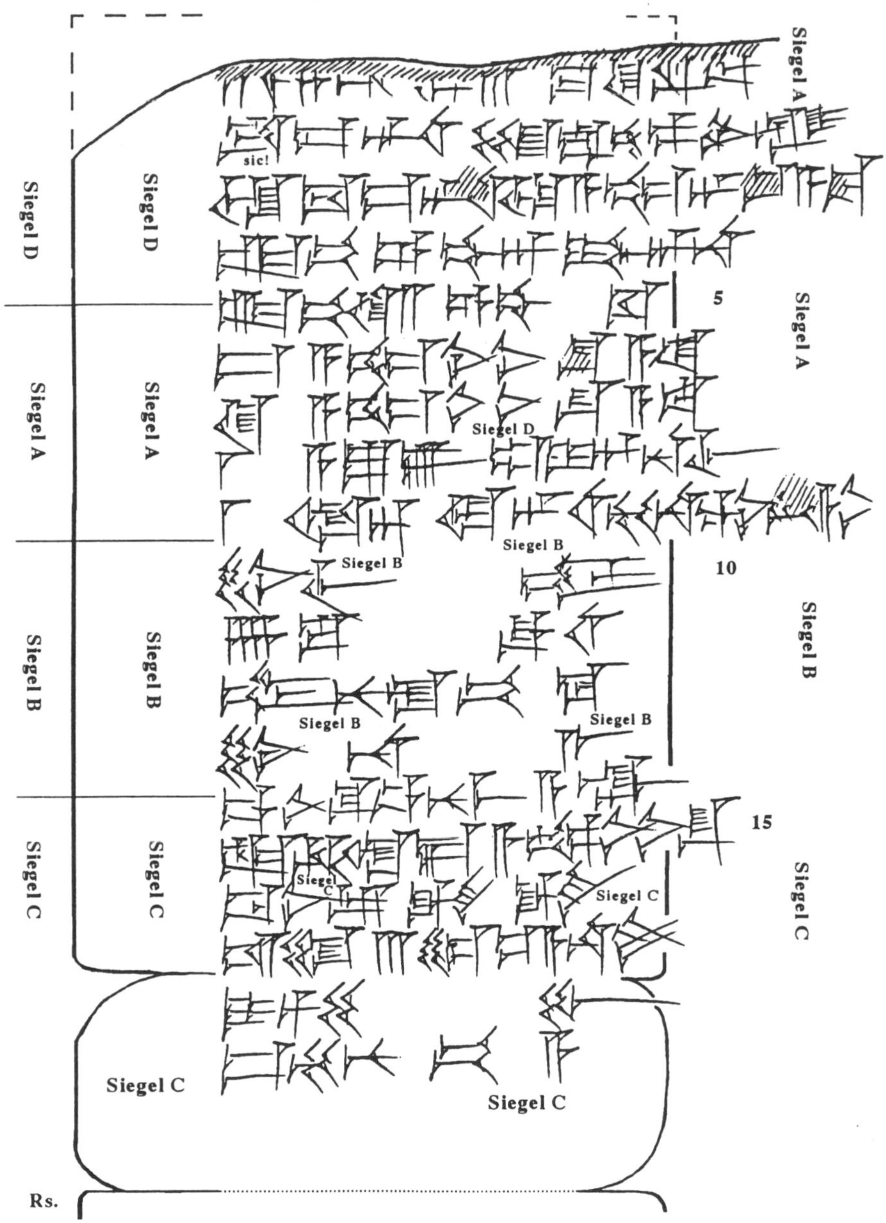

Abb. 1: Text A (Übersee-Museum Bremen A 13 122), Vs. der Hülle
(Kopie W. Farber)

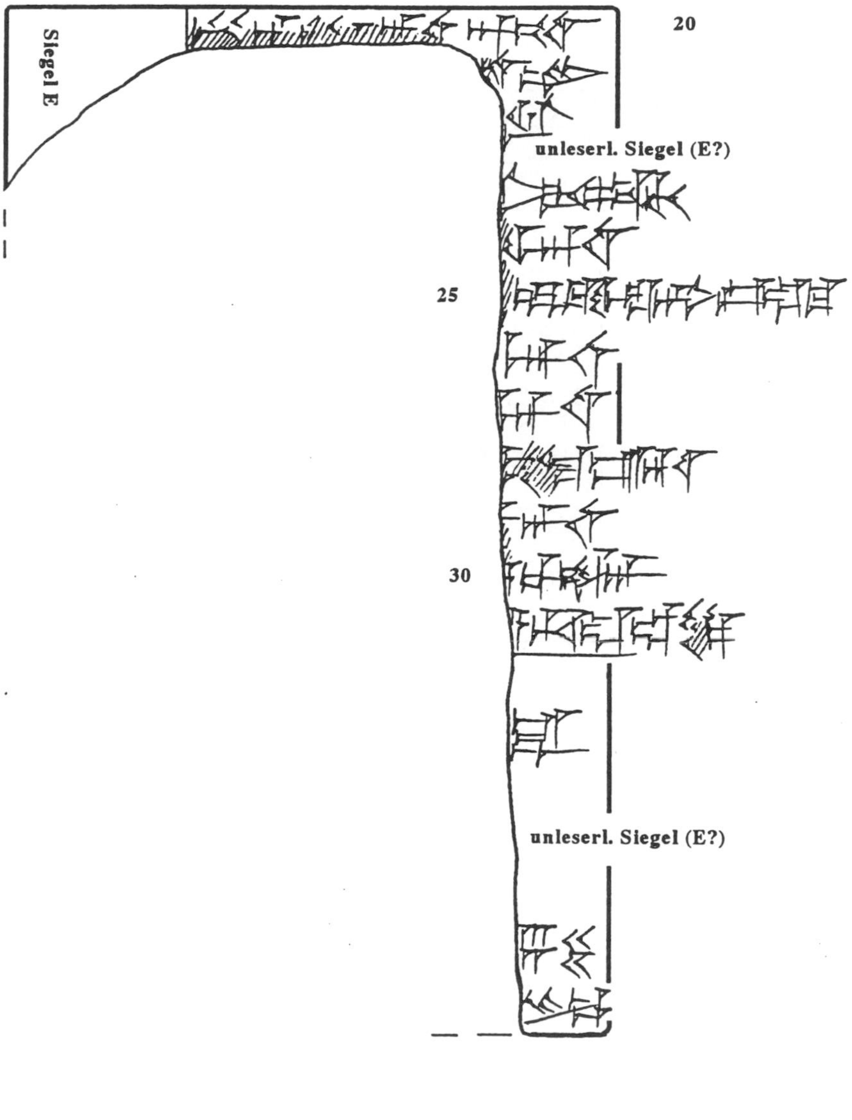

Abb. 2: Text A (Übersee-Museum Bremen A 13 122), Rs. der Hülle
(Kopie W. Farber)

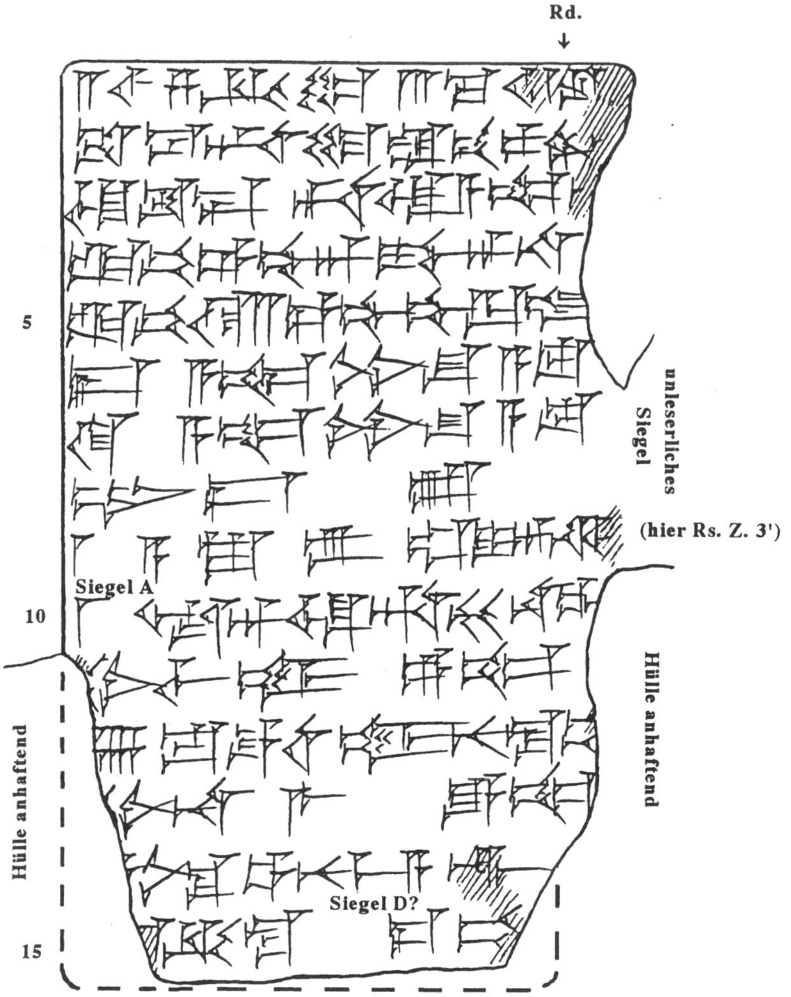

Abb. 3: Text A (Übersee-Museum Bremen A 13 122), Vs. der Tafel (Kopie W. Farber)

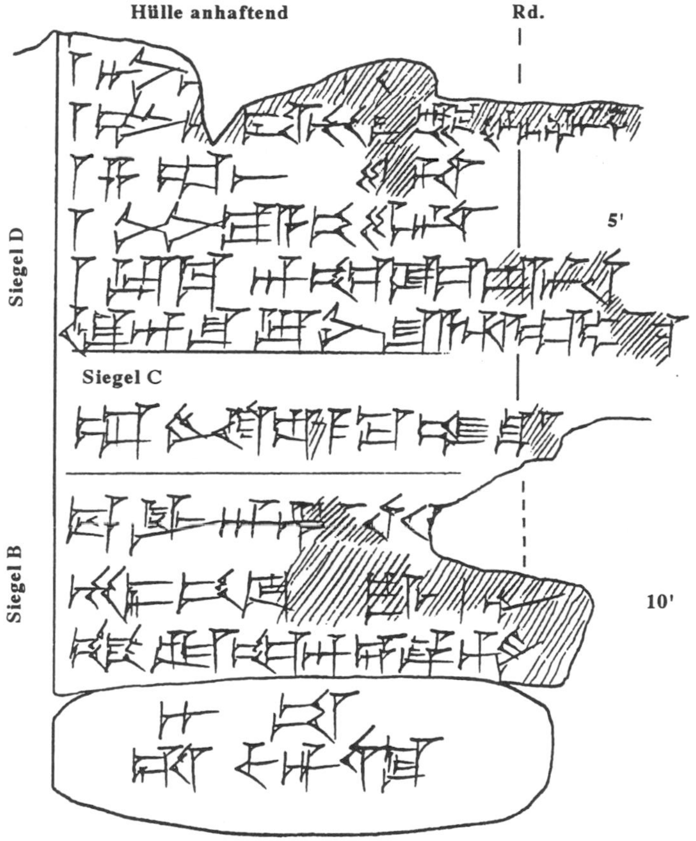

Abb. 4: Text A (Übersee-Museum Bremen A 13 122), Rs. der Tafel
(Kopie W. Farber)

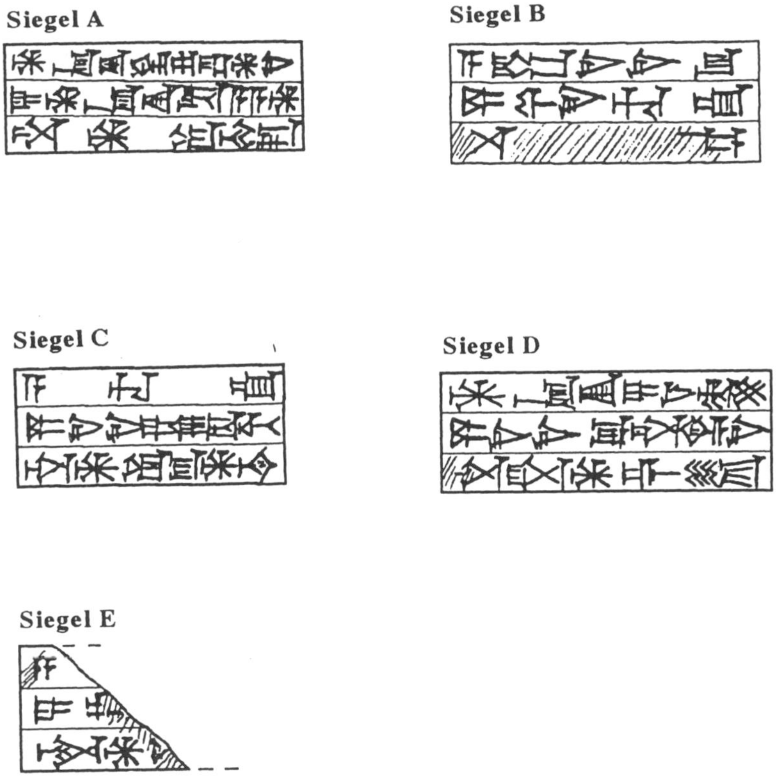

Abb. 5: Text A (Übersee-Museum Bremen A 13 122), Siegelabrollungen (Kopie W. Farber)

Zur semantischen Opposition im Akkadischen

Helmut Freydank (Berlin)

Sollte sich die Keilschriftforschung tatsächlich noch nicht zielgerichtet mit den Gegenwörtern des Akkadischen befaßt haben?[1] Wenn dem so ist und eine systematische Untersuchung der semantischen Opposition mit einer Zusammenstellung der akkadischen Antonyme bisher noch fehlt, so kommen dafür mehrere Gründe in Betracht. Einerseits war es verständlicherweise nicht erforderlich, im Rahmen der deskriptiven Grammatik auf das Phänomen einzugehen.[2] Andererseits waren Gegenwortpaare in der Lexikographie wohl nur in Einzelfällen erwähnenswert (s. Anm. 1). Drittens mochten in einer Sprache wie dem Akkadischen noch immer gravierendere Probleme angestanden haben. Vor allem aber könnte für den Sachverhalt, den man als "Defizit" mit Sicherheit zu negativ bewertete, maßgebend gewesen sein, daß den Gegenwörtern anscheinend erst im Verlauf der letzten etwa 30 Jahre zunehmend mehr Aufmerksamkeit geschenkt wurde.[3] Mit diesem wachsenden Interesse der Sprachwissenschaft war es schließlich

---

[1] Akkadische Antonyme werden im speziellen Fall ganz selbstverständlich registriert in *CAD* Q 64b: "In NA the antonyms *dannu*:*qallu* replace the antonyms *rabû*:*ṣiḫru* 'large:small,' 'old:young', etc. More rarely in NB *qallu* replaces *ṣiḫru* in opposition to *rabû*". A. Cavigneaux stellt in *RlA* 6 (1980-1983), 609-641, s.v. "Lexikalische Listen" in §21.1. Erimḫuš in einem Einzelfall Antonyme fest (S. 635).

[2] W. von Soden/W.R. Mayer, *GAG* (*AnOr* 33, 3. Auflage, Rom 1995) erwähnen die Antonymie nicht.

[3] Vgl. F.J. Hausmann, in Ch. Schwarze/D. Wunderlich (Hrsg.), *Handbuch der Lexikologie* (Königstein/Ts. 1985), 386: "Sammlungen lateinischer Antonyme sind im 16. und 17. Jahrhundert von Toscanella, Philomusus, Gambarellius und Popma bekannt. Für die lebenden Sprachen treten solche Werke erst spät auf und bleiben vereinzelt, außer für das Französische (...). Das erste deutsche Beispiel ist jetzt C. u. E. Agricola, Wörter und Gegenwörter, 1977. ... Viele kumulative Synonymiken verzeichnen allerdings auch Antonyme." – A. Mettinger, *Aspects of Semantic Opposition in English* (Oxford 1994), 4 korreliert die zunehmende Beschäftigung mit der Antonymie "with the growing interest in linguistic semantics in the sixties and seventies."

gegeben, auch die Antonyme in eigenständigen Vokabularen oder Wörterbüchern zu erfassen.[4]

Im folgenden soll versucht werden, die Perspektiven einer Beschäftigung mit der semantischen Opposition im Akkadischen zu erkennen und womöglich den Umriß einer entsprechenden Studie anzudeuten. Hier scheint damit auch der Ort zu sein, die beiden wichtigsten Aspekte zu benennen, unter denen dieser Beitrag dem Jubilar gewidmet sei. Es sind seine Mitarbeit am *Chicago Assyrian Dictionary*[5] wie auch seine Fähigkeit und sein unablässig verfolgtes Anliegen, die Entwicklungslinien des Faches in die Zukunft zu projizieren und die Entwicklungsmöglichkeiten des Faches unter allen Bedingungen auszuschöpfen.

Die vorliegende Skizze will sich nicht mit den theoretischen Grundlagen auseinandersetzen, die in der Regel den Untersuchungen zur semantischen Opposition vorangestellt werden.[6] Ein Grund dafür ist die begrenzte Vertrautheit des Vf. mit den Methoden der modernen Linguistik, der Hauptgrund jedoch die Notwendigkeit, zunächst abzuklären, welche Voraussetzungen für eine derartige Studie im akkadischen Schrifttum anzutreffen sind. Der Beitrag wird folglich nicht die unterschiedlichen Terminologien und die variierenden Typologien der Gegensatzrelationen referieren und noch viel weniger diskutieren, sondern sich auf ein möglichst leicht handhabbares Instrumentarium zu stützen suchen, das weitgehend an der Empirie und einem eher philologischen und eben auch intuitiven Umgang mit natürlicher Sprache und namentlich mit toter Sprache orientiert ist. So scheint es dem Vf. kein Fehler zu sein, für die folgenden Betrachtungen ein Unterteilungsschema zu übernehmen, das aus spezifischen Merkmalen der semantischen Opposition einige einfache Kategorien der Gegenwörter ableitet.[7] Wie nach diesen Gesichtspunkten für das Akkadische Gruppen gebildet werden können, wird mit Sicherheit erst eine Untersuchung klären, die über diese Skizze hinausgeht. Hier soll nur in besonderen Fällen eine entsprechende Zuweisung vorgenommen oder versucht werden.

---

[4] Vgl. für das Deutsche C. u. E. Agricola, *Wörter und Gegenwörter* ([4]Leipzig 1987), und zuletzt W. Müller, *Das Gegenwort-Wörterbuch* (Berlin 1998), der allerdings die Antonyme unter praktischen Gesichtspunkten bietet, ohne auf linguistische Fragen einzugehen.

[5] Johannes Renger war Mitarbeiter folgender *CAD*-Bände: A/2 (1968), K (1970), M (1977), N (1980), Š/1 (1989), Š/2 (1992) und Š/3 (1992).

[6] Siehe z. B. O. Gsell, *Gegensatzrelationen im Wortschatz romanischer Sprachen* (*Beihefte zur Zeitschrift für romanische Philologie* 172, Tübingen 1979), 3-92 (A. Theoretischer Teil); R. Rachidi, *Gegensatzrelationen im Bereich deutscher Adjektive* (*Reihe Germanistik Linguistik* 98, Tübingen 1989); H. Seiler, *The dimension of oppositeness: Universal and typological aspects* (*Arbeiten des Kölner Universalien-Projektes* Nr. 84, Köln 1991); A. Mettinger (s. Anm. 3); vgl. in den Arbeiten die bibliographischen Angaben.

[7] C. u. E. Agricola (s. Anm. 4) 18f.

Beachtenswert und nützlich scheinende weitere Kategorien sollen gegebenenfalls durchaus einbezogen werden.[8]

Spezielle Untersuchungen zur Antonymie (vgl. Anm. 6) lassen die Komplexität und Kompliziertheit der Aufgabe erkennen, die Gegenwörter einer Sprache umfassend semantisch zu analysieren und zu klassifizieren. Gleichzeitig machen sie aber auch deutlich, daß sich für das Akkadische sehr wahrscheinlich manche Fragestellung erübrigen wird und, daraus folgend, mancher theoretische Ansatz in Ermangelung lebender Sprecher weder überprüfbar ist noch selbst mit Hilfe reichlichen zusätzlichen Textmaterials jemals überprüfbar sein wird. Folglich ließe sich zumindest auf diesem Wege (vgl. aber Anm. 8) beispielsweise nicht feststellen, welcher Teil eines Gegenwortpaares unter den gradierbaren Adjektiven des Akkadischen die ganze Dimension repräsentieren kann, also "unmarkiert" bzw. "neutral" ist im Gegensatz zum "markierten" bzw. "polaren" Gegenwort.

Zum Problem wird für das Akkadische ohnehin die Verfügbarkeit von Kontextbelegen, die für lebende Sprachen in praktisch unbegrenzter und damit ausreichender Zahl zur Verfügung stehen. Da die Materialbasis im vorliegenden Fall noch nicht sicher beurteilt werden kann und keine Vorarbeiten existieren, sei zunächst zum Vergleich auf die Studie von J. Krašovec, *Der Merismus im Biblisch-Hebräischen und Nordwestsemitischen* (Rom 1977) hingewiesen.[9] Die dort aufgeführten 272 Textbeispiele für die "rhetorisch-stilistische Figur" des "Merismus" legen es nahe, daß das akkadische Schrifttum voraussichtlich keine schmalere Grundlage bieten

---

[8] Vielleicht werden sich im Akkadischen aus den Bezeugungen und der Verwendung entsprechender Nomina Hinweise ableiten lassen, welche gradierbaren Adjektive unmarkiert verwendet wurden. Vgl. z.B. das Antonymenpaar *arāku* (*arku*):*karû* (*kurû*) "lang sein (lang)":"kurz sein (kurz)", zu dem nach den Wbb. (*CAD* A/2, 223; *AHw* 64a) drei Nomina mit der Bedeutung "Länge" (*māraku*, *mūraku*, *urku*) verzeichnet werden, jedoch keine Ableitung mit der Bedeutung "Kürze" (*CAD* K 229a; *AHw* 452b). Oder darf in einem solchen Fall ohnehin mit einer universell gültigen Regel gerechnet werden?

[9] Für den Hinweis auf diese Arbeit danke ich J. Tropper. – Das Wort "Merismus" sucht man in neueren Fremdwörterbüchern des Deutschen vergeblich. Das *Handbuch der Fremdwörter in der deutschen Schrift- und Umgangssprache* (München 1910), Sp. 749, verzeichnet "Merismos, die Einteilung, Zerteilung (eines Satzes)". Gemeint ist im vorliegenden Gebrauch ein durch Nennung seiner wesentlichen Teile wiedergegebener und veranschaulichter übergeordneter Begriff. J. Krašovec verweist für eine Definition u.a. auf H. Lausberg, *Handbuch der literarischen Rhetorik I* (München 1960), §669, und führt selbst aus: "In den letzten Jahren ist der Begriff des «Merismus» im Bereich der semitischen Studien zwar immer häufiger anzutreffen, es fehlt jedoch nicht nur eine ausführliche Monographie über diese Figur, sondern auch eine Erklärung ihrer Herkunft und dementsprechend eine klare Definition des Merismus. In den Grammatiken sucht man diesen Begriff vergebens. Deswegen ist es nicht verwunderlich, dass so viele Forscher die meristischen Beispiele überhaupt nicht bemerken oder sie mit der Antithese vermischen." – Es liegt auf der Hand, daß der "Merismus" nicht in die Grammatik, sondern in die Lexikologie gehört (vgl. Anm. 2 u. 10).

wird, auch wenn im Zusammenhang jener Arbeit die unter "Merismus" verbuchten Belege zwar mehrheitlich, aber nicht ausschließlich im Verhältnis einer semantischen Opposition zueinander stehen. Jene Mehrheit wäre jedenfalls, unter semantisch-lexikologischen Gesichtspunkten gesehen, einer entsprechenden Klassifizierung zugänglich, wenngleich J. Krašovec den Begriff der Antonymie absichtlich oder unabsichtlich – das bleibt offen – vermieden bzw. ausgeklammert hat.[10]

Geht es dem Autor dieses Werkes also eher um die Analyse einer Stilfigur, so führt die Untersuchung der semantischen Opposition zu einem universalen Strukturprinzip der realen Welt, das sich in ihr widerspiegelt. Bezüglich der sprachlichen Ebene und in Sonderheit des Akkadischen wäre folglich von Interesse, in welcher Weise das Phänomen in der Lexikologie bereits Nutzen gebracht hat bzw. weiteren bringen könnte. Nachweise für die Auswertung semantischer Oppositionen liegen, wie den Wbb. zu entnehmen ist (s. auch unten), in mehreren Einzelfällen vor, u.a. z.B. in *CAD* M/1, 308a sub *marû* B v., "to be slow(?)", wo weiter ausgeführt wird: "Meaning based on the contrast with *ḫamāṭu* in UET 5 78:10, see Landsberger, MSL 4 p. 21* n. 3. The grammatical term *marû* (opposed to *ḫamṭu* quick) may be connected with this verb."

Eine eingehendere Untersuchung der semantischen Opposition im Akkadischen fände in derartigen Daten bereits eine gewisse Basis, die es um andere und letztlich um alle verfügbaren Textbeispiele zu erweitern gälte. Der Introspektion als heuristischem Prinzip fiele wohl eine nicht unwichtige Rolle zu, indem man, von Gegenwörtern und insbesondere von gradierbaren Adjektiven des Deutschen ausgehend, versuchen müßte, Antonymenpaare in akkadischen Texten wiederzufinden. Es zeigt sich, daß man bei diesem Versuch bald an die Grenzen stößt, die teils von der "Eigenbegrifflichkeit" des Akkadischen, teils vom Umfang der Überlieferung gezogen sind. Trotzdem wird man von einer Erfassung der akkadischen Antonyme über die bisher registrierten Beispiele hinaus den einen oder anderen Erkenntnisgewinn für die Semantik erhoffen dürfen. Wahrscheinlich wäre allein schon die systematische Aufarbeitung der Antonyme als ein Gewinn anzusehen. Der diachronische Charakter der Quellen und der bisherigen großen Wbb. würde bei dem Unternehmen immer besonders zu beachten sein.[11]

---

[10] Den akkadischen Gebrauch von *zikarum u sinništum* zur Bezeichnung einer Gesamtheit von Menschen beiderlei Geschlechts führt *CAD* Z 111b sub *zikaru* 1.2' mit "per merismum" ein. Ebenso wird *sūqu u sulû*, "Gasse und Gasse" (*CAD* S 402b: street after street), ebd. durch "per merismum" gekennzeichnet. – *GAG* (s. Anm. 2) registriert §62 d) ζ) *ṣeḫer rabi* 'klein (und) gross' und *zikar sinniš* 'Mann (und) Frau' lediglich als "verschiedene adverbiale Ausdrücke" im Status absolutus.

[11] Während jetzt Th.R. Kämmerer/D. Schwiderski, *Deutsch-Akkadisches Wörterbuch* (*AOAT* 255, Münster 1998) die Feststellung von Antonymen sehr erleichtern sollte, macht dieses auf dem *AHw* basierende Wörterbuch zunächst vor allem die betreffenden Probleme

Kurz vorgestellt sei an dieser Stelle das bereits angesprochene Instrumentarium, nach dem die Gegenwörter klassifiziert werden können.[12] Von den von C. und E. Agricola auf das Deutsche angewendeten typologischen Kriterien ist an erster Stelle die *Konversivität* zu nennen, die vor allem Verben betrifft und insbesondere Beziehungen, "von denen die eine die semantische Umkehrung der anderen darstellt; ein und dieselbe Handlung wird unter Beibehaltung derselben Beteiligten (Aktanten) von verschiedenen Standpunkten aus gesehen und bezeichnet; ..." (Beispiele: mieten:vermieten; geben:erhalten).[13] Ein weiteres gruppenbildendes Merkmal stellt die *Komplementarität* dar, bei der es sich um die Beziehung zwischen zwei gegensätzlichen Semen handelt, "die sich wechselseitig zwingend bedingen und ergänzen, die in der Relation des ausschließlichen 'Entweder-oder' zueinander stehen" (Beispiele: Ebbe:Flut; männlich: weiblich).[14] An dritter Stelle wird *Antonymie im eigentlichen Sinne* definiert als "Die Beziehung zwischen zwei Bedeutungseinheiten, die in betontem semantischem Gegensatz zueinander stehen, die das Gegenteil ihrer Bedeutungen voneinander bilden, ohne daß sie sich wechselseitig notwendig bedingen und ohne daß von der einen in jedem Fall eindeutig auf die andere geschlossen werden kann." In diese Kategorie gehören auch die Verben, deren Merkmal als "Schaffung entgegengesetzter Zustände" angegeben wird und für die u.a. öffnen:schließen und heben:senken als Beispiele genannt werden. Endlich wird unter 4. die Gruppe *Fakultative Gegenwortpaare* (Kontrast im allgemeinen) erfaßt, also eine Kategorie, die ein weites Anwendungsgebiet zur Voraussetzung hat und dementsprechend auch in einer Sprache wie dem Akkadischen einen gewissen Bestand an einschlägigen Belegen erwarten lassen sollte, allerdings an eine spezielle und umfassende Textanalyse gebunden sein wird.

---

deutlich und kann von sich aus in keinem Fall zum gesicherten Ansatz eines Gegenwortpaares führen. Vgl. für die bis dahin erschienenen Bände des *CAD* schon J.M. Sasson, *English-Akkadian Analytical Index to the Chicago Assyrian Dictionary – Part I* (Chapel Hill 1973).

12 C. u. E. Agricola (s. Anm. 4), 18f.

13 Hierher gehören etwa die als "Merismus" aufzufassenden Gegenwörter *nadānu u maḫāru* (wörtl. "geben und in Empfang nehmen"; *CAD* M/1, 50b u. 57b: to sell and to buy, to do business).

14 A. Mettinger (s. Anm. 3) kennzeichnet diesen Typus als "digital", während er die gradierbaren Adjektive "skalar" nennt. – In die Gruppe der komplementären Gegenwörter sollten Paare wie z. B. "Stadt und Land", *ālu u ṣēru* (*AHw* 39a), gehören, ferner das ebenfalls als "Merismus" für "dauernd" aufzufassende *mūšu u urru*, "Nacht und Tag" (auch *urru u mūšu* und *ūmu u mūšu*) (*AHw* 687) und der "Merismus" für "Welt" als "Himmel und Erde" (*šamû u erṣetu*) (*AHw* 1160a). Die Reihe ließe sich für das Akkadische wie für andere Sprachen fortsetzen.

Von besonderem Interesse ist die an dritter Stelle genannte Kategorie, die als Antonymie "im eigentlichen Sinne" vorrangig die Adjektive betrifft. Nach A. Mettinger wird sie als einzige zu Recht mit diesem Terminus bezeichnet, den man folglich als Unterbegriff zur "semantischen Opposition" und als Sonderfall anzusehen habe.[15] Das wesentliche Merkmal dieser Antonyme ist ihre Gradierbarkeit, die mithin auch ihre enge semantische Beziehung zueinander bedingt.

Im folgenden ist eine Reihe von akkadischen Adjektiven bzw. entsprechenden Verben aufgeführt, die nach Ausweis der Wbb. in wenigstens einem Kontextbeleg als Antonyme "im eigentlichen Sinn" erscheinen. Diese Reihe ist aus mehr oder weniger zufällig aufgefundenen Belegen zusammengestellt und wurde nicht geordnet. Als günstiger Faktor erweisen sich bei der Ermittlung von Antonymen die gemeinsamen Wurzeln von Zustandsverben und (Verbal)adjektiven, durch die sich die Belegsituation insofern verbessert, als auch ein Adjektiv gegenüber einem Verb eine semantische Opposition bezeugen kann.[16]

groß:klein (alt:jung)	*rabû*	*ṣiḫru*	
	dannu	*qallu*	
	rabû	*qallu*	(s. Anm. 1)
breit:schmal	*rapšu*	*qatnu*	(*CAD* S 404a s. v. *sūqu*)
stark:schwach	*dannu*	*enšu*	(*CAD* D 96a / E 171a)
	kabtu	*muškēnu*	(*CAD* K 28a / M/2, 275)
	kabtu	*qallu*	(*CAD* K 26a)
reich:arm	*šarû*	*lapnu*	
	(*šarû*	*lapānu*)	
	šarû	*muškēnu*	(*CAD* Š/2, 130)[17]

[15] A. Mettinger (s. Anm. 3) 14: "The use of the term 'antonomy' will be restricted to 'gradable opposites, such as 'big':'small', 'high':'low' etc.' (Lyons 1977, 279). This subcategory of semantic opposition has also been referred to as 'Antonymie i.e.S.' (Ketschi 1974, 193ff.), 'Antithetika' (Geckeler 1980, 47), 'polar opposition' (Leech 1974, 108), 'l'antonymie contraire' (Iliescu 1977, 165), 'Antonymie (im eigentlichen Sinne)' (Agricola and Agricola 1979, 19)."

[16] Vgl. z. B. die Sätze *kabtu iqallil lapnu idammiq* "the wealthy man will lose status, the poor man will do well" (*CAD* Q 56), aus denen sowohl die Oppositionen *kabtu:lapnu* und *qalālu:damāqu* als auch *kabtu:qallu* und *lapnu:damqu* abgeleitet werden können. Ebenso schiene es wohl gerechtfertigt, das Verb *kasû* "binden" (*AHw* 455f.) in einer semantischen Opposition zu *paṭāru* "lösen" zu sehen aufgrund des abgeleiteten Nomen instrumenti *maksû* "Fessel" in dem Beleg *puṭur maksîšu* "löse seine Fessel" (*AHw* 590b u. *CAD* M/1, 139a s. v. *maksû*). – Soweit die Belege den Wörterbüchern entnommen sind, wurden die Gegenwörter aufgenommen, wenn sie in den Textzitaten enthalten waren.

[17] 1. rich, prosperous – a) opposed to *lapnu*, *muškēnu* and other terms for "poor."

wenig:viel	*īṣu*	*mādu*	(*CAD* I/J 219b; *AHw* 391)[18]
dick:mager/dünn	*kabru*	*baḫû*	
	(*kabāru*	*baḫû*)	(*CAD* K 22f./4f.; B 30)
schwarz:weiß	*ṣalmu*	*peṣû*	(*CAD* Ṣ 77a-78b)
dunkel:weiß	*tarku*	*peṣû*	
lang:kurz	*arku*	*kurû*[19]	
	(*arāku*	*karû*)	(s. Anm. 8)
langsam?:schnell	*marû*?	*ḫamṭu*	(s. o. u. vgl. *AHw* 616bf.)
voll:leer	*malû*	*rīqu*	(*CAD* M/2, 173)[20]
	(*malû*	*riāqu*)	
kalt:heiß	*kaṣû*	*emmu*	
	(*kaṣû*	*emēmu*)	(*CAD* K 268f. / 269f.; *CAD* E 150f./147bf)
sauber:schmutzig	*zakû*	*dalḫu*	(*CAD* Z 23b)
sehr gut:schlecht	*babbanû*	*bīšu*	(*AHw* 94b)[21]
gut:schlecht	*damqu*	*masku*	(*CAD* M/1, 324bf.)[22]

Wie oben erwähnt, gehören in die Kategorie der Antonyme i.e.S. auch die Verben, deren Merkmal die "Schaffung entgegengesetzter Zustände" ist. Als erstes Antonymenpaar sei in Anknüpfung an das genannte deutsche Beispiel "öffnen:schließen" *petû:edēlu* angeführt zusammen mit den Verbaladjektiven passivischer Bedeutung "offen:geschlossen" *petû:edlu* (*CAD* E 25bf. u. 33bf.). In diese Kategorie gehören weiterhin "hinausgehen: hineingehen" *aṣû:erēbu* (*CAD* A/2, 367; *AHw* 235a), zu denen eine analoge semantische Opposition jeweils für den Š-Stamm bezeugt ist: *šūṣû:šūrubu* (*CAD* A/2, 380b-381a; *AHw* 1478a) mit den Bedeutungen "hinausbringen, hinausgehen lassen:hineinbringen, eintreten lassen". Neben der Opposition "hinabsteigen usw.:hinaufgehen usw." *arādu:elû* (*CAD* A/2, 214b; *AHw* 1462a, 206b) tritt ebenfalls im Š-Stamm die Opposition *šūrudu:šūlû* auf nach

---

18 Als Merismus erscheint *īṣu u mādu* "wenig oder viel" für "alles"; in dem Beleg *lītir limṭi* be it more or less (*CAD* M/1, 431b: Gautier, *Dilbat* 6 r. 1,36:6) stehen sich dagegen die Verben *watāru* und *maṭû* "übergroß, überschüssig sein, werden" (*AHw* 1486b) und "gering werden, sein" (*AHw* 636a) als Antonyme gegenüber.

19 Vgl. dazu die Opposition *šaqû:kurrû* "groß(tall):klein(short)" (bzw. "hoch:niedrig") in Bezug auf Vieh nach *CAD* Š/2, 17a: "*mūrē ša ša-qu-ú-ti šūbila* send me tall foals (opposite: *kurrû* short) KBo 1 10 r. 62 (let.)."

20 Zu beachten ist die Verwendung auch dieser Antonyme (vgl. schon *marû* und *ḫamṭu*) als Termini im Gebrauch der babylonischen Grammatiker.

21 Vgl. *CAD* B 83b: "The adjective *banû* begins to replace *damqu* in the MB period, continuing into NB when *banû* in turn is largely replaced by *babbanû*, q.v."

22 Im Kontext der Belege für *damqu* (*CAD* D 68b-73b) sind dazu in Abhängigkeit vom Sachzusammenhang mehrere unterschiedliche Antonyme anzutreffen.

dem Beleg bei E. Cancik-Kirschbaum, *BATSH* 4, 140 (Nr. 9:12f.)[23] und hat die spezielle Bedeutung "(Geschriebenes) streichen:hinzufügen". In Enuma eliš IV 22 (*CAD* A/1, 43a; *AHw* 103a) ist die Opposition "zerstören:schaffen", *abātu:banû*, belegt. Zu notieren sind ferner *ašābu:tebû* "sich setzen:sich erheben" (*AHw* 1342a) wie auch *alādu:reḫû* "gebären:zeugen" (*CAD* A/1, 288b).

Das oben bereits auf Grund von *maksû* "Fessel" als in Opposition zu *paṭāru* "lösen" angetroffene Verb *kasû* "binden" zeigt sich in offenbar spezieller Verwendung in Bezug auf *kišpu* "Zauber" in Opposition zu *pašāru* "lösen" (*AHw* 842a-843b). *kalû* "zurückhalten" (*AHw* 428a) ist belegt in Opposition zu *wašāru* (D *wuššuru*) "loslassen usw." (*AHw* 1484a; vgl. *CAD* K 98b: "*kalû* in contrast to *wuššuru*").[24] Zu den beiden Antonymen "schlafen:wachen", *ṣalālu:êru* vgl. *CAD* Ṣ 70a: "The relationship between *ṣalālu*, 'to be asleep, to lie asleep,' and *nâlu*, 'to go to bed,' is illustrated by the contrast of the former with *êru*, 'to be awake.'" Eine mehrfache Gegenwortbeziehung liefert das Sprichwort *burrû akālu ṣummû šatû eli amēli illak* "to become hungry and (then only) to eat, to become thirsty and (then only) to drink is best befitting to man" (*CAD* Ṣ 95, Lambert, *BWL* 144:16), aus dem die Oppositionen

barû (*burrû*):*ṣamû* (*ṣummû*)	hungrig sein (werden):durstig sein (werden)
barû (*burrû*):*akālu*	hungrig sein (werden):essen
ṣamû (*ṣummû*):*šatû*	durstig sein (werden):trinken
akālu:*šatû*	essen:trinken

ableitbar sind. - Um eine gemäß der oben aufgeführten Typologie konversive Relation handelte es sich bei dem vielfach bezeugten Gegenwortpaar *nadānu:leqû* "geben:nehmen" (vgl. schon Anm. 13 das Antonymenpaar bzw. den "Merismus" *nadānu u maḫāru*).

Von allen bisher genannten Beispielen weisen einige zweifellos eine hohe Frequenz auf, während andere auf einem Beleg basieren und eher zufällig aufgefunden wurden. Soweit nach allen diesen Bezeugungen semantischer Opposition bereits Aussagen möglich scheinen, kann folgendes abgeleitet werden:

1. Nach den in den Wbb. vorgefundenen Beispielen zu urteilen, dürfte das akkadische Textmaterial eine ausreichende Grundlage für eine detaillierte

---

23 *ša šēlû'ika šēli ša šērudika šērid* "Was du streichen willst, streiche, und was du hinzufügen willst, füge hinzu!"

24 Vgl. dazu auch B. Landsberger/M. Civil, *MSL* IX (Rom 1967), 144, wo auf das aus dem Arabischen bekannte Phänomen der gegensätzlichen Bedeutungen ein und desselben Wortes eingegangen wird, das sich in den Übersetzungen *ṣamādu* und *paṭāru* neben *uššuru* und *kasû* für sumerisch LÁ zeigt (Hinweis E. Cancik-Kirschbaum).

Untersuchung der Gegenwörter und die Zusammenstellung einer Gegenwortliste bieten.

2. Bei einer Untersuchung der Gegenwörter schiene es angezeigt, gleichzeitig "meristische" Verwendungsweisen von Gegensatzrelationen zu registrieren.

3. Sowohl unter den adjektivischen Antonymen i.e.S. als auch unter den diesen verwandten antonymen Verben überwiegen solche Wortpaare, in denen der semantischen Opposition eine deutliche Abweichung in der Wurzelgestalt der beiden Gegenwörter zu entsprechen scheint. Zeigen einerseits etliche Wörter ein Wurzelaugment, das auf eine zweikonsonantige Basis folgt, so gehören die jeweiligen Antonyme teils zum dreikonsonantigen Wurzeltyp, teils weisen sie ein vorangestelltes Wurzelaugment auf. Vereinzelt treten auch andere Unterscheidungsmerkmale auf. Nach den bisher aufgefundenen Beispielen haben Antonyme anscheinend in relativ wenigen Fällen übereinstimmende Wurzelgestalt.[25]

4. Von dieser Beobachtung ausgehend, sei weiterhin auf eine mögliche semantische Opposition zwischen *(w)abālu* "tragen, bringen" (*AHw* 1450a) und *našû* "heben, tragen" (*AHw* 762a) verwiesen, indem hier "aufbürden" und "hochheben" die gegensätzliche Tendenz andeuten können, ferner auf *abālu:šaqû* "austrocknen:bewässern". Alle genannten antonymen Verben sind häufig belegte Wörter.

5. Auf der Grundlage eines nicht systematisch zusammengetragenen Materials und eines, aufs Ganze gesehen, nicht einheitlichen Befundes, der allerdings anscheinend zu einem überwiegenden Teil im Sinne einer kumulativen Evidenz bewertet werden kann, sei zusammenfassend die Vermutung ausgesprochen, daß im Akkadischen die semantische Opposition ein relevanter Faktor bei der Wortbildung war, der die Wurzelgestalt der Gegenwörter und insbesondere der "Antonyme im eigentlichen Sinne" in Richtung einer formalen Differenzierung bzw. Polarisierung beeinflußt hat.

6. Sollte aus einer Prüfung des verfügbaren akkadischen Wortschatzes hervorgehen, daß das betreffende Phänomen aufgrund seiner Häufigkeit nicht als zufällig anzusehen ist, so wäre seine formale und genetische Beziehung zu den Bedeutungsklassen des Verbs zu betrachten. Weiterhin wäre es notwendig, in jedem Einzelfall den Charakter der betreffenden Wurzelaugmente zu berücksichtigen wie auch im Vergleich mit dem Akkadischen der semantischen Opposition in anderen semitischen Sprachen unter dem Gesichtspunkt einer "formalen Polarität" der Antonyme nachzugehen.

---

[25] S.o. unter den aufgeführten Beispielen *dannu:qallu* und *rapšu:qatnu*. Einen interessanten Befund zeigen mehrere sinnverwandte Wörter der antonymen Bedeutungsfelder "suchen" und "finden", in denen sich auch Verben tertiae infirmae gegenüberstehen, für die allerdings ebenso Gegenwörter anderer Wurzelgestalt eintreten können:

"suchen"	*bu''û* (*CAD* B 360bff.)	:	"finden"	*amāru, kašādu, atû*
	še'û (*CAD* Š/2, 355aff.)	:		*amāru, atû*
	saḫāru (*AHw* 1493b)	:		*atû*

Triades archaïques dans les panthéons sumériens

Jean-Jacques Glassner (Paris)

La Mésopotamie est une terre encombrée de divinités manifestées dont l'existence et la nature sont des faits d'évidence et qui sont l'objet d'un culte quotidien symbolisant les soins que l'on prend d'un être vivant. Il n'y a pas de divinités cachées rendues connaissables par une voie surnaturelle; les dieux mésopotamiens ignorent la transcendance. Leur pluralité s'ordonne en des panthéons hiérarchisés et structurés qui révèlent des démarches parfois diverses de l'esprit: transposition sur le plan cosmique des énergies démiurgiques; transfert sur le plan divin des phénomènes de la nature; prédilection pour les figures du couple (associations de principes sexuels opposés: le dieu et sa parèdre[1]) et de la triade (triade cosmique; triade astrale). Dans les polythéismes mésopotamiens comme ailleurs, la définition d'un dieu est nécessairement différentielle et classificatoire, elle ne peut être exprimée en termes statiques; un dieu se délimite à travers l'ensemble des positions qu'il occupe dans la série complète de ses manifestations.

La pensée religieuse répond à ces problèmes d'organisation et de classification[2]. Elle distingue divers types de pouvoirs, avec leurs dynamiques propres, leurs modes d'actions, leurs domaines, leurs limites. Elle envisage le jeu complexe des hiérarchies, des équilibres, des oppositions et des complémentarités. Le monde divin n'est pas composé de forces vagues et anonymes; il fait place à des figures bien dessinées, dont chacune a un nom, un état civil, des attributs, des aventures caractéristiques. Dans la masse indistincte 'dieu', d i n g i r /*ilum*, on voit apparaître de vrais noms, des partages de puissances, de savoirs, de compétences. Ces noms sont à leur tour définis par des formes spécifiques, une apparence physique, des gestes, des objets, des attributs, ordonnés autour de leur apparence. Les dieux sont individués, ils montrent toute la gamme des facultés délibératives et intellectuelles propres à l'individu.

---

[1] Qu'entend-on au juste par ce mot? On peut lui attribuer la signification qui est celle du terme *šaššabētu* à Emar, "celle qui se tient avec": M. Dietrich, "Die Parhedra im Pantheon von Emar", *UF* 29 (1997), 115-122.

[2] M. Detienne, "Du polythéisme en général", *Classical Philology* 81 (1986), 47-55.

Inversement, une puissance divine n'a pas réellement d'existence en soi, elle n'a d'être que par le réseau des relations qui l'unit au système divin dans son ensemble. Et dans ce réseau elle n'apparaît pas nécessairement comme un sujet singulier, mais aussi bien comme un pluriel, comme multiplicité nombrée. La raison de ce paradoxe tient au fait qu'un dieu exprime les aspects et les modes d'action de la puissance, non des formes personnelles d'existence. La définition alternativement singulière et plurielle des divinités confirme leur caractère impersonnel. Il n'y a pas un dieu Enki en général; on connaît celui d'Eridu, mais il en est d'autres comme en témoignent à leur manière oblique les noms de ses parèdres: Ninki, son doublet féminin dans les listes savantes; Damgal.nuna assimilée à Nin.ḫursag dans le mythe de Dilmun; Damkina, qui en sera le nom courant après la première dynastie de Babylone. Il n'existe pas davantage un culte unique qui soit rendu à Inanna en général; on connaît celui qui est adressé à Inanna d'Uruk, mais d'autres sont rendus, ailleurs, à des Inannas particularisées, très différentes les unes des autres, dont on suppute qu'elles ne sont pas toutes nécessairement homonymes, et qui participent, néanmoins, d'une certaine façon, de la même puissance: Inanna d'Adab, d'Akšak, de Bad-tibira, d'Isin, de Nippur, de Šuruppak, d'Ur, de Zabalam, de Mur, etc. Des relations existent entre elles; nous connaissons, dans la cité de Lagaš, l'Inanna de l'Ibgal, divinité ailleurs nommée de façon plus laconique Dingir.ibgal; EanaDU nous enseigne qu'elle réside dans l'Eana qui se trouve dans l'Ibgal[3].

Toutes ces divinités forment une société, elles ont des champs de compétences, des privilèges que les autres respectent, des savoirs, des pouvoirs limités par ceux de leurs voisines ou de leurs associées. Il y a, dans les panthéons, comme une division du travail.

L'hypothèse initiale est qu'un panthéon n'est ni une troupe confuse ni une juxtaposition artificielle de personnalités individuelles. Certes, tous les panthéons ne sont pas pourvus d'une charpente puissamment structurée. Dans le monde mésopotamien où prolifèrent les constructions polythéistes, il est autant de panthéons que de cités et, à l'exception des listes savantes, toutes les figures de ces panthéons ne sont pas liées entre elles dans un même cadre narratif où les concepts et les puissances sont rassemblés et mobilisés dans un système relationnel global.

Les panthéons savants du 3e millénaire résultent de traditions bien établies et fortement élaborées. Leurs incipit s'énoncent comme suit: [An, Enlil], Ninlil, Enki, Nanna, Inanna, etc. (listes d'Abū-Ṣalābīḫ); An, Enlil, Inanna, Enki, Nanna, Utu, etc. (listes de Fara); Enlil, Ninḫursag, Enki, Su'en, Utu, Ninki (stèle des vautours); An, Enlil, Ninḫursag, Enki, Su'en, Ningirsu (Gudéa, statue B). Leur simple énoncé, il s'agit des grandes divinités de ce que l'on appelle improprement 'le panthéon pan-sumérien', montre assez

---

3 H. Steible, *Die altsumerischen Bau- und Weihinschriften I* (*FAOS* 5, Wiesbaden 1982), Ean. 1 iv 20-22.

combien divergent les élucubrations des théologiens du temps; à Lagaš même, d'un siècle à un autre, les idées changent.

La géographie religieuse de la Mésopotamie achève de s'ordonner à l'époque de Jemdet Naṣr qui se caractérise par une diminution des établissements sédentaires ruraux et le développement des villes. Or 'ville' est une unité chargée de sens, composée d'un ensemble d'unités résidentielles et de production. On devine, étant donné la nouvelle répartition de la population, que, pour partie d'entre elle au moins, elle est transplantée du village à la ville où elle constitue des groupes unis par des relations de solidarité, d'endogamie ou de clientélisme et qui se reconnaissent par leur origine géographique. Uru exprime en sumérien ce système trop complexe pour pouvoir être dévoilé d'un mot de façon claire; il est, aux yeux des Mésopotamiens, le repère fixe auquel s'attache par excellence la notion d'identité. Dans la tenson du Dattier et du Tamaris il est rappelé que les dieux avaient bâti des villes pour une antique humanité; la légende d'Etana avait pour titre ‘les dieux dessinèrent la ville’; la chronique de la monarchie décrit une humanité primitive ignorante de l'institution royale mais qui, déjà, avait adopté la ville pour lieu de résidence et la citadinité pour mode de vie.

Le cadre urbain se précisant, les divinités, nécessairement, s'urbanisent. Les dieux et les déesses s’attachent à une glèbe, un territoire où s'exercent leur autorité et leur pouvoir. Chaque ville, d'après l'idée généralement admise, est gouvernée par un dieu poliade. Partant, on dresse le tableau généalogique qui les unit, on crée des syncrétismes, le polythéisme se développant alors comme le reflet d'une structuration politique et sociale. Les assimilations se font jour: Zababa de Kiš, Ningirsu de Lagaš et Ninurta de Nippur deviennent des divinités guerrières dont les noms, devenus synonymes, finissent par être interchangeables.

Chaque divinité poliade est en réalité la maîtresse d'un monde qui lui appartient, un panthéon local. Celui-ci, pas davantage que les panthéons syncrétiques, ne constitue une troupe désordonnée. Au catalogue abrupt de noms divins, il faut ici substituer une analyse des structures du panthéon mettant en lumière la façon dont les diverses puissances sont groupées, associées ou distinguées. Localement, l’organisation des dieux se lit dans les listes d'offrandes, la topographie, le nombre et rôle des servants, etc.; ce sont autant d'indices qui rappellent les hiérarchies et les formes de subordination circonstancielles.

Une triade divine est à la tête du panthéon de l’Etat de Lagaš, Ningirsu, Nanše et Baba. Ningirsu est un fils d’Enlil, comme il ressort du nom du temple de ce dernier, é-ad-da[4]; Gudéa, plus tard, l’affirme explicitement[5]. Nanše est une sœur de Ningirsu; son temple à Girsu se

---

[4] Ent. 1 iv 3; etc.

[5] *Cyl.* A vii 5; viii 21; ix 3; B vi 6; vii 6-7; viii 9; etc.

nomme š e š - e - g a r - r a , "placé chez le frère", de même que le temple de Ningirsu à Nigin$_x$ est appelé n i n 9- n é - g a r - r a , "placé chez la sœur"[6]. Baba, enfin, est l'épouse de Ningirsu; Gudéa nous en informe, qui décrit les cadeaux de noces offerts à la déesse[7]; Irikagina, déjà, la nomme é - g i 4 - a , la "fiancée"[8]; d'après les grandes listes d'offrandes du dynastique archaïque III où elle lui est étroitement associée, elle en est à l'évidence la parèdre.

D'emblée, une difficulté surgit: Ningirsu et Nanše, l'un fils d'Enlil, l'autre fille d'Enki, peuvent-ils être frères? On peut considérer, avec d'autres, que dans le mode de pensée polythéiste, prérationnel et primitif, la présence d'une contradiction n'entrave pas le raisonnement[9]. Une autre approche consiste à faire disparaître la contradiction en lui opposant la mutation dans le temps historique: Ningirsu fut d'abord, à l'instar de Nanše, un fils d'Enki avant d'être celui d'Enlil! En réalité, on est très vraisemblablement en présence de traditions et d'écoles différentes, mais l'aspect noétique des sources s'oppose à toute tentative d'explication sérieuse. Baba, quant à elle, est une fille d'An, selon Gudéa[10].

Bref, au moment où les sources les associent, ces trois divinités forment une triade divine composée d'un dieu et de deux déesses, ces dernières étant, respectivement, l'épouse et la soeur du premier. La collection des hymnes z à - m ì d'Abū Ṣalābīḫ ignore, par contre, Baba qu'elle remplace par Gatumdu, la déesse patronne de la ville de Lagaš[11].

Selon la vulgate des assyriologues, à côté de Ningirsu, dieu de Girsu, figurerait Nanše, déesse de Nigin$_x$, promue au rang de soeur en signe d'une alliance entre les deux cités. La troisième divinité, la déesse Baba, patronne de Lagaš, la capitale de l'Etat, viendrait se joindre, plus tardivement, à ce couple en qualité d'épouse; étant la maîtresse de la capitale du royaume, c'est elle qui aurait choisi Ningirsu pour époux. La triade serait donc le reflet des accidents de l'histoire et de la politique.

En réalité, Ningirsu et Baba forment un couple divin qui gouverne à Girsu, la résidence des souverains. Il n'existe aucun témoignage permettant de faire de Baba, au dynastique archaïque III, une déesse de la ville de Lagaš. A cette époque, Gatumdu est la mère qui a fondé la ville[12]; elle ne semble identifiée à Baba qu'entre le 24e et le 21e siècle: Enmetena est encore "fils né

---

6 J. Bauer, *AWL* 152 v 1; 156 ii 2; etc.

7 *St.* E viii 11-15 ; G ii 1-16 ; iv 21-vi 19.

8 Ukg 52, avec J.S. Cooper, *Presargonic Inscriptions* (*SARI* I, New Haven 1986), 83.

9 D. Sperber, *Le savoir des anthropologues* (Paris 1982), ch. II.

10 *St.* B viii 57-58; D iii 14-15; H iii 1; K ii 13-14; *STVC* 36 1; etc.

11 R.D. Biggs, *Inscriptions from Tell Abū Ṣalābīkh* (*OIP* 99, Chicago 1974), 54-55, lignes 108-119.

12 Ent. 24, 1-2; plus tard encore Gudéa, *St.* B viii 55-56; *Cyl.* A iii 3; etc.

de Gatumdu"[13] alors que Gudéa est "fils né de Baba"[14] en même temps que "fils né de Gatumdu"[15]. Bref, même si les divinités de la ville de Lagaš ont partie liée avec certains membres de la dynastie régnante, aucune d'elles n'est présente au sommet du panthéon officiel de l'Etat où la ville de Lagaš, qui donne son nom au royaume, n'est donc pas représentée. Les images divines sont des figures souveraines et, entre les divinités et les rois humains, une relation de représentation au miroir s'instaure qui légitime le pouvoir humain; toutefois, il faut admettre que le royaume d'un dieu ne correspond pas nécessairement à un royaume territorial à une époque historique donnée, le roi d'ici-bas étant pris, en outre, dans un réseau de relations avec une multiplicité d'autres divinités[16].

Ainsi, le panthéon politique ne se reflète-t-il qu'imparfaitement dans la toponymie et la topographie de l'Etat: à Girsu, Nanše possède son temple é - š e š - e - g a r - r a ; à Nigin$_x$, Ningirsu possède son temple é - n i n$_9$ - e - g a r - r a ; enfin plusieurs temples portent le nom de é - d a m, abréviation de é - d a m - e - g a r - r a , "temple placé chez l'époux/épouse"[17].

Cette triade ne laisse d'évoquer les trois figures de Dumuzi, de son épouse Inanna et de sa soeur Geštin.ana. Le thème du dieu qui meurt et ressuscite est au coeur d'une mythologie dont le projet est d'expliquer le rythme annuel de la vie végétale. Le dieu est censé descendre annuellement dans le monde inférieur, alors que les végétaux entrent en sommeil, pour en sortir six mois plus tard, lorsque les jeunes sèves relancent dans un nouvel élan tout ce qui était assoupi. C'est sur ce vieux fond que l'on a, pour des raisons qui sont obscures, à moins qu'ils n'aient été eux-mêmes, anciennement, des divinités de la végétation, transféré les personnages de Dumuzi (parfois de Damu) et d'Inanna en les associant à Geštin.ana, cette dernière une antique divinité agraire.

La prévalence d'un code familial implique que le système de valeurs est alors centré sur les relations de parenté et que la perception de l'ordre symbolique se fait à travers l'expérience des relations intra-familiales. C'est Geštin.ana qui introduit Inanna, la future épouse, auprès de son frère Dumuzi, tout comme, ailleurs, de manière similaire, Aruru introduit Sud auprès de son frère Enlil. Et la même Geštin.ana pleure ce frère disparu, allant jusqu'à s'offrir pour le remplacer six mois par an dans le monde des morts; c'est une autre sœur, encore, Egi.me, qui pleure un autre dieu qui meurt, Lil. Tous ces

---

13 Ent. 25 9-10.

14 *St.* H iii 2-5; E ix 1-2.

15 *St.* B ii 16-17; etc.

16 Des faits similaires peuvent être observés ailleurs, comme en Inde: M.-L. Reiniche, "Redécouvrir un dieu – fonder un 'royaume'", dans M. Detienne (éd.), *Tracés de fondation*, (Louvain/Paris 1989), 193-209.

17 Par exemple *AWL* 156 viii 11.

personnages évoquent le monde sumérien du 3e millénaire avec ses vastes maisonnées aux stratégies d'alliances vraisemblablement complexes et où la soeur est le symbole de la sexualité interdite pour le frère; idéalement, la règle est sans doute de donner ses soeurs à exigence égale d'épouses, mais la réalité peut faire apparaître une cascade de célibats viagers, de soeurs cadettes ou parfois veuves et dépourvues d'enfants, demeurant auprès d'un frère avec tout ce que cela suppose, peut-être, d'esprit d'inceste adelphique. Ces images, cependant, qui font référence avant tout à la société des hommes, ne sont pas immédiatement interprétables en termes sociaux.

Ajoutons une ultime précision, alors que le frère et la soeur sont des divinités souveraines, la tradition fait de l'épouse une divinité de la médecine[18].

Tous ces ingrédients cumulés laissent entendre que l'élaboration du panthéon n'est pas la réponse aux seuls aléas de l'histoire. La présence conjointe de deux divinités souveraines indique que l'organisation du panthéon se fait au terme de rivalités entre plusieurs puissances qui prétendent à la souveraineté sur un même territoire.

Une triade composée d'un dieu, de son épouse et de sa soeur, se rencontre de manière récurrente à la tête d'autres panthéons locaux. On sait que Ninurta, et non Enlil, est le dieu poliade de Nippur. A l'époque d'Akkadé, c'est le gouverneur de la ville qui est en charge de son temple alors que les travaux de l'Ekur d'Enlil sont à la charge de l'Etat; cette situation est confirmée par les sources de l'époque d'Isin-Larsa et plus encore par celles d'époque paléo-babylonienne où les *nadītu* sont les dévotes de ce dieu[19].

La parèdre de Ninurta a pour nom Nin.Nibru, "la dame de Nippur". Or, une seconde déesse joue un rôle important dans la ville, Ungal.Nibru, soit la "reine de Nippur" et qui semble exercer une fonction souveraine[20]. Derrière Nin.Nibru on devine la présence d'une déesse de la médecine, un avatar de Gula qui est précisément connue pour être la parèdre du dieu; une source du dynastique archaïque III mentionne Nintinuga, un avatar de Gula, comme l'épouse d'un dieu dont le nom est perdu dans une lacune et que l'on suggère, pour cette raison, de lire Ninurta[21]. Derrière Ungal.Nibru se cache un avatar local d'Inanna du nom de Zannaru et qui est l'objet d'un hymne célèbre.

---

[18] K. Tallqvist, *AGE*, 269.

[19] A. Westenholz, *Old Sumerian and Old Akkadian Texts in Philadelphia, Part Two* (*CNI* 3, Copenhague 1987), ch. I; R.M. Sigrist, *Ninurta à Nippur, l'économie du culte pendant la période d'Isin et Larsa* (Ph.D. inédit, Yale 1976); E. Stone, "The Social Role of the Nadītu Women in Old Babylonian Nippur", *JESHO* 25 (1982), 50-70.

[20] W.G. Lambert, "The Hymn to the Queen of Nippur", dans G. van Driel et al. (éds.), *Zikir Šumim. Assyriological Studies Presented to F.R. Kraus on the Occasion of his Seventieth Birthday* (Leyde 1982), 173-218.

[21] H. Steible, *Altsumerische Inschriften*, AnNip. 3.

Ainsi à Nippur où Ninurta, le dieu poliade, est flanqué de Nin.Nibru, son épouse, un avatar de la divinité de la médecine, et d'Ungal.Nibru ou Zannaru, sa soeur, une déesse souveraine, un avatar d'Inanna.

Le parallélisme entre Lagaš et Nippur est dès lors obvie; la même structure familiale et les mêmes fonctions se retrouvent dans l'un et l'autre exemple. On aimerait en connaître davantage sur les cultes de Bad-tibira où se côtoient Inanna, Lugal.emuš et Geštin.ana.

Cette organisation du monde des dieux n'est pas exclusive d'autres formes, notamment celles où le personnage central n'est plus un dieu mais une déesse. Tel semble être le cas dans la ville de Lagaš où règne une triade Gatumdu - Dingir.Bagara - Dingir.Ibgal, une triade tardivement assimilée à Baba, Ningirsu et Inanna. Une liste d'offrandes[22] la documente encore à l'époque d'Ur III. Gatumdu, mère fondatrice de Lagaš vient en tête. Derrière les deux derniers noms se cachent deux divinités peu connues, respectivement Lugal.Bagara, l'antique dieu de Lagaš, parèdre de Gatumdu, et un avatar d'Inanna[23] dont le parèdre est Lugal.URU.KÁR, lui-même une figure du dieu de la fertilité Ama.ušumgal.ana.

---

[22] *MVN* 6, 528: F 1'-7'.

[23] Dingir.Ibgal est déjà mentionnée en *RTC* 8 iii 2.

"Brust"(*irtum*)-Gesänge

Brigitte Groneberg (Hamburg)

I. Ein bisher unbekanntes Genre

Die hier erstmalig veröffentlichte[1] *irtum*-Komposition[2] aus dem Genfer Museum für Kunst und Geschichte gehört zu einer Reihe altbabylonischer Literaturwerke, die in einer Widmung an den König enden und sehr häufig Loblieder an Göttinnen enthalten. Im Preis an und für den König wird versucht, den Gewinn des Lobes der Gottheit auf den König zu projizieren.

In allen diesen Texten ist der König der "Geliebte" der Göttin, ob in einem konkreten oder im übertragenen Sinn, bleibt für die spätaltbabylonische Zeit offen.[3]

Diese Rolle des Königs wird beispielhaft expliziert in dem altbabylonischen Hymnus an Ištar, *RA* 22, 170f., Z. 45ff., der mit folgendem Segenswunsch an den König Ammiditana endet:

45 *iš-ti an-nim ḫa-wi*$^{!}$*-ri-i-ša te-te-er-ša-aš-šu-um*
46 *da-ri-a-am ba-la-ṭa-am ar-ka-am*
47 *ma-da-a-tim ša-na-at ba-la-à-ṭi-im a-na am-mi-di-ta-na*
48 *tu-ša-at-li-im Ištár ta-at-ta-di-in*

49 *si-iq-ru-uš-ša tu-ša-ak-ni-ša-aš-šu-um*
50 *ki-ib-ra-at er-be-e-em a-na še-pí-i-šu*
51 *ù na-ap-ḫa-ar ka-li-šu-nu da-ad-mi*

---

[1] Ich danke den Kuratoren des Genfer Musée d'art et d'histoire für die Erlaubnis, den Text zu veröffentlichen und A. Cavigneaux für Kollationen und Anregungen zur Lektüre des Textes.

[2] Zum Genre der *irtum*-Gesänge vgl. B. Groneberg, "Classificatory Markers in Catalogues and Early Akkadian Lyrical Texts" (Groningen, im Druck). Der Aufsatz behandelt die Unterschriften im Hymnenkatalog *KAR* 158.

[3] Zur "Heiligen Hochzeit", wie sie in der Isin-Larsa Zeit begangen wurde, machen Königshymnen konkrete Angaben; siehe J. Renger, "Heilige Hochzeit", *RlA* 4 (1972-1975), 251-259 und mit zusammenfassender Literatur Y. Sefati, *Love Songs in Sumerian Literature. Critical Edition of the Dumuzi-Inanna Songs* (Bar-Ilan 1998), 30-49.

52 *ta-aṣ-ṣa-mi-su-nu-ti a-ni-ri-i-ši-ú*[4]

53 *bi-be-el li-ib-bi-i-ša za-ma-ar la-le-e-ša*
54 *na-ṭú-um-ma a-na pí-i-šu si-iq-ri é-a i-pu-ša*![5]
55 *eš-me-e-ma ta-ni-it-ta-a-ša i-ri-us-su*
56 *li-ib-lu-uṭ-mi šar-ra-šu li-ra-am-šu ad-da-ri-iš*

57 *Ištár a-na am-mi-di-ta-na šar-ri ra-i-mi-i-ki*
58 *ar-ka-am da-ri-a-am ba-la-ṭa-am šu-úr-ki*
59 *li-ib-lu-uṭ*

---

g i š - g i - g á l - b i

45 Von Anum, ihrem Gatten, erbat sie immer wieder für ihn (= den König)
46 ewiges, langes Leben.
47 Viele Jahre an ewigem, langen Leben für Ammiditana
48 machtest du vollkommen, Ištar, gabst du (ihm).

49 Auf ihren Befehl hat sie ihm sich unterwerfen lassen
50 die vier Weltgegenden unter seinen Fuß,
51 und dazu noch alle Wohnstätten
52 spannte sie an sein! Joch.

53 Der Wunsch ihres Herzens, der Gesang über ihre verführerische Liebe
54 ist für seinen Mund geeignet (und) auf Befehl des Ea[6] führte er ihn (für sie) aus.
55 Er (Ea) hörte ihren (der Ištar) Preis, er freute sich über ihn!
56 Leben soll sein König, er soll ihn auf ewig lieben!

57 Ištar! Dem Ammiditana, deinem Geliebten,

---

[4] Sicherlich ein Endreim zur Zeile 50.

[5] Vermutlich ist an einen verkürzten Ventiv zu denken.

[6] Der Hinweis auf Ea, der sozusagen bei der Niederschrift dieser Komposition beistand, findet sich auch in den zusammenfassenden Passagen des Liederkatalogs *KAR* 158, z.B. in I 9ff.: [^{d}*É*]-*a ba-la-aṭ-ka liqbi*: "Ea soll dein Wohlergehen aussprechen". Beinhaltet der Segenswunsch, daß die Sammlung der Hymnenzitate nach Aufforderung durch einen König erfolgte? Zu einer Studie über den Liederkatalog *KAR* 158 siehe H. Limet, "Le texte *KAR* 158", in H. Gasche/B. Hrouda (Hrsg.), *Collectanea Orientalia. Histoire, arts de l'espace et industrie de la terre. Etudes offertes en hommage à A. Spycket* (*Civilisations du Proche Orient, Serie I: Archéologie et Environnement* 3, Neuchatel/Paris 1996), 151-158 und B. Groneberg (siehe Anm. 2).

58 langes und ewiges Leben schenke ihm –
59 er soll leben.

"Gegengesang"[7]

Der neue Text aus Genf enthält wie *RA* 22, 170ff. einen Widmungswunsch an den altbabylonischen König Ammiditana und dürfte deshalb in der Regierungszeit dieses Königs, des drittletzten der Hammurabi-Dynastie, niedergeschrieben worden sein. Ein weiterer Hymnus mit Königswidmung ist der Nanāya-Hymnus *VS* 10, 215,[8] der einen Preis auf Samsuiluna enthält, und Agušaya B, eine Komposition, die Hammurabi gewidmet ist.[9] Ammiditana setzt somit die Tradition seiner Vorgänger in der Dynastie fort. Dem nachfolgenden König Ammiṣaduqa wird ein *irtum*-Gesang in einem nachaltbabylonischen Katalog zugeschrieben; der eigentliche Gesang ist uns aber bisher verlorengegangen.[10]

Ammiditana nimmt die Anfertigung von kostbaren Schutzgottheiten, die er der Inana von Kiš stiftete, zum Anlaß, sein 29. Regierungsjahr danach zu datieren.[11] Kiš, das zeitweise unter lokalen Königen wie Mananâ und Yawium unabhängig war,[12] fiel schon zu Zeiten des zweiten altbabylonischen Herrschers, Sumu-la-el, unter babylonische Herrschaft. Vielleicht stiftete der frühaltbabylonische König Apil-Sîn der Inana von Hursagkalama einen Thron und ein Podest aus Gold und Silber; nach einem Textzeugen seiner Datenformel für Jahr 10 ist jedoch die Inana von Babylon

---

7 Die bessere Übersetzung für giš-gi_4-gál-bi wäre "Zusammenfassung" oder "Quintessenz", da in Zeilen 57-58 der Sinn und Zweck des Hymnus wie eine Unterschrift kurz und bündig kundgetan wird.

8 Der Hymnus besingt die Göttin Nanāya mit Segenswunsch an Samusiluna; in Z. 49ff. heißt es: [*dariam balāṭa*]*m* [d]*Nanāya arka*[*m*] .... *tašrukšu*[*m*] [...] *Samsuilūna narāmiša*: "ewiges, langes Leben schenkt ihm Nanāya .... dem Samsuiluna, ihrem Geliebten". Zu einer früheren Bearbeitung des Hymnus vgl. W. von Soden, "Altbabylonische Dialektdichtungen", *ZA* 44 (1938), 32-35; zu einer Übersetzung mit Literatur siehe B. Foster, *Before the Muses. An Anthology of Akkadian Literature* (Bethesda 1993), Bd. I 69-71.

9 Vgl. B. Groneberg, *Lob der Ištar. Gebet und Ritual an die altbabylonische Venusgöttin. tanatti Ištar* (*CM* 8, Groningen 1997), 86f. V Z. 23 bis VI Z. 24.

10 Vgl. I. Finkel, "A fragmentary catalogue of lovesongs", *ASJ* 10 (1988), 17 Z. 7-8 und B. Groneberg (siehe Anm. 2).

11 Vgl. zur Datenformel jetzt R. Pientka, *Die spätaltbabylonische Zeit. Abiešuh bis Samsuditana - Quellen, Jahresdaten, Geschichte* (Münster 1998), Teil I, 78-80.

12 D. Charpin, "Recherches sur la «Dynastie de Mananâ» (I): Essai de localisation et de chronologie", *RA* 72 (1978), 22-39, besonders 36f.

gemeint.[13] Hammurabi datiert sein 36. Jahr, das Jahr nach der Einnahme von Mari, nach der Erneuerung des Tempels Emeteursag, des Tempelturms für Zababa, den Stadtgott von Kiš, und seine Gemahlin Inana.[14] An diesem Gebäude baute auch Samsuiluna in seinem 21. Jahr.[15] Seit der Regierungszeit Hammurabis ist eine rege Bautätigkeit im Stadtteil Uhaimir bezeugt. Aber auch im Stadtteil Ingarra wurden altbabylonische Tafeln gefunden, die auf eine Schreiberschule deuten.[16]

Die altbabylonischen Könige der Hammurabi-Dynastie nennen sich wieder lugal KIŠ^{ki}, wobei unklar bleibt, ob diese Bezeichnung als Kürzel für den Titel *šarrum ša kiššati*, "König der Gesamtheit", zu verstehen ist oder eher im konkreten politischen Sinn den Herrscher über das ehemals unabhängige Königreich von Kiš bezeichnet.[17] Gibson weist darauf hin, daß Kiš auch altbabylonische Texte aus der Zeit nach Samsuiluna hervorgebracht hat, im Gegensatz zu Nippur, Isin und Larsa, die zu jener Zeit schon verlassen waren. Eine Stiftung an Zababa und Inana findet sich noch im 14. Jahr des vorletzten altbabylonischen Königs Ammiṣaduqa.[18]

Es ist denkbar, daß die vier neuen *irtum*-Gesänge (siehe unter II.)[19] verschriftet wurden, als Ammiditana die Götter Zababa und Inana von Kiš mit Geschenken bedachte. Es ist sogar anzunehmen, daß die Niederschrift in Kiš selbst stattfand.[20] Denn der Text dürfte im Norden Babyloniens verfaßt worden sein, da die in den nördlichen Dialekten bezeugte Form des Pronomens *ajjîš* / *êš* verwendet wird. Auch das Auftreten des im Altassyrischen gebräuchlichen *šurrâtu* könnte darauf hindeuten. Schließlich ist auch die Verwendung der akkadischen Sprache für einen Liebesgesang in

---

[13] M. Sigrist/A. Damerow, http//www.mpiwg-berlin.mpg.de/Yearnames/HTML/T12K4. htm lesen A. Ungnad, "Datenlisten", *RlA* 2 (1938), 166 Nr. 74 als: mu ^{giš}gu-za bára-maḫ kù-sig$_{17}$ kù-babbar-ta šu-du$_{7}$-a ^{d}Inana ḫur-sag-kalam-ma mu-un-da-dím-ma (Datum 10b); aber Datum 10a lautet nach *RlA* 2, 166:79 folgendermaßen: mu ^{giš}gu-za ^{d}Inana ká-dingir-ra^{ki} mu-un-na-dím-ma.

[14] Vgl. ibid., 180 Nr. 138.

[15] Vgl. ibid., 184 Nr. 167.

[16] Vgl. M. Gibson, "Kiš. B. Archäologisch", *RlA* 5 (1976-1980), 618f. – Zu einer Übersicht über die Textfunde aus Kiš siehe auch J. Goodnick-Westenholz, "A Forgotten Lovesong", in F. Rochberg-Halton (Hrsg.), *Language, Literature and History: Philological and Historical Studies Presented to Erica Reiner* (*AOS* 67, New Haven 1987), 415f. Der von ihr dort erstmalig veröffentlichte Text gehört vielleicht ebenfalls zu den *irtum*-Gesängen.

[17] Vgl. D.O. Edzard, "Kiš. A. Philologisch", *RlA* 5 (1976-1980), 610.

[18] Vgl. R. Pientka, *Spätaltbabylonische Zeit*, 116ff.

[19] Vgl. Anm. 2.

[20] Der Text stammt aus dem Kunsthandel.

Verbindung mit dem Ištar-Kult Indiz dafür, daß man sich den im nördlichen Babylonien schon lange akkadisch-sprachigen Bewohnern propagandistisch nähern wollte. Denn es ist im Auge zu behalten, daß jeder der akkadischsprachigen Texte sich auch einem ungebildeten Publikum verständlich machen konnte: dieser mögliche Aspekt der Literaturrezeption akkadischer Texte in der altbabylonischen Zeit trifft nur auf eine Handvoll Hymnen und erzählender Texte zu. Die größere Menge der Literatur wurde nach wie vor auf Sumerisch verfaßt.[21] Ammiditanas Inschriften werden ebenso wie die meisten Inschriften seiner drei Vorgänger noch als Bilinguen präsentiert.

Kiš steht seit dem Fund der bisher singulären akkadisch-sprachigen Beschwörung aus der altakkadischen Zeit ohnehin für die Verschriftung des frühen literarischen Akkadisch an erster Stelle.[22] Es folgt erst einige Jahrhunderte später ein akkadischer Hymnus an Gungunum, dessen Abschrift aus Tell Harmal stammt.[23]

Im neuen Text aus Genf fällt die Ansprache an ein anonymes Publikum in Rs. 12'f. auf:

limdā limdā šita'alā mā
"lernet, lernet und befraget doch einander, folgendermassen: ..."

Sie kommt in ähnlicher Form auch im Ištar-Hymnus *RA* 22, 170f. 1f. vor, der mit folgendem Refrainvers anfängt:

1 *iltam zumrā rašubti ilātim*
2 *litta'id bēlet nišī rabīt Igigi*

1 "Die Göttin besinget, die Mächtige der Göttinnen,
2 es soll gepriesen sein die Herrin der Menschen, die Große unter den Igigi."

---

[21] Vgl. B. Groneberg (siehe Anm. 2).

[22] Zu dieser Beschwörung siehe zuletzt die Bemerkungen von H. Hirsch, "An den Rand geschrieben I", *AfO* 42/43 (1995/6), 139-144 mit vorhergehender Literatur. – Die noch früheren nicht sumerischen Texte aus Tell Abu Ṣalabikh (vgl. M. Krebernik, "Mesopotamian Myths at Ebla: ARET 5, 6 and ARET 5, 7", in P. Fronzaroli [Hrsg.], *Literature and Literary Language at Ebla* [*QdS* 18, Florenz 1992], 63-150 und W.G. Lambert, "The Language of ARET V 6 and 7", ibid. 41-62), bedürfen m.E. noch einer sprachlichen Zuordnung. Es wird zu klären sein, ob es sich um einen westsemitischen Dialekt handelt, der einige akkadische Wörter enthält, oder um eine sehr frühe akkadische Sprachstufe.

[23] *TIM* 9, 41; siehe einige kurze Bemerkungen in H. Hunger/B. Groneberg, *JAOS* 98 (1978), 521-523.

In einem Hymnus mit Widmung an Rīm-Sîn, *YOS* 11, 24 wird in 14-18 eine Aufforderung in der 1.P. c. Pl. formuliert:

14 *an-na ni-sa-nu-um ša ni-nu* {nu} *ni-ik-ta-na-ra-bu-šum*
15 *a-na a-ma-ri-šu ni-ẓa-me-ru iš-tu ul-la*
16 *ú-mi ma-du-tim a-na da-ar ba-la-ṭú el*
17 *ta*$^{!?}$[24]*-ši me-li-iṣ li-ib-bi-im a-na* ^{d}*Ri-im-*^{d}*Sîn* ^{d}Utu$^{\check{s}i}$*-ni*

14 “Jetzt ist Frühling, den wir wie immer begrüßen,
15 um ihn zu sehen, singen wir seit jeher:
16 'Steige hoch für viele Tage zum ewigen Wohlsein
17 Du$^{?}$ hebst die Freude des Herzens für Rīm-Sîn, unsere Sonne'.”

Eine weitere Aufforderung an ein Publikum ergeht noch in dem altbabylonischen *kummu*-Lied an Adad, *CT* 15, 3 Z.4. Es beginnt mit:

ni-še-em-me er-ni-ta-šu wa-aš-ṭa-at
“wir hören: sein Kampfeswunsch ist wild!”

Auch dieses stilistische Merkmal, die Anrede an eine Gruppe, deutet auf eine publikumswirksame Inszenierung des Vortrags der akkadisch-sprachigen Dichtungen.

Der Stil des neuen Textes aus Genf fällt in einem Punkt besonders aus dem Rahmen der uns bekannten akkadisch-sprachigen Lyrik. In dieser Lyrik sind Beschreibungen in der 3. P. Sg. und Ansprachen in der 2. P. bezeugt, m.W. aber keine Monologe in der 1. P. Sg. Im Gegensatz dazu können in den sumerischen Dumuzi-Inana-Gesängen sowohl die Göttin als auch der Gott angeredet werden und dazu tritt auch ein redendes “Ich” auf.[25] Hier ist sicherlich eine Anregung zu vermuten, zumal die sumerischen Dumuzi-Inana- Gesänge thematisch ähnlich sind. Sie wenden sich an das göttliche Paar – die akkadisch-sprachigen Gesänge ersetzen das Paar durch den König als Geliebten der Göttin und die Göttin selbst. Im Gegensatz zu dieser Parallele zeichnen sich sumerische Gesänge durch das Vorkommen von vielen Formen von Repetitionen zumindest in den Niederschriften aus, die jedoch nicht unbedingt den Vortrag betreffen müssen.[26] In den *irtum*-Gesängen kommen Repetitionen von Versen nicht vor – jedenfalls nicht nach

---

[24] Das Zeichen ist NA oder TA; auch die Lesung *na-ši*: “angehoben ist die Freude des Herzens ...” wäre denkbar, ist jedoch von der Komposition her weniger wahrscheinlich.

[25] Diese Gesänge sind nicht nur b a l - b a l - e - Gesänge, wie Y. Sefati, *Love songs*, 22-29 hervorgehoben hat. Das einzige eindeutig Besondere der b a l - b a l - e ist nach Sefati's Ansicht die Kürze der Lieder (op. cit. 28).

[26] Vgl. Idem, ibid., 62ff.

gegenwärtiger Textlage. Aber ein Stichwort, wie z.B. *rāmī*, kann wiederholt werden.

Obgleich auch einige Topoi wie die Metaphern der blühenden Natur und die Zuweisung des Geliebten in den Lebensraum der Steppe an die sumerisch verfaßten Dumuzi-Inana-Lieder der altbabylonischen Zeit erinnern, können keine stichhaltigen formalen und inhaltlichen Gesichtspunkte angeführt werden, die die *irtum*-Gesänge einer sumerischen Vorlage zuweisen würden.[27] Sehr wahrscheinlich handelt es sich also um eine genuin akkadisch-sprachige Neuschöpfung eines Literaten zur Zeit des vierten Herrschers der Hammurabi-Dynastie. Die *irtum*-Gesänge des Ammiditana sind unter formalen Gesichtspunkten ebenso singulär wie der Liebesdialog *JCS* 15, 1ff., der in Z. iv 11' König Hammurabi und Nanāya erwähnt. Der Liebesdialog *MIO* 12/2, 48ff., zwischen Nanāya und Mu'ati, der eine Widmung an den Vorgänger des Ammiditana, Abiēšuh, enthält, verzeichnet wieder Versrepetitionen, wie sie in anderen altbabylonischen sumerischen wie akkadischen Hymnen signifikantes Merkmal einer dem Sumerischen entlehnten Hymnik sind. Jedoch gehen in *MIO* 12/2, 48ff. die Z. 13ff. der Rückseite in Wunschäußerungen über, die in der 1. P. Sg. gehalten sind. Diese Besonderheit, in Verbindung mit der erotischen Wortwahl,[28] rückt diesen Abiēšuḫ-zeitlichen Hymnus nahe sowohl an die sumerischen Dumuzi-Inana-Hymnen heran als auch an die akkadischen *irtum*-Gesänge seines Nachfolgers.

Da jede der akkadisch-sprachigen Hymnen der altbabylonischen Zeit nach gegenwärtigem Forschungsstand in seiner Niederschrift einzigartig ist, darf davon ausgegangen werden, daß sich die Literaten noch in den Formulierungen des literarischen Akkadisch übten. Darauf deuten noch andere Indizien hin, wie Tilgungen auf den Tafeln und Schreibfehler.[29] Die Briefliteratur beweist hingegen schon zu Zeiten Hammurabis einen souveränen Umgang mit der Sprache, wie auch ein weiteres Genre, nämlich

---

[27] Einer sumerischen Vorlage am engsten entlehnt zu sein scheint das Kiš-Liebeslied bei J. Goodnick-Westenholz, in *Language, Literature and History*. In diesem Hymnus kommt auch die 1. P. c. vor, die "unsere Schultern" und "unsere Brust", "unsere Hüfte" und "unsere Vulva" preist, eine Redefigur, die auch in dem Dumuzi-Inana-Lied C Z. 39ff. (siehe Y. Sefati, *Love songs*) auftritt, bisher aber für akkadische Liebesgesänge nicht nachgewiesen wurde.

[28] Vgl. ibid., Vs Z. 7-8//9-10; Rs. Z. 7.

[29] Vgl. z.B. B. Groneberg, *Lob der Ištar*, 64 und vgl. zu *YOS* 11, 24 passim; eine Übersetzung des Hymnus in Auszügen findet sich in B. Foster, *Before the Muses*, 98f. mit älterer Literatur.

die reichhaltige Omenliteratur, die formal Vorbild für das geschliffene Akkadisch der Gesetze Hammurabis war.[30]

In den *irtum*-Liedern gibt die zweimalige Erwähnung (Z. 6, 11) des "Geliebten der Steppe", oder dessen, "der die Steppe durchstreift", einen Hinweis darauf, in welcher Funktion der König hier angesprochen wird. In den Dumuzi-Inana-Gesängen[31] kann die Steppe ein freundlicher, reicher Ort sein, der mit einem blühenden Garten verglichen wird. Sie ist Lebensort des Amaušumgalana/Dumuzi und wird immer dann als fruchtbar geschildert, wenn der Herrscher dieser Steppe unter dem Gesichtspunkt seiner Liebe zu Inana angesprochen wird. Sicher ist hier die Steppe im Frühling, zu Beginn des babylonischen Jahres, gemeint, die blüht und Früchte hervorbringen kann. Die lebensspendende Wirkung des Frühlings wird traditionell im Wesen der Göttin Inana verankert, und der Hirte ist auf die Vegetation der Steppe im Frühjahr angewiesen. In den Liebesgesängen werden beide Protagonisten, Inana wie Dumuzi, mit Epitheta geschmückt, die eine reiche, blühende Natur assoziieren. Da der König in seiner Beziehung zur Göttin Inana/Ištar die Rolle des Amaušumgalana annimmt, ist, obgleich das Zitat in den erhaltenen Teilen unseres Textes nicht vorkommt, mit dem "Geliebten" der Steppe sicherlich der König, hier konkret Ammiditana, gemeint.

II. Transkription[32] und Übersetzung

Der vorliegende Text (Abb. 1-4) ist Bruchstück einer größeren, wohl vier-kolumnigen(?)[33] Tafel, von der fast die gesamte II. und III. Kolumne weggebrochen ist. Der Text beginnt mit Strophen von 5 Zeilen und diese Stropheneinteilung läßt sich auch noch in der zweiten Kolumne verfolgen. Damit halte ich es für sicher, daß auf dieser Tafel mindestens 10, vielleicht auch 12 Strophen[34] von "Brustgesängen" enthalten waren. Doch ist zu

---

[30] Die literarische Sprache des altbabylonischen Akkadischen muß im Rahmen einer größeren Arbeit, die die Schrifttraditionen des Diyala-Gebietes und die akkadische Briefliteratur mit einbezieht, ausführlicher untersucht werden.

[31] Y. Sefati, *Love songs*, 185ff. H Rs. 19 //21 "how tasty are your herbs and plants in the plain!"; 218ff. : P iii Z. 11: "The steppe has been filled (with abundance) with her (i.e. Inana) like a blossoming garden"; 260ff.: W 37 : "my bright ... growing in the steppe" (dort ist auch die Erwähnung des blühenden Gartens von Apfelbäumen zu finden, vgl. noch 261 Z. 21; 166 E 2. Für Textzeugen und philologischen Kommentar vgl. die Zusammenstellung bei Sefati.

[32] Ich danke Herrn Prof. Dr. A. Cavigneaux sehr herzlich für seine Kollationen.

[33] Ob die Tafel vier- oder sechskolumnig war, muß offen bleiben; zu einer (vermutlich) sechskolumnigen Tafel siehe Agušaya B in B. Groneberg, *Lob der Ištar*, 63ff.

[34] Erkennbar sind 5 Strophen à 5 Zeilen; der Schreiber könnte aber noch den breiten Rand beschrieben haben wie in der III. Kolumne, wo noch mindestens 4 Zeilen möglich sind.

betonen, daß am unteren Ende der ersten Kolumne kein Zeilentrenner mehr zu sehen ist.

Bei der III. Kolumne ist keine Zeilenunterteilung zu erkennen. Entweder entfallen hier also die Stropheneinteilungen oder der Text ist schon in eine Weihinschrift an die Gottheit oder aber in einen Preisgesang für den König übergegangen.

Die IV. Kolumne endet mit einer Widmung an den König Ammiditana.

Da im Kolophon der Tafel vier *irātu*-Gesänge verbucht werden, besteht das einzelne *irtum* aus mehr als nur aus einer der 5 Zeilen-Strophen, die durch eine Trennungslinie abgesetzt werden. Erstrecken sich die *irāte* nur auf die Vorderseite, so besteht jedes *irtum* dann aus einer unterschiedlichen Zahl von Strophen, wenn man annimmt, die 1. Kolumne habe nur ca. 25 Zeilen. Hingegen ergeben sich jeweils drei Strophen, wenn für jede der vorderen Kolumnen ca. 29-30 Zeilen (bzw. 6 Strophen) angenommen werden. Der Text selbst läßt durch das Stichwort *rāmī*, mit dem die ersten Wörter der ersten drei Strophen verbunden werden, auf den ersten Blick vermuten, daß ein *irtum*-Gesang aus drei Strophen besteht. Diese Annahme wird aber nicht bestätigt durch die folgenden Strophen, die, soweit erkennbar, ganz unterschiedlich sind.

Die Tafel ist auf der Vorderseite stark abgerieben.

Genf 16056

Vs. Kol. I:

1	[*e*?]-⌜*eš*?⌝[35] *ra-a-mi-i šu-qú-úr*	Wohin ist mein Geliebter: er ist so kostbar!

---

[35] Z. 1: *ēš*: "wo, wohin" steht analog zu *ajīš*/*ajjīš* (siehe *CAD* A/1, 233 und zu *êš AHw* 253); das Fragepronomen hat eine Variante in der Form *ēšam* (analog zu *ajjīšam*). Beide Formen des Fragepronomens enthalten die Terminativendung *-iš*, bei *ēšam* unterstützt durch die adverbiale Akkusativendung *-am*. Gefragt wird nach der Richtung der Aktion, die durch das Verb ausgedrückt wird (siehe die Belege in *CAD* loc.cit. bil. sec.), jungbabylonisch nimmt *GAG* §118a auch die Bedeutung "wo" an. *ēš*(*am*) ist in gehobener literarischer Sprache nur in zwei altbabylonischen Fragmenten des Gilgamešzyklus belegt. Aber es kommt außer in der altbabylonischen grammatikalischen Liste OBGT I 712, wo es durch sumerisch m e - š è, "wohin", erklärt wird, noch in der altbabylonischen Briefliteratur vor (siehe *CAD* A/1, 234 sub 2'b). In diesen Briefen, die aus dem Norden Babyloniens stammen, bedeutet es in einem Brief aus Sippar (siehe M. Stol, *AbB* 11, S. V) in nicht fragendem adverbialen Sinn "irgendwohin": es steht damit für sonst geläufiges *êšamma* (siehe *PBS* 7, 128:26 in *AbB* 11). In einem Brief aus Kiš bedeutet es aber sicher fragend "wohin" (siehe *CAD* loc.cit. 234).
ēš ist offenbar ein Beispiel für eine frühe Schreibung von ē statt aj(j)+. Diese Schreibung ist – diachronisch – von aB *ajjikam* zu nachaltbabylonisch *ēkam* (u.ä.) bezeugt. Bei der Suche nach dem synchronen Auftreten von aj(j)+ und e+ in der ersten Hälfte des 2. Jt. tritt neben den Schreibungen des Vetitivs auf a-a, a oder /IA/ im Altbabylonischen regelhaft im Altassyrischen die Variante e auf. Es ist deshalb denkbar, daß in *ēš* die altbabylonische Form des Fragepronomens in seiner regional nördlichen Ausprägung vorliegt. Unser Text ist

2	⸢*ù*!⸣ *na-ši i-ni*!*-ib-šu-ú*[36]	⸢Und⸣ trägt er seine “Frucht”?
3	⸢*ku*?⸣-⸢*ul*⸣[37] *ú*?-⸢*ma/du*?⸣	.....
4	[*k*⸣*i-ma ḫa-aš-ḫu-ri* ⸢*ar*?]-⸢*ma*??⸣*-ni*	Wie ein *armannu*-Apfelbaum
5	*ma-li ri-ša-a-tim m*[*u*]-(*x*)-x *m*[*i*?*-x*?]	ist er voll mit Jauchzen ....?
6	*ra-a-mi a*-⸢*ṣe*?⸣*-ri*	Meinen Geliebten zur Steppe
7	*uš-ta-ṣi-a ù a-bi-à*-⸢*at*⸣	schickte ich hinaus; und ich übernachte nun, <ihn?>
8	*ṣi-ha-ti-ia a-la-am-mi*	mit meinem glücklichen Lachen umgebend[38],
9	*ù sú*!*-ka-an-ni-nu* «ḫi»	und die Wildtaube wird
10	*uš-te*-{x x}*e-li*	sich erheben.
11	*ra-a-mi ša ṣe-e-ri ḫa-bi-i-lu*	Meinen Geliebten der Wüste[39] sollen die Übeltäter
12	*li-te-er-ru-ni-im-ma*	(zu mir) zurückbringen und (auch)
13	*ṣi-ha-ti-ia ta*!?[40]*-la-am-mi*	mein glückliches Lachen – du wirst (mich) umarmen;
14	*ù*? *nu-ka-ri-ib*!*-bu*	und der Gärtner
15	*li-ib-la-am*	soll (ihn?/es?)[41] herbeibringen.

deshalb wahrscheinlich im nördlichen Babylonien verschriftet worden wie auch das Pennsylvania-Fragment des Gilgamešepos und das Meissner-Fragment.

36 Die der Übersetzung zugrundliegende Lesung emendiert das Zeichen IR zu NI. Die Längeschreibung des Personalpronomens *-šu* deutet auf einen Fragesatz. Die auch mögliche Lesung *na-ši-i-ir ur-šu-ú*?, “ist das Verlangen vermindert?”, ergibt einen weniger guten Sinn. Zu *uršu* II, “Verlangen”, siehe *AHw* 1434. Zu *našāru* in der Bedeutung “vermindern” siehe *AHw* 759 zu 5).

37 Das Zeichen UL über Rasur. Die sich anbietende Lesung *qú-ul*: “schweige” ergibt wenig Sinn.

38 In beiden Fällen kann auch ein Fragesatz vorliegen. AT am Ende der Z. 7 ist nicht sicher, vielleicht ist auch an ṢI zu denken. A. Cavigneaux schlägt vor: *a-bi wa-ṣi* “mein Vater ist hinausgegangen” zu lesen. Bei meiner Deutung liegt von *abiat* zu *alammi* eine Verbverknüpfung vor im Sinne von “umarmend die Nacht verbringen”; vgl. zu diesen semantischen Figuren F.R. Kraus, *Sonderformen akkadischer Parataxe: die Koppelungen* (Amsterdam 1987).

39 Das meint wohl: “der in der Wüste ist”.

40 Über Rasur?

41 Möglicherweise bringt der Gärtner ein Liebesgetränk oder -kraut herbei.

16	*qú-pí ad-di et-la-am-*[*ma*]	Mein Stilett, mein Wurfholz: hebe es mir auf[42],
17	*ù sú-ka-an-ni- na*	und die wilde Taube
18	*lu*?*-uṣ-ba-at- ma*	will ich ergreifen.
19	*ša ṣi-ḫa-ti-ia*	Was mein glückliches Gelächter betrifft:
20	*an-na ù-tu*!*-ú-ma*?*-al-la-a*[*m*][43]	die Zustimmung, die ich finde, füllt mich an(?).

21	⸢*lu*?⸣*-ir*[44]*-ra ṣi*??*-am-ma*	Ich will herangehen(?): komme heraus,
22	[*ù*⸣ [*ḫ*]*u*?*-ra-am*[45] *ku-ra-am*[46] *áš-*[x x]	[und] eilends, kurzfristig .... ich.
23	[*su*??]*-uk-ka-al-lu*? *si-ik-k*[*a-tam*]	[Der We]sir den Riegel(?)[47]
24	[x x]-x x *ḫa-sa-a-si* ⸢*li*]?-[...]	[..] der Weisheit soll er?[...]
25	*ra*?]-⸢*m*⸣*i-i-k*[*i*?	[..] .... deiner Liebe
26	] x *ra*[	

Vs. Kol. II: nur Spuren der ersten Zeichen in Höhe von Kol. I Z. 11-14.

Rs. Kol. III:

12' *ir*[...
13' x [...
14' *a-ta-x*[
15' *ša t*[*a*?...
16' *uš-x*[

---

42 Die Interpretation dieser Zeile ist schwierig. *quppû* ist bisher nur mB/SB bezeugt, siehe *AHw* 928; *addu*, siehe *CAD* A/1, 111. Die lexikalische Erklärung von *addu* durch *tilpānu* könnte auf eine mythische Waffe hindeuten, die im Ištarkult anzutreffen ist. – Die Zeichen sind so mehrdeutig, daß auch die Lesung *qú-bi ad-di eṭlam* "meine Klage richtete ich an den jungen Mann" oder die Übersetzung von *qú-pí ad-di* als "mein Stilett warf ich" denkbar ist.

43 Die Übersetzung geht von einer Sandhischreibung "*ūtu\umallam*" aus. Zu *malû* D siehe *CAD* M/1, 183 sub 7) in der Bedeutung "anfüllen" (Kanal, Gegenstände).

44 Für *lu'ērra* Prek. 1. P. Sg. Prt. G-Stamm von *wârum*.

45 Wohl von *ḫurri*, *ḫur* mit der adverbialen Akkusativendung, die auch beim folgenden Wort anzunehmen ist.

46 Unwahrscheinlich, daß die Form zu *kâru* (u/u) "depressiv sein" (vgl. *AHw* 452 und *CAD* K 240) zu stellen ist. Eher ist an ein lautmalendes Wortspiel zu denken in der Bedeutung "kurzfristig", welches wohl von *karû*, "kurz sein", abzuleiten ist.

47 Lesungsvorschlag von A. Cavigneaux.

17' *ši-*[
...
22' ^{d}[
23' *m*[*a*?
24' *a-na* x[
25' *a*?*-li-ik-ku* x[

Rd.:
26' *li-ib-ba-a* [
27' *i-ra-i-ma*?[
28' *ša i-di a*[
29' *an-na ku-ú*[*r*?
30' *šum-ma uš*[

Rs. Kol. IV:

1'	[ ] x-*im*?*-ma* [x x]	[ ].
2'	[ ]*ap*?*-sa-a-ša*/*ta*[x x	[ ].
3'	[ ]*ša ar ra* PI-x	[ ]... ?
4'	[ ]x? *uš-šu-ú*?	[ ]. ?
5'	[ ]*ri-tu*!*-mu-um-*[*ma*]	[xxx?] das Einander-Lieben.[48]
6'	[*e-gi*]*-ir-re-e*[49] *šu-ul-mi-i-ka*	[Die Vor]zeichen für dein Wohlbefinden
7'	[*ù*⸣ *da-ar ba-la-ṭi-i-ka*	und die Dauerhaftigkeit deines Lebens
8'	[*l*]*i-iš-ru-uk-ku Ištár Am-mi-di-ta-na*	soll dir schenken: Ištar: Ammiditana
9'	*e-di-iš-ma*! *ba*!*-al-*⸢*ṭa*⸣*-a-*⸢*ša*?⸣	erneuert wahrlich ⸢ihr?⸣ blühendes Aussehen[50].
10'	*ra-im-tum* [*li*⸣?*-*⸢*i*⸣*b*?*-ši i-li-ib-*⸢*bi*⸣*-ka*	Die Geliebte soll in deinem Herzen sein.
11'	*i-da-mi-iq-ti šu-qí-ir*?*-ši*	Im Guten sei ihr kostbar.

[48] Vielleicht *tám*: *ri-tám*!*-mu-um*: "das Dauerhaft-Lieben". Die Lesung *ritūmum* wurde aufgrund der Parallele aus dem Liebeslied *MIO* 12/2, 48:2: [*r*]*i-tu-mu-um* ^{d}*Nanaya* vorgezogen.

[49] Lesungsvorschlag A. Cavigneaux.

[50] Das letzte Zeichen könnte auch AT oder TA sein. Wenn die Lesung *balṭa-ša*! richtig ist, dann könnte sich die Aussage konkret auf die Erneuerung eines Abbildes der Göttin beziehen. Ištar ist einerseits Subjekt zu *lišrukku* und andererseits Objekt zu *edišma*. Diese Figur des Zeugma ist auch häufig in anderer akkadischer Literatur, siehe z.B. in Agušaya A I 2 siehe B. Groneberg, *Lob der Ištar*, 88.

12'	*li-im-da li-im-da ši-ta*?*-a*![51]*-la*	Lernet, lernet und befraget einander:
13'	*ma-a šu-ra-su*[52] *in-ḫé-ú-ia*	ist es nicht so: ist ihr (der Liebe) Anfang[53] Seufzer: wehe!
14'	*ù ṣe-ḫé-er ra-a-mi*	dann ist klein meine Liebe!
15'	giš-gi$_4$-gál-bi	(Das ist die) Zusammenfassung
	4 *i-ra-a-tum*[54] *iš-ka-ar e-eš ra-a-mi* {šu-qú} *šu-qú-úr*	4! *irātu*-Gesänge Serie: wo ist mein Geliebter, er ist kostbar!

III. Das erotische Vokabular

Im folgenden soll die Verwendung des Vokabulars im neuen *irtum*-Text dokumentiert und kommentiert werden, wobei Gesichtspunkt für die Auswahl das parallele Auftreten von Ausdrücken in anderen akkadischen und – weniger – in sumerischen Gesängen ist.

Kommentiert werden die Bezeichnungen: *inbu* "Frucht" und nur im Zusammenhang damit ^{giš}kiri$_6$ "Garten", *nukarribu* "Gärtner", *ṣiāḫum*, *ṣiḫtum* "Lachen", *sukanninu/šukanninu* "Taube", *rīštum/rīšātum* "Jauchzen/Freude", *râmum* Gt "das Liebe-Machen (Gegenseitig-Lieben)", *rā'imu*, *rā'imtu* (auch **ra'um(t)u*) "der/die Geliebte" aus den Z. Vs. 2, 14, 8, 13, 19, 9, 17, 5, 25 und Rs. 13', Rs. 10'.

[51] A über Rasur, Koll. A. Cavigneaux.

[52] *šurrû*, "ergiebig hervorbringen", in Verbindung mit Ernteerträgen (*CAD* Š/2, 132) schließe ich ebenso aus wie *šurrû* in der Bedeutung "einweihen" (*AHw* 1286 sub 3) und *šurrû* A " to errupt, to glow" von astronomischen Phänomenen (*CAD* Š/3, 360 sub d).

[53] Ich gehe davon aus, daß das Substantiv *šurrâtu* vorliegt: "Anfang, Beginn", das bisher nur im Assyrischen (alt/neu) belegt ist, während für babylonische Texte die Form *šurrû* üblich ist. Die Annahme einer 3. P. Stativ fem.von *šurrû*, die sich auf *rā'imtu*, "die Geliebte", beziehen könnte, ergibt wenig Sinn.

[54] Zu *irtu* als "type of a song" siehe *CAD* I 188 sub 4 und B. Groneberg (siehe Anm. 2).

"Frucht" (auch Garten[55])

inbu: "Frucht" (Z. 2) dürfte eine Metapher für die Genitalien des Mannes sein. So ist wohl das Zitat im *irtum*-Gesang (?) des Rīm-Sin, *YOS* 11, 24 Z. 23f., zu sehen (es redet die Frau):

> *e-li in-bi ù da-di ba-la-ṭa-am et-pi-ir i-na ṣe-ri-ia ṣu-ru-up la-la-ka*
> "Hebe die 'Früchte' und 'die Lieblinge' erwecke zum Leben: für mich soll deine Fülle brennen."

Mit ganz ähnlichen Metaphern wie im ersten Abschnitt unseres *irtum*-Gesanges lobt Inana den Körper des Dumuzi in dem Dumuzi-Inana Gesang DI B 27-29:

> ul-gùr-ru-mu ul-gùr-ru-mu / ḫi-li-zu zé-ba-àm
> ^{giš}kiri$_6$-^{giš}ḫašḫur-a ul-gùr-ru-mu / ḫi-li-zu zé-ba-am
> ^{giš}kiri$_6$-^{giš}*mes-a gurun-íl-la-mu / ḫi-li-zu zé-ba-am
>
> "Mein Blühender, mein Blühender / deine Fülle ist süß
> ein Garten mit Äpfeln ist mein Blühender / deine Fülle ist süß
> ein Garten mit mes$^?$-Bäumen ist 'Mein-die-Frucht-Erhebender' / deine Fülle ist süß."
> (vgl. Y. Sefati, *Love songs*, 128ff. mit etwas anderer Interpretation und weiterführender Literatur).

Das Bild des Apfelbaums, der Früchte trägt, tritt auch in dem bal-bal-e der Inana auf, in dem sie den lú-làl "Honigmann"[56] besingt:

2 ^{giš}kiri$_6$-MI-eden-na gú-gar-gar-ra-na sa$_6$-ga-ama-na-mu
4 ^{giš}ḫašḫur èm-sag-gá gurun-íl-la-mu hi-is.SAR -àm a ba-an-du$_{11}$

---

55 Der Garten, in dem die Vereinigung des heiligen Paares stattzufinden scheint, spielt eine wichtige Rolle im Liebesgesang zwischen Nabû und Tašmētum *SAA* III Nr. 14. Vgl. zu einer neuen Übersetzung M. Nissinen, "Love lyrics of Nabû and Tašmetu: An Assyrian Song of Songs?", in M. Dietrich/J. Kottsieper (Hrsg.), *Und Moses schrieb dieses Lied auf – Festschrift für Oswald Loretz* (*AOAT* 250, Münster 1998), 585-634.

56 Vgl. in *MIO* 12/2, 41ff. VAT 17347 Vs. 9 die Beschreibung des Mu'ati als: "süß sind deine Genitalien, die Fülle deiner Liebe sättigt sich an Honigsüße"; eine Übersetzung des Hymnus findet sich in B. Foster, *Before the Muses*, 96f.

2 "Mein Schattengarten der Steppe, der reichlich Frucht trägt, Geliebter seiner 'Mutter',[57]
4 mein ausgewählter Apfelbaum, der Früchte trägt (wie ein) gut gewässerter Salat."
(vgl. Y. Sefati, ibid. 166).

Zum Topos des "Gartens der Lust" vgl. *KAR* 158 vii 26:

i-še-'-ì(NI)*-ma* ^{giš}k i r i$_6$ *la-li-ka*
"Ich suche den Garten deiner Fülle".

inbū als "Genitalien" ist sicherlich gemeint in dem Dialog "the faithful lover" *JCS* 15, 1ff.[58], (es redet der Mann):

III 14' *ut-te-es-sí i+na zu-um-ri-k*[*i*]
15' *ki-ma ša-ar bi-ri in-bi-ia Iš*[*tár*]

"Ich entfernte von [dein]em Körper
(soweit) wie 3600 Doppelmeilen meine 'Frucht', oh Iš[tar]!"

Vergleichbar ist der Kontext im Kiš-Liebeslied *AOS* 67, 422-423 wo es in I 6'f. heißt (es spricht die Frau):

6' *da-du-*⌜*ka*⌝? *ṭà-a-bu*
7' *mu-uh-*x*-ta-an-bu*[59] *in-bu-ka*

6' "Deine 'Lieblinge' sind schön
7' blühend(?) sind deine Genitalien."

---

[57] Zu d u m u als Ausdruck für den "Geliebten" vgl. schon A. Zgoll, *Der Rechtsfall der En-hedu-Ana im Lied nin-me-šara* (*AOAT* 246, Münster 1997), 433. Sie stellt hier auch zurecht die Frage, ob a m a vielleicht "im kultischen Sinn" zu verstehen wäre (S. 435). Es ist anzunehmen, daß a m a eine Zärtlichkeitsbezeichnung für die Geliebte ist wie im Akkadischen *bēlu* für den Geliebten. Die Interpretation der Bezeichnung a m a als "mütterliche Geliebte" ist wichtig für die Auffassung von der Inana/Ištar, die wohl keinen mütterlichen Aspekt hat, sondern als "Amme" sumerisch-akkadischer Könige die Königsschaft legitimiert oder aber als "mütterliche Freundin" deren Sexualpartnerin ist.

[58] Anders W. von Soden, "Ein Zwiegespräch Ḫammurabis mit einer Frau", *ZA* 49 (1950), 166 zu III 10f. (SI 57); eine neue Übersetzung ist jetzt bei B. Forster, *Before the Muses*, 92-95 zu finden.

[59] J. Goodnick-Westenholz deutet *inbū* als "fruit, used figuratively of the male". Sie zitiert einen Beleg aus den neuassyrischen Liebesgesängen *TIM* 9, 54 Rs. 20 lk. Ecke 1, zu dem jetzt A. Livingstone in *SAA* III 37 Z. 30e zu vergleichen ist. Auf die Schwierigkeit der Lesung *muḫ*«x»*tanbu* weist sie ebendort hin; vgl. *CAD* M/2, 177 zum Lemma.

Nur in *RA* 22, 170 Z. 6//8 ist *inbu* vielleicht im abstrakten Sinn als "Sex" zu verstehen, da sich *inbu* auf die Göttin Ištar bezieht.[60]

7 *Ištár me-li-ṣe-em ru-à-ma-am la-ab-ša-at*
8 *za-à-na-at in-bi mi-ki-a-am ù ku-uz-ba-am*
7 "Ištar! mit Verlockung und Liebreiz ist sie bekleidet,
8 sie ist geschmückt mit 'Sex', Erotik und verführerischer Fülle."

Zur Bedeutung "Sex" siehe schon *CAD* I 146f. sub 3.[61]

"Gärtner"

nukarribu: "Gärtner" (Z. 14)

Die merkwürdige Rolle des Königs als Gärtner, die hier angesprochen sein dürfte, behandelt in allgemeineren Zusammenhängen K. Stähler.[62] Er führt zum Symbolgehalt dieser Funktion des Königs aus, daß "der König anfangs als Gärtner in einem Urgarten durch eine göttliche Macht eingesetzt worden sei. Des Königs Erfolg als Gärtner ist Zeichen seines legitimen und erfolgreichen Herrschaftsbesitzes". In Hinblick auf die mesopotamischen Kulturen muß dieses Problem jedoch noch weiter behandelt werden, denn hier scheint sich ein sehr komplexer Aspekt des Königs zu manifestieren. "Ein Gärtner" ist häufig der Partner der Inana/Ištar: im Gilgamešepos liebt sie den "Gärtner" und in dem sumerischen Mythos von "Inana und Šukaletuda" ist der sie beschlafende junge Mann ein Gärtner.[63] Auch das "Verbergen" des Königs in seiner Rolle als Gärtner oder Bauer ist bemerkenswert. Vielleicht ist es ein Zufall, daß zur Zeit des Erra-imittī ein Gärtner Ersatzkönig gewesen sein soll,[64] vielleicht ist es aber auch ein

[60] Obgleich die bildliche Assoziation der "Frucht" als Metonym für die männlichen Genitalien sehr einleuchtend ist, ist bisher unklar, ob *inbu* nicht auch als Metapher für die Genitalien der Frau verwendet wird; dann wäre an eine Metapher zu denken, deren Bild nicht über die Form der Genitalien erworben wird, sondern über die Funktion – etwa die der Fruchtbarkeit. Eine Übersetzung ist in B. Foster, *Before the Muses*, 65-68 enthalten.

[61] Vielleicht ist: [...] *ṣu-ru-up in-bi*, "das Brennen der Frucht", in *MIO* 12/2, 54 VAT 17107 Z. 15 zu lesen.

[62] "Der Gärtner als Herrscher", in R. Albertz (Hrsg.), *Religion und Gesellschaft - Studien zu ihrer Wechselbeziehung in den Kulturen des Antiken Vorderen Orients* (*AOAT* 248, Münster 1997), 110f.

[63] Vgl. K. Volk, *Inanna und Šukaletuda. Zur historisch-politischen Deutung eines sumerischen Literaturwerkes* (*SANTAG* 3, Wiesbaden 1995), 119 Z. 92 ff. mit einer Analyse S. 53-64 unter Zitierung von Gilg. VI 64.

[64] *TCS* V Nr. 20:31-36, vgl. hierzu schon H. Kümmel, *Ersatzrituale für den hethitischen König* (*StBoT* 3, Wiesbaden 1967), 169-187, besonders 181.

wohlbedachtes Mythologem. In diesen Rahmen gehört die Rolle des neuassyrischen Königs als "Bauer" (engar : *ikkaru*), die er immer dann annimmt, wenn er sich dem Zugriff dunkler Mächte während der Herrschaft des Ersatzkönigs entzieht.[65]

In einer unserem neuen Text vergleichbaren Rolle als Gärtner scheint der König auch in dem schwierigen Ritual der *Divine Love Lyrics* zu fungieren, siehe *Unity and Diversity*, 104.

II 13 *Ṣarpanītum ana kirî šurrat ana nukarribi iltanass*[*īma*]
"Ṣ. beugt sich zum Garten herunter und ru[ft] wiederholt den Gärtner:"

II 14 *nukarribu nukarribu šandanakki ša la im-ma-lu-*[*ul*?]
"Gärtner, Gärtner, Obergärtner, der nicht spi[elt?]!"

II 15 *minû šammuka ša rū'uja*
"Was ist dein Kraut, das meines Gefährten (so?)?"[66]

"Lachen"

ṣiāhum, *ṣīḫtum*: "lachen, das Lachen" (Z. 8/13/19)

Für das positive (nicht hämische)[67] "Lachen" siehe schon B. Landsberger, "*ṣâḫu = «lachen»*", *ZA* 40 (1931), 297f.

Zu vielen der folgenden Belege vgl. ausführlich H. Hirsch, "Über das Lachen der Götter", in G. van Driel et al. (Hrsg.), *Zikir Šumim. Studies Presented to F.R. Kraus on the Occasion of his Seventieth Birthday* (Leiden 1982), 110-120.

ṣīḫâtu als "glückliches Lachen" ist in den Liebesgesängen sicherlich im erotischen Kontext zu sehen, siehe schon *CAD* "dalliance" sub *ṣīḫtum* S. 186f.

Das wird m.E. deutlich im Nanāya-Hymnus, *VS* 10, 215 Z. 7f.:

(7) [*ḫu*?*-di*?] *ṣi-ḫa-tim ù ru-a-mi tu-uš-ta-az-na-*[*an*]
(8) [*ra-'i-*]*ma-am* ᵈ*na-na-a ta-az-mu-ur*

---

[65] Vgl. *SAA* X Nr. 1 und 2, 26, 128, 209-212, 216, 221, 304, 311, 325, 381 und *CAD* I/J 52 *ikkaru* 2 c) sowie ibid. 54.

[66] W.G. Lambert, "The Problem of the Love-Lyrics", in H. Goedicke/J.J. Roberts (Hrsg.), *Unity and Diversity: Essays in History, Literature, and Religion of the Ancient Near East* (Baltimore/London 1975), 98-135.

[67] Der Scherz ist vermutlich von *namû* abzuleiten.

"[Freude?], glückliches Lachen und Umschmeicheln läßt sie für den Geliebten regnen, (ihn) preist Nanāya."[68]

Weniger eindeutig ist das Zitat im Hymnus des Rīm-Sin von Larsa *YOS* 11, 24 Z. 4:

[*ša*$^{?}$] *me-ḫi-ir ṣí-ḫa-ti-ia i-na su-pi-im i-li-a-ni-ma*
"Was die Erwiderung$^{?}$ meines glücklichen Lachens betrifft: es stieg im Gebet hinauf zu mir."

irtum-Liedanfänge, die *ṣiāḫu* erwähnen, werden im Liederkatalog *KAR* 158 aufgelistet:

vii 7: *kê ṣīḫāku ana naḫši*
"Wie ich freudig lache über das Ergiessen"

vii 31: *ašrunni tagūša* itu *ṣīḫāti*
"An unserem Ort wirbelst du umher im Monat der Gelächter(?)"

vii 35: *ša ili dannāk* ^{giš}kiri$_6$ *ṣīḫāti*
"An Gott bin ich stark, Garten der Gelächter",

vii 36: *ūm* DU *i+na* ^{uru}*Larsa ilu ṣīḫātu isīqa*
"Am Tage der Prozession machte der Gott in Larsa das Lachen 'schmal'" (oder steht DU verkürzt für Dumuzi?)[69]

vii 41: *aṣīḫkuma* dingir tur-tur
"Ich lachte Dich an, kleiner Gott"

Außerhalb der *irtum*-Gesänge:

ii 7: *ana naḫši* lú sipa *aṣajjah*
"Ich lache glücklich über das Ergiessen des Hirten"

---

[68] *rā'imam* ist Objekt sowohl für *tuštaznan* als auch für *tazmur*.

[69] *CAD* Ṣ 186 *ṣīḫtum* 2 interpretiert die Zeile als: *ṣi-ḫa-tu izīqa* "(when I was in the city of Larsa) dalliance came wafting through the air".

Belegt ist unter Aššur-bēl-kala die Statue einer nackten Figur, die er über die assyrischen Provinzen verteilt zu haben scheint. Die Inschrift erwähnt als eines der Ziele: *ina muḫḫi ṣiāḫi* "zum glücklichen Lachen".[70]

In den akkadischen Hymnen haben wir oft einen Bezug von *ṣīḫtum* und *ṣērum*, der auch in unserem *irtum*-Text hergestellt wird (Z. 6f.):

> *ra-a-mi a-*⌈*ṣe*?⌉*-ri uš-ta-ṣi-a*
> "Meinen Geliebten zur Steppe schickte ich hinaus"

und Z. 11ff.:

> *ra-a-mi ša ṣe-e-ri ḫa-bi-i-lu li-te-er-ru-ni-im-ma ṣi-ḫa-ti-ia* ...
> "Meinen Geliebten der Steppe sollen die Übeltäter (zu mir) zurückbringen und (auch) mein glückliches Lachen".

Auch hier ist der Liedanfang des *irtum*-Liedes in *KAR* 158 vii 3 zu vergleichen:

> *ina ṣīḫti ša ṣēri*: "im Lachen der Steppe..."

Das Zitat könnte eines der *irtum*-Lieder des Ammiditana meinen.

"Taube"

sukanninu/šukanninu: "Turteltaube" (Z. 9 und 17)

Das Vorkommen der Taube ist in diesem Kontext m.W. singulär.

- Nur in "group III" der *Divine Love Lyrics* kommt die Taube in Verbindung mit der Kilili vor[71]: *ašar amuršunu qinnu qan*[*nu*] (7) tu-gur$_4$^{mušen} *malû gapnu* (8) *lidāne ša ḫurbaqanni* (9) *lamû* ^{d}*bēl kīma kīlili*: "wo die Wildtauben (**amurs/šanu*, synonym zu *uršānu*) Nester bau[en...], (7) wo die wilden Tauben die Sträucher anfüllen, (8) die Jungen des H.-Vogels (9) Bēl umgeben wie die Kilili".[72]

Die Taube als konkretes Tier dient neben Enten und Gänsen als Speise (erst seit der aB Zeit?). Es können erhebliche Mengen geliefert werden: für

---

[70] F.A.M. Wiggermann, "Nackte Göttin. A. Philologisch", *RlA* 9/1-2 (1998), 48 zu §4; siehe ibid: "for titillation?"; vgl. ebenso *I R* 6 Nr. 6 *RIMA* 0.89.10 (*RIMA* 2, 108) Z. 5f. (Statue aus Ninive).

[71] Siehe W.G. Lambert, in *Unity and Diversity*, 118 A Z. 6ff.

[72] Vgl. zur Kilili-Ištar Th. Jacobsen, "Pictures and Pictorial Language (The Burney Relief)", in M. Mindlin et al. (Hrsg.), *Figurative Language in the Ancient Near East* (London 1987), 4ff.

ein königliches Bankett neuassyrischer Zeit werden 10.000 Tauben und Turteltauben verbucht (siehe *CAD* S 353).

Ich vermute in dem neuen *irtum*-Text eine bildliche Assoziierung der gurrenden Laute der Wildtaube als Metapher für Wohlbehagen oder Lust.[73]

Vielleicht ist die Erwähnung des Vogels im neuassyrischen Liebesgesang zwischen Nabû und Tašmētum zu vergleichen: *SAA* III Nr. 14 Rs. 21// 31e: *ṣabāru ša iṣṣūrīka uznāja li-sa-am-me-ia* ... "meine Ohren sollen das Zwitschern deiner Vögel hören ... ."

"Jauchzen, Freude"

rīštum/*rišātum*: "Freude, Freuden, Jauchzen" (Z. 5)

- *rišātum* ist Bestandteil des Refrains im Hammurabi-zeitlichen *pārum* an Ištar, das in einer neubabylonischen Kopie vorliegt (*OrNS* 60, 340 Z. 1):

rišātum-ma išdum ana ālim
"Die Freuden sind ein Fundament für die Stadt."

Das *pārum*-Lied ist ein Loblied auf die sexuelle Attraktion der Ištar.

- In mehreren Gesängen an Nanāya oder Ištar wird auf das Jauchzen im Liebeskontext Bezug genommen, so in *RA* 22, 170:

37 *ra-mu-ú-ma iš-ti-ni-iš pa-ra-ak-ka-am*
"Sie bewohnen zusammen das Heiligtum,"
38 *i-ge-e-gu-un-ni-im šu-ba-at ri-ša-tim*
"im Hochtempel, dem Wohnort der Freuden"

- und in *MIO* 12/2, 48-50 VAT 17347 (Abiešuḫ):

Vs. 7 [*k*]*a*? *a ta ú* ⸢*r a*?⸣-[*i*]-*mi-iš-ša ri-ša-tim li-ib*-[*ba-šu*] *tu-ša-am-la el-ṣi-iš*
8 [*mu-ù'-a-t*]*i*? [*a t*]*a ú ra-i-mi-iš-ša ri-ša-tim li-i*[*b-ba-šu*] *tu-ša-am-la el-ṣi-iš*

7 "[ ] ... zu ihrer Liebe, mit Freuden füllt sie glücklich an sein Inneres,

[73] Ähnlich äußert sich J. Goodnick-Westenholz, in *Language, Literature and History*, 422 II 11', wo sie liest: *i-ṣú-ru-um tu-šu-di-li* [ ]: "der Vogel ... [ ]". *tušūdilī* ist unklar, es könnte eine Form der 2. P. fem. des bisher unbelegten Š-Stammes von *edēlum* mit der Bedeutung "du (Frau) läßt einschliessen" sein. Fraglich ist dann die Bedeutung von *i-ṣú-ru-um*, das möglicherweise nicht "Vogel" meint sondern auf *i-ṣurrum* zurückgeht. *ṣurrum*: "Herz, Inneres" stände dann im Lokativ-Adverbialis.

8 [Mu’ati?/Abiešuh] ... zu ihrer Liebe, mit Freuden füllt sie glücklich an sein Inneres.”

Vs. 12 *lu-uš-te-eṣ-bu ša ki-a-am la-an-ka ri-ša-ti-ma li-m*[*a-al-li*]
13 *mu-ù’-a-ti ša ki-a-am la-an-ka ri-ša-ti-ma li-m*[*a-al-li*]

12 “Dauernd will ich (dich) ansehen, der du eine solche Gestalt hast: sie soll mit Freuden angefüllt sein,
13 (dauernd will ich) Mu’ati (ansehen), der du eine solche Gestalt hast: sie soll mit Freuden [angefüllt] sein”.

Rs. 9 *an-na ṣi-a-rum ša ri-ša-tim*
“Zustimmung! Erhaben sein an Freuden!”

“Das Gegenseitig-Lieben”

(a) *râmum* Gt (Z. 25/ Rs. 13)
- Das Lieben spielt im Hymnus *YOS* 11, 24 eine Rolle:

20 *al-kam lu-un-ne-ed-ra-am ki-ma li-ib-bi iq-bi-a-am i ni-pu-uš*
21 *ši-ip-ra-am ša mu-ur-ta-mi ka-al mu-ši-im e ni-iṣ-la-al*
22 *lu-ḪI-ta-al-ṣa*[74] *ṣú-ḫi-iš i-na ma-a-a-li-im ki-la-al-la-ni*
23 *i ta-ab-la-al ...*

20 “Komm nun! Ich will umarmt werden, wie mein Herz es mir befiehlt, laß uns vollbringen
21 das Werk des Gegenseitig-Liebens! Wir wollen die ganze Nacht nicht schlafen!
22 Ich will jauchzend (mit dir) jubeln. Im Bett soll sie (die Göttin) uns beide
23 verschmelzen ... .”

- Im Kiš-Liebesgesang Ki. 1063 (= *AOS* 67, 422-423) I Z. 3' kommt vor:

te-bi-ma lu-⸢*ur*⸣*-ta-ma-*[*ma*!]
“Erhebe Dich[75], ich will Liebe machen (= miteinander lieben)”

---

[74] Wohl eine irreguläre Schreibung der 1. P. Prek. des Gt-Stammes von *elēṣum*.

[75] Wenn richtig verstanden, dann im Sinne von: “bekomme eine Erektion”.

- Vgl. im zerstörten Kontext in *MIO* 12/2, 48 VAT 17347 Z. 3:

[... *r*]*i-tu-ma-am Nanāya* ...

"Die Geliebte"

"Der Geliebte", *rā'imu* wird in dem neuen *irtum*-Text von der aktiven Partizipform des G-Stammes aus gebildet, ebenso wie "die Geliebte", *rā'imtu* (Rs. 10').

Jedoch tritt *ra'um*(*t*)*u*, "die Geliebte, der/das Geliebte" in verschiedenen Liedanfängen in *KAR* 158 als Passivpartizip zum G-Stamm auf:

KAR 158 vi 22:	d*Ištár šarrat* u n - m e š *ra-'-um-tu*
KAR 158 ii 26:	*ammarat* kal u n - m e š *ra-'-um-ta*
KAR 158 ii 8:	*ù re-'-i*[*a*] [*ina*] é *ru-'-a-am*

Zusammenfassung

Frucht, Garten, Gärtner, Lachen (auch: in der Steppe), Taube, Jauchzen, Freude, das Gegenseitig-Lieben, der Geliebte/die Geliebte: das sind die bestimmenden Lexeme in den *irtum*-Gesängen des Ammiditana. Die *irtum*-Gesänge sind "Brust-Gesänge", d.h. gefühlvolle Gesänge, die um eine Liebe werben. Aus dem Kontext geht hervor, daß es sich um die Liebe eines Königs mit der Fruchtbarkeitsgöttin Inana/Ištar oder einer ihrer Hypostasen als Liebesgöttin handelt. Diese Liebesgeschichte zwischen König und Göttin ist sicherlich nicht profan sondern hat einen kultischen Hintergrund. Wenn jedoch das Ende des neuen *irtum*-Textes richtig interpretiert wurde, dann ist die Aufforderung an ein allgemeines Publikum, sich zu beraten und über die Art und Weise der Liebe nachzudenken, der Versuch, diese Liebe auf eine allgemein-verbindliche, menschliche, und auch volkstümliche Ebene zu heben. Die vielen Liedanfänge in dem Hymnenkatalog KAR 158, die unter der Rubrik *irtum* verbucht werden, beweisen die Popularität dieser Lieder noch für die nachaltbabylonische Zeit.[76]

Die *irtum*-Lieder genannten Kompositionen sind in einer abrupten, uns unvollkommen erscheinenden Form verschriftet worden. Ungewiss ist, welche weiteren, uns bekannten altbabylonischen "Hymnen" unter diese Gesänge gezählt werden können. Ist eines der Merkmale dieser Gesänge der Dialog? Dann könnten der Liebesdialog *JCS* 15, 1ff. dazu gehören, das Rīm-Sin-zeitliche Lied *YOS* 11, 24 und der Dialog aus *MIO* 12/2, 48ff. Die anderen Hymnen aus dieser Zeit wie *VS* 10, 215 und *RA* 22, 170ff. dürften

---

76 Vgl. B. Groneberg (siehe Anm. 2).

hingegen trotz ihres ebenfalls erotischen Vokabulars nicht zu den *irtum*-Gesängen gehören.

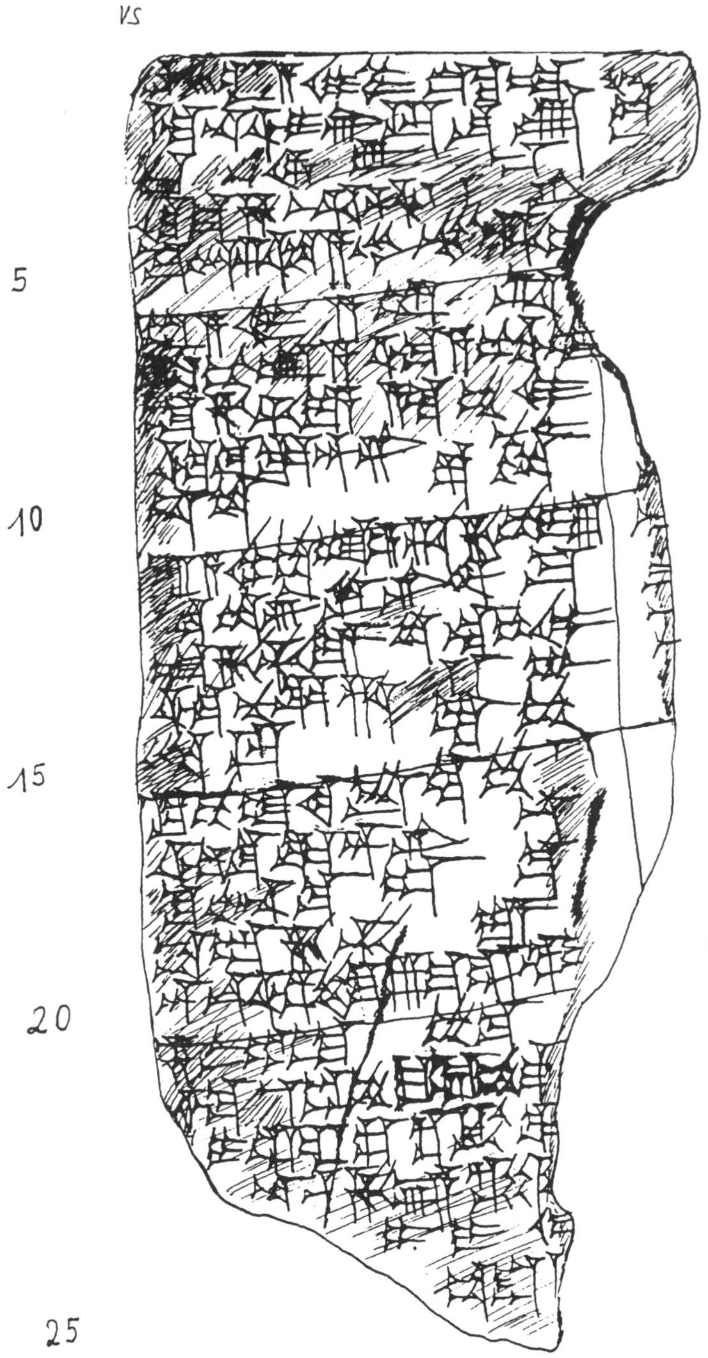

Abb. 1: MAH 16056 (13,5×5,8 cm), Vorderseite (Kopie B. Groneberg)

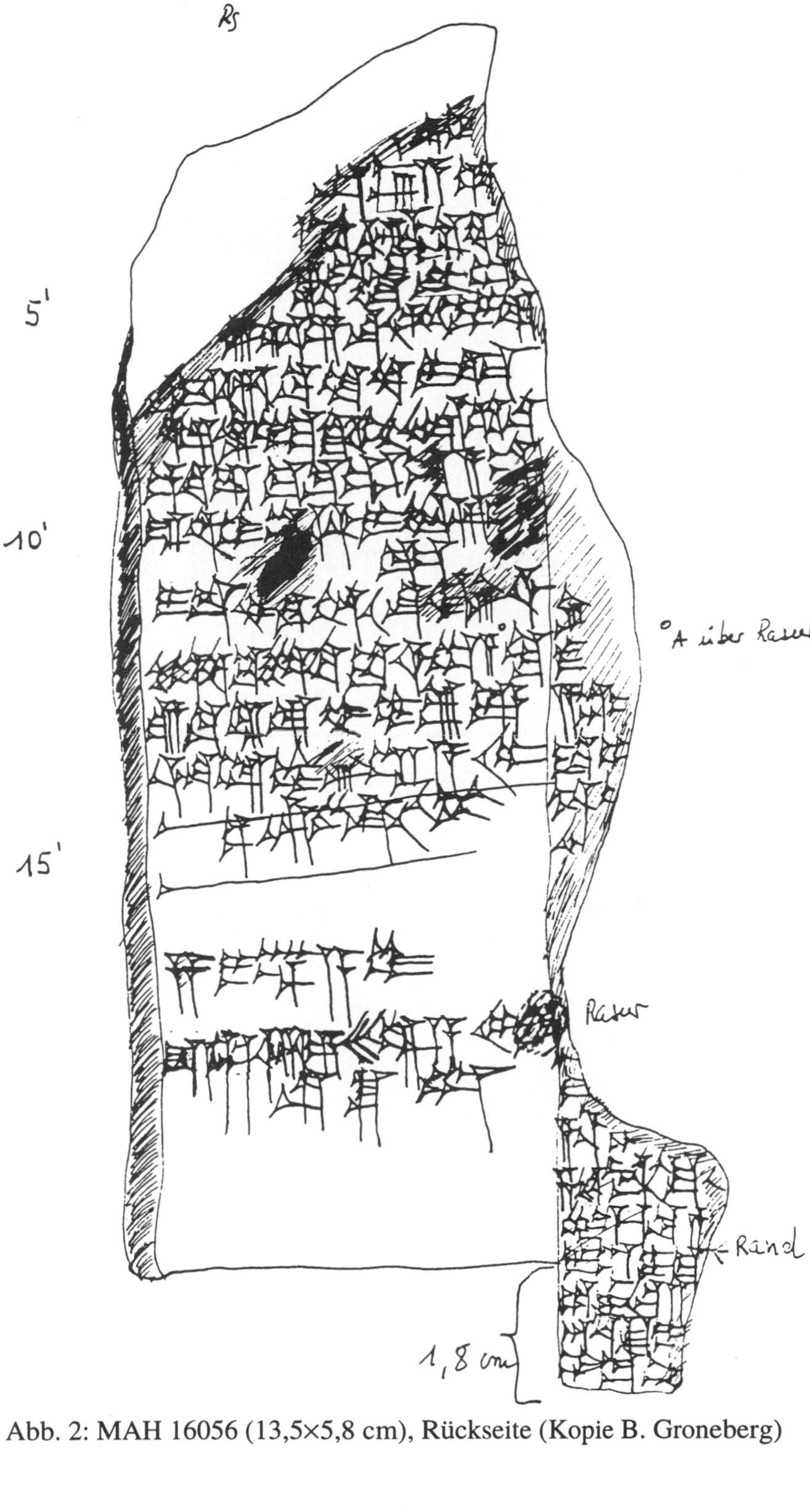

Abb. 2: MAH 16056 (13,5×5,8 cm), Rückseite (Kopie B. Groneberg)

Abb. 3: MAH 16056, Vorderseite
(Photographie Musée d'art et d'histoire, Genève)

Abb. 4: MAH 16056, Rückseite
(Photographie Musée d'art et d'histoire, Genève)

Betrachtungen zu den Ḫabiru

Volkert Haas / Ilse Wegner (Berlin)

In der Altorientalistik besteht Konsens darüber, daß in der keilschriftlichen Überlieferung mit dem Ausdruck Ḫabiru kein Ethnos, sondern soziale Gruppen von Menschen unterschiedlichster Herkunft bezeichnet werden, die sich durch eine bestimmte Lebensweise von der übrigen Bevölkerung unterscheiden. Diese Lebensweise ist in erster Linie durch eine gewisse Nicht-Seßhaftigkeit bestimmt und einen damit teilweise verbundenen Faktor der politischen und sozialen Unruhe.[1] Nach Krebernik handelt es sich um ein Appellativum, welches "eine ethnisch heterogene, nicht in die zeitgenössische Staatenwelt integrierte soziale Gruppe" bezeichnet.[2]

Die keilschriftliche Überlieferung der Ḫabiru setzt in der altakkadischen Zeit ein, doch wird die Geschichte der Ḫabiru im wesentlichen erst im Verlauf des 2. Jahrtausends fassbar.

In den unterschiedlichen keilschriftlichen Orthographien ist das Wort Ḫabiru mit verschiedenen Graphien des zweiten Konsonanten wiedergegeben: *ḫa-bi$_4$-ri* (aAkk.) und *ḫa-bi-ri* bzw. *ḫa-pí-ri*; in alphabetischer Schreibung aus Ugarit *'pr*.

Die bisher vorgeschlagenen Etymologien gehen ausnahmslos von einer semitischen Wurzel aus.[3] Aufgrund der wenig überzeugenden Ableitungen aus dem Semitischen schlugen B. Landsberger und H. Cazelles eine mögliche Ableitung aus dem Hurritischen oder aus einer Substratsprache (mit nach dem damaligen Stand der Wissenschaft heute wenig überzeugenden Argumenten) vor.[4]

---

[1] Siehe J. Bottéro, "Ḫabiru", *RlA* 4 (1972-1975), 14-27; O. Loretz, *Habiru-Hebräer. Eine sozio-linguistische Studie über die Herkunft des Gentiliziums 'ibrî vom Appellativum ḫabiru* (*Beiheft zur Zeitschrift für die alttestamentliche Wissenschaft* 160, Berlin/New York 1984), 57; M. Krebernick, *ZA* 75 (1985), 150-152 (Besprechung zu O. Loretz, op. cit.).

[2] M. Krebernik, *ZA* 75 (1985), 151.

[3] *CAD* Ḫ *ḫāpiru* (*ḫābiru*) "foreign (prob. WSem.) word"; siehe die ausführliche Abhandlung bei O. Loretz, *Ḫabiru-Hebräer*, 233 ff.

[4] B. Landsberger, "Note", in J. Bottéro (Hrsg.), *Le problème des Ḫabiru à la 4e Rencontre Assyriologique Internationale* (Paris 1954), 160 und H. Cazelles, "Hébreu, Ubru et Hapiru",

Die unterschiedliche Schreibweise des zweiten Konsonanten -b/p- – eines labialen Spiranten – ist charakteristisch für die Wiedergabe des dem hurritischen eigentümlichen Phonems /f/ mit Allophon [v].

Die hurritisch-hethitische Bilingue aus Boghazköy[5] bietet zwei Belege einer hurritischen Wurzel *ḫab /ḫav/, die dem Wort *ḫabiru* zugrunde liegen könnte.[6] Belegt ist diese Wurzel in den Verben ḫab=an- und ḫab=š=ar-. In beiden Fällen bildet sie Verben der Bewegung. Es handelt sich um die Erzählung von dem Rehbock, der von einem Berg, seinem angestammten Weideplatz, vertrieben wird und nun – umherwandernd – zu einem anderen Berg geht.

Die hethitische Version lautet:

> Vs. II 2-3 ... nu-uš-š[a-an] a-li-ia-aš pa-ra-a ta-me-e-da-ni ḪUR.SAG-i pa-[it] "... und der Rehbock ging hin auf einen anderen Berg."

Die hurritische Entsprechung:

> Vs. I 2-3 ... na-a-li u-ul-bi-i-ni pa-pa-an-ni ḫa-pa-a-na-ab "Der Rehbock (nali) auf einen anderen Berg (olfi=ne papan(i)=ne) ging hin (ḫab=an=a=b)."

Aus diesen beiden Sätzen gewinnen wir die Gleichung hurritisch ḫab=an- /ḫav=an/ = hethitisch para pāi- "hingehen, hinausgehen, weitergehen".

Den zweiten Beleg für die Wurzel *ḫab /ḫav/ bietet eine andere Parabel der Bilingue. In ihr wird geschildert, wie ein Rehbock auf der einen Seite eines Flusses weidet, dann aber seine Augen begehrlich auf die Weiden des jenseitigen Flußufers richtet:

> Vs. II 28-29 (heth.) ... nu-uš-ša-an a-pé-e-da-aš-ša [ ] š[a-a-ku-wa] zi-ik-ki-zi "und er richtete immer wieder die Augen auf jene (Weiden)"

Syria 35 (1958), 198-217; ders., "The Hebrews," in D.J. Wiseman (Hrsg.), *Peoples of Old Testament Times* (Oxford 1973), 19-21.

5 Bearbeitet von E. Neu, *Das hurritische Epos der Freilassung I. Untersuchungen zu einem hurritisch-hethitischen Textensemble aus Ḫattuša* (*StBoT* 32, Wiesbaden 1996).

6 *KBo* 32.14 Vs. I 2-3 und Vs. II 2-3, siehe E. Neu, *Das hurritische Epos der Freilassung*, 74-75.

Die hurritische Entsprechung:

Vs. I 27-28 i-ša-a-we$_e$-na na-i-ḫé-na ši-i-na[7] ḫa-ap-ša-a-ru-ú-wa "die jenseitigen Weiden (iša=ve=na naiḫe=na) *umfaßte er* (ḫab=š=ar=uva) (mit) den Augen".

Der hurritische Ausdruck der Stelle ši=na ḫab=š=ar=uva als auch das inhaltlich übereinstimmende Syntagma ši=n(a)=ai ḫuš=uva im folgenden Absatz der Parabel ist jeweils mit hethitisch šakuwa zikkizi "er richtet die Augen immer wieder (auf etwas)" wiedergegeben. Der hethitische Übersetzer hat also sowohl ḫab=š=ar- als auch ḫuš- mit der Verbalform zikkizi wiedergegeben. In Nuzi bedeutet die Wurzel ḫuš- "anbinden, festbinden", so daß beide Ausdrücke in etwa "die Augen ließ er immer wieder schweifen" bedeuten könnten. Die Grundbedeutung der Wurzel *ḫab scheint mit "bewegen" wiedergegeben werden zu können.

Die Struktur des Wortes ḫabiri entspricht einem aus der hurritischen Morphologie wohlbekannten Bildungsmuster: Es sind dies die Handlungspartizipien auf =i=ri[8] – agens-orientierte Partizipien –, gebildet z.B. von den Wurzeln:

tab- "gießen" » tab=i=ri "der (Metall) gegossen hat = Schmied"
pa- "bauen" » pa=i=ri "der gebaut hat = Baumeister"
šial- "aufrichten" » šial=i=ri "der aufgerichtet hat"
keb- "setzen, stellen" » keb=i=ri "einer der (eine Falle) aufgestellt hat"[9]

An diesen Bildungstyp läßt sich unseres Erachtens nun auch ḫabiri anschließen: Verbalwurzel ḫab- "bewegen, gehen" + i + ri, in der Bedeutung: "derjenige, welcher beweglich ist" bzw. "der (hinaus-, umher)gegangen ist".

Ḫabiri wäre demnach eine genuin hurritische Ableitung eines Verbums der Bewegung bildenden Wurzel ḫab- /ḫav/ und der Personenbezeichnungen bildenden Partizipialendung =i=ri: ḫab=i=ri "der Bewegliche".

Ebenso wie das hurritische Wort tab=i=ri "(Kupfer-)Schmied" in das Sumerische als tibira/tabira gelangte, könnte auch ḫab=i=ri in das Akkadische gelangt sein.

---

[7] Idem, ibid., 78 liest IGI-i-na, obgleich dies die einzige logographische Schreibung des gesamten hurritischen Textes KBo 32.14 ist, siehe dazu schon V. Haas, "Die hurritisch-hethitischen Rituale der Beschwörerin Allaiturah(ḫ)i und ihr literaturhistorischer Hintergrund", in V. Haas (Hrsg.), *Hurriter und Hurritisch* (*Xenia* 32, Konstanz 1988), 120-121.

[8] G. Wilhelm, "Gedanken zur Frühgeschichte der Hurriter und zum hurritisch-urartäischen Sprachvergleich", in *Hurriter und Hurritisch*, 50-57; idem, "A Hurrian letter from Tell Brak", *Iraq* 53 (1991), 164-165.

[9] Siehe idem, ibid., 164-165.

Inhaltlich sind die Ḫabiri mit der aus hethitischen Texten bekannten Menschengruppe der arnuwala- zu vergleichen. Der – auch kollektivisch verwendete – Begriff arnuwala- c., zumeist als NAM.RA$^{(\text{MEŠ/ḪI.A})}$ sumerographisch geschrieben, bedeutet etwa “der Bewegliche”.[10] Nach Starke[11] hat der häufig gebrauchte Ansatz arnuwala- / NAM.RA$^{(\text{MEŠ/ḪI.A})}$ “Deportierte, Zivilgefangene, Kolone” nichts damit zu tun, “daß diese Leute oft 'deportiert' wurden”, sondern “vielmehr auf dem Umstand beruht, daß sie selbst überwiegend eine halbnomadische Lebensweise führten”.

---

[10] F. Starke, *Untersuchungen zur Stammbildung des keilschrift-luwischen Nomens* (*StBoT* 31, Wiesbaden 1990), 319 Anm. 1114.; idem, “Zur 'Regierung' des hethitischen Staates”, *Zeitschrift für Altorientalische und Biblische Rechtsgeschichte* 2 (1996), 180 Anm. 162.

[11] Idem, ibid.

Kalḫu und Dūr-Katlimmu

Zur Herkunft neuassyrischer Relieffragmente aus Tall Šēḫ Ḥamad

Arnulf Hausleiter (Berlin)

1. Bei den Ausgrabungen in Tall Šēḫ Ḥamad/Dūr-Katlimmu am Unteren Habur, Syrien, wurden im Jahre 1988 zwei Fragmente eines Reliefs gefunden (Abb. 1),[1] die sicherlich zu den bedeutenderen archäologischen Objekten dieser Ansiedlung gehören. Obwohl der Jubilar in den letzten Jahren sein "assyrisches Interesse" auf das Kernland und dort insbesondere die Hauptstadt Assur richtete,[2] seien ihm einige Überlegungen zu diesen interessanten Stücken aus der Provinz freundschaftlich zugeeignet.

2. Die beiden hier zu diskutierenden Fragmente fanden sich am Südhang der Zitadelle von Tall Šēḫ Ḥamad. Ihre Fundumstände wurden seinerzeit wie folgt beschrieben: "Due to erosion, the surface of two stone fragments had become visible, one lying in the former canal-bed, the other about 1,5m above the surface debris".[3]

---

[1] Zuerst publiziert von H. Kühne, "Report on the excavation at Tell Seh Hamad/Dur Katlimmu", *AAAS* 37/38 (1987/88), 145, 157 Fig. 17 (Photo). Eine erste Rekonstruktionszeichnung ist abgebildet bei Idem, "The Assyrians on the Middle Euphrates and the Habur", in M. Liverani (Hrsg.), *Neo-Assyrian Geography* (*Quaderni di Geografia Storica* 5, Rom 1995), Pl. IIb (identisch mit Idem, "Tall Šēḫ Ḥamad - the Assyrian city of Dūr-Katlimmu: a historic-geographical approach", in T. Mikasa (Hrsg.), *Essays on Ancient Anatolia in the Second Millennium B.C.* (*BMECCJ* 10, Wiesbaden 1998), 300 Fig. 9). Pl. IIb zeigt ein besseres Photo mit der Fundnummer der Objekte (SH 88/1723/2).

[2] J. Renger, "Ein Bericht über das Assurprojekt der Deutschen Orient-Gesellschaft und des Vorderasiatischen Museums zu Berlin", in S. Parpola/R.M. Whiting (Hrsg.), *Assyria 1995* (Helsinki 1997), 261-280; s.a. D. Sürenhagen/J. Renger, "Datierungsprobleme der Gruft 30 (Ass. 11190) in Aššur", *MDOG* 114 (1982), 103-128.

[3] H. Kühne, *AAAS* 37/38, 145; auf dem Plan bei Idem, in *Essays on Ancient Anatolia*, 293 Fig. 2 ist der Kanal verzeichnet. Die genaue Lage der beiden Fundstellen ist noch nicht veröffentlicht.

Nach ihrer Zusammenfügung messen die beiden Bruchstücke des Relieffragments 63cm Höhe und 65cm Breite.[4] Das Material wird als "stone, gypsum" beschrieben und "is certainly of local origin".[5]

Wegen des fragmentarischen Zustands ist von der ursprünglichen Darstellung[6] nur ein Ausschnitt erhalten, der sich auf die beiden Bruchstücke verteilt. Auf dem rechten Fragment ist der Oberkörper (mit der rechten Schulter und einem Teil der Bauchpartie) einer Figur erkennbar, die, ansichtig von links, zur linken Seite orientiert ist. Die Figur hält den linken Arm angewinkelt, der einen Rosettenarmreif trägt. Die Hand umfaßt einen Bogen. Auf der linken Körperseite, doch zwischen Arm und Körper, trägt die Figur ein Schwert, dessen Griffpartie sichtbar ist. Ein kurzer Abschnitt des Griffs befindet sich dabei bereits auf dem linken Relieffragment. Kante, Borte und Fransensaum des Gewandes sind erkennbar. Der rechte Oberarm ist nach vorne gestreckt, der Unterarm ist senkrecht angewinkelt. Der Bruch zwischen rechtem und linkem Relieffragment zieht sich durch den Oberarm und die Borte am Ende des Ärmels. Obwohl von der Handmitte und den Fingern nichts mehr erhalten ist, signalisiert der Armreif das Ende des Unterarms. Hier ist noch das widderkopfförmig gestaltete Griffstück des Wedels erhalten. Am linken Ende des Reliefstücks ist ein erhabener Streifen sichtbar. Die Fläche zwischen dem rechten Unterarm der Figur und der Erhebung ist nicht skulpiert.

3. Der erhaltene Bildteil der Reliefbruchstücke fügt sich auf den ersten Blick nach Machart und Darstellung in das bekannte Repertoire neuassyrischer Orthostatenreliefs des frühen 9. Jh. v. Chr. ein, wie sie aus dem zwischen 874 und 866 v. Chr. eingeweihten Nordwestpalast Assurnasirpals II. in Nimrud bekannt sind.[7] Diese Übereinstimmung wurde anhand der stilistischen und ikonographisch-antiquarischen Charakteristika bereits unmittelbar nach der Entdeckung erkannt.[8]

Die 1995 erstmals vorgelegte Rekonstruktion (Abb. 2) orientiert sich auf der Basis des ausgegrabenen und veröffentlichten Materials aus Nimrud[9] an

---

[4] Idem, in *Neo-Assyrian Geography*, Pl. II: 65 x 65 cm; Angaben zur Dicke fehlen.

[5] Idem, *AAAS* 37/38, 145.

[6] Es ist eine ganz erhaltene Reliefplatte anzunehmen, die zwei Figuren zeigt.

[7] Üblicherweise in das Jahr 879 v. Chr. datiert (so auch jüngst H.J. Nissen, *Geschichte Altvorderasiens*, München 1999, 96); s. jedoch J.A. Brinkman, *A Political History of Post-Kassite Babylonia 1158-722 B.C.* (*AnOr* 43, Rom 1968), 186 Anm. 1143; s.a. J. Reade, "Texts and sculptures from the North West Palace, Nimrud", *Iraq* 47 (1985), 204-205.

[8] H. Kühne, *AAAS* 37/38, 145.

[9] Vgl. J. Meuszyński, *Die Rekonstruktion der Reliefdarstellungen und ihrer Anordnung im Nordwestpalast von Kalḫu (Nimrūd) (Räume: B.C.D.E.F.G.H.L.N.P)* (*BaF* 2, Mainz 1981); S.M. Paley/R.S. Sobolewski, *The Reconstruction of the Relief Representations and Their*

der Darstellung des thronenden assyrischen Königs mit Schale,[10] hinter dem ein "Hofbeamter"[11] steht, der einen Wedel[12] in der Hand hält. Die Rekonstruktionszeichnung nimmt Bezug auf die Darstellung der Reliefplatte G-3 im Nordwestpalast Assurnasirpals II. (Abb. 3),[13] die eine ähnliche Szene abbildet, wie auf den beiden zusammengehörigen Fragmenten aus Tall Šēḫ Ḥamad.[14] Neben den bisher festgestellten und deutlich sichtbaren Gemeinsamkeiten gibt es im Detail jedoch mehrere Unterschiede: Zunächst fällt auf, daß zwischen Hofbeamten und dem (rekonstruierten) sitzenden König ein weiter Abstand in Form einer unskulpierten Fläche besteht, völlig in Kontrast zu der Reliefplatte G-3. Was die ikonographischen und antiquarischen Details anbetrifft, so ist zu bemerken, daß auf Nimrud G-3 der Hofbeamte einen Köcher trägt, was bei der Tall Šēḫ Ḥamad-Figur nicht der Fall ist.[15] Dies erlaubte es vielleicht, den linken Unterarm mit dem Bogen nicht spitzwinklig, wie in Nimrud üblich, sondern annähernd rechtwinklig und somit niedriger zu positionieren. Die Hand befindet sich also kurz oberhalb der Taille des Körpers. Im Gegensatz zu G-3 trägt der Hofbeamte

---

Positions in the Northwest-Palace at Kalḫu (Nimrūd) II (Rooms I.S.T.Z, West-Wing) (*BaF* 10, Mainz 1987); dies., *The Reconstruction of the Relief Representations and Their Positions in the Northwest-Palace at Kalḫu (Nimrūd) III (The Principal Entrances and Courtyards)* (*BaF* 14, Mainz 1992).

[10] Dazu zuletzt J.M. Russell, "The Program of the Palace of Assurnasirpal II at Nimrud: Issues in Research and Presentation of Assyrian Art", *AJA* 102 (1998), 682-684.

[11] J. Meuszyński, *Die Rekonstruktion ... (Nimrūd)*, 44.

[12] Während der fragliche Gegenstand hier als Wedel bezeichnet werden kann, trifft dies nicht für einen zusammengebundenen Stapel zu, der in neuassyrischen Reliefdarstellungen gewöhnlich am Rand von Tischen plaziert ist und über die Tischkante hinausragt. Mehrere gleichförmige Elemente sind an einem Ende (?) streng zusammengebunden, während sie an der nicht gebundenen Seite auseinanderstehen. S.M. Maul, *Zukunftsbewältigung. Eine Untersuchung altorientalischen Denkens anhand der babylonisch-assyrischen Löserituale* (*BaF* 18, Mainz 1994), 50-51 (mit ausführlicher Diskussion) plädiert für eine Deutung als Brote (vgl. D. Collon, *Ancient Near Eastern Art*, London 1995, 151: "Onions?").

[13] H. Kühne, in *Neo-Assyrian Geography*, 77; Pl. IIb; Idem, in *Essays on Ancient Anatolia*, 235.

[14] Zur Bedeutung dieser Szene s. J.M. Russell, *AJA* 102, 682-683; vgl. U. Magen, *Assyrische Königsdarstellungen – Aspekte der Herrschaft* (*BaF* 9, Mainz 1986), passim.

[15] Die von J.B. Stearns, *Reliefs from the Palace of Ashurnaṣirpal II* (*AfOB* 16, Graz 1961) entwickelte Klassifizierung (und Codierung) der Reliefdarstellungen würde diesen Unterschied übrigens nicht zum Ausdruck bringen. Nimrud G-3 wird als A-I-h-ii/A-VI-b-ii klassifiziert (vgl. R.S. Sobolewski in Meuszyński, *Die Rekonstuktion ... (Nimrūd)*, 84), für die Darstellung auf dem Tall Šēḫ Ḥamad-Relief wäre dasselbe zu folgern. Auch bei Anwendung der Untergliederung von "b" in sechs Untertypen (VI: "Bogen, Köcher, Schwert, Fliegenwedel") käme es zu keiner Differenzierung.

des Tall Šēḫ Ḥamad-Reliefs seinen Rosettenarmreif nach außen. In der Szene von Nimrud G1-3 ist dies bei den beiden äußeren geflügelten Genien und dem König der Fall, nicht aber bei den "Hofbeamten" der Szene. Schließlich ist in Tall Šēḫ Ḥamad der Schwertgriff üppiger ausgestattet als in Nimrud G-3. Trotz dieser Unterschiede ist festzuhalten, daß 1. die Position des Bediensteten hinter dem sitzenden König als unzweifelhaft anzunehmen ist, denn das Band, welches von der Tiara des assyrischen Königs herabhängt, ist als streifenförmige Erhebung auf dem Tall Šēḫ Ḥamad-Fragment erhalten,[16] und 2. der Stil der Bruchstücke weiterhin auf die Zeit Assurnasirpals II. weist.

4. Die Bedeutung des Reliefs[17] für den Fundort Tall Šēḫ Ḥamad und darüber hinaus ist vielfältig. Zum einen ist damit eine künstlerische Äußerung aus einer Zeit vorhanden, die im neuassyrischen Fundgut dieses Ortes bislang nicht vertreten ist. Auch innerhalb des Unteren Habur-Gebietes sind Fundorte dieser Periode bislang archäologisch selten, eine Einschätzung, die gewiß auch durch die Nachweismöglichkeiten konditioniert sein mag, doch angesichts der Untersuchungen der vergangenen Jahre in klarerem Licht erscheint, als bisher.[18] Im weiteren wurde immer wieder der eminente stilistische Unterschied ("imperial style") dieser Relieffragmente zu den anderen an diesem Ort angetroffenen Skulpturen festgestellt.[19] Diese deutlichen Unterschiede des höfischen "Reichsstils" zum Provinzialstil lassen

---

[16] In der Rekonstruktion (Abb. 2) ist der kegelförmige Aufsatz auf der Königstiara nicht verzeichnet.

[17] Wenn im folgenden von "Relief" im Singular gesprochen wird, so bezieht sich das auf die beiden Bruchstücke aus Tall Šēḫ Ḥamad.

[18] Vgl. M. Liverani, "The Growth of the Assyrian Empire in the Habur/Middle Euphrates Area: A new Paradigm", *SAAB* 2 (1988), 81-98; D. Morandi Bonacossi, "'Landscapes of Power'. The Political Organisation of Space in the Lower Ḫabur Valley in the Neo-Assyrian Period", *SAAB* 10 (1996) [ersch. 1999], bes. 19-20; 21-27; vgl. R. Bernbeck, *Steppe als Kulturlandschaft. Das 'Aǧīǧ-Gebiet Ostsyriens vom Neolithikum bis zur islamischen Zeit* (*BBVO Ausgrabungen* 1, Berlin 1993), 110-120; s.a. H. Kühne, in *Essays on Ancient Anatolia*, 284-285.

[19] Idem, *AAAS* 37/38, 145; Idem, in *Neo-Assyrian Geography*, 77; Idem, in *Essays on Ancient Anatolia*, 285. Das 1879 entdeckte Fragment einer Stele aus der Zeit Adadniraris III. bleibt dabei zumeist unerwähnt, obwohl es ein Fundstück aus der ansonsten in Tall Šēḫ Ḥamad spärlich dokumentierten Periode des ausgehenden 9. und beginnenden 8. Jh. v. Chr. darstellt: Zumeist wird es unter historisch-chronologischen Gesichtspunkten betrachtet (vgl. A. Millard/H. Tadmor, "Adad-Nirari III in Syria. Another Stele Fragment and the Dates of his Campaigns", *Iraq* 35, 1973, 57-64). Zur stilistischen Einordnung allgemein J. Börker-Klähn, *Altvorderasiatische Bildstelen und vergleichbare Felsreliefs* (*BaF* 4, Mainz 1982), 197.

sich auch auf diejenigen Reliefskulpturen ausdehnen, die aus dem für das 9. Jh. v. Chr. gut belegten Fundort Tall ʻAǧāǧa stammen.[20]

Vor diesem Hintergrund erscheint es lohnenswert, die Frage nach dem möglichen Ursprung des Relieffragments erneut zu erörtern. Nach seiner Auffindung in Tall Šēḫ Ḥamad wurde wegen der augenfälligen Ähnlichkeiten zu den Nimrud-Reliefs angenommen, daß "this implies that an artist had come to Dur-Katlimmu to sculpture local stone in assyrian 'empire style'"[21]. Diese ursprüngliche, später nicht mehr explizit vertretene Annahme beruht auf dem von der Spätbronze- bis zur Achämenidenzeit mehrfach dokumentierten Austausch von Fachhandwerkern im Alten Orient. Eine zweite Möglichkeit besteht jedoch in der Erwägung, daß das ganz erhaltene Relief oder ein Ausschnitt davon von Kalḫu nach Dūr-Katlimmu verbracht wurde, es sich also nicht um eine lokale Produktion des Unteren Habur-Gebietes handelt, sondern ein Objekt, das im assyrischen Kernland gefertigt wurde.[22]

5. Wenden wir uns zunächst der Situation in Nimrud zu. Der seit 1845 erforschte Nordwestpalast Assurnasirpals II. gehört zu den am längsten ausgegrabenen Gebäuden des alten Vorderen Orients (Abb. 4). Gleichwohl ist er noch nicht in seiner Gesamtheit erfaßt, und wie sich gezeigt hat, bietet er bis in jüngste Zeit Gelegenheit für spektakuläre Funde.[23] Der Komplex gliedert sich nach den vorliegenden Informationen in mindestens drei Teile, deren südlichster nun "passend" auf die sog. Upper Chambers trifft. Reliefplatten mit skulptierten Darstellungen und/oder eingemeißelten Inschriften wurden in den Räumen um den Hof Y angetroffen.[24] Die mühselige Rekonstruktion der Reliefanordnung aus der Feder von Janusz Meuszyński, die vor 18 Jahren begann, wurde inzwischen fortgesetzt und hat gezeigt, daß sich, wie oben bereits erwähnt, unter den bekannten und erhaltenen Reliefdarstellungen des Nordwestpalasts keine Szene befindet, die mit dem Tall Šēḫ Ḥamad-Relief identisch ist. Die einzige vergleichbare Darstellung mit dem thronenden König befindet sich an der nördlichen Schmalseite des Raumes G im Ostteil des Zentralbereichs des Palastes (G-3), der "East Suite".[25] Im Gegensatz zu

---

[20] A. Mahmoud/H. Kühne, "Tall ʻAǧāǧa/Šadikanni 1984-1990", *AfO* 40/41 (1993/94), 219 Abb. 27-28 sowie D. Bonatz/H. Kühne/A. Mahmoud, *Rivers and Steppes. Cultural Heritage and Environment of the Syrian Jezireh. Catalogue of the Museum of Deir ez-Zor* (Damaskus 1998), 118 Fig, 38; 120-121 Nr. 108-111.

[21] H. Kühne, *AAAS* 37/38, 145.

[22] Zuerst erwogen vom Verf., *ZA* 88 (1998), 156 Anm. 18.

[23] Vgl. M.S.B. Damerji, *Gräber assyrischer Königinnen in Nimrud* (Mainz 1999).

[24] S. zuletzt J.M. Russell, *AJA* 102.

[25] Vgl. hierzu ausführlich ibid., 671-697.

den untersuchten und rekonstruierbaren Bereichen des Gebäudes steht eine Reihe von Räumen, zu denen sich allenfalls spekulative Angaben im Hinblick auf das Vorhandensein und die Anordnung von Reliefplatten machen lassen. Dies gilt insbesondere für den westlichen Teil (West-Wing) des Gebäudekomplexes. Hier sind es die Räume WG, WJ, WH, WM, WI, WK (BB)[26] und der Hof WT, die – weitgehend unerforscht – wenigstens in ihren Grundrißstrukturen feststehen. Es wäre zunächst dieser Bereich des Palastes für den ursprünglichen Aufstellungsort des Reliefs in Betracht zu ziehen.[27] Doch während anfangs die Räume dieses Westteils "quasi als eine Art Spiegelbild"[28] des östlichen Palastteils benannt und angesehen wurden, gestattet die Analyse der Raumgruppe neue Perspektiven zur Nutzung des Westflügels. Die Anordnung der Räume der "West Suite" (Abb. 5)[29] findet sich noch in drei weiteren neuassyrischen Palästen, Fort Shalmaneser, dem Palast Sargons II. in Dūr-Šarrukîn (zweimal) und dem Palace F ebendort.[30] Zuletzt wurde der Westflügel des Assurnasirpal II.-Palastes in Nimrud mit dem "zweiten Haus" des Palastes in Verbindung gebracht, dessen Funktion unter anderem im "royal entertainment" lag.[31] Anhand der wenigen aufgefundenen Reliefs (Abb. 6) lassen sich nur annähernd Darstellungszyklen rekonstruieren, doch wurde festgestellt, daß "this suite displayed narrative subjects of a type that occured otherwise only in the throne room".[32] Für das Tall Šēẖ Ḥamad-Relief wäre nach Lage dieser Argumente eine Zuordnung zur West Suite eher problematisch, doch ist die Rekonstruktion der Reliefanordnung mit Unsicherheiten behaftet. So gibt es

---

[26] Für die Diskussion um das Nordende dieses Raumes s. S.M. Paley/R.S. Sobolewski, *The Reconstruction ... (Nimrūd) III*, 46 Anm. 4 und Plan 3.

[27] S. aber J.N. Postgate/J.E. Reade, "Kalẖu", *RlA* 5 (1976-80), 315.

[28] J. Meuszyński, *Die Rekonstruktion ... (Nimrūd)*, 2 Anm. 7; s.a. J.M. Russell, *AJA* 102, 672.

[29] Nach G. Turner, "The State Appartments of Late Assyrian Palaces", *Iraq* 32 (1970), 204-209; Pl. XXXIX "Reception Suite F".

[30] Vgl. J.M. Russell, *AJA* 102, 665-671 und Fig. 5-9, mit ausführlicher Diskussion der Gegebenheiten.

[31] Ibid., 666-667; 670-671. Der Ostflügel war demnach "apparently a ceremonial complex and devoted to liquid offerings and may even have housed the palace shrines".

[32] Ibid., 670. Als fixierbar haben nach S.M. Paley/R.S. Sobolewski, *The Reconstruction ... (Nimrūd) II*, 70-73; 81 und Plan 2 bislang die Reliefplatten WI-1, -2 und -3, WI-5, WFL-6 (=WJ-1) und WFL-19 (=WG-1) zu gelten sowie die Türhüterfiguren von WK(BB) a 1 und 2 (hierzu dies., *The Reconstruction ... (Nimrūd) III*, 44-48, bes. 46-47, Plan 3). J.M. Russell, *AJA* 102, 665 Fig. 5 zählt Raum A und Korridor Z ebenfalls zur "West Suite", wonach hier alle Darstellungen in Raum A sowie die Platten Z-1 bis Z-6 und Z-8 bis Z-10 ebenfalls aufzuführen wären.

beispielsweise für Raum WH keine Rekonstruktionsmöglichkeiten für die Aufstellung der Reliefs.[33]

6. Zieht man einen Import des Reliefs von Kalḫu nach Dūr-Katlimmu in Erwägung, so ist zu diskutieren, wie und wann der Transport vonstatten gegangen sein mag. Transporte größerer Monumente von einem Ort zum anderen waren im alten Vorderen Orient nichts ungewöhnliches, wie uns auch die Quellen aus jener Zeit berichten. Als nachweisbare Beispiele wären die zahlreichen Skulpturen und Stelen der Akkadzeit anzuführen und die Gesetzesstele des Hammurapi, die der elamische Herrscher Šutruk-naḫḫunte am Ende des 12. Jh. v. Chr. aus Babylonien nach Susa verschleppen ließ. Aus etwa der gleichen Zeit stammt der Bericht des assyrischen Herrschers Tukultī-Ninurta I. über die Verbringung des Kultbildes des Marduk aus der Stadt Babylon nach Assur. Im weiteren wäre das sogenannte "Schloßmuseum" in Babylon zu nennen, in dem sich eine Reihe von schwergewichtigen "Ausstellungsstücken" befindet, die von weither in die Stadt gebracht worden waren. Und schließlich legen die neuassyrischen Reliefs aus dem Südwestpalast des Sanherib bildliches Zeugnis darüber ab, wie bossierte überlebensgroße Türhüterfiguren aus Steinbrüchen im Bergland in Richtung Ninive bewegt wurden. Unbeantwortet bleiben muß jedoch die Frage, ob das Tall Šēḫ Ḥamad-Relief noch als vollständige Platte oder bereits als Bildausschnitt hierher gelangt sein könnte.

7. Obwohl der Nordwestpalast in Nimrud bis zum Ende der neuassyrischen Zeit genutzt wurde, wie dies aus dem Befund im Nordteil hervorgeht, nun aber auch durch die Königinnengräber der späteren neuassyrischen Zeit für den Südteil in Anspruch zu nehmen ist, so wird allgemein angenommen, daß der zentrale Bereich frühestens mit Sargon II., der seine Hauptstadt an die Stelle des Dorfes Maganubba nördlich von Ninive verlegte, seine Repräsentationsfunktion verloren hat. Die Reliefs blieben davon allerdings unangetastet. Meuszyński stellte fest, daß im Nordwestpalast erst durch Assur-nadin-aḫḫe, um etwa 670 v. Chr., substantielle Veränderungen vorgenommen wurden, die zur Entfernung von Reliefplatten führten.[34] Der westliche Flügel des Palastes, aber nachweislich auch die Räume B und F, wurden als Steinbruch für diejenigen Platten benutzt, die in dem neuzuerrichtenden Südwestpalast Asarhaddons in Nimrud wiederverwendet werden sollten. Im Rahmen dieses Recyclingprozesses sollten die Platten mit ihrer ursprünglichen Darstellung zur Wand aufgestellt und auf der nun zur Schauseite gewordenen

---

33 Ibid., 670.

34 J. Meuszyński, *Die Rekonstruktion ... (Nimrūd)*, 1-2; vgl. J.M. Russell, *AJA* 102, 665: Asarhaddon; vgl. jedoch J.N. Postgate/J.E. Reade, *RlA* 5, 311.

rückwärtigen Partie neuerlich skulpiert werden. Einige Reliefplatten fanden sich im Südwestpalast und im Ezida, dem Nabû-Tempel von Nimrud, wieder.[35] Darüber hinaus wurden auch Reliefs aus der Zeit Tiglatpilesers III. im Südwestpalast aufgefunden.[36] Schließlich wurde im sog. Zentralgebäude eine Ansammlung von mehr als 120 Reliefs und Relieffragmenten aus der Zeit Tiglatpilesers III. entdeckt,[37] die, womöglich ebenfalls zur späteren Wiederverwendung durch Asarhaddon, hier zwischengelagert worden waren. Mit einer Entnahme aufgestellter Reliefs aus dem Nordwestpalast vor dem 7. Jh. ist damit wohl nicht zu rechnen.

8. Nach der Betrachtung der Bedingungen in Kalḫu kehren wir noch einmal nach Dūr-Katlimmu zurück. Die bisherigen Grabungen haben für die mittelassyrische Zeit, der auch die Namengebung des modernen Fundortes zu verdanken ist,[38] und für das 7. und 6. Jh. v. Chr. der neuassyrischen Zeit Befunde geliefert, die in beiden Fällen mit inschriftlichen Zeugnissen vergesellschaftet waren.[39] Während die historischen Quellen Dūr-Katlimmu für das 9. Jh. v. Chr. keine herausragende Rolle einräumen,[40] gestaltet sich die archäologische Beleglage für eine Beantwortung unserer Fragestellung komplizierter. Da die neu- und nachassyrischen Funde ausschließlich aus der Unterstadt gespeist werden, läßt sich nur schwerlich über die Situation auf der Zitadelle von Tall Šēḫ Ḥamad spekulieren.[41] Mit dem Beginn der flächigen Besiedlung der Unterstadt wird für das ausgehende 8. und besonders das 7. Jh. v. Chr. gerechnet,[42] wobei die Kenntnis der materiellen Kultur, insbesondere der Keramik, hier bislang noch keine genaueren Differenzierungsmöglichkeiten gestattet. Allgemein bietet der Fundort der

---

[35] J. Meuszyński, *Die Rekonstruktion ... (Nimrūd)*, 2.

[36] J.N. Postgate/J.E. Reade, *RlA* 5 (1976-80), 315; vgl. R.D. Barnett/M. Falkner, *The Sculptures of Aššur-naṣir-apli II (883-859 B.C.), Tiglath-pileser III (745-727 B.C.), Esarhaddon (681-669 B.C.) from the Central and South-West Palaces at Nimrud* (London 1962).

[37] Vgl. R.S. Sobolewski, "The Polish Work at Nimrud: Ten Years of Excavation and Study", *ZA* 71 (1981), 261-273.

[38] Für neu-/nachassyrisch Dūr-Katlimmu = Magdalu s. neuerdings H. Kühne/A. Luther, "Tall Šēḫ Ḥamad/Dūr-Katlimmu/Magdalu?", *N.A.B.U.* 117/1998.

[39] Vgl. E.C. Cancik-Kirschbaum, *Die mittelassyrischen Briefe aus Tall Šēḫ Ḥamad* (*BATSH* 4, Berlin 1996); J.N. Postgate, "The Four 'Neo-Assyrian' Tablets from Šēḫ Ḥamad", *SAAB* 7 (1993), 109-124.

[40] D. Morandi Bonacossi, *SAAB* 10, 27.

[41] Vgl. H. Kühne, in *Essays on Ancient Anatolia*, 297 Fig. 6, wo in der Tat als einziger Beleg für das 9. Jh. v. Chr. "Orthostat" angegeben wird.

[42] Vgl. z.B. ibid., 286-287; 294 Fig. 3; D. Bonatz/H. Kühne/A. Mahmoud, *Rivers and Steppes*, 119.

Relieffragmente im Einzugsbereich der Zitadelle Anlaß, an einen Aufstellungs- bzw. Anbringungsort innerhalb eines öffentlichen Gebäudes zu denken, auch wenn sie nicht in situ gefunden wurden. Die heutige Größe der Zitadelle von Tall Šēḫ Ḥamad begrenzt die Fläche eines angenommenen Palastes oder öffentlichen Gebäudes auf ca. 6.500-7.000 m^2 Ausdehnung.[43] In den neuassyrischen Textquellen ist von Dūr-Katlimmu als Sitz eines Verwaltungszentrums oder Gouverneurs allerdings keine Rede.[44]

9. Was die weiteren Relief- bzw. Skulpturenfunde aus Tall Šēḫ Ḥamad anbetrifft, so unterscheiden sie sich vom reichsassyrischen Stil. Während die Adadnirari III.-Stele ins ausgehende 9. oder beginnende 8. Jh. v. Chr. datiert,[45] sollten die anderen Stücke ihrem Fundort nach im späten 8. oder 7. Jh. v. Chr. her- und aufgestellt worden sein.[46] Die geflügelten Stiere aus Tall ʿAǧāǧa, eine Stele mit geflügeltem Genius sowie Stierrelief und Löwenskulptur aus demselben Fundort, Belege der Reliefproduktion im Unteren Habur-Gebiet des frühen 9. Jh. v. Chr., übernehmen ebenfalls ikonographische Elemente der Darstellungswelt Zentralassyriens, doch ist, wie schon betont wurde, auch hier die stilistische Ausführung abweichend.

Allerdings ist nochmals auf die Darstellung des Tall Šēḫ Ḥamad-Fragments zurückzukommen: Die Beschreibung hat eine ganze Reihe von Unterschieden erkennen lassen, wobei die räumliche Gestaltung der Darstellung und das Fehlen des Köchers am deutlichsten ins Auge fallen. Das Tragen eines Köchers von Hofbeamten, die mit Bogen ausgestattet sind, ist jedoch bei den Reliefdarstellungen des Nordwestpalastes von Nimrud ein Standard, der ausnahmslos eingehalten wird. Wenn wir versuchen, diese Unterschiede im Sinne der Import-These zu deuten, so ließe sich die Annahme, daß eine Reliefplatte oder ein Teil davon im 2. Viertel des 7. Jh. von Kalḫu nach Dūr-Katlimmu verbracht und dort in einem Raum eines öffentlichen Gebäudes aufgestellt wurde, damit erklären, daß es sich um eine weitere, in Nimrud bislang nicht dokumentierte Variante handele.[47] Die

---

[43] Basierend auf der Karte bei H. Kühne, in *Essays on Ancient Anatolia*, 293 Fig. 2; zum Vergleich: der Nordwestpalast von Nimrud dehnt sich auf einer Fläche von ca. 213 x 120 m aus (ca. 25.560 m^2); der Provinzpalast von Til Barsip/Kār-Salmanassar umfaßt ca. 7.500 m^2 (vgl. F. Thureau-Dangin/M. Dunand, *Til Barsip*, Paris 1936, Plan).

[44] Vgl. H. Kühne, in *Essays on Ancient Anatolia*, 285.

[45] A. Millard/H. Tadmor, *Iraq* 35, 61-64; s.a. R. Lamprichs, *Die Westexpansion des neuassyrischen Reiches. Eine Strukturanalyse* (*AOAT* 239, Kevelaer/Neukirchen-Vluyn 1995), 98-105, bes. 100.

[46] H. Kühne, "Tall Šēḫ Ḥamad/Dūr-Katlimmu 1985-1987", *AfO* 36/37 (1989/90), 314 Abb. 130; D. Bonatz/H. Kühne/A. Mahmoud, *Rivers and Steppes*, 121 Nr. 111.

[47] Einen Bogen ohne Köcher trägt in Nimrud allein der König, der für das Tall Šēḫ Ḥamad-Relief nicht als rechte Figur in Frage kommt.

bisherigen Ansätze zur Rekonstruktion der Reliefanordnung im Westflügel des Nordwestpalastes lassen diesen Bereich zwar gewiß nicht als "Spiegelbild" des östlichen Flügels erscheinen, doch schließen sie das Vorkommen eines thronenden Königs mit Hofbeamten nicht a priori aus. Allerdings reicht dies nicht zum Beweis der Import-These.

Die dokumentierten Abweichungen im Detail könnten aber auch als ein Hinweis darauf zu deuten sein, daß das Tall Šēḫ Ḥamad-Relief ein Versuchsstück oder eine Fehlproduktion (vielleicht sogar für G-3) war, die in Nimrud somit keinen Platz mehr fand. Dies war vielleicht auch der Grund für die "Freigabe" eines solchen Reliefs. Der Zeitpunkt dafür könnte dann freilich früher liegen als das zweite Viertel des 7. Jh. v. Chr.

10. Lehnt man den Import aus Kalḫu ab, so ließe sich darüber spekulieren, ob der aus Assyrien herbeigerufene Reliefskulpteur in Dūr-Katlimmu nicht ohne Absicht eine Darstellung gewählt hat, die, wenn auch nach modernem Verständnis, von der "kanonischen" Form der Reliefs in Nimrud bewußt abweicht. Gerade die differierende Darstellung auf dem Tall Šēḫ Ḥamad-Fragment hat als Gegenargument zur Import-These ihr eigenes Gewicht.

11. Die Existenz des Reliefs in Tall Šēḫ Ḥamad läßt sich aber vielleicht auf andere Weise mit dem assyrischen Kernland verbinden: Bei seinem 6. Feldzug, der auch in das Habur-Gebiet führte, errichtete Assurnasirpal II. in Sūru eine Stele und nahm in Dūr-Katlimmu Tribut entgegen.[48] Möglicherweise ließ der König bei dieser Gelegenheit ein Relief in Dūr-Katlimmu anbringen, das sich allein schon deshalb von den in Nimrud skulpierten Reliefplatten unterschied. Allerdings ist für Dūr-Katlimmu keine Aufstellung einer Stele (oder eines Reliefs) Assurnasirpals II. inschriftlich dokumentiert. Während der Feldzug in das Jahr 878 v. Chr. datiert, kann der Nordwestpalast nicht vor 874 (und nach 866) v. Chr. eingeweiht worden sein. Es ist in diesem Zusammenhang vielleicht nicht unbedeutend, daß die Inschrift auf der Reliefplatte G-3 in Nimrud zwischen 864 und 860 datiert, wahrscheinlich eher an den Beginn dieser Zeitspanne.[49] Wenn das Relief also bereits während des 6. Feldzuges nach Dūr-Katlimmu gebracht oder vor Ort skulpiert worden wäre, so träte zur von Nimrud G-3 abweichenden Darstellung begünstigend eine chronologische Differenz hinzu (14 bis maximal 18 Jahre). Träfe diese Überlegung zu, so würde es sich beim Tall Šēḫ Ḥamad-Relief um eines der ältesten Reliefs Assurnasirpals II. handeln, sozusagen einen "Vorläufer" von Nimrud G-3. Dies läßt sich derzeit nicht

---

[48] M. Liverani, *Studies on the Annals of Assurnasirpal II. 2. Topographical Analysis* (*Quaderni di Geografia Storica* 4, Rom 1992), 93.

[49] J.E. Reade, *Iraq* 47, 206.

mit Sicherheit bestätigen, und es bleibt die Möglichkeit, daß – während der Regierungszeit Assurnasirpals II. oder später – eine Reliefplatte im Stile des frühen 9. Jh. v. Chr. verfertigt wurde. Wäre das Tall Šēḫ Ḥamad-Relief jedoch ein Werk des 7. Jh. v. Chr., so müßte es als "archaisierend" bezeichnet werden. Diese Annahme halten wir jedoch für unwahrscheinlich.

12. Die Frage nach dem Aufstellungsort, gegebenenfalls nach einem Palast – mit Sicherheit kleiner dimensioniert als der Nordwestpalast in Nimrud und von den Textquellen überdies negativ beschieden – ist archäologisch noch nicht beantwortet. Welche Möglichkeiten der Verifizierung bleiben? Eine genaue Untersuchung der Originalfragmente des Tall Šēḫ Ḥamad-Reliefs zum Zwecke des Vergleichs mit den Nimrud-Skulpturen steht an vorderster Stelle. Im Hinblick auf die Situation vor Ort sind Erkenntnisse künftiger Grabungen auf der Zitadelle von Dūr-Katlimmu ausschlaggebend.

Welche Deutungsmöglichkeit für die Existenz eines Reliefs im "imperial style" in Dūr-Katlimmu auch bevorzugt wird – eine Beziehung von Tall Šēḫ Ḥamad mit dem assyrischen Kerngebiet wird erneut unter Beweis gestellt. Abgesehen davon eröffnet sich für eine Reihe weiterer Fundorte mit Reliefschmuck eine neue Forschungsperspektive.

Abb. 1: Relieffragmente aus Tall Šēḫ Ḥamad

Abb. 2: Tall Šēḫ Ḥamad: Rekonstruktionszeichnung der Relieffragmente

Abb. 3: Nimrud, Nordwestpalast, Raum G: Relief G-3

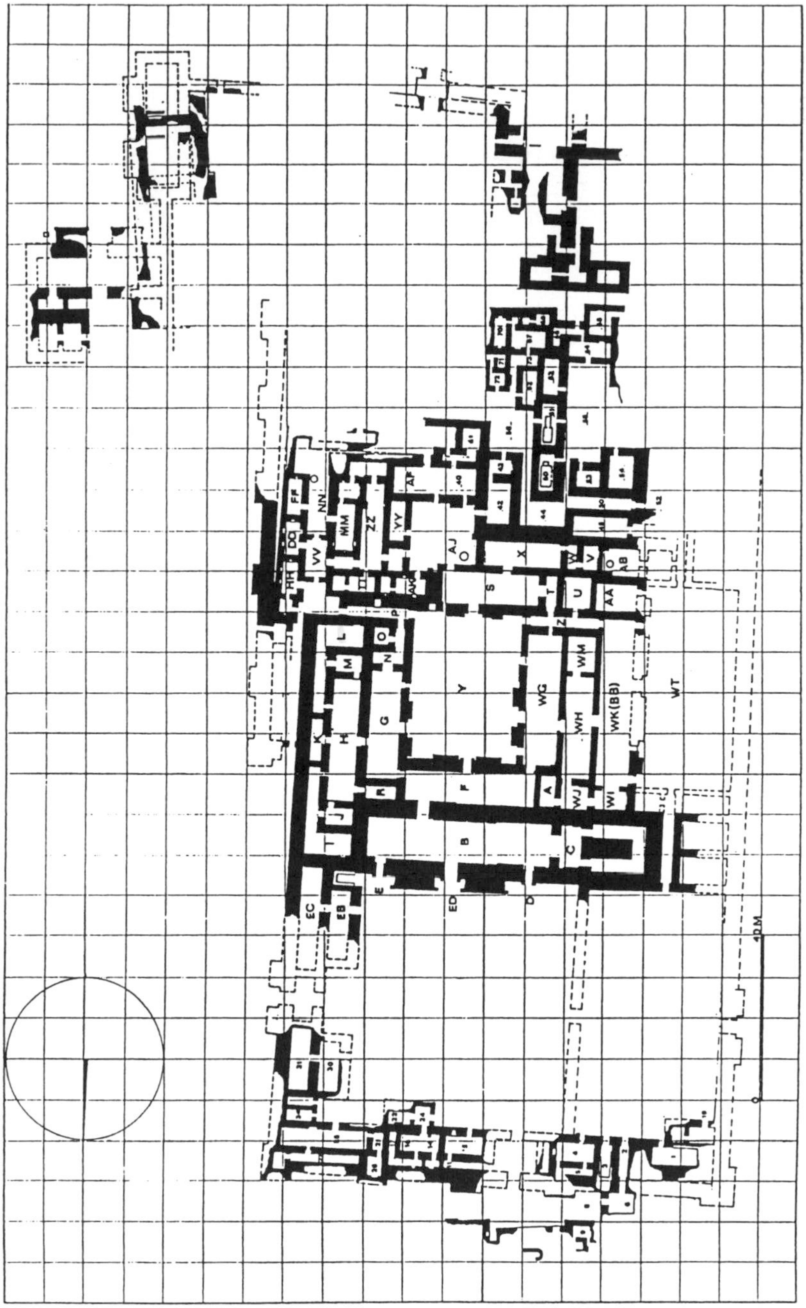

Abb. 4: Nimrud, Nordwestpalast (Gesamtplan)

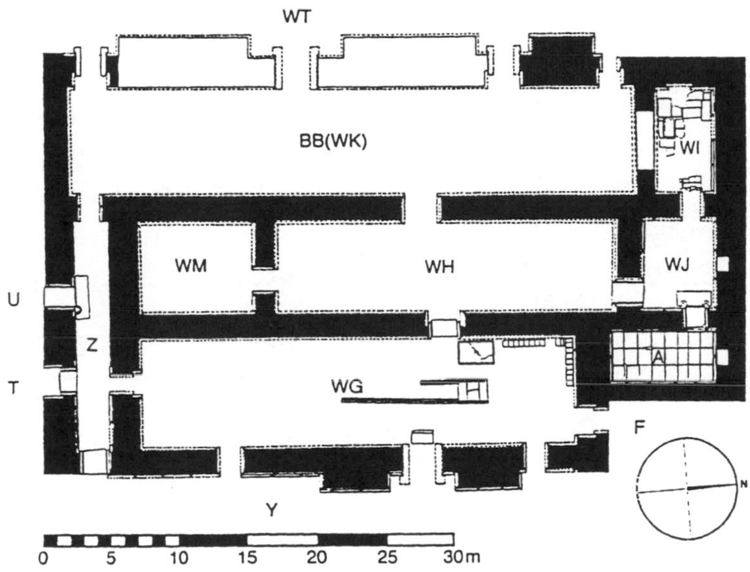

Abb. 5: Nimrud, Nordwestpalast, Westflügel (Übersichtsplan)

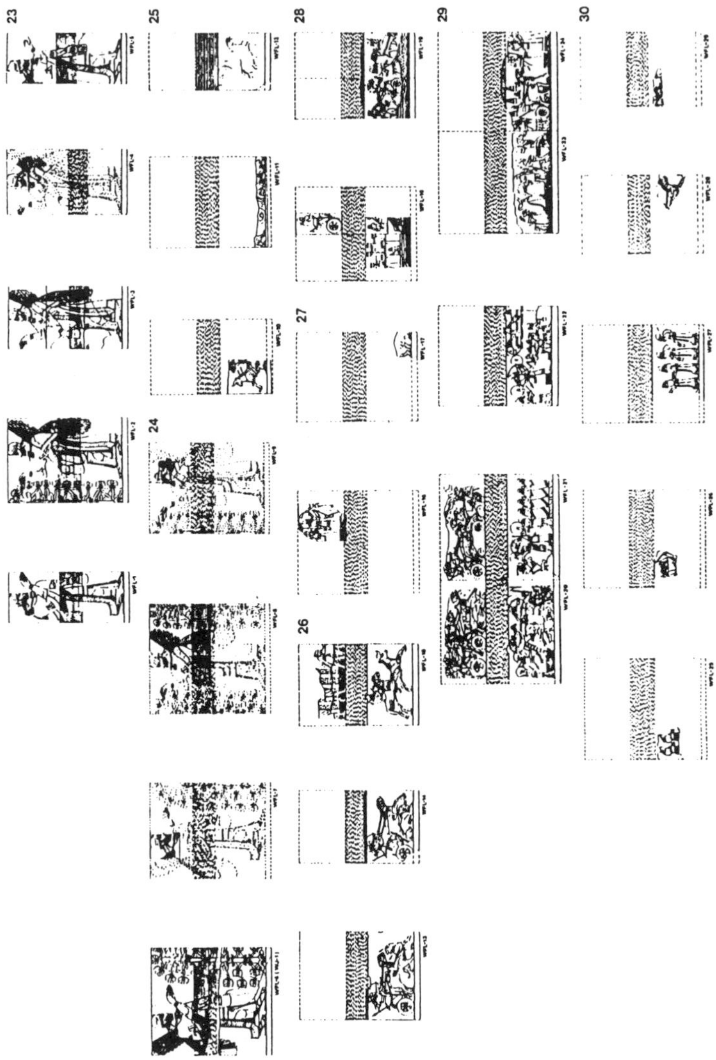

Abb. 6: Nimrud, Nordwestpalast, Westflügel: Rekonstruktionszeichnungen erhaltener Reliefs

Zum Gründungsritual im Tempel Eninnu

Blahoslav Hruška (Prag)

Aus religionshistorischer Sicht ist der Tempel ein durch Augurium (Vorzeichen) abgegrenzter heiliger Bezirk, eine Stätte und ein Ort des Kultus. Sein Standort wurde durch Theophanien und (oder) geheimnisvoll erscheinende Visionen oder natürliche Gegebenheiten bestimmt. Der Tempel galt als Abbild der Welt und mythischer Mittelpunkt der jeweiligen Siedlung. Es handelt sich um einen festen (stationären) Bau, für den Priester zuständig sind. Der Tempel war Aufbewahrungsort heiliger Objekte, meistens barg er ein Kultbild ("Haus des Gottes").

Im alten Mesopotamien sind die auf einer Hochterrasse stehenden Tempel (mit Kultnischen und einer Treppe) und die ebenerdigen "Tieftempel" zu unterscheiden. Vom kleinen quadratischen Einraum-Tempel führte die Entwicklung der Architektur um etwa 3000 v. Chr. zum frühdynastischen Rechtecktempel mit länglichem Mittelraum vor dem Allerheiligsten. Die T-Form (Grundriß) wurde von zwei Reihen kleinerer Seitenräume flankiert. Nischen gliederten die Außenfronten. Der ziemlich weit entfernte Eingang lag an einer der Langseiten. Bis in die Spätzeit war jedoch der sog. Hofhaustyp verbreitet, eine quadratische oder rechteckige, von einer Mauer umschlossene Anlage, die aus einem Mittelhof und ringsum angeordneten Gebäuden bestand. Etwa seit Ende des 22. Jh. v. Chr. (Ur-Nammu)[1] begegnen wir den mehrstöckigen Stufentürmen (Zikkurrat) mit einer Cella auf der obersten Stufe des Tempelturmes.

Zu den unentbehrlichen Räumen jedes Tempels gehörte ein Eingangsbereich zum Kultraum (Vorhof), der eigentliche, oft nischengegliederte und mit Podien für die Götterbilder (Statuen) versehene Kultraum, Opferstätten und der Erscheinungsort der Hauptgottheit (Cella).[2] Die bauliche Gestaltung

---

[1] M. Roaf, *Cultural Atlas of Mesopotamia* (Oxford 1990), 104-105.

[2] K. Galling, "Tempel", in *RGG* (3. Aufl., Tübingen 1986), Bd. 6, 682. Zum Tempelteil des Eninnu, wo "der Gott entscheidet" (k i - d i - k u $_5$) mit einer Zedern-Täfelung (a - g a - e r e n) vgl. Gud. 44:10-11 (D.O. Edzard, *Gudea and His Dynasty*, *RIME* 3/1, Toronto [u.a.] 1997,

richtete sich nach der Art der zu verehrenden Gottheit, die vor der Gründung bzw. dem Umbau ihres "Hauses" in Theophanien genaue Anweisungen gab. Nur wenn man sie erfüllte, betrachtete die Gottheit den Tempel als "gebaut und vollkommen vollendet" (d ù , š u - d u 7).[3]

Das "Haus des Gottes Ningirsu" (é - dn i n - g í r - s u) bzw. "das Heiligtum von Girsu" (è š - g í r - s u) wird bereits in den Bau- und Weihinschriften des Königs Ur-Nanše erwähnt.[4] Ob der Sohn des sonst wenig bekannten Gu-NI.DU diesen Tempel in Lagaš wirklich gegründet und gebaut hat, läßt sich nicht beweisen.[5] Unter Enanatum I. wohnte der Stadtgott von Lagaš im é - n i n n u , wo ihm der Stadtfürst einen Zwiebelmörser "für sein Leben" weihte. Dem "Ningirsu des Eninnu" (dn i n - g í r - s u - é - n i n n u) hat umgekehrt der Bote Barakibad "für das Leben seines Königs Enanatum (I.)" einen beschrifteten Streitkolben aus weißem Kalkstein als Opfergabe dargebracht.[6] Auf dem Feldstein Entemenas finden wir die Bitte an den Schutzgott Šulutul,

142). Die komplizierte Gliederung der Innenräume bezeugt u.a. der Bauabschnitt é - PA é - u b - i m i n "Flügelhaus, Siebeneck-Haus". Vgl. dazu A. Falkenstein, *Die Inschriften Gudeas von Lagaš - I. Einleitung* (*AnOr* 30, Rom 1966), 131-133, D.O. Edzard, op. cit., 110, 143, 144, 145 und Stat. D, Kol. 5:1-6:4; G Kol. 1:11-2:10 (= *RIME* 3/1, 41, 49; Heiratsgeschenke für die Göttin Ba'u).

[3] Gud. Zyl. A, Kol. 2:14-15; vgl. das "gute Zeichen" für die Reise des Stadtfürsten und Traumdeutung in Zyl. A, Kol. 3:18; 7:6-8; 8:18-19; 9:9; 12:18-19 und besonders das beabsichtigte Tempelbild (Zyl. A, Kol. 3:14-21), Planung und Zeichnung des Grundrisses. Die deuteronomistische Erzählung vom Bau des ersten Jahwe-Tempels (1 K 6,1 - 9,9) knüpft an Salomons Tempelinkubation in Gideon (1 K 3,4 - 15) an. Am "Haus Jahwes" wurde sieben Jahre lang gebaut und die Nachrichten wurden ganz im Sinn der "theologischen Historiographie" verfaßt, allerdings mit kritischen Bemerkungen (fortdauernde Verehrung moabitischer und ammonitischer Götter), die in Bauberichten über den Haupttempel im sumerischen Lagaš fehlen.

[4] Urn. 8:5, 20:5-6.

[5] A. Falkenstein, *Inschriften Gudeas*, 117 findet den ältesten Beleg für das spätere Eninnu in é - n i n - g [í r - s u] auf der bekannten Kalksteintafel mit der sog. "Figure aux plumes" aus dem Ende des 27. Jh. v. Chr. Zu diesem Feldkaufvertrag über Feldstücke im Umfang von 180 bis 3600 b ù r (1143 bis 22860 Hektar) für das "Priestertum" (n a m - e n) in Girsu vgl. D.O. Edzard, *Sumerische Rechtsurkunden des III. Jahrtausends* (*ABAW* N.F. 67, München 1968), 173-175. P. Charvát, *On People, Signs and States* (Prag 1997), 41-70 (bes. 68-70) will die Funktion von EN bzw. NAM.EN auf die Ausführung der Fruchtbarkeitsrituale begrenzen. Für das Segnen der Bewässerungseinrichtungen, Felder und der anderen Nutzflächen (Hürden) bekamen die Priester beträchtliche "Geschenke" und verwalteten eigene Wirtschaftseinheiten (AB.EN, É.EN).

[6] En. I. 18:14-18, En. I. 19.

der im Eninnu für das Leben des Stadtfürsten und des Tempelverwalters Dudu beten sollte.[7]

In Ukg. 10, Kol. 4:8-9 bezeichnet sich der Herrscher Irikagina (Uruinimgina) als "Mann, der das Eninu gebaut hat". In seiner Regierungszeit lag der Tempel am Anfang des schiffbaren und bis ins Innere des Hōrs führenden Kanals i_7-NINA^{ki}-du-a.[8] Das "Haus Fünfzig (é-ninnu)" war also bereits in der altsumerischen Zeit bekannt und bedeutend. Die Tempelanlage kennzeichneten fünfzig im heiligen Bezirk an den Fassaden, Mauern und in den Innenräumen aufgestellte "Zeichen" (Statuen, Götterwaffen, Standarten), woraus sich der Kurzname Eninnu erklärt.[9]

Nach der Verlegung und dem Neubau (dù, ki-bé gi$_4$) unter Ur-Ba'u[10] erhielt Eninnu den Beinamen "der strahlende (weiße) Sturmvogel"

---

[7] Ent. 16, Kol. 4:4-9, vgl. Ent. 36, Kol. 3:4 - 4:4. Beide Inschriften wenden sich direkt an Ningirsu und haben somit - religionshistorisch gesehen - die archaische Form der Götterbriefe.

[8] Vgl. G. Selz, *Untersuchungen zur Götterwelt des altsumerischen Stadtstaates von Lagaš* (*OPSNK* 13, Philadelphia 1995), 128, 233-234.

[9] Vgl. die Hinweise bei D.O. Edzard, *Gudea and His Dynasty*, 4-5. Der Ausdruck ninnu war also keine "Hausnummer", sondern ein "(Haus-)Zeichen" der besonders kunstvoll gebauten und ausgestatteten Tempelanlage. Die Zahl 50 hatte auch eine kosmologische Bedeutung. "Fünfzig unterirdische Grundlagen" (Unterbauten) des Tempels des Mondgottes Su'en reichten "bis zum (Urozean) Abzu", vgl. dazu S. Dunham, "Sumerian words for foundation", *RA* 80 (1986), 62-63. Der Gott Ningirsu bekam von seinem Vater Enlil als Kämpfer (kosmologisches Bild der "Flut") im Pantheon fünfzig göttliche Kräfte (Gudea Zyl. A, Kol. 10:6).

[10] Ur-Ba'u 1, Kol. 3:4-7; 4, Kol. 2:1-3; 5, Kol. 2:4 - 3:7; 6, Kol. 2:1-2; vgl. dazu D.O. Edzard, *Gudea and His Dynasty*, 15. Der Herrscher baute offensichtlich auf altem Siedlungsboden. Auf einer Gründungsplatte (úš) ließ er zunächst einen Sockel (ki-sá-a) von 10 Ellen (5 m) errichten. A. Falkenstein, *Inschriften Gudeas*, 117-118 vermutet, daß er nur zum Teil oberirdisch war. Der darauf errichtete Tempel "Eninnu-Weißer Adler" (é-ninnu-anzu$_2^{mušen}$-babbar$_2$) war 30 Ellen (15 m) hoch. So hohe Wände aus Lehmziegeln würden ohne bautechnisch notwendige Stützsäulen einstürzen. Auf diese simple Tatsache hat bereits O. Puchstein, *JDI* 7 (1892), 9-11 hingewiesen und betont, daß auch die Baumeister der Antike an die Gesetze der Statik gebunden waren. Es ist bemerkenswert, daß die gleiche Höhe auch der repräsentative Langhaustempel des Königs Salomo (30×10×15 m) in Jerusalem aufweist (1. Kön. 6:2, 16, 20). Der König Salomo schickte bekanntlich viele Fronarbeiter für das Bauholz nach Libanon (1. Kön. 5:27 - 32, 1. Kön. 9:15 - 23). Nach der hypothetischen Beschreibung und Rekonstruktion des ersten salomonischen Tempels von A. Kuschke, "Tempel", in K. Galling (Hrsg.), *Biblisches Reallexikon* (2. Aufl., Tübingen 1977), 338-341 müßten aber die tragenden Querbalken an der Decke mindestens 10 m lang sein, was unwahrscheinlich ist. Vgl. dazu noch V. Fritz, "Der Tempel Salomons im Licht der neueren Forschung", *MDOG* 112 (1980), 53-68 und besonders H. Schult, "Der Debir im salomonischen Tempel", *ZDPV* 80 (1964), 46-54.

(anzu$_2$.MUŠEN-babbar$_2$).[11] Vor der Errichtung der ungewöhnlich hohen Mauern hatte man ein neues Fundament von unbekannter Größe bereitet. Dabei wurde die Erde sorgfältig gesiebt, gereinigt, getrocknet und wiederverwendet.[12] Der Mythenadler Anzu (in der Ikonographie "Löwenadler") war seit der Fara- und Frühdynastisch II/III-Zeit eines der wichtigsten Wesen der altmesopotamischen Kosmologie. Diese numinose Gestalt vertrat sowohl die gewünschte als auch die gefürchtete Kraft im Sinne des *mysterium fascinans et tremendum*.[13]

Der bekannteste Bauherr von Eninnu war aber erst "McCall", d.h. Gudea (etwa 2150-2131 v. Chr.).[14] Der zweite umfangreiche Umbau der gewaltigen Tempelanlage Ningirsus mit über 50 Räumen bzw. Einzelbauten begann im

---

[11] H. Steible, *Die neusumerischen Bau- und Weihinschriften. Teil 1: Inschriften der II. Dynastie von Lagaš* (*FAOS* 9/1, Stuttgart 1991), 125, 148.

[12] In Ur-Ba'u 1, Kol. 2:7 - 3:2 wird zunächst die Gründungsplatte x-Ellen tief ausgegraben. Die aufgehäufte Erde läuterte man "wie Edelmetall" mit Feuer und brachte sie als Baugruben-Einschüttung zurück. Die nun feste und nivellierte (?) Gründungsplatte bildete die solide Grundlage eines etwa 5 m hohen Sockels. Es handelte sich dabei wohl nicht nur um eine "kultische" Reinigung. Während des "Tiefbaus" in der kalkhaltigen Erde konnte durch Sieben, Ausbrennen und Trocknen "hydraulischer Kalk" gewonnen werden.
Eine kultische Reinigung des Stadtgebietes bezeichnen jedoch die stereotypen Wendungen iri mu-kù izi im-ma-ta-lá und ki-sikil-la bí-dù; zu den Belegen vgl. A. Falkenstein, "Sumerische Bauausdrücke", *OrNS* 35 (1966), 230-231.

[13] B. Hruška, *Der Mythenadler Anzu in Literatur und Vorstellung des Alten Meso-potamien* (Budapest 1975), 17-19, 23, 182-187 und I. Fuhr-Jaeppelt, *Materialien zur Ikonographie des Löwenadlers Imdugud-Anzu* (München 1972). Zu den dämonischen Aspekten dieser Gestalt vgl. weiter M.E. Vogelzang, *Bin šar dadme. Edition and Analysis of the Akkadian Anzu Poem* (Groningen 1988), 148-153.

[14] Diese scherzhafte, aber treffliche Übersetzung des PN bietet D.O. Edzard, *Gudea and His Dynasty*, 68. Die Stelle Gud. Stat. C, Kol. 2:4-10 (gù-dé-a mu-gil-sa "Gudea, dessen Name ... ist") kann ich nicht deuten.
Zur Regierungszeit Gudeas (chronologische Einordnung in die Zeit Ur-Nammus) vgl. P. Steinkeller, "The date of Gudea and his dynasty", *JCS* 40 (1988), 47-53 und F. Carroué, "La situation chronologique de Lagaš II - Un élément du dossier", *ASJ* 16 (1994), 47-76.
Für die Analyse der Inschriften Gudeas sind bis heute die Materialsammlungen von A. Falkenstein (*Grammatik der Sprache Gudeas von Lagaš. I Schrift- und Formenlehre*, *AnOr* 28, Rom 1949; *II Syntax*, *AnOr* 29, Rom 1950; *Inschriften Gudeas*; vgl. dazu D.O. Edzard/W. Farber/W.R. Mayer, *Ergänzungsheft zu A. Falkenstein, Grammatik der Sprache Gudeas von Lagaš*, *AnOr* 29A, Rom 1978) unumgänglich. Der vorliegende Beitrag basiert jedoch auf den Texteditionen und Kommentaren von H. Steible, *Die altsumerischen Bau- und Weihinschriften* (*FAOS* 5, Wiesbaden 1982, Bd. I 154-359 und Bd. II 3-89) und besonders auf den neuesten Umschriften und Übersetzungen von D.O. Edzard, *Gudea and His Dynasty*. Die Monographie von R.E. Averbeck, *A preliminary Study of Ritual and Structure in the Cylinders of Gudea* blieb mir leider - allen Bemühungen zum Trotz - unzugänglich.

4. Jahr seiner Regierung und dauerte mindestens zwei Jahre.[15] Zu dieser Zeit beherrschte Gudea seine Stadt souverän und der Ort (Stadtstaat) folgte seinen Anweisungen "wie die Kinder der Mutter gehorchen" (Zyl. A, Kol. 12:21 - 23). Ningirsu hatte ihm im Traum versprochen, daß sein Land (kalam) bereits zu Beginn des Tempelbaues neu "belebt wird". Im milden Sonnenschein ohne die gewöhnliche Mittagshitze schafft dann leicht *ein* Mann doppelte Arbeit, und zwar Tag und Nacht (Zyl. A, Kol. 11:24 - 12:2). An der Vorbereitung der Baustelle und Reinigung der Stadt[16] konnten sich wegen der verkündigten Moratorien eines "sozialen Friedens"[17] alle Schichten der Bevölkerung beteiligen (Zyl. A, Kol. 12:24 - 13:15; Stat. B, Kol. 29 - 33). Nach der Vertreibung der kultisch unreinen und gefürchteten Personen (lú-uzug$_5$-ga ní-gál) aus der Stadt und dem Verbot der Frauenarbeit an der Baustelle (Stat. B, Kol. 3:15 - 4:6; 7:34-35) wurde "alles, was stört" verdrängt und das "Recht von Nanše und Ningirsu" geachtet (Stat. B, Kol. 7:36-43).

Für den Import des Baumaterials (Hölzer, Bausteine, Metalle, Bitumen) und der Steine für Kultstatuen und Götterwaffen hatte Ningirsu dem Herrscher von Lagaš "(alle) Wege vom Oberen bis zum Unteren Meer geöffnet" (Stat. B, Kol. 5:21-27). Mit der Idee des Friedens im eigenen Land und den damals fast "weltweiten" Handelsbeziehungen (Amanus, Ebla, Ursu, Umanum, Basar, Tidānum, Abullat, Meluhha, Gubin, Magda, Barme; vgl. Stat. B, Kol. 5:28 - 6:3)[18] kontrastiert die Erwähnung einer Invasion in Anšan

---

[15] Zu den Jahresnamen Gudeas vgl. D.O. Edzard, *Gudea and His Dynasty*, 27-28. Jahr 4: mu sig$_4$-^{d}ni[n-gír-su]-ka ù-šub-ba ba-gar-[ra]; Jahr 5: mu sig$_4$-^{d}ni[n-gír-su-ka] ús-sa. Der oft belegte Ausdruck mu-na-dù bzw. ki-bé mu-na-gi$_4$ bezeichnet neu errichtete Bauten bzw. eine Grunderneuerung der alten Bauten. Die innere Ausstattung der Tempelanlage mit Kultobjekten dauerte wohl noch längere Zeit (vgl. Jahr 6 und Gud. Stat. B, Kol. 5:37 - 40).

[16] Stat. B Kol. 2:12; E Kol. 2:21.22. Die gereinigte Fläche betrug nach Zyl. A, Kol. 13:25 - 25 24 (18 + 6) iku, d.h. 84 678 m^2. Weil die Fläche von über 8,47 ha für die eigentliche Baustelle zu groß wäre, vermutete Th. Jacobsen, *The Harps that once ...* (New Haven/London 1987), 404 mit Anm. 61) in iku das gleichnamige Hohlmaß und rechnete mit einem 0,5 m tiefen Aushub der Erde für die Gründungsplatte (Zyl. A Kol. 11:10). Zu úš ki-gar vgl. A. Falkenstein, *OrNS* 35, 229 - 234.

[17] Stat. B, Kol. 3:15 - 4:6; 5:1-11; 7:26-46; Zyl. A, Kol. 12:21 - 13:11; Zyl. B, Kol. 17:18 - 18:13. Vgl. dazu Deut. 16:14. D.O. Edzard, "Soziale Reformen im Zweistromland bis ca. 1600 v. Chr.", *Acta Antiqua* 22/1-4 (1974), 145-156 glaubt nicht an die historische Realität der deklarierten Äußerungen.

[18] Zu den ON vgl. D.O. Edzard/G. Farber, *Die Orts- und Gewässernamen der Zeit der 3. Dynastie von Ur* (*RGTC* 2, Wiesbaden 1974). Die genannten Einfuhrgebiete behandelt G. Pettinato, "Il commercio con l'estero della Mesopotamia meridionale nel 3. millenio av. Cr.", *Mesopotamia* 7 (1972), 44-166 (sub Lagaš). Die Länge der zu Flößen gebundenen Zeder- und Buchsbaumstämme von 25-30 m (50-60 Ellen; vgl. Gud. Stat. B, Kol. 5:28-36,

und Elam. Sie erfolgte – falls überhaupt – erst später, und Gudea hatte die Beute für den Bau des Eninnu nicht benötigt (Stat. B, Kol. 6:64-69). Er schenkte sie dem neuen Tempel zusammen mit seiner eigenen Kultstatue (Stat. B, Kol. 6:70-76; 7:5-20).

Die konkreten und sicher nur vorübergehenden Maßnahmen konnte Gudea als Verwalter[19] der Hauptgottheiten im Pantheon von Lagaš unter Aufsicht von Enlil und mit Zustimmung der Anunna-Götter durchführen. Nach der günstigen Schicksalsentscheidung im Himmel und auf der Erde offenbarte sich in der Stadt "große Götterkraft", und der Gott Enlil verkündete, daß dort "alles in Ordnung ist" (níg-du$_7$ pa nam-è).[20] Die kultischen Handlungen vor dem eigentlichen Baubeginn endeten mit einem Feuerritual in der Baugrube bzw. auf der Gründungsplatte.[21]

Festlicher Baubeginn und Einweihung des Gründungsziegels

Mit der Verlegung bzw. Grunderneuerung des Eninnu erfüllt Gudea den in zwei Träumen (Zyl. A, Kol. 1:10-21, 4:3 - 5:10, 9:5 - 12:11)[22] übermittelten Auftrag Ningirsus. Nach der Deutung des Traumes durch Nanše soll er seinem "göttlichen König" einen reichlich mit Götterwaffen,

---

5:53 - 6:2) ist sicherlich übertrieben. So große Flöße wären auf einem Fluß kaum zu manövrieren.

[19] Zur Rolle der Stadtgottheit im 3. Jt. v. Chr. vgl. C. Wilcke, "Politik im Spiegel der Literatur, Literatur als Mittel der Politik im älteren Babylonien", in K. Raaflaub (Hrsg.), *Anfänge politischen Denkens in der Antike* (München 1993), 29-30.

[20] Zyl. A, Kol. 1:1-4. Wichtige Voraussetzung für "alles, was sich gehört" (so A. Falkenstein, H. Steible u.a.) war nicht nur eine göttliche Entscheidung, sondern auch deren Bekanntmachung, Wirkung und Sichtbarkeit im weltlichen und sakralen Bereich. In Zyl. A, Kol. 1:5-9 steht das kosmologische Bild einer Erneuerung der in Südmesopotamien lebenswichtigen Wasserverhältnisse im Vordergrund. So füllte die Flut Enlils (Tigris) erneut die Zufuhrkanäle und Wasserbecken, so daß das sonst dunkle (brackige) Wasser schäumende Wellen brachte. In Zyl. A, Kol. 11:7-25 werden weitere Merkmale des vom Himmel herabkommenden "Überflusses" genannt: Regen, gedeihende Getreidefelder, volle Wasser-kanäle, Wasserquellen auf den sonst trockenen Höhen, Öl und Wolle. Der Gott Ningirsu wird den gefürchteten Sturmwind in eine Brise verwandeln.

[21] Im Zusammenhang mit Eninnu nicht belegt, vgl. aber Stat. C, Kol. 3:6-10 (Bau des Tempels Eanna in Girsu), wo man in die mit Feuer geläuterte Baugrube die mit wohlriechendem Öl bestrichenen Gründungsbeigaben bringt.

[22] Th. Jacobsen, *The harps that once ...*, 412 sieht, offensichtlich auf Grund des nun "wie Tageslicht klaren Willens und Anweisungen Ningirsus" in Zyl. A, Kol. 19:28 - 20:12 noch einen dritten Traum. Eine solche Interpretation ist für Zyl. A aufgrund seiner inhaltlichen Struktur m.E. nicht zwingend.

Emblemen[23] und Musikinstrumenten geschmückten Triumphwagen schenken, was auch geschieht (Zyl. A, Kol. 6:15 - 7:29). Der Stadtfürst traut dem Versprechen einer göttlichen Bauhilfe, läßt aber die Entscheidung Ningirsus durch eine Opferschau mit günstigem Bescheid bestätigen (Zyl. A, Kol. 12:16-17). Nun weiß er, was seinem Gott "am Herzen liegt", alles ist "klar wie das Tageslicht", und der so belehrte Gudea kann handeln (Zyl. A, Kol. 12:18-20).

Es ist kaum vorstellbar, daß man für die Grunderneuerung des Eninnu vorrätige Ziegelsteine verwendet hat. Die günstigste Zeit für das Formen der Ziegel war der Frühsommer (etwa Mai-Juni)[24], wenn das Hochwasser zurückging und der Lehm zur Aufarbeitung ausreichend aufgeweicht war. Die Trocknungszeit fiel in die regenlosen und heißen Sommermonate, so daß man weniger umfangreiche Bauten noch vor dem Einsetzen der Herbstregen fertigstellen konnte. Anders verhielt es sich mit der Erneuerung von Eninnu. Zum Beginn der Ziegelproduktion und bei der Herstellung der Gründungsziegel hatte man alljährlich rituelle Zeremonien durchgeführt.[25]

Beim Bau des Eninnu galt die kultische Aufmerksamkeit zunächst der Lehmgrube und den (hölzernen?) Hütten, wo die Ziegel geformt werden sollten. Die erneute Leberschau sollte beweisen, ob man einen guten Platz gewählt hatte. Nach einem offensichtlich günstigen Orakel wurde die entsprechende Fläche "tabuisiert"[26] und mit den Insignien Ningirsus gekennzeichnet. Für die kultische Reinheit der Baustelle veranstaltete man bei

---

[23] Das zunächst nicht näher beschriebene Emblem sollte den mythischen Kampf Ningirsus mit Anzu verherrlichen; vgl. B. Hruška, *Mythenadler Anzu*, 59-75 und Zyl. A, Kol. 17:20-22.

[24] Vgl. *CAD* L 177 sub 1.b: *libittam ina daš'im uštalbinma* "ich habe die Ziegel in Frühling gestrichen".

[25] Zum Monat sig$_4$-ù-šub-ba-gar-ra (Monat II in Umma und III in Nippur) s. W. Sallaberger, *Der kultische Kalender der Ur-III-Zeit* (*UAVA* 7, Berlin/New York 1993), Bd. I 235. Nach dem assyrischen Astrolab B (s. M.E. Cohen, *The Cultic Calendars of the Ancient Near East*, Bethesda 1993, 314-315) legte der König im Monat Simānu symbolisch den ersten Ziegel in die Form und "alle Länder bauten ihre Häuser". Beim Bau des é-munus in Ga'eš wurden 70 Ziegelformen (^{giš}ù/u$_5$-šub) gesegnet; vgl. dazu M.E. Cohen, op. cit., 92-95.

[26] Zyl. A, Kol. 13:18-19: Gudea erklärt die Fläche (ka-al) zum nam-nun-na-Bereich und markiert sie mit den Anzu-Standarten des Gottes Ningirsu. Wir folgen hier der Deutung von Th. Jacobsen, *The harps that once ...*, 404 mit Anm. 60. D.O. Edzard, *Gudea and His Dynasty*, 77 denkt eher an eine "fürstliche Hingabe" Gudeas.

Tageslicht Feuerrituale mit Räucherungen[27] und in der Nacht wurde gebetet[28], damit die für Lagaš zuständigen Anunna-Götter den glücklichen Gudea beim Bau des Ningirsu-Tempels unterstützen (Zyl. A, Kol. 13:26 - 14:6).

Das sogenannte "Aufgebot der Bevölkerung" von Lagaš (Zyl. A, Kol. 14:7 - [17:5]) ist historisch schwer zu deuten und wohl *ad maiorem Gudea gloriam* verfaßt. Waren die genannten Distrikte (Gu'edinna, Gugišbarra) und kultischen Einheiten (im-ru) von Ningirsu, Nanše und Inanna Verwaltungsbezirke eines von den Gutäern geduldeten Königtums?[29] Hatte Gudea diese Orte besucht, um sich als fürsorgender Herrscher seinem Volk zu zeigen und Treuebekenntnisse entgegenzunehmen? Wie konnte der Stadtfürst vom Lagaš über die Arbeitskräfte und Baumaterial (Bauhölzer, -steine, Bitumen, Gips, Gold, Silber u.a.m.) des Auslands (Elam, Susa, Magan, Meluhha, Kimaš) verfügen? Zu einem Bild des "idealen Herrschers" paßt auch die Aussage, daß er selbst die Beratungen mit den Handwerkern über die zu liefernden Produkte geführt hat (Zyl. A, Kol. 16:25-30).

Danach wurde unter Aufsicht des Herrschers die eigentliche Baufläche mit den hölzernen Nägeln genau abgesteckt,[30] und Gudea nahm Abschied vom alten Eninnu (Zyl. A, Kol. 17:26-29). Am frühen Morgen des Tages des Baubeginns ließ der gebadete und festlich gekleidete Stadtfürst noch einmal große und kleine Tiere opfern und begrüßte das versammelte (wohl ausgewählte) Publikum. An dieser Stelle entspricht die Bauhymne einem reellen Szenario und enthält die genauen Beschreibungen der kultischen Handlungen.[31] Gudea trägt (auf dem Kopf?) den strahlend neuen Korb und

---

[27] C.H. Ratschow, "Räucherungen", in *RGG* (3. Aufl., Tübingen 1986), Bd. 5, 767 betont, daß die Rauchentwicklung von Wacholder, Pech oder Harz "eine die Dämonen vertreibende Symbolkraft entwickelte".

[28] Vgl. Zyl. A, Kol. 17:7-9: Gudea schläft nicht in der Nacht und verzichtet sogar auf seine Mittagsruhe.

[29] J. Bottéro, "Das erste semitische Großreich", in E. Cassin et al. (Hrsg.), *Die altorientalischen Reiche I* (*Fischer-Weltgeschichte* 2, Frankfurt/Main 1965), 117-118 sieht mit Recht in den ensis von Lagaš die sumerischen Nachfolger der Könige von Akkad. Die Oberhoheit von Lagaš wurde von den wichtigsten südmesopotamischen Städten (Ur, Eridu, Nippur, Adab, Uruk, Badtibira) anerkannt, und Gudea ließ in ihnen neue Kultstätten errichten. Seine Macht symbolisierten auch die Prozessionsreisen Ningirsus.

[30] Dabei prüfte man die Meßleinen, um 1 iku genau abstecken zu können (Zyl. A, Kol. 17:26-28). Es gab offensichtlich keine vom Palast und Tempel bzw. von der Staatsverwaltung garantierten Standards, und Gudea war glücklich, daß alles ohne Schwierigkeiten ablief.

[31] H. Sauren, "Die Einweihung des Eninnu", in E. van Donzel et al. (Hrsg.), *Le temple et le culte* (*CRRAI* 20, Leiden 1975), 95-103 sieht in den Zylinderinschriften den Text eines Mysterienspiels, das aus Anlaß der Einweihung des Eninnu jährlich zum "Tempelweihfest"

die Ziegelform. Beide Geräte haben für seine Stadt eine schicksalhafte Bedeutung. Die Prozession führt Ningirsu an, Igalim macht den Weg frei und Gudeas persönlicher Gott Ningišzida hält seine Hand (Zyl. A, Kol. 18:1-16).

Den Prozessionszug begleiten Pauken und man singt dem Herrscher das a d a b - Lied. Nach der Einweihung der ganzen Ziegelform[32] mit glückbringendem Wasser (Libation) bestrich Gudea ihren Rahmen mit Sirup, Butter und Sahne. Die reinigende und kräftigende Wirkung der Salbung steigerte eine aus duftenden Essenzen gemischte Paste. Auf diese Weise wurden die Geräte magisch gereinigt, wie die Götterbilder in den Tempeln, und Gudea zeigte den Anwesenden den heiligen Tragkorb (Zyl. A, Kol. 19 - 23).

Den Gründungsziegel streicht der Stadtfürst persönlich, er preßt den Lehm in den Rahmen (i m ù - š u b - b a ì - g a r), erfüllt damit in der Öffentlichkeit die kultischen Vorschriften (n í g - d u $_7$ p a b í - è),[33] und auf diese Weise wird auch der erste Ziegel zu einem zu verehrenden Kultobjekt. Auch die Fremden unter den Anwesenden (k u r - k u r) führen Libationen mit Öl und duftenden Essenzen aus (Zyl. A, Kol. 18 : 24 - 28). Die Festlichkeiten dauern den ganzen Tag, und die Bewohner von Lagaš sind glücklich. Gudea klopft dann eigenhändig den ersten Ziegel aus der Form und ist zufrieden, denn das Ergebnis strahlt in der Sonne und die kultische Reinigung der "Ziegelhütte" hat sich gelohnt. Der erste Ziegel wird erneut mit Essenzen eingeweiht, zur Freude des Sonnengottes Utu, und das ganze Ritual verläuft so strahlend, wie die Erscheinung des Enki im mächtigen Fluß oder die Schicksalentscheidung (Zyl. A, Kol. 19:1-12).

Der Herrscher zeigt dann den aus der Form herausgenommenen Gründungsziegel dem versammelten Volk, hebt ihn hoch, so daß er "(wie) die heilige Tiara bis zum Himmel reicht" und die "vom reinen Utu (geblendeten) Arbeiter (ihre) Köpfe neigen" (Zyl. A, Kol. 19:13-16). Nun kann die eigentliche Ziegelproduktion beginnen. Fertige Ziegel liegen in geordneten Reihen vor dem zu bauenden Tempel und "heben ihre Köpfe wie die Kühe des Mondgotts im Zwinger". Die Ziegel, deren genaue Zahl nur

---

aufgeführt wurde. Er postuliert also eine "sumerische Kirchweihe" mit symbolischen, dem Herrscher vorbehaltenen Ritualen. Eine solche Deutung geht zu weit und steht im Widerspruch zu den genauen Baubeschreibungen.

32 Die von Gudea gebrachte Ziegelform wird mit Symbolzeichen verziert, und ein Götteremblem erstrahlt auch auf der Hacke; vgl. Stat. C, Kol. 2:20 - 3:5; E, Kol. 3:1-15.

33 Vgl. Stat. B, Kol. 8:27-37; D, Kol. 2:6-8.

Nisaba kennt,[34] werden nach und nach zur Baustelle gebracht und dort "nach dem gezeichneten Plan" verteilt. Diese Stelle (Zyl. A, Kol. 19:19-21) belegt eine bis heute übliche planmäßige Verteilung des Baumaterials auf dem Bauplatz.

Am Bau des neuen Eninnu beteiligten sich mit Rat und Tat mehrere Götter. Der Herr der Weisheit, Enki, legte den Grundriß des Hauses fest und bestimmte dem ersten Ziegel das Schicksal. Als "Baumeister" (šidim) traf er die kluge Entscheidung und legte das Fundament.[35] Gatumdu, die Mutter von Lagaš, hatte die passenden Ziegelsteine "geboren" (Zyl. A, Kol. 20:15-18). Die Anunna-Götter bewunderten, wie die en- und lagar-Priester alle Rituale perfekt durchführten, während Gudea als königlicher Vorarbeiter den Korb mit Lehm auf dem Kopf trug, die Gründungsplatte setzte und die Wände sorgfältig, genau senkrecht[36] in die Erde eintiefte (Zyl. A, Kol. 20:21-27).

Eninnu zwischen Himmel und Erde

Die Aureole (me-lim$_5$) des Eninnu reichte bis zum Himmel und seine "göttliche Kraft" (me) umarmte Himmel und Erde (Zyl. A, Kol. 17:18-19). Der Stadtfürst von Lagaš sah mit eigenen Augen, daß der gebaute Tempel seines Herrn Ningirsu die wichtigsten kosmischen Sphären voneinander trennte und freute sich darüber (Zyl. A, Kol. 20:9-12). Die Tempelanlage ähnelte einem Gebirge, dessen Spitzen wie eine Wolke bis ins Innere des Himmels "schweben" und dessen Türme wie ein Stier das Gehörn erheben. Eninnu, das "Ziegelwerk Sumers", hob das Haupt über alle Länder wie der heilige gišgana-Baum des Abzu (Zyl. A, Kol. 21:19-25).[37]

Gudea ließ das Haus "wie einen großen Berg" (kur-gal) wachsen und tiefte die großen Pfähle (dim-gal) in der Baugrube in die Erde ein. In diesem Zusammenhang wird neben Baugrube (temen) und Abzu auch der

---

[34] Vgl. Zyl. A, Kol. 4:23 - 5:1; 5:21 - 6:2. Die Göttin der Schreibkunst, Zahlen und Architektur hielt in Gudeas Traum das Schreibrohr und setzte die "(Stern-)Zeichen" auf eine Tafel.

[35] Zyl. A, Kol. 17:17; 19:11; 20:15; B, Kol. 13:3.

[36] In Zyl. A, Kol. 20:13-14, 27 wird die genaue Kontrolle der Ziegelwände (mit einem Senkblei?) erwähnt und begrüßt.

[37] Zum Lebens- bzw. "Weltbaum" vgl. die Monographie von G. Widengren, *The King and the Tree of Life in Ancient Near Eastern Religion* (Uppsala 1951) sowie H. York, "Heiliger Baum", *RlA* 4 (1972-1975), 269-275. Neben dem mythischen mes-Baum verehrten die Sumerer auch Dattelpalme, Zeder, Tamariske und Wacholder.

"Trinkort" (ki-a-nag) der Götter (Libationsraum) erwähnt. Das Eninnu wurde wie ein großer Pfahl fest gegründet (Zyl. A, Kol. 22:9-16). Nach Zyl. B, Kol. 1:1-7 ist es das "Haus, großer Pfahl des Landes Sumer, mit Himmel und Erde zusammengewachsen" (é-dim-gal-kalam-ma an-ki-da mú-a), rechtes Ziegelwerk (sig_4-zi), grünes Gebirge (ḫur-sag-nisig-ga)[38] und ein großer Berg, der bis zum Himmel reicht (kur-gal-àm an-né im-ús). Der "große Pfahl" (Dimgal) verbindet hier die kosmischen Bereiche von Urozean, Abzu und Erde. Zwischen Erde und Himmel befindet sich das grüne Gebirge, und oberhalb der Vegetationsgrenze der große Berg. Dimgal verankerte jedoch auch die himmlische Sphäre und verband sie mit dem Land Sumer. Der Gott Dimgalabzu war bereits in der altsumerischen Zeit für die Fruchtbarkeit des umkämpften Gebiets Gu'edenna verantwortlich.[39]

In der Sammlung der sumerischen Tempelhymnen[40] wird das Eninnu als Ziegelwerk (sig_4), dem vom "heiligen Hügel"[41] das Schicksal entschieden wird (du_6-kù-ta nam-tar-re-da), gepriesen (Z. 240-262). Die kosmischen Bereiche von Abzu, Kur und Duku wurden von den Göttern des Himmels und der Erde (Anunnaku) bewohnt. Ihr Bezug zur Unterwelt und zu den Schicksalsentscheidungen ist gut belegt. Das Eninnu mit seinem heiligen Hain (gi-gun_4) und bis zum Abzu reichenden Fundamenten war in der Gudea-Zeit anscheinend der reine und vornehmste "Trinkort" (ki-a-nag, tin-gal) der Anunnaku. Hier offenbarte sich nach der Grunderneuerung in unterschiedlichen Hierophanien (Architektur, Tempelteile, Göttersymbole, kultische Ausstattung)[42] seine Sakralität und die Macht der allgegenwärtigen Götter.

Die Zylinderinschriften A und B des Stadtfürsten Gudea von Lagaš beschreiben die menschliche Vollendung einer von den Göttern genau geplanten und bestimmten Institution "Tempel", wo alles bereits *per se* in die Sphäre des Heiligen gehörte. Die göttlichen Kräfte (me, giš-ḫur, garza)

---

38 Vgl. Zyl. A, Kol. 24:13-17 mit den literarischen Farbenbildern (Sonne, Lazurit, Alabaster).

39 G. Selz, *Götterwelt*, 106-108.

40 Å.W. Sjœberg/E. Bergmann, *The Collection of the Sumerian Temple Hymns* (*TCS* 3, New York 1969), 10, 31-32.

41 B. Hruška, "Zum 'Heiligen Hügel' in der altmesopotamischen Religion", *WZKM* 86 (1996), 161-175.

42 Zu den heiligen Gegenständen gehörten neben den kultischen Tempelgeräten auch Podeste, Podien und Throne sowie nicht zuletzt auch die bei Prozessionen verwendeten Transportmittel (Wagen, Schiffe). Zum "Hochsitz Ningirsus" auf der Prozessionsstraße vgl. A. Falkenstein, *Inschriften Gudeas*, 123-124.

waren transzendent, eigentlich ungreifbar, aber als konkrete kultische Anlage doch real. Der Tempel Eninnu war der Ort, an dem die Kommunikation mit den Göttern möglich war. Sein numinoser "Schreckensglanz" (ní, ní-te, ní-gál, me-lám)[43] wurde von den Bewohnern ambivalent, d.h. schauervoll und anziehend zugleich, wahrgenommen. Beim Erleben des Göttlichen waren *tremendum* und *fascinans* untrennbar. Die sumerische *vita religiosa* bestand im Bestreben, sich des "Göttlichen" durch magisch-kultische Handlungen zu bemächtigen.

[43] E. Cassin, *La splendeur divine - Introduction à l'étude de la mentalité mésopo-tamienne* (Paris 1968).

Planetenstellungen bei der Geburt

Hermann Hunger (Wien)

Die hier veröffentlichte Tafel begegnete mir auf der Suche nach astronomischen Texten. Wie sich zeigen wird, ist es mir nicht gelungen, sie zu erklären. Trotzdem ist sie interessant genug, um publiziert zu werden.[1] Sie hat eine gewisse Ähnlichkeit mit den sogenannten Horoskopen.[2]

Die wiederholten Anrufungen des Gottes Nabû machen es wahrscheinlich, daß wenigstens die Vorlagen, aus denen die Tafel zusammengestellt wurde, in Borsippa geschrieben wurden. Nach J. Reade in E. Leichty, *Catalogue of the Babylonian Tablets in the British Museum VI* (London 1986), p. xxxv, enthält die Sammlung 82-3-23 einige Tafeln aus Borsippa. In Leichtys Catalogue wird für die Tafel ein Datum Art(axerxes) 7/7/8 angegeben, was offenbar auf den Zeilen 1f. beruht.

BM 53282 (= 82-3-23, 4316), Abb. 1-4

Oberer Rand

1 *ina a-mat* ^{d}PA *liš-*[*lim*]

Vs.

1 *i-na* ^{itu}⸢DU$_6$⸣ UD-7-KAM *mu-*[*šu* UD-8-KAM]
2 MU-8-KAM ^{I}*Ar-ta-ri-t*[*a-as-su*]
3 ^{I}⸢BA⸣-*šá-a-*^{d}AMAR.UD *šá* ^{I}x [....]
4 *ma-al-*⸢*du*⸣ ^{d}Sin *ina* É ^{itu}⸢DU$_6$⸣(?) [$^{d(?)}$]UTU *u*(?) [....]
5 *i-na* É ^{itu}DU$_6$ ⸢MUL⸣ GA[L-*ú*] *i-na* [É ....]
6 *ina a-mat* ^{d}PA *liš-lim i-na* $^{⸢itu⸣}$AB UD-⸢26(?)⸣-K[AM]
7 MU-2-KAM *šá* ^{f}*Ni-din-tu$_4$-*^{d}*Na-na-a šá* $^{⸢f⸣}$*tuk*(?) *pi*(?) [....]
8 *ma-al-da-a-ta* MUL GA[L]-⸢*ú*⸣ *i-na* É [....]
9 ^{mul}SAG-UŠ *i-na* É ^{it}[^{u}x]
10 ^{d}Sin ^{d}*Dele-bat i-na* É ^{itu}AB ^{d}⸢UTU(?)⸣ [*i-n*]*a* É [....]

---

[1] Für die Erlaubnis zur Veröffentlichung danke ich den Trustees des British Museum.

[2] F. Rochberg, *Babylonian Horoscopes* (Philadelphia 1998).

11 ⸢MUL(?) x x x⸣ [x x] ⸢x⸣ ib bi *ina* ^{itu}ZÍZ(?) UD(?) 20+x x x
12 ^{mul}*Ṣal-bat-an-nu i-na* É ^{itu}ŠE GUB
13 *zi-ip-pi ina muḫ-ḫi* 2 *šá ra-pa-áš-tu*$_4$ *šá* MUL ⸢x x⸣ la
14 *ma-al-du ina a-mat* ^{d}PA *liš-lim*
15 ^{f}GEMÉ-^{d}*Na-na-a šá* ^{f}*Šu-šá-an-nu*
16 *šu-un-šú ina* ^{itu}AB UD-⸢17⸣-KAM ⸢*mu*⸣-*šu* UD-18-KAM
17 MU-5-KAM ^{I}*Ar-ta-ri-ta-as-su*

Unterer Rand
1 *ma-al-da-ta* ^{d}Sin
2 *ina* [É] ^{itu}KIN
3 [*ina*] *a-mat* ^{d}PA *liš-lim*

Rs.
1 *i-na* ^{i}[^{tu}KIN EG]IR-*ku-ú* UD-8-KAM [....] KAM?
2 *ina* SAG al la ⸢x x⸣ ^{f}*Gi-gi-i-t*[*u*$_4$]
3 *šá* ^{f}*Re-'i-in-du*-AD-⸢*šú šu*⸣-*un-šú*
4 *ma-al-da-a-ta* ^{d}Sin *i-na* É ^{itu}[Š]U(?)
5 ^{mul}SAG-UŠ *i-na* É ^{itu}AB
6 MUL GAL-*ú i-na* É ^{itu}IZI
7 ^{d}*Dele-bat i-na* É ^{itu}⸢KIN⸣
8 ^{d}UTU *i-na* É ^{itu}⸢DU$_6$⸣
9 ^{mul}*Ṣal-bat*-⸢*an-nu*⸣ *i-na* ⸢É⸣ [^{itu}x]
10 *i-na qí-it* ⸢TA(?)⸣ ^{itu}[....]
11 ^{d}GU$_4$ *ina* ^{itu}KIN EGIR-*ú* [(x x)]
12 ⸢ri(?) x x⸣

Übersetzung

Oberer Rand
1 Auf Befehl von Nabû möge es gut gehen.

Vs.
1 Im Monat Tešrītu, am 7. Tag, Na[cht des 8. Tages,]
2 Jahr 8 des Artarit[assu, ...]
3 war Iqīša-Marduk, dessen [(anderer) Name] ... [.... ist,]
4 geboren. Der Mond war im Bereich des Monats Teš[rītu(?); die So]nne(?) und [....]
5 im Bereich des Monats Tešrītu, Jupiter in [....]
6 Auf Befehl von Nabû möge es gut gehen. Im Ṭebētu, am 26. Tag,
7 Jahr 2, daß Nidintu-Nanaya, deren [(anderer) Name] .... [.... ist,]
8 geboren wurde. Jupiter war im Bereich des [....]
9 Saturn im Bereich des Monats [....]

10 Mond (und) Venus im Bereich des Monats Ṭebētu, die Sonne(?) im Bereich [....]
11 .... Im Monat Šabāṭu(?), 20+x.(?) Tag, ...,
12 blieb Mars im Bereich des Monats Addaru stehen.
13 .... über den 2 (Sternen) des Rumpfes von ....
14 geboren. Auf Befehl von Nabû möge es gut gehen.
15 Amat-Nanaya, deren (anderer) Name Šušannu ist,
16 war im Monat Ṭebētu, am 17. Tag, in der Nacht des 18. Tages,
17 Jahr 5 des Artaritassu,

Unterer Rand
1 geboren. Der Mond
2 war im [Bereich] des Monats Ulūlu.
3 [Auf] Befehl von Nabû möge es gut gehen.

Rs.
1 Im späteren Monat [Ulūlu], am 8. Tag, [x. Jahr(?)]
2 am Anfang von ...., war Gigītu,
3 deren (anderer) Name Re'indu-abišu ist,
4 geboren. Der Mond war im Bereich des Monats [Du]'ūzu(?),
5 Saturn war im Bereich des Monats Ṭebētu,
6 Jupiter war im Bereich des Monats Abu,
7 Venus war im Bereich des Monats Ulūlu,
8 die Sonne war im Bereich des Monats Tešrītu,
9 Mars war im Be[reich ....,]
10 am Ende(?) des Monats [....]
11 Merkur im späteren Monat Ulūlu [(....)]
12 ....

Bemerkungen

Vorderseite

Es ist schwer, die Anzahl der auf dem rechten Rand fehlenden Zeichen zu schätzen, weil die Schrift manchmal um den Rand herum bis auf die Rückseite geht.

3 Die zweite Hälfte der Zeile enthielt wohl einen zweiten Namen des Iqīšâ-Marduk, da auch die anderen Kinder Doppelnamen haben.

4 Die Lesung DU_6 ist unsicher, weil dieser Monat in der nächsten Zeile noch einmal vorkommt; und wie Z. 10 zeigt, werden Planeten, die im selben Bereich stehen, zusammengefaßt.
Statt [^{d}]UTU könnte auch [GU_4]-UD ergänzt werden; doch ist dies weniger wahrscheinlich, weil Merkur in Rs. 11 $^{d}GU_4$ geschrieben ist.

5 *kakkabu rabû* muß hier Jupiter sein, s. die Wörterbücher.

10 ^{d}UTU ist unsicher; es ist nur wenig Platz.

11 In dieser Zeile könnte Merkur vorkommen; alle anderen Planeten sind in diesem Abschnitt bereits an anderer Stelle genannt. Allerdings müssen ja nicht alle erwähnt werden.
Nachdem die Geburt in Z. 6 auf den Monat Ṭebētu (X) datiert ist, könnte die Zeitangabe in der zweiten Hälfte dieser Zeile "Monat Šabāṭu (XI)" ein etwas späteres, aber immer noch beachtenswertes Phänomen einleiten; sollte dann GUB in Z. 12 einen Stillstand des Mars anzeigen? Mars hatte einen Stillstand in den ersten Tagen des Monats XI des 2. Jahres des Artaxerxes II. Nur hier wird das Verbum "stehen (bleiben)" von einem Planeten verwendet; an anderen Stellen des Textes "sind" die Planeten einfach in den jeweiligen Bereichen.

13 *zippi* ist mir unklar; die Wörterbücher führen es nicht. Es könnte grammatisch das Subjekt zu *maldu* in der nächsten Zeile sein; doch erwartet man dafür einen Namen. Außerdem würde dann die Fortsetzung dieses Abschnittes fehlen und statt dessen in Z. 14 schon wieder eine neue Anrufung des Nabû stehen.
2 *ša rapaštu* "die zwei (Sterne) vom Rumpf" ist eine Kurzform von "die zwei Sterne im Rumpf des Löwen". Sie entsprechen δ und ϑ Leonis. Leider ist das Wort am Ende der Zeile beschädigt; es scheint keine der bekannten Schreibungen für das Sternbild Löwe vorzuliegen. Die beiden Sterne gehören zu den sogenannten *ziqpu*-Sternen,[3] nach deren Kulmination die Zeit in der Nacht bestimmt werden konnte. Das legt eine Emendation von *zippi* in *ziqpi* nahe. Wenn *zippi* tatsächlich ein Fehler für *ziqpu* ist, läge eine weitere Zeitangabe vor, nicht unpassend, um den genauen Zeitpunkt der Geburt anzugeben. In "Horoskopen" sind solche *ziqpu*-Beobachtungen bisher allerdings nicht belegt, und die zu erwartende Formulierung wäre auch anders als hier: üblich ist in den astronomischen Beobachtungstexten MUL x *ziqpi*.

14 Hier muß, wie schon oben bemerkt, etwas durcheinandergeraten sein.

Rückseite

1 Nach UD-8-KA[M] wäre gerade genug Platz, [*mu-šu* UD-9]-KAM zu ergänzen, ähnlich wie in Vs. 16. Ob *mūšu* hier paßt, hängt davon ab, wie die ersten Zeichen der folgenden Zeile zu verstehen sind; diese sind vielleicht eine Angabe der Tageszeit. Die Lesung am

[3] J. Schaumberger, "Die *Ziqpu*-Gestirne nach neuen Keilschrifttexten", *ZA* 50 (1952), 214-229; ders., "Anaphora und Aufgangskalender in neuen Ziqpu-Texen", *ZA* 51 (1955), 237-251.

Zeilenende ist aber nicht sicher. Ich habe eine Jahreszahl vermutet, wie es oben in Z. 6 der Fall ist.

12 Merkur war übrigens an diesem Datum unsichtbar, wenn die Datierung stimmt.

Kommentar

Die Tafel läßt sich in vier Abschnitte teilen, die jeweils durch die Anrufung *ina amāt Nabû lišlim* eingeleitet werden. Jeder Abschnitt gibt für das Datum der Geburt eines Kindes die Positionen einiger Planeten (einschließlich Sonne und Mond) an. Abschnitt A: Vs. 1-5; B: Vs. 6-10, vielleicht auch 12; C: Vs. 14 - unterer Rand 2; D: unterer Rand 3 bis zum Ende der Tafel.

Es gibt dabei aber Besonderheiten. Gegen Ende des Abschnitts B scheint eine Zeile, die sich nur zum Teil lesen läßt, vom Muster abzuweichen. Nach einer weiteren Planetenposition in Z. 12 kommt vielleicht eine Beobachtung eines Sterns. Abschnitt C ist sehr kurz und gibt nur die Position des Mondes für eine bestimmte Geburt. Abschnitt D ist wieder ausführlicher. Am Ende ist Merkur auf den Monat Schalt-Ulūlu bezogen; die Stelle ist aber beschädigt und kann nicht ergänzt werden. Falls man annehmen will, daß nur vor dem Monatsnamen das Wort "Haus" vergessen worden ist, bleibt zu erklären, warum der Monat Schalt-Ulūlu, der nur sehr selten vorkommt, einen eigenen Bereich charakterisieren soll, der sich zur Angabe von Planetenpositionen eignet.

Weitere Beobachtungen verstärken nur die Unsicherheiten bei der Lektüre dieses Textes. Es läßt sich kein Prinzip bei der Reihenfolge oder Auswahl der genannten Planeten finden. In ihrer Edition der "Horoskope" hat F. Rochberg angenommen, daß die Planetenpositionen in den Horoskopen den sogenannten "Almanacs" entnommen waren. Im vorliegenden Text werden die Positionen anscheinend nur sehr grob angegeben, während sie für die "Horoskope" offensichtlich mit viel größerer Genauigkeit berechnet wurden.

Die Stellung der Planeten wird in diesem Text auf ungewöhnliche Weise angegeben: wörtlich heißt es "im Haus des Monats x". "Haus" muß freilich nicht zu genau genommen werden; das Wort kann auch "Gebiet, Bereich" meinen. In der Übersetzung habe ich "Haus" absichtlich vermieden, um eine Assoziation mit den "Mondhäusern" zu vermeiden, die man in manchen astronomisch-astrologischen Traditionen finden kann. Dies wäre auch irreführend, da diese "Mondhäuser" nicht mit Monaten, sondern mit Tagen verbunden sind, und es von ihnen nicht 12 (oder 13), sondern 28 gibt.

Wo liegt nun das "Haus" eines Monats in diesem Text? Es muß sich, grob gesprochen, um Abschnitte der Ekliptik handeln. Wäre der Text ohne weiteres zu datieren, so könnte die Lage der "Monatshäuser" leicht berechnet werden. Die Datierung ist aber auch problematisch, und so muß man zuerst versuchen, die Bedeutung von "Haus" zu klären. In Rs. 8 befindet sich die Sonne im "Haus des Monats Tešrītu (VII)"; in diesem Abschnitt wird ein Schalt-Ulūlu, also Monat VI_2, erwähnt. Im Datum des Abschnittes kann nur das Wort "später" (im Sinn von "Schalt-") sicher gelesen werden. Der Monatsname selbst ist abgebrochen, und er könnte theoretisch auch Addaru sein, der ja als Schaltmonat viel häufiger ist als Ulūlu. Trotzdem habe ich wegen des Zusammenhangs des ganzen Abschnitts Ulūlu ergänzt; denn im selben Jahr können nicht beide Schaltmonate vorkommen.

Da der Schalt-Ulūlu die Stelle einnimmt, an der ohne Schaltung der Monat VII (Tešrītu) gewesen wäre, legt dieser Abschnitt den Gedanken nahe, daß das "Haus" eines Monats jener Bereich ist, in dem die Sonne während dieses Monats steht. Das würde auch gestützt werden durch Abschnitt A, falls die Ergänzung ^{d}UTU in Z. 4 richtig ist; denn die Position der Sonne in diesem Abschnitt läge dann im Tešrītu, ebenso wie das Geburtsdatum. Wegen des in Babylonien üblichen Mondkalenders läßt sich dieser Bereich nur ungefähr festlegen.

Wie M.W. Stolper an anderer Stelle zeigt[4], ist der Königsname Artaritassu auf Artaxerxes I. oder II. zu beziehen. Wenn der Monat VI_2 ernst genommen wird, kommen nur die Jahre 16 und 35 des Artaxerxes II. in Frage. Da auf der Vorderseite die Jahre 2, 5 und 8 vorkommen, ist 16 für die Rückseite wahrscheinlicher als 35. Es muß jedoch betont werden, daß auf der Rückseite keine Jahreszahl erhalten ist, und daß kein Königsname genannt wird. Es ist freilich wahrscheinlich, daß die Rückseite in dieselbe Regierungszeit wie die Vorderseite gehört.

Artaritassu kommt auch in einem Text vor, der von der Beobachtung von Himmelskörpern im Traum spricht.[5]

Unter der Voraussetzung, daß sich alle Daten auf die Regierung des Artaxerxes II. beziehen, kann die Stellung der Planeten berechnet und mit den Angaben des Textes verglichen werden. Dabei zeigt sich leider, daß entweder das Datum nicht zutrifft, oder die oben angestellte Vermutung über die "Häuser" der einzelnen Monate irrig ist. Zur Erläuterung dienen die folgenden Berechnungen.

Vs. 7-13: Artaxerxes II, Jahr 2, Monat X, Tag 26 = 15. Januar -401.

---

4 Vgl. seinen Beitrag "Lurindu the Maiden, Bēl-ittannu the Dreamer, and Artaritassu the King" in diesem Band.

5 T.G. Pinches, *RT* 19 (1897), 101f. (BM 77058), vgl. E. Weidner, "Astrologie im Traume", *RSO* 9 (1921/23), 298 und A.L. Oppenheim, *The Interpretation of Dreams in the Ancient Near East* (*TAPS N.S.* 46/III, 1956), 205.

An diesem Datum hatten die Planeten die folgenden ekliptikalen Längen: Jupiter 221°, Saturn 204°, Mond 253°, Venus 278°, Mars 161°. Leider sind die Positionen von Jupiter, Sonne und Saturn abgebrochen. Mond und Venus sollen im selben “Haus” sein, dem des Monats X. Da sie weniger als 30° voneinander entfernt sind, erscheint das möglich. Damit würde das “Haus” des Monats X (wenigstens für dieses Jahr) ungefähr zwischen 250° und 280° liegen. Andererseits heißt es von Mars, daß er im Haus des Monats XII stand. Da seine Länge 161° ist, wäre das Haus des Monats XII ziemlich weit entfernt vom Haus des Monats X, sicherlich nicht nur zwischen 30° und 60°, wie man erwarten würde, wenn die “Häuser” in derselben Reihenfolge angeordnet wären wie die Monate.

Rs. 1-12: Nach den obigen Überlegungen handelt es sich um Artaxerxes II, Jahr 16, Monat VI_2, Tag 8 = 25. September -388.

Die ekliptikalen Längen der Planeten waren: Sonne 178°, Merkur 201°, Venus 190°, Mars 209°, Jupiter 255°, Saturn 357°, Mond 292°. Erhalten sind die Angaben für Saturn, Jupiter, Venus und die Sonne. Auch hier lassen sie sich nicht damit vereinbaren, daß die entsprechenden “Häuser” der Monate in derselben Reihenfolge wie die Monate stehen.

Was auch immer die Lösung des Problems dieser Tafel ist, sie bezieht sich sicher auf dic achämenidische Zeit, und sehr wahrscheinlich auf Artaxerxes II. Zu seiner Zeit sind die “Horoskope” bereits belegt. Die vorliegende Tafel gehört offenbar in ihre Tradition.

Abb. 1: BM 53 282 (= 82-3-23, 4316), Vorderseite
(Photographie British Museum London)

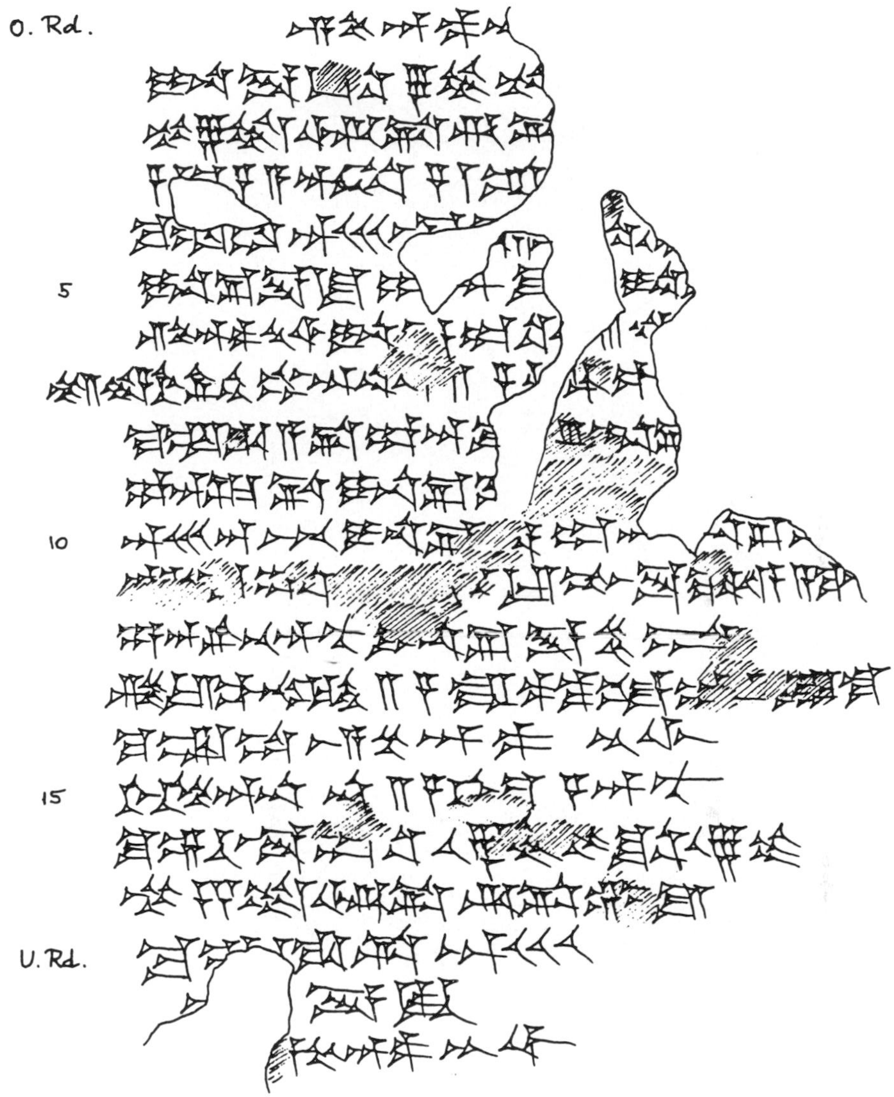

Abb. 2: BM 53 282 (= 82-3-23, 4316), oberer Rand, Vorderseite, unterer Rand (Kopie H. Hunger)

Abb. 3: BM 53 282 (= 82-3-23, 4316), Rückseite
(Photographie British Museum London)

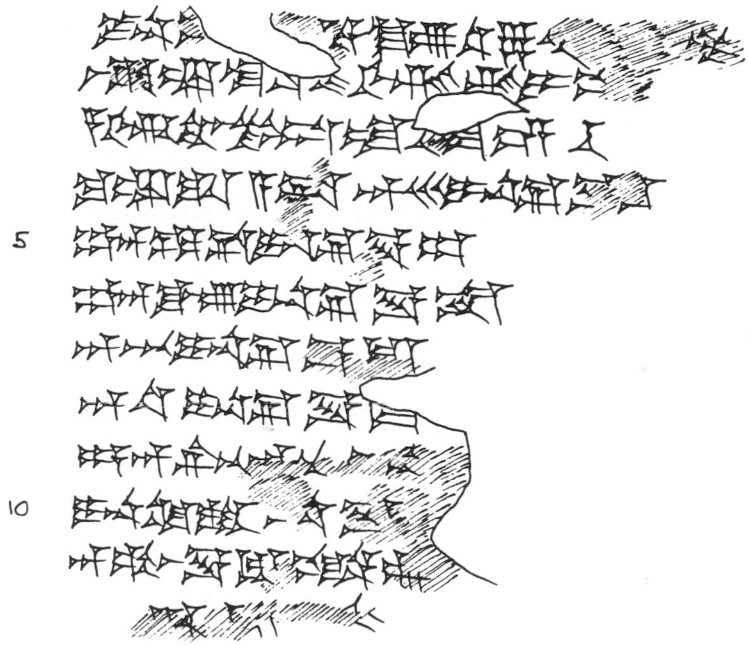

Abb. 4: BM 53 282 (= 82-3-23, 4316), Rückseite (Kopie H. Hunger)

Some Remarks to the Assyrian Doomsday Book

V.A. Jakobson (St. Petersburg)

The Neo-Assyrian state was the first world power, the first empire in the history of mankind.[1] Like all subsequent empires, it was built by military means for the sake of economic gains, though the economic interests were perceived only vaguely. It seems to be scarcely probable that this point of view, namely, the aim to unite the entire Mesopotamia under the Assyrian rule, was formulated already at the time of Tukulti-Ninurta I or even earlier.[2] It is known nevertheless that during the course of the coronation ceremony the high priest reminded the king of his duty "to widen the borders of Assyria",[3] but it is difficult to establish the exact date of this rite. Nowadays, nearly all scholars share the opinion that from the reign of Tiglat-Pileser III it is possible to speak about an empire.

The Assyrian empire was destined to exist only for a short time. It perished, as a matter of fact, not having completed its formation. Just because of this its military character is so evident.[4] The administration of state was completely military, and the entire economical system was directed first of all to the provision of the army, though the latter was, at last partially, "self-payed by means of plunder".[5] The central place in the administrative correspondence was occupied by the supplies for the army - first of all horses and their fodder and provisions for soldiers. Theoretically, the king

---

[1] V.A. Jakobson, *Concepts of the State in Ancient Mesopotamia*, in *Ancient Orient II* (Erevan 1978, in Russian).

[2] P. Machinist, "On Self-Consciousness in Mesopotamia", in S.N. Eisenstadt (ed.), *The Origins and Diversity of Axial Age Civilisations* (New York 1986), 183-202, 511-518.

[3] P. Garelli, "Les temples et le pouvoir royal en Assyrie du XIV au VIII siècle", in E. van Donzel et al. (ed.), *Le Temple et le Culte* (Istanbul 1975), 116-124; Idem, "Les empires mésopotamiennes", in M. Luverpes (ed.), *Le concept d'empire* (Paris 1980). See also A. Livingstone, *Court Poetry and Literary Miscellanea* (*SAA* III, Helsinki 1989), 26-27 (Assurbanipal's coronation hymn).

[4] M. Luverpes, *Le concept d'empire*, 35.

[5] W. Mayer, "Die Finanzierung einer Kampagne (TCL 3, 346-410)", *UF* 11 (1979), 171-195.

was to be in possession of the greatest part of the territory of the empire by the right of conquest. It is known, however, that there existed a strict distinction between the state-owned land and the king's private estates. The crown land was managed by the king as a magistrate of the Assur community. Consequently, some part of the conquered lands was incorporated into the lands of this community.[6] But it is impossible to determine the quantitative proportion between the state-owned lands, personal estates of the king and other kinds of land property. As a matter of fact, only the most general and inevitably more or less subjective estimations are possible.[7] The main difficulty consists in the fact that the extant texts concerned with the land only seldom allow us to determine, which category of land is in view. So the famous Assyrian Doomsday Book[8] for a great while was considered by scholars (including the present author) as a cataster containing a list of lands with different legal status. However, Fales came to the conclusion that this cataster contains only the list of crown lands, and this point of view is now followed by practically everyone. It is based on a new interpretation of the gloss *ina k/qi/epani*, formerly interpreted as "(land) being under the control of a king's official (*qepu*)", but now understood as a toponym indicating the location of a plot of land. Nevertheless, some objections might be brought forward.

There are all in all in the Assyrian Doomsday Book 143 toponyms. Fales includes there Kipanu.[9] But the study of this list and its checking with the copies of tablets as well as some calculations furnish rather interesting results.

About 16 toponyms are mentioned in the list more than once. Besides, one can see in the copy of the tablets that a determinative (KUR, URU or URU.ŠE) is present almost in every case. As the editor of this list gives all GN only in transcription without a transliteration, this fact remains, consequently, unobserved. So, for example, Arbela is mentioned three times, always with determinative; Balihu four times, Sarugi five times, Nineveh six times - in all occasions likewise with determinatives. Harran is mentioned 22 times, only once without determinative. But even this case might not be an exception but could have another meaning: *qa-ni* KASKAL may mean simply "near the road", having, thus, no relation to Harran at all. Only Birtu (2 times in the same text N 21) and Parnunna (once in the same text) are

[6] J.N. Postgate, "The ownership and exploitation of Land in Assyria in the 1st Millennium B.C.", in M. Lebeau/P. Talon (eds.), *Reflets des deux fleuves. Volume de mélanges offertes à André Finet* (*Akkadica Supplementum* VI, Leuven 1989), 146ff.

[7] See for example J. Zablocka, "Palast und König. Ein Beitrag zu den neuassyrischen Eigentumsverhältnissen", *AoF* 1 (1974), 112.

[8] F.M. Fales, *Censimenti e catasti di epoca Neo-Assira* (Roma 1973).

[9] See the list of toponyms ibid., 148ff.

mentioned without any determinative. The word *k/qi/epanu*, in contrast, is found in the cataster 14 times, but only once with a determinative (N 4, VIII, 20). A supposition that the scribes could make the same error 13 times in 5 separate tablets seems to be highly improbable. To suppose only one error would be much more logical. But then it turns out that to refer *k/qi/epanu* to the GN is impossible, and one has to return to the former interpretation of this word.

From the above it follows that the Assyrian Doomsday Book is a list of lands belonging to the crown to the king and to private persons. The lands belonging to the king (as his private property?) are explicitly mentioned only in the Text 1, I, 37: PAP URU.ŠE LUGAL (cf. also 24, rev. 14: ... *ina* URU.ŠE DINGIR.AG *ina* KUR *Ḫa-laḫ-ḫa*). These seem to be the only references to the lands of the king and of the temple, and it follows from the above that there was not many land of this type.

Ein Einbruch in ein *Bīt Šutummu* eines Tempelbäckers

Karlheinz Kessler (Erlangen)

Zu den attraktivsten Dokumenten der neu- und spätbabylonischen Zeit gehören Texte, welche uns Einblick in die Gerichtsbarkeit der babylonischen Großtempel gewähren. Hier ist es besonders das Eanna-Archiv aus Uruk, das uns detaillierte Informationen über das Prozeßwesen der Zeit liefert, während aus anderen Orten aufgrund einer anderen Überlieferungssituation vergleichsweise wenig Material zur Verfügung steht. Wir erfahren aus diesen Urkunden auch einiges über menschliche Schwächen im allgemeinen und über die internen Probleme, mit denen die Tempelverwaltung konfrontiert war. Kleinere, nicht seltene Vergehen wie Diebstahl, Betrug oder Unterschlagung regelte die Gerichtsbarkeit des Tempels selbst, zu der auch immer der Vertreter des Königs gehörte. Nur in schweren Fällen, aber auch anscheinend bei Streitfällen zwischen Tempelbehörde und Einzelpersonen fanden Verhandlungen vor Richtern in Babylon statt. Zu den intern geregelten Fällen gehört wohl auch der auf der kleinen Tontafel PTS 3853[1] beschriebene Fall. Der Autor, mit dem Jubilar durch mehrere Jahre gemeinsamen akademischen Weges verbunden, möchte mit diesem kleinen Beitrag auch seinen Dank für die ihm entgegengebrachte kollegiale Hilfe und Zusammenarbeit abstatten.

PTS 3853 (Abb. 1) — Uruk, 26. IV Nbn. 7

Vs. 1 ^{Id}*A-num*-NUMUN-DÙ A-*šú šá* ^{Id}UTU-MU
2 *u* ^{I}ÌR-*ia* A-*šú šá* ^{Id}*Na-na-a*-SIZKUR.SIZKUR
3 *šá* É *šu-tùm-mu šá* ^{I}KAR-^{d}AMAR.UTU A-*šú*
4 *šá* ^{I}IDIM-*ia* AŠ *sa-ar-ti ip-tu-ú-ma*
5 *as-né-e šá nap-ta-nu* 1 ^{túg}*ṣib-ti*

---

[1] Die Tontafel befindet sich heute wieder in Princeton, konnte jedoch vor einigen Jahren während eines von der Deutschen Forschungsgemeinschaft geförderten Aufenthalts am University Museum in Philadelphia kopiert werden. Erle Leichty habe ich für die Publikationserlaubnis und für Kollationen zu danken.

6 1 *me-ze-eḫ* 2 ^{túg}*šu-pa-la-tu*$_4$

7 1-*et ú-za-ri* 1 ^{túg}*šir-a-am* 1 ^{túg}*šá* MURUB$_4$

8 1 É *re-še-tu*$_4$ 3 ^{giš}DA.MEŠ

9 *ul-tu lìb-bi iš-šu-ú u* ŠU.II *ṣi-bit-ti-šú-nu*

10 *iš-šu-nim-ma* AŠ UKKIN *a-na*

11 ^{I}KAR-^{d}AMAR.UTU EN *sa-ar-tu*$_4$

Rs. 12 *ip-qí-du ù as-né-e*

13 AŠ É *ka-re-e ip-qí-du*

14 DIŠ! DU *šá* ^{Id}AG-LUGAL-URÙ ^{lú}SAG LUGAL

15 ^{lú}EN *pi-qit-ti É-an-na*

16 ^{Id}DI.KUD-ŠEŠ.ME-MU A-*šú šá* ^{I}ŠU A ^{I}*Ši-gu-ú-a*

17 ^{Id}AG-ŠUR-ZI.ME A-*šú šá* ^{I}*Arad*-^{d}EN A ^{I}*E-gì-bi*

18 ^{Id}AG-DÙ-ŠEŠ A-*šú šá* ^{Id}AG-TIN-*su*-E A ^{Id}30-TI-A.ŠI

19 ^{Id}AG-NUMUN-GIŠ A-*šú šá* ^{I}*Na-din* A ^{lú}UŠ.BAR

20 ^{lú}UMBIN ^{I}*Na-din* A-*šú šá* ^{Id}EN-ŠEŠ.ME-BA-*šá*

21 A ^{I}*E-gì-bi* UNUG^{ki} ^{iti}ŠU U$_4$ 26^{kám}

22 MU 7^{kám} ^{d}AG-IM.TUKU LUGAL TIN.TIR^{ki}

(1) Anu-zēra-ibni, Sohn des Šamaš-iddina, (2) und Ardija, Sohn des Nanâ-karābi, (3) die das *bīt šutummu* des Mušēzib-Marduk, Sohn (4) des Kabtīja, in verbrecherischer Weise geöffnet hatten (und) die (5) Dilmun-Datteln der Göttermahlzeit, 1 *ṣibtu*-Gewand, (6) 1 Schärpe, 2 Untergewänder, (7) ein Wams, 1 Decke, 1 Hüftgewand, (8) 1 Kopfstütze, 3 Holztafeln (9) daraus fortgetragen haben, haben das von ihnen Gestohlene (10) beigebracht, in der Verhandlung dem (11) Mušēzib-Marduk, dem Eigentümer des Gestohlenen, (12) übergeben und die Dilmun-Datteln (13) im Speicher übergeben. (14) Im Beisein des Nabû-šarra-uṣur, des *rēš šarri* (15) *bēl piqitti Eanna*, (16) Madānu-aḫḫē-iddina, Sohn des Gimillu, Familie Šigūa, (17) Nabû-ēṭir-napšāti, Sohn des Arad-Bēl, Familie Egibi, (18) Nabû-bāni-aḫi, Sohn des Nabû-balassu-iqbi, Familie Sîn-leqe-uninnī, (19) Nabû-zēru-līšer, Sohn des Nādin, Familie Išparu, (20) Schreiber Nādin, Sohn des Bēl-aḫḫē-iqīša, (21) Familie Egibi. Uruk, Monat Du'ūzu, 26. Tag, (22) Jahr 7 des Nabonid, König von Babylon.

Kommentar

4 Der adverbielle Gebrauch von *ina sarti* in Verbindung mit illegalen Handlungen scheint besonders in spätbabylonischen Urkunden beliebt gewesen zu sein; siehe dazu *CAD* S 187/8 s.v. *sartu* 2c) und M. San Nicolò, "Parerga Babyloniaca X-XI", *ArOr* 5 (1933), 288 Anm. 7.

6 Es liegt die erste syllabische Schreibung des Plurals von *šupālītu*

"Untergewand" vor. Zum Gebrauch der unkomplementierten Ziffer 2 statt 2-*ta* siehe die Beispiele bei M. Streck, *Zahl und Zeit* (*CM* 5, Groningen 1995), 20/1. Vor Pl. fem. erscheint normalerweise 2-*ta*, doch scheint die Verwendung von -*ta* auch bei der Zahl 2 nicht obligatorisch zu sein.

7 Trotz einer leichten Beschädigung des letzten Zeichens scheint mir die Lesung túg*šá* MURUB4 sicher und nicht túgNÍG.LÁM, das *lamaḫuššû*-Gewand vorzuliegen.

Inhaltlich ist PTS 3853 keine eigentliche Gerichts- oder Prozeßurkunde, sondern eher ein Protokoll über die Rückerstattung der gestohlenen Güter an den früheren Eigentümer durch die beiden Diebe, da von ihrem Vergehen und der anzunehmenden Bestrafung nicht die Rede ist. Die Protagonisten sind wenigstens teilweise bekannt. Der Bestohlene ist Mušēzib-Marduk, Sohn des Kabtija, der gut bekannte Angehörige der Familie Šigûa[2], dessen führende Stellung im Pfründensystem von Uruk schon hinreichend dokumentiert ist. Besonders eng ist seine Verknüpfung mit der Bäckerschaft, die durch *YOS* 6, 93:8, also aus dem gleichen Jahr wie die besprochene Urkunde, mit dem Empfang vom *maššartu*-Lieferungen an die Bäcker beginnt und zumindest bis in das Jahr Kyr. 6 nachweisbar ist. In *AnOr* 8, 44:15 (Kam. 4) und wohl auch *YOS* 6, 241:12 (Nbn. 12) ist er Führer einer Bäckergruppe innerhalb einer Dienstschicht (*manzaltu*) vor Nanâ. In der *maššartu*-Liste über Dattellieferungen PTS 2320 (Nbn. 7) führt er die Reihe der Bäcker an (Z. 5). Ob er tatsächlich als *šāpiru* der Bäcker in Frage kommt, wie es H.M. Kümmel annahm – immerhin fungieren in Sippar gelegentlich zwei Vorsteher zur gleichen Zeit –, oder als Inhaber einer *ērib bīti*-Pfründe, die gleichermaßen mit dem Dienst im Bäcker- oder Brauerhandwerk verbunden war, zu sehen ist, oder ob er zu einer Gruppe von Personen gehörte, welche regelmäßig als Vorsteher kleinerer Bäckergruppen fungierten[3], muß offen bleiben. Der bei juristischen Dokumenten sonst unübliche Verzicht auf die Nennung des Familiennamens des Bestohlenen erklärt sich vielleicht daraus, daß die Person eindeutig identifiziert war und das Dokument vielleicht nur der Begleittext einer ausführlichen Prozeßurkunde war. Die beiden Diebe, die in Uruk recht geläufige Namen tragen, lassen sich nicht weiter identifizieren. Der Blick auf die Zeugenliste enthüllt, daß eine von anderen Quellen her gut bekannte, hochrangige Personengruppe des Tempels der Übergabe beiwohnte, einschließlich des *ṭupšar Eanna* als Schreiber. Die Reihe nach dem königlichen Repräsentanten,

---

2 Siehe H.M. Kümmel, *Familie, Beruf und Amt im spätbabylonischen Uruk* (*ADOG* 20, Berlin 1979), 118 und 152. Vgl. auch mit Patronym *SWU* 91a Vs. 6.

3 Zur Struktur der Bäckerschaft in Uruk siehe generell K. Kessler, *Urkunden aus Privathäusern* (*AUWE* 8, Mainz 1991), 90-92.

dem *ša rēš šarri bēl piqitti Eanna* wird wie so oft von dem *šāpiru* der Brauer Madānu-aḫḫe-iddin angeführt, gefolgt wie ebenfalls häufig von einem Angehörigen der Egibi-Familie. Dieser Familienzweig dürfte entsprechend der Situation, wie sie sich im Archiv des Egibi-Hauses aus Uruk andeutet, vielleicht die Rangstellung eines *ērib bīti*-Priesters und gleichzeitig die Funktion eines Vorstehers der Bäckerschaft eingenommen haben. Die Karrieren der beiden anderen beteiligten Zeugen Nabû-bāni-aḫi und Nabû-zēru-līšer als Mitglieder diverser Tempelgremien und Schreiber von Urkunden sind ebenfalls gut dokumentiert.[4] Bemerkenswert und für festere Sitzungsperioden solcher Gremien spricht *YOS* 6, 137. Nur vier Tage später als PTS 3853 finden wir Nabû-bāni-aḫi und Nabû-zēru-līšer erneut als Zeugen in einem von dem *ša rēš šarri bēl piqitti Eanna* Nabû-šarra-uṣur durchgeführten Verhör (*maš'āltu*), wobei sich anscheinend der *šāpiru* der Bäcker Madānu-aḫḫē-iddina durch einen anderen Angehörigen der Familie Šigûa vertreten ließ und ein zweites Mitglied der Išparu-Familie erscheint. Eine speziellere Studie über die Zusammensetzung solcher Tempelgremien fehlt bisher, so daß wir auch nicht sicher wissen, weshalb etwa der *šatammu* des Eanna-Tempels an bestimmten Verhandlungen nicht beteiligt war, sondern allein der königliche Tempel-Repräsentant. Denkbar wäre, daß bestimmte prominente Personen des Pfründenumfelds wie der *šāpiru* oder seine Stellverteter die Tempelseite repräsentieren konnten, wenn dies nicht schon eine Funktion des *ṭupšar Eanna* war.

Die Örtlichkeit der unrechtmäßigen Entnahme war ein *bīt šutummu*. Die weit verbreitete Deutung als Lagerhaus oder Speicher für landwirtschaftliche Produkte[5] wird durch Texte suggeriert, welche eindeutig die Aufbewahrung landwirtschaftlicher Produkte im *bīt šutummu* nachweisen. Einige zeigen, daß solche Lagerräume beträchtliche Mengen an Datteln oder Getreide aufnehmen konnten, wobei es sich in diesen Fällen aber zumeist um das (*bīt*) *šutummu ša šarri*, d.h. mit der königlichen Verwaltung verbundene Gebäudekomplexe handelt.[6] Von F. Joannès wurde mit Hinweis auf verschiedene Texte aber zurecht darauf aufmerksam gemacht, daß die *bīt šutummu* besonders mit den Pfründenberufen verknüpft sein müssen,[7] da zumindest

---

[4] Zu Nabû-bāni-aḫi siehe H.M. Kümmel, *Familie*, 119, belegt zwischen Nbk. 33 und Nbn. 9; dazu PTS 3467:11 (Nbk. 38). Zu Nabû-zēru-līšer siehe ibid. 121 mit Belegen zwischen Nbn. 7 und Nbn. 12.

[5] Vgl. J. MacGinnis, *Letter Orders from Sippar and the Administration of the Ebabbara in the Late-Babylonian Period* (Poznan 1995), 29 zu Nr. 8 Z. 10 "The *šutummu* was a storehouse for grain or dates, see AHw *šutummu*", obgleich die Wörterbücher genügend Referenz dafür liefern, daß auch andere Güter dort aufbewahrt wurden.

[6] Siehe zum *šutummu ša šarri* jetzt vorläufig M. Jursa, *Die Landwirtschaft in Sippar in neubabylonischer Zeit* (*AfOB* 25, Wien 1995), 93.

[7] F. Joannès, *Textes économiques de la Babylonie récente* (Paris 1982), 306-308.

nach der Evidenz von Uruk und Borsippa zahlreiche einzelne Besitzer solcher vermeintlichen Lagerhäuser gleichzeitig Inhaber von Tempelpfründen waren. Ein neues, aufschlußreiches Dokument ist *AUWE* 8 Nr. 89 (Uruk, Nbk. 3), wo Z. 3-5 ein solches *bīt šutummu* in eine Teilungsvereinbarung einbezogen ist. Wir erfahren dort nicht nur, daß eines dieser privaten Lagerhäuser durch den Zusatz *rabû* als größerer Lagerraum definiert wurde, sondern daß ein solcher auch auf mehrere Personen aufgeteilt werden konnte, wobei in diesem Falle verwandtschaftliche Beziehungen vorlagen. Die in *AUWE* 8 Nr. 89 genannten Personen besaßen umfangreichen Pfründenbesitz. Die Uruk-Urkunde PTS 3853 bestätigt nicht nur diese von Joannès angenommene Verbindung mit den Tempelpfründen, sondern gewährt zum erstenmal einen tieferen Einblick in den Inhalt eines *bīt šutummu* eines Tempelbäckers. Die dort gelagerte Produktpalette erweist sich als überraschend groß, wobei einige der genannten Gegenstände relativ selten in spätbabylonischen Texten belegt sind. Im einzelnen finden wir dort:

a) *as-né-e šá nap-ta-nu*: Als prominentes Tempelmitglied der Tempelbäckerschaft standen Mušēzib-Marduk *maššartu*-Lieferungen an den besonders süßen Dilmundatteln zu. Diese gehörten nicht zu den gewöhnlichen Lieferungen an Datteln, die in den Texten entweder nicht spezifiziert wurden oder unter der Bezeichnung *makkasu*-Datteln fungierten. Dilmundatteln scheinen in Uruk besonders während des monatlichen *eššēšu*-Festes anläßlich der Zubereitung von Speisen der *naptanu*-Göttermahlzeit verwendet worden zu sein, wie zum Beispiel aus *YOS* 6, 39 oder *AUWE* 5, 80 hervorgeht. Am Ebabbar-Tempel in Sippar begegnet die *asnû*-Dattel[8] ebenfalls deutlich seltener als die *makkasu*-Dattel, jedoch dort häufiger auch in Verbindung mit dem normalen Opfer (*sattukku/ginû*). Die Dilmundattel wurde in Uruk gleichermaßen für Bäcker- wie Brauereiprodukte benötigt, so für *nāšu*-Bier und *qullupu*-Kuchen. Die im Kult verwendeten Quantitäten waren recht bescheiden, so daß der Abtransport der Dilmundatteln den beiden Dieben kein größeres Problem bereitet haben dürfte. Die wenigen auf Tontafeln erhaltenen Abrechnungen über angelieferte *asnû*-Datteln aus Uruk registrieren immer nur wenige Liter solcher Datteln. Die umfangreichsten dieser *maššartu*-Listen geben detaillierte Auskunft über die den einzelnen Bäckern zukommenden Lieferungen, wie etwa die Monatsabrechnung über *asnû*-Datteln *YOS* 6, 39 (Nbn. 3). Der ähnliche Text PTS 2101 (undatiert, unpubl.), aufgrund der parallelen Personennamen der datierten Urkunde PTS 3180 (unpubl.) mit einiger Sicherheit um das Jahr Dar. 29! einzuordnen, listet 34 Bäcker auf, wobei der Höchstbetrag 5 *qû* beträgt (PTS 2101:5), die Mehrzahl

[8] A.C.V.M. Bongenaar, *The Neo-Babylonian Ebabbar Temple at Sippar: Its Administration and its Prosopography* (Leiden 1997), 144.

nur Beträge von 1, 1 $^1/_2$ und 2 *qû* erhielt. PTS 2097:15-29[9], wo die Restaurierung der kultischen Verhältnisse der Zeit Nebukadnezars II. zu Beginn der Regierung Nabonids proklamiert wird, nennt für die Bēlet Uruk und Nanâ täglich 3 Liter, für Bēlet Rēš und Uṣur-amassu die Hälfte.[10] Eine kleine Lieferungsliste über Dilmundatteln registriert auch Mušēzib-Marduk selbst, mit einen Betrag von 5 *pānu*, siehe PTS 2979 (Nbn. 5, unpubl.), 25(b) ^{I}*Mu-še-zib*-^{d}ŠÚ A ^{I}IDIM-*ia*, doch sind weder die betroffenen Einzelkulte genannt, noch ist der relevante Zeitraum angegeben. Die Dilmundatteln werden in PTS 3853 getrennt von den Realia, die vor der Ratsversammlung zurückgegeben werden, beim *bīt karê*, dem Speicher abgeliefert. Dieser Speicher in Uruk erfüllte wohl die gleiche Funktion wie in Sippar, in dem dort ebenfalls die für das Opfer bestimmten Datteln eingeliefert wurden.[11] Es läßt sich so erschließen, daß die aus dem *bīt šutummu* des Mušēzib-Marduk entwendeten Dilmun-Datteln wieder dem Tempelkreislauf zugefügt wurden, und wahrscheinlich in standardisierten Körben je nach dem Umfang der Aktivitäten des Pfründenausführenden wieder in dessen *bīt šutummu* landeten.

b) 1 ^{túg}*ṣib-ti*: Das *ṣibtu*-Gewand, das nur in neu- und spätbabylonischen Texten begegnet, ist als Bezeichnung der Bekleidung von Götterbildern, besonders in Sippar und Uruk gut belegt, vgl. *AHw* III 1099 s.v. *ṣibtu* III "ein Gewand bes. für Kultbilder". Erheblich seltener erscheint es als Gewand von einzelnen Personen. Siehe dazu auch im folgenden.

c) 1 *me-ze-eḫ*: Unter den aus dem Lagerhaus entwendeten Kleidungsstücken scheinen *ṣibtu*-Gewand und wohl in Kombination dazu eine Schärpe bzw. ein besonderer Gürtel (*mēzeḫu*) zur speziellen Berufsbekleidung des prominenten Pründenausführenden zu gehören, vielleicht nur in Verbindung mit Zeremonialhandlungen im Tempel. Beide Begriffe erscheinen in dieser Kombination in der Passage des Uruk-Ritualtexts *UVB* 15, 40:9-12 als Bestandteile der Kleidung von niederen Priestern und Tempelpfründnern anläßlich eines Tempelfestes, darunter Bäckern, Brauern, Schlächtern und Begleitpersonal, siehe *UVB* 15, 40 Vs. 8'-9' ^{lú}SÍG.BAR.RA^{meš} ^{lú}LUNGA^{meš} ^{lú}MU^{meš} ^{lú}GÍR^{meš} ^{lú}x^{meš} ^{lú}ŠU.BAR.RA^{meš} *u* ^{lú}GÌR.SÌ.KI^{meš} MÁŠ[12] *ḫal-pu* 2 *me-ze-ḫu* ŠUB-*ú* "die *sigbarrû*-Priester, Brauer, Bäcker, Schlächter, ..., Personen mit Frei-Status und Bediensteten sind in ein *ṣibtu*-Gewand gekleidet und 2 *mēzeḫu* sind auf das *ṣibtu*-Gewand gewickelt", ähnlich für den noch ungeschorenen *kalû*-Priester Vs. 12' ^{lú}GALA *la gul-lu-bu* MÁŠ *ḫa-líp u* 2 *me-ze-ḫa šá* UGU MÁŠ ŠUB. Die Bezeichnung *mēzeḫu* ist wesentlich seltener als das *ṣibtu*-Gewand belegt, wobei der Begriff abgesehen von den

---

[9] G. Frame, "Nabonidus, Nabû-šarra-uṣur, and the Eanna Temple", *ZA* 81 (1991), 40.

[10] Vgl. J. MacGinnis, *Letter Orders*, 187.

[11] M. Jursa, *Landwirtschaft in Sippar*, 93.

[12] Vgl. *CAD* M/2, 46 s.v. *mēzeḫu* zur Lesung MÁŠ anstelle von SIG_5 wie *UVB* 15, 40.

bisher isolierten Ritualbelegen aus Uruk im Tempelmilieu nur mit dem Göttergewand verknüpft war. *YOS* 7, 183:1-5 sind Quantitäten an weißer Wolle für die Herstellung von *ṣibtu*-Gewänder und einem *mēzeḫu* neben anderen zum Kult der Bēlet Uruk gehörigen Textilien aufgelistet. Das nach den Belegen in den Wörterbüchern zu urteilen, in neu- und spätbabylonischer Zeit eher der gehobenen, literarischen Sprachebene zuzurechnende westsemitische Wort *mēzeḫu* ist außerhalb Uruks anscheinend noch weitaus seltener gebraucht. Der Begriff dürfte dort wohl weitgehend von dem ähnlichen, besonders in Sippar in Verbindung mit dem *lubuštu*-Göttergewand stehenden, aber auch in Uruk nicht gerade seltenen Textil *ḫuṣannu* verdrängt worden sein, das ebenfalls häufig mit dem *ṣibtu*-Gewand kombiniert ist.

d) 2 ^{túg}*šu-pa-la-tu*$_4$: Das *šupālītu* "Untergewand" wird in nA-Texten nur logographisch ^{túg}KI.TA, in neu- bzw. spätbabylonischen Texten, die nicht allzu zahlreich sind, in der Regel jedoch syllabisch geschrieben. Als Bestandteil der Bekleidung von Tempelbediensteten waren solche Untergewänder nicht belegt.

e) 1-*et ú-za-ri*: Relativ spärlich ist auch die spätbabylonische Überlieferung für das als Fremdwort übernommene Textil *ú-za-ri*, das hier ohne Determinativ erscheint. *AHw* 1447 s.v. *uzāru* gibt mit der Übersetzung "ein Tuch für Kultbilder?" eine inhaltlich recht weitgehende Interpretation, obwohl eigentlich die *AHw* 1447 aufgeführte Stelle *VS* 5, 87:9 ‖ 88:10 (Babylon, Dar. 19) den Gegenstand nur mit einem Pfründenausführenden in Verbindung bringt. In *VS* 5, 87/8 stellt der anteilige Pfündenbesitzer Iddin-Nabû das *uzāru*-Textil einem Damqīja zur Verfügung, der für ihn im Marduktempel einen spezifischen Teil der *takkasû*-Mahlzeit herstellte. Die Interpretation W. von Sodens basiert hingegen auf den beiden Textstellen *Nbn.* 514:1-3 und *Nrgl.* 19:1-3, wo das aus Wolle hergestellte *uzāru* als Schutz (*andullu*) einer Götterstatue dient. Möglicherweise liegen ganz unterschiedliche Verwendungsweisen für das *uzāru* vor. PTS 3853 geht inhaltlich also eher konform mit *VS* 5, 87/8 und verbindet den Gegenstand mit der Produktion oder Präsentation der Kultmahlzeit durch den Pfründenausführenden. Inwieweit vielleicht Speisen auf einem *uzāru* präsentiert wurden oder ob irgendwelche Backprodukte mit einem *uzāru* abgedeckt wurden, bleibt dahingestellt.

f) 1 ^{túg}*šir-a-am*: Recht unerwartet scheint auf den ersten Blick auch die Zugehörigkeit des *siriam* bzw. *šir'am*-Gewandes zur Ausstattung eines prominenten Tempelpfründners bzw. Pfründenausführenden. Zuletzt wies A.C.V.M. Bongenaar auf die Deutungen in den Wörterbüchern wie *CAD* S 313 s.v. *siriam* "leather coat, often reinforced with metal pieces" oder *AHw* II 1029 s.v. *sari(j)am* "Panzer(hemd)" hin.[13] Nach *CT* 55, 789:3 aus Sippar, wo das Gewand in Verbindung mit den Wachleuten der Arbeitskräfte (*kizû*) zu

[13] A.C.V.M. Bongenaar, *The Neo-Babylonian Ebabbar-Temple*, 39.

stehen scheint, und wegen seines Gebrauchs in der Basisausrüstung von Bogenschützen spricht zunächst einiges für seine Verwendung in militärischem Kontext. Das Gewand diente aber auch als Bekleidung von Männern und Frauen (*Nrgl.* 28:25) außerhalb dieser Sphäre, darunter auch Sklaven. Doch existieren auch einige Informationen über seine Verwendung im Umfeld der Tempelpfründen. So erwähnt Bongenaar[14] auch die Urkunde BM 74398 (= Bertin 1508), in der 10 Schekel Silber für 5 *šir'am*-Gewänder an die Müller (lúḪAR.ḪARmeš) der beiden Bäckeraufseher (*šāpiru*) Šamaš-ibni und Ṣillā ausgegeben wurden. Das túg*šir'am* ist daher also auch als eine spezifische Berufskleidung der Bäcker zu betrachten. Dabei ist in diesem Zusammenhang wohl weniger an einen Panzer bzw. ein komplettes Ledergewand zu denken, sondern etwa an in ein Gewand eingearbeitete Lederteile, welche vielleicht die bei der Mehlproduktion besonders beanspruchten Knie- und Armpartien des Mahlenden zu schützen hatten. Da auch Mušēzib-Marduk wohl einer der führenden Repräsentanten der Bäcker in Uruk war und zumindest zeitweilig die Aufsicht über die Mehlproduktion geführt haben dürfte, die in Sippar in einem eigenen Mehlhaus (*bīt qēme*) erfolgte, können wir ihn durchaus mit der Berufskleidung der Müller in Verbindung bringen. Dabei muß Mušēzib-Marduk nicht selbst bei der Produktion von Mehl mitgewirkt haben. Es ist gut vorstellbar, daß er in seiner Eigenschaft als Führer der Bäckergruppen, sei es in Zusammenhang mit Ritualhandlungen oder sei es an bestimmten Festtagen, ein derartiges *šir'am*-Gewand anzulegen hatte.

g) 1 túg*šá* MURUB$_4$: Zu den recht spärlichen Belegen für das Gewand des Typs *ša qabli* siehe *CAD* Q 12 s.v. *qablu* A. *Nbk.* 183:6/7 bzw. 8/9 geht es in einem privaten Dokument um ein TÚG.KUR.RA *ù* túg*šá* MURUB$_4$; vgl. auch *Camb.* 321,13. Einen besonderen Bezug zu seiner Verwendung im Tempelbereich vermag ich nicht zu erkennen.

h) 1 É *re-še-tu*$_4$: Extrem selten belegt ist auch der Gegenstand *bīt rēšētu*. *Nrgl.* 28:13 findet sich in einer langen Aufzählung von Gegenständen, die aus Babylon an das Ebabbar-Heiligtum gingen, im Unterschied zu Uruk mit einem Determinativ für Textilien versehen, 1-*en* túgÉ[15] *re-še-tu*$_4$. Ein dritter, von M. Jursa[16] vorgelegter Beleg ist BM 60282:5 1 É *re-še-tu*$_4$ innerhalb einer Aufzählung von Haushaltsgegenständen. M. Jursa deutet den Gegenstand mit Verweis auf ostaramäisches *by s'dy'* als "Behältnis des Kopfendes", d.h. als "Polster". Dies scheint plausibel und eine Bedeutung als

[14] Ibid., 123.

[15] Vgl. E. Salonen, *Neubabylonische Urkunden verschiedenen Inhalts* I (Helsinki 1975), 19 mit Zweifel an der Lesung von É und der Übersetzung "1 ... Kleid erster Klasse".

[16] M. Jursa, "Betten, Kopfpölster und Kühlschränke", in G. Selz (Hrsg.), *Festschrift Burkhard Kienast* (*AOAT*, Münster im Druck). M. Jursa habe ich für die Erlaubnis, diesen Beleg hier anführen zu können, herzlichst zu danken.

Polster im Zusammenhang mit der Teilnahme an Kultmahlzeiten wäre gut vorstellbar. Das Fehlen des Determinativs kann meines Erachtens auch ein Indiz für einen nicht komplett aus Stoff bestehenden Gegenstand sein, der etwa eine von Stoff bzw. Textilien umwickelte Basis hatte, vielleicht einen Kasten aus Holz, der als Kopfstütze diente.

i) 3 ^giš^DA.MEŠ: Unter den aus dem *bīt šutummu* gestohlenen Gegenständen befanden sich drei hölzerne Schreibtafeln (^giš^*lē'u*). Welchem Zweck die dort gelagerten schriftlichen Aufzeichnungen dienten, scheint unstrittig. Es handelt sich um die aus dem Pfründenmilieu gut bekannten Abrechnungstafeln über die diversen Lieferungen an die Pfründenbesitzer und Pfründenausführenden. Von der Position des Mušēzib-Marduk als Aufseher der gesamten Bäckerschaft oder zumindest einer Bäckergruppe her ist verständlich, daß die komplizierten Distributionen der verschiedenen Lieferungen zur Durchführung der *naptanu* und die starke Fraktionierung des Pfründenbesitzes *eo ipso* während der Dienstschicht (*manzaltu*) umfangreiche schriftliche Aufzeichnungen erforderlich machten.

PTS 3853 enthält also sehr detaillierte und zum Teil auch bisher nicht bekannte Informationen über die Ausrüstung eines führenden Tempelbäckers, der in seinem *bīt šutummu* die zum Tempeldienst benötigten Gegenstände und Naturalia aufbewahrte. Der Vorgang des Einbruches in ein solches *bīt šutummu* eines Pfründenausführenden stellt jedoch keinen Einzelfall dar, sondern kam häufiger vor. Inhaltlich ähnliche Nachrichten aus Uruk erfahren wir aus *YOS* 7, 42, nur daß wir aus ihm die Informationen über das entsprechende Gebäude eines Angehörigen der kleinen Gruppe der Türhüter (*atû*) entnehmen können, die zu den *mār banê* gehörten und Kultstellen an Tempeltoren hatten. Unregelmäßigkeiten bzw. Diebstähle aus derartigen *bīt šutummu* im Bereich der gleichen Personengruppe der Tempelpförtner bezeugen auch etwa *YOS* 7, 78 oder 88. Ein Umstand begünstigte offensichtlich solche Phänomene. Zwischen dem *bīt šutummu* des Pfründners und den diversen Speichern des Tempels bzw. des Königs muß ein permanenter Lieferverkehr, besonders an Naturalien, stattgefunden haben, der nach *YOS* 7, 88 und anderen Texten von einer Gruppe hierfür zuständiger *širku* des Tempels durchgeführt wurde und einzelnen Personen offensichtlich bequemen Zugang bot und die Möglichkeit eröffnete, auch über einen längeren Zeitraum Diebstähle zu begehen. In *YOS* 7, 42 ist dies ein Šamaš-iqīšanni, der laut *YOS* 7, 78 noch einige Jahre für das *bīt šutummu* des gleichen Tempelpförtners arbeitete und zu diesem Zeitpunkt erneut in einen Diebstahl, diesmal von Wolle, verwickelt war. Aus *YOS* 7, 78:2 AŠ *mu-ši* AŠ KÁ *qát-nu* AŠ É *šu-tùm-mu šá* ^I^*Ri-mut* ^lú^NI.GAB "... nachts im *bābu qatnu* im *bīt šutummu* des Rīmūt, des Türhüters" geht hervor, daß sich das betroffene *bīt šutummu* unmittelbar im Bereich des Arbeitsplatzes des Türhüters befand, aus *YOS* 7,78:10, daß ein solches mit einem eisernen Pflock (*sikkat parzilli*) gesichert war.

YOS 7, 42[17] Uruk, 20. IV Kyr. 5

Vs. 1 *ma-áš-a-a-al-tu*$_4$ *šá* ^{Id}UTU-BA-*šá-an-ni* A-*šú šá* ^{Id}*É-a-na-din-* [MU *šá*]
2 *iq-bu-ú um-ma* MU 3^{kám} ^{I}*Kur-áš* LUGAL TIN.TIR^{ki} LUGAL KUR.KUR
3 1 ^{túg}*na-aṣ-ba-tu*$_4$ *ù* SÍG$^{\text{ḫi.a}}$ *ul-tu* É *šu-tu-um-mu*
4 *šá* ^{I}*Ri-mut* A-*šú šá* ^{I}*Kal-ba-a* ^{lú}NI.GAB *šá* KÁ SILIM-*mu*
5 *at-ta-ši i-ši-ni-ma iq-bi um-ma* MU 4^{kám}
6 ^{I}*Kur-áš* LUGAL TIN.TIR^{ki} LUGAL KUR.KUR 3 GÍN KÙ.BABBAR *ul-tu*
7 ^{dug}*na-aṣ-ṣar-tu*$_4$ *ul-tu* É *šu-tu-um-mu šá* ^{I}*Ri-mut*
8 A-*šú šá* ^{I}MU-DU ^{lú}NI.GAB *šá* KÁ *qát-nu at-ta-ši*
9 *ù* ^{I}*Ri-mut* A-*šú šá* ^{I}MU-DU *iq-bi um-ma* 2 ^{dug}*dan-nu-t*[*u*]
10 *šá* ZÚ.LUM.MA ^{Id}UTU-BA-*šá-an-ni ul-tu* É *šu-tu-um-mu-ia*
11 *it-ta-ši* ^{Id}UTU-BA-*šá-an-ni e-li ram-ni-šú*
12 *ú-kin um-ma* 1 ^{dug}*dan-nu šá* ZÚ.LUM.MA
13 U$_4$ 18^{kám} *šá* ^{iti}ŠU MU 5^{kám} ^{I}*Kur-áš* LUGAL TIN.TIR^{ki}
14 LUGAL KUR.KUR *ul-tu* É *šu-tu-um-mu šá* ^{I}*Ri-mut*
Rs. 15 ^{lú}NI.GAB *šá* KÁ ŠU.2-*nu at-ta-ši* ^{dug}*dan-nu šá* ZÚ.LUM.MA
16 *šá iš-šu-ú-ia-ma* AŠ É *šu-tu-um-mu šá* ^{I}NÍG.DU-*nu*
17 A-*šú šá* ^{I}KAR-^{d}EN ŠEŠ AMA-*šú id-ku-ú iš-šu-nim-ma*
18 UKKIN *i-mu-ru*
19 ^{lú}*mu-kin-nu* ^{Id}AMAR.UTU-MU-MU A-*šú šá* ^{Id}AG-ŠEŠ.MEŠ-TIN-*iṭ* A ^{I}*B*[*a-la-ṭu*]
20 ^{Id}AG-DU-IBILA A-*šú šá* ^{I}*Na-di-nu* A ^{I}*Da-bi-b*[*i*]
21 ^{Id}AG-ŠEŠ-TUK-*ši* A-*šú šá* ^{Id}EN-*na-din*-IBILA A ^{I}*Ki-din*-^{d}[AMAR.UTU]
22 ^{Id}EN-*na-din*-IBILA A-*šú šá* ^{Id}AMAR.UTU-MU-MU A ^{Id}EN-A-[ÙRU]
23 ^{lú}UMBIN ^{I}*Gi-mil-lu* A-*šú šá* ^{Id}*In-nin*-NUMUN-MU
24 UNUG^{ki} ^{iti}ŠU U$_4$ 20^{kám} MU 5^{kám} ^{I}*Kur-áš* LUGAL TIN.TIR^{ki} LUGAL [KUR.KUR]

(1) Verhör des Šamaš-iqīšanni, Sohn des Ea-nādin-šumi, (2) [der] so aussagte: Im 3. Jahr des Kyros, König von Babylon und König der Länder, (3) habe ich 1 *naṣbatu*-Gewand und Wolle aus dem *bīt šutummu* (4) des Rīmūt, Sohn des Kalbā, Türhüter des *bāb salīmi*, (5) fortgeschafft. Erneut sagte er so aus: Im 4. (6) Jahr des Kyros, König von Babylon und König

[17] Eine Transliteration dieses Textes mit juristischer Würdigung lieferte M. San Nicolò, "Parerga Babyloniaca X-XI", *ArOr* 5 (1933), 292-294.

der Länder, habe ich 3 Šekel Silber aus (7) dem *naṣṣartu*-Gefäß aus dem *bīt šutummu* des Rīmūt, (8) Sohn des Šuma-ukīn, Türhüter des *bābu qatnu*, fortgeschafft. (9) Und Rīmūt, Sohn des Šuma-ukīn sagte so aus: 2 Fässer (10) mit Datteln hat Šamaš-iqīšanni aus meinem *bīt šutummu* (11) fortgeschafft. Šamaš-iqīšanni gestand (12) so: 1 Faß mit Datteln (13) habe ich am 18. Tag des Monats Du'ūzu, Jahr 5 des Kyros, König von Babylon (14) und König der Länder, aus dem *bīt šutummu* des Rīmūt, (15) Türhüter des *bābu qatnu*, fortgeschafft. Das Faß mit den Datteln, (16) das er entfernt hatte und in das *bīt šutummu* des Kudurrānu, (17) Sohn des Mušēzib-Bēl, seines Onkels, geschafft hatte, brachten sie her (18) und die Versammlung sah dieses. (19) Zeugen: (es folgen 4 Zeugen) (23) Schreiber Gimillu, Sohn des Innin-zēra-iddin. (24) Uruk, Monat Du'ūzu, 20. Tag, (22) Jahr 5 des Kyros, König von Babylon und König der Länder.

Die in *YOS* 7, 42 geschilderten Vorgänge betrafen mit Rīmūt, Sohn des Šuma-ukīn und Rīmūt, Sohn des Kalbā zwei nahe Verwandte, wohl aus der Familie Nabû-šarḫi-ilī.[18] Als Inhalt der Lagerräume der Türhüter läßt sich ermitteln:

a) 1 ^{túg}*na-aṣ-ba-tu*$_4$: Die neubabylonische Briefstelle *CT* 22, 105:9 ^{túg}*na-aṣ-ba-ti at-ta-nak-ka u pu-ut-ka ku-ut-mu* "ein *naṣbatu*-Gewand will ich dir geben und bedecke damit deine Stirn" verdeutlicht am klarsten den verhüllenden Charakter des ansonsten gut belegten Kleidungsstücks, was *AHw* II 756 s.v. *naṣbatu*(*m*) mit der Wiedergabe "ein Mantel"[19] zum Ausdruck bringen will. Sieht man diese Interpretation auf dem Hintergrund der Tätigkeit des Türhüters, so scheint dies vielleicht gar nicht so falsch. Es ließe sich zumindest vorstellen, daß ein Türhüter in der kälteren Jahreszeit sich vielleicht mit einer Art Kapuzenmantel schützen konnte.

b) SÍG$^{ḫi.a}$: Die Aufbewahrung von Wolle im *bīt šutummu* des Rīmūt, Sohn des Kalbā erfahren wir auch durch *YOS* 7, 78. Auf den ersten Blick scheint die Verbindung von Wolle mit der Tätigkeit des *atû* nicht recht einsichtig. Doch spricht einiges dafür, daß auch die Türhüter als Pfründenbesitzer solche Lieferungen an Wolle erhalten konnten, wie etwa nach *YOS* 17, 113 die Tempelbäcker und Brauer sie als *pappasu*-Anteil innerhalb der *maššartu*-Lieferung erhielten, in diesem Falle im Tausch für zustehende Gerste und Dattelbeträge.

---

[18] Siehe H.M. Kümmel, *Familie*, 47.

[19] *CAD* N 47 s.v. *naṣbatu* verzichtet auf eine Deutung; vgl. E. Ebeling, *Glossar zu den neubabylonischen Briefen* (München 1953), 164 "Schleier".

c) 3 GÍN KÙ.BABBAR *ul-tu* [dug]*na-aṣ-ṣar-tu*$_4$: *CAD* N 245 wie *AHw* II 729 interpretieren unter der dissimilierten, nur lexikalisch belegten Form *namṣartu* (*MSL* 7, 110/11) das Wort als "storage-jar" bzw. "Vorratsgefäß", wobei in *AHw* die naheliegende etymologische Ableitung von *naṣāru* sogar mit einem Fragezeichen versehen wurde. In der Übersetzung der Passage *YOS* 7, 42:6/7, des einzigen Beleges dieses Wortes außerhalb der lexikalischen Listen, interpretiert das *CAD* das *bīt šutummu* als "royal storehouse", doch handelt es sich um das persönliche Lagerhaus eines Angehörigen der gut bekannten Familie von Türhütern. Die kleine Summe von 3 Šekel Silber wurde jedoch kaum in einem einfachen Vorratsgefäß aufbewahrt, sondern wahrscheinlich in einem dafür vorgesehenen, vermutlich speziell gesicherten Keramikbehälter deponiert, was der Semantik der Wurzel **nṣr* durchaus entsprechen könnte. Ein beruflicher Bezug bei der Nennung des Begriffes ist wahrscheinlich, da eine der Tätigkeiten der zu den *mār banê* zählenden Türhüter in der Einziehung der Tempeleingangsgebühr (*irbu*) bestand, die in die Torkasse (*quppu ša bābi*) floß und kleinere Silberbeträge in ähnlicher Dimension in der Kasse (*quppu*) von Angehörigen der *atûtu* belegt sind,[20] welche die Kultstellen an diesen Toren als Pfründe besaßen. Vielleicht handelt es sich bei dem *naṣṣartu*-Gefäß um den vielleicht auch nur temporären Aufbewahrungsort der Einnahme einer solchen Torgebühr. Ein rein privates Gelddeposit scheint mir wenig wahrscheinlich.

d) 2 [dug]*dan-nu-t*[*u*] *šá* ZÚ.LUM.MA: Die hier unspezifizierten Datteln, die in normalerweise sonst mit Flüssigkeiten gefüllten Behältern gelagert sind, lassen sich gut als mit der Tempelpfründe (*isqu*) der *mār banê*-Gruppe unter den Türhütern verbundene *maššartu*-Lieferung verstehen, oder als tägliche Zuteilung im Rahmen ihrer beruflichen Aufgabe[21] als *ummânu*. In PTS 2050:13 (Dar. 2) erhält zum Unterschied von den als Türhüter fungierenden Tempelsklaven die als *kiništu* definierte Gruppe der Türhüter einen Betrag von über 16 Kor *makkasu*-Datteln.

Alle vier genannten Gegenstände bzw. Naturalia dieses Textes lassen sich unmittelbar mit der beruflichen Tätigkeit der betroffenen Türhüter in Verbindung bringen, auch wenn im einzelnen die Beweisführung nicht immer eindeutig ist. Berufskleidung, Arbeitsgeräte und die in Zusammenhang mit den Pfründen stehenden Lieferungen bzw. Einnahmen wurden also in diesen privaten Lagerräumen deponiert, wie der Befund bei so unterschiedlichen Pfründenberufen wie Tempelbäcker und Türhüter nahelegt.

---

[20] Siehe dazu K. Kessler, "Über Löwenmenschen und Türhüter in Uruk/Warka", in B. Pongratz Leisten u.a. (Hrsg.), *Ana šadî Labnāni lu allik ... Festschrift für Wolfgang Röllig* (*AOAT* 247, Kevelaer/Neukirchen-Vluyn 1997), 153-161.

[21] Siehe zu den verschiedenen Lieferungen an die Türhüter H.M. Kümmel, *Familie*, 44/5.

PTS 3853

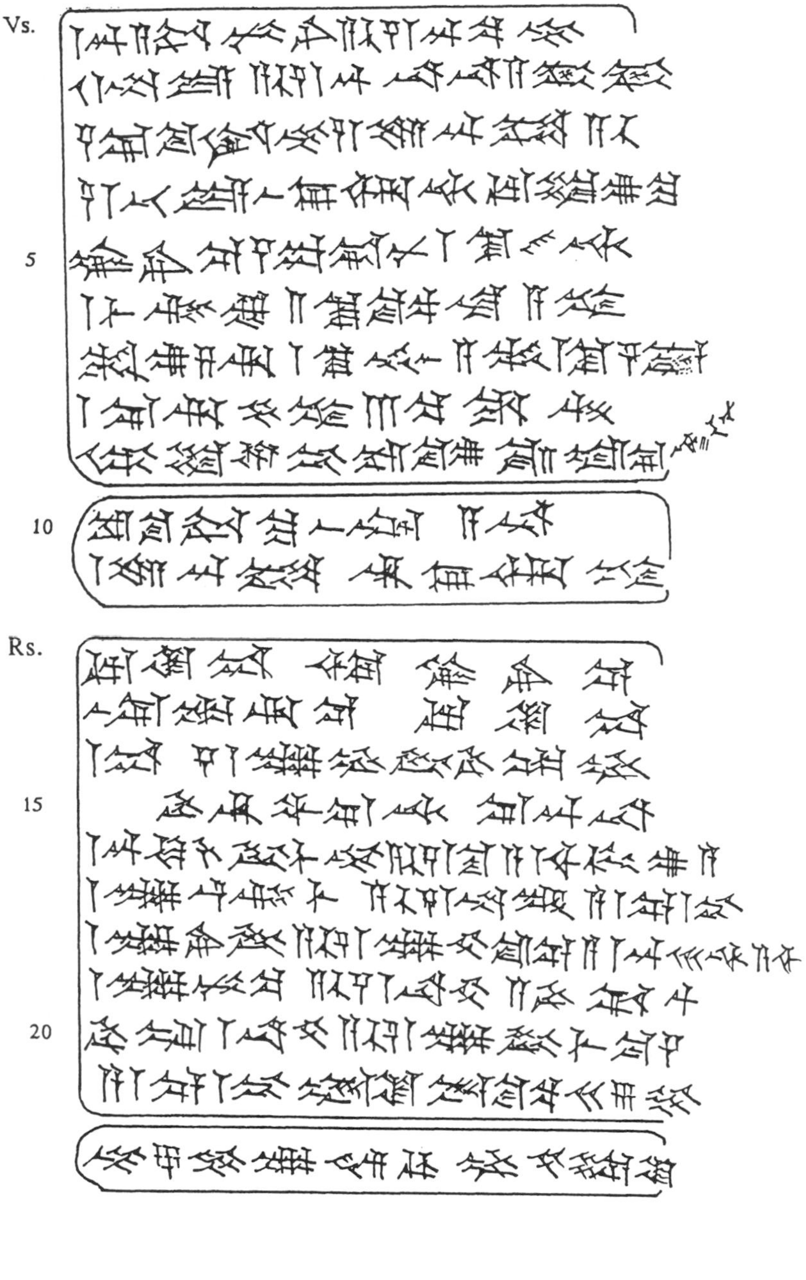

Abb. 1: PTS 3853, Vorder- und Rückseite (Kopie K. Kessler)

Nochmals zur *nadītum* und Königstochter Iltani

Horst Klengel (Berlin)

Vor mehr als drei Jahrzehnten hat sich der Jubilar, dem die nachfolgenden Zeilen mit den besten Wünschen zugeeignet seien, in Zusammenhang mit seinen Untersuchungen zum Priestertum in der altbabylonischen Zeit den *nadītu*-Damen des Gottes Šamaš in Sippar gewidmet.[1] Er verwies dabei auch auf die *nadītu*'s mit Namen Iltani[2], unter denen sich mindestens zwei königliche Prinzessinen befanden: eine Iltani, wohl Tochter des Königs Sîn-muballiṭ von Babylon und noch für die frühen Regierungsjahre Samsuilunas bezeugt, sowie eine spätere Prinzessin dieses Namens, belegt von der Zeit des Abi'ešuḫ bis hin zum Jahr 19 des letzten Königs der altbabylonischen Dynastie, Samsuditana.[3] Daß es sich nicht um ein- und dieselbe Person handeln kann, dürfte bereits der außerordentlich lange Zeitraum deutlich machen, für den Aktivitäten einer Iltani lukur ^{d}utu dumu-munus lugal bezeugt sind, für die nur durch die Jahresdaten der Urkunden eine Zuordnung zur früheren und späteren Iltani vorgenommen werden kann; die Namen der königlichen Väter sind bisher nirgends genannt. Zu dieser Problematik hatte sich bereits, vor allem auf Texteditionen von A. Goetze in *JCS* 2 (1948) fußend, R. Harris geäußert,[4] die dann auch in ihrer umfangreichen demographischen Studie zum

---

[1] J. Renger, "Untersuchungen zum Priestertum der altbabylonischen Zeit. 1. Teil", *ZA* 58 (1967) 150-176. Vgl. ders., "Patterns of Non-Institutional Trade and Non-Commercial Exchange in Ancient Mesopotamia at the Beginning of the Second Millennium B.C.", in A. Archi (Hrsg.), *Circulation of Goods in Non-Palatial Context in the Ancient Near East* (Rom 1984) 77 f.

[2] Zu den verschiedenen Iltani der Sippar-Texte, darunter auch weiteren lukur-^{d}utu, vgl. den *Index of Personal Names in Old Babylonian Sippar*, den E. Woestenburg 1992 zusammenstellte und den der Vf. auch für diesen Beitrag wieder dankbar benutzen konnte; mehr als fünfzig verschiedene Trägerinnen dieses Namens werden dort angeführt. Vgl. jetzt ferner R. Pientka, *Die spätaltbabylonische Zeit. Abiešuh bis Samsuditana – Quellen, Jahresdaten, Geschichte* (Münster 1998), insbes. 318-325.

[3] J. Renger, *ZA* 58, 167.

[4] "The *nadītu* women of Sippar", *JCS* 16 (1962), 6-8; dies., "The *nadītu* woman", in *Studies presented to A. Leo Oppenheim* (Chicago 1964), 132-134.

altbabylonischen Sippar[5] die *nadītu*-Damen des Šamaš ausführlicher behandelt hat, ohne allerdings noch einmal spezieller auf die beiden Prinzessinnen zurückzukommen. Schließlich hat M. Stol[6] die Frage gestellt, ob nicht die Hinweise auf ein "Haus der Iltani" auch so aufgefaßt werden könnten, daß es sich um eine Art von Betriebskennzeichnung handelte, die nicht voraussetzen müsse, daß die Prinzessin Iltani selbst noch am Leben war; er gibt aber dann doch ebenfalls der Annahme den Vorzug, daß von zwei verschiedenen Königstöchtern auszugehen ist, die den Namen Iltani trugen und *nadītu*-Damen des Šamaš in Sippar waren.[7] Im folgenden soll auf diese Iltani's unter Einbeziehung neuerer Belege noch einmal resümierend zurückgekommen werden.

Die erste *nadītum* und Prinzessin Iltani, wohl Tochter des Sîn-muballiṭ, ist als agierende Person aus der Zeit des Ḫammurapi und des Samsuiluna bezeugt, vgl. etwa *VS* 9, 4 (Ḫ 17)[8]: Iltani l u k u r ^{d}u t u d u m u - m u n u s *šar-ri-im* leiht Getreide an Sîn-abušu, Sohn des Iballuṭ.[9] *TCL* 1, 177 (*HG* V 1294)[10] listet insgesamt 1085 Stück Kleinvieh im Besitz der *nadītum* und Königstochter Iltani auf. Eine Datierung des Textes in das Jahr Samsuiluna 7 ist noch unsicher; sollte es sich jedoch um ein Abiešuḫ-Datum handeln,[11] wäre eine Zuweisung des Belegs an die zweite Prinzessin und Stiftsdame dieses Namens anzunehmen. Hinzufügen läßt sich für Iltani (I) ein weiterer Beleg aus den Sippar-Texten des Vorderasiatischen Museums, die

---

[5] R. Harris, *Ancient Sippar. A Demographic Study of an Old-Babylonian City (1894-1595 B.C.)* (Istanbul 1975), 305-312 wird hier die soziale Position der *nadītu*-Damen des Šamaš in Sippar ausführlicher dargestellt.

[6] M. Stol, "Prinzessin Iltani", *SEL* 4 (1987), 3-7.

[7] Der Beitrag von G. Voet und K. Van Lerberghe über "A long-lasting life", in H. Behrens et al. (Hrsg.), *Dumu-e$_2$-dub-ba-a* (*OPSNK* 11, Philadelphia 1989), 525-538 bezieht sich nicht, wie zunächst vermutet werden könnte, auf diese Iltani, sondern auf das Siegel des Sîn-iddinam, Sohn des Nuratum, das über 150 Jahre in seiner Familie verwendet wurde.

[8] *HG* III 199, vgl. noch dazu B. Meissner, *BAP* Nr. 24; E. Lindl, *Das Priester- und Beamtentum der altbabylonischen Kontrakte* (Paderborn 1913), 105 Nr. 384 sowie E. Klengel-Brandt, "Altbabylonische Siegelabrollungen", *AoF* 16 (1989), 292 Nr. 38 (VAT 804).

[9] Vgl. die Prinzessin Iltani, wohl dieselbe Person, in *VS* 9, 7/8 = *HG* IV 1073 (E. Lindl, *Priester- und Beamtentum*, Nr. 386): Ḫ 18. Das Siegel dieser Iltani findet sich auch auf VAT 634 = *VS* 9, 17 (*HG* III 816): *Il-ta-ni* / l u k u r ^{d}u t [u / d u]m u - m u n u s ^{d}*Sîn-mu-ba-li-i*[*ṭ* / g e]m é ^{d}u t u ^{d}*A*-[*a*], vgl. auch *VS* 9, 16 (*HG* IV 815).

[10] M. Stol, "Fragment of a herding contract", in J.-M. Durand/J.-R. Kupper (Hrsg.), *Miscellanea Babylonica* (Paris 1985), 275 sowie Idem, *SEL* 4, 6 Anm. 4 mit Verweis auf unv. BM 81351 mit einem Beleg für diese Iltani aus dem Jahr Samsuiluna 2 (in *MHET* II bislang nicht enthalten).

[11] Vgl. dazu R. Pientka, *Spätaltbabylonische Zeit*, 50 mit Anm. 175 sowie ibid. 324.

gegenwärtig für die Publikation in *VS* vorbereitet werden,[12] VAT 728: Ein gewisser Šamaš-īn-mātim (ohne Filiationsangabe) leiht sich von Iltani, die hier allerdings nur als d u m u - m u n u s l u g a l bezeichnet wird, 1 Sekel Silber.[13] Der Text datiert wohl aus dem Jahr Samsuiluna 4.

Bereits zur Zeit des Samsuiluna machten Probleme bei der Versorgung der *nadītu*-Damen des Šamaš mit Nahrungsmitteln ein Eingreifen des Königs notwendig: Vier in Sippar/Tell ed-Dēr im Ur-^{d}utu-Archiv entdeckte Kopien eines Briefes mit königlichen Anweisungen[14] machen deutlich, daß die Angehörigen der im "abgeschlossenen Haus" (g á - g i - a/*gagûm*), d.h. "Kloster" – oder hier besser "Stift" – lebenden *nadītu*'s von ihren Angehörigen offenbar nicht ausreichend versorgt wurden.[15] Der "Herr", d.h. der König (Samsuiluna) mußte daher eingreifen und anordnen, daß dann, wenn die Familie nicht mehr für den Unterhalt einer Stiftsdame entsprechend einer vom Vater ausgefertigten Urkunde aufkommen konnte, diese nicht mehr im *gagûm* leben solle (Z. 16 ff.).[16] Eine weitere, aus gegebenem Anlaß übermittelte königliche Anordnung legt fest, daß die *nadītum* weder für Schulden der Eltern noch für deren *ilkum*-Verpflichtungen haftbar gemacht werden solle. Als *terminus post quem* dieser Anordnungen Samsuilunas könnte sein 24. Regierungsjahr in Frage kommen.[17] Die bislang auffällig

---

[12] Vgl. den Hinweis auf diese im Vorderasiatischen Museum zu Berlin befindlichen Texte bei J. Renger, "Zu den altbabylonischen Archiven aus Sippar", in K. Veenhof (Hrsg.), *Cuneiform Archives and Libraries* (Istanbul 1986), 100.

[13] Die Summe wird in Verbindung mit der Ausübung des Berufs eines Friseurs benötigt. In *OLA* 21 Nr. 35 wird ein š u - i /*gallābum* namens Marduk-lamassašu genannt; vgl. noch dazu *MHET* I 70 Z. 7 (š u - i l u g a l) sowie die Briefe *AbB* 7, 88 und 153, die für den š u - i eine über den beruflichen Bereich eines Barbiers hinausgehende Kompetenz bestätigen; ein Marduk-lamassašu war *CT* 47, 47a zufolge auch zuständig für die *nadītus* des Šamaš in Sippar, vgl. M. Stol, "On ancient Sippar", *BiOr* 33 (1976), 150.

[14] C. Janssen, "Samsu-iluna and the hungry nadītums", *NAPR* 5 (1991), 3-29.

[15] Vgl. den Samsuiluna-Brief *AbB* 7, 111, der gleichfalls auf dieses Problem und Hunger als mögliche Konsequenz verweist. Zur Verköstigung einer *nadītum* vgl. vielleicht auch *AbB* 7, 60, falls in der Adressatin Niši-īnīšu die *nadītum* dieses Namens gesehen werden darf. Zum Besitztum von *nadītus* und dessen Weitergabe vgl. jetzt M. deJong Ellis, "Notes on some family property in Old Babylonian Sippar", *AoF* 24 (1997), 57 ff. sowie M. Stol, "Die Übernahme eines Nachlasses", ibid., 70 ff.

[16] Vgl. dazu die gesetzlichen Regelungen betreffend die Versorgung einer *nadītum* im 'Kodex' Hammurapi §§178-182.

[17] C. Janssen, *NAPR* 5, 12. – Auf eine weitere Verordnung des Königs, wohl des Samsuiluna, betr. *nadītus* des Šamaš weist der Brief *AbB* 7, 88, wonach der Herrscher die Freilassung von Sklaven der *nadītu*-Damen des Šamaš anordnete; vgl. dazu auch F.R. Kraus, *Königliche Verfügungen in altbabylonischer Zeit* (Leiden 1984), 81. Hinsichtlich der Versorgung einer *nadītum* vgl. auch den Kontrakt *OLA* 21 Nr. 65, demzufolge jemand einer *nadītum* jährlich Rationen zu geben hatte; ferner vgl. *AbB* 11, 55: Übernahme eines Nachlasses durch eine *nadītum* des Šamaš. Vgl. dazu M. Stol, *AoF* 24 , 73 f.

wenigen – bzw. für die Zeit des Ammiditana und Ammiṣaduqa sogar fehlenden – Hinweise auf Personal des *gagûm* von der Zeit des Samsuiluna an könnten annehmen lassen, daß die Rolle des "Klosters/Stifts" abnahm, wenngleich von einem Verlassen des *gagûm* durch die Stiftsdamen[18] wohl nicht die Rede sein kann. Während sowohl im 'Kodex' des Lipit-Ištar (§22) als auch in dem des Ḫammurapi (§110) auf die Möglichkeit verwiesen wird, daß eine *nadītum* nicht im *gagûm* lebte, verweist ein altbabylonischer Brief darauf, daß eine *nadītum* des Šamaš im *gagûm* wohne, was offenbar nicht von vornherein vorauszusetzen war.[19]

Der weitaus größte Teil der bislang für eine Königstochter und *nadītum* des Šamaš (l u k u r ^{d}u t u) namens Iltani bekannten Texte stammt, soweit die Daten erhalten sind, aus dem langen Zeitraum zwischen den frühen Regierungsjahren des Abi'ešuḫ, der wohl als ihr Vater betrachtet werden darf,[20] und dem Jahr Samsuditana 19.[21] Zwar scheint es, daß Langlebigkeit nicht nur bei *nadītu*s, sondern auch bei Männern nicht selten war.[22] Im Hinblick auf die große Zahl der Jahresdaten, die für diesen Zeitraum zur Verfügung stehen,[23] bleibt aber sehr zweifelhaft, ob er tatsächlich mit der

---

[18] C. Janssen, *NAPR* 5, 12 f., doch mit Verweis auf *CT* VI, 6, 25 f. (C. Wilcke, "Zwei spätaltbabylonische Kaufverträge aus Kiš", in G. van Driel et al. [Hrsg.], *Zikir Šumim. Assyriological Studies Presented to F.R. Kraus on the Occasion of his Seventieth Birthday*, Leiden 1982, 466 und D. Charpin, "Transmission des titres de propriété et constitution des archives privées en Babylonie ancienne", in *Cuneiform Archives*, 122 Anm. 7 sowie *BE* VI/1, 115 = *HG* III 214), vgl. auch den Titel eines u g u l a - é *ša* é g á - g i - a in *MHET* II/4 Nr. 562 (Sd 19).

[19] *AbB* 7, 122 Z. 11 f.: *na-di-it* ^{d}*Šamaš ša i-na g*[*a-gi-im*] *aš-ba-at*.

[20] M. Stol, *SEL* 4, 5.

[21] R. Harris, *Ancient Sippar*, 193, 224 und 287: BM 64394 und dazu M. Stol, *SEL* 4, 3 Anm. 8. Inzwischen von L. Dekiere ediert in *MHET* II/4 als Nr. 562. M. Stol, op. cit. 4 ging hier von einem Feld des Hauses der Iltani aus (Z. 3), während L. Dekiere, *MHET* II/4 eher ein *ša*! lesen möchte. Ersteres hätte die Möglichkeit zur Annahme geboten, daß diese Iltani bereits verstorben sein könnte. Ansonsten sind zu ihrer(?) zu vermutenden Lebenszeit noch mehr als zwei Jahrzehnte hinzuzurechnen. Zum Datum bei L. Dekiere s., nach Kollation, jetzt R. Pientka, *Spätaltbabylonische Zeit*, 140, die hier m u g i b i l e g i r ^{d}AMAR.UTU n u n g a l - l a liest.

[22] Vgl. dazu schon R. Harris, *Ancient Sippar*, 352 sowie zuletzt C. Janssen, *NAPR* 5, 3 Anm. 2 und 5 mit dem Hinweis, daß daher nicht von einer besonderen, durch einen Aufenthalt im *gagûm* geförderten Langlebigkeit von "Klosterdamen" ausgegangen werden muß.

[23] Neubearbeitung der Jahresdatenformeln ab Abiešuḫ jetzt bei R. Pientka, *Spätaltbabylonische Zeit*, 26-145. Auf Abiešuḫ entfallen dabei – wobei mit Varianten für dasselbe Jahr zu rechnen ist – 32 unterschiedliche Jahresdaten, auf Ammiditana 37, auf Ammiṣaduqa 20; hinzu kämen noch 19 Jahre des Samsuditana und die noch als "unbestimmt" bezeichneten Jahresformeln.

Lebenszeit ein und derselben *nadītum* (Iltani II) gleichgesetzt werden kann.[24] Aber auch die für sie belegten geschäftlichen Aktivitäten reichen schon aus, eine in ihrem Namen oder von ihr selbst über lange Zeit[25] ausgeübte Geschäftstätigkeit anzunehmen. Iltani dürfte allerdings wohl schon als Kleinkind dem Dienst des Gottes Šamaš als *nadītum* geweiht worden sein, und Unternehmungen geschäftlicher Art konnten dann wohl schon unter ihrem Namen erfolgen.[26] In A. Goetze, *JCS* 2, 77 f., Nr. 6 (Ae o+1) wird die Lieferung von Lämmern für die Tätigkeit des Opferschauers notiert, als die Königstochter erkrankte.[27] Es ist möglich, in dieser die *nadītum* Iltani (II) zu sehen, vielleicht auch in *VS* 22, 75 (Ae 1), mit der Notiz über Vieh, das der "Herrin" (Iltani?) überstellt wurde.[28]

Die bisher bekannten Texte, die sich auf geschäftliche Angelegenheiten der zweiten Prinzessin Iltani (bzw. einer weiteren oder ihres "Hauses") beziehen, seien im folgenden noch einmal kurz notiert:[29]

a. Texte betreffend die Iltani (II) als Besitzerin von Feldern:[30] *CT* 8, 17b (Ae "k"): Feldpacht von einer *nadītum* namens Mēlūlatum zur Bewirtschaftung gegen Abgabe; das gepachtete Grundstück grenzte an ein Feld der Iltani. – L.Waterman, *Business Documents*, 2 (Ad 36): Pacht von Feld einer gewissen Ina-libbi-eršet. – *MHET* II/4, 552 (Aṣ 17+a)[31]: Pacht von Feld (a b - s í n) von Amat-bēltim, *nadītum* des Šamaš, gegen Abgabe für ein Jahr. – *MHET* II/4, 562 (Sd 19): Feldpacht durch Vermittlung des Ibni-Amal, *wakil ša bīt gagîm* und? des Schreibers Ibbi-Sîn. – *JCS* 2, 99 f., Nr. 29 (Ae

---

24 Die Jahresdaten entsprächen den Jahren 1711-1606 nach der "mittleren" Chronologie, vgl. etwa D. O. Edzard, "Sumer und Akkad", in B. Hrouda (Hrsg.), *Der Alte Orient* (München 1991), 56. Vgl. zur Problematik auch M. Stol, *SEL* 4, 3 f.

25 R. Harris, *JCS* 16, 6: wurde über 70 Jahre alt; M. Stol, *SEL* 4, 3: 84 Jahre liegen erste und letzte Textdaten auseinander.

26 Vgl. dazu C. Wilcke, in *Zikir Šumim*, 447, der für eine vom Eintritt in das Stift (*gagûm)* zu trennende Weihung als Priesterin (hier: des Šamaš) wohl bereits kurz nach der Geburt plädiert.

27 Vgl. dazu zuletzt R. Pientka, *Spätaltbabylonische Zeit*, 319 mit Verweis auf M. Stol, *SEL* 4, 7 sowie U. Jeyes, *Old Babylonian Extispicy. Omen Texts in the British Museum* (Leiden 1989), 40. A. Goetze, "Thirty tablets from the reigns of Abī-ešuḫ and Ammī-ditānā", *JCS* 2 (1948), 77 war in Z. 6 des Textes nicht von *salā'um*, "krank werden", sondern *salāḫum*, "besprengen", ausgangen; die Annahme eines Bezugs auf die Weihung der Iltani zur *nadītum* des Šamaš entfällt damit (vgl. auch *CAD* S 96a). Vgl. auch R. Pientka, op. cit., 34: Datierung des Textes später als Ae 3.

28 Vgl. dazu C. Wilcke, *ZA* 80 (1990), 297 ff. sowie R. Pientka, *Spätaltbabylonische Zeit*, 318 f.

29 Vgl. bereits J. Renger, *ZA* 58, 161-166 zu den wirtschaftlichen Verhältnissen der *nadītu*'s.

30 Vgl. schon R. Harris, *JCS* 16, 7.

31 Zum Datum s. nach Kollation jetzt R. Pientka, *Spätaltbabylonische Zeit*, 122.

"i" bis Ad 1)[32]: Silber (1 Mine) als Lohn für Erntearbeiten auf einem Feld der Iltani, in Empfang genommen vom š a b r a Ibni-Šamaš durch die *abarakkū* Sîn-erībam and Marduk-muballiṭ. – *JCS* 2, 94 f., Nr. 22 (Ae "bb"): Betrifft Getreide, das als Abgabe an die *nadītum* und Königstochter Iltani von ihren Bauern geliefert wurde.[33] – *TCL* 1, 162 (Aṣ 8): Gerste wird geliefert *ana eṣīdim* ("für die Erntearbeit")[34] *ša* é *Iltani* l u k u r ^{d}u t u d u m u - m u n u s - l u g a l.[35] In *OLA* 21 Nr. 35 (Datum nicht erhalten, wohl Aṣ) wird Getreide der Iltani, *nadītum* des Šamaš und d u m u - m u n u s - l u g a l, in Verfügung (n í g - š u)[36] von Marduk-lamassašu erwähnt, der als Barbier (š u - i) bezeichnet wird (vgl. oben zur älteren Iltani); der Text quittiert eine Abgabe von 33 Bauern, die zum Wirtschaftsbereich der Iltani gehörten.[37] In diesem Zusammenhang kann auch auf E. Sollberger, *JCS* 5, 90a (nur Kopie) verwiesen werden; der schlecht erhaltene Text, datiert in das Jahr Ae "s", bezieht sich ebenfalls auf Getreideabgaben und nennt dabei die *nadītum* des Šamaš und Königstochter Iltani.[38] In *JCS* 5, 96c (Ae "l"= 27) geht es gleichfalls um die Gestellung von Erntearbeitern, wobei dieselbe Iltani genannt wird.[39] Den Empfang von Getreide durch Iltani, *nadītum* des Šamaš und Königstochter, bestätigen auch die beiden Texte (Datierung abgebrochen) *JCS* 2, 91 f. (Nrn. 19 und 20), wobei als Verwendungszweck ein Opfer für Marduk genannt wird.[40]

b. Texte betreffend Iltani (II) als Besitzerin von Vieh[41]: *JCS* 2, 79 f., Nr. 8 (kein Datum): Erwähnt als Hirten (*nāqidū*) Sîn-iddinam, Šelebum und

---

[32] Zur Datierung vgl. ibid., 322.

[33] Vgl. ibid., 321. – Zu den š a b r a und *iššakkū* im Dienst der Iltani vgl. schon R. Harris, *Studies Presented to A. Leo Oppenheim*, 132 f.

[34] Vgl. dazu schon G. Lautner, *Altbabylonische Personenmiete und Erntearbeiterverträge* (Leiden 1936), 15 f., ferner M. Stol, *Studies in Old Babylonian History* (Leiden/Istanbul 1976), 97-105.

[35] Vgl. auch noch *TCL* 1, 177, wo eine Iltani in Z. 20 als *nadītum* des Šamaš und Prinzessin (d u m u - m u n u s *šar-ri-im)* erwähnt wird (Si 7). Ob die im Brief *VS* 16, 13 (*AbB* 6, 13) als Absenderin genannte d u m u - m u n u s - l u g a l Iltani auch die als *nadītum* bekannte Trägerin dieses Namens war, ist unklar; vgl. auch die Prinzessin Iltani als Absenderin von *AbB* 11, 58 betreffend Arbeiter, die Rinder trieben.

[36] Zum Bedeutungsbereich von n í g - š u vgl. N. Yoffee, *The Economic Role of the Crown in the Old Babylonian Period* (*BiMes* 5, Malibu 1977), 18-21.

[37] Vgl. dazu R. Pientka, *Spätaltbabylonische Zeit*, 323.

[38] Vgl. dazu ibid., 324 und (zum Datum) 38.

[39] Vgl. dazu ibid., 324 sowie (zum Datum) 44.

[40] Vgl. dazu ibid., 321.

[41] A. Goetze, *JCS* 2, 77 f. (ad Nr. 6, Ae o+1) erwähnt als zu Iltani *nadīt* ^{d}*Šamaš mārat šarrim* gehörend den Hirten (*nāqidum*) Nūr-Šamaš sowie den *wākil bītim* Marduk-muballiṭ, wobei wohl davon ausgegangen werden darf, daß die Verwalter des Besitzes der Iltani oft

Tarībum, wohl für Iltani tätig. – *JCS* 2, 80 ff., Nr. 9 (Ae "n" bis "u"): Abrechnung über Rinder. Iltani wird hier als *nadītum* und "Tochter des Hauses" bezeichnet. Hirte: Awīl-Nabium, als *abarakkū* erscheinen Marduk-ellassu und Etel-pî-Ištar, die das Anwesen der Iltani verwalten. – *JCS* 2, 83 f., Nr. 10 (Ae "r" und "t"): Erwähnt 2667 Schafe und Mutterschafe, u.a. in der Verantwortung des Hirten Šelebum, der für Iltani tätig war. – *TLB* 1, 228 (Ae "m") erwähnt Vieh und Wolle aus dem Besitz dieser Iltani.[42] Der Brief der Königstochter Iltani an einen gewissen Ikūn-pî-Sîn, *VS* 16, 13 = *AbB* 6, 13[43], fordert vom Adressaten Ikūn-pî-Sîn die Überstellung eines festgenommenen Schafhirten; sollte das nicht geschehen, werde sie, Iltani, an ihren Vater schreiben, d.h. den König. Eine Datierung in die Zeit des Abiešuḫ würde auf Iltani, Tochter dieses Königs weisen; allerdings wäre die Prinzessin zu seiner Zeit gewiß noch sehr jung gewesen und lebte wohl noch in seinem Palast. Sollte es sich hier aber um die ältere Prinzessin Iltani handeln, dann wäre im Adressaten vielleicht ein aus der Zeit des Samsuiluna bezeugten Ikūn-pî-Sîn zu sehen, der vor allem als Sklavenhändler bekannt war.

c. Texte, in denen Iltani als Darlehensgeberin erscheint: Meissner, *BAP* Nr. 22 (VAT 630) (Aṣ 8): Gerste im Maß des Šamaš wird von Iltani, der Königstochter, als Darlehen an Šeritum, den Sohn des Ibni-Amurrum, gegeben. – *CT* 8, 33b (Ae "p"): Gerste-Darlehen der Iltani, *nadītum* und Prinzessin, an 2 Söhne des Sîn-iddinam, Annum-pīša und Namram-šarūr.[44] – *CT* 47, 72 (Ad 12)[45]: Silber-Darlehen (3 Sekel) der Iltani, *nadītum* und Prinzessin, an einen Sohn des Ana-pani-^{d}Šamaš-nadi. – *CT* 33, 46a (Ae)[46]: Silber-Darlehen (2 Sekel) der Iltani, Prinzessin (d u m u$^{!}$-l u g a l), an Uzalum, S. des Ušmammi. – VAT 839 (Ad 22): Ipqatum, Sohn des Tarībum, erhält von Iltani, *nadītum* des Šamaš und Prinzessin, 1 $^{1}/_{2}$ Sekel Silber entsprechend dem Šamaš-Maß mit Rückzahlung im Wert der Erntezeit an den Tafelinhaber. Dieser Ipqatum, Bruder des Šamaš-bāni, des Ilī-kīma-abīja

---

mit Beamten der königlichen Verwaltung identisch waren; vgl. schon J. Renger, *ZA* 58, 164f. und M. Stol, *SEL* 4, 5.

42 Vgl. R. Pientka, *Spätaltbabylonische Zeit*, 42 und (zum Datum) 32.

43 Vgl. schon dazu O. Schröder, "Aus den keilschriftlichen Sammlungen des Berliner Museums II", *ZA* 32 (1918/19), 11; ferner M. Stol, in *Miscellanea Babyloniaca*, 275.

44 Vgl. dazu R. Harris, *JCS* 16, 6 f. mit Verweis auf den Brief *TCL* 1, 23 (A. Ungnad, *Babylonische Briefe aus der Zeit der Ḫammurapi-Dynastie*, Leipzig 1914, Nr. 129), geschrieben von einer Iltani.

45 Zum Datum s. R. Pientka, *Spätaltbabylonische Zeit*, 63.

46 Nach A. Goetze, *JCS* 2, 78 Anm. 3 Jahr Ae 28; zweifelnd R. Pientka, *Spätaltbabylonische Zeit*, 46 mit Anm. 154.

und des Ḫabil-aḫi, ist noch des öfteren aus der Zeit von Ad/Aṣ belegt,[47] auch in VAT 983 (Ad 25): Šamaš-bāni, Ḫabil-aḫi und Ipqatum (Söhne des Tarībum), leihen sich von Iltani, *nadītum* und Prinzessin, 3 Sekel Silber; Rückgabe zur Erntezeit, ferner Arbeitsverpflichtung. – VAT 836 (Ad 30): 3 Scheffel Gerste werden von Iltani, *nadītum* des Šamaš und Prinzessin, an Rīš-Šubula, Sohn des Šamaš-ilišu, *ana usatum*(!), "zur Unterstützung", gegeben. Die Rückgabe durch den Empfänger soll zur Erntezeit an den, der diese Tafel vorweisen konnte, erfolgen.

Schließlich sei noch auf eine weitere Darlehensurkunde verwiesen (Datum verloren), die in *OLA* 21 als Nr. 34 publiziert wurde. Ihr zufolge hatten die Richter und der *kārum* von Sippar-Jaḫrurum von Iltani, *nadītum* des Šamaš und Prinzessin, Silber geliehen, u.a. für den Erwerb eines Hauses.

Diese Zusammenstellung von Belegen, die gewiß durch weitere Texteditionen erweitert werden kann,[48] bezeugt somit geschäftliche Aktivitäten auch dieser *nadītum* im Bereich der Feld- und Viehwirtschaft sowie der Darlehensvergabe, hier sogar über einen beträchtlichen Zeitraum hinweg, wobei noch unklar bleibt, ob es sich jeweils um eine persönliche Geschäftstätigkeit dieser (oder einer weiteren) Iltani handelte.

---

[47] VAT 791: Ipqatum leiht Silber von Gamillum, einem Barbier (Ad 27). – I. als Zeuge in VAT 729 (Aṣ 2) betreffend die Gemeinschaftspacht von Feld einer *nadītum* des Šamaš, Lamassani, Tochter des Sîn-imguranni s i p a, durch den Barbier Ipqu-Nabium und Sîn-imguranni, Sohn des Bur-Sîn; vgl. das Auftreten als Zeuge in *BAP* Nr. 4:21 (Aṣ 10), *BAP* 75:23 (Aṣ 9), *CT* VI 37c:14 (Ad 29), *OLA* 21 Nr. 52:4; vgl. noch *CT* 45, 53 (Ad 24) und Waterman, *Business Documents* 19:5 = *HG* VI 1547 (Šamaš-bāni und Ipqatum leihen Wolle des Palastes über den Richter ^{d}u t u - š u - m u - u n - d i b, Sohn des Ilšu-ibni u g u l a d a m - g à r (Ad 29). Ferner VAT 795: I., Šamaš-bāni, Ilī-kīma-abīja, Ḫabil-aḫi und Ipqatum, Söhne des Tarībum, leihen vom u g u l a d a m - g à r Ilšu-ibni Silber, das dieser aus der Verfügung (n í g - š u) des Schreibers Utul-Ištar im Palast empfing (Ad 23). – VAT 845: Aus der Verfügung des Utul-Ištar stammendes Silber wird seitens des u g u l a d a m - g à r Ilšu-ibni an Šamaš-bāni, Ḫabil-aḫi und Ipqatum, Söhne des Tarībum, verliehen (Ad 26). – VAT 937 (Ad 25): Šamaš-bāni, Ḫabil-aḫi und Ipqatum, Söhne des Taribum, leihen aus der Verfügung des Schreibers Utul-Ištar stammendes Silber, das der u g u l a d a m - g à r Ilšu-ibni im Palast in Empfang nahm. Zu diesem Utul-Ištar, *ṭupšarrum* und dann *abi ṣābim* (Ad 22 - Aṣ 7), vgl. N. Yoffee, *Economic Role of the Crown*, 21-31.

[48] Eine l u k u r ^{d}u t u namens Iltani wird in *AbB* 7, 139:3' in Verbindung mit "Truppen des Feindes" erwähnt; F.R. Kraus, ibid., 117, bezeichnet sie, wohl im Hinblick auf den Kontext, als "offenbar die jüngere Prinzessin dieses Namens".

Ašduniarim von Kiš – eine unbekannte Inschrift

Joachim Marzahn (Berlin)

Mit der Veröffentlichung der altbabylonischen Königsinschriften in den "Royal Inscriptions of Mesopotamia" durch D.R. Frayne im Jahre 1990[1] wurde für den Herrschaftsbereich von Kiš erneut festgestellt, daß für die in Frage kommende Zeit bis heute nur zwei Königsinschriften überliefert sind. Beide stammen von demselben Herrscher – Ašduni-iarim – und sind seit langem bekannt.[2] Sie sind die einzigen inschriftlichen Zeugen für die einstige Existenz dieses Herrschers, über den sonst keine weiteren Nachrichten vorliegen. Beide behandeln in einer längeren und einer kürzeren Version[3] gemeinsam Leistungen des Herrschers, wie die Vernichtung seiner (nicht näher benannten) Feinde, die Errichtung einer Mauer zum Schutz der Stadt Kiš und das Ausheben eines Kanals.

Die Reihe der Inschriften Ašduni-iarims schien damit vorläufig abgeschlossen zu sein, und da das Vorderasiatische Museum selbst an der Herausgabe der Mesopotamischen Königsinschriften in Toronto beteiligt ist, lag kein Grund vor, innnerhalb der eigenen Sammlung eine noch unbekannte Inschrift dieses Königs zu vermuten.[4] Umso überraschter war ich, als sich zeigte, daß offensichtlich doch ein Tonknauf mit einer Inschrift dieses Königs aufbewahrt wird, von dessen Existenz meines Wissens alle

[1] D.R. Frayne, *Old Babylonian Period (2003-1595 BC)* (*RIME* 4, Toronto [u.a.] 1990). Weiterhin *RIME* 4 genannt.

[2] Die erste, BM 108854 (= *RIME* 4.8.1.1) seit 1921, die zweite, AO 5645 (= *RIME* 4.8.1.2), schon seit 1911. Vgl. *RIME* 4, 654ff., Bibliographies.

[3] So nach D.R. Frayne, *RIME* 4, 655. Zur Frage der Eigenständigkeit der Inschriften Ašduni-iarims bzw. ihrer zitathaften Formen von Inschriften Naram-Su'ens siehe M. Liverani, "The Deeds of Ancient Mesopotamian Kings", in J.M. Sasson (Hrsg.), *Civilizations of the Ancient Near East* IV (London [u.a.] 1995), 2363. Vgl. auch D.O. Edzard, "Kiš. A. Philologisch", *RlA* 5 (1976-1980), 611.

[4] Seit Jahren sind schon des öfteren – gemeinsam mit dem Autor – die Mitarbeiter des Royal Inscriptions of Mesopotamia Project im Berliner Museum auf Spurensuche nach unbekannten Inschriften gegangen. Was sie bisher fanden, ist zum großen Teil bereits in den erschienenen Bänden der Serie vorgelegt. VA 3932 war nicht dabei.

Beteiligten bisher keine Kenntnis hatten, bzw. der aus nicht nachvollziehbaren Gründen ignoriert worden war. Es handelt sich um den Tonknauf VA 3932.

So sehr auch die Inschrift des Stückes bislang keine Rolle gespielt haben dürfte, als Gegenstand ist der Knauf VA 3932 schon wahrgenommen worden und wurde in der Literatur genannt. In dem bekannten Werk über die farbige Keramik aus Assur hat Walter Andrae[5] in seiner Übersicht über die "Entwicklung vom Tonnagel zur Knauffliese" auf Seite 29 unseren Knauf als Beispiel "c." nicht nur in Form einer Umrißzeichnung wiedergegeben, sondern auch die Inventarnummer und die (zu vermutende) Herkunft mitgeteilt. Die Tatsache, daß das Stück außerdem eine Inschrift trägt, wurde allerdings verschwiegen. Eine zweite Erwähnung erfuhr unser Knauf durch E. Ebeling,[6] die eindeutig auf den Inhalt der Inschrift Bezug nimmt, auch wenn an dieser Stelle, neben dem Hinweis auf die Pariser und Londoner Stücke, nur die Inventarnummer VA 3932 genannt, jedoch keine Transliteration oder Übersetzung gegeben ist. Da nun die altbabylonischen Königsinschriften als Sammelwerk, wie oben erwähnt, schon vorliegen und eine offizielle Ergänzung der Inschriftenbände sicher noch lange auf sich warten lassen wird, sei der aufgefundene Text hier mitgeteilt und meinem verehrten Kollegen Johannes Renger, der altbabylonische Inschriften bekanntermaßen gern bevorzugt, als Ehrengabe gewidmet.

Allgemeine Beschreibung

Der nunmehr bekanntzumachende dritte Text Ašduni-iarims befindet sich auf der flachen Vorderseite eines runden Tonknaufes und ist insofern eine Neuheit, als die anderen zwei Schriftzeugen (s. Anm. 2) als Träger jeweils Tonkegel darstellen. Beide sind bedauerlicherweise bis heute offenbar nie als Foto vorgelegt worden, so daß lediglich die Angabe ihrer allgemeinen Form sowie die bei ihrer Erstpublikation mitgeteilten Maße über das tatsächliche Aussehen Auskunft erteilen. Sie sind somit wiederum ein bedauerliches Beispiel dafür, wie wenig Wert in der Vergangenheit darauf gelegt wurde, daß Inschriften sich schließlich auch auf irgendwelchen Trägern befinden müssen, und daß man diese als gleichwertige Denkmäler zu oft vernachlässigt hat. Zu den wohl in den Bereich der eigentlichen Gründungsurkunden, d.h. den Urkunden aus dem Fundament eines Gebäudes gehörenden Kegeln, tritt durch unseren Knauf erstmals ein inschriftlicher

---

5 W. Andrae (Hrsg.), *Farbige Keramik aus Assur und ihre Vorstufen in altassyrischen Wandmalereien* (Berlin 1923).

6 "Ašduni-a/erim", *RlA* 1 (1928), 167.

Zeuge des aufgehenden Mauerwerks. Im Gegensatz zu den Kegeln darf hier auch die Beschriftung als von außen sichtbar angenommen werden.

Der Berliner Knauf (Abb. 1-3) ist 14,5 cm lang, sein Kopfdurchmesser beträgt nahezu gleichmäßig 12,2 bis 12,5 cm, sein Schaftdurchmesser beträgt ca. 6,7 cm, die Verjüngung am Schaft beträgt ca. 4,7 cm. Die auf die Verjüngung des Schaftes folgende Durchmessererweiterung zum Knaufende hin verweist auf eine entsprechende Verankerung im Mauerwerk, wie sie W. Andrae in seiner oben erwähnten Zeichnung angedeutet hat. Es fällt auf, daß der die Inschrift tragende runde Teil des Knaufkopfes eine flache Scheibenform hat (Stärke etwa 2,0 cm), dessen Oberflächenspuren eindeutig Drehspuren sind. Der Schaft dagegen ist handmodelliert, wobei verschiedentlich Fingerabrücke deutlich sichtbar sind. Die Tatsache, daß die Kopfscheibe mit der Inschrift einen ungleichmäßigen Durchmesser aufweist, deutet darauf hin, daß sie aus einer zylinderartigen Form eines Tonrohlings auf der langsam rotierenden Töpferscheibe herausgedreht wurde. Die Montage einer gedrehten Tonscheibe auf den handgeformten Schaft ist weniger wahrscheinlich, aber nicht völlig auszuschließen. Die Herstellung der Kopfscheibe auf sich drehender Unterlage ermöglichte eine relativ gleichmäßige, vor allem auch ausreichend flache Form, die der Anbringung der geplanten Inschrift entgegenkam. Unter Berücksichtigung dieser technologischen Beobachtungen läßt sich vermuten, daß es sich bei VA 3932 um ein Beispiel aus einer Serienherstellung handelt, deren andere Vertreter bisher noch nicht entdeckt wurden.[7]

Bedauerlicherweise stammt aber auch der Knauf VA 3932 – wie seine beiden Pendants – nicht aus einer Ausgrabung, deren Fundortangabe eine Suche nach weiteren Exemplaren unterstützen könnte, sondern er wurde aus dem Kunsthandel erworben, wobei nicht einmal ein Datum oder eine Aktennummer überliefert sind. Über die Art des Gebäudes, dem der Kegel zuzurechenen sein dürfte, gibt er also ebenso wenig nähere Auskunft wie die beiden anderen Urkunden. Im Museums-Inventar findet sich nur der Hinweis "von David, Paris, erworben". Dagegen ist in der eigentlichen Inventar-Eintragung formal auf die Herkunft verwiesen, wobei es sich allerdings um eine sekundäre Feststellung, die aus dem Inhalt der Inschrift übernommen wurde, handeln dürfte: "Nagelzylinder aus Oheimir".

Die Inschrift auf der flachen Seiten der Kopfscheibe besteht aus zehn durch mit dem Griffel gezogene Linien unterteilte Zeilen und ist mit einem Rahmen versehen. Der Duktus und der Griffelschnitt sind eindeutig altbabylonisch, die Zeichen relativ deutlich geschrieben, wobei einige Abweichungen von der gewohnten Form festgestellt werden können (s. Kommentar).

---

[7] Man beachte in diesem Zusammenhang die von F. Thureau-Dangin mitgeteilte Beobachtung, daß sich auf dem "Boden" des Pariser Exemplars ein keilschriftlicher "Vermerk" findet, der auf eine ähnliche Fertigung der Kegel verweisen könnte.

Die Angaben in Übersicht

Tonknauf mit Inschrift in 10 Zeilen (Abb. 1-3)

Inventar-Nr.:	VA 3932
Fundnummer:	keine
Herkunft:	Kunsthandel
Maße:	14,5 cm x (max.) 12,5 cm
Foto-Nr.:	VAN 12857 a-d
Literatur:	W. Andrae, *Farbige Keramik* 29 Abb. c. (vgl. Anm. 5); E. Ebeling, *RlA* 1, 167.

Die Inschrift

	Transliteration	Übersetzung
1	*áš-du-ni-a-ri-im*	Ašdūni-arīm,
2	NITA.KAL.GA	der mächtige Mann,
3	LUGAL KIŠ^{ki}	der König von Kiš,
4	IR$_{11}$ ^{d}Inana	der Diener der Inana
5	*ù* ^{d}Za-ba$_{4}$-ba$_{4}$	und des Zababa,
6	BÀD.GAL	hat die große Mauer
7	*i-nu-uḫ* KIŠ^{ki}	Inuḫ-Kiš
8	MU.UN.DÙ	errichtet
9	*ù* ^{i7}*im-gur-eš$_{4}$-tár*	und den Kanal Imgur-Eštar
10	BA.AB.BA.AL	gegraben.

Kommentar

Die Inschrift läßt leicht erkennen, daß es sich bei unserem Exemplar um eine Kurzfassung des bereits bekannten Textes ähnlichen Inhalts handelt, somit also im wesentlichen nur inhaltliche Varianten existieren. Kurz gesagt, der Text bringt keine Neuigkeiten, leider auch nicht den Hinweis auf den ursprünglichen Anbringungsort, wie etwa die Erwähnung eines Gebäudenamens o.ä. Der stilistische Aufbau der Inschrift hingegen weicht deutlich von den anderen Vorlagen ab. Wohl aus Gründen der Schreibökonomie finden sich daher in diesem altbabylonischen Textvertreter anteilig weit mehr Sumerogramme, als dies bei den ausführlicheren Inschriften vergleichbarer Art und Zeit der Fall ist, was sich mit einer vermuteten Serienfertigung (s.o.) solcher Tonknäufe decken würde.

Zeile 1: Ašdūni-arīm

Die bislang in der Literatur zu findende Transkription dieses Königsnamens (einerseits Ašdūni-iarīm nach *RIME* 4, 654, andererseits Ašdūni-yarīm nach IRSA, 252[8]) ist das Ergebnis seiner auffällig unterschiedlichen Schreibungen in den bislang bekannten Texten. Das Londoner Exemplar BM 108854 enthält [*áš-d*]*u-ni-a-ri-im*, das Pariser Exemplar AO 5645 dagegen *áš-du-ni-e-ri-im*.[9] Unser Tonknauf wiederum bestätigt die Schreibung *áš-du-ni-a-ri-im*. Der sich daraufhin vielleicht einstellende Verdacht, daß die Variante mit *-e-* nicht richtig gelesen sein könnte, kann durch eine Kollation der entsprechenden Zeile ausgeräumt werden: in AO 5645 steht tatsächlich *áš-du-ni-e-ri-im*.[10]

Zeile 4: IR$_{11}$

Zu den andernorts bereits wiedergegebenen Epitheta des Königs (NITA.KAL.GA und LUGAL.KIŠ^{ki}) tritt hier scheinbar erstmals das Epitheton IR$_{11}$ ^{d}I n a n a ("Diener der Inana"), wobei allerdings zu berücksichtigen ist, daß der einzige andere Beleg abweichender Art aus dem Text BM 108854, Zeile 3, stammen soll; so zumindest nach der hier zugrunde liegenden Transliteration in *RIME* 4. Dieser Textteil ist jedoch im Original zerstört, so daß die an die nämliche Stelle gegebene Ergänzung [*na-ra-am*] ⸢d⸣I n a n a sich auf nichts weiter stützen kann, als auf eine Vermutung.[11] Wie unser Kegel zeigt, ist es keineswegs auszuschließen, daß auch im Exemplar BM 108854, Zeile 3, IR$_{11}$ gestanden haben kann. Hierauf könnte zusätzlich der errechenbare notwendige Verteilungsraum für die Zeichen hinweisen, der auch bei der etwas gröber wirkenden Kopie von der Hand C.J. Gadds in *CT* 36, 4 sichtbar wird. Danach dürfte der Raum für die Zeichen NA, RA und AM vor ⸢d⸣I n a n a eher zu knapp gewesen sein. IR$_{11}$ zu ergänzen bereitet aus Raumgründen keinerlei Schwierigkeiten.

---

[8] E. Sollberger/J.-R. Kupper, *Inscriptions royales sumériennes et akkadiennes* (Paris 1971, weiterhin *IRSA*), 252 sowie 253 Anm. b (der dort gegebene Hinweis auf die Lesung nach Gelb ergäbe dann die dritte Transkriptionsform: Aśduni-jarīm).

[9] Siehe hierzu den Hinweis von E. Sollberger/J.-R. Kupper in *IRSA*, 253 sub b.

[10] Auf meine Bitte hin hat B. André-Salvini, der ich dafür herzlich danken möchte, diese Stelle kollationiert.

[11] So auch geäußert in *IRSA*, 253 sub c., woher offenbar diese Ergänzung stammt.

Zeile 4: ^d^I n a n a Die Schreibung (Zeichenform) dieses Göttinnennamens erscheint ein wenig ungewöhnlich, steht jedoch m.E. außer Zweifel. Auch wenn im Exemplar AO 5645 bedauerlicherweise die Göttin nicht erwähnt wird, was einen direkten Vergleich der Schreibung ihres Namens aus demselben Zusammenhang unmöglich macht, so dürfte doch die Lesung zutreffen. Daß dies nicht immer so gesehen wurde, zeigt der Ergänzungsvorschlag G.A. Bartons,[12] wonach an dieser Stelle "[*a-na* DING]IR-RI" zu lesen vorgeschlagen wird. Eine Lesung, die Barton allerdings auch nicht argumentativ zu stützen versucht. Da jedoch die Zeile in unserem Exemplar komplett erhalten, eine Mißdeutung an dieser Stelle also schlecht möglich ist, dürfte die Lesung INANA für das scheinbare Zeichen "RI" (so bei Gadd kopiert) richtig sein.

Zeile 5: *ù* Der Fall ist hier ähnlich gelagert wie in der vorhergehenden Zeile. Die Ergänzung [*mi-gir*] ^{d}Z a - b a$_{4}$-b a$_{4}$ in *RIME* 4 erscheint ebenso ungesichert, wie die von [*na-ra-am*] zuvor, wird aber in unserem Exemplar abgelöst durch die Konjunktion *ù*, die das Epitheton "Diener" auf beide Götter, Inana und Zababa, überträgt.

Zeilen 6-7: BÀD.GAL *i-nu-uḫ* KIŠ^{ki}

Die große Mauer BÀD.GAL, die Ašduni-iarim erbaut hat, ist in all seinen Texten eigens erwähnt. Es finden sich jedoch mehrere Varianten. So steht einmal BÀD.GAL *ša* KIŠ^{ki} in AO 5645, 38-39, was sich am ehesten auf die Stadtmauer beziehen dürfte. In BM 108854, 39 finden wir dagegen BÀD *i-nu-uḫ*-⌜DINGIR⌝, falls die Ergänzung des beschädigten Zeichens in *RIME* 4, 655 richtig sein sollte. Die Kopie der Zeile durch Gadd scheint eher auf KI hinzuweisen, der Text wurde jedoch durch D.R. Frayne kollationiert.[13] Die weitestgehende Übereinstimmung der drei Textexemplare in diesem Punkt würde man jedoch erreichen, wenn man in Zeile 39 des Londoner Exemplars den sichtbaren Kopierspuren Gadds glaubt und die Zeile

---

[12] G.A. Barton, *The Royal Inscriptions of Sumer and Akkad* (New Haven 1929), 336, Cone B, Zeile 3.

[13] Eine frühere Kollation durch E. Sollberger/J.-R. Kupper scheint dies zu bestätigen: siehe *IRSA*, 253 sub i.

zu BÀD *i-nu-uḫ* ‹KIŠ›^{ki} emendierte.[14] Ob dann die Bezeichnungen BÀD und BÀD.GAL aller drei Inschriften dasselbe meinen, bleibt freilich weiterhin unbeweisbar, wenn man auch voraussetzen sollte, daß dieser König angesichts seiner wohl historisch minderen Bedeutung kaum der Bauherr gleich mehrerer gewaltiger Mauern gewesen sein dürfte.[15]

Zeile 10: BA.AB.BA.AL

So wenig zweifelhaft die Übersetzung dieses Verbums sein sollte, so ungewöhnlich erscheint mir dessen Schreibung, für die ich keine rechte Erklärung finde. Flüchtig betrachtet könnte ein einfacher Fehler vorliegen (man würde eher BA.AN.BAL erwarten), doch ist es nicht ausgeschlossen, daß an dieser Stelle die altbabylonisch-syllabische Schreibgewohnheit ihre Wirkung auf das sumerische Verbum ausdehnte.

---

[14] Eine ähnliche Frage stellte bereits D.O. Edzard, *Die "zweite Zwischenzeit" Babyloniens* (Wiesbaden 1957), 131 in Anm. 692. Vgl. hierzu I.J. Gelb, *JNES* 20 (1961), 270.

[15] Vgl. aber ebenda, Zeile 47.

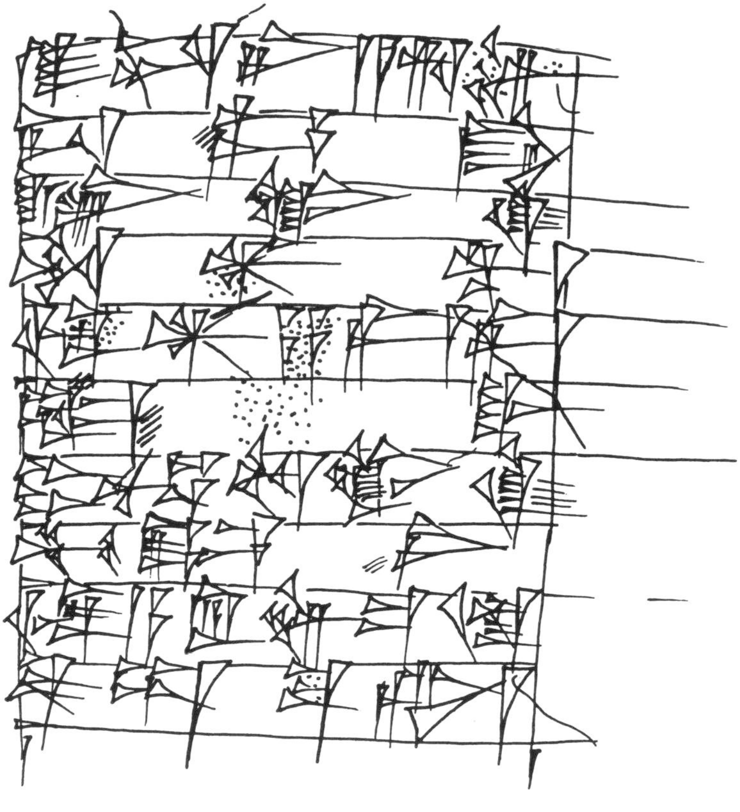

Abb. 1: Inschriftenfeld von VA 3932, Maßstab 1:1 (Kopie J. Marzahn)

Abb. 2: Vorderansicht VA 3932
(Photographie K. März, Staatliche Museen zu Berlin)

Abb. 3: Seitenansicht VA 3932
(Photographie M. Horn, Staatliche Museen zu Berlin)

Bruno Güterbock und Ulrich von Wilamowitz-Moellendorff

Olaf Matthes (Berlin)

Bruno Güterbock (1858-1940) gehörte einer seit 1773 in Berlin nachgewiesenen jüdischen Familie an, die vielleicht aus dem brandenburgischen Jüterbock stammte.[1] Sein Vater, Gustav Güterbock (1820-1910), war zunächst Bankier (Bankhaus Güterbock) und lebte ab etwa 1870, nachdem sich das Güterbock'sche Bankhaus aufgelöst hatte, als reicher Rentier von seinem Vermögen, das bei seinem Tod fast fünf Millionen Mark ausmachte.[2] Der Sohn Bruno brauchte sich von Anfang an um seine finanzielle Zukunft keine Sorgen zu machen, da ihn die Familie mit den notwendigen Mitteln versorgte. Er konnte seinen persönlichen Neigungen nachgehen und studierte an der Königsberger Universität Altirisch. Bei seinem akademischen Lehrer Heinrich Zimmer wurde er 1882 mit einer Arbeit über lateinische Lehnwörter im Altirischen promoviert.[3] Doch waren die Neigungen Güterbocks zu seinen Studien nicht so stark, daß er sie zu seinem Beruf hätte machen wollen.

Güterbock ließ sich 1879, im Gegensatz zu seinen Eltern, taufen und zählte fortan zur evangelischen Kirche. Nach dem Studium leistete er 1882-1883 sein "Einjähriges" beim dritten Eskadron des zweiten Gardekürassier-

---

[1] Folgende Abkürzungen werden hier zusätzlich zu denen des *CAD* benutzt: *ArDOG* = *Archiv der Deutschen Orient-Gesellschaft*; *JbDOG* = *Jahresberichte der Deutschen Orient-Gesellschaft*. Für die Bereitstellung von Familienunterlagen danke ich sehr herzlich Dr. Michael Güterbock, Berlin.
Zu Bruno Güterbock siehe G. Auer, *Wenn ich mein Leben betrachte ... Wien – Bern – Marokko – Berlin, Erinnerungen* (hrsg. von H. Henning, Berlin 1995), 271-273. Walter Andrae stellte eine ungedruckte Festschrift zu Güterbocks 70. Geburtstag zusammen, deren Vorlagen sich in *ArDOG* I. 12. 6 befinden. Vgl. auch *Berliner Museen* 1928, 26-40 (Beiträge verschiedener Museumsdirektoren für Güterbock).

[2] Vgl. Amtsgericht Berlin-Tiergarten, Grundbuchauszug, Akte Güterbock. Danach erhielten Bruno Güterbock und seine Schwester Elise je 2,2 Millionen Mark aus der Erbmasse.

[3] Vgl. *The National Union Cataloge Pre-1956 Imprints*, 157.

Regiments ab und wurde als Unteroffizier entlassen.[4] Auf welchen Gebieten er sich in den folgenden Jahren engagierte, ist nicht genau bekannt. Wahrscheinlich wird er als Privatier seinen persönlichen Interessen nachgegangen sein. Jedenfalls deutet seine Frau in ihren Lebenserinnerungen an, daß er verschiedene Studien betrieb. Zudem kümmerte er sich um den Haushalt seiner Eltern, da die Mutter Johanna (geb. Lehrs, 1828-1908) schon früh ans Bett gefesselt war. Als Majordomus führte er die große Wohnung in der Viktoriastraße in mustergültiger Weise. "Er war der Helfer seiner Eltern in allen häuslichen Dingen, und noch mehr, ihr treuester und sachverständigster Pfleger."[5]

Seine weiteren Aktivitäten im Bereich der Kunst und Wissenschaft lassen sich erst wieder von 1897 an verfolgen. In diesem Jahr wird Güterbock, wie sein Vater, Mitglied des von Wilhelm von Bode[6] gegründeten Kaiser-Friedrich-Museums-Verein (KFMV), dem er von 1899 als Schriftführer angehörte.[7]

Bode, der von 1883 an Direktor der neu begründeten Rennaissance-Skulpturensammlung wurde und seit 1890 auch Direktor der Gemäldegalerie war, hatte diesen Verein aus praktischen Gründen ins Leben gerufen, denn er war darauf angewiesen, sich schnell und unbürokratisch mit Geldern zu versorgen, um die gewünschten Ankäufe von Gemälden und Skulpturen tätigen zu können. Da der Ankaufsetat der Museen auch unter Kaiser Wilhelm II. bescheiden und der bürokratische Gang über die Generalverwaltung der Museen und das Kultusministerium zu langsam war, um auf dem Kunstmarkt bestehen zu können, mußte Bode nach neuen Finanzquellen für seine Ankäufe suchen. Er verstand es im KFMV einen finanzkräftigen Personenkreis zusammenzuführen, der seine Museumssammlungen effektiv unterstützen konnte. Bodes Ziel war nichts geringeres, als den ihm unterstellten Museumsabteilungen (Gemäldegalerie und Skulpturensammlung) Weltgeltung zu verschaffen. Der KFMV sollte hierzu einen wichtigen Beitrag leisten. Bruno Güterbock hatte im Rahmen der Vereinsarbeit so gut wie alle organisatorischen Fragen zu erledigen.

---

[4] Dienstbescheinigung Bruno Güterbocks aus dem Heeresarchiv Potsdam vom 14. März 1940 (Kopie). Danach wurde Güterbock am 16. August 1885 Leutnant der Reserve.

[5] G. Auer, *Wenn ich mein Leben betrachte*, 262-264.

[6] Zu Wilhelm von Bode (1845-1929) siehe ders., *Mein Leben* (hrsg. von Th.W. Gaehtgens und B. Paul, Berlin 1997).

[7] Zum KFMV siehe K. Borgmann, "Der Kaiser-Friedrich-Museums-Verein und die bürgerliche Kunstförderung im wilhelminischen Kaiserreich", in *100 Jahre Mäzenatentum. Die Kunstwerke des Kaiser-Friedrich-Museums-Vereins Berlin* (hrsg. vom Kaiser-Friedrich-Museums-Verein, Berlin 1997), 31-37 sowie T. von Stockhausen, "Wilhelm von Bode und die Gründung des Kaiser-Friedrich-Museums-Vereins", ebd., 21-29.

Beschränkte sich Güterbocks Tätigkeit im KFMV noch auf einen relativ geringen Aufgabenkreis, so änderte sich dies wenig später, als er im Jahre 1901 auch in der Deutschen Orient-Gesellschaft (DOG) die Funktion des ersten Schriftführers übernommen hatte. Diese Grabungsgesellschaft wurde am 24. Januar 1898 vom Berliner Baumwollgroßhändler, Mäzen und Philanthrop James Simon und einigen ihm verbundenen Freunden gegründet.[8] Sie hatte es sich zum Ziel gemacht, die seit 1885 im Ägyptischen Museum vereinte und relativ kleine Sammlung vorderasiatischer Altertümer zu erweitern. Ein Vorderasiatisches Museum existierte zu dieser Zeit noch nicht – es wurde erst am 6. Mai 1899 mit der Übergabe der Bestallungsurkunde durch Wilhelm II. an Friedrich Delitzsch gegründet –, und Funde aus Mesopotamien fehlten damals fast völlig. Dem sollte nun abgeholfen werden, denn das erste Ziel der DOG bestand darin, Ausgrabungen im Land zwischen Euphrat und Tigris durchzuführen – und das so schnell wie möglich, denn Engländer und Franzosen hatten bereits ein halbes Jahrhundert zuvor erfolgreich begonnen, dort zu graben. Seitdem schmückten ihre Funde die Sammlungen des British Museum und des Louvre. Berlin hatte auf diesem Gebiet bisher nichts entgegenzusetzen. Darauf verwiesen nun immer öfter deutsche Gelehrte und Laien. Tatsächlich gelang es der DOG bereits am 26. März 1899 ihre erste Grabung in Mesopotamien zu beginnen: Man hatte sich für keinen geringeren Ort als Babylon entschieden. Der Untersuchung der Riesenstadt am Euphrat unter der Leitung von Robert Koldewey galt in den nächsten 18 Jahren das Hauptaugenmerk der DOG. Weitere Großgrabungen folgten.[9]

In der DOG hatte Güterbock den größten Teil der organisatorischen Arbeit zu koordinieren und zu leiten. Allein die Korrespondenzen mit den Ausgräbern in Mesopotamien, Ägypten, Palästina und Kleinasien umfaßt große Briefkonvolute. Daneben betreute er, gewissermaßen als Herausgeber, die Wissenschaftlichen Veröffentlichungen der DOG (*WVDOG*). Hinzu kam die interne, zum Teil sehr umfangreiche Vereinsarbeit, die bis hin zu Verhandlungen mit dem Auswärtigen Amt in der Wilhelmstraße reichen konnte. Güterbock mußte zum Beispiel auch dafür sorgen, daß jeweils zu Jahresbeginn der öffentliche Vortrag der DOG, an dem Kaiser Wilhelm II. regelmäßig teilnahm, in der Berliner Singakademie reibungslos vonstatten ging.[10] Ebenso oblag ihm die Herstellung der Mitteilungen der Deutschen Orient-Gesellschaft (*MDOG*), die die vorläufigen Grabungsberichte, einzelne

---

[8] Zu James Simon siehe O. Matthes, *James Simon. Mäzen im Wilhelminischen Zeitalter* (im Druck).

[9] Einen Überblick über die Grabungsaktivitäten der DOG bietet G. Wilhelm (Hrsg.), *Zwischen Tigris und Nil. 100 Jahre Ausgrabungen der Deutschen Orient-Gesellschaft in Vorderasien und Ägypten* (Mainz 1998).

[10] Vgl. dazu G. Auer, *Wenn ich mein Leben betrachte*, 273.

Fundstücke und erste wissenschaftliche Interpretationen boten. Bis zu seinem Ausscheiden aus dem Amt des Schriftführers der DOG im Jahre 1936 lagen 74 Nummern der *MDOG* vor, an deren Zustandekommen er maßgeblichen Anteil hatte.

Welche Bedeutung Güterbock bereits kurz nach der Übernahme des Schriftführeramtes für die Grabungsgesellschaft hatte, verdeutlicht eindrucksvoll ein Brief von James Simon an den Generalmanager der DOG vom 1. Januar 1904. Simon wies darin den Dank Güterbocks für sein eigenes Engagement vehement zurück und fährt dann fort: "Es ist eine unbegreifliche Verdrehung des Thatsächlichen, wenn Sie behaupten, Jemandem Dank zu schulden. Vergegenwärtigen Sie sich gef., wie es um die DOG stände, wenn Sie nicht die Geschäfte mit der Hingebung, dem Takt u. der Geschicklichkeit führten, wie es der Fall ist. Onkel James sagte: daraus mach ich 3 Parthien. Ich kann der DOG nur wünschen, daß Sie nicht müde werden möchten, weiter für sie zu wirken. Das Gegentheil kann ich mir gar nicht ausmalen."[11]

Neben Babylon wurde 1903 unter der Leitung von Walter Andrae mit der Untersuchung der ältesten Hauptstadt der Assyrer, Assur, begonnen. Kleinere Grabungen in Mesopotamien (Fara, Abu Hatab, Kar-Tukulti-Ninurta, Hatra, Warka) schlossen sich an.[12] Bereits seit Anfang 1902 ließ die DOG unter dem Schüler Adolf Ermans, Ludwig Borchardt, in Ägypten graben. Besonderes Aufsehen erregte der im Pyramidenfeld von Abusir gemachte Fund eines wertvollen Papyrus aus dem 4. Jahrhundert v. Chr. mit einem Dithyrambos auf die Perserkriege des milesischen Lyrikers Timotheos. Dieser nachweislich älteste Papyrus mit griechischem Text wurde in einer wissenschaftlichen Ausgabe vom führenden Altphilologen der Zeit, Ulrich von Wilamowitz-Moellendorff, 1902 als dritte Wissenschaftliche Veröffentlichung der Deutschen Orient-Gesellschaft (*WVDOG*) ediert.[13]

Wilamowitz gehörte damit zu den Autoren der *WVDOG*. Als solcher wurde er vom Direktor des Vorderasiatischen Museums, Walter Andrae, am 4. Januar 1928 in einem Rundschreiben, das sich an die damals noch lebenden Autoren der *WVDOG* mit der Bitte richtete, Bruno Güterbock, der am 5. März 1928 seinen 70. Geburtstag beging, "durch einige freundliche Worte oder Gedanken aus ihrem Schaffensgebiet zu erfreuen und zu ehren. Seine Verdienste um das Zustandekommen der lange Reihe jener Veröffentlichungen sind Ihnen ja bekannt, und so gebe ich mich der

---

[11] Simon an Güterbock vom 1. Januar 1904, *ArDOG* I. 6. 94.

[12] Vgl. dazu G. Wilhelm, *Zwischen Tigris und Nil*.

[13] Vgl. *JbDOG* 5 (1903), 7; siehe auch L. Pallat, *Richard Schöne. Generaldirektor der Königlichen Museen zu Berlin. Ein Beitrag zur Geschichte der preußischen Kunstverwaltung 1872-1905* (Berlin 1959), 311 f.; *MDOG* 100 (1968), 65. Zu Wilamowitz (1848-1931) siehe ders., *Erinnerungen 1848-1914* (2. Aufl., Leipzig 1929); ders., *Reden und Vorträge* (2 Bde., Berlin 1925/26, Nachdruck 1967), W.M. Calder III/H. Flashar/Th. Lindken, *Wilamowitz nach 50 Jahren* (Darmstadt 1985).

angenehmen Hoffnung hin, daß sie mir das beiliegende Blatt mit Ihrem Beitrag versehen möglichst bald zurücksenden werden. Ich werde Sorge tragen, daß die Blätter zu einem Bande vereinigt werden, der am Geburtstag überreicht wird."[14]

Diesen Rundbrief erhielt auch der damals knapp 80jährige Wilamowitz, der sich aber zunächst ablehnend verhalten hatte. Er antwortete Andrae bereits am 5. Januar mit den Worten: "Leider bin ich über die Verdienste von Hrn. Dr. Güterbock zu wenig orientiert, so daß es mir nicht möglich ist, eine Anerkennung in dieser Form auszusprechen".[15] Doch Andrae ließ nicht locker. In seinem wohl nicht mehr erhaltenen Antwortschreiben wird er Wilamowitz ausführlicher auf die Leistungen Güterbocks als großen Wissenschaftsorganisator, vielleicht aber auch auf seine Verdienste als Kriegsteilnehmer hingewiesen und ihn als kaisertreuen Patrioten beschrieben haben. Der bis zuletzt national und wilhelminisch denkende Wilamowitz zögerte nun nicht mehr und verfaßte den hier als *editio princeps* wiedergegebenen Panegyrikos. Dies ist wahrscheinlich nicht nur eines der letzten griechischen Gedichte aus der Feder des großen Gräzisten, sondern auch eines der wenigen bisher noch unbekannten.

Wie wichtig Güterbock für die DOG gewesen ist, kann an dieser Stelle im einzelnen nicht nachgezeichnet werden. Doch sollen wenigstens einige andere Autoren der *WVDOG* mit ihren Grußadressen zu Güterbocks 70. Geburtstag zu Wort kommen.

Oskar Reuther, einer der langjährigen Mitarbeiter Robert Koldeweys während der Untersuchungen in Babylon, formulierte die Bedeutung Güterbocks für die Ausgräber so: "Wenn wir draußen Schmerzen und Wünsche hatten, so wussten wir einen zuhause, der es sich keine Mühe kosten liess, sie zu beheben und zu erfüllen – mochte es sich um Motorräder und Heckradboote handeln. Ich höre es noch, wie Koldewey dann immer sagte: 'Das muss ›Brunochen‹ machen' – denn so nannten wir Sie unter uns und drückten in diesem zu Ihrem Gardemaß nicht gerade passenden Diminutiv Zutrauen und Zuneigung aus, die wir zu Ihnen hatten. (...) Für die D.O.G. und uns waren Sie gleichsam der Geschäftsführer einer Reederei oder eines Handelshauses alter Zeit, der seine Schiffe und Karawanen ausschickte, dass sie ihm Schätze aus unbekannten fernen Ländern brächten. (...) Buchstäblich bis zum letzten Buchstaben haben Sie an jedem Band der langen stattlichen Reihe der Veröffentlichungen der D.O.G. mitgearbeitet,

---

14 Rundschreiben Andrae vom 4. Januar 1928 an die Autoren der Wissenschaftlichen Veröffentlichungen der Deutschen Orient-Gesellschaft, *ArDOG* I. 12. 6.

15 Wilamowitz an Andrae vom 5. Januar 1928, *ArDOG* I. 12. 6.

den Kampf geführt mit dem Verleger, Drucker, Druckfehlerteufel – und Verfasser".[16]

Der sich ebenfalls intensiv für die Belange der DOG einsetzende Althistoriker Eduard Meyer[17] betonte in seiner Glückwunschadresse: "Aber die Seele dieser Unternehmungen ist nun schon seit 27 Jahre hindurch Prof. Güterbock gewesen. Mit aufopferungsvoller Hingabe und unermüdlicher Arbeitskraft hat er sich ganz in den Dienst der grossen Sache gestellt (...). Dabei hat er, während die ganze Arbeitslast auf seinen Schultern ruhte, es immer verschmäht, äusserlich hervorzutreten, aber nur um so lauter sprechen die 52 Bände der wissenschaftlichen Veröffentlichungen der DOG, die gegenwärtig vorliegen, für das, was er geleistet hat".[18]

Und der Ausgräber von Tell el-Amarna, Ludwig Borchardt, schrieb Anfang Februar 1928 an Güterbock: "Der Unterzeichnete beschränkt sich darauf, hier nur an den Ausspruch des langjährigen Vorsitzenden der Gesellschaft in guten Tagen, Exzellenz v. Hollmann[19], zu erinnern: Die Hymne der Deutschen Orient-Gesellschaft sollte lauten: »Gott erhalte — Güterbock!«".[20]

Bruno Güterbock legte nach 35jähriger Tätigkeit sein Amt als Schriftführer der DOG 1936 nieder, bevor er dazu von den Nationalsozialisten gezwungen worden wäre. Die DOG machte ihn, trotz der radikalen politischen Veränderungen in Deutschland, am 29. Juni 1936 zu ihrem Ehrenmitglied.[21] Er starb im Januar 1940, ohne daß es der Grabungsgesellschaft noch erlaubt war, dies in ihrem Mitteilungsorgan publik zu machen.

---

16 Reuther an Güterbock [o. D.], aber vor dem 8. März 1928, *ArDOG* I. 12. 6.

17 Zur Person Eduard Meyers siehe u. a. W.M. Calder III/A. Demandt (Hrsg.), *Eduard Meyer. Leben und Leistung eines Universalhistorikers* (Leiden [u.a.] 1990); vgl. auch O. Matthes, "Eduard Meyer und die Deutsche Orient-Gesellschaft", *MDOG* 128 (1996), 173-218.

18 Meyer an Güterbock [o.D.] aber vor dem 8. März 1928, *ArDOG* I. 12. 6.

19 Friedrich von Hollmann (1842-1913), ein enger Freund Kaiser Wilhelms II., war zwischen 1890 und 1897 Staatssekretär des Reichsmarineamts. Zwischen 1898 und 1906 fungierte er als stellvertretender Vorsitzender und zwischen 1906 und 1913 als erster Vorsitzender der DOG. Zu seiner Stellung am kaiserlichen Hof siehe I.V. Hull, *The Entourage of Kaiser Wilhelm II.* (Cambridge 1982), 162-164.

20 Borchardt an Güterbock vom 1. Februar 1928, *ArDOG* I. 12. 6.

21 Ehrenmitgliedschaft in der DOG für Güterbock am 29. Juni 1936, *ArDOG* I. 12. 6.

Panegyrikos von Ulrich von Wilamowitz-Moellendorff auf Bruno Güterbock anläßlich seines 70. Geburtstags (siehe Abb. 1):

Gilgamesch und Bel und Ariman und auch Mithra,
Götzen des Ostens, ferner Derketo, Attis, Iao,
Götter des Nils, wie Isis und Thot und Seth und Osiris,
herrschten Tausende Jahre auf Erden und oben im Himmel.
Später dann vom rhipä'schen Gebirge und Meere des Kronos
kam ein Geschlecht von Göttern, die neu, und neuart'gen Menschen:
Zeus nahm den Olymp in Besitz und von seinen Gipfeln
einzig allein. Von Europas weit verstreut lebenden Griechen
führte er Siedler bis hin nach Ninive, Babel und Theben,
dem, das am Nile liegt, zu Städten, an Weisheit und Künsten
längst seit alters berühmt. Von denen nun lernte der Grieche
manches, was nützlich und gut; denn unkund'ger Neuling noch war er,
als er nach Griechenland kam, in Lebensart, Handwerk und Künsten:
Deshalb schien er ein Kind auch stets den Bewohnern von Memphis.
Unerschüttert ließ Zeus auch stehen den Thron aller Götter,
die eine Stadt verehrte, denn selbst genügend Verehrung
fand er in aller Welt, wie auch wir verehr'n alle Götter.

Welchem Manne auch jetzt aus Schlaf im Sand und im Schlamme
jener Gottheiten Welt zu erwecken wert ist und teuer -
wahrhaft, dieser ist lieb den Griechen und Zeusvater droben!

(Übersetzung: Michael Güterbock, Berlin)

[Ar DOG 12.6 (Güterbock, 70. Geburtstag 5. 3. 1928)]

Ὠάννης καὶ Βῆλος, Ἀρειμάνιος Μίθρης τε,
δαίμονες ἠῷοι, καὶ Δερκετώ, Ἄττις, Ἰαώ
Νειλῷοί τε θεοί, Νεφθῦς, Θωθ, Σῶχος, Ὀσίρις,
μυρί᾿ ἔτη γαίῃ τε καὶ οὐρανῷ ἐμβασίλευσαν.
ὀψὲ δὲ Ῥιπαίων ἀπ᾿ ὀρέων Κρονίης τε θαλάσσης
ἦλθε γένος καινῶν τε θεῶν καινῶν τ᾿ ἀνθρώπων·
Ζεὺς δὲ κάτεσχε Ὄλυμπον, ἀπ᾿ Οὐλύμπου δὲ καρήνων
οὐρανὸν εἰσανέβη· σκῆπτρον δ᾿αἰώνιον ἴσχει
μοῦνος. ἀπ᾿ Εὐρώπης δὲ πολυσπερέων Ἑλλήνων
ἤγαγε φῦλα Νίνον Βαβυλῶνά τε τάς τ᾿ ἐπὶ Νείλῳ
Θήβας, ἀρχαίῃ σοφίῃ τέχναισι τε πολλαῖς
ἄστεα δην περίφημα· παρ᾿ οὖν καὶ μυρία κεδνά
Ἕλληνες δεδάηντο νεήλυδες· ἦ γὰρ ἄπειροι
καὶ βίου ἡμέρου ἦλθον ἐς Ἕλλαδα τεχνοσύνης τε·
τῷ καὶ παῖδες ἀεὶ τοῖς Μεμφίτῃσιν ἔδοξαν.
καὶ Ζεὺς αὐτὸς ἔασε θεοῦ θρόνον ἀστυφέλικτον
παντός, ὃν ἐθρήσκευε πόλις, πᾶσαν κατὰ γαῖαν
αἰδεσθείς, ἡμεῖς τε θεοὺς αἰδούμεθα πάντας.

καὶ νῦν ᾧ μεμέληκε θεῶν μνημήια κείνων
εὕδοντ᾿ ἐκ ψάμμοιο καὶ ἰλύος ἂψ ἀναγεῖραι,
ἦ φίλος οὗτος ἀνὴρ Ἕλλησί τε καὶ Διὶ πατρί.

Panegyrikos auf Bruno Güterbock zum 70. Geburtstag am 5. März 1928 von Ulrich v. Wilamowitz-Moellendorff

Gottesdienst im Sonnenheiligtum zu Sippar

Stefan M. Maul (Heidelberg)

Der Tempel des Sonnengottes zu Sippar zählt zu den ältesten und bedeutendsten Heiligtümern Babyloniens. Von der altakkadischen Zeit an, da das É-babbar, das "strahlendweiße Haus", im Auftrage Narām-Sîns erneuert wurde, blieb es umsorgt von den Königen Babyloniens[1] und behielt für zwei Jahrtausende seine hervorragende Bedeutung bis in die Zeit der Achämenidenherrschaft, als das eigenständige babylonische Königtum bereits unwiederbringlich untergegangen war. Die Ausgrabungen unter H. Rassam in den Jahren 1881-1882 und die darauf folgenden legalen und illegalen Grabungsaktivitäten in den Ruinen des Tempels förderten umfangreiche Tempelarchive zutage. Es wurden weit mehr als 35.000 Tontafeln und Tontafelfragmente[2] gefunden, die tiefe Einblicke in die Wirtschafts- und Verwaltungsstruktur des Tempelbetriebes ermöglichen.[3] Über die im Gotteshaus vollzogenen Riten wissen wir jedoch fast nichts. Den Urkunden und Verwaltungstexten aus dem Tempelbereich lassen sich nur magere Erkenntnisse über das Kultpersonal des Tempels abgewinnen.[4] Über

---

1 Vgl. die knappe Übersicht über die einschlägigen Bauinschriften bei A.R. George, *House Most High. The Temples of Ancient Mesopotamia* (*MesCiv* 5, Winona Lake 1993), 70 n97.

2 Vgl. E. Leichty, *Catalogue of the Babylonian Tablets in the British Museum*. Vol. VI - *Tablets from Sippar 1* (London 1987); E. Leichty/A.K. Grayson, *Catalogue* ... Vol. VII - *Tablets from Sippar 2* (London 1987); E. Leichty/J.J. Finkelstein/C.B.F. Walker, *Catalogue* ... Vol. VIII - *Tablets from Sippar 3* (London 1988).

3 Für die altbabylonische Zeit vgl. R. Harris, *Ancient Sippar. A Demographic Study of an Old-Babylonian City (1894-1595 B.C.)* (Istanbul 1975), 142ff. Für die neu- und spätbabylonische Periode vgl. z.B. die jüngsten monographischen Untersuchungen, die J. MacGinnis (*Letter Orders from Sippar and the Administration of the Ebabbara in the Late-Babylonian Period*, Poznan 1995), M. Jursa, (*Die Landwirtschaft in Sippar in neubabylonischer Zeit*, *AfOB* 25, Wien 1995) und A.C.V.M. Bongenaar (*The Neo-Babylonian Ebabbar Temple at Sippar: Its Administration and Its Prosopography*, *PIHANS* LXXX, Leiden 1997; dort S. 2f auch weitere Literaturangaben) vorlegten.

4 Für die altbabylonische Zeit siehe R. Harris, *Ancient Sippar*, 167ff und für die neu- und spätbabylonische Zeit A.C.V.M. Bongenaar, *The Neo-Babylonian Ebabbar Temple at Sippar*, 21f und 147ff.

das Kultgeschehen selbst liefern sie nahezu keine Informationen.[5] Erstaunlicherweise blieb bislang aber auch jede Hoffnung enttäuscht, unter den nicht wenigen - im weiteren Sinne - literarischen Texten, die im Schutt des É-babbar entdeckt wurden[6], Festbeschreibungen, Liturgien oder Ritual- und Opfervorschriften ausfindig zu machen, die ein Licht auf das Kultgeschehen um den Sonnengott und seinen göttlichen Hofstaat hätten werfen können.[7] So ist die Verehrung des Šamaš lediglich durch (schon in ältester Zeit belegte[8]) Hymnen und Gebete sowie durch zahlreiche Ritualbeschreibungen bezeugt, in denen man sich an den Sonnengott als königlichen Herrscher über die Ober- und die Unterwelt, als Schutzherrn des Königtums[9], als göttlichen Richter und Herrn der Gerechtigkeit, als Bekämpfer des Bösen und der Finsternis sowie als Orakelgeber und Schicksalsbestimmer wandte.[10] Auskunft über den Kult des Gottes in seinem Tempel geben diese Texte jedoch nicht.

---

[5] Vgl. R. Harris, *Ancient Sippar*, 143 und A.C.V.M. Bongenaar, *The Neo-Babylonian Ebabbar Temple at Sippar*, 21.

[6] Vgl. die in Anm. 2 zitierten Kataloge der Sippar-Tafeln. Zu der vor wenigen Jahren im Tempelbereich entdeckten Tontafelbibliothek vgl. W. al-Jadir, "Une bibliothèque et ses tablettes", *Archaeologia* No. 224 (Mai 1987), 18-27; G. Pettinato, "La biblioteca del dio Sole a Sippar", *Atti dell'Accademia Nazionale dei Lincei. Classe di scienze morali, storiche e filologiche, Rendiconti* 394 (1997), 365-384 und die Aufsatzreihe von A.R. George und F.N.H. al-Rawi, "Tablets from the Sippar Library" I-VI, *Iraq* 52 (1990), 1-13 und 149-157, *Iraq* 56 (1994), 135-148, *Iraq* 57 (1995), 199-223 und 225-228, *Iraq* 58 (1996), 147-190. Ein Überblick über die in dieser Bibliothek gefundenen Tafeln findet sich in *Iraq* 52, 149 Anm. 1.

[7] Solche Texte sind jedoch auch sonst eher selten und stammen ausschließlich aus dem 1. vorchristlichen Jahrtausend. Wir kennen sie lediglich aus Uruk (vgl. z.B. F. Thureau-Dangin, *Rituels accadiens*, Paris 1921; *TCL* 6 n48; *LKU* n51), aus Babylon (vgl. z.B. F. Thureau-Dangin, *Rituels accadiens*, 127-148; G. Çağirgan/W.G. Lambert, "The Late Babylonian Kislīmu Ritual for Esagil", *JCS* 43-45 [1991-93], 89-106; W.G. Lambert, "The Problem of the Love Lyrics", in H. Goedicke/J.J.M. Roberts (Hrsg.), *Unity and Diversity*, Baltimore/London 1975, 98-135; vgl. ferner Verf., in S.M. Maul (Hrsg.), *Festschrift für Rykle Borger zu seinem 65. Geburtstag am 24. Mai 1994. tikip santakki mala bašmu ..., CM* 10, Groningen 1998, 159-197) und aus Assur (vgl. z.B. G. van Driel, *The Cult of Assur*, Assen 1969; B. Menzel, *Assyrische Tempel*, *StPSM* 10/I und 10/II, Rom 1981). Vgl. außerdem B. Pongratz-Leisten, *Ina šulmi īrub* (*BaF* 16, Mainz 1994).

[8] Vgl. W.G. Lambert, "Notes on a Work of the Most Ancient Semitic Literature", *JCS* 41 (1989), 1-33.

[9] Vgl. etwa das umfangreiche Königsritual *bīt rimki* sowie meinen Aufsatz "Der assyrische König - Hüter der Weltordnung", in K. Watanabe (Hrsg.), *Priests and Officials in the Ancient Near East. Papers of the Second Colloquium on the Ancient Near East - The City and its Life, held at the Middle Eastern Culture Center in Japan, March 22-24, 1996* (Heidelberg 1999), 201-214.

[10] Vgl. die Šamaš-Epitheta, die in K. Tallqvist, *Akkadische Götterepitheta* (Helsingforsiae 1938), 453ff zusammengestellt sind.

Nach der mehr als einhundert Jahre andauernden Erforschung der in Sippar gefundenen Keilschrifttexte liefert die hier vorgestellte, in den Sammlungen des Britischen Museums aufbewahrte Tontafel aus Sippar erstmals detaillierte Informationen über das Kultgeschehen im Šamaš-Tempel.[11]

Meinem lieben und verehrten Freund Johannes Renger verdanke ich unendlich viel. Es ist mir so eine Freude, ihm diesen bemerkenswerten Text als bescheidenes Zeichen des Dankes, der tiefempfundenen Freundschaft und der Hochachtung hier präsentieren zu dürfen.

Die Tafel BM 50503 (82-3-23, 1494)[12]

Die vertikale Wölbung des sehr sorgfältig geformten Tontafelbruchstücks BM 50503 zeigt, daß weniger als die Hälfte der einst unversehrten Tafel erhalten blieb. Der Umfang des vollständigen Textes kann daher leider nicht mehr ermittelt werden. Nur der untere Teil der Tontafel ist auf uns gekommen. Dieser ist jedoch in seiner gesamten Breite (8,5 cm; Länge 4,5 cm) erhalten, so daß weitgehend vollständige Zeilen zur Verfügung stehen. Mit den letzten, auf der Rückseite erhaltenen Zeilen ist vielleicht schon das Textende erreicht.[13] Falls sich dies bewahrheitet, war der größere, nicht mehr erhaltene Teil der Tafelrückseite unbeschrieben.

Format und Gestaltung weisen die Tafel BM 50503, ebenso wie die Zeichenformen und der Schriftduktus, der neu-, möglicherweise der spätbabylonischen Zeit zu. Ohne weitere inhaltliche Hinweise auf eine Datierung ist es wohl nicht möglich, die Entstehungszeit der Tontafel genauer als auf den Zeitraum zwischen dem späten 8. und dem späten 6. Jh. v. Chr. einzugrenzen. Denn die neubabylonische Schrift, mit der man literarische Texte aufzeichnete, hat sich in diesem Zeitraum kaum gewandelt.[14] Eine Datierung der Tontafel in die Achämenidenzeit halte ich hingegen für wenig wahrscheinlich.

Der sehr sauber geschriebene Text ist recht leicht zu entziffern. Umso überraschender war es, in den Zeilen 2', 5' und 9' auf Cluster von Keilen und Winkelhaken zu treffen, die sich zunächst der Identifizierung als bekannte Keilschriftzeichen entzogen. Erst nach genauerem Studium entpuppten sie

[11] Für die Erlaubnis, diesen Text hier veröffentlichen zu dürfen, sei den Trustees des Britischen Museums, London, herzlicher Dank ausgesprochen.

[12] Vgl. E. Leichty, *Catalogue* ... Vol. VI, 35.

[13] Möglicherweise gehört die Zeile Rs. 11 bereits zu der Tafelunterschrift. Der Erhaltungszustand der Tafel läßt diesbezüglich jedoch keine sichere Entscheidung zu.

[14] Die kursive Kanzleischrift hingegen war in besagtem Zeitraum weitaus größeren Veränderungen unterworfen.

sich als archaisierende Zeichenformen, die man – fänden sie sich nicht im Kontext der hier besprochenen Tafel – dem 3. und 2. vorchristlichen Jahrtausend zuweisen würde. Diesem bisher einzigartigen Phänomen ist unten ein eigener Abschnitt gewidmet.

Der Charakter des Textes BM 50503 (82-3-23, 1494)

Auf den ersten Blick ist zu erkennen, daß BM 50503 einen 'Kultkalender' enthält, der Ritualanweisungen für den 8. (Vs. 5'-8'), 15. (Vs. 9'-14') und 20. Tag eines Monats (Vs. 15'-Rs. 5) liefert. In den ersten erhaltenen Zeilen (Vs. 1'-4') gehen entsprechende Anweisungen voran, die zunächst keinem bestimmten Tag zugewiesen werden können, da die zugehörige Datumsangabe nicht erhalten blieb. Es kann nur gesagt werden, daß diese Anweisungen einem der Tage im Zeitraum vom 1. bis zum 7. des Monats zugehören.

An jedem der genannten Tage soll in den frühesten Morgenstunden, stets vor Sonnenaufgang, sowie am frühen Abend vor dem Untergang der Sonne eine Balag-Komposition (d.h. Balag und zugeordnetes Eršemma) vor Šamaš, dem Sonnengott, gesungen werden. Darüber hinaus sind für zwei Tage Zeremonien um Aja, die Gattin des Šamaš, erwähnt.[15] In der Morgendämmerung des 8. Tages des Monats soll außerdem ein Balag mit einem abschließenden Eršemma an Bunene, den Sohn, Berater, Wesir und Wagenlenker des Sonnengottes, gerichtet werden.[16]

Die Erwähnung der morgendlichen Zeremonie "Wecken des Hauses" (*dīk bīti*)[17], die an jedem der genannten Tage stattfand, läßt erkennen, daß der Ritualschauplatz ein "Gottes-Haus" gewesen sein muß, also ein Tempel, in dem Šamaš, Aja und Bunene verehrt wurden. Daß es sich bei diesem Tempel – wie erwartet – um É-babbar, das Sonnenheiligtum von Sippar handelt, kann anhand eines neubabylonischen Tontäfelchens, das ebenfalls aus Sippar stammt, aufgezeigt werden. BM 78905 (88-5-12, 91)[18] liefert in drei durch Striche voneinander abgetrennten Sektionen Maßangaben für die Eingangsbereiche der Cellae (*papāḫu*) des Šamaš, der Aja und des Bunene im Šamaš-Tempel von Sippar und zeigt so, daß dort in neubabylonischer Zeit diese drei Gottheiten verehrt wurden und über eigene "Wohnbereiche" verfügten. Die Erwähnung eines topographischen Details in dem hier besprochenen Text läßt zur Gewißheit werden, daß die Riten, die in dem

---

[15] Vs. 2'f und 11'f (15. Tag).

[16] Vs. 6'f.

[17] Vs. 1', 5', 10', 16'.

[18] Vgl. die jüngste Bearbeitung von A.R. George, *Babylonian Topographical Texts* (*OLA* 40, Leuven 1992), 215-220 und Pl. 49.

vorliegenden 'Kultkalender' beschrieben sind, im Sonnenheiligtum von Sippar stattfanden und nicht etwa in dem ebenfalls É-babbar geheißenen Šamaš-Tempel von Larsa[19], der in neubabylonischer Zeit zu neuem Leben erweckt wurde. Aus den Zeilen BM 50503, Vs. 2' und 11' erfahren wir, daß am x. und am 15. Tage des Monats der Thron der Gattin des Sonnengottes (aus ihrer Cella) auf den "Unteren Hof" (*kisallu šaplû*) herabgebracht und dort aufgestellt wurde, damit die Göttin auf ihm Platz nehmen konnte.[20] Dieser "Untere Hof" ist auch in der oben zitierten Sippar-Tafel BM 78905 namentlich erwähnt. Nach diesem Text ist er der Hof, der dem Heiligtum der Göttin in Sippar unmittelbar vorgelagert war[21] und an den größeren "Hof des Šamaš" angrenzte. Das Szenario unseres 'Kultkalenders', der "Untere Hof", der "Hof des Šamaš" sowie die Tempelbereiche der Götter Šamaš, Aja und Bunene lassen sich aufgrund der Tafel BM 78905 mit weitgehender Sicherheit in dem auf Ausgrabungsbefunden beruhenden Plan des É-babbar von Sippar wiederfinden (vgl. Abb. 1).[22]

Der Monat, dem die in dem 'Kultkalender' beschriebenen Riten (Vs. 1'-Rs. 5) zuzuweisen sind, ist im erhaltenen Teil der Tafel BM 50503 nicht genannt. Dennoch darf als sicher gelten, daß die dort aufgeführten Daten auf den ersten Monat des Jahres (*nisannu*) zu beziehen sind. Denn in dem kurzen folgenden zweiten Paragraphen unseres Textes (= Rs. 6), den der Schreiber von dem ersten durch einen Trennstrich deutlich absetzte, ist der zweite Monat des Jahres (*aj̮jaru*) genannt, für den offenbar eigene Regelungen des Kultes im É-babbar aufgeführt waren. Die Kürze dieses (einzeiligen) Paragraphen und die als EN = *adi* gedeuteten Zeichenspuren in Rs. 6 lassen nur einen Schluß zu: In dieser leider nur sehr schlecht erhaltenen Zeile stand eine knappe Anweisung, die die Kultordnung des É-babbar für den Rest des Jahres, d.h. für den Zeitraum vom zweiten bis (= *adi*) zum zwölften Monat regelte. Da ein regelmäßiger Gottesdienst vor Šamaš, Aja und Bunene sicher nicht ausschließlich im Monat Nisannu stattfand, bedeutet dies (angesichts der Kürze des Eintrages), daß in Rs. 6 eine Bemerkung gestanden haben muß, die festlegte, daß die für den Monat Nisannu beschriebene Kultordnung in den nachfolgenden Monaten ebenfalls Gültigkeit hatte. Diese Deutung kann aus zwei gewichtigen Gründen als gesichert gelten. Den ersten liefert der ebenfalls schlecht erhaltene, durch Trennstriche abgeteilte dritte

---

[19] Vgl. A.R. George, *House Most High*, 70 n98.

[20] Diese Textstellen, die nicht ein *šubtu*, sondern explizit ein *kussû* (Thron, Sessel) erwähnen, lassen ferner nahezu zur Gewißheit werden, daß das Kultbild der Aja von Sippar in neubabylonischer Zeit ein Sitzbild gewesen ist.

[21] BM 78905 (88-5-12, 91), 17: *bābu*(KÁ) *šá bīt*(É) ^{d}*A-a a-na kisalli*(KISAL) *šap-li-*[*i*], "Das Tor des Tempels der Aja, das zum 'Unteren Hof' (geht, ist 18 Ellen hoch)". Vgl. A.R. George, *Babylonian Topographical Texts*, 216 und den zugehörigen Kommentar 219.

[22] Siehe A.R. George, ebd., 219f.

Paragraph des 'Kultkalenders' (BM 50503, Rs. 7-10). Die spärlichen Reste dieses Abschnittes lassen erkennen, daß hier besondere Regelungen für den Kultbetrieb aufgezeichnet waren, die relevant wurden, wenn ein Schaltmonat (*arḫu atru*) nach dem sechsten oder zwölften Monat des Jahres eingelegt werden mußte, um Mond- und Sonnenjahr miteinander abzustimmen.[23] Eine solche Bemerkung erscheint in dem vorliegenden Kontext nur dann sinnvoll, wenn zuvor die Kultordnung des *gesamten* regulären (Mond-)Jahres abgehandelt worden war. Den zweiten Grund liefert das sog. "Nippur-Kompendium", das A.R. George in seinem hervorragenden Buch *Babylonian Topographical Texts* auf den Seiten 143-161 vorgelegt hat. In diesem umfangreichen Text ist der 20. Tag eines *jeden* Monats als ein dem Šamaš geheiligter Tag bezeichnet.[24] Dies hat für die Kultordnung von Sippar nur dann ebenfalls Gültigkeit, wenn man annimmt, daß in BM 50503 die regelmäßigen Šamaš-Feste des gesamten Jahres angegeben sind. Dazu paßt, daß in dem hier vorgestellten 'Kultkalender' der 20. Tag des Monats allein aufgrund des Umfanges der ihm zugeordneten Ritualanweisungen unter den anderen Tagen, die rituelle Aktivitäten vorschreiben, als besonderer Feiertag des Sonnengottes deutlich hervorgehoben ist.

Man darf also mit einigem Recht davon ausgehen, daß der vorliegende 'Kultkalender' die Gottesdienste für Šamaš, Aja und Bunene im É-babbar von Sippar nicht nur für einen Monat, sondern für das gesamte Jahr regelt.[25] Diese Erkenntnis steigert die religionsgeschichtliche Bedeutung des hier besprochenen Textes ganz erheblich!

Bis auf die kurzen Bemerkungen in BM 50503, Vs. 2'f und 11'f beschränken sich die Anweisungen in dem 'Kultkalender' im wesentlichen auf die Nennung von Emesal-Gebetstiteln. Dieser Umstand weist BM 50503 als einen Typ des 'Kultkalenders' aus, der bereits aus Uruk (*TCL* 6 n48) und

---

[23] Neuassyrische Briefe aus den Staatsarchiven Asarhaddons und Assurbanipals (S.W. Cole/ P. Machinist, *Letters from Priests to the Kings Esarhaddon and Assurbanipal*, *SAA* XIII, Helsinki 1998, n4 und n5) zeigen, daß das Einlegen eines Schaltmonats tatsächlich Auswirkungen auf den regelmäßigen Kultbetrieb in einem Tempel hatte. In den Briefen *SAA* XIII n4 und n5 teilte der assyrische König dem Klerus von Kutha mit, daß ein Schaltmonat in das Jahr eingefügt werden mußte, und forderte die Priester gleichzeitig auf, den Festkalender entsprechend zu modifizieren.

[24] A.R. George, *Babylonian Topographical Texts*, 152, §11, Z. 9'.

[25] Der hier bearbeitete 'Kultkalender' ist somit ebenso aufgebaut wie der sehr verwandte Text aus Uruk, *TCL* 6 n48, der ebenfalls die Kultordnung (für den *kalû*) für ein gesamtes Jahr liefert.

aus Assur (K 2724+)[26] bekannt ist. Diese kalendarischen Texte sind am ehesten als 'Rollenbücher' für die Auftritte des *kalû*[27] im Rahmen eines komplexen Kult- oder Festgeschehens zu verstehen. In meiner neuen Bearbeitung[28] des 'Kultkalenders für Assur', K 2724+, konnte ich aufzeigen, daß in diesem Text ausschließlich Ereignisse aufgeführt sind, bei denen eine Mitwirkung der sog. "Klagesänger" (*kalû*) vorgesehen war. Andere, zum Verständnis des beschriebenen Festverlaufs sogar als zentral anzusehende Handlungen und Ereignisse blieben dort unerwähnt, sofern die Anwesenheit eines *kalû*s nicht vonnöten war. Gleiches dürfte für die 'Kultkalender' aus Uruk[29] und aus Sippar gelten.

Auch wenn in dem hier besprochenen Text erstmals die Grundstruktur des regelmäßigen jährlichen Gottesdienstes im Šamaš-Tempel von Sippar erfaßt werden kann, sei doch mit Nachdruck darauf hingewiesen, daß das im folgenden entworfene Bild das Kultgeschehen im Sonnenheiligtum zu Sippar wohl nur zu geringeren Teilen erfaßt und so vermutlich nur sehr verzerrt den tatsächlichen Hergang der Feierlichkeiten widerspiegeln kann. Ferner darf man vermuten, daß neben den vier monatlich für den Sonnengott zu begehenden Feiertagen weitere, möglicherweise mehrtägige Feste zu Ehren des Gottes stattfanden, die sich jährlich wiederholten. Es ist durchaus denkbar, daß von solchen Festen in den nicht erhaltenen Teilen der Tafel die Rede war.

Zunächst sei aber der hier besprochene Text (Abb. 2, 3) in Umschrift und Übersetzung mit einem erläuternden Kommentar vorgestellt.

---

26 In einer Abschrift der Assurbanipal-Zeit aus der Bibliothek des Nabû-Tempels (?) zu Ninive: K 2724 + K 8207 = S. Langdon, *AJSL* 42, 115-127 und B. Menzel, *Assyrische Tempel* II, T 55 - T 58) + K 13559 (unpubliziert; Join: Verf.). Eine neue Bearbeitung des Textes mit dem unpublizierten Zusatzstück habe ich in meinem Aufsatz "Die Frühjahrsfeierlichkeiten in Aššur", der in einer Festschrift erscheinen wird, vorgelegt.

27 Also des sog. "Klagepriesters", dem der Vortrag der Emesal-Lieder und die Planung, Vorbereitung und Durchführung der zugehörigen rituellen Aktivitäten obliegt.

28 Vgl. Anm. 26.

29 Ein ganz ähnliches Bild ergibt der Vergleich des 'Kultkalenders' *TCL* 6n48, der ausschließlich die regelmäßigen Auftritte des *kalû* in Uruk benennt, mit der Ritualbeschreibung *LKU* n51, in der neben Anweisungen für den *kalû* ausführlich Götterprozessionen, Opfervorschriften und anderes beschrieben sind. So ist z.B. in *LKU* n51, Vs. 21 im Rahmen einer Ritualschilderung darauf hingewiesen, daß *kalû* und Sänger so wie "allmonatlich" (d.h. so wie in *TCL* 6 n48 beschrieben) zu verfahren hätten. Ferner finden sich in *LKU* n51 auch jeweils für einen Monat knappe Zusammenstellungen der Tage, an denen der *kalû* im Rahmen der Kulthandlungen Dienst zu tun hatte.

BM 50503 (82-3-23, 1494)

Vs.

1' [abzu pe]-⸢el⸣-[lá-àm ÉR dilmun^{k}]^{i} ⸢nígin⸣-⸢na⸣ É[R].Š[ÈM].[MA *pān*(IGI) ^{d}*Šamaš*(UTU) *di-ik bīti*(É)]

2'f ^{giš}*kussû*(GU.ZA) *ša* ^{d}*A-*[*a ina šēri*(KIN-NI]M) E$_{1}$[$_{1}$]*-ma ina kisalli*(KISAL) *šaplî*(KI.TA) *i-ta-š*[*ab-ma*] / (leer) [*l*]*i-li-is-su iš-ša*[*k*-KIN]

4' ^{d}Utu lugal-àm É[R ur-sa]g Ut-u$_{18}$-lu ÉR.ŠÈM.MA *pān*(IGI) ^{d}*Šamaš*(UTU) *la-am līlâti*(K[IN.SIG])

5' UD.8.KAM* u$_{4}$-dam [ki] ⸢àm⸣-mu-ús ÉR umun bára kù-ga ⸢ÉR⸣.ŠÈM.MA *pān*(IGI) ^{d}*Šamaš*(UTU) *di-*[*ik bīti*(É)]

6'f gu$_{4}$-ud nim kur-⸢ra⸣ ÉR ù-ma gul-gul-e ÉR.ŠÈM.MA *pān*(IGI) ^{d}*Bu-n*[*e-ne*] / (leer) *i*[*n*]*a šēri*(KIN.[NIM])

8' umun še-er-ma-al-la an-ki-a ÉR dilmun$^{⸢ki⸣}$ nígin-na ÉR.ŠÈM.MA *pān*(IGI) ^{d}*Šamaš*(UTU) *la-a*[*m*] *līlâti*([KIN.SI]G)

9'f UD.15.KAM* am-e amaš-a-na ÉR ⸢ur⸣-sag abzu-ta ÉR.ŠÈM.MA *pān*(IG[I]) ^{d}*Šamaš*(UTU) / (leer) *di-ik bīti*(É)

11'f ^{giš}*kussû*(⸢GU⸣.ZA) *šá* ^{d}*A-a ina šēri*(KIN.NIM) E$_{1}$[$_{1}$]-⸢*ma*⸣ [*ina*] *kisalli*(KISAL) *šaplî*(KI.TA) *i-ta-šab-ma* / (leer) [*l*]*i-li-is-su* [*i*]*š-šak*-KIN

13'f en zu sá mar-mar ÉR nam-mu-un-⸢šub⸣-bé-en ÉR.ŠÈM.MA *pān*([I]GI) ^{d}*Šamaš*(UTU) / (leer) *la-am līlâti*(KIN.SI[G])

15'f UD.20.KAM* u$_{4}$-dè u$_{4}$-dè ÉR ur-sag Ut-u$_{18}$-lu ÉR.ŠÈ[M.M]A *pān*(IGI) ^{d}*Šamaš*(UTU) / (leer) *di-ik bīti*(É)

(Rand)

Rs.

1f u$_{4}$-dam gù dé-dé-aš ÉR gu$_{4}$ ⸢maḫ⸣ ⸢pa⸣ ⸢è⸣-⸢a⸣ ⸢ÉR⸣.Š[ÈM].⸢MA⸣ *pān*(IGI) ^{d}*Šamaš*(UTU) / (leer) x [ ] x x

3 ^{lú}*kalamāḫu*(GALA.MAḪ) *it-ti nignak*(NÍG.NA) *ḫurāṣi*(KÙ.SI$_{22}$) [*i-š*]*á-si* / (leer) KUR x [ ] x NU

5 ^{d}Utu lugal-àm ÉR ur-[sag Ut-u$_{18}$-lu ÉR.ŠÈM.MA *pān*(IGI) ^{d}*Šamaš*(UTU) *la-am*] *līlâti*([KI]N.SIG)

---

6 [*u*]*l-tu* ^{iti}*ajjari*(GU$_{4}$) *adi*(E[N]) [^{iti}*addari*(ŠE)]

---

7 [DIŠ *ina arḫi*(ITI) *atri*(DIRI) (?)] x x x x [ ]

8 DIŠ *ina*? *arḫi*(⸢ITI⸣)? *atri*?(D[IRI]) [ ] x AN [ ] x x [ ]

9 (leer) [ ] x x x x [ ]

10 DIŠ *ina arḫi*(I[T]I) *atri*([D]IRI) ⸢UD⸣.x.[KAM*]

---

11 x x x x [ ]

(abgebrochen)

Übersetzung

1' [Die Klage: "Der *Apsû* ist besch]mutzt" (und) das Er[šemma: "Gewichtiger], wende dich her" [vor Šamaš. Wecken des Hauses].

2'f Den Thron der Aj[a] bringt man [in der Morgendämmeru]ng herunter. Dann nimmt sie Platz auf dem 'Unteren Hof'. [Dann] wird die [Ke]sselpauke aufgest[ellt].

4' Die Kla[ge]: "Utu ist König" (und) das Eršemma: "[Hel]d Utulu" vor Šamaš vor der Abe[nddämmerung].

5' Am 8. Tag die Klage: "Wie ein Sturm reicht es[30] bis an [die Erde]" (und) das Eršemma: "Herr des heiligen Kultsitzes" vor Šamaš. Weck[en des Hauses].

6'f Die Klage: "Hoher Held des Berges" (und) das Eršemma: "Mit zerstörerischer Kampfeskraft" vor Bune[ne] in der Mor[gendämmerung].

8' Die Klage: "Herr, Fürst von Himmel und Erde" (und) das Eršemma: "Gewichtiger, wende dich her" vor Šamaš vo[r der Abenddämmeru]ng.

9'f Am 15. Tag die Klage "Der Stier in seiner Hürde" (und) das Eršemma: "Held, aus dem *Apsû*" vo[r] Šamaš. Wecken des Hauses.

11'f Den Thron der Aja bringt man in der Morgendämmerung herunter. Dann nimmt sie Platz auf dem 'Unteren [Hof]'. Dann wird die [Ke]sselpauke aufgestellt.

13'f Die Klage: "Weiser En/Herr, Berater" (und) das Eršemma: "Verwirf mich nicht" vor Šamaš vor der Abenddämmerung.

15'f Am 20. Tag die Klage: "Am Tage, am Tage" (und) das Eršemma: "Held Utulu" vor Šamaš. Wecken das Hauses.

1f Die Klage: "Auf das Heulen, das wie das eines Sturmes ist" (und) das Eršemma: "Erhabener Stier, der herrlich in Erscheinung tritt" vor Šamaš. [ ] ....

3f Der *kalamāḫu* (soll) mit einem goldenen Räucherbecken [......... und *šigû*-Rufe (?) ru]fen. ...[rezitier]t? er.

5 Die Klage: "Utu ist König" (und) [das Eršemma]: "He[ld Utulu" vor Šamaš vor der Abend]dämmerung.

---

6 [V]om Monat Ajjaru (= 2. Monat) bi[s zum Monat Addaru (= 12. Monat) *ebenso*]

---

7 [Wenn in einem Schaltmonat (?)] .... [ ]

8f Wenn in einem Schalt[monat (?)] .... [ ]

---

30 Gemeint ist: das "Wort" (e-ne-èm) des Gottes.

10 Wenn in einem Schaltmonat [am] x. Tage [ ]

---

11 ...... [ ]

Kommentar

Vs. 1': Die Raumverhältnisse erlauben nicht, am Anfang der Zeile eine Datumsangabe zu ergänzen. Diese muß in einer der vorhergehenden, nun nicht mehr erhaltenen Zeilen gestanden haben. Wie in allen Ritualbeschreibungen, die Balag-Kompositionen (= Balag mit zugehörigem Eršemma) zur Rezitation vorschreiben, wird auch in diesem Text der Balagteil als ÉR[31] bezeichnet. Das in Vs. 1' genannte Balag und das zugeordnete Eršemma sind in der hier vorliegenden Zusammenstellung auch in dem großen ninevitischen Katalog der Emesal-Lieder, IVR^{2}53+[32], als erste der dort aufgeführten Balag-Kompositionen genannt.[33] Das eigentlich an Enki gerichtete Balag ist ferner in dem sog. "Clark Cylinder", *AJSL* 26, 28, Z. 11 verzeichnet. In Uruk sollte es in neubabylonischer Zeit am 1. und am 20. Tage jedes Monats "für Anu" gesungen werden (vgl. *TCL* 6 n48, Vs. 1 und 15). Im regelmäßigen Gottesdienst wurden Balag und Eršemma auch im Rahmen der Frühjahrsfeierlichkeiten in der alten assyrischen Hauptstadt vor dem Gott Assur gesungen.[34] Eine Bearbeitung der bekannten Teile des

[31] Es ist keineswegs sicher, daß dieses ÉR, wie gemeinhin angenommen, "*taqribtu*" gelesen wurde. Ich halte es für nicht unwahrscheinlich, daß man die Gebetsbezeichnung als sumerisches Wort (é r) las. In der Überschrift des Kataloges IVR^{2} 53+ (vgl. Anm. 32) sind die Raumverhältnisse so beschaffen, daß auch hier (gegen die Rekonstruktion von S. Langdon, "The Assyrian catalogue of liturgical texts", *RA* 18 [1921], 157 und J. Krecher, *Sumerische Kultlyrik*, Wiesbaden 1966, 19) die Balag-Lieder als ÉR bezeichnet gewesen sein müssen. Es ist in Vs. I-II, 1 wohl: [ÉR].MEŠ [*ù* ÉR.ŠÈM.MA.MEŠ M]U.NE o.ä. zu lesen. In der Überschrift der Ritualbeschreibung K 3653 und Duplikat (S.M. Maul, *Herzberuhigungsklagen*, Wiesbaden 1988, 33) steht ÉR.MEŠ allerdings für die gesamte Balag-Komposition (inklusive Eršemma).

[32] IVR^{2} 53 (K 2529) ist jetzt mit den Fragmenten S. Langdon, *BL* n103 (K 3276) und K 16853 (unpubliziert; Join: R. Borger) zusammengeschlossen. In dem Katalog sind verzeichnet: 39 an Götter gerichtete Balag-Kompositionen, 18 Balag-Kompositionen, die an Göttinnen gerichtet wurden; 25 an Götter gerichtete sog. "Riten-Eršemmas" (d.h. Eršemmas, die für sich, d.h. nicht in Verbindung mit einem Balag gesungen wurden) sowie 15 sog. "Riten-Eršemmas", die sich an Göttinnen wandten; 22 an Götter gerichtete sumerische Šu'ila-Lieder und 15 sumerische Šu'ila-Lieder, die vor Göttinnen gesungen wurden. Lediglich die Adressaten der sumerischen Šu'ila-Lieder sind in dem Katalog IVR^{2} 53+ namentlich aufgeführt.

[33] In dem Katalog ist zur Wahl gestellt, ob das hier zitierte Eršemma oder aber ein anderes mit dem Balag zu kombinieren ist. Vgl. IVR^{2} 53+, Vs. 2: abzu pe-el-lá-[àm] [umun-mu za-e : *ù ki-i* dilmun^{ki} ni]gin-na.

Balags findet sich in M.E. Cohens Edition dieser Emesal-Lieder[35] auf den Seiten 47-64. Das an Enlil gerichtete Eršemma dilmun^{ki} nigin-na hat M.E. Cohen in seinem Buch *Sumerian Hymnology: The Eršemma* (*HUCA Supplements* No. 2)[36], 110-117 bearbeitet. Es ist eigentlich ein Gebet, das sich an den Gott Enlil richtet. Das Eršemma konnte auch mit anderen Balag-Liedern kombiniert[37] und als sog. Riten-Eršemma verwendet werden.[38]

Die Ergänzung des Zeilenendes richtet sich nach den folgenden Zeilen Vs. 5', 9'f und 15'f. Die Wiedergabe von IGI mit *pān* ist nicht gesichert. Die Lesung *maḫar* ist wohl ebenfalls möglich. Der vorliegende Text zeigt ebenso wie der 'Kultkalender für Assur'[39], der lediglich als ein 'Rollenbuch' für die *kalû* verstanden werden darf, daß das Ritual "Wecken des Hauses" unter Beteiligung der Klagesänger stattfand.[40] In Assur wurde das "Wecken des Hauses" auch im Tempel der Ištar vollzogen.[41]

Vs. 2'f: $E_1[_1]$ ist wohl *ušerredū*, "man bringt herab", zu lesen. Obgleich laut *AHw* 1337b das Verb *tašābu*, "sich hinsetzen", im Babylonischen bisher anscheinend nur im Imperativ belegt ist, möchte ich *i-ta-š*[*ab-ma*] als Präsensform des Indikativs im Grundstamm (*itaššabma*) verstehen. Die Formen *i-ta-šab-ma* und *iš-šak*-KIN (statt *iš-šak-kan*) sind ergänzt nach der Parallelstelle unten Vs. 11'f. In der Ritualbeschreibung *LKU* n51 (VAT 14524), die in vielerlei Hinsicht mit dem hier vorgestellten Text verwandt ist, findet sich in den Zeilen Vs. 23f, 28 und *passim* die auch hier erwartete

---

34 Balag und Eršemma sang man vor Assur am 20. (wohl eher als am 21. Šabaṭu), sowie am 1. und am 17. Addaru (vgl. K 2724+ [siehe Anm. 26], Vs. 5', 27' und Rs. 12). Vgl. dazu meine neue Bearbeitung (s.o. Anm. 26).

35 M.E. Cohen, *The Canonical Lamentations of Ancient Mesopotamia*, Vol. I und II, (Potomac/Maryland 1988, im folgenden abgekürzt als *CLAM*). Bei allen hier angegebenen Verweisen auf M.E. Cohen, *CLAM* sind die Nachträge und Korrekturen von J.A. Black (*BiOr* 44, 1987, Sp. 32-79) und R. Borger (*BiOr* 47, 1990, Sp. 5-39) zu beachten.

36 Im folgenden abgekürzt als M.E. Cohen, *Eršemma*.

37 Es konnte den Abschluß des kanonischen und des nicht-kanonischen (*aḫû*) Balags umun še-er-ma-al-la an-ki-a bilden (vgl. IVR^2 53+, Vs. 24 und 39 sowie die Zeile Vs. 8' des hier vorgestellten Textes). Ferner kam es auch als Gebetsabschnitt der Balag-Lieder mu-tin nu-nus dím-ma und am-e bára an-na-ra zum Vortrag.

38 Siehe IVR^2 53+, Rs. III, 22 sowie F. Thureau-Dangin, *Rituels accadiens*, 34, Z. 13, 40, Z. 11 und vielleicht auch 44 (BE 13987), Z. 11 (ergänzt).

39 Vgl. K 2724+, Vs. 11', 15', 19', 22' (siehe S. Langdon, "Calendars of liturgies and prayers", *AJSL* 42, 1925/26, 115ff.; B. Menzel, *Assyrische Tempel* II, T 55 - T 58 und meine Bearbeitung in dem in Anm. 26 zitierten Aufsatz).

40 Vgl. auch den 'Kultkalender' *TCL* 6 n48.

41 Vgl. K 14863, 4' in meinem in Anm. 26 zitierten Aufsatz.

Schreibung *li-li-si iš-šak-kan.*

Vs. 4': Das Balag ᵈUtu lugal-àm ist ebenfalls in dem Katalog IVR² 53+ gebucht (Kol. I, 27).[42] Dort ist es jedoch mit dem Eršemma ᵈUtu-gin₇ è-ma-ra kombiniert. In F. Thureau-Dangin, *Rituels accadiens*, Paris 1921, 24, Z. 13[43] ist zwischen zwei Riten-Eršemmas (dilmunᵏⁱ nigin-na [= IVR² 53+, Kol. III, 22] und é šà-ab ḫun-gá-ta [= IVR² 53+, Kol. III, 11]) ein weiteres Emesal-Gebet genannt, das den Titel ᵈUtu lugal-àm trägt. Bei diesem handelt es sich jedoch vermutlich um ein gleichnamiges Riten-Eršemma und nicht um das hier zitierte Balag. Wohl das Balag ᵈUtu lugal-àm ist in dem babylonisch geschriebenen Fragment der Beschreibung eines Rituals zur Beruhigung des Zornes einer Gottheit, K 18695[44], Z. 2 zur Rezitation vorgeschrieben. ᵈUtu lugal-àm ist das einzige auch ursprünglich als Gebet an den Sonnengott konzipierte Balag, das man gemäß dem hier vorgestellten 'Kultkalender' an den Sonnengott von Sippar richtete.

Das hier mit dem Balag kombinierte Eršemma ur-sag (ᵈ)Ut-u₁₈-lu ist in dem Katalog IVR² 53+ in Kol. III, 12 lediglich als Riten-Eršemma verzeichnet. Daneben gab es ein weiteres Riten-Eršemma gleichen Titels.[45] Das ursprünglich an Ninurta gerichtete Gebet ur-sag ᵈUt-u₁₈-lu konnte auch den Abschluß der Balag-Komposition nir-gál lú è/e-NE bilden. Während nach den Angaben des Kataloges IVR² 53+, Kol. I-II, 31 das Balag nir-gál lú è-NE mit dem Eršemma umun úru-mu in-di-bi maḫ-a kombiniert wurde, beschloß man dieses Balag bei den Frühjahrsfeierlichkeiten in Assur zu der Zeit Assurbanipals ebenfalls mit dem Eršemma ur-sag ᵈUt-u₁₈-lu.[46] Auch in einem weiteren Ritual, an dem der König teilzunehmen hatte, dessen genauer Zweck aber bislang unbekannt

---

[42] Eine Bearbeitung des einzigen möglicherweise zu diesem Balag gehörigen Tontafelfragmentes bietet M.E. Cohen in *CLAM*, 423-426.

[43] Vgl. auch ebd., 40, Z. 11 und 44 unten, Z. 11.

[44] Bearbeitung: S.M. Maul, *Herzberuhigungsklagen*, 52f und Tf. 2. Die dort in Erwägung gezogene Ergänzung von IVR² 53+, I, 27 (nach *OECT* 6, Pl. XIV [81-7-27, 66], Vs. 2') als: [lugal-àm ᵈUtu] lugal-àm erweist sich durch BM 50503, Vs. 4' als hinfällig.

[45] Dies ist aus dem Umstand zu folgern, daß in der Sammeltafel mit Riten-Eršemmas MMA 86.11.288+557 (Join: Verf.; vgl. meine Edition in *CTMMA* II [im Druck]) einerseits das Riten-Eršemma ur-sag ᵈUt-u₁₈-lu ausgeschrieben wurde (siehe dazu auch die Bearbeitung von M.E. Cohen, *Eršemma*, 143f), während andererseits auf der Rs. Titel von Riten-Eršemmas verzeichnet sind, die nicht in ihrem Wortlaut notiert (NU SAR) wurden. Dazu zählt auch ein Riten-Eršemma ur-sag ᵈUt-u₁₈-lu (MMA 86.11.288+557, Rs. 19).

[46] Siehe S. Langdon, *AJSL* 42, 116, K 2724 + K 8207 (jetzt + K 13559), Vs. 23': [DIŠ UD.2]6.KAM* nir-gál lú e-NE ÉR ur-sag ᵈUt-u₁₈-lu ÉR.ŠÈM.MA *ana Aššur*(AN.ŠÁR) *ina bēt*(É) *ṣ*[*i*ˡ-*it Šamši uššab* (?)] und auch K 11617 (unpubliziert), 4': [nir-gá]l lú e-NE ÉR ur-sag ᵈUt-u[₁₈-lu ÉR.ŠÈM.MA *ana Aššur ina É-šár-ra*(?)].

blieb, sollte dieses Eršemma mit dem Balag n i r - g á l l ú e - N E gesungen werden.[47] Das Eršemma ist ferner in dem Katalog *VS* 10 n216, Rs. 16 und in J.J.A. van Dijk und W.R. Mayer, *Texte aus dem Rēš-Heiligtum in Uruk-Warka* (*BaMB* 2), n15, 10' zitiert (dort wohl ebenfalls mit dem Balag n i r - g á l l ú e - N E kombiniert). Entsprechend der Ritualanweisung in dem Duplikat *CT* 42 n12, Vs. 28 sollte dieses Eršemma "monatlich am 3. Tag vor der Abenddämmerung in der Kapelle der Göttin Tašmētum" gesungen werden.[48] In der hier vorliegenden Kultordnung aus Sippar wurde es auch am frühen Morgen vor Šamaš am 20. Tage jedes Monats als Abschluß des Balags u$_4$ - d è u$_4$ - d è gesungen.[49]

Vs. 5': Balag und Eršemma sind in der hier vorliegenden Zusammenstellung auch in dem Katalog IVR^2 53+, I-II, 6 aufgeführt.[50] Die sehr gut bezeugte Hymne an den Gott Enlil ist auch in den Katalogen BM 85564 (= S.N. Kramer, *Fs. Diakanoff*, 207), Z. 6 und *AJSL* 26, 28, Z. 7 (1 u$_4$ - d a m k i à m - ú s) gebucht. Eine Bearbeitung hat M.E. Cohen in *CLAM*, 120-151 vorgelegt. In Uruk wurde gemäß *TCL* 6 n48, Rs. 2f am 7. Tage jedes Monats das Balag "u$_4$ - d a m k i à m - u š$_4$" rezitiert. In Babylon sang man es auch im Rahmen des "Kislīmu-Rituals für Esagil" zu Klängen der Kesselpauke (*lilissu*).[51] Mehrfach sind Balag und Eršemma in Ritualbeschreibungen zur Rezitation vorgeschrieben. Wie in BM 50503 sollten sie auch im Rahmen der Frühjahrsfeierlichkeiten in Assur vor dem Gott Assur im *bēt Dagān* in den frühen Morgenstunden des 23. Šabāṭu vor dem "Wecken des Hauses" gesungen werden.[52] Zur Rezitation sind sie auch in den Ritualen F. Thureau-Dangin, *Rituels accadiens*, 42, Rs. 5 (Bauritual) und W.R. Mayer, *OrNS* 47, 445, 9 (Mundwaschung) vorgeschrieben. Das Balag hat M.E. Cohen in *CLAM*, 120-151 bearbeitet. M.E. Cohen gibt in *Eršemma*, 8 mit Anm. 28 *CT* 42 n9, Vs. Kol. II, 12ff und *VS* 10 n211 als Textvertreter des Eršemmas u m u n b á r a k ù - g a an.[53] Hierbei handelt es sich jedoch

---

[47] K 5260+, 5'f (siehe S.M. Maul, *Herzberuhigungsklagen*, 53).

[48] *i-na* ITI UD.3.KAM* *la-am* KIN.SIG *ina* É *pa-pa-ḫi* ^{d}*Taš-me-tum iz-za-*[*mur*]. Vgl. auch die von M.E. Cohen in *Eršemma*, 41 zitierte Parallelstelle aus MLC 382.

[49] Siehe BM 50503, Vs. 15'.

[50] Ein "nicht-kanonisches" Balag u$_4$ - d a m k i à m - m u - ú s, das mit einem anderen Eršemma kombiniert ist, findet sich in dem gleichen Katalog in der Zeile I-II, 37.

[51] Siehe G. Çağirgan/W.G. Lambert, "The Late Babylonian Kislīmu Ritual for Esagil", *JCS* 43-45 (1991-93), 89-106 [S. 100, Z. 158].

[52] Vgl. S. Langdon, *AJSL* 42, 116, 14f und meine Bearbeitung in dem in Anm. 26 zitierten Aufsatz.

[53] In *SBH* n23, Rs. 29 lautet die auf ein folgendes Eršemma verweisende Fangzeile: u m u n b á r a k ù - g a [...]. Dies dürfte jedoch ein Schreibfehler für: u m u n a g a k ù - g a sein (vgl. IVR^2 53+, Kol. II, 26). Das Eršemma u m u n b á r a k ù - g a ist auch in K 14863, 5' (Bearbeitung in meinem in Anm. 26 genannten Aufsatz) zitiert.

um zwei unterschiedliche Gebete. Es ist nicht zu klären, welches dieser Gebete das dem Balag u4-dam ki àm-mu-ús zugeordnete Eršemma ist.

Vs. 6'f: Der Titel des Balags ist in zwei Fassungen überliefert. Die babylonisch geschriebenen Texte, auch die aus Ninive, geben die Anfangszeile des Balags wie die *SBH*-Texte mit gu4-ud nim kur-ra an, während in den Tafeln, die in assyrischer Schrift verfaßt wurden, das Balag als gu4-ud nim É-kur-ra zitiert wird.[54] Das Balag ist mit dem auch hier genannten Eršemma in den Katalogen IVR^2 53+, Kol. I-II, 29 und in der Liste von Balag-Kompositionen K 315 (+) K 14818 + K 18791 (+) K 20275[55], 10' aufgeführt.[56] Es ist an Ninurta gerichtet und von M.E. Cohen in *CLAM*, 440-456 bearbeitet.[57] Teile des Eršemmas, das in IVR^2 53, Kol. III, 20 auch als Riten-Eršemma gebucht ist, sind in K 5174 + K 10595 (unpubliziert), letzte Kolumne und in Rm 2, 494 + 82-5-22, 541 (unpubliziert), Rs. Kol. II' erhalten. Aus dem schon mehrfach zitierten 'Kultkalender für Assur' wissen wir, daß das Balag am 6. Addaru (wohl vor Assur) gesungen wurde.[58]

Vs. 8': Das ursprünglich an den Gott Asalluḫi/Marduk gerichtete Balag-Lied ist gemeinsam mit dem Enlil-Eršemma in dem großen Katalog der *kalûtu*-Literatur IVR^2 53+ in der Zeile Kol. I-II, 24 aufgelistet.[59] Bei den Frühjahrsfeierlichkeiten in Assur sollten diese Gebete vor dem 10. Šabāṭu vor Assur und am 22. desselben Monats vor Assur in seinem Tempel Ešarra

---

[54] Hinter dieser Variante steht selbstverständlich die Aussage, daß Ninurta, der Gott, an den das Balag gerichtet ist, der "hohe Held" des Ekur, des Hauses seines Vaters, sei. In den assyrischen Texten ist damit nicht in erster Linie das Ekur von Nippur, sondern das nach diesem Vorbild ebenfalls mit dem Ehrennamen Ekur versehene Haus des Assur gemeint (dazu vgl. A.R. George, *House Most High*, 116f n678). Ursprünglich dürfte auch der sumerischen Fassung der babylonisch geschriebenen Textvertreter ein ähnlicher Gedanke zugrunde liegen, der in kur eher den "Berg" als Ehrenname des Enlil gesehen haben dürfte als das "Land" (das ohnehin hätte mit ka-nag-gá bezeichnet werden müssen). Aus diesem Grunde habe ich die Übersetzung "hoher Held des Berges" der Übersetzung "hoher Held des Landes" vorgezogen, obgleich die in *SBH* n18 erhaltene akkadische Interlineare die Übersetzung *qarrādu šaqû ša mātu* bietet.

[55] Dazu demnächst Vf.; K 315 und K 20275 sind unpubliziert. Zu K 14818 siehe M.E. Cohen, *CLAM*, 23 und 829 (Kopie).

[56] Vgl. auch das in IVR^2 53+, Kol. I, 40 gebuchte "nicht-kanonische" (*aḫû*) Balag gleichen Titels.

[57] Vgl. auch die Übersetzung in M.E. Cohen, "Balag-Compositions: Sumerian Lamentation Liturgies of the Second and First Millennium B.C.", *SANE* 1/2 (1974), 22-26.

[58] Siehe S. Langdon, *AJSL* 42, 117, 37 und die Bearbeitung in meinem in Anm. 26 genannten Aufsatz.

[59] Vgl. die Bearbeitung des Balags in M.E. Cohen, *CLAM*, 413-417. Eine Bearbeitung des Eršemmas findet sich in M.E. Cohen, *Eršemma*, 110-117. Zu dem Eršemma siehe auch oben Vs. 1'.

gesungen werden.[60] Vor der großen Götterversammlung am 3. Addaru trugen die *kalû* die Balag-Komposition im *bēt Dagān* erneut vor Assur vor.[61] Auch in den "Mundwaschungs"-Ritualen[62], in Namburbi-Ritualen[63] und einigen anderen Riten[64] konnte es gesungen werden. Neben dem hier zitierten Balag gab es ein weiteres, "nicht-kanonisches" (*aḫû*) Balag-Gebet gleichen Titels, das mit dem Eršemma d i l m u n^{ki} n i g i n - n a kombiniert wurde.

Vs. 9f: Balag und Eršemma sind in der hier vorliegenden Zusammenstellung auch in dem Katalog IVR^2 53+, I-II, 7, sowie in der Liste mit Balag-Kompositionen K 315 (+) K 14818 + K 18791 (+) K 20275, 14'[65] aufgeführt. Das Balag ist außerdem in dem Katalog BM 85564 (S.N. Kramer, *Fs. Diakonoff*, 207), 10 gebucht. Das an Enlil gerichtete Balag wurde gemeinsam mit dem Eršemma im Rahmen der Frühjahrsfeierlichkeiten in Assur am 24. Šabāṭu vor Assur im *bēt Dagān* gesungen.[66] In Uruk kam es in neubabylonischer Zeit am 20. Tage jedes Monats[67] und im Zusammenhang mit dem *dīk bīti* - Ritual monatlich am 15. Tage zum Vortrag.[68] Im Anu-Tempel in Uruk wurde es außerdem am 11. Tašrītu, noch in der Nacht, vor Anu vor dem "Wecken des Hauses" (*dīk bīti*) im *ubšukkinakku* vorgetragen.[69] Ferner sang man das Balag in dem Ritual A.T. Clay, *BRM* IV n6[70], das im Falle einer Mondfinsternis durchzuführen war, und, gemeinsam mit dem Eršemma, in einem Kriegsritual.[71] Das Balag wurde von M.E. Cohen in *CLAM*, 152-

---

60 Vgl. K 11617, 1' und K 2724+ (= *AJSL* 42, 115ff), Vs. 8' (vgl. die Bearbeitung in meinem in Anm. 26 genannten Aufsatz).

61 K 2724+ (= *AJSL* 42, 115ff), Vs. 31'.

62 Siehe W.R. Mayer, "Seleukidische Rituale aus Warka mit Emesal-Gebeten" *OrNS* 47 (1978), 445, Z. 24 und Z. 26f (= J.J.A. van Dijk/W.R. Mayer, *BaMB* 2 n1, Z. 24 und Z. 26f).

63 *STT* n232, 20 (Bearbeitung: S.M. Maul, *Herzberuhigungsklagen*, 46-52); F. Thureau-Dangin, *Rituels accadiens*, 44 oben, 9.

64 S.M. Maul, *Herzberuhigungsklagen*, 34, Rit. n1, Vs. 14; vgl. ferner F. Thureau-Dangin, *Rituels accadiens*, 92, Rs. 10; J.J.A. van Dijk/W.R. Mayer, *BaMB* 2, n15, 3'; K 16989, 3' und vielleicht 79-7-8, 343 (Kopie: M.E. Cohen, *CLAM*, 825; vgl. *CLAM*, 21, Anm. 42 und meine Bearbeitung in dem in Anm. 26 genannten Aufsatz), 5'.

65 Siehe Anm. 55.

66 K 2724+ (= *AJSL* 42, 115ff), Vs. 18'f.

67 Siehe *TCL* 6 n48, Vs. 13.

68 Siehe *TCL* 6 n48, Rs. 5.

69 Siehe F. Thureau-Dangin, *Rituels accadiens*, 93, 15.

70 Vgl. *BRM* IV n6, 48.

71 Siehe M. Elat, *BiOr* 39, Sp. 11, Text I A, Vs. 6f

174 bearbeitet.[72] Textvertreter des Eršemmas ur-sag abzu-ta haben sich leider bislang nicht identifizieren lassen. Der Gebetstitel legt nahe, daß man sich mit ihm an den Gott Asalluḫi/Marduk richtete.[73]

Vs. 11'f: Vgl. den Kommentar zu der Parallelstelle Vs. 2'f.

Vs. 13'f: Das ursprünglich an Asalluḫi/Marduk gerichtete Balag en zu sá mar-mar sollte gemeinsam mit dem zugehörigen Eršemma nam-mu-un-šub-bé-en auch im Rahmen der Frühjahrsfeierlichkeiten in Assur vor dem Gott Assur gesungen werden.[74] Die Balag-Komposition kam auch in dem Kriegsritual M. Elat, *BiOr* 39 (1982), Sp. 13f, Text I, A 11 und in dem Ritual K 3653, Vs. 3 und Duplikat[75] zum Vortrag. Nach unserer Textstelle und diesen Belegen ist IVR^2 53+, Kol. I-II, 23 zu ergänzen. Das Balag hat M.E. Cohen in *CLAM*, 401-412[76] und das zugehörige Asalluḫi-Eršemma "Verwirf mich nicht" in *Eršemma*, 29ff bearbeitet.[77] Letzteres konnte auch mit anderen Balag-Liedern kombiniert werden.[78] In Assur wurde es außerdem auch an Adad gerichtet.[79]

Vs. 15'f: Von der Existenz des Balag-Liedes u$_4$-dè u$_4$-dè erfahren wir durch diese Belegstelle zum ersten Male. Der ursprüngliche Adressat des Gebetes läßt sich daher nicht ermitteln. Zu dem zugeordneten Eršemma vgl. den Kommentar zu Vs. 4'.

Rs. 1f: Balag und Eršemma sind in der hier vorliegenden Zusammenstellung auch in dem Katalog IVR^2 53+, I-II, 28 genannt. Das Balag ist ursprünglich an den Gott Iškur/Adad gerichtet. M.E. Cohen hat es in *CLAM*, 427-439 bearbeitet. Er lieferte auch eine Edition des zugeordneten Iškur-Eršemmas in *Eršemma*, 52ff und 54ff. Weitere Bearbeitungen haben

---

[72] Vgl. auch die Übersetzung in M.E. Cohen, *SANE* 1/2, 16-20.

[73] So auch M.E. Cohen, *Eršemma*, 19.

[74] Das exakte Datum läßt sich nicht ganz sicher ermitteln (vor dem 22. Šabāṭu). Vgl. S. Langdon, *AJSL* 42, 115, 7 und meine in Anm. 26 zitierte Bearbeitung.

[75] Siehe S.M. Maul, *Herzberuhigungsklagen*, 33.

[76] Anders als bei M.E. Cohen, *CLAM*, 401ff (dort: "Wise *EN*") ist hier auch die Übersetzung der Anfangszeile des Balags als "Weiser Herr etc." erwogen worden. Diese Übersetzung fußt auf dem Fragment K 17891, das den Anfang des Balags enthält:

1 [e]n zu sá ma[r-mar
2 [ ] *be-lum mu-du-*[*ú*

[77] Zu dem Eršemma vgl. auch die Anmerkungen und Kollationen in S.M. Maul, *Herzberuhigungsklagen*, 16, Anm. 30.

[78] Es handelt sich um die Balag-Lieder e-lum bar-ra me-a (siehe S. Langdon, *AJSL* 42, 116, 16') und um das "nicht-kanonische" (*aḫû*) Balag ^{d}Utu-gin$_7$ è-ta (siehe IVR^2 53+, Kol. I-II, 36).

[79] 79-7-8, 343 (vgl. Anm. 26), 3'.

W.H.Ph. Römer[80] und S.N. Kramer vorgelegt.[81] Ferner ist das Eršemma auch in der Ritualbeschreibung J.J.A. van Dijk und W.R. Mayer, *BaMB* 2, n15, Vs. 2' zitiert.

Rs. 3f: Nach der vorliegenden Zeile ist möglicherweise die inhaltlich sehr verwandte Textstelle VAT 8411 (F.H. Weissbach, *Babylonische Miscellen*, Tf. 13-14)[82], Rs. 35-39[83] zu ergänzen. Am Ende der Zeile BM 50503, Rs. 3 ist vielleicht nach F. Thureau-Dangin, *Rituels accadiens*, 36, 17 und 38, 24: *ši-gu-u/ú i-š*]*á-si* zu lesen. Die Spuren am Ende der Zeile 4 passen zu der Lesung *imannu*(ŠID-*nu*). Sollte sich dies bewahrheiten, liegt im Zeilenanfang (KUR x) der Titel eines (vermutlich sumerischen) Gebetes vor.

Rs. 5: Vgl. den Kommentar zur Parallelstelle Vs. 4'.

Sonnentage und Sonntage: die vier monatlichen Festtage des Sonnengottes

Der 'Kultkalender' aus Sippar lehrt, daß jeweils vier Tage des Monats als Festtage des Sonnengottes besonders hervorgehoben waren. Monatlich wurden am 8., 15. und 20. Tag sowie an einem weiteren Tag, der im ersten Monatsviertel (vor dem 8. Tag) gelegen haben muß, Riten durchgeführt, an denen die "Klagesänger" und der ihnen voranstehende *kalamāḫu*[84] beteiligt waren. An allen vier Tagen fand eine morgendliche und eine abendliche Zeremonie vor Šamaš statt, in der der Gott durch den Gesang eines Balags mit einem abschließenden Eršemma geehrt wurde. Der erste Teil der Zeremonie wurde stets durch das "Wecken des Hauses"[85] beendet. Zu diesem Ritus gehörte wohl auch das morgendliche Bekleiden der Gottheit.[86] Am Ende dieser Zeremonie wurden im ersten Dämmerlicht die Tore des

80 W.H.Ph. Römer, "Sumerische Hymnen: Ein ér-šèm-ma-Lied für den Gott Iškur von Karkar", in G. van Driel/Th.J.H. Krispijn/M. Stol/K.R. Veenhof (Hrsg.), *Zikir Šumim. Assyriological Studies Presented to F.R. Kraus on the Occasion of his Seventieth Birthday* (Leiden 1982), 298-317.

81 S.N. Kramer, "BM 96927: A Prime Example of Ancient Scribal Redaction", in T. Abusch/J. Huehnergard/P. Steinkeller (Hrsg.), *Lingering over Words. Studies in Ancient Near Eastern Literature in Honor of William L. Moran* (*HSS* 37, Atlanta 1990), 251-269.

82 Vgl. meine Bearbeitung in: "Marduk, Nabû und der assyrische Enlil. Die Geschichte eines sumerischen Šu'ilas", in *Festschrift für Rykle Borger*, 159-197.

83 Z. 35-39: ^{d}+EN TA *á-ki-ti ana É-sag-íl / ir-ru-um-ma* ^{lú}GALA.MA[Ḫ] / *it-ti* $^{ḫe\text{-}pí\ eš\text{-}ši\ /\ ḫe\text{-}pí\ eš\text{-}š[i]}$.

84 Siehe BM 50503, Rs. 3.

85 Vgl. Vs. 1', 5', 10', 16'.

86 Vgl. G.J.P. McEwan, *Priest and Temple in Hellenistic Babylonia* (*FAOS* 4, Wiesbaden 1981), 164 und ferner ebd., 161.

Tempels oder der Cella geöffnet.[87] Auch wenn unser Text keine entsprechenden Informationen bietet, dürften die Emesal-Lieder sowohl morgens als auch abends vor dem Kultbild des Gottes im Allerheiligsten des Tempels, der Cella des Šamaš, gesungen worden sein, so wie dies auch in Assur gemäß der auf uns gekommenen Texte[88] geschah. Es sollte ferner in Betracht gezogen werden, daß in Analogie zu dem Kultgeschehen in Assur der Vortrag der Lieder mit (Schlacht)opfern (*nīqu*)[89] und der Speisung des Gottes verbunden war.

Am frühen Morgen des 8. Tages des Monats schloß sich an das "Wecken des Hauses" eine Ehrung des Bunene durch das Singen einer Balag-Komposition an. Es mag auch hier ein (Schlacht)opfer für Bunene gefolgt sein. Der vorliegende 'Kultkalender' ist wohl nicht überinterpretiert, wenn man annimmt, daß der 8. Monatstag dem Sohn, Berater, Wesir und Wagenlenker des Šamaš in besonderer Weise geheiligt war.

Zwei der vier Festtage des Šamaš, der erste Feiertag des Monats und der 15. Monatstag, sind nicht nur dem Sonnengott, sondern auch seiner göttlichen Gattin Aja gewidmet. Während des Sonnenaufgangs, nach dem "Wecken des Hauses", wurde der Thron der Göttin in den ihrem Heiligtum vorgelagerten "Unteren Hof" gebracht und die Göttin nahm darauf Platz, so daß sie sich im wahrsten Sinne des Wortes im Freien im Lichte ihres Gatten sonnen konnte. Alle weiteren Riten sind in dem vorliegenden 'Kultkalender' nicht beschrieben. Daher bleibt unklar, zu welchem Zwecke die Kesselpauke auf dem Hof aufgestellt wurde.[90] Man darf aber vermuten, daß Lieder zu Ehren der Göttin gesungen wurden, die vom Klange der Pauke untermalt waren.[91]

Manches spricht dafür, daß der erste Feiertag des göttlichen Paares am ersten Tag des Monats begangen wurde. Allein der Gedanke, daß sich dieser Festtag im regelmäßigen Abstand von zwei Wochen wiederholte, ist reizvoll. Das Fest wäre dann bei der ersten Sichtbarkeit der jungen Mondsichel (1. Tag) und bei Vollmond (15. Tag), wenn sich die göttliche Sonne und ihr

---

87 Dazu vgl. auch F. Thureau-Dangin, *Rituels accadiens*, 129ff *passim*. Dem 'Kultkalender' aus Sippar ist zu entnehmen, daß das "Wecken des Hauses" mit der Morgendämmerung bereits abgeschlossen ist (vgl. Vs. 1'-3', 5'f, 10'f).

88 Hierzu vgl. meinen in Anm. 26 genannten Aufsatz. Vgl. ferner die in Anm. 48 zitierte Ritualanweisung *CT* 42 n12, Vs. 28.

89 Dies ist in dem 'Kultkalender' aus Assur allerdings nie in Verbindung mit dem "Wecken des Hauses" bezeugt.

90 Hierzu vgl. *LKU* n51 *passim*. Auch hier ist mehrfach das Aufstellen einer Kesselpauke vorgeschrieben, ohne daß gesagt wird, was dann weiter geschah.

91 Diese Lieder gehörten wohl kaum in das Repertoire der *kalû*, da sie dann in dem für die Klagepriester bestimmten 'Kultkalender' hätten namentlich aufgeführt sein müssen. Eher könnte es sich um Lieder der "Sänger" (*nāru*) gehandelt haben.

Vater, der Mond, gegenüberstanden, gefeiert worden. An diesen Tagen wäre dann die astrale Götterfamilie (Vater Sîn, Sohn Šamaš mit Gattin) vereint. Das an dem ersten Festtage vor der Morgendämmerung gesungene Balag liefert ein weiteres Indiz, das auf eine Datierung des Festes auf den 1. Tag des Monats weist. Dieses Gebet steht nicht nur an erster Stelle in der kanonischen Liste der Balag-Gebete und ist allein schon deshalb besonders geeignet, dem ersten Monatstag zugeordnet zu werden. Es wurde auch in Uruk am 1. (und am 20.) Tage jedes Monats vor Anu gesungen.[92] Eine Verbindung zwischen dem 1. und dem 20. Tag des Monats stellt aber auch unser Text her: An diesen beiden Tagen sangen die *kalû* vor Šamaš das Lied "Utu ist König". Eine weitere Verbindung zwischen dem 1. dem 20. Tag findet sich ferner in dem 'Kultkalender' aus Assur. Das Balag a b z u p e - e l - l á - à m, das man in Sippar am Morgen des ersten Šamaš-Aja-Festes vor Šamaš sang, kam in Assur am 20. Šabāṭu und am 1. Addaru (allerdings auch am 17. Addaru) zum Vortrag.[93]

Lag in Sippar der erste Feiertag tatsächlich am ersten Monatstag, würden die ersten drei monatlichen Feste des Sonnenheiligtums jeweils im Abstand von 7 Tagen, also im Wochenrythmus, stattgefunden haben. Der Abstand der Feste orientierte sich dann an den Mondphasen der "ersten Sichtbarkeit der jungen Mondsichel" (1. Tag), des "Halbmondes" (8. Tag) und des "Vollmondes" (15. Tag).

Unter den in unserem 'Kultkalender' aufgeführten Festtagen ist lediglich der 20. Tag des Monats der alleinigen Verehrung des Sonnengottes vorbehalten. Als einziger der vier Festtage des Monats steht der 20. Tag nicht in unmittelbarer Verbindung mit den Mondphasen. Dieser Tag galt - wie wir bereits gesehen hatten - auch in Nippur (und wohl in ganz Mesopotamien) als ein dem Šamaš geweihter Tag. Allein der im Vergleich zu den übrigen Festtagen bemerkenswerte Umfang der Ritualanweisungen, die dem 20. Tag in dem 'Kultkalender' aus Sippar zugewiesen sind, darf als Hinweis darauf angesehen werden, daß an diesem Datum der höchste monatliche Feiertag des Gottes begangen wurde. In der Tat ist der 20. Tag in besonderer Weise mit dem Sonnengott verbunden. Denn die 20 ist die heilige Zahl des Šamaš, die in der Keilschrift auch als Schreibung für seinen Namen Verwendung fand (^{d}XX = ^{d}*Šamaš*). Daher ist es wohl kaum zufällig, daß an diesem Festtage das Balag mit dem Titel "Utu ist König" gesungen wurde. Denn die Zahl 20 trug nicht nur den Namen (und damit das Wesen) des Gottes in sich. Vor dem Hintergrund des mesopotamischen Gedankens, daß der König in der Welt den Menschen als "Sonne(ngott)"[94] erscheine und leuchte und sie

---

92 Vgl. meinen Kommentar zu Vs. 1'.

93 Vgl. Anm. 34.

94 Im Prolog seiner Gesetzesstele (KH̬ V, 4-5) bezeichnete sich Ḫammurapi als "Sonne(ngott) von Babylon" (vgl. die Textausgabe: R. Borger, *Babylonisch-assyrische Lesestücke*[2] , *AnOr* 54, Band I, Rom 1979, 5ff sowie die Übersetzung: ders., *TUAT* I/1,

"recht leite" (*šutēšuru*), wie die Sonne selbst den Kosmos durch ihr stetes Wiederkehren und das Einhalten ihrer ewigen Bahn "in Ordnung hält", wurde die heilige Zahl des Gottes auch verwendet, um das Wort "König" (*šarru*) zu schreiben. Daher möchten wir hier vermuten, daß am 20. Tag des Monats das 'Königsfest' des Sonnengottes begangen wurde, der als wichtigsten Beinamen den Titel *šar šamê u erṣetim* ("König des Himmels und der Erden" [*passim* in Šamaš-Gebeten]) führte. Einen ähnlichen Charakter hatte vielleicht auch das erste Fest des Zyklus am Monatsersten. Auch an diesem Tage wurde Šamaš mit dem Königslied ᵈU t u l u g a l - à m geehrt. Teil der monatlichen Feierlichkeiten am 20. Tage war auch ein Auftritt der *kalû* am späteren Vormittag, oder – was ich für wahrscheinlicher halte – zur Mittagsstunde, bei dem eine weitere Balag-Komposition vorgetragen und von dem obersten *kalû* Räucherungen und andere Ritualhandlungen vorgenommen wurden.

Mit der hier wahrscheinlich gemachten Abfolge der Festtage (1., 8., 15. Tag) können wir in der Festordnung des É - b a b b a r von Sippar die Idee einer Sieben-Tage-Woche erkennen, deren erster Tag dem Sonnengott geweiht war. Zwar ist das Tagesiebent aus der Thora wohlbekannt. Der hebräischen Überlieferung ist aber der Gedanke fern, daß dieses von einem *dies solis* angeführt wird. Die auch heute noch gültige Bezeichnung des ersten Wochentages als "Sonntag" (*dies solis*) kommt in der hellenistischen Welt erst um die Zeitenwende auf. Auch wenn Dio Cassius (fälschlicherweise[95]) dessen Ursprung in Ägypten sucht, entstammt die Idee des "Sonntages" angesichts des vorliegenden 'Kultkalenders' aus Sippar eher den Festkalendern mesopotamischer Sonnenheiligtümer. Der christliche Sonntag als erster Wochentag verbindet den hellenistischen *dies solis* mit dem jüdischen Schabbath, der dann zum "Tag des Herrn" wurde (ἡ κυριακὴ ἡμέρα = *Dominica dies*[96]).

In dem 'Kultkalender' aus Sippar bricht nur das Fest des 20. Wochentages aus dem Schema der Sieben-Tage-Woche aus. Dies mag einerseits daran liegen, daß dieser Tag vielleicht das älteste und ursprünglich einzige Monatsfest des Sonnengottes war. Zum anderen gestattet aber ein zumeist dreißigtägiger, synodischer (Mond-)Monat nicht, einen Zyklus von

---

Gütersloh 1982, 39-80). Viele mittel- und neuassyrische Könige nannten sich ᵈ*šamšu kiššat nišē*, "Sonne(ngott) aller Leute" (vgl. M.-J. Seux, *Épithètes royales akkadiennes et sumériennes*, Paris 1967, 284). Hierzu paßt ferner, daß nach dem neuassyrischen Krönungsritual *LKA* n31 dem königlichen Sonnengott die Macht zugeschrieben wurde, den (zukünftigen) Herrscher zum "Hirtentum über die vier Weltengegenden" zu erheben (vgl. ebd., Z. 1: ᵈ*Šamaš šar šamê u erṣetim ana rē'û*[*t kibr*]*āt erbettim liššīka*).

95 Für eine entsprechende Auskunft danke ich Herrn Dr. C. Leitz, Köln.

96 Geheime Offenbarung des Johannes, 1:10.

vier Tagesiebenten zu etablieren, ohne daß sich dieser von der kosmischen Anbindung an die Mondphasen löste. Allein aus diesem Grunde bedurfte es einer Durchbrechung des Schemas. Denn nur so konnte das erste Šamašfest wieder bei der ersten Sichtbarkeit der jungen Mondsichel begangen werden.

An dieser Stelle ist ein genauer Vergleich der 'Kultkalender' von Assur und Sippar notwendig. Nur auf den zweiten Blick fällt auf, daß in dem 'Kultkalender' von Assur das "Wecken des Hauses" stets am Ende der Ritualanweisungen steht, die jeweils einem Tage zugewiesen sind. Vgl. z.B. K 2724+[97], Vs. 12'-15':

12' ⌜DIŠ⌝ UD.23.KAM* ur-sag gal me-ni! še-er-ma-al-la íl-la ÉR
13' an-na za-e maḫ-me-en ÉR.ŠÈM.MA *ana Aššur*(AN.ŠÁR) *ina bēt*(É) ^{d}*Da-gan urki*(EGIR) ^{udu}*niqû*(SISKUR.MEŠ)
14' u$_4$-dam ki àm-mu-ús ÉR umun bára kù-ga ÉR.ŠÈM.MA
15' *a-na Aššur*(AN.ŠÁR) *ina bēt*(É) ^{d}*Da-gan di-ik bēte*(É)

12' Am 23. Tage die Klage: "Großer Held, dessen göttliche Kraft Helden(qualitäten) hat"
13' (und) das Eršemma: "Im Himmel bist du, ja du erhaben" für Aššur im Dagan-Tempel. Anschließend (Schlacht)opfer.
14' Die Klage: "Wie ein Sturm reicht es[98] bis an die Erde" (und) das Eršemma: "Herr des heiligen Kultsitzes"
15' für Aššur im Dagan-Tempel. Wecken des Hauses.

In dem 'Kultkalender' aus Sippar hingegen ist dieser Ritus immer im Anfang der Beschreibung des Kultgeschehens eines Tages genannt.

Da am ersten (Mond-)Monatstag die junge Mondsichel erst nach Sonnenuntergang zum Vorschein kommt, wird bekanntlich der bürgerliche Tag der Mesopotamier vom Abend, nicht vom Morgen (oder von Mitternacht) an gerechnet. Berücksichtigt man dies, zeigen die 'Kultkalender', daß die Auftritte der *kalû* im Dienste des Gottes Assur in den Abend- und Nachtstunden stattfanden, während sie im Sonnenheiligtum zu Sippar den hellichten Tag umrahmten. Das in BM 50503 beschriebene Kultgeschehen im É-babbar von Sippar ist somit nicht nur den "Sonntagen", sondern auch "Sonnentagen" vorbehalten.

---

[97] Vgl. die in Anm. 26 genannte Literatur.

[98] Gemeint ist: das "Wort" (e-ne-èm) des Gottes.

"König Sonne": die Vielen in dem EINEN

Unter den Emesal-Liedern, die im É-babbar vor Šamaš gesungen wurden, sind nur zwei, die sich textimmanent als Gebete an den Sonnengott ausweisen: das Balag ^{d}Utu lugal-àm (= B 24[99]) und das Eršemma umun bára kù-ga (= E 5[100]). Aus dem Kommentar zu BM 50503 wurde bereits ersichtlich, daß alle weiteren vor dem Sonnengott gesungenen Balag- und Eršemma-Lieder ursprünglich anderen Göttern zugedacht waren:

Tag	morgendl. Balag	morgendl. Eršemma	abendl. Balag	abendl. Eršemma
1.	B 1, Adr.: Enki	E 1, Adr.: Enlil	B 24, Adr.: Utu	E 45, Adr.: Ninurta
8.	B 5, Adr.: Enlil	E 5, Adr.: Utu	B 21, Adr.: Asalluḫi	E 1, Adr.: Enlil
15.	B 6, Adr.: Enlil	E 6, Adr.: Asalluḫi	B 20, Adr.: Asalluḫi	E 29, Adr.: Asalluḫi
20.	B x, Adr.: ? B 25, Adr.: Iškur[101]	E 45, Adr.: Ninurta E 23, Adr.: Iškur	B 24, Adr.: Utu	E 45, Adr.: Ninurta

(Adr. = Adressat)

Wir dürfen wohl nicht davon ausgehen, daß die Gebete, die man im É-babbar vor Šamaš sang, planlos aus dem Corpus der Emesal-Lieder ausgewählt wurden. Daher müssen wir uns der Tatsache stellen, daß der Sonnengott in den monatlichen 'Gottesdiensten' nicht allein in seiner Eigenschaft als himmlisches Gestirn angesprochen wurde. In ihm sah man auch die *königliche* Sonne, die in Sippar offenbar so sehr als König unter den Göttern galt, daß es nicht als irrig oder gar als Blasphemie betrachtet wurde, wenn man im Sonnengott das Wesen des Götterkönigs Enlil und das des mit Enlil gleichgesetzten Marduk(-Asalluḫi) wiedererkannte. Auch das Wesen des Ea, des "kleinen Enlil"[102], der ebenfalls "Götterkönig" geheißen wurde, glaubte man in Šamaš wiederzufinden.[103] Diese Sicht ermöglichte, Šamaš

---

[99] "B" steht hier und in der folgenden Tabelle für "Balag". Die folgende Zahl ist die Nummer, die J.A. Black in seinem Aufsatz "Sumerian Balag Compositions", *BiOr* 44 (1987), Sp. 32-79 den Balag-Liedern zugewiesen hat.

[100] "E" steht hier und in der folgenden Tabelle für "Eršemma". Die folgende Zahl ist die Nummer, die M.E. Cohen in seinem Buch *Eršemma*, S. 7-17 den Eršemma-Liedern zugewiesen hat. Die Zuweisung des Eršemmas umun bára kù-ga an Utu/Šamaš richtet sich nach dem Vorschlag von M. E. Cohen, *Eršemma*, S. 19.

[101] Das zweite Balag mit dem ihm zugeordneten Eršemma wurde *nach* Sonnenaufgang gesungen. J.A. Black wies das Balag fragend dem Sonnengott Utu zu (*BiOr* 44, Sp. 46). M.E. Cohen hat in *CLAM* 428 darauf hingewiesen, daß in dem erhaltenen Teil des Textes zahlreiche Bezüge zu Utu und auch zum É-babbar zu finden sind.

[102] Siehe R.L. Litke, *A Reconstruction of the Assyro-Babylonian God-lists. An : ^{d}A-nu-um and AN : Anu šá amēli* (PhD, Yale University 1958), 103 (II:134).

[103] Zu einem Enlil-Ea-Synkretismus vgl. A.R. George, "Ea in hiding", *N.A.B.U.* 68/1995.

selbst als Enlil, Marduk oder Enki/Ea anzureden.[104] In seiner Eigenschaft als "Lichtbringer"[105] und derjenige, der die "Finsternis vertreibt" (*mukkiš ekleti*)[106], war er auch, wie uns zahlreiche Heilungsrituale und Exorzismen zeigen, der "Bezwinger des Bösen"[107] (*muḫalliq raggi*[108]; *mušalliṭ qê lumni*[109]). Daher kam er in seinem Wesen auch dem Heldengott[110] Ninurta nahe,[111],der seinerseits, wie uns die Theologie des *Enūma eliš* lehrt,[112] mit Marduk-Asalluḫi soviele Wesenszüge gemein hatte, daß diese beiden Gottheiten oft miteinander identifiziert wurden. Auch dem "Himmelssohn" (*māru rēštû ša Anim*) Iškur/Adad wurden diese Heldenqualitäten zugeschrieben.[113] In ihm konnte man, wie wir in BM 50503 sehen, ebenfalls den Sonnengott ansprechen. Hierbei mag eine Rolle gespielt haben, daß das Keilschriftzeichen für "Sonne" auch "Sturm" bedeuten kann und so zum klassischen Namensbestandteil des Wettergottes wurde, wie etwa dessen

---

104 In diesem Zusammenhang ist nicht uninteressant, daß Marduk bereits seit altbabylonischer Zeit in Sippar verehrt wurde (siehe R. Harris, *Ancient Sippar*, 146f). Die hier aufgezeigte Verbindung zwischen Sonnengott und Götterkönig mag der Grund dafür sein, daß in Assyrien die geflügelte Sonnenscheibe nicht allein dem Sonnengott vorbehalten war, sondern auch (zumindest wenn sie mit dem Gott "bemannt" ist, der Pfeil und Bogen hält) den Götterkönig Assur meinen konnte.

105 Vgl. K. Tallqvist, *Akkadische Götterepitheta*, 457.

106 Ebd., 456.

107 Ebd., 457.

108 "Der, der den Bösen zugrunde richtet".

109 "Der, der den »Faden des Bösen« durchtrennt" (zu der Vorstellung von einem "Faden des Bösen" vgl. Verf., *Zukunftsbewältigung*, 5, 119 und 225).

110 Der Beiname des Sonnengottes šul = *eṭlu*, "junger (kampffähiger) Mann" ist wohl in diesem Zusammenhang zu sehen.

111 Zu Šamaš und Ninurta vgl. auch meinen in Anm. 9 zitierten Aufsatz.

112 Vgl. W.G. Lambert, "Ninurta Mythology in the Babylonian Epic of Creation", in K. Hecker/W. Sommerfeld (Hrsg.), *Keilschriftliche Literaturen. Ausgewählte Vorträge der XXXII. Rencontre Internationale. Münster, 8.-12.7.1985* (*BBVO* 6, Berlin 1986), 55-60.

113 Das an den Wettergott gerichtete Balag B 25 enhält bezeichnenderweise auch Erwähnungen und Anrufungen des Sonnengottes. Im *Enūma eliš* sind auch zahlreiche Elemente einer alten Adad-Mythologie in den vergleichsweise jungen Marduk-Mythos eingeflossen. Hierzu vgl. auch J.-M. Durand, "Le mythologème du combat entre le dieu de l'Orage et le Mer en Mésopotamie", *M.A.R.I.* 7 (1993), 41-66. Vgl. ferner *Anzû* I, 12. Dort ist Ninurta als *nā'ir kusarikki ina qereb* A.AB.BA ("der, der den *kusarikku* inmitten des Meeres tötete") bezeichnet. Hinter der Erzählung dieser uns sonst in keinem bekannten Mythos überlieferten Heldentat, die im *Anzû*-Mythos dem Ninurta zugeschrieben wird, dürfte ein alter Adad-Mythos stehen.

Beinamen (^{d})U$_4$-gù-dé und (^{d})U$_4$-gù-ra-ra, "Brüllender-Sturm" zeigen.[114]

Als Folge der hier nur sehr knapp umrissenen Šamaš-Synkretismen ergibt sich, daß auch Aja, die Gattin des Šamaš, und Bunene, der Sohn und Ratgeber des Sonnengottes, mit anderen Göttern gleichgesetzt wurden. Vor diesem Hintergrund wird verständlich, daß man Aja auch als *ḫīrat* ^{d}Šà-zu verehrte[115] und so mit der Gattin des Marduk in einer Gestalt verschmelzen ließ. Wenn Šamaš als Enlil angesprochen wurde, mußte sein Sohn Bunene in gleichem Verhältnis zu seinem Vater gesehen werden wie der Enlil-Sohn Ninurta zum Gotte Enlil. Eine solche Parallelisierung von Bunene und Ninurta führte wohl dazu, daß in den Riten des 2. "Sonntages" des Monats Bunene mit einer Balag-Komposition angesprochen wurde, die sonst Ninurta zugedacht war (B 26 und E 24). Bei der Gleichsetzung der beiden Götter mag auch der Gedanke mitgewirkt haben, daß Bunene, der Wagenlenker des Sonnengottes, seinem Vater in ebensolch heldenhafter Weise den Weg bahnte, wie es im Mythos Ninurta, der "Rächer seines Vaters"[116], mit seinen Kriegszügen gegen die dunklen Kräfte des Chaos tat.

Zweifellos enstanden die Balag- und Eršemma-Lieder an Enlil, Enki, Iškur, Ninurta und Asalluḫi jeweils in den Tempeln, in denen diese Götter als Hauptgottheiten verehrt wurden. Dort ist der ursprüngliche 'Sitz im Leben' der Lieder zu suchen. Gleichwohl war, zumindest im ersten vorchristlichen Jahrtausend, die breite, 'synkretistische' Verwendung der Balags und Eršemmas nicht auf den Šamaš-Kult beschränkt. Denn auch in Uruk (vgl. *TCL* 6 n48) und Assur (vgl. K 2724+) sang man im regelmäßigen Götterkult vor Anu und Assur Emesal-Lieder, die ursprünglich anderen Göttern zugedacht waren. Eine solche Verwendung von Balag-Liedern und den ihnen zugeordneten Eršemmas ist oft bereits in deren Wortlaut angelegt. So wird etwa in dem Eršemma dilmun^{ki} nígin-na[117], das in der Tafelunterschrift als Eršemma des Enlil bezeichnet ist, der Gott Enlil schon in der älteren Fassung des 2. Jt. v. Chr. als Herr über Ur und Larsa angerufen und erscheint somit auch in Gestalt der Götter Zu'en/Sîn und Utu/Šamaš.[118] In der späteren Fassung des Gebetes wird er gar nicht nur mit seinem eigenen Namen, sondern auch mit den Namen des Enki, des Asalluḫi, des Wettergottes En-bi-lu-lu, des Nabû, des Madānu, des Ut-u$_{18}$-lu und des Uraš

[114] Aus gleichem Grunde erschien wohl aus der Sicht der Šamaš-Priester das Eršemma ur-sag Ut-u$_{18}$-lu (vgl. BM 50503, Vs. 4', 15' und Rs. 5) als in besonderer Weise für den Vortrag vor dem Sonnengott geeignet. Es ist ferner auffällig, daß das Keilschriftzeichen UD in nicht wenigen Titeln von Emesal-Liedern auftaucht, die in BM 50503 genannt sind.

[115] Siehe K. Tallqvist, *Akkadische Götterepitheta*, 245.

[116] šu-mar-gi$_4$ a-a-na = *mutīr gimilli abīšu*.

[117] Vgl. BM 50503, Vs. 1' und 8' sowie M.E. Cohen, *Eršemma*, 110-117.

[118] Vgl. M.E. Cohen, *Eršemma*, 111, Z. 19f.

angesprochen.[119] Ferner galt Enlil diesem Gebet zufolge sogar als Herr von Sippar und dessen Sonnenheiligtum É-babbar[120] sowie als Gott über Babylon, Borsipa und Isin.[121] Zahlreiche weitere vergleichbare Beispiele lassen sich bei aufmerksamer Lektüre in den meisten anderen Eršemmas und Balag-Liedern[122] finden. Daher ist es wohl kein Zufall, daß in dem großen Katalog der Emesal-Lieder IVR^2 53+ lediglich die göttlichen Adressaten der Šu'ila-Gebete namentlich genannt sind. Die dort aufgelisteten Balag-Kompositionen, die man an männliche Gottheiten richtete, sind in der Unterschrift als "insgesamt 39 Balags der Enlil-Götter"[123] bezeichnet. Die Balag-Kompositionen, die vor Göttinnen gesungen wurden, subsumierte man als die "18 Balags der Innin-Göttinnen"[124]. Diese Unterschriften müssen angesichts der hier aufgezeigten Verwendung der Emesal-Lieder ganz wörtlich verstanden werden. Die Adressaten der Lieder galten in ihren Tempeln als "Götterkönig Enlil" (bzw. als "Innin") und umgekehrt war ihr eigenes Wesen stets ein Aspekt des höchsten göttlichen Herrschers (bzw. der 'großen Göttin'), der alle göttliche Wesensart in sich vereinigte.

Gebete zum Tage und zur Nacht

Zwar findet sich das hymnische Lob auf die Allmacht des Gottes in allen Emesal-Liedern, die im Rahmen des monatlichen Kultgeschehens vor dem Sonnengott in Sippar gesungen wurden.[125] Im Mittelpunkt dieser Lieder steht der Preis des Gottes jedoch nicht. Bestimmend ist vielmehr die besorgte Klage über die Ferne des Gottes, die ein haltloses Wüten des Feindes zuließ, so daß die Mutter vergeblich nach dem Sohne und die Tochter vergeblich

---

119 Ebd., 113, Z. 10-16. Die Liste dieser Namen zeigt, daß die jüngere Fassung des Gebetes auf den Kult von Babylon zugeschnitten ist.

120 Hierin ist ein deutlicher Bezug des Enlil-Eršemmas zu dem Kult um Utu/Šamaš in Sippar zu sehen, der zweifelsohne dazu führte, daß der Vortrag des Eršemmas Bestandteil des regelmäßigen Gottesdienstes im É-babbar wurde.

121 M.E. Cohen, *Eršemma*, 113f, Z. 19ff.

122 Vgl. z.B. oben Anm. 101.

123 IVR^2 53+, I-II, 43: ŠU.NIGIN 39 balag ^{d}En-líl-lá-ke$_4$.

124 IVR^2 53+, I-II, 62: ŠU.NIGIN 18 balag ^{d}Innin-ke$_4$. Die sog. "Riten-Eršemmas" sind nach Göttern (III, 2-26) und Göttinnen getrennt (III, 27-41) ohne Nennung der Adressaten aufgelistet. In IVR^2 53+, III, 42 werden die "Riten-Eršemmas" pauschal als "ŠU.NIGIN 40 [ÉR].ŠÈM.MA.MEŠ" zusammengefaßt.

125 So z.B. in der Hymne auf das Gotteswort u$_4$-dam ki àm-mu-ús (vgl. den Kommentar zu Vs. 5').

nach dem Vater ruft.[126] In Litaneien wird der Gott immer wieder angefleht, sich doch erneut den Menschen[127] und seiner Stadt[128] zuzuwenden. In dem regelmäßigen Götterkult in Sippar ist freilich nicht die Angst vor einem realen Feind vorherrschend. Vielmehr steht die dunkle, fast archetypisch zu nennende Furcht im Vordergrund, daß der Gott, der schützend seine Hand über das Gemeinwesen legt, die ihm anvertrauten Menschen auf immer verlassen könne.[129] Entsprechend heißt es in dem morgendlichen Balag für den 8. Tag des Monats, daß des Tempels Herr "zur Unterwelt herabfuhr", daß des Tempels Herrin "mit ihm zur Unterwelt herabfuhr".[130] Diese Formulierung läßt erahnen, daß im Rahmen des Kultgeschehens im Sonnenheiligtum von Sippar die Gottesferne durchaus im kosmischen Sinne zu verstehen ist. In der Nacht, wenn die Sonne unter dem Horizont steht, ist der Gott tatsächlich in der Unterwelt. Die Emesal-Lieder vor Sonnenaufgang haben dementsprechend die Aufgabe, das Mitleid und das Wohlwollen des Gottes zu ersuchen, damit dieser sich im Sonnenaufgang wieder gnädig den Menschen zuwende. Die Gebete zur Nacht hingegen wollen sicherstellen, daß der Gott alsbald wieder erscheinen, die Finsternis vertreiben und den Menschen leuchten möge.[131]

Es kann hier nicht im einzelnen der Frage nachgegangen werden, welche Überlegungen dazu geführt haben, daß die eine Balag-Komposition am frühen Morgen, die andere am frühen Abend gesungen wurde.[132] Dafür mag es durchaus textimmanente Gründe geben. So fiel mir auf, daß in dem Balag abzu pe-el-lá-àm, das am ersten "Sonntagsmorgen" des Monats gesungen wurde, ein "heiliger Kultsockel" erwähnt ist, "gegründet dort, wo die Sonne aufgeht"[133].

Ferner scheinen, wie bereits aus dem obigen Kommentar ersichtlich wurde, einige Balags auch an einen festen Platz im Monat gebunden zu sein.

---

126 So im Eršemma dilmun^{ki} nigin-na: M.E. Cohen, *Eršemma*, 114, Z. 41f.

127 Vgl. z.B. das Eršemma nam-mu-un-šub-bé-en, "Verwirf mich nicht" (siehe den Kommentar zu Vs. 13'f).

128 Vgl. z.B. die Zeilen 108ff des Balags u$_4$-dam ki àm-mu-ús (M.E. Cohen, *CLAM*, 129f).

129 Vgl. z.B. M.E. Cohen, *CLAM*, 51, Z. 42ff.

130 Vgl. M.E. Cohen, *CLAM*, 133, d+190f.

131 Hierzu vgl. den Titel des in IVR^2 53+, I, 5 und 36 (= *aḫû*) genannten Balag-Liedes ^{d}Utu-gin$_7$ è-ta, "Wie die göttliche Sonne gehe auf" (Bearbeitung: M.E. Cohen, *CLAM*, 95ff).

132 Es ist aber zu beachten, daß zwei der in dem 'Kultkalender' aus Sippar zitierten Eršemmas (dilmun^{ki} nigin-na und ur-sag Ut-u$_{18}$-lu) sowohl am frühen Morgen als auch am Abend zum Vortrag gebracht wurden.

133 M.E. Cohen, *CLAM*, 49, Z. 20.

Einen textimmanenten Hinweis darauf liefert uns das Balag-Lied, das am letzten Sonnenfeiertag, am Vormittag des 20. Monatstages, gesungen wurde. Dort heißt es: "Utu (= die Sonne) liegt am Horizont, Nanna (= der Mond) steht still an des Himmels Wipfel"[134]. Eine solche Konstellation bietet sich tatsächlich am 20. Tag des Monats, wenn der abnehmende (Halb-)Mond am Vormittagshimmel hoch im Süden stehend sichtbar ist.

Vom Alter der Kultordnung des É-babbar

Über das Alter der hier dargelegten Kultordnung des Sonnenheiligtums zu Sippar wissen wir nichts. Freilich ist aus Verwaltungsurkunden des Tempels bekannt, daß die "Klagesänger" (*kalûm*) und ein ihnen voranstehender *kalamāḫum* sowie Musiker und Sänger (*nārum*) schon in altbabylonischer Zeit im Kultbetrieb des Tempels wirkten.[135] Bereits mehr als tausend Jahre, bevor der hier besprochene 'Kultkalender' niedergeschrieben wurde, dürften daher regelmäßige Zeremonien im É-babbar stattgefunden haben, in denen Balag- und Eršemma-Lieder ihren Platz hatten.[136] Leider können wir noch nicht feststellen, ob diese Feste wie später an "Sonntagen" gefeiert wurden, die am Anfang einer Sieben-Tage-Woche standen.

Der Schreiber des hier vorgestellten Textes versuchte jedoch auf seine Weise auf das hohe Alter der Festordnung von Sippar hinzuweisen. Mehrfach fügte er in das ansonsten konventionelle neubabylonische Schriftbild des Textes stark archaisierende Zeichenformen ein. Es ist hinreichend bekannt, daß mesopotamische Schreiber des 1. Jt. v. Chr. die älteren Entwicklungsstufen der Keilschrift überblickten und studierten. Sie legten paläographische Zeichenlisten an[137], fertigten hervorragende

---

134 Siehe ebd., 429, Z. a+11f.

135 Vgl. R. Harris, *Ancient Sippar*, 172ff.

136 Aufschluß über den regen Kultbetrieb der mesopotamischen Heiligtümer im ausgehenden 3. Jt. v. Chr. gibt die ausgezeichnete Arbeit von W. Sallaberger, *Der kultische Kalender der Ur III-Zeit* (*UAVA* 7, Berlin/New York 1993).

137 Vgl. das eindrucksvolle Beispiel: J.A. Black, *CTN* 4, n229 + K 8520 (weiterführende Literatur *CTN* 4, S. 33). In dieser paläographischen Zeichenliste wurden den neuassyrischen Zeichenformen "archaische" Zeichenformen gegenübergestellt, die (zumindest nach Ansicht der neuassyrischen Schreiber) den Anfang der mesopotamischen Schriftentwicklung gebildet hatten. Die Tafel *CTN* 4, n235 zeigt, daß die neuassyrischen Gelehrten diese uralten Zeichen nicht nur studierten, sondern auch Texte verfaßten, in denen sie die "archaischen" Zeichen verwendeten (dazu vgl. I.L. Finkel, *N.A.B.U.* 1/1997). Als Beispiele für Zeichenlisten (S^b) aus spätbabylonischer Zeit, in denen den Zeichenformen des ausgehenden 3. Jt. v. Chr. die jeweils zeitgenössischen Zeichenformen gegenübergestellt sind, seien E. von Weiher, *SpTU* IV n212 und n216 genannt.

Tontafelfaksimiles und verfaßten (vor allem in neubabylonischer Zeit) Königsinschriften, die im Schriftduktus erheblich älterer Perioden gehalten waren. Die Kenntnis alter Zeichenformen überrascht daher nicht. Bisher einmalig ist jedoch, daß wenige alte Zeichenformen in einen Text eingefügt wurden, der sonst im zeitgenössischen neubabylonischen Schriftduktus verfaßt ist. Die alten Zeichen wirken wie die reich ausgeschmückten, einer Handschrift entnommenen Initialen, die – in ein modernes Buch übernommen – geschmackvoll unterstreichen sollen, daß der Text vom Mittelalter handelt. Ein solcher Eindruck verfestigt sich, wenn man darauf achtet, in welchen Zusammenhang die alten Keilschriftzeichen gestellt wurden. In dem 'Kultkalender' sind sie nicht im "Fließtext" anzutreffen. Sie stehen vielmehr in den Titeln der sumerischen Emesal-Lieder, deren älteste erhaltene Textvertreter bekanntlich schon im sehr frühen 2. Jt. v. Chr. entstanden. Darüber hinaus treten sie nur in der Schreibung des Wortes für das altehrwürdige Instrument der "Klagepriester", die "Kesselpauke" (*lilissu*), in Erscheinung – ein Instrument, dem bereits im dritten vorchristlichen Jahrtausend im Kultbetrieb mesopotamischer Tempel eine bedeutende Rolle zukam:

li:		Vs. 2' und 12' (jeweils in: *li-li-is-su*)	[vor-Ur-III-zeitliche Zeichenform]
mu:		Vs. 5' (in sumerischem Gebetstitel)	[*kudurru*-Zeichenform][138]
na:		Vs. 9' (in sumerischem Gebetstitel)	[archaische aB Zeichenform][139]

In unserem Text sollten die alten Zeichenformen wohl wie "Deutezeichen" auf das hohe Alter der Götterlieder und der zugehörigen Riten verweisen.

Es gibt Grund anzunehmen, daß sich die Schreiber von Sippar in besonderer Weise altem keilschriftlichem Schrifttum verbunden fühlten und, zumindest in der späten Zeit, in Anspruch nahmen, dessen Hüter zu sein. Denn Berossos weiß in seiner Paraphrase der Sintflut-Erzählung zu berichten, daß Xisuthros auf Befehl des Κρόνος nicht nur seine Familie und die Tiere vor der Ausrottung bewahrt habe. Der Gott befahl auch "die ersten, die mittleren und die letzten Schriftwerke" in Sippar zu vergraben und so vor ihrem Untergang zu retten. Nach der Flut sollten sie dann aus dem Boden der

---

138 Neben der schlichten zeitgenössisch-neubabylonischen Zeichenform in Vs. 13' (ebenfalls in einem sumerischen Gebetstitel).

139 Neben der mehrfach belegten, schlichten zeitgenössisch-neubabylonischen Zeichenform in Vs. 1' und 8' (ebenfalls in sumerischen Gebetstiteln) sowie in Rs. 3 (in: NÍG.NA).

Stadt Sippar wieder ausgegraben[140] und “der Menschheit übergeben” werden.[141] Ob unser Schreiber mit den uralten Zeichenformen einen “vorsintflutlichen” Ursprung der Kultordnung von Sippar andeuten wollte?

140 Zweifelsfrei verbirgt sich hinter dieser Erzählung eine Aitiologie für den Umstand, daß man in den alten Städten Mesopotamiens bei Bauarbeiten immer wieder auf uralte Schriftzeugnisse stieß.

141 Siehe P. Schnabel, *Berossos und die babylonisch-hellenistische Literatur* (Leipzig 1923, Nachdruck: Hildesheim 1968), 264f und ferner S.M. Burstein, *The Babyloniaca of Berossus*, *SANE* 1/5 (Malibu 1978), 143-181 [= 1-39].

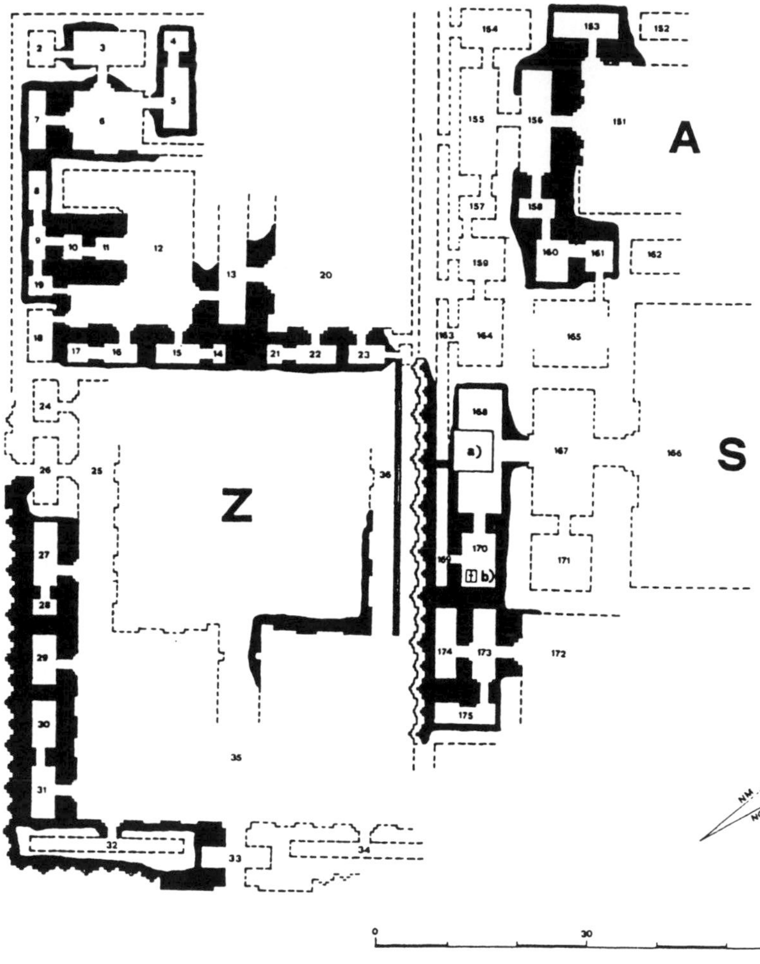

Abb. 1: Das É-babbar von Sippar
A. Der "Untere Hof" mit dem nordwestlich angrenzenden Tempelbereich der Aja.
S. Der "Hof des Šamaš" mit dem nordwestlich angrenzenden "Wohnbereich" des Sonnengottes. Südöstlich davon, in den Räumen 173-175 liegt der "Wohnbereich" des Bunene mit der Cella des Gottes in Raum 174.
Z. Die Ziqqurrat des É - b a b b a r .

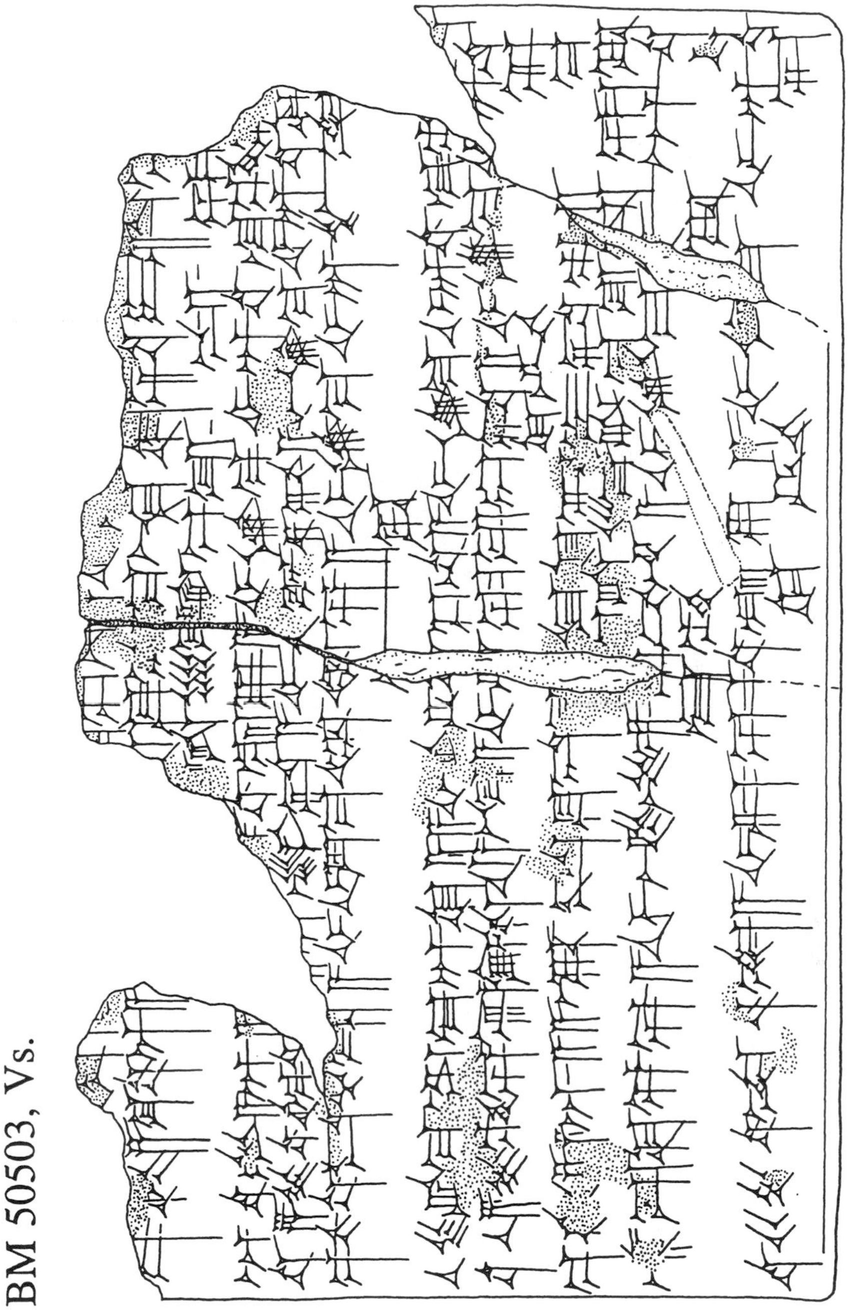

Abb. 2: BM 50503, Vorderseite (Kopie S. Maul)

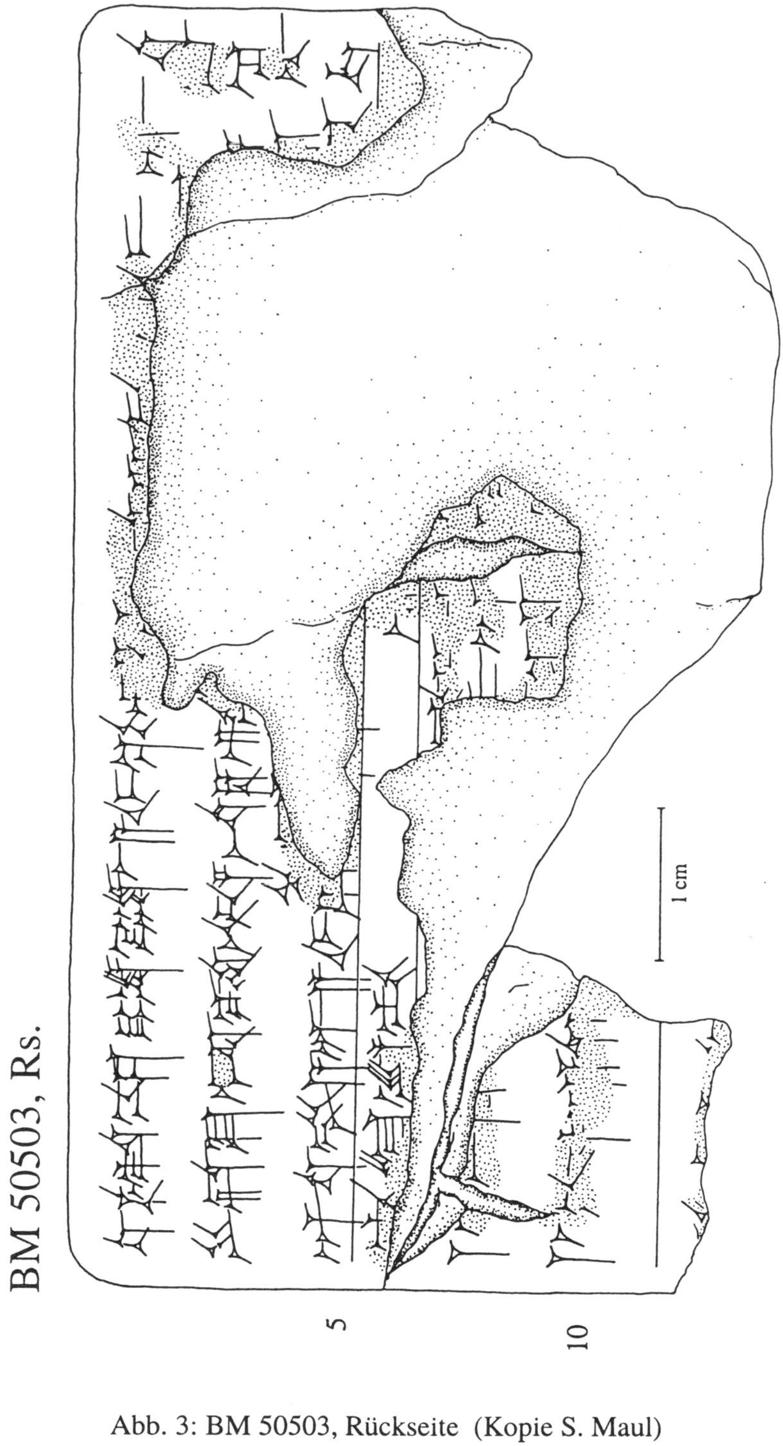

Abb. 3: BM 50503, Rückseite (Kopie S. Maul)

Der Palast von Aqar Quf

Stammesstrukturen in der kassitischen Gesellschaft

Jan-Waalke Meyer (Frankfurt/Main)

Der Palast von Aqar Quf[1] (Abb. 1), das É-gal Dur-Kurigalzu, wird stets als ein "von der Regel abweichender" Bau (Heinrich) bezeichnet. Er besteht offensichtlich aus mehreren Bauteilen (A-H), die zumindest in ihrer letzten Bauphase – die jüngste datierte Tontafel stammt aus der Zeit des Marduk-apla-iddina (1178-1165) – gemeinsam genutzt wurden. Stratigraphische Fragen zur Bauabfolge konnten bisher nur ansatzweise angesprochen werden; gesichert sind lediglich die Gründung der Anlage unter Kurigalzu II. sowie vier Hauptnutzungsperioden für den Bereich A, während der Bereich H erst in dem späteren Abschnitt – nach einem ersten Brand – errichtet wurde. Der gesamte Bau wurde durch einen zweiten Brand vernichtet und aufgegeben. Auffallend ist die ungewöhnliche Größe der Gesamtanlage mit etwa 360:360m.

In der vorliegenden Literatur werden stets nur zwei Bereiche, der um den sogenannten Haupthof A, der als Zentralteil des Gebäudes angesehen wird, sowie, aufgrund der dort gefunden Wandmalereien, der Bereich um Hof H ausführlich beschrieben. Der Hof A wird von drei Trakten eingefaßt, die aus jeweils etwa gleichgroßen Mittelsaalhäusern bestehen und die die eigentliche Residenz des kassitischen Herrschers bilden sollen. Alle drei Bauteile weisen jeweils einen zentral gelegenen Eingang sowie einen schmalen Zugang in einer der Ecken auf. Im Mitteltrakt soll sich der Thronraum (5) mit einem dazugehörigen Vorraum (1) befunden haben;[2] die beiden anderen Trakte

---

[1] T. Bakir, *Iraq Gouvernment Excavations at 'Aqar Quf. First Interim Report, 1942-1943* (*Iraq Supp.* 1944); ders., *Iraq Gouvernment Excavations at 'Aqar Quf. Second Interim Report, 1943-1944* (*Iraq Supp.* 1945); ders., "Iraq Gouvernment Excavations at 'Aqar Quf. Third Interim Report, 1944-1945", *Iraq* 8 (1946), 73-93.

[2] E. Heinrich, *Die Paläste im alten Mesopotamien* (Berlin 1984), 89 vergleicht diese Raumfolge mit dem Thronraum im altbabylonischen Palast von Mari; die von ihm ebenfalls hervorgehobene Ähnlichkeit mit neuassyrischen Palastbauten ist meiner Meinung nach nicht zu erkennen.

werden, trotz ihrer weitgehend identischen Konzeption, im allgemeinen als Wohn- und Verwaltungsgebäude bezeichnet.[3]

Im Osten schließt sich, neben einem Treppenhaus (3), ein Magazin oder Schatzhaus an, in dem kostbare Güter gestapelt werden konnten.

Der baugeschichtlich jüngere Bereich H weist ebenfalls saalartige Räume auf, die sich aber durch mehrere, von außen verschließbare Türen zum Hof hin öffnen. Die Wände waren mit pflanzlichen Motiven und mit Darstellungen saaleinwärts schreitender männlicher Gestalten farbig ausgemalt; dieser Dekor führte dazu, hier Räumlichkeiten für festliche Veranstaltungen anzunehmen.

Auffallend ist das – für mesopotamische Paläste ungewöhnliche – Fehlen einer direkten Verbindung zwischen den einzelnen Teilen der Anlage; so sind nur die Bereiche um die Höfe A, G und F direkt miteinander verbunden. Bau C mit mindestens drei Höfen wird immer als ein geschlossener Komplex behandelt. Heinrich sieht in diesen angrenzenden Bauteilen Sitze der Verwaltung, die dezentralisiert und voneinander getrennt organisiert sind.[4]

Hier soll eine andere Analyse des Bauplans versucht werden, die in stärkerem Maße dem tatsächlichen archäologischen Befund verpflichtet ist. Beginnen wir mit den eindeutig als Hof gekennzeichneten Bereichen: Die von Baqir vorgeschlagene Zählung der Baukomplexe A-H basiert auf insgesamt 8 Höfen; dabei besteht der Komplex C allein aus mindestens drei voneinander getrennten Höfen (49, 97, 105), ein weiterer, Hof 104, ist mit Sicherheit hinzuzurechnen. Außerdem ist der vorgelegte Plan nur so zu ergänzen, daß auch der Komplex B aus zwei Höfen besteht; ein weiterer wird sich im Westen – hinter dem von Heinrich als zingelartigen Abschluß der Anlage angesehenen Räumen 118-119 – angeschlossen haben.

Insgesamt haben wir daher 11 (12) Höfe mit jeweils umgebenden Räumen. Hinzukommen 8 gesicherte Treppenhäuser, so daß mit aller Vorsicht jedem Hofsystem ein Treppenhaus zugeordnet werden kann – benachbarte Höfe können möglicherweise auch ein derartiges Treppenhaus gemeinsam genutzt haben. Durch diese Treppenhäuser konnten die Dächer genutzt werden, die Anlage eines zweiten Stockwerks ist aufgrund der Beleuchtungsfragen der Langräume wenig wahrscheinlich.

Ein großer Teil dieser Komplexe wird durch Doppelmauern voneinander getrennt; so der Komplex B mit seinen zwei Höfen von H und A sowie von dem westlich anschließenden. Auch der Komplex G weist keine Verbindung zu den benachbarten Gebäuden H und F auf, nur mit A besteht eine solche

---

[3] E. Heinrich, *Paläste*, 89; ders., "Architektur von der alt- bis zur spätbabylonischen Zeit", in W. Orthmann (Hrsg.), *Der Alte Orient* (*Propyläen Kunstgeschichte* 14, Berlin 1975), 267.

[4] Ders., *Paläste*, 91.

über das wohl aufgrund der Baufugen sekundär eingebaute Treppenhaus 7 (bzw. den Raum 41).[5] F wiederum ist ebenfalls mit A über die Räume 2 und 8 verbunden, ebenso ist ein Zugang zu dem Magazintrakt möglich, aber wohl nicht zu Komplex E (Doppelmauer). Von D ist insgesamt zu wenig erhalten, um eine verbindliche Aussage treffen zu können; in jedem Fall sind D und A wiederum durch eine Doppelmauer voneinander getrennt. Inwieweit die Durchgänge von A noch genutzt werden konnten, bleibt fraglich.

Der Gesamtkomplex C ist in Bezug auf die Raum-Hofsysteme nicht so eindeutig zu interpretieren; einigermaßen sicher ist nur der Bereich um Hof 97, von dem auch das Treppenhaus 48 zugänglich war. Hof 49 öffnet sich nur in den Langraum 110, Hof 105 in den Raum 61. Der westliche Raumtrakt mit dem Treppenhaus 75 ist sowohl von dem angenommenen Hof 104 als auch von 103 aus zu betreten, wo vermutlich ein weiterer Hof angenommen werden muß. Die Raumgruppe um Raum 47 scheint gefangen, da sie nur über die Treppenhäuser 44 und 48 erschlossen werden können, offensichtlich nicht über einen Hof. Hier stoßen wir, bedingt durch den Erhaltungszustand und die Grabungsmethode, an die Grenzen der Interpretationsmöglichkeiten.

Bereits diese oberflächliche Analyse weist jedoch auf die Möglichkeit hin, in der Bausubstanz einzelne, weitgehend voneinander getrennte Baueinheiten zu sehen und keinen in sich geschlossenen Gesamtkomplex. Nicht nur aufgrund des Grabungsbefundes, sondern auch wegen der Größe und der internen Organisation sind die Bereiche A und H tatsächlich als besondere Einheiten zu betrachten (dazu s.u.).

Von jedem der anderen Höfe sind jeweils geschlossene Raumsysteme zu erreichen, die untereinander nicht oder nur in geringem Maße verbunden sind. Jedes dieser Hof-Raumsysteme besitzt zumindest einen deutlich ausgeprägten Langraum, offensichtlich den jeweiligen Hauptraum, der allerdings nie die Ausmaße der betreffenden Räume in den Komplexen A und H erreicht.

Mit aller Vorsicht wiederholt die Anlage dieser Baueinheiten jeweils das Konzept des U-förmig um den Hof angelegten Komplexes A – für einen südlichen Abschluß mit einem aufwendig gestalteten Eingang, wie ihn Heinrich annimmt[6], liegen keine Anhaltspunkte vor; vielmehr scheint sich an diesen Hof eine Terrasse anzuschließen, die möglicherweise bis zum Komplex C reicht (vgl. Tempelanlage in Aqar Quf).

Die von Heinrich – zugegebenermaßen nur versuchsweise – vorgeschlagene Deutung von Komplex A als Empfangs-, Wohn- und Verwaltungs-

---

[5] Möglicherweise war dieses Treppenhaus nur im jüngsten Bauzustand vorhanden.

[6] E. Heinrich, *Paläste*, 90.

bereich ist nicht nur wegen der nahezu identischen Raumaufteilung der drei Teile fraglich, sondern dem widerspricht auch die Verteilung der Tontafelfunde. Dabei handelt es sich vorwiegend um administrative Urkunden sowie um Briefe.[7] In den älteren Schichten wurden solche sowohl im Bereich des Magazins (Räume 12-14) als auch in den Komplexen A (Raum 15), B (Raum 71), C (Raum 52) und F (Raum 76) – und zwar immer in der Nähe von Treppenhäusern – gefunden; auch in den jüngeren Schichten stammen Tafeln aus den Räumen 4 (Komplex A, Schicht II) sowie 2, 8 (Komplex A), 83 (Komplex G) und 48 (Komplex C jeweils Schicht I) und damit aus verschiedenen Gebäudeteilen. Die betreffenden Archive sprechen von Goldschmieden und anderen Handwerkern, die offensichtlich dort beschäftigt waren.

Der Komplex A mit seinen drei etwa gleichwertigen Langräumen, die jeweils zentral über einen Vorraum zugänglich waren, kann dennoch als zentrale Einheit der Anlage angesehen werden. Gerade die axiale Ausrichtung der Zugänge spricht für eine eher öffentliche Nutzung dieser Säle im Sinne von Versammlungsräumen. Diese Annahme wird auch durch deren Ausmaße mit einer Länge von 38-48 m und einer Breite von 5-7 m bestätigt. Dieser Zentralbereich A wird dann in der jüngsten Nutzungsphase durch den aufwendig mit Wandmalereien ausgestalteten Komplex H ergänzt. Um diese Zentralbereiche lagern sich die anderen, jeweils selbständigen Wohneinheiten.

Damit dürfte es sich bei dem Gesamtkomplex in Dur-Kurigalzu nicht um eine Palastanlage im klassischen Sinne handeln, auch wenn die Texte von É-gal Dur-Kurigalzu, "Palast von Dur-Kurigalzu", sprechen. Das Vorkommen von eigenständigen Raumeinheiten weist vielmehr auf die Präsenz von deutlich voneinander unterschiedenen Gruppen hin.

Nach Aussage der Texte bestand bei den Kassiten in Babylonien immer noch die tribale Organisation ihrer Gruppe[8], die sich bereits vor ihrer Seßhaftwerdung und Machtübernahme herausgebildet hatte. Kennzeichen dafür sind die Bezeichnungen *bīt* und Personenname mit der Bedeutung "Haus des ..."; allerdings wird diese Bezeichnung sowohl für Sippen und Stämme als auch für Familien im engeren Sinne verwendet.[9]

---

[7] T. Bakir, *First Interim Report*, 14-16; ders., *Second Interim Report*, 12-13; ders., *Iraq* 8, 89-90; O. Gurney, "Texts from Dur-Kurigalzu", *Iraq* 11 (1949), 131-142. Vgl. J.A. Brinkman, *Materials and Studies for Kassite History 1. A Catalogue of Cuneiform Sources Pertaining to Specific Monarchs of the Kassite Dynasty* (Chicago 1976).

[8] J.A. Brinkman, "The Tribal Organisation of the Kassites", in *Proceedings of the 27th International Congress of Orientalists* (Ann Arbor 1967), 55-56; vgl. K. Balkan, *Studies in Babylonian Feudalism of the Kassite Period* (*MANE* 2/3, Malibu 1986), 64-65.

[9] J. Oelsner, "Zur Organisation des gesellschaftlichen Lebens im kassitischen und nachkassitischen Babylonien: Verwaltungsstruktur und Gemeinschaften", in *CRRAI* 28, 404.

Ganz deutlich wird die Beziehung zu Stämmen in den Provinzbezeichnungen, die in den älteren Texten durch *pīḫāt bīt* PN ausgedrückt werden, in den jüngeren nur durch *bīt* PN.[10] Diese administrative Gliederung[11] mit besonderer Berücksichtigung von Stammesgruppen ist bekanntlich für das Osttigrisland besonders kennzeichnend.[12] Vor allem dort, aber auch in Nordbabylonien, im Diyala-Gebiet und später auch im Süden finden sich Bezeichnungen wie Bīt-Ḫabban, Bīt-Ḫanbi, Bīt-Ḫašmar, Bīt-Nazi-Marduk, Bīt-Pere'-Amurru, Bīt-Sîn-ašarēd, Bīt-Sîn-māgir, Bīt-Sîn-šeme; daß es sich dabei um Stämme handeln dürfte, geht u.a. aus der durch Texte belegten "Wanderung" dieser Gruppen in jüngerer Zeit hervor.[13] Außerdem ist nur für diese Gebiete die Bezeichnung *bēl bīti*, "Stammesführer", belegt[14].

Mit Sicherheit gab es in dieser Zeit auch nomadischen Stammesbesitz an Land[15], so daß den Stämmen immer noch eine besondere Bedeutung zukam. Dies wird auch in den Kudurru-Texten deutlich, die, neben dem Übergang von Gemeineigentum in Privateigentum auch in beträchtlichem Umfang Eigentum von Sippen und Stämmen an Grund und Boden bezeugen.[16] Die

---

10 Ders., ibid., 404-405; vgl. F.X. Steinmetzer, *Die babylonischen Kudurru (Grenzsteine) als Urkundenform* (Paderborn 1922), 222-223.

11 K. Balkan, "Babilde Feodalizm Araştirmaları. Kas'lar Devrinde Babil", *Fak. Derg.* 1 (1943), 45-55 (nach H.G. Güterbock, "Türkische Beiträge zum Studium des Alten Orients", *AfO* 15, 1945-51, 130-131); vgl. K. Balkan, *Babylonian Feudalism*, 8-9; weiter J.A. Brinkman, "Provincial Administration in Babylonia under the Second Dynasty of Isin", *JESHO* 6 (1963), 233-242; ders., *A Political History of Post-Kassite Babylonia 1158-722 B.C.* (*AnOr* 43, Rom 1968), 296-311.

12 J. Oelsner, in *CRRAI* 28, 405; vgl. J.A. Brinkman, *JESHO* 6, 236-237; ders., *Political History*, 297-298; K. Balkan, *Kassitenstudien I. Die Sprache der Kassiten* (*AOS* 37, New Haven 1954), 90-99.

13 J.A. Brinkman, *JESHO* 6, 234-235.

14 Dazu J.A. Brinkman, *JESHO* 6, 236-237 mit Anm. 4; ders., *Political History*, 297-298 mit Anm. 1950-1955.

15 W. Sommerfeld, "Der babylonische Feudalismus", in M. Dietrich/O. Loretz (Hrsg.), *Vom Alten Orient zum Alten Testament* (*AOAT* 240, Kevelaer/Neukirchen-Vluyn 1995), 485-486; zum Kauf von Land in Stammesbesitz durch den König siehe F. Reschid/C. Wilcke, "Ein 'Grenzstein' aus dem ersten(?) Regierungsjahr des Königs Marduk-šāpik-zēri", *ZA* 65 (1975), 35 Anm. 2; vgl. F.X. Steinmetzer, *Grenzsteine*, 226-227.

16 J. Oelsner, in *CRRAI* 28, 403, vgl. F.X. Steinmetzer, *Über den Grundbesitz in Babylonien zur Kassitenzeit* (*AO* 19/1, Leipzig 1918), 6-9; ders., *Grenzsteine*, 265-268. Auf die komplexere Situation der Landvergabe hat zu Recht Oelsner bereits hingewiesen; die Lage der einzelnen Grundstücke wird durch die Angabe der Flur und der Sippe bzw. des Verwaltungsbezirks (*pīḫātu*) gekennzeichnet. Unter den Verwaltungsbezirken finden sich auch Stammes- oder Sippenbezeichnungen, *bīt* ..., "Haus des ..." (z.B. J. Renger, "Untersuchungen zum Priestertum der altbabylonischen Zeit. 2. Teil (Schluß)", *ZA* 59, 1969, 203-217; J.A. Brinkman, *JESHO* 6, 233-242). Daneben wird *bīt* aber auch im Sinne von

Gliederung der kassitischen Gesellschaft – ihre soziale Struktur – in Stämme[17] ist aufgrund der entsprechenden Texte daher unbestritten.

Ausgehend von modernen ethnologischen Beispielen neigen Gruppen mit mobiler Lebensweise zu einer segmentären Gesellschaftsform[18], die auch für die Kassiten zumindest vor ihrer Seßhaftwerdung angenommen werden darf. Verantwortlich dafür ist die fehlende landwirtschaftliche Tätigkeit und die damit verbundene Unabhängigkeit von Grund und Boden, die eine Zentralisierung der Macht und die Schaffung spezialisierter militärisch-politischer Einrichtungen verhindern. Diese politisch-ökonomische Situation führt zur Bildung von segmentären Gruppierungen, die aber auch nur dann entstehen, wenn ein Zusammenschluß tatsächlich notwendig ist. Die politische Führerschaft ist demnach auf Situationen beschränkt, in denen ein Stamm oder Stammesteil vereint handelt oder handeln muß. Erst mit der Etablierung eines kassitischen Staates ist eine derartige Situation geschaffen. Einerseits mußte jetzt, um die machtpolitische Rolle ausüben zu können, die bisher fehlende innere Hierarchisierung der Stämme[19] zugunsten der Institution des Königtums aufgegeben werden.[20] Andererseits besaß die historisch gewachsene

"Hauswirtschaft", "Familie" benutzt (*pīḫātu* meint das gleiche). Die Landschenkungen erfolgten allerdings wohl nicht nur an Stämme oder Sippen (vgl. F.X. Steinmetzer, *Grenzsteine*, 222), sondern auch an andere hohe administrative Funktionäre, die nicht Stammesführer waren, sowie an Babylonier oder "einfache" Kassiten.

[17] Unter Stamm ist keine politisch und sozial kohärente Gruppe zu verstehen, die sich auf einen gemeinsamen Vorfahren beruft (so auch P. Heine, *Ethnologie des Nahen und Mittleren Ostens. Eine Einführung*, Berlin 1989, 43-44), sondern eine durch Interessenwahrnehmungen und Herrschaftsbeziehungen zusammengehaltene politische Organisationsform (vgl. K. Beck, "Stämme im Schatten des Staates: Zur Entstehung administrativer Häuptlingtümer im nördlichen Sudan", *Sociologus* 39, 1989, 20).

[18] Dazu ausführlich E. Gellner, *Leben im Islam. Religion als Gesellschaftsordnung* (Stuttgart 1985); zur Kritik und Modifizierung u.a. W. Kraus, "Segmentierte Gesellschaft und segmentäre Theorie: Strukturelle und kulturelle Grundlagen tribaler Identität im Vorderen Orient", *Sociologus* 45 (1993), 1-25; P. Heine, *Ethnologie des Nahen und Mittleren Ostens*, 48-55; K. Beck, *Sociologus* 39, 19-35. Grundlegend E.E. Evans-Pritchard, *The Sanusi of Cyrenaica* (Oxford 1949).

[19] In derartig strukturierten Stämmen besteht weder in der horizontalen Ebene – oppositionelle Segmente ähneln sich in ihrem Aufbau – noch in der vertikalen Ebene – übereinander gelagerte Segmente ähneln sich ebenfalls – eine Hierarchisierung.

[20] E. Gellner, *Der Islam als Gesellschaftsordnung* (München 1992), 87-98 hebt jedoch hervor, daß es sich hierbei um eine ideelle Egalität handelt, da keine segmentierte Gesellschaft in der Praxis vollständig symmetrisch und egalitär ausgebildet ist; häufig kommen auch dort, auf der Grundlage von angehäuftem Reichtum und willkürlicher Gewalt, Despotie und Machtmißbrauch vor. Das Segmentationsprinzip versteht er daher eher als gemeinsame Handlungsgrundlage der Stammesangehörigen.

und immer noch bestehende segmentäre Organisation der Stämme einen symbolischen und einen instrumentalen Wert für das kassitische Königtum, die zusammen Grundlage der sozialen Struktur des Staates bildeten.[21] Der mit der Übernahme der Herrschaft in Babylon vollzogene Wandel war vermutlich relativ einfach durchzuführen, da ein Stamm eher einer politischen Struktur als einer ethnischen Kategorie entspricht.[22]

An dieser Stelle kann keine ausführliche Diskussion dieser gesellschaftlichen Organisationsform und ihrer möglichen Übertragung auf die Kassiten erfolgen; festzuhalten ist lediglich das offensichtliche Vorhandensein von Stämmen und Sippen sowie deren Bedeutung für den kassitischen Staat.[23]

Wenn unter diesem Gesichtspunkt der zuletzt von W. Sommerfeld bearbeitete Text MAH 15922[24] für eine Interpretation der Bauten in Dur-Kurigalzu herangezogen wird, dann ist festzustellen, daß die Legitimation des jeweiligen Herrschers in Dur-Kurigalzu erfolgte und erst danach die Krönungsfeierlichkeiten in Babylon durchgeführt wurden.[25] In dieser räumlichen Trennung ist eine Neuerung der Kassitenzeit zu sehen.[26]

Es stellt sich die Frage, wer den Herrscher legitimieren konnte; im ideellen, symbolischen Sinne sind es zweifellos die Igigu, die "Großen Götter", besonders Enlil, der "König der Götter", wie auch aus dem Titel Kurigalzus selbst, "Statthalter Enlils" (š a g i n a E n l i l a), hervorgeht. Ort dieser Handlungen war vermutlich der Zikkurat-Komplex mit seinen

[21] Vgl. dazu K. Beck, *Sociologus* 39, 19-35.

[22] Ibid., 20. Interessant in diesem Zusammenhang ist das von E. Gellner, *Islam als Gesellschaftsordnung*, 86-87 entworfene Modell (allerdings für die traditionell muslimische Zivilisation) einer Verschmelzung der politischen Soziologie Ibn Kalduns (*The Muqaddimah*, 3 Bde., engl. Übersetzung von F. Rosenthal, London 1958) mit der Oszillationstheorie von D. Hume (*Anfang und Entwicklung der Religion*, Leipzig 1909); darin geschilderte Charakterzüge wie "wetteiferndes Schmeichlertum gegenüber den Mächtigen und zur furchtsamen Verwendung von Maklern und Vermittlern beim Versuch, vom unnahbar Großen eine Gunst zu erlangen", finden sich auch ausgesprochen deutlich in der kassitischen Gesellschaft.

[23] So zuletzt auch W. Sommerfeld, "The Kassites of Ancient Mesopotamia", in J.M. Sasson (Hrsg.), *Civilisations of the Ancient Near East* (New York 1995), 925; vgl. J.A. Brinkmann, "The Monarchy in the Time of the Kassite Dynasty", in *CRRAI* 19, 403.

[24] W. Sommerfeld, "Der Kurigalzu-Text MAH 15922", *AfO* 32 (1985), 2-22.

[25] Nach K. Balkan, *Kassitenstudien*, 101, 119 und 121 wohl im Tempel der Götter Šuqamuna und Šumalija, der sich wiederum im Palast in Babylon befand. Diese beiden rein kassitischen Götter spielten offenbar bereits vor der Machtübernahme eine besondere Rolle und sind möglicherweise mit dem von Gellner entworfenen Modell (Anm. 22) zu verbinden, das die Notwendigkeit von Mittlern zwischen dem Menschen und der Welt der Götter annimmt.

[26] Vgl. W. Sommerfeld, *AfO* 32, 18-19.

verschiedenen Tempelanlagen, die demnach den "Großen Göttern" geweiht gewesen sein dürften; belegt sind, neben dem des Enlil, Tempel der Ninlil und des Ninurta.

Eine derartige Legitimation impliziert darüber hinaus auch die vorhergehende Wahl und die anschliessende Proklamation des betreffenden Herrschers, die nach Z. 2 des Textes ebenfalls von den "Großen Göttern" noch in Dur-Kurigalzu getroffen wurden ("es pflegten ihn die großen Götter zu berufen im Lande Karandunijash, (in) Dur-Kurigalzu, der Stadt...."); realpolitisch waren dafür aber eher, wie für segmentäre Gesellschaften kennzeichnend, die Stammesführer verantwortlich. Offenbar haben sich diese Stammesführer für die formelle Wahl und die Proklamation des neuen Herrschers – aber möglicherweise auch für andere politische Entscheidungen – in Dur-Kurigalzu getroffen[27].

Unter diesen Gesichtspunkten – Neugründung einer aufwendigen Gesamtanlage, gleichartig gestaltete, jedoch voneinander getrennte Raumeinheiten, bestehende Stammesstruktur der Kassiten sowie Wahl, Legitimation und Proklamation des Herrschers – und darüber hinaus unter Einbeziehung des sakralen Bezirks von Zikkurat und mehreren Tempeln[28] kommen als Benutzer neben dem König möglicherweise die Stammesführer der kassitischen Gruppen in Betracht. Es besteht daher durchaus die Möglichkeit, die Palastanlage in Dur-Kurigalzu mit den zeremoniellen Treffen der Stammesführer zu verbinden.

Nur die beiden zentralen Bereiche A und H wurden sicherlich vom Herrscher selbst zum Empfang genutzt[29]; somit handelt es sich bei der Gesamtanlage nicht, wie noch Brinkman angenommen hat[30], ausschließlich

---

[27] Der in Zusammenhang mit der kassitischen Geschichte immer wieder herangezogene Vergleich mit dem Feudalismus ist schon deshalb bedenklich, da eine typisch europäische Herrschaftsform, deren Grundlage in der europäischen Gesellschaftsstruktur zu suchen ist, auf eine vollkommen anders geartete Gesellschaftsstruktur übertragen werden soll; die für den europäischen Feudalismus charakteristische Trennung von Kriegern und Bauern findet sich ebensowenig in der kassitischen wie in den meisten anderen stammesgebundenen Gesellschaften. Die Führer waren immer noch ein Teil des Stammes und verwandtschaftlich mit den Stammesgenossen verbunden. Zur Produktionsweise segmentärer Gesellschaften allgemein: C. Meillassoux, *Anthropologie économique des Gouro de Cote-d'Ivoire* (Paris 1964); dazu vgl. E. Terray, "Der historische Materialismus vor dem Problem der linearen und segmentären Gesellschaften", in ders. (Hrsg.), *Zur politischen Ökonomie der "Primitiven" Gesellschaften. Zwei Studien* (Frankfurt 1974), 93-187.

[28] Die einzelnen Tempel sind ebenfalls als ähnlich gestaltete, jedoch deutlich voneinander getrennte Baukörper aneinander gesetzt.

[29] Die Mauern dieser beiden Bereiche unterscheiden sich zudem von allen anderen durch Verwendung von deutlich kleineren Ziegeln.

[30] J.A. Brinkmann, in *CRRAI* 19, 405-6.

um die Wohnquartiere der kassitischen Könige; vermutlich war Dur-Kurigalzu sogar nie Hauptstadt des kassitischen Reiches, sondern nur gelegentlicher Sitz zu bestimmten Anlässen politischer oder religiöser Art. Auf eine kurzfristige, saisonale bzw. sporadische Nutzung läßt auch das Fehlen von Ofenanlagen und anderen Installationen schließen.

Die jeweils um diese Zentralbereiche herum angelegten, ähnlich gestalteten Einheiten können demnach als temporäre – auf die Zeit gewisser Amtshandlungen beschränkte – Wohn- und Empfangsbereiche dieser Stammesführer angesehen werden.

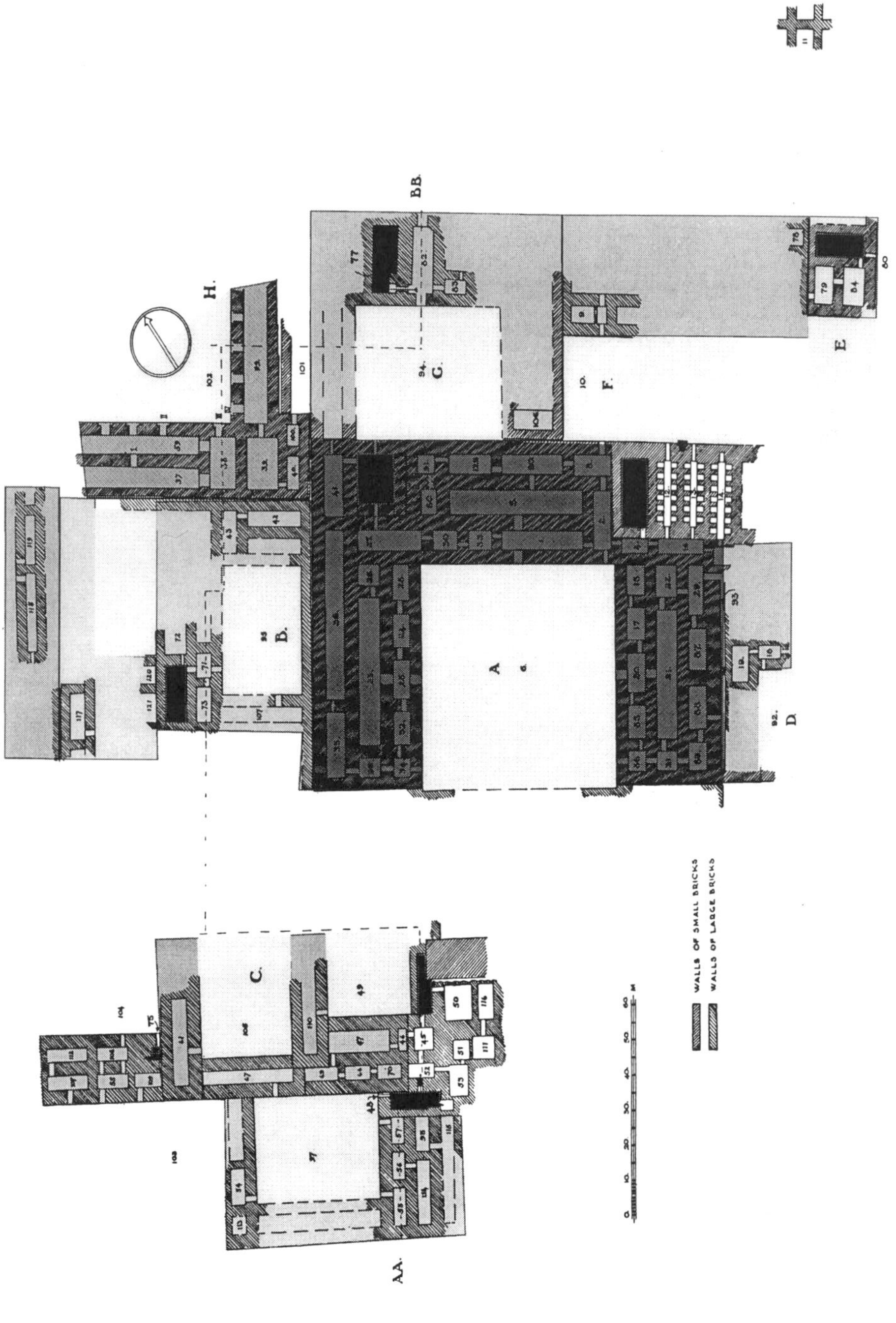

Abb. 1: Der Königspalast von Aqar Quf

Literature and Political Discourse in Ancient Mesopotamia

Sargon II of Assyria and Sargon of Agade

Marc van de Mieroop (New York)[1]

While my contacts with the recipient of this Anniversary volume have revolved primarily around our shared interest in economic history, this article will attempt to comment on two different aspects of Jo Renger's well-known wide interests, namely the historical tradition in Ancient Mesopotamia and the person of King Sargon II of Assyria. I hope he will accept my small contribution with the same kindness he showed before, when we first discussed economic history.

Ancient Mesopotamian culture is known for its long adherence to traditions: the Mesopotamians lived with their past. Although their factual knowledge may have been poor, they were aware of the past and saw it as important for the present. This is most directly visible in their preservation of the memory of past rulers, amongst whom those of the Old Akkadian or Sargonic period stand out. The long-lasting historical tradition regarding these kings of the mid-third millennium, primarily Sargon and Naram-Sin, has been studied extensively, and has led in recent years to a methodological discussion in the discipline about the use of literary texts in historical research. Do literary creations, often only known to us from manuscripts dating hundreds of years after the events they claim to describe, provide factual information that can be integrated in a historical description of the reigns of these kings? It had been customary in the discipline to search for what was called the "historical kernel" of these texts in reconstructions of political and military history. For instance, the possibility that Sargon campaigned in Central Anatolia, a feat unattested in his own inscriptions or in their Old Babylonian copies, was weighed at great length on the basis of

---

[1] This article has benefitted from the editorial and substantive comments made by Seth Richardson.

information from various later literary sources, such as "The King of Battle".[2]

It was Mario Liverani who pointed out the methodological difficulties of such an approach, first in a programmatic statement,[3] later in a detailed analysis of the Mesopotamian traditions regarding the Old Akkadian period,[4] which has caught the attention of many scholars. In his opinion the literary traditions regarding Old Akkadian, or other early Mesopotamian, kings cannot be used as sources for the periods they describe, only as sources for the periods in which they were composed. Amongst the reactions to Liverani's contention, the most explicit disagreement has been voiced by William W. Hallo.[5] He identified four problems: 1) the written evidence of the Old Akkadian period itself was given too much credence; 2) the later Mesopotamian sources are still millennia closer to the events they describe than we are; 3) the use of those later sources as evidence for their period of composition can lead to circular reasoning; and 4) to believe that we can know more than the authors of our sources is a "historians' fallacy." While I do not want to elaborate on this debate here, I would like to point out that it reveals a difference in opinion regarding the aims of historical research. The need to rely on later Mesopotamian literary sources to reconstruct the history of the Sargonic period is driven by the wish to write a history of events of that period. In such a reconstruction it becomes indeed important whether or not Sargon campaigned in Central Anatolia. If, however, we focus less on individual events in history, but on trends and patterns, we avoid the need to evaluate the "historical truth" in the Mesopotamian sources at hand. We can then write more of an intellectual history, one that investigates how the Mesopotamians perceived their own past, one that does not try to determine whether texts contain facts or fiction, but sees them as reflections of the thoughts of their authors.

Hallo's criticism of Liverani's work contains the legitimate concern that we are often unable to identify the date of composition of the literary sources regarding the Old Akkadian kings. For instance, the association of "The General Insurrection against Naram-Sin" with political events in the reign of

---

[2] E.g., C.J. Gadd, *The Dynasty of Agade and the Gutian Invasion* (*CAH*, 3rd ed., vol. I/2, Cambridge 1971), 426-431.

[3] M. Liverani, "Memorandum on the Approach to Historiographic Texts", *OrNS* 42 (1973), 178-194.

[4] Idem, "Model and Actualization. The Kings of Akkad in the Historical Tradition", in M. Liverani (ed.), *Akkad. The First World Empire* (Padua 1993), 41-67.

[5] W.W. Hallo, "New Directions in Historiography (Mesopotamia and Israel)", in M. Dietrich/O. Loretz (eds.), *dubsar anta-men. Studien zur Altorientalistik. Festschrift für Willem H. Ph. Römer* (*AOAT* 253, Münster 1998), 109-128.

Sumu-la-El of Babylon[6] may fit our current ideas about the latter's reign well, but cannot be demonstrated with certainty. We cannot even say that the text was known in Sumu-la-El's time, as all available manuscripts are undated and might postdate that reign. I would like to circumvent that problem by focusing, not on the date of "original" composition, but on the date of the manuscripts that are available to us today. What is the function of these texts in the period when the manuscripts at our disposal were written? Unless we believe that there was a mindless copying of texts because of antiquarian interests, there should have been a relevance to them when they were written. This approach allows us to work with the texts in the form that is available to us. It becomes irrelevant whether they were newly composed, verbatim copies of an earlier manuscript, or reworkings of something earlier. I contend that in all three cases the texts still had a meaning within the society for which the manuscripts were written. I would like to demonstrate the possibilities of this approach by focusing on one moment in the long history of traditions regarding Sargon of Agade: the neo-Assyrian Sargonid period, especially the reign of Sargon II (721-705) or soon thereafter.

Sargon of Agade and Sargon II of Assyria obviously had something in common: their throne-name. It is important to keep in mind that the Mesopotamians did not see a person's name as accidental to him or her. The naming of an individual, or object for that matter, was an important act. It contributed to the identity of the person, or the object.[7] Thus in rituals of substitution the transfer of the name could function as the transfer of the identity. When a substitute image was made, physical resemblance was not necessary, but the name had to be inscribed in order to make the substitute function.[8] Hence, we should not see the adoption of an existing name as something with only a superficial meaning. By using the name Sargon, the king of Assyria must have attempted to adopt the characteristics of his famous ancient predecessor. The name chosen, Šarru-kēn, "The king is legitimate", is usually taken as a sign that both men were usurpers.[9] And indeed, the early Sargon seems to have grabbed power from his master Ur-Zababa of Kish,[10] while the later one seems to have come to the throne during a rebellion of the citizens of Assur against his predecessor,

---

[6] M. Liverani, in *Akkad*, 59-61.

[7] Z. Bahrani, "Assault and Abduction: the Fate of the Royal Image in the Ancient Near East", *Art History* 18 (1995), 377.

[8] C. Daxelmüller/M.-L. Thomsen, "Bildzauber im alten Mesopotamien", *Anthropos* 77 (1982), 55.

[9] W.W. Hallo/W. Simpson, *The Ancient Near East: A History* (Fort Worth, 2nd ed., 1998), 52 with note 78.

[10] Ibid., 52.

Shalmaneser V.[11] It has been observed before that interest in the ancient Sargon flourished in the period of Sargon II of Assyria as visible in the large number of chronicles, omens, legends, and epics.[12] What I would like to demonstrate here is that the stories about the ancient king were used in two, antithetical, ways in late Assyrian history: on the one hand they were an easy way to glorify the ancient ruler and present him as the inspiration of the current one; on the other hand, criticism of Sargon of Agade could be used to criticize the Assyrian king.

By the end of the eighth century, the military greatness of Sargon of Agade had been legendary for a long time. Ever since the Old Babylonian period he had been presented as the conqueror of the entire world, although the exact extent of his conquests had not been systematically described. This changed in the neo-Assyrian period, when a text now referred to as "The Sargon Geography" appeared.[13] The text is known in two manuscripts only: one of neo-Assyrian date (Ass 13955eb; *ALA* II, 62 No. 117), found in Assur in the so-called house of the exorcists, the other of neo-Babylonian date and of unknown provenance, now in the British Museum (BM 64382). The neo-Assyrian tablet was found together with a large group of texts, many of them from the Sargonid period: some of the tablets from this house were dated with *limmu*'s ranging from 714 to post-canonical ones, while others refer to neo-Assyrian kings from Assurnasirpal II to Sin-šar-iškun.[14] Archaeological information suggests thus that the Assur tablet was from the last century of the neo-Assyrian period, but we cannot date it more precisely.

Also the "original" date of composition of the text has been a matter of dispute.[15] In the opinion of many scholars the text represents an early tradition, which was slightly reworked in the neo-Assyrian period. Albright sees the tablet from Assur as a late copy of a text with roots in the late third or early second millennium.[16] Grayson states that the author of the Sargon Geography could have used earlier documents, perhaps even of a third millennium date, and that "some editing was done in the first millennium".[17] Potts, on the other hand, states that it is a work from the period of Sargon II

---

[11] A.K. Grayson, *Assyria: Tiglath-Pileser III to Sargon II (744-705 B.C.)* (*CAH*, 2nd ed., vol. III/2, Cambridge 1991), 87-88.

[12] Ibid., 88.

[13] Idem, "The Empire of Sargon of Akkad", *AfO* 25 (1974-1977), 56-64.

[14] O. Pedersén, *ALA* II, 44.

[15] M. Liverani, in *Akkad*, 64.

[16] W.F. Albright, "A Babylonian Geographical Treatise on Sargon of Akkad's Empire", *JAOS* 45 (1925), 242.

[17] A.K. Grayson, *AfO* 25, 57.

of Assyria.[18] All these proposals for the dating have been based on the contents of the text, namely its toponyms. The text lists a large number of geographical names whose usage can be dated from other texts. We find a mixture of names used in the third millennium, such as Marhashi, the early second millennium, such as Emutbalum, the late second millennium, such as SURginiash, and the first millennium, such as Baza. Only a few names are exclusively of first millennium usage, but they are important as their appearance forces us to regard the text in its present form as having been written down at this late date. But if an earlier "Vorlage" existed, we could regard the core of the text to be old, with only some additions made in the first millennium, when the manuscripts available were written. Many scholars held this opinion, and conclude that an earlier date of composition, thus closer to the actual reign of Sargon of Agade, is likely and that the Geography therefore can be used as a statement regarding the extent of the Old Akkadian king's empire.

Disagreement with this attitude was expressed by Mario Liverani who did not look at the toponyms, but at the formulations used in the text.[19] He focused on the fact that it gives measurements of the regions of Sargon's empire by using the length-measure of *bēru*, the Akkadian term usually translated as "mile", but indicating the distance one can cover in a two hour period, thus about 10 kilometers. The text states, for instance, in Akkadian, 40 *bēru rebīt māt Marḫaši*, "40 miles is the extent of the land Marḫaši" (l. 33). According to Liverani it was only under Esarhaddon and Assurbanipal that the distance of far-away lands became measured in *bēru*. And indeed Esarhaddon states, for instance: 30 *bēru qaqqar ultu* uru*Apqu ša pāṭi māt Same[na] adi* uru*Rapiḫi ana itê naḫal māt Muṣur ašar nāru lā išu ina eblī ḫarḫarrī kalkaltu mê būri ina dilûti ummānāte ušašqi*, "in 30 miles of land, from Aphek, which belongs to the territory of Samena, to Raphia, beside the Brook of Egypt, where there is no river (at all), I gave my troops to drink by pulling well-water with ropes, chains, and buckets(?)".[20] In the Rassam Prism A, Assurbanipal describes his ninth campaign against Arabian tribes as a number of stages measured in *bēru*. For 100 *bēru* out of Nineveh his troops followed the Arabian rulers through the desert. Then they continued for another 8 *bēru* before they reached the safety of land with water. Thereafter the troops had a number of 6 *bēru* marches each from settlement to settlement. For instance: *ultu libbi* uru*Azalla adi* uru*Qurașiti* 6 *bēru qaqqaru ašar ṣummê kalkalti irdû* "they marched from the middle of Azalla to

---

[18] D. Potts, "The Road to Meluhha", *JNES* 41 (1982), 288.

[19] In *Akkad*, 64-67.

[20] R. Borger, *Die Inschriften Asarhaddons, Königs von Assyrien* (*AfOB* 9, Graz 1956), 112 ll. 16-18.

Quraṣitu for six miles through an area of thirst and hunger".[21] Liverani thus concludes that the composition of the "Sargon Geography" is to be dated in the reigns of either Esarhaddon or Assurbanipal, and for unstated reasons he prefers the first.[22]

A closer examination of the text leads me to a somewhat different conclusion. There are two formats of geographical description in the text; one measuring the extent of regions in *bēru*, the other locating two toponyms on the borders of an area, and then giving the name of that area or of its inhabitants. For instance, *ultu Uruna adi Ṣinu māt Lullubi* "from Uruna to Ṣinu: the land of the Lullubi." The entire text starts with this statement: [*ultu* ...] x *titurri Baza*ki *ša pāṭ ḫarrān māt Meluḫḫa*ki [*adi ... šadê e*]*rēni māt Ḫanu* 9 *šarrānu*, "[From ...] the bridge of Baza on the border of the road to Meluḫḫa [to the] cedar [mountains]: the land of the Haneans: nine kings" (ll. 1-2). This type of description of an area conquered by an Assyrian king is very commonly found in the royal inscriptions of Sargon II of Assyria. For instance, in his cylinder inscription from Khorsabad is stated: *ištu māt Rāši miṣir māt Elamti* lú*Puqudu* lú*Damunu Dūr-Kurigalzu Rapiqu madbar kalāma adi naḫal māt Muṣri māt Amurru rapaštum māt Ḫatti ana siḫirtiša ibellu ištu māt Ḫašmar adi māt Ṣimaš patti māt Madāja ruqūti ša ṣīt šamši māt Namri māt Ellipi māt Bīt-Ḫamban māt Parsua māt Mannāja māt Urarṭu māt Kasku māt Tabālum adi māt Muski ikšudu rabītum qāssu*, "he who rules everything from the land Rāši in the area of Elam, the Puqudu and Damunu tribes, the cities Dūr-Kurigalzu and Rapiqu and the entire steppe up to the Brook of Egypt, the broad land Amurru and the land Hatti; whose mighty hand conquered everything from the land Hašmar to the land Ṣimaš on the border of the land of the distant Medes in the East, the lands Namri, Ellipi and Bīt-Hamban, and from the lands Parsua, Mannāja, Urarṭu, Kasku, and Tabālum as far as the land Muski".[23] The concept that he ruled from Western Iran to the border of Egypt stated here, is explicitly expressed in the Sargon Geography as well, which says: *ultu Anzan adi Miṣri* "From Anzan to Miṣrû" (l. 45) in a summary of the extent of his conquests.

Geographical indicators are very common in Sargon's inscriptions, and the quote from the cylinder inscription above provides a description of the borders of his state.[24] The Sargon Geography contains the same type of information in the same format. That text sums up at one point: "Anaku and Kaptara, the lands across the Upper Sea, Dilmun and Magan, the lands across the Lower Sea, and the lands from where the sun rises to where the sun sets,

---

[21] Idem, *Beiträge zum Inschriftenwerk Assurbanipals: die Prismenklassen A, B, C = K, D, E, F, G, H, J und T sowie andere Inschriften* (Wiesbaden 1996), 65 ll. 120-123.

[22] M. Liverani, in *Akkad*, 66.

[23] A. Fuchs, *Die Inschriften Sargons II. aus Khorsabad* (Göttingen 1993), 33 ll. 12-15.

[24] Ibid., 396.

which Sargon, the king of the universe, three times conquered" (ll. 41-2). The idea that regions across the Upper and Lower seas were conquered is very strong in Sargon II's texts as well. In the inscriptions found on the pavements of the gates at Dūr-Sharrukin it is stated: *mušakniš 7 šarrāni ša māt Ia'a nagê ša māt Iadnana ša mālak 7 ūmē ina qabal tamtim šitkunāt šubāssun*, "he who subjected the kings of the Land Ja'a, a district in Cyprus, whose dwellings are located in the midst of the sea at a distance of seven days travel".[25] Somewhat later in the text Sargon says: *Uperi šar Dilmun ša mālak 30 bēri ina qabal tamtim kīma nūni šitkunu narbāṣu danān bēlūtija išmema iššâ tāmartuš*, "when Uperi, the king of Dilmun, whose nest lies in the midst of the sea like that of a fish, heard of the might of my rule, he brought his gifts".[26] The overseas regions of Cyprus and Dilmun in the Mediterranean Sea and the Persian Gulf are thus found in Sargon II's inscriptions as being at the edges of his area of control. In the Sargon Geography, this is extended to include Crete and Anaku, possibly another name for Cyprus[27] in the north-west, and Dilmun and Magan in the south-east. That the toponyms in the two texts do not exactly correspond is due to the difference in nature of the texts: the Sargon II inscriptions might be boasting, but must still adhere to standards of reality. The Geography is an imaginary description of an ancient empire whose extent the current ruler is to emulate. It should be pointed out that the last passage quoted does indicate a distance in *bēru*, which shows that such concept was used in Sargon II's reign and thus one does not have to wait to the reign of Esarhaddon to find such a technical term.

I would thus suggest that the Sargon Geography, as known to us, was composed in the reign of Sargon II. In this case I doubt that the author(s) had a set of earlier similar texts at hand, as the formulation of the text seems so much inspired by contemporary royal inscriptions. But the question is irrelevant in my approach, as I am only interested in reading the text we know, not in the tradition(s) that could have inspired it. The text presents an idealized view of a world-empire, indeed ascribed to the third millennium ruler, but intended to reflect on the living Sargon. He is portrayed here as the follower of the great king of the past, Sargon of Agade, who was the paradigm of a successful ruler. The Geography contains a mixture of topographical terms from all periods of Mesopotamian history. This indicates that the author had access to such names, which were used to give a sense of greater antiquity to the text. Their presence does not justify us saying that an earlier version of the text existed, however. The use of antiquated

---

25 Ibid., 262-263 ll. 41-45.

26 Ibid., 264 ll. 54-58.

27 A. Malamat, "Campaigns to the Mediterranean by Iahdunlim and other early Mesopotamian rulers", in H.G. Güterbock/Th. Jacobsen (eds.), *Studies in Honor of Benno Landsberger* (*AS* 16, Chicago 1965), 365-366.

geographical names for foreign regions was commonly found in Assyrian inscriptions. It was a literary technique used to suggest that time stood still outside the borders of Assyria, that only in Assyria was progress and civilization possible. Thus we can find the name Gutians in first millennium texts to indicate people from the east of Mesopotamia. The third millennium people of this name had certainly disappeared by then, but to the Assyrians the current inhabitants of the region might as well have been Gutians as time had not progressed there.[28] The sense of confusion and conflation of the two kings named Sargon is intentional. As the past was always important to the present for the Mesopotamians, and as the names of individuals were not accidental to them, but an integral part of their identity, the presentation of a Sargon of the past as ruler of the world reflected a sense of similar greatness of the living king. Just as his predecessor had controlled the universe, he had that destiny within him.

But just as the ruler of the past could be used to glorify the present one, a negative message about Sargon of Agade could also be used to criticize his later namesake. In the first millennium we see for the first time the appearance of a disapproving attitude towards the king who earlier on had always been presented as a good ruler. That new information is contained in two chronicles. The first is the so-called Weidner-chronicle known from seven manuscripts from neo-Assyrian and neo-Babylonian dates. The best preserved manuscript is from Assur, found in the same collection of tablets as the Sargon Geography (Ass 13955gv; *ALA* II, 64 No. 184). The Chronicle is presented in the format of a letter from one Old Babylonian king to another: Damiq-ilishu or Enlil-bani of Isin to Rim-Sin of Larsa or Apil-Sin of Babylon, and describes events regarding the Esagil-temple of Marduk in Babylon starting with Akka of Kish. When it reaches Sargon it states as follows:

> Ur-Zababa ordered Sargon, his cupbearer, to change the wine-libation cups of the Esagil: "Change them!" Sargon did not switch them; on the contrary, he was careful to deliver them to the Esagil. Marduk, son of the prince of the Apsu, looked with joy upon him and gave him kingship over the four quarters. He took care of the Esagil. [All who] dwelt in the palace [brought] their tribute to Babylon. But he himself [neglected] the word Bel (i.e. Marduk) had spoken to him. He dug up the earth of the clay pits and in front of Agade he built a new city and called it Babylon. Because of the [transgression] Sargon had

---

[28] P. Machinist, "On Self-Consciousness in Mesopotamia", in S.N. Eisenstadt (ed.), *The Origins and Diversity of Axial Age Civilizations* (New York 1986), 189.

> committed, Enlil changed his word and from east to west his subjects rebelled against him, and he was afflicted with insomnia.[29]

A new element enters the story here, one that is found in several other first millennium sources: Sargon committed a sacrilege by building a new city, and therefore the gods caused his people to rebel against him. What city exactly is intended is confusing: the Weidner chronicle states that he built Babylon next to Agade, yet Babylon is mentioned many times before in the same text, so this must be a mistake. "The Chronicle of Early Kings," known from one neo-Babylonian manuscript only, has this version:

> He dug up earth from the clay pit of Babylon and made a counterpart of Babylon next to Agade. Because of this transgression the great lord Marduk became angry and wiped out his people with a famine. From east to west they rebelled against him, and he (Marduk) afflicted him with insomnia.[30]

Also two omen collections of the first millennium mention the building of a new city near Agade named Babylon and a general revolt against the old king.[31]

The glory of Sargon is still depicted in these chronicles, yet the end of his life, a subject never really addressed earlier on, is now related as a disaster. Although the Sumerian King List mentioned that Sargon built Agade,[32] this fact did not seem to have been of great interest prior to the first millennium. At that time it became a negative aspect of his career. How can we explain this?

It was not unusual for Mesopotamian kings to build new cities, or totally refurbish existing ones, to act as their capitals. Several such kings are known throughout Mesopotamian history, including the Babylonian Kurigalzu in the fourteenth century; and the Assyrians Tukulti-Ninurta I (thirteenth century), Assurnasirpal II (ninth century), Sargon II (eighth century), and Sennacherib (seventh century). The remarkable aspect about these massive projects was that all but one of the rulers never boasted of this accomplishment. Although they commemorated the construction of new buildings or walls, the fact that an entire new city was founded was not mentioned in the royal inscriptions. The only exception to this rule was Sargon II of Assyria. The building of his city, Dūr-Sharrukin, is commemorated in his inscriptions as a personal feat:

---

29 J.-J. Glassner, *Chroniques mésopotamiennes* (Paris 1993), 217.

30 Ibid., 219.

31 L.W. King, *Chronicles concerning Early Babylonian Kings*, vol. II (London 1907), 27-28; 34-35.

32 J.-J. Glassner, *Chroniques mésopotamiennes*, 140.

he selected the site, made the plans, and supervised the work. His cylinder inscription is explicit about this repeatedly. It states, for instance:

> The wise king, bearer of good words, who paid attention to the settlement of uncultivated steppeland, the cultivation of wasteland, and the planting of orchards, set his mind to make high mountains, which before had never grown vegetation, yield produce; his heart urged him to plow furrows in abundant fields which had not known a plow under all earlier kings and to make the work song resound there; to open up springs in areas without wells, to make abundant water come forth above and below like a new flood. The king, who is wise, knowledgeable in all professions like the sage (= Adapa), who grew in counsel and wisdom and matured in understanding, ... ; day and night I planned to build that city.[33]

It was thus Sargon's personal initiative to build the city in an area that had never been settled before. He continues to state that he personally compensated the owners of the lands confiscated, either by paying silver or by giving them another equivalent field. Then he supervised the making of the bricks, and finally he laid out the city wall and its gates:

> 16,280 cubits, the numeral of my name, I established as the measure of its wall and I set its foundation on solid bedrock. In front and the back on both sides I opened up eight city-gates into the eight wind-directions. I named the gates of Shamash and Adad which point east "Shamash makes me reach my goal" and "Adad holds its abundance." I designated the gates of Enlil and Mulissu which point north "Enlil establishes the foundation of my city" and "Mulissu makes yields plenty." I established as names for the gates of Anu and Ishtar which point west "Anu preserves the work of my hand" and "Ishtar makes its people flourish." I called the names of the gates of Ea and Belet-ili which point south "Ea takes care of its spring" and "Belet-ili increases its offspring." "Assur makes the years of the king, its builder, grow old and guards its troops" was its wall, and "Ninurta establishes the foundation of its ramparts for long days" was its outer wall.[34]

The detailed description of his participation would not have been remarkable had other city-builders not been so silent about the urban character of their projects. In other reigns the focus of building inscriptions was always on individual structures, not on entire cities. The work was

---

33 A. Fuchs, *Inschriften Sargons II.*, 37-38 ll. 34-43.

34 Ibid., 42-43 ll. 65-71.

represented as an extension of something that already existed, not as something new.

But Sargon II differed in this respect. He presented Dūr-Sharrukin as a new city, and as the project of his own mind. He even goes so far as to state that the measure of the city-wall represents a numerical cryptographic writing of his name. Unfortunately, the exact interpretation of this cryptogram escapes us, but that the reported measure was used as the basis for the layout of the town can be determined from the archaeological record.[35] Again we see here an association of two entities by their name, something that was of great importance to the Mesopotamians as stated above. Sargon's name, rewritten as a number, became the measure of the city wall that he planned. Thus he imbedded his identity into the very fabric of the city. Moreover, the primordial aspect of this work, the fact that it was an original creation, was stressed in the language utilized by Sargon II in his building inscription. As Parpola pointed out, some of it is directly taken from the description of the creation of the universe by Marduk in the Epic of Creation.[36] The opening of the city-gates of Dūr-Sharrukin is described in the same terms as the layout of the gates of the universe in the Enūma Eliš. Sargon II states: *ina rēše u arkate ina ṣēlē kilallān miḫret* 8 *šārī* 8 *abbullāti aptema*, "in front and back on both sides, I opened up eight city-gates into the eight wind-directions",[37] while the Enūma Elish has this line: *iptema abbullāti ina ṣēlē kilallān*, "he opened up gates in both ribcages".[38] The term *ṣēlū* used here has the basic meaning of rib, which does actually reflect the side of a body. With Sargon, it becomes transformed to refer to the side of a city, where rib obviously makes no sense. That the phraseology used by Sargon is clearly intended to refer to the Creation Epic is demonstrated by the fact that what he says does not accurately reflect his work. The city plan of Dūr-Sharrukin[39] shows that there are two gates each in three of the city-walls, while the fourth wall, where the citadel is located, has only one gate. The Akkadian *ṣēlē kilallān* "both sides" thus cannot refer to the city, while it perfectly well represents the two sides of the vault of heaven, each with one gate to let the stars and planets pass through. This may explain the rather awkward statement by

[35] M.A. Powell, "Maße und Gewichte", *RlA* 7 (1987-1990), 474.

[36] S. Parpola, "The Construction of Dur-Šarrukin in the Assyrian Royal Correspondence", in A. Caubet (ed.), *Khorsabad - le palais de Sargon II, roi d'Assyrie* (Paris 1995), 69 note 1.

[37] A. Fuchs, *Inschriften Sargons II.*, 42 l. 66.

[38] W.G. Lambert, *Enuma Eliš. The Babylonian Epic of Creation – The Cuneiform Text* (Oxford 1966), 27. For this translation see W. Heimpel, "The Sun at Night and the Doors of Heaven in Babylonian Texts", *JCS* 38 (1986), 134.

[39] Cf. M. van de Mieroop, *The Ancient Mesopotamian City* (Oxford 1997), 92.

Sargon that he built eight gates in the eight wind-directions.[40]

Finally, Sargon's personal involvement with the project is also borne out by his official correspondence. Ten percent of the entire letter corpus from the reign of Sargon II deals with the building of Dūr-Sharrukin, including several letters written by the king himself. In total there are forty references to royal orders in these texts. When labor or goods were needed, Sargon himself made the request to officials from the entirety of the empire. He interfered with everything down to the discussion of architectural details. That he was driven to accomplish the work fast is demonstrated by the fact that it took only slightly more than ten years to finish, a very short period considering the vast size of the city involved.[41]

At the same time that Sargon of Assyria built his city, and proudly proclaimed that it was a novelty and his personal achievement, we find stories about Sargon of Agade having done the same. The Old Akkadian king's act was described as a sacrilege, however, something for which he was punished in his old age. The building of Agade led to a general uprising by his people and punishment by the god. The simultaneity of the appearance of new stories about Sargon of Agade and the acts of the Assyrian king could obviously be coincidental, but it seems likely to me that we have here a condemnation of Sargon of Assyria's project by his own contemporaries through analogy with the ancient king. While not directly criticizing the living ruler, it seems no innocent statement that work of similar nature had led to disaster in the past.

The building of a new city by a mortal man was considered to be an act of *hybris*; to the Mesopotamians only gods were allowed to found cities, and numerous are the texts that depict a city as the seat of a deity, founded by him or her. When Sargon II of Assyria described his building of Dūr-Sharrukin, he likened himself to the sage, Adapa, who brought civilization to the Babylonians. By utilizing language of the Creation Epic, Sargon presents himself as performing a primordial act, a repetition of what Marduk had done during the original creation of the universe. But such an act was not for man in the Mesopotamian opinion, it was reserved for the gods. Sargon had thus committed a sacrilege. We may find here then an ironic situation where a king consciously invoked the figure of an ancient ruler, who had died some 1700 years earlier, to be his shining example. Yet in the eyes of some of his subjects, the Assyrian committed the sin of *hybris*: he built a new city. This story finds its way in the Weidner Chronicle, a text whose interests go beyond Sargon. It depicts the successes and failures of rulers as the result of

---

40 I am aware that Sennacherib, Sargon's successor, used the same expression, *ṣēlē kilallān* when describing the gates he built in his palace at Niniveh (D.D. Luckenbill, *The Annals of Sennacherib*, *OIP* 2, Chicago 1924, 111 l. 71). This is a repetition of Sargon's statement, the exact meaning may have become unclear.

41 S. Parpola, in *Khorsabad*.

Marduk's attitude towards them. Those favoring the Esagil, Marduk's temple in Babylon, receive his blessings; those not honoring it are doomed. Sargon's story became thus integrated in a text with a different ideology, but it contains a criticism of the king that finds its rationale in his own reign.

I am fully aware of the fact that it cannot be demonstrated with certainty that the texts regarding Sargon of Agade discussed here were known during the reign of Sargon II of Assyria. We lack the tools for dating manuscripts with such precision. Based on the archaeological information from Assur, we can say that both the Sargon Geography and the Weidner Chronicle derive from the house of the exorcists, and thus were known at the end of the Assyrian empire. But the archaeological information available does not indicate whether these tablets were present in the house in the late eighth or in the seventh century. Paleography is not sufficiently developed for us to be able to date manuscripts with the accuracy of less than a century. Akkadian grammar as attested in the literary texts did not evolve enough over short time periods, so that we cannot use that, either, as a tool for dating. The Sargon Geography and Weidner Chronicle could thus be late Sargonid texts, unknown in the time of Sargon II.

But I think that it is important for us to see that the Mesopotamian texts had a meaning to their owners, and were not kept just as collectors' items. It is that meaning that I have hoped to explore here. A geographical description of the empire of Sargon of Agade made more sense in the reign of Sargon of Assyria than in other reigns, if the latter and his court wanted to portray the idea of world domination as an imperial goal. But political imagery can be used against a ruler as well. If Sargon of Assyria wanted to identify himself with his illustrious predecessor by the same name, he could also be criticized indirectly by portraying that example in a negative light. I think such criticism was expressed in the Weidner Chronicle. A study of texts in this way seems to me a step forward from the debate of whether or not they can be used as historical sources on early Mesopotamian rulers. Whether or not Sargon of Agade campaigned in Anatolia (or Cyprus for that matter) is impossible to determine from the information we have. It seems futile, then, to try to answer such questions in the affirmative or negative. It seems more fruitful and interesting to me to investigate how the image of this ancient king survived, and was used over the centuries by later Mesopotamians. Research of that nature takes us beyond a history of events, towards a history of ideas.

Dämon + *YTB ʿL* – Ein Krankheitsdämon

Eine Studie zu aramäischen Beschwörungen medizinischen Inhalts

Christa Müller-Kessler (Emskirchen)[1]

Das Aramäische verfügt wie alle anderen semitischen Sprachen über eine Vielzahl an Verben, die, wenn sie mit bestimmten Präpositionen kombiniert werden, eine speziellere Bedeutung annehmen können. Die Aufarbeitung solcher Begriffe in den verschiedenen aramäischen Dialekten steht erst in den Anfängen, da sie oft nicht unmittelbar den vorliegenden Wörterbüchern zu entnehmen sind. An dieser Stelle soll der Ausdruck *YTB ʿl* bzw. seltener *YTB b* herausgegriffen werden und sein Gebrauch in der aramäischen Beschwörungsliteratur des Ostens verfolgt werden.

YTB mit den Präpositionen *ʿl* oder *b* bedeutet wörtlich "auf etwas sitzen" und begegnet so wenig überraschend primär im Zusammenhang mit diversen Örtlichkeiten, seien es Stühle oder andere Sitzgelegenheiten, ebenso wie in Verbindung mit topographischen Notierungen.[2] In Verbindung mit einzelnen Dämonen wird *YTB ʿl* in erster Linie alternierend für *ŠRY ʿl* "wohnen, hausen" gebraucht. Besonders aus der großen mandäischen Dämonenliste des Pir Nukraya Archivs, die sich auf diversen mandäischen Bleirollen findet (BM 132947+, 132956+; unpubl.), lassen sich hierfür zahlreiche Beispiele anführen, wobei jedoch das Verb *ŠRY* eindeutig häufiger verwendet wird. Dämonen sitzen und hausen an allen denkbaren Orten wie Städten, Flüssen, Bergen u.ä. Sie machen teilweise unter Mithilfe ihres Gefolges ganze Landschaften unsicher, z.B. BM 132947+, 69-76 *ʿsyrʾ kwmyš lylytʾ ḏ-šryʾ mn*

---

[1] Die im Folgenden gebrauchten Abkürzungen richten sich nach den assyriologischen Handbüchern. Zu notieren ist ferner *AMB* = J. Naveh/Sh. Shaked, *Amulets and Magic Bowls* (Jerusalem 1985); *DC* = Drower Collection; *JSQ* = *Jewish Studies Quarterly*; KBA = Koine-Babylonisch-Aramäisch; KS = Koine-Syrisch; M = Mandäisch; *MD* = E.S. Drower/R. Macuch, *A Mandaic Dictionary* (Oxford 1963); S = Syrisch; SLBA = Standard-Literarisch-Babylonisch-Aramäisch; TA = Talmudisch-Aramäisch.
M.J. Geller habe ich für dic Überlassung eines noch im Druck befindlichen Aufsatzes zu medizinischen Termini zu danken.

[2] Siehe dazu Ch. Müller-Kessler, *JSS* 41 (1996), 148, Rezension zu J. Naveh/Sh. Shaked, *Magic Spells and Formulae* (Jerusalem 1993).

šwš ʾlmʾ lšwštryʾ bhrbyʾ qdrwn mʾtyn wmʾdʾy wʾrqʾ ḏ-rhymʾyyʾ wdybrʾ ḏ-byt ʾsp<s>nyʾ ʿsyrʾ hʿyʾ wkwlh{w}n šwrbʾtẖ (M) "gebunden sei die Komiš-Lilit, die von Šuš bis Šustar, in der Wüstengegend von Qidrun (Gedrosien?), der Matiene und Mediens und im Land der Rahimäer und der Wüste Bīt Aspa<si>naye wohnt, sie und all ihre Horden". Weiterhin lauern die Dämonen in allen Arten von Öffnungen wie Fenstern, Türen und Toren, auf Misthaufen oder in Aborten, z.B. BM 132947+, 53/4 *shr<y>ʾ ... wyʾtyb<yʾ> ʿl qyqlʾtʾ hrwbʾtʾ* (M) "Sahras (Monddämonen) ... und sie sitzen auf verrottenden Misthaufen"; BM 132947+, 60/1 *shr<y>ʾ ḏ-ʾtybyʾ bẓwyʾtʾ ḏ-btyʾ hrbyʾ* (M) "Sahras (Monddämonen), die in den Ecken der Aborte sitzen"; BM 132947+, 57-59 *sh{y}r<y>ʾ ḏ-ʾtybyʾ twtyʾ nrẓwbyʾ* (M) "Sahras (Monddämonen), die unter Rinnsteinen sitzen"; aus einer weiteren östlichen Beschwörung etwa *ʾyrws ... wytyb tḥwt nrẓby* (SLBA) "Iros ... und er sitzt unter Rinnsteinen" H 3[3]. Besonders die zuletzt aufgeführten Aufenthaltsorte sind bereits beliebte Wohnorte der Dämonen in mesopotamischen Beschwörungen.[4]

Sitzt aber ein Dämon auf einer Person oder einem Tier, so wird *YTB ʿl* im Sinne von "dieser Dämon ergreift von jemandem Besitz" oder "verzaubert jemanden" verwendet, eine Bedeutungsnuance, welche zumindest einigen ostaramäischen Dialektwörterbüchern zu entnehmen ist. C. Brockelmann führt sie in seinem syrischen Lexikon unter der Wurzel *YTB* im Peʿal, 3. s. *ʿl obsedit* an.[5] Im syrischen Thesaurus[6] bzw. in der Kurzfassung bei J. Payne Smith[7] fehlt ein entsprechender Hinweis. Dagegen findet sich im mandäischen Wörterbuch von E.S. Drower und R. Macuch eine Eintragung unter *YTB* "pe. (ʿ)*l* to possess, bewitch"[8], jedoch werden keine dazugehörigen Textbelege aufgelistet.

Aus Textpassagen des Mandäischen und anderer aramäischer Dialekte läßt sich eine weitere Bedeutung des Ausdrucks *YTB ʿl* hinzufügen im Sinne, daß ein Dämon "für eine bestimmte Krankheit verantwortlich ist". Ein böser Dämon (*rwhʾ byštʾ*), der auf Körperteilen sitzt, steht für eine bestimmte Krankheit dieses Körperteils. Diese Verwendungsweise ist besonders in der aramäischen Beschwörungsliteratur sehr verbreitet. Sie beschränkt sich in diesem Falle nicht allein auf das Ostaramäische, sondern kann selbst noch in Beschwörungen der Kairoer Geniza nachgewiesen werden.

Ob diese Verwendungsweise akkadischen Ursprungs ist, scheint sehr zweifelhaft. In akkadischen Texten findet sich nur relativ selten das Sitzen

---

[3] C.H. Gordon, "Aramaic and Mandaic Magical Bowls", *ArOr* 9 (1937), 86.

[4] Vgl. V. Haas, *Magie und Mythen in Babylonien* (Vastdorf bei Lüneburg 1981), 127

[5] C. Brockelmann, *Lexicon Syriacum* (Halle a. d. Saale 1928[2]), 311b.

[6] R. Payne Smith, *Thesaurus Syriacus* (Oxford 1879-1901), 1642/3.

[7] J. Payne Smith, *A Compendious Syriac English Dictionary* (Oxford 1903), 198/9.

[8] *MD* 193b.

von Dämonen auf Menschen, so *KAR* 33,1 *ilu*(DINGIR) *ra-aṣ-mu ša eli*(UGU) *amēli*(LÚ) *uš-šá-*[*bu*] "ein stimmgewaltiger Dämon, der auf dem Menschen sitzt", vermutlich im übertragenen Sinne zu verstehen als "ein gewaltiger Dämon, der den Menschen besitzt (behext)". In den akkadischen Beschwörungen verursacht in der Regel ein namentlich genannter Dämon eine spezifische Krankheit in einem bestimmten Körperteil, muß sich aber deswegen nicht notwendigerweise zuvor auf diesem niedergelassen haben. Oft genügt eine einfache Berührung durch den Dämon.[9]

1. Belege für *YTB ʿl* in mandäischen Beschwörungen

Zahlreiche Belege für *YTB ʿl* lassen sich einer sehr langen mandäischen Beschwörungsserie entnehmen, die in zwei Abschriften des 19. Jahrhunderts überliefert ist. Publiziert wurde sie bereits 1946 von E.S. Drower[10] unter der Bezeichnung "A Phylactery of Rue", besser zu übersetzen als "Beschwörung der Raute" (*šʾptʾ d̠-šʾmbrʾ*).[11] *šʾmbrʾ* ist die dissimilierte mandäische Variante des Wortes, welches im Talmudisch-Aramäischen und Syrischen *šbrʾ* lautet[12] und wahrscheinlich auf akkadisch *šiburratu*[13] zurückgeht. Die Beschwörung blieb trotz der beigegebenen englischen Übersetzung wissenschaftlich praktisch unbeachtet. Die Übersetzung, die in das mandäische Wörterbuch einfloß, ist jedoch in zahlreichen Einzelheiten zu verbessern. Auch wurde die Struktur und Systematik des Textes nicht erkannt. Aufgrund der späten Zeitstellung der beiden vorliegenden mandäischen Handschriften blieb unbeachtet, daß einige Krankheitsbezeichnungen bereits in spätantiken, im Standard-Literarisch-Babylonisch-Aramäischen Dialekt gehaltenen Zauber-

---

[9] Zur Annäherung von Dämonen an einzelne Körperteile vgl. *CT* 17, 9,1-7 (akkadische Version):

a-sak-ku a-na amēli(LÚ) *a-na qaq-qa-di-šú iṭ-ṭe₄-ḫe*
nam-ta-ru a-na amēli(LÚ) *a-na na-piš-ti-šú iṭ-ṭe₄-ḫe*
ú-tuk-ku lem-nu a-na ⸢*ki*⸣[*-ša-di*]*-šú iṭ-ṭe₄-ḫe*
a-lu-ú lem-nu a-na ir-ti-šú iṭ-ṭe₄-ḫe
e-ṭem-mu lem-nu a-na qab-li-šú iṭ-ṭe₄-ḫe
gal-lu-ú lem-nu a-na qa-ti-šú iṭ-ṭe₄-ḫe
ilu(DINGIR) *lem-nu a-na še-pi-šú iṭ-ṭe₄-ḫe*

[10] E.S. Drower, "A Phylactery of Rue", *OrNS* 15 (1946), 324-346.

[11] *šʾptʾ* entspricht akkad. *šiptu* und steht wie dieses oft zu Beginn oder am Ende von Beschwörungen.

[12] Nur Hs. *DC* 47 hat die Variante *šʾbrʾ*.

[13] Cf. *AHw* III 1238a; *CAD* Š/3, 8b.

schalen[14], sowie in syrischen Beschwörungssammlungen[15] zu finden sind. Es lassen sich sogar Verbindungen zu Beschwörungsformularen der Kairoer Geniza (ca. 11. Jh. n. Chr.) ziehen.[16] Einige der medizinischen Termini sind im babylonischen Talmud nachzuweisen. Der mandäische Text ist daher für die lexikalische Erschließung der ostaramäischen Dialekte wie für die Geschichte der Medizin in der Spätantike von einiger Bedeutung. Er weist noch keinen arabischen Einfluß auf. Trotz Bemühungen bleiben weiterhin einige der Begriffe, insbesondere die diverser Krankheiten, nicht deutbar, was angesichts des Inhalts und der unzureichenden Beleglage nicht weiter verwundern kann. Die Überlieferung des mandäischen Basistextes von der Spätantike bis in die heutige Zeit scheint trotz einiger offensichtlicher Verschreibungen und Auslassungen insgesamt recht zuverlässig zu sein.

In der "Beschwörung der Raute" werden nach einer einleitenden magischen Geschichte zahlreiche Krankheitsdämonen beschrieben. Die in sich recht konsequente Abfolge beginnt am Kopf und endet an den Füßen.[17] Alle Krankheitsdämonen werden jeweils in Unterbeschwörungen mit der personifizierten Heilpflanze *sʾmʾ* gebannt. *sʾmʾ* entspricht akkad. *šammu* und ist eine universelle Heilpflanze und Droge, die wie in der akkadischen Medizin gegen alles nur Denkbare eingesetzt werden kann. Sie ersetzt in den Unterbeschwörungen die personifizierte *šʾmbrʾ*-Pflanze.

Struktur und Inhalt dieser Beschwörung stehen noch ganz in der akkadischen Beschwörungstradition. So wird die Abstammung und Herkunft der personifizierten Raute in einer an akkadische Vorbilder erinnernden Dämonengeschichte[18] geschildert, vgl. *OrNS* 15,325,10/1 *šʾmyš wsyrʾ ldylʾk nyhwn mrʾbyʾnʾ myʾ wnwrʾ ʿlʾk mrʾbyʾn wzyqʾ wʾyʾr ldylʾk nʾšym* "Šamiš und Mond (= Sin)[19] sollen für dich (Raute) Pflegeeltern sein, Wasser und Feuer sollen für dich Amme sein, und Wind und Luft sollen für dich wehen". Danach wird die Raute beschworen, wobei neben den gnostischen, personifizierten höheren Wesen noch die ehemaligen spätbabylonischen Götter Bēl und Nabû, die Herren der Götter und Nerig (Nergal), der Herr der

---

[14] Siehe unten S. 351-353.

[15] H. Gollancz, *The Syriac Book of Protection* (London 1912; Nachdr. Amsterdam 1976).

[16] Siehe unten S. 353.

[17] Eine vergleichbar konsequente Systematik in der Anordnung von Krankheiten findet sich in der umfangreichen akkadisch-medizinischen Literatur nur selten; vgl. etwa *SpTU* I 43.

[18] Beispiele solcher der eigentlichen Beschwörung und dem Ritual vorausgehenden Dämonenstories finden sich etwa in der "Beschwörung gegen Nasenbluten" KA.INIM.MA ÚŠ KIR_4 TAR-*si* (*SpTU* IV 129 VI 10-28); vgl. ferner N. Veldhuis, *A Cow of Sîn* (*LOT* 2, Groningen 1991).

[19] *syrʾ* ersetzt oft Sin in der Beschwörungsliteratur und in astronomischen Omina.

Macht und der Waffe, hilfreich zur Seite stehen,[20] vgl. *OrNS* 15,325,12-326,1 *mʾwmynʾlʾk bbyl wʿnbw mʾryʾ ʾlʾhyʾ wbnyryg mʾryʾ hʾylʾ wẓʾynʾ*. Im Vorkommen dieser drei altorientalischen Gottheiten können wir einen deutlichen Hinweis für die Altertümlichkeit der Vorlage sehen, da die bösen Elemente in den spätantiken mandäischen Bleirollen ansonsten oft allein mit Hilfe der gnostischen höheren Wesen verbannt werden. An die Beschwörung schließt sich das Ritual und die Anweisung für die Anwendung der *šʾmbrʾ*-Droge an. Der Text des sehr umfangreichen Rituals zeigt ebenfalls noch deutlich akkadische Züge, vgl. etwa *OrNS* 15,333,7-9 *rʾẓʾyhwn ḏ-hʾnyn ẓʾmʾnʾtʾ ḏ-šʾmbrʾ qryʾ šwbʾ ẓybnyʾ kwl ywmʾ šwbʾ ṭwpsyʾ wrmyʾ bhʾmrʾ ʿw bgwmyẓʾ ḏ-tʾwrʾ swmʾqʾ ʿw bmyʾ wqryʾ šwbʾ ẓybnyʾ ʾbʾtʾr hdʾdyʾ wʾšqyẖ lrwhʾ wlmʾbʾdyʾ* “rezitiere die Geheimnisse dieser Bestimmungen der Raute siebenmal, jeden Tag sieben(-mal) das Formular[21], und gebe sie (die Raute) in Wein oder in Urin eines roten Bullens[22] oder in Wasser, und rezitiere sie (die Beschwörung) siebenmal nacheinander und gib es zu trinken gegen den Ruha-Dämon und gegen die Zauberpraktiken ...”.

In der mandäischen “Beschwörung der Raute” wird jede einzelne Krankheit jeweils separat aufgelistet und in Gestalt eines Dämons, des bösen Ruha-Dämons (*rwhʾ byštʾ*), mit Hilfe einer Heilpflanze bzw. Droge (*sʾmʾ*) in Unterbeschwörungen ausgetrieben, vgl. *OrNS* 15,328,3-6 *ʾnʾt sʾmʾ bhʾylʾk šhwq wṭrwd wbʾṭyl hʾẓyn hʿ rwhʾ byštʾ wkwlhwn mʾhryʾ wqyrsyʾ wkwhrʾnyʾ mn pʾgrẖ wrwhẖ wnyšymtẖ whʾndʾmẖ wbynyʾnẖ ḏ-plʾn br plʾnytʾ* “du Sama-Pflanze, mit Hilfe deiner (Heil-)kraft zerstöre und vertreibe und vernichte diesen bösen Ruha-Dämon und alle Krankheiten und Leiden und Beschwerden aus dem Körper und der Psyche und der Seele und dem Körperteil und dem Körperbau des NN, Sohn der NN”. Der jeder Unterbeschwörung vorausgehende Part ist ähnlich einem akkadischen Omen aufgebaut mit Protasis und Apodosis:

ʿyn rwhʾ hʿ ḏ-yʾtbʾ bryšẖ wlʾgṭẖ {w}<l>hydrʾ ḏ-ryšʾ w{l}mytqyryʾ nʾ{pq}<qp>ʾ “wenn[23] es ein Ruha-Dämon ist, der in seinem Kopf sitzt, und

20 Zur Überlieferung dieser Götterkulte siehe ausführlich Ch. Müller-Kessler/K. Kessler, “Spätbabylonische Gottheiten in spätantiken mandäischen Texten”, *ZA* 89 (1999), 67-69, 73-75, 78-80.

21 Vgl. die akkad. Phrase *šipta* 7-*šu ana muḫḫi/libbi tamannu*; siehe u.a. ÉN 7-*šú* DIŠ UGU ŠID *BAM* 248 IV 5 und ähnlich *KAR* 70 Rs. 24, *SpTU* IV 129 II 32-33, *TCS* 2, 14, 16.

22 Die Farbe der Tiere war in akkadischen Beschwörungen ebenfalls von besonderer Wichtigkeit. Teilweise wurden Tiere speziell eingefärbt, siehe W. Farber, *Beschwörungsrituale an Ištar und Dumuzi* (Wiesbaden 1977), 69-73.

23 ʿ(y)n hier nicht als Affirmationspartikel “ja” aufzufassen. Es liegt vielmehr die konditionale Konjunktion “wenn” als alternierende Schreibung für mand. *hyn* vor. Als Vorlage für den Textaufbau scheinen akkad. Omenserien medizinischen Inhalts gedient zu

(der) den Umfang[24] des Kopfes packte![25], und (dann) Hämmern (Kopfschmerz)[26] genannt wird" *OrNS* 15,327,25;

ʿyn rwhʾ hʿ d̲-yʾtbʾ lṣydyʾ wmytqyryʾ ṣʾlʾhyʾtʾ "wenn es ein Ruha-Dämon ist, der auf[27] den Schläfen[28] sitzt, und (dann) Migräne[29] genannt wird" OrNS 15,327,28;

ʿn rwhʾ hʿ d̲-yʾtbʾ ʿl ʾynyʾ wmytqyryʾ ʾynyʾ mhʾškʾ wʾbdʾ kybʾ wyʾrqʾnʾ bʾynyʾ wmytqyryʾ byrwqtʾ "wenn es ein Ruha-Dämon ist, der auf den Augen sitzt,

---

haben, wie z.B. die von R. Labat, *Traité akkadien de diagnostics et pronostics médicaux* (Paris 1951) bearbeitete Serie.

24 *hydrʾ* ist als Köperteil im Aramäischen bisher nicht nachgewiesen, ausgenommen in allgemeiner Bedeutung in einem Beschwörungsformular, welches in drei ostaramäischen Dialekten überliefert ist als *mn k(w)l gbʾ ḥdrʾ* KBA); *gbʾ ḥdrnwhy* (KS); [*g*]*wbyʾ hydrʾ* [M]) "von allen Seiten seiner Umgebung"; siehe Ch. Müller-Kessler, "Aramäische Koine - Ein Beschwörungsformular aus Mesopotamien", *BaM* 29 (1998), 343.

25 In diese Protasis ist noch ein Nebensatz eingeschoben, der nicht ganz vollständig zu sein scheint.

26 Die Emendation Drowers zu *nʾqpʾ* "Hämmern" scheint plausibel. Es handelt sich hier vermutlich um Kopfschmerzen, eine Krankheit, die oft neben der Migräne (*ṣʾlʾhyʾtʾ*, *ṣylḥtʾ*) angeführt wird, vgl. in KBA Zauberschalen *wpgʿy wṣylḥtʾ wkyb rʾšʾ wʿynh byštʾ* "und die Plagen und die Migräne und der Kopfschmerz und das böse Auge" C.H. Gordon, "Aramaic Incantation Bowls", *OrNS* 10 (1941), 352 (Tell Mohammed); *tyšdry ʿlyh ʾyštʾ wʿrwytʾ dykrʾ wnwqbtʾ wkyb rʾšh wgwnhy* "du(f.) schickst ihm Fieber und Schüttelfrost – männlich wie weiblich – und Kopfschmerz und Dröhnen" BM 91771 (86-1-9,4), 11' (Kutha; unpubl.).

27 In späten klassisch-mandäischen Texten ersetzt die proklitische Präposition *l-* häufig die Präposition *ʿl*, vgl. *MD* 349/50. Diese Differenzierung beider Präpositionen wird in den frühen Beschwörungstexten dagegen noch konsequent durchgehalten.

28 Die Lesung *lṣyryʾ* ist wahrscheinlich zu *lṣydyʾ* "Schläfen" zu emendieren, da *d* und *r* in der mandäischen Schrift leicht verwechselbar sind. Die mandäische Schreibweise begegnet in einer SLBA Zauberschale mit mandäischer Vorlage als *ṣydyh sdnʾ dprzlʾ* "seine Schläfen sind (wie) ein Amboß aus Eisen" *AMB* Schale 13,5. *MD* 393a fehlt ein Eintrag *ṣydyʾ* "Schläfen". Die dort unter *ṣydʾ* I angeführte Bedeutung "side" ist unzutreffend etymologisiert, da es sich bei den Belegen für (*ṣydʾ*) *ṣydyʾ d̲-mʾnʾ* um "die Schläfen des Mana" handelt. *ṣydʾ* I basiert auf aramäisch *ṣdʿʾ* "Schläfe", nicht auf *ṣd(d)ʾ* "Seite". Dafür spricht auch das feminine Genus von *ṣydʾ* "Schläfe", welche auf einen paarweise vorhandenen Körperteil hinweist. Einen weiteren Beweis für die Bedeutung "Schläfe" zu mandäisch *ṣydʾ* I liefert ein SLBA Zauberschalentext mit der Parallele *mn rwḥ ṣylḥtʾ dytbʾ bṣydʿh*, vgl. unten S. 350. Auch in einer syrischen Beschwörungssammlung treten die Schläfen im Zusammenhang mit allen Arten von Kopfschmerzen auf, siehe *wdḥqynn hlyn rwḥʾ byštʾ mn ršh wmn ʿynwhy wmn ṣdʿw wmn pkwhy* "und wir vertreiben diese bösen Ruha-Dämonen von seinem Kopf und von seinen Augen und von seinen Schläfen und von seinen Backen" (V. Gollancz, *Protection* 10 §13,8-9).

29 Zur Bedeutung von *ṣʾlʾhyʾtʾ* vgl. *rwḥ ṣylḥtʾ* in der SLBA Zauberschale, s.u. S. 352, ferner *ṣylḥtʾ* in der schwer verständlichen und teilweise korrupten SLBA Beschwörung der Zauberschale H 12 bei C.H. Gordon, *ArOr* 9, 87. Auch Gittin 69a listet *ṣylḥtʾ* als Migräne.

und (dann) verdunkelte Augen (Blindheit) genannt wird, und Schmerz und grüne Farbe[30] in den Augen verursacht und (dann) Glaukom (Grüner Star)[31] genannt wird" *OrNS* 15,328,2/3;

ʿyn rwhʾ hʿ d̲-yʾtbʾ lʿwdnyʾ wmytqyryʾ <...> *wnyṣlyʾ wmṭʾršyʾ ʿwdnyʾ wmytqyryʾ ṭʾmʾyʾ* "wenn es ein Ruha-Dämon ist, der auf den Ohren sitzt, und (dann) ... genannt wird und ... und die Ohren verstopft und (dann) Taubheit[32] genannt wird" *OrNS* 15,328,6/7;

ʿyn rwhʾ hʿ d̲-yʾtbʾ ʿl nhyrh̲ wmytqyryʾ šʾmbrʾnyʾ "wenn es ein Ruha-Dämon ist, der auf der Nase sitzt, und (dann) *šʾmbrʾnyʾ*-Krankheit[33] genannt wird" *OrNS* 15,328,9/10;

ʿyn rwhʾ hʿ d̲-yʾtbʾ lpwmh̲ wmytqyryʾ qydyʾ wpyqyʾ wmʾhryʾ wmsʾryʾ pwmh̲ wlyšʾnh̲ "wenn es ein Ruha-Dämon ist, der auf dem Mund sitzt, und (dann) Mandelentzündung (Tonsillitis)[34] und Sprechbehinderung[35] genannt wird und seinen Mund und seine Zunge schmerzen[36] und faulen läßt" *OrNS* 15,328,12/3;

ʿyn rwhʾ hʿ d̲-yʾtbʾ lkʾkyʾ wšynyʾ wmytqyryʾ ʾstʾrʾ "wenn es ein Ruha-Dämon ist, der auf den Backenzähnen und (anderen) Zähnen sitzt, und (dann) Zerstörung (Karies)[37] genannt wird" *OrNS* 15,328,16/7;

---

30 Die Augenkrankheit des Glaukom wird durch die Schädigung der Netzhaut hervorgerufen, was mit einer schmerzhaften Drucksteigerung und Blutüberfüllung des Auges einhergeht und am Ende zur Erblindung führt.

31 *byrwqtʾ* wird auch in der Beschwörungsserie *šapta d̲-pišra d̲-ainia*, Z. 602 als *ʾynʾ brwqtyʾ* unter vielen weiteren Augenkranheiten aufgelistet, siehe E.S. Drower, "Shafta d̲ Pishra d̲ Ainia", *JRAS* 1938, 4. Sie erscheint ebenfalls als *ʿyn brwqh* in einer Liste von Augenkrankheiten in einer Beschwörung westlicher Provenienz, *AMB* Amulett 1,14-17. Siehe ferner M.J. Geller, "An Akkadian Vademecum in the Babylonian Talmud", in S. Kottek/M. Horstmanshoff (Hrsg.), *From Athens to Jerusalem* [Konferenztitel, im Druck]; Ch. Müller-Kessler, "Reflections on Medical Terms and Body Parts in the Babylonian Talmud and Related Texts" [in Vorbereitung].

32 *ṭʾmʾyʾ* entspricht akkad. *ṭummumu*.

33 Eine nicht identifizierte Krankheit.

34 Vgl. *MD* 410b.

35 *pyqyʾ* ist vermutlich eine graphische Variante zu *pygyʾ* "Stummheit".

36 Es liegt hier ein Afʿel des im Mandäischen bisher unbelegten Verbs *HRR* "schmerzen, krank sein" vor.

37 Die mandäische Überlieferung kennt wie das Akkadische die Vorstellung, daß ein Wurm für kranke Zähne verantwortlich ist. In einer Beschwörung mit einer stark verkürzten Liste von Krankheiten findet sich *wkybʾ d̲-ryšʾ ṣʾklyʾ d̲-ṣʾydʾ* {*w*}<*l*>*bwrwqtʾ ʿl ʾynʾ twlytʾ lkʾkʾ hṣwbyʾ ldwpnʾ hʾṣbtʾ* "und der Kopfschmerz ..., der das Glaukom (Grüner Star) auf dem Auge, den Wurm auf den Backenzähnen, den Schüttelkrampf an der verkrampften Seite hält" *DC* 51 79-82 (unpubl.).

ʿyn rwhʾ hʿ ḏ-yʾtbʾ ʿl mbʾlyʾtʾ wgʾngʾryʾtʾ wmytqyryʾ sʾnwkyʾ "wenn es ein Ruha-Dämon ist, der auf der Speiserröhre und Luftröhre[38] sitzt, und (dann) Verschluß (Diphtherie?)[39] genannt wird" *OrNS* 15,328,19/20;

ʿyn rwhʾ hʿ ḏ-yʾtbʾ lṣʾwrʾ wmytqyryʾ šʾngyryʾ wšʾngrwnyʾ bʾpqwtʾ "wenn es ein Ruha-Dämon ist, der auf dem Hals sitzt, und (dann) ...[40] und im Nacken Verspannung genannt wird" *OrNS* 15,328,22/3;

ʿn rwhʾ hʿ ḏ-yʾtbʾ ʿl kʾdpyʾ <...> "wenn es ein Ruha-Dämon ist, der auf den Schultern sitzt, <...>" *OrNS* 15,328,26;

ʿn rwhʾ hʿ ḏ-yʾtbʾ byt mʾsyʾ wmytqyryʾ <...> *bgʾnbʾ wdwpnʾ wkʾdyʾ wbʾbʾryʾtʾ ḏ-bryʾ* (*ʿbryʾ*) *wmytqyryʾ twnbʾ* "wenn es ein Ruha-Dämon ist, der in der Mitte[41] sitzt, und (dann) <...> genannt wird, auf dem Rücken und der Seite und der Brust[42] und dem Lungenhilus (wörtl. Eingang der Lunge)[43] der Seitenflügel (sitzt), und (dann) Steifheit (Pneumonie)[44] genannt wird" *OrNS* 15,328,29-329,1;

ʿn rwhʾ hʿ ḏ-yʾtbʾ lʿdyʾ wmytqyryʾ {*m*}*qʾrqʾstʾ* "wenn es ein Ruha-Dämon ist, der auf den Händen sitzt, und (dann) Verkrümmung (Arthritis)[45] genannt wird" *OrNS* 15,329,4;

ʿn rwhʾ hʿ ḏ-yʾtbʾ lpwmẖ ḏ-qwrqbʾnʾ wmyʾbšʾ wmkʾmšʾ wmʾkṣyrʾ wmkʾmṣʾ pʾrṣwpyʾ <...> "wenn es ein Ruha-Dämon ist, der am Epigastrium (wörtl.

---

[38] Mand. verwendet die dissimilierte und verkürzte akkad.Variante *singanga/urītum* (*AHw* 1039b) gegen syrisch und TA *grgrtʾ*.

[39] Die Krankheitsbezeichnung *sʾnwkyʾ* hängt vielleicht mit akkad. *sanāqu* "to close, to fasten" zusammen, siehe *CAD* S 143 s.v. 11.

[40] Zu den verschiedenen Formen von Krämpfen und den Termini *šʾngyryʾ*, *šʾngrwnyʾ* und *šyngrwnyʾ* siehe Ch. Müller-Kessler, "Reflections on Medical Terms" [in Vorbereitung].

[41] Bei *byt mʾsyʾ* liegt vermutlich eine Verschreibung für *byt myṣyʾ* vor. Verwechslungen zwischen den Sibilanten *s* und *ṣ* treten bereits gehäuft in den vorklassischen Beschwörungstexten auf. Es scheint sich um den mittleren Teil des Oberkörpers zu handeln, da zuvor die Schultern erwähnt werden und im folgenden Abschnitt die Hände betroffen sind. Sämtliche Körperteile dieser Einzelbeschwörung wurden von Drower falsch interpretiert.

[42] *kʾdyʾ* ist eine phonetische Verschreibung für *ḥʾdyʾ* "Brust"; die *DC* 47-Variante hat korrekt *ḥʾdyʾ*. Korrigiere *MD* 195b.

[43] *bʾbʾryʾtʾ* ist der Lungeneingang oder Lungenhilus. *DC* 47 weist die phonetische Schreibung *bʾwʾryʾtʾ* auf. Mandäisch *ryʾtʾ* entspricht syrisch *rwʾtʾ*, Plural von *rʾtʾ*, TA *ryʾh*, sowie akkad. *irtu* "Brust".

[44] *twnbʾ* ist auch als Krankheit in einer SLBA-Schale belegt; vgl. unten S. 352-353. Eine Pneumonie verursacht starke Atembeschwerden. Dadurch entsteht ein Gefühl der Steifheit des gesamten Oberkörpers, welcher durch den aramäischen Begriff *twnbʾ* treffend wiedergegeben wird.

[45] Falls die Ableitung von κίρκος zutrifft, handelt es sich um eines der wenigen Beispiele für griechische Lehnwörter im Mandäischen, die sonst im medizinischen Konnex sehr selten sind.

Eingang des Magens)[46] sitzt und das Gesicht des NN, Sohn der NN, vertrocknen läßt, runzlig macht, kleiner macht und schrumpfen läßt <...>" *OrNS* 15,329,7/8;

ʿn rwhʾ hʿ ḏ-yʾtbʾ ʿl lybh̲ wrʾmyʾ rwqʾtʾ wmʾbʾdyʾ byšyʾ <...> "wenn es ein Ruha-Dämon ist, der auf dem Herzen[47] sitzt, und leeres (Gerede) und böse Zauberpraktiken verursacht <...>" *OrNS* 15,329,12;

ʿn rwhʾ hʿ ḏ-yʾtbʾ ʿl kʾbdʾ wʿl hʾšʾšʾ wʿl ṭʾhʾlʾ wʿl kwlyʾtʾ w<m>ʾbdʾ šʾwlʾ wrwmʾyyʾ byšyʾ <...> "wenn es ein Ruha-Dämon ist, der auf der Leber und der Lunge[48] und der Milz und den Nieren sitzt, und verursacht Husten mit Auswurf[49] und schwere Lähmungen <...>" *OrNS* 15,229,15/6;

ʿn rwhʾ hʿ ḏ-yʾtbʾ lmyʾ wlkʾr{k}<s>ʾ ḏ-myʾ (ʿl kyrsʾ ḏ-ʿwmbyʾ ḏ-myʾ) wmytqyryʾ myrsʾ "wenn es ein Ruha-Dämon ist, der auf den Eingeweiden und im Bauchinneren (auf dem Bauch, welches die Gedärme[50] [in] den Eingeweiden sind) sitzt, und (dann) Pressen (Bauchkrämpfe)[51] genannt wird" *OrNS* 15,229,19/20;

ʿn rwhʾ hʿ ḏ-yʾtbʾ lhʾlṣʾ wgʾṣʾ bhʾlṣʾ <...> "wenn es ein Ruha-Dämon ist, der auf der Hüfte sitzt und ... an der Hüfte <...>" *OrNS* 15,229,22/3;

ʿn rwhʾ hʿ ḏ-yʾtbʾ lšwrʾ wmʾrsʾ wkʾptʾ ḏ-šwrʾ <...> "wenn es ein Ruha-Dämon ist, der auf dem Nabel sitzt und Pressen (Bauchkrampf?) und (an) der Nabelvertiefung <...>" *OrNS* 15,229,25/6;

ʿn rwhʾ hʿ ḏ-yʾtbʾ lmʾṭʾhyʾtʾ wmytqyryʾ rypsyʾ "wenn es ein Ruha-Dämon ist, der auf den Lenden[52] sitzt, und (dann) Ripsia-Krankheit (Zuckungen?)[53] genannt wird" *OrNS* 15,329,28/9;

---

46 Ostaramäisch *q(w)rqb(ʾ)nʾ* "(Tier-)magen", nur TA und mand. als "Menschenmagen" aufzufassen, basiert auf akkad. *quqqubāna*, *kukkubāna*, siehe *CAD* K 499a; so schon M. Dietrich, "Zum mandäischen Wortschatz", *BiOr* 24 (1967), 302.

47 Ein Ruha-Dämon, der auf dem Herzen sitzt, scheint mit der Epilepsie zusammenzuhängen, vgl. Geniza Beschwörungen T.-S. 1.56 1a:12 und T.-S. K 1.147 1a:26; siehe unten S. 353.

48 Identisch mit akkad. *ḫašû* "Lunge"?

49 Das Wort entspricht akkad. *suʾālu*.

50 *ʿwmbyʾ* ist identisch mit akkad. *uppu* I "Röhre, Hülse", siehe medizinisch *AHw* 1424b 5b) "ein Teil der Gedärme?". Textausgabe und Wörterbuch *MD* 344a widersprechen sich in der Reihenfolge der Lesung von *ḏ-ʿwmbyʾ ḏ-myʾ*.

51 Ist TA *lmwrsʾ* Gittin 69b gleichbedeutend mit mand. *myrsʾ*? Die *DC* 47-Variante *myrtʾ* "Gallenblase" paßt vom Körperorgan her nicht zu dieser Textstelle.

52 Neben mand. *mʾṭʾhyʾtʾ* sind die Lenden auch im TA als *mṭḥʾtyh* Gittin 69b belegt. Es handelt sich nicht um ein *hapax legomenon* wie bei G. Veltri, *Magie und Halakha* (*Texte und Studien zum Antiken Judentum* 62, Tübingen 1967), 248 Anm. 240 behauptet wird.

53 Diese Krankheit erscheint auch in einer SLBA-Zauberschale. Siehe unten S. 352-353.

ʿn rwhʾ hʿ ḏ-yʾtbʾ lmwqrʾ wmytqyryʾ sʾhṭʾṭʾrʾ "wenn es ein Ruha-Dämon ist, der auf der *Blase*[54] sitzt, und Sahṭaṭara-Krankheit (Blasenentzündung?, Blasenschwäche?) genannt wird" *OrNS* 15,330,3/4;

ʿn rwhʾ hʿ ḏ-yʾtbʾ lhʾnʾ wmytqyryʾ ṣymyrtʾ wgʾybʾ qwmtẖ "wenn es ein Ruha-Dämon ist, der auf dem Schoß (Geschlechtsteilen) sitzt, und (dann) Ṣimirta-Krankheit (Kolik = Blasenstein)[55] genannt wird und den Körper krümmt" *OrNS* 15,330,6/7;

ʿn rwhʾ hʿ ḏ-yʾtbʾ ʿl nʾpqʾ wmytqyryʾ srwngyʾ gʾwʾyyʾ bšwp{r}<l>ʾ "wenn es ein Ruha-Dämon ist, der auf dem After sitzt, und (dann) innere Verstopfung[56] im Unterleib genannt wird" *OrNS* 15,330,9/10;

ʿn rwhʾ hʿ ḏ-yʾtbʾ lhʾlṣẖ wdwpnẖ wmytqyryʾ rwmʾyʾ bhʾlṣʾ wdwpnʾ wšyngrwnyʾ bʾṭmʾ wrwmʾyyʾ ḏ-bwrkyʾ "wenn es ein Ruha-Dämon ist, der auf den Hüften und Seiten sitzt, und (dann) Hexenschuß (Ischias) an den Hüften und Seiten und Krampf[57] im Oberschenkel und Schwäche der Kniee genannt wird" *OrNS* 15,330,13/4;

ʿn rwhʾ hʿ ḏ-yʾtbʾ lbwrkyʾ wmytqyryʾ bwrkynyʾtʾ bbwrkyʾ wšʾhyʾtʾ bšʾqyʾ "wenn es ein Ruha-Dämon ist, der auf den Knieen sitzt, und (dann) Burkiniata-Krankheit in den Knien und Šahita-Krankheit (Krampfadern?)[58] in den Unterschenkeln genannt wird" *OrNS* 15,330,17/8;

---

[54] Nach den aramäischen Wörterbüchern handelt es sich bei *mwqrʾ* um eine weiche Körpersubstanz wie Rückenmark, Sperma, Gehirn oder Plasma. Von der systematischen Anordnung der Körperteile ausgehend kommt keiner dieser Begriffe hier in Frage. Eventuell ist hier die Blase gemeint. Die damit verbundene Krankheit ist nur hier belegt.

[55] Nach dem bab. Talmud, Baba Metsia 85a und Gittin 69b, handelt es sich vermutlich um Blasenstein. Die syrischen Quellen hingegen haben präzise Vorstellungen von dieser Krankheit, siehe die Belege *ṣmrtʾ hy ʿsqwt tpšwrtʾ* "Ṣimirta ist die Schwierigkeit des Urin" oder *kybʾ dṣmrtʾ* "Blasenstein" Payne Smith, *Thesaurus* 3419. Der mand. Text beschreibt wie Baba Metsia 85a die Symptome der Ṣimirta-Krankheit. Die Ṣimirta-Krankheit läßt den Körper vor Schmerzen krümmen, was als eine Nieren- oder Blasenkolik, die durch die Steine verursacht wird, gedeutet werden kann. Die akkadischen Texte bezeichnen mit dem Verb *ṣemēru CAD* Ṣ 126/7 eher körperliche Symptome wie Aufgedunsenheit und Blähungen, was ebenfalls durch andere Nieren- und Blasenleiden verursacht werden kann. Siehe ferner dazu M.J. Geller, "An Akkadian Vademecum" [im Druck].

[56] *srwngyʾ* = *srwnky*, welches aber "Erstickung" bedeutet.

[57] Siehe Anm. 40.

[58] Wegen der Systematik der Körperteilliste scheint eindeutig, daß *šḫytʾ* eine Krankheit der Kniekehlen oder des Unterschenkels ist, vermutlich Krampfadern; siehe Ch. Müller-Kessler, "Reflections on Medical Terms" [in Vorbereitung].

ʾn rwhʾ hʿ d̠-yʾtbʾ lšʾqyʾ wmytqyryʾ šyngrwnyʾ "wenn es ein Ruha-Dämon ist, der auf den Unterschenkeln sitzt, und (dann) Krampf[59] genannt wird" *OrNS* 15,330,20/1;

ʾn rwhʾ hʿ d̠-yʾtbʾ ʿl lygrh̠ wmytqyryʾ pʾrgʾltʾ "wenn es ein Ruha-Dämon ist, der auf dem Fuß sitzt, und (dann) Hinken genannt wird" *OrNS* 15,330, 23/4;

ʾn rwhʾ hʿ d̠-yʾtbʾ lkwlh̠ qʾynʾ d̠-qwmth̠ d̠-mytqyryʾ bpʾgrʾ <...> "wenn es ein Ruha-Dämon ist, der auf der ganzen Röhre[60] des Körpers sitzt, der im Körper ‹...› genannt wird" *OrNS* 15,330,26/7.

2. Belege für *YTB ʿl* in Standard-Literarisch-Babylonisch-Aramäischen Beschwörungen

Auch in Zauberschalen, deren Texte in reinem Standard-Literarisch-Babylonisch-Aramäisch abgefaßt sind, tritt dieser Ausdruck auf, wie zwei recht ungewöhnliche Texte zeigen. Einer dieser teilweise sehr schwer verständlichen Texte wurde von C.H. Gordon publiziert.[61] Neben diversen Krankheitsdämonen, darunter auch Epilepsiedämonen (*bny ʾy{q}gyry*)[62] und ein Migränedämon (*ṣylḥtʾ*), begegnen u.a. *wrwḥʾ byštʾ dytbʾ ʿl mwḥʾ wmdmʿʾ ʿynyn* ... "und der böse Ruha-Dämon, der auf dem Gehirn sitzt und die Augen tränen läßt ..." H 9/10; *wrṭby rwḥʾ byštʾ dytbʾ ʿl ṭmyn ṭwryn wmrttʾ yt ʾybrʾ dymynʾ* "Raṭbi, der böse Ruha-Dämon, der auf bergähnlichen Oberschenkeln[63] sitzt und das rechte Körperglied zittern läßt" H 9/10.

Des weiteren ist für den Ausdruck *YTB ʿl* ein jüngst publiziertes Exemplar einer Schale der Moussaieff-Kollektion zu notieren[64], die gleichfalls für die Überlieferung der Medizin des Ostens in der Spätantike

---

59 Es kann sich nach dem Kontext nur um eine Form des Krampfes handeln, nicht um Hüftschmerz; siehe zu den Varianten von *šyngrwnyʾ* Ch. Müller-Kessler, "Reflections on Medical Terms" [in Vorbereitung].

60 Zum Verständnis von mand. *qʾynʾ* vgl. im bab. Talmud Chullin 45b *tltʾ qny hww ḥd pryš lybʾ ḥd pryš lryʾh wḥd pryš lkbdʾ* "e" gibt drei Röhren; eine zweigt zum Herzen ab, eine zweigt zur Lunge ab und eine zweigt zur Leber ab".

61 C.H. Gordon, *ArOr* 9 (1937), 87/8.

62 Siehe ausführlich dazu Th.. Kwasman, "The Demon of the Roof", in I.F. Finkel/ M.J. Geller (Hrsg.), *The Concept of Disease in Ancient Babylonia* [im Druck].

63 Da hier ein Körperteil vorliegen muß, ist *ṭqyn* vermutlich verlesen für *(ʾ/ʾ)ṭmyn*. Bereits Gordon zweifelte die Lesung von *q* an; vgl. mand. *ʾṭmʾ* "thigh" *MD* 13; TA *ʾṭmʾ* M. Jastrow, *A Dictionary of the Targumim, the Talmud Babli and Jerushalmi, and the Midrashic Literature* (London 1886-1903; Nachdruck: New York 1950).

64 Sh. Shaked, "'Peace be Upon You, Exalted Angels': on Hekkalot, Liturgy and Incantation Bowls", *JSQ* 2 (1995), 207-11.

von einiger Bedeutung ist. Es wurde bisher nicht kommentiert, daß sie zu Beginn einen ähnlichen Aufbau zeigt wie die von Gordon publizierte Schale H und sich in der Auflistung der Kopfkrankheiten mit der "Beschwörung der Raute" überschneidet. Doch ist einiges an Text ausgefallen und wurden Passagen stark verkürzt. Aus allen drei Beschwörungen lassen sich Rückschlüsse auf das Verständnis des jeweiligen Einzeltextes ziehen. Unbeachtet blieb insbesondere auch die Relevanz dieser Quellen für das Verständnis einiger Talmudpassagen. Moussaieff Nr. 1, 3-7: *wtytsy mn rwḥ ṣrdʾ dynqyšʾ lh bpt ʿynh mn rwḥ brwqtʾ mn rwḥʾ dytbʾ ʿl ʾwdnh wmḥtʾ mwḥ wmwlh mn ʾwdnh wqry*! *lh* [.]*kwšty mn rwḥ ṣylḥtʾ dytbʾ bṣydʿh mn rwḥ twnbʾ mn rwḥ dymšmšʾ bšbʿʾ nyqbyn drʾyšh mn rwḥ ḥyṣbʾy mn rwḥ mẓryby mn rwḥ by qbry mn rwḥ*{*y*} *dḥytʾ mn rwḥ rtytʾ mn rwḥ rypsy* ... "und du(f.) mögest geheilt werden vom Ruha-Dämon der ṢRDʾ-Krankheit (Augenkrankheit)[65], der sie am Augapfel[66] schlägt; vom Ruha-Dämon der Biruqta-Krankheit (Glaukom)[67]; vom Ruha-Dämon, der auf ihrem Ohr sitzt, und Gehirnmasse und Füllung (Ohrwachs?)[68] aus ihrem Ohr hinunterkommen läßt[69] und sich [.]KWŠTY[70] nennt; vom Ruha-Dämon des Kopfschmerzes, der auf ihrer

---

[65] *ṣrdʾ* beschreibt sowohl eine weitere Art des bösen Auges als auch eine Augenkrankeit, vgl. *ʾynʾ ṣrdʾ MD* 397a.

[66] *pt ʿynʾ* basiert auf mand. *pt(/bʾt) ʿynʾ* "Augapfel". Bei *b* in *bpt ʿynh* liegt eindeutig die proklitische Präposition *b* vor. Zum Verständnis von *pt ʿynʾ* und anderen Augenteilen siehe Ch. Müller-Kessler, "Reflections on Medical Terms" [in Vorbereitung].

[67] Anstelle von *bryqtʾ* lies *brwqtʾ*. *b*(*y*)*rwqtʾ* oder *ʾynʾ brwqtyʾ* ist eine Augenkrankheit des Augapfels und nicht der Pupille, "Glaukom", wie sich aus diversen ostaramäischen Quellen entnehmen läßt, s.o. Anm. 30. Auch die bab. Talmudstellen fassen das Wort als "Grünen Star, Blindheit" auf, siehe *brqyt* Schabbat 78a, *brqty* Pesachim 111a und *brwqty* Gittin 69a; J. Levy, *Wörterbuch über die Talmudim und Midraschim*, Bd. 1 (Berlin 1924²), 271a. G. Veltri, *Magie*, 120 geht von einer nicht identifizierbaren Augenkrankheit aus.

[68] Vgl. Sh. Shaked, *JSQ* 2 (1995), 209. Die Übersetzung "from the spirit that sits on her ear and smites the brain and the earlap" ergibt keinen Sinn. Bei *mwlh* kann es sich kaum um das im bab. Talmud belegte *myltʾ* handeln, sondern wohl um ein auf der Wurzel *MLY* basierendes Nomen. Diese Dämonenpassage über das Ohr und andere Krankheiten des Kopfes fehlen in der "Beschwörung der Raute".

[69] Vgl. ibid. Die Übersetzung ist hier ebenfalls zu modifizieren, da *mḥtʾ* nicht von der Verbalwurzel *MḤY* "schlagen" abgeleitet werden kann. Das feminine Partizip aktiv Peʿal dazu müßte *mḥyʾ* lauten, nicht *mḥtʾ*. Aufgrund der parallelen Verbalform *ytbʾ* liegt eindeutig ein Partizip vor. Die Partizipialform kann nur als ein Afʿel der Wurzel *NḤT* "hinunterbringen" erklärt werden.

[70] Nach der Abfolge der Beschwörung erwartet man entsprechend dem Aufbau der "Beschwörung der Raute" an dieser Stelle eine Krankheitsbezeichnung bzw. den Dämonennamen. Die Symptombeschreibung und die Ohrkrankheit fehlt in der mandäischen Beschwörung.

Schläfe sitzt[71]; vom Ruha-Dämon der Steifheit (Pneumonie)[72]; vom Ruha-Dämon, der in allen ihren sieben Kopföffnungen fungiert; vom Ruha-Dämon der Ḥiṣbia-Krankheit[73]; vom Ruha-Dämon der Rinnsteine; vom Ruha-Dämon des Friedhofs[74]; von den Ruha-Dämonen des Stoßens[75]; vom Ruha-Dämon des Zitterns; vom Ruha-Dämon des Zuckens".

3. Belege für *YTB ʿl* im Jüdisch-Palästinisch-Aramäischen

Im Jüdisch-Palästinisch-Aramäischen begegnet ebenfalls die Vorstellung von dem auf Körperteilen sitzenden Dämon, so *mḥwšh dytyb ʿl gydwy* "der Schmerz(-dämon) sitzt auf seinen Sehnen" Hem 18; ib. 20[76]. Ein chronologisch überraschend später Beleg stammt aus der Kairoer Geniza, T.-S. K 1.147,1a:26 *wrwḥ dytbʾ blybʾ* "ein Ruḥa-Dämon, der im Herzen sitzt", unmittelbar gefolgt von dem *rwḥ plgʾ*, einem Paralysedämon.[77] Aufgrund der hier vorgelegten Belege ist, was auch für das Auftauchen des Palga-Dämons gilt, eine mesopotamische Herkunft der Phrase wahrscheinlich.

Als Ergebnis kann festgehalten werden, daß der Ausdruck *YTB ʿl*, welcher alle hier untersuchten Beschwörungen miteinander verbindet, und die Vorstellung, daß ein bestimmter Dämon auf einzelnen Körperpartien sitzt und für die Krankheit dieser Körperteile verantwortlich ist, weit verbreitet war. Der Ausdruck scheint vorwiegend im aramäischen Sprachgebrauch gängig gewesen zu sein, während sich im Akkadischen zwar ähnliche, jedoch bisher keine völlig identischen Vorstellungen finden lassen. Die ostaramäischen medizinischen Termini sind auch nur zu einem Teil Lehnwörter aus dem Akkadischen. Selbst bei gelegentlich gleichlautenden

---

71 Zu dem Dämon siehe Anm. 29.

72 Dieser Pneumonie verursachende Dämon findet sich auch in der "Beschwörung der Raute", s.o. S. 348.

73 Die Krankheit *hʾṣwbyʾ, hʾṣbtʾ, hyṣbyʾ* (*MD* 126a, 147a) wird häufig in Krankheitslisten unpublizierter mand. Beschwörungen aufgelistet. Eine spezielle Krankheitsbezeichnung kann aus dem dortigen Kontext nicht abgeleitet werden. Die Krugdämonen (*hʾṣbyʾ*) gehören zu anderen Dämonenlisten, siehe ausführlich Th. Kwasman, "The Demon" [im Druck].

74 Wahrscheinlich ein Totendämon.

75 Alle Krankheitsdämonen werden in einer reinen Genetivkonstruktion gelistet. Daher ist auch für diesen Dämon eine solche Bildung vorauszusetzen, was aber bei einer Übersetzung "spirits of a child bearing woman" nicht der Fall wäre.

76 M. Sokoloff, *A Dictionary of Jewish Palestinian Aramaic of the Byzantine Period* (Ramat-Gan 1990), 247.

77 Siehe ausführlich Th. Kwasman, "The Demon" [im Druck].

Bezeichnungen, etwa bei den Körperteilen, bestehen zwischen dem Ostaramäischen und Akkadischen oft inhaltliche Unterschiede. In den aramäischen Beschwörungen werden primär die allgemein bekannten Volkskrankheiten[78] mit ihren Symptomen beschrieben. Es zeigt sich auch hier, in welch beachtlichem Umfang das Mandäische für die Interpretation medizinischer Termini von Krankheiten und Körperteilen im babylonischen Talmud von Bedeutung ist, wo jedoch wie Gittin 68b-70b und an anderen Stellen zwar viel über Krankheitsbezeichnungen und Behandlungsmethoden zu erfahren ist, jedoch seltener etwas über Krankheitssymptome. Ein Studium der talmudisch-aramäischen Lexikographie ohne Berücksichtigung der relevanten mandäischen Quellen kann heute nicht mehr befriedigen.[79] Wegen der zeitlichen, räumlichen und dialektalen Nachbarschaft von Mandäern und babylonischen Juden sind diese Gemeinsamkeiten ohne weiteres einsichtig und zu erwarten. Beide übernehmen selbstverständlich das gleiche spätbabylonisch-aramäische wissenschaftliche Erbe in Form der medizinischen Beschwörungen, das, wie die Belege aus der Kairoer Geniza demonstrieren, noch lange exportiert wurde. Bemerkenswert sind auch die größeren Unterschiede, die zur syrischen medizinischen Terminologie bestehen, wenn auch im Einzelfall syrische Quellen für lexikalische Untersuchungen sehr hilfreich sind.

---

78 Siehe dazu auch M.J. Geller, "An Akkadian Vademecum" [im Druck].

79 Dies gilt auch für das Standardwerk von J. Preuss, *Biblisch-talmudische Medizin. Beiträge zur Geschichte der Heilkunde und der Kultur überhaupt* (Berlin 1911; engl. Übersetzung mit Register New York 1971)

Zum Publizitätsakt beim Immobiliarkauf in der altakkadischen Rechtsüberlieferung

Hans Neumann (Berlin - Heidelberg)

Probleme der altorientalischen Rechtsgeschichte und deren sozialökonomische Implikationen haben den Jubilar seit jeher interessiert. Insbesondere für das Verständnis der Spezifik altorientalischer Rechtsüberlieferung wichtige und in der laufenden wissenschaftlichen Diskussion unverzichtbare Beiträge stammen aus seiner Feder.[1] Darüber hinaus waren auch Fragen des Kaufrechts, vor allem in bezug auf die Eigentumsproblematik, Gegenstand von Untersuchungen des Jubilars.[2] An diese

---

[1] Vgl. J. Renger, "Lex talionis", in *The Interpreter's Dictionary of the Bible. Supplementary Volume* (Nashville 1976), 545; ders., "Who Are all Those People", *OrNS* 42 (1973), 259-273; ders., "Ḫammurapis Stele 'König der Gerechtigkeit'. Zur Frage von Recht und Gesetz in der altbabylonischen Zeit", *WO* 8 (1975-1976), 228-235; ders., "Legal Aspects of Sealing in Ancient Mesopotamia", in McG. Gibson/R.D. Biggs (Hrsg.), *Seals and Sealing in the Ancient Near East* (*BiMes* 6, Malibu 1977), 75-88; ders., "Wrongdoing and its Sanctions. On 'Criminal' and 'Civil' Law in the Old Babylonian Period", *JESHO* 20 (1977), 65-77; ders., "Noch einmal: Was war der 'Kodex' Ḫammurapi – ein erlassenes Gesetz oder ein Rechtsbuch?", in H.-J. Gehrke (Hrsg.), *Rechtskodifizierung und soziale Normen im interkulturellen Vergleich* (Tübingen 1994), 27-58. Vgl. auch die Positionsbestimmung des Jubilars in "Probleme und Perspektiven einer Wirtschaftsgeschichte Mesopotamiens", *Saeculum* 40 (1989), 166 bezüglich des Zusammenhangs zwischen Rechtsgeschichte und sozial- bzw. wirtschaftsgeschichtlichen Fragestellungen.

[2] Vgl. J. Renger, "Das Privateigentum an der Feldflur in der altbabylonischen Zeit", in B. Brentjes (Hrsg.), *Das Grundeigentum in Mesopotamien* (*Jahrbuch für Wirtschaftsgeschichte,* Sonderband 1987, Berlin 1988), 49-67; ders., "Institutional, Communal, and Individual Ownership or Possession of Arable Land in Ancient Mesopotamia from the End of the Fourth to the End of the First Millennium B.C.", *Chicago-Kent Law Review* 71 (1995), 269-319. Vgl. in diesem Zusammenhang auch jene Arbeiten des Jubilars, in denen u.a. Fragen der Preisgestaltung und den im Wirtschaftsverkehr gültigen bzw. vorherrschenden Äquivalenzen sowie den jeweiligen Austauschverhältnissen generell nachgegangen wird; vgl. dazu J. Renger, "Subsistenzproduktion und redistributive Palastwirtschaft: Wo bleibt die Nische für das Geld? Grenzen und Möglichkeiten für die Verwendung von Geld im alten Mesopotamien", in W. Schelkle/M. Nitsch (Hrsg.), *Rätsel Geld. Annäherungen aus ökonomischer und historischer Sicht* (Marburg 1995), 271-324 und die bibliographischen Angaben ebd. 323.

Interessen anknüpfend seien daher die folgenden Bemerkungen zu einem Problem aus dem Bereich der altakkadischen Rechtsüberlieferung Jo Renger in freundschaftlicher Verbundenheit anläßlich seines Ehrentages zugeeignet.

Sowohl Kudurrus als auch andere Kaufurkunden aus dem präsargonischen Girsu und Lagaš belegen, daß im Rahmen der Veräußerung von Feldern, Häusern und auch Personen mittels rechtssymbolischer Akte die entsprechenden Transaktionen in ihrer Rechtswirksamkeit bestätigt und für die Publizität des Eigentumsübergangs gesorgt wurde. Bei dem Vorgang handelt es sich um die Prozedur des Einschlagens eines Nagels – womit der entsprechend geformte Vertrag gemeint ist – in die Wand (gag ... dù), begleitet von einer Ölzeremonie (ì ... ak). Zugleich wird deutlich, daß im Falle der Veräußerung von Häusern und Personen der Herold (nig̃ir), bei dem Verkauf von Feldern der jeweilige Verkäufer selbst den Publizitätsakt ausführte.[3]

In diesen Zusammenhang gehören auch die beiden akkadischen Belege (*sikkatam maḫāṣum*) aus der Akkade-Zeit,[4] die zudem in einen besonderen juristischen bzw. sozialen Kontext zu stellen sind. In der Prozeßurkunde

---

[3] Vgl. J. Krecher, "Neue sumerische Rechtsurkunden des 3. Jahrtausends", *ZA* 63 (1973), 176f.; ders., "Kauf. A.I. Nach sumerischen Quellen vor der Zeit der III. Dynastie von Ur", *RlA* 5 (1976-1980), 494; P. Steinkeller, *Sale Documents of the Ur-III-Period* (*FAOS* 17, Stuttgart 1989), 100-102 und 238-241 (mit Literatur); I.J. Gelb/P. Steinkeller/R.M. Whiting, *Earliest Land Tenure Systems in the Near East: Ancient Kudurrus* (*OIP* 104, Chicago 1989/1991), 238 und 240f. sowie den Überblick bei L. Sassmannshausen, "Funktion und Stellung der Herolde (nigir/*nāgiru*) im Alten Orient", *BaM* 26 (1995), 122-129 (Bekanntmachung von Haus-, Feld- und Sklavenverkäufen); vgl. auch die Zeugenschaft eines nig̃ir-gal in der präsargonischen Isin-Urkunde *MVN* III 53 IV 2f. (Gartenkauf; vgl. C. Wilcke, "Neue Rechtsurkunden der Altsumerischen Zeit", *ZA* 86, 1996, 63 sowie unten Anm. 10). Vgl. darüber hinaus M. Malul, "gag-rú : *sikkatam maḫāṣum/retûm* 'to drive in the nail'. An Act of Posting a Public Notice", *OrAnt* 26 (1987), 17-35, der allerdings allein auf den Publizitätsakt als solchen abhebt, also dem Vorgang (bei gleichzeitiger Ablehnung der Annahme einer Ölzeremonie ebd. 31-35) jegliche rechtssymbolische Bedeutung abspricht. Dies will nicht einleuchten, wenn man bedenkt, daß die dem potentiellen Vindikanten angedrohte Strafe darin bestand, den "betreffenden Nagel", also (zunächst) den in entsprechender Weise geformten Vertrag, in den Mund geschlagen zu bekommen (vgl. M. Müller, "Ursprung und Bedeutung einer sumerisch-akkadischen Vertragsstrafe", *AoF* 6, 1979, 263-267). Diese spiegelnde Strafe deutet darauf hin, daß die Prozedur des Nageleinschlagens (mit Zeremonie) sowohl als Publizitätsakt wie auch als symbolisches Zeichen der Eigentumsübertragung gesehen werden muß.

[4] Vgl. bereits *CAD* M/1, 76b; M. Malul, *OrAnt* 26, 22; P. Steinkeller, *Sale Documents*, 239; I.J. Gelb/P. Steinkeller/R.M. Whiting, *Earliest Land Tenure Systems*, 23.

BIN VIII 121 aus Kazallu (oder Umgebung)[5] wird durch 15 Zeugen unter Eid beglaubigt, daß ein gewisser Iliš-takal "einen (hölzernen) Pflock in die Wand? eingeschlagen hat".[6] Dies bedeutet nichts anderes, als daß im Ergebnis eines Prozesses ein Veräußerungsvorgang gerichtlich bestätigt oder verfügt worden ist. Da Iliš-takal Prozeßpartei war, muß man in ihm den Verkäufer sehen,[7] so daß es sich bei dem zu vermutenden Objekt der Veräußerung um ein Feld gehandelt haben dürfte. Das Besondere an dem hier dokumentierten Vorgang liegt in der Tatsache, daß er offensichtlich erst im Ergebnis eines längeren Verfahrens zustande kam, bei dem dreimal der Ensi von Kazallu den Vorsitz geführt hatte.[8] Der Publizitätsakt selbst bedeutete wohl, daß mit dem genannten "(hölzernen) Pflock" (^{ĝiš}GAG)[9] ein Exemplar des Kaufvertrages an prominenter Stelle sichtbar angebracht wurde.[10]

---

[5] Zum Text vgl. ausführlich D.O. Edzard, "Qīšum, Ensi von Kazallu", in G. van Driel/Th.J.H. Krispijn/M. Stol/K.R. Veenhof (Hrsg.), *Zikir Šumim. Assyriological Studies Presented to F.R. Kraus on the Occasion of his Seventieth Birthday* (Leiden 1982), 26-33 (mit Nachtrag: ders., *ZA* 73, 1983, 126); zu Kazallu (oder Umgebung) als Herkunftsort vgl. ebd. 31; A. Westenholz, *JNES* 31 (1972), 381; J. Krecher, *ZA* 62 (1972), 271 Anm. 1.

[6] *BIN* VIII 121 III 13-IV 8: ŠU.NÍĜIN 15 ABxÁŠ / *šu-ut* / *Ì-lí-iš-t*[*á-k*]*ál* / ^{ĝiš}GAG / *in* ‹*i*›-*ga-ri-im* / *i*[*m-ḫ*]*a-ṣú* / *a-na* / *na-śi* / LUGAL; zur Emendation in IV 4 vgl. D.O. Edzard, in *Zikir Šumim*, 31f. (*in igārim*). Allerdings ist auffällig, daß die wichtige und daher vom Schreiber auch sorgfältig ausgefertigte Urkunde nun ausgerechnet diesen Fehler (*ga-ri-im* statt *i-ga-ri-im*) aufweisen soll. Vielleicht ist eben doch *kārum* (also *in kà-ri-im*) gemeint, und zwar in der Bedeutung "quay-wall, wall along a canal moat" (*CAD* K 232a [allerdings nur spätbabylonisch!]; vgl. die Diskussion ebd. 237a)? Vgl. bereits A. Pohl, "Assyriologische Rundschau 15", *OrNS* 30 (1961), 327; *AHw* 581a; M. Malul, *OrAnt* 26, 22; P. Steinkeller, *Sale Documents*, 239.

[7] So mit I.J. Gelb/P. Steinkeller/R.M. Whiting, *Earliest Land Tenure Systems*, 23 (fragend); vorsichtiger D.O. Edzard, in *Zikir Šumim*, 32. M. Malul, *OrAnt* 26, 22 sieht in Iliš-takal "the plaintiff?", wofür es aber keine Hinweise gibt.

[8] Vgl. dazu im einzelnen, vor allem auch was die Gerichtsbarkeit des Ensi betrifft, demnächst H. Neumann, *Rechtspraktiken und ihr sozialökonomischer Hintergrund in altakkadischer Zeit. Ein Beitrag zu Recht und Gesellschaft früher Territorialstaaten in Mesopotamien* (im Druck).

[9] Zu ^{ĝiš}g a g im Zusammenhang mit der oben Anm. 3 beschriebenen Vertragsstrafe in der präsargonischen Sklavenkaufurkunde *RTC* 16 (= *SR* 43) vgl. M. Müller, *AoF* 6, 265f.

[10] Vgl. oben Anm. 6 sowie zum Verfahren grundsätzlich P. Steinkeller, *Sale Documents*, 239f.; I.J. Gelb/P. Steinkeller/R.M. Whiting, *Earliest Land Tenure Systems*, 241. Bei der entsprechenden Urkunde muß es sich allerdings nicht unbedingt um einen Tonkegel oder -nagel gehandelt haben. Vorstellbar ist auch eine nur auf der Vorderseite beschriebene Tontafel. Dies zeigt m.E. deutlich der präsargonische Isin-Text *MVN* III 53 über einen Gartenkauf. Die nur auf der Vorderseite beschriebene Urkunde ist im Zentrum durchbohrt. Durch dieses Loch wurde offensichtlich der Holzstab geführt, mit dem die Urkunde an der Mauer befestigt wurde. Zu beachten ist auch, daß *MVN* III 53 IV 2f. einen "Groß-Herold" (n i ĝ i r - g a l) Urgu als Zeugen nennt (derselbe n i ĝ i r wohl auch in Böhl Coll. 929; vgl.

Bei dem zweiten altakkadischen Beleg für den hier in Rede stehenden Publizitätsakt handelt es sich um einen Passus in der aus Ešnunna stammenden Urkunde *UCP* IX/2, 204f. Nr. 83 (= *OIP* 104, pl. 154 Nr. 239), um dessen Deutung man sich bereits mehrfach bemüht hat, ohne dabei jedoch zu einem wirklich befriedigenden Ergebnis zu kommen. Dies betrifft die zwischen die Formularbestandteile *sikkatum* ($^{\tilde{g}iš}$GAG) (IV 6) und *maḫṣat* (IV 9) ("der [hölzerne] Pflock ist eingeschlagen") plazierte Phrase IV 7f., von A. Falkenstein (im Anschluß an B. Landsberger) "[*a*]-*na* DI$^{!}$.TIL.LA *na-ra-am-*^{d}*sîn*" gelesen und als "nach dem Endurteil des Narāmsîn" gedeutet.[11] Im Zusammenhang mit der Behandlung des insbesondere in Gerichtsurkunden der Ur III-Periode aus Girsu vornehmlich als Überschrift bezeugten sumerischen Terminus di-til-la "abgeschlossene Rechtssache"[12] schlußfolgerte A. Falkenstein, daß damit "der älteste Beleg für die Verbindung di-til-la ... in einer Rechtsurkunde der altakkadischen Zeit aus Ešnunna vor(liegt)".[13] Bis zur Publikation von *MCS* IX 250 (= *SR* 79) mit einem (weiteren) di-til-la-Beleg (Z. 11),[14] nunmehr in einem Text, der "sumerischem Milieu entstammen (dürfte)", bedeutete dies dementsprechend für D.O. Edzard, daß zunächst einmal di-til-la "in der Akkade-Zeit bisher nur aus dem Vorkommen des Sumerogramms DI.TIL.LA in einer akkadischen Urkunde aus dem Dijāla-Gebiet für das Sumerische erschlossen werden konnte".[15] Jedoch verrät bereits der Blick auf die Kopie, daß in *UCP*

Earliest Land Tenure Systems, pl. 146 Nr. 192), und zwar nach dem Perfizierungsvermerk sá[m-bì] al-til (IV 1). Der Zusammenhang zwischen der Form der Urkunde und dem Auftreten des Herolds ist unverkennbar. Vgl. im vorliegenden Zusammenhang auch G. Buccellati, "The Kudurrus as Monuments", in H. Gasche/M. Tanret/C. Janssen/A. Degraeve (Hrsg.), *Cinquante-deux reflexions sur le Proche-Orient ancien offertes en hommage à Léon De Meyer* (*MHEO* II, Ghent 1994), 287-290; M. Malul, "On Nails and Pins in Old Babylonian Legal Praxis", *ASJ* 13 (1991), 239 mit Anm. 18.

11 A. Falkenstein, *NG* I, 10 mit Anm. 1; vgl. auch M. Malul, *OrAnt* 26, 22 ("after the verdict of the king Naram-Sin"); A. Westenholz, *AfO* 31 (1984), 80 Anm. 14 ("Naram-Sin himself [functions as judge] at Eshnunna"); ders., "The Sargonic Period", in A. Archi (Hrsg.), *The Circulation of Goods in Non-Palatial Context in the Ancient Near East* (Rom 1984), 25 ("the King himself gives judgement"); A. Zgoll, *Der Rechtsfall der En-ḫedu-Ana im Lied nin-me-šara* (*AOAT* 246, Münster 1997), 48 (Verweis auf A. Falkenstein); vgl. auch *CAD* M/1, 76b.

12 Vgl. A. Falkenstein, *NG* I, 9-16; vgl. auch die Bemerkungen bei E. Dombradi, *Die Darstellung des Rechtsaustrags in den altbabylonischen Prozeßurkunden*, Halbband II (*FAOS* 20,2, Stuttgart 1996), 260f. Anm. 2094.

13 A. Falkenstein, *NG* I, 10.

14 Außer in *MCS* IX 250, 11 ist di-til-la altakkadisch auch in *WO* 13, 21 Nr. 8, 4 belegt (beide Texte gewiß aus Umma); vgl. dazu demnächst die oben Anm. 8 zitierte Arbeit.

15 D.O. Edzard, *SR*, 134.

IX/2, 204f. Nr. 83 IV 7 allenfalls DI!(KI).TI.LA vorliegt,[16] was mit Bezug auf die (im vorliegenden Zusammenhang ungewöhnliche) Schreibung TI eigentlich bereits Zweifel an der obigen Deutung aufkommen lassen müßte. Wie jüngst nun P. Steinkeller gezeigt hat,[17] scheint es sich (nach Kollation) bei dem KI? zudem um eine Rasur zu handeln, so daß man {KI}TI.LA zu lesen hat.[18] Damit scheidet der Text aus Ešnunna als altakkadisches Zeugnis für das Vorkommen der sumerischen Verbindung d i - t i l - l a "abgeschlossene Rechtssache" aus.[19]

Wie ist dann aber der Passus IV 6-9 ^{giš}GAG [*a/i*]-*na* {KI}TI.LA *Na-ra-am-*^{d}*Sîn* [*m*]*a-aḫ*!*-ṣa-at*[20] in dem Text *UCP* IX/2, 204f. Nr. 83, bei dem es sich um einen Feldkaufvertrag handeln dürfte,[21] letztlich aufzufassen? P. Steinkeller gibt die Klausel mit "the (respective) nail was driven in, by the life of Naram-Sin" wieder.[22] Nach dieser (von P. Steinkeller unkommentierten) Deutung wäre TI.LA also Logogramm für *balāṭum* "Leben"[23] und

---

16 Jedoch korrekt bei K. Balkan/B. Landsberger, "Die Inschrift des assyrischen Königs Irišum, gefunden in Kültepe 1948", *Belleten* 14 (1950), 256.

17 Vgl. I.J. Gelb/P. Steinkeller/R.M. Whiting, *Earliest Land Tenure Systems*, 241.

18 Vgl. bereits P. Steinkeller bei D.O. Edzard, in *Zikir Šumim*, 33; ferner I.J. Gelb/P. Steinkeller/R.M. Whiting, *Earliest Land Tenure Systems*, 209 Anm. 91.

19 Mit Blick auf die oben Anm. 14 zitierten Belege bleibt festzuhalten, daß die Verwendung des sumerischen Terminus d i - t i l - l a in der Ur III-Periode zwar auf Traditionen basiert, die (zumindest) bis in altakkadische Zeit zurückreichen, sein Gebrauch jedoch bislang allein für Babylonien bezeugt ist.

20 P. Steinkeller, *Sale Documents*, 239 und I.J. Gelb/P. Steinkeller/R.M. Whiting, *Earliest Land Tenure Systems*, 241 lesen am Anfang der Zeile IV 7 ⌜*a*⌝-*na*. Dafür gibt es zumindest nach der Kopie keinen Anlaß.

21 Zwar ist die Angabe zum Kaufgegenstand nicht mehr erhalten, jedoch deutet der (wohl seitens des Verkäufers vollzogene) Publizitätsakt auf einen Feldkauf hin (so auch in *Earliest Land Tenure Systems*, pl. 154). Vgl. auch III 3f.: ABxÁŠ AŠA$_5$ / *ši Maš-kán*^{ki} "Zeugen des Feldes von Maškan" (vgl. I.J. Gelb/P. Steinkeller/R.M. Whiting, *Earliest Land Tenure Systems*, 209 Anm. 92; zum ON vgl. D.O. Edzard/G. Farber/E. Sollberger, *Die Orts- und Gewässernamen der präsargonischen und sargonischen Zeit* [*RGTC* 1, Wiesbaden 1977], 119). Auf die Formulierung des Publizitätsaktes folgt in IV 10-12 die (gegen beide Kontrahenten gerichtete) Strafklausel gegen Vertragsbruch: [*m*]*u-ba-al-ki-tum* / [KÙ.BAB]BAR 1 MA.NA ⌜*i*⌝*-ša-qal* "derjenige, der (den Vertrag) übertritt, wird eine Mine Silber zahlen"; zur vorliegenden Klausel vgl. P. Steinkeller, *Sale documents*, 48 Anm. 114; I.J. Gelb/P. Steinkeller/R.M. Whiting, *Earliest Land Tenure Systems*, 247; *CAD* N/1, 13.

22 P. Steinkeller, *Sale Documents*, 239; vgl. auch I.J. Gelb/P. Steinkeller/R.M. Whiting, *Earliest Land Tenure Systems*, 209 Anm. 91; 241.

23 Diese Vermutung liegt mit Blick auf den Gebrauch von TI(.LA) = *balāṭum* in Texten des 2. und vor allem des 1. Jt. v. Chr. zunächst natürlich nahe; vgl. etwa die in *CAD* B 46-51 verzeichneten Belege.

alina TI.LA *Narām-*ᵈ*Sîn* müßte einen beim König[24] geleisteten Eid bezeichnet haben.[25] Dies wäre aber nach allem, was wir über die Formulierung des Eides im Akkadischen wissen,[26] sehr ungewöhnlich, und im Sumerischen wäre (beim promissorischen Eid) allenfalls mu- oder zi-KN zu erwarten, jedoch nicht ti-la-KN.[27]

M.E. wird man daher TI.LA eher als Logogramm für *wašābum* "sich aufhalten" aufzufassen haben,[28] so daß die besagte Stelle als *ina wašābi Narām-*ᵈ*Sîn* "im Beisein / in Anwesenheit des Narām-Sîn" zu deuten wäre. Die Erwähnung eines Majordomus (ŠABRA.É)[29] (III 5f. *nach* Nennung der Zeugen) sowie der Bezug auf eine Mundschenkin (MÍ.SAGI) als gewiß hochgestellte Persönlichkeit und den Ensi von Ešnunna Enpik-Ḫaniš im Rahmen der Datierungsangabe[30] zeigen, daß hier ein Veräußerungsgeschäft

---

[24] Der KN ist ohne Gottesdeterminativ geschrieben; vgl. auch unten Anm. 30.

[25] Eine Verbindung der vorliegenden Stelle mit dem in alt-, mittel- und neuassyrischen Votivinschriften bezeugten *ana balāṭ*/TI(.LA)-Formular (vgl. K. Deller, "Zum *ana balāṭ*-Formular einiger assyrischer Votivinschriften", *OrAnt* 22, 1983, 13-24 [zum älteren Material ebd. 13 Anm. 2; B. Kienast/W. Sommerfeld, *Glossar zu den altakkadischen Königsinschriften*, *FAOS* 8, Stuttgart 1994, 186]; H.D. Galter, "On Beads and Curses", *ARRIM* 5, 1987, 15) scheidet auf Grund des unterschiedlichen Sachzusammenhangs aus.

[26] Zur akkadischen Terminologie vgl. im einzelnen *AHw* 599f. (s.v. *māmītu*[*m*]) und 797f. (s.v. *nīšu*[*m*] II); *CAD* M/1, 189-195 (s.v. *māmītu*) und N/2, 290-294 (s.v. *nīšu*). Zur Konstruktion der altakkadischen Eidleistungsformel vgl. D.O. Edzard, "Das sumerische Verbalmorphem /ed/ in den alt- und neusumerischen Texten", in *Heidelberger Studien zum Alten Orient. Adam Falkenstein zum 17. September 1966* (Wiesbaden 1967), 49; zu den Belegen vgl. I.J. Gelb, *MAD* III, 43 und 297; P. Steinkeller, *Sale Documents*, 78f.; B. Kienast/K. Volk, *Die sumerischen und akkadischen Briefe des III. Jahrtausends aus der Zeit vor der III. Dynastie von Ur* (*FAOS* 19, Stuttgart 1995), 288 und 291; darüber hinaus sei auf die oben Anm. 8 zitierte Arbeit verwiesen.

[27] Vgl. D.O. Edzard, "Zum sumerischen Eid", in St.J. Lieberman (Hrsg.), *Sumerological Studies in Honor of Thorkild Jacobsen on his Seventieth Birthday, June 7, 1974* (*AS* 20, Chicago 1976), 82-88.

[28] Zu den entsprechenden lexikalischen Gleichungen vgl. *CAD* A/2, 386b. Vgl. auch den neusumerisch häufigen Gebrauch von ti(-l) in der Formel en-nu/nun-g̃á ti-la (vgl. P. Steinkeller, "The Reforms of UruKAgina and an Early Sumerian Term for 'Prison'", *AuOr* 9, 1991, 230 Anm. 15 sowie darüber hinaus D.O. Edzard, *ZA* 83, 1993, 151; H. Limet, "L'émigré dans la société mésopotamienne", in K. van Lerberghe/A. Schoors (Hrsg.), *Immigration and Emigration within the Ancient Near East. Festschrift E. Lipiński*, *OLA* 65, Leuven 1995, 174). Vgl. auch A. Falkenstein, *NG* III, 166.

[29] Zum ŠABRA.É in Ešnunna vgl. die Überlegungen bei G. Visicato, "A Temple Institution in the Barley Records from Sargonic Ešnunna", *ASJ* 19 (1997), 256 Anm. 61.

[30] Vgl. III 7-14: U_4.BA / *Um-mi-mi* / MÍ.SAGI / *ì-nu-mi* / *En-pi*$_5$*-ik-*ᵈ*Ḫa-ni-iš* / ÉNSI-*ki* / *Iš-nun*ᵏⁱ; vgl. P. Steinkeller, *Sale Documents*, 112; I.J. Gelb/P. Steinkeller/R.M. Whiting, *Earliest Land Tenure Systems*, 209 Anm. 91 und 249 sowie bereits Th. Jacobsen, *Philological Notes on Eshnunna and its Inscriptions* (*AS* 6, Chicago 1934), 2. Daß hier nach den lokalen Verwaltungsspitzen datiert wurde, deutet auf eine frühe Abfassungszeit der

innerhalb der obersten regionalen Gesellschaftsschicht dokumentiert ist, was die Anwesenheit des Königs bei der Durchführung des Publizitätsaktes[31] durchaus plausibel erscheinen läßt. Möglicherweise erklärt sich die Anwesenheit des Narām-Sîn aber nicht nur aus seiner offiziellen Funktion im Rahmen der Herstellung von Publizität des Eigentumsübergangs, auch wenn dies natürlich nahe liegt. So darf man vielleicht mit aller gebotenen Vorsicht spekulieren, daß der Herrscher in irgendeiner Weise in das Geschäft involviert war. Seine Anwesenheit bei dem Publizitätsakt, d.h. bei der rechtskräftigen Eigentumsübertragung, könnte nämlich auch bedeuten, daß er (*ex officio* oder als Mitverfügender?) a) die Genehmigung zur Veräußerung erteilt und damit b) selbst auf jegliche zukünftige Ansprüche verzichtet hat, und seien es die kraft seiner Autorität.[32]

Urkunde während der Herrschaft des Narām-Sîn hin, was durch das Fehlen des Gottesdeterminativs beim KN (IV 7) gestützt wird.

31 Zu den sich mit ^{giš}GAG verbindenden Gegebenheiten vgl. oben Anm. 9f.

32 Liegt damit hier sinngemäß vielleicht eine Parallele zu dem sich mit der spätbabylonischen Formel *ina ašābi* verbindenden Einspruchsverzicht vor? Zur spätbabylonischen Verzichtleistung bzw. Verfügungsgenehmigung *ina ašābi*, vor allem, aber nicht ausschließlich, auf Frauen bezogen, vgl. insbesondere P. Koschaker, *Babylonisch-assyrisches Bürgschaftsrecht. Ein Beitrag zur Lehre von Schuld und Haftung* (Leipzig 1911), 201-208; vgl. darüber hinaus auch M. San Nicolò, "Zum *atru* und anderen Nebenleistungen des Käufers beim neubabylonischen Immobiliarkauf", *OrNS* 16 (1947), 292-302.

Konflikt und Konfliktlösung im frühschriftlichen Babylonien

Hans J. Nissen (Berlin)

Das gemeinsame Interesse an der Geschichte des Rechts und seiner Institutionen geht auf unsere gemeinsame Studienzeit und meine ersten Semester eines Jurastudiums zurück. Während der Jubilar diese Interessen aktiv im Studium der altorientalischen Quellen weiterverfolgte, führte mich der Weg über die Archäologie zur Erforschung der frühen Perioden der Geschichte Babyloniens unter anderem zum Studium der frühesten Schrift anhand der archaischen Texte aus Uruk, der ältesten schriftlichen Aufzeichnungen aus der Zeit um 3200 v.Chr. Damit schien mein Interesse keine Basis mehr zu haben, denn Texte mit allgemeinen Rechtsvorschriften gehen einstweilen nicht über das Ende des 3. vorchr. Jahrtausends zurück[1] und spezifische Rechtsurkunden sind auch erst aus den sogenannten "vorsargonischen" Texten der späten frühdynastischen Zeit (Mitte des 3. Jts.) bekannt.[2]

Mein Interesse erwachte erst wieder bei den Versuchen, ein möglichst umfassendes Bild der Zeit zu entwerfen, die wir als die Zeit der frühen Hochkultur oder der frühen städtischen Kultur kennen, die u.a. die Entstehung der frühesten Schrift sah. Ein Dilemma entstand jedoch bald durch die Einsicht, daß diese Zeit einerseits durch ein hohes Maß an gesellschaftlicher Komplexität gekennzeichnet war – ausgefeilte zentrale Wirtschaftsverwaltung, hohe Arbeitsteiligkeit, gesellschaftliche Hierarchisierung –, daß aber die ersten Texte nur über einen schmalen Sektor Auskunft geben.[3]

---

[1] M.T. Roth, "Mesopotamian Legal Traditions and the Laws of Hammurabi", *Chicago-Kent Law Review* 71/1 (1995), 13-40.

[2] D.O. Edzard, *Sumerische Rechtsurkunden des III. Jahrtausends aus der Zeit vor der III. Dynastie von Ur* (München 1968).

[3] H.J. Nissen/P. Damerow/R.K. Englund, *Frühe Schrift und Techniken der Wirtschaftsverwaltung im alten Vorderen Orient* (Berlin/Bad Salzdetfurth 1991; engl. Übersetzung *Archaic Bookkeeping*, Chicago 1993). H.J. Nissen, "The Context of the Emergence of Writing in Mesopotamia and Iran", in J.E. Curtis (Hrsg.), *Early Mesopotamia and Iran* (London 1993), 54-71.

Eine genauere Befragung der Texte ergab auf der einen Seite die Wahrscheinlichkeit, daß sich aus systematischen Gründen in den schriftlichen Nachrichten nur ein Bruchteil der damaligen Wirklichkeit widerspiegelt, auf der anderen Seite eine Bestätigung der aus den archäologischen Nachrichten gewonnenen Erkenntnis der oben genannten hohen Komplexität. Der Eindruck einer systematischen Beschränkung auf einen kleinen Themenbereich ergibt sich daraus, daß den Texten kaum etwas zu entnehmen ist, was über den Bereich hinausgeht, dem die frühen Texte dienten, dem Bereich einer zentralen Wirtschaftsverwaltung, während auf der anderen Seite die schiere Größe der Stadt Uruk mit wenigstens 250 Hektar oder 2 $^1/_2$ Quadratkilometern zwingend die Annahme erfordert, daß nicht nur die wirtschaftliche Seite durchorganisiert war, sondern auch andere Bereiche des Lebens in dieser großen städtischen Gemeinschaft.[4] Leider versagen hier auch die archäologischen Quellen, die wiederum vor allem das Gebiet beleuchten, das schon von den schriftlichen Quellen erhellt wird: der wirtschaftliche Sektor im weiten Sinne. So kann uns zwar die Bilderwelt der zahlreichen Rollsiegel viel über einen Teil der Geisteswelt der damaligen Zeit aussagen - oder vielmehr sie könnte es, wenn wir den rechten Zugang hätten -, vor allem aber sind Rollsiegel lebendige Zeichen für ein Wirtschaftsleben, das offenbar vielfältiger und zuverlässiger Kontrollmittel bedurfte. Damit aber helfen sie uns kaum weiter als die Schrift, die ebenso wie die Rollsiegel zu diesen Kontrollmitteln gehört. Informationen über diesen wirtschaftlichen Sektor, die wir bereits in den Texten vermissen, werden auch von den Rollsiegeln nicht beigebracht. So fehlen uns in den Texten jegliche Nachrichten darüber, woher die verschiedenen Nahrungsmittel und Güter stammten, die den Texten und Rollsiegeln zufolge in die zentralen Speicher der Stadt eingebracht und in der Stadt verteilt bzw. weiterverarbeitet wurden.

Im Gegensatz zu einer Auffassung, die unserem Denken entgegenkommen würde, daß in dem Moment, in dem ein Schriftsystem voll ausgebildet ist, dieses auch zur Aufzeichnung verschiedenartiger Inhalte benutzt wird, ist die Proto-Keilschrift offensichtlich lange Zeit nur dort verwendet worden, wo man, aus welchen Gründen auch immer, meinte, nicht ohne dieses kraftvolle Instrument der Informationsspeicherung auszukommen. Dieses Gebiet ist offensichtlich für längere Zeit fast ausschließlich die Wirtschaftsverwaltung. Es verwundert daher nicht, daß wir weder kultische noch literarische oder historische Aufzeichnungen finden, geschweige denn

---

[4] Für die archäologischen Daten vgl. H.J. Nissen, "Kulturelle und politische Netzwerke des 4. und 3. vorchristlichen Jahrtausends im Vorderen Orient", in U. Finkbeiner/R. Dittmann/H. Hauptmann (Hrsg.), *Beiträge zur Kulturgeschichte Vorderasiens. Festschrift für Rainer Michael Boehmer* (Mainz 1995), 473-490 sowie ders., "The Context of the Emergence of Writing in Mesopotamia and Iran", in *Early Mesopotamia and Iran*, 54-71. Zum allgemeinen Kontext ders., *Geschichte Alt-Vorderasiens* (München 1999).

irgendwelche Nachrichten über das sonstige Leben in der Stadt, und somit auch nichts über Konflikte hören bzw. den ganzen Bereich, wie mit Konflikten umgegangen wurde.

Gerade dieser letztgenannte Bereich muß aber im damaligen Leben einen großen Raum eingenommen haben, und ich meine sogar, daß die Notwendigkeit, für diesen Bereich Regeln einzuführen und zu formulieren zu einem großen Teil mitverantwortlich ist für das, was wir allgemein die Ausbildung der Frühen Hochkultur nennen. Freilich wäre es völlig unangemessen, über die Art dieser Regeln, über ihre Anwendung und die Institutionen zu spekulieren, die für die Einhaltung dieser Regeln zu sorgen hatten; dies wird uns vermutlich für immer verborgen bleiben. Aber wir können versuchen, die wahrscheinlichen Konfliktherde zu benennen.

Ausgangspunkt sind die von Johnson aus ethnologischen Parallelen zusammengetragenen Beobachtungen über die Konflikthäufigkeit in Abhängigkeit von der Größe von Bevölkerungsgruppen.[5] Danach bleibt die Konflikthäufigkeit relativ konstant bis zu einer bestimmten Gruppengröße, um dann sprunghaft anzusteigen und bis zu einer nächsten Schwellengröße wieder konstant zu bleiben. Solche Schwellengrößen liegen um 20-30, um 300 etc.

So sehr man über die absolute Fixierung dieser Schwellen diskutieren mag: die Größen sind für unsere Argumentation unerheblich, denn mit Siedlungsgrößen wie Uruk liegen wir in jedem Fall weit oberhalb solcher Schwellen. Zwar gehört die Umrechnung von besiedelter Fläche zu Bevölkerungszahlen zu den ungesichertsten Vorgehensweisen in der Archäologie,[6] aber selbst wenn man von der absoluten Minimalannahme von 100 Personen pro Hektar besiedelter Fläche ausgeht und von den oben erwähnten 250 Hektar Mindestfläche für Uruk 50 Hektar für öffentliche Bereiche abzieht, würde man immer noch zu einer Einwohnerzahl von 20.000 Menschen kommen, eine Zahl, die weit über allem liegt, wo man etwa noch mit der Annahme übersichtlicher Konfliktzahlen auskäme.

Wie bereits gesagt, werden wir die Art dieser Konflikte nie benennen können, aber wir können nicht nur von normalen Nachbarschafts- und Eigentumskonflikten ausgehen, sondern wir werden damit rechnen können, daß auch Konflikte zwischen dem Einzelnen und der Gemeinschaft eine Rolle spielten, möglicherweise sogar Konflikte zwischen verschiedenen Einrichtungen.

Dabei halte ich es nicht für möglich, daß man ohne mehr oder weniger feste Regeln auskam, und daß es nicht mehr oder weniger feste Sanktionen für den Fall der Überschreitung der Regeln gab. Natürlich muß es völlig

---

5 G.A. Johnson, "Organizational Structure and Scalar Stress", in C. Renfrew (Hrsg.), *Theory and Explanation in Archaeology* (New York 1982), 389-421.

6 H.J. Nissen in *Beiträge zur Kulturgeschichte Vorderasiens*, 476 Anm. 14.

offen bleiben, wer diese Regeln anwandte, wer die Sanktionen aussprach und wer für die Einhaltung der Regeln, die Durchführung der Sanktionen und möglicherweise die Weiterentwicklung der Regeln verantwortlich war. Es scheint mir aber nicht möglich anzunehmen, daß dies völlig unkontrolliert in jeweiligen *ad-hoc*-Verfahren vor sich ging, und daß es daher entsprechende Einrichtungen gegeben haben muß.

Bis jetzt war nur von der Stadt Uruk die Rede, aber natürlich gelten diese Überlegungen auch den Siedlungen des Umlandes der Stadt. In diesem Hinterland fanden sich die Überreste von mehr als hundert Siedlungen, die vermutlich zur Zeit der Schriftentstehung bewohnt waren.[7] Zwar ließen sich bei einer ganzen Reihe dieser Siedlungen die Größen nicht bestimmen, aber es bleibt genug, um Ansätze für eine interessante Beobachtung zu finden. Aufgetragen auf eine Linie ergeben sich Häufungen an verschiedenen Stellen, die Anhaltspunkte für eine Kategoriebildung geben. So finden sich 35 Siedlungen mit Flächen um 1 Hektar; 22 Siedlungen um 2,5 Hektar; 20 um 5 Hektar; 10 um 10 Hektar, während wir Siedlungen mit 20 Hektar Fläche und mehr zu der Kategorie zählen, in der sich das Zentrum Uruk selbst befindet. Ich halte es für möglich, daß diese Größen in etwa mit den Schwellengrößen zusammengehen, von denen Johnson spricht und halte es weiter für möglich, daß diese Größenkategorien dadurch zustande kamen, daß in einem Prozeß, der häufig in der Ethnologie beschrieben wird, das Anwachsen einer Siedlung über eine bestimmte Größe hinaus vermieden wird, etwa durch Aussiedlung ganzer Familienverbände, gerade um dem überproportionalen Anwachsen von Konflikten zu entgehen.

In diesen Siedlungen wird es eine ganze Reihe von Konfliktlösungsmechanismen gegeben haben, entsprechend der Größe und der Komplexität jeder einzelnen Siedlung. Natürlich muß wieder völlig offen bleiben, ob dies im großen und ganzen die gleichen Lösungen waren und vor allem, ob sie den Lösungen entsprachen, die in der Stadt vorherrschten. Daß es von der Lage der Siedlungen und ihrer relativen Größe her sich um regelrechte Siedlungssysteme handelt, die insgesamt auf das Zentrum Uruk ausgerichtet waren, läßt vermuten, daß wir es mit einer recht großen Einheitlichkeit zu tun haben. Wir können ferner vermuten, daß es je nach Größe und damit Konflikthäufigkeit und -vielfalt eine Hierarchie von Konfliktlösungen gab, und daß diese Hierarchie wahrscheinlich in der Stadt der Ebene der Konflikte entsprach.

Als letztes kann eine weitere Konfliktquelle ausgemacht werden: die zwischen Zentren und den jeweils von ihnen abhängigen Siedlungen. Wie bereits oben angesprochen, liegen Uruk und die Siedlungen im Umland so zueinander, daß man von einem systematischen Zusammenhang sprechen kann. Von der Definition her funktioniert ein solches System in der Weise,

---

[7] R.McC. Adams/H.J. Nissen, *The Uruk Countryside: The Natural Setting of Urban Societies* (Chicago 1972).

daß die Dienstleistungen, die die zentralen Funktionen im Zentrum für die umgebenden Siedlungen bereitstellen, von diesen durch andere Leistungen, vornehmlich durch Beiträge zur Versorgung des Zentrums abgegolten werden. Im Falle eines so übermächtigen Zentrums wie Uruk ist zudem aber damit zu rechnen, daß dies keine ausgewogene Reziprozität war, sondern daß ein gehöriger Teil Zwang hinter den Lieferungen der ländlichen Siedlungen an die Stadt stand. In jedem Fall kann man aber davon ausgehen, daß diese Verhältnisse Anlässe für vielfältige Konflikte gaben.

Gerade in letzterem Fall wird vermutlich die Macht des Stärkeren, also der Stadt, die Lösung des Konfliktes bewirkt haben, und ebenso wird auch in anderen Fällen die Konfliktbeendigung ausgesehen haben, doch wird es auch bei den Auseinandersetzungen zwischen Siedlungen bestimmte Regeln gegeben haben, die vermutlich wieder auf einer anderen Ebene lagen, als die zuvor angesprochenen innerörtlichen Regeln.

Am Ende dieser Übersicht von sicheren oder zumindest wahrscheinlichen Konfliktherden steht die Überzeugung, daß die Gesellschaft zur Zeit der Schriftentstehung gegen Ende des 4. vorchr. Jahrtausends über ausgefeilte Systeme des Konfliktmanagment verfügt haben muß, mit Regeln, Sanktionen und Einrichtungen zu ihrer Durchsetzung. Wie erwähnt, besitzen wir unter den fast 5000 Tontafeln dieser Zeit keine einzige, die uns Einzelheiten erkennen ließe.

Mit Vorsicht soll hier jedoch eine Erwähnung eines NAM:DI an vorderer Stelle der sogenannten Titel- und Berufsnamenliste (Lú A)[8] angeführt werden, der dann für unser Argument relevant wird, wenn wir annehmen, daß DI während dieser Zeit bereits die gleiche Bedeutung wie in den späteren sumerischen Texten hatte: Recht, Rechtsfall. Diese hierarchisch angeordnete Liste beginnt mit einer Reihe von Zusammensetzungen mit dem Zeichen NAM, in dem wir eine Leitungsfunktion sehen. Nach dem ersten Eintrag NAM×EŠDA (der später mit *šarru* "König" geglichen wird) und NAM:x finden wir NAM:DI in einer Linie mit u.a. NAM:URU, NAM:ERIN, NAM:APIN, NAM:ŠE, die wir als "Leiter(?) des Rechts, der Stadt, der Arbeitskräfte, der Pflüger, der Gerste(versorgung)" übersetzen. Mit der Verwaltung der Stadt, der Arbeitskräfte und der Versorgung sind die wichtigen, wenn nicht die wichtigsten funktionalen Bereiche der Verwaltung eines so großen Gemeinwesens angesprochen, und es verwundert nach dem zuvor Ausgeführten nicht, daß Recht oder Rechtsprechung hier als einer der wichtigen Bereiche angesprochen wird.

Daß im übrigen die wenigsten der dort aufgeführten Bereiche (einige sind uns unverständlich) als Thema unter den schriftlichen Aufzeichnungen auftauchen, unterstreicht noch einmal das zu Beginn Gesagte, daß keineswegs alles, was wichtig war, oder als wichtig angesehen wurde,

---

[8] R.K. Englund/H.J. Nissen, *Die lexikalischen Listen der archaischen Texte aus Uruk* (Berlin 1993).

automatisch eine schriftliche Form gefunden hat, und dies macht gleichzeitig deutlich, daß die Abwesenheit von Texten juristischen Inhalts nicht als Beweis genommen werden darf, daß dieser Sektor nicht ausgebildet war.

Wenn von der Mitte des 3. Jts. an derartige Texte auftauchen, steht dies zunächst einmal im Zusammenhang damit, daß von dieser Zeit an auch andere Bereiche in schriftliche Form überführt werden, wie vor allem historische und literarische Kompositionen. Aber auch zu dieser Zeit scheint keineswegs alles schriftlich abgefaßt worden zu sein. Warum also juristische Texte?

Möglicherweise spiegelt dies eine weitere Stufe der Verfestigung von Regeln wider, die Folge einer enormen Verstädterung der babylonischen Bevölkerung in der ersten Hälfte des 3. Jahrtausends gewesen sein könnte. Nicht nur daß während dieser Zeit die Fläche, die in Babylonien von Siedlungen eingenommen wurde, enorm anstieg, was einen ebensolchen Anstieg der Gesamtbevölkerung signalisiert, sondern - soweit wir das von unseren Besiedlungszahlen ablesen können - die Menschen scheinen überwiegend in großen Städten gelebt zu haben, während die Zahl der kleinen Siedlungen auf dem Lande zurückging. Eine Verdichtung der Bevölkerung in den Städten, die zu dieser Zeit alle mit Stadtmauern umgeben sind, mußte notwendigerweise zu einer weiteren Steigerung der Konflikthäufigkeit und -intensität führen, und damit zu Veränderungen der Regeln.

Gerade das Letztgenannte vereitelt einen sonst bisweilen begangenen Weg: da die in den frühesten derartigen Texten erkennbaren Regeln erst das Ergebnis dieser langen Entwicklung gewesen sein können, verbietet es sich, sie als Modell zu benutzen, um die Lücken für die ältere Zeit auszufüllen.

Rechtsgeschichte im eigentlichen Sinne kann natürlich erst mit der Existenz entsprechender Texte und der Möglichkeit zu deren Interpretation einsetzen; die Geschichte des Rechtes ist aber nicht nur viel älter, sondern es ist für viel ältere Zeiten als normalerweise angenommen mit sehr komplexen Systemen zu rechnen. Auch die hier angesprochene Zeit des ausgehenden 4. Jahrtausends ist keineswegs der Anfang, bietet aber das beste Beispiel für die Existenz solcher komplexer vorschriftlicher Formen.

A Problematic King in the Assyrian King List

Olof Pedersén (Uppsala)

The Problem with the King's Name

For the successor of the well-known Middle Assyrian king Tukulti-Ninurta I, two different but rather similar names, Aššur-nādin-apli and Aššur-nāṣir-apli, seem to be given in different versions of the Assyrian King List. Are we dealing with one king sometimes with the name written in different ways, or two persons with their names partly confused in the historical tradition? I will take this opportunity to honor J. Renger with a somewhat fuller discussion of a question I alluded to already in my *Archives and Libraries in the City of Assur* (= *ALA*), Part I (Uppsala 1985), p. 107 n. 5, especially as that condensed footnote hardly is known to others than a few specialists of Middle Assyrian studies.

The Assyrian King List

The latest standard edition of the Assyrian King Lists can be found in A.K. Grayson, "Königslisten und Chroniken. B. Akkadisch §3.9 King list 9. Assyrian King List", *RlA* 6 (1980-1983), 101-115. He lists five exemplars (A-E). Exemplars A and D, and possibly also C, are from Assur. Exemplar B is from Dur-Sharrukin and exemplar E from Nineveh. They were written in different years of the Neo-Assyrian period. The oldest is exemplar A dated to the tenth century BC, the latest is C, which, like the slightly earlier B, date to the eighth century BC.

A "Nassouhi List": E. Nassouhi, *AfO* 4 (1927), 1-11, pls. I-II.
B "Khorsabad List": I.J. Gelb, *JNES* 13 (1954), 209-230, pls. XIV-XV.
C "SDAS List": I.J. Gelb, *JNES* 13 (1954), 209-230, pls. XVI-XVII.
D fragment: O. Schroeder, *KAV* 15.
E fragment: A.R. Millard, *Iraq* 32 (1970), 174-176.

Only exemplars A-C contain enough of §47 and §48 to be of real interest here. The entry (§47) in the Assyrian king list for the successor of the Middle

Assyrian king Tukulti-Ninurta I reads as follows in the three main exemplars (A-C):

A: ^{I}[^{giš}*Tukul*]-*ti*-^{d}MAŠ *da-a-ri* [^{I}*Aš-šu*]*r*-SUM-IBILA DUMU-*šu* ^{giš}GU.ZA *lu iṣ-bat* 4 MU.MEŠ [LUGAL-*ta* DÙ-*uš*]
B: ^{Igiš}*Tukul-ti*-^{d}MAŠ *da-a-ri* ^{I}*Aš-šur*-SUM-IBILA DUMU-*šú* ^{giš}GU.ZA *iṣ-bat* 3 MU.MEŠ LUGAL-*ta* DÙ-*uš*
C: ^{Igiš}*Tukul-ti*-^{d}MAŠ *a-da-ri* ^{I}*Aš-šur*-PAP-IBILA DUMU-*šú* ^{giš}GU.ZA *iṣ-bat* 3 MU.MEŠ KI.MIN

The next entry (§48) in the Assyrian king list is attested in four exemplars (A-D), but only the first three are of any real interest here:

A: ^{I}*Aš-šur*-ÉRIN.TÁḪ DUMU *Aš-šur*-SUM-IBILA 6 MU.MEŠ LUGAL-*ta* DÙ-*uš*
B: ^{I}*Aš-šur*-ÉRIN.TÁḪ DUMU *Aš-šur*-PAP-A 6 MU.MEŠ LUGAL-*ta* DÙ-*uš*
C: ^{I}*Aš-šur*-ÉRIN.TÁḪ A *Aš-šur*-PAP-A 6 MU.MEŠ KI.MIN
D: ^{I}*Aš-šur*-ÉRIN[.TÁḪ ...] 6 MU.ME[Š ...]

An attempt to translate these paragraphs could be:

(§47) Tukulti-Ninurta (I) ... Aššur-nādin-apli, his son, took the throne (for himself) and ruled for four/three years.

(§48) Aššur-nērārī, son of Aššur-nādin-apli, ruled for six years.

This translation fits §47 of exemplars A and B, but only exemplar A for §48. In §47 of exemplar C and §48 of exemplars B and C, the writing of the name of the king or the father of the following king would according to normal readings of logograms be Aššur-nāṣir-apli.

This means that the oldest copy of the Assyrian king list has Aššur-nādin-apli as the successor of Tukulti-Ninurta I and the father of the following king. The two younger exemplars of the same king list seem to have a split tradition or another one if we use the standard reading of the logogram PAP = *naṣāru*. Only for Aššur-nādin-apli, there are attested royal inscriptions (*RIMA* A.0.79). In the Neo-Assyrian Synchronistic King List from Assur (A.K. Grayson, "Königslisten und Chroniken. B. Akkadisch. §3.12 King list 12. Synchronistic King List", *RlA* 6, 1980-1983, 116-121) the king's name is given as Aššur-nādin-apli (*Aš-šur*-SUM-A). The only syllabic reading of Aššur-nāṣir-apli can be found, not in any Assyrian source, but in the Babylonian Chronicle P (A.K. Grayson, *ABC*, Chronicle 22). There the name is written ^{I}AN.ŠÁR-*na-ṣir*-A, but as the editor of the text noticed (*ABC*, p. 56 n. 51), this tablet contains several scribal errors in other places. Furthermore Aššur-nāṣir-apli is there said to be that son of Tukulti-Ninurta who killed his father; if this also implies that he is his successor is not explicitly said.

The problem discussed in this paper may either have to do with the reading of the logogram PAP or be due to a confusion of persons with similar names in the historical tradition. E. Weidner, *Die Inschriften Tukulti-Ninurta I. und seiner Nachfolger*, *AfOB* 12 (1959, reprint 1970), p. 42, was not aware that there may be arguments for the first possibility and advocated therefore the second possibility only. He suggested a rather complicated situation, with both Aššur-nādin-apli and Aššur-nāṣir-apli as sons of Tukulti-Ninurta I. If a reading PAP = *nadānu*, and not only the standard reading PAP = *naṣāru*, would be acceptable in Assyria during Middle Assyrian times, but not in Babylonia, this may point to the first of the alternatives. This possibility will now be discussed.

Some Short Writings of Logograms in Middle Assyrian Personal Names

Studies of personal names within their documental and archival contexts show the existence within Middle Assyrian documents of a few probable readings of logograms, which are not inside the more accepted Babylonian tradition. It must be stressed that in Middle Assyrian documents, there is as a rule a good order and adherence to accepted writing habits. What appears to be systematic exceptions may therefore be of special interest to study.

Middle Assyrian documents involving any kind of obligation or acceptance are as a rule sealed by the accepting person, e.g. a person receiving a loan or receiving a payment. Witnesses including the scribe writing the document (normally the last witness) also seal the document in most cases. The person owning the document (and, e.g., giving the loan) does not seal it. Beside the seal there are often short notes saying "seal of PN" (often written KIŠIB PN). The names in these seal notes correspond almost perfectly to the persons mentioned in the document. An exception can be found in the Assur text *KAJ* 101 (Ass 14327g, VAT 8939, *ALA* M10:4, J.N. Postgate, *The Archive of Urad-Šerū'a and his Family*, Rom 1988, No. 55). Here Aššur-apla-iddina (written ^{Id}*A-šur*-IBILA-SUM-*na*) in the main part of the document should correspond to the seal note KIŠIB-*ku* ^{I}*Aš-šur*-A-PAP. The latter is a much shorter writing of the name with fewer and shorter signs; the only problem is that PAP here seems to represent *nadānu*, and is not used as the standard logogram for *naṣāru*.

Another example can be noticed in a tablet from Kulišḫinaš (Tell Amuda). In this text (AO 21.380, M.-J. Aynard and J.-M. Durand, *Assur* 3/1, 1980, 37-43 No. 9), the recipient of a loan is first written ^{d}*A-šur*-A-PAP on a line with little space, and further down on a line with more space the same name appears as ^{d}*A-šur*-ŠEŠ-SUM-*na*. Here the scribe appears to have used both PAP = *nadānu* and A = *aḫu* contrary to standard logogram readings

PAP = *naṣāru* and A = *aplu*, which are in frequent use in Middle Assyrian personal names.

Three texts in an archive found in Assur deal with loans given to Aššur-ma-apla-ēriš. The name of the father of Aššur-ma-apla-ēriš is given as Nusku-aḫa-iddina (ᵈ*Nusku*-ŠEŠ-SUM-*na*) in two of the texts (*KAJ* 144, Ass 14987b, VAT 8609, *ALA* M14:2; and *KAJ* 244, Ass 14987o, VAT 8612, *ALA* M14:14), but in the third text (*KAJ* 241, Ass 14987a, VAT 8610, *ALA* M14:1) the father's name is written ᵈ*Nusku*-A-PAP, implying both PAP = *nadānu* and A = *aḫu*.

In the archive found above the grave chamber with more precious grave goods than any other grave in Assur, the texts deal with the personal business of a leading person in the Assyrian society, Bābu-aḫa-iddina. His name is in most of the texts in the archive written ᴵᵈ*Ba-bu*-ŠEŠ-SUM-*na*. However in four texts, a man with a similar function has the name written in two other ways: ᴵKÁ-A-PAP (*KAJ* 256, Ass 14410b, VAT 8015, *ALA* M11:1; and *KAV* 104, Ass 14410o, VAT 8225, *ALA* M11:12) and ᴵᵈ*Ba-bu*-A-PAP (*KAJ* 178, Ass 14445d, VAT 15454, *ALA* M11:44; and *Iraq* 35, 1973, 13ff., pls. 13f. No. 1, John Rylands Library, No. P28, Box 22, *ALA* M11:63). This is the only person with functions similar to, or identical with, Bābu-aḫa-iddina. The easiest solution would be to take the two last mentioned writings as alternative writings of Bābu-aḫa-iddina. In one of these texts referred to above (*KAJ* 178), the name of Bābu-aḫa-iddina is first written ᴵᵈ*Ba-bu*-ŠEŠ-SUM-*na* and later on ᴵᵈ*Ba-bu*-A-PAP. Again the evidence from this archive would imply that PAP = *nadānu* and A = *aḫu* were used as logograms by subordinates of Bābu-aḫa-iddina. It is improbable that his servants made such frequent misspellings of the name of their own chef, or frequently forgot his correct name; especially as Bābu-aḫa-iddina is known from many of the texts in the archive to require perfection in detail.

Also the reading and identity of some of the eponyms are concerned by these additional Middle Assyrian logograms A = *aḫu* and PAP = *nadānu*. This material has been collected in H. Freydank, *Beiträge zur mittelassyrischen Chronologie und Geschichte* (*SGKAO* 21, Berlin 1991), 162-163, and is not repeated here.

In most cases the standard Babylonian tradition of reading the logograms was used in the Middle Assyrian period. However, there seems to have been a possibility during this period, especially when there was lack of space on the tablet, to use A as a logogram for *aḫu* and PAP as a logogram for *nadānu* in personal names beside the normal logograms A = *aplu* and PAP = *naṣāru*. The writings may of course be explained as scribal errors, but they seem to be too frequent and systematic in order to be simply dismissed in that way. They rather seem to be locally invented pseudo-logograms or short writings for use when a shorter writing due to lack of space on the tablet was desirable. One of these two Middle Assyrian logograms in personal names, PAP = *nadānu*, is of special interest for us here.

A Possible Solution to the King's Name

A possible solution to the reading of the name of the successor of Tukulti-Ninurta I may be to treat him as Aššur-nādin-apli, either written *Aš-šur*-SUM-IBILA or *Aš-šur*-PAP-A. The first writing is the normal and better attested one; the latter writing is shorter and may occasionally have been preferred when there was less space available on the tablet. This shorter way of writing seems to have been acceptable during the Middle Assyrian period, even if this writing was normally used for Aššur-nāṣir-apli. In Babylonia, and during the Neo-Assyrian period also in Assyria, this second way of writing the name Aššur-nādin-apli does not seem to have been in use, therefore resulting in some confusion in the historical tradition when citing Middle Assyrian traditions. More material is needed in order eventually to prove or disprove the existence of another son of Tukulti-Ninurta I with the similar name Aššur-nāṣir-apli; but even if he did exist, he was probably not referred to in the Assyrian King List.

S/Šag(g)ar - Gott oder Gebirge?

Doris Prechel (Heidelberg)

In den vergangenen Jahren war die Gottheit S/Šag(g)ar Thema mehrerer Abhandlungen. Dabei standen zwei Probleme im Zentrum der Diskussion: Zum einen die Frage einer möglichen Deutung von S/Šag(g)ar als Mondgott, zum anderen die Beziehung dieses Namens zu den geographischen Bezeichnungen URU Saggarātum und KUR Saggar, sowie dessen Identifikation mit dem Ğebel Sinğar.

Im folgenden seien die Belege nochmals in chronologischer Reihenfolge aufgeführt:

Ebla[1] Der Göttername ^{d}*sa-nu-ga-ru*$_{12}$ ist in einer weitgehend unverständlichen Beschwörung (*ARET* V 4 III 6 // 1 III 12 "ITU") bezeugt. Darüber hinaus wird er, in der Graphie ^{d}*sa-nu-ga-ar*, in einem noch unpublizierten Opfertext mit der Ortschaft *má*-NE^{ki} (TM.75.G.1923 V 11)[2] in Verbindung gebracht. Als weiterer Beleg aus ähnlichem Kontext wäre *MEE* XII 35 XII 27[3] zu nennen: (nì-ba *ma-lik-tum*) DINGIR/^{d}*sag-gar*.
Man beachte auch das Toponym *sag-gar*^{ki} (A. Catagnoti / M. Bonechi, *N.A.B.U.* 65/1992).

Mari Auf dem Fragment einer Schwurgötterliste ist neben den Wettergöttern von Kumme und Ḫalab der Gott ^{d}*ša-ga-ar be-el kur-da*^{ki} (M. 7750[4] Vs. 6') erwähnt. Weitere

---

[1] Siehe auch F. Pomponio/P. Xella, *Les dieux d'Ebla* (*AOAT* 245, Münster 1997), 319-320.

[2] A. Archi, "Studies on the pantheon of Ebla", *OrNS* 63 (1994), 255.

[3] Freundlicher Hinweis H. Waetzoldt.

[4] F. Joannès, "Le traité de vassalité d'Atamrum d'Andarig, envers Zimri-Lim de Mari", in D. Charpin/F. Joannès (Hrsg.), *Marchands, diplomates et empereurs – Etudes sur la civilisation mésopotamienne offertes à Paul Garelli* (Paris 1991), 167-177.

Belege beziehen sich auf den Berg (KUR *ša*) des ᵈḪAR[5], *ša-de-em sa-ga-ar* (A. 4461)[6].

Tell Leilan In einem Vertrag zwischen Till Abnû und Assur (L87-442+[7]) werden als Schwurgottheiten genannt: [DIN]GIR *sá-ga-[a]r ù [z.]a-ra* (Vs. 18).

Kaniš In den altassyrischen Texten aus Kültepe/Kaniš findet sich der Personenname *Puzur₄-sà-ga-ar* (*TPK* I 78:19).

Tell Rimāh Ein Brief des Amisum an die Königin Iltani nennt auf der Vorderseite *i-ni-ib* KUR.RA DINGIR/ᵈḪAR (*OBTR* 112:5).

Ḫatti Im Herbst- und Frühlingsfest für Išḫara (*CTH* 641.2)[8] findet sich in Vs. 12 der Name ᵈ*ša-an-ga-ra*, in Rs. 19' ist ᵈ*šag-ga-ra* in einer Opferliste gemeinsam mit Ḫalma und Tuḫḫitra genannt.

Ugarit RS 24.285 (= *Ugaritica* V, 511 = *KTU*² 1.131), eine hurritischsprachige Beschwörung, enthält in Vs. 13 die Zeichenfolge š g r[9]; diese Schreibung findet sich ebenfalls in dem ugaritischen Ritual RS 24.643 (= *Ugaritica* V, 581 = *KTU*² 1.148), während in dem

---

5 Zur Auflösung des Ideogrammes ḪAR als s á g g a r siehe M. Stol, *On Trees, Mountains, and Millstones in the Ancient Near East* (Leiden 1979), 75ff.

6 Siehe J.-M. Durand, "Noms de dieux sumériens à Mari", *N.A.B.U.* 14/1987.

7 Siehe dazu J. Eidem, "An Old Assyrian Treaty from Tell Leilan", in *Marchands, diplomates et empereurs*, 193ff.

8 *CTH* 641.2 setzt sich folgendermaßen zusammen:

A	Vs.:	*KBo* 29.213+YBC 18612+*KBo* 23.17(+)*KBo* 23.41+*KBo* 24.108
	Rs.:	*KBo* 35.263+*KBo* 23.30+*KBo* 30.186+*KBo* 24.108+*KBo* 23.31(+)*KBo* 29.213+YBC 18612
B		*KBo* 21.42 (= A Vs. 1-14)
C		*KUB* 9.14 (= A Vs. 11-21)

9 Anders als M. Dietrich/W. Mayer, "Hurritische Weihrauch-Beschwörungen in ugaritischer Alphabetschrift", *UF* 26 (1994), 95ff. und im Anschluß daran F. Pomponio/P. Xella, *Les dieux d'Ebla*, 320 bin ich weiterhin der Auffassung, daß sowohl *šgr* als auch vorangehendes *ḫlm* als Götternamen und nicht als Verbalform und eine Gegenstandbezeichnung zu interpretieren sind. Verwiesen sei hierfür auf die Belegstellen aus Ḫattuša und Emar, in denen Ḫalma und Šaggar mehrfach nebeneinander genannt sind.

ganz ähnlichen Kontext des Textes RS 1992.2004 ḪAR steht (Z. 14[10]).

Emar Neben der Bezeichnung einer Gottheit ^{d}*ša-ag-ga-ar* in einer Opferliste (*Emar* 3, 378:12) wird der Name auch zur Benennung eines Monats verwendet: ^{d}*ša-ag-ga-ri/ru* (373:43, 192') bzw. ^{d}ḪAR-*ar* (375:4).

Götterlisten: 1) *SLT* 124 VIII 3: [^{d}]*sag-gar*

2) A. Cavigneaux, *Textes scolaires*, 88:95 ^{d}ḪAR

3) AN:Anum IV (YBC 2401, Litke, *An:Anum*, 166)

279	^{d}*iš-ḫa-ra*	MIN (= ^{d}*iš-ḫa-ra*)
280	^{d}*taš-me-zi-ik-ru*	MUNUS.SUKKAL ^{d}*be-let be-ri*-ke$_4$
281	^{d}ŠAG.⸢GAR⸣	DAM.BI
282	$^{d\ min}$ḪAR	MIN
283	^{d}*al-ma-nu*	MIN

Für die Bestimmung des Wesens der Gottheit waren die Beobachtungen von D.O. Edzard, der die Bezeichnung "zwei Hörner des Sanugaru" in Ebla als eine Erscheinung als Mondsichel deutete, und der Hinweis von S. Dalley / B. Teissier auf die Äquivalenz des PN ^{md}XXX-*a-bi* mit hieroglyphen-hethitisch *sà-ga+ra*$^{?}$*-a-bu* bei E. Laroche, "Les hiéroglyphes de Meskene-Emar et le style 'syro-hittite'", *Akkadica* 22 (1981), 11 Nr. 46 ausschlaggebend. Als weitere Evidenz für eine lunare Erscheinung darf man wohl auch die Verbindung zur Göttin Išḫara betrachten, wie sie in den Herbst- und Frühlingsfesten der Göttin in Ḫattuša deutlich wird. Denn nach den hethitischen Quellen sind der Mondgott und Išḫara als Schwurgottheiten auf das Engste miteinander verbunden. So wäre darüber hinaus zu erwägen, ob in den Fluch- und Eidesformeln in Anatolien nicht auch eine Lesung des Ideogrammes ^{d}XXX mit Šaggar anzusetzen ist, wenn dieses Paar angesprochen ist.[11] Die Archive von Emar und Ḫattuša sind bislang die einzigen, die in diesen Kreis den Gott Ḫalma miteinbeziehen.

Anders verhält es sich mit der Göttin Išḫara und Šaggar. Zwischen ihnen könnte schon sehr früh eine Assoziation stattgefunden haben, da für beide ein

---

[10] Mitgeteilt bei F. Pomponio/P. Xella, *Les dieux d'Ebla*, 201 und 320.

[11] Šaggar ist als Schwurgottheit in Mari und Šeḫna belegt; in Emar fungiert Išḫara als Schwurgottheit (siehe D. Prechel, *Die Göttin Išḫara – Ein Beitrag zur altorientalischen Religionsgeschichte*, *ALASPM* 11, Münster 1996, 76-77), doch erscheint sie hier nicht neben dem Mond- sondern neben dem Wettergott.

gemeinsamer Kultort Ma'NE in den Ebla-Texten belegt ist.[12] Aufschluß für das Verhälnis der beiden zueinander bietet die späte Götterliste AN:Anum, die das Paar als Ehegatten bucht.

Ein anderes Problem stellt sich mit den unterschiedlichen Schreibungen des Namens. Faßt man den Konsonantenbestand zusammen, so ergibt sich folgende Verteilung:

Ebla	*sa-nu-ga-ru*$_{12}$, *sag-gar*	s	g̃	r
Mari	*ša-ga-ar*, ḪAR-*ra*	š	g	r
Šeḫna	*sá-ga-ar*	s	g	r
Kaniš	*sà-ga-ar*	s	g	r
Tell Rimāh	ḪAR			
Ḫatti	*ša-an-ga-ra*, *šag-ga-ra*	š	g̃	r
Ugarit	šgr, ḪAR	š	g̃	r
Emar	*ša-ag-ga-ri/ru*, ḪAR-*ar*, *šag-*[*ga-ar*], *ša-ag-ga-ar*	š	g̃	r

J.-M. Durand[13] regte an, eine Unterscheidung zwischen dem Namen des Gebirges und dem eines Gottes aufgrund der unterschiedlichen Wiedergabe des anlautenden Sibilanten (/š/ vs. /s/) sowie der Sonorität des mittleren Konsonanten (/g/ vs. /k/) zu treffen. Dabei ging er von der These S. Dalleys / B. Teissiers aus, eine Verbindung zu sumerisch U$_4$.SAKAR / akkadisch *uskaru* zu sehen.[14]

Sowohl in Hinblick auf den Wortbildungstyp als auch auf die Wortwurzeln (s/š-k/q-r) scheint mir eine solche Verbindung indes nicht überzeugend. Eine klare Trennung der Sibilanten ist durch die Schreibung mit dem Zeichen DI in dem altassyrischen Vertrag aus Šeḫna gegeben. Hier scheint es sich mit größter Wahrscheinlichkeit um den Namen des vergöttlichten Gebirges zu handeln, wie nachfolgendes, undeterminiertes Zara vermuten läßt, das nach J. Eidem ebenfalls als Teil des Ğebel Sinğar zu

[12] Für Išḫaras Verehrung in *má*-NE siehe ibid., 10-13 und 17.

[13] J.-M. Durand, "La religión en Siria durante la época de los reinos Amorreos según la documentación de Mari", in G. del Olmo Lete (Hrsg.), *Mitología y Religión del Oriente Antiguo* II/1 (Sabadell/Barcelona 1995), 184.

[14] S. Dalley/B. Teissier, "Tablets from the Vicinity of Emar and Elsewhere", Iraq 54 (1992), 91: "There may be a connection of the name with supposedly Sumerian logogram U$_4$.SAKAR = Akkadian *uskaru*, 'lunar crescent'."

bestimmen ist.[15] Eine Stütze erfährt diese Deutung durch das Heranziehen der Bergliste des (Ḫ)išuwa-Festes, in der auf den Namen ⌜*za*⌝*-ra* unmittelbar *ši-in-ni-ia-ri* folgt.[16]

Die aus Mari bekanntgewordenen Belege sprechen für eine Differenzerung bei der Schreibung des Götternamens mit anlautendem /š/ und der geographischen Bezeichnung mit /s/.

S. Dalley/B. Teissier führen als weitere Belege den Namen des Königs von Karkemiš aus der Regierungszeit Salmassars III. an: *Sa-an-ga-ar*, *Sa-an-gar*, *Sa-ga-ra* (*APN* 192). Dieser Name sollte jedoch bis auf weiteres aus der Diskussion ausgeschieden werden, da sich die Frage stellt, wie groß die Wahrscheinlichkeit dafür ist, daß ein Personenname lediglich aus einem theophoren Element besteht.

Zu fragen bleibt letzlich auch, welche Beziehung zwischen der Mondgottheit Šaggar(a) und dem vergöttlichten Berg Saggar bestanden haben kann. Vielleicht bot den Menschen der Anblick des Gebirgszuges eine spontane Assoziation mit der Sichel, vielleicht sind aber doch besser beide Eigennamen getrennt zu betrachten. Die letzlich geringen Textbelege zeigen, daß in Ebla zwischen Sanugaru und dem vergöttlichten Berg Saggar, wofür in altassyrischer Zeit auch das Ideogramm ḪAR mit Lesung Saggar stehen kann, unterschieden wurde. Seit mittelsyrischer Zeit ist dafür die Alternanz Sangara / Singara eingetreten, so daß durch den Vokalismus im Anlaut das polyphonetische Zeichen S/ŠAG für eine eindeutige Kennzeichnung ausreichte.

---

[15] Siehe dazu J. Eidem, in *Marchands, diplomates et empereurs*, 205.

[16] Für eine Zusammenstellung der im Festritual genannten Berge siehe H. Otten, "Die Berg- und Flußlisten im Ḫišuwa-Festritual", *ZA* 59 (1969), 250.
Mit *ši-in-ni-ia-ri* sind vielleicht die invariablen nA Schreibungen für den Ğebel Sinğar zu verbinden, die zu Singara harmonisiert werden können; vgl. dazu M. Stol, *On Trees* ..., 80. Für die Frage des anlautenden Sibilanten sind die hethitischen Belege allerdings problematisch, da die š-Reihe im Hethitischen bekanntermaßen zwar für /s/ steht, gerade aber in Wörtern fremder Herkunft auch /š/ wiedergeben kann.

One Potato, Two Potato

Erica Reiner (Chicago)

The topic of this paper suggested itself to me by a talk on the category of number in Hittite given by Craig Melchert in November 1998 at the University of Chicago; it is fitting that I offer it to my colleague and good friend Jo Renger who is so often motivated in his research by sources outside his immediate field of expertise.

Melchert dwelt, among other things, on the fact that plurality in Hittite can be expressed on nouns that have a collective plural or occur solely as *pluralia tantum* (with other words, on nouns for which no opposition of number exists) by using the numeral with the suffix *-ant* (the so-called "individualizing" suffix) and the noun in the collective plural. For the number 1 (one), the spelling 1*-anta* (the numeral 1 with the "individualizing" suffix) corresponds to *ānta 'unit'. When this numeral element is written with an Akkadogram, the spelling 1*-nu-tu/ti* is used, corresponding to Akkadian *ištēnūtu* (*iltēnūtu*), which is usually translated as 'set', 'unit'. For higher numbers, 2 and above, the Akkadogram *TA-PAL* is used. *Tapal*, of course, is again an Akkadian word, which is normally translated by Assyriologists and Hittitologists alike as 'pair'. As both Akkadograms are used in Hittite in counting nouns in the collective plural, the quantifier *ištēnūtu* means 'one' and not 'a set', and 2 (3, 4, etc.) *tapal* means two (three, four, etc.), and not 'two pairs', 'three pairs', etc.

What is striking is the fact that the use of *ištēnūtu* to designate single items and of *tapal* to designate higher numbers is attested in texts written in Akkadian precisely in the Western periphery of the cuneiform writing area, that is, in Nuzi, and Ras Shamra in addition to Boghazköy, in the so-called "Western Peripheral Akkadian."[1] However, I have not been able to find examples for such a use in Emar. In the Emar example 3 *ta-pal* E.SIR$_x$(ṢIR).MEŠ [x] *ta-pal* TÚG *ta-ḫa-ba-tu* (*Emar* 6/3, 303:5f.) *tapal* seems to mean indeed 'pair', thus the passage translates as 'three pairs of shoes, [x] pairs of .....', as also in Mari, in, e.g., 3 *ta-pa-al* KUŠ *me-še-ni* *ARMT* 18 57 (as against 2 KUŠ *me-še-e-nu ta-pa-lu* ibid. 65 and 70) and

[1] For Amarna see note 6.

passim in Mari and Tell Rimah, although *mešēnu* itself, just as the earlier dual forms *mešēnān*, seems to designate 'a pair of shoes'; compare *iltennūtu šēnu* 'one pair of shoes' *HSS* 5 17:10 and 76:6, also *Genava NS* 15 15 No. 7:13, beside 3 *ta-pa-lu* KUŠ *še-e-nu*.MEŠ ibid. 18 No. 9:1.

It was shown by Erich Neu[2] that when the Akkadogram *TAPAL* is used in Hittite after a numeral 2 or higher, its meaning is not 'pair'. German-language discussions of this peculiarity do not fail to adduce such examples as English 'a pair of scissors' and 'a pair of spectacles' vs. German 'eine Schere' and 'eine Brille'. Still, in regard to the last example, let us not forget that by "a good glass in the Devil's Seat"[3] indeed *one* spy-glass was meant, and not today's "(pair of) glasses."

All this is nothing new, of course; as early as 1931 Goetze (*ZA* 40 79f.) has admirably and with great concision stated the facts – though perhaps not their interpretation – as then attested in Amarna, Boghazköy, and Nuzi: "*ištēnūtu* ist ein Plural zum Zahlwort 'eins'; es wird dort angewendet, wo das Wort, zu dem es Attribut ist, plurale Form oder plurale Bedeutung hat. Wird bei solchen Wörtern weitergezählt, kann *tapalu* 'Paar, Garnitur' angewendet werden." Of course it would have been better had Goetze omitted "plurale Form" from his definition, even though he must have meant, as far as I can reconstruct it, nouns with such plural markers as ḪI.A. Allowing this interpretation Goetze's thesis indeed stands; the reluctance of scholars to accept it stemmed, it seems, from their reluctance to accept Akkadian *ištēnūtu* as a simple numeral meaning 'one' and not 'a set of' or the like as was proposed, for example, by Landsberger apud Güterbock, *OrNS* 12 153. *AHw* still calls *ištēnūtu* "abstract to *ištēn*." That the numeral 'one' should have such weird behavior need not have caused great concern to the Hittitologist (and by extension to the Assyriologist), since it is a well known fact in linguistics that it is precisely the numeral "one" which is often deviant in many languages in form and in syntax. Note, for example: "Numeral systems would be more regular (...) if the word expressing 1 were treated exactly like all the other single-digit words; but very often it is not, making it necessary to introduce *ad hoc* machinery into the grammar of the system concerned."[4]

In Akkadian contexts too, as in Hittite, it seems that *ištēnūtu* and *tapalu* are used to count nouns that have no opposition of number. In Hittite these numeral expressions are used when the noun counted is a collective or indeclinable. It is possible that in the Akkadian texts of the Western zone too these constructions came to be used when the noun counted was a collective or indeclinable. This definition would fit such nouns as *sariam*, for which no

---

2 "Zum Kollektivum im Hethitischen," in O. Carruba (ed.), *Per una grammatica ittita* (*Studia Mediterranea* 7, Pavia 1992), 199-212, esp. p. 206.

3 Edgar A. Poe, *The Gold Bug*.

4 James R. Hurford, *Language and Number* (Oxford 1987), 56.

plural form is attested, as well as those written with Sumerograms – TÚG.ḪI.A, É.ḪI.A, etc. – whose readings are not transparent to us and perhaps were not even to the scribes who composed these documents, or whose equivalent may have been an indeclinable noun, or a noun whose plural was not used for some other reason. Following a number and *tapal*, the noun occurs in the *singular* although its plural may exist, e.g. *tapal* is used with *naḫlaptu*, but is not used with the plural *naḫlapātu*. It also seems that if the noun is qualified by an adjective in the plural, thereby assuring that it is also plural, the quantifier *tapalu* is not needed. *Tapalu* is omitted in other cases too, for no reason that I can see; however, were *tapalu* to mean indeed 'a set of', it would be highly unlikely, it seems to me, that those instances where *tapalu* is omitted after the numeral would be the only ones that do not refer to a set.

A few examples will illustrate my contention.

In *HSS* 13 252, goat hair is disbursed for various objects; those which are single objects are preceded by 1 or 1-*en* (lines 2, 13, 20) while the one in the plural is counted in *tapalu*'s (line 5, see *CAD* sub *šaḫarru* s.). One of the clearest examples is *JEN* 527 which lists, in lines 1, 3, 5, and 7, 1-*en-nu-tum sariam*, added up as 4 *ta-pa-lu sariam annûtu* line 8.

A particularly suggestive text is *HSS* 13 431 (copy *RA* 36 204f.), in which various textiles are listed. Up to line 18 (the first six lines are destroyed) and in lines 28-29, 37-39, 41-42, 45, 52-54, 58-61, and 64-66 the items are counted in *tapalu*'s; from 18 through 27 only numerals occur; 30, 31, and 44 list *ṣimittu*'s, 'pairs', of items, now mostly broken; and note that in lines 32-36 where *mardatu* is preceded by a simple numeral without *tapalu* the qualifiers *rabûtu* and *ṣiḫrūtu* sufficiently identify the noun *mardatu*, presumably treated as a collective, as being a plural. The only single item in this text is 1-*nu-tum kusītu ša mardatimma* line 46. Items not preceded by *tapalu* are *taḫapšu* (lines 23-27), *pampalla* (36), *pasqaru* (40), *purāku* (62-63). TÚG.MEŠ in this text and elsewhere does not normally take *tapalu*.

Similarly, *ḫullannu* and *naḫlaptu* are counted in *tapalu*'s if there are more than one, but designated as *ištēnūtu* if single (*HSS* 14 607). Note, however, 1-*nu-du naḫlaptu ša* 2 MA.NA *šuqultašunu* (with plural possessive suffix) *HSS* 5 95:16ff. but 1-*nu-tum naḫlaptum* SIG_5-[*qú*?] 2 MA.NA *šuqultašu ša naḫlapti* (with singular possessive suffix) *HSS* 5 36:12ff., for which see C. Zaccagnini, *Lacheman AV*, 349ff., and the there cited text *il-te-en-nu-tum na-aḫ-la-pa-tum HSS* 9 152:7, see Deller, *WO* 9 298.

An example for wooden implements is 1-*en-nu-tum* GIŠ *a-sú-ú*.MEŠ 3 *ta-pa-lu* GIŠ *ma-mu-ul-lu*.MEŠ *Lacheman AV*, 389 No. 9:8 (YBC 5139).

It should also be noted that, just as in *HSS* 13 431:30, 31, and 44, *ṣimittu* 'pair' also occurs beside *tapalu* in HSS 15 14:2f. and beside *ištēnūtu* ibid. 40ff.

Another example occurs in the RS inventory RS 16.146 + (*MRS* 6 182f., also in S. Izre'el, *Amurru Akkadian*, vol. 2 pp. 68f.), the inventory of the queen's jewelry: 4 *ta-pal šu-qúl-la-li*.MEŠ *ḫurāṣu qadu abnātišunu* ... 2 *ta-pal* ḪAR.MEŠ *šēpi u ša qāti ḫurāṣu* 1 GAL 1 *mizqu* 1 *namzītu ḫurāṣu* 2 *ta-pal ša qabli ḫurāṣu* ... . In this text the single items are preceded by the simple numeral 1, and the plural items are qualified as *tapal*; on the one hand, as regards the 4 *tapal*, it is unnecessary to assume that the "pendants" come in pairs, and on the other, it is logical to assume that the 2 *tapal* ḪAR.MEŠ refers to one bracelet and one anklet; moreover, one does not see why *ša qabli* "belts"(?) should come in pairs.

Obviously, counterexamples can be found, and I have just cited some myself. There are items counted without inserting *tapalu* between the numeral and the item, and there are items preceded by *ištēnūtu* which seem to require an interpretation as plurals, such as the cited 1-*nu-du naḫlaptu ša* 2 MA.NA *šuqultašunu HSS* 5 95:16ff.[5] However, the only certain contradictory example would be, in my mind, if an item was both preceded by *tapalu* and were explicitly marked as plural, such as *naḫlapātu*.

I don't know whether this peculiarity observed in Boghazköy and Nuzi is due to a substratum language, specifically a Hurrian substratum[6]; at any rate I have not found contradictory evidence yet. Until then, I offer for "Western Peripheral Akkadian" too this "Two Potato" hypothesis.[7]

---

[5] Although two minas is the standard weight of one *naḫlaptu*, see C. Zaccagnini, "A Note on Nuzi Textiles", in M.A. Morrison/D.I. Owen (eds.), *Studies on the Civilization and Culture of Nuzi and the Hurrians in Honor of Ernest R. Lacheman* (Winona Lake 1981), 355.

[6] Note that the Amarna occurrences of 1-*nu-tum* are all from the letters of Tušratta, and that *tapal* in the letters of Rib-Adda refers to horses, hence most likely *tapal* there means 'pair' or 'team'. Three EA references are ambiguous: among the gifts from Egypt there occurs 3 *da-pal* ḪAR *ša* GÌR 'three pairs of ankle-rings' (*EA* 14 i 78); 1 *ta-pal nalbaši* occurs in a letter of Rib-Adda (*EA* 112:44); and in a letter of Tagi mention is made of a present of 1[2 *t*]*a-pal* TÚG.GADA (*EA* 265:13).

[7] That new evidence will require further discussion is shown by the unexpected Old Assyrian reference cited *CAD* sub *šēnu* A mng. 1a-1' as VAT 9281: 1 *iš-té-ni-ti-in šé-ni-in* (oblique dual) *VS* 26 123:10 beside *a-ší-ni-šu šé-na-an* ibid. 6.

The End of the Cycle?

Assessing the Impact of Hellenization on Mesopotamian Civilization

Jane Rempel / Norman Yoffee (Ann Arbor)

Ending Mesopotamian civilization

Did Mesopotamian civilization end? In 539 B.C. Cyrus the Great of Persia conquered Mesopotamia, and thereafter no ruler of Mesopotamia thought of himself as primarily Mesopotamian nor did any ruler claim a common heritage with the Mesopotamian people he ruled. Achaemenid Persians ruled from 539 to 333 B.C. when the dynasty was conquered by Alexander the Great. Hellenistic rule, mainly under the Seleucid dynasty, lasted until 143 B.C. after which Persian dynasties, mainly of Parthians and Sasanians, ruled until AD 637 when Arab caliphs came to power.

Although political systems in Mesopotamia had passed from Mesopotamian hands to foreigners, Mesopotamian civilization did not undergo a similar collapse. Mesopotamian culture persisted in belief systems (temples and learning), language, material objects and buildings, local assemblies; non-native rulers honored venerable institutions that legitimized their control of Mesopotamia. Of course, cultural and social changes did occur, and scholars have asserted that, cumulatively, Mesopotamian civilization itself ended by A.D. 75, the year of the last dated Mesopotamian tablet, an astronomical almanac.

But this conclusion is debatable. For example, there are a few clay tablets on which fragmentary cuneiform inscriptions are written on one side and Greek letters, transliterations of the Mesopotamian Akkadian, are found on the other. These seem to date until the 3rd century A.D. and show that the ancient languages were still learned, and Mesopotamian temples, where the inscriptions were found, were still active until at least that date.[1] In addition to the scholarly, pedantic concerns of when the last wedge was inscribed and when Mesopotamian civilization – by this criterion – ended, we also note

[1] M.J. Geller, "The Last Wedge", *ZA* 87 (1997), 43-95.

that as one result of the excavations and decipherments in the 19th century, Mesopotamian civilization was revived, not only as a subject for scholastic inquiry, but as a point of pride for Iraqis who strongly claim connections with the glorious past of their country. Also, scholars can point to various words, beliefs, and things as being legacies of ancient Mesopotamia.[2]

We therefore offer no position on the "end" of Mesopotamian civilization, since this question, like that of the exact "birth" or "rise" of the state in Mesopotamia, is antiquarian. Modern social evolutionary theory of the state – if the term evolution can be salvaged at all from the wreckage of neo-evolutionary teleological claims – is not about when the state appeared or what the state is, arguments over which are endless and lead to little understanding of what the state does. Rather, social evolutionary theory concerns the emergence of new arenas of social and economic interaction in states, the creation of new ideologies about who has power and how it is got, and who are the new social groups who are invested with the elaboration, preservation, and reproduction of new ideologies. In the case of the collapse of Mesopotamian civilization, the important evolutionary questions are not simply about identifying new ethnic groups and ethnic group boundaries in Hellenistic Mesopotamia, but what were the interrelations between Hellenistic political rule and socioeconomic change in Mesopotamia. To put it another way, why was it reasonably important for people to be "Mesopotamian" in the fourth century B.C., and why was it of little or no practical use to be "Mesopotamian" in the first century A.D.?

Hellenization and Hellenism

We begin this story with a review of the concept of "Hellenism" and some assessments of the impact of Hellenism on Mesopotamia. The hellenocentric views which dominate interpretation of earlier Greek periods are rendered even more problematic when applied to the Hellenistic period. Although strict geographical and temporal definitions are applied to the Hellenistic period, the term describes a far from uniform set of events and experiences. Civilizations with well-defined cultural identities, long histories of independent evolution and relative lack of association with the Greek world were now incorporated into Hellenistic kingdoms, which were themselves ruled to a large extent by "hellenized" Macedonians rather than Greeks.

While it is clear that a direct evolutionary line cannot be drawn between the Hellenic, or classical Greek world and the Hellenistic world, a more positive definition of the Hellenistic world, and the effects of "hellenization"

---

[2] S. Dalley et al., *The Legacy of Mesopotamia* (Oxford 1998).

on that world, has been elusive. For a long time the Hellenistic period had been simply dismissed as a degenerate and debauched offspring of the Classical Greek world, a wayside inn on the cultural journey from Athens to Rome.[3] Rehabilitation began in earnest however with J.G. Droysen, who in 1836 published one of the earliest and most influential attempts to define the process of "hellenization". He characterized it as the conscious, purposeful and uniform diffusion of Greek language and culture throughout the Hellenistic world. Hellenistic Greeks were driven by a "civilizing" mission, by the belief in the cultural superiority of the Greeks. Droysen's view was largely based on opinions expressed in ancient Greek literature[4], and reflects the philhellenism (and imperialism) of his age.[5]

This view of the Greeks as missionaries resurrected the Hellenistic period from the disdain with which it had been viewed, and became a popular and enduring framework for a utopian view of the Hellenized world: a world with the superior Greek (read Western) culture infused into the despotic and superstitious kingdoms of Egypt and West Asia. In more modern interpretations, nearly politically correct classical scholars find Greek culture quite isolated from "native" life, its impact limited.[6] Whereas initially, classical scholars were proud of the Greek civilizing influence on the East, now they are appropriately pleased to portray the gentle or practically small impact of Westerners on the historic ways of Mesopotamia. Seleucids helpfully rebuilt Mesopotamian temples, used Mesopotamian literary forms, inherited functioning political organizations, and hardly dented the social and cultural systems of the land. In the view of some, it was the Greeks that got "orientalized" rather than the other way around.[7]

But what did change? Is the present view a reflection of new, self-effacing trends in classical scholarship, signs of more sensitive, anti-colonialist, and respectful classicists, who are determined to banish the specter of Hellenism, and her bed-mate Orientalism, from Hellenistic Mesopotamia?

---

[3] J.B. Bury, "The Hellenistic Age and the History of Civilization", in J.B. Bury (ed.), *The Hellenistic Age* (Cambridge 1925), 1-30.

[4] See Herodotus (1.60.3) for an example of the Greek sense of cultural superiority and Plutarch (*Mor.* 328E), who remarks on the "good fortune" of those defeated by Alexander because they would get the benefits of Greek culture.

[5] P. Green, *From Alexander to Actium* (Berkeley 1990), 312.

[6] F.W. Walbank, *The Hellenistic World* (rev. ed., Cambridge/Mass. 1993); P. Green, *From Alexander to Actium*; S. Sherwin-White/A. Kuhrt, *From Samarkhand to Sardis: A New Approach to the Seleucid Empire* (Berkeley 1993).

[7] D.T. Potts, *Mesopotamian Civilization: The Material Foundations* (London 1997).

Hellenization and the archaeology of ethnicity

Before surveying instances of change in the archaeological record of Hellenistic Mesopotamia, we briefly discuss theories of ethnic behavior and some methodological points about identifying ethnicity in the archaeological record.

Ethnicity, as we understand the large literature on the subject,[8] is not any specific feature of a group of people, but the recognition of significant difference between members of a group and outsiders. Thus, one cannot speak of an ethnic group in isolation from other ethnic groups, since ethnic groups must be in contact with one another, and they must regard each other as culturally distinct. The symbols differentiating groups need not remain the same through time, and individual actors may emphasize, suppress, or even alter their ethnic identity in different situations. Although many studies of ethnicity in the archaeological record have sought to identify overall differences between assemblages, ethnic groups do not have a uniform, distinctive culture. Rather, according to Bateson[9], ethnicity is denoted only by those cultural differences that make a difference to group members. Materials used for the purpose may include jewelry, clothing, and batterie de cuisine.

Studies of ethnicity by archaeologists have concerned, for example, how previously autonomous groups are brought together into a single political system. In this process groups emphasize certain values and ways of behavior and invent others, while cultural institutions of the overarching state may replace still others. Ethnic groups are not static or fixed, closed systems with timeless traditions and ascribed memberships, but are formed in circumstances of social upheaval and political transformation. Furthermore, ethnicity is molded and maintained because it is psychologically useful in providing self-identity in changing times, and it is also practical in negotiating alliances within a larger society composed of many kinds of social corporations.

Modern studies of ethnicity often consider how groups react to incorporation within a larger society, resisting attempts to dissolve their identity and promoting cooperation among group members and a greater sense of belonging to the group.[10] Such choices to emphasize identity depend

---

[8] G. Emberling/N. Yoffee, "Thinking about Ethnicity in Mesopotamian Archaeology and History", in R. Bernbeck et al. (eds.), *Festschrift Hans Nissen* (forthcoming); G. Emberling, "Ethnicity in Complex Societies: Archaeological Perspectives", *Journal of Archaeological Research* 5/4 (1997), 295-344.

[9] G. Bateson, "Form, Substance, and Difference", in *Stages to an Ecology of Mind: A Revolutionary Approach to Man's Understanding of Himself* (New York 1972), 448-465.

[10] E.g. J.L. Comaroff, "Of Totemism and Ethnicity: Consciousness, Practice and the Signs of Inequality", *Ethnos* 5 (1987), 301-323.

in part on perceptions of social, economic, and political advantage. Another option, however, is to minimize ethnic differences. In our study we assess how "being Mesopotamian" was negotiated over time. We are especially concerned with assessing significance and, correspondingly, lack of significance in material culture change. That is, we study not only those changes that reflect Hellenistic impact on Mesopotamians, but also the continuities that are selected to mask that impact.

Hellenistic installations in Mesopotamia

The textual and material record of Mesopotamia while it was under the control of the Seleucids, the Hellenistic Greek kings who incorporated Mesopotamia as part of their kingdom, has suffered from relative neglect both in excavation and in academic study. For this reason information is patchy, making firm chronologies and a sense of diachronic change often difficult to represent. In addition, it is difficult to account fully for the impact of the preceding Achaemenid Persian rule on the region and to separate this from that of Hellenistic rule. This paper does not attempt to surmount these difficulties, nor address them in their entirety, but rather to examine the existing evidence for perceived continuities and changes in Hellenistic Mesopotamia with an aim to assessing their significance and impact on the reproduction of Mesopotamian civilization.

According to Classical conventions, the most notable aspect of the material record of Hellenistic Mesopotamia is the appearance of traditionally "Greek" installations during this period. The Seleucids, following in the footsteps of Alexander the Great, founded a series of new "Greek" cities throughout their kingdom. In Babylonia, the most notable was Seleucia-on-the-Tigris, located just north of Babylon and intended for a short time to be the capital of the Seleucid kingdom.[11] The straight street layout of this city, the presence of "Greek" constructs such as an *agora* (market place) and theater all conform to the canon of newly founded cities throughout the Hellenistic Greek world. Additionally, an equally clear Seleucid Greek presence can be confirmed in existing Mesopotamian cities. In Babylon itself there is evidence for what seems to be Hellenistic Greek occupation concentrated on the Homera mound of the city. In this area there are remains of a Greek-style theater, as well as Hellenistic Greek pottery, figurines and seals all dating from the third century B.C.; an ostracon mentioning a Seleucid garrison stationed in Babylon also dates from the third century.[12] Other "Greek" fixtures in Babylon, such as an *agora* and gymnasium (used

---

[11] S.B. Downey, *Mesopotamian Religious Architecture* (Princeton 1988), 52.

[12] S. Sherwin-White/A. Kuhrt, *From Samarkhand to Sardis*, 156 and plate 6.

for the mental and physical education of Greeks, as well as social interaction) have been attested through literary and inscriptional references dating from the later Parthian period. While the existence of an enclave of Seleucid Greeks in Babylon can be supported by this evidence, at least in the third century, an unprovenienced inscription purchased in Baghdad at the end of the 19th century (A.D.)has been used to suggest that Babylon was actually politically organized into a Greek *polis*, or city-state during the Seleucid period.[13] This inscription refers to a dedication made to Antiochus IV in 167/6 B.C. and naming him as the "savior of Asia and the founder (*ktistês*) of the polis";[14] however it is by no means certain that the inscription refers to Babylon, nor that the use of the word *ktistês* means the original founder as opposed to a restorer or rebuilder of the *polis*. In fact it is not clear what the distinction *polis* might imply in Mesopotamia in the second century B.C. Although it can't be denied that *polis* is a Greek concept in origin, there is no clear evidence to suggest that its manifestation in Mesopotamia during the Hellenistic period would be directly comparable to a *polis* in traditional Greek territories such as Asia Minor or mainland Greece. In the same vein, the presence of traditionally Greek fixtures such as theaters and gymnasia in a very non-Greek environment (both geographically and temporally) cannot be straightforwardly assumed to represent traditional bastions of Greek culture; they cannot *a priori* be assumed to have been the sole preserve of *bonafide* Greeks, Hellenistic or otherwise. Even in Seleucia-on-the-Tigris, a city founded by the Seleucids themselves and which on the surface has the regular grid-plan of Hellenistic Greek cities, it is noteworthy that no evidence for a Greek-style temple has been found and that the only clear archaeological evidence for the theater comes from the post-Seleucid period (although only about 10% of the site has been excavated to date). The current excavator of the site has even privileged the Mesopotamian nature of the city, noting that it does not have a centripetal (i.e. Greek) layout, but rather that the economic/political areas of the city are separate from the residential ones (as in a Mesopotamian city[15]).

---

[13] Cf. G. McEwan, "Babylonia in the Hellenistic Period", *Klio* 70 (1988), 412-421; S. Sherwin-White/A. Kuhrt, *From Samarkhand to Sardis*, 157; R.J. van der Spek, "The Babylonian City", in A. Kuhrt/S. Sherwin-White (eds.), *Hellenism in the East* (London 1987), 68 for differing opinions. Cf. also S. Sherwin-White/A. Kuhrt, op. cit. plate 7.

[14] R.J. van der Spek, in *Hellenism in the East*, 67.

[15] A. Invernizzi, "Seleucia on the Tigris: Centre and Periphery in Seleucid Asia", in P. Bilde et al. (eds.), *Centre and Periphery in the Hellenistic World* (Aarhus 1993), 230-250.

Change through continuity

Despite the caution with which they must be interpreted, the previous examples represent clear Hellenistic Greek imprints on the archaeological record of Seleucid Mesopotamia. They exist in concert with equally clear instances of continuities in the functioning of Mesopotamian society. The textual record indicates the continuation of traditional methods of recording historical events, such as the persistence of Babylonian chronicles as well as astronomical diaries. In addition, archives of clay tablets written in cuneiform have indicated that traditional administration institutions continued to function in Babylonian centers such as Uruk and Babylon, albeit under the auspices of Seleucid rule. These cuneiform archives refer largely to private contracts between Mesopotamians, and provide evidence for continuities in the legal and administrative practices to which they refer. Most specifically, these tablets indicate that the traditional temple estates were still in existence and that the heads of these estates seem to have held some authority within their respective cities. However, the extent of affairs over which these temple-estates had city-wide authority is debated[16], primarily because the cuneiform tablets represent only one side of the administrative and archival life and can only provide a pendant for the mass of Seleucid administrative texts which must have been recorded on parchment or another perishable material (as was the custom) and which survive for us in only in the clay bullae which were used to seal the documents.

This picture of certain continuities in Mesopotamian civilization existing alongside clear examples of a Seleucid Greek imprint on the landscape of the region during the Hellenistic period is particularly agreeable to the current "isolationist" interpretations of Hellenistic Mesopotamia, interpretations which foster the idea of a "Greek"-"Mesopotamian" divide. However, just as a Greek theater in Babylonia cannot be assumed to have functioned in the same way as one in the traditional Greek world, so the perceived "continuities" of Mesopotamian civilization must be questioned, for they existed in a very different political environment.

For example, the continued functioning of traditional temple administrations must have occurred at least with the tacit acceptance and support of the Seleucid administration, thereby fundamentally altering the nature of authority which the temple administrations represented. Moreover, further archaeological evidence suggests that Seleucid support for traditional aspects of Mesopotamian civilization was anything but tacit. In Uruk, the

---

16 L.T. Doty, *Cuneiform Archives from Hellenistic Uruk* (Ph.D. Dissertation, Yale University 1977); M. Stolper, "On Some Aspects of Continuity Between Achaemenid and Hellenistic Babylonian Legal Texts", in H. Sancisi-Weerdenburg (ed.), *Achaemenid History. Vol. 8: Continuity and Change* (Leiden 1994), 329-351; R.J. van der Spek, in *Hellenism in the East*; S.B. Downey, *Mesopotamian Religious Architecture*.

traditional Mesopotamian sanctuaries of Bīt Rēš and Irigal were rebuilt and enlarged during the Seleucid period, while other temples were refurbished.[17] These reconstructions can be associated with a resurgence of the cult of Anu in Uruk and a general flowering of the religious life of the city.[18] While documents attest to the fact that the rebuilding of these temples in Uruk was undertaken by an old established Urukian family (namely by Anu-uballiṭ Nicharchos and Anu-uballiṭ Kephalon), the construction must have been funded, directly or indirectly, and sanctioned by the Seleucid kings.[19] This Seleucid support of the construction in Uruk is made more likely when one considers that rebuilding and renovation of traditional Mesopotamian sanctuaries were also undertaken by early Seleucid kings themselves in cities such as Babylon and Borsippa. It is possible that these renovations were initiated by Alexander the Great, but the clearest evidence for Seleucid refurbishment of Mesopotamian temples comes from the reign of Antiochus I, the second Seleucid king (c. 281-261 B.C.). At Babylon archaeological evidence attests to renovation of the Esagila and Bīt Akīti complexes during his reign, while at Borsippa preparations were made to rebuild the Esagila and Ezida complexes.[20] It is here that the clearest evidence for Antiochus I's patronage of the reconstruction was found. In the foundations of the Esagila at Borsippa excavators discovered a foundation inscription recording the dedication of the building by Antiochus I. This inscription was written in cuneiform, and uses the traditional terminology and epithets of Babylonian kings to refer to this Seleucid ruler: "Antiochus, the great king, the mighty/legitimate king, king of the world, king of Babylon, king of lands, caretaker of Esagila and Ezida, first son of Seleucus, the king, the Macedonian, the king of Babylon, am I".[21] In addition to these physical rebuildings, there are also references to Seleucid patronage of Babylonian temples (specifically in the form of dedications) recorded in Babylonian chronicle texts and the astronomical diaries, as well as an indication of the Seleucid's active participation in the rituals of the temples. It is also clear from these sources that the Seleucids offered land grants and tax exemptions to the elite of Babylonian society, and the Dynastic Prophecy text contemporary with the reign of the first Seleucid king, Seleucus I (305-281 B.C.), indicates that the Babylonian elite indeed viewed his rule as a

---

[17] S.B. Downey, op. cit., 17ff.

[18] D.T. Potts, *Mesopotamian Civilization*, 291; S. Sherwin-White, "Seleucid Babylonia: A case study for the installation and development of Greek rule", in *Hellenism in the East*, 28.

[19] S. Sherwin-White/A. Kuhrt, *From Samarkhand to Sardis*, 153.

[20] S.B. Downey, *Mesopotamian Religious Architecture*, 7ff. and 15.

[21] S. Sherwin-White/A. Kuhrt, *From Samarkhand to Sardis*, 36.

favorable stage in the history of Mesopotamian rulers.[22]

Clearly the Seleucids had an active policy of patronage of the traditional structures of Mesopotamian life. Whether their motivation was purely political or whether they were responsive to Mesopotamian traditions on a more personal level, this patronage resulted in the sponsorship and promotion of traditional religious and social structures of Mesopotamian society. However these traditional structures no longer functioned in a society where being Mesopotamian was a source of political strength, for the ruling Seleucids had a very different cultural currency. By supporting Mesopotamian traditions within the realm of the Seleucid political structure, the Seleucids disempowered these traditions, even subverted them by rendering them benign and denuding them of their political authority. That a new avenue to political power had been introduced can be seen from evidence for Seleucid support of non-traditional, i.e. Hellenistic Greek, identification among the Mesopotamian elite. For example, the first Urukian mentioned above, Anu-uballiṭ Nicharchos received his second name, Nicharchos (which is Greek) as a gift from the Seleucid king Antiochus II (261-246 B.C.), and Anu-uballiṭ Nicharchos recorded this fact prominently on the foundation inscription commemorating his reconstruction of the Bīt Rēš sanctuary – the act of a pious and traditional *Mesopotamian*. Anu-uballiṭ Nicharchos marks the only known incident of a Greek name being bestowed on a Mesopo-tamian as a royal gift, and the first attested incident of a Mesopotamian taking a Greek name. Although it is held that more such *royal* bestowals must have occurred[23], we do have evidence from various cuneiform texts for more Mesopotamians taking on Greek names – presumably of their own accord – after this point in time. Another example of the Seleucids recognizing the existing Mesopotamian culture through a very Hellenistic Greek lens can be seen in the writings of Berossus. Berossus was a member of the Babylonian elite during the reign of Antiochus I and was deeply versed in Sumerian and Akkadian literature. He wrote a history of Babylonia in Greek (fragments of copies of which survive from much later times), which would suggest that his intended audience was among the Seleucids rather than his fellow Babylonians. Not only did Berossus use dates according to the Seleucid era, but he also incorporated Greek philosophical concepts and models of Greek historiography into his history, language that would speak clearly to the ruling Hellenistic Greeks. Berossus and his history have been interpreted variously as a court historian who was commissioned to interpret the local social, political and ideological climate for the Seleucid king, or as direct evidence for the "Mesopotamian tendencies" of the Seleucids and their desire

22 S. Sherwin-White, in *Hellenism in the East*, 11.

23 S. Sherwin-White/A. Kuhrt, *From Samarkhand to Sardis* 150.

to embrace the traditional culture of Mesopotamia.[24] Regardless of the slant taken, it seems clear that Berossus's account, in the same way as the bestowal of royal name-gifts, forms a contrast to the evidence presented above for Seleucid patronage of traditional Mesopotamian culture; these examples indicate an equally clear tendency on the part of the Seleucids to interact with the existing Mesopotamian society on Hellenistic Greek terms, using Hellenistic Greek conventions.

Unfortunately, with the evidence available it is not possible to assume a clear religious/political distinction between these different types of interaction between the Seleucids and the Mesopotamian elite. However, it would appear that at the same time that the Seleucids were patronizing traditional Mesopotamian cultural institutions, they were devaluing them by expecting an entirely different mode of interaction in the political realm. To make this a firm conclusion would require more evidence; nonetheless, it serves to highlight the importance of recognizing the realms within which change occurs and not just the nature of the change itself.

Material culture in Hellenistic Mesopotamia

An examination of the less monumental aspects of the material record shed a different light on the same phenomenon. The Seleucids minted coins in Babylonia and, perhaps not surprisingly, these were produced in the typical style of a Hellenistic monarch, with a profile head of the king (e.g., Antiochus I) on the obverse and a seated deity (e.g., the Greek god Apollo), along with the name of the monarch in Greek, on the reverse.[25] Representations on personal seals, however, were drawn from a much more diverse repertoire. Seals were used in Mesopotamia, and to a lesser extent in the Greek world, as a means of validation or certification, and most often a seal was associated with an individual or an individual office. In Hellenistic Babylonia seals were used by Seleucid officers, municipal officials and private individuals; they were used both to seal Greek or Aramaic texts written on parchment, and to validate cuneiform texts written on clay tablets. Again, perhaps not surprisingly, the official Seleucid seals carried the name of the officer or office in Greek and were decorated with Hellenistic Greek imagery, often very similar to that found on the Seleucid coins; for example a

---

24 A. Kuhrt, "Berossus' *Babyloniaka* and Seleucid Rule in Babylonia", in *Hellenism in the East*, 32-56; S. Sherwin-White/A. Kuhrt, *From Samarkhand to Sardis*, 148; G. McEwan, *Klio* 70, 419.

25 As in J. Zahle, "Religious Motifs on Seleucid Coins", in P. Bilde et al. (eds.), *Religion and Religious Practice in the Seleucid Kingdom* (Aarhus 1990), 137 fig. 4.

seal impression from Uruk depicts a portrait of Seleucus III[26], and seals belonging to the Seleucid official in charge of the salt-tax depict nude male figures standing in a pose that is traditionally associated with that of a Greek hero[27] – additionally, the name of the office, *chreophylax*, and that of the city, Uruk, are recorded in Greek. Although most examples of official Seleucid seals come from bullae (clay tags used to seal parchment texts), there are some examples of Seleucid seals employed on cuneiform texts.[28] There are also many private seals on cuneiform texts (which tell us that the seals belonged to Babylonians), and a large portion of these seals are decorated with what are considered to be traditional Mesopotamian motifs, such as a winged bull[29], a winged human-headed scorpion monster[30], and a Babylonian water-god.[31] Although most of the examples of private seals come from cuneiform archives from Uruk, there are examples of similar traditional Babylonian motifs occurring on private seals in archives at the Seleucid foundation of Seleucia-on-the-Tigris.[32] There are also examples of private seals, used by Babylonians on cuneiform documents, which depict Greek iconography such as profile portrait heads[33] and winged Cupid-type gods.[34] The evidence, from Uruk at least, suggests that these private seals with Greek iconography were not used in a way that is discernable from seals with more traditional motifs, and personal choice appears to have been the determining factor. For example, it is notable that a prominent Mesopotamian family, with many high-level religious and civic administrators among its ranks, generally chose to depict Seleucid-style motifs on the private seals of its members, but at the same time another Urukian family chose to revive specific Neo-Babylonian seal motifs that had rarely been used for several centuries.[35] Although this can be seen as a personal choice, it is a choice that

---

[26] S. Sherwin-White/A. Kuhrt, *From Samarkhand to Sardis*, plate 3.

[27] R. Wallenfels, "Private Seals and Sealing Practices at Hellenistic Uruk", in M.-F. Boussac/A. Invernizzi (eds.), *Archives et Sceaux du Monde hellénistique* (*Bulletin de correspondence hellénique - suppl.* 29, Paris 1996), pl. 27, figs. 1, 2.

[28] Ibid., fig. 3.

[29] Idem, *Uruk: Hellenistic Seal Impressions in the Yale Babylonian Collection. Vol. 1: Cuneiform Tablets* (*AUWE* 19, Mainz 1994), pl. 31, fig. 531.

[30] Ibid., pl. 15, fig. 244.

[31] Ibid., pl. 8, figs. 135, 138.

[32] A. Invernizzi, "Note on the Art of Seleucid Mesopotamia", in R. Boucharla/J.F. Salles (eds.), *Arabie orientale, Mésopotamie et Iran méridional de l'Age du Fer au début de la période islamique* (Paris 1984), 31, fig. 5.

[33] R. Wallenfels, *Uruk: Hellenistic Seal Impressions*, pl. 2, fig. 21.

[34] Ibid., pl. 9, figs. 159, 160.

[35] Idem, in *Archives et Sceaux du Monde hellénistique*, 119.

must have carried considerable weight and import. Such consistently familial alignment with an older traditional social currency, or alternatively a purposeful association with a new one is a decision that must have been made in full awareness of the existence of the other option.

The pottery from Seleucid Mesopotamia similarly reflects a melange of continuities and changes. In general, examples of imported pottery from the Greek west are rare and have mostly been discovered at Seleucia-on-the-Tigris and Babylon. The majority of pottery represents a marked continuity in ware as well as a continuity of some forms. But at the same time new Hellenistic Greek pottery forms were being incorporated into the traditional repertoires, most notably the "fish plate" which is a standard Hellenistic Greek pottery form found throughout the Hellenistic world. In addition, entirely new forms were developed. Common wares in general retained many traditional forms but incorporated Greek-style cooking vessels; fine wares were variably amenable to change. For example, glazed ware, one of the fine wares used throughout Babylonia before the Seleucid period, adopted a rich repertoire of Hellenistic Greek forms in addition to retaining a production of traditional forms; and it is notable that centers such as Seleucia-on-the-Tigris and Babylon had a much wider range of Greek forms in their glazed ware than other cities. The production of another widely used fine ware, called eggshell ware (for obvious reasons) remained virtually unchanged in pre-existing Mesopotamian centers, but in Seleucia-on-the-Tigris new Greek-derived closed shapes were added to the traditional repertoire of open shapes.[36] While the bulk of the ceramic evidence points to a considerable continuity in pottery production, the marked introduction of new forms and the variation of changes between communities must place these continuities in a different context. Continuities in ware or form are not simple continuations because they have been chosen, or continued to exist in an environment where other options were available, and indeed more desirable in some circumstances.

This overview of some of the perceived continuities and changes in the material culture of Hellenistic Mesopotamia has intended to illustrate that the labeling dichotomy of "continuity" and "change" is not particularly illuminating in the search for the impact of Hellenistic rule on the Mesopotamians. We do not see a picture of holistic, systemic change, but neither do the continuities function in an unchanged world, and because of

[36] J. Hannestad, "Change and Conservatism. Hellenistic Pottery in Mesopotamia and Iran", in *Akten des XIII. Internationalen Kongresses für klassische Archäologie* (Mainz 1988), 179-186; E. Valtz, "New Observations on the Hellenistic Pottery from Seleucia-on-the-Tigris", in K. Schippmann et al. (eds.), *Golf-Archäologie: Mesopotamien, Iran, Kuwait, Bahrain, Vereinigte Arabische Emirate und Oman* (*Internationale Archäologie* 6, Buch am Erlbach 1991), 45-56; E.J. Keall/K.E. Cuik, "Continuity of Tradition in the Pottery from Parthian Nippur", ibid., 57-70.

this they must be questioned as continuities. The continued functioning of Mesopotamian temples and their administration under the patronage of the Seleucid rulers cannot be assumed to have the same social, ideological and political significance as it did during the earlier Neo-Babylonian period. The acceptance and even fostering of aspects of Mesopotamian civilization within the structure of Seleucid rule deprived these traditional institutions of their political and social currency. In essence they existed in a fossilized form because they could no longer be considered avenues to, or safeguards of, power. It is all change, but the significance of the change is determined by and ultimately altered by the context within which the change occurs, and this context can only be established through close analysis of the indices of change themselves.

In this light, the brief addition of a diachronic element to our investigation will be useful. Although the textual and material evidence for Hellenistic Mesopotamia is limited, and a complete chronology is not always possible, even a rough overview of the diachronic change is possible and illuminating. The overt patronage of Mesopotamian religion, and the fostering of Hellenistic Greek ideals among the Mesopotamian elite (the royal bestowal of a Greek name to Anu-uballiṭ Nicharchos and the history of Berossus), as well as the majority of the Hellenistic Greek constructions (theaters, Seleucia-on-the-Tigris) can all be dated to the reigns of the earlier Seleucid kings, or roughly the third century B.C.. Throughout the Seleucid period the cuneiform archives from Uruk indicate that the use of cuneiform was progressively limited towards more restricted (religious) contexts as the Seleucid administration system demanded that more and more be recorded in Greek (or Aramaic) on parchment; by the second century B.C., Mesopotamians commonly bore Greek second names and occasionally had pure Greek names.

Although some traditional literary and socioeconomic forms can no longer be attested among the cuneiform texts of the period, culture change cannot be measured simply according to the numbers or kinds of texts that were written in cuneiform. For example, the "late Babylonian list of scholars"[37], dated in the Seleucid system corresponding to 165 B.C., records the names of ancient Mesopotamian sages and the kings they advised. The text is not a copy of an ancient tablet, strictly speaking, but an original attempt to portray Mesopotamian history and some of its most famous figures. It draws on the venerable tradition of the "seven sages"[38] and Mesopotamian king lists. However, the learned author of the list makes mistakes – at least by modern scholarly standards – in several of his

[37] I.S. Klotchkoff, "The Late Babylonian List of Scholars", in H. Klengel (ed.), *Gesellschaft und Kultur im alten Vorderasien* (*SGKAO* 15, Berlin 1982), 149-154.

[38] E. Reiner, "The Etiological Myth of the Seven Sages", *OrNS* 30 (1961), 1-11.

synchronisms, and the text seems to have been (according to the latest interpreter) "written by a nostalgic Babylonian erudite in order to save from oblivion the knowledge about the glorious Babylonian past".[39] Mesopotamian culture lived on, but only (or mainly) in temple estates, and the many texts from this period are records of the temples economic as well as its ritual activities. The vestiges of this community continued to produce cuneiform tablets for another 300 years[40], the last, wistful texts containing barely decipherable cuneiform wedges on one side and Greek transliterations on the other.

Conclusion

The Seleucid support and patronage of Mesopotamian traditions in the third century B.C. served to subvert these traditions within the context of Seleucid structures of power. It is not until the second century B.C., however, that we begin to see significant change in individual perception and identity: with the value of Mesopotamian cultural currency gradually decreasing, the impetus for personal acceptance of a new cultural identity was increased, at least for some Mesopotamians. This acceptance by Mesopotamians of the need to function within a new Seleucid social and political framework of power further devalued the traditional aspects of Mesopotamian civilization.

In studying culture change in Mesopotamia, even drastic change such that one could argue that Mesopotamian civilization ended, we have tried to reorient some aspects of social evolutionary theory and associated archaeological methodology. We have, for example, refrained from asking whether particular traits, artifacts, monuments, or settlement patterns were "Greek" or "Mesopotamian". Rather, we have observed that "continuities" continued to exist initially – beginning in the Achaemenid period, which we have passed over in this paper – under the auspices and with the approval of Seleucid rulers. These "continuities" in Mesopotamian social institutions and their material forms – what we have termed the Mesopotamian cultural currency – became, however, progressively limited to a single sphere, the Mesopotamian temple estate. To continue and conclude our metaphor, this cultural currency lost its fungibility (roughly, exchangeability) and thus its usefulness in the larger society in which the temples were embedded.

If we can comprehend "continuity" as an artifact of cultural subversion, we can then better begin to understand the process of change, why there are organizational cycles, and the reasons these cycles are sometimes terminated.

---

[39] I.S. Klotchkoff, in *Gesellschaft und Kultur* 15, 154.

[40] M. Geller, *ZA* 87.

Untersuchungen zum Opferschauwesen

III. Drei übersehene Opferschauprotokolle aus altbabylonischer Zeit*[1]

Thomas Richter (Frankfurt/Main)

Das gewaltige Korpus der Omentexte, auch und vielleicht sogar vor allem das der Eingeweideschau-Texte, kann bis heute keineswegs als erschlossen oder aufgearbeitet bezeichnet werden. Zwar haben sich in den letzten 100 Jahren zahlreiche Forscher mit der mesopotamischen Eingeweideschau beschäftigt, zwar wurden gerade in den zurückliegenden etwa 20 Jahren entscheidende und grundlegende Beiträge geleistet, doch sind wesentliche Fragen bislang nicht oder kaum angesprochen worden. Mögliche Gründe dürften die Fülle und Unterschiedlichkeit – Kompendien, Berichte und Modelle aus dem gesamten Bereich des Alten Orients, verteilt über zwei Jahrtausende – selbst des bisher veröffentlichten Materials sein.

Allerdings finden sich auch unter den bereits publizierten Texten einige Gruppen, die zumindest den Eindruck der Einheitlichkeit erwecken. Eine dieser Gruppen umfaßt einen Großteil der 1947 von A. Goetze unter dem Titel *Old Babylonian Omen Texts* als Band 10 der Serie *Yale Oriental Series - Babylonian Texts* veröffentlichten Texte. Auch dieses Korpus, das A. Goetze selbst zu bearbeiten hoffte,[2] hat in der Fachliteratur nur vergleichsweise wenig Beachtung gefunden, obwohl es diese allein schon aufgrund der Tatsache verdiente, daß es die ältesten Eingeweideschau-Kompendien enthält.

---

*Teil I, "Überlegungen zur Rekonstruktion der altbabylonischen *bārûtum*-Serie", *OrNS* 62 (1993), 121-141; Teil II, "Zu einigen speziellen Keulenmarkierungen", *AoF* 21 (1994), 212-246.

[1] Dieser Beitrag enthält Passagen, die bereits bei der Jahresmitgliederversammlung der Deutschen Orient-Gesellschaft am 30.04.1994 in Würzburg im Rahmen eines Vortrags vorgestellt wurden. Herrn Prof. Dr. J.-W. Meyer (Frankfurt/Main) sei für eine kritische Durchsicht gedankt.

[2] Siehe *YOS* 10, S. V.

Der folgende Beitrag bemüht sich um die Deutung eines dieser Texte. Er sei Johannes Renger, der mich in das Studium der Eingeweideschau einführte, in Dankbarkeit und Verbundenheit gewidmet.

1. Einleitung

Die Tafel *YOS* 10, 11 stellt in mancherlei Hinsicht eine Besonderheit innerhalb des Korpus altbabylonischer Eingeweideschau-Texte dar. Sie gehört zu jenen Kompendien, auf denen Befunde verschiedener Eingeweide, Eingeweideteile oder Markierungen behandelt sind, und stellt die umfangreichste Tafel dieser Art dar.[3] Selbst innerhalb dieser Gruppe ist der Text einzigartig, insofern er – ohne erkennbare Ordnung – Omina einer Vielzahl von Eingeweide(teile)n und Markierungen mehrfach und an verschiedenen Stellen auflistet.[4] Im einzelnen bietet sich folgendes Bild:

		Behandeltes Eingeweide(teil)/Markierung	Anzahl der Omina
I	1-22	*padānum*	6
	23-27	*naplastum*	1
	28-35	*kakkum*	1
II	1-23	*naplastum*	7
	24-30	*ubānum*	2
	31-32	*tībi šumēlim*	1
	33-		
III	12	"*amūtum*-Omina"	2
	13-15	*birīt ṣibtim u ubānim*	1

[3] Für eine Zusammenstellung dieser Texte siehe Th. Richter, *OrNS* 62 (1993), 129 Anm. 25.

[4] Eine denkbare Anordnung wäre beispielsweise diejenige gewesen, die Befunde der einzelnen Eingeweide(teile) in der Reihenfolge aufzuführen, in der die Eingeweide(teile) während der Opferschau untersucht worden sind. Tatsächlich sind solche Anordnungen auf altbabylonischen, vor allem aber jüngeren Eingeweideschau-Texten bezeugt (siehe Th. Richter, *AoF* 21, 1994, 220 mit Anm. 28-29).
Die Reihenfolge, in der die Eingeweide(teile) in altbabylonischer Zeit während einer Opferschau inspiziert wurden, wurde von J. Nougayrol, "Rapports paléo-babyloniens d'haruspices", *JCS* 21 (1967), 232 erarbeitet.
Der Text *YOS* 10, 11 handelt lediglich verschiedene Teilbereiche der Leber ab sowie die Windungsbögen des Kolons (*tīrānū*) – zu einer Ausnahme siehe die folgende Anmerkung –, ohne auf sonstige Eingeweide oder Teilbereiche derselben einzugehen. Auch das *kakkum*-Omen in I 28-35 deutet die Lage der Markierung auf einem Leberteil: [28]*šum-ma i-na a-mu-tim ka-ak-ku-um* [29]*iš-tu wa-ar-ka-at ta-ka-al-tim* [30]*a-na da-na-nim iṭ-ṭù-ul* "Wenn auf einer Leber eine Keule von der Rückseite der Tasche her auf die Verstärkung schaut".

	16-17	Verlauf der Opferschau	1[5]
	18-22	"*amūtum*-Omen"	1
	23-40	*ubānum*	4
IV	1-3	[*ubānum*?]	1
	4-6	*ubānum*	1
	7-11	*padānum*	1
	12-15	*bāb ekallim*	1
	16-18	*naṣraptum*	1
	19-23	*naplastum*	1
V	1-2	*maṣraḫ martim*	1
	3-5	*naṣrapti šumēlim*	1
	6-9	*naṣrapti imittim*	1
	10-13	*martum*	2
	14-21	*bāb ekallim*	2
VI	1-8	[*bāb ekallim*?]	[3?]
	9-10	*bāb ekallim*	1
	11-15	*naplastum*	1
	16-20	*tīrānū*	2

Über diese inhaltlichen Auffälligkeiten hinaus bietet *YOS* 10, 11 noch eine Vielzahl weiterer Besonderheiten, auf die im folgenden kurz einzugehen ist, da diese zusammen mit jenen zu einer Deutung des Textes führen.

2. Eine kurze Charakteristik von *YOS* 10, 11

1 Aufbau des Textes

Die Tafel weist große Flächen und bereits linierte Zeilen auf, die unbeschrieben blieben. Den leeren Zeilen (z.B. I 18-20, 22) steht eine Beschriftung auf dem unteren Rand der Vorderseite gegenüber; die unbeschrifteten Flächen finden sich auf den Kolumnen IV-VI auf der Rückseite.[6]

---

[5] Das Omen lautet: [16]*šum-ma a-na be-el im-me-ri-im* [17]*im-ta-aq-ta-am i-ma-at*, "Wenn (die Leber während der Opferschau) auf den Besitzer des (für die Eingeweideschau verwendeten) Schafs fällt, wird dieser sterben". Es interpretiert offensichtlich ein mögliches Vorkommnis während der Durchführung der Opferschau und fällt somit völlig aus dem Rahmen der übrigen im Text aufgeführten Befunde. Zum *bēl immerim* als denjenigen, "der eine Opferschau anstellen läßt", siehe F.R. Kraus, *Vom mesopotamischen Menschen der altbabylonischen Zeit und seiner Welt* (Amsterdam/London 1973), 89.

[6] Unregelmäßigkeiten dieser Art beschränken sich allerdings nicht auf den Text *YOS* 10, 11. Große unbeschriebene Flächen finden sich auch auf anderen Texten des offensichtlich weitgehend zusammengehörigen, in *YOS* 10 veröffentlichten Korpus. Eine Analyse des gesamten Korpus kann hier und in diesem Zusammenhang jedoch nicht unternommen werden.

2 Schreibfehler

2.1 Syllabar

YOS 10, 11 enthält mehrere Kasusfehler, die sich in einer falschen Verwendung von KVK-Zeichen zeigen. Zwar wäre es möglich, einige dieser Fehler durch die Annahme ungewöhnlicherer Lautwerte zu "korrigieren", doch bedeutete dies die Ansetzung von für das Altbabylonische seltenen bzw. offensichtlich gar andernorts unbezeugten Lesungen. Daher erscheint es naheliegender, von wirklichen Fehlern auszugehen, wozu u.a. die folgenden Stellen zu rechnen sind:

1 *šum-ma pa-da-nu-*⌜*um*⌝ *i-mi-it-tam ù šu-me-*LIM / *ip-šu-uq* "Wenn der Pfad sich auf der rechten und auf der linken Seite verengt" (I 8)
Der Lautwert */lam₅/* des Zeichens IGI ist bisher nur für das Altassyrische gut bezeugt, kommt daneben aber auch vereinzelt im Spätbabylonischen vor.[7]

2 *šum-ma i-na a-mu-tim* 4 *na-ap-la-sà-*TIM [24]*iš-te-ni-iš iz-za-az-za* "Wenn auf der Leber vier Blicke zusammen stehen" (I 23-24)
Die Lesung */tum₈/* des Zeichens DIM ist bisher für das Altbabylonische nur sehr schlecht belegt, findet sich indes häufiger im Altassyrischen.[8] Zu beachten ist, daß eine zu I 23 offensichtlich identische Wendung in II 3 korrekt geschrieben wurde (*šum-m*[*a ina amūtim*] 4 *na-ap-la-sà-*[*tu*]*m*).

3 *šum-ma a-mu-tum* ká é-gal[im] [4]*mar-tam ú-ba-*NIM *i-šu* "Wenn die Leber ein Palasttor, eine Gallenblase (und) einen Leberfinger hat" (III 3-4)
Was die Lesung */nàm/* des Zeichens NIM anbelangt, so ist sie generell kaum nachzuweisen. Einige verstreute Belege finden sich wiederum in altassyrischen und spätbabylonischen Texten.[9]

---

[7] Siehe dazu W. von Soden/W. Röllig, *Das akkadische Syllabar* (*AnOr* 42, 4. Aufl. Rom 1991), 51. J. Nougayrol, *RA* 62 (1968), 163 – siehe bereits ders., *JAOS* 70 (1950), 111 – bucht *lam₅* als Lautwert für IGI, wie er auch die übrigen der hier diskutierten Lesungen als übliche Lautwerte zu buchen scheint. Obwohl sich diese zuweilen häufiger in den Omentexten von *YOS* 10 finden, reicht dies für die Ansetzung "regulärer" altbabylonischer Lautwerte kaum aus, sofern sie sich nicht über dieses Korpus hinaus finden. Zwar steht eine Gesamtbewertung des Textkorpus noch aus, doch dürften die vielen graphischen Eigentümlichkeiten, die sich in diesen Texten finden, eher dafür sprechen, darin Besonderheiten des/der jeweiligen Schreiber/s zu sehen.

[8] Siehe dazu W. von Soden/W. Röllig, *Das akkadische Syllabar*, 13. Die dort gebuchte altbabylonische Belegstelle ist *TCL* 1, 16:7.

[9] Siehe ibid., 49. - Ein Lautwert *nàm* des Zeichens NIM könnte für die altbabylonische Zeit indes aus den beiden Namenschreibungen *en-nam-be-lí* (*RA* 54, 28 Nr. 33:13) und *en-*NIM-

Zwar ist es auffällig, daß die hier möglicherweise einsetzbaren Lesungen durchweg im altassyrischen Syllabar belegt sind, doch kann auf diesen Umstand in Anbetracht noch ausstehender detaillierter Untersuchungen an dieser Stelle lediglich verwiesen werden. Das übrige Syllabar des Textes ist "gut" altbabylonisch.

2.2 Ungewöhnliche Schreibungen

Zwar nicht in jedem Fall als fehlerhaft, aber zumindest als ungewöhnlich ist die recht große Zahl von Plene-Schreibungen aufzufassen, die anhand einiger weniger Beispiele illustriert sei: *na-ak-rum a-na li-ib-bi a-li-i-ka i-te-bi-a-am-ma a-la-ni-i-ka i-ki-im-ma* (I 25-27); *šar-ru-ú ḫa-am-me-e ki-ib-⌜ra⌝-at ma-a-tim i-te-bu-ú-nim* (II 4-5); *i-na zu-mu-ur na-ak-ri-i-ka er-ši-ti-i-ka te-le-eq-qé* (V 20-21).

2.3 Fehlerhafte Zeichen

In V 2 (*šar-ru-um* ŠA-*ak-ru-um*, für *na-ak-ru-um*) und V 6 (*šum-ma* 2 *na-aṣ-ra-pa-at i-mi-it*-AŠ^sic^, für *i-mi-it-tim*) liegen eindeutige Verschreibungen vor.

Die Apodose einer der hier im Vordergrund stehenden Passagen weist eine ungewöhnliche Ligatur der Zeichen PI und TI auf, dergestalt daß der abschließende waagerechte Keil des Zeichens PI mit dem ersten waagerechten Keil des Zeichens TI identisch ist (III [21]*a-wi-lum e-li be-el a-wa+ti-šu* [22]*ap-pa-šu i-ka-aš-ša-ad*, "der Bürger wird über seinen Prozeßgegner triumphieren").

Recht selten finden sich nicht-überschriebene Rasuren ganzer Zeichen: I [32][*i-na ka*]-*ak-ki* (Rasur) *um-ma-*(Rasur)*an-ka*; II [19]*i-lu ša* (Rasur) *ma-tim i-ša-aq-qú-ú*. Dagegen ist es häufiger zu beobachten, daß Teile einzelner Zeichen rasiert und überschrieben wurden.

2.4 Ausgelassene Zeichen

An mehreren Stellen – z.B. in I 12 (*i-na ma-tim ta-aq-⌜ti⌝-‹it› ⌜pa⌝-⌞le⌟-em*), II 30 (*ṣi-bi-it-tum i-ba-la-ak-«ka-»at*) und IV 13 (*qù-ú-um ša-ki-in-ma iš-qá-«la-»al*) – wurden Zeichen ausgelassen.

2.5 Ausgelassene Sätze

Das Omen III 23-24 weist lediglich eine Protasis, eine Beschreibung des auszudeutenden Befundes, auf, ohne die Ausdeutung selbst zu enthalten: [23]*šum-ma i-na a-mu-tim ú-ba-num* [24]*la i-ba-aš-ši* "Wenn auf einer Leber ein Leberfinger nicht vorhanden ist".

---

be-lí (*RA* 52, 218 Nr. 4:15) der offensichtlich identischen Person abgeleitet werden zu können, sofern kein Schreibfehler vorliegt.

2.6 Syntaxfehler
Die Frage nach möglichen Syntaxfehlern ist auf das engste mit der nach Schreibfehlern verbunden. So liegt in II 32 (*ka-ak-ku na-ak-*[*r*]*i-im i-na ma-ẓa-ẓi-ia* / *i-ti-bi-a-am*) vermutlich nur eine Verschreibung für *ka-ak-ki* (bzw. *ka-ak*) vor, wie es die singularische Verbalform nahelegt.

Obwohl keines der aufgeführten Phänomene ausschließlich in *YOS* 10, 11 vorkommt, ist die Häufung der Fehler bzw. Unachtsamkeiten auffällig und scheint nur den Schluß zuzulassen, daß es sich bei dieser Tafel um das Produkt eines unerfahrenen Schreibers handelt, das möglicherweise im Rahmen des Schulbetriebs entstand (s.u.).

3. Die sogenannten *amūtum*-Omina

Im Zusammenhang mit ihrer grundsätzlichen Untersuchung zum Leberbereich Palasttor (*bāb ekallim*) ging U. Jeyes auf eine Gruppe von Omina ein, die sie als *amūtum*-Omina bezeichnete. Diese enthielten demnach "inspection(s) ... of the liver as a whole", nicht einzelner Eingeweide oder Eingeweideteile. Solche Omina bildeten in späterer Zeit die Tafeln 14-16 der Serie *multabiltu.*[10]

Während Jeyes für die Interpretation der Stellen aus Texten des 1. Jt. v. Chr. nur beigepflichtet werden kann, müssen für dieses Verständnis der von ihr angeführten altbabylonischen Stellen Zweifel angemeldet werden; sie seien hier zunächst mitgeteilt:

1 *YOS* 10, 11 I 23-24
[23]*šum-ma i-na a-mu-tim* 4 *na-ap-la-sà*-TIM [24]*iš-te-ni-iš iz-za-az-za*
"Wenn auf der Leber vier Blicke zusammen stehen".

2 ibid. I 28-30
[28]*šum-ma i-na a-mu-tim ka-ak-ku-um* [29]*iš-tu wa-ar-ka-at ta-ka-al-tim* [30]*a-na da-na-nim iṭ-ṭù-ul*
"Wenn auf der Leber eine Keule von der Rückseite der Tasche aus zur Verstärkung blickt".

3 ibid. II 33-36
[33]*šum-ma a-mu-tum na-ap-la-às-tam pa-da-nam* [34]k á é - g a l *li-im* *mar-tam i-šu* [35]*ù i-na ú-ba-nim e-le-nu-um* [36]*ni-di* gišg u - z a *im* *i-ki-im*
"Wenn die Leber einen Blick, einen Pfad, ein Palasttor (und) eine

[10] Siehe dazu U. Jeyes, "The 'Palace Gate' of the liver", *JCS* 30 (1978), 222-223.

Gallenblase hat und auf dem Finger oberhalb der Thronbasis bedeckt ist".

4 ibid. III 3-8

[3]*šum-ma a-mu-tum* ká é-gal*im* [4]*mar-tam ú-ba-*NIM *i-šu* [5]*ù na-aṣ-ra-ap-ti i-mi-it-tim* [6]*na-ap-la-às-tam ik-šu-da-am* [7]*ù ṣi-ib-tum a-na ka-ak-ki-im* [8]*i-tu-ur-‹ma› na-ap-la-às-tam iṭ-ṭú-ul*

"Wenn die Leber ein Palasttor, eine Gallenblase (und) einen Finger hat und der Färbebottich der rechten Seite den Blick erreicht und die Hinzufügung sich zur Keule umwendet ‹und› den Blick anschaut".

5 ibid. III 18-21

[18]*šum-ma a-mu-tum na-ap-la-às-tam pa-da-nam* [19]ká é-gal*im* *mar-tam i-šu* [20]*ú-ba-nu-um a-na me-*⌈*eḫ*⌉*-re-et ṣi-*⌈*ib*⌉*-*⌊*tim*⌋ [21]*ik-pi-iṣ*

"Wenn die Leber einen Blick, einen Pfad, ein Palasttor (und) eine Gallenblase hat (und) der Leberfinger gegenüber der Hinzufügung konkav ist".

Zwar taucht in allen Protasen das Wort *amūtum*, "Leber", auf; doch bin ich, anders als U. Jeyes, nicht der Ansicht, daß damit mehr als eine Angabe des Ortes bezeichnet werden soll,[11] der letztlich für die Beschreibung des Befundes unerheblich ist: Alle in Leber-Omina beschriebenen Befunde sind auf der Leber selbst lokalisiert, so daß – was konkret Beispiel 1 anbelangt – kein Unterschied zwischen der Wendung *šumma ina amūtim 4 naplasātum ištēniš izzazzā* und einer Formulierung *šumma 4 naplasātum ištēniš izzazzā* bestünde.[12] In gleicher Weise könnte anstelle der Protasis in Beispiel 2 auch die Beschreibung *šumma kakkum ištu warkat tākaltim ana danānim iṭṭul* stehen.

Keine dieser Stellen beschreibt den Befund der Leber als solcher. Allerdings sind "Leber"-Omina durchaus für diese Zeit zu belegen: Bei den u.g. Stellen handelt es sich um Eintragungen, die als Beschreibungen einer Leber samt zugehöriger Ausdeutung verstanden werden müssen. Weitere altbabylonische Omina, die das Erscheinungsbild des Organs beschreiben, sind nicht bekannt. Ob bzw. inwieweit diese vereinzelten Eintragungen als Vorläufer der späteren *amūtum*-Omina gelten können, bedarf einer gesonderten

[11] In dieser Verwendung kommt das Lemma *amūtum* passim in Leberschautexten vor, wofür hier kein Nachweis geführt werden kann.

[12] Daß ein Befund in verschiedener Weise formuliert werden konnte, habe ich exemplarisch in *OrNS* 62, 140-141 beschrieben.
Die Dualform *izzazzā* mag in diesem Fall aufschlußreich sein. Ich gehe nicht davon aus, daß es sich um einen Fehler (für *izzazzū*) handelt; vielmehr dürfte sie hier zum Ausdruck bringen, daß die vier Blicke einander paarweise gegenüberstehen, wie ich dies ibid. 141 bereits aufgrund des *nanmurtum*-Ereignisses in der Apodosis vermutet hatte. Eine Übersetzung sollte dann lauten: "Wenn sich vier Blicke paarweise/in zwei Paaren vereint gegenüberstehen".

Untersuchung. – Beschreibungen und Ausdeutungen des anatomisch-pathologischen Befundes der Schafsleber als Gesamtorgan liegen m.E. in folgenden Omina vor[13]:

1 *YOS* 10, 31 XIII 6-18[14]
[6]*šum-ma a-mu-tum* [7]*iq-ru-ur-ma* [8]*pi-iṭ-ra-am* [9]*ba-ba-am la i-šu* [10]*ba-ab* é-gal^{lim} [11]*mar-tum* [12]*ù ú-ba-nu-um* [13]*la i-ba-aš-ši* [14]*ma-a-tum ka-lu-ú-ša* [15]*a-na a-li-im iš-te-en* [16]*i-pa-ḫu-ur* [17]*i-na eš*$_{20}$*-re-eš*$_{20}$*-ri-ša-a-ma* [18]*ik-ka-ṣa-aṣ*
"Wenn die Leber sich einrollt und Einschnitt und Eingang nicht hat, Palasttor, Gallenblase und Finger (gleichfalls) nicht vorhanden sind, dann wird das ganze Land sich in einer Stadt versammeln; aber es wird in zehn Zehntel(?) zerfallen".

2 *AfO* 5, 216-217:1-3
[1]DIŠ *a-mu-tum ša-ar er-bi-ti-ša ši-ši*!(PI)-TIM *ma-li-a-at* [2]*a-mu-ut* ^{d}nè-eri$_{11}$-gal *ù* ^{d}nin-giš-zi-da! [3]*ša mu-ta-ni ù ma-aq-la-tim*
"Wenn die Leber an allen vier Ecken mit einem Häutchen bedeckt ist, dann ist es die Vorraussage des Nergal und des Ningišzida, die besagt: Todesfälle und *Verbrennungen* (werden im Land vorkommen)".

3 *AfO* 5, 217:4-6[15]
[4]DIŠ *a-mu-tum e-li a-mu-tim ra-ak-ba-at* [5]*ṭe*$_4$*-e-em ma-tim i-ša-an-ni* ^{d}utu *šar-ra-am* [6]*ša ra-ma-ni-šu a-na ma-ti-šu i-ša-ka-an*
"Wenn eine Leber auf einer (anderen) 'reitet', dann wird sich die politische Lage im Land ändern; Šamaš wird einen eigenen König in seinem Land installieren".

---

[13] Was die Praxis der Eingeweideschau anbelangt, so gibt es in den Opferschauberichten keinen Hinweis darauf, daß das Erscheinungsbild der Leber insgesamt berücksichtigt bzw. notiert worden wäre.
Anders verhält es sich mit den Lebermodellen, unter denen sich etliche finden, die auf eine Untersuchung des gesamten Organs schließen lassen; siehe dazu J.-W. Meyer, *Untersuchungen zu den Tonlebermodellen aus dem Alten Orient* (*AOAT* 39, Kevelaer / Neukirchen-Vluyn 1987), 190ff.

[14] Die Übersetzung dieses Abschnitts folgt K.K. Riemschneider, *Studien zu einigen altbabylonischen Omentexten* (Diss. Prag 1962), 75. Er hatte bereits erkannt, daß es sich hier nicht um ein Gallenomen, wie aufgrund des Gesamttextes zu vermuten wäre, handelt: "Dieses Omen stellt genau genommen kein Gallenomen, sondern ein Leberomen dar. Denn außer der Gallenblase fehlen der Leber auch alle anderen charakteristischen Einzelteile, so daß sie den Eindruck einer einheitlichen runden Masse hervorrufen dürfte" (ibid. 89).

[15] Zu dieser Passage siehe *CAD* Š/1, 405 *šanû* B 2b.

4 *AfO* 5, 217:7-9[16]
[7]DIŠ *a-mu-tum ši-li sa-aḫ-ra-at-ma ù šu-te-eb-ru* [8]*a-mu-ut šar-rum-ki-in ša ek-le-tam i-i'-bu-tu-ma* [9]*nu-ra-am i-mu-ru*
"Wenn eine Leber von Löchern umgeben ist und sie durchscheinen, dann ist es die Voraussage des Sargon, der durch die Dunkelheit wanderte und der ein Licht sah".

4. *YOS* 10, 11 II 33 - III 12, III 18-22

Gegenstand der folgenden Ausführungen wird es sein, aufzuzeigen, daß es sich bei den genannten Stellen statt um Omina – wie dies aufgrund des Gesamtkontextes zu erwarten wäre – vielmehr um Opferschauprotokolle handelt, die demnach der von W.R. Mayer zusammengestellten Liste altbabylonischer Opferschauprotokolle[17] hinzuzufügen wären.

4.1 *YOS* 10, 11 II 33 - III 2

II [33]*šum-ma a-mu-tum na-ap-la-às-tam pa-da-nam* [34]ká é-gal^{li-im} *mar-tam i-šu* [35]*ù i-na ú-ba-nim e-le-nu-um* [36]*ni-di* ^{giš}gu-za^{im} *i-ki-im* III [1]*a-mu-ut* ^{d}*lu-ḫu-ši-im* [2]*ša a-wi-lum i-na bu-ul-ṭì-šu mi-tu*
II "[33]Wenn die Leber einen Blick, einen Pfad, [34]ein Palasttor (und) eine Gallenblase hat [35]und auf dem Finger oberhalb [36]der Thronbasis bedeckt ist, III [1]dann ist es die Leber des Luḫušum, [2]die besagt: ein gesunder Mann wird sterben".

Dieser Abschnitt deutet scheinbar den Gesamtbefund der Leber aus und wäre somit ein, im Sinne U. Jeyes' (s.o.), *amūtum*-Omen. Allerdings ist zu bedenken, daß ein Organ, das offensichtlich nahezu vollständig und insofern "normal" gestaltet ist, kaum aufgrund eines einzelnen Befundes bzw. einer einzelnen Anomalie als "very odd" bezeichnet werden sollte. Dies gehört jedoch nach U. Jeyes zum "Paradigma" dieser Omina, wenn sie schreibt: "the *amūtum*-Omina describe very odd looking livers".[18]

---

[16] Für eine Deutung dieses historischen Omens siehe J.J. Finkelstein, "Mesopotamian historiography", *PAPS* 107/6 (1963), 468 Anm. 32: "The sense of this historical allusion to Sargon's walking running into ... darkness and then seeing light ... can only be a figurative one relating to an event - probably a military expedition - which for a while appeared to be headed towards a calamitous result, but which suddenly, almost miraculoulsly, turned to the king's favor; it is not to be taken literally".

[17] Siehe dazu W.R. Mayer, "Ein altbabylonischer Opferschaubericht aus Babylon", *OrNS* 56 (1987), 245 mit Anm. 1.

[18] U. Jeyes, *JCS* 30, 233.

Abgesehen von dieser subjektiven Einschätzung gibt es jedoch noch einen objektiven Grund dafür, die Stelle nicht als *amūtum*-Omen zu bezeichnen, der sich auf die Interpretation der beschriebenen Befunde stützen kann.

Wie seit langem bekannt, bedeutet das Vorhandensein eines normalen, unveränderten Teilbereichs der Eingeweide – wie er beispielsweise mit dem Verb *išûm* beschrieben wird – eine günstige Voraussage.[19] Dementsprechend wies die hier beschriebene Leber mindestens vier positiv zu interpretierende Befunde auf: das Vorhandensein von Blick, Pfad, Palasttor und Gallenblase.

Der Befund *i-na ú-ba-nim e-le-nu-um ni-di* ^{giš}gu-za^{im} *i-ki-im* beschreibt demgegenüber eine Anomalie des Leberfingers, eine Abweichung von der "normalen" Form. Wie diese zu bewerten ist, kann definitiv nur entschieden werden, wenn ein solcher Befund in einem Omentext mit einer Voraussage für die Zukunft verbunden wäre, doch war es mir nicht möglich, ein entsprechendes Omen aufzufinden.

Somit steht mindestens vier positiven Befunden maximal ein negativer gegenüber, was in Verbindung mit der ganz offensichtlich ungünstigen Apodosis wohl nur in der Art aufgefaßt werden kann, daß die an sich günstig zu interpretierenden Befunde nicht berücksichtigt wurden und die Anomalie *i-na ú-ba-nim e-le-nu-um ni-di* ^{giš}gu-za^{im} *i-ki-im* allein das Gesamtergebnis bedingte; sie ist dementsprechend als ungünstiger Befund aufzufassen.

4.2 *YOS* 10, 11 III 3-12

> III ^{3}*šum-ma a-mu-tum* ká é-gal^{im} ^{4}*mar-tam ú-ba*-NIM *i-šu* ^{5}*ù na-aṣ-ra-ap-ti i-mi-it-tim* ^{6}*na-ap-la-às-tam ik-šu-da-am* ^{7}*ù ṣi-ib-tum a-na ka-ak-ki-im* ^{8}*i-tu-ur-‹ma› na-ap-la-às-tam iṭ-ṭú-ul* ^{9}*i-na ta-ḫa-zi-im na-ak-ru-um* ^{10}*um-ma-nam ú-ḫa-ap-pa-ra-am* ^{11}*ti-bu-um ra-bu-um um-ma-na-⸢am⸣* ^{12}*i-ka-aš-ša-da-am*
>
> III "^{3}Wenn die Leber ein Palasttor, ^{4}eine Gallenblase (und) einen Finger hat ^{5}und der Färbebottich der rechten Seite ^{6}den Blick erreicht ^{7}und die Hinzufügung sich zur Keule ^{8}umwendet ‹und› den Blick anschaut, ^{9}dann wird der Feind in einer Schlacht ^{10}das (eigene) Heer umzingeln; ^{11}eine große Erhebung wird das Heer erfassen".

Auch hier liegt nach U. Jeyes ein *amūtum*-Omen vor. Die ungünstige Vorhersage ist nach bisheriger Lesart unerklärlich: Drei positiven Befunden (Vorhandensein von Palasttor, Gallenblase und Leberfinger) stehen maximal

---

[19] Zu dieser Deutungsregel siehe u.a. I. Starr, "In search of principles of prognostication in extispicy", *HUCA* 45 (1974), 19-23; idem, *Rituals of the diviner* (*BiMes* 12, Malibu 1983), 113; J.-W. Meyer, *Untersuchungen zu den Tonlebermodellen*, 179 u.ö.

zwei negative gegenüber.[20] Auch hier war es nicht möglich, die Befunde *na-aṣ-ra-ap-ti i-mi-it-tim na-ap-la-às-tam ik-šu-da-am* und *ṣi-ib-tum a-na ka-ak-ki-im i-tu-ur-‹ma› na-ap-la-às-tam iṭ-ṭú-ul* in Omentexten wiederzufinden. Dennoch ist selbst bei der Annahme, daß beide ungünstige Anomalien beschreiben, die negative Voraussage für die Zukunft nicht erklärlich.

Auch hier kann es sich nur so verhalten, daß die an sich günstig zu interpretierenden Befunde nicht berücksichtigt wurden.

4.3 *YOS* 10, 11 III 18-22

III [18]*šum-ma a-mu-tum na-ap-la-às-tam pa-da-nam* [19]ká é-gal*[im]* *mar-tam i-šu* [20]*ú-ba-nu-um a-na me-⌈eḫ̮⌉-re-et ṣi-⌈ib⌉-⌊tim⌋* [21]*ik-pi-iṣ a-wi-lum e-li be-el a-wa+ti-⌈šu⌉* [22]*ap-pa-šu i-ka-aš-ša-ad*

III "[18]Wenn die Leber einen Blick, einen Pfad, [19]ein Palasttor (und) eine Gallenblase hat, [20](und) der Leberfinger gegenüber der Hinzufügung [21]konkav ist, dann wird der Bürger über seinen Prozeßgegner [22]triumphieren".

Anders als die zuvor geschilderten Passagen ist dieser Abschnitt auf der Grundlage der bisherigen Lesart verständlich: Das Vorhandensein von Blick, Pfad, Palasttor und Gallenblase bedeutet demnach vier positiv zu bewertende Befunde, zu denen ein weiterer Befund tritt, der – unbeschadet seiner Wertung als positiver oder negativer Befund – diese nicht aufwiegen sollte, so daß das positive Gesamtergebnis nicht verwundert.

Tatsächlich ist das Verb *kapāṣum*, "konkav sein", für verschiedene Organ(teil)e als günstiger Befund,[21] bei anderen Bereichen indes auch als ungünstiger Befund zu deuten.[22]

---

[20] Der Bereich des *naṣraptum* wird mehrfach im Zusammenhang mit dem Pfad, *padānum*, genannt, wie bereits R.D. Biggs, "*Qutnu, maṣraḫ̮u* and related terms in Babylonian extispicy", *RA* 63 (1969), 165 bemerkte. Entsprechende Befunde werden z.B. in *CT* 20, 31-33:1-12. 37-38. 41-57 u.ö. sowie in *CT* 20, 34-35 *passim* ausgedeutet.

[21] Für *kapāṣum* als Positivmarkierung im Zusammenhang mit dem Teilbereich *naṣraptum* siehe U. Jeyes, *Old Babylonian extispicy. Omen texts in the British Museum* (*PIHANS* 64, Leiden 1989), 56. Auch bei anderen Leberteilen führte das Vorkommen dieses Befundes zu einer günstigen Vorhersage; siehe z.B.: BE ŠUB(*nīdi*) AŠ.TE(*kussî*) *ka-pí-⌈iṣ⌉* ÉRIN(*ummānu*) ḪA.LA(*zitta*) G[U$_7$(*ikkal*)] "Wenn der Standort des Thrones konkav ist, wird das (eigene) Heer (seinen) Anteil verbrauchen" (*LKU* 132:8; *STT* 308 III 189).

[22] Der Befund *kapāṣum* wurde bei anderen Teilbereichen ungünstig beurteilt. Obwohl hier keine umfassende Untersuchung zu dieser Frage unternommen werden kann, sei auf die folgenden Stellen hingewiesen, die *kapāṣum* als negativen Befund im Zusammenhang mit anderen Leberbereichen ausweisen:
1) Für den Standort, *manzāzu(m)*, ist u.a. *DA* 209:1-4 zu vergleichen: [1]*ina* SILIM*[ti]*(*šalimti*) NA(*manzāzu*) *ka-pí-iṣ* ŠU(*qāt*) [d]AMAR.UD [2]*ina* SILIM*[ti]* SAG(*rēš*) NA(*manzāzi*) *ka-pí-iṣ*

4.4 Drei unerkannte altbabylonische Opferschauprotokolle

Wie oben ausführlich dargelegt wurde, sind zumindest die Stellen *YOS* 10, 11 II 33 - III 2 und III 3-12 mit den bisherigen Erkenntnissen zur Ausdeutung von Opferschaubefunden nicht vereinbar. Eine Lösung erscheint nur unter der Annahme möglich, daß das normale, unveränderte Vorhandensein der Teilbereiche, ausgedrückt in der Wendung X-*am išû*, bei der Interpretation unberücksichtigt blieb. Dies ist für Eingeweideschau-Omina bislang nicht nachgewiesen worden, in denen stattdessen das bloße Vorhandensein eines ansonsten nicht von einer Anomalie befallenen Eingeweide(teil)s stets günstig ausgedeutet wurde.[23] Tatsächlich finden sich

---

ŠU ᵈa n - ⁿᵘn u n - n a - k i ³*ina* SILIM*ᵗⁱ* MURUB$_4$(*qablīt*) NA(*manzāzi*) *ka-pí-iṣ* ŠU ᵈINANA TIN.TIR^{ki} ⁴*ina* SILIM*ᵗⁱ* SUḪUŠ(*išid*) NA(*manzāzi*) *ka-pí-iṣ* ŠU ᵈ*na-na-a* "Wenn in (einer Opferschau, die für) das Günstige (durchgeführt wird), der Standort konkav ist, dann bedeutet es die 'Hand' des Marduk. Wenn in (einer Opferschau, die für) das Günstige (durchgeführt wird), die Spitze des Standortes konkav ist, dann bedeutet es die 'Hand' der Anunnaki. Wenn in (einer Opferschau, die für) das Günstige (durchgeführt wird), die Mitte des Standortes konkav ist, dann bedeutet es die 'Hand' der Ištar von Babylon. Wenn in (einer Opferschau, die für) das Günstige (durchgeführt wird), das Fundament des Standortes konkav ist, dann bedeutet es die 'Hand' der Nanaja".

2) In *DA* 209:8-10 wird das "Konkav-Sein" verschiedener Teilbereiche der Verstärkung interpretiert: ⁸*ina* SILIM*ᵗⁱ*(*šalimti*) SAG(*rēš*) KALAG(*danāni*) *ka-pí-iṣ* ŠU(*qāt*) ᵈ*taš-me-tum* ⁹*ina* SILIM*ᵗⁱ* MURUB$_4$(*qablīt*) KALAG *ka-pí-iṣ* ŠU ᵈ*gu-la* ¹⁰*ina* SILIM*ᵗⁱ* SUḪUŠ(*išid*) KALAG *ka-pí-iṣ* ŠU ᵈ*sa-dàr-nun-an-na* "Wenn in (einer Opferschau, die für) das Günstige (durchgeführt wird), die Spitze der Verstärkung konkav ist, dann bedeutet es die 'Hand' der Tašmētum. Wenn in (einer Opferschau, die für) das Günstige (durchgeführt wird), die Mitte der Verstärkung konkav ist, dann bedeutet es die 'Hand' der Gula. Wenn in (einer Opferschau, die für) das Günstige (durchgeführt wird), das Fundament der Verstärkung konkav ist, dann bedeutet es die 'Hand' der Sadarnunanna".

3) Für den Pfad ist u.a. *CT* 20, 45 (K. 3945 etc.) II 23 zu vergleichen: BE GÍR(*padānu*) *ka-pí-iṣ* NU(*ul*) SILIM*ᵃᵗ*(*šalmat*) *ina* NU(*lā*) SILIM*ᵗⁱ*(*šalimti*) SILIM*ᵃᵗ* (*šalmat*) "Wenn der Pfad konkav ist, ist es nicht gut; in einer für das Nicht-Gute (durchgeführten Opferschau), ist es gut". Siehe weiterhin: *ina* SILIM*ᵗⁱ*(*šalimti*) SUḪUŠ(*išid*) GÍR(*padāni*) *ka-pí-iṣ* ŠU(*qāt*) ᵈNÀ "(Wenn in einer Opferschau, die für) das Günstige (durchgeführt wird) das Fundament des Pfades konkav ist, dann bedeutet es die 'Hand' des Nabû" (*DA* 209, 7).

4) *KAR* 423 II 62-64 deutet diese Anomalie für den gesamten Bereich des *šulmu* sowie dessen rechte und linke Seite aus: ⁶²BE SILIM(*šulmu*) *ka-pí-iṣ* ŠU(*qāt*) ᵈIŠKUR ⁶³BE SILIM 15(*imitta*) *ka-pí-iṣ* ŠU ᵈZA.BA$_4$.BA$_4$ ⁶⁴BE SILIM 2.30(*šumēla*) *ka-pí-iṣ* ŠU ᵈ50 "Wenn das Wohlbefinden konkav ist, dann bedeutet es die 'Hand' des Adad. Wenn das Wohlbefinden auf der rechten Seite konkav ist, dann bedeutet es die 'Hand' des Zababa. Wenn das Wohlbefinden auf der linken Seite konkav ist, dann bedeutet es die 'Hand' des Enlil".

[23] Dies konnte mit einem der Verben *bašûm*, *išûm*, *šakānum* oder *šalāmum* beschrieben werden; siehe dazu die in Anm. 18 zitierte Literatur. Die Formulierung des normalen Zustands eines Eingeweide(teil)s konnte jedoch auch mit anderen Termini beschrieben werden; siehe Anm. 21-22. Man beachte hierbei die Opferschaugebete, die in ihren

in einigen Opferschau-*Berichten* jedoch Hinweise darauf, daß das Vorhandensein eines Eingeweide(teil)s anders behandelt wurde als in den Omina.[24]

So führt beispielsweise der Text *PRT* 105[25] als ersten Befund den folgenden des Standorts auf: BE NA(*manzāzu*) GAR(*šakin*) "Der Standort ist vorhanden"; gleiches wird für die Bereiche Leberfinger und Hinzufügung angegeben (BE ŠU.SI *u* MÁŠ *šal-mu*, Z. 7). Dennoch wird in Z. 19 das Resümee gezogen: "Günstige Befunde sind nicht vorhanden" (SIG$_5$.MEŠ *ia-a-nu*).[26] Ähnliches findet sich auch in *PRT* 109 und *PRT* 122.[27] Auch die in die mittelbabylonische Zeit datierende Tafel *JCS* 37, 204 weist in dem ersten der beiden auf ihr enthaltenen Berichte (Z. 3-12) eine Mehrzahl solcher Befunde auf, die man – z.T. unter Heranziehung der Evidenz der Eingeweideschau-Kompendien – als positiv zu bewerten geneigt ist.[28] Dennoch lautet das Gesamtergebnis NU(*lā*) SILIM^{at}(*šalmat*), "ungünstig".

Abschnitten bzgl. der pars familiaris und pars hostilis genau diese "normalen" Zustände beschreiben.

24 Eine umfassende Darstellung dieses Phänomens kann hier nicht geboten werden und wird demnächst in einem anderen Zusammenhang erfolgen. Die folgenden Ausführungen können daher nicht als erschöpfend betrachtet werden.

25 Neu bearbeitet bei I. Starr, *Queries to the Sungod - Divination and politics in Sargonid Assyria* (*SAA* 4, Helsinki 1990), 263-264 als Nr. 280.

26 Dieser Text darf wohl als einer der interessantesten und für die zukünftige Arbeit über das System der Opferschau wichtigsten, indes auch schwierigsten gelten. Es wurden insgesamt 14 verschiedene Befunde notiert, von denen fünf als ungünstig gewertet wurden. Da – laut Z. 18 – nur fünf ungünstige Befunde vorlagen, kann daraus nur der Schluß gezogen werden, daß die verbleibenden neun Eintragungen keinen Einfluß auf die Gesamtbewertung hatten. Darunter befinden sich die o.g. Eintragungen, die das "normale" Vorhandensein der Leberbereiche konstatieren, die hier ebensowenig wie in den diskutierten *YOS* 10, 11-Stellen Beachtung fanden. Bezeichnen dann demnach auch die übrigen in der "Endabrechnung" nicht berücksichtigten Befunde lediglich das "normale" Vorhandensein?

27 Siehe dazu jetzt I. Starr, *Queries to the Sungod*, 265-266 Nr. 282 bzw. 286-287 Nr. 306.

28 Bearbeitet bei F.R. Kraus, "Mittelbabylonische Opferschauprotokolle", *JCS* 37 (1985), 130-131. Ein ausführlicher Nachweis kann hier nicht geführt werden.
Für die weitere Arbeit über die Deutungsprinzipien auf der Grundlage der Protokolle kommt erschwerend hinzu, daß verschiedene Voraussetzungen erfüllt sein müssen, um zu einem wirklichen Verständnis der einzelnen Eintragungen und des daraus abgeleiteten Ergebnisses zu gelangen: 1) Der Bericht muß vollständig erhalten sein bzw. rekonstruiert werden können; 2) angesichts des gegenwärtigen Kenntnisstands muß es als unabdingbar gelten, daß den einzelnen Eintragungen unmittelbar eine Deutung beigegeben ist, die ungünstigen Befunde nochmals gesondert aufgeführt sind oder das "Gesamtergebnis" (z.B. mit der Wendung *šalmat* bzw. *lā šalmat*) angegeben ist. Zwar ist es bis zu einem gewissen Grad zulässig, die Bewertung einzelner Befunde anhand der Opferschau-Kompendien zu eruieren; da sich diese jedoch – wie hier gezeigt wurde – gerade in Bezug auf die Bewertung "normaler" Befunde deutlich von den Berichten unterscheiden, ist äußerste Vorsicht geboten.

Die einzig mögliche Deutung der oben diskutierten Stellen *YOS* 10, 11 II 33 - III 2 und III 3-12 basiert auf demselben Prinzip: Nur wenn das bloße Vorhandensein der Teilbereiche nicht in die Bewertung des Gesamtbefundes einfloß, sind die Passagen verständlich.

Was den Abschnitt *YOS* 10, 11 III 18-22 anbelangt, so ist indes auch nach bisheriger Lesart die getroffene günstige Voraussage für die Zukunft nachvollziehbar: Drei günstigen Befunden stünde ein (möglicherweise) ungünstiger gegenüber. Es erscheint mir jedoch nicht angängig, diese Passage von den beiden anderen abzutrennen, zumal in Anbetracht des gleichartigen Aufbaus.

Da sich das den hier behandelten Zeilen zugrundeliegende Prinzip der Deutung nur in Opferschau-Protokollen, nicht jedoch in Opferschau-Omina findet, ergibt sich daraus für *YOS* 10, 11 II 33 - III 2, III 3-12 und 18-22 als einzig mögliche Schlußfolgerung diejenige, sie als Protokolle anzusprechen. Zwar ist deren Einbettung in einen ansonsten aus Omina bestehenden Text ungewöhnlich und innerhalb der altbabylonischen Zeit offensichtlich ohne Parallele; doch erlaubt gerade dieses Phänomen gemeinsam mit den oben sub 2 angeführten Eigentümlichkeiten eine Klassifizierung des Gesamttextes *YOS* 10, 11 (s.u.).

Eine weitere Beobachtung unterstützt die Deutung der Passagen als Protokolle, nämlich die Tatsache, daß zumindest das Vorhandensein der "normalen" Leberbereiche jeweils in exakt der Reihenfolge notiert worden ist, in der diese Bereiche auch in Opferschauprotokollen aufgezeichnet wurden.[29]

1 *YOS* 10, 11 II 33 - III 2

a *naplastum*	= Nr. 1	d *martum*	= Nr. 8
b *padānum*	= Nr. 2	e (*ubānum*	= Nr. 17)
c *bāb ekallim*	= Nr. 4		

2 *YOS* 10, 11 III 3-12

a *bāb ekallim*	= Nr. 4	d (*naṣrapti imittim*	= Nr. 6?)
b *martum*	= Nr. 8	e (*ṣibtum*	= Nr. 19)
c *ubānum*	= Nr. 17		

3 *YOS* 10, 11 III 18-22

a *naplastum*	= Nr. 1	d *martum*	= Nr. 8
b *padānum*	= Nr. 2	e (*ubānum*	= Nr. 17)
c *bāb ekallim*	= Nr. 4		

---

29 Siehe dazu die Übersicht bei J. Nougayrol, *JCS* 21, 232. Die hier angeführten Nummern beziehen sich auf die Stellung des jeweiligen Leberteils in der Abfolge der Opferschau.

Möglicherweise ist die Übereinstimmung der hier diskutierten Passagen mit den Berichten gar noch größer: Auch Anomalien des Leberfingers, *ubānum*, und der Hinzufügung, *ṣibtum*, sind exakt an der Stelle aufgeführt, an der sie in einem Bericht stünden. Allerdings trifft dies scheinbar nicht für die Anomalie des Färbebottichs in dem Abschnitt *YOS* 10, 11 III 3-12 zu, da der Befund des *naṣraptum* – die Richtigkeit der Rekonstruktion J. Nougayrols[30] vorausgesetzt – noch vor dem der Gallenblase stehen sollte.[31]

5. Schlußfolgerung

Die diversen Eigentümlichkeiten von *YOS* 10, 11 erlauben auch eine Deutung des Textes. Die zahlreichen ohne erkennbare Ordnung aufgeführten Omina, das Vorhandensein eines Omens zum Verlauf der Opferschau sowie mehrerer Berichte – all dies stellt einen "Querschnitt" dessen dar, womit ein *bārûm* im Verlauf einer Opferschau konfrontiert werden konnte. In Verbindung mit der Beobachtung zahlreicher Fehler und Unachtsamkeiten des Schreibers führt dies zu der m.E. einzig möglichen Deutung des Textes als Tafel des Schulbetriebs, die offensichtlich nur im Rahmen der Ausbildung des Opferschauers ihren "Sitz im Leben" haben kann.

---

30 Siehe ibid.

31 Es ist indes zu fragen, inwieweit aus den seltenen Erwähnungen dieses Teils der Leber in den Protokollen definitive Rückschlüsse auf seine Stellung innerhalb der Abfolge inspizierter Eingeweide(teile) gezogen werden dürfen bzw. ob die aus ihnen abzuleitende, z.T. wider-sprüchliche Evidenz eine Ansetzung überhaupt ermöglicht. Immerhin ist zu beachten, daß der Färbebottich auch in *JCS* 21, 219 Nr. A:2-3 an "falscher Stelle" beschrieben wurde. Gleiches schien zunächst auch für den von W.R. Mayer, *OrNS* 56, 246-253 bearbeiteten Bericht *VS* 24, 116 zu gelten. Zu beachten ist die von I. Starr apud W.R. Mayer, ibid., 252 gemachte Feststellung: "This protasis again raises the question of the location of *naṣraptu* on the liver. In the canonical order of parts one expects the *naṣraptu* to be inspected either before the *danānu* (see *Rituals* 69 R) or before *šulmu* (see Nougayrol, *JCS* 21, 232). But there is some evidence to show that *naṣraptu* was inspected after *šulmu* and *martu* (see Biggs, *RA* 63 [1969] 165), just as in this line, where it is specifically referred to as *naṣrapti šumēl tākaltim*." Man beachte indes meine in *OLZ* 87 (1992), 251 Anm. 20 gemachten Einwände gegen eine Heranziehung dieses Textes für die Lokalisierung des *naṣraptum* in der Opferschau.
Dennoch kann auch die in *YOS* 10, 11 III 3-12 zu findende Anführung des *naṣrapti imittim* an "falscher Stelle" im Sinne J. Nougayrols nicht gegen die hier vertretene Interpretation angeführt werden. Läßt man also den Befund des *naṣraptum* außer Betracht, so fänden sich auch in *YOS* 10, 11 III 3-12 die einzelnen Leberteile in exakt der Reihenfolge aufgeführt, die sie in den Berichten einnehmen: *bāb ekallim* (Nr. 4) - *martum* (Nr. 8) - *ubānum* (Nr. 17) - *naṣraptum* (?) - *ṣibtum* (Nr. 19). Obwohl die weiterhin offene Frage nach dem Platz des Färbebottichs in der Abfolge unbefriedigend ist und ein Fragezeichen hinterläßt, wird m.E. die Deutung des Abschnitts durch die eben beschriebene Tatsache unterstützt.

Als bedeutsamer mag sich jedoch die Beobachtung herausstellen, daß das "normale", unveränderte Vorhandensein eines Eingeweide(teil)s offensichtlich keinen Einfluß auf das Gesamtergebnis einer Opferschau hatte und somit grundsätzlich anders als in den Kompendien behandelt wurde. Auf dieser veränderten Grundlage erscheint eine Neubewertung der Protokolle ebenso geboten wie die Untersuchung des Verhältnisses zwischen diesen und den Kompendien bzw. der ihnen jeweils innewohnenden Systematik der Ausdeutung.

Continuity and Change in Omen Literature

Francesca Rochberg (Riverside)

When I was very young, I was fortunate to have come to the Oriental Institute to study Akkadian. My first class, "Old Babylonian Legal Texts," was with Professor Renger. Five minutes into the first lesson he epitomized my image of the professor of Assyriology: he knew everything and he had a German accent. Later I would come to a more informed understanding of the breadth and depth of Renger's knowledge and interests. I sincerely hope that our honoree will find something of interest in the following essay, and that he might accept it as a token of the (not so young anymore) student's appreciation for the (not so old yet) teacher.

In her 1985 monograph on Babylonian poetry, Erica Reiner said, "the Assyriologist knows that it is too early to attempt to write a history of Babylonian literature. In fact, he has so often said it – invoking the force of tradition responsible for preserving and perpetuating texts over hundreds, and possibly thousands, of years and thus allowing no real development – that he has been generally believed. Yet Babylonian literature is not as static and immutable as might be suggested by finds of nearly identical copies of some composition written down hundreds of years apart – a frequent phenomenon that is the despair of the historian but a boon to the philologist who can use similar exemplars to reconstruct a fragmentary text. In what measure identical exemplars reflect the immutability of tradition and, conversely, in what measure changes observed between an earlier and a later exemplar are indicators of a change in taste and interest are important questions for the interpretation of Babylonian literary history that only much painstaking philological work will elucidate."[1]

The divination corpus is aptly characterized by Reiner's statement, and in my view, omen texts are the equal of other more "literary" literary genres for examining aspects of literary construction such as authorship, stabilization of a *textus receptus*, transmission, and the limits of textual variation. In short, divination provides a rewarding context for examining the tensility of Babylonian traditionalism. In the following discussion, I will focus on the

[1] Erica Reiner, *Your Thwarts in Pieces Your Mooring Rope Cut: Poetry from Babylonia and Assyria* (Ann Arbor 1985), p. X-XI.

celestial omen texts, approaching this corpus from two sides, so to speak, from outside and inside. By "outside" I mean the history of the celestial divination tradition as we have reconstructed it, based upon the literary product of that tradition, the text *Enūma Anu Enlil*. Such an "external history," outlines the chronological development of its manuscript tradition, as far as we can establish it on the basis of extant texts. The "origins" of formal written celestial divination, according to our external history, are to be placed in the Old Babylonian period. If we look, however, at the origin of the discipline as well as of the text, from the scribes' own "internal" perspective, we enter the hoary age of the gods themselves; or in another version, we look back to prediluvian times, when gods communicated directly to the *apkallu*-sages, such as the famous fish-man, Oannes. I will, therefore, consider whether the notion of "divine authorship" presumed by some for *Enūma Anu Enlil* is relevant to the origins of the text according to its internal literary history. Finally, I will consider whether the idea of the divine origin of celestial divination was in fact relevant to the scribes' commitment to the basic permanence and unalterability of the content of the omen series, that is, their commitment to textual continuity over change.

I. External Literary History of Celestial Divination

The literary history of Mesopotamian divination has not yet been examined in any detail, either on the basis of a single series, much less in any comprehensive study. The obstacles to such research are easy to enumerate. On the one hand, the relatively small number of extant Old Babylonian omen texts as against the voluminous mass of later sources make a "history of Babylonian scholarly divination" difficult to formulate; on the other hand, because sources for omen collections in Middle Babylonian and Middle Assyrian periods are equally if not more limited than their Old Babylonian relatives, the continuity of tradition from Old Babylonian versions to the standardized recensions preserved in seventh century copies is not always apparent. Moreover, whether the various compositions comprising the core of the scholarly divination can be said to have shared in a common process of literary/textual development beginning in the Old Babylonian period is extremely difficult to assess since extispicy, for example, apparently had an extensive Old Babylonian tradition, while *šumma izbu* and the celestial omina seem to be poorly represented in Old Babylonian sources.[2]

[2] It is noteworthy that Old Babylonian celestial omens not identifiable in the standard Neo-Assyrian edition are known, for example those published by W. Šileiko, "Mondlauf-prognosen aus der Zeit der ersten babylonischen Dynastie", *Compte-Rendus de l'Académie des Sciences de l'URSS* (1927), pp. 125-128 and republished by Th. Bauer, "Eine Sammlung von Himmelsvorzeichen", *ZA* 43 (1936), pp. 308-314, as well as the fragmentary text VAT

Until relatively recently, Old Babylonian sources for celestial omina were practically unknown. In the absence of evidence to the contrary, Weidner thought that the series *Enūma Anu Enlil* was a composition from the end of the second millennium or beginning of the first, without any clear Old Babylonian antecedents.[3] Four unpublished Old Babylonian celestial omen tablets, identified by Douglas Kennedy in the British Museum, form a small corpus of lunar eclipse omens which stand in a direct relation to part of the canonical series, specifically the lunar eclipse section *Enūma Anu Enlil* 15-22.[4] Because the lunar eclipse section of the series *Enūma Anu Enlil* has a number of Middle Babylonian and Middle Assyrian exemplars,[5] we can examine the continuity of textual tradition and address the question of the development of the astrological series in general. In the light of the new corpus, Weidner's statement that *Enūma Anu Enlil* was likely to be a composition of the end of the second or beginning of the first millennium can be revised. Certainly however, if Weidner meant the composition of the standard 70-tablet series, this recension was indeed a product of the Middle Assyrian/Middle Babylonian period, as the non-standard character of the Old Babylonian texts confirms. Kassite compilers also must have formalized the bilingual introduction to the celestial omens, from which we derive the title "When Anu and Enlil" or *Enūma Anu Enlil*, after its three opening words, and from whence generations of scholars who transmitted the celestial omen series and who practiced celestial divination, derived their professional title "scribes of *Enūma Anu Enlil*".

Three of the four Old Babylonian tablets comprise a single corpus of eclipse omens, albeit not a fully standardized corpus. Textual variants are numerous, but only within the framework of the fixed set of omens (protasis + apodosis) representing the systematic organization of phenomena observed during lunar eclipses. The fourth text is an excerpt from Months XI-XII$_2$ of the other three texts. In the Old Babylonian texts the foundation can be seen for practically all the later lunar eclipse omens, including those attested in Middle Babylonian and Middle Assyrian, those in peripheral sources to some degree,[6] and those of the canonical tablets 15-22 of *Enūma Anu Enlil*. The

---

7525 (line 12: [...] *ḫu-ut ka-ka-bi-im*), reference to which is made by E. Weidner, "Die astrologische Serie Enûma Anu Enlil", *AfO* 14 (1941-1944), pp. 173-174.

[3] Ibid., 174 note 7, and B. Meissner, *Babylonien und Assyrien. Zweiter Band* (Heidelberg 1925), 245.

[4] See my *Aspects of Babylonian Celestial Divination: The Lunar Eclipse Tablets of Enūma Anu Enlil* (*AfOB* 22, Horn 1988), pp. 9 and 19-22.

[5] See ibid., pp. 23-25.

[6] For example EAE 22 from Susa (*MDP* 18 258), see ibid., pp. 30-35.

thematic elements and organization of the protases of the four Old Babylonian eclipse omen texts are seen to continue throughout the later recensions of the series. A comparison between the apodoses of the Old Babylonian texts and those of *Enūma Anu Enlil* proper further serves to specifically identify the tablet(s) of which the Old Babylonian exemplars are forerunners. The results of such a comparison are that *Enūma Anu Enlil* 17-18 are in fact Old Babylonian, and in virtually every detail except orthographic style.

A continuous literary history, characterized by a progression toward greater standardization, can therefore be demonstrated for this corpus, beginning already in the Old Babylonian period, becoming further expanded and standardized in the Middle period (ca. 1100), and attaining a kind of "final" version in the *Enūma Anu Enlil* represented by the texts found in the library of Assurbanipal (7th century B.C.), and reflected in the many citations from that work in the reports and letters from the Neo-Assyrian scholars to Esarhaddon and Assurbanipal.[7] Such a reconstruction modifies to some extent the current modern consensus on Babylonian canonization, i.e., as the activity of Kassite period scribes who gathered traditional materials (mostly of Old Babylonian origin), catalogued and fixed the content. This reconstruction would see a tendency toward standardization already manifest in the Old Babylonian exemplars of the limited material under investigation. The Kassite activity certainly produced a widespread and thoroughgoing standardization of many literary and scientific genres, but as viewed through the narrow lens of celestial omens, it appears as though some notion of uniformity was already applied to the texts' content and organization, if not the orthography.

From the point of view of external literary history, the obvious major change within the text can be identified in the Kassite period when expansion and stabilization of a formal text took place. These changes are a measure of the intense scribal activity attested for the Kassite period in many texts and series. The character and assumptions of the various disciplines of divination were not altered by this period of comprehensive scribal redaction. With regard to celestial divination, the connection with the past as represented by the Old Babylonian lunar eclipse omens was rigorously maintained, and the corresponding nature of the textual changes can be defined more in terms of evolution and outgrowth from what went before, certainly not in terms of alteration or rejection of the previous stage of development. After approximately 500 B.C. when personal astrology was introduced, appearing in two new text genres, horoscopes and nativity omens, I would still argue that no fundamental alteration of the tradition occurred. *Enūma Anu Enlil*

---

[7] Cf. the summary in D. Pingree, *From Astral Omens to Astrology: From Babylon to Bīkāner* (Rome 1997), chapter 1 "Mesopotamian Celestial Omens".

was not only intact, but the "new" forms of celestial divination were based on the same principles as before.[8]

II. Internal Perspective: Literary Origins According to the Scribes

Turning from the external textual history of *Enūma Anu Enlil* pieced together by modern Assyriology, we may also obtain a kind of internal perspective on the origins and development of celestial divination literature according to the scribes themselves. Ascription of, for lack of an accurate term, "authorship" for the series *Enūma Anu Enlil* appears, together with other omen, incantation, and ritual texts in a catalogue of texts and "authors" edited by Lambert.[9] There we read: "[The Exorcists'] Series (*ašipûtu*), The Lamentation Priests' Series (*kalûtu*), The Celestial Omen Series (*Enūma Anu Enlil*), [(If) a] Form (*alamdimmû*), Not Completing the Months; Diseased Sinews; [(If)] the Utterance [of the Mouth], The King, The Storm(?), Whose Aura is Heroic, Fashioned like An: These (works) are from the mouth' of Ea." The selection of Ea as the ultimate source for the collections about exorcism, incantations, and celestial divination, is fitting, because he was the god associated chiefly with magic and *arcana mundi*. He was considered, as the creator of humankind, to be the divine figure with special sympathy for human beings, and, therefore, would be the likely candidate to make messages or warnings available for the benefit of the human race.

But the fact that Ea is the single divine name to appear in the list, and that moreover the text does not say Ea "wrote" *Enūma Anu Enlil* (using the verb *šaṭāru*) but rather that it was "of the mouth of" (*ša pî*) that god, raises a serious question about divine authorship in the context of Mesopotamian literature. Lambert observed that, "the relationship of the texts to the authors is expressed in most instances by *ša pî*, 'of the mouth'. Previously we hesitated to decide if this indicated authorship or editorship. In view of the occurrence on one of the newly found fragments (I 4), where various works are said to be 'of the mouth' of Ea, authorship must certainly be indicated. No one would have described Ea as the editor of another's works."[10] But what if we consider that authority can stem from authorship, but need not presume authorship. If Ea were regarded as the authority for the texts of *ašipūtu*, *kalûtu*, and *Enūma Anu Enlil*, because the knowledge contained in these corpora originated with him, it does not necessarily follow that he *wrote* the text. Indeed, when authorship is attributed it seems to be stated by a

---

[8] See my *Babylonian Horoscopes* (*TAPS* 88/1, Philadelphia 1998), pp. 13-16.

[9] W.G. Lambert, "A Catalogue of Texts and Authors", *JCS* 16 (1962), pp. 59-77, for the text see p. 64 I (K. 2248):1-4.

[10] Ibid., 72.

construction with *šaṭāru*.[11] In the Neo-Assyrian scholars' letters, a statement of authority, or simply origin, is sometimes given as *ša pî ummâni* "according to the masters,"[12] and certainly in these cases, the phrase *ša pî* does not imply anything written. In fact, the point of *ša pî* in the letters seems to be to contrast an oral with a written source of authority. Hence the phrase is now generally taken to refer to oral lore as opposed to written tradition, but with the added connotation that the oral lore had validity on a par with the text. On this basis, I regard x *ša pî* DN in the catalogue of texts as evidence not for authorship, as we understand it, but for authority. In this same "Catalogue of Texts and Authors," Ea is followed by Umanna-Adapa,[13] literally "Umanna, the Wise," who is there assigned two series, "The Lunar Crescent of Anu and Enlil (u d - s a r a n ᵈe n - l i l - l a)," and "I, even I, am Enlil (m a - e - m e - e n - n a m ᵈe n - l i l - l a)," neither of which are extant. The particular texts associated with Adapa aside, this legendary figure is seen as a recipient and transmitter of knowledge of texts of divine origin. The transmission is defined as his "recitation" (*dabābu* "to speak"),[14] and recalls the passage from the Erra Epic that names Kabti-ilāni-Marduk as the recipient and transmitter of that poem revealed to him by a god.[15] In one other place, Adapa is the "compiler(?)" of the series "the lunar crescent of Anu and Enlil," expressed with the verb *kaṣāru* "to collect."[16] Umanna-Adapa is also known from another source as the first antediluvian sage, the Oannes of Berossus. Originally, Adapa seems to have been the epithet of Oannes, an epithet meaning "wise," and only secondarily became a name itself.[17] Adapa, the *išippu* or purification priest of Eridu, who ascended to heaven, is also one of the famous *apkallu* or sages, and is frequently associated with the mythic time before the Flood.

According to the texts referring to the "seven sages,"[18] the *apkallu* were mythological entities, only partly human, and had a magical apotropaic function. Like Ea, they were identified with special wisdom, wisdom of crafts and of magic. And like Ea, Anu, and Enlil, in the introduction to

---

[11] For example, [... *a-da*]-*pà ina pi-i-šú iš-ṭu-ru* (*JCS* 16, 66:16).

[12] As in *LAS* 13 rev. 2; cf. *AfO* 20 118:54, see also Y. Elman, "Authoritative Oral Tradition in Neo-Assyrian Scribal Circles", *JANES* 7 (1975), pp. 19ff.

[13] W.G. Lambert, *JCS* 16, p. 64 line 6 reads ᵐ*uma*(UD)-*an-na a-da-p*[*a*].

[14] Ibid., lines 6-7.

[15] Erra Tablet V:42-44.

[16] *BHT* pl. 9 v 12; see B. Landsberger/Th. Bauer, "Zu neuveröffentlichten Geschichtsquellen der Zeit von Asarhaddon bis Nabonid", *ZA* 37 (1927), 92.

[17] W.G. Lambert, *JCS* 16, 74.

[18] *LKA* 76 and parallels, see E. Reiner, "The Etiological Myth of the 'Seven Sages'", *OrNS* 30 (1961), pp. 1-12.

Enūma Anu Enlil, the *apkallu*'s were considered to play a role in the maintenance of the "designs of heaven and earth," (*uṣurāti šamê u erṣeti*).[19] In the Epic of Erra, the seven sages (*apkallu*) are described as "the pure fish, who, just as their lord Ea, have been endowed with sublime wisdom" (*purādi ebbūti ša kīma Ea bēlišunu uzna ṣirta šuklulu*).[20] Indeed, the term *apkallu* varies freely with the term *ummânu*, "expert," or "master." In the case of Adapa, he is sometimes given the epithet *apkallu*, sometimes *ummânu*.[21] According to another tradition, the *apkallu*'s function was to transmit special knowledge from the divine realm to the world of men, as in the case of the revelation of oil, liver, and celestial divination by Šamaš and Adad to the sage Enmeduranki:[22] "Šamaš in Ebabbarra [appointed] Enmeduranki, king of Sippar, the beloved of Anu, Enlil, [and Ea]. Šamaš and Adad [brought him in] to their assembly, Šamaš and Adad honored him, Šamaš and Adad [set him] on a large throne of gold, they showed him how to observe oil on water, a mystery of An, [Enlil and Ea], they gave him the tablet of the gods, the liver, a secret of heaven and [underworld], they put in his hand the cedar-(rod), beloved of the great gods."[23] Then Enmeduranki does likewise with the "men of Nippur, Sippar, and Babylon," bringing them in, honoring them, placing them on thrones, and showing them lecanomancy, extispicy, and then the text says (line 18),"that (text) with commentary, 'When Anu, Enlil'; and how to make mathematical calculations."[24] Clearly there were variant traditions on the line of authority behind the *Enūma Anu Enlil* corpus.

The linking of literary, magical, and divinatory traditions either to gods or to some mythic time before the Flood recurs in other passages of Akkadian literature, for example Gilgamesh, who "brought knowledge from before the Flood,"[25] Assurbanipal's reference to difficult inscriptions on "stones from the prediluvian times,"[26] or the attributions of the medical text tradition to the sages Lu-Nanna of Ur and Enlil-muballiṭ of Nippur.[27] This theme is not without parallel elsewhere in Mesopotamian culture, for example, the idea expressed in the Sumerian King List of the divine origin of

---

19 K. 5119 rev. 5, see ibid., p. 4.

20 Erra Tablet I:162.

21 E. Reiner, *OrNS* 30, p. 8.

22 W.G. Lambert, "Enmeduranki and related matters", *JCS* 21 (1967), pp. 132f.

23 K. 2486+ ii 1-9.

24 See W.G. Lambert, *JCS* 21, 133.

25 *EG* I i 6.

26 M. Streck, *Assurbanipal und die letzten assyrischen Könige bis zum Untergang Niniveh's. II. Teil: Texte* (Leipzig 1916), 256:18.

27 See W.G. Lambert, "Ancestors, Authors, and Canonicity", *JCS* 11 (1957), pp. 7-9.

the institution of kingship. According to the Sumerian King List, kingship had been "lowered" from above, i.e., from the cosmic heavenly domain. In addition, continuity between the "present" and the distant past of antediluvian times, is made in the Sumerian King List with the addition of the section of antediluvian kings. But, as was noted by Jacobsen, the antediluvian section of the Sumerian King List was not limited to the king list, but was also found independently as a self-contained *topos*.[28] Jacobsen cited a Sumerian literary work[29] which begins "when the crown of kingship was lowered from heaven, when the scepter and the throne of kingship were lowered from heaven," and continues with a list of the five antediluvian cities, beginning with Eridu, and an account of the Flood. In this piece, EN.KI is the hero god, playing the role of creator of humankind (with Enlil and Ninhursag), as well as savior of human beings threatened with extinction by the Flood. The provenance of such a tradition, as indicated by the prominent role of EN.KI, is the city Eridu, assigned by this tradition first place in line to receive kingship from heaven. The Babylonian chronicle known as the Dynastic Chronicle preserves the same tradition of the descent of kingship from heaven first to Eridu and then to Bad-tibira and the other three cities before the Deluge. A late bilingual copy of the Dynastic Chronicle provides the opening line of the text. It says: "[When Anu], Enlil, [...]; Anu, Enlil, and Ea [...]; [They established?] kingship for/in the land", etc.[30]

The aetiological function of Anu, Enlil, and Ea is similarly found in the opening lines of *Enūma Anu Enlil*, although what is of central interest is not kingship, but cosmic order and regularity in the heavens. This introduction begins: (Akkadian version) "When Anu, Enlil, and Ea, the great gods, established by their true decision, the designs of heaven and earth, the increase of the day, the renewal of the month, and the appearances (of celestial bodies), (then) humankind saw the sun going out from his gate and (the celestial bodies) regularly appear in the midst of heaven and earth."[31] The divine authority of the text *Enūma Anu Enlil* (as of the others mentioned as originating with Ea) is consistent and compatible with the notion of the divine establishment of order and regularity in the world. And because omens

---

28 Th. Jacobsen, *The Sumerian King List* (*AS* 11, Chicago 1939), p. 57.

29 *PBS* V no. 1; see A. Poebel's translation and commentary in *Historical texts* (*PBS* IV/1, Philadelphia 1914), pp. 9-70 and L. King's discussion in *Legends of Babylon and Egypt* (London 1918), pp. 41-101.

30 I. Finkel, "Bilingual Chronicle Fragments", *JCS* 32 (1980), p. 66:1-3.

31 *STC* I 124; II pl. 49:9-14. Note also the related bilingual introduction to an incantation text in I. Finkel, *JCS* 32, p. 67, BM 41328:1 (Sum.) EN u an ^{d}en-líl-la ^{d}en-ki-ke giš-ḫur-ḫur an-ki-ke mu-un-gi-na-es-a-ba? (Akk.) UD ^{d}*a-num* ^{d}en-líl *u* ^{d}*e-a uṣ-ṣu-rat* AN-*e* KI-*tim uk-tin-nu* "when Anu, Enlil, and Ea established the designs of heaven and earth".

were meant to benefit humankind by providing special knowledge of the future to those who learned to interpret the divine order of things, the diviner represented the one specially privileged by education to participate in the contact between divine and human. The diviner-scholar is sometimes referred to, especially in omen colophons, as *mūdû* "the one who knows," or "the initiated," as in *mūdû mūdâ likallim* "the initiated may show (the tablet) only to the initiated (but not to the uninitiated)."[32] Whether the designation *mūdû*, "the initiate," suggests a person having secret knowledge of the actual signs as well as the relevant textual corpus as a result of study, or as a function of special intimacy with the god, parallel with that of the wise *apkallu*'s of literary tradition, is an intriguing question.[33]

The association of the content of a text with a divine source has another corollary in the incantation literature with the formula "the incantation is not mine, it is the incantation of DN (and DN ...)" (*šiptu ul iattun šipat ...*). EN.KI/Ea is often, but by no means exclusively encountered as the deity whose incantation is identified. Lambert, who did not consider these references in terms of divine authorship, but rather of revealed knowledge,[34] contrasted the allusion to gods in incantations with that of the catalogue of "authors." I would instead understand both as consistent, and both as related to the role of the gods as providers of signs in the natural world and to their place in the cosmos itself.

III. Relationship Between the Histories

The Babylonian understanding of the divine origin and hence divine authority of the *Enūma Anu Enlil* text seems to be a scholarly derivation from the role of the gods in the system of Mesopotamian divination as of their place in the cosmos in general. A connection may therefore be made between

---

32 *AMT* 105:25; *KAR* 307 rev. 26; *LKA* 72 rev. 20; *TCL* 6 32 rev. 7.

33 As far as the claim to the divine source of its knowledge is concerned, a certain generic relation can be seen between Babylonian celestial divination and later Greco-Egyptian astrology. The priest Petosiris, whose name was attached to a 2nd century B.C. hellenistic astrological compendium, addressed to king Nechepso (ruled at Sais 663-525 B.C.), was said by Proclus to have "met every kind of rank of gods and angels," see A. Darby Nock, *Essays on Religion and the Ancient World*, ed. Zeph Stewart (Oxford 1972), Vol. I, 496 and note 15. A much later hellenistic papyrus (A.D. 138) claims that Nechepso-Petosiris based their "teachings" on the god Hermes, as in *CCAG* 8 4, 95, cited in D. Pingree, *The Yavanajātaka of Sphujidhvaja* (Cambridge/London 1978), Vol. II, 430. The reference here is to texts of the "Hermetic" corpus, so-called because the Thrice-Greatest Hermes (Hermes Trismegistus) was the divinity associated as the source of revelation for an enormous variety of occult and philosophical literature, some of which was astrological, and some of which bears a relation to Babylonian celestial omen texts.

34 W.G. Lambert, *JCS* 16, pp. 72-73.

the practical understanding of omens, i.e., that they were messages from gods containing clues to change in the future, and the claim that the written omen had validity because it was divine in origin. I do not believe this is tantamount to a claim that the text was authored by a god. But I do think that all this has much to do with the issue of tradition and change in the text, namely that the divine origin, and therefore the revealed character of its knowledge, made the text fundamentally unalterable.

Our external textual history provides some insights into the development of the system of celestial divination as a body of knowledge about the physical world derived from observation and systematic thinking over a very long period from Old Babylonian to Kassite times. The scribes who maintained the tradition of *Enūma Anu Enlil*, however, represented the text not as the final product of centuries of accretion of data organized within the vast system of celestial omens by successive generations of scribes, but as a body of revealed knowledge. The collection and systematization of celestial phenomena as omens contained within the 70 tablets of *Enūma Anu Enlil* was the product of an intellectual tradition that assumed the gods were inseparable from phenomena by virtue of their cosmology, were responsible for the associations between phenomena in nature and events in human society, and were the authorities behind the text which contained all the divine decisions. Well into the Seleucid Era, as long as there were scribes of *Enūma Anu Enlil* alive to copy that text, they preserved it in much the same form and content as it had in the earliest exemplars known to us.

The Babylonian scribe, whether a writer of omens, historical texts, or some other genre, is aptly described – however unintentionally – by Arnaldo Momigliano, in a characteristically penetrating essay on classical historiography, in which he talked about what the classical historian was *not*. He said, "the Greek and Roman historians were not supposed to be the keepers of tradition. They were not assumed to register events in terms of conformity to, or deviations from, the norm. They were not supposed to succeed each other in a profession supported by the State or by religious institutions, nor were they concerned with keeping change under control. ... There is nothing in Greece or Rome comparable with the traditionalist approach of an Al-Tabari with his report on the chain of authorities. There is nothing like Chinese official historiography with its minute registration of isolated facts ... There is nothing like the *Heimskringla* by Snorri Sturluson, who had old stories written down as told by intelligent people about chieftains who spoke the Danish tongue."[35] I would add here that neither is there anything like the Babylonian Dynastic Chronicle or the Sumerian King List which trace kingship from heaven through the antediluvian sages to the first cities after the Flood. The motif of the introduction of the tradition of kingship from the

---

[35] A. Momigliano, "Tradition and the Classical Historian", in *Essays in Ancient and Modern Historiography* (Wesleyan/CT 1977), p. 166.

gods to the king-sages of remotest antiquity and from there to the present (and assumed to the future) harmonizes with the Babylonian scribes' own derivation of divination as well, expressed in the ascription of the cosmic designs and portents to Anu, Enlil, and Ea, and of the series *Enūma Anu Enlil* itself to the god Ea.

While the traditionalism of the *Enūma Anu Enlil* text continued to be upheld, no constraints seem to have been correspondingly placed on the techniques developed to predict mathematically the phenomena regarded as divine signals. In the sphere of the inquiry into nature, it is not the case that ancient Mesopotamian intellectual culture was so constrained by traditionalism that there was any lack of an effort to come to terms with the physical world. What separates the history of celestial divination as preserved in *Enūma Anu Enlil* from that of the history of mathematical astronomical techniques as we have them in the corpus of ephemerides,[36] is the traditionalist attitude toward the text itself. While mathematical astronomy evolved together with new forms of texts to accommodate the treatment of its subject matter, and as well, personal astrology with its own specialized text genre, the horoscopes,[37] the text of *Enūma Anu Enlil*, some of which remained essentially Old Babylonian in form and content if not orthography, continued as an unalterable literary embodiment of a divinely inspired tradition.

---

36 O. Neugebauer, *ACT*.

37 See my *Babylonian Horoscopes*.

Mittelassyrische Texte zum Anbau von Gewürzpflanzen

Wolfgang Röllig (Tübingen) / Akio Tsukimoto (Tokyo)

In einer japanischen Privatsammlung befindet sich ein mittelassyrischer Text, der die Lieferung von Gewürzpflanzen an den assyrischen Hof registriert. Ganz ähnliche Texte wurden in Tall Šēḫ Ḥamad / Dūr-Katlimmu gefunden. Deshalb ist mit hinreichender Sicherheit davon auszugehen, daß das Stück sich ursprünglich in dem dort ausgegrabenen Archiv[1] befand und - wie andere Texte auch - bereits vor Beginn der Ausgrabungen den Weg in den Antikenhandel fand.[2] Es scheint uns deshalb sinnvoll zu sein, diese Texte hier zusammen vorzulegen und einer gemeinsamen Besprechung zu unterziehen. Wir widmen diesen kleinen Beitrag zur mittelassyrischen Palastwirtschaft besonders gern Johannes Renger, einem Kollegen und Freund, dessen Interesse vornehmlich der Wirtschaft Mesopotamiens gilt.

---

[1] Zum Archiv von Dūr-Katlimmu siehe W. Röllig, "Das Archiv von Dūr-Katlimmu", in *BATSH* 2 (in Vorbereitung).

[2] Damit steht dieser Text nicht allein, vielmehr sind inzwischen mehrere Texte publiziert worden, die aufgrund ihres Formulars und aufgrund der in ihnen genannten Personen mit Sicherheit dem Textbestand dieses Archivs zuzuordnen sind. Es sind dies: ein weiterer Text in einer japanischen Sammlung, publiziert von K. Deller und A. Tsukimoto, "Ein mittelassyrisches Protokoll über eine Rinder- und Eselmusterung", *BaM* 16 (1985), 317-326; 4 Texte einer japanischen Sammlung, publiziert von A. Tsukimoto, "Aus einer japanischen Privatsammlung: drei Verwaltungsurkunden und ein Brief aus mittelassyrischer Zeit", *WO* 23 (1992), 21-38; 5 Texte einer libanesischen Privatsammlung, in Kopie publiziert von D. Arnaud, *Textes syriens de l'âge du Bronze Récent* (*AuOrS* 1, Sabadell / Barcelona 1991), Nr. 102-106; ein Text der Sammlung J. Rosen, publiziert von G. Beckman, *Texts from the Vicinity of Emar* (*HANEM* 2, Padua 1996), Nr.92; ein Text in Venedig (s.u. Anm. 10), ferner ein Text im Louvre (AO 28365) und noch einige im Kunsthandel, die bisher noch nicht publiziert sind.

I. Die Texte

Nr. 1, Abb. 1

Vs.	1 ANŠU ŠE.ŠEŠ	1 Homer "Bitterkorn"
	5 BÁN *ša-mu-tu*	5 *sūtu* "Rote Rüben"
	2 BÁN *sa-mi-du*	2 *sūtu samīdu*-Kraut
	2 BÁN *sa-bi-bi-a-nu*	2 *sūtu* Schwarzkümmel
	1 BÁN *na-ni-ú*	1 *sūtu* Minze
	ŠU.NIGIN 2 ANŠU *ra-qu-tu*	insgesamt 2 Homer Gewürzpflanzen
uRd.	*ša* É.GAL-*lim*	des Palastes
Rs.	*ša* ŠU ^{I}*ma-su-ki*	in der Verantwortung des Masuku,
	^{lú}*qe-pi*	des *qēpu* (und)
	^{I}*iš-tu*-U-*gab-be* DUB.SAR	des Ištu-Adad-gabbu, des Schreibers,
	iš-tu É *na-kam-te*	wurden vom *bīt nakkamte*
	še-ṣu-a-at	ausgeliefert.
	a-na ^{I}KAR-^{d}AMAR.UTU	Mušēzib-Marduk,
	EN *pa-ḫe-te*	der Distriktgouverneur,
	a-na ta-kúl-te	hat es für die Verpflegung
	ša ^{uru}ŠÀ-*bi*-URU	von Libbi-āli
	ma-ḫi-ir	in Empfang genommen.
l.Rd.	ITI *ḫi-bur* UD 20 KÁM	20. Ḫibur,
	li-mu ^{Id}*a+šur*-SUM-IBILA	Eponym Aššur-nādin-apli

Aus dem gleichen Eponymatsjahr stammt der Text

Nr. 2 (SH 78 / 1527 I 160 = DeZ 2502), Abb. 2

Vs.	1 ANŠU 1 BÁN ŠE.ŠEŠ	1 Homer 1 *sūtu* "Bitterkorn"
	2 BÁN *ša-mu-tu*	2 *sūtu* "Rote Rüben"
	1 BÁN *sa-mi-du*	1 *sūtu samīdu*-Kraut
	ša ^{I}SU-^{d}*a+šur*	von Erīb-Aššur
	1 ANŠU ŠE.ŠEŠ	1 Homer "Bitterkorn"
uRd.	1 BÁN *sa-mi-du*	1 *sūtu samīdu*-Kraut
Rs.	*ša* ^{I}*a-bu*-DÙG.GA	von Abu-ṭāb
	ra-qu-tu	Gewürzpflanzen
	ša li-me	des Eponym(atsjahres) des
	^{Id}*a+šur*-SUM-IBILA	Aššur-nādin-apli

	maḫ-ru![3]*-tu*	sind in Empfang genommen worden.

Nr. 3 (SH 78 / 1527 IV 41 = DeZ 2496), Abb. 3

Vs.	4 SÍLA *na-ni-ú*	4 *qa'u* Minze
	4 SÍLA *si-bi-bi-a-nu*	4 *qa'u* Schwarzkümmel
	6 SÍLA *ša-mu-ut-ta*	6 *qa'u* "Rote Rüben"
	LÚ GIŠ.NAM.SAR^{meš}	(brachte$^{?}$) der "Dreschschlitten-Verantwortliche"[4]
	ša ^{I}*kat-mu-ḫa-ya-e*	des Katmuḫayā'u.
	2 SÍLA *na-ni-ú*	2 *qa'u* Minze
	2 SÍLA *si-bi-bi-a-nu*	2 *qa'u* Schwarzkümmel
	3 SÍLA *ša-mu-tu*	3 *qa'u* "Rote Rüben"
	^{I}SU-^{d}*a+šur*	hat Erīb-Aššur
	ma-ḫi-ir	in Empfang genommen
Rs.	2 SÍLA *na-ni-ú*	2 *qa'u* Minze
	2 SÍLA *si*![5]*-bi-bi-a-nu*	2 *qa'u* Schwarzkümmel
	3 SÍLA *ša-mu-tu*	3 *qa'u* "Rote Rüben"
	^{I}*a-bu*-DÙG.GA!	(für) Abu-ṭāb.
	a-na NUMUN *maḫ-ru*	Als Samen haben sie in Empfang genommen.
	e-z̦a-ru-ú	Sie werden säen.
oRd.	*li-mu* ^{I}U-EN-*gab-be*	Eponym: Adad-bēl-gabbu

---

[3] Das Zeichen ist etwas verdrückt und sieht fast wie ein SA aus

[4] Das hier verwendete Wortzeichen kann ich sonst mA nicht nachweisen. Es ist aber wohl zu dem inzwischen wohlbekannten *namšartu* zu stellen, das *CAD* N/1, 247a mit "a wooden object" übersetzt. In Anlehnung an K. Deller, *AfO* 34 (1987), 60 (vgl. auch idem, in K. Deller/W.R. Mayer/W. Sommerfeld, "Akkadische Lexikographie: *CAD* N", *OrNS* 56, 1987, 181: *nagāru ša namšarāte* "Stellmacher") übersetzt E. Cancik-Kirschbaum, *Die mittelassyrischen Briefe aus Tall Šēḫ Ḥamad* (*BATSH* 4, Berlin 1996), Nr. 4,10 das Wort zutreffend mit "Dreschschlitten". Es entspricht damit dem babylon. *gissappu/kilz̦appu*, siehe M. Civil, *The Farmer's Instructions* (*AuOrS* 5, Sabadell/Barcelona 1994), 95, jünger auch *dajjaštu*, siehe *AHw* 151a, *CAD* D 33b. – Ganz eng mit dem Ausdruck des vorliegenden Textes verwandt ist die Lieferung eines (Deichsel-)Joches an *Ṭāb-milki-abi* ... *ša* ^{giš}*nam-ša-ra-te ša ekalli* "T. ..., den Verantwortlichen für die Dreschschlitten des Palastes" in *JCS* 7, 157:25,4-6. Der vorliegende Text läßt jedenfalls erkennen, daß dieser Beamte auch für die Ausgabe von Saatgut verantwortlich war.

[5] Das Zeichen sieht eigentlich wie ein SU aus, ist aber etwas verquetscht und muß nach den analogen Schreibungen in Z. 2 und 7 jedenfalls ein SI sein.

Nr. 4 (SH 82 / 1527 I 259 = DeZ 3820), Abb. 2

Vs.	3 ANŠU ŠE *ra-qu-tu*	3 Homer Gewürzpflanzen
	i+na UGU ^{I}SU-^{d}*a+šur*	zu Lasten von Erīb-Aššur
	6 ANŠU *ra-qu-tu*	6 Homer Gewürzpflanzen
	i+na UGU	zu Lasten von
	^{I}*a-bu*-DÙG.GA	Abu-ṭāb
uRd.	DUMU ^{d}UTU-*a-bi*	Sohn des Šamaš-abī.
Rs.	ŠU.NIGIN 9 ANŠU	Insgesamt 9 Homer
	ra-qu-tu	Gewürzpflanzen,
	sa-mu-ḫu-tu	diverse,
	ša li-me	des Eponym(atsjahres) des
	^{I}*a-bat-te-ma*	Abattu. Aber
	ŠE.Ì.GIŠ	Sesam
oRd.	*ša* ^{I}*mu-uṣ-ri-ia‹-e›*	nahm man von Muṣriyā'u
	la maḫ-ru	nicht in Empfang.

Nr. 5 (SH 82 / 1527 I 264 = DeZ 3827), Abb. 4

Vs.	*ra-qu-tu*	Gewürzpflanzen
	ša ŠU $^{‹I›}$*a-bu*-DÙG.GA$^{!}$	aus der Verantwortung des Abu-ṭāb
	ù ^{I}SU-^{d}*a+šur*	und des Erīb-Aššur,
	^{lú}NU.GIŠ.KIRI$_6$	der Gärtner[6],
	ša li-me	(im Jahre) des Eponymen
uRd.	^{I}U-*ú-ma-i*	Adad-umā'i
Rs.	KI.MIN ^{I}*a-bat-tu*	ditto Abattu
	la ma-ḫa-rat	wurden nicht in Empfang genommen.
	ITI *ḫi-bur* UD 20 KÁM	20. Ḫibur,
	li-mu	Eponym
	^{I}*a-bat-tu*	Abattu.

Nr. 6 (SH 78 / 1527 I 166 = DeZ 2511), Abb. 4

Vs.	ŠE.Ì.GIŠ^{meš}	Sesam
	^{ú}*ra-qu-tu*	(und) Gewürzpflanzen
	ša iš-tu	wurden vom (Jahr)
	li-me	des Eponymen

---

6 Obgleich das Pluraldeterminativ bei ^{lú}NU.GIŠ.KIRI$_6$ (= *nukarribu*) fehlt, müssen wohl beide zuvor genannten Männer diesem Beruf zugeordnet werden.

	^{I}*e-tel*$^{!}$*-pi-i-*^{d}*a+šur*	Etel-pī-Aššur
	a-di li-me	bis (zum Jahr) des Eponymen
uRd.	^{Id}*a+šur*-EN-DINGIR^{meš}-*ni*	Aššur-bēl-ilāni
Rs.	*la ma-ḫa*$^{!}$*-ru*	nicht in Empfang genommen.
	ITI *ḫi-bur* UD 29 KÁM	29. Ḫibur,
	li-mu	Eponym
	^{I}*aš-šur-* EN-DINGIR^{meš}-*ni*	Aššur-bēl-ilāni.

II. Klassifikation der Texte

Auch wenn die Texte inhaltlich zusammengehören, sind sie doch typologisch verschieden. Nr. 1 bis Nr. 3 sind Empfangsquittungen. Der Zweck ist allerdings jeweils verschieden. Während Nr. 1 ausdrücklich feststellt, daß *raqûtu* dem *bēl pāḫete* zur Verproviantierung der Hauptstadt, d.h. Assurs geliefert wird[7], also ein Export vorliegt, wird das in den Urkunden 2 und 3 nicht gesagt. Nr. 2 ist vielmehr lediglich eine Empfangsquittung, die wahrscheinlich für die interne Verwaltung des Palastes bestimmt war. Beide Male handelt es sich um relativ große Mengen: In Nr. 1 um 2 Homer = ca. 320 l, in Nr. 2 um 13 + 11 *sūtu* = 2 Homer 4 *sūtu* d.h. ca. 384 l.[8]

Nr. 3 ist besonders interessant, da der Text einen – wenn auch beschränkten – Einblick in die Organisation der Verwaltung erlaubt.[9] Der namentlich nicht genannte Mann, der über die "Dreschschlitten" des Katmuḫayā'u verfügte, gab wahrscheinlich – ein Verbum ist in der knappen Verwaltungssprache nicht verwendet – die 4 + 4 + 6 *sūtu* an die im folgenden genannten beiden Gärtner zu gleichen Teilen aus, wobei bei Abu-ṭāb wiederum kein Verbum verwendet ist, wohl weil es in Z. 15 – auf beide Gärtner bezogen – sowieso folgt. Die Menge von insgesamt 7 *sūtu* = 112 l Saatgut ist nicht übermäßig groß. Bei Gerste würde sie, wenn man die

---

7 Die Bestimmung *ana tākulte nadānu* erscheint mehrfach in den Texten aus Dūr-Katlimmu, so explizit *a-na ta-kúl-ti* LUGAL in DeZ 2532,5, *a-na ta-kú*[*l-t*]*e ša* É.GAL-*lim* DeZ 3841,8, *a-na ta-kúl-te ša* ^{giš}GIGIR^{meš} in DeZ 3304,16, ohne spezifischen Hinweis auf Empfänger in der Hauptstadt in DeZ 2494,28; 3364,18; 3390,6; 3391,12 (*-kul*$^{!}$-) und 3831,13.

8 Die vorliegenden Texte enthalten keine Hinweise auf die Art des *sūtu*-Maßes, wie sie sonst z.B. bei Getreide üblich sind. Wir gehen davon aus, daß es sich – der sonst üblichen Klassifikation entsprechend – um das *sūtu*-Maß des *ḫiburnu* handelt. Zu den unterschiedlichen Hohlmaßen siehe schon C. Saporetti, "*Emāru, sūtu* e *qa'u* nei documenti economici medio-assiri", *RSO* 44 (1969), 273-283 und H. Freydank, *Beiträge zur mittelassyrischen Chronologie und Geschichte* (*SGKAO* 21, Berlin 1991), 63. 70f.; M.A. Powell, "Maße und Gewichte", *RlA* 7 (1987-1990), 501b sub § IV A. 4b.

9 Wir verdanken H. Freydank wichtige Hinweise zum Verständnis des Textes.

schematische Berechnung der “Feldertexte” zugrundelegt, ausreichen, um eine Fläche von 2 $^1/_3$ *iku* = ca. 8400 m^2 einzusäen.[10]

Nr. 4 nennt ganz allgemein 9 Homer = ca. 1440 l “diverse, gemischte” *raqûtu* ohne Verbum, wobei wieder davon auszugehen sein wird, daß es sich dabei um die während eines Jahres (*ša lime)* gelieferte Menge handelt; danach wird noch - ohne jede Begründung - ein Ausstand von Sesam genannt. In Nr. 5 fehlt jede Mengenangabe, allerdings wird pauschal von *raqûtu* eines Jahres und dem Ausstand eines weiteren gesprochen. Schließlich hält die Urkunde Nr. 6 fest, daß in dem gesamten durch die

---

[10] Die hier genannte Fläche entspricht auffällig einer Gartenfläche in einem anderen Dūr-Katlimmu-Text, der sich in Venedig befindet und der von F.M. Fales zunächst in *Prima dell'alfabeto* (Venedig 1990) als Nr. 60 auf S. 191f. publiziert und erneut in “A Middle Assyrian text concerning vineyards and fruitgroves”, *SAAB* 3/1 (1989), 53-59 behandelt worden ist. Leider gibt es von diesem Text keine Kopien und die Photos von Vs. und Rs. (ohne Ränder) in *SAAB* sind fast unbrauchbar, so daß problematische Lesungen nicht überprüft werden können. Ich lese

(1) 2 IKU 7 GÌR ^{giš}SAR	2 *iku* 7 *purīdu* (= 7620 m^2) Gartenland
(2) *ša qāt*(ŠU) ^{I}*Píl<-ti>-ia*	in der Verantwortung des Piltija
(3) *ù* ^{Id}UTU-ŠEŠ-SUM-*na*	und des Šamaš-aḫa-iddina
(4) 1 IKU 2 *ku-ma-ni*	1 *iku* 2 *kumāni* (= 8400 m^2)
(5) *ša qāt*(ŠU) ^{I}DUMU-^{d}UTU	in der Verantwortung des Mār-Šamaš
(6) ^{I}U-*tu<-ra>*	(und des) Adad-tura
(7) 3 *ku-ma-ni*	3 *kumāni* (= 1800 m^2)
(8) *ti-lu-tu*	Schößlinge
(9) *ša* GEŠTIN	von Wein,
(10) ^{giš}TIR^{meš}	Anpflanzungen
(11) *ša* ^{giš}*ša-šu-gi*	von *šaššūgu*
(12) *ù a-za-am-ri*	und Obstbäumen,
(13) *sa-mu-ḫe*	diversen,
(14) *ša* ^{uru}BÀD$^!$*-kat$^!$-li$^!$-mu*	von Dūr-Katlimmu.

Es folgt das Datum im Eponymat des Qibi-Aššur. – Der Name Pil/štīya kommt in der vollständigeren Form Pišta-adur mehrfach (mindestens 9 Belege) in Dūr-Katlimmu vor, und zwar sowohl für Männer als auch für Frauen. Daß die Unform BÍL-*ya* so zu vervollständigen ist, scheint mir unausweichlich; die knappen Notizen des Archivs zeigen nicht selten Auslassungen durch die Schreiber an Stellen, an denen Ergänzungen naheliegen. – Der in Z. 5 genannte Mār-Šamaš ist auch aus DeZ 3440 Z.29, einer Verpflegungsliste, bekannt. Er hat dort die Berufsbezeichnung *nukarribu* (^{lú}NU.KIRI$_6$), was vorzüglich zum Inhalt des vorliegenden Textes paßt. – In Z. 6 lies wohl *Adad-tura*, ein Name, der z.B. in DeZ 2215,5; 2514,51; 3438,22; 3440,37 u.ö. belegt ist. Auch in dieser Zeile hat der Schreiber, nach dem Photo zu urteilen, eine Verkürzung des Namens vorgenommen. – Der Text zeigt mit hinreichender Deutlichkeit und ergänzend zu den oben behandelten Texten, daß Garten- und Weinbau in Dūr-Katlimmu eine gewisse, wenn auch untergeordnete Rolle spielte. Immerhin werden rund 1780 Ar Land dafür genutzt. Leider bleibt unklar, welche Obstarten – neben Wein – angebaut wurden. Die Analysen der Holzkohlereste der Ausgrabung haben lediglich Hinweise auf Feigenbäume erbracht, siehe W. Frey/Ch. Jagiella/H. Kürschner, “Holzkohlefunde in Tall Šēḫ Ḥamad/Dūr-katlimmu und ihre Interpretation”, in H. Kühne (Hrsg.), *Die rezente Umwelt von Tall Šēḫ Ḥamad und Daten zur Umweltrekonstruktion der assyrischen Stadt Dūr-katlimmu* (*BATSH* 1, Berlin 1991), 142 und Abb. 112.

beiden Eponymennamen bezeichneten Zeitraum weder *raqûtu* noch ŠE.Ì.GIŠ eingegangen seien. Die drei letzten Urkunden sind dadurch als interne Vermerke zu verstehen, die bei einer Inventur ausgefertigt wurden. Sie stellen unter Beweis, daß offenbar Lieferungen von Gewürzpflanzen und Sesam zu den üblichen – wenn auch nicht sehr großen – Einkünften der Palastökonomie gehörten, deren Ausbleiben gesondert vermerkt werden mußte.

Wenn wir die Texte Nr. 1 und 2 als zusammengehörig betrachten, da sie beide aus dem gleichen Eponymatsjahr stammen, fällt auf, daß die Lieferung aus dem Vorratshaus nach Assur nicht dem Jahresertrag entspricht: "Bitterkorn" wurde mehr eingenommen (2 Homer 1 *sūtu*) als ausgeliefert, andererseits wurde die gesamte Ernte an *samīdu*-Kraut (2 *sūtu*) abgeliefert, bei den "Roten Rüben" ging mehr als das Doppelte (5 *sūtu)* der Ernte (2 *sūtu)* heraus, und Schwarzkümmel und Minze werden als Erntegut gar nicht genannt, müssen also – wenn unsere "Belege" stimmen – aus dem Vorrat entnommen worden sein. Das setzt allerdings voraus, daß die Kräuter lagerfähig waren, d.h. in getrocknetem Zustand aufbewahrt wurden. Da das nicht eigens vermerkt ist, können wir wohl annehmen, daß das die übliche Aufbewahrungsart war.

III. Personal

Die in den 6 Texten genannten Personen sind alle aus anderen Texten des Archivs von Dūr-Katlimmu bekannt. Es sind dies – ohne die Epoymen – die folgenden:

Abu-ṭāb	Abu-ṭāb (Nr. 2,7; 3,14; 4,5; 5,2) ist nach Text Nr. 4,5f. ein Sohn des Šamaš-abī und kommt als solcher auch in DeZ 3440,23 (Eponym Usāt-Marduk) vor. Sein Beruf war, wie man aus Nr. 3 und 5 ableiten kann, Gärtner. Der Name ist allerdings häufig, so daß Nennungen ohne Vatersnamen (DeZ 2510,7; 2514,76) ihm nicht unbedingt zugeordnet werden können.
Erīb-Aššur	Erīb-Aššur (Nr. 2,4; 3,9; 5,3) war nach dem letztgenannten Beleg ebenfalls Gärtner. Er begegnet noch in DeZ 3820,2 (Eponym Abattu) und ist nach DeZ 3374,1 (Eponym Salmānu-šuma-uṣur) ein Sohn des Ša-Aššur-nīnu.
Ištu-Adad-gabbu	Ištu-Adad-gabbu (Nr. 1,10) ist als Schreiber (*ṭupšarru*) ebenfalls häufig genannt, siehe z.B. (neben Masuku) *BATSH* 4 Nr. 35,3.
Katmuḫayā'u	Katmuḫayā'u (Nr. 3,5) war nach dem Text DeZ 2211,2f. unter dem Eponymat des Aššur-nādin-apli *bēl pāḫete* uru*Du-ur-gu*!*-ud*!*-li-mu.* Wahrscheinlich ist er identisch

mit einem ohne Titel genannten K. in DeZ 2497 (Eponymat des Ištar-ēreš S. d. Salmānu-qarrad), dem einige Esel geliefert werden. Ob es sich bei dem in Verpflegungslisten genannten Vater des Piradi (DeZ 2514,34; 3438,2) bzw. des Masanu (DeZ 2514,62) um die gleiche Person handelt, ist durchaus zweifelhaft.

Masuku — Masuku (Nr. 1,8) ist ein wohlbekannter *qēpu* (wie in Text Nr. 1) bzw. *ša rēš šarri,* siehe schon E. Cancik-Kirschbaum, *Die mittelassyrischen Briefe* zu Nr. 7,5'.[11]

Muṣriyā'u — Muṣriyā'u (Nr. 4,13) ist ein im Archiv von Dūr-Katlimmu recht häufig belegter Mann. Er ist Sohn einer Bēlassuni, Bruder einer Aḫāt-ṭābat, eines Aḫu-ṭāb, eines Ištar-šadūni und eines Šamaš-kēna-išamme. Er erfüllt meist die Funktion eines *ikkāru,* einmal auch die eines *rab ikkārāte* (DeZ 3812,8), übrigens ebenfalls im Zusammenhang mit Sesam und im Eponymat des Abattu.

Mušēzib-Marduk — Mušēzib-Marduk (Nr. 1,13) ist als *bēl pāḫete* mehrfach belegt,[12] z.B. DeZ 2215,30 (Eponym Usāt-Marduk); 2523,12 (Eponym Aššur-bēl-ilāni); 3395,25 (Eponym Etel-pī-Aššur); 4022,6 (Eponym Ina-Aššur-šuma-aṣbat). An der zuletzt genannten Stelle ist er Sohn eines Abu-dammeq, weshalb der Beleg DeZ 3393,6, wo er ohne Titel erscheint, ihm ebenfalls zuzuordnen ist (Eponym Mušallim-Adad).

Namentlich nicht genannt ist der "Verantwortliche für die Dreschschlitten des Katmuḫayā'u" in Nr.3,4f., was befremdet. Muß man davon ausgehen, daß diese Personen, die in Diensten des *bēl pāḫete* standen, deshalb nicht der Palastadministration unterworfen waren?

IV. Datierungen

Tag und Monat sind nur bei drei Texten angegeben: Der 20. Ḫibur, der Tag, an dem offenbar in Dūr-Katlimmu die Jahresinventur gemacht wurde[13], in Text Nr. 1 und Nr. 5. Text Nr. 6, der dem vorhergehenden stark ähnelt, hat dennoch das Datum des 29. Ḫibur, vielleicht weil in diesem Jahr die Inventur später stattfand.

---

[11] Ergänzend hierzu siehe noch den Beleg in *BaM* 16, 318, 27.

[12] Vgl. schon – mit der unrichtigen Lesung Ēṭir-Marduk – W. Röllig, "Aspects of the historical geography of Northeastern Syria from Middle Assyrian to Neo-Assyrian times", in S. Parpola/R.M. Whiting (Hrsg.), *Assyria 1995* (Helsinki 1997), 294 Anm. 14.

[13] Vgl. W. Röllig, in *BATSH* 2, ferner *BaM* 16, 318,29; *WO* 23, 23,16.

Von den Eponymen, nach denen die Jahre gezählt werden, gehören – nach Freydank[14] – alle in die Zeit Tukultī-Ninurtas I. Lediglich bei Adad-bēl-gabbe, der gelegentlich den Zusatz *mār šarri* trägt, "ist die Zugehörigkeit zur Tukultī-Ninurta-Zeit ... durchaus nicht gesichert".[15] Abattu – und zwar der Sohn des Adad-šamšī[16] – ist unmittelbarer Nachfolger von Adad-uma''i, wie es der hier behandelte Text Nr. 5 nahelegt, und gehört in die Zeit Tukultī-Ninurtas. Er bekleidete sein Amt nur wenige (wahrscheinlich drei) Jahre früher als Etel-pī-Aššur (Nr. 6), der seinerseits wahrscheinlich nur durch einen Eponym (Uṣur-namkūr-šarri) von Aššur-bēl-ilāni getrennt ist.[17]

Aššur-nādin-apli schließlich (Nr. 1 und 2) gehört ebenfalls in die Regierungszeit Tukultī-Ninurtas[18], auch wenn er nicht ein Sohn dieses Königs war.

V. Terminologie

naniu (Nr.1,5; 3, 1. 6. 11) macht einige Probleme, da es in der hier belegten Form sonst nicht nachweisbar ist. Allerdings gibt es eine Pflanze *ananiḫu, nanaḫu, naniḫu*[19], die unter Annahme eines späteren Wechsels von ' zu ḫ mA *nani'u* entsprechen könnte. Die Pflanze ist zwar erst in relativ jungen Texten belegt, steht dort aber in der Nähe von *urnû* "Minze", so z.B. in *CT* 14, 50, 10, der Liste von Pflanzen eines königlichen Gartens. In Uruanna I wird sie mit dieser Pflanze "gleichgesetzt", ebenso im Practical Vocabulary aus Assur, so daß ein Zusammenhang mit dieser gern verwendeten Würzpflanze vermutet werden kann. Da "Minze" im Arabischen *na'naḫ* ist, dürfte sogar ein etymologischer Zusammenhang nicht unwahrscheinlich sein.[20]

Nicht ganz klar ist der Zusammenhang dieses Wortes mit *nīnû, ninnu, niniu CAD* N/2, 241 "a medical plant", das J. Bottéro in seinem Beitrag

---

[14] H. Freydank, *Beiträge zur mittelassyrischen Chronologie und Geschichte*. - Zuvor natürlich C. Saporetti, *Gli eponimi medio-assiri* (*BiMes* 9, Malibu 1979).

[15] H. Freydank, *Beiträge zur mittelassyrischen Chronologie*, 54.

[16] Vgl. ibid., 103f.

[17] Vgl. ibid., 43.

[18] C. Saporetti, *Gli eponimi*, 116f. Vgl. ferner *CTMMA* 1 Nr. 99,19.

[19] Belege siehe *AHw* 50a *(ananiḫu)*; 731a (*nanaḫu, naniḫu*) bzw. *CAD* A/2, 111b.

[20] Vgl. schon B. Meissner, "Babylonische Pflanzennamen", *ZA* 6 (1891), 291; H. Holma, *Kleine Beiträge zum assyrischen Lexikon* (*AASFB* 7/2, Helsinki 1912), 76; B. Landsberger, "Selected philological remarks", apud O.R. Gurney/B. Landsberger, "Practical vocabulary of Assur", *AfO* 18 (1957/1958), 336b.

"Gewürze" im *RlA*[21] mit dem oben genannten *nanaḫu* zusammenstellt und mit "la menthe" übersetzt. Anders aber W. von Soden in *AHw* 791a, der unter Verweis auf syrisch *nīnjā*[22] "Ammi, Zahnstocherdolde" übersetzt. Mittelassyrische Belege fehlen auch hierfür bisher, doch ist in Mari *ninû* mehrfach belegt, auch aus Nuzi-Texten ist *niniu* wohlbekannt.

raqûtu erscheint als Oberbegriff in 5 der 6 Texte, ein Terminus, den für die neuassyrische Zeit zuletzt N. Postgate behandelt hat.[23] Er übersetzt ihn mit "spice", "Gewürz", stellt ihn – sicherlich zurecht – zur westsemitischen Wurzel *rqḥ* "to pound spices, to prepare perfumes".[24] Dadurch wird der Charakter der in den vorliegenden Texten genannten Pflanzen ebenfalls völlig zutreffend beschrieben, so daß von der mA zur nA Zeit hin kein Bedeutungswandel eingetreten sein wird.

samīdu (Nr.1, 3; 2, 3. 6) ist mittelassyrisch noch in *KAJ* 277 belegt, wo in Z. 8 1 *na-ru-qu ša sa-me-di* (nach einer Anzahl von Gefäßen) genannt wird, außerdem – in unklarem Zusammenhang – *sa-me-di* in *KAJ* 315,5. *CAD* S 114f. spricht sub *samīdu* A von "a spice plant or vegetable", *AHw* 1018a nennt *s.* "ein Seifenkraut". Das Kraut wird schon in Mari mehrfach, z.B. neben *ḫazannu* "Knoblauch", *zibû* "Schwarzkümmel", *kamūnu* "Kümmel", *kisibirru* "Koriander" und *šamaškillu* "Zwiebel" genannt (z.B. *ARMT* 12, 241.6; *FlM* 2, 25 Nr. 4) und findet "in den bekannten aB Kochrezepten ... häufige Verwendung".[25] Eine botanisch gesicherte Zuordnung des Gewürzkrautes ist aber nicht möglich. Sicher ist es nicht identisch mit *sāmiṭu, šamiṭṭu, šāmiṭu, šumittu* "an alkaline plant" *CAD* Š/1, 313a.

sibibiānu, sabibiānu (Nr.1,4; 3,2. 7. 12) erscheint unter den verschiedensten Schreibungen (*zibibânu, zibibiānu* usw., siehe *CAD* Z 102f.). Es begegnet mA ebenfalls im Text *KAJ* 277,10 (*si-bi-bi-a-ni*) und in *KAJ* 226,14, wo lediglich von 2 1/2 SÌLA die Rede ist. Aufgrund der Etymologie hat B. Landsberger, *AfO* 18 (1957/1958) 336 das Gewürz als "Schwarzkümmel" bestimmt.

šamuttu (Nr. 1,2; 2,2; 3,3. 8. 13), auch *šumuttu,* ist mittelassyrisch z.B. in *KAJ* 277,9 (1 KIMIN [= *naruqqu*] *ša ša-mu-ut-te*) und in dem Drogentext *BAM* 263,6 (*ú**šu-mut-te*)[26] belegt, ferner in Nuzi (*HSS* 16, 202,5) in kleinen

---

21 J. Bottéro, "Gewürze", *RlA* 3 (1957-1971), 342a.

22 C. Brockelmann, *Lexicon Syriacum* (2. Aufl., Halle 1928), 432a sub *nīnyā* II.

23 N. Postgate, "Some Vegetables in the Assyrian Sources", *BSAg* 3 (1987), 96 Nr. 5.

24 Vgl. z.B. J. Hoftijzer/K. Jongeling, *Dictionary of the North-West Semitic Inscriptions* (*HdO I* 21, Leiden [u.a.] 1994), 1083.

25 S.M. Maul, "Die Korrespondenz des Iasīm-Sūmû. Ein Nachtrag zu *ARMT* XIII 25-57", in D. Charpin/J.-M. Durand (Hrsg.), *Florilegium Marianum II. Recueil d'études à la mémoire de Maurice Birot* (*Mémoires de N.A.B.U.* 3, Paris 1994), 26 sub d.

26 Siehe H. Freydank/W. Farber, "Zwei medizinische Texte aus Assur", *AoF* 5 (1977), 255-258.

Mengen (10 SÌLA). Als Bedeutung wird im *CAD* Š/3, 301f. "a red plant, possibly beetroot" angegeben.[27] Die verhältnismäßig kleinen Mengen, die in den vorliegenden Texten geliefert werden, auch der Zusammenhang mit anderen "Kräutern" machen die Deutung als "Rote Rübe" zweifelhaft.

ŠE.Ì.GIŠ (Nr. 4,12; 6, 1), auch in der Schreibung ŠE.GIŠ.Ì[28], d.h. *šamaššammû* "Sesam", ist neben *še'u* "Gerste" und *kibtu* "Weizen" die am häufigsten in Dūr-Katlimmu angebaute Körnerfrucht, sicherlich zur Ölgewinnung. Allerdings wird Sesam in den Texten über Ernteerträge nicht gesondert ausgewiesen, lediglich bei der Zuteilung von Pflugrindern zur Feldbestellung. Sesam war offenbar nur in verhältnismäßig kleinen Mengen verfügbar; deshalb wird vermutlich im Text Nr. 6 das Ausbleiben von Sesam neben "Gewürzpflanzen" gesondert registriert.

ŠE.ŠEŠ erscheint in den Texten Nr. 1 und 2 (2 Mal) jeweils am Beginn einer Aufzählung und in relativ großen Quantitäten. Verschiedene Deutungen sind denkbar:

a) Es kann sich um ein Holz handeln gemäß giš-še-ŠEŠ / *šá-aš-šu-gu* Ḫḫ III 52 (*MSL* 9, 160)[29], das allerdings meist in Stämmen geliefert wird und als Bauholz für Möbel Verwendung findet, selten – und dann nur die Blätter – in der Medizin.[30] Auch wird als Ideogramm für *šaššūgu* in akkadischen Texten gewöhnlich GIŠ.MES.GÀM verwendet.

b) Da ŠEŠ bzw. SIS auch *marāru* "bitter sein" bzw. – mit Determinativ GIŠ.ŠIM – *murru* "Myrrhe" sein kann[31], käme auch dies infrage. Allerdings wäre eine fast ausschließlich im Kult und in der Medizin verwendete Pflanze in der Reihung mit den folgenden Kräutern *ana tākulte* recht ungewöhnlich.

c) Ferner ist – mit dem Determinativ ŠIM – in spätbabylonischer Zeit ŠIM.ŠEŠ zum Gerben *(ana riṣittu)* im Gebrauch[32], also ein Bitterstoff, der nicht exakt bestimmbar ist.

---

[27] Vgl. auch *DAB* 49-51; *AHw* 1276a.

[28] Vgl. zu den wechselnden Schreibungen usw. O. Pedersén, *Archives and Libraries in the City of Assur* I (Uppsala 1985), 46 mit Anm. 16; H. Freydank, "Zwei Verpflegungstexte aus Kār-Tukultī-Ninurta", *AoF* 1 (1975), 55ff. und Idem, "Das Archiv Assur 18764", *AoF* 19 (1992), 276ff. mit Belegen. – Zum Sesam in mittel- und neuassyrischer Zeit siehe J.N. Postgate, "The 'oil-plant' in Assyria", *BSAg* 2 (1985), 145-152, vgl. auch die Beiträge von M. Stol, T.W. Gallant und D. Bedigian im gleichen Band von *BSAg* zur Diskussion über die botanische Zuordnung der in den Texten genannten Pflanze.

[29] Vgl. auch M.A. Powell, "The tree section of ur_5(= HAR)-ra = *hubullu*", *BSAg* 3 (1987), 147.

[30] Belege siehe *CAD* Š/2, 176f.

[31] Entspr. sem. *mr* vgl. J. Hoftijzer/K. Jongeling, *Dictionary*, 682 und siehe *CAD* M/2, 221f.

[32] *Camb.* 155,3, vgl. *Nbn.* 413,1; 920,8 (nach *CAD* M/2, 221 b sub d) und *CT* 55, 359,3; 377,8; 383,4; 56,237,12.

Keine dieser drei Möglichkeiten ist recht wahrscheinlich, vielmehr muß es sich um eine Körnerfrucht handeln, die offenbar von bitterem Geschmack war. Dafür gibt es

d) *šegušsu, šegūšu,* nach *CAD* Š/2, 261f. "a cereal", nach *AHw* 1208f. fragend "eine Art Gerste". Die Lesung ŠE.MUŠ$_5$ ist dafür durch Diri V 207 vorgegeben. Die Belege für diese Art von Korn stammen meist aus altbabylonischer Zeit[33] und zeigen, daß es nicht in großen Mengen angebaut und geerntet wurde. Es wurde wie Gerste gedroschen und gemahlen, zu Brot verbacken, als Bestandteil von Medizin und in der Magie benutzt, fand aber auch als Pferdefutter Verwendung (*YOS* 13, 153,1). Da es mehrfach neben *arsuppu* "Frühgerste" erscheint, so z.B. auch in dem mittelbabylonischen mythologischen Text *SEM* 117 III 21[34], vermutet M. Civil[35] "the late barley". Wäre eventuell "Hafer" eine Alternative?

Fazit

Die sechs Texte belegen einen eigenen Sektor der Wirtschaft des Palastes, d.h. der staatlichen Organisation des Feldbaues in Dūr-Katlimmu: die Gärtnerei. Neben den Bauern und Hirten waren einige Männer damit beschäftigt, auf einem Teil des Bodens Gartenfrüchte und Kräuter anzubauen. Die genaue Zahl der Gärtner läßt sich leider nicht ermitteln, auch die Fläche, auf der Gärtnerei betrieben wurde, ist nicht genannt. Es ist aber wohl kein Zufall, daß in gleichem Zusammenhang auch Sesam genannt wird. In den nicht wenigen Texten aus Dūr-Katlimmu, die die Erträge der Felder registrieren, wird lediglich der Ertrag an Gerste und an Weizen aufgeführt, Sesam nur insoweit genannt, als die Pflugrinder auch die Flächen für Sesam mit zu bearbeiten hatten. Das macht deutlich, daß auch für die Ölfrucht der Boden nicht von Hand aufbereitet, sondern im Zuge der sonstigen Feldarbeit der Gespanne gelockert wurde. Da aber nie Flächen oder Erträge genannt werden, war wahrscheinlich der Anteil von Sesam an den Feldfrüchten sehr gering.

Die in den Texten genannten "Kräuter" – Minze, Schwarzkümmel, "Rote Rüben", *samīdu*-Kraut und "Bitterkorn" – wurden in relativ kleinen Mengen angebaut, danach – soweit nicht für den sofortigen Verzehr bestimmt – wahrscheinlich getrocknet und im *bīt nakkamte* gelagert. Der jährliche Eingang wurde mit Angabe der Gesamtmenge registriert, ebenso wurde

[33] Aber auch mittelbab., z.B. *PBS* 2/2, 108,1, wo *šegušsu* neben *ninû* und *azupīru* in der Überschrift einer Aufstellung von Lieferungen aus verschiedenen Gärten erscheint.

[34] Hier übrigens vor *su-mu-un-[di-i ...]* = *šumuttu*, vgl. *CAD* S 383b.

[35] M. Civil, "Appendix A: Cuneiform texts", in M. Gibson (Hrsg.), *Excavations at Nippur -- Eleventh Season* (*OIC* 22, 1975), 130, siehe *CAD* Š/2, 262.

festgehalten (Nr. 5 und 6), wenn diese Lieferung ausblieb, allerdings ohne Angabe von Gründen. Mit Zustimmung der Verwaltung konnte von den “Kräutern des Palastes”, d.h. der staatlichen Wirtschaft, ein Teil nach Assur abgeliefert werden. Der Rest verblieb jedenfalls für den Verbrauch in Dūr-Katlimmu.

Von den “Kräutern” wurden Samen gewonnen und an die Gärtner zur Feldbestellung ausgegeben. Über das Verhältnis von Saatgut zu Ertrag läßt sich aufgrund der schmalen Beleglage keine Aussage machen. Immerhin lassen zwei Texte (Nr. 5 und Nr. 6) darauf schließen, daß mehrfach der Ertrag nicht ausreichte, um überschüssige Kräuter und Sesam zu horten. Dann konnten natürlich auch keine Lieferungen nach Assur erfolgen.

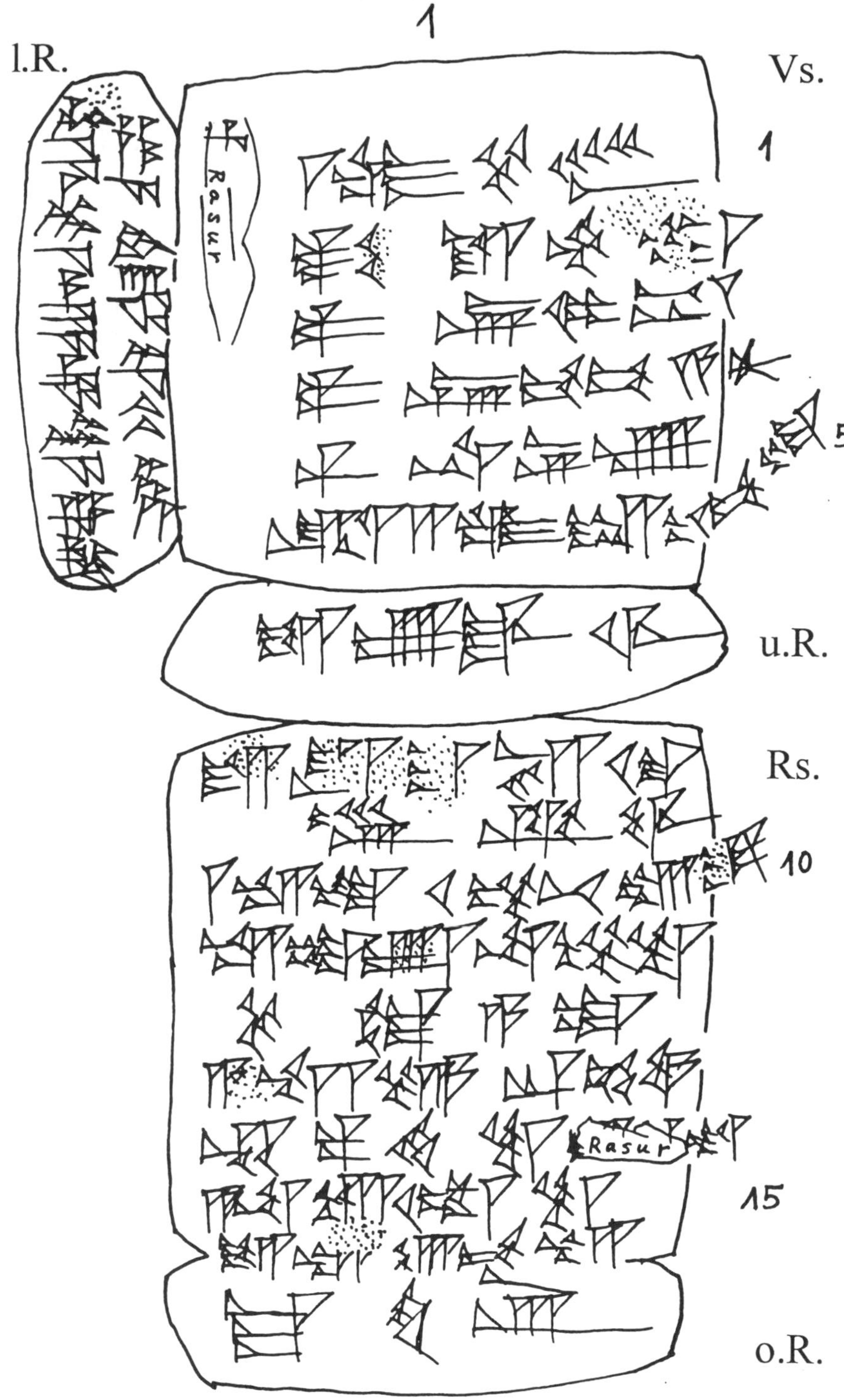

Abb. 1: Text Nr. 1 (Kopie A. Tsukimoto)
(38×37×16 mm)

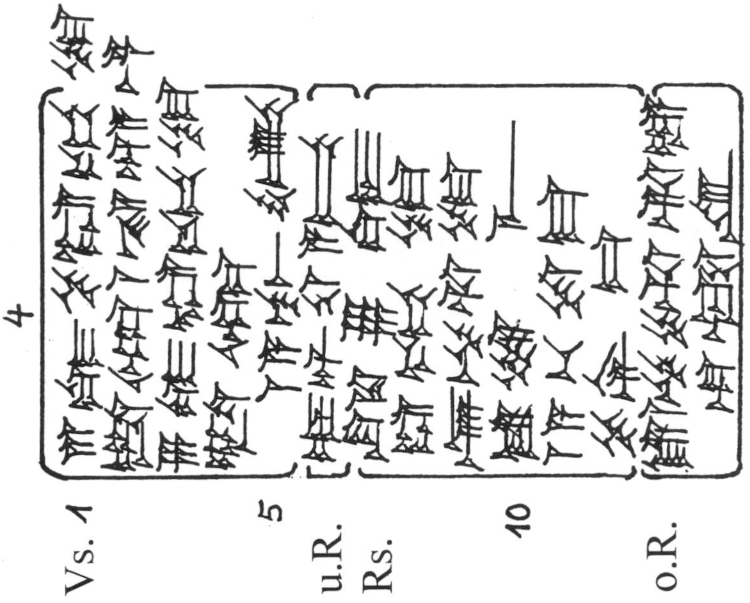

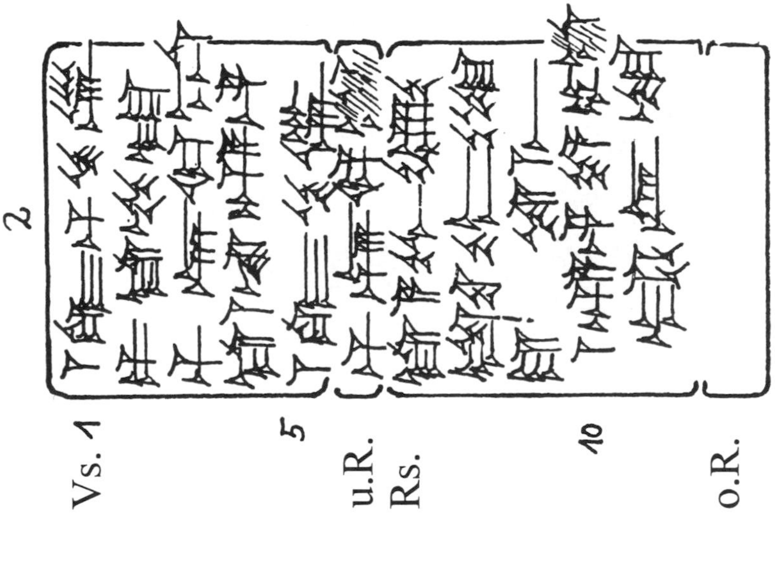

Abb. 2: Text Nr. 2 (SH 78/ 1527 I 160 = DeZ 2502) (Kopie W. Röllig),
Text Nr. 4 (SH 82 /1527 I 259 = DeZ 3820) (Kopie W. Röllig)

3

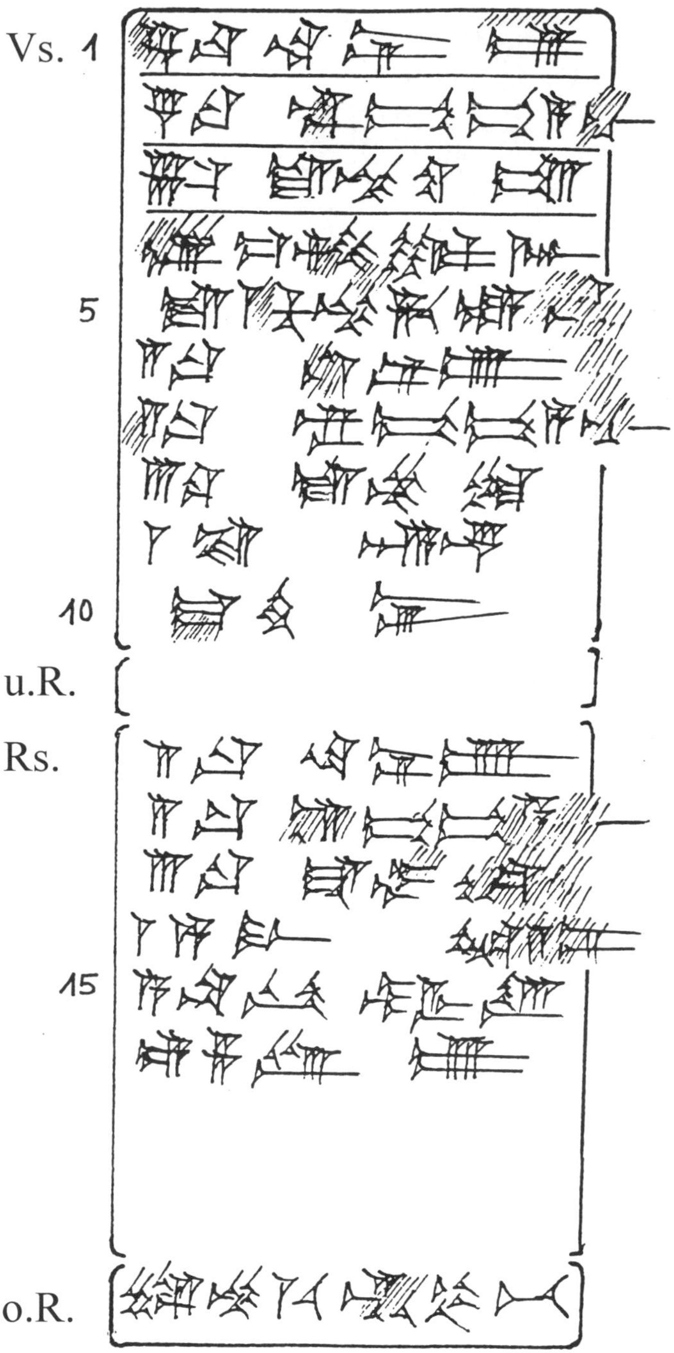

Abb. 3: Text Nr. 3 (SH 78/ 1527 IV 41 = DeZ 2496) (Kopie W. Röllig)

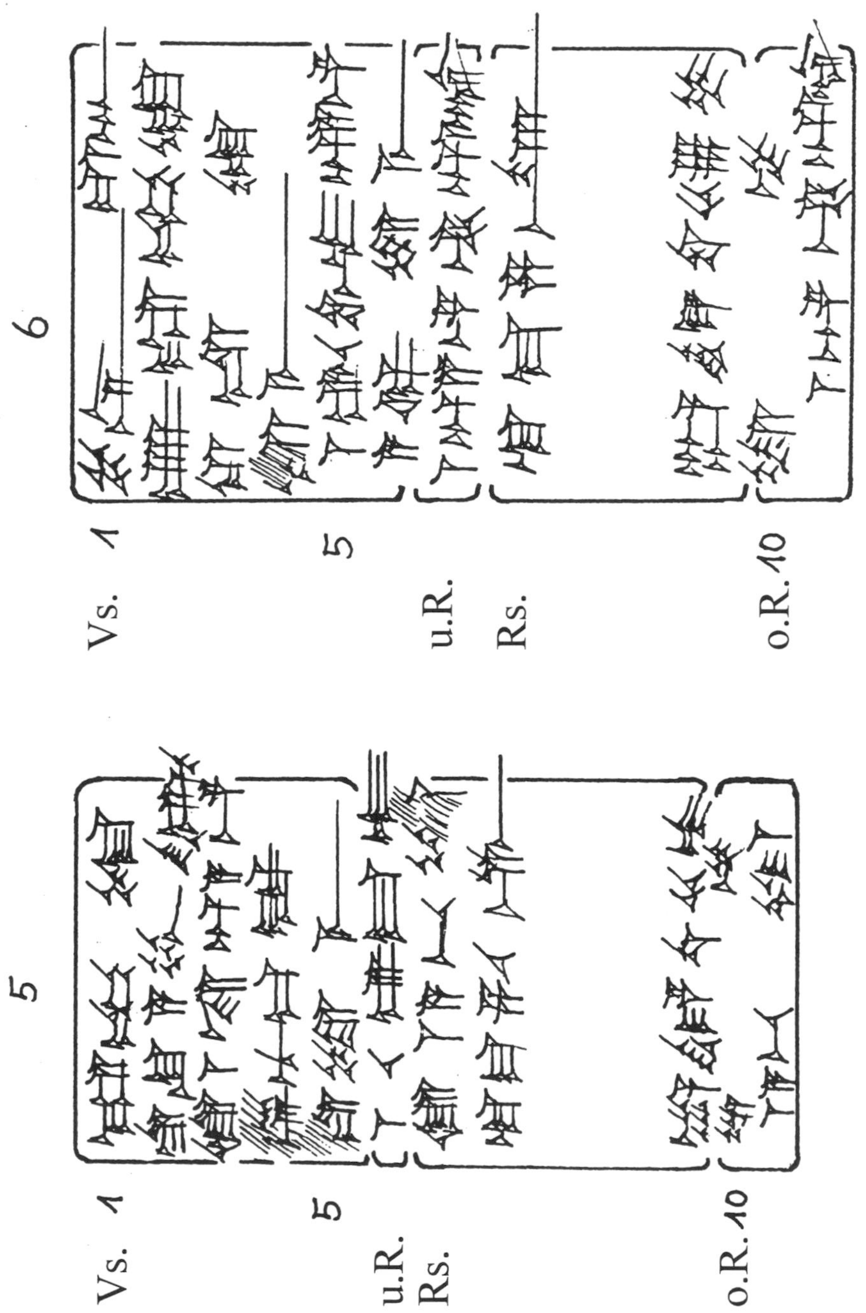

Abb.4: Text Nr. 5 (SH 82/ 1527 I 264 = DeZ 3827) (Kopie W. Röllig), Text Nr. 6 (SH 78/ 1527 I 166 = DeZ 2511) (Kopie W. Röllig)

The Priestess and the Tavern: LH §110

Martha T. Roth (Chicago)

Even when the meanings of the words are known, the precise nuances of Mesopotamian texts often remain elusive. This examination of LH §110, which began with puzzlement over the implications of the common verb *petû* "to open," proceeds to question every aspect of the provision, which has consistently been misinterpreted in the modern literature as dealing with a situation in which a priestess is burned alive for an offense relating to prostitution. However, the assumptions behind such an interpretation are unwarranted, and I will argue rather that the provision is concerned with economic competition and that it attempts to regulate the independence and earning power of a group of women who operate outside of the usual social customs and norms. LH §110 (xxv 36-44) reads:[1]

> *šum-ma* LUKUR (var. adds *ù*)[2] NIN.DINGIR *ša i-na* GÁ.GI$_4$.A *la wa-aš-ba-at* É KAŠ.DIN.NA *ip-te-te ù lu* (var. *ú-lu*)[3] *a-na* KAŠ *a-na* É KAŠ.DIN.NA *i-te-ru-ub a-wi-il-tam* (var. LUKUR)[4] *šu-a-ti i-qal*[5]*-lu-ú-ši*

> *šumma nadītum* (var. adds *u) ugbabtum ša ina gagîm la wašbat bīt sībim iptete u lu* (var. *ulu*) *ana šikarim ana bīt sībim īterub awīltam* (var. *nadītam*) *šuāti iqallûši*

> If a *nadītum*, (var. adds: and/or) an *ugbabtum*, one who does not reside within the cloister, should open a tavern or enter a tavern for some beer, they shall burn that woman (var.: *nadītum*).

---

1 Law collections cited from M.T. Roth, *Law Collections from Mesopotamia and Asia Minor* (*SBL Writings from the Ancient World* 6, Atlanta 1995, rev. ed. 1997, 1999), with some modifications.

2 Source S (CBS 15284, in *PBS* 5 93) v 3': [SA]L.⸢ME *ù*⸣ NIN.[DINGIR].

3 Source S v 6'.

4 Source t (Ni 2553+2565, in V. Donbaz and H. Sauren, *OLP* 22, 5ff.) vi 2.

5 Source t vi 2: *i-qá-al-lu-*⸢*ú*⸣*-*[*ši*].

THE CONTEXT

Beginning at least with gap § cc (immediately preceding §100) and extending through to §107, the laws deal with commerce, and more specifically with the obligations of persons entering into relationships of merchant-client, partnership, and agency. The setting for such relationships is international, or at least not local. Up through §103, the context is that in which a merchant (*tamkārum*) sends his agent (*šamallûm*) for trading abroad. The *šamallûm* has been travelling in potentially hostile areas, probably operating alone without the support of the contacts he could expect to find in his home territory; this is suggested by the language used (*ana/ina ḫarrānim* "on a business trip," *ašar illiku* "where he went," *nakrum* "enemy"). In such cases, the concern of the laws is how to settle their accounts when the travelling agent returns home. The provisions anticipate four possible financial outcomes for the trading venture, from the most to the least successful, and outline the ways these outcomes will play out when the *šamallûm* returns home.

From §104 through §107, the venue shifts from the foreign to the local and the concern of the laws is how the individual parts of trading procedures are to be reconciled on a per-transaction basis. The provisions state that the profit and/or interest on the original investment should be settled after each transaction; this is possible because the transactions take place locally, and the *šamallûm* and the *tamkārum* can remain in close and frequent contact. The key element here is that the *šamallûm* must be careful to collect a receipt for each installment he makes to the *tamkārum* (§§104-105). Without such documentation, there is the possibility that one partner could claim never to have been paid, and the conflict will need resolution by testimony before the god and witnesses.

The next group of provisions, §§108-111, then moves off in a curious direction. That we are still concerned with business and profit ventures is suggested from the following paragraphs (§§112ff.), which also deal with problems that follow from such arrangements involving trust. But these four intervening provisions deal with the tapster[6] (*sābītum*) and the tavern or drinking house (*bīt sībim*). These provisions continue the contextual pattern

[6] I owe the term "tapster" to Judith M. Bennett, *Ale, Beer, and Brewsters in England: Women's Work in a Changing World 1300-1600* (New York/Oxford 1996). She uses the medieval English term "brewster" for female brewers, and "tapster" for female alesellers (see pp. 3f. and 192 n. 26). Although "tapster" implies a beer-dispensing procedure that is possibly anachronistic in Mesopotamia, I use it here to translate *sābītum* in order to avoid existing misleading associations. Note, for example, that my own translation of *sābītum* and SAL.KAŠ.DIN.NA in M. Roth, *Law Collections*, at LX §l, LE §§15 and 41, and LH §§108-111 as "woman innkeeper" is unfortunate; there is, in fact, no reason to assume that the premises of these women served as "inns" to accommodate overnight guests; see below. (I thank my colleague Holly Ada Shissler for drawing my attention to Bennett's study.)

of narrowing the focus: we have moved from international trading, to local trading, to the individual business establishment. Making certain assumptions about the text, Driver and Miles understood the placement of §§108-111 differently. For them, the "position of these sections is due to the connexion of thought between the agent on his trading journey and the inns at which he stays. The same connexion occurs between this group and §112; for there again the traveller must certainly stay at inns in the course of his journey."[7] Their insistence on relating these rules to the travelling salesman's lodging needs reveals a blindness to the tapster's economic impact, a blindness that persists in the literature.[8]

The subject of trading ventures resumes with §§112-126, which deal with topics involving debt servitude, bailment, etc. Now, however, the principals are designated as *awīlū* (*šumma awīlum eli awīlim*, etc.) rather than as the *tamkārum* and the *šamallûm*, although the creditor is referred to also as a *tamkārum*. The concern is, again, the relationship between two persons engaged in a matter of economic trust. It is not until §127 that we turn to other topics, beginning with questions involving marriage and marital fidelity.

We see, thus, that §110 fits into a small group of four provisions, §§108-111, involving the tapster and the tavern. This small group in turn fits into a larger group, beginning in the gap before §100 and extending through §126, that deals with economic relationships. The venue narrows from the international, to the local, to the tavern, to the private house; the persons involved are the merchant and trading agent (*tamkārum* and *šamallûm*), then the woman identified as tapster or priestess, and finally the man (*awīlum*) who engages in business transactions with his fellow.

The preceding outline of the context of LH §110 made no mention of prostitution or indeed of any sexual behavior. This is because there is no indication in the provision itself that any sexual behavior is involved, and absolutely nothing in the provisions surrounding LH §110 suggests that prostitution is the subject of the provision, or even an unarticulated background concern. All these rules, including §110, are concerned with economic ventures and with economically-based personal relationships.

---

[7] G.R. Driver/J. Miles, *The Babylonian Laws, I. Legal Commentary* (Oxford 1952), p. 202.

[8] Note also that lodging for travellers might have been provided only by the *bīt aštammim*, and not by the *bīt sībim*; see R. Harris, "Images of Women in the Gilgamesh Epic," in T. Abusch, et al. (eds.), *Lingering Over Words: Studies in Honor of W. Moran* (Cambridge 1990), pp. 219-30, at p. 224 note 26.

THE PRINCIPAL ACTORS

1. The offender

The context of the actors

The actor in §§108, 109, and 111 is the *sābītum* "tapster," the woman who runs a tavern as proprietor and/or works as bartender or barmaid. The *sābītum* and her male counterpart the *sābû* are well-known in our cuneiform sources, from legal and economic contexts as well as from literary sources.[9] The tavern, its proprietor, and its barmaid are often associated with prostitution, both in the ancient literature and in the writings of modern observers of the ancient Near East.[10] This association is not unwarranted, but is, perhaps, too often unexamined,[11] and has prejudiced the way scholars have understood the actor(s) of §110.

The number of actors

In LH §110, the construction of the protasis allows for some ambiguity, and can be understood to express multiple actors: *šumma nadītum* (var. adds *u*) *ugbabtum ša ina gagîm la wašbat.*

(1) The construction could signal a single actor, defined by an appositional construction that progressively limits the subject: "If a *nadītum* who is an *ugbabtum* and who does not reside within the cloister ...". This interpretation is possible because some women who are *nadiātum* are also

---

[9] One of the most informative texts was published by A. Goetze, "Tavern Keepers and the Like in Ancient Babylonia," in *Studies Landsberger* (*AS* 16, Chicago 1965), 211-215. The text is from Sippar, dated to Ammiditana year 36, and reveals that the palace's economic interest in collecting taxes from the tavernkeepers and cooks (LÚ.DIN.NA.MEŠ *u* MU.MEŠ) led to an elaborate system of registering and regulating these men and their enterprises.

[10] The association is not, of course, limited to the ancient Near East. In her study of women in the ale business in medieval England, Bennett noted that sexual promise played an important role in the marketing of their marginal businesses. "If alehouses had been free of women, much of the sexual disorder associated with the drink trade would have disappeared. Without women serving heterosexual men, there would have been no teasing tapsters, no adulterous alewives, no whores working out of alehouses. These associations of female aleselling with unruly female sexuality reflect a basic tension in the trade of alewives. To attract customers into their houses and sell drink to them, alewives needed to be pleasant and amusing" (p. 140).

[11] A.L. Oppenheim, *On Beer and Brewing Techniques in Ancient Mesopotamia* (*JAOS Supplement* 10, 1950) p. 12 with p. 41 n. 26, notes that, from the evidence of the administrative texts, the association of women with brewing disappears with the Old Babylonian period. This point should be kept in mind in using the later references from literary sources and in drawing inferences from them.

members of the group of *ugbabātum* in some periods and places,[12] and because not all live in the cloister. The variant *u* in Source S, however, argues against this reading.

(2) At the other extreme, one could understand three separate protagonists, expressed by asyndeton or, in the variant with *u*, by a combination of conjunction and asyndeton[13]: "If any *nadītum*, or any *ugbabtum*, or any woman who does not live in the cloister ...". The three terms would indicate an inclusive construction, proceeding from the most restrictive category (*nadītum*) to the least (any temple woman with residence outside of the controlled cloistered section).

(3) A third option in identifying the protagonist(s) of LH §110, and the simplest in view of the variant adding *u*, takes the phrase *ša ina gagîm la wašbat* as key. The phrase is in appositional construction either to (a) *ugbabtum* alone or to (b) *nadītum* (*u*) *ugbabtum*. By the first alternative, the intent of the protasis would be to express: "If either any *nadītum*, or an *ugbabtum* who does not reside within the cloister ..." (thus not specifying whether or not the *nadītum* is cloistered, and limiting the *ugbabtum* to one outside the cloister). By the second alternative, the intent would be: "If either a *nadītum* or an *ugbabtum*, but only one of either category who does not reside within the cloister ..." This last interpretation is preferred here, and assumes that the defining characteristic is not so much the woman's status as *nadītum* or *ugbabtum*, but her residence *outside* of the cloistered environment.

The *nadītum*, the *ugbabtum*, and the cloister

The *nadītum* and the *ugbabtum* are both temple-associated classes of women, well documented in many genres and periods of our cuneiform sources.[14] But in discussions of LH §110, little attention is paid to the fact that there were different *nadiātum* and *ugbabātum*, dedicated to various gods, in various Mesopotamian cities. In Sippar, for example, we know of two groups of *nadiātum*: the *nadiātum* of Šamaš who lived within the cloister, with only limited outside contact, and who did not marry[15]; and the *nadiātum*

---

[12] J.J. Finkelstein, in *YOS* 13 p. 8: "... the class of the *ugbabtu* subsumes the *nadītu* even if the two terms are not exactly synonymous."

[13] See *GAG* §140a.

[14] See the summaries and bibliography in J. Renger, "Untersuchungen zum Priestertum in der altbabylonischen Zeit," *ZA* 58 (1967), 110ff., at 134-176.

[15] R. Harris, *Ancient Sippar: A Demographic Study of an Old Babylonian City (1894-1595 B.C.)* (Leiden 1975), pp. 302ff., and see J. Renger, *ZA* 58, 174f. For a glimpse into the economic problems of cloistered *nadiātum* of Šamaš at Sippar, see the text edited by C. Janssen, "Samsu-iluna and the Hungry *nadītums*," *NAPR* 5 (1991), 339, with the

of Marduk who remained outside the cloister, could marry,[16] and could bear children.[17] They came from both wealthy and modest households, and often had considerable resources available to them in life-interest. In Nippur, the *nadiātum* of Ninurta remained unmarried; little is known about other *nadiātum* in Nippur, for example those dedicated to Iturungal and to Šu-ilišu.[18] Yet other *nadiātum* and *ugbabātum* are associated with other cities and with other deities.[19] Given the variations in the social and economic circumstances of the various *nadiātum* in cities in the north and in the south,

---

comments of M. Roth, "Toward an Understanding of Codification and Text," *University of Strasbourg Colloque, Strasbourg, November 1997* (in press).

[16] An interesting case of a divorced *nadītum* of Marduk, possibly from Sippar, has been published by M. Jursa, "'Als König Abi-ešuh gerechte Ordnung hergestellt hat': Eine bemerkenswerte altbabylonische Prozessurkunde," *RA* 91 (1997), 135-145. The married *nadītum* was imprisoned by royal directive on account of (*aššum*) her father – possibly for a debt – and was released upon the occasion of the king's *mīšarum*. Upon her release, she found that her husband had remarried, and she sued to recover her dowry.

[17] J.J. Finkelstein, "*šilip rēmim* and Related Matters," *Kramer AV*, pp. 187ff., also *JAOS* 90 (1970), 246, suggesting that unmarried *nadiātum* who gave birth gave away their children. See K.R. Veenhof, "Two *šilip rēmim* Adoptions from Sippar," in H. Gasche, et al. (eds.), *Cinquante-deux réflexions sur le proche-Orient ancien offertes en hommage à Léon de Meyer* (*MHEO* II, Leuven 1994) 143-157, at p. 146.
In the background of discussions of the *nadītum*'s sexual and reproductive life is the etymology of the word, which usually is derived from the verb *nadû* with the connotation of "to remain fallow" (hence "celibate," or "barren"), first proposed by B. Landsberger, *OLZ* 1929, 763 n. 3. However, even if the derivation is correct, it is simplistic to assume that an original and literal meaning applies to the Old Babylonian women in this role. If we must seek a literal derivation, I suggest that, following the lead of Finkelstein and others who note her childbearing role in the *šilip rēmîm* texts, for example, the word may be derived from *nadû* rather in one of two other usages: (a) "to have a miscarriage," and/or (b) "to reject, repudiate a person" (*CAD* N/1 s.v. *nadû* v. mngs. 1d-2' and 7h, and mngs. 1c-6' and 8a). Thus the (married or unmarried) **nādītum* (fem. active participle), if birth control measures fail her and she conceives, would normally either abort her pregnancy or give away the child. A late text, *SpTU* I, 44:67 and duplicates, makes this association: *kīma mār nadīti la iburra kīma nīd libbi la iṣbat tulî ummišu* "just as the child of the *n.* does not remain healthy, just as the stillborn/aborted child does not take its mother's breast." Her association with birthing and midwifery and as a woman familiar with workings of the female reproductive system is also suggestive; thus *KAR* 321 r. 7 *nadâte ša ina nēmeqi uballaṭa rēmu* "the *nadâtu* who are skilled in keeping the unborn child alive," translation with B.R. Foster, *Before the Muses* (Bethesda 1993), p. 770. (R. Harris, "The *nadītu* Woman," *Studies Oppenheim* [1964], 135, viewed this late tradition as an ironic erroneous association.)

[18] E. Stone, "The Social Role of the nadītu Women in Old Babylonian Nippur," *JESHO* 25 (1982), 50-70.

[19] See the summary chart assembled in J. Renger, *ZA* 58, 176, and *CAD* N/1 s.v. *nadītu* A usage b-3'a'.

it is appropriate to ask whether the Laws of Hammurabi, and LH §110 in particular, when referring to the *nadītum* without further qualification,[20] implicitly refers only to one particular subgroup of these women.

We know that the Laws were copied and recopied throughout Mesopotamia and the Ancient Near East, for well over a millennium, and how the text was read and interpreted by its various audiences has been examined elsewhere.[21] But even the "original" stelae were copies of a master text written in a specific time and place, presumably at the end of Hammurabi's reign and in the capital city, Babylon. If so, is it possible that the default assumption is that the priestesses in LH §110 (and elsewhere in the Laws) were dedicated to Marduk of Babylon (a group about which we unfortunately have very little information)?[22] Did the text intend to include any and all *nadiātum* and *ugbabātum* (perhaps of Babylon), or to limit its scope only to those qualified as *ša ina gagîm la wašbat*, "she who does not reside in the cloister"?

In only one provision in the Laws of Hammurabi is the *nadītum* specifically identified as cloistered (*nadīt gagîm*, LH §180), and in only one other is she specifically identified with a particular god and city (*nadīt Marduk ša Bābilim*, LH §182). These two provisions, and the intervening §181 which does not qualify the *nadītum*, provide an important insight about the Laws' stylistic devices, and help us interpret §110. All three of these provisions deal with variations on a single situation – a father dedicated his daughter to the god and did not properly provide her with a dowry – and address her inheritance rights and the limitations placed on her disposition of that inheritance. When these three provisions are schematically arrayed (see Table 1), it becomes clear that the key difference in their resolutions is that the women in LH §§180 and 181 are not free to dispose of their inheritances (which will revert to their natal families' control via inheritance by her brothers) while the woman in §182 is free to dispose of her properties as she chooses. Moreover, these different resolutions correspond to the different identifications of the daughters: the daughter of §180 is either a cloistered

---

20 The absence of qualifications suggests that at least some of these women were not restricted to cloistered environments, and that they exercised some economic independence. The *nadītum* in LH §40, for example, may transfer ownership of a field with special service obligations; the *nadītum* of §137 who provided her husband with children and then was divorced from him receives her dowry plus half of his estate.

21 See J. Bottéro, "The 'Code' of Hammurabi," in *Mesopotamia: Writing, Reasoning, and the Gods*, trans. Z. Bahrani and M. van de Mieroop (Chicago 1992) 156-184 [English translation of an article originally published in *Annali della Scuola Normale Superiore di Pisa* 12 (1982), 409-444]; M. Roth, "Mesopotamian Legal Traditions and the Laws of Hammurabi," *Chicago-Kent Law Review* 71 (1995), 13-39; "Codification and Text," (in press).

22 See J. Renger, *ZA* 58, 174f.

nadītum[23] or a *sekretum*; the daughter of §181 is either a *nadītum, qadištum,* or a *kulmašītum*; and the daughter of §182 (the one free to alienate her properties) is a *nadītum* of the god Marduk of the city of Babylon. I infer from the interplay of the variations in these three provisions that the Laws deliberately and explicitly identify these women, their cloistered or uncloistered status, and their associations with particular deities. And from this I further infer that in LH §110, the qualification "she who does not reside in the cloister" is crucial to the identification of the actor.

The qualification *ša ina gagîm la wašbat* in LH §110 overrides the need to specify the priestess's home city or patron deity, for once any priestess is freed from the confines of the cloister she is potentially economically and socially independent. It is this woman as independent actor who poses a threat to the economic mainstream, and who is the concern of the law.

2. The victim

A final point about the actors in LH §110: the priestess's behavior and activities are taking place without the direct involvement of any other persons. That is, the immediately surrounding provisions dealing with the *sābītum* include at least two implicit or explicit parties (the *sābītum* and her customer who wishes to pay in grain for beer in §108; the *sābītum*, the criminals, and the palace authorities in §109; the *sābītum* and the borrower in §111), and similarly most of the provisions throughout the collection are concerned with the behavior and relationships between individuals (formulated as, e.g., *šumma awīlum awīlam* ...). LH §110, on the other hand, is one of the few provisions in the LH to depict a unilateral event, regulating a unique individual's own (otherwise acceptable) conduct. Similarly, the provisions that deal with the *rēdûm* and *bā'irum*, especially LH §§35-41, also deal with a unique individual's otherwise acceptable behavior; they limit the alienability of properties deeded to special categories of persons, although (unlike LH §110) there are two or more persons involved (the potential buyer and seller). But in LH §110 there is only one actor, and while there might be an "offender" in LH §110, there is no explicit "victim."

---

23 M. Stol, "Kallatum als Klosterfrau," *RA* 73 (1979), 91, suggested reading É.GI4.A rather than GÁ.GI4.A, thus reading three priestesses in §180 (*nadītum, kallatum, sekretum*) parallel to the three in §181 (*nadītum, qadištum, kulmašītum*). But this would repeat the *nadītum* in §§180 and 181 without otherwise sufficiently distinguishing the circumstances, and I prefer the reading given here.

THE OFFENSE

The precise nature of the offense or offenses committed by the *nadītum* in LH §110 is the crux of this provision. The objectionable activity undertaken by the offending woman is *šumma ... bīt sībim iptete ulu ana šikarim ana bīt sībim īterub* "If she opens a tavern or enters a tavern for some beer." The use of the coordinating particle *ulu* clearly separates into two discrete alternatives the activities indicated by the perfect I-stem verbal forms *iptete* and *īterub*. Thus her offense is either that she *iptete* "opened," or that she *īterub* "entered" and not that she performed only one objectionable action, expressed sequentially as "she opened and then entered." Similar compression of two offenses into one provision is found frequently elsewhere in the laws.[24] For example, LH §7 (the second offense is marked in my translation by em-dashes) reads:

> *šumma awīlum lu kaspam lu ḫurāṣam ... ulu mimma šumšu ina qāt mār awīlim ulu warad awīlim balum šībī u riksātim ištām ulu ana maṣṣarūtim imḫur awīlum šû šarrāq iddâk*

> If a man should purchase silver, or gold, ... or anything else whatsoever, from a son of a man or from a slave of a man without witnesses or a contract – or (if) he accepts the goods for safekeeping – that man is a thief, he shall be killed.

> Similarly, LH §26:

> *šumma lu rēdûm ulu bā'irum ša ana ḫarrān šarrim alākšu qabû la illik ulu agram īgurma pūḫšu iṭṭarad lu rēdûm ulu bā'irum šû iddâk munaggiršu bīssu itabbal*

> If either a soldier or a fisherman who is ordered to go on a royal campaign does not go – or (if) he hires and sends a hireling as his substitute – that soldier or fisherman shall be killed; (furthermore,) the one who informs against him shall take full legal possession of his estate.

Of course, the conjunction *ulu* most commonly marks simple alternatives, included in single provisions when all other factors remain unchanged; in the above quoted provisions, such simple alternatives are

---

[24] For some insights into the literary and stylistic features of the laws see H. Petschow, "Zur Systematik und Gesetzestechnik im Codex Hammurabi," *ZA* 57 (1965), 146-172; B. Eichler, "Literary Structure in the Laws of Eshnunna," in F. Rochberg-Halton (ed.), *Language, Literature, and History: Philological and Historical Studies Presented to Erica Reiner* (*AOS* 67, New Haven 1987), pp. 71-84, both with lit.

"silver, or gold, ... or anything else," "a son of a man or a slave," "witnesses or contract," "a soldier or a fisherman," etc. When there are additional changes, however, the style used most often is a separate provision (or a subdivision within the original provision). Thus in the bodily injury rules of Hammurabi, where a change in the identity of the victim correlates with a change in the amount of penalty or compensation, separate provisions are constructed to expand on the basic legal point. LH §§196-199 demonstrate these possibilities:

> **§196** If an *awīlum* should blind the eye of another *awīlum*, they shall blind his eye.
> **§197** If he should break the bone of another *awīlum*, they shall break his bone.
> **§198** If he should blind the eye of a commoner or break the bone of a commoner, he shall weigh and deliver 60 shekels of silver.
> **§199** If he should blind the eye of an *awīlum*'s slave or break the bone of an *awīlum*'s slave, he shall weigh and deliver one-half of his value (in silver).

The first of these four provisions involves an *awīlum* as offender, an *awīlum* as victim, one offending action, and one resolution. The second again involves the same offender and victim, a different offending action, and its correspondingly different resolution. The third and the fourth each involves again the same offender, but a new victim and two different alternative offending actions (marked by *ulu*), both of which result in but a single new resolution; one provision can cover two offending actions because other factors (offender, victim, and resolution) all remain static. The drafter could have made §§198 and 199 each into two provisions, but he could not unite §§196 and 197 into one smooth provision.

Returning now to LH §110, we recognize that the literary structure of the provision provides us with two *alternative* offenses, either of which might be committed by the same offender, and each of which demands the same remedy. But, to come back to the beginning, what are the offenses?

The first offending action is *bīt sībim iptete* "she opened a tavern." In English, as in many modern European languages, the verb "to open" includes among its transitive meanings one in which the purpose (sometimes unexpressed) is the main notion. Thus "to open a shop" is to render a physically confined space accessible to certain persons with the intent of selling merchandise.[25] This is the obvious meaning often attributed to *petû* in LH §110, given that the object of the verb is *bīt sībim*. By this understanding, the offending action is both physical and metaphorical: the priestess made

---

[25] See the Oxford English Dictionary s.v. "open" v. mng. 6.

accessible a specific confined space to persons whose intentions are to purchase beer or wine or other alcoholic beverages.

Other occurrences of the verb *petû* with this extended nuance are not known to me. Most often the verb occurs in the concrete physical sense of making a closed door (*daltu, bābu*, etc.) or a thrown bolt or bar (*qullu, sikkatu*, etc.) turn from the closed to the open position.[26] The extension of this usage allows the direct object of the verb to be a building or room within a building (*bītu, ekallu, maṣṣartu, nakkamtu*, etc.), sometimes specified as "sealed" or "closed up," but still with the limited physical sense of opening a confined space to free access. The use of such a common verb without the text clarifying its legal implications suggests that we should not look too far afield in our quest to understand the offense nor attribute to the simple verb *petû* unwarranted nuances, and I accept the traditional interpretation of this phrase here as a unique usage of *petû*.

The second offense in this compound provision is *ana šikarim ana bīt sībim īterub* "she entered a tavern for beer." Again, the implication of the common verb *erēbu* is considered elusive here. The concrete sense of physically "entering" a tavern is the obvious one, especially with the preposition *ana* (*ana bīt sībim īterub*), but what does the qualifying intention-phrase *ana šikarim* mean? A literal translation "for beer" fails to clarify the clause; the purpose of entering into the tavern is still unsettled. Does she enter in order to drink or imbibe (*ana šatîm*) beer as a paying customer?[27] To purchase (*ana šâmim*) beer for resale? To sell (*ana nadānim*) beer to the proprietor?

Such questions assume a literal and explicit meaning of the text. Other commentators, however, have taken license with the text and infer background situations and assumptions. Driver and Miles's comments begin with the literal reading: "In the first clause *iptete* ought probably to be regarded as meaning ... that she has opened the doors of such a place to customers" and then become lexically and contextually fanciful: "here, then, [*iptete*] she opens them from within, in the second clause [*itērub*] she opens them from without. The point of the law is that a priestess ... must live respectably and above all must not keep or frequent an inn. The ... offense includes something that does not appear on the surface, and it may be supposed that the lawgiver assumes that a priestess who commits either

---

[26] See *CAD* P s.v. *petû* v. (in press).

[27] G.R. Driver/J. Miles, *Bab. Laws* 1, p. 205: "to obtain drink." See now also S. Lafont, *Femmes, Droit et Justice dans l'Antiquité orientale* (*OBO* 165, Fribourg 1999), p. 453: "Le droit ... défend ... de fréquenter les tavernes ... et d'y consommer des boissons alcoolisées." Moreover, Lafont suggests that intoxication would be incompatible with performance of the *nadītum*'s temple duties, accounting for this provision (p. 454).

offense is in fact guilty of an act or acts of prostitution."[28]

Driver and Miles are not alone in finding an intimation of prostitution in LH §110.[29] The connection of the *nadītum* and other priestesses with sexual acts, sacred or profane, and not necessarily with anachronistic moralization, is a motif throughout the secondary literature.[30] And the connection of the inn (*aštammu*) and the tavern (*bīt sābî* or *bīt sībi*) with prostitution is also clear[31] – and both the tavern and prostitution are associated with Ishtar.[32] The difficulty comes when we assume that these connections are inextricably linked, and that mention of the *nadītum* along with the tavern implies the presence of prostitution.

---

28 *Bab. Laws* 1, p. 205f.

29 R. Harris, whose writings are sensitive to such gendered assumptions, makes this leap in *Lingering over Words*, p. 225 n. 29: "a *nadītu* or *ugbabtu* who opens or enters a tavern would be punished by being burned to death, presumably because their chastity would be called into question." Most recently, S. Lafont, too, maintained that prostitution is implied in LH §110, reinforced by her association of LH §110 with Leviticus 21:9; *Femmes, Droit et Justice*, p. 456: "la prostitution expressément qualifiée dans le Code Sacerdotal est probablement implicite au § 110 CH." (I note here as an aside that Lev. 21:9, which demands burning for the "daughter of a priest" who engages in prostitution, accounts for this penalty because by her prostitution "she profanes her father." Thus the penalty of burning is not for the prostitution itself, but rather for the filial impiety.) In fact, only W.G. Lambert has suggested otherwise; in his article "Prostitution" in V. Haas (ed.), *Aussenseiter und Randgruppen. Beiträge zu einer Sozialgeschichte des Alten Orients* (*Xenia* 32, Konstanz 1992), pp. 127-157, in endnote 18 on p. 155, he observes (although conflating LH §110 and §109) that "§ 110 of Hammurabi's laws ... prescribes the death penalty by burning for a *nadītu* or *ugbabtu* who 'opens (the door?) or enters an ale-house' because, it is alleged, this would imply intention to participate in prostitution inside. However, the law actually states the purpose of their entering as being specifically 'for beer', and in the context there is no concern about sexual morals, but only with the risk that male criminals might meet in a[n] ale-house."

30 See the summary of evidence in W.G. Lambert, in *Aussenseiter und Randgruppen*, pp. 135ff. ("... at least in some periods and areas the *nadītu* was a prostitute," p. 138); see also Joan Goodnick Westenholz, "Heilige Hochzeit und kultische Prostitution im Alten Mesopotamien: Sexuelle Vereinigung im sakralen Raum?" in H.-P. Stähle (ed.), *Wort und Dienst. Jahrbuch der Kirchlichen Hochschule Bethel* NF 23 (1995), 43-62.

31 See *CAD* s.vv. One of the clearest connections is provided by a series of clauses found in Ai. VII ii 23-26: nam-kar-kid-da-a-ni tilla$_2$-ta ba-an-da-íl-la nam-kar-kid-da-a-ni ba-ni-in-tuk éš-dam-a-ni šu mi-ni-in-gur é-a-ni-aš mi-ni-in-tu : [*ḫarmūssa ištu rebīti ittašīši*] *ḫ*[*armūssa*] *ī*[*ḫussi*] *ašt*[*ammaša*] *u*[*tirrašši*] *ana bī*[*tišu ušēribši*] "he removed her from the main thoroughfare while she was a practicing prostitute, he married her while she was a practicing prostitute, he returned her inn to her, he brought her into his house." For some references to extra-Mesopotamian near eastern references, see G.R.Driver/J. Miles, *Bab. Laws* 1, p. 206, notes 3-7.

32 See R. Harris, in *Lingering over Words*, p. 222 with note 15.

The direction in which we should look for the offense behind "opening the tavern" and of "entering the tavern for beer" is indicated by the larger context of the group of provisions in which LH §110 is found. As outlined above, the concern of these provisions is economic, and particularly the economic integrity of partners and those who engage in business enterprises. The priestly women here are explicitly those who do not reside within the cloister (*ša ina gagîm la wašbat*). It is such a woman, and not one who does reside in the cloister, who is free to seek her own means of support in the outside, secular, world. Unlike her sisters in the cloister, she has available to her ways of earning her living other than living off the lands and properties assigned to her by her father, heritable by her brothers, and usually managed by them as well.

My argument, then, is that the offense of the woman of LH §110 is either that she attempted to establish her own place of business, specifically the one typically available to a woman – a tavern; or that she attempted to engage in the related creditor business, lending beer and grain at interest. The subject offender of LH §110 (the *nadītum*, etc.) thus substitutes for that of §§108, 109, and 111 (*sābītum*), as a specific sub-category of tapster. And the offense of "opening" the place of business segues from the unacceptable activities foreseen by the immediately preceding LH §109 (admitting congregating and probably conspiring criminals) and into the immediately subsequent §111 (lending of beer for repayment of grain at harvest). The structure and the content of LH §110 are thus appropriately keyed to the context of the surrounding provisions.

Why, finally, does the law consider it important to regulate the priestess's business enterprises and her attempt to engage in beer-grain lending? Men and their business enterprises are referred to throughout the Laws of Hammurabi, from skilled or unskilled manual laborers, to international and local traders, creditors, and professionals such as physicians, veterinarians, and housebuilders. It is highly likely that these jobs were all filled by men, and only exceptionally and rarely might there have been a woman in one of these roles. For the most part, a woman would not engage in independent business ventures, but would depend upon the resources of her father, brother, husband, or son. Even when she had independent means, acquired through dowry or inheritance from her natal family or from her husband, she would depend upon those same males for the management of "her" property. Almost the only times a woman might find herself socially and economically independent might be (1) when she was not married – and probably then only if she were older, or never-married, or widowed, or divorced – and had acquired financial resources through socially marginal means[33]; or (2) when she was a temple-dedicatee, such as a *nadītum*, able to accumulate some wealth through her own management of her inherited properties – possible only when she was not cloistered. So for the first of these women, already socially marginalized, opening a tavern was one of the few obvious options to support herself. For the second, the best model of a woman entrepreneur available might have been that presented by the tapster and tavernkeeper.

In the context of regulating the business ventures of traders and money-lenders, presumed to be men, the Laws consider briefly the typical corresponding option – tavern-keeping – for women. And while the subject of tavernkeeping was under consideration, one provision was devoted, almost as an aside, to noting that a woman outside of the cloister must not avail herself of this option. The law is regulating the woman's business affairs, not her morality, chastity, or sobriety.

If, then, the intent of LH §110 is economic and not moral, and it has nothing to do directly with such probably anachronistic notions as preventing a priestess from engaging in prostitution, the question remains of why the priestess is limited in this way. A partial answer was already hinted at above: women normally had limited access to the financial avenues open to men, and expanding that access was not in the best interests of the social and economic framework of the urban milieu. The uncloistered priestess was already an anomaly: she was possibly unmarried, childless, with real estate and money, and able to manage and make profitable her own resources. If such a woman went into the tavernkeeping business, two unwelcome outcomes could result. First, her greater wealth, her prestige, and her social standing could unfairly compete with the *sābītum*, driving the latter out of her already narrow market niche. Second, as a moneylender, the *nadītum* or *ugbabtum* could begin to compete successfully with the *tamkārum*. From the perspective of an established economy and social system, therefore, the entry of the uncloistered *nadītum* or *ugbabtum* into the marketplace was unacceptable.

The Penalty

For her offense (or business audacity) LH §110 prescribes *awīltam* (var. *nadītam*) *šuāti iqallûši* "they shall burn that woman (var. that *nadītum*)." The multiple and defined subjects of the protasis, *nadītum ugbabtum ša ina gagîm la wašbat*, are here resumed by one of the two common words for "woman,"

[33] The demographic profile inferred here is documented by Bennett, *Ale, Beer, and Brewsters*, p. 139: "By the sixteenth century, the women most likely to hold alehouse licenses on their own account were poor widows."

awīltum (or in the variant, by *nadītum*) alone. In fact, this is the only place in the LH in which the term *awīltum* appears.

The other term for "woman," *sinništum* (always written with the logogram SAL) appears often in this law collection; it is almost always the preferred term to refer to an ever-married woman (whether inchoate wife, married woman, divorcée, or widow).[34] The only place in the LH in which *sinništum* is used of a woman without reference to her marital status is in §159, in which the groom, before concluding all the necessary steps to the marriage, *ana sinništim šanītim uptallisma* "has had his attention diverted to another *sinništum*," and as a consequence of this infatuation refuses to go through with the contracted marriage. But in LH §159, too, although the *sinništum*'s marital status is not mentioned, she is in a male-female relationship. Thus *sinništum*/SAL is used in the LH to refer to a woman in contexts in which her sexual behavior is explicit or implicit.[35]

What significance is there to the fact that LH §110 does not use this more common term *sinništum*/SAL, but rather the rarer *awīltum* (written here syllabically)? The latter is, of course, the feminine of *awīlum* "man," the common term used through the laws in the introductions ("If a man ...") and passim. I suggest that the choice of *awīltum* over *sinništum* (or the ambiguous logogram SAL) is deliberate: the *awīltum* is the independent economic actor, the woman acting without a male referent (as is the *awīlum* often elsewhere in the Laws); *sinništum*, as the term used in the LH to refer to the subject specifically in terms of the presence or absence of a male would be inappropriate in LH §110. Here, *awīltum* defines the subject as a business woman, in terms of her economic initiative.[36]

We arrive finally at the denouement, *iqallûši* "they shall burn her." It is this dramatic and public execution, more than anything else in LH §110, that has led modern scholars to assume, anachronistically, that a horrendous

[34] SAL, read *sinništum*, is used in LH in §128 to refer to the woman married without formal recognition (*sinništum šî ul aššat* "that woman is not a wife"); in §130, to refer to the raped inchoate wife (*sinništum šî ūtaššar* "that woman shall be released"); in §§133b,134, and 135 to refer to the wife whose husband, captured in war, has left her with sufficient support while he goes abroad; §137, to refer to the divorced *šugītum* or *nadītum*; in §§141, 142, and 143 to refer both to the wife divorced with or without cause and to the woman whom her husband may then marry; in §149 to the wife stricken with *la'abum*; in §§151-153 to the wife in regard to her liability for her husband's debts; in §§162-163, 167, 172, 173 to a married woman in regard to her dowry; in §177 to a widow; in §§210 and 212 to the *mārat awīlim* or *mārat muškēnim* who is struck and who miscarries.

[35] Compare the use of *zikarum* in the law collections to refer to the sexual male; see M. Roth, *Law Collections*, p. 35 n. 2.

[36] Note that the *CAD* A/2 s.v. *amīltu* recognized the use of the term for a "free woman," "in commercial transactions," as mng. 1a; however, rather than citing LH §110 there, where according to my arguments it belongs, the *CAD* cited it in mng. 2a ("woman of lower or undetermined status").

crime must have been committed by the priestess, and more specifically that the crime had to involve her sexual behavior. I will not dispute the dramatic or public overtones of the penalty, but I will suggest that the penalty is not necessarily associated with deviant sexual behavior.

In the LH, the death penalty appears in thirty-four provisions.[37] Of these thirty-four, eleven specify a dramatic and vivid public means of execution by fire, by water, or by mutilation and display of the corpse (see Table 2).[38] In these eleven provisions, there are thirteen offenders: seven women and six men. In at least five of the eleven provisions, the offenses involve wrongful behavior that can only be achieved by two or more actors: the illicit unions in LH §§129, 155, and 157; conspiracy to murder or to defraud in LH §§153 and 227. In the remaining provisions (and leaving aside for the moment our LH §110) there is a betrayal of trust: looting when ostensibly assisting at a fire in LH §125; taking advantage of seasonal price fluctuations and of those economically unable to weather them in LH §108; disloyalty to one's prisoner-of-war husband in LH §133b or humiliating him in LH §143 (into this category LH §153 also fits); and breaking into a man's house in LH §21.

An unusually high percentage of the dramatic executions explicitly target women.[39] The offenses of five of the seven women are violations of their obligations to their husbands (whether living, deceased, or absent). This is not unexpected in a society in which the primary definition of a woman is in terms of her role as "wife." Nonetheless, women are the subjects of the death penalty in a total of eight out of thirty-four cases in the LH, but are the subjects of the vivid and dramatic executions in seven out of eleven cases – a disproportionate application of the penalty.

The three offenses for which the offender is burned are diverse. In LH §25, there is an element of sympathetic justice: the looter at a fire (who is either a passerby pretending to assist, or possibly also the arsonist) is cast into the fire; moreover, the penalty is exacted immediately, on the spot, and thus is a spontaneous act of vigilante justice on the part of the people who

---

[37] LH §§1, 2, 3, 6, 7, 8, 9, 10, 11, 14, 15, 16, 19, 21, 22, 25, 26, 33, 34, gap m, n, bb, 108, 109, 110, 129, 130, 133b, 143, 153, 155, 157, 227, 229. (In another provision, LH §132, the accused wife submits to the River Ordeal from which she can emerge successful and alive; and in two more provisions, §§210 and 230, the death of the offender's child is demanded as vicarious punishment. None of these three is a mandatory death sentence for the offender.)

[38] In these eleven provisions, only two, §§21 and 227, reinforce the fatal intention of the penalty by including the verb *dâku*. It is, admittedly, possible that the penalties of the other nine provisions are potentially survivable, although such an interpretation is unlikely.

[39] In the remaining 23 death penalties, the offenders are men in all but one, §109, which is one of the group of four rules involving women entrepreneurs with which we are concerned here. In LH §109, the *sābītum* who does not betray her criminal customers to the authorities *iddâk* "shall be killed."

discover him.[40] In §157, the sexual union between a son and his own mother after the death of his father is markedly distinguished from the similar sexual union between the son and his deceased father's other wives, which results merely in the son's disinheritance (see §158). This burning is, in fact, one of the reasons commentators have rushed to find the priestess of §110 guilty of some sexual act that they can mark as socially and morally repugnant.[41] However, there is nothing sexually aberrant in the offense of opening a tavern nor spontaneous in the penalty of execution by burning, either by the literal or implied wording of LH §110.

Most of the offenses which warrant dramatic executions involve an element of secrecy or intention to defraud; they are offenses committed without witnesses, behind closed doors, and violate a social trust. But the priestess in §110 is not operating in secret; her intention, on the contrary, is to engage in a public business. And in what way is that act a potential violation of a social trust?

The execution prescribed for the priestess in LH §110 is indeed dramatic, but it does not follow that we must read deviant sexual behavior back into her offense. If there was anything in her act of "opening" a tavern that so enraged Babylonian society – at least that segment of the population able to act out their outrage in a judicially sanctioned and deliberate manner – it can only have been something economic. Her only offense was that she attempted to enter into the marginal economic niche of the small-time money-lender, competing with the *sābītum* and threatening the market share of the *tamkārum*.

Conclusion

The Laws of Hammurabi do not attempt to regulate religious, sexual, or moral behavior, and I argue that the offense in LH §110 has nothing to do with prostitution or any licit or illicit sexual act. I suggest as an alternative interpretation of the provision that the offense is one of the priestess presenting economic competition to the established market system. In order to combat the economic threat, therefore, the competition is threatened with a violent and public execution. Here in LH §110, as throughout the

---

[40] That is, if he is found later with goods taken from the fire in his possession, he could mount various defenses, including arguing that he purchased them from someone else. If he failed to clear himself, he would be declared a thief and executed (see LH §10), but he would not be burned alive.

[41] M. Astour, "Tamar the Hierodule," *JBL* 85 (1966), 185-196, speculated that the Judah and Tamar story had roots in sacred prostitution and associated the execution by burning with priestesses and sexual transgression.

Mesopotamian law collections, the concerns behind the offenses and the intentions of the remedies are economic and political.

	LH §180	LH §181	LH §182
"If a father does not award a dowry (to his daughter) ...	*šumma abum ana mārtišu ... šeriktam la išrukšim*	*šumma abum ... šeriktam la išrukšim*	*šumma abum ana mārtišu ... šeriktam la išrukšim*
"... and/or does not record it for her in a sealed document ...			*kunukkam la išṭuršim*
(daughter defined)	*ana mārtišu nadīt gagîm ulu sekretim*	*nadītam qadištam ulu kulmašītam ana ilim iššīma*	*ana mārtišu nadīt Marduk ša Bābilim*
"... after the father goes to his fate ...	*warka abum ana šīmtim ittalku*	*warka abum ana šīmtim ittalku*	*warka abum ana šīmtim ittalku*
"... she shall take as inheritance from the paternal estate ...	*ina makkūr bīt abim ... izâzma*	*ina makkūr bīt abim ... izâzma*	*ina makkūr bīt abim ... izâzma*
(inheritance share):			
"... a share comparable in value to that of one heir ...	*zittam kīma aplim ištēn*		
"... her one-third share[42] (with her brothers) ...		*šalušti aplūtiša*	*šalušti aplūtiša itti aḫḫīša*
(lifetime rights to property):			
"... as long as she lives she shall enjoy its use ..."	*adi balṭat ikkal*	*adi balṭat ikkal*	
she will not perform any service obligations (on the property)			*ilkam ul illak*
(after her death disposition of property):			
"... her estate belongs only to her brothers."	*warkassa ša aḫḫīšama*	*warkassa ša aḫḫīšama*	
"... a *nadītum* of Marduk shall give her estate as she pleases."			*nadīt Marduk warkassa ēma eliša ṭābu inaddin*

Table 1. Schematic comparison of LH §§180-182

42 See M. Roth, *Law Collections*, 141 note 38.

DEATH BY	OFFENDER	OFFENSE	PENALTY
FIRE			
LH §25	opportunistic looter	looting at fire	*ana išātim šuāti innaddi*
LH §110	priestess	"opening a tavern," etc.	*iqallûši*
LH §157	son and mother	incestuous sexual union	*kilallīšunu iqallûšunūti*
Water			
LH §108	tapster	devaluing beer	*ana mê inaddûšI*
LH §129	wife and her lover	adultery	*ikassûšunūtima ana mê inaddûšunūti*
LH §133b	wife of captive	entering another's house	*ana mê inaddûši*
LH §143	wife	squandering resources, disparaging husband	*ana mê inaddûši*
LH §155	father-in-law	incest with daughter-in-law	*ikassûšuma ana mê inaddûšu*
Hanging/Impaling			
LH §21	burglar	breaking into house	*ina pani pilšim šuāti idukkušuma iḫallalušu*
LH §153	wife	conspiring to murder husband	*ina gašīšim išakkanuši*
LH §227	non-owner of slave	misleading to remove slavemark	*idukkušuma ina bābišu iḫallalušu*

Table 2. Dramatic Executions in the Laws of Hammurabi

Vom "vergangenen Geschehen" zur "Zukunftsbewältigung"

Überlegungen zur Rolle der Schrift in Ökonomie und Geschichte*

Gebhard J. Selz (Wien)

"Schreiben heißt soviel wie ordnen, planen, gliedern. Die Schrift ist hier in erster Linie ein Instrument organisierender Wirklichkeitsbewältigung." J. Assmann

"History is the intellectual form in which a civilization renders account to itself of its past." J. Huizinga[1]

1. Das Thema. – Alle Kulturwissenschaften beschäftigen sich mit vergangenem Geschehen. Das zeitliche Moment wird aber gedoppelt, wenn man die Frage stellt, wie sich jene Gesellschaften zu ihrer eigenen Vergangenheit verhalten. Der Abschied vom Erkenntnisziel der Rekonstruktion der Vergangenheit, so wie sie <wirklich> war,[2] fällt besonders schwer in einer

---

*Die Abkürzungen folgen dem in der Assyriologie Üblichen. Darüber hinaus verwende ich für meine Editionen altsumerischer Verwaltungstexte: *AWEL* = *Die altsumerischen Wirtschaftsurkunden der Eremitage zu Leningrad* (*FAOS* 15/1, Stuttgart 1989); *AWAS* = *Altsumerische Wirtschaftsurkunden aus amerikanischen Sammlungen* (*FAOS* 15/2, 1-2, Stuttgart 1993) und *AWAB* = *Die altsumerischen Wirtschaftsurkunden aus Berlin* (demnächst).
Für kritische Lektüre und Korrekturen möchte ich hier Frau H. Vogel, für einige Literaturhinweise Herrn M. Jursa, danken.

[1] Zitat aus J. Huizinga, "A definition of the concept of history", in R. Klibansky/ H.J. Paton (Hrsg.), *Philosophy and History: Fs Ernst Cassirer* (Oxford 1936), 9, nach W.W. Hallo, "Sumerian Historiography", in H. Tadmor/M. Weinfeld (eds.), *History, Historiography and Interpretation. Studies in Biblical and Cuneiform Literatures* (Jerusalem/Leiden 1983), 10. – Das erste Zitat entstammt J. Assmann, *Das kulturelle Gedächtnis. Schrift, Erinnerung und politische Identität in frühen Hochkulturen* (2. Aufl., München 1997), 268.

[2] Vgl. J. Renger, "Vergangenes Geschehen in der Textüberlieferung des alten Mesopotamien", in H.-J. Gehrke/A. Möller (Hrsg.), *Vergangenheit und Lebenswelt* (Tübingen 1996), 9, der zwei Sichtweisen unterscheidet: die Bestimmung der "Verläßlichkeit des Geschriebenen für die Rekonstruktion der Geschichte Mesopotamiens"

Wissenschaft, in der dem reinen Sammeln und Beschreiben von Fakten zurecht noch immer eine große Bedeutung zukommt. Mir geht es im nachfolgenden nicht um das Problem einer historisch-kritischen Quellenkritik, etwa um die seit Jahren geführte Diskussion um den Nutzen der verschiedenen literarischen Genres für die moderne Geschichtsschreibung.[3] Auch die beiden genannten Differenzen, unsere und der alten Mesopotamier Distanz zum <Geschehen>, die doppelte epistemologische Lücke,[4] wird nicht weiter erörtert. Vielmehr geht es mir um die Rolle der Schrift und ihren Beitrag zur Veränderung der mesopotamischen Erfahrung. Für alle Geschichte oder vergangenes Geschehen ist der Begriff <Zeit> konstitutiv. Ein Wort dafür kennen die mesopotamischen Sprachen nicht. Das Wort "Tag", (**ud**, *ūmu(m)*), fungiert als grundlegender Zeitbegriff,[5] und auch die Bezeichnungen "Monat" (**itud**, *(w)arḫu(m)*) und "Jahr" (**mu**, *šattu(m)*) korrelieren unmittelbar mit der Erfahrung der antiken Lebenswelt.[6] Tage "verfließen" "vergehen", "verstreichen" und "vollenden sich" oder "werden voll".[7] Das Abgeschlossene und das Unvollendete scheinen denn auch bis in die Grammatik hinein für das (frühe) mesopotamische Denken konstitutive Kategorien zu sein.[8] Man hat mit gewissem Recht betont, daß die mesopo-

---

und das "Selbstverständnis der Quellen", die beide den Zugang eröffneten "zu dem, was <wirklich> war."

[3] Völlig zurecht betont J. Assman, *Das kulturelle Gedächtnis*^{2}, 75: Die Oppositionen "Fiktion (Mythos) gegen Realität (Geschichte) und wertbesetzte Zweckhaftigkeit (Mythos) gegen zweckfreie Objektivität (Geschichte)" ... "stehen seit längerem zur Verabschiedung an". Vgl. auch G. Jonker, *The Topography of Remembrance* (Leiden 1995), 24ff., ferner den zusammenfassenden Überblick von W.W. Hallo, "New Directions in Historiography", in M. Dietrich/O. Loretz (Hrsg.), *dubsar anta-men. Studien zur Altorientalistik - Festschrift für Willem H.Ph. Römer* (*AOAT* 253, Münster 1998), 109-128.

[4] Vgl. dazu etwa die Darlegungen J. Assmanns, *Das kulturelle Gedächtnis*^{2}, 40ff. (mit Bezug auf M. Halbwachs) zur "Rekonstruktivität" von Geschichte.

[5] Darauf wies z.B. C. Wilcke, "Zum Geschichtsbewußtsein im Alten Mesopotamien", in H. Müller-Karpe (Hrsg.), *Archäologie und Geschichtsbewußtsein* (München 1982), 33 hin.

[6] Vgl. R.K. Englund, "Administrative Timekeeping in Ancient Mesopotamia", *JESHO* 31 (1988), 122.

[7] Sumerisch **zal**, genauer **ud--zal**, vgl. aber auch **zal**, gesagt vom Wasser; vgl. *MSL* 14, 35: 92ff., 136 ii 3'-12', 123: 377-384, 247: 15 mit den unterschiedlichen Gleichungen; ferner *AHw* 1418ff. s.v. *ūmu(m)*.

[8] Im Verhältnis der Kategorien <Aktionsart>, <Aspekt> und <Tempus> ist die Verwendung innerhalb der grammatischen Untersuchungen (des Sumerischen) allerdings uneinheitlich; vgl. Verf., *OLZ* 87 (1992), 143f.; vgl. auch die Darstellung von Whorfs linguistischem Relativitätsprinzip bei G. Dux, *Die Zeit in der Geschichte* (Frankfurt/M. 1992), 141ff.

tamische Zeitvorstellung geprägt sei von einem repetitiven, einem mythisch-kreisförmigen, zyklischen Begriff von Zeit.[9] Neben diese absolute Zeit[10] tritt die relative Vergangenheit, die lineare Zeit.[11] Beide Zeitvorstellungen können sich mischen, selten treten sie in <reiner> Form vor uns. Und, nebenbei bemerkt, ähnliches gilt für den <Raum>. Die Übergänge zwischen dem realen Ort und dem mythischen Ort sind gleichfalls fließend, und Mesopotamien bietet dafür einen weithin unausgeschöpften Vorrat an Material.[12] Die vergangene Zeit wird als der Zeit*punkt*, an dem das und das geschah, in der Erinnerung gewissermaßen fixiert[13] und verortet. Das Zeugnis dafür liefern Einzelne und Gruppen, die diese Ereignisse erlebten, oder auch nur in <verläßlicher> Kette tradierten. Aber die Glaubwürdigkeit schwindet bei der Abnahme des subjektiven Bezugs[14] und besonders auch mit zunehmender Komplexität: Viele Beobachter (Teilnehmer) vieler Ereignisse an vielen Orten erschweren die Ordnung der Ereignisse in der Zeit. Die dadurch notwendige Systematisierung der Zeit, die Berechnung von Zeit, die sodann

---

[9] J.-J. Glassner, *Chroniques mésopotamiennes* (Paris 1993), 26 et passim "temps cyclique"; G. Dux, *Die Logik der Weltbilder. Sinnstrukturen im Wandel der Geschichte* (Frankfurt/M. 1982), 134ff.; Idem, *Die Zeit in der Geschichte*, 126ff.; zur biologischen Fundierung der mythischen Zeit vgl. bereits E. Cassirer, *Philosophie der symbolischen Formen* II (Darmstadt, ^{10}1994), 179ff.

[10] E. Cassirer, *Sprache und Mythos*, 130; J. Assmann, *Das kulturelle Gedächtnis*^{2}, 75ff.

[11] Vgl. etwa ibid. 90. Das mesopotamische Verständnis von Zeit habe, so meinte unlängst Glassner, zwei konkurrierende Konzepte, das Konzept einer zyklischen Zeit, das jenes eines linearen Ablaufes überschattet. Für das genetische Verhältnis beider <Zeiten> vgl. G. Dux, *Die Zeit in der Geschichte*, 126f. [Dabei handelt es sich allerdings nur bedingt um jenes Phänomen, das im Anschluß an J. Vansina, *Oral Tradition as History*, London 1985, 23f. und 168f. als "floating gap" bezeichnet wird, nämlich jene Lücke zwischen den konkret erinnerten Ereignissen und jenen dann wieder mit reichlich Nachrichten versehenen weit zurückliegenden Frühzeiten, die die "traditions of origin" begründen, wofür Wilcke von Th. Bargatzky den treffenden Terminus "Anspruchsgenealogien" entlehnt; s. C. Wilcke, "Die sumerische Königsliste und erzählte Vergangenheit", in J. Ungern Sternberg/H. Reinau (Hrsg.), *Vergangenheit in mündlicher Überlieferung* (*Colloquium Rauricum* 1, 1988), 116. Diese sind nur ein Sonderfall der Instrumentalisierung der <mythischen> Zeit.]

[12] Wichtig allerdings ist es, daß im modernen Diskurs beides unterschieden wird, auch wenn sich beide, Chronologien und Topologien, wechselseitig beeinflussen und beide Kategorien wohl erst nach und nach geschieden wurden; vgl. E. Cassirer, *Philosophie der symbolischen Formen* I^{10}, 147-212; G. Dux, *Die Zeit in der Geschichte*, 124f. 143f.

[13] Beispiele hierfür sind die etwa seit En-metena-k (En-te:mena-k) bezeugten <Jahresnamen>, die Benennung von Jahren nach herausragenden Ereignissen. Hier bietet die Aufeinanderfolge der Ereignisse die Chronologie. Der Zeitbegriff ist relativ.

[14] Das sind Ereignisse, für die kein Zeitzeuge, keine Gewährsperson mehr zur Überprüfung befragt werden kann; vgl. G. Jonker, *Topography of Remembrance*, 29ff.; J. Assmann, *Das kulturelle Gedächtnis*, 50f.

Zeit unabhängig von der täglichen individuellen Wahrnehmung konstituiert, ja objektiviert, sie erfolgt aus ökonomischen Zwängen; und diese sind eng verbunden mit den Anfängen der Schrift.[15]

Wenn die Rede ist von Geschichte und Geschichtsschreibung im Alten Orient, gerät jener Bereich der inschriftlichen Dokumentation, der nach Quantität alle anderen Quellen bei weitem übertrifft, der der Wirtschaftsverwaltung, auffälligerweise nur selten in den Blick der Forschung. Das hat vielerlei Gründe. Einer dürfte sein, daß im Bereich der Altorientalistik eine noch immer verbreitete traditionelle Auffassung von Ereignisgeschichte vorherrscht - wie ein Blick in einige zusammenfassende Geschichtsdarstellungen beweist. Ein anderer mag darin zu sehen sein, daß die in ökonomischen Texten festgehaltenen Ereignisse, etwa die Übergabe von soundsoviel Stück Vieh vom Hirten A an den Hirten B, für sich genommen unerheblich erscheinen. Die Rekonstruktion der Kontexte, in denen diese Texte ihre Aussagekraft erst gewönnen, ist oft noch wenig fortgeschritten; und an vielen Stellen wird sie auch in Zukunft kaum möglich sein. Die nachfolgenden als Hommage an den Jubilar geschriebenen Überlegungen[16] hoffen deshalb aus zwei Gründen auf sein Interesse: Zum einen hat J. Renger sich vielfältig um das Verständnis und die Rekonstruktion der ökonomischen Prozesse im Alten Orient bemüht. Zum anderen veröffentlichte er vor kurzem eine Arbeit mit dem Titel: "Vergangenes Geschehen in der Textüberlieferung des alten Mesopotamien". In dieser nützlichen Zusammenfassung[17] erwähnt Renger unter den möglichen Quellen für "vergangenes Geschehen" auch die "Rechts- und Verwaltungsurkunden";[18] allerdings werden sie dann aus dem eigentlichen

---

[15] Grundlegend dazu ist die Arbeit von R.K. Englund, *JESHO* 31, 121-185.

[16] Im weiteren Sinne sind sie ein kleiner Tribut an den *spiritus loci* jenes Zimmers zwischen den Lehrstühlen für Altorientalische Philologie (J. Renger) und Vorderasiatische Archäologie (H. Nissen), in dem ich in der Nachfolge von R.K. Englund eineinhalb Jahre arbeiten durfte. Allen drei Gelehrten gebührt mein aufrichtiger Dank.

[17] J. Renger, in *Vergangenheit und Lebenswelt*, 9-60. Einen vergleichbaren Ansatz verfolgten auch J. Krecher/H.-P. Müller, "Vergangenheitsinteresse in Mesopotamien und Israel", *Saeculum* 16 (1975), 13-44; C. Wilcke, in *Archäologie und Geschichtsbewußtsein* und J.-J. Glassner, *Chroniques mésopotamiennes*.

[18] J. Renger, in *Vergangenheit und Lebenswelt*, 10f. Auf die Rechtstexte wies in diesem Kontext auch C. Wilcke, in *Archäologie und Geschichtsbewußtsein*, 31 hin. - Im Zusammenhang mit juristischen Texten spricht Idem, in *Vergangenheit in mündlicher Überlieferung*, 114f. denn auch vom Bedürfnis nach einer "exakten Chronographie", bzw. von einer "komputistischen Chronographie".
Neben den ökonomischen Texten, die ich in dieser Arbeit näher betrachte, ist an dieser Stelle auch ausdrücklich zu verweisen auf die Arbeit von H. Limet, "La maîtrise du temps en droit mésopotamien ancien", in H. Gasche et al. (Hrsg.), *Cinquante-deux reflexions sur le Proche-Orient ancien offertes en hommage à Léon de Meyer* (*MHEO* II, Leuven 1994), 197-208

Betrachtungsgang aufgrund einer "Zeitgleichheit" mit den durch sie erfaßten Vorgängen ausgeschieden. In den nachfolgenden Bemerkungen versuche ich dagegen eine engere Verbindung der Aufzeichnungen wirtschaftlicher Vorgänge und geschichtlicher Ereignisse in Mesopotamien aufzuzeigen.

1.1. *Die Zukunft der Vergangenheit.* – Die Zeit als eine von den natürlichen Abläufen sich sondernde Kategorie dürfte um die Epoche der sog. Neolithischen Revolution allmählich sich im Bewußtsein der Menschen verfestigt haben. Mit dem Aufkommen der Vorratswirtschaft nämlich wird die Einbettung der Menschen in den naturgegebenen Zeitlauf wohl erstmals und sicher entscheidend durchbrochen. Die Bindung der menschlichen Subsistenz an den Gang der Natur verliert dramatisch an Bedeutung. Zumindest wirtschaftlich gesehen wird die Gegenwart, oder die unmittelbare Vergangenheit interpretiert und instrumentalisiert zur Bewältigung der im nächsten Vegetationszyklus bevorstehenden Zukunft. Gegenwart und Vergangenheit werden zur (empirischen) Grundlage der Gestaltungsmöglichkeiten und des Gestaltungswillens, der auf die Zukunft zielt. Grundlage für zukünftiges Handeln ist im präzisen Sinne der Rechenschaftsbericht. Es ist die Zukunft der Vergangenheit, auf die es hier ankommt.[19] Das Prinzip eines substanzlogischen Zeitbegriffs, wie ihn Dux beschrieben hat,[20] daß das, was existiert, "(teil)identisch ist mit dem, wodurch es entstanden ist", jene "Strukturlogik der Zeit, die die Gegenwart substanzlogisch an die Vergangenheit und die Zukunft an die Gegenwart und durch sie hindurch ebenfalls der Vergangenheit verhaftet",[21] behält zwar

---

über die Rolle der Zeit in der Rechtsanwendung. Er stellt auf S. 208 fest: "Les juristes, à la difference des devins et des astronomes, ne faisaient pas état d'un temps cycliques."
[Daß Schicksal und <Geschichte> auch unter einem juridischen Blickpunkt als "Rechtsfall" verstanden werden können, steht auf einem anderen Blatt. Der Spruch der Götter, der die Realität in der Geschichte begründet, gehört zum substanzlogischen Konzept der archaischen Kulturen. Allerdings tritt in dem Augenblick, in dem das – etwa durch ein Vorzeichen angekündigte – negative Schicksal, das Unglück strittig gestellt wird, ein Element nicht nur der "Zukunftsbewältigung" sondern auch der Zukunftsgestaltung auf (vgl. S.M. Maul, "'Auf meinen Rechtsfall werde doch aufmerksam!'", *MDOG* 124, 1992, 131-142). Auch hier eröffnet dann die Erfahrung, die Empirie im weitesten Sinne, zweckgerichtete Handlungsmöglichkeiten, selbst wenn das <Urteil> über den Rechtsfall letztlich dem Sonnengott vorbehalten bleibt. Manipulation wird jedenfalls denkbar.]

[19] In einem etwas anderen Sinne überschrieb auch J.-J. Glassner, *Chroniques mésopotamiennes*, 19ff. sein erstes Unterkapitel mit dem Titel "L'avenir du passé".

[20] Vgl. G. Dux, *Die Zeit in der Geschichte*, 193-196.

[21] Ibid., 194f.

weiterhin ihre Wirkkraft; mit der Transzendierung der natürlichen Zeit, mit der berechenbaren, der objektivierten Zeit, werden jedoch neue Handlungsmöglichkeiten eröffnet.[22] Dabei erscheint hier ein anderer Zeitbegriff, auch ein anderer Begriff von <Zukunft>. Es kann der Versuch unternommen werden die Zukunft zu planen, zu manipulieren, auch wenn *sub specie aeternitatis* die mythische Zeit noch für Jahrtausende die vornehmlich *geglaubte* Zeit bleibt.

1.2. *Schrift und Maß.* – Die Erforschung der frühen inschriftlichen Dokumente Mesopotamiens aus dem ausgehenden 4. und dem Anfang des 3. Jahrtausends hat in den letzten Jahrzehnten kontinuierliches und verstärktes Interesse gefunden. Der Forschungsaufwand legitimiert sich dadurch, daß sich im Zweistromland während dieses Zeitraums in einmaliger Weise Prozesse fassen lassen, die die Grundlegung der modernen Kultur betreffen. Nur weniges davon kann zum gegenwärtigen Zeitpunkt als abgeschlossen gelten. Ein Sammelband mit einer Bestandsaufnahme dreier angesehener Fachkollegen, Bauer, Englund und Krebernik, zeigt dies deutlich.[23] Unbestritten ist jedoch der Ursprung der Schrift im Bereich der Ökonomie, und es sind denn auch die Verwaltungsdokumente, die fast 90 Prozent des inschriftlichen Materials dieser Epochen ausmachen. Zwar werden traditionelle Erwartungen an die Möglichkeit der Abfassung einer Ereignisgeschichte weitgehend enttäuscht, jedoch ermöglicht die systematische Erschließung der Wirtschaftsarchive neue und vielversprechende Einblicke in die Herausbildung der gesellschaftlichen Institutionen. Ein ganz wichtiges Beispiel stellen die Fortschritte dar, die bei der Deutung der Maßsysteme durch Damerow und Englund erzielt worden

---

[22] Ein besonders wichtiges Beispiel der Folgen der <berechneten> Zeit findet sich beim Arbeitskräftemanagement der Ur III-Zeit, insbesondere bei den <Zeitkonten> mit Hilfe derer anstehende Arbeiten geplant und kostenmäßig erfaßt wurden. Die Verwendung von Äquivalenzen, d.h. die Umrechnung von Arbeitszeit in <Silber>, Getreide, Fisch und andere Güter (vgl. R.K. Englund, "Hard Work - Where will it get you. Labour managment in Ur III", *JNES* 50, 1991, 255-280), mag an dieser Stelle exemplarisch illustrieren, weshalb ich den üblichen Zugang zum Zeit- und Geschichtsverständnis der Mesopotamier für ungenügend, in gewissem Umfange sogar für eine moderne Sekundärideologie halten möchte.
[Zeitberechenungen mit Hilfe der Wasseruhr und des *gnomon*, etwa aus astronomischen Zwecken, sind erst später bezeugt und fallen nicht unter den vorliegenden Dokumentationsrahmen; vgl. H. Falk, *Measuring Time in Mesopotamia and Ancient India* (im Druck).]

[23] Siehe J. Bauer/R.K. Englund/M. Krebernik, *Mesopotamien. Späturuk-Zeit und Frühdynastische Zeit. Annäherungen I* (*OBO* 160/1, Fribourg/Göttingen 1998).

sind.[24] Die Analyse der Hohlmaßsysteme und die Beobachtungen zum Verhältnis von Gezähltem und Zahl sind in ihrer Bedeutung für die menschliche Geistesgeschichte noch kaum richtig gewürdigt. In unserem Zusammenhang zentral ist die wahrscheinlich sehr enge Verbindung zwischen den Hohlmaßsystemen und dem Zeitsystem.[25] Wider unsere Erwartung finden wir bereits am Beginn der Schriftüberlieferung einen Begriff von einer systematisierten, abstrakten Zeit. Zeit wird aus ökonomischen Gründen gemessen und berechnet: Die aus rechentechnischen Gründen eingeführte Standardisierung von Monat (= 30 Tage) und Jahr (= 360 Tage)[26] beweist das Loslösen des Zeitbegriffs von der erfahrenen Zeit.[27] Diese gezählte, gemessene Zeit steht dabei am Anfang der Schrifterfindung; sie läßt sich manipulieren, denn da sie berechenbar ist, kann man mit ihr

---

[24] Vgl. P. Damerow/R.K. Englund, "Die Zahlzeichensysteme der archaischen Texte aus Uruk", in M.W. Green/H.J. Nissen, *Zeichenliste der Archaischen Texte aus Uruk* (*ADFU* 11/*ATU* 2, Berlin 1987), 117-166; P. Damerow/R.K. Englund/H.J. Nissen, "Die ersten Zahldarstellungen und die Entwicklung des Zahlbegriffs", *Spektrum der Wissenschaft* 3/1988; J. Friberg, *The Third Millennium Roots of Babylonian Mathematics* (Göteborg 1978-79); Idem, "Numbers and Measures in the Earliest Written Records", *Scientific American* 250/2 (1984), 110-118; P. Damerow/R.K. Englund, *The Proto-Elamite Tablets from Tepe Yahya* (*American Schools of Prehistoric Research Bulletin* 39, Cambridge/Mass. 1989); R.K. Englund, "Texts from the Late Uruk Period", in *Mesopotamien. Späturuk-Zeit und Frühdynastische Zeit*, 111ff.

[25] Vgl. Idem, ibid., 126: "The relationship between the grain capacity system and time notations was such that they might in fact have reflected each other." Als Beispiel diene, worauf Nissen wiederholt aufmerksam machte, das Zeichen **GAR** (**NINDA**), mit dem die tägliche Gersteration einer Arbeitskraft bezeichnet wird.

[26] R.K. Englund schreibt ibid., 127: "these artificial divisions of time can be documented in much the same form throughout the third millennium. First solid evidence of the cultic/ agricultural calendar, which we should imagine predates by millennia the imposition of artificial timekeeping on an urban society is found much later." Dieses "schematische Jahr" ist auch "in Rechtsurkunden und manchen astronomischen Texten" bezeugt; s. H. Hunger, "Kalender", *RlA* 5 (1976-80), 298.

[27] Diese Beobachtung scheint von außerordentlicher Bedeutung, auch wenn sich dieser abstrakte Zeitbegriff im mesopotamischen Umgang mit <Geschichte> nicht immer und nie vollkommen durchgesetzt hat.
Es ist deutlich, daß das <Verwaltungsjahr> ein buchhaltungstechnisches Konstrukt gewesen ist. Bei einer anzunehmenden Harmonisierung von Verwaltungsjahr und Sonnenjahr wäre ja ein Schaltmonat alle sechs Jahre notwendig gewesen (unter der Voraussetzung eines 30-tägigen Monats). H. Hunger, *RlA* 5, 297f. bemerkt zum Verhältnis von Sonnenjahr (= 365,2492 Tage) zu Mondjahr (= ca. 354 Tage), daß, aufgrund der Länge der Mondmonate (29 bzw. 30 Tage) und des dementsprechend kürzeren Mondjahres, "die vom Sonnenstand abhängigen jahreszeitlichen Ereignisse ... schon nach wenigen Jahren ihre Stellung im Jahr ändern". Dabei richtete sich die Schaltung "zunächst offenkundig nach den Jahreszeiten, nicht etwa nach astronomischen Anhaltspunkten; dadurch ergaben sich große Unregelmäßigkeiten".

rechnen. Dazu paßt, daß selbst das System der *Zählung* von Jahren sich historisch gleichzeitig[28] oder sogar früher nachweisen läßt als die Datierung nach <Jahresnamen>, d. h. nach bestimmten kommemorierten Ereignissen.[29] Es ist also kein Zufall, daß die Systematisierung von Zeit in diesen frühen Epochen einhergeht mit dem Versuch der Systematisierung anderer (Hohl-)Maße. Wenn sich die Standardisierung der Maße dann auch in der mesopotamischen Geschichte als wichtiges Prärogativ der Macht erweist, so werden damit Fragen der Normierung, der Setzung von Normen berührt, die im hier gegebenen Rahmen unberücksichtigt bleiben müssen.

1.3. *Die Schreibzwecke Erinnern und Planen.* – Hier soll zunächst die These dargestellt werden, die Entstehung der Schrift wurzele im Bedürfnis Geschehenes für die Zukunftsgestaltung, für die Planung nutzbar zu machen; denn Erinnern und Planen, beide Aspekte, scheinen eng mit dem Wesen und der Funktion der Schrift verbunden zu sein. Allem Anschein nach wurde die Schrift in der zweiten Hälfte des 4. Jahrtausends im südmesopotamischen Uruk <erfunden>.[30] Obwohl im Detail an der Herausbildung der Schrift noch einiges unklar bleibt, so herrscht doch aufgrund der Arbeiten vor allem von D. Schmandt-Besserat[31] inzwischen die Auffassung vor, daß die Schrift sich

---

[28] Die Weihinschriften datieren durch Vermerke wie **mu--a** "im Jahre" oder **u$_4$-ba** "zu diesem Zeitpunkt", aber auch durch Hinzufügung des letzten stattgehabten Ereignisses am Ende einer Reihe von früheren Taten und Vorkommnissen, ganz ähnlich dem Verfahren der späteren assyrischen Annalen. Merkwürdigerweise werden diese Datierungsprinzipien heute aus mir unbekannten Gründen weitgehend vernachlässigt, obwohl sie bereits A. Poebel bekannt waren, der die Feldzüge des E'anatum in *PBS* IV/1 im Kapitel "The Events of Eanadu's Reign" chronologisch zu gliedern versuchte; vgl. Verf., "'Elam' und 'Sumer' – Skizze einer Nachbarschaft nach inschriftlichen Quellen der vorsargonischen Zeit", in *Mesopotamie et Elam. Actes de la XXVIème Rencontre Assyriologique Internationale Gand, 10-14 juillet 1989* (*MHEO* I, Ghent 1991), 33 mit Anm. 47.

[29] Darauf hat C. Wilcke, in *Archäologie und Geschichtsbewußtsein*, 31 zurecht deutlich hingewiesen. – Beachte, daß sich diese Beobachtung nur schwer mit den entwicklungslogischen Annahmen bei G. Dux, *Die Zeit in der Geschichte*, 191-205 vereinbaren läßt. Mit anderen Worten, in den historischen Epochen Mesopotamiens finden wir bereits einen abstrakteren Zeitbegriff neben dem "handlungslogischen".

[30] Diesbezüglich stimmt unser gegenwärtiger Kenntnisstand in auffallender Weise mit der lokalen mesopotamischen (sumerischen) <epischen> Überlieferung überein: Nach dem Epos <Enmerkar und der Herr von Aratta>, das in erzählender Form u.a. den Kulturaustausch zwischen Südmesopotamien (Sumer) und den elamischen <iranischen> Kulturen zum Gegenstand hat, erfolgte die Erfindung der Schrift zur Verbesserung der bis dahin mündlichen Kommunikation. Siehe S. Cohen, *Enmerkar and the Lord of Aratta* (Ph.D. Dissertation, University of Pennsylvania 1973); vgl. G. Komoróczy, "Zur Ätiologie der Schrifterfindung im Enmerkar-Epos", *AoF* 3 (1975), 19-24.

[31] D. Schmandt-Besserat, "From Tokens to Tablets: A Re-Evaluation of the So-Called 'Numerical Tablets'", *Visible Language* 15 (1981), 321-344; Eadem, *Before Writing: From*

historisch in engem Verbund mit Zahlsymbolen und den damit vergesellschafteten Tonbullae, innerhalb der Verwaltungssphäre entwickelt habe.[32] Die Existenz von Schrift, nach traditioneller Auffassung ein wichtiges Merkmal von Hochkulturen, ist, auch wenn sich gelegentlich moderne Überheblichkeit[33] dahinter verbergen mag, ohne Zweifel eine der folgenreichsten Veränderungen des menschlichen Geistes.[34] Man kann Schrift verstehen als ein Corpus von Zeichen oder ein Symbolsystem zur Aufbewahrung oder Übermittlung von Informationen,[35] wobei eine enge

---

Counting to Cuneiform (Austin 1992); Eadem, "Tokens: A Prehistoric Archive System", in P. Ferioli et al. (Hrsg.), *Archives Before Writing. Proceedings of the International Colloquium Oriolo Romano, October 23-25, 1991* (Rom 1994), 13-28; H.J.Nissen/ P. Damerow/R.K. Englund, *Frühe Schrift und Techniken der Wirtschaftsverwaltung im alten Vorderen Orient* (Bad Salzdetfurth 1990, [2]1991); J. Friberg, "Preliterate Counting and Accounting in the Middle East", *OLZ* 89 (1994), 477-502. Hinzuweisen ist hier aber auch auf die Arbeiten von P. Amiet sowie die außerhalb Italiens nur wenig rezipierten Untersuchungen von E. Fiandra und P. Ferioli; vgl. M. Liverani, "Final remarks", in *Archives Before Writing*, 413f. Wesentliche Elemente dieser Interpretation hat M.A. Brandes bereits in den siebziger Jahren im akademischen Unterricht in Freiburg entwickelt; vgl. auch M.A. Brandes, "Modelage et imprimerie aux débuts de l'écriture en Mésopotamie", *Akkadica* 18 (1980), 1-30.

32 Es hat allerdings den Anschein, als könne diese enge Verknüpfung von Wirtschaft und Schrifterfindung nicht ohne weiteres auf andere Gesellschaften übertragen werden; J. Goody, *The Logic of Writing and the Organization of Society. Studies in Literacy, Family, Culture and the State* (Cambridge 1986), 47.

33 Vgl. H.J. Nissen/P. Damerow/R.K. Englund, *Frühe Schrift*, 55: "Man muß sich von der Vorstellung freimachen, daß wir mit dem Beginn der Schrift in gesamtgesellschaftlicher Hinsicht in einer Anfangsphase seien." Heutzutage spricht man statt dessen z.B. von <komplexen Gesellschaften>, untersucht das Problem der Entstehung von Städten und Staaten. Die überaus zahlreiche Literatur hierzu überblicke ich nicht. Verweisen möchte ich deshalb auf die Arbeiten von H.T. Wright, "Recent Research on the Origin of the State", *Annual Reviews in Anthropology* 6 (1977), 379-397; Idem, "Toward an Explanation of the Origin of the State", in R. Cohen/E.R. Service (Hrsg.), *Origins of the State: The Anthropology of Political Evolution* (Philadelphia 1978), 49-68; Idem, "Pre-State Political Formations", in T. Earle (Hrsg.), *On the Evolution of Complex Societies. Essays in Honor of Harry Hoijer 1982* (Malibu 1984), 41-77; weiterhin auf M.A. Zeder, *Feeding Cities: Specialized Animal Economy in the Ancient Near East* (Washington/London 1991) und auf die Sammelwerke R. Cohen/E.R. Service (Hrsg.), *Origins of the State* bzw. H.J.M. Claessen/P. Skalnik (Hrsg.), *The Early State* (The Hague 1978).

34 Zwar ist das Vorhandensein schriftlicher Quellen die Voraussetzung von Ereignisgeschichte, auf der anderen Seite erhalten wir historische Nachrichten im engeren Sinne oft erst Jahrhunderte nach dem Einsetzen der schriftlichen Überlieferung, wie insbesondere das Beispiel Mesopotamiens in überzeugender Weise deutlich macht.

35 Vgl. z.B. den Buchtitel von H.J. Nissen/P. Damerow/R.K. Englund *Frühe Schrift und Techniken der Wirtschaftsverwaltung im alten Vorderen Orient.* Die gesellschaftliche

Verbindung mit der Sprache nicht notwendig ist und z.B. im Bereich der chinesischen Schrift bekanntlich niemals vollzogen wurde. Zentral scheint weniger die Ablösung der Schrift von der gesprochenen Sprache - eine Annahme, die zudem für die Schriftgeschichte Mesopotamiens die Entwicklung auf den Kopf stellte[36] - als vielmehr die Wurzel der Schriftentwicklung im Bild, genauer im graphisch repräsentierten Bild.[37] Dabei sind Bilder möglicherweise in ganz anderer Hinsicht polysem als Sprache, und da es noch immer nicht mit letzter Sicherheit erwiesen ist, ob die Uruk-zeitlichen Tafeln "sumerisch"

Entwicklung haben allzumal die Kulturanthropologen der <Informations-Schule> mit der Speicherung und Übermittlung von Informationen korreliert. Vgl. K.V. Flannery, "The Cultural Evolution of Civilizations", *Annual Review of Ecology and Systematics* 3 (1972), 399-426; H.T. Wright, in *Origins of the State*. Etwas anders als H.J. Nissen, *Geschichte Altvorderasiens* (*Grundriß der Geschichte* 25, München 1999), 45 legt, in Übereinstimmung mit dem hier Gesagten, R.K. Englund, in *Mesopotamien. Späturuk-Zeit und Frühdynastische Zeit*, 42 Wert auf die Aktanten: "from the transmitter to the receiver".

36 Anders ausgedrückt: bei den frühen Schriftzeugnissen handelt es sich *nicht* um eine Umsetzung aus dem phonischen in ein graphisches Medium. Es liegt also *keine Verschriftung* vor. Das Problem einer sprachlich eindeutigen Lesung der Zeichen, der phonetischen Wiedergabe, stellt sich m.E. zuerst und am deutlichsten bei den *Eigennamen,* zumal in einer gemischtsprachigen Umgebung. [Eine Untersuchung zu diesen Fragen bereite ich gegenwärtig vor.] Vgl. B. Alster, *SP* I, 52 mit Sprichwort 2.37: "Schreiber bist Du (und) Deinen Namen kennst Du nicht [e.g. wie er auszusprechen ist], schäme Dich." Natürlich stellt sich dann später in diesem gemischtsprachigen Milieu das Problem der phonetischen Schreibung, bzw. der <Lesung>, in aller Schärfe wie das Sprichwort bei B. Alster, *SP* I, 53 Nr. 2.40 zeigt: "Ein Schreiber, dessen Hand dem Mund gleichkommt, das ist wirklich ein Schreiber!"
Auch funktional ganz ähnlich der mesopotamischen Schriftentwicklung – wie hier skizziert – scheinen später die kretischen Schriftsysteme entwickelt worden zu sein; vgl. J.F. Cherry, "Polities and Palaces: Some Problems in Minoan State Formation", in C. Renfrew/ J.F. Cherry (Hrsg.), *Peer Polity Interaction and Socio-Political Change* (Cambridge 1986), 32ff.; s.a. unten Anm. 127. R.K. Englund, in *Mesopotamien. Späturuk-Zeit und Frühdynastische Zeit*, 42 erwägt nun, daß etwa Eigennamen – und eingeschränkt lexikalische Listen – insbesondere aber die "tribute list" (s. ibid. 99ff.) "contains evidence for writing conventions which could reflect spoken language".
Interessant erscheint hier, daß D. Hallaq, "The Stone Tablet Registers (Khattâtât)", in *Archives Before Writing*, 377-393 nur wenige Jahrhunderte alte numerische Steintafeln aus der Kyreneika vorstellte, deren äußere Erscheinungsform den 5000 Jahre älteren Zahlentafeln aus Uruk auffällig parallel erscheint.

37 Vgl. die Darlegungen von J. Assmann, *Das kulturelle Gedächtnis*[2], bes. 264ff. mit der schönen Feststellung hinsichtlich Ägyptens Schriftkultur, die in gleicher Weise für die frühe mesopotamische Schrift in Anspruch genommen werden darf: "Griechenland wird zur Schriftkultur nur im Wege der Wortkultur, Ägypten dagegen ist auch Bildkultur ... . Der Weg zur Schrift führt hier nicht nur über die sprachliche, sondern auch über die bildliche Gestaltung und Aneignung der Welt" (p. 266).

zu “lesen” sind, mag man auch überdenken, ob dieser Frage nach der <Sprache> der Texte überhaupt die meist unterstellte große Bedeutung zukommt. Das Bild jedenfalls, sei es ein eher konkretes oder abstraktes Zeichen,[38] ermöglicht Erinnern und Planen, d.h. es befreit die geistigen Vorgänge oder das Denken von der Beschränkung auf (relativ) unmittelbares Reagieren.[39] Bild und Zeichen dienen also nicht allein, wie heute allgemein

---

[38] Aufgrund der bisherigen Erschließung der protoschriftlichen Dokumente geht man heute meist nicht mehr von einem rein piktographischen Ursprung der ersten Zeichen aus. Man nimmt an, daß eher <abstrakte> und eher <realistische> *calculi* nebeneinander auftreten können; vgl. M.A. Brandes, *Siegelabrollungen aus den archaischen Bauschichten in Uruk-Warka* (*FAOS* 3, Wiesbaden 1979), 39ff.; D. Schmandt-Besserat, *Before Writing* I, 210ff.; vgl. J. Friberg, *OLZ* 89 (1994), 477ff. Dagegen hat nun neuerdings R.K. Englund, in *Mesopotamien. Späturuk-Zeit und Frühdynastische Zeit*, 55 mit Anm. 104-106 Einspruch erhoben: Er hält Schmandt-Besserats u.a. Argumente für nicht überzeugend, sondern verweist vielmehr auf die “evolutionary view” der Schriftentwicklung, die von I.J. Gelb 1963 formuliert wurde; vgl. weiters J. Friberg, *OLZ* 89.

[39] Vgl. J. Goody, *The Domestication of the Savage Mind* (Cambridge 1977); Idem, *The Logic of Writing and the Organization of Society. Studies in Literacy, Family, Culture and the State* (Cambridge 1986), 77-82. Bezüglich eines Handelsmannes vom westafrikanischen Vai-Stamme bemerkt er ibid. 84: “Writing enabled him to reclassify not only for accounting but also for recall and conceptual clarification.”
Festzuhalten ist dabei, daß es bereits die Sprache ist, die ein erstes Verlassen rein situativer Handlungen ermöglicht, was z.B. bereits 1925 Cassirer dargestellt hat. Im Bereich der Altorientalistik hat G. Buccellati, “The Origin of Writing and the Beginning of History”, in G. Buccellati/C. Speroni (Hrsg.), *The Shape of the Past. Studies in Honor of Franklin D. Murphy* (Los Angeles 1981), ähnliche Überlegungen angestellt und er folgert (S. 7): “language is a mechanism designed to make it possible to represent as symbolically contiguous procedural steps which are not physically contiguous. ... However, it is an embodiment which is not permanent.” Und auf S. 10 fährt Buccellati fort: “Comparable only to language, in terms of previous cultural evolution, writing played a unique role in crystallizing consciousness.”
Anführen möchte ich noch eine Feststellung von T. Parsons, *Gesellschaften* (Frankfurt/M. 1981), 46f.: “Durch Schrift ist es möglich, den wichtigsten symbolischen Inhalten einer Kultur Formen zu verleihen, die unabhängig von den konkreten Kontexten der Interaktion sind. Dies ermöglicht eine ungemein größere und intensivere Diffusion – sowohl räumlich ... als auch zeitlich.” Festzuhalten ist dabei, daß dieses Phänomen bereits mit der Entwicklung einer <Schrift im weiteren Sinne> auftritt. Bei den sogenannten symbolhaltigen Bildzeichen überwiegen dabei Konnotationen aufgrund affektiver Attribuierung, die bei der fortschreitenden Schriftentwicklung zu Gunsten eines differenzierten Konventionalismus zurücktreten. – Anders formuliert: im Unterschied zu Handlungskontexten erleichtern schriftliche Kontexte die Isolierung und Kombinierung einzelner Elemente. Hier liegt nach meiner Auffassung einer der Gründe dafür, daß der handlungslogische Ansatz, wie ihn G. Dux in seinen Werken *Die Logik der Weltbilder* und *Die Zeit in der Geschichte*, 36-64 entwickelt hat, bereits in der pristinen Gesellschaft Mesopotamiens transzendiert werden *konnte*.

zugegeben wird, zur Informationsspeicherung,[40] sondern als <Mittel zum Erinnern>. Eine wichtige und schriftinhärente Folge dieser Befreiung ist nämlich eine erweiterte Möglichkeit der Modellbildung. So ist die Entwicklung von Bildsystemen unmittelbar gekoppelt an die zunehmende und sich verändernde Komplexität der Realitätsstrukturen z.B. in ökonomischer, sozialer und politischer Hinsicht, ja sie steht mit diesen in einem unauflösbaren dialektischen Verhältnis.[41] Das Verständnis für diesen grundlegenden Mechanismus erscheint zentral auch für den Umgang Mesopotamiens mit dem "vergangenen Geschehen".

1.4. *Der Ursprung der Uruk-zeitlichen Schrift.* – Der Ursprung der Schrift im Bereich der Wirtschaftsverwaltung gehört mittlerweile zu den anerkannten Thesen im Bereich der Altorientalistik. Die Option der Herausbildung der Schrift wird dabei zu Recht korreliert mit der zunehmenden Komplexität der wirtschaftlichen Abläufe. Jede Entstehung von Vorratswirtschaft[42] zeitigt einen Bedarf an Kontrolle der Einnahmen und Ausgaben, aber auch der Bestände.[43] Daraus ergibt sich nicht nur der Zwang, die Erträge von Feld und Fluß festzuhalten, sondern auch das unmittelbare Bedürfnis zur Planung. Bedarfskontrolle und Produktivitätskontrolle führen zur Heraus-

---

[40] Diese Auffassung findet sich allerdings noch immer fast ausschließlich in der modernen Sekundärliteratur. Vgl. z.B. J. Bottéro, *Mesopotamia: Writing, reasoning, and the Gods* (Chicago 1992), 70: "The fact that the Uruk tablets were located in the enclosure of the great temple of that city ... makes us think that this script was established mainly in order to memorize the numerous and complicated economic operations." Auch die Begriffe "Informationsspeicherung" und "Informationsverarbeitung" (vgl. H.J. Nissen/ P. Damerow/R.K. Englund, *Frühe Schrift*; bzw. H.J. Nissen, *Geschichte Altvorderasiens*, 150f.) sind zwar korrekt, nach meiner Ansicht eben um ein Gran zu "modern" resp. zu eng.

[41] Assmann, obwohl er sonst den auf die Zukunft gerichteten Aspekt von Geschichte und Schrift in anderem Zusammenhang erörtert, schreibt entsprechend: "Die orientalischen Schriften sind als Instrumente wirtschaftlicher Repräsentation und wirtschaftlicher Organisation entwickelt worden; sie sind untrennbar verbunden mit der Bürokratie, die sich ihrer bedient zur Verwaltung großer Herrschaftsbereiche. ... *Schreiben heißt soviel wie ordnen, planen, gliedern. Die Schrift ist hier in erster Linie ein Instrument organisierender Wirklichkeitsbewältigung* und herrschaftlicher Repräsentation. Was sie schreibt sind die Diskurse der Macht und der offiziellen Identität" (*Das kulturelle Gedächtnis*[2], 268 - Hervorhebung von mir).

[42] Diese Aussage scheint mir korrekt, wenngleich Nahrungsmittelbevorratung bereits bei den Jägern und Sammlern eine bedeutende Rolle gespielt hat. Vgl. z.B. P. Rowley-Conwy/M. Zvelebil, "Saving it for later: Storage by Prehistoric Hunter-Gatherers in Europe", in P. Halstead/P. O'Shea (Hrsg.), *Bad Year Economics: Cultural Responses to Risk and Uncertainty* (Cambridge 1989), 40-56.

[43] H.J. Nissen/P. Damerow/R.K. Englund, *Frühe Schrift*, 76ff.

bildung einer bürokratischen Kontroll- und Steuerungsinstanz. Die Planung, die modellhafte gedankliche Vorausnahme zukünftiger Verhältnisse oder Ereignisse, bezeichnet geradezu das Zentrum dieser Wirtschaftsform. Denn in dem Maße, wie bei der Bevorratung die individuelle Sphäre des einzelnen Haushalts[44] verlassen wird,[45] entsteht die Notwendigkeit, die für eine Planung notwendigen Informationen, die relevanten Tatsachen und Annahmen, aus ihrer zeitlichen und räumlichen Gebundenheit zu lösen.[46] Diese Informationen müssen festgehalten und übermittelt werden. Ziel sind also Verdauerung und Kommunikation.[47] Das Medium, mit dem dieses

---

44 Haushalt ist hier verstanden als <natürlicher> Haushalt, d.h. eine postulierte wirtschaftliche Einheit, die an die Familie gebunden ist. Die institutionellen Haushalte oder gar die Tempelhaushalte, die in der Assyriologie heute nach klassischer Analogie als *oikoi* bezeichnet werden, müssen davon unterschieden werden. Diese Unterscheidung, die kaum beachtet wird, ist im Zusammenhang der nachfolgenden Ausführungen von einiger Bedeutung. Denn die <familiale> Organisation dieser zentralen Institutionen als <Haushalte> oder *oikoi* in der ausgehenden frühdynastischen Zeit ist möglicherweise eine Neuerung.

45 Vgl. R.McC. Adams, *Heartland of Cities. Survey of Ancient Settlement and Land Use on the Central Floodplain of the Euphrates* (Chicago 1981). – Eine gute Illustration entsprechender Abläufe in einer kleineren Siedlung zur mittleren Uruk-Zeit bietet z.B. die Mikro-Studie von H.T. Wright/R.W. Redding/S. Pollock, “Monitoring interannual variability: An Example from the Period of Early State Development in Southwestern Iran”, in *Bad Year Economics*, 106-113 für das unweit von Susa gelegene Sharafabad. Auf S. 111f. notieren sie: “the evidence that domestic life was largely unaffected by agricultural difficulties, can be taken to indicate the existence of an authority which buffered the populace against disaster. ... We do not yet know whether the institution or institutions whose officials sent goods in bales and jars to Sharafabad and authorised the sealing of storehouses were temples, palaces, estates or something yet unknown: we can say, however, that interannual variability was the concern of a hierarchical organisation with the authority to control both the storage of products and the information about such storage.” Mit anderen Worten, es existierte eine zentrale Instanz verantwortlich für die Wirtschaftsplanung.

46 Vor allem die Rolle des Raumes, die Bewegung der Güter, die Bedeutung der Überwindung von Distanzen zwischen den verschiedenen Produktions- und Verwaltungseinheiten, steht bei zahlreichen neueren Arbeiten zur Wirtschaftsgeschichte und zur frühen Staatenbildung im Vordergrund; vgl. etwa R.McC. Adams, *The Evolution of Urban Society* (Chicago 1965); Idem, *Heartland of Cities*; Idem/H.J. Nissen, *The Uruk Countryside* (Chicago 1972); H.J. Nissen, “The Context of the Emerging of Writing in Mesopotamia and Iran”, in J. Curtis (Hrsg.), *Early Mesopotamia and Iran. Contact and Conflict 3500-1600 BC* (London 1993), 56ff.; B. Trigger, “Determinates of Urban Growth in Pre-Industrial Societies”, in P.J. Ucko/R. Tringham/G.W. Dimbleby (Hrsg.), *Man, Settlement, and Urbanism* (London 1972), 575-599; M.A. Zeder, *Feeding Cities* etc. – Interessant ist hier, daß im Epos “Enmerkar und der Herr von Aratta” die Schrifterfindung mit der Distanzüberwindung zwischen Uruk und Arratta in Zusammenhang gebracht wird. Vgl. a. die folgende Anm. und Anm. 30.

47 Es scheint nicht zufällig, daß das Epos die Schrifterfindung im Bereich der Nachrichtenübermittlung, d.h. des Briefes ansiedelt; vgl. S. Cohen, *Enmerkar*, 38f. Fast alle

Bedürfnis befriedigt wird, nennen wir Schrift im weiteren Sinne. In ihrer Folge zeigt sich eine zwar beabsichtigte aber in ihren Auswirkungen nicht vorhersehbare Erweiterung der Handlungsmöglichkeiten. Die Schrift erweitert die empirische Basis in nicht vorhersehbarem Umfang.

1.5. *Die Schriftelemente Bild und Zahl.* – Neben den *bullae* genannten gesiegelten Tonkugeln und deren Zusammenhang mit den darin enthaltenen Zählsteinen oder *calculi* ("tokens"), über die in den letzten Jahrzehnten eine interessante Literatur entstanden ist und auf die hier nicht näher eingegangen wird,[48] müssen die sog. <numerischen Tafeln> angeführt werden. Diese auch

---

frühen Dokumente entstanden im Bereich der von einem Absender einem Empfänger übermittelten Nachricht: so sind die Weihinschriften unmittelbar Nachricht des Stiftenden an die Gottheit, nur mittelbar Nachricht an spätere Generationen (vgl. J. Goodnick Westenholz, "Writing for Posterity: Naram-Sin and Enmerkar", in A.F. Rainey [Hrsg.], *kinattūtu ša dārâti. Raphael Kutscher Memorial Volume*, Tel Aviv 1993, 205-218; C. Wilcke, in *Archäologie und Geschichtsbewußtsein*, 42ff., besonders zu A.L. Oppenheim, *Ancient Mesopotamia. Portrait of a Dead Civilization*, Chicago 1964, 147; G. Jonker, *Topography of Remembrance*, 71ff.). Auch anscheinend reine Abrechnungsunterlagen im Wirtschaftsbereich unterliegen grundsätzlich einem vergleichbaren Zweck. Im Falle der Gattung der Briefanweisung (<letter order>), die die Übermittlung der Nachricht noch als Botenauftrag stilisiert, läßt sich der Übergang von mündlicher zu schriftlicher Nachrichtenübermittlung noch deutlich erkennen; vgl. B. Kienast/K. Volk, *Die sumerischen und akkadischen Briefe* (*FAOS* 19, Stuttgart 1995), 7-10. Nicht zufällig erscheint die Bevorzugung dieser Form in den sumerischen Briefen des mesopotamischen Südens. Es ist denn wohl auch der Ursprung im Bereich der Wirtschaftsverwaltung, der Bürokratie, die den vergleichsweise stereotypen Charakter der sumerischen Briefe von den akkadischen unterscheidet, welche geprägt sind von der persönlichen Verantwortung eines Beamten gegenüber seinem Auftraggeber; vgl. aber J. Goodnick Westenholz, "The World View of Sargonic Officials. Difference in Mentality Between Sumerians and Akkadians?", in M. Liverani (Hrsg.), *Akkad – The First World Empire. Structure, Ideology, Traditions* (*HANES* 5, Padua 1993), 157-169.
Beachte weiter die Feststellung von H.J. Nissen, *Geschichte Altvorderasiens*, 151, daß "unsere einstweiligen Kenntnisse vom Gebrauch früher Schrift es wenig wahrscheinlich sein lassen, daß es literarische, kultische oder historische Texte gab." (s. jetzt aber auch R.K. Englund, in *Mesopotamien. Späturuk-Zeit und Frühdynastische Zeit*, 99-102).
Entgegen der oft eher leichthin vorgenommenen Ausscheidung der <literarischen> Texte aus den <historischen Quellen> scheint gerade "Enmerkar und der Herr von Aratta" (anders Nissen, ibid.) ein gutes Beispiel dafür zu liefern, wie man unter Berücksichtigung der gattungsbedingten Besonderheiten eben doch wichtige Informationen aus den (späteren) literarischen Texten gewinnen kann: Informationsübermittlung ist nämlich nach diesem Text das funktionale Bedürfnis, aus dem heraus Schrift in Uruk "erfunden" wurde.

48 Vgl. zunächst P. Amiet, *Elam* (Paris 1966), 70f. mit Abb.: "Pièce de comptabilité archaique: Bulle sphérique et son contenu"; später dann S.J. Lieberman, "Of Clay Pebbles, Hollow Clay Balls, and Writing: A Sumerian View", *AJA* 84 (1980), 339-358; D. Schmandt-

außerhalb der Stadt Uruk im gesamten vorderasiatischen Raum verbreiteten Tontafeln weisen Eindrücke von Zahlzeichen auf. Tafeln dieser Art sind, wie zuletzt R.J. Matthews feststellte, überdurchschnittlich häufig gesiegelt.[49] Zwar stehen quantitative Aspekte bei wirtschaftlichen Abläufen an vorderer Stelle, das Festhalten von Zahlen allein jedoch ist in so hohem Maße kontextabhängig,[50] daß ihre Bedeutung selbst für den <Schreiber> bereits nach kurzer Zeit verloren zu gehen droht.[51] Das vielbeobachtete Zusammenfallen von Zahl und Gezähltem,[52] das sich noch in den altsumerischen Archiven nachweisen läßt, hat auf dieser Stufe der Schriftentwicklung deutliche praktische Vorteile.[53] In notwendiger und unmittelbar einsichtiger

---

Besserat, *Visible Language* 15, 321-344; Eadem, *Before Writing* (mit Bibliographie); H.J. Nissen, *Grundzüge einer Geschichte der Frühzeit des Vorderen Orients* (Darmstadt 1983), 94ff.; G. Algaze, *The Uruk World System. The dynamics of expansion of early Mesopotamian civilization* (Chicago 1993) (Fragen der Verbreitung); A. Le Brun/F. Vallat, "L'origine de l'écriture à Suse", *CDAFI* 8 (1978), 11-59; H.J. Nissen/P. Damerow/ R.K. Englund, *Frühe Schrift*; vgl. P. Kohl, "The 'World Economy' of West Asia in the Third Millennium B.C.", in *South Asian Archaeology 1977*; Idem, "The Use and Abuse of World Systems Theory: The Case of the 'Pristine' West Asian State", *Advances in Archaeological Method and Theory* 11 (1987), 1-35. S. ferner M.A. Brandes, *Siegelabrollungen*, 57; J. Goody, *The Logic of Writing*, 45ff. – Es mag von Bedeutung sein, daß die Verwendung von beschriebenen hohlen Bullae mit darin enthaltenen Zählsteinen noch in der Mitte des 2. Jahrtausends in Nuzi nachgewiesen ist (s. A.L. Oppenheim, "On an Operational Device in Mesopotamian Bureaucracy", *JNES* 18, 1959, 121-128).

49 R.J. Matthews, *Cities, Seals, and Writing* (*MSVO* 2, Berlin 1993), 26f.

50 J. Friberg, *Third Millennium Roots*; vgl. H.J. Nissen/P. Damerow/R.K. Englund, *Frühe Schrift*, 169ff.; J. Goody, *The Logic of Writing*, 54. Auch Nissen unterstrich die Bedeutung einer Trennung von Zahl und gezähltem Objekt als Voraussetzung für die Entwicklung der <babylonischen Mathematik>. S.a. J. Friberg, *OLZ* 89, 482ff. mit der Kritik an gegenteiligen Auffassungen von Schmandt-Besserat; s. ferner J. Goody, "On the Threshold to Literacy", in H. Steger/H.E. Wiegand (Hrsg.), *Handbücher zur Sprach- und Kommunikationswissenschaft* 10/1 (1994), 437: "the arithmetic table is a cognitive tool with which one can increase one's understanding of this world and participate in its activities".

51 Man könnte diese Funktion der Schrift als eher private Gedächtnisstütze (<aide-mémoire>) auch autokommunikativ nennen. Dabei handelt es sich aber wohl um einen Spezialfall der den Medien Bild und Schrift eigenen Funktion der Raum- und Zeitüberbrückung. J. Goody, *The Logic of Writing*, 83 formuliert so: "Writing is the ability to communicate not only with others but with oneself. A permanent record enables one to reread as well as record one's own thoughts and jottings."

52 J. Friberg, *Third Millennium Roots*; H.J. Nissen/P. Damerow/R.K. Englund, *Frühe Schrift*, 47f. S. a. oben Anm. 50. Vgl. ferner die Darlegungen von E. Cassirer, *Philosophie der symbolischen Formen* II, 184-212 über "Die sprachliche Entwicklung des Zahlbegriffs."

53 Man sollte dieses Zusammenfallen von Zahl und Gezähltem also nicht nur als einen Mangel, etwa im Hinblick auf die Abstraktionsfähigkeit, beschreiben. Die praktischen

Weise entsteht jedoch auch die Erfordernis, zusätzlich den Kontextzusammenhang dieser Zahlen zu vermerken, zunächst spezifizierte Objekte, auf einer entwickelteren Stufe dann die mit ihnen zu verbindenden Orte und Zeiten sowie die Transaktionsart und die verantwortlichen Institutionen.[54] Der bereits von den *bullae* bekannte Zusammenhang von Zahlzeichen und Siegelabrollung, den wir auch auf den frühen Tontafeln finden, erhält von daher seine funktionale Erklärung, selbst wenn wir bis heute aus den uns überkommenen Relikten die ursprünglichen Kontexte nicht vollständig rekonstruieren können. Der von R.J. Matthews u.a. unternommene Versuch, die Siegelungen auf den frühen Tontafeln als "Briefkopf" ("letter heading") zu deuten,[55] hat Konsequenzen: Die mögliche Deutung der Siegelabrollungen als Absenderangabe, etwa der ausgebenden Institution, zeigt,[56] daß

Vorteile liegen ebenso auf der Hand wie bei den vielfältigen und uns oft verwirrenden Maßsystemen.

[54] Vgl. M.A. Brandes, *Siegelabrollungen*, 97f.: Es "ist die Erwägung nicht ohne weiteres von der Hand zu weisen, warum Abteilungen, deren Aufgabe im Verbuchen, Ordnen und Aufbewahren eingegangener Lieferungen aus der Landwirtschaft, der Milchwirtschaft, der Viehzucht oder auch der Jagd und des Fischfangs bestand, nicht die entsprechenden Siegelszenen geführt haben sollten"; beachte auch die Zusammenstellung der Siegelthemen ibid. 95. – Beachte, daß auch hier lediglich von einer Einnahmekontrolle gesprochen wird. Mit anderen Worten, die Annahme, daß frühe <Schrift>-Formen nur fähig waren, Gegenstände festzuhalten (J. Bottéro, *Mesopotamia*, 76ff.; vgl. oben Anm. 40), scheint mir verkürzt und entsprechend zu modifizieren zu sein.

[55] R.J. Matthews, *Cities, Seals, and Writing*, 25. Beachte in diesem Zusammenhang, daß, soweit erkennbar, in Uruk wie in Ǧamdat Naṣr die Tafeln zuerst gesiegelt und danach beschriftet wurden. - Auch H. Pittman, "Towards an Understanding of the Role of Glyptic Imagery in the Administrative Systems of Proto-Literate Greater Mesopotamia", in *Archives Before Writing*, 190ff. insistiert auf der Verbindung von Siegel-Ikonographie und Text. Mir scheint es notwendig, die Siegeldarstellungen auch als <Schrift im weiteren Sinne> zu betrachten.

[56] Beachte, daß es zwischen den Originalsiegeln und den Siegelabrollungen auf Tontafeln keine erkennbaren ikonographischen Verbindungen gibt. Ich möchte vermuten, daß dies nicht allein einen Fundzufall darstellt, sondern vielmehr mit unterschiedlichen Siegelfunktionen, d.h. mit ihrem Einsatz in den verschiedenen Kontrollbereichen, zu verbinden ist. Mir scheinen darüber hinaus die GN- und FD I-zeitlichen *Abrollungen* oft in höherem Maße der Uruk-Tradition verhaftet zu sein als die gleichzeitigen Originalsiegel. [Den besten Überblick über den Diskussionsstand bezüglich dieser frühen Schriftformen bieten die von P. Ferioli et al. unter dem Titel *Archives Before Writing* 1994 herausgegebenen *Proceedings of the International Colloquium Oriolo Romano*, October 23-25, 1991.] M. Torcia Rigillo hat 1991 in ihrer Untersuchung "Sealing Systems on Uruk Doors" (*BaM* 22, 1991, 175-222) herausgearbeitet, daß im Bereich der Tempeladministration die Gebäude nur von wenigen höheren Beamten gesiegelt wurden. – M.A. Brandes, *Siegelabrollungen*, 97 stellte Überlegungen an, ob die ikonographischen Themenkreise nicht

bereits bei diesen frühesten Schriftzeugnissen Elemente der Planung eine hervorragende Rolle spielen.[57]

1.6. *Die wirtschaftlichen Transaktionen.* – Die durch die Schriftentwicklung zunehmend gegebene Möglichkeit, nebst Ausgabe- oder Zielort auch Handlungsabläufe durch Zeichen zu repräsentieren, verdrängt die Siegel aus ihrer primär-schriftlichen Funktion. Zeugnis hierfür ist die fast vollständige Abwesenheit von gesiegelten Tontafeln in der altsumerischen Zeit (FD IIIb).[58] Die Transaktionsformel ersetzt die Siegelabrollung.[59] Selbst die uns geradezu klassisch erscheinende Siegelung von Behältern entfällt; sie wird durch beschriftete Etiketten ersetzt.[60] Bekanntestes Beispiel für solche Etiketten sind die sogenannten 'Oliven' des Uru-inimgina. Bei ihnen allerdings handelt es sich um individualisierte Etiketten, die Weihegaben oder anderen Gütern zum Transport attachiert waren.[61] Die Funktion von

---

vielleicht mit sie benutzenden "Familien" korreliert werden können. Er verwirft diese These allerdings zugunsten der von ihm favorisierten Deutung der Kennzeichnung der Amtsbereiche in den einzelnen Wirtschaftssparten; vgl. Anm. 54. – Allerdings wissen wir über eine (mögliche) Gentilverfassung der Frühzeit heute fast nichts. Weiter müssen bei der wohl zu postulierenden <Vererbbarkeit> der wichtigeren (spezialisierteren) Berufe beide Thesen nicht unbedingt in Widerspruch zueinander stehen.

57 Es ist festzuhalten, daß dies nur eine der möglichen Siegelfunktionen auf Tontafeln beschreiben kann. Die Speichersiegelungen, die mit dem Ausklang der Uruk-Zeit deutlich zunehmen, haben natürlich ganz andere Funktionen; vgl. R. Dittman, "Seals, Sealings, and Tablets: Thoughts on the Changing Pattern of Administrative Control from the Late Uruk to the Proto-Elamite Period at Susa", in U. Finkbeiner/W. Röllig (Hrsg.), *Ǧamdat Naṣr – Period or Regional Style* (Wiesbaden 1986), 332ff. und vgl. zur Unterscheidung von "information-bearing sealings" und "commodity sealings, which prevented unauthorised consumption of goods" H.T. Wright/R.W. Redding/S. Pollock, in *Bad Year Economics*, 113. – Zur Siegelpraktik in der Ur III-Zeit vgl. P. Steinkeller, "Seal Practice in the Ur III Period", in McG. Gibson/R.D. Biggs (Hrsg.), *Seals and Sealing in the Ancient Near East* (*BiMes* 6, Malibu 1977), 41-53.

58 Notabene, nicht nur in den Girsu-Archiven, auch in den Fāra-Archiven fehlen gesiegelte Tontafeln. Die einzige mir bekannt gewordene gesiegelte Urkunde aus unserem Verwaltungsarchiv ist *AT* 1, zugleich die bisher einzige <Hüllentafel> aus unserem Corpus. Das Siegel nennt Verwendungszweck und/oder Datum (ein Nanše-Fest) und die Gruppe der Hōr-Fischer als Lieferanten; vgl. unten Anm. 125.

59 Auffällig bleibt, daß ikonographisch die Siegelabrollungen der Frühzeit nicht mit den Originalsiegeln aus diesen Epochen verbunden werden können; s. bereits Anm. 56.

60 Ein gutes Beispiel sind die sog. **pisaǧ-dub-ba** -Etiketten.

61 Die gleiche Funktion mag auch dem Siegel Ukg. 59 zugekommen sein. Seine Inschrift lautet: **^{d}nin-ǧír-su uru-inim-gi-na lugal-lagaš^{ki}** "(Für/im Auftrag des) Nin-Girsu;

Legitimation und Kontrolle bleibt den Siegeln aber erhalten. In dieser Aufgabe erscheinen Siegelabrollungen ab der Ur-III-Zeit dann wieder zunehmend auf Tontafeln. Siegel bestätigen nun vor allem die Authentizität von Dokumenten.[62] Sie ergänzen (oder ersetzen) somit in gewissem Umfang vormalige Zeugenlisten und repräsentieren neben Funktionsträgern immer häufiger Privatpersonen und deren <Unterschriften>.[63]

Es muß immer wieder beachtet werden, daß theoretisch ein ökonomischer Vorgang in folgende Schritte gegliedert werden kann, die sämtlich der bürokratischen Überwachung, d.h. der Kontrolle durch vorgeordnete Instanzen, unterliegen können:

1. Produktion(skontrolle): 2. Lagerung(skontrolle);
3. Verteilung(skontrolle); 4. Abrechnung(skontrolle).

Der Einsatz von <Schrift> - Siegel und Tontafel - ist in allen diesen Sphären denkbar und für die Stufen 2 und 3 bereits für die frühesten Textzeugnisse gesichert, für die anderen zumindest wahrscheinlich. Es ist evident, daß innerhalb dieses Kreislaufs die Planungselemente inhärent vorhanden sind, etwa bei der Bereitstellung von Saatgut im Übergang von einer Einnahme- zu einer Ausgabeliste. Der Mangel an in engerem Sinne schriftlichen Transaktionsbezeichnungen in den frühen Wirtschaftstexten ändert an dieser Grundstruktur des <schriftlichen> Wirtschaftsmanagements wenig. Studien zur physischen Beschaffenheit der Tafeln und zu den Textformularen, wie zur Ikonographie der Siegelabrollungen mögen zukünftig genauere Rekonstruktionen der wirtschaftlichen Abläufe ermöglichen.

1.7. *Die Lexikalischen Listen.* – Neben den reinen Verwaltungshilfen sind schon aus der Frühzeit zudem sogenannte lexikalische Listen bekannt.[64] Die entsprechenden Texte weisen über die gesamte Keilschriftüberlieferung

---

Uru-inimgina, König von Lagaš." Für den Text sind zwei Deutungen denkbar: 1. Es handelt sich um ein Weihesiegel, also ein Siegel, das aus einem ursprünglichen funktionalen Kontext herausgelöst worden ist. 2. Es erfüllte den Zweck, die Tonplomben von Güterlieferungen zu siegeln, und zwar entweder zur Kontrolle bei der Ausgabe oder bei der Verwahrung.

[62] Vgl. P. Steinkeller, in *Seals and Sealing.*

[63] R.J. Matthews, *Cities, Seals, and Writing*, 25, mit Verweis auf P. Steinkeller, in *Seals and Sealing*, notiert: "The sealing-writing sequence suggests a role substantially differing from that attested by the second millennium practices when seals were used on tablets as means of guaranteeing or witnessing transactions".

[64] Diese sind nicht gesiegelt; vgl. R.J. Matthews, *Cities, Seals, and Writing*, 28.

eine hohe Einheitlichkeit auf.[65] Wenn wir uns mit der Schriftentstehung beschäftigen, ist es unabdingbar, daß wir uns nach dem Entstehungszweck dieser thematisch und oft hierarchisch[66] aufgebauten Listen zur Uruk-Zeit fragen. Die unbestrittene Annahme, es handle sich hierbei um Lernhilfen bei der Schreiberausbildung,[67] scheint mir nicht ausreichend.[68] Zwar mag es unter (antiken) didaktischen Gesichtspunkten durchaus sinnvoll gewesen sein, die Einübung des ursprünglich etwa 1200 Zeichen umfassenden Keilschriftzeichenvorrates kontextabhängig zu vermitteln. Die Frage aber, welche Worte warum in welcher Anordnung in diesen Listen erfaßt wurden,

---

[65] Vgl. grundsätzlich A. Cavigneaux, "Lexikalische Listen", *RlA* 6 (1980-83), 609ff.; ferner R.K. Englund/H.J. Nissen, *Die lexikalischen Listen der archaischen Texte aus Uruk* (*ATU* 3, Berlin 1993); A. Deimel, *Die Inschriften von Fara II: Schultexte aus Fara* (*WVDOG* 43, Leipzig 1923); R.D. Biggs, *Inscriptions from Tell Abū Ṣalābīkh* (*OIP* 99, Chicago 1974); G. Pettinato, *Testi lessicali monolingui della Biblioteca L. 2769* (*MEE* III, Neapel 1981); Idem, *Testi lessicali bilingui della Biblioteca L. 2769* (*MEE* IV, Neapel 1982); weiter Th.J.M. Krispijn, "The Early Mesopotamian Lexical List and the Dawn of Linguistics", *JEOL* 32 (1991/92), 12ff.; G. Selz, "Über mesopotamische Herrschaftskonzepte. Zu den Ursprüngen mesopotamischer Herrscherideologie im 3. Jahrtausend", in M. Dietrich/ O. Loretz (Hrsg.), *dubsar anta-men. Studien zur Altorientalistik – Festschrift für Willem H.Ph. Römer* (*AOAT* 253, Münster 1998), bes. 294ff.

[66] So scheint etwa die <Berufsliste> die unterschiedlichsten Bezeichnungen entsprechend ihrer gesellschaftlichen Bedeutung anzuordnen. S. bereits H.J. Nissen, in *Early Mesopotamia and Iran*, 61f.; vgl. ferner Verf., in *dubsar anta-men*, 297ff.

[67] H.J. Nissen/P. Damerow/R.K. Englund, *Frühe Schrift*, 147ff.; Th.J.M. Krispijn, *JEOL* 32. – Vgl. B. Alster, *SP* I, 52 Sprichwort 2.38: "Ein Schreiber, der wirklich jeden einzelnen Eintrag (**mu**) kennt, seine <Hand>[-schrift] möge (auch noch) gut sein: (dann) ist er ein Schreiber!"

[68] Darauf hat bereits A. Westenholz, "An Essay on the Sumerian ‹Lexical› Texts of the Third Millennium", *OrNS* 54 (1985), 294-298 zurecht hingewiesen. Eine neuere Zusammenfassung der Uruk-zeitlichen Listen bietet R.K. Englund, in *Mesopotamien. Späturuk-Zeit und Frühdynastische Zeit*, 82-111, für die der Fara-Zeit s. M. Krebernik, ibid. 313-335. Besonders bedeutsam sind außerdem die Darlegungen von Th.J.M. Krispijn, *JEOL* 32. - Sicher ist D.O. Edzard zuzustimmen, wenn er feststellt: "Immerhin war jene älteste Schrift nicht nur Vehikel einer sich komplizierenden Verwaltung, sondern sie machte mit ihren lexikalischen Listen den allerersten Versuch in der Geistesgeschichte möglich, die Sachen, Namen und Begriffe unserer Welt beziehungsvoll anzuordnen und zu ordnen" (*ZA* 88, 1998, 150); allerdings dürfte die in den schriftlichen Zeugnissen widergespiegelte Ordnung sicher eine längere Tradition voraussetzen; s. bereits oben Anm. 40 und unten 1.7.1; vgl.a. H.J. Nissen, *Geschichte Altvorderasiens*, 151.
Andere Gelehrte beharren – wie mir scheint in wenig überzeugender Weise – auf der Abwesenheit dieser weltanschaulichen oder <ideologischen> Implikationen der frühen Schriftzeugnisse; vgl. z.B. J. Bottéro, *Mesopotamia*, 70: "In other words, Mesopotamian writing did apparently grow from the needs and necessities of the economy, and therefore any kind of religious or purely <intellectual> preoccupation seems to have been excluded from its origin."

läßt sich nach meinem Dafürhalten so nicht befriedigend beantworten. Aus der Uruk IV-III-Zeit kennen wir, vor allem aufgrund der Arbeiten von H.J. Nissen und R.K. Englund, die folgenden lexikalischen Listen (nach der Reihenfolge ihrer Publikation in R.K. Englund/H.J. Nissen, *Die lexikalischen Listen der archaischen Texte aus Uruk*, *ATU* 3, Berlin 1993): 1. Berufsliste; 2. Beamtenliste[69]; 3. Herdentierliste; 4. Fischliste; 5. Schweineliste[70]; Holz(geräte)liste; 6. <Tribut>-Liste; 7. Pflanzenliste; 8. Gefäßliste; 9. Metall(geräte)liste; 10. Getreideliste; 11. Städteliste; 12. Varia.

Es scheint von Interesse, daß die sog. <Tribut>-Liste nach R.K. Englund, in *Mesopotamien. Späturuk-Zeit und Frühdynastische Zeit*, 99ff. "contains the earliest work of written literature on earth". Sie beginnt mit einem zweimaligem **U4**, das er, wie ich meine überzeugend, als eine Art frühe mythologische Einleitung interpretiert. Hier läge demnach das älteste inschriftliche Zeugnis für jene <mythologische> Zeit vor.

1.7.1. *Gemeinsamkeiten von Listen und Urkunden.* – Wenn wir uns fragen, welche mögliche Funktion diese Listen im Rahmen der von uns skizzierten Grundfunktion von Schrift besitzen, so liegen mehrere Beobachtungen auf der Hand: 1. Diese Listen zeigen einen ausgeprägten Hang zur Spartenbildung oder zur Klassifikation. Sie sind damit u.a. ein frühes Zeugnis für die in der Keilschrift über Jahrtausende bewahrte Tendenz zu einer klassifikatorischen Gliederung der Wirklichkeit,[71] wie sie durch die Verwendung der Schrift-Determinative z.B. für Hölzer, Steine, Fische, Götter usw. bezeugt und durch die Perseveranz der Listenüberlieferung bestätigt wird.[72] – 2. Man erkennt zudem unschwer, daß die Zeichen- oder Symbolgruppen der Uruk-Listen die wichtigsten Bereiche der (etwa

---

69 Zu den ersten beiden Listen vgl. nun auch Verf., in *dubsar anta-men*, 294ff. (mit weiteren Literaturhinweisen).

70 Vgl. die Rez. von P. Steinkeller, *AfO* 42/43 (1995-1996), 212f., nach dem es sich eher um "a list of various types of laborers" handle und s. dazu die Antwort von R.K. Englund, in *Mesopotamien. Späturuk-Zeit und Frühdynastische Zeit*, 171f. Anm. 397.

71 Vgl. bereits B. Landsberger, "Die Eigenbegrifflichkeit der babylonischen Welt", *Islamica* 2 (1926), 355-372; W. von Soden, "Leistung und Grenze sumerischer und babylonischer Wissenschaft", *Die Welt als Geschichte* 2 (1936), 411-464 u. 509-557 bzw. *Libelli* 172 (Nachdruck, Darmstadt 1965), 21-133; speziell zu den Uruk-Listen I.J. Gelb, *A Study of Writing* (Chicago 1963), 62.

72 Diese Beständigkeit in der Überlieferung mag ihren *Ursprung* haben in der von J. Assmann, *Das kulturelle Gedächtnis*[2] 1992 so genannten <rituellen Kohärenz>, also jenem sinnstiftenden Wiederholungszwang "auf dem die *konnektive Struktur* einer Gesellschaft basiert" (ibid., 91); allerdings sind Texte in erheblich höherem Maße manipulierbar als Riten.

zeitgleichen) natürlichen, ökonomischen und sozialen Lebenswelt umfassen. Unabhängig aber von einem denkbaren Einsatz dieser Texte in der Ausbildung der Schreiber setzen diese Einteilungen eine *vorgängige gedankliche Vergewisserung*, ein weltanschauliches <System> voraus. – 3. Die Frage ihrer Lesbarkeit in einer individuellen Sprache erscheint dabei sekundär und war es möglicherweise tatsächlich.[73] Die Repräsentierung der Wirklichkeit durch das Bild im eigentlichen Sinne ebenso wie durch die Sprache haben also eine gemeinsame Wurzel:[74] Bild und Namen ermöglichen die geistige Vergegenwärtigung oder Abbildung der Wirklichkeit. Genau dies aber ist Voraussetzung für alles Erinnern und Planen, allzumal für jede wirtschaftliche Organisation. Die Konsequenzen aus diesen Überlegungen für die Bedeutung von Namen und Bild sind evident und im Bereich des Alten Orients allgegenwärtig. Die lexikalischen Listen unterscheiden sich also auf dieser Ebene der Betrachtung von den gleichzeitigen Verwaltungsurkunden nur insofern, als sie weniger unmittelbar einem Einzelzwecke unterworfen sind. Gemeinsame Grundlage aller frühen Schriftdokumente ist das Bedürfnis nach einer Abbildung der Wirklichkeit zur Optimierung menschlichen Handelns.[75] Es ist der der

---

[73] Vgl. ähnlich z.B. H.J. Nissen/P. Damerow/R.K. Englund, *Frühe Schrift*, 148ff. Es scheint, als dürfe man annehmen, daß in der Uruk-Zeit die Schrift, ähnlich wiederum den chinesischen Zeichen, weitgehend sprachungebunden gewesen ist. Die Wahrscheinlichkeit ist also groß, daß zu diesem Zeitpunkt die Texte in mehreren Sprachen 'gelesen' werden konnten. Wie ich der Literatur entnehme, scheinen die ersten phonetischen (sumerischen?) Lesungen in der GN-Zeit belegt, für die die Existenz von Allographen nachgewiesen ist. M.W. Green, "The Construction and Implementation of the Cuneiform Writing System", *Visible Language* 15 (1982), 368 Anm. 2 nennt: **KAŠ / KIŠ**, **LU / LÚ** und **SAḪAR / SUḪUR**, vgl. weiterhin Schreibungen wie ^{ú}**uga**^{mušen}, bzw. den PN **ad-da**; ibid S. 360; vgl. weiters Eadem/H.J. Nissen, *Zeichenliste der Archaischen Texte aus Uruk* (*ATU* 2, Berlin 1987), 18. Mit der (zunehmenden) Verwendung von Allographen setzt aber, wenn schon keine Sprachverwirrung, so doch eine Schriftverwirrung ein: Die Zunahme phonetischer Repräsentanz in der Schrift vermindert in gleichem Maße die Möglichkeit ihres Einsatzes als universales Kommunikationssystem.

[74] Psychologisch gesehen bedeutet diese gedankliche Repräsentanz wohl zweierlei: 1. Die Kombination einzelner Repräsentanten, handele es sich nun um eher bildliche oder sprachliche Elemente, ermöglicht die Schaffung neuer, wenn auch nicht von diesen Denkvoraussetzungen unabhängiger, Wirklichkeiten. [Vgl. hierzu von anthropologischer Seite H.J. Jerison, *Evolution of the Brain and Intelligence* (New York 1973); Idem, [Nachtrag], *Current Anthropology* 18 (1975), 403f.] 2. Die dem Willen unterworfene, also willkürliche Möglichkeit der Evozierung von Wirklichkeit in Sprache und Bild schafft den Eindruck, und oft gerade nur die Illusion, der Verfügbarkeit dieser Wirklichkeitselemente. Dies entspricht ziemlich genau dem psychischen Prozeß, den Piaget als Assimilation bezeichnet hat; vgl. C.R. Hallpike, *Die Grundlagen primitiven Denkens* (München 1990).

[75] Dies scheint nun ein ausschließlich praktischer Aspekt zu sein, der bei anderen frühen Schriftformen möglicherweise eine geringere Bedeutung hatte (vgl. J. Goody, *The Logic of*

Schrift inhärente Objektivierungscharakter, der uns hier interessiert. Die durch die Schrift geschaffene zweite <Realität> ist manipulierbar. Dies ist für alle Planung, für alle Bewältigung zukünftiger Aufgaben, von zentraler Bedeutung. Durch das Überwinden der natürlichen Raum-Zeit-Barrieren erfolgt zudem eine umfassende Erweiterung der Menge der empirischen Gegenstände.[76]

1.8. *Die Kontextabhängigkeit von Bild und Schrift.* – Gleichwie das Verständnis des Bildes bleibt auch jenes von Schrift (und Sprache) kontextabhängig; in unterschiedlichem Maße sind beide zudem polysem. Im besten Fall ist es die Redundanz der Informationen, die das Verständnis erleichtert. Mangelnde Berücksichtigung dieser Kontextabhängigkeit führt unweigerlich zu Mißverständnissen.[77] Das Unterfangen, diese Kontexte zu

---

Writing, 35ff.; J. Assmann, *Das kulturelle Gedächtnis*). Dabei ist festzuhalten, daß die Zirkulation bei diesen frühen Schriftformen als selbstverständliche Voraussetzung immer mitgedacht werden muß. Selbst die sumerischen Weihinschriften des 3. Jtsds. v. Chr. weisen zu dem Zeitpunkt, zu dem das schriftliche Formular voll ausgebildet erscheint, mit dem oft als *casus pendens* vorangestellten göttlichen Adressaten eindeutig auf die kommunikative Absicht dieser Texte hin.

76 Dies meine ich zunächst unter Voraussetzung eines modernen eher umgangssprachlichen Empiriebegriffs. Eine Untersuchung, die sich mit dem emischen mesopotamischen Konzept von <Erfahrung> befaßt, kann hier nicht erfolgen; ich hoffe diese an anderer Stelle vorzulegen; dem mesopotamische Konzept von <Zeit> kommt dabei hervorragende Bedeutung zu. Hier nur folgendes: Die uns geläufige Dichotomie zwischen natürlichen und sozialen Gegenständen ist dem mesopotamischen Denken weitestgehend fremd, da die Konstruktivität der sozialen Systeme kaum je reflektiert wurde. Von daher haben auch die Produkte der Gelehrsamkeit, die Schriftkultur, keinen grundsätzlich unterschiedenen (Realitäts-)Charakter; vgl. hierzu ferner J.J. Glassner, *Chroniques mésopotamiennes*, 32f.

77 Daraus folgt m.E., daß die Kennzeichnung früher Schriftformen als eine "non-textual" bzw. "non-syntactical" oder "decontextualized" Form des Schreibens strenggenommen eher einen *misnomer* darstellt; vgl. dazu J. Goody, *The Logic of Writing*, 54f. In unterschiedlichem Maße bleiben nichtinschriftliche 'Kontexte' immer kommunikationsrelevant. – Unbestritten bleibt dabei natürlich die These, daß der listenartige Telegrammstil der Urkunden, das ist der verschriftete Teil des Kontextes, wiederum auf die (gesprochene) Sprache zurückwirken kann, worauf Goody, im Anschluß an Baines Untersuchungen für Altägypten und Veenhofs Beobachtungen für Altassyrien, ibid. hinwies. - Allerdings ist die Annahme, daß Verwaltungsdokumente einen asyntaktischen Aufbau haben, nicht überall zutreffend. Ich habe mich in *AWAS*, S. 35-42, im Anschluß an mir freundlicherweise von C. Wilcke zu den altsumerischen Verwaltungsurkunden mitgeteilten Beobachtungen, mit dieser Frage beschäftigt. Auch wenn ich Wilckes Vorschlag, wonach ein (großer) Teil dieser Texte als (Ein-)Satzkonstruktionen mit mehrfacher Wiederholung von Gliedern der Nominalphrase zu verstehen seien, in dieser Ausprägung nicht folgen kann, so bleibt die unbestreitbare Tatsache, daß diese Verwaltungsdokumente in erheblich größerem Umfange

rekonstruieren, beschreibt Problem und unerreichbares Ziel aller Beschäftigung mit der Vergangenheit, auch der Beschäftigung mit den Verwaltungsurkunden. In dem Maße, in dem die Kontexte als verloren gelten müssen, bleibt das Material unverständlich.[78] Aber nicht alle Kontexte sind verloren, und wenn wir uns von dem Ziel verabschieden, in Erfahrung zu bringen, wie es nun <wirklich> gewesen sei, entthronen wir vielleicht das Faktum, aber wir gewinnen - mühsam - vielfältige Erkenntnisse. Der Verlust an Eindeutigkeit erweist sich unter Umständen als Gewinn. In der Auseinandersetzung mit den Relikten der Vergangenheit gewinnen wir, ganz im Sinne des Mottos von Huizinga, Geschichte als Modelle. Wir bestimmen unseren Standort, die Identität, aus der heraus Zukunftsgestaltung möglich wird.

2. *Vorratswirtschaft und Planwirtschaft.* – Wir haben oben einen engen Zusammenhang von Vorratswirtschaft und Schriftentstehung im weiteren Sinne behauptet. Wenn wir das Problem nun von der anderen Seite, d.h. von den existierenden Modellen zur Erklärung des Uruk-zeitlichen Befundes aus betrachten, so ist die These von einer in gewissem Umfange existierenden Zentralisierung des Wirtschaftens über jeden vernünftigen Zweifel erhaben: Vorratswirtschaft bedingt Zentralisierung. Zentrale Wirtschaftseinheiten führen aber zu der organisatorisch zu bewältigenden Aufgabe der Redistribution, wie umgekehrt eine redistributive Wirtschaftsform ohne Zentralisierung unmöglich scheint. Unter dem Begriff <redistributiv> verstehen wir also eine Organisation der Wirtschaft oder von Teilbereichen der Wirtschaft, wie etwa dem Ackerbau, in der Einnahmen und Ausgaben in gewissem Umfang zentral gesteuert werden. Voraussetzung und wiederum Folge einer solchen Wirtschaftsform ist aber die Vorratsbildung. Diese ist die ökonomische Vorbedingung zur Entwicklung einer Kultur vom urukäischen Typus.

2.1. *Redistribution und arbeitsteilige Gesellschaften.* – Ein wichtiges Element bei der Entstehung redistributiver Wirtschaftsformen sehe ich in der Herausbildung bestimmter Berufssparten oder, mit anderen Worten, im Aufkommen von haushaltsübergreifender Arbeitsteilung. "Güterakkumulation ist ... die Voraussetzung für die Entwicklung der spezialisierten

---

syntaktisch durchkomponiert sind, als dies bisher von den (meisten) Bearbeitern angenommen worden war.

[78] Dies begründete im Anschluß an G. van Driel Verf. näher in *Untersuchungen zur Götterwelt des altsumerischen Stadtstaates von Lagaš* (*OPSNK* 13, Philadelphia 1995), 11f. mit Anm. 58-61.

Berufe der Schreiber und/oder Verwaltungs- und Kontrollbeamten, deren Tätigkeit ja zu einem erheblichen Teil dem eigentlichen Produktionsprozeß entzogen ist".[79] Die der Vorratswirtschaft inhärente Eigendynamik zur Güterakkumulation ermöglicht also die Herausbildung von Verfügungs- und Kontrollgewalten, von Machtinstitutionen, in deren Folge die begonnene Zentralisierung weiter fortschreitet. Man kann also die sich herausbildende Macht "beschreiben als Resultante der Steuerung und Kontrolle der Bevorratung",[80] d.h. letztlich als Verfügungsgewalt über die akkumulierten Güter.[81] Hier setzt sich offensichtlich eine Entwicklung fort, die in der vorausgegangen 'Obēd-Zeit, der ältesten Kulturperiode Südmesopotamiens, zu ersten Hierarchisierungen oder zu vertikalen Differenzierungen geführt zu haben scheint.[82] Die verstärkte hierarchische Gesellschaftsgliederung zeugt nun zum einen von der Notwendigkeit der Erwirtschaftung von Überschüssen, zum anderen ist sie selbst ein Ausdruck für deren ungleiche Verteilung. Zentral durchzuführende Arbeiten und der damit einhergehende steigende Verwaltungsaufwand, also das, was wir mit dem modernen Begriff des <Management> meinen, wird jedoch insgesamt notwendigerweise zu einer Stärkung der Position des bürokratischen Apparates und seiner Leitung geführt haben, wie dies bereits Max Weber postulierte. Dadurch wurde die Abschöpfung erwirtschafteter Überschüsse erleichtert, sei es zur Vorratsbildung für Notzeiten, sei es zur Bezahlung von Spezialisten. Ein solches Management setzt Befehls- oder Machtstrukturen voraus.[83] Diese

---

[79] Verf., in *dubsar anta-men*, 289f.; vgl. R.McC. Adams, *Heartland of Cities*, 80; J. Goody, *The Logic of Writing*, 45; Idem, in *Handbücher zur Sprach- und Kommunikationswissenschaft* 10/1, 432-436; beachte auch M.A. Zeder, *Feeding Cities*, 12ff.

[80] Vgl. ibid., 13: "the ability of state-level administrative hierarchies to coordinate segregated sets of activities maximizes the productive potential of specialization."

[81] Verf., in *dubsar anta-men*, 290.

[82] R. Bernbeck bietet in seiner Dissertation *Die Auflösung der häuslichen Produktionsweise* (*BBVO* 14, Berlin 1994) ein ausgesprochen diskussionswürdiges Modell zur Beschreibung und Erklärung des Befundes zur 'Obēd-Zeit.

[83] Zu diesem Themenkomplex vgl. meine Ausführungen in *dubsar anta-men*, bes. 289ff. - Vgl. ähnlich M.A. Zeder, *Feeding Cities*, 13; K. Kristiansen, "Chiefdoms, States, and Systems of Social Evolution", in T. Earle (Hrsg.), *Chiefdoms: Power, Economy, and Ideology* (Cambridge), 20f. - T. Earle gibt und diskutiert ibid., 5ff. eine Liste von 10 Strategien für die Erwerbung und Aufrechterhaltung von Macht. Danach ist der ökonomische Aspekt von zentraler, wenn auch nicht von ausschließlicher Bedeutung. Allerdings spricht Earle von der "evolution of chiefdoms" und die Frage bleibt offen, was diese strukturell von den pristinen Staaten des Uruk-Typs unterscheidet. K. Kristiansen gibt op. cit. 21 folgende Antwort: "The centralized archaic state formalized the basic components of a developed bureaucracy to administrate production, trade, and religious activities. In its further development, both warfare for control of essential resources and commercialization of production for trade play important roles. In comparison with the decentralized stratified

wirken dann zurück auf die Auswahl dessen, was kommuniziert, was erinnert, und natürlich was und wie geplant wird. Hier liegen nach meiner Auffassung die Wurzeln jenes Phänomens, das nahezu alle unsere schriftlichen Quellen kennzeichnet: sie sind Zeugnisse des <Diskurses der Macht>. Anders ausgedrückt: Nicht nur die Ökonomie sondern auch die Identitätsstiftung und Zukunftsgestaltung können zunehmend monopolisiert werden.

2.2. *Verwaltungsurkunden als Planungsdokumente.* – Wie wir oben skizziert haben, verläuft die redistributive Wirtschaftsweise in drei grundsätzlich verschiedenen Transaktionsformen: Einnahmen, Ausgaben und Bestandskontrollen (Inventuren). Obwohl bei der Typologisierung der Materialien in den verschiedenen Epochen noch die verschiedenartigsten Probleme bestehen, so würde doch eine ausschließliche Interpretation der Urkunden als Abrechnungen und Quittungen *a priori* in jedem Falle zu gravierenden Mißverständnissen führen.[84] Eine solche Auffassung ließe sich zudem mit der These von einer redistributiven Wirtschaft kaum vereinbaren. Selbst wenn in einem Bereich nur Abrechnungen und Bestandskontrollen vorgenommen bzw. überliefert sein sollten, so verfolgen sie innerhalb dieser Wirtschaftsform einen auf die Zukunft gerichteten Zweck: sie sind Unterlagen für eine Planung. Über die Funktion der frühesten Verwaltungsdokumente innerhalb des wirtschaftlichen Planungsablaufs können wir heute noch kaum etwas ausmachen. Allerdings steht nunmehr, nicht zuletzt aufgrund der anschließend mitgeteilten Beobachtung am Material der altsumerischen Urkunden wie auch aufgrund früherer Vorarbeiten von Englund, Marzahn und dem Verfasser fest, daß in der jüngeren altsumerischen Epoche Produktions- und Verteilungsplanung im

---

society, the major difference lies in the centralized economy with its potential for sustaining a state apparatus and the ritualized genealogical structure of the ruling class." Dazu möchte ich ergänzend zwei Punkte anmerken: 1. für die Verhältnisse zur Uruk-Zeit ist eine hervorragende Bedeutung <genealogischer>, d.i. verwandtschaftlicher, Beziehungen in der herrschenden Schicht, nicht nachgewiesen. 2. Es ist nicht die zentralisierte Wirtschaft alleine, vielmehr die zentral geplante Ökonomie, die geplante und regulierte Abschöpfung der erwirtschafteten Überschüsse, mit der ich für Uruk die Staatsentstehung verbinden möchte.

84 Vgl. z.B. W. Boochs, *Die Finanzverwaltung im Altertum* (St. Augustin 1985), 62f. und den unbefriedigenden Deutungsversuch präsentisch-futurischer Verbalformen in den Urkunden durch Y. Rosengarten, *Le concept sumérien de consommation dans la vie économique et religieuse* (Paris 1960), 134 mit Anm. 5 und s. dazu Verf., *Untersuchungen zur Götterwelt des altsumerischen Staates Lagaš* (*OPSNK* 13, Philadelphia 1995), 2 mit Anm. 7.

administrativen Sektor einen gewichtigen Platz einnahmen.[85] Lediglich für die Sektoren der Ur III-Fischerei und nunmehr auch der Milchproduktion dieser Zeit liegen bisher umfassendere Studien zu den Verwaltungsabläufen vor.[86] Die Tatsache, daß wir im nachfolgend skizzierten, wesentlich älteren Material ebenfalls sichere Hinweise auf eine geplante Fischwirtschaft finden, weist - in Übereinstimmung mit dem Befund aus den Bereichen von Acker- und Gartenbau - darauf hin, daß die schriftliche Planung in Form von Lieferungsverpflichtungen bereits eine weit vor die Ur-III-Zeit zurückreichende Tradition besaß. Gleiches trifft auch für die Planung in der Milchproduktion zu.[87] Obzwar beim gegenwärtigen Forschungsstand einschlägige Beobachtungen aus den vor-altsumerischen Epochen weder zu erwarten sind noch mitgeteilt wurden, können wir für die Zukunft doch auf einschlägige Entdeckungen hoffen. Auch für das Material der Verwaltungsurkunden aus Ebla, das noch nicht abschließend beurteilt werden kann,[88] hat

---

[85] Vgl. ibid., 2; J. Marzahn, *Grundlagen der Getreideproduktion in Lagaš* (Berlin/Jena 1989), 9. Auf S. 28ff. und 86ff. bietet Marzahn wichtige Rekonstruktionen der Planungsabläufe beim Kultivierungszyklus bestimmter Felder.

[86] Dabei ist die von R.K. Englund, *Organisation und Verwaltung der Ur III-Fischerei* (*BBVO* 10, Berlin 1990) skizzierte Komplexität der Planungsstrukturen gerade im Bereich der Fischerei, in dem Steuerung und Planung nur eingeschränkt möglich scheinen, besonders bemerkenswert.

[87] Vgl. Idem, "Regulating Dairy Production in the Ur III Period", *OrNS* 64 (1995), 384-388. In der Reihe der Thesen, die Englund nennt, kommt dabei seinem Ansatz eines altsumerischen Sila von 1,5 Liter zentrale Bedeutung zu. Vgl. Verf., "3 Beobachtungen zur ‹Silbervase› des Entemena", *AuOr* 11 (1993), 107-111.
Den von ihm rekonstruierten Unterschied zwischen altsumerischen und neusumerischen Lieferungsverpflichtungen von Molkereiprodukten durch die Kuhhirten beschreibt R.K. Englund, *OrNS* 64, 388 folgendermaßen: "Assuming that the cows calve each year, this suggests that there may have been a crucial difference in the administration of dairy cattle in state herds in the Old Sumerian and neo-Sumerian periods: herders in pre-Sargonic Lagash served merely as employees of the state, delivering the full or at least a high proportion of the production of their herds to central administrators, whereas neo-Sumerian herders acted as contractors who assumed full responsibility for the cattle assigned them by the state; these herders ... held state capital in lease, compensated the state for use of the cattle with a yearly payment of a fixed fraction of available dairy production, and remained, at risk of personal loss, responsible".
Diese Beschreibung der neusumerischen Molkereiproduktion trifft, nach meiner Auffassung *mutatis mutandis* - und in Übereinstimmung mit dem, was wir in anderen Wirtschaftssektoren sehen - auch für die altsumerische Milchwirtschaft. [Bzw. umgekehrt, mir scheint bei Englund nur eine unterschiedliche Beschreibung der im wesentlichen gleichen Verhältnisse vorzuliegen.] Einen grundsätzlichen Unterschied zwischen dem neusumerischen und dem altsumerischen System der Milchlieferungen, halte ich nicht für wahrscheinlich.

[88] Einen guten Überblick über die wichtigsten Forschungsergebnisse bis 1990 bieten B. Kienast/H. Waetzoldt, "Zwölf Jahre Ebla: Versuch einer Bestandsaufnahme", *Eblaitica* 2

L. Milano - nach meiner Kenntnis als erster - in aller Kürze auf den Planungscharakter dieser Dokumente hingewiesen.[89] Allerdings zeichnen sich bereits zum gegenwärtigen Zeitpunkt sozio-ökonomische Unterschiede zum sumerischen Kernland im mesopotamischen Süden ab.[90] So scheint z.B. das eblaitische Transaktionsformular im Vergleich zum gleichzeitigen süd-mesopotamischen wenig entwickelt: "so verzeichnen die Verwaltungsurkunden aus Ebla zwar den Zu- oder Abgang von Sachen oder Produkten; Speicher- und Vorratshäuser oder die verantwortlichen <Beamten> zur Bezeichnung des zuständigen Bestimmungs- oder Ausgangsortes oder des zuständigen Haushaltes kommen ... nur in sehr wenigen Fällen vor".[91,92]

(1990), 31-77. Der neueste Forschungsstand wird im Überblick dokumentiert in P. Matthiae/F. Pinnock/G. Scandone-Matthiae (Hrsg.), *Ebla: Alle origini della civiltà urbana. Trent' anni di scavi in Siria del' Università di Roma 'La Sapienza'*" (Mailand 1995), 534-542 (mit umfassender Bibliographie).

89 L. Milano, "Food Rations at Ebla: A Preliminary Account on the Ration Lists Coming from the Ebla Palace Archive L. 2712", *M.A.R.I.* 5 (1987), 549 spricht von "two different kinds of accounting - balances and estimates".

90 Zunächst überwiegen sicher die Übereinstimmungen und zwar insofern, als <Vorratswirtschaft> bestimmte Voraussetzungen hat, wie sie z.B. R.McC. Adams, *Land behind Baghdad* (Chicago 1965) skizzierte. Dagegen muß die funktionale Umsetzung dieser Voraussetzungen und insbesondere die Ideologisierung der dazugehörenden Institutionen in Nord- und Südmesopotamien keinesfalls notwendigerweise parallel verlaufen sein. In der Beobachtung dieser Unterschiede, die noch zu wenig erforscht scheinen, liegt aber nach meiner Auffassung der Schlüssel zu einem besseren Verständnis der Entwicklungen in Mesopotamien; vgl. Verf., in *dubsar anta-men*.
Ein Befund, wie ihn G.M. Schwartz, "Rural Economic Specializations and Early Urbanization in the Khabur Valley, Syria", in G.M. Schwartz/S. E. Falconer (Hrsg.), *Archaeological Views from the Countryside: Village Communities in Early Complex Societies* (Washington/London 1994), 32 für Tell al-Raga'i formuliert, dürfte in seiner Allgemeinheit aber für die meisten vorderasiatischen Fundstätten im 3. Jahrtausend zutreffen: "At Raga'i and the other sites of the middle Khabur complex, there is good reason to believe that we are in possession of direct evidence of elite administered storage and procession of agricultural surplus", in der Tat "the economic foundation of complex societies".

91 J.-P. Grégoire/J. Renger, "Die Interdependenz der wirtschaftlichen und gesellschaftlich-politischen Strukturen von Ebla. Erwägungen zum System der Oikos-Wirtschaft in Ebla", in H. Hauptmann/H. Waetzoldt (Hrsg.), *Wirtschaft und Gesellschaft von Ebla* (*HSAO* 2, Heidelberg 1988), 217f. Beide Autoren scheinen also von einem eher <statischen> Konzept des Archivwesens auszugehen: "Zu- oder Abgang von Sachen und Produkten". Als Vergleichspunkt nennen sie denn auch nur die <bürokratische> Buchhaltung der Ur-III-Zeit.

92 Eine relativ geringe Größe des eblaitischen Verwaltungsumfangs für diese Beobachtungen namhaft zu machen, ist unzulässig. Nach einer Jahresabrechnung erhielten 150.000 bis 300.000 Menschen Gersterationen, eine Anzahl, die allenfalls vom

Sollte aber die Buchhaltung tatsächlich im beschriebenen Maße vom südmesopotamischen Usus abgewichen sein, so bleibt als Erklärung wohl nur, daß in Ebla die bürokratischen Planungs- und Kontrollinstanzen nicht in gleichem Ausmaß der Schriftform bedurften, da persönliche Loyalität an deren Stelle trat.[93] Einen guten Überblick über den Stand der Erforschung der Urkunden im Jahre 1990 bietet Milano in seinem Essay "Cibo e società nel regno di Ebla. Una valutazione d'insieme." 1996 faßt dieser Autor seine Ergebnisse wie folgt zusammen: "L'examen des structures de l'économie éblaite, comme des mécanismes comptables et administratifs du palais, témoignent de la forte empreinte d'une tradition institutionelle autonome opérant à différents niveaux de l'administration socio-économique: celle de la gestion de terre, des ressources alimentaires, du personnel ouvrier. (...) les rapports avec la tradition mésopotamienne - en ce qui concerne institutions et culture - sont très complexes et souvent contradictoires".[94]

3. *Beobachtungen an den altsumerischen Verwaltungsurkunden.*

3.1. *Archivalische Ordnungsversuche.* — Bisherige Ordnungsversuche

landwirtschaftlichen Potential der gesamten Ackerebene von Aleppo versorgt werden konnte. - A. Archi, "About the Organization of the Eblaite State", *SEb* 5 (1982), 182 und J.-P. Grégoire/J. Renger, in *Wirtschaft und Gesellschaft von Ebla*, 223f. haben auf den Text TM.75.G.1700 hingewiesen, den sie für eine Jahresabrechnung von Gersterationen halten. Vgl. weiter TM.75.G.1392 und den Kommentar zu diesem und verwandten Texten von J. Renger, "Überlegungen zur räumlichen Ausdehnung des Staates von Ebla an Hand der agrarischen und viehwirtschaftlichen Gegebenheiten", in L. Cagni (Hrsg.), *Ebla 1975-1985, dieci anni di studi linguistici e filologici. Atti del Convegno Internazionale (Napoli, 9-11 ottobre 1985) (Istituto Universitario Orientale - Dipartimento di Studi Asiatici, Series Minor* XXVII, Neapel 1987), 299 mit Anm. 12.

93 Man hat argumentiert, daß die Ausformung der eblaitischen Gesellschaft sich zum Teil als Weiterentwicklung des Konzepts lokaler und rivalisierender Häuptlingstümer verstehen läßt; s. G.M. Schwartz, "Before Ebla: Models of Pre-State Political Organization in Syria and Northern Mesopotamia", in G. Stein/M.S. Rothman (Hrsg.), *Chiefdoms and Early States in the Near East* (Madison 1994), 153-174. Zur Diskussion um das Konzept der <Häuptlingstümer> vgl. die Beiträge in *On the Evolution of Complex Societies*, in dem allerdings ein Aufsatz über die Anwendbarkeit dieses Modells für den Nahen Osten fehlt. Jedoch scheinen die gesellschaftlichen Entwicklungen in Mesopotamien *prima vista* eine auffallende Parallele zu haben in Griechenland beim Übergang von den Verhältnissen der mykenischen zur archaischen Zeit: Auch hier treten konstituierende Elemente der <Häuptlingstümer> erneut in den Vordergrund gesellschaftlicher Entwicklung (Y. Ferguson, "Chiefdoms to City States: The Greek Experience", in *On the Evolution of Complex Societies*, 169-192).

94 L. Milano, "Ébla: gestion des terres et gestion des ressources alimentaires", in J.-M. Durand (Hrsg.), *Amurru* I (Paris 1996), 147.

von Urkunden haben sich in der Vergangenheit überwiegend an den behandelten Realien orientiert.[95] Bestenfalls erkennbar wurde dadurch ein Betreffzusammenhang. In Einzelfällen wurde zudem versucht, innerhalb eines solchen Betreffzusammenhanges eine (chronologische) Serienbildung vorzunehmen.[96] Dieses für sachthematische Fragestellungen ohne Zweifel reizvolle Ordnungskriterium nach dem sogenannten Pertinenzprinzip stößt aber hinsichtlich anderer für die Wirschaftsabläufe und die Archivzusammenhänge wichtiger Fragestellungen bald an seine Grenzen. Grundlegend ist die chronologische Einordnung der Verwaltungsurkunden. Der Versuch der Serienbildung ist gleichzeitig unabdingbare Voraussetzung für jede zu erstellende Prosopographie. Auf der anderen Seite liefern prosopographische Einzelbeobachtungen für die Begründung der zeitlichen Einordnung einer Urkunde oft das bedeutsamste Argument - etwa die verschieden Amtszeiten der Offiziellen -; zugleich aber ist eine umfassende Prosopographie, soweit sie grundsätzlich möglich erscheint,[97] erst nach einer im großen und ganzen gesicherten Serienbildung denkbar. Beide Ordnungen müssen also Hand in Hand gehen. Neben einer umfassenden chronologischen Ordnung, der einfachen Serienbildung, treten zunehmend andere Gesichtspunkte der Anordnung der Urkunden in den Vordergrund.[98] Von besonderer Bedeutung ist dabei die Anordnung nach Transaktionen: Denn

---

95 Zur anfänglichen Materialgliederung ist dies natürlich oft unvermeidlich; vgl. z.B. die Darstellungen der Gliederungen des Materials der Fāra-Urkunden von A. Deimel und G. Visicato im Überblick bei M. Krebernik, "Die Texte aus Fāra und Tell Abū Ṣalābīḫ", in *Mesopotamien. Späturuk-Zeit und Frühdynastische Zeit*, 306-312; und beachte insbesondere das Fortschreiten von einer reinen Gliederung nach Realien zur Rekonstruktion von Archivzusammenhängen und Verwaltungsstrukturen ibid., 311f.

96 Damit sind im wesentlichen die Gesichtspunkte beschrieben, nach denen A. Deimel in den verschiedenen Bänden der Zeitschrift *Orientalia* 1 (1920) bis 43/44 (1929) und in *AnOr* 2 (1931) die Texte in seiner Erstumschrift vorstellte. Die Anordnung des Materials ist aber in weiten Teilen zufällig. Trotzdem kann eine inhaltliche Ordnung der Urkunden oft interessante Erkenntnisse bieten und mag in manchen Punkten einer typologisch-chronologischen Reihung vorzuziehen sein. Dabei sind offensichtlich die zugrundeliegenden Erkenntnisziele ganz unterschiedlich. Eine Anordnung des Materials, die allen Anforderungen genügt, ist (noch) nicht möglich.

97 Für die Fāra-Texte hat F. Pomponio dies versucht; vgl. Idem, "‹Archives› and Prosopography of Fara", *ASJ* 5 (1983), 127-145 und *La prosopografia dei testi presargonici di Fara* (*StSemNS* 3, Rom 1987). Damit haben wir, trotz beträchtlicher Unzulänglichkeiten, für diese Texte ein nützliches Werkzeug. Struves altsumerisches Namensbuch (*Onomastika rannedinastičėskogo Lagasa*, Moskau 1984) dagegen kann allenfalls ein Hilfsmittel für prosopographische Einzeluntersuchungen darstellen.

98 In der Geschichte der Archivkunde lassen sich interessanterweise ähnliche Verlagerungen des Interesses beobachten; vgl. E.G. Franz, *Einführung in die Archivkunde* (3. Aufl., Darmstadt 1989), 51ff.

die Bestimmung der einzelnen Urkunde als Ausgabevermerk, Eingangsvermerk oder als reine Bestandsaufnahme muß dabei am Anfang jeder wirtschaftsgeschichtlichen Beschreibung unserer Quellen stehen.[99] Diese Untergliederungen bereits erweisen die Funktion der dokumentierenden Behörde: Die Verwaltung plant und organisiert die Redistribution. Die besondere Relevanz dieser Distributionsanweisungen liegt auf der Hand[100] und inzwischen dürfte sie allgemein anerkannt sein. Bislang mangelt es aber an einer über Einzelfallstudien hinausgehenden systema-tischen Beschreibung solcher Vorgänge in einem frühen Archiv. Ursache sind einesteils die chronologischen, aber auch sprachlichen Probleme der Urkunden, andererseits fehlt eine Zusammenstellung, vergleichbar etwa den Bestandsübersichten oder Findbüchern moderner Archive. In besonderem Maße scheint für die altsumerischen Urkunden aus Lagaš-Girsu eine solche Zusammenstellung theoretisch möglich und sinnvoll und zwar aufgrund ihrer archivalischen Kohärenz, ihrer Geschlossenheit hinsichtlich Provenienz und zeitlicher Ausdehnung. Entsprechende Arbeiten habe ich zum gegenwärtigen Zeitpunkt allerdings noch nicht abgeschlossen.

Im nachfolgenden versuche ich an einigen Beispielen aus dem altsumerischen Urkundenmaterial zu zeigen, inwieweit im System der Ökonomie das vergangene Geschehen mit der Absicht einer Verbesserung der Zukunftsgestaltung schriftlich festgehalten wird. In den Texttypen über Lieferungsverpflichtungen und Distributionsanweisungen wird die Bedeutung der zeitlichen Konzepte am augenfälligsten. Allerdings - und dies ist in unserem Zusammenhang von einiger Bedeutung - muß bezweifelt werden, daß die Verwaltungsdokumente, wohl mit Ausnahme der sog. Rechtsurkunden, überhaupt entstanden sind mit dem Ziel der Aufbewahrung für eine längere Zeit. Es handelt sich wohl - nach moderner Terminologie - ganz überwiegend eher um Kanzlei- als um Registraturschriftgut.[101]

3.2. Ganz am Anfang einschlägiger Beobachtungen zur Rolle unserer Dokumente in der Zeit sollte die bemerkenswerte Tatsache stehen, daß verschiedene Dokumente *innerhalb der Zeit* manipuliert werden konnten. Dies geschah ganz offensichtlich aus dem Bedürfnis heraus, einzelne schriftliche Dokumente der sich verändernden Gegenwart anzupassen.

---

[99] Entsprechend habe ich meinen Bearbeitungen der altsumerischen Verwaltungstexte neben einem Katalog und einer chronologischen Anordnung auch eine nach diesen Prinzipien entwickelte typologische Gliederung beigefügt; vgl. *AWEL*, S. 39ff., *AWAS*, S. 61ff. und *AWAB* (demnächst).

[100] Vgl. Verf., *Untersuchungen*, 2 und 77; Idem, *AWEL*, S. 18f.

[101] Vgl. E.G. Franz, *Einführung in die Archivkunde*, 7.

3.2.1. *Manipulationen an Tontafeln die äußere Form betreffend.* – Die Reihenfolge der Beschriftung der Tontafel ist manchmal bereits ein diskontinuierlicher Vorgang innerhalb der Zeit. Zu erwähnen wäre hier nicht nur, daß eine Tontafel *vor* der Beschriftung gesiegelt werden konnte, sondern auch die Tatsache, daß einzelne Textabschnitte zu unterschiedlichen Zeitpunkten hinzugefügt wurden, bzw. daß Teile des Formulars überhaupt nicht geschrieben wurden. In den altsumerischen Verwaltungsarchiven läßt sich zudem beobachten, daß die Zahl- und Maßangaben nicht selten erst nachträglich eingefügt wurden, d.h. sie wurden hinzugefügt, nachdem der übrige listenartige Text bereits vollständig geschrieben war. Bekannt ist die Tatsache der unterschiedlichen Notationsform der Zahlzeichen: Neben der üblichen Notierung mit den stumpfen Griffelenden finden sich auch keilförmige Zahlzeichen, die mit der Griffelspitze geschrieben wurden. Gelegentlich werden diese durch runde Zahlzeichen *überschrieben*. Andererseits kann die Verwendung der diversen Zahlenschreibungen ganz Verschiedenes ausdrücken: Bei den kleineren Hohlmaßen **kúr** (**PAP**) und **silà** etwa werden die Keilschriftzahlen regelmäßig verwendet, sie gehören zum Maßsystem und stellen keine Manipulationen dar. Dies gilt auch für die kleineren Einheiten von Längen- und Flächenmaßen. Keilschriftzahlen geben also einen Ersteindruck von den verwendeten Maßgrößen. In ähnlicher Absicht werden in anderen Fällen unterschiedliche Angaben verschieden notiert: So wird etwa bei den Wollrationenlisten manchmal der Wollbetrag mit Keilschriftzahlen, die Empfängeranzahl mit <runden> Zahlen angegeben.[102] Ebenso wird die Tieranzahl bei den Getreidelieferungen zur Tierfütterung mit Keilschriftzahlen notiert, um sie von den mit dem runden Griffelende vermerkten Getreidemengen graphisch abzusetzen. Von besonderem Interesse ist hier die seit längerem bekannte Tatsache, daß in den Gerstelohnlisten (vgl. die Typen I-A-1. bis I-A-4.)[103] die Zuteilungen für einige wenige Empfänger ebenfalls mit keilförmigen Zeichen geschrieben werden. Allerdings besteht über die zugrundeliegende buchhaltungstechnische Absicht bis jetzt noch keine Gewißheit. Man kann nur vermuten, daß diese Rationen aus irgendeinem Grunde nicht ausgegeben wurden. Welche Gründe dies hatte und welche Auswirkungen innerhalb des Verteilungsapparates damit möglicherweise verbunden waren, läßt sich derzeit noch nicht feststellen.

---

[102] Vgl. *VS* 27, 96 = *AWAB* Nr. 40; beachte jedoch *VS* 27, 90 = *AWAB* Nr. 39!

[103] Ich verwende im nachfolgenden die typologischen Kürzel, wie ich sie in meinen Editionen aufgeschlüsselt habe; vgl. oben Anm. 99.

3.2.2. Weiters findet sich in den Urkunden nicht selten *der Archivvermerk* **kúr** oder **PAP**[104], den man wohl zu Recht mit unserem <Abhaken> verglichen hat.[105] Es scheint sich abzuzeichnen, daß dieses <Abhaken> diejenigen Güter markierte, mit denen eine bei der Urkundenerstellung zunächst nur geplante Transaktion schließlich vollzogen wurde.[106]

3.2.3. *Beschädigungen und <Tilgungsausbrüche>.* – J. Marzahn hat, auch in Gesprächen mit dem Verf., mehrfach auf offenkundig absichtliche Beschädigungen mancher Tafeln hingewiesen, eine umfassende Dokumentation dieses archivarischen Prozesses wird er demnächst vorlegen. So stellte er z.B. die Frage, ob die auffällige Tatsache, daß oft die linke obere Tafelecke[107] beschädigt ist, nicht etwa auf einer archivarischen Absicht beruhen könnte. Wollte man die Tafeln damit <ungültig> machen, d.h. kennzeichnen, daß ihre Funktion im Planungs- oder Verteilungskreislauf abgeschlossen war? Sicherer erscheinen mir seine zahlreichen Hinweise, die er in den Katalogen zu *VS* 25 und *VS* 27 auf die von ihm so genannten <Tilgungsausbrüche> gibt. Zwar mag auch hier im Einzelfalle unklar bleiben, ob wirklich eine beabsichtigte antike Beschädigung vorliegt, jedoch kann bei der Vielzahl der, soweit ich sehe, erstmals von J. Marzahn systematisch beobachteten Art dieser Ausbrüche kein Zweifel mehr daran bestehen, daß damit eine archivarische Absicht verbunden war.[108] Rein äußerlich ließen sich diese <Tilgungsausbrüche> als Spezialfall von Rasuren verstehen, und im Einzelfall besteht auch nur ein gradueller Unterschied in der <Grobheit> der vorgenommenen Tilgung.[109] Allerdings war bei den <Ausbrüchen> eine Wiederbeschriftung der Tafel in jedem Fall ausgeschlossen. Der Text *VS* 25, 1 = *AWAB* Nr. 33 ist für die Funktion dieser Tilgungsausbrüche von besonderer Bedeutung. Da es sich hier wahrschein-

---

[104] Dieser Archivvermerk hat natürlich nichts mit dem gleich geschriebenen Hohlmaß zu tun, das etwa einem "Doppelliter" entspricht.

[105] Vgl. Verf., *AWAS*, S. 186; vgl. *AWEL*, S. 208 und 509, beachte besonders die Texte *VS* 25, 72 = *AWAB* Nr. 75 und *VS* 25, 16 = *AWAB* Nr. 137.

[106] Vgl. z.B. *VS* 25, 72 = *AWAB* Nr. 75, und dazu demnächst den Kommentar in *AWAB*.

[107] Nach moderner, nicht antiker, Lese-Schreibrichtung.

[108] Gemeinsame Museumsstudien mit J. Marzahn im Vorderasiatischen Museum zu Berlin und im Louvre bestärkten mich in dieser Überzeugung.

[109] Nach meinem Augenschein finden sich unter den Berliner Verwaltungsurkunden mit Sicherheit bei folgenden Tafeln <echte> Tilgungsausbrüche: *VS* 25, 11 = *AWAB* Nr. 3 (I-A-2.); *VS* 25, 14 = 6 (I-A-4.); *VS* 27, 4 = 12 (I-B-2.); *VS* 27, 33 = 23 (I-D-2.); *VS* 25, 1 = 33 (I-F-7.); *VS* 27, 9 = 57 (I-K-4.); *VS* 25, 35 = 117 (II-E-3.); *VS* 25, 64 = 158 (III-B-5.); *VS* 27, 47 = 159 (III-B-5.); zu den typologischen Kürzeln vgl. die Seitenangaben oben Anm. 99.

lich um ein Verzeichnis von Getreidedarlehen handelt, wird man annehmen dürfen, daß die ausgebrochenen Beträge in irgendeiner Form zurückgezahlt wurden. Diese Auffassung wird gestützt durch den Text *VS* 25, 35 = *AWAB* Nr. 117, der über Ablieferung von Fischabgaben handelt und die noch ausstehenden Fische notiert. Auch bei *VS* 25, 64 = *AWAB* Nr. 158 und *VS* 27, 47 = 159, zwei Texten über Kleinviehinspektionen, ist ein Zusammenhang der Tilgungsausbrüche mit den Lieferungsverpflichtungen durchaus wahrscheinlich. Dabei wird bei der Textsorte der Lieferungsverpflichtungen, der schriftlichen Festsetzung und der kontenmäßigen Erfassung zu erbringender Leistungen einzelner Berufsgruppen die Bedeutung des Faktors Zeit besonders deutlich.

3.2.4. Auf die mit diesen Lieferungsverpflichtungen einhergehende Terminologie der <Kontenführung>, d.h. des über längere Zeiträume berechneten <Solls> und <Habens> von Gütern und Leistungen kann hier nur kurz eingegangen werden. Zu erwähnen sind die Archivvermerke: **dub-bi e-da/PI-bal** bzw. **gú-na/-ne-ne-a g̃ar**, die häufig gemeinsam in den **lá-a**-Texten, den Texten über Außenstände, erscheinen. Ein Resümee der Interpretationsvorschläge des ersten Ausdrucks habe ich an anderer Stelle gegeben.[110] Nach meiner Auffassung bezieht sich **dub** "Tafel" aller Wahrscheinlichkeit nach auf die jeweils den Text tragende Urkunde, und so möchte ich, entsprechend einer Anregung von C. Wilcke, den Ausdruck übersetzen als "Er hat ihm/ihnen die (Schuld)tafel darüber[, d.h. über die "angehängten, angelasteten" (= **lá**) "Außenstände" (= **lá-a**)] ausgefertigt". Entsprechend bedeutet der zweite Vermerk: "auf sein/ihr Sollkonto hat er es ihm/ihnen gesetzt" und meint inhaltlich einen Eintrag im Debet der Buchhaltung. Verzeichnisse von Außenständen sind für ganz unterschiedliche Objekte bekannt geworden. Ich habe sie in meinen bisherigen Bearbeitungen unter dem Typ III-D eingeordnet, da die einschlägigen Urkunden als Kontrolle der Fehlbestände aufgefaßt werden können.[111] Diese Außenstände ergeben sich im allgemeinen aus der Nichterfüllung von Lieferungsverpflichtungen, die als Abgabeverpflichtungen von der zentralen Verwaltung vorgegeben werden. Dabei waren diese Lieferungsverpflichtungen offensichtlich mit nur temporär übertragenem Besitz von dem den zentralen

---

[110] In *AWAS*, S. 403; vgl. demnächst auch die Einleitung zu *AWAB*.

[111] In *AWEL* (vgl. S. 43) finden sich Texte über Außenstände an Barduba-Zahlungen, an Hanf, Sahne und Käse sowie Schafe. *AWAS* (vgl. S. 63) verzeichnet Außenstände an Gerste und Emmer bzw. Feldgerät. In *AWAB* werden unter Typ III-D die Texte mit Außenständen an Gerste und Gerstenmehl, Kleinvieh und Schafvliesen aufgeführt. – Von Außenständen an Gerste und Emmer handelt *AWAS* Nr. 45. [*AWAS* Nr. 85 mit den Außenständen an Feldgerät sollte entsprechend in *AWAS*, S. 63 gesondert verzeichnet werden.]

Institutionen gehörenden Eigentum (z.B. Viehherden) verbunden. Wirtschaftlich macht dieser Vorgang wohl nur dann Sinn, wenn wir annehmen dürfen, daß ein Teil der Erträge in das Eigentum der Abgabenpflichtigen zum persönlichen Gebrauch überwechseln konnte, d.h. daß nicht der ganze Ertrag abzuliefern war. Diese festgesetzten Lieferungsverpflichtungen gab es aber auch z.B. für die Fischerei, wie z.B. bei den Texten *VS* 25, 35 = *AWAB* Nr. 117 bis *VS* 27, 60 = *AWAB* 140[112] deutlich wird und deren Funktion und Existenz in der Ur-III-Zeit Englund 1990 beschrieben hat. Offenkundig ergeben sich solche Verpflichtungen einfach aus den übertragenen Nutzungsrechten, wie es für den Bereich der Weiderechte z.B. Steinkeller 1981 zeigte.[113]

4. *Einige Beispiele für die Bedeutung der Planung aus unterschiedlichen Sektoren der altsumerischen Ökonomie.*

4.1. *Ackerbau:* Die wirtschaftliche Basis Südmesopotamiens beruht zu einem hervorragenden Teil auf dem Getreideanbau.[114] Das Management der Felder selbst ist außerordentlich komplex. Dies hängt zum einen mit der Einteilung des Ackerlandes in verschiedene Verwaltungskategorien zusammen, deren Bedeutung sich zudem möglicherweise im Laufe der frühgeschichtlichen Entwicklung veränderte, vom Einfluß regional unterschiedlicher Traditionen ganz zu schweigen. Auf der anderen Seite

---

112 Die weiteren Texte sind *VS* 27, 56 = *AWAB* Nr. 118; *VS* 25, 50 = 119; *VS* 27, 58 = 120; *VS* 25, 107 = 121; *VS* 25, 42 = 122; *VS* 27, 84 = 123; *VS* 27, 91 = 124; *VS* 27, 52 = 125; *VS* 27, 38 = 126; *VS* 25, 52 = 127; *VS* 25, 47 = 128; *VS* 25, 53 = 129; *VS* 27, 40 = 130; *VS* 27, 51 = 131; *VS* 25, 29 = 132; *VS* 27, 53 = 133; *VS* 27, 94 = 134; *VS* 25, 28 = 135; *VS* 25, 17 = 136; *VS* 25, 16 = 137; VS 25, 62 = 138 und *VS* 27, 20 = 139.

113 Ohne Zweifel haben wir in solchen Verpflichtungen die Ursprünge eines staatlichen Abgaben- oder Steuersystems vor uns. Ein weiterer Punkt verdient hier allerdings Beachtung: Da diese Lieferungsverpflichtungen, wie bereits erwähnt, nur Sinn machen, wenn ein Teil der Erträge als privater Profit abgeschöpft werden konnte, haben wir hier vermutlich jene ökonomische Bruchstelle vor uns, von der ausgehend sich zunehmend ein privater Sektor des Wirtschaftens entwickeln konnte. Über die (prozentuale) Aufteilung der Erträge zwischen Lieferungsverpflichtung und direktem privatem Nutzen lassen sich derzeit aus unserem Material noch keinerlei Erkenntnisse gewinnen. Wir halten an dieser Stelle fest, daß die altsumerische Wirtschaftsorganisation, wie zentralisiert sie auch immer gewesen sein mag, sich offensichtlich auch des individuellen Gewinnstrebens zur Verbesserung ihrer Erträge bediente.

114 Hierbei handelt es sich um einen allgemein akzeptierten Befund. Wir verweisen aber in diesem Zusammenhang auf zwei Punkte: Zum einen ist die klimabedingte Abhängigkeit von künstlicher Bewässerung für jeglichen umfangreicheren Getreideanbau in Erinnerung zu rufen. Zum anderen scheint mir die Bedeutung der natürlichen Ressourcen, allzumal des Fischfangs, heute zu gering veranschlagt.

spiegeln sich die Probleme der Vermessung, Brache und Neubruch, der Bewässerung und der Versalzung, des Fruchtwechsels wie auch der Maßnahmen zur Bodenbearbeitung in den Texten, ohne daß wir bis heute in jedem Fall ein sicheres Verständnis der Originaldokumente haben erzielen können.[115] Mit der eigentlichen Feldervermessung befassen sich z. B. die Texte *VS* 25, 61 = *AWAB* Nr. 175; *VS* 25, 21 = 176; *VS* 25, 86 = 177 und *VS* 25, 79 = 178. Diese Urkunden sind, trotz des abweichenden Transaktionsformulars, in manchen Fällen nur schwer abzugrenzen von den Texten über Landvergabe, sei es von solchen über die Übernahme von Feldparzellen (**dab$_5$**) oder über die Felderzuweisung (**sum**). Dabei scheint es mir aufgrund der Texte *VS* 25, 39 = *AWAB* Nr. 66 und *VS* 25, 26 = 69, Wengler 1 = 70 und *VS* 25, 40 = 71 möglich, daß - ganz unabhängig von der Organisation der Bestellung - Nutzungsrechte in Form von Ernterechten vergeben wurden. Sollte sich diese These bestätigen lassen, so würde sich das Bild der Landbewirtschaftung im altsumerischen Lagaš weiter komplizieren. Damit mag auch der Befund zu verbinden sein, daß sich trotz der im gesamten Corpus unserer Urkunden so reichlich dokumentierten Bedeutung der Getreidewirtschaft nur eine relativ kleine Zahl von Dokumenten mit den <Außenständen> in diesem Wirtschaftssektor befaßt.[116] Dies steht in scharfem Kontrast zu dem Umfang, mit dem einschlägige Texte z.B. die <Außenstände> der Fischerei dokumentieren; vgl. unten 4.6. Für diesen Befund kann man kaum Überlieferungszufälle verantwortlich machen: "Näher liegt die Vermutung, daß nur ein Teil der Getreidewirtschaft nach dem in Fischerei, Baum- und Gemüse- sowie der Vieh- und Milchwirtschaft belegten Modell einer mit Lieferungsverpflichtungen arbeitenden Planwirtschaft strukturiert war."[117] Sollte sich dies in Zukunft erhärten, so läge die Frage auf der Hand, ob sich dieser Befund mit den bei den Feldern bezeugten verschiedenen Landverwaltungsklassen, **níg̃-en-na-** , **pař-** und **apin-lá** -Land, korrelieren ließe.

4.2. *Zwiebelanbau:* Dem Anbau von Knoblauch und unterschiedlichen Zwiebelsorten kam im alten Mesopotamien hervorragende Bedeutung zu. Im Verbund mit Zwiebeln wurden, nach Ausweis von *VS* 27, 5 = *AWAB* Nr. 185, auch Kümmel, Koriander und Erbsen oder ähnliche Hülsenfrüchte

---

[115] Mit einschlägigen Fragen haben sich deshalb seit A. Deimel eine ganze Reihe von teilweise sehr umfangreichen Studien beschäftigt, u.a. von Hruška, Maekawa, Maeda, Marzahn, LaPlaca und Powell, Powell und Yamamoto.

[116] *Fö* 125 (Enz.(?) 4); *Fö* 121 (Lug. 4); *AWAS* Nr. 45 = *STH* 1, 46 (Lug. 6); *DP* 556 (Ukg. E 1); *DP* 557 (Ukg. L 1); *DP* 539 (Ukg. L 4); *DP* 565 (Ukg. L 6); für Außenstände an Gerstenmehl vgl. *VS* 25, 4 = *AWAB* Nr. 160.

[117] S. demnächst den Kommentar zu *VS* 25, 4 = *AWAB* 160.

gepflanzt.[118] Am bekanntesten ist wohl das altakkadische "Onion Archive" aus Nippur, das Westenholz 1987 neu bearbeitet hat. Auf die große wirtschaftliche Bedeutung der Zwiebeln, bereits in der altsumerischen Epoche, darf man wohl aus der Tatsache schließen, daß Zwiebeln wiederholt als Exportgut bezeugt sind.[119] Da für den in den Zwiebeltexten zentralen Terminus **sur** noch keine allgemein akzeptierte Deutung gefunden wurde, bleibt die typologische Einordnung der einschlägigen Urkunden problematisch. Mir scheint der Ansatz einer Grundbedeutung "eindrücken" wahrscheinlich, woraus sich durch semantische Differenzierung die Bedeutungen "abgrenzen (von Flächen)" bzw. "stecken (von Pflanzgut)" entwickelt hätten. Der Vermerk über die Abgrenzung (**sur**) ist immer verbunden mit einer furchenweise detaillierten Auflistung der Bepflanzung; vgl. *VS* 25, 51 = *AWAB* Nr. 180; *VS* 27, 31 = 182; *VS* 25, 109 = 183; *VS* 27, 43 = 184 und *VS* 27, 8 = 186. Dabei ist es nicht eindeutig, ob es sich um einen Anbauplan oder um einen Anbaubericht handelt. Ich möchte die erstgenannte Textdeutung vorziehen. Während der Wachstumsperiode wurde nochmals eine genaue Bewuchskontrolle, vielleicht zur Abschätzung der Ernteaussichten durchgeführt.[120] Die Urkunden bezeichnen diesen Vorgang als "Zählen" (**šid**) der Furchen. Mit den Erträgen der Zwiebelböden beschäftigen sich z.B. die Texte *VS* 27, 65 = *AWAB* Nr. 98; *VS* 27, 61 = 99; *VS* 27, 37 = 100 und *VS* 27, 3 = 101. Als Ernteterminus dient die Bezeichnung "ausgraben" (**ba-al**). Bemerkenswert ist, daß die beiden Urkunden Nr. *VS* 27, 61 = *AWAB* Nr. 99 und *VS* 27, 37 = 100 neben dem Ertrag auch Furchenzahl und Fläche des abgeernteten Zwiebelbodens verzeichnen. Obwohl man die Hintergründe dieser Tatsache nicht genau kennt, liegt es doch auf der Hand, daß sie auf komplexe Planungen und Abrechnungen auch beim Zwiebelanbau hinweist.

4.3. *Gartenbau:* Der Gartenbau im alten Mesopotamien hatte zwei wichtige Aufgaben zu erfüllen: Neben der Produktion von Gemüse und Früchten kam der Holzwirtschaft aufgrund des in Südmesopotamien

---

[118] Auffällig bleibt, daß wir bisher den Anbau von Gurken (**ukúš**) in unserem Archiv nicht nachweisen können. Aus dem Restaurationsedikt des Uru-inimgina erfahren wir aber, daß die Nutzung der den Göttern gehörenden Zwiebelböden (**ki-sum-ma**) und Gurkenböden (**ki-ukúš**) durch den Stadtfürsten als Mißbrauch verurteilt wurde; vgl. Ukg. 4(=5) 4:9-18. - Belegt ist in unserem Material lediglich die Zuteilung von **ukúš-dur** "Gürkchen" an die "Freunde" der Bara-namtara bzw. des "Frauenhauses"; vgl. *VS* 27, 75 = *AWAB* Nr. 24 mit Parallelen.

[119] Zum Zwiebelexport vgl. die Texte *VS* 27, 49 = *AWAB* Nr. 49 mit Parallelen; ferner *VS* 25, 108 = *AWAB* Nr. 145.

[120] *VS* 27, 30 = *AWAB* 181 und *VS* 27, 5 = 185.

diesbezüglich herrschenden relativen Mangels eine enorme Bedeutung zu. Die Vergesellschaftung von Gartenbau und Holzwirtschaft war sicher üblich. Das stärkste Argument hierfür ist, neben dem Verweis auf die noch heute in der Region übliche Praxis, die Tatsache, daß in vielen Fällen über den Holzeinschlag in Gärten berichtet wird; vgl. *VS* 27, 48 = 104; *VS* 27, 63 = 105; *VS* 27, 84 = 106; *VS* 27, 76 = 107 und *VS* 27, 82 = 108. Neben Apfel- und Feigenbäumen und sicher auch Dattelpalmen wurden dort Pappeln, Tamarisken, Pinien, Platanen, Akazien, <Langrohr> und *Lipärum*-Bäume angepflanzt. Die Bepflanzung der Feldraine, wie sie etwa Marzahn 1989 aus ökologischen Gründen (Erosionsschutz) gefordert hat, spricht auch für den Verbund von Garten und Ackerbau. Nach sumerischer Terminologie wurden dagegen Zwiebeln, Gurken und ähnliches Gemüse auf den Feldern angebaut, wobei hierfür die Bezeichnung **ki-sum-ma** "Zwiebelboden" gebraucht wird.

Für die Organisation des Gartenbaus von besonderer Bedeutung sind die Texte *VS* 27, 80 = *AWAB* Nr. 143 und *VS* 25, 67 = 144 und weitere Parallelen.[121] Alle diese Urkunden bilden eine Serie, die über einen Zeitraum von elf Jahren die Ernte von Datteln (nicht in *TSA* 43!), Äpfeln, Feigen und Weintrauben dokumentiert. Die immer wiederkehrenden Namen der bis zu maximal acht verschiedenen Gärtner und die gleichbleibenden Ortsangaben, allzumal der oft genannte **kiri$_6$-i$_7$-REC 107-ka** "Garten am Fluß REC 107" sprechen dafür, daß es sich hier um die Gesamteinkünfte der Gärten des <Frauenhauses> bzw. des Baba-Tempels handelt. Diese Gärten werden auch bezeichnet als **kiri$_6$-ĝír-su^{ki}(-kam)** und **kiri$_6$-lagaš^{ki}(-kam)** (*DP* 107), was ein wichtiges Zeugnis für die geographische Streuung der verschiedenen Tempeldomänen darstellt. Da mit *DP* 422 (Ukg. L 4) ein Text bekannt geworden ist, der Lieferungsaußenstände an Datteln, Weintrauben und Feigen verzeichnet, möchte ich annehmen, daß auch im Bereich des Gartenbaus, wie in den anderen Wirtschaftsbereichen, eine geplante Ökonomie praktiziert wurde.

4.4. *Die Holzwirtschaft*, die eine große Rolle spielte, war gleichfalls planwirtschaftlich organisiert. Zu *VS* 27, 73 = *AWAB* Nr. 102 (Lug. 1) bis *Nik* I 284 (Ukg.) L 3) läßt sich durch weitere Texte eine nahezu ununterbrochene Dokumentation der Holzernte im <Gehölz von Ambar> zusammenstellen. Diese und verwandte Texte über das Fällen von Bäumen (**na--ři**) geben auch detaillierte Auskunft darüber, wie die entsprechende Ernte zu verwenden ist: Die Herstellung von einzelnen Wagenteilen, Tränkeimern, Schiffsplanken und ähnlichem wird genauestens vermerkt. Dabei beweist der Text *VS* 27, 80 = *AWAB* Nr. 166, daß die Verwendung bereits vorab bei einer

---

121 Von *TSA* 43 ((Lug.) 1) bis *DP* 106 (//*DP* 109) (Ukg. L 4).

Bewuchskontrolle im einzelnen festgelegt und schriftlich fixiert wurde. Wie danach praktisch verfahren wurde, könnte eine Detailbeobachtung von J. Marzahn zu *VS* 27, 32 = *AWAB* Nr. 103 4:1 und zu *VS* 27, 83 = *AWAB* Nr. 107 1:1-3 erklären helfen: Zumindest an diesen Stellen ist die Anzahl der einzelnen Objekte, <Tränktröge> und <Schiffsbohlen> offensichtlich nach dem eigentlichen Text eingefügt worden. Es scheint, als ob die bei der Bewuchskontrolle vorgeschlagene Verwendung die Erstellung eines Formulars zur Folge gehabt habe, in dem die genaue Anzahl der jeweiligen Hölzer und Geräte dann nach erfolgtem Schlag präzise eingefügt werden konnte. *VS* 27, 63 = *AWAB* Nr. 105 weist darauf hin, daß nach erfolgtem Holzeinschlag und dem anschließenden Abtransport in den Speichern nochmals eine Bestandsaufnahme erfolgte,[122] die gelegentlich (in vorläufiger Form) auf einem Notiztäfelchen festgehalten wurde (*VS* 27, 17 = *AWAB* Nr. 111). Einen Einblick in die Arbeitsorganisation gewährt *VS* 27, 85 = *AWAB* Nr. 106, eine "Aufstellung über einen dreitägigen Holzeinschlag mit Angabe der Verbringung an unterschiedliche Aufbewahrungsorte". Auch dieser Text vermerkt im übrigen detailliert die unterschiedlichsten Gerätschaften, die aus diesem Holz zu fertigen waren. Auch eine dreijährige Abrechnung über den Holzeinschlag ist durch die Urkunde *VS* 27, 19 = *AWAB* Nr. 115 belegt. Darin können wir sicher einen Hinweis sehen auf die langfristig angelegte Planung der Holzbewirtschaftung. Der dem Holz beigemessene Wert zeigt sich außerdem, wenn die Texte minutiös die Wiederverwertung von gebrauchtem Holz verzeichnen.[123] In Zusammenhang damit stehen die Listen über die Inventur von verschiedenen Holz- und Geräteteilen (*VS* 25, 7 = *AWAB* Nr. 163; *VS* 27, 25 = 164 und *VS* 27, 16 = 165). Ein besonders interessanter Fall über dieses antike Recycling findet sich in *VS* 27, 35 = *AWAB* Nr. 208, das die einzelnen Bestandteile des "abgewrackten <Jachtschiffs> der <Frau>" verzeichnet, offensichtlich in der Absicht, sie eventuell einer Neuverwertung zuzuführen.

4.5. *Für die Rohrernte* nenne ich hier nur die beiden Berliner Texte *VS* 25, 20 = *AWAB* Nr. 109 und *VS* 25, 104 = Nr. 110. Sie lassen erkennen, daß

---

[122] Im dunkeln bleibt allerdings, zu welchem Zeitpunkt die eigentliche Geräteherstellung erfolgte (vor der Verbringung in den Speicher?). Ebenso überrascht es, daß wir bislang keine Urkunden gefunden haben, die sich mit der eigentlichen Fabrikation dieser Teile befassen. Wurde diese doch sicher zeit- und kostenaufwendige Herstellung von einem ganz anderen Ressort, gar einer anderen Wirtschaftseinheit, vorgenommen? [Vgl. immerhin den Handwerkerlöhne verzeichnenden Text *VS* 27, 72 = *AWAB* Nr. 47, über den ich in "Eine Kultstatue der Herrschergemahlin Šaša: ein Beitrag zum Problem der Vergöttlichung", *ASJ 14* (1992), 245-268 gehandelt habe.]

[123] *VS* 25, 68 = *AWAB* Nr. 113; *VS* 27, 22 = 114 und *VS* 27, 54 = 116.

dabei (bevorzugt(?)) ganze Arbeitertrupps eingesetzt wurden, die einzelnen Obleuten unterstanden. Nr. 110 zeigt zudem, daß auch in diesem Falle ein vorbereitetes Textformular erst nachträglich mit den entsprechenden Zahlen ausgefüllt wurde.

4.6. *Fischerei:* Nach den Untersuchungen, die Englund 1990 zur Fischerei der Ur-III-Zeit vorgelegt hat, kann die Existenz von Lieferungsverpflichtungen und das damit zusammenhängende System von Abgaben für diesen Bereich der sumerischen Planwirtschaft als am besten erforscht gelten. Bereits aus Englunds Darlegungen geht hervor, daß die Struktur der Fischerei sich im wesentlichen seit der altsumerischen Zeit nicht verändert hatte. Bei der Besprechung dieser Texte müssen wir uns auf einige in unserem Kontext besonders interessante Punkte beschränken: *VS* 25, 35 = *AWAB* Nr. 117 verzeichnet auf der einen Seite Fischlieferungen, notiert aber auf der anderen auch die Außenstände, die danach noch verbleiben. Ganz ähnlich ist *VS* 25, 50 = Nr. 119 zu bewerten. Die Parallel-Texte[124] machen deutlich, daß pro Kopf eine feste Lieferungsverpflichtung existierte, die monatsweise, mehrfach im Jahr, bis zu mindestens fünfmal, zu erfüllen war, und über die genauestens Buch geführt wurde. *VS* 25, 16 = *AWAB* Nr. 139 belegt, daß nicht erfüllte Lieferungsverpflichtungen über mehrere Jahre fortgeschrieben wurden. Auch hier wurden also offensichtlich richtige <Konten> geführt. Zu nennen ist in diesem Zusammenhang auch die einzige altsumerische <Hüllentafel> *AT* 1, die Fischlieferungen (**ku$_6$-ÍL**) für das <Malzfest> der Nanše verzeichnet. Die Hülle des Textes trägt zugleich die einzige Siegelabrollung unseres Archivs.[125] Ein Zusammenhang mit einer Lieferungskontrolle scheint offenkundig.

4.7. *Viehwirtschaft:* Die Viehherden waren einer ständigen Kontrolle unterworfen; Zeugnis dafür sind die zahlreichen Listen über Viehinspektionen (**gurúm**).[126] Viehinspektionen sind belegt für das verschie-

---

124 Vgl. demnächst den Kommentar zur Urkunde *VS* 25, 35 = *AWAB* Nr. 117.

125 Die Siegelinschrift lautet: **^{d}[x(?)]nanše-ka šu-ku$_6$-ab-ba-ke$_4$-ne**, das man in Verbindung mit dem Transaktionsformular des Textes wohl deuten darf als: "Am (Fest) der Nanše von den Hör-Fischern".

126 Texte über die Viehwirtschaft, Inspektionen, Lieferungsverpflichtungen und vor allem über die <Lederindustrie> (Beachte dafür besonders *Nik* I 221-222, 225, 227-229, 232, 237, 241-143, wobei der letzte Text auf eine kontoartige Verbuchung auch dieser Vorgänge hinweist!) finden sich besonders häufig in den St. Petersburger Nikol'skij-Texten; vgl. etwa *Nik* I 176-263 für Texte, die sich in ganz verschiedener Weise mit diesem Wirtschaftsbereich beschäftigen. Ich bin geneigt, die Häufung einschlägiger Texte in der St. Petersburger

denste Kleinvieh, Schafe, Böcke wie Mutterschafe und Lämmer unterschiedlichen Alters (**gurúm-udu**, **gurúm-udu-gal-gal**), Ziegen und Ziegenböcke (**gurúm-ud$_5$(-da)**, **gurúm-maš**), aber auch für Großvieh, für <Esel>, Hengste wie Stuten, und Rinder, Kühe wie Ochsen (**gu$_4$-g̃iš** "Arbeitsochsen") und Stiere. Solche Viehinspektionen erfolgten über die reine Bestandskontrolle hinaus zu den unterschiedlichsten Zwecken. Zum einen gab es offensichtlich eine Lieferungsverpflichtung für ganze Tiere.[127] Die Erfüllung bzw. Nichterfüllung der Leistungspflicht wurde in Viehregistern[128] festgehalten. Außenstände, das heißt noch fehlende Tiere, wurden registriert (vgl. *Nik* I 175, *RTC* 42). Weitere Anlässe[129] für Viehinspektionen waren z.B. auch der Wechsel der Tiere von einem Hirten zum anderen. Neben der Lieferungspflicht für die Tiere selbst,[130] sei es als Schlachtvieh, sei es zur Eingliederung in bestimmte (Tempel-)Herden,[131] erfolgten die Inspektionen auch zur Kontrolle der Ablieferung der unterschiedlichsten Tierprodukte.[132] Die Zugehörigkeit der Tiere, Klein- und Großvieh, wurde durch eine Markierung gekennzeichnet. Beim Großvieh erfolgte sie wohl durch ein <Brandzeichen>, bei langhaarigem Kleinvieh

---

Sammlung nicht für zufällig zu halten. Es mögen auch hier durchaus noch ursprüngliche Pertinenzprinzipien erkennbar sein.

[127] Teilweise offenkundig als **maš-GANÁ-ga** "Feldabgabe": vgl. *Nik* I 182, 185-187, bzw. als "Pachtland-Feldabgabe": vgl. *Nik* I 183-184.
[Es mag erlaubt sein hier zu fragen, ob nicht für jene kretischen Linear B-Tafeln, die ein Defizit vermerken, ganz ähnliche Wirtschaftsabläufe angenommen werden dürfen. A. Demandt, *Antike Staatsformen* (Berlin 1995), 60 gibt folgendes Beispiel: "28 Hammel, 22 Schafe, 50 Hammel Restschuld". Zu notieren ist allerdings, daß diese Täfelchen keine Zeitangabe verwenden. Tatsache bleibt allerdings, daß die im kretischen <Palast> aufbewahrten Güter dessen Versorgungsbedürfnisse bei weitem überstiegen, was wohl als Hinweis auf eine redistributive Wirtschaft verstanden werden darf.]

[128] Vgl. **dub-dagal-gurúm-ma** "Umfängliche Tafel über (Vieh-)Inspektionen": *Nik* I 161, 163; *DP* 214. Daß diese Inspektionstafeln in Tafelkörben archivarisch gesondert abgelegt wurden (vgl. *Nik* I 165 (Schafe); *Nik* I 205 (<Esel(innen)>)), ist bereits erwähnt worden.

[129] Notiere in diesem Zusammenhang die Monatsnamen **itu-gurúm-udu(-ka)** "Monat der Inspektion der Schafe" *Fö* 112 2:1, *Nik* I 231 2:3, bzw. **itu-gurúm-áb-ka** "Monat der Inspektion der Kühe" *Nik* I 207 2:5.

[130] Auch in diesem Falle wurden regelrechte <Konten> geführt, wie z.B. aus *Nik* I 175, 192, 193 (mehrjährig!) oder *RTC* 42 hervorgeht.

[131] Vgl. z.B. MAH 16248; *Nik* I 156, 171,190, 198, 199, 200, 201, 202, 208, 210, 211, Edin. 09-405,35, *DP* 238, *Nik* I 245. *Nik* I 207 vermerkt, daß die bereits zu den Arbeitsochsen überstellten Tiere im Ursprungsregister noch nicht abgebucht sind.

[132] Bislang nur einmal belegen kann ich die Verbuchung von Ziegenhaar: *Nik* I 240.

dürfte eine Farbmarkierung vorgenommen worden sein.[133] Ferner wurden z.B. das Schlachten[134] oder Verenden der Tiere[135] ebenso vermerkt wie die Übergabe der Tierhäute[136] an die Zentrale, und auch die Weitergabe zur Verarbeitung wurde genauestens notiert. Bei den Schafen ging eine Inspektion der Schur bzw. dem <Raufen> der Tiere voraus,[137] offenkundig zur Abschätzung der Wollerwartung.

4.7.1. *Lieferungspflichten bestanden aber auch für die Milchprodukte.* – *Nik* I 216 vermerkt den engen Zusammenhang zwischen Tierinspektion und diesen Abgaben: "Tontafelkorb: (Tafeln) über bei der Inspektion gezählte Kühe (und) <ausgegossenen> Rahm sind darin vorhanden." Eine ganze Textsorte beschäftigt sich mit der Festlegung des Lieferungsumfangs: z.B. *VS* 25, 24 = *AWAB* Nr. 152 und weitere Parallelen. Die Festlegung (**sè-ga**) selbst wird als **níĝ-šid**[138]**-bi e-ak** "er hat diese Berechnung vorgenommen" beschrieben. Nach meiner Auffassung handelt es sich bei den so bezeichneten Urkunden verwaltungstechnisch nicht um Einnahmeverzeichnisse der Institution, sondern um interne Berechnungen zur Kontoführung. Andere Urkunden dagegen weisen als Transaktionsformular die Lieferungsvermerke **mu-DU** und **ì-dé** auf.[139] Entsprechend wird das

---

133 Vgl. dazu demnächst die Darlegungen im Kommentar zu *VS* 27, 26 = *AWAB* Nr. 170 bzw. *Nik* I 197.

134 Vgl. etwa *Nik* I 162; *Fö* 22, 126; *DP* 103 (mit Ersatzzahlung in Silber!); *DP* 253 und viele Belege mehr.

135 In *DP* 255, *Nik* I 248 und 250-252 z.B. wird die <Einhändigung> von Kuh- und Ochsenhäuten während der Inspektion der Kühe verzeichnet.

136 Vgl. z.B. *Nik* I 156, 166 und demnächst zu *VS* 27, 68 = *AWAB* Nr. 79 2:1-3.

137 *DP* 95. Beachte auch das Restaurationsedikt des Uru-inimgina, das die Pflicht zur Silberzahlung anstatt der Ablieferung von Opfer- und Wollschafen als <Mißstand> brandmarkt: Ukg. 1 4:26-31, 4 8:28-9:1 (// 5 3:20-4:1), 6 1:10'-21'.

138 Zu einer möglichen Lesung **níĝ-kas₇** = *nikkassu(m)* vgl. bereits *AWEL*, S. 482. Die Lesung ist m.E. für die altsumerischen Texte noch nicht sicher erwiesen, und eine Deutung von **níĝ-šid** als "Berechnung" ist vom sumerischen Nominalbildungstyp her gut möglich.

139 R.K. Englund, *OrNS* 64, 380 Anm. 9 und besonders 385 Anm. 18 sieht in diesen beiden Termini Bezeichnungen für das spätere **ì-nun**. Zwar verweist er auf die Beobachtung von J. Bauer, *AWL*, S. 327, wonach die Verteilung der beiden Ausdrücke auf ihre Buchhaltungs-Funktion hinweist, ohne jedoch die Konsequenzen zu ziehen. Zu Englunds These ist folgendes festzuhalten: 1. Aus der strikten Verteilung von **sè-ga** und **dé-a** in den einzelnen Texten ist ein Bedeutungsunterschied zu fordern. Die Deutung J. Bauers (*AWL*, S. 327; vgl. Verf. *AWEL* 482) bleibt im Grundsatz die überzeugendste. 2. In unseren Texten ist der Terminus **ì-nun** bereits in der Bedeutung "Butterfett" belegt. Dabei wird Englund insofern Recht zu geben sein, als es sich auch bei **ì-dé-a** aus konservierungstechnischen Gründen

Lieferungsobjekt dann nicht mehr als **ì-áb-sè-ga** "festgesetzte Kuhsahne" sondern als **ì-áb-dé-a** "ausgegossene Kuhsahne" benannt. *Nik* I 259, mit dem Vermerk **gurúm-áb mu-ak-a** "(als) er die Inspektion der Kühe vornahm", zeigt nun, daß die hier ebenfalls genannten Berechnungen offensichtlich vorab bei der Inspektion der Tiere gemacht wurden. Dabei wurde, wohl entsprechend dem Zustand der Tiere, die Lieferungsmenge festgelegt.[140] Die Urkunden *Nik* I 260-261 erweisen darüber hinaus, daß über solche Lieferungsverpflichtungen ein (Schuld-)Konto geführt wurde, wobei die Außenstände, d.h. die nicht erfüllten Lieferungsverpflichtungen, auf Schuldtafeln festgehalten wurden. Eine weitere Urkundengruppe befaßt sich schließlich mit der Weiterleitung eines Teiles der eingekommenen Kuhsahne an den Vorsteher des <Fettlagers> (*DP* 270-272).

5. *Einordnung des Befundes.* – Diese vor dem Ganzen der Geschichte nur marginalen, ja geradezu mikroskopischen Beispiele zeigen, so hoffe ich, deutlich, welche Bedeutung der Schrift für die Gestaltung der nahen Zukunft zukam. Es gibt keine "Zeitgleicheit" mit der Gegenwart, die es rechtfertigte, diese Dokumente aus der Frage nach der Bedeutung von Zeit für das frühe Mesopotamien, nach seinem Verhältnis zu Vergangenheit und zur Zukunft, auszuschließen. Im Gegenteil: Ihre Nähe zur immer flüchtigen Gegenwart, ihr Rekurs auf das unlängst Geschehene und das demnächst zu Gestaltende erweisen sie als besonders bedeutsam. Von hier aus lassen sich nach meiner Auffassung auch so scheinbar disparate Phänomene der mesopotamischen Kultur, wie die sog. historischen Omina,[141] die verschiedenen Herrscherlisten[142] oder auch die Beschwörungen[143] besser verstehen. Ja sogar die meist als historische Quelle im engeren Sinne verwendeten sog. Königs- oder Bau- und Weihinschriften haben ihre Verbindung zum Ursprung der Schrift in der Tempelbürokratie nicht völlig verloren. Ich meine hier nicht die häufigeren genealogischen Hinweise, sondern die Reihung der in diesen

---

wohl um Butterfett gehandelt haben muß. [Zu ì als Bezeichnung ganz unterschiedlicher pflanzlicher und tierischer Fette vgl. Verf., *AuOr* 11, 107-111.]

140 Nicht überzeugt bin ich von der These R.K. Englunds, "Late Uruk Period Cattle and Dairy Products: Evidence from Proto-Cuneiform Sources", *BSAg* 8 (1995), 39f., daß die altsumerischen Hirten den gesamten Milchertrag an die Zentrale abzuliefern hatten.

141 Vgl. z.B. C. Wilcke, in *Vergangenheit in mündlicher Überlieferung*, 123ff. mit Anm. 51 (Literatur);

142 Besonders wichtig in unserem Zusammenhang ist C. Wilcke, ibid.

143 Vgl. ibid., 128f. mit Anm 77.

Texten berichteten Taten der Herrscher nach chronologischen Gesichtspunkten, die bereits Poebel als uraltes Ordnungsprinzip erkannt hat,[144] und welches uns aus den neuassyrischen Königsinschriften am vertrautesten ist. Unlängst hat Powell auf den Ursprung eines einzigartigen altsumerischen Textes, des Berichtes über den Kriegszug des Lugalzagesi gegen Uru-inimgina,[145] im Vorstellungsbereich der Tempelverwaltung hingewiesen. In diesem Text, der die frevelhaften Taten des Lugalzagesi in wahrscheinlich chronologischer und geographischer Reihung verzeichnet, wird die Abwesenheit der "Verfehlung; Schuld" (**nam-dag**) des Uru-inimgina festgestellt.[146] Die Untaten des Gegners jedoch soll dessen Gottheit auf seinem "Schuldkonto" (**gú**) verbuchen.[147]

6. *Vom <Vergangenen Geschehen> zur <Zukunftsbewältigung>.* – Mit den im Titel dieses Beitrags verwendeten Begriffen habe ich mich nicht nur auf den genannten Aufsatz von Johannes Renger, sondern auch auf die Habilitationsschrift von Stefan Maul bezogen. Dieser betont zurecht, überbetont vielleicht gelegentlich sogar,[148] die empirische Grundlage der von

---

[144] Vgl. oben Anm. 28.

[145] M.A. Powell, "The Sin of Lugalzagesi", *WZKM* 86 (1996), 307-314.

[146] Die Pietät des Herrschers besteht hier in der Feststellung der Abwesenheit von Verfehlungen, es ist demnach geradezu eine negative Weihinschrift; vgl. Verf., *Untersuchungen*, 13.

[147] M.A. Powell, *WZKM* 86, bes. pp. 307-309. [Zur Konstruktion von **gú--g̃ar** vgl. C. Wilcke, "Zu 'Gilgameš und Akka'", in *dubsar anta-men*, 473 mit Verweis auf P. Attinger, *Élements de linguistique sumérienne* (Fribourg/Göttingen 1993), 182 und G. Zolómy, *BiOr* 53 (1996), 97ff.] - Das sumerische Wort für Schuld(-Konto) lautet **gú** = *kišādu(m)* (**gú-u** : **GÚ**) und bedeutet eigentlich "Schulter, Nacken", wovon eine semantische Erweiterung zu "Ufer" (= Schulter der Kanäle) und über den Buchhaltungsausdruck **gú-an-šè** "zum Tafelrand hin" wohl auch zu "Gesamtheit; Summe" erfolgte. Wie es die lexikalische Tradition nahelegt (A VIII/1, 58-71, *MSL* 14, 491), bedeutet **gú** in übertragener Bedeutung auch "Traglast" (*biltu(m)*), sekundär dann auch "Land" (*mātu(m)*) etc. Dem Zeichen **GÚ** ist in A VIII/1 70f. aber auch die Lesung **gú-un,** wiederum mit den akkadischen Gleichungen *biltu(m)* und *mātu(m),* beigesellt. Vielleicht darf man aus diesem Befund ableiten, daß das Wort **/gun** / ursprünglich aus zwei Bestandteilen zusammengefügt ist, etwa **/gu/+/Vok.n/** g̃/? Das sumerische Wort **gú** "(Schuld-)Konto" in der erwähnten Uru-inimgina-Stelle verbindet offensichtlich in ganz ähnlicher Weise die ökonomische mit der ethischen Sphäre wie das deutsche Wort Schuld. [J. Assmanns Darstellung der "Genealogie der Schuld" in *Das kulturelle Gedächtnis*^{2}, 255-258, die er an den "Bruch von Eiden und Verträgen" knüpft, scheint mir zu verkürzt.]

[148] Dies gilt zumindest dann, wenn wir unseren modernen Empirie-Begriff anwenden. Eine Untersuchung zu dem, was im mesopotamischen Altertum als "Empirie" galt, wäre vonnöten. In einer Gesellschaft, in der ein Begriff von Zufall fehlt, oder in der den Göttern

ihm untersuchten Lösungsrituale. All diese Texte kommen aus wesentlich jüngeren Epochen, ihr Anliegen, die Vergangenheit für die Zukunftsgestaltung nutzbar zu machen, bleibt jedoch im *Ansatz* das gleiche wie bei den skizzierten Verwaltungsurkunden. Gewiß, anderes kommt hinzu,[149] tritt sogar in den Vordergrund, aber selbst bei den frühesten lexikalischen Texten läßt sich ja eine identitätsstiftende Absicht vermuten. Auch die vielfältigen legitimatorischen Absichten der mesopotamischen <Literatur>, die Claus Wilcke des öfteren untersucht hat,[150] scheinen mir ein auf die Zukunft gerichtetes Element zu enthalten: Sie sollen das Bestehende als das zurecht Bestehende und deshalb auch als zurecht Fortdauernde erweisen. Das was legitim, gerechtfertigt ist, soll, ja muß weiter bestehen, darf nicht geändert werden. Dieses Anliegen des offiziellen Diskurses ist zwar ein konservatives,[151] gleichwohl ist sein Anliegen auf die Zukunft gerichtet. Der Schrift kommt in diesem Prozeß eine besondere Bedeutung zu; man bedient sich bewußt ihrer objektivierenden Funktion; man schafft Vergangenes sogar zu bestimmten Zwecken neu. Auffälligerweise geht das Hand in Hand mit einer verblüffenden Sorgfalt, ja geradezu Ehrfurcht, bei der Überlieferung der alten historischen Texte. Als Widerspruch scheint im Alten Orient diese Diskrepanz kaum wahrgenommen worden zu sein. Von

---

unbezweifelbare "empirische" Realität zukommt, werden verschiedene Phänomene naturgemäß ganz anders eingeordnet oder beurteilt als in unserem Denken.

149 Die Berufung auf die Vergangenheit kann denn auch die Ablehnung von Handlungsmöglichkeiten begründen, wie z.B. D. Charpin bei seiner Untersuchung "L'évocation du passé dans les lettres de Mari", *CRRAI* 43, 109 schreibt: "Les citations rassemblées ... révèlent un idéal de <sagesses> fort simple ...: il faut imiter les bons exemples du passée et se défier des mauvais."

150 S. C. Wilcke, "Politische Opposition nach sumerischen Quellen: Der Konflikt zwischen Königtum und Ratsversammlung", in *La voix de l'opposition en Mésopotamie. Colloque organisé par l'Institut des Hautes Études de Belgie* (Brüssel 1973), 37-65; "Zum Königtum in der Ur III-Zeit", in *CRRAI* 19, 177-232; in *Archäologie und Geschichtsbewußtsein*; in *Vergangenheit in mündlicher Überlieferung*; in "Politik im Spiegel der Literatur, Literatur als Mittel der Politik im älteren Babylonien", in K. Raaflaub (Hrsg.), *Anfänge politischen Denkens in der Antike. Die nahöstlichen Kulturen und die Griechen* (*Schriften des Historischen Kollegs - Kolloquien* 24, München 1993), 29-75.

151 Mir scheint, daß die Kategorisierung mesopotamischer Gesellschaften als Gesellschaften mit "kaltem Gedächtnis" (J. Assmann, *Das kulturelle Gedächtnis*, 73ff., nach der Terminologie von Lévi-Strauss) eben nur diese <offizielle> Ideologie umfaßt. Und selbst im offizellen Diskurs rühmt ein Herrscher sich nicht selten Taten, die noch keiner seiner Vorgänger vollbracht habe.

größerer Bedeutung war die Existenz von Schrift, durch die in der Tat eine zweite Realität geschaffen war.[152]

Nun war in jüngster Zeit der Blick der Mesopotamier auf ihre Vergangenheit Gegenstand einer ganzen Reihe von Untersuchungen. Besondere Bedeutung kommt dabei den Arbeiten Wilckes über das Geschichtsbewußtsein und die Verortung legitimatorischer Absichten in den Werken der mesopotamischen Literatur zu. Als Inzentiv für die altorientalistische Forschung wirken darüber hinaus die Arbeiten von Jan Assmann, insbesondere sein Buch über *Das kulturelle Gedächtnis*.[153] Es scheint daher bezeichnend, wenn Renger in seinem Aufsatz diesen Begriff mehrmals wörtlich verwendet. Entsprechend hatte auch eine Beobachtung, die zunächst Wilcke in seinem Aufsatz "Zum Geschichtsbewußtsein im Alten Mesopotamien" mitteilte, große Anziehungskraft für den Versuch, das mesopotamische Konzept von Zeit zu verstehen: Eine Bevorzugung von *cognates* zum Wort für "Rücken", "Rückwärtiges" im Sumerischen (**eĝer**) bzw. im Akkadischen *(w)arkātu(m), (w)arkâtu(m)* zur Bezeichnung für Zukünftiges brachte ihn zu der Feststellung: "Die alten Babylonier hatten den Blick in die Vergangenheit gerichtet und kehrten der Zukunft den Rücken zu".[154] In

152 Hierher gehört denn auch das altorientalische Konzept des <Sich-Einen-Namen-Machens>. Wichtige Beiträge zu diesen Vorstellungen bieten z.B. J. Goodnick Westenholz, in *kinattūtu ša dārâti*; G. Jonker, *Topography of Remembrance*, 92-129, 153-176; H. Schaudig, "Nabonid, der 'Archäologe auf dem Königsthron'. Erwägungen zum Geschichtsbild des ausgehenden neubabylonischen Reiches", in *Fs. Kienast* (in Vorbereitung) u.a.m.

153 J. Assmann, *Das kulturelle Gedächtnis*^{2}.

154 C. Wilcke, in *Archäologie und Geschichtsbewußtsein*, 45; vgl. a. 31ff. Unnötig zu bemerken, daß dieser Aufsatz vieles Interessante über das Verhältnis der Mesopotamier zur Zeit enthält. Ich möchte allerdings Wilcke in seiner Bewertung des Befundes nur eingeschränkt folgen, da ich den Eindruck habe, daß es sich hier im Verhältnis zur Schrift nur um die halbe Wahrheit handeln kann. Archi hat denn auch – mit Verweis auf eine einschlägige alte These von Bomann –, darauf hingewiesen, daß sich a) hinter einer solchen sprachlichen Eigenart zunächst nur ein subjektives Konzept verberge, und daß sich b) ähnliche semantische Konzepte in vielen Sprachen, z.B. im Lateinischen und auch im Deutschen fänden. Da dies aber so ist, taugt der Hinweis auf den "Rücken" kaum zu einer Bestimmung einer wie immer gearteten Eigenbegrifflichkeit der Mesopotamier. Ein Spezifikum mesopotamischer Kultur (Literatur) läßt sich so kaum fassen.
Wenn man diese und entsprechende Beobachtungen aus anderen Kulturen allerdings unter strukturlogischen Gesichtspunkten betrachtet, könnten Bomanns, Wilckes, Mauls u.a. Beobachtungen durchaus für ein genetisches Modell der Kulturentwicklung fruchtbar gemacht werden. Mein Einwand ist hier nur, daß wir bereits im dritten Jahrtausend in Mesopotamien einen objektivierten Zeitbegriff vorfinden, der es ermöglicht zu rechnen und zu planen und der neben die handlungslogisch verhaftete subjektive Zeit tritt.
Im Übrigen ist das *subjektive Tertium*, das zur Verwendung von Worten mit <Rücken> zur Bezeichnung für <Zukünftiges> führt, dessen Unsichtbarkeit vom Standpunkt des EGO aus

gesehen. Das von Wilcke zitierte **u$_4$-kúr-šè** "bis zu einem fremden/feindlichen Tag" scheint mir diese Attitüde klar zu zeigen. Diese Unsichtbarkeit ist nun aber genau das, was mit Hilfe der Schrift bewältigt werden soll, offensichtlich nicht nur im ökonomischen Bereich. Die handlungslogische Identität der Zeit kann nunmehr durchbrochen werden.

Davon sondert sich dann auch die nicht meßbare, nicht kommemorierte mythische Zeit. Diese "entfernten Tage", die Früh- und Vorzeit, die ferne Vergangenheit (die <absolute Vergangenheit> im Sinne E. Cassirers), wird im Sumerischen häufig bezeichnet mit **u$_4$-ul-lí-a-ta** und **u$_4$-ul-dù-a-ta**, nach meiner Auffassung ein (oft vielleicht nur impliziertes) Rekurrieren auf die Entstehung der Welt. Die beiden Ausdrücke übersetzt Wilcke mit "seit dem fernen Tage, der herausgegangen ist" und "seit dem fernen Tag, der gemacht worden ist". Wegen dieses "temporal gebrauchten **ul**" lehnt C. Wilcke, ibid., 47 Anm. 13 [s. bereits A. Falkenstein *SGL* I, S. 26] für diese Syntagmen das ältere Verständnis von Th. Jacobsen, "Early Political Development in Mesopotamia", *ZA* 52 (1957), 101 Anm. 13 von **ul** als "bud" ab. [Vgl.a. J.J.A. van Dijk, "Le motif cosmique dans la pensée sumérienne", *AcOr* 28 (1964), 17 **ud ul níĝ-UL-e pa-è-a-ba** "lorsque les fleurs s'epanouirent conforment à l'ordre divin" und s. dazu gleich.] Es existiert aber ganz ohne Zweifel ein Nomen **ul** in etwa dieser Bedeutung; zu verweisen ist etwa auf das an der Tempeltür nach *SRT* 11: 56 angebrachte (= **si**) **ul**, oder **ul-kù-ga mi-ni-gún** "(die Türflügel) hat er mit leuchtende Blumen farbig gestaltet" Gud.Stat. B 5:48 (vgl. den Kommentar zur Stelle bei H. Steible, *Die neusumerischen Bau- und Weihinschriften* (*FAOS* 9/2, Stuttgart 1991), 20 bzw. die PN **nin-ul-gurù** "Die Herrin trägt Blumen/Pracht" (*DP* 332 3:1; *Fö* 170 5:2), **bará-ul-gurù** "Der Thron trägt Blumen/Pracht" (*TSA* 2 5:5) [das sematische Feld wird deutlich durch die Gleichung **ul-gùr-ru** = *minûtu* "(sexuell) attraktiv"]; vgl. a., parallel zu **ḫi-li-gùr-ru**, in den verschiedenen Liebesliedern Sefati, *Love Songs*, 129 Z. 27f., 220 Z. 21, 236 Z. 10-11, von Sefati übersetzt als "the blossoming one"; ferner **ul-la** [selbstständig oder aus **ḫúl-la**?] ibid. 221 iii 13, ferner **nin ^{d}nin-gal-e ul-e ḫi-li-šè ĝar-ra** in *CT* 36 33:1; **ul-šár-ra** "numerous buds" Sefati, *Love Songs*, 256 Z. 13; weiters **ul(-ti/te-a)** = *ḫabāṣu(m)* "schwellen" ; Gt-Stamm: etwa "fröhlich sein"; **é-ul-le** *Nik* I 19 4:2, 317 2:16: *DP* 127 5:6, 128 1:10, 129 1:10, etc.) wohl Hypokoristikon für **é-ul-le-ĝar-ra** "Das Haus (= die Familie) ist in Pracht gegründet" bzw. den FN **GANÁ-ul-nu-tuku** "Feld, das keinen *Bewuchs(?)* hat" bzw. **ég-ul-nu-tuku** "Graben, der keine *Faschinen(?)* hat".

Wohl auf die Schmückung der Prozessionsobjekte verweist **^{giš}gigir ul-la gub-ba ... má a-a šub-ba ... má ul-la gub-ba** "Wagen mit Blumen geschmückt, ... Schiff zu Wasser gelassen, ... Schiff mit Blumen geschmückt" in *SENATBM* Nr. 409.

Erwähnt werden muß hier auch das in seiner Lesung problematische **níĝ-UL pa--è**, das sich zum Beispiel in **^{ĝiš}al** Z. 1.3 in deutlicher Parallele findet zu **numun-kalam-ma ki-ta è**, was bedeutet "den Samen des Landes aus der Erde herausgehen (sprießen) lassen". **pa--è** bedeutet wörtlich etwa "Zweige/Triebe herauswachsen lassen", wozu der verwandte Ausdruck **pa--mul**, mit der <Variante> **pa$_4$-mul**, zu stellen ist, den H. Behrens, *Enlil und Ninlil* (*StPSM* 8, Rom 1978), 71 als "vom Stamm sich (strahlenförmig) ausbreitend" versteht, wobei er weiters auf die Gleichung **mul** = *papallu* "Schößling, Zweig", offensichtlich ein Lehnwort aus dem Sumerischen, verweist.

J.S. Cooper, *The Return of Ninurta to Nippur* (*AnOr* 52, Rom 1978), 139 hat denn auch mit ähnlichen Argumenten für das übliche **níĝ-du$_7$** eine Lesung **níĝ-ul**, vorgeschlagen, die C. Wilcke, in *Archäologie und Geschichtsbewußtsein*, 47 als "nicht schlüssig" zurückweist.

S. auch die Deutung des Festnamens **pa$_4$-ú-è**, dazu den GN **(^{d})pa$_4$-ú-e** aus dem Umkreis von Damgalnuna - Enki, den W. Sallaberger, *Der kultische Kalender der Ur III-Zeit* (*UAVA*

neuester Zeit hat Maul diesen Ansatz aufgegriffen;[155] er verweist auf die in der Assyriologie seit Landsberger beliebte Formel von der "Eigenbegrifflichkeit".[156] Auch wenn die Mesopotamier kein Wort für "Zeit" besaßen, so gab es jedoch offensichtlich jene eingangs genannten und die hier beschriebenen Konzepte von Zeit. Und sollte ein Insistieren auf jener

---

7, Berlin/New York 1993), 256 als "der Wasserlauf, der das Strauchwerk <füllt?>" deuten möchte. [Statt <**si**> könnte man vielleicht auch <**ĝar(-ra)**> ergänzen.]
Anzuschließen ist hier wohl auch die in An = *Anum* II 60ff. belegte Gottheit ^{d}**bará-ul-le-ĝar-ra** = ^{d}**PA$_4$-NIGÌN(= U.DU).RU-ĝar-ra DUMU.A.NI** bzw. = ^{d}**PAP- NIGÌN(= U.DU)-RU.KID-ĝar-ra** gefolgt von ^{d}**nin-pa$_4$-niĝìn(= U.DU.KID)-ĝar-ra DAM.BI.MÍ**.
Zur Gottheit ^{d}**nin(-pa$_4$)-niĝìn(= U.DU.KID)-ĝar-ra** vgl. ausführlich J. Krecher, *Sumerische Kultlyrik* (Wiesbaden 1966), 128-131, ferner W. Sommerfeld, *ZA* 80 (1990), 143: 182; beachte ferner die Gottheit ^{d}**pa$_4$-ul-e-ĝar-ra** mit ihrer berühmten Hymne in Th.G. Pinches, "Hymns to Pap-due-garra", *JRAS Centenary Supplement* 1924, 83-86.
S. a. die Bezeichnung der Wesen ^{d}**ul-e-ĝar-ra an-né-ĝar-ra** im späten *KAR* 4+-Mythos Z. 52, mit deutlichem Bezug auf die Urzeit-Götter ^{d}**en-ul** und ^{d}**nin-ul** in Z. 56. Zu den Urzeit-Gottheiten vgl. J.J.A. van Dijk, *AcOr* 28, bes. Tabelle nach S. 6 mit den zusammen genannten Gottheiten ^{d}**en/nin-ki**, ^{d}**en/nin-ul** , ^{d}**en/nin-mul**; vgl. auch An = *Anum* I 96ff.
Lexikalisch ist der Befund schwer zu beurteilen: Wir finden akk. *ullu* II (*AHw* 1410), nach *AHw* 354 zu *ḫullu(m)* etwa "Halsring, -band" (vgl. *MSL* 10, 6f.: 35. 74), wozu A. Salonen, *Türen*, 71 mit **ul-ig-ga** "Rohrband an der Tür", das er allerdings von ^{ĝiš}**ig-ul** "Prachttür" trennt. In der Tat scheint mir an diesen Stellen mit Jacobsens Ansatz "Knospe" > "Blume" o.ä. am besten auszukommen zu sein. Genauer möchte ich im Wort **ul** die sumerische Bezeichnung für die "Rosette" sehen, die in der mesopotamischen Ikonographie seit der Uruk-Zeit eine so bedeutende Rolle spielt. In seiner astralen Repräsentation, und dann speziell als Emblem der Göttin Inana(-k) verstanden, wird es wohl auch als **aš-me** = *šamšatu(m)* bezeichnet. [Dabei scheint es sich mir um ein ähnlich bedeutungsgeladenes Symbol zu handeln, wie beim ägyptischen Anch-Zeichen oder beim Swastika-Zeichen. Vgl. ferner U. Moortgat-Correns, "Die Rosette - ein Schriftzeichen? Die Geburt des Sterns aus dem Geiste der Rosette", *AoF* 21 (1994), 359-371 der ich an dieser Stelle für ihre Diskussionsbereitschaft danken möchte.]
Ob hiervon ein <temporal> verwendetes **ul** wirklich zu trennen ist, wie Wilcke vorschlägt, mag einstweilen offen bleiben. Denkbar erscheine mir auch, unter Einfluß von akkad. *ullû(m)*, eine Bedeutungsangleichung an das semitische Wort unter Teilersatz des temporalen und lokalen **ri**, etwa analog zu akkad. *ina ūmim ullûtim* (*BWL* pl. 19, IM 53946) Immer noch bedeutsam bleiben deshalb, die - im Kontext der Urzeit-Mythologien - bei J.J.A. van Dijk, *AcOr* 28, 33 vorgeschlagenen Übersetzungen: **u$_4$-numun-i-i** "le jour où la semence surgît", **u$_4$-ul-i-a** "le jour où les fleurs s'épanouirent" und **u$_4$-ul-dù-a** "le jour où la floraison fut faite".

155 S.M. Maul, "Altorientalische Tatenberichte mit (auto)biographischen Zügen", in *La biographie antique* (*Entretiens sur l'antiquité classique* 44, 1998), 27ff.

156 Idem, ibid., 27. - Die Problematik emischer und ethischer Begriffe, die in der Ethnologie auch als "folk system theory" Paul Bohannans Einfluß gewonnen hat, habe ich bereits in einem Vortrag 1998 kurz erörtert.

"Eigenbegrifflichkeit" sich etwa von der "Leistung des Begriffs" verabschieden wollen, so wäre dies höchst bedenklich. Insofern als all unser Tun sich als Übersetzungsversuch deuten läßt, ist ein stetiges Bemühen nicht nur um die Begriffe unseres Untersuchungsgegenstandes, der Kultur des Alten Mesopotamiens, sondern auch um unsere eigene Begrifflichkeit unabdingbarc Voraussetzung. Die Absicht der vorstehenden Darlegungen war es u.a. auch zu zeigen, daß der Blick auf die Vergangenheit nicht allein zu begreifen ist als rein antiquarisches Interesse, dem vermutlich ohnehin keine überragende Bedeutung im Denken des Altertums zukam, sondern daß das stete Bemühen um Planungsvoraussetzungen und Handlungsgrundlagen mitgedacht werden muß. Darin sind <mythische> und <lineare> Zeitvorstellungen aneinander gebunden. Die Beschäftigung mit der Vergangenheit war deshalb empirisch in einem uns heute fremd gewordenen Sinn, kaum zu unterscheiden von anderen Methoden des Lernens aus dem angenommenen Faktischen. Fremd war diesem Denken deshalb eine Auffassung, die die Zukunft als Differenz zur Vergangenheit bestimmt und die Gegenwart als den Punkt der Diskontinuität. Sie ist typisch für die Gesellschaften der Neuzeit.[157] So wird deutlich, daß eine Welt, die im Grundsatz alles bereits, zumindest im Kern, vorgeformt enthält, ein von uns abweichendes Konzept von Zukunft besessen haben muß; der Zukunft abgewandt scheint mir das alte Mesopotamien aber nicht gewesen zu sein. Zukunft wird modellhaft als geschlossen vorgestellt. Ungewisses, Unbekanntes, das nach unserer Kategorisierung Kontingente, kann nur zur Krise führen und demgegenüber bedarf es der Planung; und umfassende <Empirie> vorausgesetzt, erscheint Erfolg möglich. Die Voraussetzungen dafür werden durch die Schrift in ungeahnter Weise erweitert. Hier verschränken sich im Aspekt der Planung deshalb mesopotamische Geschichte und Ökonomie.

Weil aber mesopotamischem Denken die Kategorie der Kontingenz fremd bleibt, so ist ihm die Zukunft grundsätzlich aus der Vergangenheit nicht nur deutbar, sondern auch planbar und gestaltbar.[158] Der mesopotamische Blick in die Vergangenheit meint immer auch den Blick in die Zukunft.

---

[157] Vgl. zu einer geschichtstheoretisch bemerkenswerten Untersuchung dieses Themas H.M. Baumgartner, *Kontinuität und Geschichte: Zur Kritik und Metakritik der historischen Vernunft* (Frankfurt/M. 1972).

[158] Diese Aspekte müssen nach meiner Auffassung die klassische Einordnung des mesopotamischen Geschichtverständnisses modifizieren und über das hinaus erweitern, was C. Wilcke, in *Archäologie und Geschichtsbewußtsein*, 45 dazu schrieb: "Ihrer (= der alten Babylonier, Zusatz des Verf.) Stellung als geschichtliche Wesen waren sie sich aber sehr bewußt und suchten an der Zukunft teilzuhaben, indem sie ihre Taten aufzeichneten."

Notes on Selected Entries from the Ebla Vocabulary

eš$_3$ - bar - kin$_5$ (II)[1]

Åke W. Sjöberg (Philadelphia)

Edition by G. Pettinato, *MEE* 4 (Napoli 1982); see now also S.A. Pomponio, *MEE* 15 (Roma 1997) (where further unilingual refs. are found).

A couple of years I have been working on the Ebla Vocabulary for the Pennsylvania Sumerian Dictionary Project in the University Museum in Philadelphia. I am happy to dedicate this study to my old friend Jo Renger to his 65th birthday.

4. * **nig$_2$-da-DU / nig$_2$:DU:da, nig$_2$-⌈da⌉-DU** ; EV 0231 **nig$_2$-d[a-DU]** (no transl.). **nig$_2$-da-DU** *MEE* 15, p. 230 (**ni$_3$-**) with refs. to uniling. EV texts.
Literary Presarg. ref.: **da mu-ni-bad nig$_2$-da-DU na-nam** "he(?) 'opened the arm', it was ... indeed" *OIP* 99, 387 iii 3'-5'.

---

[1] Å.W. Sjöberg, "Notes on Selected Entries from the Ebla Vocabulary eš$_3$-bar-kin$_5$ (I)", in *Festschrift für Burkhart Kienast* (forthcoming). – Abbreviations:
Aistleitner, *Wörterbuch*: J. Aistleitner, *Wörterbuch der ugaritischen Sprache* (2nd ed., Berlin 1967). – Baumgartner, *Engl. ed.*: L. Koehler/W. Baumgartner/J.J. Stamm, *The Hebrew and Aramiac Lexicon of the Old Testament* (Leiden [u.a.] 1994ff.). – Baumgartner, *Lex.*^{3}: L. Koehler/W. Baumgartner (Hrsg.), *Hebräisches und aramäisches Lexikon zum Alten Testament* (Leiden [u.a.] 1967-1995) . – Civil, *OrNS* 56: M. Civil, "Studies on Early Dynastic Lexicography III", *OrNS* 56 (1987), 233-244 . – Conti + p.: G. Conti, *Il sillabario della quarta fonte della lista lessicale bilingue eblaita* (*MiscEb* 3 = *QdS* 17, Firenze 1990). – Gibson, *Myths*: J.C.L. Gibson, *Canaanite Myths and Legends* (2nd ed., Edinburgh 1978). – Krebernik + p.: M. Krebernik, "Zu Syllabar und Orthographie der lexikalischen Texte aus Ebla", *ZA* 73 (1983), 1-47. – Lane, *Arab.-Engl. Lex.*: E.W. Lane, *An Arabic-English Lexicon* (London 1863-1893). – Leslau, *Contributions*: W. Leslau, *Ethiopic and South Arabic Contributions to the Hebrew Lexicon* (Berkeley 1958). – Sokoloff, *DJPA*: M. Sokoloff, *A Dictionary of the Jewish Palestinian Aramaic of the Byzantine Period* (Ramat Gan 1990).

5. * **nig$_2$-gu$_2$-DU / nig$_2$-gu$_2$-DU**. Also attested in *MEE* 15 nos. 24 i 3; 28 i 4 (EV uniling.).
MEE 10, p. 132 text no. 27 rev. iv 4 **nig$_2$-gu$_2$-du**; cf. p. 134 comm.; *ARET* 2, p. 83 no. 33 v 9 **nig$_2$-gu$_2$-DU**, a profession; also *ARET* 4, p. 68 no. 7 vii 14; *ARET* 8, p. 55 sub **en nig$_2$-gu$_2$-du** "master of the ...-officials."
Lexical: **lu$_2$-nig$_2$-gu$_2$-DU** ED Lu E 89 (*MEE* 3, p. 39; in AbṢ and Ebla).
There is no connection to EV 26 below.

15. * **nig$_2$-⌜la$_2$-sag⌝ / nig$_2$-la$_2$-sag**; also EV 0260.
nig$_2$-la$_2$-sag also in *MEE* 15 nos. 24 ii 4; 28 v 9; 29 ii 2; 42 i 5 (EV uniling.).
ARET 1, p.300 "benda per la testa"; attested in Ebla admin. texts.
Presarg. **nig$_2$-sag-la$_2$**: Uruinimgina 4 x 10 (and dupl. 5 ix 11) **nig$_2$-sag-la$_2$-munus**; see *FAOS* 5, p. 152 with lit.; **nig$_2$-sag-la$_2$** Edzard, *SR* 115 ii'' 5'; **nig$_2$-sag-la$_2$-munus** *SR* 32 ii 4'; cf. **nig$_2$-sag-munus** *SR* 31 i 11; 60 vi 8; **tug$_2$-bar-dul$_5$-nig$_2$-sag-la$_2$-munus** *HSS* 4 no. 6 iv 3; Steinkeller, *Sale Documents*, p. 276f.; **nig$_2$-munus-la$_2$-sag** *BIN* 8, 45 i 6; *ELTS*, p. 294 (with refs.).

19. * **nig$_2$-la$_2$-sag-⌜keš$_2$⌝ / nig$_2$-la$_2$-sag-keš$_2$**.
nig$_2$-la$_2$-sag-keš$_2$ further in *MEE* 10 nos. 27 ii 12; 28 v 6; 29 i 43; 36 i 4. Cf. *PSD* B, p. 81 **balla**: **tug$_2$-NIG$_2$.SAG.IL$_2$.KEŠ$_2$-nita** = *u$_2$-pur zi-ka-ri*, ...**-munus** = *u$_2$-pur sin-niš-ti*. Cf. *ELTS*, p. 294 for **nig$_2$-sag-keš$_2$** "headband".

26. * **nig$_2$-gu$_2$**. Also found in *MEE* 15, p. 232 sub **ni$_3$-gu$_2$** with refs. to other EV unilingual texts.
gu$_2$ might be "neck" (Akk. *kišādu*, Eblaite *kidāšum* EV 1030), **nig$_2$-gu$_2$** "necklace"; cf. *CAD* K, p. 448 *kišādu* 2. "string of beads, necklace"), also in Akk. texts NA$_4$.GU$_2$.
MEE 2, p. 322 Testo 49 rev. i 8-ii 2: 15 *ma-na* KU$_2$.BABBAR 1 NIG$_2$.GU$_2$ AL.GÀL$_2$ E$_2$ EN "15 mine d'argento: 1 oggetto-N. presente nel palazzo del sovrano"[2].

---

[2] Cf. **nig$_2$-gu$_2$-na**, Akk. *unūtu*, *enūtu* "utensils", "implement(s)", "property", *AHw*, p. 1422f. sub *unūtu(m)*; Inninšagurra 121 (*ZA* 65, p. 190) **nig$_2$-gu$_2$ ga$_2$-ga$_2$**; also in the same line **[nig$_2$]-gu$_2$-na TUKU-TUKU**, with bil. vers.; also line 138 **nig$_2$-gu$_2$-na TUKU-TUKU**, Akk. version *ra-še-e e-nu-tim*; cf. *ZA* 65, p. 233 comm. to line 121; p. 236 on line 138. Interpretation as "necklace" is preferable.

34. * **nig$_2$-PA / nig$_2$-PA**. **nig$_2$-PA** also in *MEE* 15: see, p. 236 (EV uniling.).
nig$_2$-PA-za-gin$_3$: [NIG$_2$].PA.KUR(: zagin) *Ebla 1975-1985*, p. 143:41 with Civil's comm., p. 150 with ref. to this lexical entry: probably "stick, scepter": **nig$_2$-gidru(PA)**. **giš-nig$_2$-PA/pa, gidru: giš-nig$_2$-zu**[sic] = *ḫaṭṭu* Ḫḫ V 319 (*MSL* 6, p. 33); var. (text S$_6$) **giš-nig$_2$-PA**; Emar version 69' (*Emar 6/4*, 68) **nig$_2$-šu** = *ḫaṭṭu*; RS vers. (*MSL* 6, p. 38 note) **[giš-nig$_2$]-šu**; **giš-nig$_2$-gidru-ḫar-mušen-na** = *ḫaṭ-ṭi ḫu-ḫa-ru* "'stick' of the bird trap" Ḫḫ VI 221. Wr. **giš-nig$_2$-gidru** in OB: *CRRAI* 34, p. 222 (h) year date **mu-us$_2$-sa giš-nig$_2$-gidru-ḫuš e$_2$-^{d}nu-muš-da**. Lit.: **[giš]-gu-za giš-nig$_2$-gidru bala-a** = *nādin* GIŠ *ḫaṭ-ṭu kussû u palâ TCL* 6, 53:7-8: Elevation of Ištar (1st mill.).
Waetzoldt apud Mander, *MEE* 10, p. 90 on no. 20 obv. xx 18 ein Schmuckstück[3].

37. * **nig$_2$-ŠU$_2$.SAG / nig$_2$-sagšu** *MEE* 15, p. 236 with refs. to further Ebla lex. texts and fragments.
See Civil, in *Ebla 1975-1985*, p. 142:11 **nig$_2$-sagšu za-gin$_3$** = ŠU$_2$.NIG$_2$.⌜SAG⌝ KUR, and see his comm. p. 146.
ARET 9, p. 401.
Cf. EV 263 * **sagšu / sagšu** = *ga-ba-lum* (*ka$_3$-pa$_2$-lum*) (O). Conti, p. 110: *kaprum* "copertura, elmo(?)", ref. to Akk. *kapāru*[4]. See Pettinato, *Culto ufficiale*, p. 38 with fn. 182.
Cf. **sagšu, tug$_2$-sagšu** = *kubšu* (*CAD* K, p. 485; cf. Conti fn. 213); **tug$_2$-sagšu, tug$_2$-sagšu-elam-ma^{ki}, tug$_2$-sagšu** *ša* UR$_2$ ("hip", "bosom"), **tug$_2$-sagšu** *ša me-eḫ-si*, **tug$_2$-sagšu** *ša* IM.MEŠ Pract. Voc. of Assur 271-375 (*AfO* 18, p. 331). Ugar.: see Huehnergard, *Ugaritic Vocabulary*, p. 139f. Also a reading **nig$_2$-sagdul/sagtul** is a possibility, see Proto-Ea 302 (*MSL* 14, p. 43) **U**[sic]**.SAG** || **sag-tu-ul, sa-an-tu‹-ul›**; **sagtuš**: Proto-Diri 574 **sag-tu-uš** || **tug$_2$-U** [sic]**.SAG** = *kubšum*.
The term **nig$_2$-sagšu** is well attested in in Ebla administrative texts: see *MEE* 2, p. 98; *MEE* 7, p. 376; *ARET* 3, p. 380 NIG$_2$.ŠU$_4$.SAG; *ARET* 7, p. 231.

---

3 **nig$_2$-PA**, cf. **giš-nig$_2$-PA-apin** = *gir-gil-tu* (ring-shaped part of a plow) Ḫḫ V 159 (*MSL* 6, p. 18); cf. **giš-ḫar(-ra)-apin** = *girgiltu* Ḫḫ V 170 // Emar Ḫḫ V-VII 145' (*Emar* 6/4, 70) **ḫar-apin** = *še-mi-ru* ("ring").

4 Akk. *kapāru* "to cover" does not exist. Cf. Arab. *kafara*.

42. * **nig$_2$-ki / nig$_2$-ki** = *da-ma-du-gu(-um)*.
Krebernik, p. 2f.: *tamṭuqum* or *tamṭqum*; Conti, p. 66f.: *tamtuqu(m)* "dolcezza"; Akk. *matāqu* "to become sweet", Sum. **ku$_7$-ku$_7$**. **nig$_2$-ki** might stand for **nig$_2$-ku$_7$** (Krebernik); however, **nig$_2$-ki** is otherwise Akk. *nammaštu* (Akk. only ref. to animals) and *z̦ermandu* "vermin". Cf. Akk. *mutqu* A (*CAD* M/2, p. 301) "head louse" (= *uplu*, *kalmatu*), Sum. **sag-du-i$_3$-gu$_7$-e**. Rejecting **nig$_2$-ki** as **nig$_2$-ku$_7$**, Eblaite *tam(a)tuqum* must have a meaning "vermin" and connect it with Akk. *mutqu* A[5].
nig$_2$-ki also wr. **nig$_2$-ku**, see Alster, *SP*, p. 304: 3N-T 232+234 **pa$_5$-kiri$_6$-ke$_4$ a na-an-tum$_3$ nig$_2$-ki i$_3$-gal$_2$**, translated by Civil (*JCS* 32, p. 169) as "The ditches of the garden will not carry water, they are full of vermin"; a parallel is found in *Iraq* 55, p. 100 H 77 obv. 6f'. (cited by Alster, p. 465) **⌜pa-ša⌝-ka e na-ab-tu-un nig$_2$-ku al-[ga$_2$-al]** = *pa-at* A.ŠA$_3$ *me-e u$_2$-ul i-ma-ṭa$_3$-ar* ⌜x⌝ [...] *i-ba-aš-ši* (where unfortunately the Akk. translation of **nig$_2$-ku** is not preserved)[6]. Alster refers also to *UET* 6/2, 184 **pa$_5$ a du$_{11}$-ga a-ša$_3$-ga a na-an-tum$_2$-e / mun$^!$-na-am$_3$ i$_3$-gal$_2$** (**mun** "salt").
(Pettinato, *LdE*, p. 269 who refers for *da-ma-du-gu(-um)* to Akk. *madaktu* "Feldlager")[7].

52. * **[ninda]-kaskal / ninda-kaskal** .
Pettinato *MEE* 1, p. 299 **nig$_2$-kaskal** "provvisione di viaggio"; *ARET* 8, p. 64: **nig$_2$-kaskal** "provisions for an expedition"; *ARET* 9, p. 399 (sub **ni$_3$-kaskal**).
Edzard, *LLLE*, p. 196 viii 13-14 **NINDA KASKAL GU$_7$**; 197 viii 18 **NINDA KASKAL ḪE.NA.SUM** ; ix 19-20.

---

[5] *mtq* (Akk., Hebr., Aram., Syr.) ("sweet") is **mṭq* as shown in Arabic; Akk. *mutqu* A is then not to be connected with *mṭq*, but cf. Sjöberg, *Fs. Oelsner* (forthcoming), fn. 14. Cf. W. Heimpel, *RlA* 5, p. 108(a) § 4 (b) who understands, with some hesitation, **uḫ-sag-du-i$_3$-gu$_7$-e** as "Kopfungeziefer, das man isst", interpreting *mutqu* as "Süssigkeit"; *mtq* ("süss sein"??) H. Holma, *ZA* 28, p. 153; cf., however, Landsberger, *Fauna*, p. 126, 4. I. a) *mutqu* with ref. to Holma, according to Landsberger "eine unmögliche Etymologie".

[6] Note *imaṭṭar* (*i-ma-ṭa$_3$-ar*): v. *maṭāru* "to rain" not found in the dictionaries [cf. Akk. *miṭru* *CAD* M/2, p. 147 (a small canal, ditch) and *miṭirtu* *CAD* M/2, p. 144f.]. The translation of **e na-ab-tu-un** as *mê ul imaṭṭar* is free.

[7] Civil, *OrNS* 56, p. 237 reads *da-ma-du gu-(um)* and translates "the totality of animals", from *dad(a)mu* "totality" (cf. Akk. *dadmu*, *dadmū*), but we would have then expected *da-da-mu* (cf. Durand, *MiscEbla* 2, p. 29 fn. 7). *gu-um*, *gu*: Civil might have thought of Akk. Mari *gâum* (*gāyum*) "group (of workmen)", cf. *gōy* "people"; "nation"; also referring to swarm of mosquitoes, birds, and locusts. If we emend the Eblaite translation and read *da-da-mu qu-um* we have a parallel to **nig$_2$-ki** = *nammaštum*.

Lexical: **ninda-kaskal-[la]** = *ṣi-di-[tum]*, *a-ka-al ḫar-ra-nim* Proto-Diri 374-375.
ninda-kaskal = NINDA.MEŠ KASKAL-*ni*(: *ḫarrāni*) Emar Ḫḫ XXIII 67' (*Emar* 6/4, 157)[8].

60. * **ninda-siki $_2$ / ninda-siki$_2$(UD)** = [. . .-l]u (i): EV 0283.
ninda-siki$_2$ also in *MEE* 15 nos. 28 rev. i 10; 29 i 30; 42 ii 4 (EV uniling.); read there **ninda-UD** .
[ninda]$^{nin-da-si-ki}$UD = *a-kal si-i-ki* Ḫḫ XXIII v 19 (*CAD* S, p. 260 *sīku* B s.; mng. uncert.); cf. **ninda-še-giš-i$_3$** = *a-kal si-ka-a-ti*, **[ninda]-še-giš-i$_3$-sig$_5$-ga** = *a-kal si-ka-a-tu$_2$ dam-qa-a-ti* Ḫḫ XXIII Fragm. j 1-2. *ARET* 9, p. 400 with ref. to *MEE* 3, 63 obv. iii 7: Civil, *OrAnt* 21, p. 8f.; Bauer, *AWL*, p. 632. Cf. *akal* [*s*]*a-a-ki* with Sum. equivalents Erimḫuš IV 134f.; v. *sâku* "to pound, to crush": *CAD* S, p. 82ff.
See further *OIP* 99, 32 ii 2' (Presarg. lex.) **⌜ninda-siki$_2$⌝** (followed by **ninda-ar$_3$** (Akk. *mundu*), **ninda-du$_{10}$** (= following Ebla lexical entry 61 = *ṭu$_3$-bu$_3$-a-tum*). Ur III **siki$_2$**, **si$_2$-gi$_4$**: **ninda-siki$_2$ tuḫ-ḫu-um zi$_3$** *UET* 3, 907:3; **si$_2$-gi$_4$-tuḫ-ḫu-um** *UET* 3, 71:4; **2 sila$_3$ si$_2$-gi$_4$-tuḫ‹-ḫu›-um** 929:2; so also 1128:1 (**tuḫ-ḫu-um**).

64. * **nig$_2$-LU-LU / nig$_2$-lu-lu** = *ti-'a$_3$-ma-tum* (C). Also *MEE* 15, p. 234 (EV uniling.).
Krebernik, p. 3: *ti*(*H/l*)*ḫam*(*a*)*tum*, perhaps *til$_3$-'a$_3$-ma-tum*: root *lḥm* as in 63 **nig$_2$-lu** = *la-i-mu*, *a-i-mu*; see also Krebernik, *SEb* 7, p. 207; so also Conti, p. 69: *tilḥamatum*; Krebernik, p. 3: *laḥimu*(*m*) with ref. to Arab. *laḥama* "zusammenfügen", "löten", Hebr. *l-ḥ-m* Nif. "handgemein werden," "kämpfen", Syr. *laḥḥem* "zusammenfügen." Conti, p. 69: Sem. **lḥm* "essere stretto l'uno con altro" (= Krebernik); but Hecker (Conti, p. 69 fn. 32), *BaE*, p. 218 fn. 79: Akk. *lêmu* "to eat". [I do not concur with Krebernik, Conti, and Hecker].
[Sanmartín, *Studies M. Civil*, p. 208 with fn. 208 (*til$_3$-*)].

---

[8] *OIP* 99, 255 (lit. text) viii 3' = Jestin, *TSŠ* 327 iii 7' **ninda-kaskal nu-tuku**; Ur III: **ninda-kaskal ⌜x] [x (x)]-⌜še$_3$⌝** *Studies Sjöberg* 55 iv 12 (copy p. 63); OB lit.: **ninda-kaskal-la**: **[ninda]-kaskal-la-ka-ni nu-um-ka-aš** Lugalbanda Epic II 203; **ninda-kaskal-la-ka-ni** II 340 [for **ka-aš** see EV 168 above with comm.]. Bilingual: **ninda-kaskal si-ge-de$_3$** = *ṣi-di-ti ša$_2$-pa-ku* von Weiher *Uruk* 3 no. 67 ii 17-18; **kuš-a-ga$_2$-la$_2$ kuš-A.EDIN-la$_2$ ninda-kaskal si-si-ge-de$_3$** = *na-ru-uq-qa$_2$ na-a-da ṣi-di-ti ša$_2$-pa-ku* "to fill the sacks and waterskins with travel provisions" von Weiher *Uruk* 3 no. 67 iii 3-4 (these two bilingual passages have now to be added in *AHw* and *CAD* Ṣ).

ti-'a$_3$-ma-tum could be explained as *til'amat-* with drop of *l*: root **tl'm* (or **dl'm*). *ti-'a$_3$-ma-tum* could also be *tiḥāmat-*: **tḥm*. Fronzaroli, *MLE* s.v. *tihām-at-um* interprets EV 64 as "mare" in metaphoric sense to express abundance (**lu, lu-lu** = *dešû, duššû*) (see Krebernik *ZA* 73, p. 3 fn. 9, but in lexical context far-fetched.

Cf. George, *House Most High*, p. 132:882 **e$_2$-nig$_2$-lu-lu** "House of the Teeming Flocks" (cf. Pettinato, *LdE*, p. 270 on r. V 7-10). [**lu, lu-lu** = *dešû, duššû*].

[Cf. Civil, *BaE*, p. 84 on **nig$_2$-lu** and **nig$_2$-lu-lu** (no translation)].

Cf., perhaps, **ab$_2$ nig$_2$-lu-lu ama[r] nig$_2$-lu-lu** *OIP* 99, 253 i 4 (erasure between **nig$_2$** and **-lu** end?); it is tempting to translate "teeming/abundant cows and abundant calves"; cf. **gu$_4$ lu-lu-a-ba** = *alpī duššâti* "abundant/numerous oxen" Nergal Hymn A 12 (*ZA* 31, p. 114:12 and 14) and further bilingual refs. in *CAD* D, p. 199 sub *duššû* adj. a)[9].

105. * **nig$_2$-TAR / ninda-TAR** = *pa$_2$-ta$_2$-tum*.
nig$_2$-TAR also *MEE* 15 no. 29 ii 38 (EV uniling.). Archi, *SEb* 2, p. 88: **nig$_2$-ku$_5$**, reading *ba-da-dum* and ref. to Akk. *badādu* (D) "dilapider": *CAD* B, p. 303 *buddudu* "to waste, to squander" NA); Arab. *badda* "diviser".

I have preferred to read *pa$_2$-ta$_2$-tum*: *ptt*, see Baumgartner, *Lex.*^{3}, p. 931 "zerbröckeln"; *pat*, p. 924 "Brocken, Bissen"; **p^{e}tōt*, p. 926 "Brocken (v. Brot)". Root *ptt* (*ftt*) in Hebr., Aram., Syr., Eth., Arab. but not in Akk. and Ugar. Eblaite *patatum* (: *pattum*) is a nomen, "hunk, chunk (of bread)".

108. * **nig$_2$-ul / nig$_2$-ul** = *si-bu$_3$-um* (*ši$_2$-bu$_3$-um*), see also EV 0235. [Read as **ni$_3$-du$_7$** in *MEE* 4 and *MEE* 15, 5]. **nig$_2$-ul** also in *MEE* 15 no. 28 i 5 (EV uniling.).
Conti, p. 79: reading **ni$_3$-ul**, *šībum/šiybum* "anzianità"; Akk. *šību* "anziano," *šībūtu* "anzianità." In Akk. lex. texts *šībūtu* is Sum. **nam-ab-ba**[10].

---

[9] Cf. **an-da nig$_2$ im-da-lu-lu(-un)** IŠ 134/129 (new ed.) "there are numerous things under the sky" (Alster); "(but it is) with Heaven that you multiply your goods" (Civil, *JNES* 43, p. 292); **ka-zu-ta nig$_2$-nam nu-lu-lu-un**, ED$_1$ **ka-zu$_5$-ta nig$_2$ na-lu-lu** "with your mouth you will make numerous things" IŠ 181/176.

[10] **nig$_2$-UL** is almost always read as **nig$_2$-du$_7$** (**ni$_3$-du$_7$**) where **du$_7$** would correspond to Akk. *asāmu, asmu*, cf., for instance, Gudea Cyl. A i 4 **nig$_2$-UL-e pa nam-e$_3$**: Thureau-Dangin, *SAKI*, p. 89 "was sich gehört"; Falkenstein, *SAHG*, p. 138 = Thureau-Dangin, and Jacobsen, *Harps*, p. 388 "the things (to him) appropriate". "Appropriate", "was sich gehört" is Sum. **ḫe$_2$-du$_7$**.

119. * **[ninda-GA$_2$] / ninda-GA$_2$** = *z.u-nu-um* NINDA, *z.u-u$_3$-nu* NINDA.
See Krecher, *BaE*, p. 143 ref. to Akk. *ṣênu* "(auf)laden", altakkadisch insbesondere "(Speisen) auftragen": *CAD* Ṣ, p. 131f., and NINDA.GA$_2$ (Krecher) = *z.u-u$_2$-nu*, *z.u-nu-um* NINDA: a subst. (stat. cstr.) + "bread".
An ED literary ref. is found in *OIP* 99, 255 viii 2'-4' and dupls. Jestin, *TSŠ* 327 iii 6'-8' and Deimel, *SF*, p. 26 no. 26 viii 1 **ninda-MU nu-tuku ninda-kaskal nu-tuku ninda-GA$_2$ nu-me** (var. **nu-mu**)[11] "not having ... food, not having travel provisions or no ... food".
Perhaps also *UET* 2, 17 rev. (ii) 1 n **ninda-GA $_2$**.

121. * **nig$_2$-ki-luḫ / nig$_2$-ki-luḫ** = GIŠ *da-bu$_3$* (C), *ḫa-la-tum* (i): EV 0256. **nig$_2$-ki-luḫ** also *MEE* 15 nos. 26 v 5; 28 iv 8 (EV uniling.). **nig$_2$-ki-luḫ** Deimel, *SF*, p. 44 no. 43 (Word List) XIII 20.
Civil, *OrNS* 56, p. 236 "broom"; **giš-nig$_2$-ki$^!$-luḫ-ḫa-gišimmar** = *mušēširtu* "broom" Ḫḫ III 407 (Emar Ḫḫ III 183':

Reading **nig$_2$-ul**: see Cooper, *Angim*, p. 139 comm. to line 193 who argued for a reading **nig$_2$-ul** based on **nig$_2$-ul-li$_2$-a-ke$_4$**: Urnammu 26 **nig$_2$-ul-li$_2$-a-ke$_4$ pa mu-na-e$_3$** (note the parallelism with the Gudea passage); earlier than Cooper I argued for a reading **nig$_2$-ul (ni$_3$-ul)**, see *OrSuec* 22, p. 116 comm. to p. 109 line 49 **ni$_3$-ul pa bi$_2$-in-e$_3$** "has made appear that which is everlasting" (my transl. in *OrSuec*) but M.-A. Dupret, *OrNS* 43, p. 334:49 "fit [respl]endir l'ordre." See also Lambert-Tournay, *RA* 46, p. 76f. fn. on Gudea Stat. D ii 6 where read **nig$_2$-ul-e pa mu-na-e$_3$** (but their interpretation of **nig$_2$-ul** cannot be accepted), but still read as **ni$_3$-du$_7$-e** in *NSWB* 1, p. 186 Gudea Stat. B ii 6; also Edzard, *Gudea*, p. 69 Gudea Stat. A i 4 **nig$_2$-du$_7$ pa nam-e$_3$** "in our city everything really functioned as it should." A reading **nig$_2$-ul** is certain in **abul-nig$_2$-ul-la** (name of a gate in Uruk) Inanna and Enki II/iv 22; 28; 51; see Farber-Flügge, p. 87 (comm.) where she understands **ul** as "Freude." **nig$_2$-ul** in the name of the gate in Uruk is certainly identical with our **nig$_2$-DU$_7$**: **nig$_2$-ul** and to be understood as "the Gate-of-Old"; cf. also Enlildiriše 34 **giš-ḫur nig$_2$-ul-e za$_2$ keš$_2$-DU**, and note var. **nig$_2$-ul-la** "from remote time", "of old". The expression **nig$_2$-ul(-e) pa--e$_3$** might simply be translated "to let 'the old tradition' be manifested again."
nig$_2$-ul referring to the future is found in Šulgi Hymn B 1-2: **lugal-e mu-ni nig$_2$-ul-še$_3$ u$_4$-sud-ra$_2$ {KA} pa-e$_2$ ak-de$_3$** "the king whose name will be manifest in future (times) and days-to-come." Cf. **nam ul-še$_3$** tar-re Enlil in the Ekur 2 where **ul** refers to the future; see Falkenstein, *Götterlieder* I, p. 26f. (comm.) where further refs. for **ul-še $_3$** are quoted.

[11] EV 65 **ninda-MU**; also EV 0263; **ninda-MU** *MEE* 15, p. 235 with further refs. in uniling. EV texts. **-mu** is not the possessive suffix "my", perhaps **ninda-muḫaltim(ak)** : **akal* (*aklu*) *nuḫatimmim*?

Emar 6/4, p. 58 has **giš-nig$_2$-ŠUL**^{sic}**-gišimmar**)[12]. **nig$_2$-ki-luḫ** Deimel, *SF*, p. 44 no. 44 xiii 20; *MEE* 3, p. 138 no. 46 viii 6. Ur III: some refs. are found in *JCS* 23, p. 232 on line 7' where Civil refers to the wr. **nig$_2$-luḫ** in *BE* 3, 105:8 (Ur III).
Lex.: **giš-nig$_2$-ki-luḫ-ḫa-gišimmmar** Veldhuis, *List of Trees*, p. 153:100/3407. OB lit.: **kan-nu nig$_2$-luḫ-giš-gišimmar šu ḫe-a-ti lal$_3$-sig-ga ka-bi su$_2$-bu-sa-ma** "take a *k.*-jar, a ... (made of the leaves of) a date palm, rub its mouth with fine honey" *CT* 58, 10:13 where **nig$_2$-luḫ** stands for **nig$_2$-ki-luḫ** [13].
Conti, p. 81: *'iṣ(um) ṭawbu(m)* "il buon arbero" (la "palma"); however, see p. 81 fn. 82.
For Eblaite transl. *ḫa-la-tum* Pettinato, *BaE*, p. 44, refers to Akk. *ḫallatu* "canestro" (: *CAD* Ḫ, p. 44 *ḫallatu* B, a kind of basket); however, see Civil, *OrNS* 56, p. 236 who refers to Akk. *ḫarūtu* (*ḫaruttu*) [*CAD* Ḫ, p. 121], Aram. *ḥārūtā* "branches of the date palm" ("from which brooms - like the typical *muknasa* of S. Iraq - are made": Civil; cf. *PSD* A/2, p. 40 **a$_2$-an** 2. "spadix", "broom of date spadices").

139. * **ki-ba$_4$-gar / ki-ba$_4$-gar** = *ka$_3$-nu, ka$_3$-num$_2$*; also EV 0184. **ki-ba $_4$-gar** also *MEE* 15 nos. 35 i 6; 38 i 5 (EV uniling.).
Krecher, *BaE*, p. 143 **KI.GA$_2$.NINDA** falls anagraphisch für **KI.NINDA.GA$_2$** "Ort, an dem Brot aufgetragen wird." **GA$_2$** for **GAR** is then surprising, but cf. entry 138 above.
Pettinato, *LdE*, p. 272f. Akk. *kânu(m)*; Krebernik, p. 6; fn. 20; Conti, p. 84: Akk. *kânu(m)*; cf. Butz, *Ebla 1975-1985*, p. 334 fn. 89.

---

12 Cf. *CAD* E, p. 256 5. *šūšuru* "to sweep" (house, ground); *CAD* Š/3, p. 287 *šūšurātu* "sweepings", Sum. **saḫar-e $_2$-sa-la$_2$**.

13 Lit.: **kur-kur-bi . . . . . nig$_2$-ki-luḫ-bi-ne nam‹-mi›-in-la$_2$** M.E. Cohen, *Eršemma*, p. 58 no. 184:37f.// S.N. Kramer, *Studies Moran*, p. 258 rev. ii 104f. **nig$_2$-ki-luḫ-bi izi nam-in-la$_2$** "he made their stones of the *ašāgu*-plant carry fire" (p. 26); in his comm. (p. 267 with fn. 60)) Kramer refers to *CAD* A/2, p. 448 *ašāgu* (a kind of acasia) lex. sect. **(giš-)nig$_2$-ki-luḫ-giš-u$_2$-GIR$_2$** = *aban a-ša-gi, ab-nu ša$_2$ a-ša$_2$-g[i]* ("seed of the a.-plant") but interpretation cannot be accepted. Cohen does not translate.
An Old Testament parallel might be found in Jesaja 14:23 *w^{e}ṭēṭēthīhā b^{e}maṭ'^{a}ṭē hašmēd* "and I will sweep her (Babylon) away with a broom of extermination(?)". Transl. of the Sum. lines: "the countries .... he has swept (as) with a broom". L. Kopf, *VT* 8, p. 174 // Studies in Arabic and Hebrew Lexicography [146] rejects the interpretation of Hebr. *ṭēṭē* (*ṭ'ṭ*) and *maṭ'^{a}ṭē* as "to sweep away" and "broom" respectively; cf. also J. Barr, *Comparative Philology*, p. 56. Cf. Leslau, *Contributions*, p. 23 *ṭ'ṭ'* with refs. to Ethiopic *'a-ṭa'ṭ^{e}a* "arrange well, decorate" and Tigrinja *'aṭṭaṭ^{e}e* "repair". **nig$_2$-ki-luḫ** might not neccesarily be only "broom".

ki-ba $_4$-gar, Akk. *kânu*(*m*) "to be firm in place"[14].

141. * **ki-sur / ki-sur**. **ki-sur** also *MEE* 15 no. 35 i 10 (EV uniling.).
Cf. Pettinato, *Culto ufficiale*, p. 31 "cappella" ("chapel"):, p. 84 text no. 3 xii 21-22 1 UDU KI-SUR "1 ovino per il sacello"; see further *ITT* 1, 1077 rev. 4 (animal offerings) **ki-sur-ra** .
in da-ma-ti KI.SUR: *ARET* 1, p. 126 no. 13 IV. 5-7; LU$_2$ DU.DU KI.SUR! KI.SUR: *ARET* 1, p. 125 no. 13 III. 9-11: *MEE* 2, p. 60; comm., p. 68 "ipogeo"; KI.SUR SI.DU$_3$-SI.DU$_3$: TM.75.G.2238 XII 22-23: *OrAnt* 18, p. 168; in KI.SUR GN: *ARET* 7, p. 174 no. 156 III. 1-2; p. 218 Glossary ki-sur "confine"; *MEE* 7, p. 222 no. 42 rev. ii 11-13 *ši-in* KI.SUR *ḫa-ra-an*^{ki} "verso il confine (della città) di Ḫarrān". Edzard, *LLLE*, p. 200 par. 17:8 **KI.SUR**, p. 207 par. 36:15-17 *a$_2$-na* **KI.SUR** *eb-la*^{ki}; p. 212 (17) **KI.SUR** "Grenze".
Akk. **ki–sur** "to draw the border(line)"; **ki-sur-ra** = *kisurrû*(*m*) "boundary"; "territory"; "plan, outline (of a building)".

144. * **si-gar / si-gar** = *ma-da-ri$_2$*-LUM.
Conti, p. 86, refers (fn. 103) to Fales, *WGE*, p. 206 where ref. to Akk. *mēdelu* "bolt". Krebernik, *LLLE*, p. 136 SI.GAR as logogram in Ebla (Krebernik: a connection with *mēdelu* is "hardly possible").
EV 037 **AN-si-gar** = *la*-NI-*tum* where I assume that **si-gar** is the same word as in our entry 144. I connect *la*-NI-*ṭum* with Akk. *lâṭu(m)* "to confine, to keep in check (with a bridle *rappu*)", "to curb, to control": *CAD* L, p. 113 *lâṭu* A v.; *maluṭṭu*, *malūṭu* "bridle, stock" (*CAD* M/1, p. 189); synonyms *nardappu*, *rappu*. Reading *la-'a$_x$-ṭum* seems possible, cf. Krebernik, *ZA* 72, p. 198 sub NI; cf. also *MEE* 7, p. 97 on text no. 13 rev. v 6.
Mesop. lex. Sum. **si-gar** (**giš-si-gar**) = *šigaru* "bolt" or "bar"; "neck stock(s)" (*CAD* Š/2, p. 408f.) is then more or less a synonym of *rappu*, *malūṭu*, *nardappu*.
ma-da-ri$_2$-LUM might be *matarrigum/matargum*: *matarrikum* (nom. instr.): root *trk*, Akk. *tarāku* "to beat, to strike" (in. al. ref. to weapons); this mng. does not seem to fit in connection with **si-gar** = *šigāru* "bolt" or "bar"; "neck stock(s)"; however, there

[14] Cf. Sum. expression **ki-bi-še$_3$ gar**, see Römer, *SKIZ*, p. 60 n. 99; **nig$_2$-ki-bi-še$_3$-gar** M.E. Cohen, *Studies Hallo*, p. 80 A iv 22 = B vi 15 (var. **-ki-bi$_3$-še$_3$-**), Fara period Name List.

might be a semantic connection between *lâṭu* and *tarāku*[15].

145. * **igi-gar** / **igi-gar** = *ba-la-um*, *ma-da-u*$_9$. Also *MEE* 15 no. 35 i 9. *MEE* 3, p. 137 no. 44 vii 5 **igi-gar** .
Pettinato, *MEE* 2, p. 31; *LdE*, p. 273: *barû* "vedere"; Conti, p. 86: *ma-da-u*$_9$: *maṭṭalu(m)* "ispezione": *ba-la-um/barāyum*, cf. Akk. *barû* "osservare, ispezionare", see fn. 105.
I connect *ba-la-um*: *pa*$_2$*-la-um* with Arab. *falā* (*flī*) (Lane, *Arab.-Engl. Lex.*, 2445) and Aram. *pl'* "to inquire into, to look into, to inspect", see Pettinato, *MEE* 1, p. 31 on no. 2 X 4-5 with ref. to Aram. *pl'*, Dalman, *HWB*, p. 334 *pl'* Pa. "durchsuchen." [Different Conti, *MiscEb* 3, p. 86 with fn. 105].
ma-da-u$_9$ remains difficult; root *nṭl* (Conti): *manṭalu(m)* › *maṭṭalu(m)* with drop of intervoc. l ("inspection") is a highly uncertain interpretation.
Sum. **igi-gar** corresponds to *pāna šakānu* "to turn toward"; "to make face"; "to preceed": "to intend" (see *CAD* Š/1, p. 138f.). *ARET* 1, p. 287 **IGI.NIG** $_2$ "controllo".

165. * **sur-tug**$_2$ / **sur-tug**$_2$ = *su-ra-um*; *ne-gu*$_2$*-su-ru*$_{12}$*-um*; *gu*$_2$*-zi-ru*$_{12}$*-um*; also EV 0365.
sur-tug$_2$ also *MEE* 3, p. 146 nos. 45-46 IX 6'; *OIP* 99, 34 vii 7' (1'ff. different garments); Pettinato, *LdE*, p. 274; Conti, p. 91: *neggušurum* ‹ Sum. **nig**$_2$**-gu-sur**, see EV 0254 (*MEE* 4, p. 365): **nig**$_2$**-gu-sur** = *ne-gu*$_2$*-su-ru*$_{12}$*-um*. **sur** is probably "to spin", Akk. *ṭawûm*, *ṭamû*, and **gu** (Akk. *qû*) "thread, string". [For **ni**$_3$ › *ne* see Civil, *OrNS* 56, p. 235].

168. * **⌜KA⌝-AŠ / KA-AŠ(KA.AŠ)**.
Pettinato, *Il Rituale*, p. 282 fn. 291 interprets **ka-aš** as "decisione", Akk. *purussûm*. **ka-aš/KA.AŠ** in Ebla: see *MEE* 10 no. 2 obv. viii 13-15 **ka-aš en** *eb-ri*$_2$*-um* "(of) the decree (concerning) (the nomination of) Ebrium (as) sovereign", transl. *MEE* 10, 10; also *MEE* 10 no. 3 obv. vi 10-12; *MEE* 7 no. 23 ii 10; *ARET* 3, p. 142 no. 469 obv. iv 1; *ARET* 1, p. 75 no. 7 rev. 8. Permit me to doubt the interpretation of **ka-aš** as "decision" in

---

[15] Cf. *maḫāṣu* "to hit, to strike" (in specialized mng.) with words for chains, fetters: PN *šuršurrāte sip*[*arri*] *amtaḫas* "I put PN in copper chains" *KAV* 96:7 (MA); *ina parzilli ḫaḫḫu tamaḫḫaṣušu* "you put it (the figurine) in fetters (lit. in iron) made of frit" VAT 35:9; **NIM [ra]ḫ-ḫa** = *ṣiṣṣu maḫiṣ* "the handcuffs are clamped on" SIG$_7$.ALAN XX 56 (*MSL* 16, p. 181).

Ebla[16]. I interpret **KA-AŠ** as **KAxAŠ** (reading and meaning unknown); cf., for instance, EV 169 where **KA.SAR** = **KAxSAR**: **mu$_{11}$** = *qa$_{2}$-ma(-u$_{9}$)-um* "to grind", Akk. *qamû*; cf. also EV 172 **KA.ZI$_{3}$** = **KAxZI$_{3}$** below, and preceding line **KA.A** = **KAxA** = **nag**.

173. * **ka-ḫab / ka-ḫab** = *na-ga-um* (*na-ka$_{3}$-um*); also EV 0155. Conti, p. 93: *nakāhum*, ref. to Arab. *nākhatun* "odour of the mouth" (Lane, *Arab.-Engl. Lex.*, p. 3038; cf. Dozy, *Supplement*, p. 724); *nakaha* "alitare sulla facia di qualcuno"; *nukiha* "aver l'alito cattivo a causa della digestione." Sum. **ka-ḫab** = *pû bīšu* (see Conti, p. 93 fn. 137; *CAD* B, p. 270 *bīšu*)[17].

181. **ka-la$_{2}$** = *u$_{3}$-li-⸢gu$_{2}$⸣, a-gu$_{2}$-um.*
Conti, p. 94: *'ulīgu(m)* "difficoltà di parola". Cf. Hebr. *'illēg*, plur. *'ill^{e}gīm* (Isa. 32:4) "stammering"; Ugar. *t'lgt* "stammering" (see Baumgartner, *Lex.*^{3}, p. 783 sub *'lleg*); Leslau, *Contributions*, p. 39 *'lg*. *a-gu$_{2}$-um*: see Krebernik, p. 7f. referring to Arab. *'alaqa* "(fest)hangen", see Lane, *Arab.-Engl. Lex.*, p. 2132 "to clung", "to stick", "to stuck fast"[18,19]. Cf. EV 180 **eme-la$_{2}$** = *a-a-gu$_{2}$(-um) li-sa-nu* (*li-sa-nu* "tongue") where *a-a-gu$_{2}$(-um)*, if root *'lq*, would fit better as referring to the tongue than in 181 referring to the mouth.

---

16 The original writing might be **ga-raš** (**ga-eš$_{8}$**), see *PSD* B, p. 113 sub bar E 8.2 **ga-eš$_{8}$–bar** "to make a decision" with two passages from Presarg. (or at least) pre-Ur III: *AOAT* 25, p. 14 rev. 2, and Barton, *MBI* 2 i 2 (preceded by **gal**-LAK 159 **ku$_{5}$-DU**). **garaš** › **kaš/ka-aš** with drop of the intervocalic *r* poses no problem. There is no doubt that **ga-raš(–bar)** = **ka-aš(–bar)**, see Kramer, cf. *BiOr* 7, p. 77 fn. 6; Klein, p. *JCS* 23, 118ff.; idem, *Three Šulgi Hymns*, p. 164; *MSL* 3, p. 104 S^{b} Voc. I 86 **ga-ra-aš** || **ga-raš** = *pu-ru-us-su-u* besides **ka-aš** = *purussû* in bilingual texts.

17 Cf. **ku$_{6}$ nu-gu$_{2}$-e ki-ri-bi-iš i-ga$_{2}$-al** = *⸢nun⸣-nu u$_{2}$-ul i-na-ka-al a-na bu-ša-ni ma-ru-iṣ* "he shall not eat fish, there would be *bušānu* disease" *Iraq* 55, p. 100 Hadad 77:10: **kiri$_{4}$-biš**; Lu Excerpt II 128 **KA$^{kir-ḫa-ab}$ḫab** = *bu-'-ša$_{2}$-a-nu*: *CAD* B, p. 350 *bušānu*, a severe disease affecting mouth, nose, and skin. **ka-ḫab** = *pû bīšu* "malodorous mouth" exists, see **[ka-ḫab]** : **qa-a-ḫa-ab** = *pu-u bi-š[u]* Kagal D 4 15' (Bogh.) (*MSL* 13, p. 244); also **ka-ḫab** = MIN MIN(= *bi-šu*) Izi F vi 321 (*MSL* 13, p. 199).

18 **ka–la$_{2}$**: (1) **ka-la$_{2}$** = *ḫāṭim pī*: **ka-la$_{2}$(-ke$_{4}$)** = *ḫa-ṭi-im pī*(KA) "the muzzler of the mouth" *Iraq* 42, p. 28:23'-24'; (2) **ka-PEŠ**, **ka-dar**, **ka-la$_{2}$**, **ka-gur$_{5}$-uš** = *ka-lu-u ša$_{2}$ me-e* SIG$_{7}$.ALAN IX 250-253 (*MSL* 16, p. 122); **pu$_{2}$ ka-la$_{2}$-bi-še$_{3}$ ši-im-mi-gi$_{4}$ šeg$_{12}$-bi mu-ni-kur** *STVC* 73:38(: rev.7), probably *kalû ša mê*; **ka-la$_{2}$ dug$^{?}$-ni nam-m[u-. . .]** *Studies Sjöberg*, p. 197:54'.

19 Root *'lq* in Hebr. *'^{a}lūqā(h)* "leech", see Baumgartner, *Lex.*^{3} , p. 786 with refs. for the word (*'lg*) in Akk. and other Semitic languages.

With the Ebla lex. entry cp. SP Coll. 7.44 **ka ba-an-la$_2$-a dam-a-ni gi$_4$-in-nam**; bil. vers. W.G. Lambert, *BWL*, 236 iii 3-4 **ka ba-la$_2$ dam-bi gi-in-na** = *ša$_2$ pi-šu ma-ṭu$_2$-[u] aš-ša-as-su a-mat*. Alster, *SP*, p. 159 translates "He whose speech is humble", following transl. "who speaks humbly" in *CAD* M/1, p. 439 *maṭû*, bil. sect.; W.G. Lambert (*BWL* 238) "a man who cannot talk well". I see no reason for a translation of **ka–la$_2$** as "speak humbly"[20].

205. * **KA-a-de$_2$ / KA-a-de$_2$** = *tur$_2$-ta$_2$-bi$_2$-lu-um*, *ra-bi$_2$-lu-um*, also EV 0140.
See also EV 1471 *ru-bu$_3$-lu-um* (Sum. not preserved), and *MEE* 4, p. 44 no. 19 ii 1' *ra-bu$_3$-lu-um* (Sum. **nig$_2$-e$_3$**?). Root *rbl*: Syr. *rbal* "to swell"; Ethpe. "to be swollen" Payne Smith, *Syr. Dict.*, p. 526(b); *rūbālā* "a swelling, tumour" ibid. 532(b); cf. also ibid. 298(b) *mrablūtā* and *mrablānā*; cf. also Dozy, *Supplement* 1, p. 505(b) *rbl*: *tarabbul* t. de médec., enflure, comme celle qui est produite par l'hydropisie. **KA-a-de$_2$** (as an illness) denotes an extravasation of fluid (**a**) which causes a swelling (an abscess) in the mouth (**KA** = **ka** / **zu$_2$** "tooth") or nose (**KA** = **kiri$_4$**)[21].
tur$_2$-ta$_2$-bi$_2$-lu-um: *tu-R-ta-BBiL-*.

213. * **KA-ḫul$_2$ / KA-ḫul$_2$** = *mu-mu* (i).
Conti, p. 97: **gu$_3$-ḫul$_2$** "grido di gioia" with fn. 156 with ref. to Fronzaroli, *SEb* 3, p. 41, and *SLE*, p. 146 "cry (of joy)."
Cf., perhaps, *mummu* C s. "roar" (*CAD* M/2, p. 198) = *rigmu CT* 13, 32 rev. 10; Groneberg, *Lob der Ištar*, p. 22 i 2; 4; 32 iv 11; p. 39 n. 6; 9; Ugar. *m m* "Geschrei, Jammern", "cry, clamor" Aistleitner, *Wörterbuch*, p. 187, Gibson, *Myths*, p. 151 is somewhat uncertain.

217. * **su$_{11}$-li$_9$-li$_9$ / su$_{11}$-li$_9$-li$_9$** = *ṣa-'a$_3$-gu$_2$-um*.
Conti, p. 99: *ṣaḫākum* "ridere"; Sem."to laugh", Akk. *ṣâḫum*; Hebr., Ugar. Inninšagurra line 159 **su$_{11}$-li**, syll. version **su-li** = *ṣu$_2$-ḫu-um* "to cause smiling", and comm. *ZA* 65, p. 238.

---

[20] Conti, p. 94: *ba-ti-mu(-um)* : *pādimu(m)/pa$_2$-di$_3$-mu* refers to Arab. *fadm* "chi ha la parola difficile, balbuziente" [Lane, *Arab.-Engl. Lex.*, p. 2352f.: *fadm(un)* "impotent in speech", (2) *a-a-gu$_2$-(um)*: Sem. *'alg*, see Conti. p. 94 fn. 142 where also other etymologies are found. Fales, *SLE*, p. 175 for a different (unacceptable) interpretation.

[21] **nig$_2$-de$_2$**, **nig$_2$-a-de$_2$** EV 112-113, cp. to EV 204-205 **KA-de$_2$** (= *la-ba-um*), **KA-a-de$_2$**. The translations of **nig$_2$-de$_2$** and **nig$_2$-a-de$_2$** remain obscure.

219. * **KA-giri $_2$:gal / zu $_2$-giri $_2$-gal(-giri$_2$:gal)** = *zu-ra-nu-um*.
Conti, p. 99: *ṣurrānum*; **zurr* "selce" ("flint"), Hebr. *ṣōr*, Arab. *zirr*; Akk. *ṣurru*; see Lugale 546 **lugal-mu na$_4$-giri$_2$-zu$_2$-gal-la-ke$_4$ ba-gub**, bil. version **lugal-mu na$_4$-giri$_2$-zu$_2$-gal ba-gub** = *be-lu ana ṣur-ri iz-ziz-ma* (to be added in *CAD* Ṣ, p. 257 sub *ṣurru* A s.); also line 549.
[Conti refers to **ka-giri$_2$-giri$_3$-gal** = *pî ziqit* [*pat*]*ri* Sag-Tablet A iii 25 (*MSL SS* 1, p. 22); cf. also Kagal D 3 7' (*MSL* 13, p. 244) **ka-giri $_2$-kin** = *pī patrim za*[*qtim*]].

220. **KA-giri $_2$** = *sa-ga-ru$_{12}$-um, si-ga-lum*.
Conti, p. 100: *šaqārum*; Akk. *šaqāru* "trafiggere": *CAD* Š/2, p. 13 "to pierce" (with an arrow, a weapon). *si-ga*-LUM : *šiqarum* is a nomen.
Perhaps **zu$_2$-giri$_2$** "'tooth' of a dagger"; cf. *CAD* Š/3, p. 52 *šinnu* A "tooth" 3; cf. EV 174 **zu$_2$-urudu** = *ši-nu-um*.
Cf. further Gudea Cyl. B xiv 2 **giš-KAxGIRI$_2$-giri$_2$ šu-nir-9 a$_2$-nam-ur-sag-ga$_2$** translated as "the sword-blades" (following Jacobsen, *Harps*, p. 437) in *PSD* A/2, p. 88(a) sub **a$_2$-nam-ur-sag-ga$_2$** 1. but transl. somewhat uncertain; cf. also **eme-giri$_2$**: **eme-giri$_2$ mi-tum giš-a-ma-ru** "the dagger blade, the mace, the 'flood-weapon'" Gudea Cyl. B vii 14. An interpretation as "mouth of a dagger", Akk. *pī patri* (cf. *AHw*, p. 874b sub *pû* I F 1 cannot be excluded. **KA-giri$_2$** might be identical with **KAxGIRI $_2$** in the Gudea passage.
(Vattioni, *Ebla 1975-1985*, p. 210 with ref. to Hebr. *sāgar* "to close", Akk. *sekēru*; *sgr* also in Ugaritic. However, a translation "to close, to shut" seems to be excluded in this Ebla entry).

223. * **kiri$_4$-ḫum / kiri$_4$-ḫum** = *ma-sa$_3$-ḫum* (*MEE* 4 **KA-lum** = *ma-za-lum*).
Conti, p. 101: *masāḫum*; Akk. *mussuḫu* (*masāḫu* not attested) "trattare con disprezzo"; *CAD* M/2, p. 236f. *mussuḫu* "to treat with contempt", a translation which goes well with **[kiri$_4$]-ḫum** = *gi-in-ni-ṣu$_2$* Sag A II 39 (*MSL SS* 1, p. 20); **zu$_2$-ḫ[um]** = *ganāṣu* Sag A IV 16 (*MSL SS* 1, p. 23 but to be read **kiri$_4$-**) and cf. *gunnuṣu* and *mugannisu* "snearing, arrogante (person)", Sum. **lu$_2$-kiri$_4$-ḪAR-ra** and **lu$_2$-im-tag-ga**; the exact mng. of Sum. **lu$_2$-im-tag-ga** remains uncertain)[22].

[22] For root *gnṣ* see W. Farber, *Fs. Borger*, p. 62 on line 10.

254. * **sag-si$_3$ / sag-si$_3$** = *z.a-bi$_2$-lum*, [*z.a*]-⸢*ba*⸣-*lu-um*. **sag-si$_3$** also *MEE* 15 no. 27 viii 1 (EV uniling.).
Conti, p. 109: *z.ābilum*, cf. Akk. *z.ābilu*(*m*) "porter, carrier", *z.abālu* "to carry" (or *sa$_3$-bi$_2$-lum*, [*sa$_3$*]-⸢*ba*⸣-*lu-um*).
sag-SUM is attested in Ebla and Abu Ṣalābīḫ: *SEb* 4, p. 183 n. 80.
Mesop. lex. texts: **sag-sum** = *ḫâšu* "to move quickly", "to rush (to a goal)"; **sag-si$_3$** = *paqādu*.
I have preferred to read **sag-si$_3$** and understand Eblaite *z.ābilum* and *z.abālum* as "caretaker" and "to take care of, to take on a commitment" respectively. Akk. *pāqidu* "caretaker", Sum. (**lu$_2$-**)**šid-du$_3$**; **sag-en$_3$-tar**.

257. * **sag-du$_7$ / sag-du$_7$** = *ga-na-um*; NE-NI; *z.a*-⸢*ḫi*⸣-*lu* SAG: EV 0326, with pronunciation **sa$_2$-du-[ ]**; EV 1217 text AZ **sag-[du$_7$]** = *z.i-ḫi-lu* SAG *wa ga-na-u$_9$-um*.
[Krebernik, *ZA* 72, p. 230 "NE.NI: nicht fest eingedrückt"].
Pettinato, *BaE*, p. 46: *ganû*/*genû* "colpire" ("to hit, to strike").
Conti, p. 109: NE-NI : *šar$_x$-bu$_x$* : / *arbu*(*m*), cf. Eth. *z.araba* "colpire, battere le corde di instrumento)"; ... *ga-na-um* : *ganāyum*, cf. *genû* "colpire." *z.a-ḫi-lu* : *sāḫilu*(*m*) with ref. to Akk. *saḫālu* "passare de parte a parte" [*CAD* S, p. 28ff. *saḫālu* "to pierce, to stab," "to prick"); Pettinato, *BaE*, p. 46: *z.a-ḫi-lu* : Akk. *sâru* "voltare (la testa)", but note *-ḫi-* not *-ḥi-*: root *Zḫl/r*.
W.G. Lambert, *CRRAI* 43, p. 191 (with fn. 6) reads *qa$_2$-na-um*, *qa$_2$-na-u$_9$-um* : *qanûm* which he translates as "to create", a translation based on **sag-du/du$_3$(-ga)** = *bānû* "creator"; see also Sag-Tablet B i 31-32 (*MSL SS* 1, p. 29) **sag-du$_3$** = *pa$_2$-at-qum*, *pu-ut-tu-qu$_2$*, (*patāqu* "to make, build, form").
z.a/z.i-ḫi-lu SAG(= *rāsum*) is difficult; it remains uncertain whether *z.ḫl/r/ ṣḫr*) is a synonym of *qa$_2$-na-um*. It might be connected with **sag-du$_7$** in *MEE* 3, p. 265 no. 71 ii 7 where it could be a part of the head.

266a. **SAGxNI+ME** = *gi-si-tum*.
Cf. the following entries 266a; 266b and 266d. Cf. Civil, *BaE*, p. 88.

266b. **SAGxNI.BU** = *gi-si-tu$_3$* SAG: EV 0347.
gi-si-tu(*m*) is (*CAD* Q, p. 275) *qištu* B s., a part of the head or of the body. An interpretation "the forest of the head" for "hair", is out of question since the Sum. equivalents for *qišti qaqqadi* (see *CAD*) do not support such an interpretation. **uzu-a-za-ad** = *qiš-tu$_4$*, *bi-bi-e-nu* (followed by **uzu-sag-ki** = *pu-u$_2$-tu*, *nak*-[*kap*]-*tu$_4$*) Ḫḫ XV 8a-10 [*bibēnu* "head"; "septum of the nose" (*CAD* B,

p. 219); *AHw*, p. 124 *bibēnu* (u.H.) “Schläfe”; *bibēn appišu* etwa “Nasenflügel”]. [*AHw*, p. 923 *qištu*(*m*) “Wald” (als Bez. des behaarten Kopfes?)]. **BU** might be **gid$_2$** “long.”
The Eblaite word for “forest” is written *ga-sa-tum*, *ga-sa-tu$_3$-um* (*qa$_2$-sa-tum*), see EV 400 (**giš-tir**).

292. * **u$_2$-la-ad / u$_2$-la-ad** = *du-la-bu$_3$*, *du-lu-bu$_3$*, *ti-bu$_3$*.
Krebernik, p. 13: *dulbu*(*m*), ref. to Akk. *dulbu* (*dulubu*), *dilbu* “Orientplatane”: *CAD* D, p. 172 *dulbu* (*dulubu*) [no *dilbu* in Akk.]. *ti-bu$_3$* (l-reduction) or *til$_3$-bu$_3$* (*dil$_x$-bul$_3$*); TI : *til$_3$* in Ebla is uncertain.
Conti, p. 114 = Krebernik. [Krecher, *BaE*, p. 154 on vars. in the Eblaite translation]. Sumerian is **du$_2$-lu-bu-um**), **giš-du$_2$-lu-bu-um**: Gudea Cyl. A xv 32; Gudea Stat. B v 57. Also written **GUL.BU: dulbu** (Presarg. Lagaš admin. texts); already attested in Uruk Arch. Wood List 55 (*ATU* 3, p. 108) **GUL.BU$_a$ (.GIŠ)**.

296. * **u$_2$-[ga]-gar$_3$-UD / u$_2$-ga-gar$_3$-UD** = *i$_3$-la-nu-um/num$_2$*, *i$_3$-ra-nu-um*.
It might be connected with Hebr., Aram. *'ōrän*, *'ūrän/'ūr^{e}nā* “laurel”; Akk. *urnu*(*m*) (also in Mari), *AHw*, p. 1431 *urnu*(*m*) II eine kleine Zeder; Huehnergard, *Ugaritic Vocabulary*, p. 110 sub **'RN**.

316. * **e$_2$-dur / e $_2$-dur** = *si-ru$_{12}$-um*.
si-ru$_{12}$-um might be connected with Aram. *sīrā*(*h*) II “Einfriedigung” (“enclosure”) Dalman, *HWB*, p. 289; “surrounded place, court, prison” Jastrow II 987. Cf. Akk. *sīru* B, a reed structure: *CAD* S, p. 320; **[gi-du$_3$]-a** = *si-i-ru*, *tar-ba-ṣu* = *ma-sal-lu ša$_2$ rē'i* Ḫg A II 17f. (*MSL* 7, p. 67); cf. *gubru* A, shepherd's reed hut: *CAD* G, p. 118 (= *maṣallu ša rē'i* Ḫg. B II 215); *AHw*, p. 298 *gupru*(*m*). **gi-du$_3$-a** = *apu*, *sīru*, *tarbaṣu*, *kikkišu$_2$* Ḫḫ VIII 109f., 112, 114 (in *MSL* 9, p. 175); however, we prefer an interpretation “enclosure”, “surrounded place”.
The meaning of **dur** remains difficult[23].

---

[23] Cf. **dur-e$_2$** in Deimel, *SF*, p. 24 no. 23 iii 3 = *OIP* 99, 21 iii 7 is hardly for **e$_2$-dur** (it is preceded by **e$_2$-x-AN** and **E$_2$.NUN** (= **agrun**) and followed by **na-e$_2$**). **dur-e$_2$** as Akk. *rikis bītim*, Sum. **e$_2$-keš$_2$-da** (*AfO* 14, p. 150:206) cannot be excluded; cf. Baumgartner, *Lex.*^{3}, p. 1154 **räkäs* (“Befestigung”; “Stützung”, “Pfeiler”) where ref. to JAram. *riksā*; Sokoloff, *DJPA*, p. 425 *rks*: *riksā dbēt* “ceiling of the house”.
EV 1254 **dur** = *sa-bi$_2$*-LUM; EV 1255 **dur** = *maš-bu$_3$-um*. The interpretation of these two Eblaite translations of **dur** eludes me. [**e$_2$-dur** in the Ebla lex. entry is not a GN, cf. Pettinato, *MEE* 3, p. 240 ad line 109 and Mander, *OrAnt* 19, p. 190 q)].

[Text O (No. 24) rev. v 10-11 **[e$_2$⌉-dur** = *ga-ba-ru$_{12}$* belongs to EV 317 (**e$_2$-duru$_5$^{ki}**), see Krebernik, *ZA* 72, p. 230: *ga-ba-ru$_{12}$* has been overwritten by ⌈*si-x-um*⌉].

345. * **giš-A / giš-A** , 346. * **giš-NI / giš-NI**.
giš-A *MEE* 15 no. 26 vii 15; **giš-NI** *MEE* 15 no. 26 vi 30 (EV unling.).
Perhaps **giš-duru$_5$**, **giš-dig**: **duru$_5$** "moist", **li$_2$** "fresh". **duru$_5$** = *raṭbu*, *labku*, *narbu*. NI with reading **dig** = *narbu*, *raṭbu*; NI with reading **digile**: **di$_3$-gil$_2$**, var. **-gil$_2$-le**) (**dgr**) = *nerbu* (= *narbu*) Emar S^a Voc. 101 (see *ZA* 88, p. 250; fn. 26 ref. to the two Ebla lexical entries). In light of the Emar lexical text, **dig** seems to be a "short" reading of **digil** .

365. * **giš-maš / giš-maš** = *a-u$_3$-um*.
Cf. **giš-maš** = *giṣṣu*, a thorny bush or tree; thorn: *CAD* G, p. 99. Pettinato, *Il Rituale*, p. 195 refers to Hebr. *'ahl*, probably aloe; Baumgartner, *Lex.*^{3}, p. 19(b) *'ahālōt*. See *TIM* 10/1, 130: *AfO* 29-30, p. 41. (Butz, *BaE*, p. 129 fn. 193, perhaps *alû* "Trommel").

369. * **[giš-silig] / giš-silig** (no transl.).
giš-silig *MEE* 15 nos. 21 rev. vi 2; 39 rev. iv 9 (EV uniling.). - **ti** ("arrow"), LAK-503+**GIŠ(: šita$_x$)** ("mace"), **giš-silig** Deimel, *SF*, p. 43 no. 43 viii 16-18.
OB lit. **giš-silig** denoting a weapon: **[x] [x⌉-dingir-imin-na za$_3$ gub-gub-bu giš-silig-ga su$_3$-su$_3$** Šulgi O 82; (Nergal) **gi[š]-⌈silig$^!$⌉-ga-ni** *ÌSET* 1, p. 71 Ni. 9501 ii 16 (line 15 has **giš-tukul-a-ni** and following line 17 has **kuš-usan$_3$-a-ni** "his whip"). Cf. **giš-aga-silig(-ga)**, Akk. *agasalakku* (*agasilikku*), an ax: *CAD* A/1, p. 148 lex. and bil. sect.; **giš-aga-silig-ga** Forerunner Veldhuis, *List of Trees*, p. 164/247:569.
silig (**šilig**), Akk. *šagapūru* (fem. *šagapurtu*) "mighty", in Akk. texts only referring to deities[24].

---

[24] In Pettinato, *Il Rituale*, p. 128 par. 40, B: **giš-banšur**, text C **giš-ŠILIG**; also p. 144 par 47, B: **giš-ŠILIG**, C: **giš-banšur**, p. 148 par. 49, p. 152 par. 51; see Pettinato, ibid., p. 210 (on B v. IV 13-15 = C v VI 8-10). **BANŠUR**: **silig$_5$** (Borger) for **silig** (**šilig**) is found in Gudea Cyl. A xxix 6 a **nu-BANŠUR-ge-dam** "(where) water never ceases".
Our lex. entry EV 369 is followed by **giš-banšur** (370).

393. * **giš-ba-ḪUB $_2$ / giš-ba-ḪUB $_2$** = *sa-ma-um*.
giš-ba-ḪUB$_2$ also in *MEE* 15 no. 23 iii 3 (preceded by **giš-ḪUB$_2$**), and no. 26 vii 9.
Edzard, *SEb* 4, p. 49 "hören" (**giš ba-tuku**); Krebernik, p. 15, and Conti, p. 126 with ref. to Akk. *šemû* "to hear" (read as **giš-ba-tuku$_x$**: **giš-tuku** = *šemû*); cf. also Krebernik, *LLLE*, p. 116 sub GIŠ.BA.TUKU "to hear" in the literary text UTU A3.16; also Sanmartín, *Studies M. Civil*, p. 206 fn. 192.
I do not concur with that interpretation. It is most probable that we have to do with a tool; cf. **giš-ba**, Akk. *suppīnu* (*suppinnu*): see *PSD* B, p. 1 ba A s. (a tool). **giš-ba$^!$-ḪUB$_2$** (copy has **-GA$_2$(ba$_4$$^?$)-ḪUB$_2$**) is attested in Emar Ḫḫ IV 10' (*Emar* 6/4, 61; preceded by **giš-ba-šu** and followed by **giš-na-ru$_2$-KU**); Veldhuis, *Lists of Trees*, p. 224 155b **giš-ba-sig$_3$**, p. 156 **giš-ḪUB$_2$** (cf. *MEE* 15 no. 23 iii 2, just cited) p. 157 **giš-na-ru$_2$-a**.
The meaning of *sa-ma-um* eludes us.

417. * **giš-gi-na / giš-gi-na** = *a-za-mu-um*. **giš-gi-na** in *MEE* 15 no. 23 v 13 (EV uniling.).
Krebernik, p. 16 refers to Akk. *eṣemtu* "Knochen"; Hebr. *'äṣäm*, Arab. *'ẓm*; cf. Akk. *eṣemṣēru* "back bone, spine"; Conti, p. 130 also refers to Akk. *eṣemtu*; in fn. 309 he refers to Fronzaroli, *SLE*, p. 140; fn. 310 with ref. to **giš-gi-na/giš-ni$_3$-gi-na** = *mukānu* (a part of the loom: Jacobsen, *JCS* 7, p. 47 fn. 79; *CAD* M/2, p. 183).
Cf. Akk. *gišginû*: Steinkeller, *FAOS* 17, p. 38 fn. 79; *CAD* G, p. 100f. *gišginû* (a heavy stick used as a weapon).
Cf. also **giš-gi-na** = *mešrētu* "limbs." [With **giš-** here in connection with **gi-na** cf. **giš-gaba** , Akk. *šitqu* "breastbone"].
TIE I/1, p. 45 *a-za-mu* "scabbard, vessel" with ref. to Akk. *azammu* : *assammû* (*CAD* A/2, p. 340).

422. * **giš-gu $_2$ / giš-gu$_2$** = *ḫa-ṣu$_2$ 'a$_3$-da-gi-tim*; also EV 0101.
giš-gu$_2$ also *MEE* 15 no. 39 iv 5 (EV uniling.) Fales, *SLE*, p. 178: "Bent (or: broken) wood", referring to Hebr. *'tq* and Akk. *etēqu* (see *CAD* E, p. 395b *etēqu* B) "to bend, cut, break."
giš-gu$_2$ = *gišru* 1. "log"; 2. part of a lock: *CAD* G, p. 107 *gišru* A; A. Salonen, *Türen*, p. 76; see also *OrNS* 54, p. 59:10 with comm., p. 62.[25]

[25] Lit.: **giš-šu giš-gu$_2$ i-im-dug$_8$-dug$_8$-e-en** "I break his fetters and shackles" Ewe and Grain 88; also Dumuzi's Death 82 + *RA* 69, p. 100:82; *ASJ* 9, p. 34. See further: **giš-gu$_2$-ka en-nu-un ba-e-du$_3$** Curse of Agade 166; see commentary, p. 250; **guruš-e giš-es$_2$-ad šub-bu-de$_3$-en-de$_3$-en giš-gu$_2$ gu$_2$-ni gar-⸢re-en-de$_3$-en⸣** *UET* 6/1, 11:15; *TuM NF*

431. * **giš-ŠUBUR / giš-ŠUBUR** = *su-mu-ḫu-lu/lum*. **giš-ŠUBUR** also *MEE* 15 no. 26 vi 27 (EV uniling.).
See Civil, *OrNS* 56, p. 239 (and fn. 29) with ref. to Butz, *ArOr* 53: *mḫr*: *su-mu-ḫu-lu*: *šumḫuru*, transl. as "Joch" by Butz (however, translation not followed by Civil). See Civil, *MSL SS* 1, p. 97, 3.1.2. (AO 5401) i 3 **⌜giš⌝-šubur** = *na-ar-kab-tum* (text quoted in *CAD* N/1, p. 353 sub *narkabtu* lex. sect.), p. 98 (Remarks) with references[26]. Unfortunately, *su-mu-ḫu-lu/lum* cannot be translated; it might not be a Semitic word.

432. * **giš-gag-ŠUBUR / giš-gag-ŠUBUR** = *ma-ga-ru$_{12}$-um*, *ma-ga-lu-um*.
Akk. *magarru* (*CAD* M/1, p. 32) 1. wheel (of a chariot, wagon, etc.; Civil, *OrNS* 56, p. 239 fn. 29); Sum. **umbin**, **giš-umbin**, 2. "wagon", "chariot". Cf. **giš-gag-umbin-gigir** = *sikkat*

3, 42 viii 20. Lexical: **giš-šu**, **giš-gu$_{2}$** Ḫḫ VI-VII Nippur Forerunner 249-250 (*MSL* 6, p. 158).
Cf. Gudea Cyl. A xii 24 **giš-šu mu-du$_{8}$ giš-giri$_{2}$ mu-zi u$_{2}$-guru$_{5}$ mu-gar**, translated as "(Gudea) opened manacles, removed fetters, established ..." by Civil in *Studies Hallo* 76 (3.2.1.); "They took tools in hand, weeded shrubs, raked the cut weeds together(?)", Edzard, *Gudea*, p. 77 (**giš-giri$_{2}$** stands for **giš-giri$_{3}$**); **sag-ki-ni in-dadag giš-giri$_{3}$-ni in-du$_{8}$ dug-a-ni in$^{!}$-gaz ama-ar-gi$_{4}$-ni in-gar** "He cleared his forehead, he released his foot fetters (and) he smashed his pot. He (thereby) established his freedom" M. Roth, *Mesopotamian Law* 33 ii 7-11; **giš-giri$_{3}$ giri$_{3}$-na in-gar** = *kur-ṣa-a a-na še-pi-šu iš-k*[*un*] "he placed fetters on his feet" Ana ittišu II/iv 10' (*MSL* 1, p. 28). **giš-GIRI$_{3}$** in Šulgi D 227 and 343 seems to be a tree/bush. **giš-šu-du$_{8}$** *OIP* 99, 33 rev. i 2' seems to be an agricultural tool and should, perhaps, be connected with Gudea A xii 24, and if it were the case a translation "he opended manacles" could be ruled out.

26 *BIN* 8, 20:12; 127:2; *OSP* 1, 8 ii 3'; *OAIC* 33:20(!); 23; 55; *ITT* 3, 5185; 6242; Reisner, *Telloh* 83 rev. 1, and our Ebla entry); add Presarg. lexical *OIP* 99, 33 rev. i 3' **giš-ŠUBUR** (preceded by **giš-u$_{3}$-sakar** and **giš-šu-du$_{8}$** and dupl. *MEE* 3, p. 149, nos.45-46 rev. vi 7'; cf. further Edzard, *SR* 65 ii 6: 1 giš-gigir-ŠUBUR **e $_{2}$-ba**.
The *OAIC* 33 refs.: line 20 has **40 giš-ŠUBUR** (transl. by Gelb as "40 ŠUBUR-trees"); line 23 **30 giš-ŠUBUR**, and line 55 has **50 giš-ŠUBUR**; the high numbers are worth noticing. *BIN* 8, 20:12 **2 ⌜giš-šubur⌝** (preceded by 2 **giš-mar** and followed by 6 **giš-umbin-mar**); *BIN* 8, 127:1-2 **giš-mar-gid$_{2}$-da šu-du$_{7}$-a 1 giš-šubur u$_{2}$-KI.KAL.SAR**; *OSP* 1, 8 is a lexical text; **giš-šubur** ii 3' is preceded by **giš-LAGABxU** and followed by **giš-ab** (= **giš-ab-ba**?); *ITT* 2, 6242:2; Reisner, *Telloh* 83 rev. 1 is not clear to us.
Emar S^{a} Voc. 636'. **ŠAḪ(: šubur, subar)** = *šu-bu-ru*; *Ugaritica* 5, no. 137 ii 27' **[ŠAḪ]** = [*šu*(?)-*bu*(?)]-*ru$_{3}$* = *šu-rat-ḫi* = *qi-i-lu*: see Nougayrol, *Ugaritica* 5, p. 242 fn. 5; *CAD* Š/3, p. 340f. *šuratḫu* (a tree; Nuzi, SB; Hurr. word), where the Ugar. lex. entry is quoted (: **[šaḫ?]** = [...]-*rum*, etc.); Huehnergard, *Vocabulary*, p. 85.

KI.MIN Ḫḫ V 55; *MSL* 6, p. 37:30 (Forerunner); Emar Ḫḫ V 29 (*Emar* 6/4, 67; no translation).

442. * **giš-dilim$_2$ / giš-dilim$_2$** = *ma-ga-da-mu(-um)*.
Cf. **giš-dilim$_2$/dil$_2$**, Akk. *itquru*, *itqurtu* "spoon"; "shallow bowl", as the dish of a scale, blade of an oar, bowl of the seeder of a plow (*CAD* I/J, p. 300f.).
giš-dilim$_2$(LIŠ) Uruk Arch. Wood List 69 (*ATU* 3, p. 109). Eblaite *ma-ga-da-mu-um*: root *gdm*, cf. Aram. *gidmā* (*gudmā*) "trunk"; "twig", "branch", see Jastrow, *Dictionary I*, p. 235(b); Dalman, *HWB*, p. 72(b); Payne Smith, *Syr. Dict.*, p. 61 *gdām*, *gdāmā* "a hewing off", "a cut palm-branch"; 61 v. *gdam* (**giš-dilim$_2$**) = *ma-ga-da-nu-um* (*gdm*) and (**giš-dilim$_2$**) = *itquru*, *itqurtu* are semantically related: *itquru*: root *'qar* "to tear out, to cut"[27]. Pettinato, *Il Rituale*, p. 186 reads the Eblaite translation as *ma-ka$_3$-ta$_2$-mu* (without translation).

445. * **giš-rin$_4$-na-du$_3$ / giš-rin$_4$-na-du$_3$** = *ba-la-nu*.
ri$_8$/rin$_4$: MUŠ:MUŠ (see *MEE* 4, p. 62 text no. 37 (= AA) ii 4' with fn.: text no. 5 photo pl. XI ii 12 **giš-rin$_4$-na-du$_3$** (MUŠ MUŠ over each other, not crossed).
giš-rin$_4$ "root", *šuršu*; **giš-rin$_4$-a-na** = *šuršu* (*CAD* Š/3, p. 363). **du$_3$** corresponds to Akk. *zaqāpu*, here "to plant (a tree)": *CAD* Z, p. 51 z. A v.
ba-la-nu: root might be *pr'*, *pal'-ān-u(m)* / *par'ānu(m)* (nomen); cf. Baumgartner, *Lex.*^{3}, p. 907 *pr'*. *par'ānu* might be "shoot, sprout" (nomen). Cf. *per'u(m)* = *ziqpu* (cf. **-du$_3$** in the Ebla lex. entry; **du$_3$** = *zaqāpu*). We might have expected a writing *pa$_2$-aL-a-nu* or *pa$_2$-aL-'a$_3$-nu*.

453. * **giš-⸢e$_2$⸣ / giš-e$_2$** = *a-bar-tum*. **giš-e$_2$** *MEE* 15 no. 26 viii 3 (uniling.).
Cf., perhaps, Akk. *ebertu* B (*AHw*, p. 182 e. II; *CAD* E, p. 10) 1. "pace", 2. "step of a staircase."
Cf. EV 1262 **giš-e$_2$** = *dur*-NE-LUM, *dur-za*-NE-LUM; cf. Butz, *BaE*, p. 130 fn. 163 (end) reading *dur-bi$_2$-lum*, *dur-za-bi$_2$-lum*, interpreting *dur-za-bi$_2$-lum* as Š of *zabālu* "Träger, Balken im Haus" (but how then to explain *dur-bi$_2$-lum*?; scribal error *dur‹-za›-bi$_2$-lum*?). It looks more like a root *rZBL*.

---

27 The same root in *uqūru(m)* "heart of the date palm", Sum. **giš-ŠA$_3$.GIŠIMMAR(: didala)**, see Landsberger, *Date Palm*, p. 13f.; *AHw*, p. 1427b; *BAM* 401, 31 (comm. to a medical text) GIŠ.ŠA$_3$.GIŠIMMAR = *u$_2$-qu-ru*.

472. * **giš-nun / giš-nun** = *nu-nu-mu*, *nu-nu*; text B **giš-MU**^sic = *nu-nu-mu*.
Conti, p. 137: *nunnu*(*m*) "un attrezzo (di legno)", fn. 347: Krebernik, *BFE*, p. 244; ref. also to Akk. *nunnu* "un attrezzo o contenitore metallico" (*CAD* N/2, p. 336).
Cf. **nun** Enmerkar and Ensuḫkešdanna 228 = 232 = 236 = 240 = 244 **min$_3$-na-ne-ne** (**min$_3$-kam-ma-aš**, **3-kam-ma-aš**, **4-kam-ma-aš**, **5-kam-ma-aš**) **nun(-zabar) i$_7$-da i-ni-in-šub-bu-uš**; cf. Berlin, *Enmerkar*, comm. p. 89; lex.: *UET* 6/2, 379:3ff.: *MSL* 14, p. 139, Proto-Aa **nu-un** || **nun** = *nu-nu-*⌜*u$_2$*⌝*-um*, *nu-un-nu-u*[*n*] || **[n]un** = *nu-un-nu-um*; **[nu-un]** || **[nun]** = [*n*]*u-un-nu* Aa V/3:33; **nun-zabar** = *nu-un-nu* (preceded by **ku$_6$**, **nun** = *nu-nu*) SIG$_7$.ALAN IV 263; **nu-un** || **urudu-A.ḪA.KU$_5$.DU** *nu-un-nu* Diri IV 74; *CAD* N/2, p. 336 sub *nunnu* (a metal instrument or container). Note determinative **giš** in the Ebla lexical entry.

498. * **[šu-dub] / šu-dub** = *in-gu*.
šu-dub in *MEE* 15 nos. 32 i 7; 34 iii 3; 59 i 6 (EV uniling.).
Conti, p. 143: *'inqu*(*m*), *'enqu*(*m*) "anello", Akk. *unqu* (Sum. **šu-gur**); Eth. *'enqw^e* "gioiello"; cf. Hebr. *'^anāq* "neck-chain": Baumgartner, *Lex.*^{3}, p. I *'^anāq*, there refs. to Arab. *'nq* "neck", *'a'naq* "with a long neck".
šu-dub = *in-gu* (in this entry) as a neck-chain is contradicted by **šu** ("hand") (note that **šu-dub** in EV uniling. no. 32 i 7, quoted above, is preceded by **a$_2$-gab$_3$** "left hand/side" and **a$_2$-zi-da** "right hand/side"). It should be noted that Akk. *unqu* also refers to a kind of ring for the hand or wrist. Akk. *unqu* is Sum. **šu-gur** which does not refer to a neck-chain, necklace. **šu-dub** occurs in Ebla econ. texts, see Conti, fn. 376; Mander, *MEE* 10, p. 29 no. 4 obv. iii 11' (made of gold), accepting Conti's interpretation (*MEE* 10, p. 35); Pettinato, *Il Rituale*, p. 217 "sigillo"; p. 267 d), also p. 268 f), g), given to the "king" (EN) and the queen. *MEE* 10, p. 35 Mander refers to Akk. *ingu*: *AHw*, p. 382, ein Pflugteil, noting that parts of plough were named after words for ornaments; see further *CAD* I/J, p. 147 *ingu*, the top part of the plow[28].

---

[28] Sum. **giš-u$_5$-apin**, **giš-u$_5$-gaba-apin**, **giš-u$_2$-tag-ga-apin** (var. **-taḫ-** for **-tag-**) **giš-ŠU.KIN-apin**, and **u$_2$-tag**. See Civil, *The Farmer's Instructions*, p. 71 (11.) on *ingu*. Cf. Šulgi B **giš-gag-u$_2$-tag-ga la-ba-ši-gid$_2$-en** and **(urudu-)gag-u$_2$-tag-ga**, Akk. *ūṣu* (*uṣṣu*), *mulmullu* "arrow" might not belong to **giš-u$_2$-tag-ga** = *ingu*, cf. Civil, ibid., p. 101 n. 19.

501. * **šu-paḫ / šu-paḫ** = *u3-ṭu3-um*, *u2-ṭum*, ⌜*u2*⌝-*ṭu3*.
Civil, *OrNS* 56, p. 240. **šu-paḫ** *MEE* 3, p. 264 no. 70 rev. i 4 (list of body parts)[29].
Conti, p. 143 *'ūṭu(m)*, ref. to Akk. *'ūṭu* "spanna" ("span"), "half cubit". [Read as **šu-lul** in *MEE* 4 and *MEE* 15, p. 14]. **LUL** : **paḫ** Proto-Ea 580; Aa VII/4:126; S a Syll. 231; Erimḫuš V 109. Cf. **udux(utux)(:ŠU.BAD)**: **ŠU.BAD** ‖ **u2-⌜du⌝ (u2-⌜tu2⌝)** DB 10:3 (Civil, *Graphemics*, p. 156, 354.01.1); **ŠU.BAD** ‖ **za-pa-aḫ** DB10:8. **udux (utux)** ‹ *ūṭu(m)*. For **ŠU.BAD : zapaḫ** see *RlA* 7, p. 461f.[30].

574. * **[ša3-dib-dib] / ša3-dib-dib** = *tu3-uš-ta2-na-um*, *tu3-uš-ta2-ne-um*, *tu3-ša-ne-u4*. Ed.: **-dib2-dib2**.
ša3-dib-dib *MEE* 15, p. 248 (EV uniling.).

575. * **[ša3-dib] ša3-dib** = *še3-na-um*, *ša-na-u4*.
ša3-dib *MEE* 15 no. 51 iii 2 (uniling.).

574-575 Krebernik, p. 21 : ref. to Akk. *zenû* "to be angry" (note *š/z*); cf. also Conti, p. 161.
Ugar. *šn'*, Hebr. and Aram. *śānē* "to hate" = Eblaite *šenā'um*, *šanā'u* "to hate" (see Pettinato, *LdE*, p. 255 fn. 46) a meaning which does not contradict **dib**, **ša3–dib** = *zenû* in Mesopotamian texts. Semantically, Hebr.-Aram. *śānē* and Akk. *zenû* are close but *zenû* and *śn'* are not related etymologically [*zenû* ‹ **zanāḫum*; Ass. *zanā'u*; Hebr. *zānaḥ*, Baumgartner, *Engl. ed.* I, p. 276 II *z*. "to reject," "to exclude from"; MHebr. "to

29 *ūṭum* is Sum. **a2-1/2-kuš3** in Ugumu Bil. C 14 (*MSL* 9, p. 69): **⌜a2⌝-1/2-kuš3-mu** = *u4-ṭi3*, preceded by **[kuš3]-mu** (= **a2-kuš3-**) = *am-ma-ti* (*ammatu* "cubit"; "forearm"). **a2-1-kuš3** as "forearm" is found in Ni. 4369:13 (*İSET* 1, p. 73: *JCS* 26, p. 164) **a2-1!-kuš3 sa[l-la-am3]** "a forearm (so) delicate", see comm. *JCS* 26, p. 171 with ref. to *TCL* 15, 8:89 = 127 **a2-1-kuš3-mu u5-šim-giš-erin-na-ka mi2 mu-na-ni-du11** "I have treated my forearm with fragrant cedar oil" and the parallel *CT* 15, 30:12; Falkenstein, *AnOr* 29, p. 114 fn. 4 **a2-1-kuš3-mu** "meine Ober- und Unterarme"; also *CT* 15, 27 rev. 10; *JCS* 29, p. 19 c UM 29-15-560:8 (see *PSD* A/2, p. 80 **a2-kuš3** 1.; Lexical 1.). *ūṭī* is Ugumu Bil. C 14 might refer to a part of the arm; however it is followed by **⌜a⌝-1/3-kuš3-mu** = *ši-[i]-zi*: *šizû* "one-third cubit".

30 **šu-paḫ** is preceded by **šu** and **a2-TAR**; for **a2-TAR** cf. EV 542 **a2-TAR** = *iš-gi-da-nu* (text AD); preceded by **a2-kuš3** = *a-ma-tum* (*ammatum*) "forearm"; "cubit" EV 566a **a2-TAR** = *išx-gi-da!-num2*, var. [*iš*]-*gim*-[*t*]*um*, see Conti, *MiscEb* 3, p. 159 (C. reads **a2-ku5**) "spalla" (with fn. 447), ref. to Sem. **ṯkm* (Hebr. *šᵉkäm*) "shoulder"; var. [*iš*]-*gim*-[*t*]*um* in an unpubl. text; however, *išgidānu*(*m*) cannot be traced to a root *ṯ/škm*. [**a2-ku4**, **a2-ḫaš**, Akk. *idu naksu*, (see *PSD* A/2, p. 15 a2 A Lex. 12.) is out of the question. The suggestion in *PSD* A/2, p. 109 sub **a2-TAR** that Ebl. translation could be Akk. *ašqudānu* as a snake's name is highly uncertain].
MEE 3 no. 70 rev. i 4 is not quoted in *PSD*.

loathe"; there also ref. to Arab. *zanaḥa* "to be remote"; "to repel". The translation of *zenû* as "to be angry" is conventional.

578. * **ša$_3$-gid$_2$-gid$_2$ / ša$_3$-gid$_2$-gid$_2$** = NE *-a-tum*.
Also **ša$_3$-gid$_2$-gid$_2$** *MEE* 15, p. 248 (EV uniling.).
Conti, p. 162: *bi$_2$-a-tum*: *bīnatum* "discernimento", Sem. **byn* "essere evidente," "conoscere." The drop of the intervoc. *n* is surprising. Krebernik, *LLLE*, p. 138 sub ŠA$_3$.GID$_2$ concurs with Conti.
If Conti's interpretation is accurate it might be a connection to **ša$_3$-še$_3$ gid$_2$**, Akk. *ana* (*ina*) *libbi šadādu* "to take to heart, be connected with, heed": *CAD* Š/1, p. 29 *šadādu* 4g.
However, *bi$_2$-a-tum* might be the root **b'y*: see Baumgartner, *Lex.*^{3}, p. 141 *bāʿā* I "to enquire", "to search for"; Aram.: Dalman, *HWB*, p. 60 *b'y*; Jastrow, *Dictionary I*, p. 181; Ugar.: *DLU* I, p. 106 (b); Arab.*baġā* (ī): Lane, *Arab.-Engl. Lex.*, p. 231; Akk. *bu''û* "to look for", "to search for"; "to examine," "to wish": *CAD* B, p. 360f. Cf. Arab. *biġyat-un* "a thing sought, wanted, required" Lane, op. cit., p. 232(b)[31].

580. * **ša$_3$-dar / ša $_3$-dar** = *la*-NI-*lu-um*/*lum*, *ra*-NI-*lum*.
ša$_3$-dar also *MEE* 15 no. 25 iii 13 (uniling.).
Conti, p. 163: *ra-'a$_x$-lum*: *raḥālu*, ref. to Arab. *raḥala* "colpire dall'alto in basso, con la spada o altro"; cf. Lane, *Arab.-Engl. Lex.*, p. 1053 where, in. al., *raḥalahu bisayfihi* "he smote him with his sword." However, a connection between Eblaite *ra-'a$_x$-lum* (if reading is accurate) and Arab. *rḥl* is highly uncertain.
I suggest root *r'l*; cf. Hebr., Aram., Syr. *r'l* "tremble": Baumgartner, *Lex.*^{3}, p. 1180f.; Dalman, *HWB*, p. 406; Jastrow, *Dictionary II*, p. 1487; *r^{e}ʿālā(h)* "vibration" ibid. 1487; Payne Smith, *Syr. Dict.*, p. 546[32].

---

[31] Cf. Akk. *ba'ītu*: *CAD* B, p. 33: *ba'īt ilī* "chosen by the gods", *ba'īt* DN. Here belongs also OB Ištar Hymn *RA* 22, p. 170f.:25 *be$_2$-a-at i-ni-li a-ta-ar na-az-za-zu-uš*, also 27 *Ištar be$_2$-a-at i-ni-li a-ta-ar na-az-za-zu-uš* where *be'ât in-ilī* might be "she is chosen (wished for) among the gods": *be'ûm* v. stative 3rd pers.

[32] **ša$_3$-dar** in **lu$_2$-ša$_3$-dar** = [*ša lib*]*ba‹šu› ḫepû MSL* 12, p. 185:49 (OB Lu); quoted by Conti. For **dar** in connection with **ša$_3$** see further **ni$_2$ ba-te ša$_3$-mu ba-dar** "I was afraid and my heart was 'split'/ was trembling" Schooldays 23; **⌜a-na⌝-aš-am$_3$ ša$_3$ ba-ni-dar-re** "why are you afraid?/ why are you trembling?" SP Coll. 8 D 2; **dal** as a phon. var.: **ša$_3$-ge ba-ta-a-dal** = ⌜*li*$^!$⌝-*bi i-ḫa-ap-pi$_2$* "it splits/breaks the heart" *ZA* 62, p. 62:3' (Bogh.); cf. comm., p. 64; **ša$_3$-*dar ak**: **⌜e⌝-ne šu-ne-ne ba-du$_3$-du$_3$ ša$_3$-*dar i$_3$-ak-ne** "they(!?) . . their hands and they suffer a 'heart-break'" Uruk Lament 3.25.

613. * **a-ki / a-ki** = *gi-si-nu-um, ga-sa-nu*. EV uniling. **a-ki** *MEE* 15 nos. 25 rev. v 5; 27 rev. viii 12; 40 rev. i 4.
Conti, p. 169 fn. 490 refers to Butz, *Ebla 1975-1985*, p. 343 "Sammler": sem. *qṣṣ* but rejects his etymology "che non giustifica il sumerogramma".
Krebernik, *LLLE*, p. 134 sub PIŠ$_{10}$(KI.A) compares Ugar. *gšm* (*DLU* I, p. 152) and Hebr. *gšm* "rain".
Literary refs. for **a-ki**: *OIP* 99, 132 vii 4'ff. **nun-šar$_2$ eš$_3$-^{d}inanna-ta a-ki-gin$_7$ im nun-šar$_2$ ... ⌜U$_4$⌝-ta im-gin$_7$ im nun-[šar$_2$]** (**U$_4$-ta** "from heaven"); note **a-ki / im** (here "rain"). Cf. also *OIP* 99, 152 ii 5-6. [For **nun-šar$_2$** see *Fs. B. Kienast*, forthcoming]; **im-an-na-ke$_4$ a-ki-ta gu$_2$ ḫe$_2$-em-ma-da-ab-la$_2$** "the wind of heaven 'embraced' the rain" Šulgi Hymn A 67.

704. * **[igi]-⌜KISAL⌝ / igi-KISAL** = *na-u$_3$-bu$_3$-um, na-u$_3$-bu$_x$*(NI)(*-um*).
See *MEE* 15 no. 2 iii 1 (EV uniling.); cf. Picchioni, *Ebla 1975-1985*, p. 161 iii 1' (the standard EV uniling. version).
Conti, p. 183 fn. 183 refers to Hecker, *BaE*, p. 214 with fn. 58 who refers to Arab. *nāba* "ein Amt übernehmen" (but doubted by Conti); see Lane, *Arab.-Engl. Lex.*, p. 2862f. *nāba* (*nwb*) "to come to someone by turns"; "to come time after time"; ibid. 2863(b) *nā'ibun* "that comes again and again (by turns)"; *A Dictionary of Iraqi Arabic* (eds. Woodhead and Beene), p. 473 *n-w-b*.
Cf. further Arab. *nāfa* (*nwf, nyf*) II, IV "excéder" Dozy, *Supplement* 2, p. 738; Wehr, *Arabisches Wörterbuch*, p. 898f. "hoch, erhaben sein"; "übertreffen, übersteigen"; see also Baumgartner, *Lex.*^{3}, p. 644f. sub *nwf*; *nōf*. *na-u$_3$-bu$_3$-um* could also be connected with Hebr. *nūb* "to flourish, to prosper", ibid. 640; L. Kopf, *Studies in Arabic and Hebrew Lexicographie*, p. [203]ff.
Reading of **igi-KISAL** might be **igi-par$_4$**[33].

[33] Cf. Emar S^a Voc. 544'-545' (see Sjöberg, *ZA* 88, p. 270) **bur** || **KISAL** = *ki-sal-l*[*u*], **ki-sal** || **KISAL** = *pu-uḫ-*[*ru$_3$*]: pronunciation gloss **bur** belongs to **KISAL** = *pu-uḫ-*[*ru$_3$*] and **ki-sal** to **kisal** = *kisall*[*u*]. [For **bur$_6$** : **KISAL** cf. *MSL* 3, p. 33 S^a 284 **b/pu-ur** || **KISAL**; cf. Ea III 239-239a (*MSL* 14, p. 313)]. **igi-par$_4$/bur$_6$** might then correspond to Akk. *paḫāru* "to assemble, to gather". For Arab. *nāba* (*nūb*) cf. Lane, *Arab.-Engl. Lex.*, p. 2863(a, end) *naubat-un* "turn", "coming" but also "An assembly, a company, troop, or congrated body, of men" (cf. also Dozy, *Supplement*, p. 731) which seems to go very well with **igi-par$_4$/bur$_6$** = *na-u$_3$-bu$_3$-um*. **bur$_6$/pur$_6$** seems to be a phon. var. of **par$_4$**.
[*MEE* 4, p. 279 reads text A as **igi-E$_2$xPAP** but see Krebernik, *ZA* 72, p. 233 (Conti fn. 550). Steinkeller, *AuOr* 2, p. 141 reads **igi-luḫ**].

722. * **igi-sig / igi-sig** = *na-ṣi$_2$-bu$_3$(-um)*.
Cf. Lane, *Arab.-Engl. Lex.*, p. 2800 (a) *nṣb*: *hadā nuṣbu 'aynī* "this is a conspicuous object of my eye", "thing in full view of my eye" (said of a thing that is manifest, or conspicuous); Dozy, *Supplement* 2, p. 676 (a) *nuṣbu 'aynī* has been translated as "ton fait"[34].
Cf. Arab. *naṣībun* "share, portion, lot" (Lane); "profit"; "destin, destinée" Dozy, op. cit., p. 676 (but unlikely in our lex. entry).
igi-sig in Presarg. lit.: **igi-sig nam-gal$_2$ inim-ma ⌜x⌝ ḪI TUR šu nam-la$_2$** *OIP* 99, 113 iv 10-12 (but we were not able to translate).

727. * **igi-lib / igi-lib** [*MEE* 4 ed. **igi-lul**].
igi-lib, Akk. *dalāpu* "to be sleepless", see Izi V 19 (**i-bi$_2$-lib**); **igi lib** = *i-da-al-li-ip* *PRAK* 2 C 1:65. **igi-lib** = *diliptu* "sleeplessness": **igi-lib u$_3$ nu-ku**, syll. vers. **i-gi-li-ib-bi u$_3$ nu-ku** = *di-li-ip-tum u$_3$ la ṣa-la-lu* Innin-šagurra 162 (*ZA* 65, p. 194; OB, to be added in *AHw* and *CAD* D, p. 142); **tu-ra igi-lib** = *murṣu di-li-ip-ti* *CT* 16, 14 iii 41/42[35].

729. * **igi-UB / igi-UB** = *su-ba-um*, *z̦u-bu$_x$*(NI)*-um*.
igi-UB is also found *MEE* 15 no. 26 rev. ii 14; 32 ii 9 (EV uniling.).
Conti, p. 185: **igi-ar$_2$**: *šubūḥum* "lode", Sem. **šbḥ* "lodare" ("to praise, to laude"); C. refers to **ar$_2$** = *tanittu*, but we cannot accept his interpretation.
igi-ub might be **ub-igi** "corner of one's eye," see Volk, *Inanna und Šukaletuda*, p. 176 on lines 99/147/269 with fn. 826; Akk. *tubqāt īnī, tubqi īnē* *AHw*, p. 1365 *tubqu* 1) a). Cf. **igi-ub**, **igi-kun**, **igi-dub** *MEE* 3, p. 266 no. 71 ii 5-7; p. 262 no. 68 iv 1-3 **[igi]-ub**, **igi-gur$_4$**, **igi-kun**. Cf. **dub-igi-mu** Ugumu Susa 41 (*MSL* 9, p. 64).
If **igi-ub** "corner of one's eye", *su-ba-um* is a nomen *subāum* (*subā'um*)/*ṣubāum*, *ṣupāum*. However, if *z̦u-bu$_x$-um* is *ṣuppûm* "to look upon (something from afar)" (see *CAD* Ṣ, p. 226 *ṣubbû*, *ṣuppû*), then UB remains obscure.

---

[34] Root *nṣb* ("to settle, to fix") also in Ugar.: see Aistleitner, *Wörterbuch*, p. 212; Gibson, *Myths*, p. 151 *nṣb*; Hebr.: Baumgartner, *Lex.*^{3}, p. 674f.; Aram.: Dalman, *HWB*, p. 275; Jastrow, *Dictionary* II, p. 927; Syr.: Payne Smith, *Syr. Dict.*, p. 347; EA-WSem.: *CAD* N/2, p. 33 *naṣābu* B v. I/2. Note that root does not occur in Akkadian.

[35] *PBS* 12/1, 13 rev. 19 **[igi]-bi-iz-bi-iz** = *da-la-pu*: *MSL* 9, p. 79:117c (*PSD* B, p. 162 **biz** B Lexical 5.) (as against **[igi]-lib $^!$-lib$^!$** in *CAD* D, p. 147 sub *dalāpu* lex. section).

743. * **ku$_6$-muš / ku$_6$-muš** = *i$_3$-sa-lu-um, i$_3$-sa$^!$-lum, a-sa-lum* [or *a$_x$-sa-lu-um*].
Read as **ḫa-muš** in *MEE* 4, p. 283.
Fronzaroli, *SEb* 7, p. 166f. referring to Arab. *ḥisl*: Lane, *Arab.-Engl. Lex.*, p. 569: "The young one of the [kind of lizard called] *ḍabb* .... when it first comes from its egg"; Dozy, *Supplement* 1, p. 286 (b) *ḥsl* espèce de *thym* à longues feuilles; ... qu'il signifie aussi *wld-aḍḍabb* (a kind of lizard). Cf. also Hebr. (also Aram.) *ḥăsīl* (: *ḥāsīl*) Baumgartner, *Lex.*^{3}, p. 324/*Engl. ed.*, p. 337f., certain stage in life cycle of locust or cockroach.
Cf. **muš-ku$_6$** ED Fish List 39 (cf. also line 67); *SEb* 7, p. 166 with refs. to Presarg. texts.

775. * **u$_4$-dag:u$_4$-dag / u$_4$-u$_4$-dag-dag** = *sa-ba-ba-tum.*
u$_4$-u$_4$-dag-dag *OIP* 99, 326 i 9 (lit. text; difficult context).
Civil, *BaE*, p. 84: **UD-UD-dag-dag** = *sa-ba-ba-tum* "dawn(?)." Conti, p. 188: **dadag$^{\text{dag-dag}}$**: *sa-ba-ba-tum*: *šabābtum* "luminosità", ref. to Akk. *šabābu* "essere infuocato", [*CAD* Š/1, p. 2 *šabābu* "to roast, burn"]. Arab. *šabba* "bruciare" Conti) ("to burn, to set on fire").
Krebernik, *LLLE*, p. 144 sub UD.UD.DAG.DAG = *nu-ru$_{12}$-um zu-bu$_3$-um*. Krebernik suggests that *zu-bu$_3$-um* might be *šūpu'um*(: *šūpû*) "magnificent"]. Krebernik does not exclude that **u$_4$-u$_4$-dag-dag** should be analysed as **u$_4$-u$_4$$^{\text{dag-dag}}$** (but I do not concur).
Cf. **U$_4$-U$_4$** = *nūru* "light" SIG$_7$.ALAN XXI 262 (*MSL* 16, p. 199) (readings **dadag** ‹ **dagdag** or **u$_4$-zalag**?).
Cf. EV 776 * **u$_4$-DAG / u$_4$-dag** = *sa-ba-ba-bu$_3$(-um)*, *si-ru$_{12}$*-LUM. See Krebernik, p. 29: *si-'e$_x$-lum* = *šeḥrum*, Hebr. *šaḥar*, Arab. *saḥar* "Morgenröte"? *sa-ba-ba-bu$_3$(-um)*: Akk. *šabābu*, arab. *šabba* "(ent)brennen", Syr. *šbībā*, Hebr. *šābīb* "Funken". Conti, p. 188f.: **dag$_2$^{dag}**; he also reads *si-'e$_x$-lum*: *šeḥrum* "luce di mattino", also referring to Akk. *šēru*.
Cf. **u$_4$-DAG: u$_4$-dagal-la** = ⌜*u$_4$*⌝*-mu na-me-er-tu$_4$*, **u$_4$-[D]AG-dagal-la** = MIN MIN (: *ūmu namertu*) *MSL SS* 1, p. 81 Ugarit MBGT II 142-143.

869. * **KUR / KUR** (no transl.). **KUR** *MEE* 15 no. 80 vii 24 (uniling.).
Since preceeded (EV 868) by **za:gin$_3$(KUR)**, **KUR** might here be "lapis lazuli": **gin$_3$**; writing **KUR/gin$_3$** for **za:gin$_3$** is attested in Presarg. lex. texts, see Civil, *Ebla 1975-1985*, p. 145. In Ebla **KUR** is a logogram for lapis lazuli, see, for instance *Ebla 1975-1985*, p. 142f.; p. 145.

Cf. Mander, *MEE* 10, p. 92f. on no. 20 rev. xxiv 2.

894. * **i$_3$-a-DU / i$_3$-a-DU** .
Cf. *PSD* A/1, p. 152 **a-ra$_2$** F (a term used for oil), Ur III, OB. The Ebla entry might be the same word; not quoted in *PSD*. D'Agostino, *Sistema Verbale*, p. 92 interprets **i$_3$-** as the verbal prefix, suggesting that **i$_3$-a-DU** might be scriptio defectiva for **i$_3$-a-e$_3$**(UD.DU), perhaps for ***a i$_3$-e$_3$** (but we cannot accept his interpretation).

965. * **SIG$_7$-GUR$_8$ / mar-GUR$_8$** = *iš$_x$-pa$_2$-tu$_3$-um*.
"Quiver." To be read mar-uru$_x$, cf. Civil, *BaE*, p. 80 with fn. 8 for the writing. **SIG$_7$: mar$_x$** is not known to me.

986. * **al-GIRI$_2$-tag / al-giri$_2$-tag** = *gu-šum* (*ku$_8$-šum*), *gu-wu-šum*; also EV 030.
al-giri$_2$-tag also *MEE* 15, p. 33 no. 5 iv' 5' (uniling.). (**al$_6$-**) (with fn. 165, p. 164).
Fronzaroli, *SLE*, p. 142: *gu-wu-šum* (= **al$_6$-gir$_2$-TAG**) (a sacrifice? **TAG : šum** "to slaughter" ref. to *SEb* 6, p. 19f.).
Pettinato, *LdE*, p. 251 **al-gir$_2$-šum**; Hecker, *BaE*, p. 214 (with fn. 60) "langsam gehen" with ref. to Pettinato for *kūs/š*: Akk. *kâšu* "to be late", Arab. *kūs* Lane, *Arab.-Engl. Lex.*, p. 2638; cf. Müller, *BaE*, p. 200: *ku$_8$(-wu)-šum* / *ku"ušum* (: *w* standing for *'u* / *'u$_x$*).
al- precedes the nominal part of a compound verb; see also **al-en$_3$-tar** Ebla Voc. 987 (cf. Civil, *BaE*, p. 83).
Cf. Gudea Cyl. A ix 6 **sag-ga$_2$ mu-na-DU giri$_2$ mu-tag-tag-e** where translation of **giri$_2$ mu-tag-e** is obscure but probably the same expression as in the Ebla lexical entry[36].
[*ARET* 3, 469 v 9ff. **al-giri$_2$-tag** (cf. D'Agostino, *Sistema verbale*, p. 73 where, however, the translation remains difficult].
It is tempting to read **kušum$_x$(kušu$_x$)-tag**; cf. Sjöberg, *OrNS* 39, p. 87; *AOAT* 25, p. 425; Civil, *AS* 20, p. 134ff. on **kušum$_4$(U.PIRIG)-tag(-tag), kuš$_2$-ki-tag-tag** Akk. *lâpu*, *nâqu*, *pašālu*, *pitaššulu*, *AHw*, p. 841 *pašālu*(*m*) I "kriechen"; cf. Civil, *AS* 20, p. 134 fn. 28 on the "traditional" translation "kriechen". In the Gudea passage a translation "to (slowly /silently) come up/go to (somebody)" would fit context. Whether Eblaite *gu-šum*, *gu-wu-šum* should be connected with Akk.

---

[36] Edzard, *Gudea*, p. 74: Gudea Cyl. A ix 6 **sag-ga$_2$ mu-na-gub ul$_4$! mu-‹na›-TAG.TAG-e** "(Ningirsu) stepped up to the head of the one who was sleeping, briefly touching him".

kâšum "to be late, to tarry", D "to delay" remains uncertain; therefore, a semantic link between *pašālu* (*pitaššulu*) and Eblaite *gu*(*-wu*)*-šum* cannot be proven[37].

1003. * **KU$_7$ / KU $_7$** = *ma-sa-tu$_3$-um*, *ma-a-su-um*.
Probably to be read **gurušda**, cf. *CAD* K, p. 582 *kuruštû* A "sheep (or goats) being fattened." **gurušda** (**kurušta**) as a profession see, for instance, PN **g/kurušda** *OIP* 99, p. 68:42-43 = *MEE* 3 no. 43 iii 1 (*SEb* 4, p. 182); *OIP* 99, p. 68:231-232 = *MEE* 3 no. 43 rev. ii 9'; *OIP* 99, p. 69:249-250 = *MEE* 3 no. 43 rev. iii 7 (ED Names and Profession List). Cf. **lu$_2$-guruš$_2$**, **lu$_2$-gurušda** = *ša gurušê*, *mārû*, *ša namriātim*, *ša kuruštê*: see *CAD* K, p. 582 *kuruštû* A in *ša kuruštê*; **GAL$_2$.GURUŠDA$_a$** Uruk Arch. Lu 96 (*ATU* 3, p. 83), followed by **SANGA$_a$.GURUŠDA$_a$**. - I do not understand the Eblaite translations.

1005. * **mušen-uru-gul / mušen-uru-gul** = *ga-du-um*.
ED Bird List 144 (*MEE* 3, 15) **gul:uru-mušen** (: Deimel, *SF*, p. 59 no. 58 xii 17). *CAD* Q, p. 51 *qadû*(*m*) A s. "owl", lex. sect.: **uru-ḫul-a-mušen** = *qadû*(*m*) (note alternation **gul/ḫul**).

1026. * **[TE.ME] / TE.ME: mete** = *ra-ma-nu-um*, *ra-ma-num$_2$*; *a-a-mu-mu*; also EV 0420.
TE.ME *MEE* 15 nos. 50 iii 6; 51 v 3 (EV uniling.). *ramānu* is in lex. texts Sum. **ni$_2$**, **ni$_2$-te(-a)**. Cf. **ni$_2$-te-a-ni-ta** "of her own will" with var. **me-te-ni-ta** in Laws of Urnammu 211 (*AS* 16, 13 i 3; *OrNS* 50, p. 92)[38].
Krebernik, p. 37 refers to Akk. *ramānu*, Ass. *ramanu* "oneself." *a-a-mu-mu* (Krebernik: "unklar"): probably *ajammu* = *ajumma* (*ajjumma*, *jaumma*) "someone", "any"; also *a-a-a-am-ma* (Akk.): *aj(j)amma* is attested (*YOS* 10, 21:9), and *a-i-im-ma* (Lie *Sar.* 122; *TCL* 18, 85:11)) and *ia-im-ma* (*EA* 29:54) are attested; close to the Ebla entry is *a-a-am-ma* (: *aj(j)amma*) in *BBSt.* 5 iii 13 (MB; *CAD* A/1, p. 238)[39].

---

[37] Eblaite *ku''ušum* › Sum. **kušum** or **kušum** › *ku''ušum*?

[38] Cf. also Attinger, *ZA* 82, p. 128 with fn. 5.

[39] **me-te**, **te** = *simtu*: *CAD* S, p. 278f. 1. person or thing that is fitting, suitable, 2. person or thing that befits, 3. appurtenances, caracteristic.
Cf. *MEE* 7, p. 8 no. 2 rev. vii 9-11 (five garments) **LU$_2$ TE.ME** PN, translated as "che (sono) proprietà di PN"; also viii 5-7; 12-14, and ix 3ff.

1048. * **zi-du$_8$ / zi-du$_8$** = *'a$_3$-ma-z̤u-um, a-ma-z̤u-um*.
Butz, *BaE*, p. 121 with fn. 113: "energisch sein", with refs. to Arab. *'amiḍa* "être résolu, décidé" (: Cohen, *Dictionnaire* I, p. 23), and Ugar. *'mṣ* "stark" (see *DLU* I, p. 36); cf. Baumgartner, *Lex.*^{3}, p. 63 *'mṣ* I, and Hebr. *'ammīṣ* (ibid. p. 61). Cf. Krebernik, *SEb* 7, p. 194: *HamāZum* (no transl.).
As far as I know, a compound **zi–du$_8$** is not known in Sumerian texts[40]. **zi** is certainly *nupuštum*, see EV 1050[41.42].

1049. * **zi-du$_8$-du$_8$ / zi-du$_8$-du$_8$** = *ta$_2$-ta$_2$-me-ṣu$_2$-um*.
Butz, *BaE*, p. 121: "unerschütterlichen Eifer haben".

1052. * **ga$_2$-nu$_{11}$-mušen / ga$_2$-nu$_{11}$-mušen** = *la-ḫa-bu$_3$*.
ga$_2$-nu$_{11}$-mušen also *MEE* 15 no. 32 vi 9 (**ga$_2$:nu$_{11}$-**).
ga$_2$-nu$_{11}$-mušen (var. **ga-**) ED Bird List A 26 (*MEE* 3, 110); note **ga$_2$** with var. **ga**. Also ED Bird List *B/MEE* 3 no. 40 i 3 and no. 41 i 2'.
Mesop. lex. texts: **ga-nu$_{11}$-mušen** is *lurmu* (*CAD* L, p. 255); **ga$_2$-nu$_{11}$: GA/GA$_2$.NU$_{11}$-mušen**, and **GA$_2$.NA-mušen** *CAD* L, p. 255 : *BAM* 114:18; 164:30; see also *CAD* L, p. 255 *lurmu* c); **⌜GA$_2$⌝.NU$_{11}$-mušen** *AMT* 66, 11:18 + 65, 6:7 (*CAD* L, p. 255b). *la-ḫa-bu* also EV 1370: **buru$_4$-mušen** = *la-ḫa-bu$_3$*, *a-a-tum* : *PSD* B, p. 204 **buru$_4$** Lexical 1. For *a-a-tum* see C.H. Gordon, *Eblaitica* 1, p. 22 with ref. to Hebr. *'ajjā*, a bird of prey, see Baumgartner, *Lex.*^{3}, p. 38a "Königsweih" (Milvus migrans), "black kite" (: Schallwort nach d. Ruf d. Vogels wie ar. *ju'ju'*, akk. *ajau*; Tigr. *'ajā*, cf. Leslau, *Contributions*, p. 10 "hawk". *la-ḫa-bu$_3$* is found only in the two Ebla lexical texts. If *la-ḫa-bu$_3$*

---

40 Cf. **zi–tuku/du$_{12}$: a-ba zi-bi mu-un-tuku e-še** "who will have the strength for this?" (i.e., to fight) Gilgameš and Agga 28; the same expression is also found in *SP Coll.* 3.1, and *TIM* 10/1:2.

41 **zi** = *nu-pu$_3$-uš-tu$_3$-um/tum* "life"; also EV 1315. *nupuštu* is not attested in Akk. texts; cf. *nupšatu* (‹ *nupušatu*) *ABL* 371:8; *ABL* 1384 rev. 3 (NA); *ana nu-up-ša$_2$-te SAA* 5, p. 10 no. 11 s. 3 (NA); *napuštu* und *napultu* is found. For *nupuštum* see C.H. Gordon, *Eblaitica* 2, p. 132 where he refers to Arab. broken plur. *nufūs* (sing. *nafs*) and Hebr. *z̤ᵉkūr* (‹ *z̤ukūr*) "the male members of the community" and *rᵉkūb* "possessions". [Cf. Brockelmann, *Grundriss* I, p. 359 (143)]. (Gordon:) Accordingly, *nupuštu(m)* can be explained as **nupūš-tu* with the long vowel shortened in a doubly closed syllable.

42 **zi-du$_8$** in *MEE* 7, p. 44 no. 10 v 7-vi 1: 1 **ma-na ku$_3$-babbar zi-du$_8$** GN transl. as "1 mina d'argento (per) il funzionario-Z. di GN" and vi 4-6: 3 *mi-at* **udu-udu zi-du$_8$** GN "300 ovini (al) iv 7-vi 1: 3 *mi-at* **udu-udu** (al) funzionario-Z. di GN".

also is a bird of prey[43], **ga$_2$-nu$_{11}$-mušen** (Akk. *lurmu*) cannot be "ostrich". In ED Bird List A 26 **ga$_2$-nu$_{11}$-mušen** is preceded (24-25) by **nin-uš-mušen** and **sur$_2$*-du-mušen** "falcon" (var. **su-din-mušen** in ED Bird List C: *MEE* 3, p. 122 no. 41 i 1').

1061. * **[ku-li] / ku-li** = *la-u$_3$-um*.
ku-li *MEE* 15 nos. 27 rev. iv 13; 52 ii 5; 80 i 10 (EV uniling.). Krebernik, p. 38 refers to Akk. *ru'u* (*rū'u*?), Hebr. *rēa'*; he refers to *JNES* 16, p. 256 rev. 1 (: fn. 134) *ra-e-š*[*u*] "his friend" where vowel [*a*] as in the Eblaite (*r/l*)*a*-. I refer the reader to the root *lwī*: **lāwiyum* › *l ā*(*w*)*i'yum* › *lāi'um* › *lā'ûm* "companion", "fellow". See Syr. *lewyā* "companion, friend, follower" Payne Smith, *Syr. Dict.*, p. 237(b); Hebr. *lwh* "begleiten"; nif. "sich anschliessen an" Baumgartner, *Lex.*^{3}, p. 496 (I *lwh*); Dalman, *HWB*, p. 215 *lwh* I (*lwī*) Pi. "zugesellen"; Hitp. "sich zugesellen"; "sich geleiten lassen"; *l^{e}wiyā*(*h*) II "Geleit", "Begleitung" Dalman, op. cit., 215(b); Sokoloff, *DJPA*, p. 279(b) *lwī* "to accompany", "to escort"; cf. also Akk. *lamutānu* (*la'utānu*) *CAD* L, p. 77f.

1066. * **[KAM] / KAM**.
Cf. Emar S^a Voc. 278 and Ugar. S^a Voc 133 i 10': **KAM: utul$_2$** = *di-qa-a-ru$_{21}$*: *ZA* 88, p. 259; but see also Emar S^a Voc. 277 **KAM$_2$** = *me-ri-iš-tu$_4$* "desire" = Ugar. S^a Voc. 133 i 11' **KAM** = *mi-ri-il-t*[*u*]: *ZA* 88, p. 259.

1068. * **mu[nu$_4$-gug$_2$] / munu$_4$-gug$_2$** = *sa-ba-tu$_3$-um*, *sa-ba-tum*, see also EV 0215.
munu$_4$-gug$_2$ also Deimel, *SF*, p. 13 no. 15 iii 7 =, p. 14 no. 16 ii 19; *SF*, p. 21 no. 20 rev. vi 10. Civil, *OrAnt* 21, p. 14: referring to Akk. *sābûtu* "brewing (supplies)" but *CAD* S, p. 10 *sābûtu* "inkeeper's trade"; Civil's translation is preferable.

1070. * **ḫi-li / ḫi-li** = *ga-na-um*, *a-ma-um*.
EV 1215 **ḫi-li** = *ga-na-um*; EV 0115: **ḫi-li** = *a-ma-um*. Cf. Butz, *BaE*, p. 119: "Liebenswürdigkeit".
ḫi-li, **ḫi-li-ḫi-li** is attested with verbal character and *ga-na-um* might not be "Liebenswürdigkeit" but infinitive *ganā'um*; v. *kanû* is not attested in Akk., but cf. adj. *kanû*: *kanât* "she is honored" (*VS* 10, 215:19); *kunnû* "to treat kindly", Sum. **zur**;

43 *la-ḫa-bu$_3$*: cf., perhaps, AHw, p. 527 *laḫābu* "ein (Würge?-)Geräusch hervorbringen"; *CAD* L, p. 38 "to howl(?)".

mi$_2$–du$_{11}$(-ga); *kunnû* "honored, beloved"[44].
a-ma-um: perhaps **ḫamā'um* (: *ḥmw*, *ḥmy*). Cf. Akk. *ḫamû* (: *ḥmw*) "to become confident, to rely"; *ḫummû* "to give confidence" (*CAD* Ḫ, p. 72 *ḫamû* B v.). Cf. Aram. *ḫamā*: *ḥamā*, *ḥamī*) Dalman, *HWB*, p. 151 *ḫmā* 2. "sich ziemen", "würdig sein"[45].

1073. * **ḫi-SAR / ḫi-sar** = *bu$_3$-qa$_2$-lu*; *a-šu-ra-tum*: EV 0116 (text al). **ḫi-SAR** is also found in Deimel, *SF*, p. 57 no. 58 v 5 (preceding line **UD-ḫi-SAR**); *OIP* 99, 23 vi 17 **SAR:ḫi** (16 **SAR:UD-ḫi**). Cf., perhaps, Uruk Arch. Plant List 35 (*ATU* 3, p. 121) **SAR.ḪI** .
In Akkadian *buqlu* is "(green) malt", "dried malt", Sum. **munu$_4$** (**MUNU$_4$.ŠE**); cf. EV 856 **munu$_4$** = *bu$_3$-qu$_2$-lum*; Ugar. *bql* "malta" *DLU* I, p. 114, where also ref. to Arab. *baql*(*un*), but see Lane, *Arab.-Engl. Lex.*, p. 236 (not "malt"); *bql*: *'abqala* "to produce plants, herbage" (Lane, p. 236a). Cf. also Wehr, *Arabisches Wörterbuch*, p. 60 *baqala* "hervorspriessen" (Pflanze); Akk. *baqālu* v. "to sprout" (*CAD* B, p. 97); *CT* 18, 2 iii 26 *ba-aq-lu$_4$* = *pi-ir-ḫu* "sprout"[46].
ḫi-SAR = *a-šu-ra-tum* EV 0116 (text al) might be a separate word[47].

1076. * **šum$_2$-SAR** = *ḫa-z.a-num$_2$*.
šum$_2$, Akk. *šūmū* "garlic." **šum$_2$-SAR** *MEE* 3, p. 182 no. 50:88 (Fara, Ebla). – *ḫa-z.a-num$_2$*: *ḫazannum*, *az.annu* "bitter garlic":

---

[44] Cf. EV 1208 **mi$_2$-du$_{11}$-ga** = *la-a-mu-mu*, cf. Civil, *BaE*, p. 89: *ra-a-mu-mu* : *ramāmu* as by-form of *râmu* "to love"; *rammumu* would then be the "Assyrian" form for *rummumu* (II); *râmu* (*ra'āmu*) "to love" is attested as II *ru''umu AHw*, p. 952 "umschmeicheln".

[45] OAkk. *'$_x$m'$_7$*: *amāyum MAD* 4, p. 44; *AHw*, p. 45 *amûm* V; *CAD* A/2, p. 89 *amû* B v.; in PNs only, mng. unknown.

[46] Cf. **ḫi-is-SAR**, Akk. *ḫassu* (*CAD* Ḫ, p. 128 *ḫassū* plur. tantum) "lettuce", attested in Dumuzi-Inanna Song, see Sefati, *Love Songs*, p. 403 (Indices) sub **ḫi-is^{SAR}**, translated by Sefati (and earlier in.al. by Kramer) as "lettuce"; it is a plant grown in gardens. However, translation "lettuce" is somewhat uncertain. [In *AfO* 16, p. 63 fn. to line 15 we find **ḫa-za ḫi-li** for **ḫi-is-SAR za$_3$-ḫi-li**]. Cf. further Šulpae Hymn 34 **pu$_2$-kiri$_6$ ḫi$^!$-is$^!$-sar giš-gi-sig$_7$-ga**, syll. vers. **pu-ki-ri ḫi-za$^!$-al** [. . .]: writing **ḫi-za-al** (if not corrupt) points to a reading **ḫi-sar/ḫi-is-sar**. **ḫi-SAR** is the Ebla entry is either a short writing for **ḫi-is-SAR/ḫi-is-sar**. Cf. Dumuzi-Inanna E 10 (Sefati, p. 166) **ḫi-is-SAR-am$_3$** (text A), var. **ḫi-SAR(-am $_3$)** (twice in text C).

[47] Cf., perhaps, *'a$_3$-su-ri$_2$*: *TIE* A, 1/1, p. 148 (: *MEE* 7 no. 48 rev. iv 7) where ref. to **ḫi-sar** = *bu$_3$-qa$_2$-lu* and *a-šu-ra-tum*, but a connection between *'a-su-ri$_2$* and *a-šu-ra-tum* is unlikely.

CAD A/2, p. 526 *azannu* A (*ḫazannu*), Sum. **šum$_2$-sig-SAR**, **šum$_2$-šeš-SAR**. *ḫa-za-num$_2$* in this Ebla lex. entry *ḫa-za-num$_2$* is the oldest ref. for the word, otherwise OB period and later[48]. For *ḫazannum* / *ḫazuānum*, *ḫazuannī* see W. Farber, *ZA* 81, p. 236ff.

1077. * **šum$_2$-kur** / **šum$_2$-kur** = *ḫa-za-num$_2$* KUR KI. See preceding entry. **šum$_2$-kur** also *MEE* 15 no. 15 ii 2 (EV uniling.); **šum$_2$-kur** also *OIP* 99, 23 vi 10 = *SF*, p. 57 no. 58 iv 21 (**kur:šum$_2$**).

1078. * **šum$_2$-kur-SAR** / **šum$_2$-kur-SAR** = *ga-ba-ra-šu*. I have no explanation for *ga-ba-ra-šu*.

1079. * **ga:raš-SAR**(: **garaš$_3$**) / **ga:raš-SAR** = *ḫa-za-nu*; cf. 1076 above. **SAR:raš:ga** *OIP* 99, 23 vi 13 = *SF*, p. 57 no. 58 v 1 **raš:ga-šum$_2$** [Akk. *karašu* B: *CAD* K, p. 212f. "leek"]. See further *Ebla 1975-1985*, p. 144:76 **garaš$_3$** = *ga-ra-sa* (E$_2$); cf. Civil, *BaE*, p. 86 (6.2).

1080. * **šum$_2$-sikil:SAR** / **šum$_2$-SAR-sikil** = *ša-maš-gi-lu*. **šum$_2$-mu$_2$-sikil** › *šamašgilu* (*šamaškilu*). *CAD* Š/1, p. 298ff. *šamaškillu* (: OB and later); the Ebla entry is the oldest ref. for the word (not quoted in *CAD*).

1081. * **munu$_4$-SAR** / **munu$_4$-SAR** = *ḫa-su-ri$_2$-tum*; also EV 1446 **munu$_4$-SAR** = *ḫa-ṣu$_2$-ri$_2$-tum*; also EV 0216. **munu$_4$$^!$-SAR** also in *MEE* 15 no. 21 rev. ii 3'.

ḫa-ṣu$_2$-ri$_2$-tum: root *ḫṣr*, Arab. *ḫḍr*, see Lane, *Arab.-Engl. Lex.*, p. 754ff.; *ḫuḍratun* "A green plant, herbs, or leguminous plants" ibid. p. 755(b); *ḫaḍārun* "Herbs, or leguminous plants, in the first state of their growth"; Baumgartner, *Lex.*^{3}, p. 330 I *ḫāṣīr* "grass"; cf. further ibid., p. 330 II *ḫāṣīr* MHebr. "Lauch, Porree" (Allium Porrum) (Baumgartner p. 330 II *ḫāṣīr*) with ref. Numbers 11:5: "cucumbers, the melons, the leeks *häḫāṣīr*, the onions *habbᵉṣālīm*, and the garlics *haššūmīm*"). In *GBDB* 348 *ḫāṣīr* "green grass"; spec. of leeks (as somtimes in Aram.) with ref. to Numbers 11:5. As to *-īt* (in *ḫaṣur-īt-um*) cf. Akk. *urqītu*(*m*) (: *urq-īt-*) "green plants".

1082. **ḫi-li-SAR**; also found in *MEE* 15 no. 21 rev. ii 2' (EV uniling.). **ḫi-li-SAR** in **ša$_3$-ḫi-li-SAR** in Deimel, *SF*, p. 57 no. 58 v 13 which I would connect with **za$_3$-ḫi-li-SAR**, Akk. *saḫlû* "cress plant" (*CAD* S, p. 62ff.).

---

[48] Civil, *BaE*, p. 86, 6.2 reads *ḫaṣ*(*ṣ*)*anu*. See also *DLU* I, p. 201 sub *ḫs/św*(*n*) n. m. Further refs. for *ḫazannu* (*ḫa-za-nu-um*) are found in Bottéro, *Textes culinaires mésopotamiens*, p. 201f.

1144. * **mu-IM-ZA / mu-IM-ZA** = *su-mu-um, gi-si-da*-LUM: EV 0211.
Krebernik, p. 40: ref. to Akk. *šumu* "Name." Reading **mu-ni$_2$-za** might be "your own name." *gi-si-da*-LUM: *gi-si-da-num$_2$*: *gisid-ān-um/gisit-ān-?*[49] **-ZA**, if **-za** "your" has not been translated in thc Eblaite translation. *su-mu-um* is a translation of **mu** only.

1325-1326. **BAD, BAD-munus** .
Probably professions, cf. *UET* 7, 73 ii 12-13 **BAD, munus-BAD**: Sjöberg, *Fs. Limet*, p. 118; p. 125 where ref. to the Ebla lexical entries. Different: Goodnick Westenholz, *Legends*, p. 154: 54-55 **IDIM, MI$_2$.IDIM** "nobleman, noblewoman" (p. 155); Butz, *BaE*, p. 122f.: "Ba'al, Ba'lat" (cannot be accepted); cf. also Sanmartín, *Studies Civil*, p. 182, 25.(d); Krebernik, *LLLE*, p. 106.

1343. **ab-a** = *bu$_3$-la-tum, ti-'a$_3$-ma-tum*; also EV 016.
Krebernik, p. 43: *tihām(a)tum*, ref. to Akk. *tiāmtum, tâmtu* with fn. 153 with ref. to Pettinato, *Bib. Arch.* 39, p. 50, and Fronzaroli, *MLE* (*SEb* 7), p. 183; see also Fronzaroli, *SLE*, p. 151. - *bu$_3$-la-tum* : *bu'ratum*(?) (Krebernik) vielleicht mit akk. *būrtum* "Brunnen" zu vergleichen; see also Fronzaroli, *SLE*, p. 148 s.v. *pu$_3$-la-tum*: *bu'r-at-um* "well, cistern"; cf. also Krecher, *BaE*, p. 147 6. (end).
Sanmartín, *Studies Civil*, p. 181f. 24.; p. 181 fn. 83 where ref. to C.H. Gordon, *Eblaitica* 2, p. 192 where Gordon interprets *bu$_3$-la-tum* as *puratum*: *purattum* "the Euphrates", according to Sanmartín "improbable". However, Akk. *purattu(m)* cannot be

[49] **mu-ni$_2$-za** ("your own name") is found in SP Coll. 11.146 **[du]b-sar-me-en mu-ni$_2$-za nu-zu igi-ni$_2$-za sig$_3$-ga** "you are a scribe and you don't know your own name ... in your own 'eye'" (see Alster, *SP* I, p. 32). This 'proverb' is also found in *SP Coll.* 2.37, and in *UET* 6/2, 267:1 (partially restored). See Alster's comm. in *SP* II, p. 363 (on 2.37) where it is understood as "(how to write) your own name"; he refers also to Dialogue 3:64 **mu-ni$_2$-za nu-e-da-sar-ra** "you cannot write your own name". [Cf. SP Coll. 2.38 **[dub-s]ar-re mu diš-am$_3$ ḫe$_2$-en-zu**! **. . . e-ne-am$_3$ dub-sar-ra** "(when) a scribe knows every ... . he is indeed a scribe!" where, according to Alster, *SP* II, p. 363, **mu diš-am$_3$** is "every entry" referring to the lexical series].
It is somewhat surprising that an entry like "your own name" has found its way into the Ebla Vocabulary and we might look for a different interpretation. It would be very tempting to refer to Ezekiel 9:2 *qäsät hassōfēr*, also 9:11 *haqqäsät* (without *hassōfēr*); see Baumgartner, *Lex.*[3], p. 1042(b) *qäsät* with ref. to Egypt. *gštj* "Platte des Schreibers"; Ezekiel 9:2 (and 9:11) transl. as "Schreibzeug des Schreibers"; transl. "writing case" in Tanakh The New JPS Translation, p. 903 as in RSV. Eblaite *gi-si-da-num$_2$* might be *qi$_3$-si-ta$_2$-num$_2$* (*qst*): *qisit/qeset-ān-um*. I consider my interpretation far from certain.

explained as from Sum. **(i$_7$-)buranun(a)**, and Gordon's interpretation should be seriously considered; cf. *CT* 41, 45, 76487:9 (Labat, *Commentaires*, p. 120) **a-a-ab-ba : ab-ba** = *i-di-iq-lat* "the Tigris".

1412a. **geme$_2$-kar-kid$_3$(AK)** = *sa$_3$-bi$_2$-tum, ša-ma-ak-tum*.
Also found in *MEE* 15 no. 50 i 3 (EV uniling.). **geme$_2$-kar-kid$_3$** *OIP* 99, 255 iv 3' (literary text); **[geme$_2$-kar]-kid$_3$** = *ḫa-ri-im-tum$_2$* N 3395 rev. 3 (OB): Alster, *SP* I, p. 289 (where **[munus-kar]-ke$_4$**. Cf. ED Lu E 173 (*MSL* 12, p. 19) **geme$_2$:MUNUS.UŠ:kar-kid$_3$**. [Cf. MUNUS.KID.KAR in *Syria* 18, p. 248: RS 8.208:6, cited in *CAD* Ḫ, p. 102(b) sub *ḫarīmūtu*; cf. *kitekarû* "prostitute" *CAD* K, p. 465]. **kar-kid$_3$** (= **kar-kid**) = *ḫarimtu*; cf. *karkittu* *CAD* K, p. 217. As to the reading **kar-kid$_3$(AK)** see *ZA* 57, p. 118; 72, p. 73; p. 75.
Civil, *BaE*, p. 88f.: Akk. *sābītu* "barmaid"; *šamak/ḫtu* "beautiful one." Cf. Civil fn. 18 (p. 89) for a reading *z̧a-ne-tum* (suggested by I. Vigani) "prostitute" (instead of *sa$_3$-bi$_2$-tum*), referring to Hebr. *z̧nh/y*. However, **z̧ānaytum* would be *z̧ānātum* in Eblaite.

1412b. **geme$_2$-gar$_3$-ra** = *sa$_3$-bi$_2$-tum*; also EV 083.
Krebernik, p. 45 (1412-1413): *sābi'tum* oder *sābītum*, ref. to Akk. *sābītu* "Bierbrauerin," "Wirtin." For *ša-ma-ak-tum* K. refers to Akk. *šamak/ḫatu* "Dirne." - Cf. also Butz, *BaE*, p. 126. The meaning of **-gar$_3$(-ra)** is not certain [50].

1413. **sa-ḫur** = *sa-ḫu-ru$_{12}$-um*. **sa-ḫur** *MEE* 15 no. 41 iv 7 (EV uniling.).
sa-ḫur: see F. Pomponio/G. Visicato, *EDATŠ*, p. 244 (professional name) on No. 75: Deimel, *WF* 45 v 4 with refs.; there interpreted as a Semitic root.
(Butz, *BaE*, p. 126 with fn. 149: "kleines Kind", Akk. *ṣḫr*).

038. **anše-edin** = *gu$_2$-da-num$_2$*.
anše-edin-na = *sirrimu* "wild ass, onager"; see now also **anše-edin-na** = *imēr ṣēri*: **[anše-edin]-⸢na⸣-gin$_7$** *ki-ma i-me-er ṣe-ri* N 3395 obv. 4 (collated by me), cited by Alster, *SP* I, p. 289 (read obv. instead of rev.) (context destroyed).
gu$_2$-da-num$_2$, Akk. *kudānum*, see Krebernik, p. 45 (*CAD* K, p. 491 *kūdanu, kūdannu*), Sum. **anše-giri$_3$-nun-na**.

---

50 Cf. *MEE* 10, p. 57 text 19 with comm. on rev. 1 **gar$_3$-ra** "colonia commerciale" (Pettinato, *Ebla*, p. 393 comm. on line 14) but I cannot concur with that interpretation.

0291. **nin-GU $_2$-ga-um** = *[b]a?-al-ga-um.*
Cf. Civil, *BaE*, p. 93 who suggests that the transliteration reflects a confusion between the similar signs **AL** and **GU$_2$**. If *[b]a-al-ga-um* (photo not available) (: *blq*ʻ) is accurate, cf. Arab. *balqaʻun* "waste land": Lane, *Arab.-Engl. Lex.*, p. 253 (where then this animal lives)[51].
[**nin-GU$_{21}$-ga-um** is preceded by **nin-ḫir-ba-um** = *ḫir-ba-nu* "chameleon"].

0292. **nin-ḫu-⌜da⌝-um**
See Sjöberg, *WO* 27, p. 15f. on *ḫu-da-um*, a kind of a lizard. In *MEE* 15, p. 123 text no. 45 ii 1' (EV uniling.) we now find **[n]in-ḫu-da** which might stand for **nin-ḫu-da-um** or **-ḫuda** loanword ‹ *ḫudāʼum.*

0293. **nin-ḫir-ba-um** = *ḫir-ba-um.*
Civil, *BaE*, p. 93: **NIN$^{\text{ḫur-ba-um}}$**, ref. to Akk. *ḫurbabillu* "chameleon" and Arab. *ḫirbāʼun*. I consider *ḫir-ba-um* in the Sum. col. a Semitic loanword (not as a gloss). See also Sjöberg, *WO* 27, p. 16.

0294. **nin-ki** = *na-iš* ⌜*gar$_3$*⌝-[*ga-ri$_2$-im*].
Cf. *MEE* 4, p. 386 v 4. Cf. Krebernik, *LLLE*, p. 132f. See now Sjöberg, *WO* 27, p. 20f.

0296. **nin-za-NI** = *z̦a-ba-bu$_3$-um*, a rodent, see Sjöberg, *Fs. Oelsner* (forthcoming), fn. 6; there also a ref. to Arab. *z̦abābun* (Lane, *Arab.-Engl. Lex.*, p. 1208), a rat.

0333. **sag-kala(g)** = *sa-la-ga-u*[*m*]. See Sjöberg, *WO* 27, p. 12 on i 10 with fn. 6.

0400a,b **[Š]ID-gi-g[i]** (a, no transl.), **ŠID-gi$_4$-gi$_4$** (b) = *la*-NE-LUM, *la*-ḪI-TUM [MEE 4: *la-de$_3$-num$_2$*, *la-du$_{10}$-tum*].
ŠID-gi-gi is also attested in *MEE* 15, p. 121 no. 44 (EV uniling.) iii 4.
The two Eblaite translations (probably two participles type *pāris-um*) *la*-NE-LUM and *la*-ḪI-TUM are difficult to interpret; cf. Krebernik, *ZA* 72, p. 191 sub ḪI on *la*-ḪI-*tum* and *la*-NE-LUM ("... zwei verschiedene Wurzeln voraussetzen"). [Cf. *ARET* 9, p. 394 sub *la*-NE-LUM, where ref. to Akk. *ladinnu CAD* L, p. 36

---

[51] Cf. **muš-ki-in-dar, muš-ki-uš$_2$, muš-KI.KAL** Ḫḫ XIV 37-40 (*MSL* 8/2, p. 9), **^{d}nin-kilim-tir-ra, ^{d} nin-kilim-edin-na** Ḫḫ XIV 203-204 (*MSL* 8/2, p. 24).

(an aromatic); however, this interpretation in our lex. entry is out of the question].
ŠID-gi$_4$ as "to roar" is attested in *UET* 1, 210:5 (and dupl.) **u$_4$-gin$_7$ ŠID bi$_2$-in-gi$_4$** "roaring like a storm", reading probably **šeg$_x$ ...-gi$_4$ = KAxBALAG-gi$_4$/šeg$_{11}$-gi$_4$**, Akk. *šagāmu*. However, the old writing is **SIG$_4$:šeg$_{12}$-gi$_4$(-gi$_4$)** (cf. *TCS* 3, p. 77 comm. to TH line 127) and, therefore, **ŠID-gi-gi/gi$_4$-gi$_4$** in the Ebla lex. texts is hardly to be understood as **šeg$_x$(ŠID)-gi-gi/gi$_4$-gi$_4$** "to roar".

0402. **NU$_{11}$-TU[M]** = *'a$_3$-ba-šum*.
Cf. Civil, *Ebla 1975-1985*, p. 143:62 **NU$_{11}$.PI-tum za** = NA$_4$.NA$_4$ ŠITA.GIŠ *ḫu-du-uš-um*; p. 152 on 62. Civil suggests that the Sumerian must be a Semitic loanword, possibly a cognate of Akk. *uzuntu* "ring, in an implement". For *ḫu-du-uš-um* Civil refers to Ugarit Ḫḫ XVI 297 **na$_4$-ḫuduš(TU)** = *ḫu-du-šu* and *ḫu-du-šu ša qa$_3$-ab-li-ni* "the ḫ. of our waists".
Deimel, *SF*, p. 18 no. 20 ii 7 **TUM:NU$_{11}$ za** ("stone"). My reading **-ib$_2$** depends on my interpretation of **ib$_2$** as "hip(s)", "loins". *'a$_3$-ba-šum*: *ḥbš*, see Baumgartner, *Lex.*^{3}, p. 289 sub *ḫbš* (*ḥbš*) "to wind round, to wrap". Eblaite *ḥabašum* / *'abašum* goes well with Ugar. *ḥubš* "bundle, girdle" (*DLU* I, p. 172f.); Akk. *abšu* A (*ḥbš*) *CAD* A/1, p. 66. I interpret **NU$_{11}$-i[b$_2$]** = *'a$_3$-ba-šum* as a girdle or belt which one wears around the hips. **NU$_{11}$-ib$_2$** would then be *'abaš qablim/qablē*.

0443. **u$_4$-ma-dam-še$_3$** = *ma-gi-a-šu*.
Cf. Gudea Cyl. A xi 26-27 **gi$_6$-a-na i$_3$-ti ma-ra-e$_3$-e$_3$ e-bar$_7$-gana$_2$ u$_4$-ma-dam ma-ra-e$_3$-e$_3$** "during the night the moonlight will come out for you, at noon the ... sunlight will come out for you". However, cf. EV 1206 (above) **u$_2$-u$_4$-ma-še$_3$** where **-ma-** might be identical with **-ma-** in 1206; then **ma-dam** (Akk. *ḫiṣbu*) would be excluded, and the Gudea passage has to be differently interpreted. **u$_4$-ma-dam** also in *Fs. Widengren* I, p. 64 rev. ii 29' **u$_4$-ma-dam mu-ḫe$_2$-gal$_2$-la ti** [...]; if not necessary in the Gudea passage (and in our Ebla entry) we would have expected (if **ma-dam** = *ḫiṣbu*) **u$_4$-ma-dam-ma** (= * *ūm ḫiṣbi*)[52].

---

52 **ma-dam** = *ḫiṣbu* A "abundant yield, produce"; *ḫ*. referring to the daylight is not attested. The Gudea passage was translated by Jacobsen as "plentiful day-light" in *ZA* 52, p. 123 fn. 71 (cf. his translation "plenteous sunshine" in *Harps*, p. 402); Sjöberg, *OrNS* 39, p. 82 "reichliches Licht".

-še$_3$ is the terminative postposition, and **u$_4$-ma-dam-še$_3$** has to be understood as a temporal expression[53]. I was not able to translate *ma-gi-a-šu*; however, *-šu* might be *-šum* in *ūmšum* (: *ūm-šum*) "daily": *AHw*, p. 1418; *ūmšum* OAkk. "daylight."

0468. LAK 734/**E$_2$xU** = *ga-la-tum.*
Krebernik, p. 14 (reading **E$_2$xGI$_3$**) comm. on EV 322 **e-gi-a** = *kal$_2$-la-tum* "Schwiegertochter." [I cannot concur with Krebernik]. Civil, *OrNS* 56, p. 238 reads **E$_2$xBURU$_3$** and refers to *SF* 19 no. 20 v 20 (**E$_2$xBURU$_3$-urudu**, preceded by **u$_2$-e$_2$‹-urudu›**); for *ga-la-tum* Civil compares Akk. *karratu* (a type of window; *apti karrati*: two refs. only, 1st mill.; *CAD* K, p. 221) "hole/opening in a house"; however, it would be suprising to find a "copper *k.*-window" (even if we assume that the window had a frame of that metal)[54].

0470. **⌜nin⌝-za-ba-sum** = *z̤a-ba-sum* (*z̤a-ba-šum$_2$*).
Cf. Civil, *BaE*, p. 93. *z̤a-ba-sum* is probably a small animal, perhaps, a rodent. See also EV 1300 **⌜x⌝-tur** = *z̤a-ba-sum* (the Eblaite transl. is missing in *MEE* 4, p. 334; see *MEE* 4, p. 82 nos. 63-64: AZ rev. i 1-2 (photo not available).

ḫiṣbu is, according to *CAD* Ḫ, p. 202 sub *ḫiṣbu* metath. of **ḫibṣu*: *ḫabāṣu* A "to be elated"; *ḫitbuṣu* "to be exuberant, flourishing." **u$_4$-ma-dam ma-dam** in adj. use) might then be Akk. **ūmu ḫabṣu*, **ūmu ḫitbuṣu* "exuberant, light".

[53] Cf. OBGT I 805 (*MSL* 4, p. 59) **gi$_6$-zal-še$_3$** = *a-di ka-ṣa-a-tim* "to the morning coolness"; cf. also *OBGT* I 811; 816; 821 (all entries+terminative **-še$_3$**; cf. also EV 1205-1206 above.

[54] Cf. EV 258 **sag-gag-bad-bad** = *pur-ṣu$_2$-um*; *ga-la-tum*: *purṣum* "hole"(?), see Civil, *OrNS* 56, p. 238; cf. EV 0334 **sag-gag-bad-bad** = NE *-ti(-u$_3$)* SAG, GIŠ.SAG.

Ebla Vocabulary

a-a-gu2(-um), *a-gu2-um li-sa-nu*, Sum. **eme-la 2**; **ka-la 2** EV 180; 181.
a-a-mu-mu: *aj(j)ammu* "oneself", Sum. **mete**(: **TE.ME**) EV 1026.
a-a-tum (*'ajjatum*), Sum. **buru4-mušen** EV 1370 text q, quoted in EV 1052 comm.
a-bar-tum, Sum. **giš-e2** EV 453.
ajammu(: *a-a-mu-mu*), Sum. **mete** "oneself" EV 1026.
a-ma-um, Sum. **ḫi-li** , perhaps *ḥmw* EV 1070.
'a3-ba-šum (*ḥbš*), Sum. **NU11-t[um]** "girdle, strap" EV 0402.
ba-al-ga-um (*[b]a?-al-ga-um*), Sum. **nin-bal!-ga-um** an animal EV 0291.
ba-la-nu (root perhaps *pr'*), Sum. **giš-rin 4-na-du3** EV 445.
ba-la-um: *palā(')um* "to look, into, to inspect", Sum. **igi-gar** EV 145.
bi2-a-tum EV 578, see NE-*a-tum*.
ga-ba-lum: *kaparum* EV 37 comm. ref. to EV 263.
ga-ba-ra-šu (a kind of onion) EV 1078.
ga-la-tum, Sum. **E2xBURU3** EV 0460, with fn. 30.
ga-na-um, Sum. **sag-du 7** EV 257.
gi-si-nu-um, Sum. **a-ki** "rain" EV 613.
gi-si-tum a part of the head, Sum. **SAGxNI+ME** EV 266a.
gu-um, *gu* (= Akk. Mari *gâum*, Hebr. *gōy*?) EV 42 comm. fn. 6.
gu-wu-šum (*gu-šum*): *kuw(w)ušum*, Sum. **(al-)GIRI2-tag** EV 986.
**ḥab(a)šum*: *'a3-ba-šum* "girdle, strap" EV 0402.
ḫa-LA-*tum* EV 121; see sub *ḫallatu* (Akk.); *ḫarūtu* (*ḫaruttu*) (Akk.)
ḫa-ṣu-ri2-tum (*ḫa-su-ri2-tum*) Sum. **munu4-SAR** "leek" EV 1081.
ḫa-z.a-nu (: *ḫaz.annu*), Sum. **ga:raš-SAR** "bitter garlic" EV 1079.
ḫa-z.a-num2 (: *ḫaz.annum*), Sum. **šum 2-SAR** "bitter garlic" EV 1076.
ḫa-z.a-num2 (: *ḫaz.annum*), Sum. **šum 2-kur** EV 1077.
ḫu-da-um (*ḫudā'um*), Sum. **nin-ḫu-** ⌜**da**⌝**-um** EV 0292.
irānum (*īrānum*, *'irānum*) "laurel", Sum. **u2-ga-gar 3-UD** EV 296.
i3-sa-lu-um/lum (*ax-sa-lum*), *a-sa-lum* EV 743.
iš-gi-da-nu, *išx-gi-da-num2*, Sum. **a2-TAR** EV 501 comm. with fn. 29
išx-pa2-tu3-um "quiver", Sum. **mar-uru x(GUR8)** EV 965.
kuw(w)ušum, see *gu-wu-šum*.
la-NI-*lum*, *ra*-NI-*lum*, root *r'l* EV 580.
la-NI-*tum* (perhaps Akk. *lâṭum*) EV 144 comm.
lā'ûm "companion, fellow" EV 1061.
ma-ga-da-mu(-um) (root *gdm*), Sum. **giš-dilim2** EV 442.
ma-gi-a-šu, Sum. **u4-ma-dam-še3** EV 0443.
ma-sa-tu3-um, Sum. **KU7** EV 1003.
ma-a-su-um, Sum. **KU7** EV 1003.
ma-ta2-ri2-gum2 (*trk*) EV 144.
mu-mu, Sum. **KA-ḫul 2** EV 213 (= Akk. *mummu*?).

na-ka$_3$-um (*nkh*) EV 173.
na-ṣi-bu$_3$(*-um*), Sum. **igi-sig** EV 722.
NE-*a-tum*: (1) *bīnatum*, (2) *biyatum* (*b'y*) EV 578.
nu-nu-mu, *nu-nu*, Sum. **giš-nun** EV 472.
sa-ma-um (a tool?), Sum. **giš-ba-ḪUB $_2$** EV 393.
ś/šaqārum (nomen), Sum. **KA-giri $_2$** EV 220.
pa$_2$-di$_3$-mu-um li-sa-nu, *pa$_2$-di$_3$-mu*, Sum. **eme-la$_2$** EV 181 comm. fn. 19.
pa$_2$-la-um "to look into, to inspect", Sum. **igi-gar** EV 145.
patātum (*ba$_2$-ta$_2$-tum*) "to break in pieces"; subst. *patatum* (: *pattum*) "hunk, chunk (of bread)", Sum. **ninda-TAR** EV 105.
patqum, *puttuqum*, Sum. **sag-du $_3$** EV 257 comm.
puttuqum, *patqum*, Sum. **sag-du $_3$** EV 257 comm.
qa$_2$-na-um: *qanā'um/qan'm* "to create"(?), Sum. **sag-du $_7$** EV 257.
r'l, see EV 580.
saḫurum (: *sa-ḫu-ru$_{12}$-um*), Sum. **sa-ḫur** EV 1413.
sa-la-ga-u[*m*] (*salagā'um*), Sum. **sag-kala(g)** EV 0333.
sa-ma-um, Sum. **giš-ba-ḪUB $_2$** (a tool?) EV 393.
śībum "old age", Sum. **nig $_2$-ul** EV 108.
ša-maš-gi-lu, Sum. **šum $_2$-sikil-SAR** EV 1080.
šamašgilu (*šamaškilu*): *ša-maš-gi-lu*.
ti-'a$_3$-ma-tum, Sum. **nig$_2$-lu-lu** EV 64.
u$_3$-li-gu$_2$ "stammering", Sum. **ka-la $_2$** EV 181.
z.abābum, Sum. **nin-ZA-NI** , a rodent EV 0296.
z.ābilum "caretaker", Sum. **sag-si $_3$** EV 254.
z.i-ḫi-li SAG EV 257.

Semitic languages (outside of Eblaite)

'^{a}hālōt Hebr. "aloe" EV 365 comm.
'ajjā(*h*) Hebr., a bird EV 1052 comm.
'mṣ Ugar., Hebr., Arab. EV 1048 comm.
az.annu, *ḫaz.annu* Akk. "bitter garlic" EV 1076 comm.
'ōrän, *'ūrän* Hebr., Aram. "laurel" EV 296 comm.; Eblaite *īrānum* (*'irānum*)
akal sīki, *akal sīkāti* Akk., Sum. **ninda-siki $_2$** EV 60.
bā'ā Ugar., Hebr., Aram., *baġā* (Arab.) "to search for" EV 578 comm.
ba'īt(*u*) Akk. "chosen" EV 578 comm. fn. 14+; see also *be$_2$-a-at*.
balqa'un Arab. "waste land" EV 0291 comm.
be$_2$-a-at Akk. "chosen" EV 578 comm. fn. 14+.
bu'šānu(*m*), *bušānu* Akk., Sum. **kir$_4$-ḫab** EV 173 comm. fn. 9+.
falā Arab. "to inquire, inspect" EV 145 comm.
gdām, *gdāmā* Syr. "a hewing off", "a cut palm-branch" EV 442 comm.

gidmā, gudmā Aram. "trunk, twig, branch" EV 442 comm.
gäšäm Hebr., *gšm* (Ugar.) "rain" EV 613 comm.; Eblaite *gi-si-nu-um, gi-sa-nu.*
ḥamā'um : *ḥmw, ḥmy* EV 1070 and comm.
ḥāsīl Hebr., Aram. EV 743 comm.
ḥbš Ugar. "girdle, strap" EV 0402 comm.
ḥislun Arab. EV 743 comm.
ḥmw, ḥmy Sem. EV 1070 comm.
ḫallatu Akk. EV 121 comm.
ḫārūtā Aram. "branches of the date palm" EV 121 comm.
ḫarūtu (*ḫaruttu*) Akk. EV 121 comm.
ḫazannu, azannu Akk. "bitter garlic" EV 1076 comm.
imēr ṣēri Akk., Sum. **anše-edin-na** EV 038 comm.
ingu Akk. EV 498 comm., with fn. 27.
itquru, itqurtu Akk., Sum. **giš-dilim$_2$** EV 442 comm.
karratu Akk. (a type of window) EV 0468 comm.
kisurrû Akk. ‹ Sum. EV 141 comm.
lamutānu (*la'utānu*) Akk. EV 1061 comm.
lâṭu(m) Akk. EV 144 comm.
l^ewiyā Aram., Syr. "accompany" EV 1061 comm.
lewyā Syr. "companion" EV 1061 comm.
lurmu Akk., Sum. **ga$_2$-nu$_{11}$-mušen**, a bird EV 1052 comm.
lwī (*lwh*) Hebr., Aram., Syr. "to accompany" EV 1061 comm.
maṭāru Akk. "to rain" EV 42 comm, with fn. 3.
mummu Akk. "roar" EV 213 comm.
mušēširtu Akk. "broom", Sum. **giš-nig$_2$-ki$^!$-luḫ-ḫa** EV 121 comm.
naṣībun Arab. "share, portion, lot"; "profit", "destin" EV 722 comm.
nṣb EV 722 comm. with fn. 33.
nunnu Akk. 472 comm.
pašālu, pitaššulu Akk. "to crawl" EV 986 comm.
qäšät (*hassōfēr*) Hebr. EV 1144 comm. fn. 48.
ṣidītu(m) Akk. "(travel) provisions", Sum. **nig$_2$-kaskal(-la)** EV 52, with comm. and fn. 4.
'lg Sem. "stammer" EV 180 comm.; see also *t'lgt* below,
'lq (root) EV 181 with comm. and fn. 18.
'^alūqā(h) Hebr. "leech" EV 181 comm. fn. 18.
'illēg Hebr. "stammering" EV 180 comm.
pat (*patt*) Sem. "hunk, chunk (of bread)", Sum. **ninda-TAR** EV 105 comm.
p^etōt Hebr. "chunk (of bread)" EV 105 comm.
pl' Aram. "to inquire into, to inspect" EV 145 comm.
r'l Hebr., Aram., Syr. "to tremble" EV 580 comm.
r^e'ālā(h) Aram., Syr. "trembling, vibration" EV 508 comm.
šigāru Akk. "neck stock(s)" EV 141 comm.

šn' Hebr., Aram. "to hate" EV 574-575 comm.
t'lgt Ugar. "stammering" EV 180 comm.
unqu Akk., a kind of ring (as ornament) EV 498 comm.
unūtu(m) Akk. EV 26 comm.

Land-Tenure Conditions in Southern Babylonia under the Sargonic Dynasty*

Piotr Steinkeller (Cambridge, Mass.)

It is a generally accepted fact today that the unification of southern and northern Babylonia by Sargon and his followers led to various fundamental changes in the economic organization of southern Babylonia. These changes, which appear to have been fully implemented only during the reigns of Naram-Sin and Šar-kališarri, found their most dramatic expression in the area of land-tenure conditions. In contrast with the Pre-Sargonic period, during which most of the arable land was concentrated in estates nominally owned by the chief deities of individual city-states,[1] the Sargonic period presents a radically different picture.[2] As may be concluded from the absence of references to land held by deities, such holdings – though not the temple households themselves[3] – had disappeared, having been replaced by royal

---

* It is a great pleasure to be able to include this piece in a volume honoring Johannes Renger, my teacher, colleague, and friend. My satisfaction is greater still that the contents of this contribution are not entirely new to Jo; over the years I had the privilege of discussing with him various problems raised by the two sources presented here. I thank him for this assistance and all the kindness he has been so generous to show me during the many years of our acquaintance.

1 For the question of land-tenure conditions in southern Babylonia during the Pre-Sargonic period, see, most recently, P. Steinkeller, "Land-Tenure Conditions in Third Millennium Babylonia: The Problem of Regional Variation," in M. Hudson/B.A. Levine (eds.), *Urbanization and Land Ownership in the Ancient Near East* (*Peabody Museum Bulletin* 7, Cambridge/MA, 1999), 290-98, and M.R. Magid, ibid., 322-24.

2 See, in general, I.J. Gelb et al., *Earliest Land Tenure Systems in the Near East* (= *ELTS*) (*OIP* 104, Chicago 1991), 24-26; J. Renger, "Institutional, Communal, and Individual Ownership or Possession of Arable land in Ancient Mesopotamia from the End of the Fourth to the End of the First Millennium BC," in J. Lindgren et al. (ed.), *Symposium on Ancient Law, Economics and Society*, Part II (*Chicago-Kent Law Review* 71 no. 1, Chicago 1995), 280-84.

3 As proved by the continuing mentions of various é DN and of the officialdom and personnel associated with them.

estates and the holdings of royal or crown land more generally. Another innovation of this period is the appearance, on a significantly larger scale than before, of individually or "privately" owned land.[4]

That huge concentrations of royal land existed in Sargonic southern Babylonia is shown most emphatically by the sources from Girsu/Lagaš and Umma, which yield rich information on the activities of various royal (and probably also private) landed estates that operated in these two provinces.[5] Although the existence of such holdings is beyond question, by what specific means did the crown establish itself as a proprietor of arable land in the south? And how exactly did the transition from the system of (predominantly) temple estates to that of (predominantly) royal estates come about? The deification of Naram-Sin was almost certainly an important factor in this development, since a deified king could claim the same economic prerogatives as those enjoyed by the divine proprietors of southern city-states. But, even if one assumes that the king became, at least in theory, the supreme owner of all the holdings of arable land throughout northern and southern Babylonia, this still does not explain exactly how the change from the old system to the new one came about. It is possible that some of the holdings of royal land in the south were completely new creations, which had been developed through new irrigation projects. But what happened to the holdings that had earlier formed part of temple estates? Had they been confiscated *en masse* by Naram-Sin and converted into crown land by the mere force of a royal proclamation? Evidence of such confiscations is

[4] For the question of "private" land holdings in third millennium Babylonia, see P. Steinkeller, in *Urbanization and Land Ownership*, 295-96.

[5] See B.R. Foster, *Administration and Use of Institutional Land in Sargonic Sumer* (*Mesopotamia* 9, Copenhagen, 1982), 36-38, 45, 84; I.J. Gelb et al., *ELTS*, 26. Of special importance in this connection is the so-called Mesag archive, which pertains to the activities of a royal estate situated in the general area between Umma and Girsu/Lagaš. See S.J. Bridges, *The Mesag Archive: A Study of Sargonic Society and Economy* (PhD diss., Yale University 1981); P. Steinkeller/J.N. Postgate, *Third-Millennium Legal and Administrative Texts in the Iraq Museum, Baghdad* (*MesCiv* 4, Winona Lake 1992), 8-10. The administrative headquarters of the estate were apparently located at the town of Sagub. Apart from the evidence presented in P. Steinkeller, *Legal and Administrative Texts*, 9, this attribution finds further support in a group of unpublished Mesag texts (over 300 tablets) housed presently in the Jonathan Rosen collection. According to the information kindly supplied by Dr. Rudi Mayr, Sagub is by far the most common toponym mentioned in these documents. [N.B. The Sagub attribution of the Mesag archive was questioned by B.R. Foster in his review of *Legal and Administrative Texts, OrNS* 62 (1993) 444, who wrote, among other things, that "Steinkeller imagines that the Mesag archive comes from Sagub (p. 2), but does not say why he thinks so, a regrettable state of affairs for such an interesting suggestion." Had the reviewer read the book systematically, he would have found Steinkeller's reasons laid out for everybody to see on p. 9.]

possibly provided by the so-called Stela of Victory.[6] However, this is only a supposition,[7] which rests exclusively on the exceedingly large area of land (some 444,505 1/4 iku) that is named in this document. As a matter of fact, in its present state of preservation the Stela of Victory says nothing explicit about the fields in question having been confiscated, and there is no outside evidence, either in administrative/legal or historical sources, that the Sargonic kings ever instituted such policies in the south.

Luckily, there survive two remarkable documents that give important insights into this question. The first of them, from Lagaš (see below Text no. 1), has been available since 1915,[8] but it has remained virtually unrecognized by scholarship.[9] The other text,[10] from Umma (see below Text no. 2), is edited here for the first time.

---

[6] For the most recent edition and discussion of this document, see I.J. Gelb et al., *ELTS*, 88-90 no. 24.

[7] See ibid., 26.

[8] H. de Genouillac, *Textes de l'époque d'Agadé et de l'époque d'Ur* (*ITT* 2), nos. 5798+5893. The join between the two fragments was confirmed by Dr. V. Donbaz, Curator of the Tablet Collections, Istanbul Archaeological Museums. Dr. Donbaz was also kind enough to supply the photographs, for which I offer to him my cordial thanks.

[9] The only previous edition and study of this text is by B.R. Foster, *Institutional Land*, 29-30, which, however, treats only *ITT* 2 5893, and is inadequate philologically. Foster's point, made in "Early Mesopotamian Land Sales", *JAOS* 114 (1994), 444, that this text should have been included among the sources treated in Gelb et al., *ELTS*, is well taken. The reason for that omission was as follows: although the authors of *ELTS* had been well aware of the existence of this document, it proved impossible, at the writing of *ELTS*, to secure collations or photographs in order to produce a reliable edition; consequently, this author decided to study it later in a separate place. Various factors delayed these plans until this time; one was the "discovery" of the Birmingham tablet (see below Text no. 2), which shows various affinities with the Lagaš document.
Although realizing the great importance of the Lagaš document, and rightly comparing it with the Maništušu Obelisk, Foster was able to get only a limited understanding of its contents and purpose: "It seems that Šarkališarri bestows on certain dignitaries, styled *be-lí pár-sà-t*[*i*?] Lagaš^{ki}, 'allotment holders of Lagaš' (?), a very large amount of cash in the form of grain and silver, and perhaps a tract of land as well. Was he purchasing the rights to certain shares of allocated land? Was he buying a tract of land in which all these people had an interest, and perhaps giving another tract in trade? I regret that the broken condition of this text leaves it unintelligible to me" (*Institutional Land*, 29). Cf. also idem, *JAOS* 114 (1994), 444: "This document [*ITT* 2 5893] may preserve the text of a lost kudurru. It is written in Akkadian (a rarity at Lagash) and opens, like the Obelisk of Maništusu, with a very substantial amount of grain, reckoned at fifty minas of silver (a figure which only the Obelisk offers as an analogue). The sum is paid by Šarkališarri (to?) a group of listed officials and temple dignitaries in connection with a large area of land (2160 iku) identified by name."

[10] Birmingham City Museum A501-1982, formerly Wellcome Collection R 37887. This text belongs to a small group of Sargonic Umma tablets which were transferred, in 1982, to the

In the Lagaš source, king Šar-kališarri purchases 2160 iku (= 120 bùr) of land from a group of officials in charge of some of the major temple-estates at Girsu/Lagaš. Included among those dignitaries, who are identified as *bēlū parṣī* Lagaš, "temple(-household) administrators of Lagaš," are the managers (sanga) of the temple-estates of Nanše, Nin-MAR.KI, and Utu, as well as other types of manorial functionaries, such as scribes (dub-sar) and a field-recorder (sag-du$_5$). Unfortunately, the names and titles of the first five or six of the sellers (who may have held even more important ranks) are not preserved.

What is truly astounding about this transaction is that the land transferred in it undoubtedly came from the temple estates with which the "sellers" were institutionally connected. The price paid by Šar-kališarri in exchange for this land is 75 minas of silver (= 4500 shekels), with a resulting price of ca. 2.083 shekels of silver per one iku of land. This is roughly $^1/_3$ less than the price of 3.3 shekels per 1 iku of land found in the Maništušu Obelisk, where Maništušu purchases a total of 9723 iku of land from several north Babylonian extended families.[11] That price is already quite low,[12] thus indicating strongly that the sale in question was transacted under duress. This must have been even more so the case in our transaction, where the price of land is still lower. However, the situation here is significantly different, since, in contrast to their counterparts in the Maništušu Obelisk, the individuals acting as "sellers" in this transaction could hardly have claimed any real proprietary rights to the sold land! In more realistic terms, therefore, the "price" our text talks about constituted a bribe that Šar-kališarri paid to the heads of various Lagaš temple-estates in exchange for their acquiescence and cooperation in his take-over of the holdings remaining in their stewardship.

That the temple officialdom actively (and probably enthusiastically) engaged in selling temple land not only at Lagaš but also in other southern city-states is strongly indicated by Text no. 2. This Umma document, which belongs as well to the classical Sargonic period (reigns of Naram-Sin and Šar-kališarri), records a sale of 90 iku of land by three sellers to a single buyer. Almost certainly, institutional – and not private – land is meant here,

---

Birmingham City Museum from the Wellcome Collection. I am deeply indebted to Mr. Philip Watson, Principal Curator of the Birmingham City Museum, for his permission to publish this text, as well as for putting his hand-copy at my disposal.

[11] See I.J. Gelb et al., *ELTS*, 116-40 no. 40.

[12] For the question of motivation behind the sales of land in third millennium Babylonia and the issue of "cheap" land prices, see M.A. Powell, "Elusive Eden: Private Property at the Dawn of History", *JCS* 46 (1994), 101-103.

for the field in question was situated in a *Flur* that is otherwise known to have been under the administrative (official) control of one of the sellers. The size of this property makes it one of the largest fields recorded in a sale document from third millennium southern Babylonia.[13] The price paid was 5 minas of silver, which translates into a rate of 3.33 shekels of silver per 1 iku of land. Quite remarkably, this is precisely the rate one finds in the Maništušu Obelisk.

Although the sellers lack titles in this document, all three of them can be identified, based on other sources, as high Umma officials: two of them were sabra's, i.e., heads of households; the remaining seller may have been a gu-sur, a type of field assessor. It is also known that these three individuals were classed as lú-mar-za-ke$_4$-ne, which term, not insignificantly, is the Sumerian equivalent of *bēlū parṣī*, "temple(-household) administrators," designating the "sellers" in Text no. 1.

As for the buyer, he too is not identified by title. However, if one considers the high amount of the price paid, he clearly must have been an important person.

Text no. 2 shares a connection with Text no. 1 in that the sellers appearing in it are manorial officials, and institutional holdings are likewise involved. However, the buyer is not the king but apparently a private individual (who, however, could have been connected with the crown, possibly as a high state official). This uncertainty about the identity of the buyer makes it difficult to grasp the precise meaning of this transaction. Is its background essentially the same as that of Text no. 1, meaning that it involves a sale of land belonging to a defunct temple estate, with the sellers being former managers of that estate? Or should we assume that the sold land is part of a royal estate (which may or may not have been a temple estate originally), and the officials in question are selling it on behalf of the crown to an outside private party? The low price paid for the land in this document seems to favor the former possibility.

While discussing these two documents, we cannot omit mention of the Sargonic text *ITT* 1 1091, from Lagaš, which records various articles, with a total value of 937 $^2/_3$ shekels and 15 grains of silver, which are designated as the "price of a field."[14] Unfortunately, this text names neither the area of land

[13] See I.J. Gelb et al., *ELTS*, 25.

[14] 4 túg-mah 5 ⸢túg⸣-LIŠ 26 ^{kug}šu-è 13 ì-nun šagan 182 siki bar udu 5 ma-na kug-luh-ha [1]+2 ^{túg}TUM×*gunû* 4 ^{túg}bar-sal-la kug-bi 15 $^1/_2$ ma-na 7 gín SÁM×2 15 še níg-sám GÁNA-kam. Cf. I.J. Gelb et al., *ELTS*, 26.

sold nor the parties to the transaction in question. At the rate of 3.33 shekels of silver per 1 iku land, attested in the Maništušu Obelisk and our Text no. 2, 937+ shekels of silver would buy ca. 281 iku of land; and at the rate of 2.083 shekels per 1 iku, found in Text no. 1, the same amount would represent ca. 450 iku. Since *ITT* 1 1091 appears to be an official memo, stemming from the central archives of Lagash, it would appear that at least one of the parties to this transaction belonged to the Lagaš administration. One is tempted, of course, to speculate that this document concerns a transaction analogous to that recorded in Text no. 1: a sale of temple land, by temple officials, to the crown. If so, the surviving memo would probably represent a receipt for the price paid. But various other explanations are also possible; one could suppose, for example, that a sale of royal land to a private party is meant here.

While the interpretation of Text no. 2 and *ITT* 1 1091 is open to question, no such ambiguity attaches to Text no. 1. The latter source demonstrates unequivocally that a significant portion of the royal holdings in the south were created through "purchases" of temple land from the officialdom in charge of temple estates. These were compulsory sales, of course, which, in the final analysis, amounted to confiscations. However, by dressing the royal take-over in a cloak of fictional "selling" and "buying" the whole process was formalized and even legalized, making the transition less disruptive politically and economically. The managers of the defunct temple estates, rewarded for their cooperation (or should we say, collaboration?) with "price" money, no doubt became fervent supporters of the crown. Many of them probably continued to administer the holdings they had been associated with, this time on behalf of their new owner, the divine ruler of Akkade.

This does not necessarily mean that all the holdings of crown land in southern Babylonia were created in this way. It makes good sense to assume that new agricultural projects played an important role in the establishment of royal estates, too. And some outright confiscations of temple land may have taken place as well, although this point cannot be confirmed with the evidence presently available.

Documentation

Text no. 1 (*ITT* 2 5798+5893) – photograph pl. 1

i 1) [4500 MA.NA SÍG]
2) KUG.BABBAR-*su* 25 / MA.NA
3) *in* 3 MA.NA.TA
4) 1500(GUR) ŠE GUR / *A-ga-dè*^{ki}

5) KUG.BABBAR-*su* 50 MA.NA
6) *in* 2(PI) 3(BÁN).TA
(double line)
7) ˹x˺ 1 GÚ 15 / [MA].NA KUG.BABBAR
8) [*Sar-g*]*a-lí-* / [LUGAL]-*rí* / [LUGAL *A-ga-d*]*è*/^{ki}
9) [*a-na* SÁM GÁNA]
10) [*a-na* ^{I}PN]

ii 1) [...]
2) [...]
3) ^{I}[...]
4) ˹x˺ [...]
5) ^{I}˹X˺-[...]
6) DUB.[SAR]
7) ^{I}*Lug*[*al-*...]
8) ^{I}*Ur*-˹x˺-[(...)]
9) SAG.[DU$_{5}$(.ME)]
10) ^{I}*Ur*-˹x˺-[(...)]
11) ^{I}*Lugal*-˹*bur*˺
12) SANGA ^{d}˹*Nanše*˺
13) ^{I}*Elam*
14) SANGA ^{d}*Nin*-MAR.[KI]
15) ^{I}*Al*-˹*ú*(?)˺
16) SANGA *É-bar*$_{6}$*-bar*$_{6}$
17) [^{I}]˹X-x˺-[(x)]

iii 1) [^{I}]˹*Lú*˺-[...]
2) [D]UB.˹SAR˺.M[E(?)]
3) *be-li* BAR.ZA-˹*e*(?)˺
4) *Lagaš*^{ki}
5) *i-ti-in-m*[*a*(?)]
6) 2(SÁR) GÁNA
7) *in* GI 7
8) *in* KI.AN.DIŠ.A[N]
9) *i-ti-nu-s*[*u*]- / [*ma*(?)]
10) GÁNA.IGI+˹X˺.[(...)]
11) *u*-˹*x*˺-[...] / -*s*[*u*(?) ...]
12) [...]
13) ˹^{I}˺[...]
14) *šu* [...]
15) ^{I}[...]
16) ^{I}[...]
17) [...]

iv (ca. 4 lines missing)
1') [...]-⸢x⸣
2') [...]-⸢x⸣
3') ^{I}[...]-⸢x⸣
4') ⸢^{I}*Ur*⸣-^{giš}*gigir*
5') ^{I}*Lugal-un-gá*
6') ^{I}*Si-du*
7') DUB.SAR.ME
8') *šu Da-ti*
9') [...]
10') ^{I}*Ur*-TAR
11') ^{I}*Su-ba-ri-a*
12') ÁRAD *Lugal-bur*
13') ^{I}*Lugal-kas*$_4$
14') ÁRAD *Elam*
(blank)

i 1) [4500 minas of wool],
2) its silver (equivalent is) 25 minas,
3) at the rate of 3 minas (of wool per 1 shekel of silver);
4) 1500 bushels of barley (, measured by the gur of) Akkade,
5) its silver (equivalent is) 50 minas,
6) at the rate of 150 liters (of barley per 1 shekel of silver).
7) ⸢A total? of⸣ 75 minas of silver
8) [Šar-k]ali[šar]ri, [king of Akkad]e,
9) [as the price of the field]
10) [to PN],
ii 1) [PN$_2$?],
2) [PN$_3$?]
3) P[N$_4$],
4) the ⸢x⸣-[...],
5) ⸢X⸣-[...],
6) the scr[ibe],
7) Lug[al-...],
8) Ur-⸢x⸣-[...],
9) the field [recorder(s)],
10) Ur-⸢x⸣-[(...)]
11) Lugal-⸢bur⸣,
12) the head of the temple-household of ⸢Nanše⸣,
13) Elam,
14) the head of the temple-household of Nin-MAR.[KI],
15) Al-⸢ú(?)⸣,
16) the head of the Ebabbar household (of Utu),
17) ⸢X-x⸣-[(x)],

iii 1) (and) ⸢X⸣-[...],
2) the ⸢scribes⸣,
3) the temple administrators of
4) Lagaš,
5) (to all these individuals) he gave (this capital).
6) (In exchange) 2160 iku of land,
7) (measured) according to the "reed" of 7 (cubits),
8) in the central square (of Girsu?)
9) they gave (i.e., sold) to h[im].
10) The field ⸢so-and-so⸣
11) ⸢they? ...ed (to him)⸣.
12) [...]
13-17) [x]+3 PNs,
iv 1-14') [x]+ 6 PNs (these were the witnesses).

The text is formulated as a sale document. Its structure may be summarized as follows:

x wool + y grain = z silver (i 1 -7).
Šar-kališarri, king of Akkade (i.e., the buyer) gave (these commodities) to x PN's, the temple officials of Lagaš (i.e., the sellers) [as the price of the field] (i 8 - iii 5).
(In exchange), they gave him x land (iii 6-12).
Witnesses (iii 13 - iv 15').

i 7 The break in the beginning of the line is so narrow as to allow room for only one sign (see the photograph). A very narrow ligature of ŠU.NÍGIN is conceivably possible.

i 8 The restoration of the PN and title appears certain. See already B.R. Foster, *Institutional Land*, 30.

i 10 The column could actually end with line 9. If so, [*a-na*] and the name of the first witness would be found in ii 1.

ii 4 The first sign is probably L[Ú].

ii 11-12 Note that Lugal-bur's servant is one of the witnesses (iv 11'-12'). A Lugal-bur without a title is mentioned in Donbaz-Foster *STTI* 7:15 (the same text also mentions Elam sanga). Cf. also Lugal-bur agrig (Donbaz-Foster *STTI* 6:8) and Lugal-bur sabra-é (*ITT* 4 7668:4-5 = *MVN* 7 67).

ii 13-14 Elam sanga is also attested in *ITT* 2 5775:3 and Donbaz-Foster *STTI* 7:6. Note that a servant of this person appears as a witness in iv 13'-14'.

iii 3-4 The traces after BAR.ZA are inconclusive. It could be -⸢*e*⸣ or possibly even nothing; certainly not -*t*[*i*], as suggested by B.R. Foster, *Institutional Land*, 30.

Without any doubt, we find here the term *bēl parṣi,* a general term for "temple(-household) administrator," which, in lexical sources, corresponds to lú-garza(PA.DINGIR) or lú-gárza(PA.LUGAL). See lú-gárza = *be-el pa-ar-ṣí,* lú-garza = *ša bi-e-lu-di-e* (*MSL* 12, 169 lines 374-375); [lú]-garza = EN *pár-ṣi,* [nam]-šita = ŠU-*u* (*MSL* 12, 131 lines 95a-95b). Cf. also lú-gašam = *be-el pa-ar-ṣí* (*MSL* 12, 169 line 383). For the spelling BAR.ZA, cf. ⌜bar-za⌝ ki-gub-ba nu-tuku-a = *pa-ar-ṣa ù ma-za-za-am la i-šu-ú-ma* in *PBS* 1/2, 135:15-16, OB (= J. Van Dijk, *SSA*, 128).

In Sumerian administrative and legal documents, the same term is spelled lú-mar-za-(k).[15] Nearly all of the attestations of lú-mar-za are limited to the Ur III court-records from Lagaš, where this word describes a type of official witness (*Publizitätszeuge*).[16] Although A. Falkenstein speculated that the function of such witnesses was purely cultic, being primarily confined to the administering of oaths, it would seem more likely that the persons so designated were members of the Lagaš administration that were required *ex officio* to attend court proceedings, especially in cases involving members of their own institutions. Outside of court records, this term is exceedingly rare in Ur III sources.[17] Before the Ur III period, it appears only in the texts *MVN* 15 378 and *RTC* 211, both of which are discussed below.

That lú-mar-za-(k) is simply a term for "temple administrator" is confirmed by the present text, where *bēl parṣi* describes such officials as sanga, dub-sar, and sag-du$_5$. An additional corroboration of this is provided by the Sargonic Umma text *MVN* 15 378 (= Wells 57b), which is a record of

---

[15] This spelling survives at OB Ur, where the usual OB garza/gárza, "temple office" (e.g., *BE* 6/2 66:10; Stone *OB Contracts* 29:12, 30:12, 35:16), is written mar-za (*UET* 5, p. 72). For the relationship between garza/marza and *parṣu,* see, most recently, P. Steinkeller, "Sumerian Miscellanea", *AuOr* 2 (1984), 141-42 n. 34, who suggests that *parṣu* is a loanword from the Emesal form marza [^{m}parza], with garza [^{n}garza] representing the standard pronunciation of the word in question.

[16] See A. Falkenstein, *Die neusumerischen Gerichtsurkunden. Zweiter Teil: Umschrift, Übersetzung und Kommentar* (München 1956), 54-58. For occupations and titles attested for the Ur III lú-mar-za, see ibid., 57.

[17] The only other attestations known to me are *UET* 3 1356:7-8 (lá-NI níg-ŠID-ak lú-níg-dab$_5$-ba mar-za-ta) and Lafont-Yildiz, *Tello Istanbul 2* 3785:8 (fodder for anše-kúnga lú-mar-za-ke$_4$-ne).

boats assigned to a group of lú-mar-za-ke$_4$-ne.[18] Because of its importance for the question of lú-mar-za, I present this source in its entirety:

1) 1 má 240. še gur-sag-gál
2) Lú-^{d}Šára ugula
3) 1 má 120. É-⌜šag$_4$⌝
4) 1 má 120. Lugal-è[š]
5) 1 má 240. *Puzur*$_4$-sag-[(x)]
6) Lugal-igi-huš
7) 1 má 180. Ur-A.MIR.ZA
8) Lugal-nesag-e sabra
9) ⌜Lugal⌝-nesag-e nu-bànda ⌜gud-du$_7$⌝[19]
10) [1 má x (gur-sag-gál) PN]
rev.
11) [PN$_2$]
12) má ⌜dab$_5$-ba⌝
13) lú-mar-za-ke$_4$-ne
14) 1 má 40. 4 má 20. Lú-^{d}Šára ugula
15) 3 má-gur$_8$ Ur-^{d}Ab-ú
16) 1 má 240. sumun Ur-nìgin
(double line)
17) šu-nígin 15 má
18) má durun$_x$(TUŠ.TUŠ)-na
(double line)
19) 6 mu 1 iti

1) 1 boat of (the capacity of) 240 bushels of barley;
2) Lu-Šara, the foreman;
3) 1 boat of 120 bushels: Ešag;
4) 1 boat of 120 bushels: Lugal-eš;
5) 1 boat of 240 bushels: Puzur-sag-[(x)]
6) (and) Lugal-igihuš;
7) 1 boat of 180 bushels: Ur-A.MIR.ZA,

---

[18] This text was previously discussed by B.R. Foster, *Umma in the Sargonic Period* (Hamden/Conn. 1982), 132, who, however, confuses mar-za with mar-sa, "boat house, shipyard." For the latter term, appearing also in the professional designation lú-mar-sa(-ak), "boat-builder," see H. Neumann, *Handwerk in Mesopotamien* (Berlin 1993), 75, 92 n. 493, 96, 141. In this connection, note the spelling gá-ar-sa-a gub-ba in Sigrist, *Syracuse* 234:3, which indicates that, like mar-za, mar-sa shows a ⌈^{m}p⌉ / ⌈^{n}g⌉ alteration. Should we take this as an indication that there existed a corresponding Akkadian word **paršu*?

[19] For this title, cf. *CT* 50 172:78.

8) Lugal-nesage, the majordomo;
9) (and) Lugal-nesage, the supervisor of choice oxen;
10) [1 boat of x bushels: PN]
rev.
11) [(and) PN_2];
12) these boats were requisited by
13) the temple officials.
14) 1 boat of 40 bushels (and) 4 boats of 20 bushels (each): Lu-Šara, the foreman;
15) 3 barges: Ur-Abu;
16) 1 old/damaged boat of 240 bushels: Ur-nigin;
17) the total of 15 boats;
18) (these) boats remain idle (referring to the nine boats in lines 13-15).
19) Date.

Apart from Lugal-nesage sabra (line 8; also Foster, *Umma* 53:5-6 [4 mu 7 iti]; *MCS* 9 237:21 – no title; *BIN* 8 337:2-3 – Lugal-nesag‹-e› šeš Me-ság sabra [5 mu]) and Lugal-nesage nu-bànda ⌜gud-du₇⌝ (line 9), three other of the lú-mar-za-ke₄-ne appearing in this text are known to have been high officials:
(1) É-šag₄ – a sanga based on *MCS* 9 237:12 (5 mu 3 iti); attested also in Fish *Catalogue* 27 vi 8 (no title);
(2) Lugal-igi-huš – a sabra based on Foster, *Umma* 61:3-4 (5 mu 11 iti) and Birmingham City Museum A490-1982:5-6[20] (6 mu 1 iti);
(3) Ur-nìgin – title unknown, but clearly a high official based on *MCS* 9 237:8 [5 mu 3 iti]; see also Text no. 2:5.
A similar list of temple officials is the Lagaš text *RTC* 211 (Gudea dynasty), which names fourteen payers of large amounts of silver, designated as lú-mar-za-me (line 16). The titled ones among them are a sanga, a gúda, and an ugula.

iii 7 I assume that GI stands here for *qanû*, "reed," meaning both a length measure and "measuring stick." This note was apparently occasioned by the fact that the surveyors used a "reed" of 7 cubits, instead of the standard "reed" of 6 cubits. Although, as far as I know, a "reed" of 7 cubits is not otherwise documented during the third and second millennia, it was standard during Neo-Babylonian and Late Babylonian

[20] Cited courtesy of P. Watson.

times. See M.A. Powell, *RlA* 7 (1990) 463 I.2 g, 469-70 I.4, 471 I.4 i. Cf. the expression ÉŠ.GÍD SI.SÁ, "(measured with) the standard rope," which qualifies the sold land in I.J. Gelb et al., *ELTS*, 110-113 no. 37, as well as the expression gi sám-ma-ta, "measured with the purchase(?) rope," found in the Pre-Sargonic sales of land from Lagaš (ibid., 80).

iii 8 Note that in H. de Genouillac's copy the final AN is fully preserved. This line seems to name the location of the transaction. Assuming that KI.AN.DIŠ.AN stands for tìlla(AN.DIŠ.AN) or tílla(AN.AŠ.AN), Akk. *rebītu*, "square, street intersection," that place apparently was the central square of Girsu (or Lagaš). Alternatively (though much less likely), we could find here the location of the sold field.

iii 9 -*s*[*u*-] seems certain; it assuredly cannot be -*š*[*um*]. There seems to be room for only one extra sign in the break. The sense "to him" is required by the context, but neither -*s*[*u-ma*] nor -*s*[*u-um*] would provide a fully satisfactory restoration.

iii 10 IGI+⸢X⸣ is very likely Ù. Therefore, one should probably restore GÁNA-⸢*Ù*⸣-[*gig-ga*]. For GÁNA-Ù-gig-ga in the Sargonic texts from Lagaš, see Donbaz-Foster *STTI*, p. 17; *CT* 50 180:1; etc. Other possible restorations would be GÁNA-Ù-a-dùg-ga (*ELTS*, 88-90 no. 24 rev. ii' 3') and GÁNA-Ù-dùg-KU$_4$ (ibid., obv. 1'; *RTC* 142 iv 1).

iii 11 Almost certainly a verbal form, but I am unable to restore it. C. Wilcke (personal communication) suggests that -⸢x⸣- could be -⸢SAG⸣-.

iii 12 Possibly an uninscribed double line.

iv 8' Possibly the same Da-ti appears in connection with arable land in Donbaz-Foster *STTI* 24 and *CT* 50 180.

Text no. 2 (Birmingham City Museum A501-1982)
hand-copy and photograph pl. 2, 3

1) 5(bùr) a-šag$_4$ gána ki-GÁ×⸢Ú⸣-ta	90 iku of land, out of the harrowed(?) land,
2) A-zag	(located) in the (*Flur*) Azag.
3) 5 kug ma-na	5 minas of silver
4) sám a-šag$_4$-kam	is the price of the field.
5) ᴵUr-nìgin	(From) Ur-nigin,
6) ᴵBarag-ga-ni	Baragani,
7) ᴵNe-sag	(and) Nesag,
8) 3-ne-ne-⸢šè(??)⸣	three of them,

rev.

9) L u g a l - s i - NE-⸢e⸣	Lugal-si-NE-e
10) a - š a g$_4$ e - n e - [š è - s a$_{10}$]	[bought] the field.

The absence of a list of witnesses in this text indicates that it is not a sale document proper but rather a memo, which was prepared for the purposes of official record keeping. For this conclusion, note that the present text clearly comes from the central archives of Umma, as is shown by its prosopographic links with other official Umma records (see below) and the fact that it entered the Wellcome Collection as part of a lot of Sargonic Umma tablets. It is possible, therefore, that apart from this memo there also existed a regular sale document which, in accordance with the usual practice, had been written for the buyer (Lugal-si-NE-e) to provide him with a proof of purchase.

1 The sign inscribed in GÁ is clearly Ú (see the photograph). Since GÁ×Ú makes no sense, a graphic variant of ÙR is probably meant here. If so, read k i ù r - t a, "out of the harrowed land," where ù r stands for *šakāku* (see *CAD* Š/1, pp. 113-114).

2 The *Flur* ág a r (SIG$_7$) - A - z a g is mentioned in Fish, *Catalogue* 27 iii 9 (partially collated by T. Gomi, *MVN* 12, p. 94). Importantly, that *Flur* was one of the agricultural areas remaining under the administrative control of Ur-nigin, one of the sellers appearing in the present text:

iii	6)	6(iku) š e A l - l ú
	7)	1(bùr) 6(iku) *Ì-lí-be-lí*
	8)	5(bùr) š e 12(iku) [D]u - d u s a g i
	9)	ág a r - A - z a g
	10)	1(bùr) ⸢x x⸣ a - ⸢š a g$_4$(?) ...⸣
	11)	4(bùr) a - š a g$_4$ SU.A *Da-ti* m ú - a
		(space)
	12)	U r - n [i g i n (!)]

According to the above passage, a g a r - A - z a g comprised at least 132 iku of land.

5-7 As is demonstrated by other Umma texts (see below), Ur-nigin, Baragani, and Nesag were high Umma administrators. Both Baragani and Nesag were s a b r a's. The title of Ur-nigin is less certain; he may have been a g u - s u r (a type of field assessor). Since Ur-nigin is one of the l ú - m a r - z a - k e$_4$- n e, "temple officials," listed in *MVN* 15 378 (discussed above p. 563-564), the same classification undoubtedly applied to Baragani and Nesag as well.

All three of them appear in Fish, *Catalogue* 27, a record of fields controlled by eight separate supervisors: [B a r a g] - g a -

ni (ii 1), sabra E$_{11}$ (ii 7), Ur-n[ìgin(!)] (iii 12), ^{d}Nin-[...] (iv 10), Ur-^{d}Utu sabra (v 7), Ne-sag [PA.A]L (vi 1), É-šag$_4$ (vi 8), and [...]-zi (vi 11). Their other attestations are as follows:

Ur-nìgin	*MCS* 9 237:8; *MVN* 15 378:15. Cf. Ur-nìgin gu-sur (*Nik* 2 78 ii 8').
Barag-ga-ni sabra	*MCS* 9 237:14.
Ne-sag sabra	*Nik* 2 69:7; *MCS* 9 307:3-4; Birmingham City Museum A 506-1982 rev. 2'.[21]

8 In response to my query whether the traces at the end of the line could represent -⌜šè⌝, Mr. Philip Watson writes back as follows: "There are faint traces at the end which at first sight look like accidental bruising. In certain lights and with the eye of faith it may be possible to interpret these as confirming -šè. However, I hesitate to add this to the copy because of the uncertainty. Also if the vague traces do represent -šè, they would suggest that this sign had been written much smaller and much more shallowly than the rest of the text."

9 Although the identity of Lugal-si-NE-e is unknown, the high amount of the price paid indicates that he must have been an important person. This PN is not so far documented in Sargonic texts, but it is common in the Ur III texts from Umma. See, e.g., H. Limet, *L'Anthroponymie sumérienne dans les documents de la 3e dynastie d'Ur* (Paris 1968), 472; *MVN* 14, p. 138; 16, pp. 179-80; etc.

10 The spelling e-ne-[šè-sa$_{10}$] is a bit unusual for this period, but note e-šè-sa$_{10}$ in the Sargonic sale document Serota Coll. A 10 (= I.J. Gelb et al., *ELTS* pl. 151 no. 226), which probably comes from Umma.

The restoration of the verb as sa$_{10}$ seems certain (especially if there is a postposition -šè in line 8, see above). A restoration e-ne-[sum], "he [gave] (i.e., sold) to them," is theoretically also possible, but this would make Lugal-si-NE the seller, which seems to be precluded by the following two facts: the *Personenkeil*, marking the names of Ur-nigin, Baragani, and Nesag, is expected to identify the seller and not the buyer; Ur-nigin is otherwise known to have administratively controlled the *Flur* A zag (see above), and, accordingly, should be the seller. Note, further, that in the sale documents written in Sumerian the use of the verb sum in the sense "to

[21] Cited courtesy of P. Watson.

sell" is very rare, and rarer still is the appearance of more than one buyer in a single sale transaction.

rev.

obv.

Pl. 1: *ITT* 2 5798+5893 obv. and rev. (photographed by Veysel Donbaz)

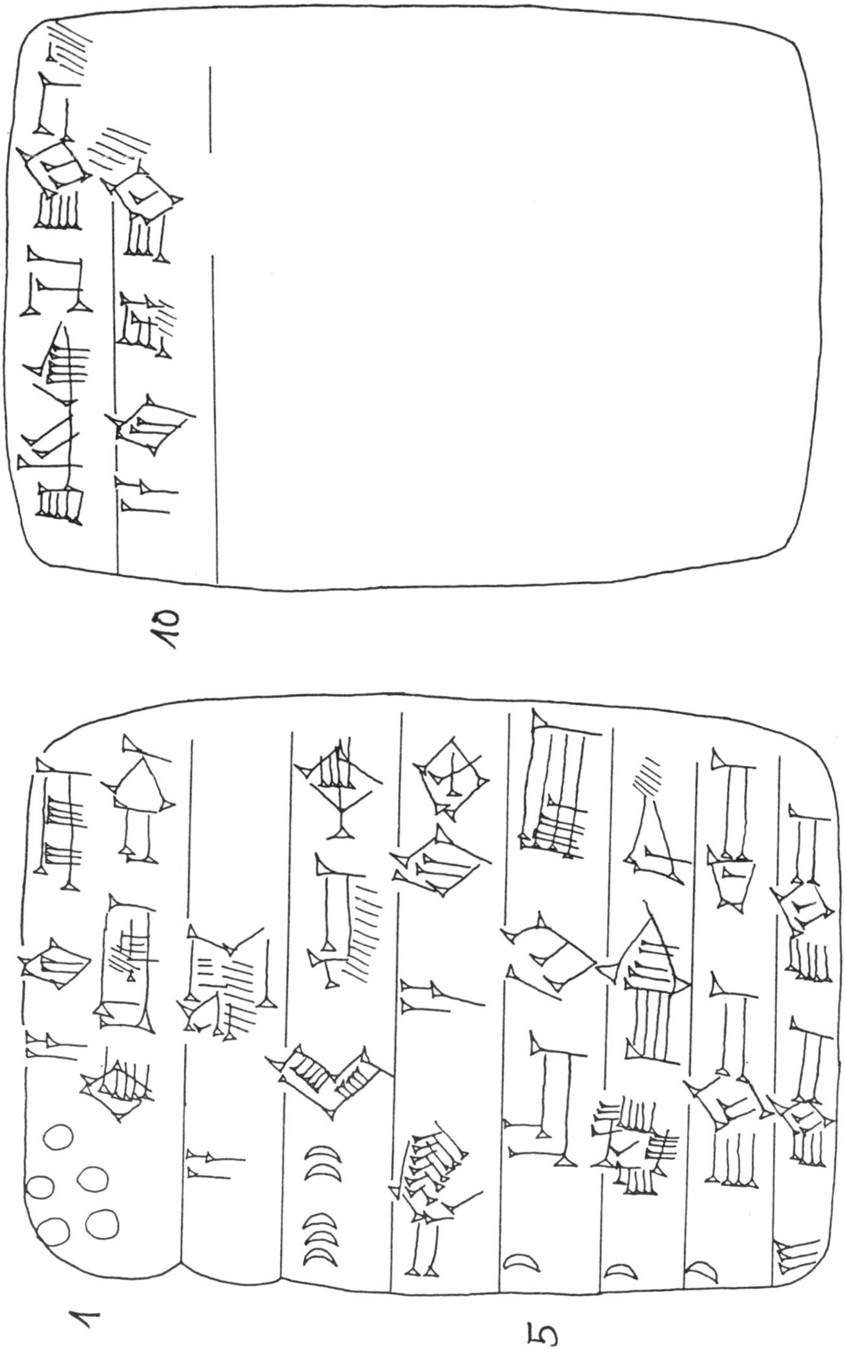

Pl. 2: Birmingham City Museum A501-1982 obv. and rev.
(hand-copy by Philip Watson)

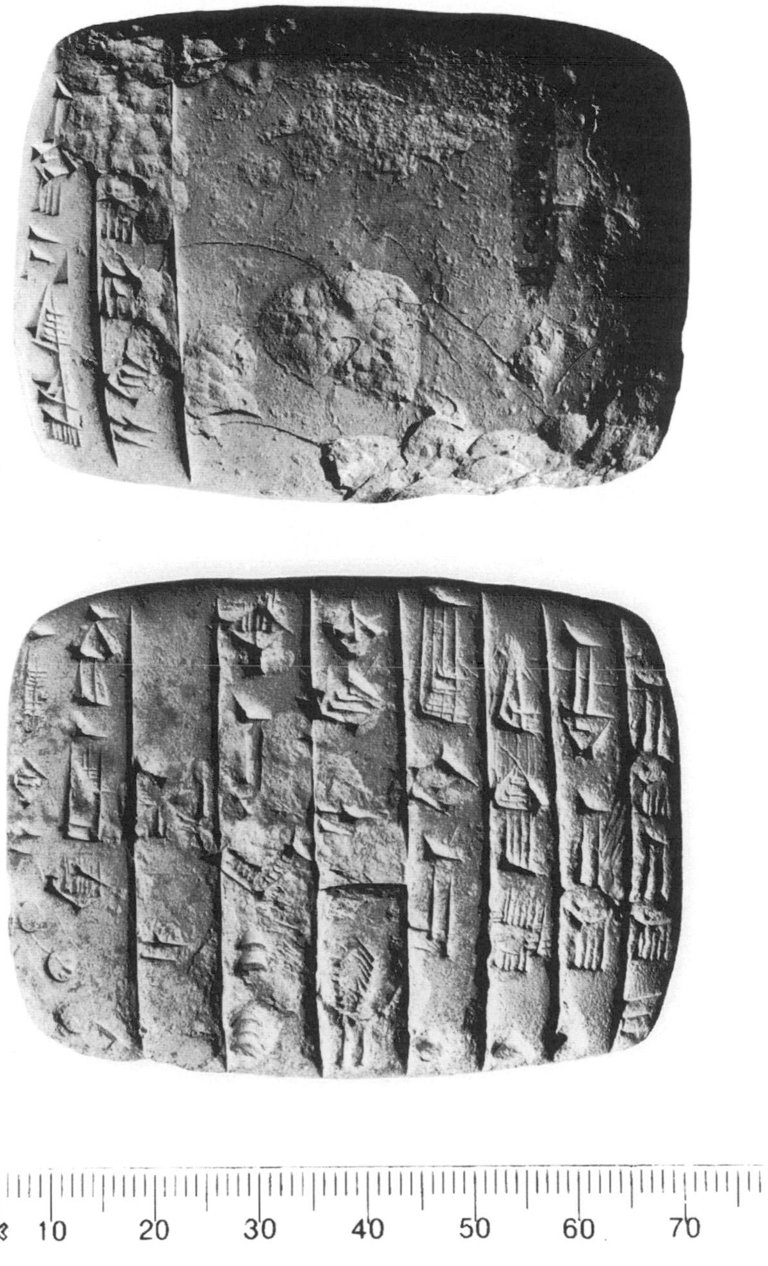

Pl. 3: Birmingham City Museum A501-1982 obv. and rev.
(photographed by Birmingham City Museum & Art Gallery)

Nach dem Gewichtsstein des Šamaš

Marten Stol (Amsterdam)

Edelmetalle wurden mit Gewichtssteinen gewogen, schlicht "Stein" (na$_4$, *abnum*) genannt.[1] In Sippar kommt gelegentlich der Ausdruck "Silber, (nach dem Gewichts)stein des Šamaš" (kù-babbar na$_4$ ^{d}Utu) vor.[2] Šamaš ist der Gott von Sippar. Dementsprechend ist für Nippur "(nach dem Gewichts)stein des Enlil" und für Assur "(nach dem Gewichts)stein des Hauses der Stadt" bezeugt.[3] Bedeutsam ist, daß Šamaš die Korrektheit der Maße und Gewichte überwacht, nicht nur in Sippar. Er, der Gott der Gerechtigkeit, kontrollierte die Richtigkeit der Maße und Gewichte und beaufsichtigte den Handel.[4] Der Gewichtsstein des Šamaš kommt somit z.B. auch in Ur vor.[5] In Kiš wurde eine große Menge Gold, "gewogen (nach dem Gewichts)stein des Šamaš" (ki-lá na$_4$ ^{d}Utu), in einem Kästchen aufbewahrt; daneben Silber, "gewogen (nach) Šamaš" (ki-lá ^{d}Utu), in einem Korb.[6] Prof. K.R. Veenhof hat im British Museum ein Stück Ton in Form eines runden Täfelchens gefunden, auf dem sich der Abdruck folgender dreizeiliger Inschrift befindet: (1) 1 ma-na (2) na$_4$ ^{d}Utu (3) é gi-na,

---

[1] F. Joannès, "Les méthodes de pesée à Mari", *RA* 83 (1989), 118, 121, 123-4, 140 f.

[2] *CAD* A/1, 59*a*. Die im *CAD* gedankenlos miterwähnten Belege *TCL* 10 4 A:29 und 34:11 (auch so bei einigen späteren Autoren) betreffen den "Stein des Šamaš" als Göttersymbol in Larsa. Er wird neben dem *pāštum* genannt. In Nippur kannte man den "weißen Stein" (na$_4$-babbar) im Zusammenhang mit der Eidesleistung, siehe *MSL* 1, 84 Tafel 6 III 34. Auch nach einem Mari-Text wurde beim "Stein" geschworen (*ARM* 28 44:18).

[3] *ARN* 105:1 (Nippur); C.B.F. Walker, "Some Assyrians at Sippar in the Old Babylonian Period", *AnSt* 30 (1980), 19, Z. 43, 61 (Kontext: Handel mit Assur).

[4] W.W. Hallo, "Trade and traders in the Ancient Near East: Some New Perspectives", in D. Charpin/F. Joannès (Hrsg.), *La circulation des biens, des personnes et des idées dans le Proche-Orient ancien* (*CRRAI* 38, Paris 1992), 355-6.

[5] *UET* 5 430, 476, mit K. Butz "Ur in altbabylonischer Zeit als Wirtschaftsfaktor", in E. Lipinski (Hrsg.), *State and Temple Economy in the Ancient Near East I* (*OLA* 5, Leuven 1979), 358 Anm. 266 und 397 Anm. 385 (Wollgeschäfte des Nanna-Tempels; das Silber wurde den Kaufleuten "gegeben"); *YOS* 5 69 (der Wert eines Mannes).

[6] *YOS* 13 174:1-6, (1) 1 $^1/_2$ ma-na 5 gín KÙ.GI (2) ki-lá na$_4$ ^{d}Utu (3) šà 1 ^{giš}*tup-ni-nu* (4) 1 ma-na 18 gín kù-babbar (5) ki-lá ^{d}Utu (6) šà 1 ^{gi}pisan x x.

"Eine Mine, Stein des Šamaš, Haus der Rechtmäßigkeit" (BM 97327). Die drei Zeilen sind liniert, wie in einer Rollsiegelinschrift, und der Text sieht aus wie der Abdruck eines Stempels. Der Text stammt wohl aus Sippar. Das "Haus der Rechtmäßigkeit" kennen wir indes auch aus anderen Städten. Es war in Uruk der Ort, wo das Silber vom "Wäger", k ù - l á, autorisiert wurde.[7] Wir kennen dieses "Haus" aus dem Lande Larsa, wo Šamaš übrigens auch der Stadtgott war. Aus drei Briefen von Hammurabi an Sîn-iddinam in Larsa wird klar, daß die Bürgermeister beim Obmann der Kaufleute Šēp-Sîn Silber einliefern mußten. Dieser sorgte dafür, daß das Silber über das "Haus der Rechtmäßigkeit" (é ^{d}*Kittim*) nach Babylon gelangte. Die Häupter zweier Kanaldistrikte hinderten ihn beim Eintreiben.[8] "Rechtmäßigkeit" ist hier eine Gottheit. Man kann sich vorstellen, daß das Silber in diesem Haus genau gewogen und autorisiert wurde. Das Autorisieren endete wohl mit dem Verschließen einer bestimmten Menge Silbers in einem Beutel mit angehefteter gesiegelter Bulle. Auch Sippar hatte offenbar ein "Haus der Rechtmäßigkeit". Es mag ein Teil des Šamaš-Tempels gewesen sein.[9] War diese von Veenhof gefundene kleine Tafel eine Bulle, die an einen Beutel mit dem Inhalt einer Mine Silber geheftet worden war? In Larsa hat man einen Krug mit Bullen und Silberstücken gefunden.[10] Einmal wird der Bezeichnung "(Gewichts)stein von Šamaš" die Bemerkung *ša aširtašu lā šaqlu* beigegeben.[11]

---

[7] M. Stol, "State and private business in the land of Larsa", *JCS* 34 (1982), 151.

[8] *AbB* 2 30; 13 31, 109.

[9] Der Tempel des Šamaš und der Gewichtsstein werden zusammen in einem schwierigen Briefpassus erwähnt, *AbB* 2 85:13 (*a*-[*na*] é ^{d}U t u *a-na* n a$_4$ ^{d}U t u *up-pí-iš-ma*). Die Verbesserung am Ende verdanken wir W. von Soden, *BiOr* 24 (1967), 334*b*: *uppiš* "berechne!". Zum Verbum *uppušum* ist F. Joannès, *RA* 83, 124 präziser ("procéder à des conversions d'un système dans un autre"). Die Kopie des Briefes in *CT* 2 29 weicht von *AbB* 2 85 ab. - In Nippur wurden zinslose Darlehen von Šamaš aufgenommen und fünf Gewichtssteine aus Hämatit sind an derselben Stelle gefunden worden; E.C. Stone, *Nippur Neighborhoods* (*SAOC* 44, Chicago 1987), 64.

[10] D. Arnaud/Y. Calvet/J.-L. Huot, "Ilšu-ibnišu, orfèvre de l' *E.babbar* de Larsa. La jarre L. 76.77 et son contenu", *Syria* 56 (1979), 1-64; die Inschriften sind in *Syria* 55 (1978), 226-232 veröffentlicht. Zur Diskussion dieses Fundes siehe jetzt auch J.K. Bjorkman, "The Larsa Goldsmith's Hoards - New Interpretations", *JNES* 52 (1993), 1-23; J.-L. Huot, "A propos du trésor de Larsa", in U. Finkbeiner/R. Dittmann/H. Hauptmann (Hrsg.), *Beiträge zur Kulturgeschichte Vorderasiens. Festschrift für Rainer Michael Boehmer* (Mainz 1995), 267-271.

[11] *YOS* 13 384:1-2. Vgl. D.O. Edzard, *Altbabylonische Rechts- und Wirtschaftsurkunden aus Tell ed-Dēr im Iraq Museum, Baghdad* (München 1970), 188 zu Nr. 191:2 (*aširtum*, das Nachwiegen von Kupferkesseln); *ašārum* in *Riftin* 50, mit D. Arnaud, "Contribution à l'étude de la métrologie syrienne au IIe millénaire", *RA* 61 (1967), 159 Anm. 2, und F. Joannès, *RA* 83, 144 ("équilibrer"). Das Substantiv *aširtum* kommt auch in *TCL* 1 108:8 (Silber *ša ana*

Ein Hinweis auf eine direkte Verbindung zwischen Gewichtsstein und Tempel ist vielleicht die gelegentliche Anwesenheit von Zeugen aus dem Tempelpersonal, wenn von diesem Gewichtsstein die Rede ist.[12] Auch Götter fungieren als Zeugen.[13] Wirklich auffällig ist das relativ häufige Vorkommen des (Gold- und) Silberschmieds (*kutimmum*) als Zeuge, wenn Silber nach dem Gewichtsstein von Šamaš ausgezahlt wird.[14] Man kann sich vorstellen, daß der Silberschmied die genaue Silbermenge zusammenstellte. Somit verstehen wir auch, weshalb er bei der Abrechnung einer Handelsreise und bei Sozietäten Zeuge sein konnte.[15] Der Silberschmied ist auch Zeuge bei Sklavenkauf.[16] Er ist Zeuge, wenn "gesiegeltes Silber" geborgt oder empfangen wird.[17] "Gesiegeltes" Silber (*kaspum kankum*) ist nach der Definition von J. Renger "Silber, das – in welcher Form auch immer – in Säcken oder Beuteln verpackt war und die Säcke dann verschnürt und

---

aširtim lā ḫarṣu) vor; 1 g í n *ša ana aširti* 10 g í n k ù - b a b b a r n a$_4$ - k i š i b *Babili*, *OLA* 21 Nr. 68:3-4 (= CBS 1459, so zitiert von M. Stol, *JCS* 34, 151 Anm. 76).

[12] [Šum]um-libši s a n g a, *BE* 6/2 126 Rs. 1 (Amṣ 7); Qurdi-Ištar s a n g a Annunītum, Ibbi-Ilabrat *ērib bītim*, *CTMMA* I 53:12-14; Marduk-muballiṭ *gudapsûm*, Ibni-Marduk *ērib bītim*, *BBVOT* I Nr. 138:9-10; Sîn-mušallim *gudapsûm*, *JNES* 21, 75 VAT 1176:13.

[13] K. van Lerberghe, "On storage in Old Babylonian Sippar", *OLP* 24 (1993), 35 (Šamaš und Aja); vielleicht auch *PBS* 8/2 232 (Götternamen abgebrochen).

[14] *Luštammar-Adad*: *YOS* 13 432:13 (Prinzessin Iltani gibt das Silber aus, "[um] Wolle zu kaufen"). Diesen Silberschmied kennen wir auch aus *TLB* I 227:16, einem ähnlichen Darlehen der Iltani. Auch in *CT* 45 116:12 (Wolle), *BDHP* 8 Rs. 7 (als Zeuge in Hausmiete). *Etel-pû*: *JNES* 21, 75 VAT 1176:15 (Euphratreise, um einen Sklaven zu kaufen. Das Silber ist nach den Umschriften von Finkelstein und Peiser so qualifiziert: NA$_4$ ^{d}*Šamaš* x-x-x). Man kann in x-x-x vermuten: *ka-an-kum*, oder *ṣa-ar-pu*). Den Silberschmied Etel-pû = Etel-pî-Marduk kennen wir; siehe R. Pientka, *Die spätaltbabylonische Zeit* (Münster 1998), 473 zu *BBVOT* I 98. *Taribatum*: *YOS* 13 384:17 (*ilkum*-Silber). Vgl. *ARN* 105:1 mit Rs. 6 (Nippur).

[15] *Šallurum*: *CT* 48 40:15; vgl. H.M. Kümmel, "Ein Fall von Sklavenhehlerei", *AfO* 25 (1974/1977), 82 (*epēš ṣibûtim, erēb ḫarrānim*). Ohne Titel als Zeuge in dem Sklavinnenkauf *JNES* 21, 75 VAT 819:20. Name unlesbar: BM 78378 Rs. 6, siehe K. van Lerberghe, "Kassites and Old Babylonian Society. A reappraisal", in Idem/A. Schoors (Hrsg.), *Immigration and Emigration within the Ancient Near East. Festschrift E. Lipinski* (*OLA* 65, Leuven 1995), 387 (*ana* k a s k a l é - ḫ i - a *Kaššî*. Das Silber wird hier als *ṣarpum* qualifiziert).

[16] *CT* 45 44:22 (k ù - b a b b a r - d í m ; einzigartig), *YOS* 13 5:25-6, *VS* 16 207:22 mit Duplikat *YOS* 13 253:27.

[17] *YOS* 12 288:15 (Sozietät); *BE* 6/1 73:13 (*ilkum*-Silber).

versiegelt (verplombt) worden sind".[18] Es ist gut vorstellbar, daß der Silberschmied hier eine besondere fachliche Verantwortung hatte.

Es fällt mir auf, daß so oft Silber (nach dem Gewichts)stein von Šamaš in Vereinbarungen über Handelsgeschäfte vorkommt. Dazu paßt, daß die Auflösung einer Handelsgesellschaft im Tempel des Šamaš stattfand. Wir wissen seit langem, daß nach der Vollendung einer Handelsreise (*ina šalām ḫarrānim / gerrim*) die Abrechnung (*nikkassam epēšum*) stattfand, und zwar im Tempel des Šamaš.[19] Sie ist eine beeidete "Bereinigung" (*tazkītum, tēbibtum*). Zur Verdeutlichung dieses Sachverhalts geben wir hier die Übersetzung einer Abrechnung in Sippar: "5 Minen Silber; 148 Kor Gerste, im Speicher (*našpakum*); 40 Kor Gerste, ausstehend (*bābtum*): seine Abrechnung, die Sîn-išmeanni vor Šamaš gemacht hat. Abgesehen von den Sklavinnen, den Sklaven, und was es weiter gibt.[20] Šamaš, Herr der Gerechtigkeit, möge das Geringe ins Viele verkehren (*īṣum ana mādim liturma*),[21] und möge Sîn-išmeanni tun, was Šamaš befiehlt". Die Götter Sîn, Adad und Marduk sind Zeugen.[22] Es ist klar, daß die Geschäfte hier noch nicht abgeschlossen sind; wir haben eine Bestandsaufnahme nach einer Reise vor uns. Übrigens mag der Gott hier selbst der Geldgeber gewesen sein.[23]

Ich vermute, daß auch die Gründung eines Handelsunternehmens im Tempel des Šamaš stattfinden konnte. Das investierte Silber wurde dort wohl gewogen und autorisiert. Oft sind es große Mengen Silber, nach dem

---

[18] J. Renger, "Subsistenzproduktion und redistributive Palastwirtschaft", in W. Schelkle/M. Nitsch (Hrsg.), *Rätsel Geld. Annäherungen aus ökonomischer, soziologischer und historischer Sicht* (Marburg 1995), 306; auch M. Stol, *JCS* 34, 151. Beachte den neuen schönen Passus aus Mari: "Ich habe gerade jetzt 11 Sekel Silber mit dem Rollsiegel mit meinem Namen gesiegelt und (*ina* n a$_4$ *ṭuppi šumīja aknukma*) meinem Vater überbringen lassen" (*ARM* 28 97bis:5-8).

[19] W. Eilers, *Gesellschaftsformen im altbabylonischen Recht* (Leipzig 1931), 33-35. Vgl. "Vor Šamaš haben sie ihre Abrechnung gemacht" (*ša maḫar Šamaš nikkassīšunu īpušū*), *YOS* 12 16:3-6.

[20] "Was es weiter gibt", *mimma ša ibaššû*. Sind die "Mobilien" (*bišûm*) gemeint?

[21] Beachte auch diese Floskel in einem Handelsbrief: "Wohin Šamaš (es) uns befiehlt (*qabûm*), werden wir gehen", *AbB* 6 8:17-19. Oder: "Wenn Šamaš es mir befiehlt, werde ich selbst schnell abreisen", *AbB* 12 55:20-22; "Wenn Šamaš dazu veranlaßt (?), werde ich mir die Waren (...) kaufen" (*šīmam ša imqutam šumma Šamaš itbalam ašâmam*), *AbB* 12 52:9-11.

[22] *CT* 33 39, mit *HG* 6 Nr. 1727.

[23] Vgl. K. van Lerberghe, *MHET I* (Ghent 1991) 22 zu Nr. 7: "This is an accounting before Šamaš of a considerable amount of silver and barley which resulted from a partnership venture in which the man doing the accounting and the Šamaš temple participated". Zu Nr. 7 s. auch Idem, "Sealing in Philadelphia and elsewhere", *Acta Archaeologica Lovaniensia* 32 (1993), 45.

Gewichtsstein des Šamaš gewogen. Einige Beispiele seien aufgeführt. Etel-pî-Marduk organisiert in Babylon eine Handelsreise über den Euphrat und gibt 5 Minen aus.[24] Das Silber dient als "Transport" im Handel (*šūbultum*).[25] Das Silber, einmal gegeben, "um zu kaufen", wird in der Stadt Aleppo empfangen.[26] Oft ist explizit von "Gesellschaft, Sozietät" (*tappûtum*) die Rede, wenn dieses Silber geborgt wird.[27] Auch wenn zwei oder mehr Personen dieses Silber geben oder erhalten, kann man an eine Gesellschaft denken.[28] Eine Liste gibt Silberbeträge "nach dem Gewichtsstein von Šamaš" für verschiedene Personen; sie werden am Ende "ausstehende Posten" (*bābtum*) genannt.[29] Handelsbriefe von Nanna-intuḫ erwähnen dieses Silber.[30] Ein Mann borgt es von einer *nadītum*, "um Gerste zu kaufen" (BM 97424). Prinzessin Iltani gibt einem Mann dieses Silber, um während seiner Reise für sie zwei Krüge "Alaun" (*alluḫarum ša* g e š t i n) zu kaufen.[31] Die Inhaberklausel (*ana nāši kanikišu*) kommt in Darlehen über dieses Silber oft

---

[24] *VS* 22 35, vgl. 45, mit H. Klengel, "Bemerkungen zu den altbabylonischen Rechtsurkunden und Wirtschaftstexten aus Babylon (VS 22:1-82)", *AoF* 10 (1983), 33. Siehe D. Charpin, "Une quartier de Babylone et ses habitants sous les successeurs d'Hammurabi", *BiOr* 42 (1985), 271 Archiv C. Beachte, daß die Qualifikation des Gewichtssteins in den Nrn. 39 und 44 dieser Gruppe fehlt; abgebrochen in Nr. 40. Sehr interessant ist das "lose" Silber (*piṭrum*?) in Nr. 50. C. Wilcke, *ZA* 80 (1990), 299 zu Nr. 45 konnte die Identität von Etel-pî-Marduk genauer festlegen.

[25] CBS 1153:1-2: (1) 2 g í n k ù - b a b b a r n a$_4$ ^{d}u t u (2) *šu-bu-ul-tim*. Hier publiziert im Anhang.

[26] *TJDB* 41 MAH 16.343, mit L. Matouš, "Quelques remarques sur les récentes publications de textes cunéiformes économiques et juridiques", *ArOr* 27 (1959), 446. Er liest in Z. 9 *i-na* ^{uru}*Ḫa-la-ab ma-ḫi-ir*. Gegen Matouš stammt der Text aber aus Sippar. Der erste Zeuge, Sîn-iddinam S. d. Šerum-bani, hatte als Oberkaufmann in Sippar gerade mit dem Handel mit Aleppo zu tun; *CT* 45 109:15.

[27] *BE* 6/1 97 (= *VAB* 5 173); *TJDB* 125 MAH 16.351; VAT 806, publiziert von F. Peiser in *KB* IV, 42f. als Nr. II; neue Umschrift von H. Ehelolf bei J.G. Lautner, "Altbabylonische Gesellschaftsverhältnisse. Studien zum Miteigentum im altbabylonischen Recht II", in *Festschrift Paul Koschaker* III (Weimar 1939), 27 Anm. 8*b* (*muštabilti ālim*); BM 97292, nach Umschrift von Els Woestenburg bei K. van Lerberghe, in *Immigration and Emigration*, 383 Anm. 8 (t a b - b a *a-na* k a s k a l e r é n *Ka-aš-ši-i*).

[28] *PSBA* 39 Plate XII Nr. 24:13 (der Preis einer Kuh ist 66 Sekel!), *TCL* 1 233:8 (ein Ochse; aus Lagaš) mit M. Stol, "Old Babylonian cattle", *BSAg* 8 (1995), 199 ("joint ownership").

[29] *PBS* 8/2 251. Beachte die Bemerkung in Z. 6, "den Borg kenne ich" (š u - d u g - a *i-de*). Ausstehende Posten wurden auch im Tempeleid *CT* 33 39:3 genannt (40 Kor Gerste); s. oben.

[30] *AbB* 12 32:9, 49:6. Zu Nanna-intuḫ siehe W.H. van Soldt, *AbB* 12, S. IX, (c.). In anderen Briefen: *AbB* 7 119:6 (Handel?), 12 57:15 (nach Silber n a$_4$ *Su-ḫi-i-im* ki), 13 112:15.

[31] *CT* 48 112, mit R. Harris, *Ancient Sippar* (Leiden 1975), 264.

vor und K.R. Veenhof hat gezeigt, daß diese Klausel unter Kaufleuten verwendet wurde.[32]

Silber nach dem Gewichtsstein des Šamaš wird zum Kauf (*ana* šám X) folgender Güter ausgegeben: Gerste, Sesam, Öl, Wolle, vielleicht Gold.[33]

Einige Male wird dieses Silber verwendet, um Sklaven zu kaufen, was zum Außenhandel paßt. Im ersten Fall werden 7 1/2 Sekel Silber gemäß dem Gewichtsstein des Šamaš für eine Sklavin bezahlt, und der Betrag erweckt Verdacht: das Doppelte, 15 Sekel, wäre der normale Preis einer Sklavin.[34] Der Preis "7 1/2 Sekel Silber, Gewichtsstein des Šamaš" dürfte die Hälfte einer Investition im Sklavenhandel sein.

Im zweiten Beispiel sind die 8 Sekel nach diesem Gewichtsstein der Rest von 13 Sekeln, Preis einer Sklavin. Diese wurde von (ki) Mutter und Sohn gekauft von Zimer-Šamaš, "und mit ihrer Zustimmung hatten sie ihm (das Silber) vor Zeugen zur Verwahrung anvertraut (*ana maṣṣartim maḫar šībī ipqidūšum*); am Tage, da sie es von ihm verlangen, wird er die 8 Sekel Silber, nach dem Gewichtsstein des Šamaš, an PNf und PN (Mutter und Sohn) geben." Über diesen Rechtsfall ist am Anfang unseres jetzt sich neigenden Jahrhunderts viel geschrieben worden. Man war davon überzeugt, daß die Übergabe zur Verwahrung fiktiv war. Die Anwesenheit von Zeugen bei der Übergabe beeinträchtigte diese Theorie; Koschaker "rettete" sie durch eine Verschiebung der Tatsachen: "Nach der Stilisierung der Urkunde scheinen die Parteien die Deponierung als in der Vergangenheit unmittelbar nach Abschluß des Kaufvertrages geschehen zu fingieren. Dann aber bezeugen die Zeugen der vorliegenden Urkunde nicht die Deponierung, sondern nur das Restitutionsversprechen des Verwahrers".[35] Wenn wir die Deponierung vor Zeugen als eine Tatsache akzeptieren, ist mein Deutungsvorschlag der folgende: Mutter und Sohn verkaufen einem Händler ihre Sklavin und beauftragen ihn, eine andere Sklavin für sie zu kaufen. Sie überlassen ihm 8 Sekel

---

32 K.R. Veenhof, "'Modern' features in Old Assyrian trade", *JESHO* 40 (1997), 355 ff. Unten, in der kurzen Diskussion über "gesiegeltes Silber", werden wir an einem Beispiel zeigen, wie das System funktionieren konnte (*AbB* 9 130).

33 Gerste: *OLP* 24; 35; BM 97424. Sesam: *SFS* Nr. 60. Öl: *OLA* 21 Nr. 83. Wolle: *YOS* 13 432. Gold (KÙ.G[I]?): *BBVOT* I Nr. 1 (D. Charpin, *RA* 88, 79, hilft hier nicht weiter). – Zur Natur dieser Geschäfte siehe ganz richtig A. Skaist, *The Old Babylonian Loan Contract* (Ramat Gan 1994) 63-67: "*ana* šám texts are not credit sales at all, but commenda transactions ... All *ana* šám texts describe the transfer of silver to an agent to acquire goods on behalf of the transferee" (S. 67).

34 *CT* 6 3b:8-9 (= *VAB* 5 81, wo "5 1/2" ein Druckfehler ist). Die Kontraktanten sind Frauen: Amat-Šamaš, Tochter von Ibbi-Šaḫan (auch in *YOS* 12 469:15), verkauft und Erišti-Aja, Tochter von Sîn-eriš (auch *CT* 8 24b = *MHET* II/3 369:4, 11), kauft.

35 *TCL* 1 170 (= *VAB* 5 72, mit Literatur); auch P. Koschaker, *Rechtsvergleichende Studien zur Gesetzgebung Hammurapis* (Leipzig 1917), 14-17.

aus dem Kaufpreis als "Handelsgeld". Die Nennung des Gewichtssteins des Šamaš paßt gut zu einem solchen Geschäft.

Im dritten Beispiel für einen Sklavenkauf, bereits oben besprochen, war der Silberschmied Etel-pû Zeuge. Das vierte Beispiel, in einem Brief über Handel, werden wir nicht besprechen.[36]

Loskauf ähnelt Sklavenkauf. In einem Fall werden 80 Sekel Silber von einer Frau an Ibni-Ea als Auslösegeld für ihre Schwester gezahlt.[37] Ibni-Ea mag Kaufmann gewesen sein, weil Kaufleute solche Loskaufgeschäfte übernahmen.[38]

Auch in Palastgeschäften wird das ausgeliehene Silber bisweilen mit dem Gewichtsstein des Šamaš gewogen.[39] Fast immer wird angegeben, daß das Silber "an den Inhaber der Urkunde" gezahlt werden soll.[40] Wir haben gesehen, daß diese Formel im Handel funktioniert.

Auch das oben in der Diskussion zu dem Silberschmied bereits genannte "gesiegelte Silber" spielte im Handel eine Rolle. Wir haben ein direktes Beispiel dafür, daß es in Sozietäten investiert wurde.[41] In einer zusammengehörigen Textgruppe über Sozietät lesen wir: "Zwei Sekel Silber werde ich darwägen; den einen Sekel gesiegeltes Silber, den du mir gegeben hast, werde ich auf Befehl von PN und PN (...) darwägen".[42] Gesiegeltes Silber ist auch "Profit" (*ḫimṣu*) von zwei Personen.[43] Ein großer Betrag, 30

---

[36] *AbB* 12 32. - Die Art des Gewichtssteins im Sklavenkauf *CT* 48 66:1 ist sehr unsicher.

[37] *VS* 22 21, mit H. Klengel, *AoF* 10, 24, vgl. 93 (Photo). Es gibt verschiedene Auffassungen über die Identität desjenigen, der siegelt: *Ib-ni-*^{d}en-k[i] (= Ibni-Ea), oder Ibni-Marduk, der erste Zeuge; siehe D. Charpin, *BiOr* 42, 275 und H. Klengel mit C. Wilcke, *ZA* 80, 298 (mit falscher Übersetzung von *paṭārum*, "freikaufen").

[38] Wie in CH §32 oder *AnSt* 30, 19, Z. 16-20.

[39] Belege (wir fügen in Klammern die Namen der Ausleiher bei): *PBS* 8/2 241 (Richter Ipiq-Annunītum), *OLA* 21 Nr. 47 (Richter Iddin-Ea), CBS 1196, hier im Anhang publiziert [12 gín kù-babbar *kaspum kankum* na_4 ^{d}Utu] (Kaufmann Sîn-išmeanni und sein Bruder Ibni-Šamaš), *BDHP* 30 (Išme-Sîn, Sohn von Sîn-bēl-aplim, den ich weiter nicht kenne). In Ur: *UET* 5 430, 476.

[40] Die Formel fehlt nur in der Quittung *BDHP* 30, wo sie auch nicht paßt.

[41] *YOS* 12 288:1-2 (1 ma-na kù-babbar *ka-an-ku* kù-nam-tab-ba).

[42] *CT* 4 6a:19-25 (= *VAB* 5 315). Im zugehörigen Text *JCS* 30, 243 Rs. 8, 10, wird *kankam* weggelassen. Der dritte Text der Gruppe ist *CT* 6 34b (= *VAB* 5 316).

[43] BM 97350, von mir 1987 umschrieben. Text: (1) 1 ma-na 2 gín kù-babbar *ka-an-ku[m]* (2) *ḫi-mi-iṣ* ^{pd}utu-*a-tum* (3) 1 ma-na 2 gín kù-babbar *ka-an-kum* (4) *ḫi-mi-iṣ* ^{p}*ì-lí-ù-*^{d}utu (5) *ḫi-im-ṣa-tu-šu-nu mi-it-ḫa-r*[*a*] (6) *tap-pu-ú a-ḫu-um um-mi-a-an* (7) *a-ḫi-im ú-ul i-de-e* (Unterer Rand nicht beschrieben) (9) *i-na ša-la-am ge-er-ri-šu-nu* (10) *a-we-lum* kù-babbar *ù ne-me-lam* (11) *i-le-qé* (Strich) (12) igi ^{d}nanna-x[..] (13) dumu *a-wi*[*il-...*] (14) igi *a-wi-li-j*[*a* (?) ..] (15) itu *ma-am-mi-tim* u[d].10+(?).[kam] (16) mu íd *sa-am-su-lu-na* [sic] (17) ḫi-gál. Das Formular dieses Textes entspricht dem von

Sekel Silber, der Preis eines Ochsen, wurde von Sîn-iddinam, Sohn des Šerum-bani (Oberkaufmann), als "gesiegeltes Silber" verlangt.[44] Ein interessanter Fall kommt in einem Handelsbrief vor. Der Briefschreiber leiht dem Ašqudum 12 Sekel "gesiegeltes Silber, neu". Er gab "dessen" Schuldschein (*kanīkum*) an Š., einen Kollegen (*aḫum*) des Briefempfängers, und dem Briefempfänger wird empfohlen, Ašqudum zu zwingen, das genannte Silber zu geben (*nadānum* Š).[45] Man kann annehmen, daß der Schuldschein eine *nāši kanikīšu*-Urkunde war: Ašqudum muß nach dieser Urkunde einem anonymen Dritten zahlen, "dem Inhaber seiner Urkunde", der hier der Briefempfänger ist. Tatsächlich ist er der Vierte.

Gesiegeltes Silber wird auch mehreren Personen übergeben; es ist aber fraglich, ob es hier um Sozietät oder Handel überhaupt geht. Ich führe die beiden Beispiele auf. In Babylon wird es von zwei Personen zwei anderen Personen "anvertraut" (*paqādum*), sicher um es nach Sippar zu transportieren.[46] Es wird von einem hochgestellten Archivar (pisan-dub-ba) als antichretisches Darlehen an zwei Brüder gegeben.[47]

Neben "gesiegeltem Silber" wird auch "geläutertes Silber" gerne im Handel verwendet. Auf diese Silberart können wir an dieser Stelle indes nicht eingehen.[48]

Wir können folgern, daß in jedem Fall, in dem Silber "nach dem Gewichtsstein des Šamaš" genannt wird, der Silberbetrag zweckgebunden (*ear-marked*) war, und wahrscheinlich im Tempel des Šamaš autorisiert wurde. Für jeden Fall, in dem der Vermerk vorkommt, sollten wir also versuchen, den Zweck herauszufinden. Eine erste Kategorie ist die Verwendung eines Silberbetrags nach dem Gewichtsstein des Šamaš als

---

BBVOT I Nr. 2 (Silber ohne Qualifikation); auch A.K. Muhamed, *Old Babylonian Cuneiform Texts from the Hamrin Basin. Tell Haddad* (London 1992) Nr. 16 (hier "geläutertes Silber").

44 *CT* 8 1b.

45 *AbB* 9 130:16, 17, 22. Bedeutet "neu" (gibil) in "gesiegeltes Silber, neu" (16, 22) einen zweiten Schuldschein? Auch in *SCT* 48 werden ein neuer und ein alter (*ezub*) Posten von gesiegeltem Silber genannt (siehe die nächste Anm.).

46 C.H. Gordon, *SCT* 48 (5 gín kù-babbar ⌜*ka-an-kum*⌝ *e-zu-ub* 5 gín kù-babbar *ka-an-[kum] ša i-na* ká-dingir-ra^{ki} *a-na Be-el-šu-nu ù Ip-qá-tum* ^{p}*Ib-ba-tum ù E-tel-*KA-x *ip-qí-du* (...) *nam-ḫar-ti* ^{pd}marduk-*mu-ša-lim* sanga ^{d}*An-nu-ni-tum*).

47 CBS 1696, in A. Skaist, *Loan Contract*, 203 Anm. 6. Hier im Anhang publiziert.

48 K.R. Veenhof, "Assyrian commercial activities in Old Babylonian Sippar – some new evidence", in D. Charpin/F. Joannès (Hrsg.), *Marchands, diplomates et empereurs. Etudes offertes à Paul Garelli* (Paris 1991), 301 Anm. 29. Vgl. auch A.K. Muhamed, *Cuneiform Texts from the Hamrin Basin* (London 1992), Nr. 15 und 16.

Teilzahlung, Anzahlung für ein Haus. Zwei Männer borgen von dem Richter Gimil-Marduk 12 Sekel dieses Silbers "als Preis eines Hauses". Es folgt dann: "Innerhalb von fünf Tagen werden sie die Kaufurkunde des Hauses ausschreiben und den Rest des Silbers, nach ihrem Kontrakt, werden sie ihnen vollständig zahlen (*qatûm* D)".[49] An wen werden sie vollständig zahlen? Wohl den anonymen Verkäufern; der Richter Gimil-Marduk dürfte nur vermittelt haben.[50] Ein zweiter Fall ist folgender: Die Richter und die Kaufmannschaft (*kārum*) von Sippar-Jaḫrurum erhielten von Prinzessin Iltani dieses Silber "aus dem Kaufpreis eines Hauses". "Am Tage, da sie das Silber, Preis des Hauses, an die Richter und die Kaufmannschaft von Sippar-Jaḫrurum vollständig zahlen wird (*gamārum* D), werden sie die Kaufurkunde des Hauses siegeln und ...".[51] In beiden Fällen wird das schon bezahlte Silber reserviert, "nach dem Gewichtsstein des Šamaš". Wir können hier die Techniken der Teilzahlung bei Kauf nicht weiter besprechen und beschränken uns auf die Beobachtung, daß das bereits bezahlte Silber in einigen Fällen "bei" (sumerisch k i) einer dritten Person in Verwahrung blieb.[52]

Es ist vorläufig unmöglich, den Grund anzugeben, weshalb "Silber nach dem Gewichtsstein des Šamaš" in anderen Fällen vorkommt. Wir geben eine Übersicht.

Es wird von Ilšu-nāṣir und dem Richter Ipiq-Annunītum ausgegeben, um Erntearbeiter zu mieten. Aber dieser Richter gibt zu diesem Zweck auch Silber ohne den Zusatz "Gewichtsstein des Šamaš" aus.[53] Ebenso sehen wir Ipiq-Annunītum auch an dieser Stelle diese beiden Silberarten ausgeben, um Sesam oder Öl zu kaufen, und zwar das Öl für Silber nach dem Gewichtsstein und den Sesam für Silber ohne diese Qualifikation.[54] Die *nadītum* Niši-inišu leiht eine große Menge Silber, in Minen gezählt und

---

[49] *OLA* 21 Nr. 30:9-14, mit A. Skaist, *Loan Contract*, 68. Eine beschädigte unveröffentlichte Tafel über Grundstückskauf fängt auch mit Silber, Gewichtsstein des Šamaš, an, und schließt mit "Am Tage, da die Kaufurkunde geschrieben und gesiegelt wird, ... wird [seine gesiegelte Urkunde zerbr]ochen" (CBS 1222, hier im Anhang publiziert). - Für *qatûm* D "to pay, deliver in full", siehe *CAD* Q 181 f. Auch in *JCS* 11, 30 Nr. 19:10-11, *uq-ta-at-tu-ú-ma*.

[50] Vermittelt der Richter Ipiq-Annunītum in einem ähnlichen Geschäft (*RA* 69, 113 Nr. 3)?

[51] *OLA* 21 Nr. 34:7-12, mit A. Skaist, *Loan Contract*, 68.

[52] *TCL* 1 221:12-13 (der Rest eines Anteils, ḫ a - l a, ist bei Utu-šumundib, dem Oberkaufmann); CBS 1222:5, hier im Anhang (bei PN, seinem Bruder); *YOS* 13 402:3 (bei Erišti-Šamaš). Es fehlt immer š u b a - a n - t i, das man fast automatisch nach k i erwarten würde.

[53] Ilšu-nāṣir: *PBS* 8/2 232. Ipiq-Annunītum: *BBVOT* I Nr. 131, *CTMMA* I 53 mit C. Janssen, *BiOr* 48 (1991), 172. Ohne den Zusatz: *OLA* 21 Nr. 41, 46.

[54] Öl mit Gewichtsstein: *OLA* 21 Nr. 83; Sesam ohne: *BBVOT* I Nr. 137.

"nach dem Gewichtsstein des Šamaš" an Mār-ešrê aus; das Silber soll dem (anonymen) "Inhaber der Urkunde" bezahlt werden. Einen Monat später verspricht Mār-ešrê, 10 Sekel Silber, welche die *nadītum* ihm "gegeben hatte", ihr innerhalb von einem Monat zu "geben"; seine Urkunde wird dann ungültig gemacht, "zerbrochen".[55] Handelt es sich hier um den Rest des großen Betrages? Es fehlt hier der Gewichtsstein des Šamaš.

Auch Steuern konnten in Silber gemäß dem Gewichtsstein des Šamaš bezahlt werden. Ein relativ kleiner Betrag, der Rest der *nēmettum*-Steuer eines Brauers, wird so bezeichnet.[56] In einem Text kommt ein Betrag "Silber gemäß dem Gewichtsstein des Šamaš, aus dem Silber der Schur (...)" eines bestimmten Jahres vor;[57] in einem anderen "gesiegeltes Silber", "aus dem Silber der Schur von Sippar und seiner Sommerweiden", ebenfalls eines bestimmten Jahres.[58]

Zahlung in "Silber (nach dem Gewichts)stein des Šamaš" kommt weiterhin in Personenmieten vor.[59] Auch in einer Hausmiete, in der Kubburum, der Sohn des Oberklagepriesters Inanna-mansum, als Mieter auftritt, wird es erwähnt.[60]

Andere Belege sind fragmentarisch oder rätselhaft.[61]

---

[55] *BBVOT* I Nr. 138 mit 121; siehe R. Pientka, *Spätaltbabylonische Zeit*, 475 f.

[56] *OLA* 21 Nr. 33 (4 Sekel, 15 Gran).

[57] *YOS* 13 507:1-2 (šà kù-babbar zú-si-ig *qadu* šuku).

[58] *BE* 6/1 72:1-3 (šà kù-babbar zú-si-ig *Sippar u nawešu*).

[59] (1) *SFS* Nr. 286:10 (Zahlung des Entgelts, 3 Kor Gerste und 1 Sekel Silber nach dem Gewichtsstein von Šamaš in der Zukunft. Das Entgelt ist hoch).
(2) *JCS* 11, 26 Nr. 13:4 (auch Zahlung in der Zukunft; so gegen Goetze). Luštammar, Sohn des Aḫulap-Šamaš, mietet einen Mann. Er ist erster Zeuge in einem Darlehen von Šamaš-muballiṭ (*PBS* 8/2 197:10; siehe I. Mendelsohn, *Slavery in the Ancient Near East*, Oxford 1949, 24 f., Columbia 298 Rs. 1-2 [Zins von Šamaš]). Er gibt Gerste an zwei Personen aus (*VS* 9 53/54; JCS 11, 26 Nr. 8).
(3) *BE* 6/2 126, für Wäscherarbeit ([*ana*] *šipir ašlakūtim epēšim*). Vom Richter Iddin-Ea übergeben.

[60] *MHET* II/4 525:11. Zu Kubburum siehe L. Dekiere, "La généalogie d'Ur-Utu, gala.mah à Sippar-Amnānum", in H. Gasche et al. (Hrsg.), *Cinquante-deux réflexions sur le Proche-Orient ancien offertes en hommage à Léon de Meyer* (*MHEO* II, Ghent 1994) 136, G 5.

[61] *CT* 45 7:4 (Feldkauf; Zeit von Apil-Sîn); *BA* V/4, Nr. 21 (Preis von Wolle$^?$); *VS* 22 60:2.

ANHANG: Vier Texte.

1. CBS 1153 (Abb. 1)

Kopie:	M. Stol; kollationiert von Els Woestenburg (1993).
Beschreibung:	A. Poebel, *BE* 6/2 (1909), 160 Nr. 125 (nur das Datum wurde dort kopiert).
Datum:	3. VIII, Ammi-ṣaduqa Jahr 6. Aus Sippar.

Vs.	2 gín kù-babbar na$_4$ ^{d}utu
	šu-bu-ul-tim
	^{pd}EN.ZU-*iš-me-a-ni ḫa-za-an-ni*
	a-na i-[*l*]*u-ni ša qá-ti*
	^{p}*šu-pí-ša* sanga ^{d}gu-la
	dumu *i-din-*^{d}utu
	šu-bu-ul
u.Rd.	*a-na* itu apin-du$_8$-a
	u$_4$-6-kam
	šu-bu-ul-ti šu-bu-[*l*]*u*
Rs.	*ú-ul i-n*[*a-ad*]*-di-in-ma*
	ki-ma ṣi-im-d[*a*]*-at*$^{(!)}$
	šu-bu-ul-tim
	(Strich)
	igi dingir-*šu-ib-ni* dumu *ib-ni-*^{d}utu
	igi ìr$^{(!)}$*-ì-lí-šu* dumu *i-din-*^{d}*še-rum* dam-gàr
	itu apin-du$_8$-a u$_4$-3-kam
	mu *am-mi–ṣa-du-qá* lugal-e
o.Rd.	aš-me ì-maḫ-a

Siegelbeischriften auf dem rechten Rand: kišib *šu-pí-ša*, kišib dingir-*šu–ib-ni*, kišib ìr*–ì-lí-šu*

Vorder- und Rückseite sind durch Kreuze annuliert worden; vgl. zu dieser Praxis (*eṣērum*) K.R. Veenhof, "Old Assyrian *iṣurtum*, Akkadian *eṣērum* and Hittite GIŠ.ḪUR", in Th.P.J. van den Hout/J. de Roos (Hrsg.), *Studio Historiae Ardens. Ancient Near Eastern Studies Presented to Philo H.J. Houwink ten Cate* (Leiden 1995), 320.

Ein Kontrakt über Transport (*šūbultum*). Literatur: K.R. Veenhof, *Aspects of Old Assyrian Trade and its Terminology* (Leiden 1972), 140-143; F.R. Kraus, *Königliche Verfügungen aus altbabylonischer Zeit* (Leiden 1984), 8 f.; R.M. Whiting, *Old Babylonian Letters from Tell Asmar* (*AS* 22, Chicago 1987), 113-117; *CAD* Š/3, 189 f. Auch BM 97222A (*kīma ṣimdat šūbulti*; nach Els Woestenburg).

Prosopographie:

Sîn-išmeanni, der *ḫazannum*: auch in *TCL* 1 157:68 (= *VAB* 5, 280), als vierter Zeuge (Amd 24). Der vierte Siegelabdruck nennt ihn "Diener von Ammi-ditana". Vgl. R. Pientka, *Die spätaltbabylonische Zeit* (Münster 1998), 332f. mit Literaturangaben. Dieser Text stammt aus Kiš.

Šu-piša, der s a n g a der Gula (Ninkarrak): Di 1272:13 = *N.A.B.U.* 20/1991 (Amd 29) (s a n g a ^{d}n i n - k a r - r a - a k); *BE* 6/1 87:14 (Amd 36); *TIM* 7 29:8 (von D.O. Edzard in seiner Bearbeitung verlesen) (Amṣ 4); *MHET* I 6:23, mit S. 22 (Amṣ 5); BM 21969, nach dem Catalogue des British Museum (kein Datum).

Sein Vater heißt hier Iddin-Šamaš und so sollten wir den Vaternamen auf dem Siegelabruck von *MHET* I 6 (mit Kopie auf Tafel 77) auch lesen; anders dort, S. 155 Seal 2 ("d u m u –*er-ṣe-*[*tim*]"). Den Vater kennen wir als s a n g a der Gula aus *CT* 4 40c:5 (nach R. Pientka wohl Ae 26). Er ist nicht nur der Vater des s a n g a Šu-piša, sondern auch des Ir-Egalmaḫ, s a n g a der Gula; D. Charpin, "A propos d'une consultation oraculaire", *RA* 73 (1979), 187 f.

2. CBS 1196
    Umschrift: M. Stol; kollationiert von Els Woestenburg (1993).
    Beschreibung: A. Poebel, *BE* 6/2 (1909), 157 Nr. 101 (nur das Datum
                      wurde dort kopiert).
    Datum: 5.V Ammi-ditana 30. Aus Sippar.

Vs.   12 g í n k ù - b a b b a r *ka-an-kum* n a$_4$ ^{d}u t u
                 š à š á m 1$^!$ (über Rasur) g ú s í g
                 n í g - š u *ú-túl-Ištar* d u b - s a r
                 š a ^{d}EN.ZU-*iš-me-a-ni*
           5   *ù ib-ni-*^{d}u t u LA/uru$^?$ NIM/ki$^?$ d u m u$^?$ x a la$^?$ *ar-rum*
                 k i ^{d}EN.ZU-*iš-me-a-ni*
                 ù ib-ni-^{d}u t u d u m u *a-we-li-a$^?$*
                 e-ṭe-rum d u m u si$^?$ x [...]
                 š u b a - a n - t i
u.Rd.   10   *a-na* i t u - 1 - k a m
                 12 g í n k ù - b a b b a r
                 ka-an-ka
                 (Siegelabdruck)
Rs.   *a-na na-ši ka-ni-ki-šu*
                 ì - l á - e
          15   i g i ^{d}m a r d u k -*mu-ša-lim* d a m - g à r x ?
                 i g i ^{d}EN.ZU-*mu-ba-lí-iṭ* d a m - g [à r] ?
                 i g i ^{d}EN.ZU-*i-din-nam* d u m u ni x x
                 (Siegelabdruck mit Beischrift 30-*i-din-nam*)
                 i t u NE-NE-g a r u d - 5 - k a m

mu *am-mi-di-ta-na* l u g a l
20 alan-na-an-ni nam-nun-na
o.Rd. (Siegelabdruck)
l.Rd. (Siegelabdruck)
[k i š i b] *e-ṭe-rum*
[k i]š i b ᵈm a r d u k-*mu-ša-lim*
r.Rd. (Spuren von Siegelabdruck)

Palastgeschäft. Dieser Text wird in einem künftigen Band in der Serie "Annäherungen" von mir besprochen. Sin-išmeanni und Ibni-Šamaš (Z. 4-7) sind Brüder, Söhne von Awelija; N. Yoffee, *The Economic Role of the Crown in the Old Babylonian Period* (*BiMes* 5, Malibu 1977), 20. Vgl. auch das Palastgeschäft *OLA* 21 Nr. 70. Der erste ist Kaufmann, siehe R. Harris, *Ancient Sippar* (Leiden 1975), 259. Beweis: Sin-išmeanni d a m - g à r, *BE* 6/1 85:8-9; auch CBS 1204 III 7' (nach Els Woestenburg).

3. CBS 1222
   Umschrift: M. Stol; kollationiert von Els Woestenburg (1993).
   Beschreibung: A. Poebel, *BE* 6/2 (1909), 158 Nr. 114 (nur das Datum wurde dort kopiert).
   Datum: 15.X (?), Ammi-ditana Jahr 37. Aus Sippar.

Vs. [   ] k ù - b a b b a r na₄ ᵈu t u
     [+] 1 ²/₃ SAR é ⌈k i - š u b⌉- b a
     [*i*]*b-ni*-ᵈm a r d u k
     [d u m u] ᵈEN.ZU-*na-di-in-šu-mi*
5   k i *a-wi-il*-ᵈe n - l í l š e š - n [i]
     d u m u ᵈEN.ZU-*na-di-in-šu-mi*
     ᵖ*ib-ni*-ᵈm a r d u k
     d u m u ᵈEN.ZU-*na-di-in-šu-mi*
     u₄-um d u b - *pí ši-ma-tim*
10   [*i*]š-*ša-ṭa-ru-ma*
     [*i*]k-*ka-an-na-ku*
     [x] ni x an nu x ⌈x⌉
     [*ka-ni-ik-šu iḫ-ḫe*]-*ep-pé*
u.Rd. (abgebrochen)
Rs. [   ] x [   ] x
     [   ] *be-*⌈*el*⌉-*šu-nu*
     [ᵈe]n - l í l x x [x] *ša la* d u m u *nu-úr*-ᵈ[x]
     [   ] x x [   ] x la ⌈x⌉ ni
5   [i g]i *be-el-*[*š*]*u-nu*
     [x x x x]-*n*[*a-d*]*i-in-šu-mi*
     [x] x ⌈x⌉ [x x] x ᵈm a r d u k (?)

igi *i-bi-*^dEN.ZU

d u m u ^dEN.ZU-*iš-me-a-ni*

(Strich)

10   k i š i b *i-bi-*^dEN.ZU

[i t u a]b-è u₄-1 5-k a m

[m u *am-mi*]-*di-ta-na* l u g a l

[b à d]-d a u d i n i m k i k e₄

o.Rd.   [*dam*]-*qí*-[*ì-lí-šu*-k]e₄

15   [i n - d ù]-a b í - i n - g u l - l a

Auf dem linken Rand: k i š i [b ...], [k i š i]b xx [...], *ib-ni*-[...], [k i š i]b
^dm a r d u k -*mu-b*[*a-li-iṭ*].

Prosopographie:

Ein *Ibni-Marduk*, Sohn des Sîn-nādin-šumi, ist als Torhüter (l ú k á -
g a l) bekannt aus *Fs. Lipinski* 387 Nr. 1:6-7 (Samsu-ditana 11).

Ibbi-Sîn, Sohn des Sîn-išmeanni, findet sich auch als letzter Zeuge in *RA*
82, 30 HG 96:35.

4. CBS 1696 (Abb. 2)

Kopie: M. Stol; kollationiert von Els Woestenburg (1993).

Umschrift: A. Skaist, *The Old Babylonian Loan Contract* (Ramat
                    Gan 1994) 203 Anm. 6.

Maße: 7,8 x 4,6 x 2,5 cm

Vs.   10 g í n k ù - b a b b a r *ka-an-kum*

                 ša ib-ni-^dm a r d u k p i s a n - d u b - b a

                 a-na ib-ni-^du t u *ù* ib-ni-^d*še-rum*

                 d u m u - m e š *ì-lí-a-we-lim*

        5   *id-di-nu*

                 1 s a g - g é m e *ì-lí-ba-aš-ti*

                 i-na é - š u w[a]-*aš-ba-at*

                 k ù - b a b b a r m á š *ú-ul i-šu*

                 ù x[x x] *ú-ul i-šu*

        10   10 [g í n k ù - b]a b b a r *ka-an-kum*

                 x (x) *ub*-[*l*]*am-ma*

Rs.   Rückseite nur in Untergrundspuren:
                 zwei Zeilen mit Fortsetzung des Textes; vier Zeilen mit drei
                 Zeugen
                 (Strich)
                 vier Zeilen
                 Datum.

Auf dem linken Rand Beischriften zu Siegelabrollungen in kleinerer Schrift: *ib-ni-*^{d}utu, *ib-ni-*^{d}*še-rum*.

Prosopographie:

Ibni-Marduk, Archivar: siehe R. Pientka, *Spätaltbabylonische Zeit*, 474 zu *BBVOT* I 107:10 (Amd 33); auch in *CT* 8 30c:14-5 (Amd 5).

Ibni-Šamaš, Sohn des Ili-awelim: *CT* 45 56:15 (entweder Ae x oder Amṣ 5; siehe R. Pientka, op. cit. 41 Anm. 120).

Ibni-Šerum, Sohn des Ili-awelim: siehe E. Woestenburg, *BiOr* 50 (1993), 429 zu *OLA* 21 Nr. 30:5-6 (Amṣ 3).

Ich danke dem Curator der University Museum Tablet Collection (Philadelphia) und den Trustees des British Museum (London) sowie K.R. Veenhof und Els Woestenburg (Leiden), für die Erlaubnis, hier Texte publizieren oder zitieren zu dürfen.

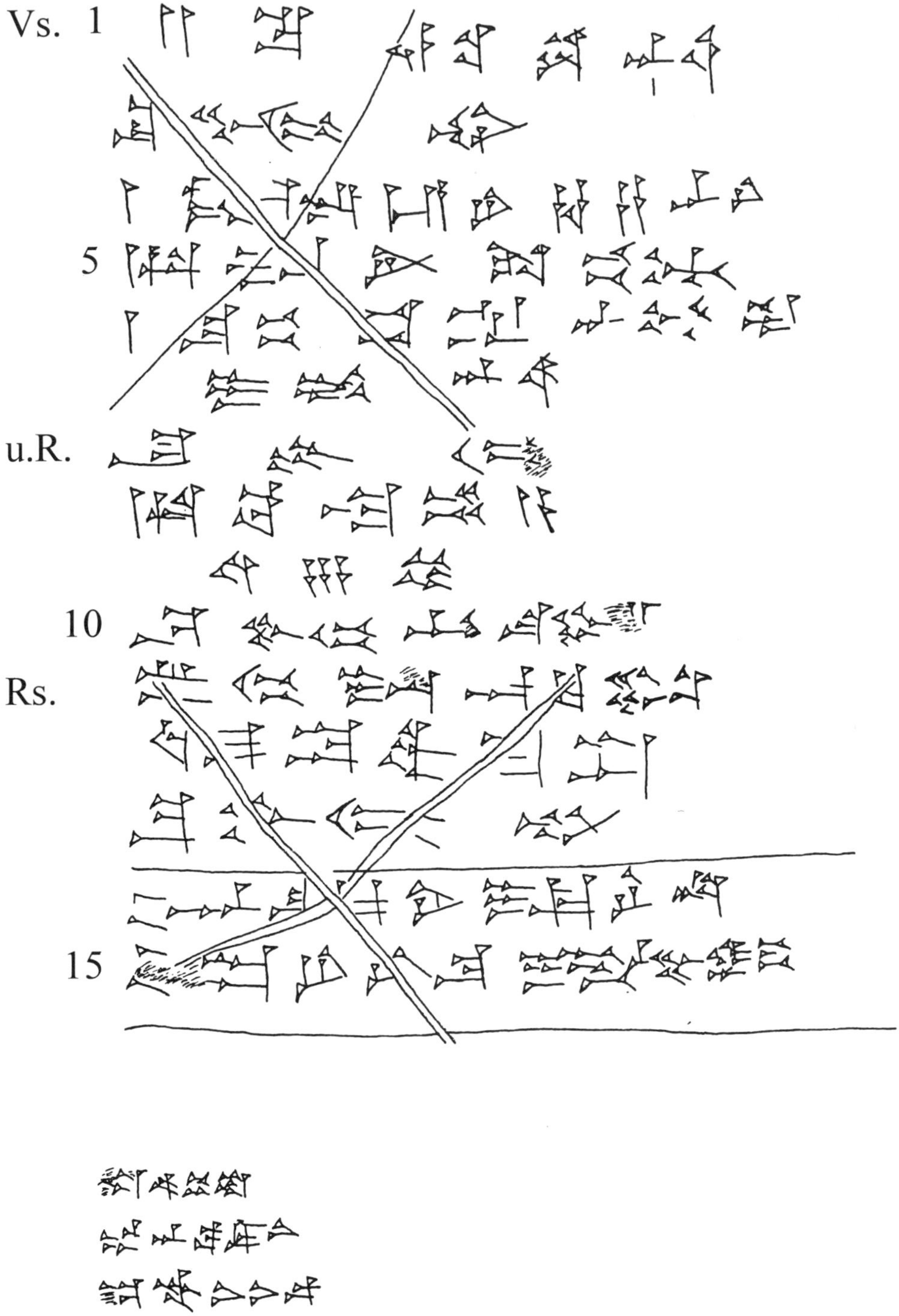

Abb. 1: Text 1, CBS 1153 (Kopie M. Stol)

Vs. 1

5

10

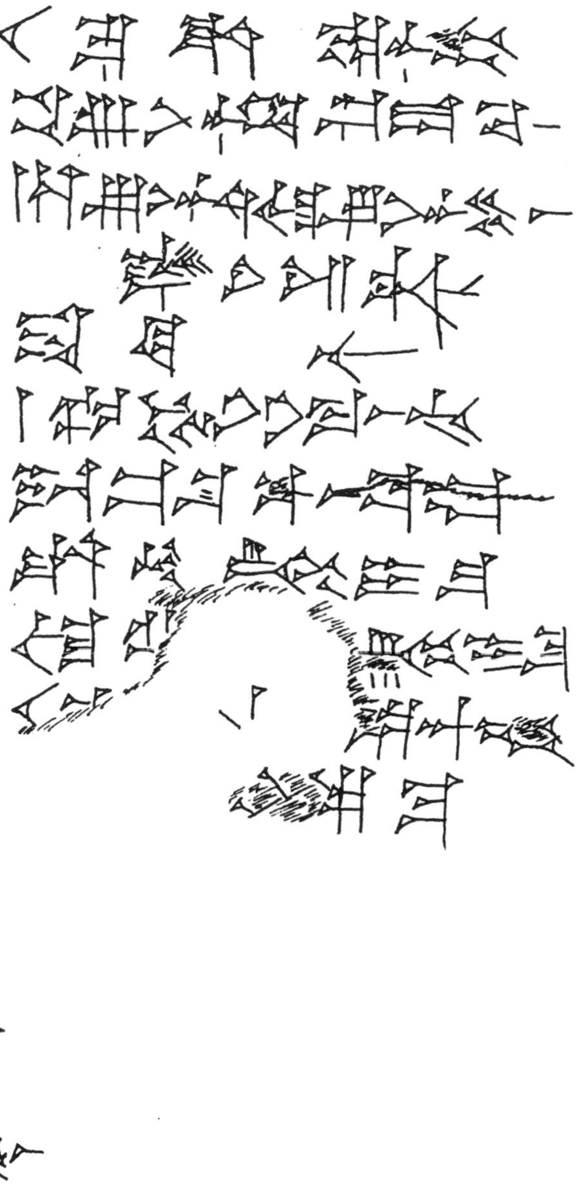

Abb. 2: Text 4, CBS 1696 (Kopie M. Stol)

Lurindu the Maiden, Bēl-ittannu the Dreamer, and Artaritassu the King

Matthew W. Stolper (Chicago)

BM 50731 is a quitclaim drawn up in the reign of a king whose name is spelled Artaritassu by a scribe named Bēl-ittannu to resolve some irregularity that arose from the sale of a slave who had belonged to a woman named Lurindu.[1] Here is the text (pl. 1):

BM 50731 82-2-23,1723	Borsippa	13/VIb/10+x Artaritassu

^{1} ^{f}*Lu-ri-in-du* DUMU.SAL-*su šá* ^{m}*Ri-mut*-^{d}EN ^{2} ^{m}*Ri-ba-*⸢*a-ta*⸣ LÚ *qal-la-šú šá rit-ti-šú* ZAG.LU-⸢*šú*⸣ ^{3} «*šá*» *a-na* ⸢*šu-mu šá*⸣ ^{f}*Lu-*⸢*ri*⸣*-in-du* ⸢NIN$^{!}$-*šú*⸣ *šaṭ-*⸢*ṭa*⸣*-ra-a-ta* ^{4} *šá a-na* 1 $^{1}/_{3}$$^{?}$ MA.NA 8 GÍN KÙ.BABBAR *qa-lu-ú* ⸢*a-na* ŠÁM⸣ *gam-ru-tu* ^{5} *a-na* ^{m}⸢*Ta-at*⸣*-tan-nu* DUMU *šá* ^{md}⸢EN⸣-SIPA-*šú-nu ta-ad-din-nu* ^{6} *ù* ^{m}MU-⸢MU⸣ [DUMU] *šá* ^{m}*Ri-mut*-^{d}EN *pu-ut uš-ku-*⸢*ú*⸣*-ta* ^{7} *šá* ^{m}*Ri-bat* LÚ [*qal-la*] *šá* ^{f}⸢*Lu-ri*⸣*-in-du na-šu-ú* ^{8} *ár-ki* ^{m}⸢*Ba-si-iá* DUMU⸣ *šá* ^{m}*Ri-mut*-^{d}EN Š[EŠ *š*]*á* ⸢^{f}*Lu-ri-in-du*⸣ ^{9} *a-*⸢*na*$^{?}$⸣ [*muḫ*$^{?}$*-ḫi*$^{?}$ ^{m}]⸢*Ri*⸣*-bat a-na* [x] *ga*$^{?}$ x x [...] ^{10} *i-x-*⸢*x x x*⸣ *la i ir-x x* ^{11} *mim-*⸢*mu di-i-ni*⸣ *ù ra-ga-mu* (Lower Edge) ^{12} *šá* ^{m}*Ba-si-iá ù* ^{f}*Lu-ri-in-du* ^{13} KI ^{m}*Ta-at-tan-nu a-na muḫ-ḫi* ^{m}*Ri-bat*$^{!}$ *iá-a-nu* ^{13a} (erasure of: *iá-a-nu*) (Reverse) ^{14} *u*$_{4}$*-mu pa-ga*$^{(sic)}$*-ri a-na muḫ-ḫi* ^{m}*Ri-ba-a-ta* ^{15} *it-tab-*

---

1 Not "a sale of a girl" (E. Leichty, *Catalogue of the Babylonian Tablets in the British Museum*, VI: *Tablets from Sippar*, 1, London 1986, 41). I thank the Trustees of the British Museum for permission to publish the text, Hermann Hunger for making his work on BM 53282 available to me, and John A. Brinkman, Hermann Hunger, Erica Reiner and Martha Roth for comments and corrections. Responsibility for errors of substance and judgment is mine.
Personal names are sometimes cited in this form: name/patronym//ancestor's name. Conversion of Babylonian to Julian dates follows Richard A. Parker and Waldo H. Dubberstein, *Babylonian Chronology 626 B.C.-A.D. 75* (*Brown University Studies* 19, Providence/R.I. 1956). Abbreviations are those of the Assyrian Dictionary of the Oriental Institute of the University of Chicago (*CAD*).

šu-«tu» ^{m}MU-MU DUMU *šá* ^{m}*Ri-mut-*⸢^{d}EN⸣ ^{16} ŠEŠ *šá* ^{f}*Lu-ri-in-du* ^{m}*Ri-bat ú-mar-ra-q*[*a-ma*] ^{17} *a-na* LÚ.ARAD-*ú-tu a-na* ^{m}*Ta-at-tan-nu i-nam-di*[*n*]

^{18} LÚ *mu-kin-nu* ^{m} ARAD-^{d}*Gu-la* DUMU *šá* ^{m} ^{d}U.GUR-MU-URÙ ^{19} ^{md}EN-*e-ṭè-ru* DUMU *šá* ^{m} MU-^{d}AG ^{md}EN-*e-ṭè-ru* ^{20} DUMU *šá* ^{md}EN-DIN-*iṭ*

^{21} LÚ.ŠID ^{md}EN-*it-tan-nu* DUMU *šá* ^{m} *Ḫa-áš-da-a-a* ^{22} *Bár-sipa*^{ki} ITI.KIN *ár-ku-ú* UD.13.KÁM (Upper Edge) ^{23} MU.10[+x].KÁM ^{m}*Ar-ta-ri-ta-as-su* ^{24} LUGAL KUR.KUR

(1) Lurindu, daughter of Rīmūt-Bēl –

(2-7) her slave Rībāt, whose right hand is inscribed with the name of Lurindu, his owner, (and) whom she sold for full price, for 1 mina 28 shekels of refined silver, to Tattannu, son of Bēl-rē'ûšunu, while Šum-iddin, son of Rīmūt-Bēl, stood as guarantor for Rībāt, [the slave] of Lurindu –

(8-10) Later, Basija, son of Rīmūt-Bēl (and) [brother] of Lurindu .... concerning Rībāt. (11-13) Basija and Lurindu have no case or complaint against Tattannu concerning Rībāt. (14-17) If a claim on Rībāta arises, Šum-iddin, son of Rīmūt-Bēl, brother of Lurindu, will clear Rībāt of claims and turn him over to Tattannu for servitude.

(18-20) Witnesses: Arad-Gula, son of Nergal-šum-uṣur; Bēl-eṭēru, son of Iddin-Nabû; Bēl-eṭēru, son of Bēl-uballiṭ.

(21-24) Scribe: Bēl-ittannu, son of Ḫašdâ. Borsippa. Month VIb, day 13, year 10+x, Artaritassu, King of Lands.

The composition of the text is awkward. The opening lines name the seller and the slave, but no following main verb makes the connection between them; instead, the adverb *arki*, 'later,' marks a syntactic break at the beginning of a new sentence that states the occasion for the quitclaim. The orthography is also awkward, marred by superfluous or erroneous signs in lines 3 and 15, the anachronistic *ga* for *qa* in line 14 (and perhaps in line 9),[2] and the erased dittography in line 13a. The odd spelling of the king's name in

[2] But cf. *pa-qá-ad* (*Cyr.* 247:6).

the date formula, however, is apparently not an error, since it occurs in two other texts, not legal but practical texts.

3. ⸢NIN$^{!}$⸣: if not «^{f}»⸢GAŠAN⸣, then perhaps not the extraordinary NIN = *bēltu*, but the ordinary but erroneous NIN = *aḫatu*, anticipating references to Šum-iddin and Basija, the brothers of Lurindu.

9f. Perhaps to be restored: ^{9} *a-⸢na⸣ [muḫ-ḫi* ^{m}]⸢*Ri*⸣*-bat a-na [pa]-ga-⸢ri*$^{!}$ KI ^{f}⸣[*Lu-ri-in-du*] ^{10} *«i»-il-⸢lik dib-ba⸣ la «i»-ir-⸢šu* (*x x*)⸣ "(Afterward Basija, the brother of Lurindu) came forward to bring a complaint against Lurindu about (the slave) Ribat, (but) they$^{?}$ had no lawsuit$^{?}$." For the first clause, cf. PN *ša ana paqāri ana muḫḫi* $^{f}PN_2$ *itti* PN_3 *illiku* (*VS* 6 97:6-9), ^{f}PN *ana paqāru* PN_2 *ana muḫḫija* [*talli*]*kuma* (*Cyr.* 332:15). I know of no parallels for the second clause. This suggestion requires still more orthographic irregularities.

The occasion for this document seems to be this: when Lurindu first sold the slave, she did so with the consent of one brother, Šum-iddin, who stood as guarantor, but without the knowledge of another, Basija; although Basija complained about the irregularity of the sale, the outcome was that he concurred. In that case, the purpose of this document was to extend the original guarantee to protect the buyer explicitly against any consequences of Basija's complaint.

Lurindu

The seller, Lurindu, daughter of Rīmūt-Bēl, also appears in Roth, *Marriage Agreements* No. 33, the contract in which her father, Rīmūt-Bēl/Nabû-bullissu//A-[...], promised her in marriage to Mīnû-Bēl-an[a ...][3]/ Bēl-ēriš/[...]//Babutu in year 32 of Artaxerxes. The quitclaim presented here strongly indicates that the marriage agreement came from Borsippa, and the marriage agreement in turn strongly indicates that in the quitclaim, and so in other texts, Artaritassu is a spelling of the royal name Artaxerxes.

In the marriage agreement Lurindu is described as *batultu*, indicating a young woman, perhaps in her early teens,[4] and the contracting parties are the parents of the couple to be married. The quitclaim implies that Lurindu was competent to sell property, hence past early childhood; she and her brothers

---

[3] So twice, but perhaps an error for Mīnû-ana-Bēl-dannu.

[4] M. Roth, "Age at Marriage and the Household: a Study of Neo-Babylonian and Neo-Assyrian Forms", *Comparative Studies in Society and History* 29 (1987), 738-746.

are parties to the document but their parents are not. It is simplest to suppose that the marriage agreement was the earlier text, reflecting a marriage arranged for Lurindu in her early teens, and the quitclaim was the later text, reflecting the sale of a slave in which Lurindu and her brothers had a common interest, perhaps inherited or transmitted as dowry. In that case, the marriage agreement comes from the reign of Artaxerxes I, 433 B.C., and the quitclaim from the reign of Artaxerxes II, in 389 B.C., the year of the first attested intercalary Ulūlu of the reign.[5] Then the interval between the two texts was forty-four years, and if Lurindu was in her early teens at marriage, she was in her late fifties when the quitclaim was drawn up.

In the less likely event that the quitclaim is the earlier text, both texts were written in the reign of Artaxerxes II:[6] the quitclaim in 389 B.C., and the marriage agreement only sixteen years later, in 373 B.C. If Lurindu was past early childhood when she sold the slave (say, at least five years old[7]), her marriage was contracted in her late teens or early twenties – perhaps straining her characterization as a *batultu*.

Bēl-ittannu

The scribe who wrote the quitclaim, Bēl-ittannu, son of Ḫašdâ, is known from *RT* 19 101f.,[8] a text that lists dreams in which the dreamer saw stars, planets and the moon. The dreams took place on specified nights of years 14 and 15 of king Artaritassu. The dreamer and presumably the author of the text was Bēl-ittannu, son of Ḫašdâ. The collocation of name, patronym,[9] and distinctive royal name puts the identification of the scribe with the dreamer beyond serious question.

---

[5] The regnal year in the quitclaim is 13 or greater but less than 20. There is no attested or predicted month VIb in the reign of Artaxerxes III after year 8, so the marriage agreement is not from the reign of Artaxerxes II and the quitclaim from the reign of Artaxerxes III.

[6] There is no attested month VIb in the reign of Artaxerxes I, so the possibility that both texts come from the reign of Artaxerxes I is excluded.

[7] Cf. M. Jursa, *Die Landwirtschaft in Sippar in neubabylonischer Zeit* (*AfOB* 25, Wien 1995), 9: NB administrative texts, like Ur III texts, treat children of five or older as full-grown workers. If legal competence was defined by age, it may have begun later, but surely not earlier.

[8] BM 77058 = 83-1-18, 2434 (from the same collection as Roth, *Marriage Agreements* No. 33).

[9] Spelled in the same way in both texts, with *Ḫa-áš-* rather than the more common *Ḫaš-*.

Bēl-ittannu's appearance in two texts of such different sorts is a reminder that legal-administrative recording and learned writing did not always belong to different elements of Mesopotamian society, one the province of clerks, the other of scholars. The same men sometimes wrote texts of both sorts and sometimes stored their archives and their libraries together. Excavated and reconstructed groups of late Achaemenid tablets from Ur, Uruk, and Nippur that included legal and administrative as well as scholarly and practical texts foster the same view.[10]

BM 53282, presented above by Hermann Hunger, is a horoscope-like text recording dates of birth and positions of planets for children born in various regnal years of Artaritassu. It is from the same collection as the quitclaim and like the quitclaim it was probably written in Borsippa, as Hunger surmises, perhaps – considering general similarity of contents between BM 53282 and *RT* 19 101f., and the distinctive spelling of the king's name – by Bēl-ittannu himself.

Artaritassu

The spelling of the king's name is an unsolved problem. When Pinches published the dream text, he commented "I am unable to identify Artaritassu, but probably some of my colleagues may be more successful."[11] Oppenheim attributed the text to an Artaxerxes, as Leichty attributed BM 53282, and I cited Artaritassu as a spelling of Artaxerxes without comment. Oppenheim was perhaps encouraged by the marginalia in the *CAD*'s copy of *RT* 19, where "*ah*?" is pencilled in over the sign RI and "*ša*" over the following TA. The *CAD* nevertheless later identified the text as "Sel.".[12]

The title "King of Lands" in the date formula of the quitclaim and the overall appearance of the tablet suggest what the identification of Lurindu

---

[10] Nippur: F. Joannès, "Les Archives de Ninurta-aḫḫē-bulliṭ", in M. deJ. Ellis (ed.), *Nippur at the Centennial* (*OPSNK* 14, Philadelphia 1992), pp. 87-100. Ur: G. van Driel, "Neo-Babylonian Texts from the Louvre", *BiOr* 43 (1986), 10 on the group U 20089. Uruk: J. Oelsner, review of H. Hunger, *Spätbabylonische Texte aus Uruk - Teil I* (Berlin 1976), *OLZ* 78 (1983), 248; review of E. von Weiher, *Spätbabylonische Texte aus dem Planquadrat U 18 - Teil IV* (*AUWE* 12, Mainz 1993), *OLZ* 90 (1995), 385 on the group W 23293 (and see E. von Weiher, *Spätbabylonische Texte aus dem Planquadrat U 18 - Teil V*, *AUWE* 13, Mainz 1998, Nos. 293f., 299-304).

[11] Th.G. Pinches, "Some Late-Babylonian texts in the British Museum", *RT* 19 (1897), 103.

[12] A.L. Oppenheim, *The Interpretation of Dreams in the Ancient Near East* (*TAPS N.S.* 46/III, 1956), 205; M.W. Stolper, "Iranians in Babylonia", *JAOS* 114 (1994), 622; *CAD* Š/III 406 s.v. *šuttu* A usage b.

confirms, that Artaritassu is the name of an Achaemenid king, Artaxerxes I or later. The intercalary Ulūlu in a regnal year between 13 and 20 limits the choices to Darius II Ochos and Artaxerxes II Mnemon.[13] The opening syllables, representing the element Arta- 'Truth, Order', settle the choice on Artaxerxes II. But if that is so, not only is the meaning of the astronomical information in BM 53282 puzzling, as Hunger shows above,[14] but so is the name.

Unlike the Classical writers who were responsible for the forms Ἀρτοξέρξης, Artaxerxes, etc.,[15] Achaemenid Babylonian scribes had little difficulty transcribing the Old Persian name *Rtaxšaça-*. They usually rendered the unfamiliar sibilant *-ç-* with *-ss-* or *-ts-* and the familiar cluster *-xš-* with *-ḫš-* or *-kš-*, so the most common Babylonian transcriptions are *Artakšassu* and *Artaḫšassu.*[16] Very rarely, scribes hesitated over the cluster, writing it with *-s-* rather than *-š-*, or omitting one of the components.[17] Why would Bēl-ittannu choose to render what other scribes heard as *-ḫš-* or *-kš-* with *-rit-*? Might Bēl-ittannu's *-r-* be uvular rather than tongue-trilled,

---

[13] S. A. Arjomand, discussing the proposal that Mnemon translates Iranian Vahuman (corresponding to Modern Persian Bahman), mentions Hellenistic and Roman transcriptions of Vahuman into Greek as *Omanus, Oumanos, Oumanēs* ("Artaxerxes, Ardašīr, and Bahman", *JAOS* 118, 1998, 245-249). Earlier transcriptions, from Achaemenid sources, are Elamite *Ma-u-man-na* and Babylonian *Ú-ḫu-man-na*, and the final element of Babylonian *Ar-tu-uḫ-ú-ma-na-'*, *Ar-ta-ú-ma-nu* (H. Hilprecht, *BE* 10, p. 66; W. Hinz, *Altiranisches Sprachgut der Nebenüberlieferungen*, Wiesbaden 1975, 210, 250; R. Zadok, *BiOr* 33, 1976, 215; R. Schmitt, *Kratylos* 39, 1994, 87).

[14] Hunger tells me that the correspondence between calculated positions of the planets and the information in BM 53282 is no better if one assumes that Artaritassu refers to Darius II.

[15] See H. Schmeja, "Dareios, Xerxes, Artoxerxes. Drei persische Königsnamen in griechischer Deutung (Zu Herodot 6, 98, 3)", *Die Sprache* 21 (1975), 184-188; R. Schmitt, "Artaxerxes, Ardašīr und Verwandte", *Incontri Linguistici* 5 (1979), 61-72.

[16] Babylonian and other transcriptions are listed in R. Schmitt, *Incontri Linguistici* 5, 61ff.; "Artaxerxes", *Encyclopaedia Iranica* I, 654; M.A. Dandamayev, *Iranians in Achaemenid Babylonia* (New York/Costa Mesa 1992), 37; M.W. Stolper, *JAOS* 114 (1994), 622.

[17] With *-s-*: *Ar-taḫ-sa-tu* Durand, *Textes babyloniens* pl. 37 AO 17604 and pl. 41f. AO 17612 (= Joannès, *Textes économiques* Nos. 30 and 32), *Ar-ta-aḫ-sa-su* BM 13256. With omitted component or omitted sign(s): *Ar-tak-as-su CT* 44 81 ([*A*]*r-ta-ka-su OECT* 10 189); *Ar-ta-as-su OECT* 10 191; *Ár-šat-su* Durand, *Textes babyloniens* pl. 47 AO 17629, pl. 54 AO 17654, pl. 53 AO 17653 (= Joannès, *Textes économiques* Nos. 5, 16, and 7), cf. *Ár-šat-su* Moore, *Michigan Coll.* 2:23 vs. *Ár-tak-šat-su* ibid. 7. In *LBAT* *1411+ r. 1 (see A. Sachs, "Achaemenid Royal Names in Babylonian Astronomical Texts", *American Journal of Ancient History* 2, 1977, 133), *Ar-tak-a-ḫi-ši* may reflect contamination from Greek Ἀρτοξέρξης (i.e., *Artak<šassu>* + *Hiši<aršu>*), or from Aramaic *'rtḫšsy* < Iranian **Ṛta-xšaç-ya-* (R. Schmitt, *Incontri Linguistici* 5, 64), or perhaps represents a hypocoristic **Rta-xš-iya-* (ibid. 65).

allowing him to represent Old Persian *-x-* with *-r-* + vowel instead of *-ḫ- or -k-*?[18] Or might the intended reading be *Ar-*^{ta}*tal-ta-as-su* = *Artaltassu* ≈ *Artaštassu*? But then the change of *-š-* to *-t-* has still to be explained.

The hypothesis that Artaritassu is not a transcription of *Rtaxšaça-*, Artaxerxes, but a transcription of a different name for the ruler, does not help. Babylonian astronomical texts indicate that both Artaxerxes I and Artaxerxes II were named *Aršu*, that is, Old Persian **Ršā*, before they came to the throne, and that Darius II was originally named *Umasu* or *Umakuš*, that is, Old Persian **Va(h)uš* or **Vauka*; Greek writers indicate that Artaxerxes I was originally called Cyrus, Darius II called Ochos, and Artaxerxes II called Arses, Arsakas or Arsikas.[19] No Achaemenid king is said to have had a name resembling Artaritassu. I know of no name resembling Artaritassu in Old Iranian sources or *Nebenüberlieferungen*, and I see no obvious Iranian etymology to explain -RIT*aça* or -RIT*aθra*.

The conclusions that remain in the absence of evidence to the contrary are that Artaritassu is Artaxerxes II, that the quitclaim was therefore written in his sixteenth regnal year, on 1 October 389 B.C., and that Bēl-ittannu's spelling, like his astronomy, was more learned than lucid.

---

[18] Examples of graphic alternation between *ḫ* and *r* in Akkadian: B. Landsberger, "Einige unerkannt gebliebene oder verkannte Nomina des Akkadischen", *WO* 3 (1964), 54 n. 28e and 60, cf. *GAG* Suppl. to §35a.

[19] A. Sachs, *American Journal of Ancient History* 1, 131-139. R. Schmitt, "Achaemenid Throne-Names", *Annali* 42 (1982), 83-92. On *Umasu* vs. *Umakuš*, see M.W. Stolper, *Entrepreneurs and Empire* (Leiden 1985), 115 n. 21, with discussion and earlier literature.

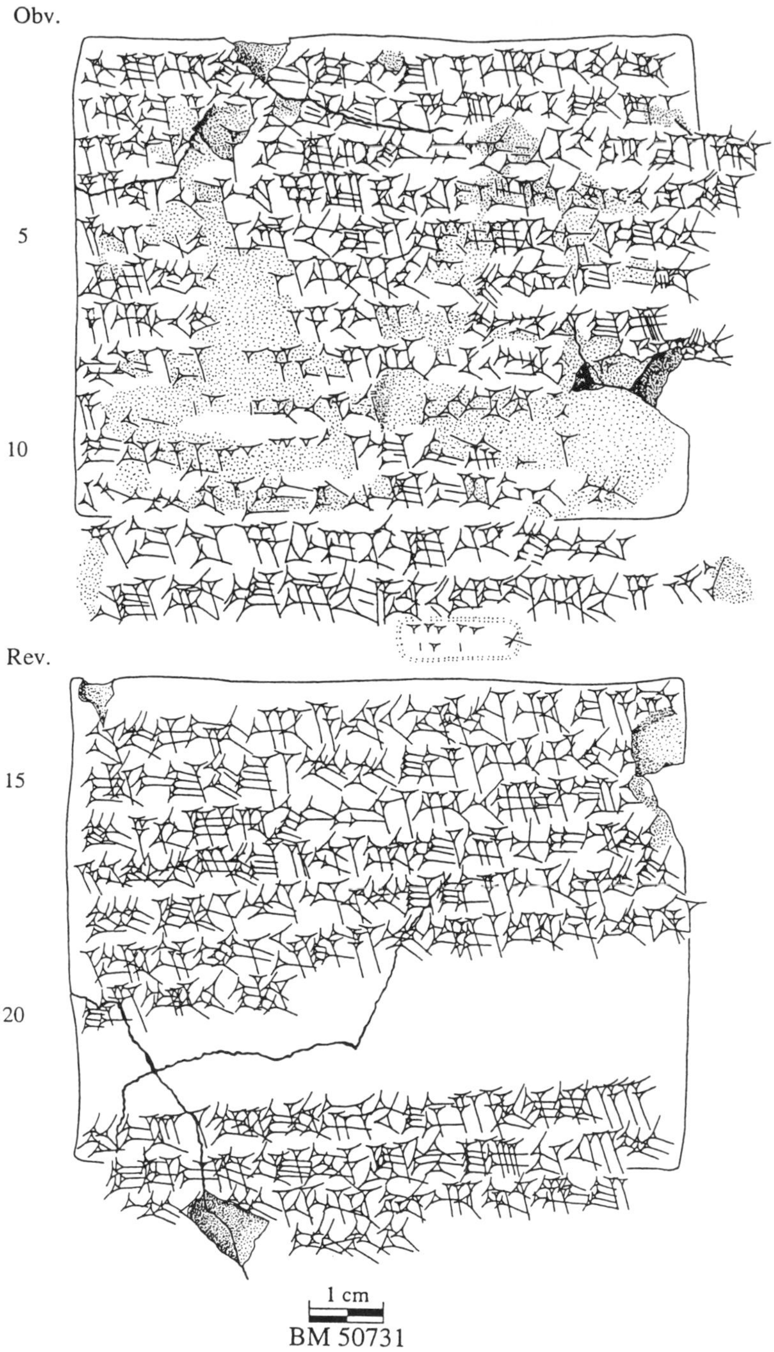

Pl. 1: BM 50731 (= 82-2-23, 1723) (copy M. Stolper)

Redemption of Houses in Assur and Sippar

Klaas R. Veenhof (Leiden)

1. "The favour of Assur"

One of the Old Assyrian letters excavated in *kārum* Kanish during the campaign of 1990 and published as no. 46 in the edition by Cécile Michel and Paul Garelli,[1] contains new and unique information about a legal decision taken in the city of Assur. For that reason it deserves special attention, the more so since the editors have misunderstood the crucial line 22. I start with a new translation, which incorporates changes in the transliteration and translation of some other passages, which will be argued for below. In the absence of a cuneiform copy, my observations are based on the transliteration by the editors, but I venture a few emendations (in lines 11 and 16) which yield a better sense and are close to the reading of the cuneiform signs the editors saw on the tablet.[2] I also assume that nothing is missing at the beginning of the indented line 15.

1.1 The text: *TPK* no. 46

"<Speak> to Ilī-nādā, Aššur-nādā, Dan-Aššur, Aššuriš-tikal, and Išm(e)-Aššur, and in particular to Aššuriš-tikal and Išme-Aššur, thus Puzur-Ištar:

"[5] You must have heard from various sides that since three years the stocks of your (plur.) father's household and our houses have been handed over for silver. [9] Since this was not enough, also the house I myself had acquired [11] and the household goods (*ú-ṭù-up*[!]*-tum*), both mine and those belonging to my wife, have been sold for silver, which has been paid for your father's debt. [15] But you (plur.), instead of sending (16 end: *šé-bu-lim*[!]) the silver you still owe, of assisting (*qātam ṣabātum*) your paternal house, and of (thus) saving the spirits of your ancestors, [20] you do nothing but send me here reports on your fights! [22]Aššur has now done a favour to his City (*Aššur*

---

[1] *Tablettes paléo-assyriennes de Kültepe*, volume 1 (kt 90/k), (Paris 1997); henceforth *TPK*.

[2] My proposals (reading UB for KAM in line 11 and LI-IM for DÍ+ŠA-DÍ[?] in line 16) can be checked by converting the signs back into cuneiform.

here reports on your fights! 22Aššur has now done a favour to his City (*Aššur e-na-an ālišu* 23 *ilteqe*): A man whose house has been sold has to pay (only) half 25 of the price of his house to (be allowed to) move into it (again). For the remainder (of his debt) terms in three instalments (*šalšišu*) have been set. 29 Since outsiders have moved to *harm* (? *ša'urim*) our paternal house,31 I entered a merchant's house and called for (a loan of) 5 minas of silver and weighed it out as payment for the house and 35 now we have (again) moved into the house! 36 As for the payment for the new house, make every mina of silver you can available[3] and send me the silver. Then we will pay in full the price of the houses. Talk to my representatives <and let me know> their answer".

1.2 Notes on the text

8. While it is clear that in OAss. there was hardly any difference between the singular *bētum* and the plural *bētū*,[4] the meaning and use of the plural *bētātum* is not easily established. The occurrence of the two plurals, *bētū* and *bētātum,* is registered in the grammars, but without mention of a possible difference in meaning. Does *bētātum* refer to several different houses (comparable to the individualizing masculine plural on -*ānū*), or has it been lexicalized, perhaps meaning "a large house, a mansion"? I have noted the following occurrences of this plural (henceforth *b.*)

a) TPK 46:8 : "Our *b.* have been handed over for silver" (*bētātūni ana kaspim paqqudā)*, that is *b.* which are the common property of the writer and his two brothers as heirs of their father, and are distinguished from the house privately owned by the writer, mentioned in line 10f. The use of the D-stem of the stative fits well with a noun in the plural, but does not show whether it is a grammatical or a semantic plural. Does "the price of the *b.*", in line 38, refer to the silver necessary to redeem only the *b.* of line 8f. or also the various houses, including that owned by the writer and sold according to lines 10-13?

b) CCT 5, 1b:9. The local Anatolian palace (in Kanish) is after the Assyrian Š., who hence is unable to leave, "and also our *b.* have been sealed" (*u ni'a'ātum bētātūni kannukā*). Does the writer mean "the house of our firm" or several houses, including those of colleagues? The use of the D-stem of the stative again does not help.

[3] One expects the construction *ša nadā'im id'ama,* "deposit what you can/must", which suggests that IH-*da-ma* (*i'dāma*) is a mistake for *id'āma*. The alternative is to read *ša na-da-*[*im id-a*], and take the following *i'-da-ma* as the beginning of a new sentence, linked with the following imperative *šēbilānim.*

[4] See the list of occurrences in S. Bayram/K.R. Veenhof, "Unpublished Kültepe Texts on Real Estate", *JEOL* 32 (1991-2), 88f.

c) BIN 6, 119:20; "Why do you (plur.) keep storing straw and wood in [my?] house (É-[x (x)]? Don't you own houses of yourselves?" (É-*ta-tí-ku-nu-ú lā tadaggalā*). Since this is a letter to five persons, who do not belong to one single family, the reference must be to several different "houses".

d) BIN 6, 195:24': The addressees are asked to approach the *kārum* authorities for a settlement of the writer's debts and to say: "His investors have appropriated his *b.*, his ready goods, and whatever he owns and have left the man empty-handed" (É-*ta-tí-šu šalissu u mimma išû ummeānūšu ittablū awīlam eriššišu uštazizū*). The context suggests a single house, owned by the indebted trader in question.

e) kt c/k 270:15: "Tomorrow they (the creditors) might take away our *b.* even (*-ma*) for the interest!" (*urram ana ṣibtimma* [15] *bé-ta-tí-ni litbulū*). The plural may refer to the houses of the speakers, but also to that of members of one family, hence one single house.

f) TPK no. 26:6: Because of a debt of 5 minas of silver which our father owes to the city-office "the inspectors have seized our *b.* ([6] É-*ta-tí-ni iṣbutū*) and the City has imposed on us the 75 shekels of silver, which all four of us have been ordered to pay" (line 8: *ša ša-qá-<lam> qabiānini*). The writer has paid the amount due by three of them, but not that due by Šū-Hubur, "whose house (*bēssu,* singular, line 13) the inspectors (still) hold". Different houses are meant, also because only two of the men fined are brothers.

g) CCT 5, 8a, a letter of Ahaha, daughter of Pūšukēn in Assur, which deals with the problems caused by the debts of her by now dead father. Addressing her brothers she speaks of *bé-ta-ku-nu* (nom., line 9), of the price of É-*ta-ku-nu* (line 12), and of *išitti* É-*ta-ku-nu*, "the stocks of your *b.*" (line 11). All three forms are grammatically unacceptable as singulars (should be **bētkunu* and **bētikunu*), hence it is tempting to interpet them als *bētātu/ikunu*.

No simple conclusion is possible. The use of statives of the D-stem in texts a and b, frequently a mark of plurality,[5] is semantically not decisive, because the word is grammatically plural. In some cases the context shows that several different houses are meant (texts c and f), in others (especially text d) a single house is rather likely. The situation in text g is similar to that of our letter, since is also deals with the debts of a dead father, for which his sons are responsible,[6] and in both *bētātum* could refer to the family house in Assur jointly owned by the children. In that case *bētātum* might be used as a *pluralis extensionis*, to designate a large mansion, which in Assur could be

---

[5] See N.J.C. Kouwenberg, *Gemination in the Akkadian Verb* (Assen 1997), 141.

[6] See, e.g., *ICK* 1, 11:26f., *CCT* 5, 8b:24ff., and kt 91/k 389:9ff.

very expensive (up to 16 minas of silver),[7] although we have little information on sizes.[8] The alternative is to assume that the father in our text (Hinnāya), as a successful trader who liked to invest in real estate, had acquired several houses, as was the case with Pūšukēn (Ahaha's letter quoted above as text g, mentions the sale of two other houses, one of Ukida and a *bēt nakīrim*). The lack of information on Hinnāya's family makes it impossible to decide the issue.

9. The stocks and house(s) have been "entrusted for silver"[9], but it is not mentioned how and to whom. There is no question of an outright sale (as happened with the house of line 10f.) and *paqādum* does not mean transfer of property rights. The normal OAss. vocabulary for pledging (*erubbātum, ana šapartim nadā'um*)[10] is not used, but the result cannot have been much different, since not only the house, hence the building (which could be used or leased out by the creditor), but also its "treasures, stocks" (*išittum*, also in *CCT* 5, 8a:10), presumably items such as barley, oil, copper and bronze objects, are mentioned. Perhaps "entrusted for silver" means that the property after three years was still in the hands of the creditors or money-lenders, authorized to sell it, but that the actual sale had not yet taken place.

10. OAss. uses *qātum* plus possessive suffix as emphatic personal subject of a verbal form, "my own hands, I myself ..." (etc.), see for examples *CAD Ṣ* 13a, 3'.

11-13. *Uṭuptum*, "housegold goods, movable property", fits well alongside *bētum*, which refers to the building itself.[11] The same combination, in a similar context, is attested in *CCT* 5, 8a:15ff., where we read about "the house in Assur and its household goods [which serve as security?] for the 30 minas (of silver) for which you have been booked as guarantor" (É *A-šur ú ú-/ṭù-up-tù-šu* 17 [x x x] *ana* 30 *ma-na* 18 [*š*]*a qá-ta-tí-šu* 19 [*n*]*a-al-pu-ta-tí-ni*). To pay for the debts of the family everything was sold and this general sale is

---

7 See for data on OAss. houses C. Michel, "Propriétés immobilières dans les tablettes paléo-assyriennes", in K.R. Veenhof (ed.), *Houses and Households in Ancient Mesopotamia* (Istanbul 1996), 285-300.

8 The one of 16 minas measured three *šubtum*, perhaps ca. 110 m^2, which is smaller than the "grandes résidences" from the OB period at Larsa, with a surface area of up to 500 m^2; see Y. Calvet, "Maisons privées paléo-babyloniennes à Larsa", in *Houses and Households*, 197-209.

9 *Paqqudā*, D stative, with plural subject, also in *KTH* 18:34, 38; *VS* 26, 47:14[!]; and *RA* 59, 151 no. 23:23.

10 See C. Michel, in *Houses and households*, 298, 3.3.

11 See for the meaning of *uṭuptum* my remarks in M. Stol/S.P. Vleming (eds.), *The Care of the Elderly in the Ancient Near East* (Leiden 1997), 142 note 54; J. and H. Lewy, "Old Assyrian subrum", *HUCA* 38 (1967), 9 note 42 translate "chattels".

reflected in the verbal form of line 13, *i-ta-dí-nu* = *ittaddinū*, a praeterite of the Ntn-stem (not yet recorded in the grammars).

15. The construction *kīma* + infitinive, "instead of ...", not recorded in the grammars, is not uncommon in OAss., see *TC* 3, 60:25, *BIN* 6, 219:10f., *TC* 1, 29:13f.; and *TC* 3, 90:32f. *Ša libbi*+poss. suff. means a liability, hence silver the addressees owe and have to send to Assur.

17. See for *qātam ṣabātum*, "to help, assist", in Old Assyrian, *CAD* Ṣ 31b, 2' (*CCT* 4, 14b:9), my remarks in *Akkadica* 94-95 (1995) 35, and kt 90/k 354 (courtesy Y. Kawasaki) where a man has to support (*qassa iṣabbat*) the woman who redeemed him.

19. I read two plurals, *eṭammē ša abbēkunu,* since all references to *eṭa/emmum* in OAss. are in the plural and hence refer to "the ancestral spirits" (also kt 91/k 139:26f., an oath by Assur, Amurrum and *e-ṭé-mu-ú ša a-bé-a*). The expression may be a metaphor for "to save the family (estate)", but I prefer a more concrete interpretation, since the family house is the place where the ancestors are buried, a notion which may explain the expression "I uphold the paternal house and the (ancestral) spirits" (*bēt abini u eṭemmē ukâl*), in *KTK* 18:8f. Preventing the sale or financing the redemption of the paternal house hence amounts to "saving" the ancestral spirits.

22. *Ennānum*, "favour, grace" (from the verb *enānum*)[12] is well known in Old Assyrian in the plural, *ennanātum*, in concrete usually extension of payment asked from the Assyrian authorities in Anatolia or Assur (see *CAD* E 169b s.v). The singular with the verb *laqā'um* is also attested in I 662:24'-28' (*ennānikī lā ilqe'u/laqe*), I 668:24-26 (*ennān ṣuhārika lā talaqqe ennānia leqe*; both courtesy K. Hecker), and kt 91/k 173:9 (*ūmam ennānika alqe*). The mention of both *Aššur* and *ālišu* makes it clear that the former is the god Aššur (written without divine determinative).

25f. The words *ana šalšisu ūmū šaknū*, lit. "triple terms have been set", obviously mean that the remainder, the other half of the sale price of the house, has to be paid in three (annual) instalments, a mode of payment also attested in some debt-notes; cf. *EL* no. 49 (after 2 weeks, 13 weeks and 8 months) and no. 69. See for an arrangement to pay a large debt in three instalments (the background could be similar to that of our text, since it concerns the debt of a father paid by his son), *ICK* 2, 133:4-10: "I settled the affair of my father in the City, with the following result: [6] You have to pay (now) in the *kārum* 30 minas of silver and for 36 minas [of silver], [8] terms have been set for you (*ūmūka šaknūnikkum*). You have to pay every two years 12 minas, [10] so that you will have made full payment (*tašbītum*)

[12] See for occurrences *CAD* E s.v. *enēnum* C, "to grant a favor"; a new one in kt n/k 203:16ff. (courtesy S. Bayram): "(When the *kārum* had imposed a fine of 16 minas silver) we showed them mercy for 8 minas of silver (8 *mana kaspim nēnunšunūtima*) so that you had to pay only 8 minas of silver".

in six years".[13]

29-31. The wordorder of this sentence is abnormal, with foregrounded *ana bēt abini*, (which depends on *izzizū*) and repeated *ana*, but we may interpret it as **ahiūtum ana bēt abini ša-ú-ri-im izzizū*. *Ša'urum* must be an inf. of a D-stem verb, but its meaning is difficult. Candidates are *ša'ārum*, "to be victorious", *ša'ārum* (in Mari in the form *i-ša-i-ra-kum*, which Durand tentatively explains as denominated from *šârum*, "wind"),[14] perhaps **šu'urum*, "to make dirty", or even *šâru*, attested in in the D-stem in El-Amarna letters, where it glosses "to slander, accuse" (*CAD* Š/2, 140). Since the first *ša'ārum* and a West-Semitic verb in ancient Assyria are unlikely, a denominative verb is preferable, which must mean something negative, as the writer warns his addressees that "outsiders" are about to do it to the family estate; perhaps something like "to harm", "to degrade".

1.3 Interpretation

The letter informs us about the financial problems of a family in Assur, caused by debts left behind by the father upon his death (see line 18f.). The writer first tells his addressees, in Anatolia, what has happened thusfar (lines 6-14), how houses and goods had to be handed over and sold to pay for the debts, and then critizes them for their irresponsible behaviour (lines 15-21). Next he reports about an unexpected opportunity, due to "the favour of Assur", of getting the houses sold back (lines 22-28). This requires a cash payment of half of the sale price of the house, for which purpose the writer took out a loan. Finally he urges his correspondents to make every possible mina of silver available and to send it to Assur, since he wants to pay back the silver he had borrowed.

The writer, Puzur-Ištar, son of Hinnāya, apparently is the father of one of the two owners of the archive discovered in 1990, Šumi-abia, as pointed out in *TPK* p. 20f. The five addressees are not simply "ses collègues", but consist of two groups. The two main addressees (whose names hence are repeated in line 4) seem to be brothers of Puzur-Ištar, who share the responsibility for the debts of their dead father (Hinnāya). This is suggested by the contents of the

---

[13] See for *tašbītum*, "full payment", "final instalment", K. Balkan, Rezension zu L. Matouš, *OLZ* 60 (1965), 153 and cf. *TTC* 6 (C. Michel, "Réédition des trente tablettes «cappadociennes» de G. Contenau", *RA* 80, 1986, 109f.), which deals with the purchase of a house for 16 minas of silver, 10 minas of which were supplied by Š.: "Take care to send the silver of Š. [27] and send me 6 minas of silver as final payment" (*tašbītam*).

[14] J.-M. Durand, "L'empereur d'Elam et ses vassaux", in H. Gasche et al. (eds.), *Cinquante-deux reflexions sur le Proche-Orient Ancien offertes en hommage à Léon de Meyer* (Leuven 1994), 21f. See for *še'ērum*, ibid. 22, c., and note also *šahārum* (*CAD* Š/1, 81) equated with *hamāṭu* and *u'ulu*.

letter itself and by the fact that both, Aššuriš-tikal and Išme-Aššur, are indeed attested as sons of Hinnāya; see for the former *KTS* 2, 27:28, *POAT* 37:2, kt 87/k 258:1, 91/k 495:15, and for the latter kt 91/k 127:20, I 609:8, and an unpublished tablet in the possession of Mr. Struwe, line 4f. (witness). The three other addressees, mentioned first, most probably are the writer's representatives, who are informed of the problems and their possible solution, no doubt to monitor the reaction of Puzur-Ištar's brothers. In the (incomplete) last line of the letter they are explicitly asked to inform the writer about the reaction of his brothers. The words missing most probably can be restored from the fragment of the envelope of a letter, published as *TPK* no. 75, where we read: "Report back (plural) the answer they will give you (plur.), whether it is yes or no", that is the answer to his urgent request to collect and send the silver he needs (lines 37f.).

The writer alternates between "*our* houses", "the house of *our* father" (lines 8 and 29) and "the house / the debt / the spirit of *your* (plur.) father" (lines 7, 13f., 17-19), and moreover distinguishes between "*our* houses" (line 8) and "the house *I myself* acquired" (line 10). I assume that he speaks of "the house of *your* father" to stress that his brothers, though in Anatolia, as sons and heirs are equally involved in the fate of the family estate and should not saddle him alone with the problems in Assur. However, since all three are sons and heirs, he may also speak of "*our* houses", which are handed over for silver (line 8f.) and "our family" which is threatened (line 29). The family house must have been the one left behind by the father, now the joint property the three sons, where also their father or ancestors were buried (hence the statement in lines 18f.), now in the hands of others. There also seems to be a distinction between *bētum* and *bētātu* on the one hand, which refer to the building (lines 8, 10, 25f., 34-36, 38), and *bēt abim* plus possesive suffix, which means the estate and property of the family, left behind by the dead father. It comprised stores (*išittum*) and needs support in order to survive (lines 17f.), because outsiders threaten it (line 29). Apart from the houses left behind by the father, the writer himself had acquired a house of his own, as succesful traders in Assur liked to do, perhaps upon his marriage (hence the reference to the goods "belonging to me and to my wife"), which he had had to sell together with its contents (lines 10-13). I assume that this is the "new(ly acquired) house" mentioned in line 36.

That debts, both current ones and those left behind by dead traders, could cause many problems is abundantly clear from the OAss. correspondence. Creditors could put constraints on debtors and force them to pay or to provide securities. This could also be achieved with the help of the city-assembly (*ālum*), which in particular situations could authorize them to appropriate a debtor's assets wherever they might be or turn up.[15] This entitled them not only to seize a debtor's merchandise or silver circulating in the trade, but also to lay claim to a debtor's house and its inventory. Such actions could start by sealing the house, as an attempt to enforce payment by denying the debtor access to and use of his possessions. An example is found in the unpublished letter YBC 13089 (courtesy M.T. Larsen), a letter from Tarīš-mātum and Bēlātum to Pūšu-ken, in which they write: "A., son of K., went to the City and the City Assembly passed the following verdict: '[7] A., son of K. will take 11 minas of silver from whatever A. owns. [9] He has sealed our house several times (*adi mala u šinišu bētni iknuk*). [13] Of the 11 minas, 5 minas of silver, belonging to U. are available. [16] We will borrow 6 minas at interest so that we can pay K.'s son the 11 minas of silver'". The next step, in the absence of guarantors or the possibility of obtaining a special loan, would be the sale of the house, either by the creditor, if he had obtained authorization to do so, or by the debtor himself, if he somehow still was in control of his property. Since OAss. commercial debts amount to many minas of silver, it does not surprise that the expensive houses (with their valuable contents) frequently were the only assets valuable enough to be used for settling debts. The real estate in Assur left behind by a rich trader, recorded in kt 91/k 347, consists of "a plot of land of 10 *šubtum*, (and) a house in good repair" (10 *šubātim* [5] *qaqqirī bētam epšam*), representing a substantial value. That such assets were used for settling debts is clear from letter of Ahaha *CCT* 5,8a, quoted above as text g in the note on line 8.

The creditors could be of two kinds, either private Assyrians who had granted credit, extended loans, or invested (*ummeānū*, who owned shares in a trader's business capital, *naruqqum*), or the authorities, usually the (office of) the *līmum*, also called the "city-office" (*bēt ālim*). The *līmum* apparently could take measures similar to those to which a private creditor might resort. In kt c/k 266:3f. we read about the sealing of a debtor's house by a *līmum*, with the consequence that he "is unable to touch anything" (*liptamma lā alappat*). A good example of the problems caused by debts to the authorities is contained in the letters *TPK* nos. 26 and 27 (see already above, note on line 8, text f), where official "inspectors" (? *bērū*) seize several houses to enforce payment. Three of the four debtors paid (whereupon the seizure must have been lifted), but the inspectors still "hold" (*ka'ulum*, line 13) the house of the fourth debtor, which they "have offered for sale" (*aššīmim ukallimūma*, line 15).[16] I will not discuss the data on the debts to the *līmum* and the city-office and the measures to which they may lead, since this will be the subject of a

[15] See the example discussed by the present writer in "'In Accordance with the Words of the Stele': Evidence for Old Assyrian Legislation", *Chicago-Kent Law Review* 70 (1995), 1723f.

[16] The use of *kallumum*, "to show", instead of the more usual *ana šīmim ka'ulum*, suggests a public auction.

forthcoming publication by J.G. Dercksen. The pressure put on debtors by private creditors is also amply documented and an example is contained in text c, quoted above in the note on line 8, where a trader's *ummeānū* have taken away (*tabālum*) his house, ready goods (*šaliṭṭum)* and "everything he owns", leaving him behind naked.

1.4 Redemption of real property sold

The measure taken by (the city of) Assur, which enables debtors to recover the houses they had been forced to sell for their debts, may be compared with a class of Old Babylonian royal decrees (*ṣimdat šarrim*), published and analysed by F.R. Kraus.[17] These decrees, called *mīšarum*, "equity", or *andurārum*, "return to the previous/original status", not only meant the remission of consumptive debts, but also the repair of the negative consequences, such as loss of property, for debtors "who had become weak" (Laws of Eshnunna §39). The extant text of the decrees only mentions the effects on the person or family of the debtor, such as being sold into slavery, entering debt bondage (*kiššatum*), or becoming pledges (*manzazānum*).[18] They regain their freedom, return home. A variety of records, however, analysed by Kraus in his chapters three to five, leaves no doubt that also the forced sale of real property[19] by such debtors was cancelled. Some are records of lawsuits and contracts, which reveal or imply that houses, building plots, fields and gardens, sold by the debtor, were claimed by or given back to their original owners "on the basis/because of (*ina, ana, aššum*) the royal decree". Others, deeds of sale of such properties, state that the sale had been concluded "after/later than" (EGIR, *warki, warkat, ištu* plus verb) the royal decree and hence (the decrees were only retroactive) was not affected by such a cancellation.[20]

A few official letters from the royal Babylonian chancery clearly mention or describe these effects of the measure. *AbB* 4, 56 (time of Hammurabi) 9-11: "A royal decree (is in force), as you know (this means for) fields: what has been bought has to be given back" (*eqlum šīmātum turrā).* In *AbB* 4, 69 (same time) a claim is refuted because (line 38) "purchases have been cancelled" (*šīmātum šūlā*). From an appeal to king Samsuiluna, *AbB* 7, 153:8f. we learn that, in Sippar, the judges "read the deeds of sale of fields,

---

17 F.R. Kraus, *Königliche Verfügungen in altbabylonischer Zeit* (*SD* XI, Leiden 1984).

18 Ibid., 180f., §20.

19 Rarely also the sale of a temple prebend, see ibid. 49f., on *UET* 5, 263.

20 Once, in *CT* 8, 35b, this statement is found in the deed of sale of a slave and an ox, which suggests that the royal measures could have implications also for such forced sales by debtors.

houses, and gardens" and cancelled those which "had become invalid by the decree" (*ina mīšarim waṣiā*). This is also attested outside Babylonia. Several deeds of sale of houses, fields and gardens from the kingdom of Hana also state they will not be affected by such a measure, which apparently would cancel them.[21] From Mari we have a letter which tells us that a similar royal measure taken by the king of Aleppo also meant that "houses had been given back".[22] And the existence of such measures at Mari is implied by the contract *ARM* 8, 6, which states that a field acquired will not return to its owner by means of an *andurāru*-measure.[23]

Such royal decrees, however, as shown by Kraus (p. 72), did not imply that property sold was automatically returned to the original owner. Who considered himself their beneficiary had to claim the property from its present owner and this usually required legal investigation or action. The administrative handling of many such claims might, on occasion, call for special measures, such as the convening of a court of law in Sippar in order to inspect the written evidence for such claims (*AbB* 7, 153). When the claims were honoured, the present owner might simply return the property or, if he wished to retain it (he might have improved it in the mean time)[24], offer something in exchange or formally buy it (again).[25] Prices paid to keep such property might differ from the original price, since the first sale was a forced one, to pay off debts fallen due. The market value paid by an outsider in a free sale must have differed from that paid to an impoverished owner (Laws of Eshnunna §§38-39).[26]

Whatever had been the case in the past - an outright sale or a transaction whereby the property, already pledged, had been acquired by the creditor - the original owner received his property back without payment. And this is a basic difference with the measure described in our Old Assyrian letter, where the previous owners had to buy it back. This is not surprising, because the decrees by Babylonian kings were meant to help people who "had become weak" and indebted due to consumptive loans, not to repair the negative

---

[21] F.R. Kraus, *Königliche Verfügungen*, 99f., with O. Rouault, *Terqa Final Reports No. 1 - L'Archive de Puzurum* (*BiMes* 16, Malibu 1984) TFR 1.1:17, 1.3:22, and 1.6:22 (the measure is called *uddu/andu/addarārum*).

[22] D. Charpin, "Les décrets royaux à l'époque paléo-babylonienne, à propos d'un ouvrage récent", *AfO* 34 (1987), 41, note 39, line 20.

[23] See Idem, "L'andurârum à Mari", *M.A.R.I.* 6 (1988), 264f., for an improved interpretation. The silver value of the field is called the "complete ransom" paid for a number of people by the person who acquires it.

[24] See for an example, F.R. Kraus, *Königliche Verfügungen*, 47f. on L R-S 17.

[25] An example in *YOS* 14, 146:10ff.: property *ina ṣimdat šarrim ibbaqirma iturma išām.*

[26] See R. Westbrook, *Property and the Family in Biblical Law* (*JSOT Suppl. Series* 113, Sheffield 1991), 90 and 101.

effects of commercial and speculative loans (as defined in §8 of Ammiṣaduqa's decree). The debts which had forced the family of Hinnāya to sell its houses, as their size alone shows, no doubt were of a commercial nature. Their cancellation by an official decree (on the assumption that the Babylonian *mīšarum* institution was known in Assur)[27] hence is not to be expected. The "favor of Assur" apparently made it possible to redeem the property at favourable conditions and allowed the original owner to re-occupy the house after a first payment of fifty percent of the price. I assume that "the price of his house" (line 25) means the price originally paid by the present owner, in line with the observations by Westbrook (see note 26). Perhaps the measure did not only concern the conditions of redemption, but redemption as such, if redemption was restricted by a time limit beyond which it may have been possible only for a higher price (perhaps the market price) and if the present owner was willing.[28] The short statement in our letter does not allow us to decide these issues.

We note, finally, that the measure is called a favour bestowed by the god Assur on his city, although we have assumed that, in actual fact, it was a decision taken by the main legislative body, the city-assembly, in conjunction with the ruler. See for this aspect below, paragraph 2.4.

2. Redemption by Order of the King and Decree of the City

Redemption (*paṭārum* / d u $_8$) of real property by the seller or his relatives is well attested in the Old Babylonian period and probably was a generally accepted right when "the paternal estate" (*ša bīt abišu* / é . a d . d a . n i) was as stake. Laws of Eshnunna § 39 (somehow reflected in the rules found in Leviticus 25:25 and 47) suggests that this right applied if the sale had taken place because the owner "had become weak". While the role of the king in issuing decrees cancelling such sales and making the property return to its original owner (*andurārum*) is well known, that of a city, comparable to what happened in Assur according to *TPK* 1 no. 46, thusfar unknown, is in fact attested in a new early Old Babylonian deed of sale from Sippar.[29]

---

[27] We lack evidence from native Assyrian texts to prove this. The references to the ruler "washing away debts" (see K. Balkan, "Cancellation of Debts in Cappadocian Tablets from Kültepe", in K. Bittel et al. (eds.), *Anatolian Studies Presented to Hans Gustav Güterbock on the Occasion of his 65th Birthday,* Istanbul 1974, 29-42; there is one unpublished reference which uses *andudārum* in this context) occur in native Anatolian debt-notes. If they are of Assyrian inspiration we may have to postulate a similar institution in ancient Assur.

[28] This was the case in a number of Anatolian slave sales, for which I may refer to my observations on the conditions of redemption in B. Hruška/G. Komoróczy (eds.), *Festschrift Lubor Matouš* II (Budapest 1978), 297f.

[29] Published by kind permission of the Trustees of the British Museum.

2.1 The text BM 97141

3 IKU A.ŠÀ *i-na* A.GÀR *Na-hi-iš-/tim*	"A 3 *iku* field in the polder Nahištum,
DA *a-ta-pí-im*	alongside the irrigation ditch
ša Maš-ni-te-el	of Mašnitêl
ù DA DUMU.MUNUS *Ra-bi-im*	and next to the daughter of Rabûm,
KI *Da-di-i-a*	from Dadia,
Aš-di-i-a	Ašdia,
ù ^{d}EN.ZU-*re-me-ni* DUMU.A.NI	and his son Sîn-remenni
^{pd}IŠKUR-*ra-bí* DUMU *E-tel*-KA-/^{d}EN.ZU	Adad-rabi, son of Etel-pī-Sîn,
iš-tu A.ŠÀ *ù* É	after Immerum had ordered
Im-me-ru-um pa-ṭà-ra-am	the redemption of fields and houses,
iq-bu-ú wa-ar-ki a-wa-at / a-li-im	after the decree of the city,
IN.ŠI.ŠÁM	bought.
ŠÁM.TIL.LA.NI.ŠÈ	As his full payment
KÙ.BABBAR IN.NA.AN.LÁ	he weighed out silver.
[^{gi}]^{š}⌜GAN.NA⌝ ÍB.TA.BAL	It has been moved across the pestle,
rev. INIM.BI AL.TIL	the transaction is completed.
U$_4$.KÚR LÚ.LÚ.[RA]	(That) in the future they will
NU.MU.UN.GI$_4$.GI$_4$.DAM	not come back against each other
MU ^{d}UTU *ù Im-me-ru-um*	they haven sworn
IN.PÀ.DÉ.EŠ	with an oath by Šamaš and Immerum.
e-zi-ib KA DUB-*šu*	Apart from his contract
ša 6 IKU A.ŠÀ	concerning a 6 *iku* field,
ša a-na Nu-ru-ub-tum	which he had given
NU.BAR *id-di-nu*	to the *kulmašītum* Nurubtum.
IGI ^{d}IŠKUR-*ra-bi*	In the presence of Adad-rabi,
IGI *I-pí-iq-Nu-nu*	of Ipiq-Nūnu,
IGI *I-din*-^{d}UTU	of Iddin-Šamaš,
IGI *Ma-nu-um*	of Manum,
IGI *E*$^{?}$*-te-i-a*	of Etēja,
IGI ^{d}EN.ZU-*i-din-nam*	of Sîn-idinnam,
IGI ^{d}EN.ZU-*e-ri-ba-am*	of Sîn-erîbam,
IGI *Ib-ni*-^{d}IŠKUR	of Ibni-Adad,
l.e IGI *A-pil-ki-nu-u*	of Apil-kīnū."

2.2 Notes to the text

1-3. While the name of the polder is well known from Sippar, that of the irrigation ditch (named after the man who dug or owned it) is new, but this type of name is not uncommon; see, e.g., the indexes of L. Dekiere, *Old Babylonian Real Estate Documents* (= *OBRED*) vols. 1 (Ghent 1994) 269, and 5 (1996) 314.

5-7. It seems likely that the three sellers are husband, wife and son. Note that in lines 5 (less clear), 6 and 9 *i-a* is written with two separate signs.

21-25. *OBRED* 6 no. 924, records the donation of a field of 9? *iku*, also in the polder Nahištum, "bordering on the field of Rabûm's daughter 3 and on the irrigation ditch", by Nurubtum, daughter of Dadia, to her sister Narāmti, *nadītum* of Šamaš.

2.3 Interpretation

Lines 9-11 mention a legal measure dealing with the redemption of property which had been sold,[30] no doubt as a way of meeting a debt liability. The words "after the king had ordered the redemption" and "after the decree of the city" state that the present sale took place after and hence was not affected by the legal measure in question, which, as usual, was only retroactive.[31] By inserting them the buyer protected himself against the risk of loosing the field, which is even more understandable in our deed of sale, since it is not dated. *Awātum*, "word, order, decree", is also used in some records from Larsa (instead of the more usual *ṣimdatum* or *ṣimdat šarrim*) to refer to royal measures of king Rim-Sîn.[32] It has a parallel in Old Assyrian, where *awātum* is used for orders and decrees both of the city(-assembly) in Assur and of *kārum* Kanish.[33]

The royal measure dealt with "the redemption of fields and houses", hence real property in general, just like other OB royal measures which imply

---

[30] Perhaps even pledged, since *paṭārum* also in OB may refer to the release of pledged property, e.g., *JCS* 14, 26 no. 54 = *YOS* 14 no. 35, and IM 54685:13 (Tell Harmal), a use better known from Middle Assyrian texts. In Nuzi royal measures designated as *šūdūtu* or *andurāru* also affected real property mortgaged or sold for debts, cf. M. Müller, "Sozial- und wirtschaftspolitische Rechtserlässe im Lande Arrapḫa", in H. Klengel (ed.), *Beiträge zur sozialen Struktur des alten Vorderasien* (Berlin 1971), 56f. See in general for such measures and their background, M. Weinfeld, *Social Justice in Ancient Israel and in the Ancient Near East* (Jerusalem/Minneapolis 1995), 75ff.

[31] F.R. Kraus, *Königliche Verfügungen*, 112, I,b: "mit einem oder höchstens zwei kurzen Sätzen lakonisch erwähnt in ...'Sicherstellungen' der Urkunden".

[32] See ibid. 35f.; note *YOS* 8, 139:5f.: EGIR INIM LUGAL (= *warki awat šarrim*).

[33] See my remarks quoted in note 15.

the cancellation of forced sales of various types of real estate, both in a city (É, É.DÙ.A, É.KI.GÁL, É.KISLAH) and in the countryside (gardens, fields).[34] But this short reference, like many similar ones to "the royal decree" (*ṣimdat šarrim*) in OB documents, does not tell us what exactly its contents and aims were and we lack the text of a the relevant royal decree to inform us.

Our text mentions both "the order of the king" and "the decree of the city" and I assume that both refer to the same measure, which had been taken in the recent past.[35] This is remarkable for "a decree of the city" does not occur in Kraus's comprehensive survey of such measures. Our contract hence is the only one to reveal that also the city in which the measure was issued played an active part in realizing it. It should, however, not come as a great surprise, because it is in Sippar that we would expect this in the first place, in view of the prominent role the city (*ālum*) played in judiciary procedures and in the oath, which is regularly sworn there by the god, the king and the city of Sippar. In this respect Sippar is comparable to Assur, also a city whose assembly of elders played an important role in the administration of justice.

We do not know which were the specific roles of king and city in early Sippar, but the situation at Assur may provide an analogy, where the city assembly, presumably headed by the local ruler as its main executive officer, passed verdicts, issued decrees, and presumably drafted laws.[36] In this special case, a measure to restore equity, the ruler as the steward of the local god (in Assur the city-god was king, the ruler his *iššiakkum*) may have had the "ideological" initiative,[37] which had a long tradition in Mesopotamia, since the days of Urukagina. The presumed royal initiative in Assur must have resulted in a formal decree, passed or homologated by the city-assembly. Something similar may have been the case in early Sippar. The formulation of our contract, which mentions the king's order (*qabûm*) first, may support this view, which would imply that the "decree" (*awatum*) of the city was perhaps more concerned with its administration and implementation. It is interesting that this form of "cooperation" is attested in what were real city-states, where the administrative realms of ruler and city-assembly coincided. This was true both of early Assur and of early of Sippar under Immerum, before it was integrated into the territorial state created by Sumula'el of Babylon. That the reference to a joint action of king and city is only attested in such an early contract and never in the much more numerous

[34] See *AbB* 7, 153, mentioned above in paragraph 1.4.

[35] Both *ištu* plus verb and *warki* plus noun occur in references to other royal measures, e.g., one of Sumula'el of Babylon, a contemporary of Immerum, see F.R. Kraus, *Königliche Verfügungen*, 50ff., S-l-E 2/3 and S-L-E 7.

[36] See the article quoted in note 15, p. 1732-1741.

[37] The "ideology" is also responsible for the fact that such decrees are issued soon after a king's accession to the throne or his conquest of a city (see D. Charpin, *AfO* 34, 40b).

ones of the "classical" OB period, could suggest that by then a change had taken place. In territorial states such as Larsa and Babylon the powerful kings appear to have taken the sole responsibility for such actions, while the role of the city-assembly and its "elders" was much reduced, essentially to administration of justice on the local level.

The use of the expression "the favour of Assur" should be noted, because neither verb nor noun is attested in such contexts in contemporary Babylonia. But the verb occurs in Old Babylonian Susa, where it qualifies certain acts of the ruler (the *šukkalum* of Elam) versus his subjects, e.g. in *MDP* 23, 282:5, where "in his favour he returned" fields to one of his servants, although he had bought them at the full price.[38] While the expression "to bestow a favour upon" is well attested in OAss. (see above, paragraph 1.2, note on line 22), we do not know whether it was used in the official proclamation of the decree or was a reflection of the way the measure was experienced by its beneficiaries. Anyhow, our two documents from Assur and Sippar together mention all three powers instrumental in restoring equity, the city-god, the ruler and the city-assembly.

2.4 Redemption by decree?

A final problem remains, because redemption of family property (called É.AD.DA or *bīt abim*), sold in economic distress, seems to have been a traditional right, attested in many OB records. If this is true, a joint measure of king and city is only explainable if the implementation and/or modalities of this right had become a problem, but our contract does not reveal what these problems were. Since the written laws hardly pay attention to this issue (an exception is Laws of Eshnunna §39), we have to reconstruct it from a variety of practice documents (contracts, judicial records, some letters), which is not easy as also Westbrook's analysis of the "price factor in the redemption of land" has shown.[39] The wording of the measure in our text, "redemption of houses and fields", points to a general problem, perhaps as the result of an economic crisis which had forced many citizens to sell family property. In the absence of evidence we can only mention a few possible problems.

The first one is the price to be paid. Redemption of paternal property at the original sale price (which in such cases of forced sale must have been below the market price), according to Westbrook "the most likely possibility", must have been vital to allow (former) debtors to exercise that right. Laws of Eshnunna §39 grants the empoverished seller the right of

---

[38] *īnunma eqlāti ... utîršum*, see *CAD* E 164 s.v. *enēnu* C, for more occurrences.

[39] See note 26, and note my critical observations in notes 40 and 44 below.

redemption if the buyer (presumably his creditor) wants to sell his property. But what if he did not or could not redeem it? This law suggests that re-sale by the first buyer made a difference and the question is whether (as Westbrook, *op. cit.* 101 assumes) the second buyer indeed could be forced to resell at the original price.[40] In general one may assume that such buyers of real estate, (under)sold by debtors, tried to secure their new property, also by making redemption, within the limits of customary law, less easy. In the case reported in the letter from Assur, redemption is made possible through a measure which allows payment in four instalments in combination with the right to re-occupy the paternal house after the first one, of half the sale price. Although there is a difference between the substantial commercial debts of the traders in Assur and the much smaller, frequently consumptive ones for which real property was pledged or sold in Babylonia, it is not impossible that the measure taken in early Sippar also meant to facilitate redemption, perhaps by means of a payment agreement. The redeemer in the Assur text was able to take advantage of the new measure by taking out a loan to pay the first instalment. This contrasts with a stipulation in an Old Babylonian contract from Khafağe, which allows redemption only when the seller "acquires silver of his own", not by means of silver of somebody else.[41] A royal measure to neutralize such obstacles to redemption is conceivable.

The second one are the limits of the right of redemption. Was there a time limit, were second or even later buyers still obliged to grant redemption, and which relatives of the original owner and seller were still entitled to execute the right? Data on a time limit are very rare, but some OAss. slave sale contracts (see note 28) stipulate that redemption of the person sold into debt-slavery, at the original price, is only possible during a relatively short period of time. Something similar cannot *a priori* be ruled out for real property. A contract from Tell Harmal (see note 30) stipulates that a field pledged for a small silver loan has to be redeemed in a particular month. This may have to do with the annual pattern of cultivation, but we cannot exclude the possibility that, if it was not redeemed, the ownership of the pledged field would pass to the creditor.[42] In the letter from Assur the redemeer quickly

---

[40] In the case of *BE* 6/2, 38 and 64 (R. Westbrook, *Property and the family*, 93f.) we do not know the price paid in at the original sale (stage A), but the redemption price paid in stage C (sixteen years later) is not only higher, but the property may also have lost in value: the "built house" (É.DÙ.A) of stage B, sold for 3 shekels, has become an empty lot (É.KISLAH) in stage C. The laws dealing with redemption of slaves at the original price, Cod. Ham. §§119 and 281, adduced by Westbrook, both refer to redemption from the first buyer.

[41] R. Harris, "The Archive of the Sin Temple in Khafajah", *JCS* 9 (1955), 96 no. 82, with R. Westbrook, *Property and the family*, 112 note 2. The clause, not surprisingly, seems to be intended to protect the new owner, who may have acquired the field cheaply.

[42] See for this type of arrangement, ibid. 109f.

borrows silver to redeem the house, because "outsiders" are ready to take advantage of the situation, which may also hint at a time limit.

The rules obtaining for a second and later buyer, unfortunately not mentioned in Laws of Eshnunna §39, are not easily established. The few redemption contracts where the seller is neither the original buyer nor (as far as we can observe) a relative of him,[43] still use the verb "to redeem", describe the property as (part of) a "paternal estate", and may mention the earlier sale. This could be an indication that the sale was not purely consensual but coercive, but it is clear that the mention of these facts in the contract was in the interest of the redeemer, probably to protect his ownership of the paternal property thus acquired also against other members of the family. There are in fact some records where redemption of property sold leads to problems within the family, such as the record of a trial *CT* 45, 3. It deals with a paternal house, inherited by three children, one of which sells his share "for the full price". It is later redeemed by a daughter (with her husband) of a brother of the seller, but subsequently claimed by her aunt, the sister of the original owner.[44] Hence, I feel not certain about the the obligations of the second buyer and Westbrook is careful enough to state that "it is more reasonable to suppose that the owner could force the first or second buyer to resell him at the original price".

Those using the right of redemption are the original owner and seller,[45] his sons,[46] and presumably daughters, and other relatives.[47] But without information on the sale price and not certain about the consensual or coercive nature of the transaction, it is difficult to establish which relatives could exercise the right, for how many years, and whether it was linked to the status of heir of the original seller. The wish to get back family property at times may have been strong enough to redeem it also at a normal, full price in a consensual transaction. More prosopographical data in the context of an

---

43 *BE* 6/2 38 and 64, see ibid. 93f.; L. Dekiere, *Old Babylonian Real Estate Documents* (= *OBRED*), part 6 (Ghent 1994), no. 868.

44 The analysis by R. Westbrook, *Property and the family*, 113f., has to be corrected on the basis of the new, closely related contract *OBRED* 1 no. 41. The new interpretation also does not allow Westbrook's assumption of a second sale, hence there is no question of a first sale at a discount and a later one "for its full value". See for other complications within one family, D. Charpin, in his analysis of *Documents cunéiformes de Strasbourg* (= *DCS*; Paris 1981) no. 97 in "Contribution à la redécouverte de Maškan-Šapir", in *Cinquante-deux reflexions*, 209ff.

45 One of the sellers in *BE* 6/2, 45 + *ARN* 116.

46 *DCS* no. 97, *OBRED* 6 no. 868, *ZA* 74 (1984), 71f.

47 In *CT* 45, 3 the daughter of the brother of the seller; in *CT* 3, 13 the brother of the woman who originally bought it; in *CT* 45, 62 a grandson of the original owner, acting *kīma bīt abišu*; in *ARN* 117 perhaps a sister or daughter of the seller.

archival study and a full analysis of the existing redemption documents, promised by Charpin,[48] may provide more answers.

[48] Announced in his article mentioned in note 44, p. 212 note 5.

Kollationen zu Berliner Amarnabriefen

Juan-Pablo Vita (Madrid)

Die im Berliner Vorderasiatischen Museum aufbewahrten Tontafeln aus El-Amarna sind nicht nur durch die Bearbeitung J.A. Knudtzons,[1] sondern auch durch die mustergültigen Handkopien von O. Schroeder,[2] welche auch Kollationsergebnisse zu Knudtzons Bearbeitung enthalten, erschlossen. Schon kurz nach dem Erscheinen dieser Werke machte A. Ungnad auf einige Abweichungen zwischen beiden Bearbeitungen aufmerksam.[3] Schroeder selbst publizierte weitere epigraphische Anmerkungen zu den Texten in einer Reihe von Artikeln, die in der Zeitschrift *Orientalistische Literaturzeitung* erschienen.[4] In jüngerer Zeit sind die Amarnabriefe vermehrt nicht nur in Hinblick auf historische Fragestellungen, sondern auch unter epigraphischen Gesichtspunkten Gegenstand der Forschung geworden. In diesem Zusammenhang ist vor allem auf verschiedene Arbeiten von W.L. Moran,[5]

---

[1] J.A. Knudtzon, *Die El-Amarna-Tafeln* (*VAB* 2, Leipzig 1907-1915; im folgenden als *VAB* abgekürzt).

[2] O. Schroeder, *Die Tontafeln von El-Amarna* (*VS* 11-12, Leipzig 1914-1915; im folgenden als *VS* abgekürzt).

[3] Siehe A. Ungnads Rezension zu *VAB* in *OLZ* 19 (1916), 180-187.

[4] O. Schroeder, "Zur kanaanäischen Glosse *maḫẓirâmu*", *OLZ* 18 (1915), 38-39; Idem, "Kanaanäisch *malania* = 'Quartier, Lager'", ibid. 105-106; Idem, "Zur Amarnatafel VAT 1704", ibid. 174-176; Idem, "Zum sog. 2. Arzawa-Brief (VAT 342)", ibid. 231-232; Idem, "Zu Berliner Amarnatexten", ibid. 293-296; Idem, "Zum sog. 2. Arzawa-Brief (VAT 342) - Nachtrag", *OLZ* 19 (1916), 138; Idem, "Zu Berliner Amarnatexten", *OLZ* 20 (1917), 105-106; Idem, "Ueber die Glossen *ši-ir(-ma)* und *mar-ia-nu(-ma)* in den Briefen Rib-Addi's", *OLZ* 21 (1918), 125-127.

[5] W.L. Moran, *Les lettres d'El Amarna* (*LAPO* 13, Paris 1987; im folgenden als *LAPO* 13 abgekürzt); idem, *The Amarna Letters* (Baltimore 1992; im folgenden als *Amarna Letters* abgekürzt). Die Kollationen von Moran haben auch in der neuen Bearbeitung der Amurru-Briefe durch Sh. Izre'el, *Amurru Akkadian: A Linguistic Study* (Atlanta 1991) Berücksichtigung gefunden (siehe Band I, S. 1).

E.I. Gordon,[6] Sh. Izre'el[7] und N. Na'aman[8] hinzuweisen.

Die im folgenden vorgelegten Kollationen beschränken sich hauptsächlich auf die Briefe aus Syrien-Palästina.[9] Sie wurden in Berlin während eines Forschungsaufenthaltes am Altorientalischen Seminar der Freien Universität Berlin mit Unterstützung der *Alexander von Humboldt-Stiftung* erarbeitet[10] und verstehen sich als kleiner Beitrag in Richtung auf die dringend erforderliche Neuedition des gesamten Korpus der Amarna-Briefe.[11] Mein Aufenthalt in Berlin profitierte in hohem Masse von der freundlichen Aufnahme und Hilfsbereitschaft von Johannes Renger, dem ich mit den folgenden Zeilen meinen Dank ausdrücken möchte.

EA 33	Z. 1: in *VS* fehlt {kur} vor {*mi*} (korrekt in *VAB* und *WA*[12]).
EA 45	Die Zeilen 23-24 bilden den unteren Rand (in *VS* nicht angedeutet).
	Z. 29: {DINGIR} ist vollständig erhalten (so *VAB* und *WA*; in *VS* nicht wiedergegeben).
EA 47	Z. 18: {*p*[*a-k*]*a*} von *VAB* ist heutzutage nicht mehr zu sehen (vgl. *VS*).
EA 54	Z. 21: unter der Zeile sind Spuren eines Trennstriches zu sehen (vgl. auch *VAB* mit Anm. c; in *VS* nicht wiedergegeben).
	Z. 42: anders als in *VS*, {ḫa} beinahe völlig verloren; umschreibe (mit *VAB*) {ḫ[a}.

---

[6] Zu Kollationen der in London und Kairo aufbewahrten Texte, die Moran für seine Bearbeitung der Briefe zur Verfügung standen, siehe *LAPO* 13, 11; *Amarna Letters*, S. X.

[7] Sh. Izre'el, *The Amarna Scholarly Tablets* (*CM* 9, Groningen 1997); idem, "The Amarna Glosses: Who Wrote What for Whom? Some Sociolinguistic Considerations", *IOS* 15 (1995), 109-118 (EA 369); idem, "Amarna Tablets in the Collection of the Pushkin Museum of Fine Arts, Moscow", *Journal for Semitics* 7 (1995), 125-161.

[8] N. Na'aman, "Collations of some Amarna tablets in the Berlin Museum", *N.A.B.U.* 50/1998.

[9] Mein Dank gilt der Direktion des Vorderasiatischen Museums, Stiftung Preussischer Kulturbesitz zu Berlin für die Erlaubnis, mit den Texten arbeiten zu dürfen, sowie insbesondere dem Kustos Dr. J. Marzahn für seine Hilfsbereitschaft während meiner Arbeiten im Lesesaal des Vorderasiatischen Museums.

[10] Das Forschungsvorhaben bezweckt die Erstellung einer elektronischen Datenbank des El-Amarna-Korpus und wird im Rahmen der im CSIC (Madrid) erstellten *Philologischen Datenbank des Nordwestsemitischen* (*BDFSN*. Dir.: Prof. Dr. J.-L. Cunchillos; siehe http://www.labherm.filol.csic.es) durchgeführt.

[11] Dazu siehe zuletzt auch J. Huehnergard, "A grammar of Amarna Canaanite", *BASOR* 310 (1998), 60; J. Tropper, "Kanaanäisches in den Amarnabriefen", *AfO* 44-45 (1997-1998), 134.

[12] *WA* = H. Winckler/L. Abel, *Der Thontafelfund von El Amarna* (*Mitteilungen aus den Orientalischen Sammlungen, Königliche Museen zu Berlin*, Hefte 1-3, Berlin 1889-1890).

EA 56[13] Z. 6: anders als in *VS*, eindeutige Spuren von {lí} vor {ia}; man umschreibe {*b*]*e-lí-ia*} (so *VAB* und *WA*; vgl. auch Z. 8).
Z. 7: das letzte von *VS* wiedergegebene Zeichen, eine Art Winkelhaken, ist eher als Beschädigung der Tafel zu betrachten.
Z. 43: {*r*]*i-šu-nu*} von *VAB* (vgl. auch S. 339 Anm. h) befindet sich auf der Rückseite, Z. 18, nach {*uḫ-ir-šu*} (in *VS* nicht wiedergegeben).

EA 65 Z. 4 und 6: vor {GÌR} kommt das Zahlwort "1" (so auch *VAB* und *VS*). Handelt es sich dabei um eine Ligatur {*na*+2}? Es sei in diesem Zusammenhang auf die Ligaturen {^{I}⌜*Ab*⌝-[*d*]*i*+^{d}INANNA} (Z. 3) und {LUGAL+*ri*} (Z. 6 und 9) innerhalb dieses Textes verwiesen (vgl. dazu auch Moran, *LAPO* 13, 240; *Amarna Letters*, 135 Anm. 1 zu EA 63 sowie 136).

EA 76 Z. 25: Spuren eines {*ù*} nach {*ta*} (so auch *VS* und *WA*; ergänzt in *VAB*).

EA 77 Z. 16: Spuren eines Zeichens vor {*ia*} (so auch *VS*), die von Moran (*LAPO* 13, 257 Anm. 6; *Amarna Letters*, 148 Anm. 6) als {*qa*} identifiziert worden sind.
Z. 37: wie in *VS* wiedergegeben, Spuren eines Zeichens nach {*na*} (*VAB* ergänzt {*ni*}).

EA 79 Z. 16: wie in *VS* und *WA* wiedergegeben, Beginn eines {*di*} am Ende der Zeile; lies also vermutlich {*a-d*[*i*]}.

EA 84 Z. 13: {*ša*[-*š*]*u*} von *VAB* ist nicht mehr zu erkennen (*VS* gibt den heutigen Zustand der Zeile wieder).
Z. 21: *VS* gibt die Gestalt des letzten Zeichens der Zeile genau wieder; es ist also mit großer Wahrscheinlichkeit {*be-lí-ia*} zu lesen (so Moran, *LAPO* 13, 268 Anm. 6; *Amarna Letters*, 155 Anm. 6: {*be-lí-i*[*a*]}).

EA 85 Z. 19: *VAB* liest {*ù* URU-*šu*}, *VS* dagegen {*a-na ia-šu*}; die Stelle wurde von Moran nicht kollationiert (vgl. *LAPO* 13, 270 Anm. 2; *Amarna Letters*, 157 Anm. 2). {*ù*} ist sicher. Die Kopie des nächsten Zeichens von *VS* ist aber exakt, es handelt sich um {*ia*} (vgl. z. B. {URU} in Z. 22). Nach dem Kontext kann {*ia*} aber nicht gemeint sein; lies also {*ù* URU$^{!}$-*šu*}.

EA 89 Z. 38: {*ma-ti-ma*} von *VAB* ist korrekt; das zweite {*ma*} fehlt in *VS*.
Z. 43: {*pal-ḫu-ni*} von *VAB* ist korrekt; {*ni*}, das sich auf der Rückseite befindet, fehlt in *VS*.

---

[13] Zum *Join* EA 56+EA 361 siehe Sh. Izre'el, *The Amarna Scholarly Tablets*, 97-98; siehe dazu auch J.-P. Vita, "EA 361, ein *join* zu EA 56", *N.A.B.U.* 54/1998; Idem, "Note on the join EA 56+361", *N.A.B.U.* (im Druck).

Z. 65: wie in *VS* angedeutet, sind Spuren eines Zeichens vor {*pa*} erhalten; es könnte sich um das {*na*} handeln, das Moran (*Amarna Letters*, 163 Anm. 2; die Stelle wird in *LAPO* 13 nicht umschrieben) völlig ergänzt; es wäre dann {*i-n*]*a*} zu umschreiben.

EA 103 Z. 20: lies {*yi-eš-ta-pa-ru*} (*VS*) statt {*yi-eš-tap-pa-ru*} (*VAB* und *WA*).

Z. 49: statt {*ma-ar-ṣa-‹at›*} (Tippfehler in Moran, *LAPO* 13, 298 Anm. 3; *Amarna Letters*, 176 Anm. 3) lies {*mar-ṣa-‹at›*} (so *VAB*, *VS* und *WA*).

EA 110 Z. 8: *VAB* (S. 486 Anm. b) zögert zwischen {*ir*} oder {*ni*}; *VS* ist exakt und es ist folglich {*ir*} zu lesen.

EA 112 Z. 5: *VS* nach wäre eher {EN-*l*[*i*} am Ende der Zeile zu lesen. Die Spuren aber, die nach {EN} zu sehen sind, gehören zum {*ia*} am Ende der Z. 51 ({U[G]U-[*i*]*a*). Es ist also weder für {EN-*l*[*i*]} (*VS*) noch für {EN[-*ia*]} (*VAB*) Raum vorhanden.

EA 117 Z. 4: am Ende der Zeile sind noch Spuren eines Zeichens zu sehen (in *VS* nicht wiedergegeben); lies also (mit *VAB*) {^{d}UTU-*i*]*a*}.

Z. 82: {*ša-a*} korrekt in *VAB* und *WA* (*VS*: *ša*).

EA 129 Z. 3: {*u*} in Moran, *Amarna Letters*, 210 Anm. 1, ist ein Tippfehler für {*ù*} (korrekt in *LAPO* 13, 346 Anm. 1).

Z. 76: *VS* notiert, daß zum Zeitpunkt der Bearbeitung das {*ḫ*]*a-ti*} von *VAB* nicht mehr zu sehen war. Nunmehr ist auch {*i-nu-ma*} verloren (nur der letzte senkrechte Keil von {*ma*} ist noch vorhanden). In *WA* ist aber alles noch vollständig erhalten.

EA 138 Z. 49: lies {⌜*ù*⌝} (so *VS*; Moran, *LAPO* 13, 363: "[e]t"; *Amarna Letters*, 222: "a[n]d") statt {*u*[*l*]-*ku*} (*VAB*).

EA 146 Z. 36: das erste Zeichen ist nicht {*la*}, wie man aus *VS* annehmen könnte (vgl. {*la*} in Z. 17), sondern der Rest eines Zeichens + {*šu*} (vgl. {*l*]*i-šu*} in Z. 21).

EA 152 Z. 5: {*be-l*[*i-i*]*a*} (*VAB*) statt {*be*-[} (*VS*); {*li*} befindet sich auf dem rechten Rand, {*ia*} auf der Rückseite.

Z. 43: wie in *VS*, sind Spuren eines Zeichens zwischen {*ù*} und {*ni*} zu sehen (von *VAB* nicht angemerkt); vielleicht {*i*}, aber Lesung unsicher.

EA 154 Z. 3: nach heutigem Zustand der Tafel, {*be-l*[*i-i*]*a*} (*VS*) statt {E[N-*i*]*a*} (*VAB*); vgl. aber Kopie in *WA*.

EA 237 Z. 19: *VS* gibt das letzte Zeichen der Zeile genau wieder; es wäre also {*uš-ši-ri*-[...]} statt {*uš-ši-ir*-[...]} (so *VAB*) zu lesen.

EA 243 Z. 13: der Glossenkeil besteht nicht aus einem (so *VAB*) sondern aus zwei Keilen (so *VS*).

EA 254 Z. 38: Trotz *VS* ist nicht {*ki-a*} sondern, wie in Z. 40 und 45, eindeutig {*ki-e*} zu lesen (so *VAB*).

EA 263 Z. 25: lies {ANŠE.KUR^{meš}} (so *VAB* S. 824 Anm. c und *WA*) statt {ANŠE^{meš}} (*VS*).

EA 287[14] Z. 15: Moran (*LAPO* 13, 512 Anm. 5; *Amarna Letters*, 329 Anm. 5) spricht das Problem an, ob für die Ergänzung {*l*[*a-ki-s*]*i*} (so *VAB*) genügend Raum vorhanden ist. Die Autopsie bestätigt Morans Vermutung.

Z. 36: Moran (*LAPO* 13, 513 Anm. 9; *Amarna Letters*, 329 Anm. 9) liest das letzte in der Zeile vorhandene Zeichen als {*aš*}; der nächste Keil wäre der Anfang eines {*ru*}. Das angebliche {*aš*} ist aber auf der Kopie von *VS* zu lang wiedergegeben; es handelt sich vielmehr um {*be*}, das in Z. 45 genau gleich geschrieben ist.

Z. 46: *VAB* liest {*pa-ṭa-ar*(!)}, *VS* dagegen {*pa-ṭa-a-ri*} (mit Anm. am Rand: "eher {*a-ri*} als {*ar*}"). Die vorhandenen Spuren unterstützen eher die Lesung von *VS*. Die Lesung {*pa-ṭa-a-ri*} wird auch von Moran (*LAPO* 13, 513 Anm. 13; *Amarna Letters*, 330 Anm. 13) angenommen; er stützt sich dabei auf die bereits in seinem Aufsatz "Does Amarna Bear on Karatepe? - An Answer", *JCS* 6 (1952), 77 vorgelegten Argumente.

EA 288[15] Z. 1: der obere Rand der Tafel ist heute beschädigt. Deshalb ist {*ilu ša*[*mš*]*i*[*-ia k*]*i*[*-bi-ma*]} von *VAB* kaum mehr zu lesen (vgl. *VS*).

Z. 4: wie in *VAB* (S. 868 Anm. g) angemerkt und anders als in *VS*, gibt es auch die Ligatur von {*ta*} und {*a*}; nicht aber in Z. 3.

EA 308 Z. 1: eindeutige Spuren eines {*ka*$_4$} am Ende der Zeile (so *VS*; in *VAB* völlig ergänzt).

Z. 2: in der Bearbeitung des Briefes durch Moran ist diese Zeile versehentlich ausgelassen worden (*LAPO* 13, 535; *Amarna Letters*, 345), die Lesung [^{lú}*kar-tap-p*]*í š* [*a*] ANŠE.KUR.⌜RA⌝^{meš}-*ka*$_4$ ist aber sicher (so *VAB*, *VS* und *WA*).

Z. 3 (Rs.): eindeutige Spuren von {LUGAL} (so *VS*; in *VAB* völlig ergänzt).

---

14 Die aus Jerusalem stammenden Briefe EA 287 und 288 wurden von W.L. Moran nicht kollationiert; siehe dazu Idem, "The Syrian Scribe of the Jesuralem Amarna Letters", in H. Goedicke/J.J. M. Roberts (Hrsg.), *Unity and Diversity in the History, Literature, and Religion of the Ancient Near East* (Baltimore 1975), 157; Idem, *LAPO* 13, 510 und 515; idem, *Amarna Letters*, 327 und 330.

15 Siehe die vorhergehende Anmerkung.

EA 310 Z. 1: vor {*in*} sind Spuren von {*ḫi*} zu sehen (weder in *VAB* noch in *VS*); es könnte sich um eine Form des Verbs *šukênu* handeln.

EA 317 Z. 13: {*la*} auf dem rechten Rand (korrekt in *VAB* und *WA*; in *VS* nicht wiedergegeben).

EA 329 Z. 16: *VAB* liest {*a-wa-te*^{me}[^{š}-*š*]*u*}, *VS* dagegen {*a-wa-te*}. Der heutige Zustand der Tafel stützt eher die Lesung von *VS*; nach {*te*} sind aber möglicherweise Spuren eines Zeichens vorhanden (*WA* liest {*a-wa-te*^{meš}}).

Neusumerische Merkwürdigkeiten

Claus Wilcke (Leipzig)

Seit gemeinsamen Studententagen bei Adam Falkenstein in Heidelberg verbindet Jubilar und Gratulanten neben dem Fragen nach Formen und Funktionen altmesopotamischer Literatur das Interesse an den Zeugnissen des babylonischen Alltags, an Rechts- und Wirtschaftsurkunden und Briefen und an den möglichen Einsichten in die altorientalische Gesellschaft, die sie erlauben. Möge der bunte Strauß ein wenig merkwürdiger neusumerischer Rechts- und Wirtschaftstexte als Gebetshauch zum dargebrachten, amtlich überprüften, ursprünglich dem Gotte Enlil zugedachten Opferfett (3.3) den Freund und Kommilitonen erfreuen.[1]

1. Eine Bürgschaftsurkunde im altakkadischen Dialekt

M. Van de Mieroop, T. Longman III., "Cuneiform Tablets from the Toledo Museum of Art", *RA* 79 (1985), 17-40, no. 3 (Toledo 08.87):[2]

1-3 *qá-tá-a*[*t*] ⌜x⌝-[x-x], *I-dì*-[x(-x)], *u-bìl*.
4-12 ^{I}Šeš-kal-la, dumu ÙĞ.ÍL, ^{I}*A-bu-bu*, [d]ub-sar nin, Rs.[^{I}] ^{d}Nanna-MUN[3], gala-maḫ, ^{I}ZÉ.KI[4], ^{I}Bar-ra-AN, ^{I}NIM.NI.MES[5].
13-14 (frei), šu+níĝin 6![6] áb[ba(A[B×ÁŠ])].

[1] Walther Sallaberger danke ich herzlich für Hinweise auf Literatur und Vorschläge zu Lesungen und Ergänzungen.

[2] Katalog (S. 17): "delivery of guruš"; Kopie (S. 20) und Umschrift und Übersetzung (S. 21/23: Van de Mieroop); Herkunft unbekannt.

[3] So die Kopie, Umschrift: ^{d}Nanna-ušum. Vielleicht zu ^{d}Nanna-ul$_{4}$!-<gal> zu konjizieren?

[4] So die Kopie. Umschrift: "^{I}Nina^{ki}"; vielleicht ^{I}Niĝin$_{x}$(NINA)^{ki}-<ki-du$_{10}$> oder ähnlich?

[5] So die Kopie; Umschrift: -um für das letzte Zeichen.

[6] Kopie: 4+2[+?]; Umschrift 7. Van de Mieroop liest das folgende Zeichen "[g]ur[uš]".

Für X hat sich Iddin-[x] verbürgt.
Šeškala, Kind von U., Abubu, Schreiber der Königin, Nanna-..., Oberkantor, Z., B. (und) N.
Insgesamt 6 Zeu[gen].

Das Rechtsinstitut Bürgschaft wird erstmals in der Fāra-Zeit im Rat des Šuruppag (Z. 19-20) erwähnt.[7] Bürgschaftsurkunden in sumerischer Sprache kennen wir seit der Altsumerischen Zeit; s. J. Krecher, *ZA* 63 (1974), 252f.; D.O. Edzard, *Sumerische Rechtsurkunden des III. Jahrtausends aus der Zeit vor der III. Dynastie von Ur* (*ABAW* NF 67, 1968), Nr. 69-70. Solche der Neusumerischen Zeit haben H. Sauren, *ZA* 60 (1970), 70-87[8], und H. Lutzmann, *Die Neusumerischen Schuldurkunden* (Diss. Erlangen 1976), 25-27 zusammengestellt. Dazu kommen jetzt D. Charpin, J.M. Durand, *Documents Cuneiformes de Strasbourg* Nr. 44 (Notiz über Bürgschaften); M. Cığ, H. Kızılyay, *Neusumerische Rechts- und Verwaltungsurkunden aus Nippur* (*NRVN*) 1, 227[9] (Bürgschaft für Sklavenflucht); M. Cığ, H. Kızılyay, A. Falkenstein, *ZA* 53 (1959) Nr. 14: L.11077 (Bürgschaft für Viehdieb); T. Gomi, S. Sato, *Selected Neo-Sumerian Administrative Texts in the British Museum* (*SNATBM*) 125 (Sklavenkauf mit Fluchtbürgschaft); *SNATBM* 192 (Gestellungsbürgschaft); *SNATBM* 211 (Gestellungsbürg-schaft zum Fall von o.c., Nr. 210 = E. Sollberger, *AOAT* 25, 447 Nr. 10); J.P. Grégoire, *AAICAB* I/1, pl. 79 Ashm. 1932-283; C.E. Keiser, *Selected Tempel Documents of the Ur Dynasty* (*YOS* 4) Nr. 14 (s.u., Anm. 38); M. Molina, *Tablillas administrativas neosumerias de la abadía de Montserrat* (*AuOrS 11*, Sabadell/Barcelona 1996; = *MVN* 18) Nr. 181 (Bürgschaft für Schuldhäftling); *MVN* 18, 505 (Bürgschaft für entlassenen Häftling)[10]; D.I. Owen, *Neo-Sumerian Archival Texts primarily from Nippur ...* (*NATN*) Nr. 558 (Gestellungsbürgschaft; subjektiv, von Seiten des Bürgschaftsnehmers her

---

[7] B. Alster, *The Instructions of Šuruppak* (*Mesopotamia* 2, Kopenhagen 1974) 11 ii 7-9 // 21 ii 2-5 // 34, 19-20; C. Wilcke, "Philologische Bemerkungen zum *Rat des Šuruppag* und Versuch einer neuen Übersetzung", *ZA* 68 (1978), 203, 213f.

[8] Mit Umschrift, Übersetzung und Kommentar; Lesungen und Interpretation heute verschiedentlich zu korrigieren. Einige Urkunden wurden inzwischen (ohne Hinweis auf Saurens Artikel) wiederveröffentlicht: Sauren Nr. 4 = *MVN* 7, 526 (als "*ITT* IV 8134"); Nr. 5 = *MVN* 6, 428; Nr. 7 Kollationen in B. Lafont, *TCTI* 2, 46; Nr. 9 = *SNATBM* 193 (Tafelhülle fehlt bei Sauren); Lesungen divergieren; Nr. 10 = *MVN* 17, 129 mit stark abweichenden Lesungen.

[9] Siehe C. Wilcke, "Einige Erwägungen zum §29 des Codex Lipiteštar", *WO* 4 (1968), 159; H. Waetzoldt, "Miscellanea Neo-Sumerica, III. Kollationen zu M. Cığ - H. Kızılyay, Neusumerische Rechts- und Verwaltungsurkunden aus Nippur", *OrAnt* 14 (1975), 309.

[10] In Nr. 181, 5-6 lese ich: Engar-zi [dumu] Ur-Ba-gá[ra-ke$_4$],šu d[ug$_8$-a-ni ba]-a[n-r̃e$_6$]. In Nr. 505, 4-6 ist m.E. zu lesen: Ur-^{d}Ba-ú ag[a-uš], Ur-^{d}Nin-sa-za d[i$^{!}$-ku$_5$]-ke$_4$,ba-ra-an-è.

stilisiert); *NATN* Nr. 626 (Frgmt., Haftung im Fall der Nichtstellung eines Bürgen); F. Reschid, *Administrative Texts from the Ur III Dynasty* (*TIM* 6) Nr. 44 (Bürgschaft bei Woll-Lieferungskauf?); P.J. Watson, *Catalogue of Cuneiform Tablets in Birmingham City Museum. Neo-Sumerian Texts from Drehem*, Vol. 1 (*BCT* 1) Nr. 139 (Bürgschaft wegen Körperverletzung?); F. Yıldız/H. Waetzoldt/H. Renner, *Die Umma-Texte aus den Archäologischen Museen zu Istanbul Nr. 1-600* (= *MVN* 14) Nr. 227 (Notiz über Bürgschaften).

Bürgen sind auch die bei verschiedenen Rechtsgeschäften (vor allem beim Kauf) auftretenden Garanten (die für einen der Gegenseite unbekannten Geschäftspartner bürgen[11]); siehe C. Wilcke, *RlA* 5/7-8 (1980) 507; P. Steinkeller, *FAOS* 17 (1989), 80-85. Um eine Form von Bürgschaft im Verwaltungswesen handelt es sich vielleicht bei den nicht seltenen stellvertretenden Siegelungen von Urkunden,[12] die hier nicht diskutiert werden können; siehe auch unten 2.2.1.

Die hier vorgestellte kleine Urkunde ist denn auch nicht wegen ihres Inhaltes oder wegen der hochgestellten Zeugen von Interesse; sie scheint wichtig, weil hier die früheste akkadische Formulierung der Bürgschaftsklausel vorliegt und diese einerseits inhaltlich mit der sumerischen Stilisierung šu du$_8$-a tùm/ře$_6$ "die gefaßte$^?$ Hand bringen" überein-

---

[11] Siehe die Angabe in *UET* 7, 22: 22-23 *a-na mu-du-ti šá* [Id]*Sin-lul-tar-ri-iḫ*, [I]EN-*mu-bal-liṭ ú-ši-ib* "Für die Bekanntheit des Sîn-lultarriḫ saß Bēlu-muballiṭ da". Diese Urkunde ist fast identisch mit *UET* 7, 21, die im Unterschied zu Nr. 22 nicht durch Nagelabdrücke und Siegel beglaubigt ist und deshalb vermutlich einen Vertragsentwurf darstellt. In Nr. 21, 5 (zu den Verkäufern gestellt), 14f. (zu den Kaufpreisempfängern gestellt) und 24f. (zu den Haftenden gestellt) wird Bēlu-muballiṭ als *kattû* "Garant" bezeichnet, der im Falle der Vindikation des verkauften Sklaven in gleicher Weise wie die Verkäufer als Gesamtschuldner haftet. In Nr. 22 dagegen wird ihm keine dieser Funktionen zugeschrieben. O.R. Gurney, *The Middle Babylonian Legal and Economic Texts from Ur*, 79 (zu Nr. 22 rev. 5-6) meint darum sicher zurecht: "it is possible that on this occasion he was performing a lesser role than that of *kattû*; but the relation between the two texts is very close." Da der Kaufgegenstand, der Käufer, der Garant und der Hauptverkäufer (allerdings mit a/i-Wechsel: Dtn statt Gtn) wie auch der Preis im Gesamtwert und in seinen Teilen identisch sind und im Namen des zweiten Verkäufers lediglich das theophore Element ausgetauscht wird (zusätzlich in Nr. 22 die Mutter des Kindes unter den Verkäufern), wird auch die Änderung im Status des Bēlu-muballiṭ vom Garanten in Nr. 21 zum Zeugen für Bekanntschaft in Nr. 22 eine Korrektur darstellen. Auch wenn er keine Haftung übernimmt, wird die Bezeugung von Bekanntschaft das sein, das ihn mit einem Garanten verbindet. Andernfalls hätte ihn der Schreiber kaum im Entwurf als solchen bezeichnet. Wie in *UET* 7, 21 ist auch in Nr. 25 der Garant ganz zur Verkäuferseite gestellt; ähnlich in Nr. 23, 8, wie auch in Nr. 2, 4, wo das Risiko des Garanten sehr deutlich wird.

[12] Siehe z.B. C. Wilcke, "Anmerkungen zum 'Konjugationspräfix' /i/- und zur These vom 'silbischen Charakter der sumerischen Morpheme' anhand neusumerischer Verbalformen beginnend mit ì-íb-, ì-im- und ì-in-", *ZA* 78 (1988), 21 mit Anm. 78; 29 Anm. 101.

stimmt und Krechers Lesung derselben noch einmal[13] bestens bestätigt, andererseits sich aber von der altbabylonisch akkadischen *qātāt* S *leqûm* "die Hände des Schuldners nehmen" (1x schon neusumerisch ohne Datum in Nippur: *NRVN* 60) unterscheidet, auch von dem altbabylonischen *qati* (/*qātāt*) S *nasāḫum* "die Hand/Hände des Schuldners herausreißen" (siehe H.M. Kümmel, *AfO* 25, 1974/77, 75-83[14]). Sind "Hände bringen" und "Hände nehmen" als Ausdrücke für das "H(eimh)olen" des Schuldners aus dem Verfügungsbereich des Gläubigers zu harmonisieren?

2. Weiteres zu Flurschäden.

Quellen zu Ur-III-zeitlichen "Flurschäden, verursacht durch Hochwasser, Unwetter, Militär, Tiere und schuldhaftes Verhalten" habe ich in einem soeben erscheinenden Beitrag zur Rencontre Assyriologique von 1994 (Berlin)[15] zusammengestellt. Inzwischen veröffentlichte und in *CRRAI* 1994 übersehene weitere einschlägige Quellen sollen hier nachgetragen werden – darunter eine aus Nippur, vermutlich ein Schultext, die neben einem anderen Vergehen einen Fall menschlicher Verursachung eines Wasserschadens nennt.

2.1 Wasserschäden

2.1.1 Ein Nippur-Text über einen schuldhaft verursachten Wasserschaden und die Haftung dafür (vgl. CU §a5[31]; vgl. auch CH §45-46; *CRRAI* 1994 2.1.4 Ende: *MVN* 7, 528; unten 2.3).

---

[13] Siehe bereits B. Alster, *Instructions*, 34/53 mit der *marû*-Basis t ù m und mit der Variante š u - - t i (Akkadismus) in der Quelle aus Ur.

[14] Ferner zu Zeugnissen aus dem Ur-Utu-Archiv (ohne Hinweis auf den ausführlichen Beitrag von H.M. Kümmel) auch M. Tanret/K. van Lerberghe, "Rituals and Profits in the Ur-Utu-Archive", in J. Quaegebeur (Hrsg.), *Ritual and sacrifice in the Ancient Near East* (*OLA* 55, Leuven 1993), 438.

[15] C. Wilcke, in H. Klengel/J. Renger (Hrsg.), *Landwirtschaft im Alten Orient* (*BBVO* 18, Berlin 1999), 301-339. Hier zitiert als *CRRAI* 1994. – Auf dem Verfasser unerklärliche Weise sind dort zwischen letzter Autorenkorrektur und Ausdruck während der Krankheit des Jubilars sämtliche Bruchzahlen verschwunden, sind Halbklammern teils durch mißverständliche mathematische Zeichen ersetzt, teils getilgt, Quellenzitate fehlerhaft verändert, Wortabstände verschwunden, Kursivierungen getilgt, Formatierungen verändert. Der Verfasser kann den Aufsatz in der veröffentlichten Form nicht mehr verantworten.

PBS 13, 34 (CBS 8381, neukopiert, s. Abb. 1)[16]

1-4 [x x x x x-n]u?, $^{\text{ki ĝiš}}$kiri$_6$ ^{d}Nin-urta-ta, $^{\text{ki ĝiš}}$kiri$_6$ níĝ-ga-ra-né-éš, ba-ra-bal al ì-na-ba.

5-8 al ak-a-ba, $^{\text{ki ĝiš}}$kiri$_6$ ^{d}Nin-urta-ta, 2 ^{ĝiš}ḫašḫur x[17], ba-ra-bu.

9 $^{\text{ki ĝiš}}$kiri$_6$-na ba-ni-r̃e$_6$.

10-12 $^{\text{(Rs.)}}$ 6 se$_{12}$(SIG$_7$)-a, ĝiš gaba-tab íb-gíd, 1;0.0 GÁNA íb-uru$_4$.

13-14 **a ì-ḫaš a-šà éren-na a-e bí-r̃e$_6$**. a-šà-bi 2;0.0 GÁNA.

15 še si-ge$_4$-e énsi-ke$_4$ ba-{Ras.}-dib.

16-17 a-šà-bi-ta se$_{12}$(SIG$_7$)-a-ne, a ì-ta-KÉŠ-éš.

1-4 [...-n]u ist vom Garten des (Gottes) Ninurta zu seinem eigenen Garten hinübergegangen, während ihm Hacken-Arbeiten aufgetragen waren[18].

5-9 Bei dieser Hacken-Arbeit hat er im Garten des (Gottes) Ninurta 2 Apfelbaum-... ausgerissen (und) in seinen Garten hineingebracht.

10-12 6 se'a-Arbeiter haben ein gaba-tab-Holz gezogen (und so) 1 bùr Feld bestellt[19].

---

16 Siehe D.I. Owen, *NATN* S. 15 "agricultural text".

17 Das Zeichen sieht aus wie ḪUR, hat aber zwei eingeschriebene Senkrechte. Man vermutet eine Bedeutung im Bereich "Schößling"; aber keine der sumerischen Entsprechungen zu *papallu*, *per'u* oder *tarmīku* entspricht der Zeichenform.

18 Die Verbalform sieht aus wie eine *ḫamṭu*-Form der 3. Pers. Sg. Sachklasse mit Dativ der 3.Pers. Sg. Personenklasse "Es/man hatte ihm eine Hacke geschenkt". Das unbestimmte Subjekt (Ergativ) des Schenkens bliebe dabei sehr vague, und der Akt des Schenkens scheint für den Fall selbst keinerlei Bedeutung zu besitzen: eine irrelevante Angabe. Darum und wegen des in der folgenden Zeile erscheinenden Verbums al--ak "Hackarbeit verrichten" nehme ich ein "Passiv" der *marû*-Konjugation (Ergativtilgung) von al--ak (unorthographisch für al ì-na-ab-a$_5$) in einer Kausativkonstruktion an zur Bezeichnung einer Umstandsbestimmung, hier adversativer Art: "Während doch". Vgl. z.B. *NATN* 130, 20 al íb-ba-a "(Männer-Arbeitstage, an denen) Hackarbeit verrichtet wurde"; 873, 9 5 ĝuruš u$_4$ 1-šè al-dù íb-ba "5 Männerarbeitstage; sie haben *aldû*-Arbeiten verrichtet"; D.C. Snell, *YNER* 8 pl. V Nr. 3 iv 4 Ur-gi$_6$-pàr Ur-^{d}Nun-gal *ù* Kù-^{d}Nin-ur$_4$-ra-ke$_4$ íb-ba "Ur-gipar, Ur-Nungal und Ku-Ninura haben (diese Aberechnung) durchgeführt" (vgl. o.c., pl XIV Nr. 8 Ur-^{d}Nun-gal *ù* Ur-^{d}Gu$_4$-alam$^{!}$-a-ke$_4$ níĝ-ka$_9$-bi íb-a$_5$). Zum (2.) handelnden Subjekt der Personenklasse im Dativ in Kausativ-Konstruktionen siehe C. Wilcke, *Das Lugalbandaepos* (Wiesbaden 1969), 140 (zu Z. 26); 205 (zu Z. 301); für das 2. Subjekt der Sachklasse vgl. o.c. Z. 181/198: Lokativ im nominalen Satzteil, Direktiv/Lokativ-Terminativ in der Präfixkette des Verbums; hier in Z. 13 erscheint in beiden Satzteilen der Direktiv/Lokativ-Terminativ; siehe auch P. Attinger, *Éléments de linguistique Sumérienne* (*OBO Sonderband*, Fribourg/Göttingen 1993), §129.

19 K. Maekawa, "The agricultural texts of Ur III Lagash of the British Museum (VI)", *ASJ* 11 (1989) 116-126; ders., "Cultivation methods in the Ur III period", *BSAg* 5 (1990), 126f.

13-14 Das Wasser hat (den Deich) durchbrochen, (und) er hat das Wasser das Feld der Truppe wegtragen lassen. Dessen Fläche beträgt 2 bùr.

15 Die zu ersetzende[20] Gerste ließ der Stadtfürst *passieren*[21].

16-17 Von diesem Feld haben die se'a-Arbeiter das Wasser abgedämmt[22].

2.1.2 Umma-Texte über Wasserschäden.

MVN 16, 1242 (AS 9 xi). Wasserschaden (am Begrenzungsdeich) eines Feldes.

1 32 g̃uruš šà-gu4 u4 1-šè,

2-3 **a-e kú-a ⌈a-šà⌉ Úku-nu-ti, bala-a-ri-a-ka gub-ba.**

4-6 Rs. ugula Šeš-kal-la, [kišib] ⌈Kas4⌉, (Siegelabrollung),

7-8 iti Pa4-ú-e, mu en Ga-eš^ki ba-ḫug̃.

Siegel En-kas4, dub-sar, dumu Ur-^dIštaran.

Zu beachten, daß Kas4 nach Auskunft seines Siegels En-kas4 heißt. - Vgl. *MVN* 14, 302 (dasselbe Feld, dasselbe Datum; siehe *CRRAI* 1994 2.3.2.3).

32 Männer-, (i.e.,) Rindertreiber-Arbeitstage, beim vom Wasser Gefressenen des jenseitigen Uku-nuti-Feldes eingesetzt.
Aufseher: Šeš-kalla, [Siegel] des Kas. Siegel. Datum.

---

konnte die Feldbestellung mittels g̃iš gaba-tab als manuelle Aussaat (12 oder 10 Furchen je nindan, ohne Einsatz von Rindern) bestimmen. Es ist z.Zt. nicht sicher zu sagen, ob das "Holz", wie er meint, ein "wooden pole" ist, oder ein mit menschlicher Arbeitskraft gezogener Pflug (siehe apin g̃iš gaba-tab; dazu K. Maekawa, *ASJ* 11, 117 iv.3.3), wofür das Verbum gíd "ziehen" (dazu K. Maekawa, l.c. iv.3.4) spricht. Vgl. auch *MVN* 12, 1:2; 81:2.

20 Ich vermute in der Schreibung si-ge4-e /*si.g-ed/.

21 Aufgrund der Gleichung dib = *etēqu*. Hat der Stadtfürst (als Richter) den Gerstenersatz übergangen?

22 Siehe *Nik* II 111, 11-12 ka i7-^dAmar-^dSu'en-ke4-g̃ar-‹ra-ka› gú-bi KÉŠ-r̃á (s.u. *UTI* 4, 2883:3-5); 162, 23 káb-ku5 a-šà ma-nu KÉŠ-r̃á; (Zu diesen beiden Belegen: H. Sauren, *Topographie der Provinz Umma*, Diss. Heidelberg 1966, 48 mit Anm. 101; 56 mit Anm. 133). Siehe ferner z.B. *SNATBM* 438 Rs. 4-5 ... *ù* ka i7 a-šà UD-*gunû* KÉŠ-r̃á "und den Zufluß des Kanals des ...-Feldes abgedämmt;" *MVN* 14, 345: 2 ka a-ga-am gu-la KÉŠ-r̃á "den Zufluß des großen Sumpfgebietes abgedämmt;" o.c. 295 gú-g̃ìri da bar-lá a-ga-am ^dŠára-gú-gal KÉŠ-r̃á "die Bresche neben dem bar-lá-Becken des Šara-gugal-Sumpfgebietes abgedämmt;" *UTI* 4, 2883:3-5 ka I7-^dAmar-^dSu'en-ke4-g̃á-ra-ka gú-bi KÉŠ-r̃á "Des Zuflusses des Amar-Su'enke-g̃ara-Kanals Ufer abgedämmt"; 2869: 7-8 ... kun i7-má-gur8-ra-ka KÉŠ-r̃á "Die Mündung des Lastschiff-Kanals abgedämmt."

UTI 4, Um. 2368 (AS 6; nicht ganz sicher, daß hierher gehörig).

1-3 8 ĝuruš u_4 1-šè, **a-è ba-r̃e$_6$,-a** PAP.⌜X⌝.ME[23] gub-ba,

4-6 6 ĝuruš u_4 1-šè, a-da gub-ba, En-gaba-r̃e$_6$,

7-8 ugula A-gu-gu. kišib A-kal-la. Siegel.

9 mu *Ša-aš-šú-ru,-um* ba-ḫul.

Siegel A-kal-la, dub-sar, dumu Ur-nìĝin-ĝar kuš$_7$.

Zur Schreibung a-è für a-e siehe in *CRRAI* 1994 Abschnitt 1: *NRVN* 179.

8 Männer-Arbeitstage, bei dem, was das Wasser davongetragen hat, im/am P. eingesetzt.
6 Männer-Arbeitstage, beim Wasser eingesetzt. En-gabar̃e-(Feld).
Aufseher Agugu. Siegel des A-kalla. Siegel. Datum.

2.2. Sturmschäden

2.2.1 Ein neuer Text aus Girsu

TCTI 2, L. 3306 (fast identisch mit *MVN* 11, 119; dazu in *CRRAI* 1994 4.1.2.3) Š 42 xi^{bis}

1-2 37 ĝuruš 0;0.3.[2 sìl]a dabin lugal-ta, zì-bi 3;4.4.4 sìla gur,

3-4 **éren a-šà u_4-dè r̃e$_6$-a, I_7-kun-ka gub-ba-a ba-ab-kú.**

5-7 $^{Rs.}$ ugula Lú-diĝir-ra, mu Lú-diĝir-ra-šè, kišib Ur-^{d}Lama ugula.

8-9 iti diri še-gur$_{10}$-ku$_5$, mu *Ša-aš-ru-um*^{ki} ba-ḫul.

10 é gu-za-lá-me.

L. 3306 datiert in denselben Monat wie MVN 11, 119, unterscheidet sich aber in der Anzahl der Arbeiter (einer weniger) und daraus resultierend in der Mehlmenge, in der Angabe der stellvertretenden Siegelung (kein Siegelvermerk in *MVN* 11, 119; Lafont notiert aber auch keine Siegelung von L. 3306) und im Fehlen des (mir in seiner Funktion unklaren[24]) Hinweises auf das Schiff der Magan-Leute.

37 Mann zu je 3 königlichen Seah, [2 Li]ter Gerstenmehl; das Mehl dafür: 3 Kor, 4 Scheffel, 4 Seah, 4 Liter hat die am vom Sturm davongetragenen Feld am Schwanz-Kanal eingesetzte Truppe verzehrt.
Aufseher: Lu-diĝira. Für Lu-diĝira: das Siegel des Aufsehers Ur-Lama. Datum.
Sie gehören zum Sesselträger-Haus.

---

23 Yıldız und Gomi lesen pa$_4$-sig$_7$.

24 W. Sallaberger denkt an den geplanten Einsatz im bal a-Dienst.

2.2.2 Neue Umma-Texte

Fiel schon bei den in *CRRAI* 1994 (4.1.3.2) zusammengestellten Umma-Texten über Arbeiten auf vom Sturm geschädigten Feldern die Häufung von Zeugnissen aus dem Jahr ŠS 2 auf, so wird dieser Eindruck durch die neu hinzugekommenen Quellen noch verstärkt: Es handelt sich um 15 Texte, die insgesamt 5.512 $^1/_2$ [+x[25]] Arbeitstage bei Erntearbeiten verbuchen, die zu einem beträchtlichen, im Einzelnen aber nicht spezifizierten Teil auf die Bergung von vom Sturm "davongetragener" Gerste entfielen, d.h. wohl, das Einbringen des bereits geernteten, auf dem Feld in Garben ausgelegten, vom Winde verwehten Getreides, wie dies die in *CRRAI* 1994 neu vorgelegte Gerichtsurkunde *SAT* 1, 344 zeigt.

UTI 4, Um. 2753 (ŠS 1)

1 7,03 géme / u4 1-šè,
2-3 **[še (a-šà) u4-"d]e4" r̃e6-⌜a⌝, ri-ri-ga**
4-6 [a-š]à [SI]G7?-⌜tur?-tur[26]⌝, ⌜gaba é-duru5?[27] pú a-šà LÁ⌝-maḫ, Rs. *ù* pú Á-uz[28].
7-9 ugula A-r̃á, kišib ⌜A⌝-r̃á dumu Lú-ga, (Siegel),
10 mu d*Šu*-dSu'en lugal.
Siegel A-r̃á dub-sar, dumu Lú-ga, aga-uš éns[i].

423 Arbeiterinnen-Arbeitstage. (Vom) vom [Sturm davongetragenen (Feld) Gerste] aufgelesen. Kleines? [SI]G7-tur [Fe]ld am Rand des

[25] Die Anzahl der Arbeiterinnen in *CST* 630 (siehe in *CRRAI* 1994) ist nicht erhalten. Zu der Summe sind sehr wahrscheinlich die 423 Arbeitstage aus *UTI* 4, Um. 2753 aus dem Jahre ŠS 1 hinzuzurechnen, wenn sie kurz vor dem Jahreswechsel anfielen, wofür die *UTI* 3, Um. 1788 (siehe *CRRAI* 1994 und unten zu Um. 2753) sehr ähnliche Angabe über das betroffene Feld und die Siegelung durch dieselbe Person (Ar̃a Sohn des Luga, wohl identisch mit dem gleichnamigen Aufseher in Um. 2753) sprechen könnte. Während Um. 2753 nur das Einsammeln von verwehter Gerste notiert, verbucht Um. 1788 auch andere Erntearbeiten. Hat der Aufseher Ar̃a (Um. 2753) die 423 Arbeitstage noch vor dem Jahreswechsel abgerechnet, der Aufseher Ur-Nintu die größere Menge von 711 Arbeitstagen aber erst danach, was bei gleichzeitigem Beginn der Arbeiten und etwa gleichgroßen Arbeiterinnengruppen denkbar wäre?

[26] Yıldız und Gomi lesen [a-š]à [si]g7-tur; die Umschrift folgt der Kopie, derzufolge Reste eines Zeichens zwischen [SI]G7 und ⌜tur⌝ zu erkennen sind; vgl. *UTI* 4, 2663:3. SIG7 ist wahrscheinlich agar4 zu lesen; siehe P. Steinkeller, "The renting of fields in early Mesopotamia and the development of the concept of 'interest' in Sumerian", *JESHO* 24 (1981), 129 Anm. 49; C. Wilcke, "Neue Rechtsurkunden der Altsumerischen Zeit", *ZA* 86 (1996), 35.

[27] Gomi und Yıldız lesen in *UTI* 4, S. 264 "igi?-e2?-duru5?" (nach *UTI* 3, 1788; siehe *CRRAI* 1994). Lesung hier nach der Kopie.

[28] Siehe G. Pettinato, *UNL* 1, 150 Nr. 677 "a-šà pú-DA-UZ".

Dorfes "Brunnen? des Lá-maḫ-Feldes" und des (Feldes) "Brunnen des A'uz".
Aufseher Ar̃a. Siegel des Ar̃a, Sohnes des Luga. Siegel. Datum.

UTI 4, Um. 2518 (ŠS 2)

1-2 "910 1/2"[29], g̃ u r u š u$_4$ 1-š è,
3-4 š e g u r$_x$(ŠE.KÍG̃)-a z à r tab-ba, **a - š à u$_4$- d è r̃ e$_6$- a / r i- r i - g a**.
5-7 u g u l a I$_7$- p a - è, (Siegel), k i š i b A - r̃ á - g̃ u$_{10}$.
8 m u m á ^{d}E n - k i b a/- a b - d u$_8$.
Siegel U r - ^{d}Su'en, d u b - s a r, d u m u U r - ^{giš}g i g i r, š à - [tam g u$_4$].

Dasselbe Siegel für Ar̃ag̃u z.B. auf *UTI* 3, 1760; BM 105477 (T. Fish, *MCS* 2, 57) und Fish, *CST* 630; *MVN* 16, 1117; *TENUS* 241; siehe in *CRRAI* 1994 4.1.2.3; unten Um. 2783; 2820; 2933.

910 1/2 Männer-Arbeitstage. Gerste geerntet, (zu) Garben 'gedoppelt' und vom vom Sturm davongetragenen Feld aufgelesen.
Aufseher: I-pa'e. (Siegel.) Siegel des Ar̃agu. Datum.

UTI 4, Um. 2783 (ŠS 2)

1 560[30] g̃ u r u š [u$_4$] / 1-š è,
2-3 š e g u r$_{10}$(KÍG̃)-a z à r tab-b a *ù*, **a - š à ⌜u$_4$⌝- d è r̃ e$_6$-⌜a⌝ r i/- r i - g a**
4 20 l á - 1 g̃ u r u š u$_4$ 1-š è / t u - r a.
5-7 u g u l a B a - s a$_6$, $^{Rs.}$k i š i b A - r̃ á - g̃ u$_{10}$, Siegel.
8 m u m á ^{d}E n - k i / b a - a b - d u$_8$.
Siegel U r - ^{d}Su'en, d u b - s a r, d u m u U r - ^{giš}g i g i r, š à - t a m [g u$_4$?].

560 Männer-Arbeitstage. Gerste geerntet, (zu) Garben 'gedoppelt' und vom vom Sturm davongetragenen Feld aufgelesen.
20 Männer-Arbeitstage: krank.
Aufseher: Basa. Siegel des Ar̃ag̃u. Siegel. Datum.

UTI 4, Um. 2820 (ŠS 2)

1-2 582[31] g̃ u r u š / u$_4$ 1-š è, ⌜6⌝ g̃ u r u š t u - r a u$_4$ 1-š è,

---

29 Wohl 15,10 1/2 geschrieben.

30 Wohl 9,20 geschrieben.

31 Wohl 9,42 geschrieben.

3-5 še gur$_{10}$(KÍĜ)-a zar-tab-ba *ù*, **a-⸢šà⸣ u$_{4}$-dè r̃e$_{6}$-a, ri-ri-ga**.
6-8 ugula Lugal-nísaĝ-e, kišib A-r̃á-ĝu$_{10}$, Siegel.
9 mu má ^{d}En-ki ba/-ab-du$_{8}$.
Siegel Ur-^{d}Su'en, dub-sar, dumu Ur-^{ĝiš}gigir, šà-tam [gu$_{4}$$^{?}$].

582 Männer-Arbeitstage, 6 kranke-Männer-Arbeitstage: Gerste geerntet, (zu) Garben 'gedoppelt' und vom vom Sturm davongetragenen Feld aufgelesen.
Aufseher: Lugal-nisaĝe. Siegel des Ar̃aĝu. Siegel. Datum.

UTI 4, Um. 2933 (ŠS 2)

1 1441[32] ĝuruš /u$_{4}$ 1-šè
2-4 še gur$_{10}$(KÍĜ)-a zàr tab-ba, *ù* **a-šà u$_{4}$-dè, r̃e$_{6}$-a ri-ri-ga**,
5 32 ĝuruš tu-ra /u$_{4}$ 1-šè.
6-8 $^{\text{Rs.}}$ugula Ur-mes, kišib A-r̃á-ĝu$_{10}$, Siegel.
9 mu má ^{d}En-ki$^{!}$(BA) / ba-ab-du$_{8}$.
Siegel Ur-^{d}Su'en, dub-sar, dumu Ur-^{ĝiš}gigir, šà-tam [gu$_{4}$$^{?}$].

1441 Männer-Arbeitstage. Gerste geerntet, (zu) Garben 'gedoppelt' und vom vom Sturm davongetragenen Feld aufgelesen.
32 kranke-Männer-Arbeitstage.
Aufseher: Urmes. Siegel des Ar̃aĝu. Siegel. Datum.

2.3. Keine Flurschäden, aber in der verwendeten Terminologie den Flurschaden-Texten sehr nahe:

UTI 4, Um. 2819 (AS 8 Umma): Kein Wasserschaden (vgl. *CRRAI* 1994 2.1.4 Ende: *MVN* 7, 528 und oben 2.1.1).

1-2 8 ĝuruš u$_{4}$ 12-šè, ^{ú}mur-an bù-ra [n š]ar-ta,
3 12 ĝuruš al u$_{4}$ 11-šè 4 šar-ta,
4-6 6 ĝuruš u$_{4}$ 4-šè, e sa-dúr-ta, **[a] ḫa-ḫa-ša**[33].
7-9 [a-š]à ^{d}Nin-ur$_{4}$-ra, ugula Lugal-ezen. Siegel. kišib A-a-gi-na.
10 mu en Eridu^{ki} ba-ḫuĝ.

---

[32] Wohl 24,01 geschrieben.

[33] Gomi und Yıldız fassen ḫa-ḫa-ša als PN auf und ergänzen zu "[ugula] Ḫa-ḫa-ša".

Siegel A-a-g[i-na], dumu An-[ta-mu-zu].

8 Mann für 12 Tage: m.-Kraut ausgerissen, jeweils [n] šar.
12 Mann Hackenarbeit für 11 Tage, jeweils 4 šar.
6 Mann für 4 Tage vom rückwärtigen Deich (des Feldes) her [Wasser] durchfließen gelassen.
[Fe]ld der (Göttin) Nin-ura. Aufseher: Lugal-ezen(e). (Siegel). Siegel des Aja-gina. Datum.

MVN 20, 93 (Š 48 v Umma): Kein "Manöverschaden" (vgl. *CRRAI* 1994 3.1).

1	2,20 lá 1	^{ĝiš}ù-suḫ$_5$ ^{ĝiš}é-dim,
2	50 lá 2	^{ĝiš}ù-suḫ$_5$ ^{ĝiš}gi-muš,
3	3,00	^{ĝiš}mi-rí-za má 2,00;0.0 gur,
4	4,40	^{ĝiš}mi-rí-za má 60;0.0 gur,
5-6	8,05	^{ĝiš}mi-rí-za má 30;0.0 gur *ù* má 15;0.0 gur-ka, ^{ĝiš}kiri$_6$ É-šà-ga-ta.
7	10,00	^{ĝiš}mi-rí-za má 60;0.0 gur,
8	7,40	^{ĝiš}mi-rí-za má 30;0.0 gur *ù* má 15;0.0 gur-ka,
9-10	6,40	*a-ma-at*, ^{ĝiš}kiri$_6$ ^{d}Lugal-bàn-da-ta,
11-15	**ĝiš éren$^{!}$-e r̃e$_6$-a**[34], É-maš ku$_4$-ra, ki énsi-ka-ta, Ur-^{d}Šul-pa-è, šu ba-ti.	
16	iti RI mu ús-sa Ki-maš^{ki} ba-ḫul mu ús-sa-a-bi	
Siegel	Ur-^{d}Šul-pa-è, dub-sar, dumu Lugal-kù-ga-ni.	

1-2 139 Föhren?[35]-Stämme: Mast-Gehäuse?; 48 Föhren?-Stämme: Staken;
3-6 180 Bretter für[36] Schiffe zu 120 Kor; 280 Bretter für Schiffe zu 60 Kor; 485 Bretter für Schiffe zu 30 Kor und zu 15 Kor: aus dem Garten des É-šà.

---

[34] F. D'Agostino umschreibt "giš-ud-e gin-a".

[35] So die traditionelle Übersetzung von ^{ĝiš}ù-suḫ$_5$ = *ašūḫu*; J.N. Postgate, "Trees and timber in the Assyrian texts", *BSAg* 6 (1992), 180 spricht sich jetzt mit guten Gründen für die Bedeutung "Pinie" aus.

[36] má n gur.k ist eine Genitivverbindung; sie hängt genitivisch von ^{ĝiš}mi-rí-za ab. Dieser zweite Genitiv ist nur beim jeweils letzten Glied der Aufzählung ausgedrückt; siehe C. Wilcke, "Orthographie, Grammatik und literarische Form – Beobachtungen zu der Vaseninschrift Lugalzagesis (*SAKI* 152-156)", in T. Abusch/J. Huehnergard/P. Steinkeller (Hrsg.), *Lingering over words. Studies in Ancient Near Eastern literature in honor of William L. Moran* (Atlanta 1993), 459-464. Da die Bretter aus einem Garten kommen, sind die Bretter "von" ...-Schiffen solche von der Art, wie sie für ...-Schiffe gebraucht werden.

7-10 600 Bretter für Schiffe zu 60 Kor; 460 Bretter für Schiffe zu 30 Kor und zu 15 Kor; 400 Flöße: aus dem Garten des (Gottes) Lugalbanda.

11-15 Holz, das die Truppe fortgetragen (und) in das Emaš hineingebracht hat, hat vom Stadtfürsten Ur-Šulpa'e empfangen.
Datum.

3. Curiosa Neosumerica

3.1 Zeugen in einer Verwaltungsurkunde aus Puzriš-Dagan

MVN 13, 456 (Š 47 [oder 48] und AS 5)

1 [1] gu$_4$ g̃á udu-ta, Ur-sa$_6$-ga ì-dab$_5$, šà Sag̃-da-na[37].

4 1 gu$_4$ 1 áb, Ur-^{d}Nirah̯ ì-dab$_5$, g̃ìri Lú-^{d}Nin-gírid-da.

7 ^{I}Za-zi, ^{I}Lú-kal-la, ^{I}Ur-^{d}Šul-pa-è, lú inim-ma-bi-me.

11 gu$_4$ šà gu$_4$! Lú-[dig̃ir-ra][38], šà Tum-ma-[al]. $^{Rs.}$ mu ús-sa Ki-[maš^{ki} ba-h̯ul].

14 1 gu$_4$ g̃ìri d[a!-a] gu$_4$ En-dig̃ir-g̃[u$_{10}$],

15 1 gu$_4$ g̃ìri da-a gu$_4$ Ur-$^{g̃iš}$gig[ir], ⌜šà⌝ Tum!-ma-a[l]. mu En-unu$_6$-gal ba-h̯ug̃.

18 (frei), šu+níg̃in 5 gu$_4$, [x]-É-a ì-dab$_5$. [bar-t]a g̃ál-la. [è]n-bi tar-re-dam.

1-3 [1] Stier hat Ur-saga aus dem Schafstall übernommen. In Sag̃-dana.

---

37 Handelt es sich um ein Opfer in der kultischen Verantwortung der Königin? Siehe W. Sallaberger, *Der kultische Kalender der Ur III-Zeit* (*UAVA* 7/1, Berlin/New York 1993), 20f.

38 Konjektur, Lesung und Ergänzung hier und in den beiden folgenden Zeilen auf Vorschlag von W. Sallaberger; siehe seine Ausführungen zu En-dig̃irg̃u in Tummal in *Der kultische Kalender*, 132 mit Tab. 40-41 (dort auch zu Lu-dig̃ira; siehe auch M. Sigrist, *Drehem*, Bethesda 1992, 322; 325f.).
Zum Verbum da(-a) siehe Sallabergers Bemerkungen o.c. 180f. mit Anm. 851; er verweist noch auf *YOS* 11, 73:15f.; *TRU* 114:2 (siehe ders., "Zwei Nachträge zum kultischen Kalender der Ur III-Zeit", *N.A.B.U.* 81/1993) und *MVN* 15, 515:1f. Hierher gehört vielleicht auch noch die unorthographisch geschriebene eidliche Selbstverbürgung *YOS* 4, 14:
Nam-h̯a-ni, mu lugal in-pá. u$_4$ kíg̃-a-na a-ba-na-da, šer$_7$‹-da› h̯e-a. $^{Rs.}$ igi *Šu-Ìr-ra*, igi *Puzur$_4$-Kà-kà*, igi *Šu-Kà-Kà*, igi *A-h̯u-ni*.
"Namh̯ani hat geschworen: Sobald er ihm (= dem Dienst-Mieter) bei seiner Arbeit 'abhanden komme', solle (die Strafe für) ein Verbrechen vollzogen werden! 4 Zeugen (undatiert)."
Vgl. hierzu *BE* 3, 1 (siehe H. Sauren, "Zum Bürgschaftsrecht in neusumerischer Zeit", *ZA* 60, 1970, Nr. 1). Nicht zu diesem Verbum da gehört anscheinend ba-a-da-da in Alotte de la Fuye, *RA* 16 19f. vi 8'; viii 6'-7'.

4-6 1 Stier und 1 Kuh hat Ur-Niraḫ übernommen; überstellt durch Lu-Ningirida.
7-10 Zazi, Lu-kala, Ur-Šulpa'e sind die Zeugen dafür.
11-13 Rinder gehörig zu den Rindern des Lu[dig̃ira (sind es)]. In Tummal. Jahr Šulgi 47[39].
14 1 Stier, auf dem Wege abhanden gekommen, Rind des En-dig̃irg̃[u].
15-17 1 Stier, auf dem Wege abhanden gekommen, Rind des Ur-gig[ir]. In Tummal. Jahr Amar-Su'ena 5.
18-22 Insgesamt 5 Rinder hat [...]-E'a übernommen. Außenstände. Es ist nachzuforschen.

Der Stier aus dem Schafstall mutet merkwürdig an. Erstaunlicher ist freilich die Nennung von Zeugen mitten in einer Verwaltungsurkunde.

Für alle 4 Transaktionen hält die Ortsangabe šà ON "in ON" den Bestimmungsort der Tiere fest.

Nur im zweiten Falle wird der für die Überbringung der Tiere Verantwortliche genannt. Ob die Übergabe stattfand, ist anscheinend nicht dokumentiert. Stattdessen werden "Zeugen" genannt, die das bezeugen können. Der Gebrauch des terminus technicus "Leute des Wortes" aus der juristischen Fachsprache legt nahe, daß auch bei derartigen Verwaltungstransaktionen analog zu Rechtsgeschäften förmliche Übergaben vor Zeugen stattfanden - zumindest in den Fällen, in denen nicht eine vom Empfänger gesiegelte Emfangsquittung ausgestellt wurde. Die nach Z. 22 anzustellende Nachforschung hatte in diesem Falle gewiß eine Zeugenbefragung zum Gegenstand.

Alle vier verbuchten Vorgänge sind unabgeschlossen; die Tiere haben ihr endgültiges Ziel nicht erreicht, wofür der Beamte [...]-E'a verantwortlich zu sein scheint. Deshalb sind Nachforschungen anzustellen.

3.2 Ein Kaufvertrag über Öl

AUCT 1, 946 = 3, 282 (ŠS 5 xi Nippur)

1 0;1.0 ì-g̃iš, 5 gíg̃ kù-šè, An-né-mu-dub?, ki Ur-An-si$_4$-an-na-šè, in-ši-sa$_{10}$.
6 iti zíz-a, Rs. (frei), mu-ús-sa ᵈ*Šu*-ᵈSu'en bàd Mar-tu mu-r̃ú.
Siegel An-né-mu-[x], dumu ⌜Iri?⌝-g̃u$_{10}$-[x]

1 Scheffel Öl hat für 5 Schekel Silber Anne-mudub? von Ur-Ansi'ana gekauft. Monat xi, Jahr ŠS 4.

39 Für die Ergänzung des Jahresnamens Šulgi 48 scheint der Platz nicht auszureichen.

Zwar erfährt man aus Wirtschaftsurkunden, daß alle Arten von Gütern Gegenstand eines Kaufgeschäftes (Preis meist Silber, Gerste oder Rohr: kù/še/gi-ta sa$_{10}$-a) sein konnten, Kaufurkunden wurden aber in der Regel nur über Großgüter (Grundstücke, Häuser, Sklaven, Vieh) ausgestellt. Unser Textchen ist die die Regel bestätigende Ausnahme, insofern es den Kauf festhält; in Ermangelung der Nennung von Zeugen stellt es aber keine vollwertige Rechts-Urkunde dar. Die Siegelung mag das aber partiell kompensieren.

Das abgerollte Siegel ist das des Käufers, nicht das des Verkäufers. Das ist höchst ungewöhnlich; siehe C. Wilcke, *RlA* 5/7-8 (1980), 510f.; P. Steinkeller, *FAOS* 17 (1989), 112ff.[40] Der Käufer erkennt damit eine Verpflichtung an; darum darf man vielleicht annehmen, daß der Preis noch nicht (voll) bezahlt war. Ein Kreditkauf, noch dazu bei einem erheblichen Wert der Kaufsache (60 Liter Öl) und einem nicht geringen Kaufpreis[41] stellte auch einen triftigen Grund für die ungewöhnliche Schriftform des Ölkaufs dar.

3.3 Die Überprüfung eines Opfertieres auf sein Fett

MVN 13, 579 (AS 6 ii 23)

1 1 gu$_4$ a-am niga ⸢sağ⸣-gu$_4$, ì-bi káb ba-ab-du$_{11}$.
3 ^{d}En-líl, šà Nibru^{ki}. $^{Rs.}$ A-tu sagi maškim.
6 u$_4$ 23 ba-zal, ki ^{d}Šul-gi-a-a-ğu$_{10}$-ta ba-zi.
8 iti šeš-da-kú, mu *Ša-aš-ru*^{ki} ba-ḫul.

1 gemästeter Stier erster Güte, Wildstierkreuzung: sein Fett wurde überprüft. (Für) Enlil, in Nippur; Amtmann: der Mundschenk Atu. Bei Tagesanbruch am 23. Tag wurde er bei Šulgi-aja-ğu abgebucht. Monat ii, Jahr AS 6.

---

[40] Das dort S. 114 ad (10) zitierte einzige Beispiel einer Siegelung durch den Käufer verstößt nicht gegen die Regel, da es sich bei Nr. 108 (*UET* 3, 39) nicht um eine Kaufurkunde handelt; vielmehr ist das Kaufgeschäft die Voraussetzung für die beurkundete (im Text nur partiell erhaltene) Transaktion: Der Status der gekauften Sklavin wurde durch den Käufer verändert (Erhebung zur Ehefrau?), nachdem sie erworben wurde und (vermutlich ihm) ein oder mehrere Kinder geboren hatte. Die Siegelung durch den Käufer gründet hier in der von ihm eingegangenen Verpflichtung gegenüber dieser Frau.

[41] Das Preisverhältnis von 12 Liter Öl je Schekel liegt am unteren Rand der Preisskala (siehe H. Waetzoldt, "Ölpflanzen und Pflanzenöle im 3. Jahrtausend", *BSAg* 2, 1985, 82 mit Anm. 60), was bei einer Vorauszahlung bei Lieferungskauf sinnvoll erscheint.

Die Überprüfung[42] des Fettes des Opfertieres dient sicher der Feststellung seiner Eignung für das Opfer; d.h., daß das Fett den wichtigsten Teil des Opfers bildete. War eine Wildstierkreuzung in Gefahr, zu mager zu sein?

[42] Dieser (bei P. Attinger, *Éléments de linguistique sumérienne*, 574 angeführte) Beleg ist den von M. Civil, *The Farmer's Instructions* (*AuOrS* 5, Sabadell/Barcelona 1994), 153-163 zusammengestellten hinzuzufügen.

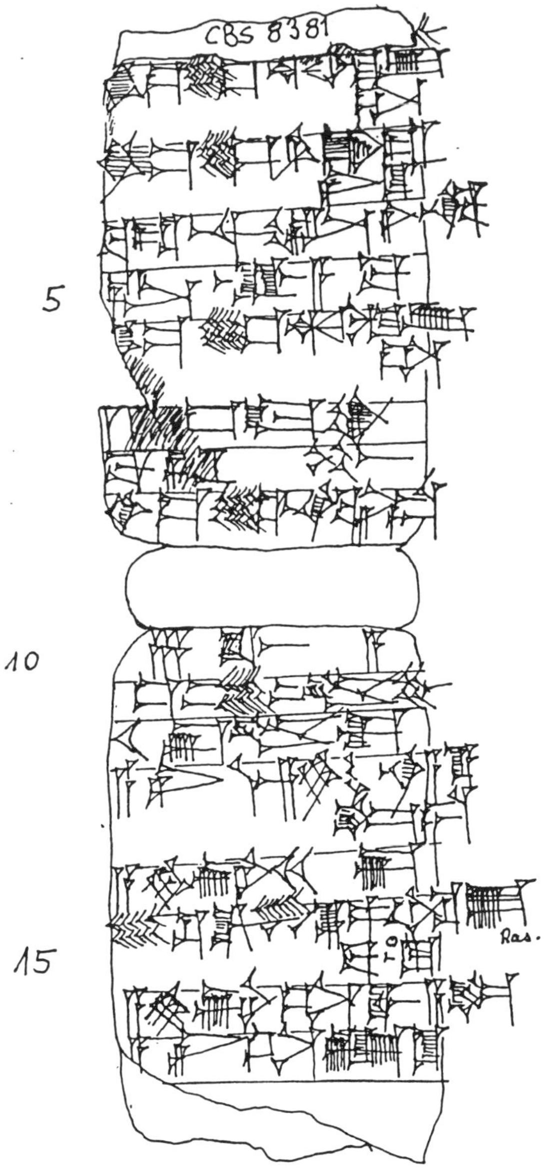

Abb. 1: *PBS* 13, 34: CBS 8381, 6,8 x 4,1 x 2,2 cm (Kopie C. Wilcke)

Ein neuer Beleg für die *šibšum*-Abgabe in altbabylonischer Zeit

Gernot Wilhelm (Würzburg)

Im Jahre 1977 verwies Fritz Rudolf Kraus auf "unser Unvermögen, den Sachzusammenhang, in welchen *šibšum* gehören soll, auch nur annähernd zu bestimmen"[1]. Die Belege für die *šibšum* genannte Abgabe von landwirtschaftlichen Produkten haben sich seit jener Bemerkung von Kraus, die sich auf eine Zusammenstellung und Diskussion des einschlägigen Materials durch M. deJ. Ellis[2] bezog, nicht substantiell vermehrt,[3] und gerade wenn man sich der berechtigten Forderung von Kraus anschließt, eine Bestimmung des "Sachzusammenhangs" hätte, wenn sie denn möglich wäre, "für jeden Ort einzeln zu erfolgen", bleibt die geringe Zahl und der sehr begrenzte Aussagewert der aus einem und demselben Ort stammenden Belege - insbesondere auch für die altbabylonische Zeit[4] - enttäuschend. Angesichts dieser Situation mag es erlaubt sein, ein kleines Mosaiksteinchen in das fragmentarische Bild einzufügen, auch wenn dadurch im Augenblick anscheinend keine weiterreichenden Schlüsse zu gewinnen sind. Dem Jubilar, dessen besonderes Interesse der Wirtschaftsgeschichte und hier

---

[1] F.R. Kraus, *BiOr* 34 (1977), 152a.

[2] M. deJ. Ellis, *Agriculture and the State in Ancient Mesopotamia* (*OPBF* 1, Philadelphia 1976).

[3] Cf. *CAD* Š/II, 383-386.

[4] Wichtig ist hier insbesondere eine Berechnung von S. Greengus, *JCS* 34 (1982), 101, derzufolge im altbabylonischen Nērebtum die *šibšum*-Abgabe etwa die Hälfte des Ertrages ausmachte. - Die vieldiskutierte Stelle *ARM* III 17:25-31 (cf. M. deJ. Ellis, *Agriculture and the State*, 101f. sowie *CAD* Š/II, 383b) dürfte wohl dahingehend zu verstehen sein, daß hier das Getreideaufkommen aus der *šibšum*-Abgabe und das aus der Produktion auf palasteigenen Feldern gemeint ist.
Für die neubabylonische Zeit ist außer der gleichzeitig mit dem Buch von Frau Ellis erschienenen Untersuchung von G. Ries, *Die neubabylonischen Bodenpachtformulare* (Berlin 1976) - zu *šibšu* siehe S. 78f., dazu F.R. Kraus, *BiOr* 34, 152b - die Monographie von M. Jursa, *Die Landwirtschaft in Sippar in neubabylonischer Zeit* (*AfOB* 25, Wien 1995) heranzuziehen (S. 82f.: *šibšu* "(Ernte-)Anteil (als Pachtabgabe)").

insbesondere der der altbabylonischen Zeit gilt, möge dieser kleine Beitrag als Zeichen der Verbundenheit und insbesondere auch des Dankes für die enge und vertrauensvolle Zusammenarbeit im Dienste der Deutschen Orient-Gesellschaft gelten.

Das im folgenden bekanntgegebene winzige (26 x 18 x 13 mm) Täfelchen aus rötlich-braunem Ton (die Vorderseite ist oben durch Brand geschwärzt) befindet sich im Besitz von Herrn Dr. Heinrich Wirries, Hannover. Die hier gebotene Autographie konnte Verf. im Jahre 1991 nach dem Original herstellen. Über die Herkunft ist nichts bekannt, doch liefert der Text trotz seines geringen Umfangs Indizien für eine Herkunft aus Tall ar-Rimāḥ (Qaṭṭarā?) oder einem Ort gleicher schriftkultureller Prägung. Hier ist der Monatsname ITI ^{d}DUMU.ZI zu nennen, der vor allem in Texten aus Tall ar-Rimāḥ und Tall Šāġir Bāzār gut bezeugt ist[5] und einem dort und an weiteren Orten Obermesopotamiens[6] verwendeten Kalender angehört, der als "Šamšī-Adads Kalender" bezeichnet[7] und auf Šamšī-Adads erste Residenz Ekallātum zurückgeführt worden ist.[8] In paläographischer Hinsicht kann auf die vollkommene Übereinstimmung zwischen der Schreibung von *ši-ib-šu* auf dem Wirries-Täfelchen und in *OBTR* 239:3, einem Täfelchen gleicher Dimension (ca. 25 x 18 mm), verwiesen werden.

Der Text (Abb. 1) lautet:

Vs.	1	16 ANŠE 5 BÁN
	2	4 SÌLA *ši-ib-šu*
Rs.	3	ITI ^{d}DUMU.ZI
	4	UD 14.KAM

"16 Homer 5 Sea 4 *qû šibšu*-Abgabe. Monat Dumuzi, 14. Tag."

Zur Berechnung der Getreidemenge darf angenommen werden, daß sie mit dem in Tall ar-Rimāḥ bezeugten speziellen *šibšu*-Maß[9] gemessen wurde,

---

[5] Tall ar-Rimāḥ: *OBTR* 172:5, 183:8, 184:7, 185:5, 193:8, 194:9, 200:16, 210:17, 234:6; Tall Šāġir Bāzār: Ph. Talon/H. Hammade, *Old Babylonian Texts from Chagar Bazar* (*Akkadica Suppl.* 10, Brussels 1997) Nr. 5:5, 15:4, 58:6, 73:27; cf. J. Renger, *JNES* 32 (1973), 263. Außerdem begegnet der Monatsname in einigen in Mari gefundenen Briefen der assyrischen Periode: *ARM* I 10 Rs. 9', 24' (Absender: Šamšī-Adad), *ARM* I 133:5 (Absender: Išme-Dagān), II 44:47.

[6] R.M. Whiting, "Tell Leilān/Šubat-Enlil – Chronological Problemes and Perspectives", in S. Eichler/M. Wäfler/D. Warburton (Hrsg.), *Tall al-Ḥamīdīya 2* (*OBO Ser. Arch.* 6, Freiburg, Schweiz/Göttingen 1990), 196.

[7] J. Bottéro, *ARM* VII, p. 171; D. Charpin, "Les archives d'époque 'assyrienne' dans le palais de Mari", *M.A.R.I.* 4 (1985), 244-247; Idem/J.-M. Durand, "Aššur avant l'Assyrie", *M.A.R.I.* 8 (1997), 376.

[8] D. Charpin, *M.A.R.I.* 4, 247; Idem/J.-M. Durand, *M.A.R.I.* 8, 376.

[9] *i-na* ^{giš}BÁN *ši-ib-ši OBTR* 174:2 u. 6, 235:2, 283:5, 316:16.

welches nach einer Berechnung von M.A. Powell[10] das anderthalbfache des für Gerstenrationen verwendeten Maßes (^{giš}BÁN ŠE.BA) faßte. Dies vorausgesetzt, ergibt sich eine Menge von 2479 *qû*, was bei einem *qû* von 0,8 Litern 1983,2 Litern oder – bei Zugrundelegung von 680 Gramm pro Liter Gerste – 1349 kg entspricht. Leider sagt der Text nichts über die Herkunft der Gerste.

Der Monat ^{d}DUMU.ZI ist der 10. in "Šamšī-Adads Kalender" (wohl Mai/Juni); der Abschluß der Erntearbeiten fällt in diesen Monat, so daß unser Text die naheliegende und auch aus den Mari-Texten[11] zu gewinnende Annahme bestätigt, die *šibšum*-Abgabe sei unmittelbar nach Abschluß der Ernte eingesammelt worden.

Vs.

2

Rs.

4

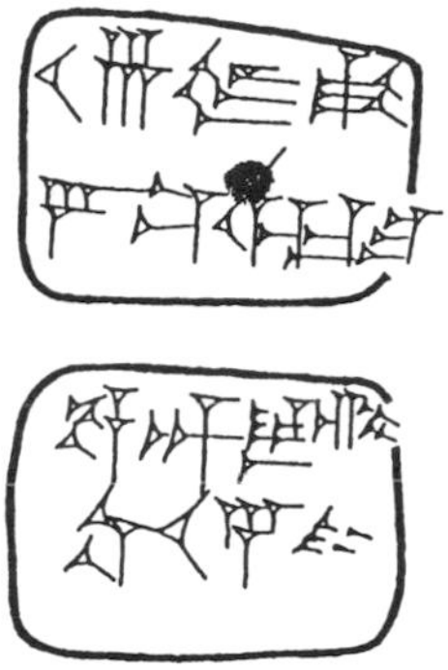

Abb. 1: Slg. Wirries (Kopie G. Wilhelm)

---

[10] M.A. Powell, "Maße und Gewichte", *RlA* 7 (1987-1990), 500.

[11] *ARM* XI, 42 und 184, beide im Monat Laḫḫum des Kalenders von Mari geschrieben, der nach der Rekonstruktion von "Šamšī-Adads Kalender" durch D. Charpin dem Monat DUMU.ZI entspricht (die von M.L. Burke, *ARM* XI, 131 angestellten und von M. deJ. Ellis, *Agriculture and the State*, 104 referierten Überlegungen sind damit hinfällig). Im vorausgehenden Monat Malkānum (im Kalender von Mari) oder noch etwas früher (im Monat Addārum von "Šamšī-Adads Kalender") begannen die Erntearbeiten, s. D. Charpin, *M.A.R.I.* 4, 246.

Von Assurbanipal zu Nabopolassar – das Zeugnis der Urkunden*

Joachim Oelsner (Leipzig)

Während sich der Beginn der sogenannten "chaldäischen" Dynastie unter Nabupolassar ohne Probleme bestimmen läßt, bestehen über die letzten Jahre der assyrischen Herrschaft über Babylonien noch manche Unklarheiten. Daß Kandalanu und Assurbanipal verschiedene Personen sind, wird zwar heute in der Regel anerkannt,[1] die Regierungsdauer des letzteren ist jedoch noch immer umstritten. Zwei Angaben stehen einander gegenüber: einmal die Adad-guppi-Inschrift aus Harran mit 42 Jahren, zum anderen die Urkunden-Überlieferung, die nur bis zum Jahre 38 reicht. In seiner Studie, in der den Urkunden gebührender Raum eingeräumt wird, hat sich Nadav Na'aman[2] dafür ausgesprochen, letztere den chronologischen Überlegungen zugrundezulegen. Damit ist die Diskussion aber nicht beendet, sondern eher neu belebt worden,[3] nachdem sie bereits vor etwa 30 Jahren intensiv geführt worden war.[4] Wie die jüngsten Arbeiten zeigen, wurde ein allseits akzeptiertes Ergebnis jedoch nicht erreicht. Eine nochmalige Analyse eines Teilbereichs

* N.B. Die Fertigstellung vorliegenden Beitrags hat sich verzögert. In Absprache mit dem Autor wurde er an dieser Stelle plaziert. Er wurde im Index berücksichtigt.

[1] N. Na'aman, "Chronology and History in the Late Assyrian Empire (631-619 B.C.)", *ZA* 81 (1991), 243-267; G. Frame, *Babylonia 689-627 B.C.* (Istanbul/Leiden 1992), 296-308; ders., *RIMB* 2 (Toronto [u.a.] 1995), 260. Auch S. Zawadzki, der sich noch in *The Fall of Assyria* (Poznan/Delft 1988) für Personengleichheit ausgesprochen hatte, hat diese Ansicht inzwischen aufgegeben, s. ders., *OrNS* 62 (1993), 450f.; "A Contribution to the Chronology of the Last Days of the Assyrian Empire", *ZA* 85 (1995), 70 bei Anm. 10.

[2] N. Na'aman, *ZA* 81, 243-267. Dazu vgl. auch S. Zawadzki, *ZA* 85, 67-73.

[3] Vgl. vor allem P.-A. Beaulieu, "The Fourth Year of Hostilities in the Land", *BaM* 28 (1997), 367-394, und M. Gerber, "Die Inschrift H(arran)1.A/B und die neubabylonische Chronologie", *ZA* 88 (1998), 72-93. Weiteres wird unten genannt.

[4] Vgl. die bei J.A. Brinkman, *RlA* 9/1-2 (1998), 13 s.v. Nabopolassar §2 genannte Literatur, s. auch Na'aman, *ZA* 81, 243 Anm. 1.

des Befundes erscheint deshalb sinnvoll.[5] Eine Einzelauseinandersetzung mit jeder abweichenden Ansicht kann nicht erfolgen.

1. Assurbanipal und Assur-etel-ilani[6]

Das erste Problem in diesem Zusammenhang ist die Regierungszeit Assurbanipals und die zeitliche Einordnung seines Nachfolgers Assur-etel-ilani. Die 42 Regierungsjahre, die ersterem in der genannten Harran-Inschrift Nabonids zugewiesen werden,[7] finden in den Texten aus Babylonien keine Bestätigung. Obwohl Frame zugibt, daß die Inschrift Fehler enthält, kommt er dennoch zur Aussage, daß es keinen Beweis dafür gibt, diese bei der Regierungszeit Assurbanipals zu suchen. Ähnlich nimmt Gerber die Jahresangabe ernst und versucht, durch nicht leicht nachzuvollziehende Überlegungen zu erklären, wie diese Angabe mit den übrigen Quellen in Einklang zu bringen ist. Dies mag hier auf sich beruhen.

Im Unterschied zu anderen babylonischen Orten wird in Nippur nicht nach Kandalanu datiert, sondern auch in den späteren vierziger und den dreißiger Jahren des 7. Jh. v.Chr. nach Assurbanipal. Das späteste Zeugnis ist eine Urkunde vom 20.III. Jahr 38.[8] Bis Nabupolassar, dem es im Jahre 626

---

[5] Ausgangspunkt sind die Zusammenstelllungen von J.A. Brinkman/D.A. Kennedy, "Documentary Evidence for the Economic Base of Early Neo-Babylonian Society: A Survey of Dated Babylonian Economic Texts", *JCS* 35 (1983), 1-90, mit Ergänzungen in "Supplement to the Survey of Dated Babylonian Neo-Babylonian Economic Texts", *JCS* 38 (1986), 99-106 (im folgenden: Sigel A-P), für Nabupolassar D.A. Kennedy, "Documentary Evidence for the Economic Base of Early Neo-Babylonian Society. Part II: A Survey of Babylonian Tablets, 626-605 B.C.", *JCS* 38 (1986), 172-244 (Sigel T), und P.-A. Beaulieu, *BaM* 28. Neben den Siglen werden die Publikationsstellen bzw. bei nicht veröffentlichtlichten Texten die Museumsnummern genannt. – Den Trustees of the British Museum gebührt Dank für die Genehmigung, kollationierte und unpublizierte Londoner Tafeln hier verwenden zu können.

[6] Bei Datierungen werden die Herrschernamen im folgenden abgekürzt: Assurbanipal = Abp, Aššur-etelilani = Aei, Kandalanu = Kand, Nabupolassar = Npl, Sin-šar-iškun = Sši, Sin-šum-lišir = Ssl. Das Akzessionsjahr wird als Jahr "0" gezählt.

[7] Es erscheint hier nicht erforderlich, die Aufzählung der Herrscher, unter denen Adad-Guppi, die Mutter des babylonischen Königs Nabonid, laut dieser Inschrift gelebt haben soll, zu wiederholen. Vgl. z.B. G. Frame, *Babylonia 689-627 B.C.*, 27, und ders., *RIMB* 2, 194, 261. Ausführlich dazu M. Gerber, *ZA* 88 und W. Mayer, "Nabonids Herkunft", in M. Dietrich/O. Loretz (Hrsg.), *dubsar anta-men. Studien zur Altorientalistik – Festschrift für Willem H.Ph. Römer* (*AOAT* 253, Münster 1998), 244-261 (mit Übersetzung des Textes).

[8] Publiziert von J.A. Brinkman, "The Latest Known Text Dated under Ashurbanipal", *N.A.B.U.* 24/1996 = J.38. - Nach J. Koch, "Zur Bedeutung von LÁL in den 'Astronomical Diaries' und in der Plejaden-Schaltregel", *JCS* 49 (1997), 95ff. Tabelle IV-VI, begann dieses Jahr am Abend des 30. März 631 v.Chr. Gegenüber dem dort zugrundegelegten Tagesbeginn bei Sonnenuntergang werden hier bei Umrechnungen in Übereinstimmung mit R.A.

gelang, in Babylon als König anerkannt zu werden, unbestritten über das gesamte Südmesopotamien herrschen konnte, sollte noch einige Zeit vergehen. In diese Periode fällt die Datierung einer Anzahl babylonischer Urkunden nach assyrischen Herrschern.

Außer Assurbanipal sind in Nippur auch die Assyrer Assur-etel-ilani (bis Jahr 4),[9] Sin-šar-iškun (bis Jahr 6)[10] sowie Sin-šum-lišir (nur einige Monate des Akzessionsjahres) bezeugt. Die Frage ist, wie verhalten sich diese Herrscher zeitlich zu Assurbanipal? Bei Ansetzung von 42 Regierungsjahren für letzteren lassen sich die nach Assur-etel-ilani datierten Urkunden nicht vor Herbst 627 v.Chr. einordnen (M.1 und M.2/3 vom 20.VII. bzw. 26. XI. Jahr 0), falls man nicht Parallelregierungen postuliert.[11] Verzichtet man auf diese, wird eine Überlieferungslücke von vier Jahren in einer sonst relativ lückenlosen Urkundenfolge in Nippur unterstellt. Das ist wenig wahrscheinlich. Na'aman[12] hat sich deshalb nachdrücklich dafür ausgesprochen, Assur-etel-ilani unmittelbar an die urkundlich bezeugte Regierungszeit Assurbanipals anzuschließen. Er regierte danach von 631 bis 627. Das späteste bekannte Datum ist vom 1.VIII. Jahr 4 (M.12 = *BE* 8,5).[13]

2. Sin-šar-iškun und Nippur

Der in Babylonien urkundlich nur in Nippur bezeugte Assur-etel-ilani läßt sich, wie gezeigt wurde, ohne Schwierigkeiten an Assurbanipal

Parker/W.H. Dubberstein, *Babylonian Chronology 626 B.C.-A.D. 75* (Providence 1956), 26 oben (= *PD*), alle Angaben auf unseren bürgerlichen Tag (von Mitternacht zu Mitternacht) umgestellt, wodurch die Daten im Julianischen Kalender gegenüber Koch einen Tag später fallen.

[9] Die Harran-Inschrift weist ihm drei Regierungsjahre zu, die bei Annahme einer 42-jährigen Regierungszeit Assurbanipals in keiner Weise zwischen dieser und der zweifelsfrei für das Jahr 626 v.Chr. gesicherten Thronbesteigung Nabupolassars untergebracht werden können.

[10] Die Liste *JCS* 35 (und 38) ist jetzt zu ergänzen um: N. Czechowicz, *Šulmu* IV (Poznan 1993), 63-65 (Nippur; 24. VIII. Jahr 6). – O.49 = *BE* 8, 157 (datiert 1.VIb.x) ist im Jahr 621/20 v.Chr. (= Sši 6 nach der hier vertretenen Chronologie) einzuordnen, da im fraglichen Zeitraum nur dieses einen Schalt-Ulul aufweist (s. *PD* und J. Koch, *JCS* 49).

[11] So z.B. M. Gerber, *ZA* 88, 72 und öfter (Abp. 42 = Aei. 3). Zwei assyrische Urkunden, in denen Assur-etel-ilani hohen Beamten Steuerfreiheit verleiht (jetzt: *SAA* 12, Nr. 35 und 36), legen es jedoch nahe, daß der neue König nach dem Tode seines Vaters an die Macht kam. Hinweise auf gleichzeitige Herrschaft der beiden Herrscher sind in den Quellen nicht zu finden.

[12] *ZA* 81, 249-251.

[13] Die Lesung der Jahreszahl als "4" ist zweifelsfrei, s. H.V. Hilprecht, "Keilinschriftliche Funde in Niffer", *ZA* 4 (1889), 166 f. mit Anm. 3.

anschließen. Umstritten ist aber sein zeitliches Verhältnis zu Sin-šar-iškun.

Wiederholt, zuletzt von M. Gerber,[14] wird die Ansicht vertreten, daß sich aus HS 479 = *TuM* 2/3, 35 (O.7) Z. 7 die Gleichsetzung von Aei 3 und Sši 0 ergibt. Er beruft sich dabei auf eine Kollation der strittigen Stelle durch M. Krebernik, meinen Nachfolger an der Hilprecht-Sammlung Jena. So erfreulich es ist, daß dadurch der von mir vor rund dreißig Jahren in dieser Zeile am Bruch erkannte Rest eines senkrechten Keils bestätigt wird, so wenig akzeptabel sind die Folgerungen Gerbers, die ebenso wie manche der von ihm angeführten früheren Vorschläge auf einer nicht beweisbaren und inhaltlich abwegigen Ergänzung eines Herrschernamens in der Lücke beruhen.[15] Ich muß gestehen, daß ich auch erst bei der erneuten Beschäftigung mit dem Text endgültige Klarheit gewonnen habe. Für die Ermöglichung einer nochmaligen Kollation, deren Ergebnis und die daraus zu ziehenden Folgerungen hier mitgeteilt werden, sei M. Krebernik auch an dieser Stelle herzlich gedankt.

Gerbers Vorschlag, vor dem *šá-ṭir* in Z. 7 den senkrechten Keil des DINGIR-Zeichens zu erkennen, ist ausgeschlossen. Die Oberfläche ist zwar an dieser Stelle rauh, aber erhalten. Der am Bruch stehende senkrechte Keil bildet zweifelsfrei den Abschluß des Zeichens. Da beim DINGIR-Zeichen der waagerechte Keil den senkrechten kreuzt, entfällt diese Lesung.

Gegen die Ergänzung des Herrschernamens Aššur-etel-ilāni (vgl. auch die Schreibung des Königsnamens Z. 11) an dieser Stelle gibt es aber auch noch andere Einwände: a) Die Verwendung von *šá-ṭir* "ist geschrieben" zur Einführung eines Doppeldatums wäre mindestens ungewöhnlich. Es würde bedeuten: geschrieben ist zwar Aei 3, gemeint aber Sši 0; b) der Schreiber der uns vorliegenden Tafel hat vor Königsnamen alle Jahreszahlen der Datierungen konsequent mit waagerechten Keilen geschrieben, was ja bis ins 6. Jh. hinein nicht selten vorkommt. Es wäre merkwürdig, wenn er sich gerade bei der Einführung einer Doppeldatierung zu zwei verschiedenen Schreibweisen entschlossen hätte.[16] Auch das spricht gegen eine solche.

Die erneute Beschäftigung mit der Urkunde hat aber immerhin ein

---

[14] "Collation of HS 479 : 9 (addendum to Gerber, ZA 88 [1998])", *N.A.B.U.* 76/1998. Ebenso P.-A. Beaulieu, *BaM* 28, 383f., 387 Tab. 7. S. auch u. Anm. 26.

[15] Sie wurde übrigens schon von O. Krückmann in seiner unpublizierten Bearbeitung der von ihm kopierten Jenaer Texte vorgenommen. Ich verdanke die Kenntnis des Manuskripts meinem Freiburger Kollegen Horst Steible.

[16] S. schon R. Borger, "Der Aufstieg des neubabylonischen Reiches", *JCS* 19 (1965), 65. Mindestens in einem Fall wechselt allerdings ein Schreiber bei Jahreszahlen zwischen waagerechten und senkrechten Keilen auf derselben Tafel: BM 47446 (T.4.1: Npl 4, aus Uruk; unpubl., nach Autopsie): Im Kontext schreibt er die Zahlen senkrecht, in der abschließenden Datierung jedoch waagerecht. Der dortige Sachverhalt unterscheidet sich jedoch von HS 479.

Ergebnis erbracht: eine Interpretation von Z. 5-7 der Tafel aus dem Charakter des Textes heraus.

Zunächst muß man sich vergegenwärtigen, daß es sich bei dieser "Sammeltafel" nicht um wörtliche Abschriften von Verpflichtungsscheinen handelt, sondern um Inhaltsangaben. Formal liegt keine Rechtsurkunde im strengen Wortsinne vor. Nicht die Verträge selbst wurden, wie bei anderen Sammelurkunden, abgeschrieben, sie wurden nur inhaltlich erfaßt. Wie sich aus Z. 1 ergibt, ist die Tafel als Aufstellung eines Gläubigers über noch ausstehende Forderungen - sowohl an Kapital wie an Zinsen - zu verstehen, als Zusammenfassung von Außenständen. Die Abweichungen vom Formular und Besonderheiten der Ausdrucksweise ergeben sich aus diesem Charakter des Textes ("Auszüge mit gelegentlichen Nachträgen"[17]).

Offenbar war es zur Zeit der Niederschrift unmöglich, die in der Regel mit 20 % zu verzinsenden Forderungen einzutreiben. Der letzte "Posten"[18] Z. 24-26 soll bis zum "Öffnen des Tores" zinslos bleiben (Z. 18 f. wahrscheinlich ebenso zu ergänzen).[19]

Um den zeitlichen Rahmen abzustecken, hier die einzelnen Posten, denen (nicht erhaltene) Schuldurkunden zugrundeliegen:

Z. 2-4	Text A:	24.VI. Sši 2
Z. 5-7	Text B:	Sši 0 (s.u.)
Z. 8-11	Text C:	kein Datum, aber der Hinweis, daß vom 1. VIII. [des Jahres 1 bis zum Ende des Tašrit des] Jahres Aei 3 für zwei Jahre Zins gezahlt ist.[20]
Z. 12-17	Text D:	[x.x.] Sši 2

Wegen der Beschädigung der Tafel und fehlender Trennstriche ist die Rückseite nicht zweifelsfrei zu unterteilen. Ob Z. 18-23 mit den Datierungen "im Dûzu Jahr 2 Sši" (Z. 20) und 10.XI. Sši 2 (Z. 23) einen einzelnen oder mehrere Vorgänge betreffen, bleibt unsicher. Letzteres ist sicher das Ausstellungsdatum einer Urkunde. Worauf sich die erste, rund sieben Monate

---

17 So M. San Nicolò, *BR* 8/7, 120 zu Nr. 63 = *TuM* 2/3, 35 (Bearbeitung der Tafel).

18 So ist MU.NE Z. 1 am Ende im Deutschen am besten wiederzugeben.

19 Offen bleiben muß, ob Z. 26 [*pí-te*]-*e* oder wie in *TuM* 2/3, 41 und 42 (= *BR* 8/7 Nr. 68 f.; Sši 6, Kopie ist korrekt) [*pa-te*]-*e* zu ergänzen ist. Der Zeichenrest Z. 19 am Bruch gehört wohl eher zu K]Á als zu ⸢*e*⸣. - Zum "Schließen des Tores" in Sši 3 vgl. A.L. Oppenheim, "'Siege documents' from Nippur", *Iraq* 17 (1955), 69-89, besonders S. 76. Auch HS 479 dürfte deshalb in Sši 3 geschrieben worden sein.

20 Z. 11 Anfang wohl zu ergänzen: [MU 1^{kám} *adi qīt* ^{itu}DUL M]U 3^{kám} ... . Vgl. schon R. Borger, *JCS* 19 (1965), 66, und die Bemerkung bei J.A. Brinkman/D.A. Kennedy (o. Anm. 5) zu M.11. - Z. 10 Mitte liegt eine Rasur vor.

frühere Angabe bezieht, bleibt unklar, da der Kontext zerstört ist.[21] Z. 24-26 folgt noch ein nicht datierter Vorgang mit Nennung des Zahlungstermins "beim Öffnen des Tores" (*ina petê bābi*).[22]

Der Abschnitt Z. 5-7 mit dem abgeblichen Doppeldatum ist folgendermaßen aufgebaut: auf die Nennung der geschuldeten Silbermenge und des Verpflichteten (*ina muhhi* PN; der Gläubiger ergibt sich aus Z. 1) folgen die Namen von zwei Zeugen und Schreiber. Es schließt sich aber kein Datum an, sondern in Z. 6 folgt der Satz: ^{itu}*tašrītu ūmu* 1^{kám} *kaspu na-din* "am 1. Tašrit ist das Silber gegeben". Dem philologischen Grundsatz folgend, daß die Struktur eines Textes für sein Verständnis grundlegend ist, muß der Stativ *šá-ṭir* in der folgenden Zeile parallel dazu verstanden werden und ebenfalls einen Satz abschließen.

Wie läßt sich danach der Anfang von Z. 7 ergänzen? Schon R.Borger[23] hatte darauf hingewiesen, daß nach der Kopie der erste erhaltene Zeichenrest keinem normalen MU entspricht. Auf Bitte W. von Sodens hatte ich die Stelle vor rund 30 Jahren kollationiert mit dem Ergebnis "daß an der Lesung MU nicht gezweifelt werden kann".[24] Nach nochmaliger Kollation und mit größerer Erfahrung, bin ich heute überzeugt, daß es sich nicht um einen waagerechten Keil handelt, sondern um einen Riß in der Tafeloberfläche, der durch einen Winkelhaken geht. Damit bestätigt sich der Vorschlag Borgers, hier "23. [Tag ...]" zu lesen. Nach den Raumverhältnissen wird deshalb jetzt als Ergänzung vorgeschlagen:[25]

HS 479, 7: [(*u/ù*) *ina* UD] 23^{kám} ⌜šá⌝ [^{itu}x ...]x *šá-ṭir*
"[(und) am] 23. des [Monats ...] ist geschrieben".

Damit ist die Lücke noch nicht ausgefüllt. Auch fehlt noch das Subjekt für den Stativ *šaṭir*, das an dieser Stelle zu ergänzen ist. Sachlich ist *u'iltu* "Schuldverpflichtung, Schuldurkunde", *ṭuppu*(DUB) "(Ton)tafel", *lē'u*

---

21 Obwohl San Nicolò versucht hat, die Anfänge von Z. 18-21 zu ergänzen (Z. 21 *ina muḫḫi*), konnte er keinen Kontext gewinnen. Nach dem Formular der Verpflichtungsscheine ist am Anfang von Z. 21 ein Verbum möglich (z.B. für einen Zahlungstermin). Vgl. auch N. Na'aman, *ZA* 81, 261 Anm. 56 (dort Z. 18-20 und 21-23 zusammengefaßt). - Zu Z. 18 [Ninurta-uballi]ṭ, Sohn des Bēl-usāti (Schuldner), s. schon R. Borger, *JCS* 19, 66.

22 S. o. bei und mit Anm. 19.

23 *JCS* 19, 65 f.

24 W. von Soden, "Aššuretellilāni, Sînšarriškun, Sînšum(u)līšer und die Ereignisse im Assyrerreich nach 635 v. Chr.", *ZA* 58 (1967), 245f. Am Zeilenanfang wollte W. von Soden [*ina ṭuppi*] bzw. [*ina labīri*] "auf der Tafel bzw. dem Original" ergänzen. Substantivisch gebrauchtes *labīru* ist, wenn ich recht sehe, für Urkunden jedoch nicht gebräuchlich. Seine Ergänzung des Königsnamens [Sin-šum-liši]r hat sich ohnehin als nicht möglich erwiesen.

25 Vgl. die beigegebene Kopie auf S. 666 (Abb. 1).

(${}^{\text{giš}}$DA) "Urkunde" oder auch *gabarû*(GABA.RI) "Kopie, Duplikat (der Urkunde)" denkbar.

Als Ergänzung ergeben sich danach: 1. *ú-ìl-tì-š*]*u/š*]*ú*. Das vor *šá-ṭir* stehende Zeichen endet auf einen senkrechten Keil, so daß *šu* näher liegt. Der Schreiber verwendet dieses Zeichen allerdings sonst nicht. Da der untere Teil des senkrechten Keils verloren ist, scheint auch ⌞*šú*⌟ nicht ausgeschlossen. 2. Bei einer Ergänzung DUB = *ṭuppu* (ohne Suffix) besteht diese Schwierigkeit nicht. Dasselbe gilt bei 3. ${}^{\text{giš}}$DA = *lē'u* sowie 4. GABA.RI, wo die Zeichen DA bzw. RI auf einen senkrechten Keil enden. Inhaltlich soll entweder ausgesagt werden, daß zunächst das Silber übergeben, die entsprechende Urkunde aber erst später geschrieben wurde (Ergänzung 1-3), oder aber (4.) aus irgendeinem Grunde im Jahre Sši 0 ein Duplikat geschrieben wurde. Letzteres scheint mir am nächsten zu liegen. In diesem Fall kann auch bei der Geldübergabe eine Urkunde ausgefertigt worden sein.

Für den Sachverhalt, daß keine Schuldurkunden geschrieben wurden, lassen sich zwei kleine Tafeln über eine Getreideschuld vergleichen, auch wenn der Sachverhalt nicht exakt entspricht: "... Gerste zur Verfügung von (*ina pān*) PN, worüber kein Verpflichtungsschein ausgestellt wurde (*šá ú-ìl-tì-šú la it-tan-nu*)" (*VS* 3, 221 = *NRVU* 579; *VS* 3, 217 = *NRVU* 580; Herkunftsort nicht bekannt, jedoch nicht Nippur).

Bleibt noch ein historisches Problem. Nach einer Urkunde aus Nippur wurde hier noch am 1.VIII. Jahr 4 nach Assur-etel-ilani datiert (M.12 = *BE* 8, 125).[26] Bereits aus dem siebenten Monat ist jedoch eine Sin-šar-iškun-Datierung aus Sippar bekannt (s.u. Abschnitt 3). N. Na'aman nimmt deshalb an, daß der König kurz vor dem 1. Tašrit gestorben sei, und denkt daran, daß die Nachricht vom Herrscherwechsel erst nach einiger Zeit nach dem entfernt gelegenen Nippur gelangt sei. Deshalb datierte man dort noch länger nach ihm.[27]

---

[26] S. o. bei und mit Anm. 13. - Bei einer Gleichsetzung Sši 0 und Aei 3 wäre eine Datierung Aei 4 - ein volles Jahr nach dem Machtwechsel - völlig unerklärlich! Da die Angabe 1.VII. (HS 479 Z. 6) in der Regel ebenfalls auf Sši 0 bezogen wird (s. aber anschließend), ergeben sich bei diesem Synchronismus weitere Schwierigkeiten: in einer Weihinschrift Assur-etel-ilanis für Marduk werden das Datum 11.VI. Jahr 3 und für Monat VII bestimmte Opfer genannt (s. E. Leichty, "An Inscription of Aššur-etel-ilani", *JAOS* 103, 1983, 217-220 = G. Frame, *RIMB* 2, 262 f., vgl. auch J.A. Brinkman/D.A. Kennedy, *JCS* 38, 1986, 103 Mn.2). Wenige Tage später müßte man dann schon nach Sin-šar-iškun datiert haben. Aber es gibt aus Nippur noch Urkunden vom 9.IX. und 21.XI. Aei 3 (M.9-10) und HS 479 (= M. 11) Z. 11 ist wohl das Ende von Monat VII als Termin zu ergänzen (s.o. Anm. 20). Schon diese Beispiele hätten die Vertreter eines Synchronismus Aei 3 = Sši 0 stutzig machen müssen!

[27] *ZA* 81, 248; vgl. auch H. Tadmor, "Nabopolassar and Sin-shum-lishir in a Literary Perspective", in S.M. Maul (Hrsg.), *Festschrift für Rykle Borger zu seinem 65. Geburtstag am 24. Mai 1994. tikip santakki mala bašmu ...* (*CM* 10, Groningen 1998), 354 mit Anm. 15. S. auch u. Anm. 41 am Ende.

Das Problem wird noch dadurch verschärft, daß in HS 479 Z. 6 der 1.VII. als Tag der Geldübergabe genannt wird und nach Z. 7 eine Urkunde im Jahr Sši 0 geschrieben wurde. Bezieht sich die Jahresangabe auf die gesamte Transaktion, dann wurde zum Teil auch in Nippur bereits einen Monat vor dem letzten Assur-etel-ilani-Datum nach Sin-šar-iškun datiert. Diese Interpretation ist allerdings nicht zwingend. Aus der Formulierung ergibt sich nicht zwangsläufig, daß für Z. 6, den Tag der Geldübergabe, das am Ende von Z. 7 genannte Jahr gilt. Da kein formulargemäßer Urkundentext vorliegt, sondern nur regestenartige Notizen, ist nicht auszuschließen, daß der am 1.VII. anerkannte Herrscher gar nicht genannt, sondern als bekannt vorausgesetzt wurde. Sši 0 ist dann nur auf den Tag der Ausfertigung der Urkunde am 23.[x.] zu beziehen. Wird akzeptiert, daß Datierungen nach Assur-etel-ilani in Nippur bis zum Beginn das achten Monats üblich waren, so kann der verlorene Monat in HS 479 Z. 7 nicht als Tašrit ergänzt werden. Dann ist frühestens Arahsamnu möglich. D.h. zwischen Geldübergabe und Ausfertigung der Urkunde (oder einer Abschrift) vergingen wenigstens fast zwei Monate, wenn das hier vorgeschlagene Verständnis der Urkunde richtig ist.[28]

Mit dieser - nunmehr siebenten[29] und hoffentlich definitiven - Interpretation reduziert sich die Bedeutung des Textes für die Diskussion um das Ende der assyrischen Herrschaft in Babylonien auf ein realistisches Maß. Mit der Nennung der Jahre Aei 3 (Z. 11), Sši 0 (Z. 7) und 2 (Z. 4, 17, 20, 23) sowie der Anspielung auf die Belagerung Nippurs (Z. 26 "beim Öffnen des Tores" und wohl auch Z. 19[30]), fügt sie sich in den Rahmen der übrigen Nippur-Urkunden dieser Zeit ein. Abschließend bleibt festzustellen, daß die einzig mögliche Interpretation bereits R. Borger, *JCS* 19, 65 f., gab.

Von Sši 1 bis 6 gibt es eine lückenlose Überlieferung aus Nippur.[31] Danach setzt sie hier für einige Jahre aus. Texte begegnen erst wieder gegen Ende der Regierungszeit Nabupolassars (T.19.55; T.20.54).[32]

---

[28] Ein weiteres Ergebnis der Kollation sind verbesserte Lesungen der Anfänge von Z. 5 und 6 (s. die beigefügte Kopie S. 666, Abb. 1): (5) statt "1" lies "$^{1}/_{3}$ MA.NA", (6) wohl ⌞$^{I.itu}$⌟KIN-*a*-⸢*a* A⸣ [... "Ulūlâ, Sohn des ...". Eine vollständige neue Umschrift von HS 479 = TuM 2/3, 35 Z. 5-7 sei angefügt:

(5) 1/3 MA.NA KÙ.BABBAR *ina* U[GU ^{I}...-ŠE]Š A ^{Id}PA-KÁM *mu-kin-né-e* ^{Id}U.GUR-GI A ^{Id}U.GUR-SUR

(6) ⌞$^{I.itu}$⌟KIN-*a*-⸢*a* A⸣ [^{I}... ^{lú}UMBISAG ^{I}]^{d}MAŠ-KAR^{ir} A ^{I}NÍG.DU ^{itu}DUL UD 1^{kám} KÙ.BABBAR *na-din*

(7) [(*u/ù*) *ina* UD] 23^{kám} ⸢šá⸣ [^{itu}x ...]x *šá-ṭir* MU SAG.NAM.LUGAL.E ^{d}XXX-LUGAL-*iš-kun*.

[29] Vgl. die Zusammenstellung bei M. Gerber, *N.A.B.U.* 76/1998.

[30] S. o. Anm. 19.

[31] S. J.A. Brinkman/D.A. Kennedy, *JCS* 35, 54-58 sub O. - O.16 wurde publiziert von M. deJong Ellis, "Neo-Babylonian Texts in the Yale Babylonian Collection", *JCS* 36 (1984), 63 Nr. 25. Nach der Kopie ist die Jahreszahl eher "1" als "2" (der zweite "Keil" hat danach

3. Sin-šar-iškun und Sippar

Außerhalb Nippurs begegnen Sin-šar-iškun-Daten in Babylon (Jahr 0), Sippar (Jahr 0 bis Anfang Jahr 3) und Uruk (Jahr 0, 5-7).[33] Da Kandalanu in Babylon, Borsippa, Sippar und Uruk bis zum dritten Monat seines 21. Regierungsjahres (= 627 v.Chr.) bezeugt ist (L.154-162, 189), lassen sie sich erst danach einordnen. Eine andere Frage ist das zeitliche Verhältnis zum nächsten Fixdatum, dem Regierungsantritt Nabupolassars (Jahr 0 = 626/25). - Zunächst der Befund.

Aus dem Jahr Sši 0 sind bekannt (außer Nippur):[34]

8.VII.	Sši 0	(Sippar)	O.1 = *AfO* 16, 307 f. Nr. 3, Taf. XVI (BM 49185)
22.VIII.	Sši 0	(Sippar)	O.2 = *AfO* 16, 307 Nr. 2, Taf. XV (BM 49188)
6.XI.	Sši 0	Uruk	O.3/4 = *TCL* 12,14 (und Duplikat YBC 11414 = *JCS* 36, 60 Nr. 23)
21.XII.	Sši 0	Babylon	O.5 = YBC 11378 = *JCS* 36, 61 f., Nr. 24
x.x.	Sši 0	Babylon	0.6 = BM 67313[35].

In der Folgezeit sind in Nordbabylonien Sši-Daten nur noch aus Sippar bekannt:

---

keinen Kopf. Es dürfte sich eher um eine Beschädigung der Tafeloberfläche als um einen bewußten Eindruck handeln).

[32] Auch *TuM* 2/3, 271 (= T.18.39; + unpubl. HS 2939, Ortsangabe verloren) kann aus Nippur kommen. - Nach R. Zadok, "Archives from Nippur in the First Millennium B.C.", in K.R. Veenhof (Hrsg.), *Cuneiform Archives and Libraries* (Istanbul/Leiden 1986), 279 mit Anm. 6 (mit veralteter Chronologie), soll auch AO 8623 (Durand, *Texts babyloniens* Taf. 31 = *Textes économiques*, 69f. Nr. 20; = T.12.41) von hier stammen. Dafür spricht jedoch nichts im Text. Entgegen A.L. Oppenheim, *Iraq* 17, wurde *BE* 9, 5 (Jahr 11+x) nicht in Nippur gefunden, s. D.A. Kennedy, *JCS* 38, 217 sub T.x.29.

[33] Belege: J.A. Brinkman/D.A. Kennedy, *JCS* 35, 54-59 sub O, zu Uruk s.u. Abschnitt 4. - Unberücksichtigt bleibt O.43 = *CTN* 3, Nr. 62 (13.I. Jahr 7; in Kār-Assur geschrieben und in Kalach gefunden).

[34] In Klammern gesetzte Ortsnamen sind aus der Art der Texte erschlossen. Diejenigen dieser Tafeln, für die eine Herkunft aus Sippar angenommen wird, kommen in der Regel aus dem Ebabbar-Archiv. Zum Inhalt unpublizierter Londoner Tafeln vgl. E. Leichty, *Catalogue of the Babylonian Tablets in the British Museum*, vol. VI-VIII (London 1986-1988).

[35] Nach J.A. Brinkman, "Notes on the Dates of Late Seventh-Century Babylonian Economic Texts", *N.A.B.U.* 112/1995, und eigener Kollation Zuordnung gesichert. H. Tadmor, in *Fs. Borger*, 354 Anm. 8, im Anschluß an N. Na'aman, *ZA* 81, 244 Anm. 2, dagegen Sin-šum-lišir.

Sši 1:			
11.II.	Sši 1	(Sippar)	O.8 = *AfO* 16, 308 Nr. 4, Taf. XV (BM 57149)
Sši 2:			
1.II.	Sši 2	Sippar	O.9 = *VS* 6,2
8.(18?.)II.[36]	Sši 2	(Sippar)	O.10 = BM 49982
20.II.	Sši 2	Sippar	O.11 = *FLP* 1517
25.III.[37]	Sši 2	Sippar	O.12 = Evetts, in: J.N. Straßmaier, *Bab. Texte* 6B, App. Nr. 1 (82-7-14,21 = BM 92718)
2.IX.	Sši 2	Sippar	M. Roth, *Marriage Agreements*, 39f. Nr. 2
Sši 3:			
11.I.	Sši 3	Sippar	O.21 (in Uppsala, unpubl.).

Da die ersten Regierungsjahre Nabupolassars ebenfalls in Urkunden aus Sippar bezeugt sind, gilt es deren Verhältnis zu den Sši-Daten zu klären. Von den Texten aus den Jahren Npl 0 - 3, die D.A. Kennedy, *JCS* 38, 178ff. verzeichnet, kommen als sicher oder wahrscheinlich in Frage:

Npl 0 (= 626/625 v.Chr.):			
22.VI.	Npl 0	(Sippar)	T.0.1 = Wiseman, *Chronicles*, 93 f., Taf. 21 (BM 49656)[38]
Npl 1 (= 625/624 v.Chr.):			
19.III.	Npl 1	(Sippar)	T.1.5 = BM 49519
x.V.	Npl 1	(Sippar)	T.1.15 = BM 52783
21.VI.	Npl 1	(Sippar)	T.1.9 = BM 49804
7.XII.	Npl 1	(Sippar)	T.1.11 = BM 79041
Npl 2 (= 624/623 v.Chr.):			
15.I.	Npl 2	(Sippar)	T.2.1 = BM 50537

[36] Tageszahl "8" nach *JCS* 35, 55, aber "18" nach E. Leichty, *Catalogue* VI, 22.

[37] E. Leichty, *Catalogue* VI: Tageszahl "26".

[38] Obwohl es Urkunden aus Dilbat und Borsippa im interessierenden Zeitraum in der Sammlung 82-3-23 gibt (z.B. T.2.6 - Dilbat - bzw. T.2.17 - Babylon), ist entgegen D.A. Kennedy, *JCS* 38, 178 sub T.0.1, aus inhaltlichen Gründen an der Herkunft aus Sippar kaum zu zweifeln. So jetzt auch A.C.V.M. Bongenaar, *The Neo-Babylonian Ebabbar Temple at Sippar* (Istanbul/Leiden 1997), 502 s.v. Šarrāni. - Wenn Nabupolassar Babylon vor dem 12.VI. besetzt hat (so N. Na'aman, *ZA* 81, 258 f. zu A.K. Grayson, *ABC*, 88f. Chron. 2 Z. 1-4), ist eine derartige Datierung nichts Unerwartetes.

(II.)	Npl 2	(Sippar)	T.2.18 = *CT* 56, 36[39]
20.V.	Npl 2	(Sippar)	T.2.7 = BM 50894
6.IX.	Npl 2	?	T.2.8 = YBC 11570
20.IX.	Npl 2	(Sippar)	T.2.10 = BM 78890
x.XI.	Npl 2	(Sippar)	T.2.13 = BM 50039
13.XII.	Npl 2	(Sippar)	T.2.14 = BM 49459

Npl 3 (= 623/622 v.Chr.):

9.II.	Npl 3	(Sippar)	T.3.1 = BM 49883
25.III.	Npl 3	?	T.3.2 = BM 49382 (hierher gehörig?)[40]
8.VIII.	Npl 3	(Sippar)	T.3.4 = BM 49431
18.VIII.	Npl 3	(Sippar)	T.3.6 = BM 50101

Da im Ebabbar-Archiv sowohl unter Kandalanu als auch unter Nabupolassar eine relativ dichte Urkundenfolge bezeugt ist, sollten arbeitshypothetisch Überlieferungslücken möglichst klein angesetzt werden. Wenn Sši 0 mit 627/26 v.Chr. gleichgesetzt wird, würden sie sich hier jeweils nur über wenige Monate erstrecken. Dies ist mit dem Befund in Nippur vergleichbar, wenn dort von einer geschlossenen Textfolge ausgegangen wird (s.o. Abschnitt 2). Daraus ergibt sich dann das zeitliche Verhältnis von Sin-šar-iškun zu Nabupolassar von Babylon, dessen Akzessionsjahr 626/25 v.Chr. entspricht. Versucht man bei Annahme einer Gleichsetzung Kand 21 = Sši 0 = 627/26 v.Chr. und Sši 1 = Npl 0 626/25 eine Zusammenzufassung, so ergibt sich für Sippar: 627/26: Kand 21 bis Monat III – Sši 0 Monate VII, VIII.

Von 626/25 - 623/22 verteilen sich Sin-šar-iškun und Nabupolassar in folgender Weise:

625/626:	Sši 1 -	11.II.	Npl 0 -	22.VI.
625/624:	Sši 2 -	mehrfach II		
		25.III.	Npl 1 -	19.III.
				x.V./21.VI.
		2.IX.		7.XII.
624/623:	Sši 3 -	11.I.	Npl 2 -	15.I.
				II, V, IX, XI, XII
623/622			Npl 3 -	II, III, VIII

Es ergeben sich zwei Sši-Daten, die sich mit Npl überlappen: a) 19.III. Npl 1 / 25.III. Sši 2, b) der 11.I. Sši 3 liegt zwischen 7.XII. Npl 1 und 15.I.

[39] In Z. 4 wird der zweite Monat als Liefertermin genannt. Anders *JCS* 38, 180 sub numero.

[40] E. Leichty, *Catalogue* VI: "Legal text concerning sheep".

Npl 2. Der 2.IX. Sši 2 unterbricht die Reihe V/VI und XII Npl 1, was aber mit kurzzeitigem Herrscherwechsel zu erklären wäre. Dieser Befund muß zur Kenntnis genommen werden, ohne daß dafür eine Erklärung angeboten werden kann. Da Sin-šar-iškun keinesfalls früher eingeordnet werden kann (s.o. Abschnitt 1),[41] böte sich nur eine spätere Datierung an. Dann muß eine Überlieferungslücke angenommen werden, die natürlich nicht auszuschließen ist. Den Weg der "Spätdatierung" hat S. Zawadzki mit der Gleichung Npl 1 = Sši 0 versucht.[42] Da er sich auf Sippar und das eine Jahr beschränkt, hat er übersehen, daß sein Vorschlag, abgesehen von der Diskrepanz zu anderen Texten, für die folgenden Jahre schon in Sippar nicht aufgeht. In Uruk führt Npl 7 und 8 = Sši 6 und 7 jedoch zu einem heillosen Datierungschaos.

4. Sin-šar-iškun und Uruk

Zu den bereits oben (Abschnitt 3) genannten Texten aus dem Jahre Sši 0 kommt eine Anzahl von Urkunden mit Sši-Daten der Jahre 5-7.[43] Außerdem sind aus Npl 0 zwei Datierungen bekannt, die ebenso wie der Sippar-Text vom 22.VI. Npl 0 (T.0.1, s.o.) vor dem 22.VIII., dem in einer Chronik genannten Datum seiner Thronbesteigung in Babylon[44] liegen:

x(=13+x?).II.	NCBT 557 = Kennedy T.On.2
10.IV.	PTS 2208 = ebd. T.On.1[45]

---

[41] Auch beim Ansatz Kand 20 (= Aei 3) = Sši 0 (628/27), der ohnehin nicht möglich ist (s.o. Anm. 26) ergeben sich Überlappungen. Darauf hat P.-A. Beaulieu, *BaM* 28, 385 Anm. 48, hingewiesen. Zu den dort genannten Fällen kommt noch L.155 (5.II.Kand 21) und O.8 (11.II. Sši 1). Paralleldatierungen sind auch zu anderen Zeiten bekannt, allerdings in verschiedenen Orten, vgl. die Beispiele bei R. Rollinger, "Überle", *AoF* 25 (1998), 367 Anm. 88 (Kyros 9 - Kambyses 0; Darius I. 36 - Xerxes 0; sie erstrecken sich in diesen Fällen bis zu zwei Monaten). Vgl. auch o. bei und mit Anm. 27.

[42] "The First Year of Nabopolassar's Rule According to the Babylonian Chronicle BM 25127", *JCS* 41 (1989), 57-64 (besonders S. 63 f.) unter Einbeziehung der Nabupolassar-Chronik (= A.K. Grayson, *ABC*, 87-90, Chron. 2), vgl. auch ders., *ZA* 85, 67-73 (besonders S. 71 f.). Aber die Nennung von Sin-šar-iškun in Z. 3 derselben setzt ihn in 626/25 voraus. S. auch u. Anm. 58.

[43] Zum folgenden s. P.-A. Beaulieu, *BaM* 28, 369-376, Table 1-3.

[44] A.K. Grayson, *ABC*, 88, Chron. 2 Z. 14 f.

[45] Beide Beispiele sind unsicher, s. P.-A. Beaulieu, *BaM* 28, 369 mit Anm. 8f. Ihm ist zuzustimmen, daß eine Ergänzung des Herrschernamens von NCBT 557 Nabu-apl[a-iddin] (so J.A. Brinkman, *Prelude to Empire*, Philadelphia 1984, 110f. Anm. 551) unwahrscheinlich ist; ein Herrschertitel scheint nicht erhalten zu sein. Bei PTS 2208 handelt es sich um eine Verwaltungsurkunde, datiert 23.X.Npl 20, in der verschiedene frühere Daten genannt werden.

Zeitlich folgt bis Ende Npl 2 eine Anzahl von Tafeln, die nach Nabupolassar datiert sind, beginnend mit dem 6.IX. Npl 0 (= *SpTU* 4, 221). Die Jahre Npl 3-5 begegnen in Uruk nur selten. Eine weitere Datierungsweise zählt nach den Jahren 4-6 (*ina/ša*) *ēdil bābi* "beim Schließen des Tores" (mit Varianten). Diese Formel begegnet sowohl allein als auch mit Nennung eines Herrschernamens (meist Sši 5-7, einmal auch Npl 5). Und schließlich kommt in einer Verwaltungsurkunde als weitere Formel vor: *šattu* 4^{kám} *nukurtu ina māti* "4. Jahr, Feindschaft im Lande" (14.VIII.).[46]

Ausgehend von letzterer Urkunde und den übrigen Datierungen Jahr 4 ohne Herrschernamen hat P.-A. Beaulieu eine "Ära der Unruhe" konstruiert, die er im Jahre 626/25, dem Akzessionsjahr Nabupolassars beginnen läßt und die in den vorliegenden Texten (auch mit *ina ēdil bābi* verbunden) von den Jahren 4-6 bezeugt sei.[47] Da er zudem 628/27 als Akzessionsjahr des Sin-šar-iškun ansetzt, kommt er für 626/25 zu dem Synchronismus Sši 2 = "Ära 1" = Npl 0. Dabei wurde allerdings ein Sachverhalt nicht beachtet und damit erübrigt sich diese Annahme. Es wäre sowieso eigenartig, daß eine solche Ära drei Jahre lang in einer relativ gut bezeugten Periode nicht in den Texten erscheint.

Die beiden Urkunden NU 10 und 17 (Dokument P) aus dem Nabû-ušallim-Archiv[48] wurden an einem 6.XI. geschrieben, erstere im "Jahre Sin-šar-iškun 6 *ina ēdil bābi*", letztere im "Jahre 6 *ina ēdil bābi*". Es ist zwar vorstellbar, daß identische Parteien in verschiedenen Jahren Rechtsgeschäfte an demselben Tag tätigen. Auch daß zu unterschiedlichen Zeiten derselbe Schreiber in Anspruch genommen wird, ist nicht auszuschließen. Es ist jedoch kaum anzunehmen, daß sie dabei auch die dieselbe Zeugenreihe zusammenzubringen. Abgesehen davon, daß in NU 17P zwei Zeugennamen fehlen, ist dies aber hier der Fall. Das kann nur bedeuten, daß beide Geschäfte gleichzeitig getätigt wurden.

In NU 10 kauft Nabû-ušallim, der Sohn des Bēl-iddin, für 40 Sekel Silber zwei Tage einer Bäckerpfründe "vor Nanâ" von Marduk-zēra-ibni, dem Sohn

---

46 Publiziert von P.-A. Beaulieu, *BaM* 28, 388f., 394 (NBC 4904).

47 *BaM* 28, 377-379. Zur Begründung für diesen Zeitansatz s.u. Anm. 65. - Sowohl *ina ēdil bābi* wie auch *nukurtu ina māti* sind erläuternde Zusätze, vergleichbar der Situationsschilderung im Nippurtext 2 N-T 297 Z. 1 f(f)., s. A.L. Oppenheim, *Iraq* 17, 87f., vgl. auch 2 N-T 300-301, ebd. S. 76. Sie haben nichts mit der Jahreszählung zu tun. In Nippur findet sich der Terminus *ina ēdil bābi* nur innerhalb des Urkundentextes, nicht in der Datierung, s. auch o. Anm. 19. Der Terminus *nukurtu* begegnet auch in der sogenannten "Akitu-Chronik" (A.K. Grayson, *ABC*, 132, Chron. 16 Z. 26) zur Charakterisierung der Situation im Jahr Npl 0, jedoch nicht im Sinne einer Datierung.

48 H. Hunger, "Das Archiv des Nabû-ušallim", *BaM* 5 (1970), 193-304 (in folgenden zitiert als NU und Textnummer).

des Nabû-zēra-ušabši. In NU 17 (Abschrift eines Verpflichtungsscheines auf einer Sammeltafel) gewährt Nabû-ušallim einem gewissen Ibnâ, Sohn des Bulluṭu, sowie Marduk-zēra-ibni, dem Verkäufer der eben genannten Pfründe, ein Darlehen von 58 Sekel Silber. Der Schuldner verpfändet dafür 6 $^1/_2$ Tage des Bäckerdienstes "vor Kanisurra".

Wenn beide Rechtsgeschäfte am gleichen Tag vollzogen wurden, ergibt sich daraus, daß die Jahreszählung ohne Herrschernamen (in diesem Fall in der Abschrift) der Zählung nach Sin-šar-iškun entspricht. Das kann dann wohl auch auf die übrigen Beispiele für *ēdil bābi* ohne Herrschernamen übertragen werden. Bleibt noch das Verhältnis zu Nabupolassar zu klären. Wenn man von dem ausgeht, was für Sippar ermittelt wurde, dann gilt auch hier Sši 1 = Npl 0. Daraus ergibt sich die absolute Datierung. Die Belege verteilen sich folgendermaßen:

623/622:		
22.IV.	Npl 3	T.3.3 = YBC 11538
14.VIII.	*šattu* 4 *nukurti ina māti*	NBC 4904 (*BaM* 28, 388f., 394)
16.VIII.	*šattu* 4 *ēdil bābi*	P.3 = NU 9
2.IX.	*šattu* ‹4[49]› *ēdil bābi*	P.1 = NU 8
16.IX.	*šattu* ‹4› *ēdil bābi*	P.2 = NU 7
8.XI.	*šattu* 4 *ēdil bābi*	P.4/5 = NU 21/22
622/621:		
26.I.	Npl 4	T.4.1 = BM 47446[50]
29.III.	Npl 4	T.4.2 = PTS 2158
4.VIII.	Sši 5 *ēdil bābi*	O.35a(37) = *SpTU* 2,57
12.VIII.	Sši 5 (ohne *ēdil bābi*)	O.36 = NU 23
13.VIII.	*šattu* 5 *ēdil bābi*	P.6 = NU 16
621/620:		
16.V.	Npl 5	T.5.6 = *RT* 36, 191f.
16.VI.	Sši 6 *ēdil bābi*	O.38 = NU 12
x.VI.	*šattu* 6 *ēdil bābi*	NCBT 511 = *BaM* 28, 390,393
23.VII.	Sši 6 *ēdil bābi*	O.39 = NU 11
12.X.	Sši 6(!)[51] *ēdil bābi*	O.45 = *ZA* 9, 398

[49] Zu dieser Ergänzung s. P.-A. Beaulieu, *BaM* 28, 376 f.

[50] S. auch o. Anm. 16.

[51] L.W. King, "Sinšariškun and His Rule in Babylonia", *ZA* 9 (1894), 398, hat die Jahreszahl als "7" gelesen. Die Kollation (S. 666, Abb. 2) hat ergeben, daß die untere Keilreihe gegenüber der Kopie weiter nach rechts verschoben ist, wodurch bei einer Zahl "7" der erste untere Keil zwischen den zweiten und dritten oberen zu stehen käme. Dies wäre eine

6.XI.	Sši 6 *ēdil bābi*	O.42 = NU 10
6.XI.	*šattu* 6 *ēdil bābi*	P 7 = NU 17P
620/619:		
9.V.	*šattu* 7 *ēdil bābi*	O.44 = *AfO* 24, 125, Taf. XXII

Unberücksichtigt sind geblieben:

1. NU 15: die Datierung ist stark beschädigt. Linker Rand Z. 3' ist aber wohl zu [UD $x^{\text{kám}}$] zu ergänzen. Die Tafel gehört zweifelsfrei in diese Periode, vgl. H. Hunger, *BaM* 5, 223 Anm. 36 (wohl zu den Texten aus Jahr 4 zu stellen).

2. Zu den Sin-šar-iškun-Belegen kommen noch mit abgebrochener Jahreszahl NU 14 und 24 (= O.50 und 52, datiert [x].IX. bzw. 6.XII.). Nach der Kopie reicht in beiden Fällen offenbar der Platz für die Ergänzung von (*ina*) *ēdil bābi* (oder ähnlich) nicht aus. Sie schließen sich damit an NU 23 vom 12. VIII. Sši 5 an (s.o.)

Ab der zweiten Hälfte des Jahres Npl 6 (für dieses die Monate VIII, IX, XI, XII bezeugt) wird dann ausschließlich nach diesem Herrscher datiert.[52] Die beträchtliche Zahl der aus Uruk erhaltenen Texte läßt für Sin-šar-iškun keinen Raum mehr (vgl. die Listen *BaM* 28, 370-373; *JCS* 38, 183 ff.).

Erwähnt werden muß noch T.5.22 (= *AnOr* 9, 5), datiert Npl 5 (Tag und Monat abgebrochen), geschrieben in Kutû, aber inhaltlich Uruk betreffend (Darlehen der Bēlti ša Uruk und der Nanâ) und auch dort gefunden. Zu beachten ist auch, daß es sich bei den Texten aus Uruk überwiegend um private Rechtsurkunden handelt. Die Zahl der Verwaltungstexte (Eanna-Archiv) aus diesem Zeitraum ist viel geringer als in Sippar.

Zusammengefaßt läßt sich sagen: Offenbar trat in Uruk nach dem vierten Monat des Jahres Npl 3 = Sši 4 eine Belagerungssituation ein. Im Zusammenhang damit wird die Jahreszählung Sin-šar-iškuns übernommen, ohne daß der Herrschername genannt wird. Praktisch nebeneinander wird in Datenformeln mit "während der Feindschaft im Lande"[53] bzw. "während des

---

ungewöhnliche Anordnung. King kam offenbar zur Ansetzung von vier Eindrücken in der oberen Reihe, weil der erste Keil "gespalten" erscheint und somit zwei Eindrücke vorgetäuscht werden. Es ist aber nur ein Keilkopf erkennbar. Siehe dazu das auf S. 666 (Abb. 2) wiedergegebene Kollationsergebnis.

[52] Vgl. auch *GCCI* 2, 371, eine Opfertiere "[von] Jahr 6 [bis] Jahr 12 ‹Npl›" betreffende Urkunde. Die zeitliche Einordnung ergibt sich aus der Prosopographie, s. H.M. Kümmel, *Familie, Beruf und Amt im spätbabylonischen Uruk* (*ADOG* 20, Berlin 1979), 85 mit Anm. 17.

[53] S. o. bei Anm. 46 f.

Schließens des Tores (von Uruk)" die bestehende Situation zum Ausdruck gebracht. Dabei wird mehrfach auf die Jahreszahl verzichtet (hier als <4> ergänzt). Ob Nabupolassar die Stadt verloren hatte, ist daraus nicht zu entnehmen, da zu Beginn des folgenden Jahres eine Entspannung eingetreten zu sein scheint (Datierungen nach Npl 4 ohne *ēdil bābi* in der ersten Jahreshälfte). Von der zweiten Hälfte des Jahres Sši 5 bis zur ersten Hälfte Sši 7 wird dann der Name des assyrischen Herrschers in der Datenformel genannt. Offenbar hatte Nabupolassar die Stadt verloren. Singulär ist ein Datum aus dem Jahre Npl 5 mit dem Zusatz "während des Schließens des Tores". War es dem König von Babylon gelungen, Uruk kurzzeitig zurückzuerobern, und wurde er nun seinerseits von seinem assyrischen Gegenspieler belagert? Oder kommt hier die Position von treuen Anhängern des Babyloniers zum Ausdruck?

Bei Annahme mehrfachen Herrscherwechsels fügt sich auch dieser Beleg in das Gesamtbild ein, das sich aus der Überprüfung und Ausscheidung der verschiedenen anderen Möglichkeiten ergab (Sši 0 = 628/27, 626/5, 625/24, spätere Ansätze sind ohnehin nicht mehr aufrecht zu erhalten).

5. Von Kandalanu zu Nabupolassar: Babylon

Wie bereits mehrfach erwähnt, entspricht Kand 21 dem Jahr 627/26 und Npl 0 dem Jahr 626/25 v.Chr. Die regulären Kandalanu-Daten laufen bis Monat III (s. o. Abschnitt 3 am Anfang), doch es gibt noch zwei ungewöhnliche Datierungen aus Babylon:[54]

1./9.VIII.	*arki* Kand 21	Babylon	L.160 = BM 36514 (Wiseman, *Chronicles*, 89, Taf. 20-21[55]
2.VIII.	*arki* Kand 22	Babylon	L.163 = BM 40039 (ebd., 89, Taf. 18-19).

Der letzte Beleg ist nur wenig früher als das Datum, das für die Thronbesteigung Nabupolassars in Babylon in der sogenannten

[54] Ein nicht zu erklärendes Jahr Kand 36 wird in einem späten astronomischen Text erwähnt (BM 36301 = *JCS* 21, 193 Text C, 199).

[55] Das teilweise beschädigte Datum läßt sich vielleicht ergänzen zu: (16) [TIN.TI]R^{ki} ^{itu}APIN UD 1[(+2/8)^{kám}] (17) [M]U.AN.NA 21^{kám} *ár-ki m*[*i-tu-tu/ti*] (18) [*šá*] ⌞^{I}⌟*Kan-da-la-nu* [LUGAL TIN.TIR^{ki}] "Babylon, 1./9.VIII., Jahr 21, nach dem T[od des] Kandalanu, [Königs von Babylon]". Vgl. *AHw* 663b s.v. *mītūtu* 1 (am Ende).

Nabubolassor-Chronik[56] genannt wird: 22.VIII. Npl 0 (23.November 626 v.Chr.).

Es wurde bereits gezeigt, daß Sin-šar-iškun frühestens im Jahre 627/26 an die Macht gekommen sein kann und daß bei Annahme eines späteren Machtantritts mehr Probleme entstehen als bei einer Gleichsetzung Kand 21 = Sši 0. Dann sind zwischen den beiden *arki Kandalānu*-Daten zwei weitere Urkunden aus Babylon einzuordnen (s. schon o. Abschnitt 3 Anfang):

21.XII.	Sši 0	Babylon	O.5 = YBC 11378 = *JCS* 36, 61f. Nr. 24
x.x.	Sši 0	Babylon	O.6 = BM 67313[57]

Nach Npl datierte Urkunden sind aus Babylon seit Ende Npl 1 bekannt (T.1.12: 18.XII., und T.1.14: 25.XIIb).[58]

6. Sin-šum-lišir in Babylon und Nippur

Einige Urkunden aus Babylon und Nippur wurden unter Sin-šum-lišir geschrieben. Soweit vollständig erhalten, fallen die Daten in die Zeit zwischen dem 12.III. und 15.V. Sšl:[59]

12.III.	[Nippur]	N.1 = FLP 1319
15.V.	Babylon	N.2 = BM 114719

Die übrigen Daten sind unvollständig:

x.x.	Babylon	N.3 = *OECT* 10, 400
13.‹x.›	Nippur	N.4 = *BE* 8, 141
15.x.[60]	Babylon	N.5/6 = BM 54153 und 54608

---

[56] S. schon o. Anm. 44. - Der Terminus *arki Kandalānu* begegnet auch in der sogenannten "Akitu-Chronik" (s. o. Anm. 47 am Ende) Z. 24: "Nach Kandalanu, im Akzessionsjahr Nabupolassars".

[57] Zur Lesung des Königsnamen s.o. Anm. 35.

[58] Diese Tafeln sind auch einer der Gründe, weshalb die Gleichung Npl 1 = Sši 0 (s.o. bei und mit Anm. 42) nicht aufgeht: trotz der Überlappungen, die auch bei dem hier vertretenen Ansatz in Sippar festgestellt wurden, ist es wenig wahrscheinlich, daß die Daten XII Sši 0 und XII bzw. XIIb Npl 1 ins gleiche Jahr gehören.

[59] Herkunftsangaben im folgenden nach H. Tadmor, in *Fs. Borger*, 354 Anm. 9f. Danach wurde in Nippur der Titel "König von Assyrien" und in Babylon einfach "König" verwendet. - BM 67313 ist Sin-šar-iškun zu lesen, s.o. Anm. 35 und bei Anm. 57.

[60] S. N. Na'aman, *ZA* 81, 244 Anm. 3; J.A. Brinkman, *N.A.B.U.* 112/1995.

x.x. [Nippur][61] N.7 = BM 82563

Für die Einordnung der Texte kommen sowohl das Jahr 627/6 als 626/5 in Frage, beides ist in der Literatur vorgeschlagen worden.[62] Voraussetzung ist, daß die Daten nicht mit anderen Zeugnissen kollidieren.

Verbindet man das bisher Ermittelte mit den Sšl-Daten, so ergibt sich für 627/26:

Nippur: 12.III., 13.<x.>, x.x. **Sšl 0** (N.1, 4, 7) - 1.VIII. **Aei 4** (M.12) - **Sši 0** am Jahresende (O.7, für den 1.VII. Herrschername nicht zu bestimmen, s.o. Abschnitt 2).

Babylon: 26.I., 6.II. **Kand. 21** (L.154, 157) - 15.V., 1+.x., 15.x. **Sšl 0** (N.2, 3, 5/6) - 1+.VIII. **arki Kand 21** (L.160), 21.XII., x.x. Sši 0 (O.5, 6).

Für 626/25 gilt:

Nippur: 12.III., 13.‹x.›, x.x. **Sšl 0** - ‹x›.X. **Sši 1** (O.16, s.o. Abschnitt 2).

Babylon: 15.V., 1+.x., 15.x. **Sšl 0** - 2.VIII. **arki Kand 22** (L.163).

In beiden Jahren sind keine Texte bekannt, die sich mit den Sšl-Daten überlappen. Daran ändert sich auch nichts, wenn außerdem Sippar berücksichtigt wird. Hier sind bezeugt:

627/26: 5.II., 13.II., 21.II., 8.III. **Kand 21** (L.156, 158, 189, 159, vgl. L.162) - 8.VII., 22.VIII. **Sši 0** (O.1, 2).

626/25: 11.II. **Sši 1** (O.8) - 22.VI. **Npl 0** (T.0.1).

Fazit: von der Urkundenüberlieferung her ist die Entscheidung zwischen den beiden Möglichkeiten nicht zu treffen. Gegen einen Aufstand Sin-šum-liširs im Sommer 627 dürfte allerdings sprechen, daß zu dieser Zeit in Nippur noch Assur-etel-ilani bezeugt ist. Auch wenn eine Auflehnung gegen ihn nicht auszuschließen ist, ist es wahrscheinlicher, daß er dies erst unter seinem Nachfolger tat.[63] Zugunsten des Jahres 626/25 spricht außerdem die Königsliste aus Uruk. Kandalanu erhält dort korrekt 21 Jahre. Darauf folgt (Z. 4 f.) "1 Jahr, Sin-šum-lišir und Sin-šar-iškun".[64] Das Jahr 626/25, das

---

[61] So H. Tadmor, in *Fs. Borger*, 354 Anm. 10, wegen des Titels "König von Assyrien". - Ortsname nach J.A. Brinkman/D.A. Kennedy, *JCS* 35, 104 sub N.7: URU *ru-ú* [ ].

[62] S. N. Na'aman, *ZA* 81, 251, 256. Für 627 hat sich besonders J.J.A. van Dijk, *UVB* 18 (1962), 55, 57, ausgesprochen.

[63] Nach den o. Anm. 11 genannten Texten *SAA* 12 Nr. 35 (Z. 7ff.) und 36 (Z. 7 ff.) war Sin-šum-lišir ein treuer Beamter, der sowohl Assurbanipal als auch seinem Sohn gedient hat.

[64] S. J.J.A. van Dijk, *UVB* 18, 53ff.; A.K. Grayson, "Königslisten und Chroniken. B. Akkadisch", *RlA* 6 (1980-1983), 97 f. §3.5; Kopie auch J.J.A. van Dijk/W.R. Mayer, *BaMB* 2, Nr. 88. Die Ergänzung des Namens Sin-šum-lišir in der sogenannten babylonischen Königsliste A IV 23 (= *RlA* 6, 93) ist höchst zweifelhaft. Die in der Kopie *CT* 36, 25, am Bruch kopierten Zeichen lassen sich damit nur schwer vereinbaren.

auch als "königslos" gilt,[65] wird hier also beiden Herrschern gemeinsam zugewiesen. Dabei fällt auf, daß für den Erstgenannten die Regierungsdauer nicht, wie bei anderen kurzzeitigen Herrschern im gleichen Text, in Monaten angegeben wird. Obwohl Sin-šum-lišir vor Sin-šar-iškun genannt wird, macht die urkundliche Bezeugung Assur-etel-ilanis bis zum achten Monat seines 4. Jahres (= 627/26) es unwahrscheinlich, daß der Erstgenannte vor letzterem einzuordnen ist.[66]

7. Ergebnis

Bereits N. Na'aman war zu dem Ergebnis gekommen, daß sich eine sinnvolle chronologische Gliederung des Zeitraums nur dann ergibt, wenn man sich von der Chronologie der Harran-Inschriften mit ihrer 42-jährigen Regierungszeit für Assurbanipal und drei Jahren für Assur-etel-ilani trennt. Mit der Annahme, daß die nach letzterem datierten Texte aus Nippur im gleichen Jahr auf die Assurbanipal-Daten folgen, hat er für die assyrischen Könige eine in sich kohärente Herrscherfolge gewonnen: Abp bis 631, Aei 631-627, Sši 627-612, Sšl 626.[67] Die von verschiedener Seite daran geübte

---

[65] A.K. Grayson, *ABC*, 88, Chron. 2, Z. 14. - P.-A. Beaulieus Argumentation, *BaM* 28, 377 mit Anm. 30f. (im Anschluß an J.A. Brinkman, *Prelude to Empire*, 110 Anm. 550, s. schon o. bei und mit Anm.46 f.) ist nicht überzeugend. Brinkmans Ansicht, daß es sich um eine Datierung handelt (übernommen auch von N. Na'aman, *ZA* 81, 257 mit Anm. 46, nicht jedoch von J.-J. Glassner, *Chroniques mésopotamiennes*, Paris 1993, 192) ergibt sich aus dem Kontext nicht. Noch weniger ist daraus "clearly the first year of our era of unrest" (Beaulieu) abzuleiten. Eine Datierung nach Jahr, Monat und Tag wird im Akkadischen üblicherweise nicht durch "Zahl + MU(.AN.NA) ...", sondern durch "MU + Zahl + KAM/KÁM ..." ausgedrückt. Daß *ištēt* nicht nur als Kardinal-, sondern auch als Ordinalzahl verwendet werden kann, bleibt davon unberührt. Es handelt sich hier um eine inhaltliche Aussage. Daß sich in Z. 15 daran anschließend *rēš šarrūtu*(SAG.LUGAL)*^{tú} šá* ^{Id}*Nabû-apla-uṣur* findet, entspricht der üblichen Formulierung von Datierungen nur unter der Annahme, daß MU vor SAG ausgefallen ist ("Akzessions‹jahr› des Nabupolassar"). - Zum Unterschied der beiden Formulierungen vgl. z.B. auch a) A.K. Grayson, *ABC*, 81 Chron. 1 Kol. III 24, 26, 31f. ("x Jahre herrschte ..."); ebd., 182 Chron. 24 Rs. 8 ("x Jahre war kein König im Land"), gegenüber b) ebd., 80f. Chron. 1 Kol. III 19 (nach der Jahreszahl KAM wohl versehentlich ausgefallen) sowie Z. 28, und gegenüber der Datierung von *BRM* 1, 23 ("x-tes Jahr, in dem kein König im Lande war"). Vgl. auch J.A. Brinkman, *A Political History of Post-Kassite Babylonia* (*AnOr* 43, Rom 1968), 213 mit Anm. 1327f. und oben bei und mit Anm. 54 und 56.

[66] Zu Sin-šum-lišir in der historisch-literarischen Tradition s.u. Anm. 79.

[67] N. Na'aman, *ZA* 81, 243 (ff.). - Ebd., 248 hat er mit der Rekonstruktion der synchronistischen Königsliste *KAV* 182 (= *RlA* 6, 123-125 §3.15) IV 5-7, gezeigt, daß auch hier die parallele Regierung von Assur-etel-ilani in Assyrien und Kandalanu in Babylonien zu ermitteln ist. Das gilt unabhängig von der Frage, ob der Text nach dem Tode von Aei und Kand (so ebd., 249) oder zu Lebzeiten der Herrscher geschrieben wurde (S. Zawadzki, *ZA* 85, 68-71). Ein anderes Exemplar der synchronistischen Königsliste (*AfO* 3, 70 f. = *RlA* 6,

Kritik hat sich für den chronologischen Rahmen als unbegründet erwiesen. Dies zeigt die Untersuchung der in zeitgenössischen Rechts- und Verwaltungsurkunden bezeugten Datierungen. Die babylonischen Könige dieses Zeitraums (Kand bis 627, Npl ab 626) bedürfen einer Diskussion nur hinsichtlich des wechselnden Machtbereichs des letzteren bis zu seiner endgültigen Etablierung über das gesamte Babylonien. Im einzelnen ergibt sich:[68]

631/630 (ab 31. März)		
Kand 17	Abp 38 III (Nippur)	
	Aei 0 ab VII (Nippur)	
630/629 (ab 21. März)		
Kand 18	Aei 1 (Nippur)	
629/628 (ab 9. März; Schalt-Ulul bezeugt)		
Kand 19	Aei 2 (Nippur)	
628/627 (ab 28. März)		
Kand 20	Aei 3 (Nippur)[69]	
627/626 (ab 17. März)		
Kand 21 bis III		
arki Kand VIII (Babylon)	Sši 0	VII, VIII (Sippar)
	Aei 4	VIII (Nippur)
	Sši 0	... (Nippur)[70]
		XI (Uruk)
		XII (Babylon)

116-121 §3.12) endet mit Abp und Kand (IV 14-16), geschrieben übrigens offenbar von demselben Schreiber bzw. dessen Vater (falls der Name Z. 21 zur Filiation gehört).

[68] Jahresbeginn nach J. Koch (s.o. Anm. 8), umgestellt auf das bürgerliche Jahr. Da dort nicht alle bezeugten Schaltjahre berücksichtigt werden, ergeben sich kleine Unsicherheiten (Jahresbeginn teilweise gegenüber *PD* geändert). "-" bedeutet nur, daß es keine Indizien für einen Herrscherwechsel gibt, und nicht, daß die Monate lückenlos bezeugt sind. Soweit erforderlich, werden die Herkunftsorte der Belege genannt. Das Fehlen einer solchen Angabe bedeutet, daß der entsprechende Herrscher im gesamten Babylonien oder einem größeren Teil desselben anerkannt wurde. Monatsangaben dann, wenn die Herrschaft nur für einen Teil des Jahres vorauszusetzen ist, Tagesangabe, wenn von besonderer Bedeutung.

[69] Vgl. auch die auf den 11.VI. Jahr 3 datierte Inschrift Assur-etel-ilanis (o. Anm. 26).

[70] HS 479 = *TuM* 2/3, 35 Z. 6 f., s. o. Abschnitt 2.

626/625 (5. April)			
Npl 0	II (x., Uruk)	Sši 1	II (Sippar)
		Sšl 0	III (12.; [Nippur])
Npl 0	IV (10.; Uruk)		‹x› (13.; Nippur)
			V (15.; Babylon)
Npl 0	VI (22.; Sippar)		
arki Kand.	VIII (2.; Babylon)		
Npl 0	**26.VIII.: Thronbesteigung in Babylon**		
Npl 0	IX, XI (Uruk)	Sši 1	X (Nippur)
625/624 (24. März; Schalt-Adar bezeugt)			
Npl 1	II - XII (Uruk)[71]	Sši 2	II, III (25.), IX (Sippar)
	III (19.), VI, XII (Sippar)		
	XII, XIIb (Babylon)		V - XII (Nippur)
624/623 (13. März;[72] Schalt-Adar bezeugt)			
Npl 1	I (15.), V, IX, XI (Sippar)	Sši 3	I (11.; Sippar)
	I, IV, IX - XIIb (Uruk)		II - IX (Nippur)
	II, XIIb (Babylon)		
	V (Dilbat)		
623/622 (1. April)[73]			
Npl 3	II, III, VIII (Sippar)		
	IV (22.; Uruk)	4 *e.b.*[74]	VIII - XI (Uruk)
	VIII (Borsippa)	Sši 4	XI (Nippur)
622/621 (22. März)			
Npl 4	I, III (Uruk)	Sši 5	VI (Nippur)
	V - XII (Babylon, Borsippa, Sippar)	Sši 5 *e.b.*	VIII (Uruk)
621/620 (11. März; Schalt-Ulul)			
Npl 5	I - XII (Babylon, Borsippa,	Sši 6	VIb,[75] VIII (Nippur)
	V *e.b.* (16.; Uruk)	Sši 6 *e.b.*	VI, VII, X, XI (Uruk)
	x.x. (Uruk, in Kutû ausgestellt)		

[71] Zur Liste in *JCS* 38, 179 zuzufügen: St. Petersburg, Emr. 15500 (13.VII.Npl 1), s. M.A. Dandamayev, *JAOS* 114 (1994), 496.

[72] *PD*: 14. März.

[73] *PD*: 2. April.

[74] = *ēdil bābi*, einschließlich fehlender Jahreszahl und *nukurti ina māti*.

[75] Da für dieses Jahr ein Schalt-Ulul anzusetzen ist, kann *BE* 8, 157 (O.49, Jahreszahl verloren), hier eingeordnet werden, s.o. schon Anm. 10.

620/619 (30. März)

Npl 6	II (Dilbat)		
	IV - XII (Babylon)		
	V (15.; Borsippa)	Sši 7 *e.b.*	
			V (9.; Uruk)
	VIII, XI (Sippar)		
	VIII - XII (Uruk)		

Ab Npl 7 = 619/18 (19. März; Schalt-Adar) erscheint die Herrschaft Nabupolassars über das gesamte Babylonien unbestritten. Texte dieses Jahres sind bekannt aus Babylon, Borsippa, Sippar, Dilbat,[76] Dūru ša Dakur (T.7.26), Uruk. In Nippur setzt die Überlieferung nach dem Jahre Sši 6 bis gegen das Ende der Regierungszeit des Npl aus.[77]

Bei der vorgelegten Rekonstruktion der Chronologie für den Zeitraum von 631/30 bis 619/18 bietet sich der Befund weitgehend geschlossen und widerspruchsfrei dar. Eine kleine Zahl von Überlappungen bleibt dennoch, vor allem in Sippar in den Jahren Npl 1-2 = Sši 2-3 (Ebabbar-Archiv). Sie ergeben sich jedoch auch bei jedem der übrigen vorgeschlagenen Zeitansätze, dann nur für andere Jahre. Urkunden geben den zeitgenössischen Gebrauch wieder. Das bedeutet, daß der jeweils am Ort anerkannte Herrscher genannt wird. Die beobachteten Abweichungen von dieser Regel sind nicht immer zu erklären.

Nach dem Tode Kandalanus - offenbar im Sommer 627 - verging einige Zeit, ehe es Nabupolassar gelang, sich gegen die Assyrer in Babylonien durchzusetzen.[78] Über Ereignisse zu Beginn seiner Regierung berichtet in literarischer Gestaltung das "Nabupolassar-Epos"[79] und über die Jahre Npl 0 bis 3 die sogenannte "Nabupolassar-Chronik"[80]. Sie bereichern das Bild von

---

[76] *TuM* 2/3, 126 = T.7.17. Ortsname nach eigener Kollation sicher.

[77] S. o. bei und mit Anm. 32.

[78] Die Tradition bezüglich 626/25 ist uneinheitlich: a) die "Akitu-Chronik" (o. Anm. 47 und 56, vgl. auch J.-J. Glassner, *Chroniques mésopotamiennes*, 190 f. Nr. 20) führt aus: "Nach Kandalanu (*arki Kandalānu*) - im Akzessionsjahr Nabupolassars - waren Aufstände in Assyrien und Akkad. Es gab Feindschaft, die Kämpfe setzten sich fort. Nabû kam nicht (von Borsippa nach Babylon) und Bēl ging nicht heraus (zur Prozession)." - b) Die Königsliste aus Uruk (s.o. bei und mit Anm. 64) hat zwischen Kandalanu und Nabupolassar, denen je 21 Jahre zugewiesen werden (Z. 4' f.): "1 Jahr: Sin-šum-lišir und Sin-šar-iškun". - c) Der Ptolemäische Kanon läßt diese beiden aus und gibt Kandalanu 22 Jahre, s. A.K. Grayson, *RlA* 6, 108 §3.8. - d) Die Nabupolasser-Chronik Z. 14 spricht vor der Thronbesteigung Nabupolassers von einem "königslosen Jahr" (s.o. Anm. 65 und im Anschluß).

[79] = A.K. Grayson, *Babylonian Historical-Literary Texts* (Toronto 1975), 78-86 Nr. 5. Zur inhaltlichen Analyse jetzt H. Tadmor, in *Fs. Borger*, 353-357.

[80] A.K. Grayson, *ABC*, 87-90, Chron. 2, vgl. auch J.-J. Glassner (o. Anm. 78), 191-193 Nr. 21; N. Na'aman, *ZA* 81, 257-265. Wenn man mit Na'aman davon ausgeht, daß bis Z. 18 nur

der Situation Babyloniens im untersuchten Zeitraum um einzelne Ereignisse, worauf hier jedoch nicht eingegangen werden soll.

über ein Jahr berichtet wird, dann ist es das Jahr, in dem am 26.VIII. (Z. 14 f.) die Thronbesteigung Nabupolassars erfolgte. Nach der bereits erwähnten Akitu-Chronik wird dies auch als "*arki Kandalānu*" bezeichnet. Sollte dieser Terminus deshalb am Anfang von Z. 1 ergänzt werden? Bei den bisherigen Ergänzungen in der Fachliteratur fällt auf, daß diese nirgends auf Sin-šum-lišir Bezug nehmen. Nach dem Nabupolassar-Epos (s. Anm. 79) lieferte dieser sich jedoch Kämpfe mit Nabupolassar. Beziehen sich Z. 1-6 auf diese Auseinandersetzungen? Und wohin gehört die Beischrift auf dem linken Rand (Z. 38-41) mit Erwähnung eines "Rebellenkönigs" (LUGAL IM.GI = *šarru ḫammā'u*, ob der Winkelhaken Z. 38 als phonetisches Komplement, *u* "und" oder als Anfang eines anderen Zeichens zu verstehen ist, ist nicht zu entscheiden) und 100 Tagen? Nach Kollation scheinen am Anfang von Z. 40 f. bewußt einige Zeichen getilgt worden zu sein. Z. 37 ist vielleicht zu [*šattu* 4^{kám} *Nabû-apla*]-*uṣur* zu ergänzen und als Stichzeile zur folgenden Tafel zu verstehen (zusammen mit Z. 38-41?, oder handelt es sich bei letzterer Passage um einen Nachtrag, der weiter oben im Text einzufügen ist?). Stichzeilen finden sich auch in *ABC*, Chron. 3 (Z. 76 bzw. 76 f., gefolgt von einer Art Kolophon Z. 78) und *ABC*, Chron. 4 (Z. 27 f.).

Abb. 1: HS 479, Zeilen 5-8 (Kopie J. Oelsner)

Abb. 2: 94-6-11, 36 = BM 93000, Zeile 14 (Kopie J. Oelsner)

Indices

Stellen

Sumerische und Akkadische Texte

Hethitisch-Hurritische Texte

Eblaitische Texte

Aramäische Texte

Wörter

Sumerisch / Sumerogramme

Akkadisch

Vgl. auch Å.W. Sjöberg, S. 550f

šuṣu (Ant.: šūrubu) 157
taḫab/pšu 85ff
lútaḫapšuḫ(u)li 87
takkasû 251
tapal(u) 381ff
tarku (Ant.: peṣû) 157
tebû (Ant.: ašābu) 158
ugbabtum 449ff
uzāru 251
ūmu u mūšu 155[14]
uṭuptum 602f
wardû labîrûtum 101
(w)arkātu(m) 509
(w)arkâtu(m) 509
watāru (Ant.: maṭû) 156[18]
wuššuru (Ant.: kalû) 158
zakû (Ant.: dalḫu) 157
zikar sinniš 154[10]

Hethitisch / Akkadogramme

arnuwala- 200
para pāi- 198
zikk- 199
TAPAL 381ff

Hurritisch

*ḫab /ḫav/ 198f
ḫab=an- 198f
ḫab=š=ar- 198f
ḫuš- 199
=i=ri 199
keb- 199
pa- 199
šial- 199
tab- 199

Ugaritisch

Vgl. auch Å.W. Sjöberg, S. 550f

'pr 199
b'l tġpṯm 87
tġpṯ 87

Eblaitisch

Vgl. Å.W. Sjöberg, S. 549f

Hebräisch

Vgl. Å.W. Sjöberg, S. 550f

Aramäisch

Vgl. auch Å.W. Sjöberg, S. 550f

byrwqt' 347f[+31]
byt m'sy' 348[+41]
hydr' 345f[+24]
HRR 347[36]
YTB 'l 341ff
mwqr' 350[+54]
n'qp' 346[+26]
pyqy' 347[+35]
pt 'yn' 352[+66]
q(w)rqb(')n' 348[+46]
s'm' 344
s'nwky' 348[+39]
ṣylḥt' 346[+29]
ṣymyrt' 350[+55]
ṣyrdy' 346[+28]
š'mbr' 344
šḥyt' 350[+58]
ŠRY 341
twnb' 348[+44]
ṭ'm'y' 347[+32]

Syrisch

Vgl. Å.W. Sjöberg, S. 550f

Arabisch

Vgl. Å.W. Sjöberg, S. 550f

Äthiopisch

Vgl. Å.W. Sjöberg, S. 550f

Namen

Personennamen

Ortsnamen

Flußnamen

Flur-, Gartennamen

Götternamen

Sachregister

Abkürzungsverzeichnis

A	Inventarnummer des Übersee-Museums (Bremen)
A.	Inventarnummer für Funde in Mari/Tell Ḫariri
A.	Tafelsignatur des Oriental Institute (Chicago)
AAAS	*Annales archéologiques arabes syriennes* (Damaskus)
AAICAB I/1	J.P. Grégoire, *Archives administratives et inscriptions cunéiformes de l'Ashmolean Museum et de la Bodleian Collection d'Oxford. Contribution à l'histoire sociale, économique, politique et culturelle du Proche Orient Ancien.* I *Les Sources* 1 (Paris 1996)
AASFB	*Annales Academiae Scientiarum Fennicae, Ser. B* (Helsinki)
ABAW	*Abhandlungen der Bayerischen Akademie der Wissenschaften* (München)
AbB	*Altbabylonische Briefe* (Leiden)
ABC	A.K. Grayson, *Assyrian and Babylonian Chronicles* (*TCS* 5, New York 1975)
ABL	R.F. Harper, *Assyrian and Babylonian Letters Belonging to the Kouyunjik Collection of the British Museum* (London/Chicago 1892-1914)
AcOr	*Acta Orientalia* (Kopenhagen [u.a.])
ACT	O. Neugebauer, *Astronomical cuneiform texts, Babylonian ephemerides of the Seleucid period for the motion of the sun, the moon, and the planets* (London 1955)
Acta Antiqua	*Acta Antiqua Academiae Scientiarum Hungaricae* (Budapest)
ADD	C.H.W. Johns, *Assyrian deeds and documents* (Cambridge 1898-1923)
ADFU	*Ausgrabungen der Deutschen Forschungsgemein-schaft in Uruk-Warka* (Berlin)
ADOG	*Abhandlungen der Deutschen Orient-Gesellschaft* (Berlin und Saarbrücken)
AfO	*Archiv für Orientforschung* (Berlin, Graz und Wien)
AfOB	*Archiv für Orientforschung – Beiheft* (Berlin, Graz und Wien)
AG	Inventarnummer für Funde aus Tall Agrab

AGE	K. Tallqvist, *Akkadische Götterepitheta* (*StOr* 7, Helsinki 1938)
AHw	W. von Soden, *Akkadisches Handwörterbuch* (Wiesbaden 1959-1981)
AJA	*American Journal of Archaeology* (Boston)
AJSL	*American Journal of Semitic Languages and Literatures* (Chicago)
Akkadica	*Akkadica - Périodique bimestriel de la Fondation Assyriologique Georges Dossin / Tweemaandelijks periodiek van de Assyriologische Stichting Georges Dossin* (Brüssel)
Akkadica Suppl.	*Akkadica Supplementum* (Leuven)
ALA	O. Pedersén, *Archives and Libraries in the City of Assur* (Uppsala 1985)
ALASPM	*Abhandlungen zur Literatur Alt-Syrien-Palästinas und Mesopotamiens* (Münster)
Alster, *SP*	B. Alster, *Proverbs of Ancient Sumer* (Bethesda 1997)
AMT	R.C. Thompson, *Assyrian medical texts* (London 1923)
Amurru I	J.-M. Durand (Hrsg.), *Mari, Ébla et les Hourrites – Dix ans de travaux. Première partie. Actes du colloque international (Paris, mai 1993)* (Paris 1996)
Anatolica	*Anatolica – Annuaire international pour les civilisations de l'Asie antérieure* (Leiden)
AnOr	*Analecta Orientalia* (Rom)
AnSt	*Anatolian Studies. Journal of the British Institute of Archaeology at Ankara* (London)
Anthropos	*Anthropos. International Review of Ethnology and Linguistics* (Wien und Freiburg/Schweiz)
AO	*Der Alte Orient. Gemeinverständliche Darstellungen herausgegeben von der Vorderasiatischen Gesellschaft* (Leipzig)
AO	Tafelsignatur für Texte in den Sammlungen des Musée du Louvre (Paris)
AOAT	*Alter Orient und Altes Testament* (Kevelaer/Neukirchen-Vluyn u. Münster)
AoF	*Altorientalische Forschungen* (Berlin)
AOS	*American Oriental Series* (New Haven)
AOS 67	F. Rochberg-Halton (Hrsg.), *Language, Literature, and History: Philological and Historical Studies presented to Erica Reiner* (*AOS* 67, New Haven 1987)
APN	K. Tallqvist, *Assyrian Personal Names* (*ASSF* 43/I, Helsingfors 1914)
ARES	*Archivi reali di Ebla. Studi* (Rom)
ARET	*Archivi reali di Ebla. Testi* (Rom)

ARM(*T*)	*Archives Royales de Mari* (*Textes*) (Paris)
ARN	F.R. Kraus, *Altbabylonische Rechtsurkunden aus Nippur* (Istanbul 1952)
ArOr	*Archiv Orientální* (Prag)
ARRIM	*Annual Report. The Royal Inscriptions of Mesopo-tamia Project* (Toronto)
AS	*Assyriological Studies* (Chicago)
AS 16	H.G. Güterbock/Th. Jacobsen (Hrsg.), *Studies in Honor of Benno Landsberger* (*AS* 16, Chicago 1965)
ASJ	*Acta Sumerologica* (Hiroshima)
Ass	Fundnummer Assur
Assur	*Assur* (Malibu)
AT	Amherst Tablets
ATHE	B. Kienast, *Die altassyrischen Texte des Orientalischen Seminars der Universität Heidelberg und der Sammlung Erlenmeyer – Basel* (*UAVA* 1, Berlin/New York 1960)
ATU	*Archaische Texte aus Uruk* (Berlin)
AUCT	*Andrews University Cuneiform Texts* (Berrien Springs)
AuOr	*Aula Orientalis. Revista de estudios del Próximo Oriente Antiguo* (Sabadell/Barcelona)
AuOrS	*Aula Orientalis – Supplementa* (Sabadell/Barcelona)
AUWE	*Ausgrabungen in Uruk-Warka Endberichte* (Mainz)
AVO	*Altertumskunde des Vorderen Orients* (Münster)
AWL	J. Bauer, *Altsumerische Wirtschaftstexte aus Lagasch* (*StP* 9, Rom 1972)
BA	*Beiträge zur Assyriologie und vergleichenden semitischen Sprachwissenschaft* (Leipzig)
BaE	L. Cagni (Hrsg.), *Il bilinguismo a Ebla. Atti del Convegno Internazionale (Napoli, 19-22 aprile 1982) (Istituto Universitario Orientale - Dipartimento di Studi Asiatici, Series Minor* XXII, Neapel 1984)
BaF	*Baghdader Forschungen* (Mainz)
BAM	F. Köcher, *Die babylonisch-assyrische Medizin in Texten und Untersuchungen* (Berlin)
BaM	*Baghdader Mitteilungen* (Berlin und Mainz)
BaMB	*Baghdader Mitteilungen – Beiheft* (Berlin)
Barton, *MBI*	G.A. Barton, *Miscellaneous Babylonian Inscriptions. Part I – Sumerian Religious Texts* (New Haven 1918)
BATSH	*Berichte der Ausgrabung Tall Šēḫ Ḥamad/Dūr-Katlimmu* (Berlin)
BBSt	L.W. King, *Babyonian Boundary-Stones and Memorial Tablets in the British Museum* (London 1912)
BBVO	*Berliner Beiträge zum Vorderen Orient* (Berlin)

BBVO Ausgrabungen	*Berliner Beiträge zum Vorderen Orient – Ausgrabungen* (Berlin)
BBVOT	*Berliner Beiträge zum Vorderen Orient – Texte* (Berlin)
BCT 1	P.J. Watson, *Neo-Sumerian Texts from Drehem* (*Catalogue of Cuneiform Tablets in Birmingham City Museum* 1, Warminster 1986)
BDHP	L. Waterman, *Business documents of the Hammurapi period from the British Museum* (London 1916)
BE	*The Babylonian Expedition of the University of Pennsylvania, Series A: Cuneiform texts* (Philadelphia)
Belleten	*Türk Tarih Kurumu Belleten* (Ankara)
Berlin, *Enmerkar*	A. Berlin, *Enmerkar and Ensuḫkešdanna* (*OPBF* 2, Philadelphia 1979)
BHT	S. Smith, *Babylonian Historical Texts Relating to the Capture and Downfall of Babylon* (London 1924)
Bib. Arch.	*Biblical Archaeologist* (New Haven)
BiMes	*Bibliotheca Mesopotamica* (Malibu)
BIN	*Babylonian Inscriptions in the Collection of J.B. Nies* (New Haven)
BiOr	*Bibliotheca Orientalis* (Leiden)
BM	Tafelsignatur für Texte in den Sammlungen des British Museum (London)
BMECCJ	*Bulletin of the Middle Eastern Culture Center in Japan* (Wiesbaden)
BMQ	*The British Museum Quarterly* (London)
Bordreuil, *Ras Shamra-Ougarit* 7	P. Bordreuil et al., *Ras Shamra-Ougarit VII. Les textes de la région Sud Centre – Textes de la 34e campagne (1973)*, (Paris 1991)
BRM	*Babylonian Records in the Library of J. Pierpont Morgan* (New Haven)
BSAg	*Bulletin on Sumerian Agriculture* (Cambridge)
BWL	W.G. Lambert, *Babylonian Wisdom Literature* (Oxford 1960)
CAD	*The Assyrian Dictionary of the University of Chicago* (Chicago/Glückstadt)
CAH	*Cambridge Ancient History* (Cambridge)
Camb.	J.N. Strassmaier, *Inschriften von Cambyses, König von Babylon (529-521 v. Chr.)* (Leipzig 1890)
Cavigneaux, *Textes scolaires*	A. Cavigneaux, *Textes scolaires du temple de Nabû ša ḫarê* (*Texts from Babylon* 1, Baghdad 1981)
CBS	Tafelsignatur für Texte in den Sammlungen des

	University Museum der University of Pennsylvania (Philadelphia)
CCT	*Cuneiform Texts from Cappadocian Tablets in the British Museum* (London)
CDAFI	*Cahiers de la Délégation Archéologique Française en Iran* (Paris)
CLAM	M.E. Cohen, *The Canonical Lamentations of Ancient Mesopotamia* (Bethesda 1988)
CM	*Cuneiform Monographs* (Groningen)
CMA	*Corpus Medio-Assiro* (Rom)
CNI	*Carsten Niebuhr Institute Publications* (Kopenhagen)
Cohen, *CLAM*	» *CLAM*
Cohen, *Eršemma*	M.E. Cohen, *Sumerian Hymnology: The Eršemma* (*HUCA Supplements* No. 2, Cincinnati 1981)
CRRAI	*Compte Rendu de la Rencontre Assyriologique Internationale*
CRRAI 19	P. Garelli (Hrsg.), *Le palais et la royauté (Archéologie et Civilisation). XIXe Rencontre Assyriologique Internationale organisée par le groupe François Thureau-Dangin* (Paris 1974)
CRRAI 28	H. Hirsch/H. Hunger (Hrsg.), *Vorträge gehalten auf der 28. Rencontre Assyriologique Internationale in Wien, 6.-10. Juli 1981* (*AfOB* 19, Horn 1982)
CRRAI 34	Erkanal, H. et al. (Hrsg.), *XXXIV. Uluslararası Assiriyoloji Kongresi 6-10/VII/1987 – İstanbul* (*Türk Tarih Kurumu Yayınları XXVI. Dizi* – Sa. 3, Ankara 1998)
CRRAI 43	J. Prosecky (Hrsg.), *Intellectual Life of the Ancient Near East. Papers Presented at the 43rd Rencontre Assyriologique Internationale Prague, July 1–5, 1996* (Prag 1998)
CST	» Fish, *Catalogue*
CT	*Cuneiform Texts from Babylonian Tablets in the British Museum, London* (London)
CTH	E. Laroche, *Catalogue des textes hittites* (Paris 1971)
CTMMA	*Cuneiform Texts in the Metropolitan Museum of Art* (New York)
CTN	*Cuneiform Texts from Nimrud* (Hertford und London)
DA	A. Boissier, *Documents assyriens relatifs aux présages* (Paris 1894-1899)
DAB	R.C. Thompson, *A Dictionary of Assyrian Botany* (London 1949)
D'Agostino, *Sistema verbale*	F. D'Agostino, *Il sistema verbale sumerico nei testi*

	lessicali di Ebla (*StSemNS* 7, Rom 1990)
Dar.	J.N. Strassmaier, *Inschriften von Cyrus, König von Babylon (538-529 v. Chr.)* (Leipzig 1890)
DCS	D. Charpin/J.-M. Durand, *Documents cunéiformes de Strasbourg* (Paris 1981)
Deimel, *SF*	A. Deimel, *Die Inschriften von Fara II: Schultexte aus Fara* (*WVDOG* 43, Leipzig 1923)
Deimel, *WF*	A. Deimel, *Die Inschriften von Fara III: Wirtschaftstexte aus Fara* (*WVDOG* 45, Leipzig 1924)
DeZ	Inventarnummer für Funde im Museum von Dair az-Zor
Di	Fundnummer Tell ed-Dēr
DLU	G. del Olmo Lete/J. Sanmartín, *Diccionario de la lengua ugarítica. I: '(a/i/u)-l* (*AuOrS 7*, Sabadell / Barcelona 1996)
DP	F.-M. Allotte de la Fuye, *Documents présargoniques* (Paris 1908-1920)
Durand, *Textes babyloniens*	J.-M. Durand, *Textes babyloniens d'époque récente* (Paris 1981)
EA	J.A. Knudtzon, *Die El-Amarna-Tafeln* (*VAB* 2, Leipzig 1907/1915)
Ebla 1975-1985	L. Cagni (Hrsg.), *Ebla 1975-1985, dieci anni di studi linguistici e filologici. Atti del Convegno Internazionale (Napoli, 9-11 ottobre 1985)* (*Istituto Universitario Orientale – Dipartimento di Studi Asiatici, Series Minor* XXVII, Neapel 1987)
Eblaitica	C.H. Gordon et al. (Hrsg.), *Eblaitica. Studies on the Ebla Archives and Eblaitic Language* (Winona Lake)
EDATŠ	F. Pomponio/G. Visicato, *Early Dynastic Administrative Tablets from Šuruppak* (*Istituto Universitario Orientale di Napoli – Series Maior* 6, Neapel 1994)
EG	R.C. Thompson, *The Epic of Gilgamish: Text, Transliteration, and Notes* (Oxford 1930)
EL	G. Eisser/J. Lewy, *Die altassyrischen Rechtsurkunden vom Kültepe* (Teil I: *MVAeG* 33, Leipzig 1930; Teil II: *MVAeG* 35, Leipzig 1934)
ELTS	I.J. Gelb/P. Steinkeller/R.M. Whiting, *Earliest Land Tenure Systems in the Near East: Ancient Kudurrus* (*OIP* 104, Chicago 1991)
Emar	D. Arnaud, *Recherches aux pays d'Aštata. Emar VI*
Emar 6/1	*Textes sumériens et accadiens. Planches* (Paris 1985)
Emar 6/2	*Textes sumériens et accadiens. Planches* (Paris 1985)
Emar 6/3	*Textes sumériens et accadiens. Texte* (Paris 1986)

Emar 6/4	*Textes de la bibliothèque: transcriptions et traductions* (Paris 1987)
EOL	*Medelingen en Verhandelingen van het Vooraziatisch-Egyptisch Genootschap 'Ex Oriente Lux'* (Leiden)
Fak. Derg.	*Ankara Üniversitesi Dil ve Tarih-Coğrafya Fakültesi Dergisi / Université d'Ankara. Revue de la Faculté de Langues, d'Histoire et de Géographie* (Ankara)
Falkenstein, *SGL*	IA. Falkenstein, *Sumerische Götterlieder – I. Teil* (Heidelberg 1959)
FAOS	*Freiburger Altorientalische Studien* (Wiesbaden und Stuttgart)
Fish, *Catalogue*	T. Fish, *Catalogue of Sumerian Tablets in the John Rylands Library* (Manchester 1932)
FlM	*Florilegium Marianum* (Paris)
FLP	Tafelsignatur für Texte in den Sammlungen der Free Library of Pennsylvania (Philadelphia)
Fö	W. Förtsch, *Altbabylonische Wirtschaftstexte aus der Zeit Lugalanda's und Urukagina's* (*VS* 14, Leipzig 1916)
Fs. Borger	S.M. Maul (Hrsg.), *Festschrift für Rykle Borger zu seinem 65. Geburtstag am 24. Mai 1994. tikip santakki mala bašmu ...* (*CM* 10, Groningen 1998)
Fs. Civil	P. Michalowski/P. Steinkeller/E.C. Stone/R.L. Zettler (Hrsg.), *Velles paraules. Ancient Near Eastern Studies in Honor of Miguel Civil on the Occasion of his Sixty-Fifth Birthday* (*AuOr* 9, Sabadell/Barcelona 1991)
Fs. Diakonoff	*Societies and Languages of the Ancient Near East. Studies in Honour of I.M. Diakonoff* (Warminster 1982)
Fs. Hallo	M.E. Cohen/D.C. Snell/D.B. Weisberg (Hrsg.), *The Tablet and the Scroll. Near Eastern Studies in Honor of William W. Hallo* (Bethesda 1993)
Fs. Kramer	B. Eichler (Hrsg.), *Kramer Anniversary Volume. Cuneiform Studies in Honor of Samuel Noah Kramer* (*AOAT* 25, Kevelaer/Neukirchen-Vluyn 1976)
Fs. Limet	Ö. Tunca/D. Deheselle (Hrsg.), *Tablettes et images aux pays de Sumer et d'Akkad. Mélanges offertes à Monsieur H. Limet* (Liège 1996)
Fs. Lipinski	K. van Lerberghe/A. Schoors (Hrsg.), *Immigration and Emigration within the Ancient Near East. Festschrift E. Lipinski* (*OLA* 65, Leuven 1965)
Fs. Moran	T. Abusch/J. Huehnergard/P. Steinkeller (Hrsg.), *Lingering over Words, Studies in Ancient Near Eastern Literature in Honor of William L. Moran* (*HSS* 37, Atlanta 1990)

Fs. Sjöberg — H. Behrens/D. Loding/M.T. Roth (Hrsg.), *DUMU-E$_2$-DUB-BA-A. Studies in Honor of Åke W. Sjöberg* (*OPSNK* 11, Philadelphia 1989)

Fs. Stève — L. De Meyer/H. Gasche/F. Vallat (Hrsg.), *Fragmenta historiae aelamicae. Mélanges offertes à M.-J. Stève* (Paris 1986)

Fs. Widengren — C.J. Bleeker et al. (Hrsg.), *Ex orbe religionum. Studia Geo Widengren XXIV mense Apr. MCMLXXII quo die lustra tredecim feliciter explevit oblata ab collegiis, discipulis, amicis, collegae magistro amico congratulantibus* (*Studies in the History of Religions* 21, Leiden 1972)

GAG — W. von Soden, *Grundriss der akkadischen Grammatik* (*AnOr* 33, Rom 1952)

Gautier, *Dilbat* — J.-E. Gautier, *Archives d'une famille de Dilbat au temps de la première dynastie de Babylone* (Le Caire 1908)

GCCI 2 — R.P. Dougherty, *Archives from Erech – Neo-Babylonian and Persian Periods* (*Goucher College Cuneiform Inscriptions* II, New Haven [u.a.] 1933)

Genava NS — *Genava. Bulletin du Musée d'Art et d'Histoire – Nouvelle Série* (Genf)

Goodnick Westenholz, *Legends*
J. Goodnick Westenholz, *Legends of the Kings of Akkade: The Texts* (*MesCiv* 7, Winona Lake 1997)

Groneberg, *Lob der Ištar*
B. Groneberg, *Lob der Ištar – Gebet und Ritual an die altbabylonische Venusgöttin. tanatti Ištar* (*CM* 8, Groningen 1997)

HANEM — *History of the Ancient Near East/Monographs* (Padua)

HANES — *History of the Ancient Near East/Studies* (Padua)

HdO I — *Handbuch der Orientalistik, I. Abteilung: Alter Orient* (Leiden [u.a.])

HG — J. Kohler (u.a.), *Hammurabis Gesetz* (Leipzig 1904-1923)

Hrouda, *Isin-Išān Baḫrīyāt* I
B. Hrouda (Hrsg.), *Isin – Išān Baḫrīyāt I. Die Ergebnisse der Ausgrabungen 1973-1974* (*ABAW, Neue Folge Heft* 79; München 1977)

HS — Tafelsignatur für Texte in den Sammlungen der Hilprecht-Sammlung (Jena)

HSAO — *Heidelberger Studien zum Alten Orient* (Heidelberg)

HSS — *Harvard Semitic Series* (Cambridge)

HUCA — *Hebrew Union College Annual* (Cincinnati)

Huehnergard, *Ugaritic Vocabulary*
J. Huehnergard, *Ugaritic Vocabulary in Syllabic Transscription* (*HSS* 32, Atlanta 1987)

I — Tafelsignatur für Texte in den Sammlungen der Karlsuniversität Prag

ICK 1 — B. Hrozny, *Inscriptions cunéiformes du Kultépé vol. I* (Prag 1952)

ICK 2 — L. Matouš, *Inscriptions cunéiformes du Kultépé – Volume II* (Prag 1962)

IM — Tafelsignatur für Texte in den Sammlungen des Iraq-Museum (Baghdad)

IOS — *Israel Oriental Studies* (Tel Aviv)

Iraq — *Iraq* (London)

IRSA — E. Sollberger/J.-R. Kupper, *Inscriptions royales sumériennes et akkadiennes* (Paris 1971)

İSET — *İstanbul Arkeoloji Müzelerinde Bulunan Sumer Edebî Tablet ve Parcaları* (Ankara)

IŠ — » Volk, *Inana und Šukaletuda*

ITT — *Inventaire des tablettes de Tello conservées au Musée Impérial Ottoman* (Paris)

Izre'el, *Amurru Akkadian*
S. Izre'el, *Amurru Akkadian: A Linguistic Study* (*HSS* 40, Atlanta 1991)

Jacobsen, *Harps* — Th. Jacobsen, *The Harps that once ... Sumerian Poetry in Translation* (New Haven 1987)

JANES — *Journal of the Ancient Near Eastern Society of Columbia University* (New York)

JAOS — *Journal of the American Oriental Society* (New Haven)

JBL — *Journal of Biblical Literature and Exegesis* (Boston [u.a.])

JCS — *Journal of Cuneiform Studies* (Cambridge und Baltimore)

JDI — *Jahrbuch des Deutschen Archäologischen Instituts* (Berlin)

JEOL — *Jaarbericht van het Vooraziatisch-Egyptisch Genootschap "Ex Oriente Lux"* (Leiden)

JESHO — *Journal of the Economic and Social History of the Orient* (Leiden)

Jestin, *TSŠ* — » *TSŠ*

JKF — *Jahrbuch für Kleinasiatische Forschung* (Istanbul)

JNES — *Journal of Near Eastern Studies* (Chicago)

Joannès, *Textes économiques*
F. Joannès, *Textes économiques de la Babylonie récente* (Paris 1982)

JRAS	*Journal of the Royal Asiatic Society of Great Britain and Ireland* (London)
JSOT	*Journal for the Study of the Old Testament* (Sheffield)
JSS	*Journal of Semitic Studies* (Manchester)
K	Tafelsignatur für Texte aus Kuyunjik in den Sammlungen des British Museum (London)
KAJ	E. Ebeling, *Keilschrifttexte aus Assur juristischen Inhalts* (*WVDOG* 50, Leipzig 1927)
KAR	E. Ebeling, *Keilschrifttexte aus Assur religiösen Inhalts* (*WVDOG* 28, Leipzig 1915-1919 und *WVDOG* 34, Leipzig 1920-1923)
KAV	O. Schroeder, *Keilschrifttexte aus Assur verschie-denen Inhalts* (*WVDOG* 35, Leipzig 1920)
KB IV	F.E. Peiser, *Texte juristischen und geschäftlichen Inhalts* (*Keilinschriftliche Bibliothek* 4, Berlin 1896)
KBo	*Keilschrifttexte aus Boghazköi* (Leipzig und Berlin)
Ki.	King; Tafelsignatur für Texte in den Sammlungen des British Museum (London)
Klio	*Klio. Beiträge zur alten Geschichte* (Leipzig und Berlin)
Kramer AV	» *Fs. Kramer*
Kratylos	*Kratylos. Kritisches Berichts- und Rezensionsorgan für indogermanische und allgemeine Sprach-wissenschaft* (Wiesbaden)
Krebernik, *BFE*	M. Krebernik, *Die Beschwörungen aus Fara und Ebla* (Hildesheim 1984)
kt	Inventarnummer unpublizierter Kültepe-Texte in den Sammlungen des Museums Ankara
KTH	J. Lewy, *Die Kültepetexte aus der Sammlung Frieda Hahn, Berlin* (Leipzig 1930)
KTS	J. Lewy, *Keilschrifttexte in den Antiken-Museen zu Stambul. Die altassyrischen Texte vom Kültepe bei Kaisarīje* (Konstantinopel 1926)
KTK	N.B. Jankowska, *Klinopisnyje teksty iz Kjul'tepe w sobranijach SSR* (*Pamjatniki pis'mennosti wostoka* XIV, Moskau 1968)
KTU^2	M. Dietrich/O. Loretz/J. Sanmartín, *The Cuneiform Alphabetic Texts from Ugarit, Ras Ibn Hani and Other Places* (*ALASP* 8, Münster 1995)
KUB	*Keilschrifturkunden aus Boghazköi* (Berlin)
L	Inventarnummer für Funde in Tell Leilān/Šubat-Enlil = Šeḫna
L.	Tafelsignatur für Texte aus "Lagaš" in den Sammlungen der Archäologischen Museen zu Istanbul

Labat, *Commentaires*
R. Labat, *Commentaires assyro-babyoniens sur les présages* (Bordeaux 1933)

Lacheman AV — M.A. Morrison/D.I. Owen (Hrsg.), *Studies on the Civilization and Culture of Nuzi and the Hurrians in Honor of Ernest R. Lacheman* (Winona Lake 1981)

Langdon, *BL* — S. Langdon, *Babylonian Liturgies. Sumerian Texts from the Early Period and from the Library of Ashurbanipal* (Paris 1913)

LAPO — *Littératures Anciennes du Proche-Orient* (Paris)

LAS — S. Parpola, *Letters from Assyrian Scholars to the Kings Esarhaddon and Assurbanipal* (*AOAT* 5, Kevelaer / Neukirchen-Vluyn 1970/1983)

LBAT — T.G. Pinches/J.N. Strassmaier/A.J. Sachs, *Late Babylonian Astronomical and Related Texts* (Providence 1955)

LdE — L. Cagni (Hrsg.), *La lingua di Ebla. Atti del Convegno Internazionale (Napoli, 21-23 aprile 1980)* (*Istituto Universitario Orientale – Dipartimento di Studi Asiatici, Series Minor* XIV, Neapel 1981)

Lie, *Sar.* — A.G. Lie, *The Inscriptions of Sargon II, King of Assyria. Part I: The Annals* (Paris 1929)

Litke, *An:Anum* — R.L. Litke, *A Reconstruction of the Assyro-Babylonian God-Lists, AN:A-nu-um and AN: Anu šá amēli* (Dissertation Yale University 1958)

LKA — E. Ebeling/F. Köcher, *Literarische Keilschrifttexte aus Assur* (Berlin 1953)

LKU — A. Falkenstein, *Literarische Keilschrifttexte aus Uruk* (Berlin 1931)

LLLE — P. Fronzaroli (Hrsg.), *Literature and Literary Language at Ebla* (*QdS* 18, Florenz 1992)

LOT — *Library of Oriental Texts* (Groningen)

M. — Inventarnummer für Funde in Mari/Tell Ḥariri

MAD — *Materials for the Assyrian Dictionary* (Chicago)

MAH — Tafelsignatur für Texte in den Sammlungen des Musée d'Art et d'Histoire (Genf)

MANE — *Monographs on the Ancient Near East* (Malibu)

M.A.R.I. — *M.A.R.I. - Annales de recherches interdisciplinaires* (Paris)

MARV — H. Freydank, *Mittelassyrische Rechts- und Verwaltungsurkunden* (I = *VS* 19, Berlin 1976; II = *VS* 21, Berlin 1982; III = *WVDOG* 92, Berlin 1994)

MCS — *Manchester Cuneiform Studies* (Manchester)

MDOG	*Mitteilungen der Deutschen Orient-Gesellschaft* (Berlin)
MDP	*Mémoires de la Délégation en Perse / Mémoires de la Mission Archéologique de Susiane / Mémoires de la Mission Archéologique de Perse / Mémoires de la Mission Archéologique en Iran* (Paris)
MEE	*Materiali epigrafici di Ebla* (Neapel und Rom)
Meissner, *BAP*	B.Meissner, *Beiträge zum altbabylonischen Privatrecht* (*Assyriologische Bibliothek* XI, Leipzig 1893)
MesCiv	*Mesopotamian Civilizations* (Winona Lake)
Mesopotamia	*Mesopotamia – Copenhagen Studies in Assyriology* (Kopenhagen)
Mesopotamia	*Mesopotamia – Rivista di Archeologia, Epigrafia e Storia Orientale Antica* (Florenz)
MHEO	*Mesopotamian History and Environment – Occasional Publications* (Ghent)
MHET	*Mesopotamian History and Environment – Texts* (Ghent)
MIFAO	*Mémoires publiés par les membres de l'Institut Français d'Archéologie Orientale du Caire* (Le Caire)
MIO	*Mitteilungen des Instituts für Orientforschung* (Berlin)
MiscEb 1	P. Fronzaroli (Hrsg.), *Miscellanea Eblaitica, 1* (*QdS* 15, Florenz 1988)
MiscEb 2	P. Fronzaroli (Hrsg.), *Miscellanea Eblaitica, 2* (*QdS* 16, Florenz 1989)
MiscEb 3	P. Fronzaroli (Hrsg.), *Miscellanea Eblaitica, 3* (*QdS* 17, Florenz 1990)
MLC	Tafelsignatur für Texte der J. Pierpont Morgan Library in den Sammlungen der Yale Babylonian Collection (New Haven)
MMA	Inventarnummer des Metropolitan Museum of Art (New York)
Moldenke	A.B. Moldenke, *Cuneiform Texts in the Metropolitan Museum of Art* (New York 1893)
Moore, *Michigan Coll.*	E.W. Moore, *Neo-Babylonian Documents in the University of Michigan Collection* (Ann Arbor 1939)
MRS	*Mission de Ras Shamra* (Paris)
MSL	*Materialien zum Sumerischen Lexikon / Materials for the Sumerian Lexicon* (Rom)
MSL SS	*Materials for the Sumerian Lexicon – Supplementary Series* (Rom)
MSVO	*Materialien zu den frühen Schriftzeugnissen des Vorderen Orients* (Berlin)

MVAeG	*Mitteilungen der Vorderasiatisch-Aegyptischen Gesellschaft* (Leipzig)
MVN	*Materiali per il vocabulario neo-sumerico* (Rom)
N.A.B.U.	*Nouvelles Assyriologiques Brèves et Utilitaires* (Paris)
NAPR	*Northern Akkad Project Reports* (Ghent)
NBC/NCBT	Tafelsignatur für Texte der Nies Babylonian Collection in den Sammlungen der Yale Babylonian Collection (New Haven)
Nbk.	J.N. Strassmaier, *Inschriften von Nabuchodonosor, König von Babylon (604-561 v. Chr.)* (Leipzig 1889)
Nbn.	J.N. Strassmaier, *Inschriften von Nabonidus, König von Babylon (555-538 v. Chr.)* (Leipzig 1889)
NG	A. Falkenstein, *Die neusumerischen Gerichts-urkunden. Erster Teil: Einleitung und systematische Darstellung* (München 1956); *Zweiter Teil: Umschrift, Übersetzung und Kommentar* (München 1956); *Dritter Teil: Nachträge und Berichtigungen, Indizes und Kopien* (München 1957)
Ni.	Tafelsignatur für Texte aus Nippur in den Sammlungen der Archäologischen Museen zu Istanbul
Nik I	M.V. Nikol'skij, *Documenty chozjajstvennoj otčetnosti drevnejšej ěpochi Chaldei iz sobranija N.P. Lichačeva: Drevnosti Vostočnyja (Trudy Vostočnoj Komisii Imperatorskago Moskovskago Archeologi ceskago Obščestva* 3/II, St. Petersburg 1898)
Nrgl.	B.T.A. Evetts, *Inscriptions from the Reigns of Evil-Merodach (B.C. 562-559), Neriglissar (B.C. 559-555) and Laborosoarchod (B.C. 555)* (Leipzig 1892)
NRVU	M. San Nicolò/A. Ungnad, *Neubabylonische Rechts- und Verwaltungsurkunden* (Leipzig 1929-1935)
NSWB	H. Steible, *Die neusumerischen Bau- und Weihinschriften* (*FAOS* 9, Stuttgart)
N-T	Fundnummer für Texte aus Nippur
NTSŠ	R. Jestin, *Nouvelles tablettes sumériennes de Šuruppak* (*Bibliothèque archéologique et historique de l'Institut Français d'archéologie d'Istanbul* 2, Paris 1957)
OAIC	I.J. Gelb, *Old Akkadian Inscriptions in the Chicago Natural History Museum* (*Fieldiana: Anthropology* 44/II, Chicago 1955)
OBO	*Orbis Biblicus et Orientalis* (Freiburg, Schweiz/Göttingen)
OBO Ser. Arch.	*Orbis Biblicus et Orientalis – Series Archaeologica* (Freiburg, Schweiz/Göttingen)

OBTIV	S. Greengus, *Old Babylonian Tablets from Ishchali and Vicinity* (*PIHANS* 44, Leiden 1979)
OBTR	S. Dalley/C.B.F. Walker/J.D. Hawkins, *The Old Babylonian Tablets from Tell al Rimah* (Hertford 1976)
OECT	*Oxford Editions of Cuneiform Texts* (Oxford)
OIC	*Oriental Institute Communications* (Chicago)
OIP	*Oriental Institute Publications* (Chicago)
OLA	*Orientalia Lovaniensia Analecta* (Leuven)
OLA 21	K. van Lerberghe, *Old Babylonian Legal and Administrative Texts from Philadelphia* (*OLA* 21, Leuven 1986)
OLP	*Orientalia Lovaniensia Periodica* (Leuven)
OLZ	*Orientalistische Literaturzeitung* (Leipzig und Berlin)
OPBF	*Occasional Publications of the Babylonian Fund* (Philadelphia)
OPSNK	*Occasional Publications of the Samuel Noah Kramer Fund* (Philadelphia)
OrAnt	*Oriens Antiquus - Rivista del Centro per le Antichità e la Storia dell'Arte del Vicino Orient*e (Rom)
OrAntC	*Orientis Antiqui Collectio* (Rom)
OrNS	*Orientalia Nova Series* (Rom)
OrSuec	*Orientalia Suecana* (Uppsala)
PAPS	*Proceedings of the American Philosophical Society* (Philadelphia)
PBS	*University of Pennsylvania – The Museum – Publications of the Babylonian Section* (Philadelphia)
Pettinato, *Culto ufficiale*	G. Pettinato, *Culto ufficiale ad Ebla durante il regno di Ibbi-Sippiš* (*OrAntC* 16, Rom 1979)
Pettinato, *Il rituale*	G. Pettinato, *Il rituale per la successione al trono ad Ebla* (*StSemNS* 9, Rom 1992)
PIHANS	*Publications de l'Institut historique et archéologique néerlandais de Stamboul / Uitgaven van het Nederlands Historisch-Archaeologisch Instituut te Istanbul* (Leiden)
Pinches, *Peek*	Th.G. Pinches, *Inscribed Babylonian Tablets in the Possession of Sir Henry Peek* (London 1888)
POAT	W.C. Gwaltney Jr., *The Pennsylvania Old Assyrian Texts* (*HUCA Supplements* 3, Cincinnati 1983)
Pomponio/Visicato, *EDATŠ*	» *EDATŠ*
PRAK	H. de Genouillac, *Premières recherches archéologique à Kich (Fouilles françaises d'El-'Akhymer, mission d'Henri de Genouillac, 1911-1912)* (Paris 1924, 1925)

PRT	E. Klauber, *Politisch-religiöse Texte aus der Sargonidenzeit* (Leipzig 1913)
PSBA	*Proceedings of the Society of Biblical Archaeology* (London)
PSD	*The Sumerian Dictionary of the University Museum of the University of Pennsylvania* (Philadelphia)
PTS	Tafelsignatur für Texte in den Sammlungen des Princeton Theological Seminary (Princeton)
QdS	*Quaderni di Semitistica* (Florenz)
R	*The Cuneiform Inscriptions of Western Asia* (London)
RA	*Revue d'assyriologie et d'archéologie orientale* (Paris)
RGG	K. Galling (Hrsg.), *Die Religion in Geschichte und Gegenwart* ([3]Tübingen 1957-1962)
RGTC	*Répertoire Géographique des Textes Cunéiformes* (Wiesbaden)
RIAA	L. Speleers, *Recueil des inscriptions de l'Asie antérieure des Musées Royaux du Cinquantenaire à Bruxelles. Textes sumériens, babyloniens et assyriens* (Brüssel 1925)
Riftin	A.P. Riftin, *Starovavilonskie juridičeskie i administrativnie dokumenti v sobranijach SSSR* (Moskau/Leningrad 1937)
RIMA	*The Royal Inscriptions of Mesopotamia - Assyrian Periods* (Toronto [u.a.])
RIME	*The Royal Inscriptions of Mesopotamia - Early Periods* (Toronto [u.a.])
RlA	*Reallexikon der Assyriologie / Reallexikon der Assyriologie und Vorderasiatischen Archäologie* (Berlin/Leipzig und Berlin/New York)
Römer, *SKIZ*	» *SKIZ*
Roth, *Marriage Agreements*	M.T. Roth, *Babylonian Marriage Agreements 7th - 3rd Century B.C.* (*AOAT* 222, Kevelaer/Neukirchen-Vluyn 1989)
RS	Fundnummer für Texte aus Ras Šamra/Ugarit
RSO	*Rivista degli Studi Orientali* (Rom)
RT	*Recueil de travaux rélatifs à la philologie et à l'archéologie égyptiennes et assyriennes* (Paris)
RTC	F. Thureau-Dangin, *Recueil de tablettes chaldéennes* (Paris 1903)
SAA	*State Archives of Assyria* (Helsinki)
SAAB	*State Archives of Assyria Bulletin* (Padua)
SAHG	A. Falkenstein/W. von Soden, *Sumerische und akkadische Hymnen und Gebete* (Zürich/Stuttgart 1953)

SAKI	F. Thureau-Dangin, *Die sumerischen und akkadischen Königsinschriften* (*VAB* 1, Leipzig 1907)
Salonen, *Türen*	A. Salonen, *Die Türen des Alten Mesopotamien. Eine lexikalische und kulturgeschichtliche Untersuchung* (*AASF B* 124, Helsinki 1958)
SANE	*Sources from the Ancient Near East (Malibu)*
San Nicolò, *BR* 8	M. San Nicolò, *Babylonische Rechtsurkunden des ausgehenden 8. und des beginnenden 7. Jahrhunderts v. Chr.* (*ABAW Neue Folge* 34, München 1951)
SANTAG	*SANTAG. Arbeiten und Untersuchungen zur Keilschriftkunde* (Wiesbaden)
SAOC	*Studies in Ancient Oriental Civilization* (Chicago)
SARI	*Sumerian and Akkadian Royal Inscriptions* (New Haven)
SAT	*Sumerian Archival Texts* (Bethesda)
SBH	G.A. Reisner, *Sumerisch-babylonische Hymnen nach Thontafeln griechischer Zeit* (Berlin 1896)
SCCNH	*Studies on the Civilization and Culture of Nuzi and the Hurrians* (Winona Lake)
SCT	C.H. Gordon, *Smith College Tablets. 110 Cuneiform Texts Selected from the College Collection* (Northampton/Mass. 1952)
SD	*Studia et Documenta ad Iura Orientis Antiqui Pertinenta* (Leiden)
SDOG	*Sendschriften der Deutschen Orient-Gesellschaft* (Leipzig)
SEb	*Studi Eblaiti* (Rom)
Sefati, *Love Songs*	Y. Sefati, *Love Songs in Sumerian Literature* (Ramat Gan 1998)
SEL	*Studi epigrafici e linguistici sul Vicino Oriente antico* (Verona)
SEM	E. Chiera, *Sumerian Epics and Myths* (*OIP* 15, Chicago 1934)
SF	» Deimel, *SF*
SFS	V. Scheil, *Une saison de fouilles à Sippar* (Le Caire 1902)
SGKAO	*Schriften zur Geschichte und Kultur des Alten Orients* (Berlin)
SH	Inventarnummer für Funde aus Tall Šēḫ Ḥamad/Dūr-Katlimmu
Sigrist, *Syracuse*	M. Sigrist, *Textes économiques néo-sumériens de l'Université de Syracuse* (Paris 1983)
SKIZ	W.H.Ph. Römer, *Sumerische 'Königshymnen' der Isin-Zeit* (Leiden 1965)

SLE	P. Fronzaroli (Hrsg.), *Studies on the Language of Ebla* (*QdS* 13, Florenz 1984)
SLT	E. Chiera, *Sumerian Lexical Texts from the Temple School of Nippur* (*OIP* 11, Chicago 1929)
SLTNi	S.N. Kramer, *Sumerian Literary Texts from Nippur* (*AASOR* 23, 1944)
SNATBM	T. Gomi/S. Sato, *Selected Neo-Sumerian Administrative Texts in the British Museum* (Abiko-shi 1990)
South Asian Archaeology 1977	M. Taddei (Hrsg.), *South Asian Archaeology 1977. Papers from the Fourth International Conference of the Association of South Asian Archaeologists in Western Europe Held in the Istituto Universitario Orientale, Naples* (*Istituto Universitario Orientale - Seminario di Studi Asiatici, Series Minor* 6, Neapel 1979)
SP Coll.	» Alster, *SP*
SpTU I	H. Hunger, *Spätbabylonische Texte aus Uruk, Teil I* (*ADFU* 9, Berlin 1976)
SpTU IV	E. von Weiher, *Uruk - Spätbabylonische Texte aus dem Planquadrat U 18, Teil IV* (*AUWE* 12, Mainz 1993)
SR	D.O. Edzard, *Sumerische Rechtsurkunden des III. Jahrtausends aus der Zeit vor der III. Dynastie von Ur* (*ABAW Neue Folge* 67, München 1968)
SSA	J.J.A. van Dijk, *La sagesse suméro-accadienne* (Leiden 1953)
StBoT	*Studien zu den Boğazköy-Texten* (Wiesbaden)
STC	L.W. King, *The Seven Tablets of Creation* (London 1902)
STH	M.I. Hussey, *Sumerian Tablets in the Harvard Semitic Museum*, Part I (*HSS* 3, Cambridge 1912)
StOr	*Studia Orientalia* (Helsingfors und Helsinki)
StP	*Studia Pohl* (Rom)
StPSM	*Studia Pohl - Series Maior* (Rom)
StSemNS	*Studi Semitici - Nuova Serie* (Rom)
Studies ...	s.u. Fs.
STVC	E. Chiera, *Sumerian Texts of Varied Contents* (*OIP* 16, Chicago 1934)
STT	Band I: O.R. Gurney/J.J. Finkelstein, *The Sultantepe Tablets I* (London 1957); Band II: O.R. Gurney/P. Hulin, *The Sultantepe Tablets II* (London 1964)
STTl	V. Donbaz/B.R. Foster, *Sargonic Texts from Telloh in the Istanbul Archaeological Museum* (*OPBF* 5, *American Research Institute in Turkey, Monographs* 2, Philadelphia 1982)

Sumer	*Sumer. A Journal of Archaeology and History in Iraq* (Baghdad)
SWU	H. Freydank, *Spätbabylonische Wirtschaftstexte aus Uruk* (*Deutsche Akademie der Wissenschaften, Institut für Orientforschung* 71, Berlin 1971)
Syria	*Syria – Revue d'art oriental et d'archéologie* (Paris)
Šulmu IV	J. Zablocka/S. Zawadzki (Hrsg.), *Šulmu IV - Everyday Life in Ancient Near East. Papers Presented at the International Conference Poznán, 19-22 September, 1989* (Poznán 1993)
TAPS	*Transactions of the American Philosophical Society* (Philadelphia)
TBP	F.R. Kraus, *Texte zur babylonischen Physiognomatik* (*AfOB* 3, Berlin 1939)
TC	*Tablettes cappadociennes* (*TCL* 4, 14, 19-21)
TCL	*Textes cunéiformes du Musée du Louvre* (Paris)
TCS	*Texts from Cuneiform Sources* (New York)
TCTI 2	B. Lafont/F. Yıldız, *Tablettes cunéiformes de Tello au Musée d'Istanbul datant de la IIIe Dynastie d'Ur* II (*PIHANS* 77, Leiden 1996)
Tello Istanbul 2	» *TCTI* 2
TENUS	» Sigrist, *Syracuse*
TFR	*Terqa Final Reports* (Malibu)
TIE	*Thesaurus Inscriptionum Eblaiticarum* (Rom)
TIM	*Texts in the Iraq Museum* (Baghdad und Wiesbaden)
TJDB	E. Szlechter, *Tablettes juridiques de la 1re dynastie de Babylone, conservées au Musée d'Art et d'Histoire de Genève* (Paris 1958)
TLB	*Tabulae cuneiformes a F.M.Th. de Liagre Böhl collectae* (Leiden)
TM	Signatur für Texte aus Tell Mardikh/Ebla
TPK	C. Michel/P. Garelli, *Tablettes paléo-assyriennes de Kültepe – Volume* 1 (Kt 90/k) (Paris 1997)
TRU	L. Legrain, *Le temps des rois d'Ur* (Paris 1912)
TSA	H. de Genouillac, *Tablettes sumériennes archaïques* (Paris 1909)
TSŠ	R. Jestin, *Tablettes sumériennes de Šuruppak conservées au Musée de Stamboul* (*Mémoires de l'Institut français d'archéologie de Stamboul* 3, Paris 1937)
TTC	G. Contenau, *Trente tablettes cappadociennes* (Paris 1919)
TUAT	O. Kaiser (Hrsg.), *Texte aus der Umwelt des Alten Testaments* (Gütersloh)

TuM — *Texte und Materialien der Frau Professor Hilprecht Collection of Babylonian Antiquities im Eigentum der Universität Jena* (Leipzig)

UAVA — *Untersuchungen zur Assyriologie und Vorderasiatischen Archäologie* (Berlin/New York)

UCP — *University of California Publications in Semitic Philology* (Berkeley)

UET — *Ur excavations, texts* (London/Philadelphia)

UF — *Ugarit-Forschungen* (Kevelaer/Neukirchen-Vluyn und Münster)

Ugaritica — *Ugaritica* (Paris)

UM — Tafelsignatur für Texte in den Sammlungen des University Museum der University of Pennsylvania (Philadelphia)

Um. — Tafelsignatur für Texte aus Umma in den Sammlungen der Archäologischen Museen zu Istanbul

Unity and Diversity — H. Goedicke/J.J.M. Roberts [Hrsg.], *Unity and Diversity. Essays in the History, Literature, and Religion of the Ancient Near East* (Baltimore 1975)

UNL — G. Pettinato, *Untersuchungen zur neusumerischen Landwirtschaft* (*Pubblicazioni del Seminario di Semitistica - Ricerche* 2, Neapel 1967)

UTI — *Die Umma-Texte aus den Archäologischen Museen zu Istanbul* (Bethesda)

UVB — *Vorläufige Berichte über die von der Notgemeinschaft der Deutschen Wissenschaft unternommenen Ausgrabungen in Uruk-Warka* (Berlin)

VA — Inventarnummer der Vorderasiatischen Abteilung des Vorderasiatischen Museums (Berlin)

VAAss — Inventarnummer der Assur-Sammlung innerhalb der Vorderasiatischen Abteilung des Vorderasiatischen Museums (Berlin)

VAB — *Vorderasiatische Bibliothek* (Leipzig)

VAT — Tafelsignatur für Texte in den Sammlungen des Vorderasiatischen Museums Berlin

Veldhuis, *Lists of Trees* — N. Veldhuis, *Elementary Education at Nippur. The Lists of Trees and Wooden Objects* (Groningen)

Volk, *Inana und Šukaletuda* — K. Volk, *Inana und Šukaletuda. Zur historisch-politischen Deutung eines sumerischen Literatur-werkes* (*SANTAG* 3, Wiesbaden 1995)

VS — *Vorderasiatische Schriftdenkmäler der Königlichen*

	Museen zu Berlin / Vorderasiatische Schriftdenkmäler der Staatlichen Museen zu Berlin (Leipzig und Berlin)
Waterman, *Business Documents*	
	» *BDHP*
Weissbach, *Babylonische Miscellen*	
	F.H. Weissbach, *Babylonische Miscellen* (*WVDOG* 4, Leipzig 1903)
WF	» Deimel, *WF*
WGE	H. Hauptmann/H. Waetzoldt (Hrsg.), *Wirtschaft und Gesellschaft von Ebla* (*HSAO* 2, Heidelberg 1988)
Wiseman, *Chronicles*	
	D.J. Wiseman, *Chronicles of Chaldaean Kings (626-556 B.C.) in the British Museum* (London 1956)
WO	*Die Welt des Orients* (Göttingen)
WZKM	*Wiener Zeitschrift für die Kunde des Morgenlandes* (Wien)
Xenia	*Xenia – Konstanzer Althistorische Vorträge und Forschungen* (Konstanz)
YBC	Tafelsignatur für Texte in den Sammlungen der Yale Babylonian Collection (New Haven)
YNER	*Yale Near Eastern Researches* (New Haven/London)
YOS	*Yale Oriental Series - Babylonian Texts* (New Haven)
YOSR	*Yale Oriental Series - Researches* (New Haven)
ZA	*Zeitschrift für Assyriologie und verwandte Gebiete / Zeitschrift für Assyriologie und vorderasiatische Archäologie* (Leipzig und Berlin/New York)
ZDPV	*Zeitschrift des Deutschen Palästina-Vereins* (Leipzig und Wiesbaden)